Kirsch/Bamberger/Gabele/Klein

Betriebswirtschaftliche Logistik

Prof. Dr. Werner Kirsch, Dr. Ingolf Bamberger,
Dr. Eduard Gabele und Dr. Heinz Karl Klein

Betriebswirtschaftliche Logistik

Systeme, Entscheidungen, Methoden

Betriebswirtschaftlicher Verlag Dr. Th. Gabler · Wiesbaden

ISBN 3 409 30032 5

Copyright by Betriebswirtschaftlicher Verlag Dr. Th. Gabler, Wiesbaden 1973

Vorwort

Das vorliegende Lehrbuch hat zwei Zielsetzungen: Es soll erstens die Grundzüge eines entscheidungs- und systemorientierten Ansatzes der Betriebswirtschaftslehre vermitteln. Es soll dies zweitens am Beispiel einer betriebswirtschaftlichen Logistik tun und damit in ein wissenschaftliches Gebiet der Betriebswirtschaftslehre einführen, das bisher — zumindest im deutschsprachigen Raum — stark vernachlässigt wurde.

Der entscheidungs- und systemorientierte Ansatz der Betriebswirtschaftslehre betrachtet die Betriebswirtschaften, ihre Teile und ihre Umwelt als komplexe Systeme und stellt die Entscheidungsprozesse zur Gestaltung und Führung der betriebswirtschaftlich relevanten Systeme in den Mittelpunkt des Interesses. Die Betriebswirtschaftslehre versteht sich dabei als angewandte oder praktisch-normative Wissenschaft. Es geht ihr nicht nur um die Beschreibung und Erklärung dieser Entscheidungsprozesse. Ziel der wissenschaftlichen Bemühungen ist es, die Entscheidungsprozesse der Menschen und der betrieblichen Praxis zu unterstützen und zu einer „Verbesserung" dieser Entscheidungsprozesse beizutragen. Die Betriebswirtschaftslehre versucht dies, indem sie zum einen systematisches Wissen über die betriebswirtschaftlich relevanten Systeme zusammenträgt, begrifflich-theoretische Bezugsrahmen zur Integration dieses Wissens erarbeitet und Modelle bzw. Theorien entwickelt, die eine Erklärung bzw. Prognose der Entwicklung und des Verhaltens der interessierenden Systeme ermöglichen. Zum anderen entwickelt die Betriebswirtschaftslehre aber auch Methoden zur Unterstützung betriebswirtschaftlicher Entscheidungsprozesse, mit deren Hilfe das Wissen über die relevanten Systeme für eine „Verbesserung" dieser Prozesse nutzbar gemacht werden kann.

Als betriebswirtschaftlich relevante Systeme können im wesentlichen der Mensch, die Gruppe, die Organisation sowie die nationale und multinationale Gesellschaft angesehen werden. Sie sind in der Sprache der Systemtheorie lebende Systeme. Ihnen stehen die unbelebten, meist künstlichen Systeme (Artifakte) gegenüber. Von betriebswirtschaftlichem Interesse sind hier Maschinen und Automaten, insbesondere die automatisierten Datenverarbeitungsanlagen. Die Betriebswirtschaft selbst wird in dieser Konzeption als Organisation gesehen. Ihre Elemente sind Menschen und Maschinen. Sie setzt sich aus einer Menge von Gruppen formaler und informaler Art zusammen und ist selbst Teil einer umfassenden nationalen und multinationalen Gesellschaft. Alle diese Systeme bestehen aus einer Menge aktiver Elemente.

Diese unterliegen Einwirkungen anderer Elemente und üben ihrerseits Einfluß auf andere Elemente aus: Sie besitzen einen Input, transformieren diesen in einen Output und geben ihn an andere Elemente ab. Die aktiven Elemente eines Systems sind durch Relationen verbunden, die den Charakter stofflich-energetischer und/oder informationaler Kopplungen besitzen: Die aktiven Elemente tauschen passive Elemente (Stoffe, Energie, Informationen) aus. Die Elemente eines Systems können selbst wiederum als Systeme niedrigerer Ordnung aufgefaßt werden; das betrachtete System kann seinerseits Element eines übergeordneten Systems sein. Auf diese Weise lassen sich verschiedene Systemebenen abgrenzen: Es ergibt sich eine Hierarchie von Systemen. Die Systeme Mensch, Organisation und Gesellschaft sind Systeme unterschiedlicher Ordnung im Sinne dieser Systemhierarchie.

Diese Systeme unterschiedlicher Ordnung sind offene Systeme. Sie importieren Stoffe, Energie und Informationen aus ihrer Umwelt, transformieren diese in andere Stoffe, Energie und Informationen und exportieren sie wieder an ihre Umwelt. Diese „Offenheit" ist gleichzeitig Voraussetzung und Gefährdung des Überlebens der Systeme: Voraussetzung deshalb, weil die Systeme die Umweltkopplungen benötigen, um die für die Erhaltung und Aufgabenerfüllung erforderlichen Stoffe, Energie und Informationen zu erhalten; Gefährdung deshalb, weil sich wegen der Umweltkopplungen Veränderungen der Umwelt „störend" auf das System selbst auswirken können. Die Systeme „überleben" nur, wenn sie in der Lage sind, die Störungen der Umwelt zu kompensieren und eine Reihe kritischer Systemeigenschaften in einem für das Überleben erforderlichen Bereich zu halten. Die Systeme müssen Steuerungs- und Regelungsmechanismen besitzen, die eine Störungskompensation bewerkstelligen. Die menschlichen Entscheidungsprozesse können als solche Steuerungs- und Regelungsprozesse interpretiert werden.

Bei der Betrachtung der betriebswirtschaftlich relevanten Systeme und Entscheidungen nimmt die Betriebswirtschaftslehre auf Ergebnisse und Konzeptionen ihrer Nachbardisziplinen Bezug. Neben der Nationalökonomie gewinnen hier in jüngster Zeit immer mehr die Verhaltenswissenschaften wie Psychologie, Soziologie, Politikwissenschaft usw. sowie die „Interdisziplinen" wie Systemtheorie, Kybernetik, Informations- und Kommunikationstheorie u. a. an Bedeutung. Die entscheidungs- und systemorientierte Betriebswirtschaftslehre ist in hohem Maße interdisziplinär ausgerichtet. Die allgemeine Systemtheorie erfüllt dabei nicht zuletzt die Funktion eines „Esperanto" für die interdisziplinäre Kommunikation.

Die interdisziplinäre Analyse der relevanten Systeme und Entscheidungen weist zunächst eine rein deskriptive Pragmatik auf: Die Beschreibung und Erklärung des tatsächlichen Verhaltens der Menschen, Gruppen, Organisationen und Gesellschaften stehen im Vordergrund. Eine Unterstützung erfahren die zu verbessernden Entscheidungsprozesse der Praxis hierdurch nur indirekt. Wer empirisch abgesichertes Wissen über Aufbau und Funktionieren der relevanten Systeme besitzt, kann mit seinen „Expertenurteilen" sicherlich vieles dazu beitragen, Ablauf und Ergebnisse der betreffenden Entscheidungsprozesse effizienter zu gestalten. Der entscheidungs- und systemorientierte Ansatz beschränkt sich jedoch nicht darauf, interdisziplinäres „Expertenwissen" über die betriebswirtschaftlich relevanten Systeme zusammenzutragen. Die Betriebswirtschaftslehre bemüht sich insbesondere auch darum, Methoden zu entwickeln, die eine Anwendung dieses Wissens in der Praxis und eine unmittelbare Unterstützung der Entscheidungsprozesse ermöglichen.

Betriebswirtschaftliche Entscheidungsprozesse, an denen in der Regel mehrere Personen oder Gruppen beteiligt sind, können als komplexe multipersonale Prozesse gesehen werden, die sich aus einer Vielzahl von Prozessen der Gewinnung, Verarbeitung und Weitergabe von Informationen sowie von Prozessen der interpersonellen Beeinflussung zusammensetzen. Entscheidungsprozesse umfassen eine Reihe von Phasen oder Episoden. Sie alle können Gegenstand spezifischer Methoden sein. Das „Arsenal" solcher Methoden zur Unterstützung betriebswirtschaftlicher Entscheidungsprozesse umfaßt Methoden der Diagnose der einer Entscheidung zugrundeliegenden Ausgangssituation, der Zielsetzung und Problemdefinition, der Suche nach geeigneten alternativen Problemlösungen und Maßnahmen der Prognose der Konsequenzen dieser Maßnahmen, der Handhabung der mit der Zukunftsbezogenheit der Entscheidung sich zwangsläufig ergebenden Unsicherheit, der Bewertung und des Vergleichs alternativer Lösungsvorschläge sowie der Bestimmung optimaler oder befriedigender Lösungen. Methoden zur Unterstützung von Entscheidungsprozessen beziehen sich aber auch auf Probleme der Durchsetzung, der sozialen Beeinflussung und Machtausübung, der Mobilisierung und Erhaltung von Unterstützung sowie der Handhabung von Konflikten. Schließlich sind die vielfältigen Methoden des Testens und der Kontrolle zu nennen, die gleichzeitig Hinweise auf neue Probleme geben und neue Entscheidungsprozesse auslösen können. Auch im Bereich der Methoden zur Unterstützung betriebswirtschaftlicher Entscheidungsprozesse ist die Betriebswirtschaftslehre interdisziplinär. Sie bezieht die Methoden des Operations Research, der Statistik, der Ökonometrie und der automatisierten Datenverarbeitung ebenso in ihre Überlegungen ein wie die Methoden der angewandten verhaltenswissenschaftlichen Organisationstheorie und der Systemanalyse.

Abbildung 1 faßt die skizzierten Merkmale des entscheidungs- und systemorientierten Ansatzes der Betriebswirtschaftslehre zusammen. Die Gliederung der folgenden Untersuchung spiegelt diese Konzeption wider. Teil I ist der Analyse der relevanten Systeme und Entscheidungen, Teil II der Behandlung von Methoden zur Unterstützung betriebswirtschaftlicher Entscheidungsprozesse gewidmet. Dies soll freilich aus der Sicht einer „betriebswirtschaftlichen Logistik" geschehen.

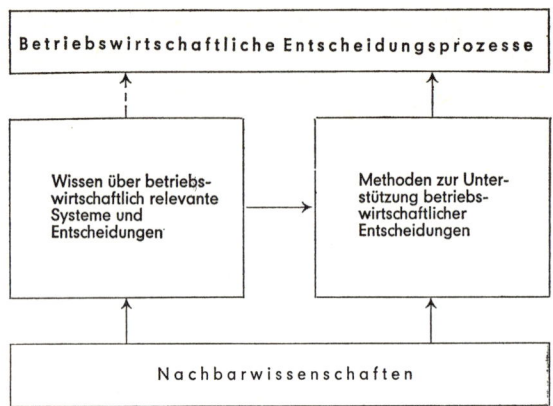

Abbildung 1

Der Begriff „Logistik" besitzt seit jeher einen festen Platz in der militärwissenschaftlichen Diskussion. Er bezieht sich auf die Probleme des Transports, des Nachschubs sowie der Bewegung und Unterbringung von Truppen. Die militärische Definition wurde ausgeweitet auf eine allgemeine Analyse von Distributionssystemen. Als solche hat der Terminus „Logistik" speziell in die amerikanische Managementlehre Eingang gefunden. Neben diesen Begriffen finden jedoch auch andere Termini wie beispielsweise „physische Distribution" oder „Materialmanagement" Verwendung. Der Begriff „Logistik" wird dabei in zweifacher Weise verwendet: zur Bezeichnung einer spezifischen Funktion innerhalb sozialer Systeme und zur Bezeichnung einer wissenschaftlichen Teildisziplin. Die Funktion „Logistik" umfaßt alle Prozesse in und zwischen sozialen Systemen (Organisationen, Gesellschaften), die der Raumüberwindung und der Zeitüberbrückung sowie deren Steuerung und Regelung dienen. Die wissenschaftliche Disziplin „Logistik" befaßt sich mit der Beschreibung, Erklärung und Gestaltung dieser Prozesse.

Die Betriebswirtschaftslehre hat der logistischen Funktion innerhalb der Betriebswirtschaften bisher nicht die gleiche Aufmerksamkeit gewidmet wie etwa der Beschaffung, der Produktion, dem Absatz oder der Finanzierung. Während diese Funktionen in der Vergangenheit schon Gegenstand sehr vieler umfassender Monographien bildeten, existiert im deutschsprachigen Raum eine vergleichbare Untersuchung der Logistik bisher nicht. Man kann nun freilich die Auffassung vertreten, daß die übliche Gliederung der betriebswirtschaftlichen Funktionen in Beschaffung, Produktion, Absatz und Finanzierung auch die logistischen Prozesse des Transports und der Lagerung oder allgemein des physischen Produkt- bzw. Materialflusses einbezieht, da sich diese schließlich im Bereich der Beschaffung, der Produktion und des Absatzes abspielen und im Rahmen der Untersuchung dieser Funktionsbereiche entsprechende Beachtung erfahren müßten und zum Teil auch erfahren haben. Das ist sicherlich richtig. Dennoch spricht einiges dafür, der Logistik als eigenständige Funktion innerhalb der Betriebswirtschaft besonderes Augenmerk zu widmen. Diese These kann in paradoxer Weise verdeutlicht werden, wenn man die Entwicklung betrachtet, die die wissenschaftliche Auseinandersetzung mit der Funktion der Finanzierung bzw. der Finanzwirtschaft in der Betriebswirtschaftslehre durchlaufen hat. Längst sieht man in der Finanzwirtschaft nicht mehr nur die Beschaffung von Kapital für Investitionszwecke. Man diskutiert unter dieser Bezeichnung alle Probleme, die sich auf die Gestaltung und Steuerung der betriebswirtschaftlichen Geld- und Zahlungsströme beziehen. Daß sich hierbei Überschneidungen mit den Überlegungen zu den anderen Funktionen, insbesondere zum Absatz und zur Beschaffung ergeben, ist heute eine Selbstverständlichkeit.

In analoger Weise kann die Logistik gesehen werden. Im Rahmen der Logistik sind jene Probleme zu diskutieren, die mit dem Material-, Energie- und Produktfluß innerhalb der Betriebswirtschaft und zwischen der Betriebswirtschaft und ihrer Umwelt verbunden sind. Die Entwicklung der modernen Konzeption der betriebswirtschaftlichen Finanzwirtschaft legt statt einer „eindimensionalen" eine „zweidimensionale" Matrixgliederung der betriebswirtschaftlichen Funktionen nahe, die — wird sie konsequent verfolgt — die Einbeziehung der Logistik als eigenständige Funktion angeraten sein läßt (vgl. Abbildung 2).

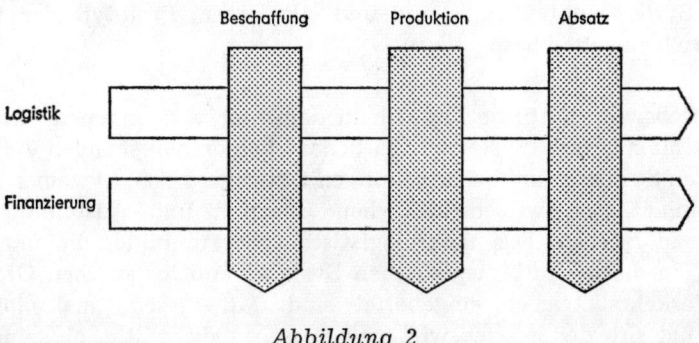

Abbildung 2

Eine Disziplin „betriebswirtschaftliche Logistik" ist aus dieser Sicht zunächst genauso zu sehen wie etwa eine betriebswirtschaftliche Finanzwirtschaft. Sie ist eine Teildisziplin der Betriebswirtschaftslehre, die sich mit den für die Erfüllung logistischer Funktionen relevanten Systemen und den Methoden zur Unterstützung der Entscheidungsprozesse zur Gestaltung, Steuerung und Regelung logistischer Prozesse befaßt. Eine solche „betriebswirtschaftliche Logistik" kann und soll die traditionelle Verkehrsbetriebslehre als institutionell orientierte betriebswirtschaftliche Teildisziplin ersetzen. Unter

„betriebswirtschaftlicher Logistik" wird keineswegs nur eine Konzeption verstanden, die gleichsam das funktional orientierte Pendant zur institutionellen Verkehrsbetriebslehre als Wirtschaftszweiglehre darstellt und diese letztlich nur ergänzt. Ohne auf die Kontroverse zwischen Wirtschaftszweiglehren und Funktionslehren als betriebswirtschaftlichen Teildisziplinen einzugehen, wird mit der Konzipierung einer betriebswirtschaftlichen Logistik ein Standpunkt eingenommen, der beide Gesichtspunkte — den institutionellen und den funktionalen — gleichermaßen umfaßt.

Eine solche Konzeption bietet sich an, wenn man vom entscheidungs- und systemorientierten Ansatz der Betriebswirtschaftslehre ausgeht und die Phänomene des Verkehrs bzw. der Logistik im Lichte der Systembetrachtung analysiert. Bei einer solchen Analyse kristallisieren sich drei Systeme unterschiedlicher Art und Betrachtungsweise heraus, die als die für eine betriebswirtschaftliche Logistik relevanten Systeme bezeichnet werden können:

(1) das makrologistische System der Gesellschaft, das das gesellschaftliche Verkehrssystem einschließt;

(2) die mikrologistischen Systeme der einzelnen Betriebswirtschaften, die gleichsam einen — freilich auf niederer Systemebene betrachteten — „Ausschnitt" des makrologistischen Systems darstellen, sowie

(3) die logistischen Organisationen bzw. Betriebswirtschaften, die ebenfalls als Systeme aufzufassen sind und als deren Prototyp der Verkehrsbetrieb zu gelten hat.

Die betriebswirtschaftliche Logistik in dem hier verstandenen Sinne befaßt sich mit allen diesen Systemen. Es bedarf keiner eingehenden Analyse der genannten Systeme, um die Beziehungen zwischen diesen Systemen im Lichte einer einheitlichen wissenschaftlichen Disziplin und Ausbildungsrichtung sichtbar zu machen. Das makrologistische System bildet die unmittelbare Umwelt, in die die mikrologistischen Systeme und logistischen Organisationen (Verkehrsbetriebe) eingebettet sind. Mit diesem makrologistischen System hat sich der Betriebswirt zu befassen, gleichgültig, ob seine wissenschaftlichen oder beruflichen Interessen den logistischen Problemen der Produktions- bzw. Handelsbetriebe oder aber den Problemen der logistischen Organisationen selbst gelten. Auch diese zuletzt genannten Systeme sind in enger Beziehung zueinander zu sehen. Ein Betriebswirt, der in einem Verkehrsbetrieb tätig ist, tut gut daran, sich Kenntnisse über mikrologistische Systeme von Produktions- und Handelsbetrieben anzueignen, in deren Rahmen Verkehrsbetriebe spezifische Funktionen erfüllen. Andererseits wird ein in Produktions- oder Handelsbetrieben mit logistischen Fragen betrauter Manager den Problemen jener spezifisch logistischen Organisationen besonderes Augenmerk zu widmen haben, mit denen er bei der Erfüllung seiner Aufgaben täglich zu tun hat. Weder eine einseitig institutionell noch eine einseitig funktional ausgerichtete Disziplin kann in ausgewogener Weise die mit logistischen Fragen zusammenhängenden Probleme diskutieren. Letztlich gelten für die betriebswirtschaftliche Logistik die gleichen Überlegungen, die es auch angeraten sein lassen, Finanzierung und Banken oder aber Absatz bzw. Beschaffung und Handel im Rahmen einer einheitlichen betriebswirtschaftlichen Teildisziplin zu behandeln.

Wenn man ein Buch schreibt, so muß man laufend Entscheidungen treffen, welche Themen und Fragenkreise in welcher Ausführlichkeit behandelt werden sollen. Diese Entscheidungen fallen besonders schwer, wenn — wie im vorliegenden Buch — eine doppelte Zielsetzung verfolgt wird. Stellt man das Ziel in den Vordergrund, die Grundrisse des entscheidungs- und systemorientierten Ansatzes unter Bezugnahme auf logistische Probleme zu skizzieren, so ergeben sich andere Auswahlkriterien, als wenn man nur solche Themen behandeln möchte, die für logistische Fragen besonders typisch, spezifisch oder „eigentümlich" sind. Dies gilt um so mehr, wenn man den fragmentarischen Charakter der bisherigen Diskussion dieser Fragen in der wissenschaftlichen Literatur beachtet und nicht etwa beabsichtigt, alle „Lücken" der logistischen Diskussion, insbesondere der Verkehrsbetriebslehre, zu schließen.

Wir haben uns für eine pragmatische Lösung entschieden. Auswahlprinzip war die Frage, welche Gebiete der entscheidungs- und systemorientierten Betriebswirtschaftslehre jemand beherrschen sollte, der in mikrologistischen Systemen oder in logistischen Betrieben als Betriebswirt tätig ist. Dieses Auswahlprinzip legte es nahe, zum Teil auch solche Themen einzubeziehen, die nur unter anderem auch für logistische Fragestellungen relevant sind, ohne etwa für diese Fragestellungen besonders typisch zu sein. So wurde beispielsweise im Rahmen der Behandlung des Verkehrsbetriebes der Versuch unternommen, den Verkehrsbetrieb als Organisation zu charakterisieren, ohne die Betrachtung auf jene Merkmale zu beschränken, in denen sich der Verkehrsbetrieb von anderen betriebswirtschaftlichen Organisationen unterscheidet. Ähnliches gilt für den zweiten Teil des Buches, der sich mit den Methoden zur Unterstützung logistischer Entscheidungsprozesse befaßt. Auch hier wurde eine allgemeine Systematik zugrunde gelegt, und es wurden Methoden einbezogen, die nur unter anderem auch für logistische Entscheidungsprobleme anwendbar erscheinen. Soweit der Nachweis für eine solche Anwendbarkeit trivial ist, haben wir es zudem nicht für erforderlich angesehen, die mögliche allgemeine Darstellung der entsprechenden Methode „gewaltsam" auf eine spezifisch „logistische" Darlegung zu reduzieren.

Das vorliegende Buch umfaßt also neben spezifisch „logistischen" Problemen auch weite Bereiche dessen, was man gemeinhin als „allgemeine" Betriebswirtschaftslehre bezeichnet. Wir haben uns dabei jedoch bemüht, diese allgemeinen Teile von ihrer traditionell sehr engen Bindung an die Verhältnisse der Industriebetriebe zu lösen und tatsächlich „allgemein" zu machen — zumindest so „allgemein", daß auch die Verhältnisse logistischer Betriebe und Systeme nunmehr abgedeckt sind. Wir wagen freilich nicht zu behaupten, daß die dargelegte allgemeine Konzeption bereits so geartet ist, daß sie auch auf die Verhältnisse etwa von Versicherungen oder Banken voll zutreffen würde. Wir glauben aber, daß der entscheidungs- und systemorientierte Ansatz dieses Buches einen sehr wesentlichen Schritt zu einer wirklich „allgemeinen" Konzeption der Betriebswirtschaft bilden kann.

Es würde deshalb auf keinen Fall unseren Intentionen entsprechen, wenn die vorliegende „Betriebswirtschaftliche Logistik" als Beitrag zu einem Spezialgebiet der Betriebswirtschaftslehre angesehen würde, das zudem an den meisten Universitäten mit betriebswirtschaftlichen Ausbildungsgängen überhaupt nicht gelehrt wird. Grundzüge der Systeme, Entscheidungen und Methoden aus dem Bereich der betriebswirtschaftlichen Logistik gehören unseres Erachtens genauso zu einer allgemeinen betriebswirtschaftlichen Ausbildung wie Kenntnisse aus dem Bereich der Finanzwirtschaft, der Produktion und des Absatzes.

Die Idee, dieses Buch zu schreiben, kam uns, als einer der Autoren (W. K.) vor Übernahme des Lehrstuhls für Organisation ein Jahr den Lehrstuhl für Verkehrsbetriebslehre an der Universität Mannheim (WH) innehatte. Wir erkannten sehr schnell, daß sich das Gebiet des Verkehrs besonders gut dafür eignet, eine Reihe „moderner" betriebswirtschaftlicher Ansätze und Konzeptionen zu exemplifizieren. Außerdem begannen wir, uns mit der Verkehrsbetriebslehre immerhin so weit zu identifizieren, daß wir den Wunsch hatten, einen Beitrag zu leisten, dieses betriebswirtschaftliche Teilgebiet etwas aus seinem Dasein als eine Art „Mauerblümchen" zu reißen. Die Absicht, dabei soweit wie möglich auch den Anschluß an die angelsächsische Diskussion verkehrsbetrieblicher Probleme herzustellen, konfrontierte uns sehr schnell mit der Notwendigkeit, die Konzeption des Buches auf die der vorliegenden „Betriebswirtschaftlichen Logistik" zu erweitern. Ähnliche Schlußfolgerungen zog Prof. Dr. Gösta-B. Ihde aus seiner Kenntnis der internationalen Diskussion betriebswirtschaftlicher Probleme auf dem Gebiet des Verkehrs[1]). Er hat unter anderem dankenswerterweise die Initiative ergriffen, Lehrstuhl und Prüfungsfach in „Logistik" umzubenennen. Das im vorliegenden Buch umrissene Gebiet ist somit an der Universität Mannheim (WH) bereits institutionalisiert, und wir hoffen natürlich, daß auch andere Hochschulen diesem Beispiel folgen werden.

Abschließend bleibt uns noch, unseren Dank allen jenen auszusprechen, die uns bei der Fertigstellung dieses Buches geholfen haben. An erster Stelle sei unsere Sekretärin, Frau Hannelore Koch, genannt, die viele Abschnitte mehr-

---

[1]) Vgl. Ihde (1972).

mals schreiben und dabei mit den recht unterschiedlichen Eigenheiten und Diktiergewohnheiten der einzelnen Autoren fertigwerden mußte. Herrn Dipl.-Kfm. Wolfgang Bruder sind wir für die Hilfe beim Anfertigen der Abbildungen zu Dank verpflichtet. Außerdem danken wir allen, die uns beim Lesen der Korrekturfahnen unterstützt haben. Herr Dr. Ralf Bethke hat Teile früherer Fassungen des Manuskripts kritisch durchgesehen und — wie wir meinen — wesentliche Verbesserungen angeregt. Dies gilt schließlich in besonderem Maße für Herrn Dr. Werner-Michael Esser, der bei der letzten Überarbeitung des Manuskripts so intensiv und selbstlos mitgewirkt hat.

Werner Kirsch
Ingolf Bamberger
Eduard Gabele
Heinz Karl Klein

Inhaltsverzeichnis

Seite

Teil I

Logistische Systeme und Entscheidungen

1.1 Allgemeines über Systeme und Entscheidungen 41

    1.11 System- und entscheidungstheoretische Grundbegriffe 41

        1.111 Systeme 41

        1.112 Steuerung und Regelung von Systemen 45

        Paradigma der Steuerung und Regelung 46 — Steuerungs- und Regelungsprozesse als Entscheidungsprozesse 50

    1.12 Soziale Systeme 52

        1.121 Zur Abgrenzung sozialer Systeme 52

        1.122 Kollektive, Gruppen, Koalitionen, Organisationen . . . 54

        Kollektive und Gruppen 54 — Koalitionen 55 — Organisationen 56

        1.123 Staat, Gesellschaft, internationale Systeme 59

        1.124 Charakterisierung von Informations- und Entscheidungssystemen 61

        Typen von Entscheidungen 62 — Führung im Informations- und Entscheidungssystem 65

    1.13 Logistische Grundtatbestände 66

        1.131 Logistik und Verkehr im Lichte der Systembetrachtung 66

        Zum Verkehrsbegriff 67 — Zum Begriff der Logistik 69

        1.132 Verkehrsobjekte, Verkehrsmittel, Verkehrsnetze . . . 70

        Verkehrsobjekte 71 — Verkehrsmittel 73 — Verkehrsnetze 76: Verkehrsmatrizen und Verkehrsgraphen 76. Arten von Verkehrsnetzen 77. Die Verknüpfung von Verkehrsnetzen 80. Verkehrsströme in Verkehrsnetzen 81

		Seite
1.14	Die relevanten Systeme der betriebswirtschaftlichen Logistik	82
	1.141 Das makrologistische System	82
	1.142 Logistische Betriebswirtschaften	83
	1.143 Mikrologistische Systeme	85
1.2	Das makrologistische System	89
	1.21 Grundtatbestände des makrologistischen Systems	89
	1.211 Verkehrsträger	89

Binnenschiffahrt 90 — Seeschiffahrt 91 — Eisenbahnen 91 — Straßenverkehr 92 — Leitungsverkehr 93 — Luftverkehr 94

	1.212 Die Verflechtung des Verkehrssystems mit anderen Bereichen der Gesellschaft	94

Ökonomische Verflechtungsmodelle 95 — Verflechtungen im außerökonomischen Bereich der Gesellschaft 97

1.22	Die Koordination der Entscheidungen im makrologistischen System	98
	1.221 Koordination als wünschenswerte Abstimmung	98

Bedeutung der Wertproblematik 98 — Wohlfahrtsökonomische Ansätze der Bewertung 99 — Der Koordinationsbegriff Lindbloms 100

	1.222 Verhaltensweisen und Formen der Abstimmung interdependenter Entscheidungsträger	101

Zentrale versus dezentrale Abstimmung 101 — Antizipative versus reaktive Abstimmung 102 — Gemischte Formen der Abstimmung im makrologistischen System 103: Die Rolle des Preismechanismus im makrologistischen System 103. Tendenzen zur zentralen Koordination 108

	1.223 Die Ordnung des makrologistischen Informations- und Entscheidungssystems	109
1.23	Staatliche Verkehrspolitik	110
	1.231 Die staatliche Aktivität im makrologistischen System	111

Private und öffentliche Güter 112 — Öffentliche Güter und staatliche Aktivität 113

	1.232 Das verkehrspolitische System	114

Ein Bezugsrahmen zur Analyse politischer Systeme 116 — Kernorgane und Kompetenzverteilung im verkehrspolitischen System 117 — Die Unterstützung als kritische Variable 118 — Die Träger der verkehrspolitischen Entscheidungen 119 — Partizipienten des verkehrspolitischen Prozesses 120

1.24 Ziele und Themen verkehrspolitischer Forderungen und Entscheidungen 122

    1.241 Der wirtschaftspolitische Zielbildungsprozeß als Fundament der Verkehrspolitik 122

        Der Zielbildungsprozeß nach Schumpeter/Downs 123 — Der Zielbildungsprozeß in der „National Goal Analysis" 124

    1.242 Verkehrspolitische Ziele 127

        Versorgung der Bevölkerung mit Verkehrsleistungen 127 — Wettbewerb 127 — Gleichstellung und Handlungsfreiheit der Verkehrsträger, Verkehrsbetriebe und Verkehrsnutzer 128 — Koordinierung der Verkehrsinfrastruktur 129 — Stabilisierung der Wirtschaftspolitik 129 — Wachstum 130

    1.243 Themen verkehrspolitischer Forderungen und Entscheidungen 131

        Ordnungspolitische Themen 132 — Strukturpolitische Themen 134

1.25 Die Planung im makrologistischen System 138

    1.251 Makrologistische Verkehrsplanung und Marktwirtschaft 138

    1.252 Makrologistische Verkehrsplanung in der Bundesrepublik Deutschland 139

        Generalverkehrsplanung in Orten und Regionen 140 — Planning-Programming-Budgeting-Systeme 142: Funktionen von PPBS 143. Merkmale von PPBS 144 — Verkehrspolitische Planung 147

1.3 Logistische Betriebswirtschaften 153

  1.31 Der Verkehrsbetrieb als Organisation 153

    1.311 Aufgabenteilung und soziale Differenzierung 154

    1.312 Systemelemente und Produktionsfaktoren 156

        Elemente von Verkehrsbetrieben 156 — Verkehrsbetrieb und Produktionsfaktoren 158

    1.313 Die Anreiz-Beitrags-Betrachtung 160

        Anreize und Beiträge als kritische Variablen 161 — Typen von Organisationen 162 — Einschränkungen der Anreiz-Beitrags-Betrachtung 163

Seite

1.314 Funktionale Subsysteme der Organisation 164

Kern- und Grenzsysteme 164 — Die „Matrix" der Subsysteme 166 — Das Informations- und Entscheidungssystem 167 — Das Intelligenzsystem 169 — Elementarkombinationen als kleinste Subsysteme 170: Limitationale und substitutionale Elementarkombinationen 171. Outputfixe und outputvariable Elementarkombinationen 172. Wiederholungstypen 172. Steuerung und Regelung von Elementarkombinationen 173

1.315 Der hierarchische Aufbau der Organisation 174

1.32 Umweltbeziehungen und Marketingsysteme des Verkehrsbetriebes 177

1.321 Die Aufgabenumwelt des Verkehrsbetriebes 178

Zur Abgrenzung der Aufgabenumwelt 178 — Die Teilnehmer des Verkehrsbetriebes 179 — Sonstige Umweltelemente 183 — Die Handhabung von Interdependenzen 184: Abhängigkeit und Macht 185. Ausweitung der Alternativen 186. Gewinnung von Prestige 186. Kooperative Strategie 187. Ausdehnung der Grenzen der Organisation 188

1.322 Umweltbeziehungen des Verkehrsbetriebes 188

Transaktionsepisoden 189 — Transaktionszwischensysteme 191

1.323 Transaktionskanäle, Marketingsysteme und Märkte des Verkehrsbetriebes 192

Zur Abgrenzung von Transaktionskanälen 193 — Flußgrößen in Transaktionskanälen 194 — Strukturelle Differenzierung von Transaktionskanälen 196 — Marketingsysteme 197 — Märkte 199

1.33 Das politische System des Verkehrsbetriebes 201

1.331 Operative, administrative und politische Entscheidungsprozesse im Verkehrsbetrieb 202

Operative Entscheidungsprozesse 202 — Administrative Entscheidungsprozesse 203 — Politische Entscheidungsprozesse 205

1.332 Verfassungen des politischen Systems 206

Verfassungsmäßige Organe und Träger des Verkehrsbetriebes 207 — Rechtsformen 209

1.333 Teilnehmer und Ablauf des politischen Entscheidungsprozesses 212

Distributive und integrative politische Prozesse 213 — Der Einfluß der Mitglieder des Verkehrsbetriebes auf den politischen Prozeß 213 — Der Einfluß des Staates und der Öffentlichkeit auf den politischen Prozeß 215 — Die Einflußnahme anderer Betriebswirtschaften 216

1.34 Ziele und Kriterien verkehrsbetrieblicher Entscheidungen . . 217

1.341 Grundzüge der betriebswirtschaftlichen Zielanalyse . . 217

Individualziele, Ziele für den Verkehrsbetrieb, Ziele des Verkehrsbetriebes 218 — Dimensionen und Vollständigkeit von Zielaussagen 219 — Beziehungen zwischen den Zielen 220 — Das Zielsystem der Organisation 221

1.342 Ziele privater und öffentlicher Verkehrsbetriebe . . . 224

Gewinn und Rentabilität 225 — Das öffentliche Interesse 226: Die Grenzkostenpreisregel 227. Darbietungsziele 228. Das Prinzip der Gemeinwirtschaftlichkeit 229. Problematik des Begriffs des öffentlichen Interesses 229. Politische Entscheidungsprozesse und öffentliches Interesse 230 — Eigenwirtschaftlichkeit 231: Eigenwirtschaftlichkeit und öffentliches Interesse 231. Das Kostendeckungsprinzip 232. Zuschußbegrenzung 233. Eigenwirtschaftlichkeit und Liquidität 234 — Built-in conflicts 234

1.35 Entscheidungstatbestände und Entscheidungsprobleme im Verkehrsbetrieb 235

1.351 Das Leistungsprogramm des Verkehrsbetriebes 236

1.352 Produktionswirtschaftliche Entscheidungen 238

Ausstattungsentscheidungen 238 — Prozeßentscheidungen 239

1.353 Absatzwirtschaftliche Entscheidungen 242

Entscheidungen über die Transaktionspartner 242 — Die Gestaltung der Leistung 243 — Die Gestaltung der Gegenleistung 244 — Aktivitäten der Promotion 248: Werbung und Sales Promotion 248. Public Relations 249

1.354 Finanzwirtschaftliche Entscheidungen 250

Besonderheiten bei der Finanzierung öffentlicher Verkehrsbetriebe 251 — Außenfinanzierung: Eigen- und Fremdfinanzierung 252 — Innenfinanzierung: Selbstfinanzierung, Abschreibungsfinanzierung, Umschichtungsfinanzierung 254 — Kurz-, mittel- und langfristige Finanzierung 256 — Leasing, Sale-and-lease-back und Factoring 256 — Subventionen und Zuschüsse 257

1.4 Das logistische System von Betriebswirtschaften 261

    1.41 Aufbau, Struktur und Reichweite logistischer Systeme . . . 262

        1.411 Eine deskriptive Analyse logistischer Systeme 263

Die Systemelemente 263 — Der „Horizont" logistischer Systeme 266 — Die relevante Umwelt des logistischen Systems 267 — Relationen zwischen den Elementen logistischer Systeme 267 — Mikrologistische Prozesse 268 — Subsysteme 269 — Der Aufbau logistischer Systeme 271

        1.412 Beziehungen der Logistik zu anderen organisationalen Subsystemen 274

Logistik und Marketing 274: Logistik im Rahmen primärer Transaktionsbeziehungen 274. Logistische Kanäle und sekundäre Transaktionen 278. Logistik und Marketingsystem 279. Marketing-Mix und Logistik 280 — Logistik und Produktionssystem 281: Produktionsablauf, Produktionsablaufplanung und innerbetriebliche Logistik 283. Produktions- und Lagerbestandsmanagement 284

    1.42 Ziele und Kriterien logistischer Entscheidungen 286

        1.421 Suboptimierung und Effizienz des Gesamtsystems . . . 287

        1.422 Bestimmung eines Serviceniveaus 288

Servicezeit 288 — Die Zuverlässigkeit des Service 290

        1.423 Kosten als Zielkomponente 292

        1.424 Durchsetzung der Ziele im logistischen System 293

    1.43 Entscheidungstatbestände in logistischen Systemen 294

        1.431 Entscheidungen über Verarbeitungs- und Distributionszentren 296

Entscheidungen über die Verarbeitungszentren 296: Standortwahl 296. Anzahl der Verarbeitungszentren 298. Mehrstufigkeit von Produktionssystemen 298 — Entscheidungen über Distributionszentren 299: Arten von Distributionszentren 299. Eigene versus unabhängige Distributionszentren 300. Läger und Distributionszentren bei Groß- und Einzelhändlern 302. Zahl und

Standort von Distributionszentren und die Zuordnung von Gebieten 303. Entscheidungen über die Kapazität von Distributionszentren 304. Mehrstufigkeit von Versorgungs- und Distributionssystemen 305 — Innerbetriebliche Standortplanung (Layout-Problem) 305

1.432 Entscheidungen über den Transport 307

Entscheidungen über die Transportart 308 — Werkverkehr versus „Fremdbezug" 310 — Entscheidungen über die Fuhrparkgröße 311 — Transportproblem, Umladeproblem und cross-shipment 312 — Entscheidungen über den Transportweg 313 — Fahrzeugeinsatzplanung 313 — Entscheidungen über die Fahrzeugbeladung 315

1.433 Entscheidungen über Material- und Produktbestände und -ströme in logistischen Systemen 315

Entscheidungen über Lager- und Bestellmengen 317: Kostenfaktoren 318. Wiederauffüllzeit (Beschaffungszeit) 319. Bedarfsstruktur 320. Sicherheitsbestände und Zuverlässigkeitsstandard 320 — Die Bestimmung der (Wieder-)Bestellzeitpunkte 322 — Selektive Lagerhaltung 324

1.434 Entscheidungen über Materialhandhabung und Verpackung 326

Materialhandhabung 326 — Verpackung 328

1.435 Probleme des „Logistik-Mix" 330

1.44 Das Informations- und Entscheidungssystem logistischer Systeme 335

1.441 Die Problemstruktur logistischer Entscheidungen . . . 337

Art der Problemformulierung 337 — Gegenstand und Häufigkeit logistischer Entscheidungen 338 — Interdependenz und Konflikträchtigkeit logistischer Entscheidungen 340 — Anpassungsentscheidungen im logistischen System 340 — Anforderungen an das Informations- und Entscheidungssystem logistischer Systeme 342

1.442 Mikrologistik und Organisationsstruktur 343

Konzentration versus Dispersion der logistischen Aktivitäten 344: Die Bildung relativ unabhängiger Einheiten 345. Zusammenfassung unter einen bestehenden Funktionsbereich 346. Bildung eines selbständigen logistischen Bereichs 347 — Zentralisation versus Dezentralisation des logistischen Bereichs 348 — Kombination der Kategorien 350 — Die Organisationsstruktur des logistischen Bereichs 350

Seite

1.443 Die Gestaltung des logistischen Informationsflusses . . 351

Aufträge als Objekte logistischer Informationssysteme 352 — Der Informationsbedarf logistischer Entscheidungen 353 — Einige Aspekte des logistischen Kommunikationssystems 355 — Informationssystem und Kosten 356

1.444 Koordination in logistischen Systemen 357

Die Abstimmung des logistischen Bereichs mit seiner internen Umwelt 358 — Koordination und Führung in logistischen Kanälen 360: Logistische Kanäle als soziale Systeme 361. Kooperation und Integration in Marketingkanälen 363. Führungsaspekte in Marketingkanälen 366. Merkmale eines Marketingführers 367. Das Führungsverhalten von Marketingführern 370

Teil II

Methoden zur Unterstützung logistischer Entscheidungen

2.1 Begriffliche und methodologische Grundfragen 377

   2.11 Allgemeine Merkmale von Methoden 377

      2.111 Funktionen von Methoden im Entscheidungsprozeß . . 378

Phasen des Entscheidungsprozesses und relevante Methoden 378 — Informationsverarbeitungsmethoden 379: Der mögliche Output von Informationsverarbeitungsmethoden 380. Ersetzung versus Unterstützung menschlicher Entscheidungen 382 — Planungsmethoden 382

      2.112 Exakte versus inexakte Methoden 385

Merkmale exakter Methoden 386 — Merkmale inexakter Methoden 388 — Zur Wissenschaftlichkeit inexakter Methoden 388

   2.12 Interdisziplinäre Beiträge 389

      2.121 Operations Research 390

Zum Begriff des Operations Research 390 — Ökonometrie und Operations Research 393 — Modell und Realität 395: Pragmatik von Modellen 397. Erklärungs- und Entscheidungsmodelle 399 — Der Aufbau von Modellen 400: Definitionsgleichungen 401. Auswahlfunktionen 401. Transformationsfunktionen 402 — Zielfunktion,

Seite

Nutzenfunktion, Entscheidungsregel, Entscheidungsfunktion 403 — Besonderheiten ökonometrischer Modelle 407 — Lösungsverfahren 408 — Grenzen exakter Modellanalysen 410

2.122 Datenverarbeitung und Informatik 411

Begriff und Gliederung der Informatik 412 — Hardware und Software 415: Komponenten der Hardware 416. Computer-Software 418 — Informationssysteme 422

2.123 Systemanalyse 427

Zum Begriff der Systemanalyse 427 — Hauptmerkmale der Systemanalyse 430 — Die methodologische Basis der Systemanalyse 433

2.124 Angewandte Organisationstheorie 435

Typen organisationstheoretischer Ansätze 435 — Theorie der Strukturgestaltung versus Theorie des geplanten Wandels von Systemen 437 — Der Wandel eines Systems als politische Metaentscheidung 438 — Der Inkrementalismus als Ausgangshypothese der Theorie des geplanten Wandels 442 — Merkmale einer politischen Systemplanung 445 — Bausteine einer Theorie des geplanten Wandels 446: Systems Development 447. Planned Organizational Change 447

2.13 Die Beurteilung von Methoden 448

2.131 Die Beurteilung von Methoden als ein Problem der empirischen Forschung 449

Deskriptive Entscheidungsforschung als Voraussetzung für die Beurteilung von Methoden 449 — Von der Prämissenkritik zur Beurteilung der pragmatischen Relevanz 450 — Von der isolierten Beurteilung einer Methode zur Nutzen-Kosten-Analyse des methodenunterstützten Systems 452 — Das Testen von Methoden als Problem der empirischen Forschung 453

2.132 Kriterien zur Beurteilung von Methoden und Informationssystemen 455

Allgemeinheit und Mächtigkeit von Methoden 455: Grundbegriffe 455. Allgemeinheit und Ressourcenmächtigkeit 458. Lösungsmächtigkeit 458. Allgemeinheit und heuristische Kraft 460 — Die Bewertung von Output-Informationen und Lösungen 461 — Anforderungen an ein Informationssystem 464

Seite

2.2 Exakte Methoden zur Unterstützung logistischer Entscheidungen . 467

   2.21 Die Anwendung von Entscheidungsmodellen auf logistische Probleme 467

      2.211 Methodenorientierte versus problemorientierte Betrachtung von Entscheidungsmodellen 467

Die Differentialrechnung 470 — Die lineare Programmierung 470: Ein Einführungsbeispiel zur linearen Programmierung 471. Standardprogramme 473. Duale Programme 475. Die Lösung von Modellen der linearen Programmierung mit Hilfe der Simplexmethode 476. 1. Beispiel: Das Transportproblem nach Hitchcock als Beispiel für ein lineares Standardprogramm 477. 2. Beispiel: Die duale Form des Transportproblems aus Beispiel 1 478 — Die Varianten der mathematischen Programmierung 479 — Graphentheorie 481 — Heuristische Programmierung 482

      2.212 Das Transportproblem 483

Die formale Struktur des Transportproblems 484 — Lösungsverfahren 486: Beispiel für die Lösung eines Transportproblems 488. Lösung komplexerer Modelle 491

      2.213 Probleme des kürzesten Weges: Das Rundreiseproblem (Travelling-Salesman-Problem) 492

Formale Definition der Entscheidungsaufgabe 493 — Lösungsmethoden 494

      2.214 Die Bestimmung des Standorts von Distributionszentren 498

Der Infinitesimalansatz 499: 1. Modell: Eine elementare Formulierung des Standortproblems für m Verteilungszentren und n Abnehmer 500. 2. Modell: Das Standortproblem für m Verteilungszentren und n Abnehmer mit einer erweiterten Kostenfunktion 503 — Diskrete Ansätze 505: Der Simulationsansatz von Shycon und Maffei 505. Das heuristische Programm von Kuehn und Hamburger 507

      2.215 Raumzuordnungsprobleme, insbesondere das innerbetriebliche Layoutproblem 512

Die mathematische Formulierung des Raumzuordnungsproblems 512 — Ein Überblick über vorgeschlagene Lösungsverfahren 513 — Heuristische Lösungsverfahren 516: Mathematisch-analytische Verfahren 516. Konstruktionsverfahren 518. Vertauschungsmethoden 519

	Seite
2.216 Lagerhaltungsprobleme	521

Die Einflußgrößen der Theorie der Lagerhaltung 522 — Zwei elementare Modellformulierungen 523 — Methoden zur Lösung von Lagerhaltungsmodellen 526 — Die klassische Losgrößen-(Bestellmengen-)Formel 527 — Die Berücksichtigung von Lagerzyklen und Fehlmengenkosten in der optimalen Bestellmenge bei kontinuierlicher Abgangs- und Zugangsrate 528 — Lagerhaltungsmodelle und das Problem der Informationskosten 530

2.22 Prognosemethoden in logistischen Systemen 531

    2.221 Die Warteschlangentheorie 532

Grundbegriffe der Warteschlangentheorie 532 — Analyse einer Bedienungsstelle mit der Anwendung von Markov-Prozessen 536 — Anwendungen der Warteschlangentheorie 538

    2.222 Monte-Carlo-Techniken 542

    2.223 Die Simulation als Prognosemethode 546

Das Wesen von Simulationsmodellen 546 — Der Modellansatz des Industrial Dynamics 548: Die Grundbegriffe von Industrial Dynamics 549. Das Verhalten des Systems in der Zeit 551. Ein einfaches logistisches System in Industrial Dynamics 556. Modellergebnisse 558 — Das LREPS-Modell von Bowersox 559: Der Aufbau des Modells 560. Modellablauf 561. Grenzen des Modells 563. Anwendungsbeispiele und geplante Weiterentwicklung 563.

    2.224 Zeitreihenanalyse und Trendprojektionen 564

Gleitende Durchschnitte und Trendprojektionen 565 — Exponentielle Glättung (Exponential Smoothing) 566 — Anwendung der exponentiellen Glättung zur Vorhersage von Verkehrsstrommatrizen 567: Zum Vorhersageprozeß 568. Zum Überwachungsprozeß 569

    2.225 Ökonometrische Erklärungs- und Prognosemodelle . . 570

Typen ökonometrischer Modelle 572 — Die Interpretation ökonometrischer Gleichungssysteme 573 — Die Schätzung von Parametern 574 — Ökonometrische Anwendungen in der Logistik 576

	Seite

2.3 Inexakte Methoden zur Unterstützung logistischer Entscheidungen . 579

   2.31 Kreativitätsmethoden 581

      2.311 Morphologische Methoden 583

          Die wichtigsten Aspekte und Methoden der Morphologie 583 — Zwei Beispiele 584

      2.312 Brainstorming 588

      2.313 Synektik 590

          Grundmerkmale der Synektik 590 — Die Bildung von Analogien 592

   2.32 Prognosemethoden 593

      2.321 Delphi-Methode 593

          Grundmerkmale der Delphi-Methode 595 — Vergleich der Delphi-Methode mit anderen Methoden 597 — Ein Anwendungsbeispiel aus der Logistik 600

      2.322 SEER-Technik 600

          SEER-Technik und Delphi-Methode 602 — Ein Anwendungsbeispiel 603 — Der SEER-Baum 605

   2.33 Nutzen-Kosten-Analyse 606

      2.331 Merkmale der Nutzen-Kosten-Analyse 606

      2.332 Nutzen und Kosten und ihre Bewertung 608

          Direkte Nutzen und Kosten 609 — Indirekte Nutzen und Kosten (Spillover-Effekte) 610 — Intangible Nutzen und Kosten 611

      2.333 Die Berücksichtigung zeitlicher Aspekte 612

      2.334 Nutzen-Kosten-Vergleich und Projektauswahl 613

      2.335 Anwendungsbeispiele der Nutzen-Kosten-Analyse in der Logistik 614

   2.34 Methoden der Unsicherheitshandhabung und Bewertungsstabilisierung 619

      2.341 Sensitivitätsanalyse, Kontingenzenanalyse und A-fortiori-Analyse 620

      2.342 Cost-Constraint-Analyse 621

Seite

2.35 Der Ablauf der Systemanalyse 624

    2.351 Formulierung des Problems 626

    2.352 Auswahl der Ziele 627

    2.353 Generierung von Alternativen 629

    2.354 Sammlung von Daten 629

    2.355 Konstruktion von Modellen 630

    2.356 Abwägung von Nutzen und Kosten 630

    2.357 Empfindlichkeitstest 631

    2.358 Infragestellung der Annahmen, Überprüfung der Ziele, Erschließung neuer Alternativen, Neuformulierung des Problems 631

2.4 Informationssysteme zur Unterstützung logistischer Entscheidungen 635

    2.41 Entwicklungsstufen und Typen betriebswirtschaftlicher Informationssysteme 635

        2.411 Anwendungssysteme Typ Alpha: Datentransformationssysteme 636

        2.412 Anwendungssysteme Typ Beta: Soll-Ist-Kontrollsysteme 636

        2.413 Anwendungssysteme Typ Gamma: Unterstützung vollständig formulierter Entscheidungen im On-line-Dialogbetrieb 637

        2.414 Anwendungssysteme Typ Delta: Automation wohldefinierter Entscheidungen 638

        2.415 Anwendungssysteme Typ Epsilon: Unterstützung schlecht-definierter Entscheidungen im Stapelbetrieb . . 638

        2.416 Anwendungssysteme Typ Zeta: Unterstützung schlecht-definierter Entscheidungen im On-line-Dialogbetrieb . 639

        2.417 Anwendungssysteme Typ Utopia: Dialog in natürlicher Sprache 642

    2.42 Die Computerunterstützung des mikrologistischen Informationssystems 643

        2.421 Die Evolution mikrologistischer Informationssysteme . 644

Seite

  2.422 Die Standardisierung mikrologistischer Informationssysteme 646

  2.423 Die Computerunterstützung innovativer Entscheidungen im mikrologistischen Informationssystem 655

 2.43 Computereinsatz im Informationssystem logistischer Betriebe . 657

  2.431 Informationssysteme der Luftfahrtgesellschaften . . . 658

   Platzbuchungssysteme 658 — Flughafeninformationssysteme 663

  2.432 Computereinsatz bei Eisenbahnen 665

   Wichtige Anwendungsgebiete der Automation bei den Eisenbahnen 665 — Das Güterwagen-Informationssystem der niederländischen Eisenbahnen 666 — Ansatzpunkte für ein Integriertes Informationssystem bei der Deutschen Bundesbahn 669

  2.433 Computereinsatz in Speditionsbetrieben 671

   Die Sammelgut-Abfertigung 672 — Das System des Transportausgleichs 674 — Die Kostenrechnung als Grundlage eines computerisierten Informationssystems 676 — Empirische Ergebnisse zum Einsatz von Computern in Speditionsbetrieben 678

 2.44 Computer in makrologistischen Informationssystemen 680

  2.441 Ansatzpunkte für ein Verkehrsinformationssystem . . 680

  2.442 Öffentliche Rechendienste (Public Computer Utilities) . 683

   Funktionen und Prozesse öffentlicher Rechendienste 684 — Struktur und ungelöste Probleme öffentlicher Rechendienste 686

  2.443 Probleme der Datenfernverarbeitung 688

2.5 Geplanter Wandel logistisch relevanter Systeme 691

 2.51 Probleme der Komplexitätshandhabung im Prozeß des geplanten Wandels von Systemen 692

  2.511 Die hierarchische Struktur des Planungsprozesses . . . 692

Seite

    2.512 Geplante Evolution 694

    2.513 Evolutionärer Experimentalismus 696

    2.514 Konzeptionelle Planung als Grundlage der Systementwicklung 698

    2.515 Phasen des Entwicklungsprozesses 700

    2.516 Zur Übertragbarkeit von Phasengliederungen auf andere Entwicklungsprozesse 705

2.52 Probleme der Konflikthandhabung und Durchsetzung im Prozeß des geplanten Wandels von Systemen 708

    2.521 Konflikte und Konsens in sozialen Systemen 708

        Definitionen 708 — Das Konfliktpotential 712 — Transformation des Konfliktpotentials 714

    2.522 Formen der Konflikthandhabung 717

    2.523 Taktiken der Willensdurchsetzung 720

        Die Annahme von Entscheidungsprämissen 721 — Die Grundlagen der Macht 722 — Manipulative Taktiken 723 — Verhandlungen 724

2.53 Probleme des Projektmanagements und der Projektorganisation 725

    2.531 Systementwicklungen als Projekte 726

    2.532 Das Projektsystem 728

        Die institutionelle Verankerung des Projektsystems 729 — Führungaktivitäten und Macht des Projektmanagements 732 — Ausschüsse im Projektsystem 734 — Die innere Struktur des Projektsystems 736

    2.533 Projektsystem und change agent 737

Literaturverzeichnis 741

Stichwortverzeichnis 791

Verzeichnis der Abbildungen

Abb.		Seite
1.1:	Aktives Element	42
1.2:	Kombinierte Steuerung und Regelung	47
1.3:	Hierarchie von Regelkreisen	49
1.4:	Typen sozialer Systeme	58
1.5:	Typen von Entscheidungen	63
1.6:	Zum Begriff des Verkehrs	68
1.7:	Paradigma des Kommunikationsprozesses	73
1.8:	Verkehrsmatrix	76
1.9:	Allgemeines Verflechtungsmodell	95
1.10:	Marktverflechtungen zwischen Verkehrssektoren und den übrigen Wirtschaftsbereichen	96
1.11:	Das politische System der Organisation	116
1.12:	Der wirtschaftspolitische Zielbildungsprozeß	125
1.13:	Die funktionalen Subsysteme der Organisation	165
1.14:	Das Informations- und Entscheidungssystem des Verkehrsbetriebes	168
1.15:	Elementarkombinationen nach Kosiol	171
1.16:	Schichten der Umwelt des Verkehrsbetriebes	181
1.17:	Märkte und Kontrahierungskanäle von Verkehrsbetrieben	200
1.18:	Relevante Themenbereiche verkehrsbetrieblicher Zielformulierungen	224
1.19:	Logistisches System einer Betriebswirtschaft mit einer Produktionsstätte und einem Produkt	270/271

Abb.		Seite
1.20:	Logistisches System einer Betriebswirtschaft mit zwei Verarbeitungszentren, zwei Produkten und Produktaustausch	272
1.21:	Informations- und Produktfluß in einem physischen Distributionssystem	273
1.22:	Flußgrößen in einem Marketingkanal	276
1.23:	Die Differenzierung von Kontrahierungsweg und physischem Produktweg	277
1.24:	Mögliche Differenzierungen eines Marketingsystems	279
1.25:	Phasen des Servicezyklus	289
1.26:	Beispiel der Minimierung der Anzahl von Fahrzeugen versus Minimierung der Entfernungen	311
	a) Kürzeste Route bei einem Minimum an Fahrzeugen	
	b) Kürzeste mögliche Route bei Verwendung von drei Fahrzeugen	
1.27:	Meldemengensystem	322
1.28:	Wirkung der Wiederauffüllzeit auf die Meldemenge	323
1.29:	Bedarfsverlauf und Meldemenge	323
1.30:	Beispiel für einen komparativ-statischen Kostenvergleich zweier alternativer logistischer Systeme (Distribution über Eisenbahn und Distributionszentren versus Distribution direkt mittels Luftverkehrs)	332/333
1.31:	Einige Beispiele intra- und interorganisationaler Kosten-Trade-offs	335
1.32:	Regelung und Steuerung logistischer Objektprozesse	336
1.33:	Unterschiede in der Struktur der Entscheidungen in zwei Bereichen der Organisation	338
1.34:	Anpassungsentscheidungen bei Störungen logistischer Objektprozesse	341
1.35:	Problemstruktur und Anpassungsprozeß	342

Abb.		Seite
1.36:	Integration logistischer Aktivitäten in einer Matrixorganisation	348
1.37:	Logistik als Funktionsbereich bei Divisionalisierung und Matrixorganisation	349
2.1:	Charakterisierung der Planung als spezifische Entscheidung	384
2.2:	Die Unterstützung wirtschaftlicher Entscheidungen durch ökonometrische Modelle	394
2.3:	Die Computer-Hardware	416
2.4:	Klassifikation der Computer-Software	419
2.5:	Anwendungsorientierte Schwerpunkte der Informatik (Computer-Wissenschaft)	423
2.6:	Intelligenzsystem und Mensch-Maschine-Digitalsystem	424
2.7:	Typen von Organisationstheorien	436
2.8:	Informations- und Entscheidungssystem und Objektsystem der Unternehmung	439
2.9:	Entscheidungsmodelle mit verschieden starker heuristischer Kraft	459
2.10:	Hypothetische Relation zwischen Allgemeinheitsgrad, Informationsmächtigkeit und heuristischer Kraft von Methoden	461
2.11:	Logistische Probleme und Entscheidungsmethoden	469
2.12:	Graphische Darstellung eines Minimierungsproblems	472
2.13:	Schematische Darstellung eines Transportproblems mit drei Versandorten V_i und fünf Empfangsorten E_k	484
2.14:	Numerisches Beispiel für ein ausgewogenes Transportproblem	485
2.15:	Ausgangsmatrix	488
2.16:	Ausgangslösung des Transportproblems	489
2.17a:	Ausgangslösung in erweiterter Form	490
2.17b:	Erste verbesserte Lösung des Transportproblems	490

Abb.		Seite
2.17c:	Zweite verbesserte Lösung des Transportproblems	491
2.17d:	Optimale Lösung des Transportproblems	491
2.18a:	Grundprinzip der heuristischen Strategie zur Lösung des Travelling-Salesman-Problems nach Karg und Thompson	497
2.18b:	Erläuterung der heuristischen Strategie von Karg und Thompson an einem 5-Städte-Beispiel	497
2.19:	Die Miehle-Prozedur zur Lösung des Standortproblems nach Modell 1	501
2.20:	Ergebnisse der Miehle-Prozedur für ein 50-Kunden-Problem mit $m = 1, 2, 3, 4$ und 5 Distributionszentren	502
2.21:	Flußdiagramm für das Warehouse-Modell von Kuehn und Hamburger	509
2.22:	Klassifikation der Merkmale von Lagerhaltungsproblemen	522
2.23:	Ein Lagerhaltungsmodell mit konstanter, diskreter Zugangsrate und konstanter, kontinuierlicher Abgangsrate	524
2.24:	Verzeichnis der bei der Darstellung der Lagerhaltungsmodelle verwendeten Abkürzungen und Variablen	524
2.25:	Ein 4periodiger Lagerhaltungszyklus	525
2.26:	Graphische Lösung des Bestellmengenproblems aus Abb. 2.23	527
2.27:	Ein einfaches Abfertigungssystem	533
2.28:	In der Warteschlangentheorie verwendete Symbole	534
2.29:	Abhängigkeit der Kapazität einer Kreuzungseinfahrt von der Wahrscheinlichkeit für Linksabbieger und der Kapazität N ohne Linksabbieger	541
2.30:	Blockdiagramm zur Simulation des Verkehrsflusses von der östlichen Kreuzungseinfahrt nach allen Richtungen an einer Kreuzung mit einer Fahrbahn in alle Richtungen	544
2.31a:	Zusammengesetzte Exponentialfunktion zur Darstellung von Beobachtungsdaten	545

Abb.		Seite
2.31b:	Die Zusammensetzung der Exponentialfunktion	545
2.32:	Grundlegende Modellstruktur des Industrial Dynamics	550
2.33:	Entscheidungsfindung im Modell	550
2.34:	Grundstruktur einer einfachen Rückkopplungsschleife	552
2.35:	Lagerhaltungs-Kontrollsystem als Beispiel einer negativen Rückkopplungsschleife erster Ordnung	552
2.36:	Typischer zeitlicher Verlauf des Lagerbestandes bei Verzögerungen erster Ordnung	554
2.37:	Typische Verhaltungsweisen von Systemen erster und höherer Ordnung	554
3.38:	Verkäuferausbildung als Beispiel eines positiven Regelkreises	555
2.39:	Exponentielles Wachstum bei einem positiven Regelkreis	556
2.40:	Ein einfaches logistisches System in Industrial Dynamics	557
2.41:	Grundkonzeption des LREPS	562
2.42:	Blockdiagramm des Trendprojektionsmodells mit Überwachungsprozeß	570
2.43:	Die Anwendung inexakter Methoden in einzelnen Phasen des logistischen Entscheidungs- und Problemlösungsprozesses	580
2.44:	Übersicht über einige Kreativitätsmethoden	582
2.45:	Morphologischer Kasten	585
2.46:	Erschließung einer Region	586
2.47:	Morphologischer Baum nach Einführung des Kriteriums „Abhängigkeit der Autobahntrassierung vom Standort der transportorientierten Industrien"	587
2.48:	Morphologischer Baum nach Einführung des Kriteriums „Ausbau des Zentralortes der Region in der Nähe des Industriezentrums"	587

Abb.		Seite
2.49:	Flußdiagramm zum Verlauf synektischer Suchprozesse	591
2.50:	Übersicht über einige Prognosemethoden	594
2.51:	Bestimmung von Mittelwert und Quartilswerten nach der Delphi-Methode	596
2.52:	Matrix der Ereignisse und Ereigniswahrscheinlichkeiten	601
2.53:	Prognosen informationstechnologischer Ereignisse	604
2.54:	SEER-Prognose-Baum	605
2.55:	Ergebnisse einer Nutzen-Kosten-Analyse einer U-Straßenbahn in Hannover	616
2.56:	Iterationsprozeß bei der Systemanalyse	626
2.57:	Phasen der Systemanalyse	632
2.58:	Beispiele für Taxonomien organisationaler Informationssysteme	647
2.59:	Das logistische Informationssystem im Rahmen der MIS-Taxonomie	650
2.60:	Die Bestandsgrößen des logistischen Netzwerkes (Aufträge und Material)	651
2.61:	Die Subsysteme eines idealtypischen MIS mit den Funktionsmoduln der operativen Ebene	653
2.62:	Das Zusammenspiel der logistischen Subsysteme (Interfacestruktur) und die wichtigsten Dateien	654
2.63:	Beispiele administrativer Managementaktivitäten, deren Erfassung in einer allgemeinen MIS-Taxonomie problematisch ist	656
2.64:	Verarbeitungszentrale des Platzreservierungssystems der Deutschen Lufthansa	661
2.65:	Verbindung von Buchungsplätzen mit der Zentrale über einen Reduktor	662
2.66:	Ablauf eines Transportprozesses	668

Abb.		Seite
2.67:	Ablauf einer Sammelgut-Abfertigung	673
2.68:	Hauptbestandteile des Informationssystems im Verkehrswesen	681
2.69:	Der iterative Charakter der konzeptionellen Gesamtplanung	695
2.70:	Beispiele von Phasen des Entwicklungsprozesses	701
2.71:	Aktivitäten der Systementwicklung	702
2.72:	Die Reihenfolge der Phasen des Entwicklungsprozesses und die Rückkopplungen zwischen ihnen	703
2.73:	Phasen des Entwicklungsprozesses und ihre Iterationen und Rückkopplungen	704
2.74:	Flußdiagramm des Design-Prozesses für ein physisches Distributionssystem	705
2.75:	Schema einer Konfliktepisode	710
2.76:	Paradigma des Konfliktprozesses aus der Sicht des Individuums	712
2.77:	Elemente einer kognitiven Interpretation des Konfliktpotentials	713
2.78:	Typologie der Formen des Konfliktverhaltens	718
2.79:	Strategien für die Einführung eines Informationssystems	719
2.80:	Annahme oder Ablehnung potentieller Entscheidungsprämissen	723
2.81:	Grundlegende Unterschiede zwischen Waffensystemen und Informationssystemen	727
2.82:	Vorteile und Nachteile eines Projektmanagement-Ansatzes	731

Teil I

Logistische Systeme und Entscheidungen

1.1 Allgemeines über Systeme und Entscheidungen

Die vorliegende Untersuchung geht von der programmatischen These aus, daß die von der Betriebswirtschaftslehre bisher vernachlässigten Phänomene der Logistik und des Verkehrs im Lichte einer system- und entscheidungsorientierten Betrachtungsweise eine systematische Behandlung erfahren können[1]. Der erste Teil der Untersuchung dient primär der deskriptiven Analyse der logistisch relevanten Systeme und Entscheidungen. Ausgehend von einer kurzen Diskussion der wichtigsten system- und entscheidungstheoretischen Grundbegriffe und der für eine betriebswirtschaftliche Logistik relevanten sozialen Systeme (Organisation, Staat, Gesellschaft usw.), soll eine allgemeine Charakterisierung von Logistik und Verkehr in sozialen Systemen unter Bezugnahme auf systemtheoretische Kategorien vorgenommen werden. Dies schließt eine Abgrenzung der makro- und mikrologistischen Systeme bzw. logistischen Organisationen mit ein, auf die sich das besondere Interesse der betriebswirtschaftlichen Logistik richtet.

1.11 System- und entscheidungstheoretische Grundbegriffe

Es gibt heute wohl kaum einen Begriff, der in nahezu allen wissenschaftlichen Disziplinen so viel Verwendung findet wie der Begriff des Systems[2]. Dabei ist es überraschend, daß sich durchaus ein gemeinsamer begrifflicher Kern herausgebildet hat.

1.111 Systeme

Ein System ist eine Menge irgendwelcher Elemente (Teile, Komponenten), zwischen denen Beziehungen bestehen. *Beziehung* ist alles, was durch Relationsaussagen zum Ausdruck gebracht wird, deren Argumente Elemente des Systems repräsentieren. Im weiteren Verlauf interessieren in erster Linie Verhaltenssysteme.

Verhaltenssysteme bestehen aus einer Menge *aktiver* Elemente, die Stoffe, Energie und Informationen aufnehmen und verarbeiten sowie untereinander

---

[1] Zum system- und entscheidungsorientierten Ansatz vgl. Heinen (1968), (1972 a), (1972 b); Kirsch (1970 a), (1971 a), (1971 b); Kirsch und Meffert (1970); Ulrich (1968).
[2] Vgl. z. B. Ackoff (1960), (1971); Ashby (1958); von Bertalanffy (1949), (1968); Boulding (1956); Buckley (1967); Eckman (1961); Emery, F. E. (1969); Lange (1967); Mesarović (1964); Miller (1965).

stoffliche, energetische und informationelle Kopplungen aufweisen. Sie tauschen Stoffe, Energie und Informationen aus und beeinflussen sich dadurch gegenseitig. Stoffe, Energie und Informationen können als *passive* Elemente des Systems bezeichnet werden.

Die aktiven Elemente eines Verhaltenssystems können bei näherer Betrachtung selbst als Systeme niederer Ordnung analysiert werden. Umgekehrt kann jedes System als aktives Element eines Systems höherer Ordnung aufgefaßt werden. Die Realität kann daher durch eine Hierarchie von Systemen erfaßt werden. Mensch, Gruppe, Organisation und Gesellschaft sind Verhaltenssysteme unterschiedlicher Ordnung in dieser Systemhierarchie.

Einem System niederer Ordnung kommt nur so lange der Rang eines aktiven Elements des Systems höherer Ordnung zu, als seine innere Struktur unbeachtet bleibt und nur die Beziehungen zwischen Input und Output analysiert werden. Man sagt auch, das aktive Element werde als „black box" („Schwarzer Kasten") betrachtet. Abb. 1.1 gibt ein aktives Element mit mehreren stofflich-energetischen und informationellen Inputs bzw. Outputs wieder.

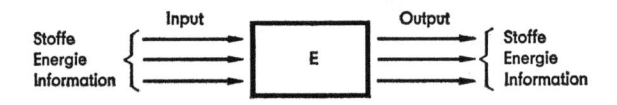

Abb. 1.1: Aktives Element

Das Verhalten eines aktiven Elements besteht in der Transformation des Inputs in Output. Transformation in diesem Sinne liegt auch vor, wenn das aktive Element seinen Input lediglich speichert (lagert), um ihn nach einiger Zeit in unveränderter Form wieder abzugeben. Ähnliches gilt für den Transport von Stoffen, Energie und Informationen. Das aktive Element wird dann u. U. als *Kanal* bezeichnet.

Die aktiven Elemente eines Verhaltenssystems sind gekoppelt. Eine *Kopplung* zwischen zwei aktiven Elementen liegt vor, wenn Outputs des einen Elements zu Inputs des anderen werden. Dabei ist zwischen stofflich-energetischen Kopplungen einerseits und informationellen Kopplungen (Kommunikation) andererseits zu unterscheiden. Kopplung ist nichts anderes als ein Austausch von Stoffen, Energie und Informationen zwischen aktiven Elementen. Eine Kopplung existiert nur zu den Zeitpunkten, in denen tatsächlich ein solcher Austausch stattfindet: Zwischen zwei Fernsprechteilnehmern, die an ein Telefonnetz angeschlossen sind, existiert nur dann eine informationelle Kopplung, wenn sie tatsächlich miteinander telefonieren. Sofern ein System Kopplungen mit Elementen seiner Umwelt aufweist, spricht man von einem *offenen* System. Andernfalls liegt ein *geschlossenes* System vor. Sind Systeme mit ihrer Umwelt gekoppelt, erscheint es zweckmäßig, einzelne Elemente eines Verhaltenssystems und seiner Umwelt zu einem spezifischen Teilsystem zusammenzufassen. Dieses besitzt den Charakter eines *Zwischensystems*. Oft entsteht ein Zwischensystem, weil der spezifische Untersuchungszweck es erfordert, daß ein Subsystem eines Verhaltenssystems um Elemente anderer Verhaltenssysteme der Umwelt ergänzt wird.

Von besonderer Bedeutung bei der Analyse von Verhaltenssystemen sind die Rückkopplungen. Eine *Rückkopplung* liegt vor, wenn der Output eines Elements auf dessen Input zurückwirkt: Der Output eines Elements wird zum Input eines vorgelagerten Elements, dessen Output direkt oder über eine Kette von Output-Input-Kopplungen wieder zum Input des betrachteten Elements wird.

Das Netz der zu einem bestimmten Zeitpunkt gegebenen Beziehungen zwischen den aktiven Elementen konstituiert die *Struktur* dieses Systems in diesem Zeitpunkt. Je nachdem, welche Beziehungen jeweils betrachtet werden, kann der Strukturbegriff Einschränkungen erfahren. Stellt man die in diesem Zeitpunkt realisierten Kopplungen stofflich-energetischer und informationeller Art heraus, so ergibt sich die Kopplungsstruktur. Knüpft man an den die räumliche Anordnung der Systemelemente beschreibenden Relationsaussagen an, so spricht man von der räumlichen Struktur des Systems.

Von der Struktur eines Systems ist dessen *Aufbau* zu unterscheiden, obgleich einige Autoren beide Begriffe gleichbedeutend verwenden. Der Aufbau eines Systems in einem bestimmten Zeitpunkt wird durch die in diesem Zeitpunkt vorhandenen aktiven und passiven Elemente sowie durch das spezifische Netz der Beziehungen zwischen diesen Elementen determiniert. Eine Beschreibung des Aufbaus des Systems ist eine Charakterisierung des Zustands des Systems in einem bestimmten Zeitpunkt. Zustandsbeschreibungen beinhalten eine Menge von Deskriptionen der aktiven Elemente sowie deren Beziehungen. Eine Zustandsbeschreibung entspricht gleichsam einer Momentaufnahme des Systems, die das sich ständig wandelnde System in einem Zeitpunkt „anhält". Sie zeigt die „Anatomie" des Verhaltenssystems.

Vergleicht man die Zustandsbeschreibungen eines Systems über längere Zeit, so zeigt sich, daß ein Teil der die Systemzustände ausdrückenden Aussagen im Zeitablauf sich wiederholt: Das System besitzt einen im Zeitablauf relativ invarianten Kern. Der im Zeitablauf invariante Teil des Aufbaus bzw. der Struktur des Systems wird als *Grundaufbau* bzw. *Grundstruktur* bezeichnet. Viele Autoren beschränken den Strukturbegriff auf diesen invarianten Teil des Beziehungsnetzes zwischen den Elementen oder bezeichnen mit Struktur gar alles, was sich im Zeitablauf nicht verändert und somit als gegeben anzusehen ist. Der Begriff der strukturellen Veränderung bezieht sich meist auf die Grundstruktur oder den Grundaufbau. Wir wollen Veränderungen dieser Art als *tiefgreifende Veränderungen* des Systems bezeichnen.

Jede Veränderung des Zustands eines Systems ist ein Prozeß. Diese Aussage ist gleichbedeutend mit der Formulierung, daß unter Prozeß jede Veränderung der aktiven Elemente sowie der Stoffe, Energie und Informationen im System zu verstehen ist. Der Terminus „Prozeß" ist dabei Oberbegriff für die Begriffe „Verhalten" und „Entwicklung"[3]. Verhalten eines Systems ist die Transformation von Stoffen, Energie und Informationen des Systems. Das Verhalten kann durch die Folge der Input- und Outputvektoren sämtlicher Systemelemente im Zeitablauf sowie deren spezifische Kopplungsstruktur beschrieben werden. Änderungen des Verhaltens eines Systems können folglich auch auf Änderungen des Verhaltens seiner Elemente und/oder auf Änderungen der Kopplungsstruktur zurückgeführt werden. Da das Systemverhalten nicht ausschließlich durch das Verhalten seiner Elemente determiniert wird, sondern auch durch die Struktur der informationellen und stofflich-energetischen Kopplungen dieser Elemente, ist ein Verhaltenssystem eine Ganzheit. Diese Feststellung stützt allerdings nicht unmittelbar die holistische These, das „Ganze sei mehr als die Summe seiner Teile".

Eine Analyse von Systemen zeigt, daß das Verhalten sowohl von Änderungen ihrer Elemente als auch von Änderungen der Kopplungsstrukturen in unterschiedlichem Ausmaß beeinflußt wird. Dabei ist festzustellen, daß die jeweils „mächtigsten" Elemente und Kopplungsstrukturen das System im Zeitablauf bestimmen. Bei der Betrachtung des Verhaltens wird allerdings von den langfristigen Rückwirkungen der Transformationsprozesse auf die aktiven Elemente und auf die Struktur des Systems abstrahiert. Demgegenüber ist die Entwicklung ein Ausdruck langfristiger, meist tiefgreifender Änderungen. Sie verändern den Grundaufbau bzw. die Grundstruktur eines Systems.

Koppelt man zwei oder mehrere Systeme zusammen, so entsteht ein System höherer Ordnung. Systeme höherer Ordnung können zu einem System noch höherer Ordnung vereinigt werden usw. Auf diese Weise gelangt man zu einer Hierarchie von Systemebenen[4]. Von der Systemebene ist die Ebene der Betrachtungsweise zu unterscheiden. Die in einem System höherer Ordnung vereinigten Systeme niedrigerer Ordnung können bei der Analyse des Systems höherer Ordnung als Subsysteme oder aber als aktive Elemente fungieren. Im letzten Falle werden die ursprünglichen Systeme niedrigerer Ordnung nunmehr als „black boxes" betrachtet, wobei nur die Input-Output-Transformationen, nicht jedoch der innere Aufbau interessieren. Mit der Bildung des Systems höherer Ordnung verändert sich hier auch die Ebene der Betrachtungsweise. Dies gilt jedoch nicht in dem Falle, daß die Systeme

---

[3] Vgl. zum folgenden Gabele (1972).
[4] Vgl. zur Hierarchie von Systemen Alexander (1964); Bunge (1960); Simon (1969); Whyte, Wilson, A. G. und Wilson, D. (1969).

niedrigerer Ordnung als Subsysteme erhalten bleiben[5]). Komplexe Systeme können in der Regel nur analysiert werden, indem man Subsysteme bildet, diese für sich analysiert, um sie dann — wenn ihre Funktion geklärt ist — als „Schwarze Kasten" und undifferenzierte aktive Elemente des Systems höherer Ordnung zu betrachten. Auf diese Weise ist die Komplexität des Systems in den Griff zu bekommen[6]). Mensch, Gruppe, Organisation und Gesellschaft können — vorbehaltlich einer genaueren Diskussion — als Systeme unterschiedlicher Ordnung innerhalb einer Systemhierarchie aufgefaßt werden.

1.112 Steuerung und Regelung von Systemen

Wenn der Mensch ein System abgrenzen und über längere Zeit beobachten will, so muß er gleichzeitig festlegen, welche Merkmale das System über die Zeit hinweg aufweisen muß, damit man sagen kann, das im Zeitpunkt t_2 festgestellte System sei noch das gleiche wie das im Zeitpunkt t_1 beobachtete System und habe somit „überlebt". Die allgemeinste Festlegung dieser Art besteht darin, eine gewisse *Stabilität* des Systems zu fordern. Danach weist das System eine Reihe *kritischer* Systemeigenschaften auf, die unterschiedliche Ausprägungen annehmen können, die aber über längere Zeit keineswegs außerhalb eines Bereichs „zulässiger" Ausprägungen geraten dürfen. „Überleben" heißt dann, daß das System ein stabiles Gleichgewicht besitzt. Ein Gleichgewicht ist stabil, wenn das System bei Störungen wieder in den Bereich der zulässigen Ausprägungen der Systemvariablen zurückkehrt. Die kritischen Variablen und ihre zulässigen Ausprägungen können sich jedoch auch im Zeitablauf nach einem dem Beobachter des Systems bekannten *Entwicklungsgesetz* verändern. Das System überlebt also auch, wenn es bei Störungen wieder auf seinen *Entwicklungspfad* zurückkehrt. In all diesen Fällen weist das System „Mechanismen" auf, die eine Störungskompensation leisten. Formale Überlegungen, die hier nicht auszuführen sind, zeigen, daß solche Störungskompensationen in der Regel durch spezifische Rückkopplungen im System hervorgerufen werden, die somit den Charakter *kompensierender* Rückkopplungen besitzen. Nicht alle Rückkopplungen haben jedoch kompensierende Effekte. Das System kann auch *kumulative* Rückkopplungen aufweisen. Diese bewirken, daß das System bei größeren Störungen u. U. nicht mehr in das alte, durch das Entwicklungsgesetz definierte Gleichgewicht zurückkehrt. Es ist jedoch denkbar, daß die aktiven Elemente und ihre Kopplungsstruktur so geartet sind, daß das System zu einem neuen stabilen Gleichgewicht gelangt. Im weitesten Sinne des Wortes „überlebt" ein System, wenn es bei Störungen zu einem alten Gleichgewicht zurückkehrt oder aber ein neues stabiles Gleichgewicht erreicht, wobei sich dieses selbst durchaus im Sinne eines Entwicklungsgesetzes im Zeitablauf ändern kann.

---

[5]) Zur Klassifikation von Systemen nach dem Grad der Komplexität vgl. Beer (1959).
[6]) Zur quantitativen Erfassung der Systemkomplexität vgl. Ashby (1956).

Vielfach wird in diesem Zusammenhang von funktionalen Erfordernissen des Überlebens gesprochen. Damit wird zum Ausdruck gebracht, daß die Systeme bzw. einzelne Teile der Systeme Mechanismen aufweisen müssen, die entweder eine Störungskompensation zum Zweck einer Rückkehr in den zulässigen Bereich der einzelnen, jeweils gestörten kritischen Variablen oder aber das „Einpendeln" der Systeme in ein neues stabiles Gleichgewicht leisten. Eine *Funktion* ist dann eine Klasse äquivalenter Verhaltensweisen oder Mechanismen. Für das Überleben äquivalent sind diese insofern, als sie — im Falle etwa der Rückkehr zum geltenden Gleichgewichtspfad — eine Störungskompensation bei einer bestimmten kritischen Variablen bewirken oder — im Falle des Einpendelns auf einen neuen Gleichgewichtspfad — das Erreichen des zulässigen Bereiches einer neuen kritischen Variablen leisten. Spricht man von einem funktionalen Erfordernis, so meint man damit, daß das System zumindest einen der möglichen äquivalenten Mechanismen zur Wahrung des Überlebens aufweisen muß. Es gibt aber ebenso viele Funktionen bzw. funktionale Erfordernisse eines Systems, wie es kritische Variablen gibt.

Solche Mechanismen können, müssen aber nicht Steuerungs- und Regelungsmechanismen, d. h. durch sog. Steuereinheiten oder Regler *kontrollierte* Mechanismen, sein[7]. Zwei Überlegungen sind dabei anzuführen: Zum einen können die zum Überleben eines Systems erforderlichen Mechanismen auch nicht-kontrolliert sein; zum anderen müssen kontrollierte Mechanismen keineswegs automatisch die Funktion des Überlebens erfüllen. Im folgenden sollen jedoch trotz dieser Vorbehalte Steuerung und Regelung als Mechanismen zur Kompensation von Störungen diskutiert werden.

Paradigma der Steuerung und Regelung

An die verschiedenen Arten der Störungskompensation knüpft die kybernetische Konzeption der Steuerung und Regelung an. Steuerung und Regelung charakterisieren unterschiedliche Mechanismen der Störungskompensation. Im Vordergrund stehen dabei die Regelungsprozesse, bei denen kompensierende Rückkopplungen vorliegen. Eine Steuerung ist demgegenüber gegeben, wenn die Störungskompensation ohne Rückkopplung erfolgt. Beide Mechanismen treten vielfach kombiniert auf. Abb. 1.2 gibt ein vergleichsweise komplexes kombiniertes Steuerungs- und Regelungssystem wieder. Die Rechtecke repräsentieren die Umwelt, das zu steuernde bzw. zu regelnde Objektsystem (Steuer- bzw. Regelstrecke) und die einzelnen Komponenten des Steuerungs- bzw. Regelungssystems selbst. Die Pfeile deuten die stofflich-energetischen und vor allem die informationellen Kopplungen zwischen den Komponenten des Systems an. Die verschiedenen Möglichkeiten der Steuerung und Regelung von Systemen lassen sich an Hand der Abbildung da-

---

[7] Mit der Steuerung und Regelung hat sich insbesondere die Kybernetik beschäftigt. Vgl. z. B. Ashby (1956); Klaus (1969); von Neumann (1962); Wiener (1948).

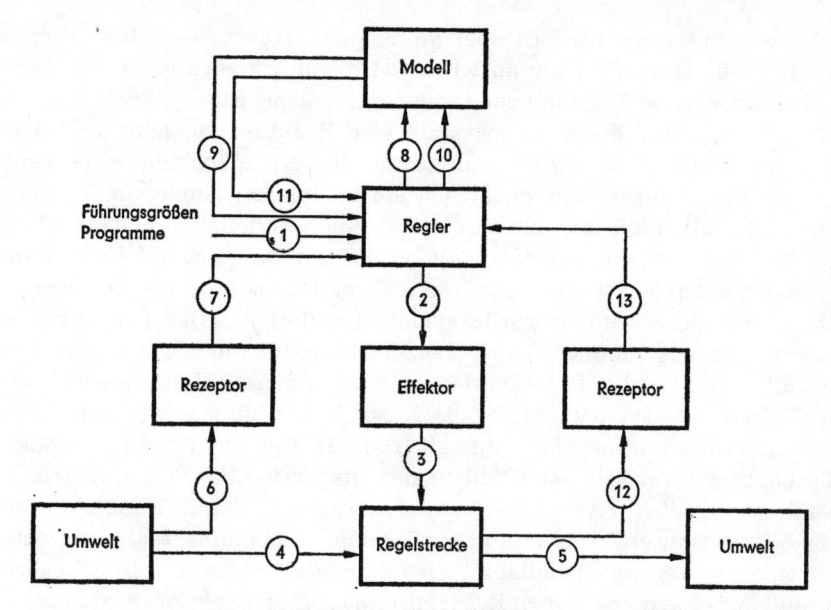

Allgemeines über Systeme und Entscheidungen 47

Abb. 1.2: Kombinierte Steuerung und Regelung

durch erläutern, daß in die einzelnen Prozesse jeweils andere Komponenten einbezogen sind bzw. unterschiedliche informationelle Kopplungen hervorgerufen werden. Es ist zweckmäßig, mit der einfachen *Steuerung* zu beginnen.

Genaugenommen führt jede Kopplung zwischen zwei aktiven Elementen dazu, daß das empfangende Element durch das andere Element gesteuert wird, denn das Verhalten des gesteuerten Elements wird durch die empfangenen Inputs beeinflußt. Vielfach wird jedoch von Steuerung erst gesprochen, wenn das System spezifische *Steuereinheiten* besitzt, die nach vorgegebenen Programmen Steuerimpulse an sog. *Effektoren* übermitteln. Diese wiederum wirken über Veränderungen, sog. *Stellgrößen,* direkt auf das zu steuernde Element oder System *(Steuerstrecke)* ein. Eine Kompensation von Störungen, welche die Steuerstrecke aus dem zulässigen Bereich ihrer kritischen Variablen bringen, ist nur möglich, wenn das Steuerungssystem um einen *Rezeptor* oder *Sensor* erweitert wird, der künftige Störungen aus der Umwelt an die Steuereinheit meldet. Außerdem muß das Programm der Steuereinheit für jede gemeldete Störung eine kompensierende Maßnahme vorsehen. Abb. 1.2 zeigt ein solches Steuerungssystem.

Der Rezeptor beobachtet die Umwelt (Pfeil 6) und meldet die zu erwartenden Veränderungen (Störungen) an die Steuereinheit (Pfeil 7). Diese prüft, welche kompensierende Maßnahme — sofern im Repertoire vorhanden — das vorgegebene Programm vorsieht (Pfeil 1), und übermittelt an den Effektor einen entsprechenden Befehl oder Steuerimpuls (Pfeil 2), den dieser durch Manipulation der Stellgrößen an der Steuerstrecke ausführt (Pfeil 3).

Die Umweltänderung, die sich über die Kopplung der Steuerstrecke mit der Umwelt (Pfeil 4) als Störung auswirkt, wird somit kompensiert. Es leuchtet ein, daß über eine Programmsteuerung nur solche Störungen kompensiert werden können, für die das Programm eine Reaktion vorsieht. Treten darüber hinausgehende Störungen auf, so ist eine Kompensation nur möglich, wenn das Steuerungssystem zusätzlich ein Modell der Steuerstrecke besitzt. In diesem Fall muß die Steuereinheit eine Modellanalyse durchführen (Pfeil 8), um Vorstellungen davon zu bekommen, wie sich die Umweltänderung auf die Steuerstrecke auswirken wird. Die Ergebnisse der Prognose werden zur Steuereinheit zurückgemeldet (Pfeil 9). Das Programm der Steuereinheit, das nunmehr auch die Modellanalyse und die im folgenden noch zu beschreibenden Prozesse steuert, muß in diesem Falle eine oder mehrere *Führungsgrößen* beinhalten, die letztlich bestimmen, wie der Zustand der Steuerstrecke ausgeprägt sein soll (Pfeil 1). Das auf Grund von Modellanalysen prognostizierte Ist (Pfeil 9) der Steuerstrecke wird mit dem Soll der Führungsgröße(n) verglichen, um das Ausmaß der Störung(en) festzustellen. Bevor nunmehr eine kompensierende Maßnahme realisiert werden kann, müssen weitere Modellanalysen durchgeführt werden. Die Steuereinheit muß aus einem gegebenen Repertoire möglicher Reaktionen so lange einzelne Reaktionen im Modell „simulieren" (Pfeil 11), bis eine Reaktion gefunden ist, mit der eine Übereinstimmung zwischen dem prognostizierten Ist und dem Soll der Führungsgröße erreicht wird. Diese Reaktion wird realisiert (Pfeile 2 und 3).

Ist das Modell ein adäquates Abbild der Steuerstrecke und benötigt die Modellanalyse nicht zuviel Zeit, so ist eine Kompensation der Störung möglich. Es leuchtet ein, daß diese Bedingungen in der Realität nur selten erfüllt sind. Die Kompensation durch *Regelung* ist daher sicherlich effizienter und dementsprechend auch häufiger zu finden. Im Gegensatz zur Steuerung erfolgt bei der Regelung eine Störungskompensation durch Rückkopplung. Dabei wird der tatsächliche Istzustand des nunmehr als Regelstrecke bezeichneten Systems, welches Störungen ausgesetzt ist, dem Regler (bisher Steuereinheit) rückgemeldet. Auf Grund dieser Rückmeldung vollzieht sich die Regelung in einem geschlossenen *Regelkreis*. Im Regelkreis beobachtet ein Rezeptor die Regelstrecke (Pfeil 12) und meldet dem Regler den jeweiligen Istzustand. Ausgehend von einer Führungsgröße (Pfeil 1), greift der Regler über den Effektor so lange mit kontrollierten, kompensierenden Maßnahmen in den Prozeß der Regelstrecke ein, bis das vom Rezeptor zurückgemeldete Ist der Regelstrecke mit dem Soll der Führungsgröße übereinstimmt.

Die Auswahl einer kompensierenden Maßnahme kann nach einem vorgegebenen Programm erfolgen, das für jede festgestellte Soll-Ist-Abweichung eine bestimmte Reaktion vorschreibt. Die Auswahl kann jedoch auch nach einem Zufallsprinzip erfolgen. Die Störungskompensation vollzieht sich dann nach der „Methode des Versuchs und Irrtums". Der Regler probiert so lange alternative Reaktionen, bis er eine findet, bei welcher die Soll-Ist-

Abweichung auf ein zulässiges Maß reduziert wird. Die Methode des Versuchs und Irrtums wird jedoch vielfach nicht zu einer rechtzeitigen Störungskompensation führen. Der Prozeß wird effizienter, wenn der Regler über ein Modell der Regelstrecke verfügt. Bei einer Regelung mit Hilfe eines Modells der Regelstrecke vermag der Regler zu Prognosen über die Konsequenzen alternativer kompensierender Reaktionen zu gelangen. Er kann die Alternativen gleichsam am Modell probieren.

Damit sind die verschiedenen reinen Formen der Steuerung und Regelung charakterisiert, die in Abb. 1.2 in kombinierter Form auftreten. Das System weist mehrere Rezeptoren auf, die Umwelt und Regelstrecke beobachten. Die Störungs- bzw. Regelungseinheit verfügt über Programme, die einer bestimmten Klasse von Umweltänderungen bzw. Soll-Ist-Abweichungen Reaktionen zuordnet. Das System besitzt aber auch ein Modell der Regelstrecke, das neue Störungen und die Konsequenzen von neuen, d. h. nicht-

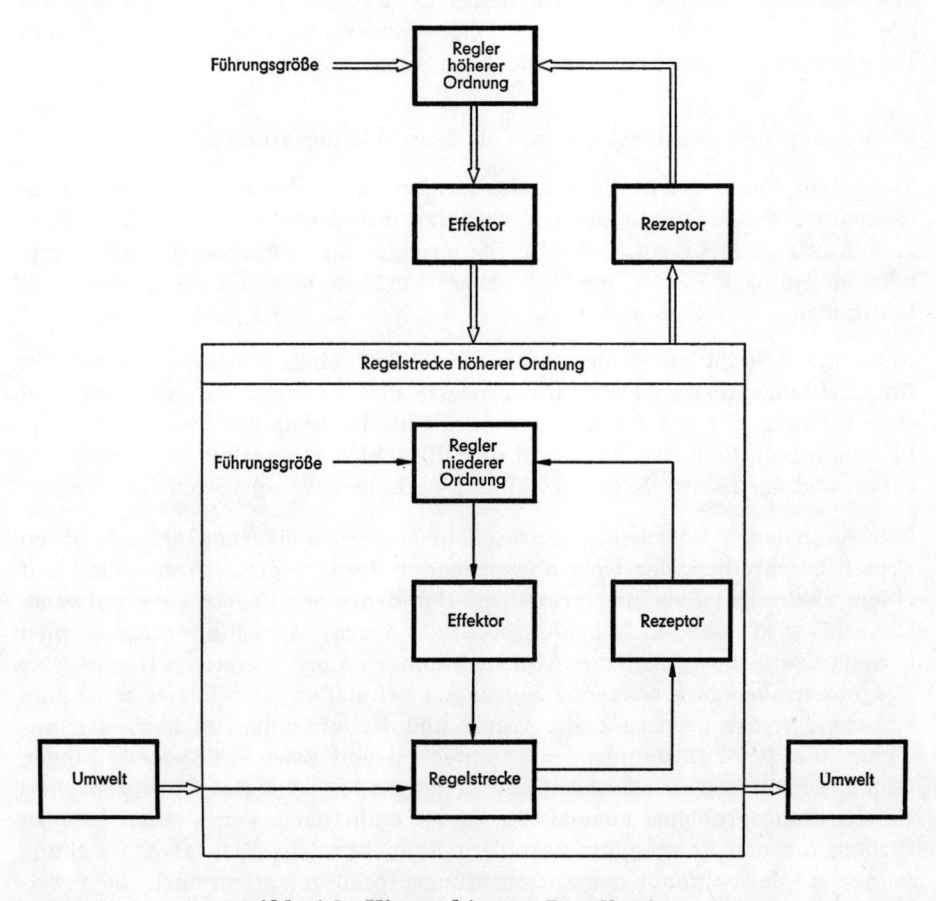

Abb. 1.3: Hierarchie von Regelkreisen

programmierten Reaktionen zu prognostizieren vermag. Schließlich ist anzunehmen, daß in gewissem Umfang auch nach der Methode des Versuchs und Irrtums vorgegangen werden muß, da das Modell nur ein bedingt adäquates Abbild der Regelstrecke ist. Der Leser mag sich selbst überlegen, wie ein Steuerungs- und Regelungssystem funktioniert, wenn in zunehmendem Maße neue Störungen auftreten.

Komplexe Systeme weisen meist mehrere Regelungs- und Steuereinheiten auf, die jeweils verschiedene Systemkomponenten regeln bzw. steuern. Zum Teil sind diese Regelungs- und Steuerungssysteme hierarchisch geordnet. Die Regel- bzw. Steuerstrecken von Systemen höherer Ordnung bestehen selbst aus einem oder mehreren Regelungs- bzw. Steuerungssystemen niederer Ordnung. Abb. 1.3 gibt eine Hierarchie von Regelkreisen in diesem Sinne wieder. Stellgrößen des Regelkreises höherer Ordnung können alle Komponenten des Regelkreises niederer Ordnung sein. So kann die kompensierende Maßnahme des Regelkreises höherer Ordnung in einem Austausch des Rezeptors oder des Reglers niederer Ordnung bestehen. Stellgröße kann aber auch die Führungsgröße des Reglers niederer Ordnung sein. In diesem Falle spricht man auch von „vermaschten" Regelkreisen.

Steuerungs- und Regelungsprozesse als Entscheidungsprozesse

Es besteht keine Schwierigkeit, die beschriebenen Steuerungs- und Regelungsprozesse als Entscheidungsprozesse zu interpretieren. Damit wird nicht zum Ausdruck gebracht, daß alle Steuerungs- und Regelungsprozesse Entscheidungsprozesse sind, obgleich es schwerfällt, den Übergang genau zu bestimmen.

Entscheiden heißt auswählen oder „erwählen" einer Verhaltensweise. Ein Entscheidungsprozeß umfaßt alle Prozesse der Informationsgewinnung und -verarbeitung, die mit der Anregung der Entscheidung, der Suche nach Verhaltensweisen, dem Bewerten und dem Erwählen (aber auch mit der Realisation und der Kontrolle der erwählten Verhaltensweise) verbunden sind.

Man kann einen Entscheidungsprozeß in erster Annäherung als zyklischen Prozeß beschreiben, der trotz abweichender Sprache große Ähnlichkeit mit einem zyklischen Regelungsprozeß im Rahmen eines Regelkreises aufweist. Danach wird der Entscheidungsprozeß durch Anregungsinformationen (Regelgrößen) ausgelöst, die Wahrnehmungen über bereits erfolgte oder Prognosen über zu erwartende Störungen beinhalten. Der Regler wird zum Entscheider, der gewisse Ziele, Werte und Kriterien besitzt bzw. sich aneignet, die den Führungsgrößen entsprechen und gewisse Sollvorstellungen beinhalten. Zeigen sich Soll-Ist-Abweichungen, so wird das Vorliegen eines Entscheidungsproblems konstatiert. Es ist dann nach Verhaltensweisen zu suchen, die das Entscheidungsproblem lösen bzw. die Soll-Ist-Abweichung aufheben. Meist umfaßt der Entscheidungsprozeß vor allem auch die Präzisierung des Problems selbst. Die Suchphase beinhaltet schließlich auch die

Prognose der Konsequenzen der möglichen Problemlösungen oder Entscheidungsalternativen. Zeigt die Bewertung der Alternativen bzw. der zu erwartenden Konsequenzen im Lichte der Ziele, Werte oder Kriterien der Problemdefinition, daß eine Alternative tatsächlich eine Lösung des Problems ist, so wird diese Alternative erwählt und realisiert.

Der Realisierung folgt meist eine Kontrolle. Es wird durch Rückmeldung überprüft, ob die tatsächlich realisierten Konsequenzen mit den prognostizierten Konsequenzen übereinstimmen und die ursprüngliche Soll-Ist-Abweichung damit auch tatsächlich aufgehoben ist. Die Kontrolle kann wiederum zur Anregung eines neuen Entscheidungsprozesses führen. Der Zyklus schließt sich.

Entscheidungen können wohl- oder schlecht-strukturiert sein[8]). Sie sind *wohl-strukturiert,* wenn die Kriterien präzisiert sind, d. h. die Definition des Problems vollständig und operational ist, und darüber hinaus ein Programm existiert, das entweder für jedes Problem eine adäquate Reaktion vorsieht oder aber das Auffinden einer geeigneten Problemlösung zu einer reinen Routineangelegenheit mit Lösungsgarantie werden läßt. Man sagt auch, es existiere ein *Lösungsalgorithmus.* Entscheidungen sind demgegenüber *schlecht-strukturiert,* wenn eine operationale Problemdefinition noch nicht vorliegt, das Problem also erst noch definiert werden muß, und darüber hinaus kein Programm bekannt ist, das die Definition und Lösung des Problems routinemäßig garantiert. Die meisten Entscheidungen des Menschen in der Realität sind schlecht-strukturiert. Man bezeichnet diese Entscheidungen auch als *innovative* Entscheidungen.

Betrachtet man die Steuerungs- und Regelungsprozesse in sozialen Systemen, so steht die Entscheidungsanalyse im Vordergrund. Das Steuerungs- und Regelungssystem solcher sozialen Systeme wird zum Informations- und Entscheidungssystem. Die Komplexität von Informations- und Entscheidungssystemen sozialer Systeme kann freilich nur hinreichend erfaßt werden, wenn man das Instrumentarium der Systemtheorie und der Kybernetik durch jenes der verhaltenswissenschaftlichen Entscheidungs- und Organisationstheorie ergänzt. Sucht man nach einer realistischen Betrachtungsweise eines Informations- und Entscheidungssystems, so ist davon auszugehen, daß an den einzelnen Entscheidungsprozessen meist mehrere Personen oder Gruppen beteiligt sind, die unterschiedliche Rollen ausfüllen. Die Entscheidungsprozesse sind mit anderen Worten *kollektive* Entscheidungsprozesse. Die an einem kollektiven Entscheidungsprozeß oder an einer bestimmten Folge solcher Entscheidungsprozesse beteiligten Individuen können zu einem spezifischen Entscheidungssystem zusammengefaßt werden. Das Informations- und Entscheidungssystem eines sozialen Systems ist dann als Inbegriff aller partiellen Entscheidungssysteme aufzufassen, die der Steuerung und Regelung der einzelnen Komponenten des sozialen Systems

---

[8]) Vgl. Klein (1971 a); Reitman (1964), (1965); Simon (1966).

dienen und die hierfür relevanten Informationsprozesse durchführen. Wir werden die Informations- und Entscheidungssysteme von Organisationen, Staaten und Gesellschaften noch genauer zu betrachten haben. Hierzu ist es jedoch zunächst erforderlich, einige allgemeine Aussagen zu den verschiedenen Typen sozialer Systeme zu machen.

1.12 Soziale Systeme

Bisher wurde der Begriff des sozialen Systems relativ undifferenziert verwendet. Wenn man sich jedoch vor Augen führt, daß Gruppen, Organisationen, Staaten, Gesellschaften und internationale Systeme soziale Systeme darstellen, so ist es unumgänglich, den Begriff einer differenzierteren Betrachtungsweise zu unterwerfen. Die genannten Typen sozialer Systeme unterscheiden sich zunächst dadurch, daß sie Systeme unterschiedlicher Ordnung im Sinne der Systemhierarchie sind. Eine Gesellschaft umfaßt unter anderem Gruppen und Organisationen als Subsysteme oder Elemente, ein internationales System Staaten, Gesellschaften, nationale und multinationale Organisationen. Das Bild kompliziert sich, wenn wir berücksichtigen, daß die Mitglieder einer Organisation andere Organisationen sein können und es keineswegs unmöglich ist, eine Menge von Organisationen als eine Gruppe höherer Ordnung zu bezeichnen. Eine genauere Betrachtung zeigt, daß den verschiedenen Typen sozialer Systeme zum Teil unterschiedliche Abgrenzungskriterien zugrunde liegen und daß ein und derselbe Systemtyp auf verschiedenen Ebenen in der Systemhierarchie vorkommen kann.

1.121 Zur Abgrenzung sozialer Systeme

Im weitesten Sinne des Wortes liegt ein soziales System vor[9]), wenn eine Menge von Menschen, zwischen denen Beziehungen bestehen, zu einem System zusammengefaßt wird, gleichgültig, nach welchen Abgrenzungskriterien diese Menge gebildet wird. Faßt man etwa alle Akademiker oder Arbeiter zusammen, so liegt ein rein kategoriales System vor. Die „Arbeiterschaft" ist zunächst ein solches System im weitesten Sinne des Wortes. Ähnliches gilt, wenn man solche Menschen zusammenfaßt, die gleiche Funktionen erfüllen. Wir werden diesen Typ bei der Abgrenzung von mikro- bzw. makrologistischen Systemen wieder vorfinden.

Bei der Abgrenzung sozialer Systeme im engeren Sinne knüpft man an die Beziehungen zwischen den Menschen an, die in irgendeinem Sinne als *soziale Bindungen* bezeichnet werden können und eine *Kohäsion* der zu einem System zusammengefaßten Elemente bewirken. Indikatoren solcher Bindungen sind besonders intensive und häufige Interaktionen, ein ausge-

---

[9]) Vgl. zu sozialen Systemen allgemein Kuhn (1963); Lundberg (1965); Merton (1968); Miller (1965); Parsons (1951), (1961); Rudner (1966).

prägtes „Wir-Gefühl", dauernde räumliche Nähe und anderes mehr. Etzioni[10]) nennt drei Typen solcher Bindungen, die zur Entstehung kohäsiver sozialer Systeme führen können: normative, utilitaristische und erzwungene Bindungen. *Normative* Bindungen liegen vor, wenn die Beteiligten gewisse Werte, Normen und Symbole teilen und/oder eine persönliche Attraktivität aufeinander ausüben. *Utilitaristische* Bindungen sind dagegen gegeben, wenn die Beteiligten den anderen jeweils als Mittel zur Erreichung eigener Ziele betrachten. Im Gegensatz zu normativen Bindungen beruhen utilitaristische Bindungen auf einem mehr oder weniger rationalen Kalkül der Beteiligten. *Zwangsbindungen* schließlich beruhen auf der Ausübung oder Androhung von Gewalt eines der Beteiligten oder aber von Dritten. Alle Typen von Bindungen sind normalerweise in einem konkreten sozialen System zu finden, wenn auch in sehr unterschiedlichen Proportionen.

Soziale Systeme im engeren Sinne weisen eine Integration auf. Die Elemente des Systems besitzen eine Neigung zur Kooperation. Diese äußert sich in der Bereitschaft, *Verhaltensbeschränkungen* zugunsten anderer Systemelemente zu beachten. Diese Beschränkungen können prozedurale Beschränkungen sein. In diesem Falle halten sich die Beteiligten bei der Handhabung und Austragung ihrer Konflikte an gewisse „Spielregeln". Integration bedeutet also nicht, daß das System konfliktfrei ist. Die Beschränkungen können jedoch auch mehr substantieller Art sein und Verhaltensweisen ausschließen, die andere bei der Erreichung ihrer individuellen Ziele behindern könnten. Auch in diesem Falle ändert das Bestehen einer Integration nichts daran, daß die Interessen der Beteiligten zum Teil gegenläufiger Natur sind. Soziale Systeme, die eine Integration aufweisen, befinden sich stets in einer Situation des *gemischten Spiels:* Es existieren konkurrierende Interessen und Konflikte, deren Austragung auf Grund kooperativer Tendenzen jedoch nicht zu einem unbegrenzten „Kampf aller gegen alle" ausartet. Die Handhabung der Konflikte im Rahmen einer „Arena" von Spielregeln oder Normen kann sogar zu einer Bestärkung dieser Spielregeln führen. Hat sich einmal eine *demokratische Arena* der Konflikthandhabung bewährt, so sinkt die Neigung der Beteiligten, diese Spielregeln im weiteren Verlauf zu verletzen: Das System gewinnt an Integration. Umgekehrt besteht auf Grund der Konflikte jedoch stets die latente Gefahr, daß im Verlauf der Konflikthandhabung Beschränkungen verletzt werden und die Integration des Systems in einem kumulativen und eskalierenden Rückkopplungsprozeß laufend vermindert wird, bis das System zu existieren aufhört.

Die Neigung zur (begrenzten) Kooperation kann bei den Elementen des Systems unterschiedlich motiviert sein. Im Falle utilitaristischer Systeme beruht sie auf dem „rationalen" Kalkül der Beteiligten, daß sich die Beachtung der Normen bzw. Spielregeln auf lange Sicht lohnt.

Im Falle normativer Systeme erfahren die Normen ihre Legitimation in den gemeinsamen Werten und Symbolen der Systemelemente. Nicht selten wei-

---

[10]) Vgl. Etzioni (1968), S. 94 ff.

sen diese Normen eine *funktionale Autonomie* auf: Die Mitglieder des Systems haben die Normen internalisiert. Im Falle erzwungener sozialer Systeme ist die kooperative Neigung primär auf die Gewaltandrohung durch einen der Beteiligten oder durch Außenstehende zurückzuführen.

Es bereitet in der Regel Schwierigkeiten, die Grenzen eines sozialen Systems genau zu bestimmen. Die integrative Neigung zur Kooperation ist nicht bei allen Elementen des Systems gleichermaßen ausgeprägt. An der *Systemgrenze* wird man daher normalerweise nicht genau bestimmen können, ob ein Element noch zum System oder schon zu seiner Umwelt zu rechnen ist. In der verhaltenswissenschaftlichen Diskussion lassen sich jedoch eine Reihe zusätzlicher Abgrenzungskriterien finden. Diese erleichtern zum Teil die Grenzziehung, die zudem meist enger ist als bei alleiniger Anwendung des Kriteriums der Integration. Je nachdem, welcher Art diese zusätzlichen Kriterien sind, handelt es sich bei den abgegrenzten sozialen Systemen um Kollektive, Gruppen, Koalitionen oder Organisationen. Wir wollen diese Typen sozialer Systeme im folgenden näher betrachten.

1.122 Kollektive, Gruppen, Koalitionen, Organisationen

Man kann verschiedene Arten von sozialen Systemen unterscheiden: Kollektive, Gruppen, Koalitionen und Organisationen.

Kollektive und Gruppen

Ein *Kollektiv* ist ein soziales System oder ein Subsystem eines sozialen Systems, das eine besonders hohe Integration aufweist[11]. In vielen Fällen kann man davon ausgehen, daß ein soziales System ein oder mehrere Kollektive als besonders integrierten Kern aufweist. Als *Gruppe* wollen wir ein relativ isoliertes soziales System bezeichnen. Abgrenzungskriterium ist die Art der Interaktionen (Kopplungen) zwischen den Elementen des Systems. Von einer *Gruppe* wird gesprochen, wenn die Häufigkeit und Intensität der Interaktionen innerhalb der Gruppe höher ist als zwischen den Mitgliedern der Gruppe und den Elementen der Umwelt. Dabei ist zwischen kleinen (primären) und großen (sekundären) Gruppen zu unterscheiden. Kleine Gruppen liegen vor, wenn zwischen den Mitgliedern persönliche Kontakte, d. h. Interaktionen „von Angesicht zu Angesicht", möglich sind. Der hier vorgeschlagene Gruppenbegriff ist relativ eng. Viele Autoren bezeichnen jedes soziale System als Gruppe oder engen den Begriff auf solche Systeme ein, die hier als Kollektive bezeichnet werden. Ein Kollektiv muß nicht gleichzeitig ein gegenüber seiner Umwelt relativ isoliertes System sein. Vor allem bei Existenz normativer Bindungen können recht umfangreiche soziale Systeme entstehen, die zwar eine durchaus hohe Integration besitzen, sich jedoch

---

[11] Vgl. zum folgenden beispielhaft Cyert und March (1963); Etzioni (1968), S. 97 ff.; Homans (1960); Luhmann (1964); March und Simon (1958).

nicht durch relativ häufige und intensive Interaktionen rein äußerlich von ihrer Umwelt abheben. Umgekehrt ist es eine empirische Frage, ob eine Gruppe als relativ isoliertes System immer eine besonders hohe Integration aufweist und somit gleichzeitig als Kollektiv zu bezeichnen ist. Vor allem im Falle kleiner Gruppen lassen empirische Untersuchungen jedoch darauf schließen, daß eine solche Tendenz zumindest langfristig besteht.

Koalitionen

Koalitionen sind soziale Systeme, deren Elemente nach außen, d. h. gegenüber Dritten, in koordinierter Weise tätig werden. Diese Abstimmung des Verhaltens der Koalitionsteilnehmer gegenüber Außenstehenden kann in dezentraler Weise erfolgen: Die Teilnehmer koordinieren ihr Verhalten selbst. Dies ist jedoch nur bei relativ kleinen Koalitionen zu erwarten. Normalerweise — vor allem bei größeren Koalitionen — gelingt diese Abstimmung nur, wenn eine Führung vorhanden ist. Die Existenz einer Führung gewährleistet eine gewisse zentrale Koordination der Mitglieder des Systems in ihrem Auftreten gegenüber der Umwelt. Die Führung äußert sich ferner in der Macht des Führers, bestimmte Spielregeln für die dezentrale Koordination und Konflikthandhabung durchzusetzen und Koalitionsteilnehmer von der weiteren Teilnahme auszuschließen. Die Koalitionsführung ist primärer Verhandlungspartner der potentiellen Teilnehmer, wenn es um die Bedingungen der Teilnahme geht. In der Führung manifestiert sich auch das primäre Interesse daran, daß die Koalition trotz einer Fluktuation der Koalitionsteilnehmer über längere Zeit existiert. In vielen Fällen besteht die Führung einer Koalition nicht aus einer einzelnen Person, vielmehr kann sie selbst ein komplexes soziales System sein.

Die Grenzen einer zentral koordinierten Koalition liegen in der Regel dort, wo die Macht des Führungssystems spürbar abnimmt. Koalitionen müssen — da ein anderes Abgrenzungskriterium angewandt wird — keine gegen ihre Umwelt relativ isolierten Systeme (Gruppen) sein. Zwischen den Koalitionsteilnehmern müssen nicht einmal besonders enge Interaktionen stattfinden. Die Bildung einer Koalition und das koordinierte Verhalten der Koalitionsteilnehmer gegenüber der Umwelt können oft auf einer nur stillschweigenden Übereinkunft beruhen. Es ist daher eine empirische Frage, ob und unter welchen Bedingungen eine Koalition zur Gruppe wird.

Eine Koalition muß nicht zugleich auch ein Kollektiv sein. Eine dezentrale Koordination bzw. eine funktionierende Führung setzt freilich oft eine erhöhte Integration des Systems voraus. Außerdem trägt ein Führer mit seiner Macht, Spielregeln für die Konflikthandhabung durchzusetzen, nicht selten zu einer noch höheren Integration des Systems bei. Vielfach schließt ein Kollektiv eine oder mehrere Koalitionen ein, die ihre Teilnehmer aus den Mitgliedern des Kollektivs rekrutieren. Solche Koalitionen konkurrieren unter Umständen miteinander in ihrem Bemühen, das Kollektiv zu mobilisieren.

Organisationen

Als letzter Typ sozialer Systeme ist die Organisation zu nennen. Der Organisationsbegriff wird sehr unterschiedlich verwendet. Eine erste Klasse von Organisationsbegriffen wird zur Kennzeichnung der Struktur sozialer Systeme herangezogen. Eine zweite Klasse von Organisationsbegriffen charakterisiert demgegenüber einen spezifischen Typ sozialer Systeme. Organisationen sind dann formale soziale Systeme. Die Formalisierung impliziert insbesondere folgende Merkmale:

(1) Das System ist bewußt gegründet und geplant, um explizit formulierte Aufgaben, Ziele oder Zwecke in arbeitsteiliger Weise zu erfüllen.

(2) Das System besitzt eine *Verfassung,* d. h. eine Menge offizieller Regelungen grundlegender Art, die nur unter besonderen Umständen als veränderbar angesehen werden.

(3) Die Verfassung beinhaltet unter anderem die Angabe der Domäne einer Organisation. Die Domäne ist eine generelle Formulierung der Aufgaben und der grundlegenden Ziele der Organisation, um derentwillen die Organisation gegründet bzw. fortgeführt wird.

(4) Die Verfassung enthält ferner Angaben darüber, welche Personen oder Gruppen Autorisierungsrechte für die Organisation besitzen, d. h. für die Mitglieder der Organisation verbindliche Entscheidungen treffen dürfen. Diese Personen oder Gruppen sind Kernorgane des Systems. Verfassungsgemäß autorisierte Entscheidungen schaffen offizielle Regelungen für das Verhalten der Organisationsmitglieder.

(5) Die Verfassung bestimmt schließlich auch, wer Träger der Organisation sein soll und somit die Kernorgane des Systems besetzen darf.

(6) Die für eine Position innerhalb der Organisation relevanten Regelungen konstituieren die offiziell an diese Position gerichteten Verhaltenserwartungen, also die formale Rolle des jeweiligen Positionsinhabers.

(7) Die Existenz formaler Rollen bewirkt, daß es einer bewußten Eintrittsentscheidung der Organisationsmitglieder und einer bewußten Aufnahmeentscheidung durch die Kernorgane bedarf, damit eine Mitgliedschaft an der Organisation begründet werden kann.

(8) Diese Merkmale implizieren schließlich, daß eine Organisation über Regelungen verfügt, welche die Abgrenzung des Systems offiziell definieren. Mitglied einer Organisation ist, wer dem Autorisierungsrecht der Kernorgane unterliegt.

Genaugenommen bedeutet dies, daß Organisationen soziale Systeme sind, die nach einem spezifischen Abgrenzungskriterium gebildet werden. Zu einer Organisation werden jene Individuen (oder auch andere Organisationen) zusammengefaßt, die dem Autorisierungsrecht der durch eine Verfassung definierten Kernorgane unterliegen.

Diese Abgrenzung wird auch vorgenommen, wenn man — wie es oft geschieht — etwa eine Betriebswirtschaft als ein System von Menschen und sachlichen Produktionsfaktoren unter „einheitlicher Leitung" definiert. Kennzeichen für ein solchermaßen abgegrenztes System ist die Existenz eines meist hierarchischen Steuerungs- und Regelungssystems, dessen Entscheider (Regler) Autorisierungsrechte (Weisungsrechte) für bestimmte Subsysteme der Organisation besitzen.

Die Existenz von Autorisierungsrechten einzelner Entscheider innerhalb des organisationalen Steuerungs- und Regelungssystems gewährleistet noch nicht, daß die autorisierten Entscheidungen vom Betroffenen auch tatsächlich als Entscheidungsprämissen akzeptiert werden. Stellt man die Frage, welche Gründe Organisationsmitglieder dazu bewegen, sich dem Autorisierungsrecht zu unterwerfen und Mitglieder einer Organisation zu werden, so ist diese Frage unterschiedlich zu beantworten, je nachdem, ob man utilitaristische, normative oder erzwungene Organisationen betrachtet. In utilitaristischen Organisationen beruht die Mitgliedschaft an der Organisation auf einem utilitaristischen Kalkül. Man ist bereit, sich dem Autorisierungsrecht unterzuordnen, wenn man sich daraus Vorteile verspricht. In Zwangsorganisationen beruht die Mitgliedschaft auf der Ausübung oder Androhung von Gewalt. In normativen Organisationen sind es schließlich normative Bindungen (gemeinsame Symbole, Werte, Normen), welche die Mitgliedschaft auslösen, ohne daß die entsprechende Teilnahmeentscheidung auf einem materialistischen Kalkül beruht. Selbstverständlich ist eine konkrete Organisation nicht ausschließlich als utilitaristische, normative oder erzwungene Organisation zu charakterisieren. Die Mitgliedschaft an einer Organisation beruht also stets auf einer expliziten Aufnahmeentscheidung, der im Falle utilitaristischer und normativer Organisationen auch eine „freiwillige" Beitrittsentscheidung gegenübersteht. Im Falle von Gruppen oder Kollektiven bedingt die Zugehörigkeit auf Grund des abweichenden Abgrenzungskriteriums keine explizite Beitrittsentscheidung.

Nach unterschiedlichen Kriterien abgegrenzte soziale Systeme können sich zwar personell überschneiden, eine Identität der Grenzen und damit der Systemelemente wäre jedoch reiner Zufall. Jede Organisation begründet auch die Existenz einer großen Gruppe als kohäsive Einheit, die aber auch Nichtmitglieder (z. B. Familienangehörige oder Stammkunden) einschließen kann, gelegentliches Aushilfspersonal jedoch möglicherweise nicht umfaßt.

Von besonderer Bedeutung ist das Verhältnis von Organisation und Koalition. Um eine Organisation herum entwickelt sich stets eine Koalition, die neben den Organisationsmitgliedern auch externe Teilnehmer wie Kunden, Lieferanten, Geldgeber usw. umfassen kann. Geht man ferner davon aus, daß jede Organisation mehr oder weniger kurzfristig auch Mitglieder einschließt, die zwar noch offiziell dem Autorisierungsrecht der Kernorgane unterliegen, ihre Mitgliedschaft aber „ruhen" lassen, so wird deutlich, daß die organisationale Koalition durchaus einzelne Organisationsmitglieder ausschließt. Auf lange Sicht ist freilich eine Mitgliedschaft an der Organisation ohne aktive Beteiligung an der zugrundeliegenden Koalition nur in Ausnahmefällen möglich.

Schließlich gilt es, das Verhältnis von Organisation und Kollektiv zu klären. Betrachten wir zunächst die im vorliegenden Zusammenhang vor allem interessierenden utilitaristischen Organisationen. Hier ist bisweilen festzustellen, daß sich die Organisation im Zentrum eines utilitaristischen Kollektivs befindet. Die Organisation besitzt im allgemeinen eine Reihe externer Teilnehmer, die besonders enge Bindungen zur Organisation aufweisen und ihre Teilnahme nicht auf einmalige oder gelegentliche Transaktionen beschränken. In und um eine solche Organisation können sich jedoch auch normative Kollektive bilden. Die Führungsschicht einer Organisation identifiziert sich z. B. nicht selten mit dieser Organisation. Die Organisation wird zu einem gemeinsamen Symbol, das diese Führungsschicht zu einem normativen Kollektiv werden läßt.

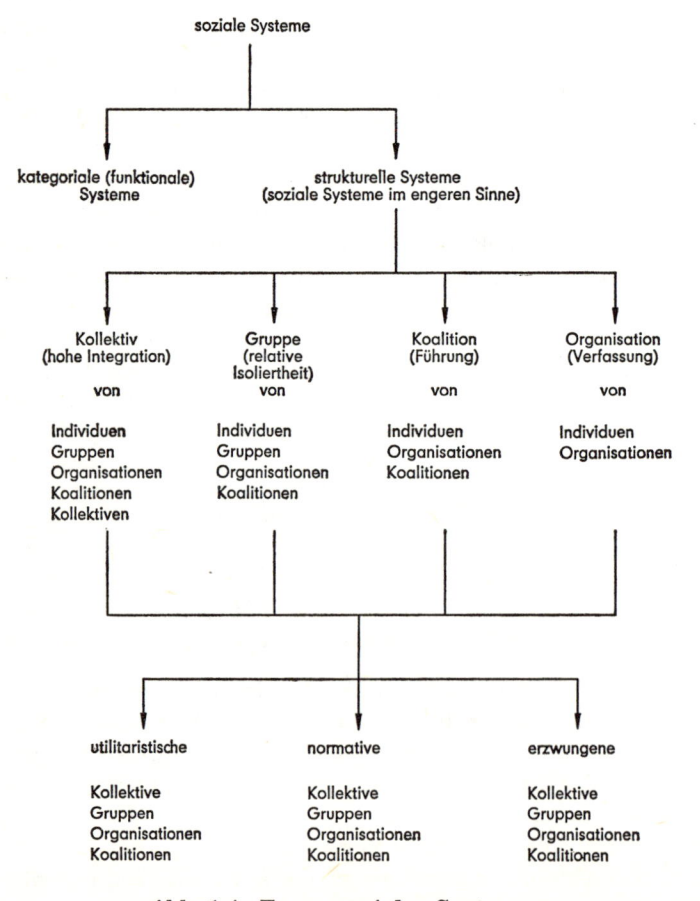

Abb. 1.4: Typen sozialer Systeme

In vielen Fällen existieren Kollektive, bevor eine Organisation gegründet wird. Dabei verläuft die Entwicklung vielfach so, daß sich zunächst Koalitionen bilden, die sich dann eine Verfassung geben und so eine Organisation entstehen lassen. Die Verfassung gilt häufig nur für das Führungssystem der Koalition: Die Koalition wird von einer Organisation geführt.

Abb. 1.4 gibt einen zusammenfassenden Überblick über die verschiedenen Typen sozialer Systeme und ihre Abgrenzungskriterien. Gleichzeitig wird in dieser Abbildung angedeutet, daß alle diese Typen sozialer Systeme Systeme unterschiedlicher Ordnung im Sinne der Systemhierarchie sein können und soziale Systeme des gleichen Typs, aber auch eines anderen Typs als Elemente einschließen können. Eine Organisation kann andere Organisationen als Mitglieder besitzen; eine Koalition kann Individuen, Organisationen oder Koalitionen niederer Ordnung als Teilnehmer aufweisen usw. Diese nicht eindeutige Zuordnung der verschiedenen Typen sozialer Systeme zu spezifischen Ebenen in der Systemhierarchie ist zu beachten, wenn wir Staat und Gesellschaft als soziale Systeme charakterisieren.

1.123 Staat, Gesellschaft, internationale Systeme

Eine Gesellschaft ist — wie wir gesehen haben — ein normatives Kollektiv höherer Ordnung, d. h. ein auf normativen Bindungen ihrer Mitglieder beruhendes soziales System, das eine große Anzahl von Subkollektiven und Subsubkollektiven umfaßt. Unter einem Staat ist demgegenüber eine Superorganisation zu verstehen, die unter anderem auch andere Organisationen als Subsysteme einschließt[12]). Für das Verhältnis zwischen Staat und Gesellschaft gilt — mit gewissen Modifikationen — das gleiche, was bereits zum Verhältnis zwischen Organisation und Kollektiv gesagt wurde. Eine Gesellschaft ist ein „passives" soziales System, das der staatlichen Organisation und damit eines offiziellen Führungssystems bedarf, um „aktiv" zu werden. Dabei müssen freilich die staatlichen Grenzen nicht mit den Grenzen der Gesellschaft zusammenfallen, und bisweilen besitzt eine Gesellschaft mehrere konkurrierende Staaten. Ferner ist es nicht unüblich, daß diejenigen, die den Staat kontrollieren, nicht gleichzeitig Mitglieder der zugrundeliegenden Gesellschaft sind. Schließlich kann ein Staat mehrere Gesellschaften einschließen, ohne daß diese zu einer Gesellschaft höherer Ordnung zusammenwachsen. Eine Gleichsetzung von Staat und Gesellschaft ist daher nicht zweckmäßig, wenngleich eine Diskussion von Phänomenen einer Gesellschaft den Staat (oder die Staaten) einzubeziehen hat.

Der Staat ist einerseits mit den gleichen Kategorien wie eine Organisation zu beschreiben. Als „Superorganisation" besitzt der Staat eine Verfassung, eine Arbeitsteilung, formale Rollen für seine Mitglieder und anderes mehr.

---

[12]) Vgl. auch zum folgenden Etzioni (1968).

> „Aber genauso wie eine Gesellschaft nicht nur ein Superkollektiv ist, so ist auch der Staat mehr als eine Superorganisation. Während erstens Organisationen fast ausnahmslos nur einen Teil der Mitgliedschaft des von ihr ‚repräsentierten' Kollektivs mobilisieren, schafft der Staat zumindest eine minimale organisationale Rolle — diejenige des ‚Bürgers' — für die meisten Mitglieder der relevanten gesellschaftlichen Einheit. Während zweitens die meisten Organisationen in ihrem Versuch, das gleiche Kollektiv zu mobilisieren, in zumindest begrenzter Konkurrenz zueinander stehen, beansprucht und hält der Staat ein relativ wirksames Monopol in einigen Bereichen gesellschaftlicher Aktivität und ist in einigen anderen Gebieten gegenüber Konkurrenz intolerant. Schließlich stützt sich der Staat zum Zwecke der Steuerung auf Gewalt, während die meisten Organisationen dies nicht tun, es sei denn, sie sind entweder Teile des Staates oder haben von ihm das Recht erhalten, Gewalt anzuwenden"[13]).

Den Staat zeichnet aus, daß seine verfassungsmäßigen Organe erfolgreich das Monopol für die Regulierung der Anwendung physischer Gewalt auf einem bestimmten Territorium gegenüber dem Staatsvolk, aber auch gegenüber Ausländern beanspruchen.

Sieht man den Staat als spezifische Organisation und grenzt ihn begrifflich von der Gesellschaft ab, so fehlt ein Begriff, der jenes Kollektiv kennzeichnet, das aus den Bürgern eines Staates besteht und nicht unbedingt mit einer spezifischen Gesellschaft übereinstimmen muß. Wir wollen dieses Kollektiv als *politisches Gemeinwesen* bezeichnen. Im weiteren Verlauf wollen wir freilich — soweit nicht ausdrücklich etwas anderes erwähnt ist — unterstellen, daß die Gesellschaft gleichzeitig ein politisches Gemeinwesen ist.

Internationale Systeme umfassen mehrere politische Gemeinwesen. Sofern als Abgrenzung des internationalen Systems normative, utilitaristische oder erzwungene Bindungen zwischen den politischen Gemeinwesen bzw. deren Elementen oder Subsystemen zugrunde liegen, ist ein internationales System ein Kollektiv höchster Ordnung. Im Falle normativer Bindungen kann — sofern diese Bindungen relativ intensiv sind — das internationale System zu einer Art „Supergesellschaft" werden. Vergleichsweise umfassende internationale Systeme sind heute freilich eher als utilitaristische Kollektive bekannt, die sich durch wirtschaftliche Verflechtungen auszeichnen. Auch erzwungene internationale Systeme, die durch die Hegemonie von Supermächten zusammengehalten werden, spielen eine große Rolle.

Vom Begriff des internationalen Systems, der in den politischen Wissenschaften einen relativ einheitlichen Inhalt aufweist, ist der Begriff des multinationalen Systems zu trennen. Multinationale Systeme sind beliebige soziale Systeme (auch niederer Ordnung), die nach einem der im vorhergehenden Abschnitt angedeuteten Kriterien abgegrenzt werden und deren Mitglieder aus mehreren politischen Gemeinwesen (Nationen) stammen, ohne daß sie — wie im Falle internationaler Systeme — ganze politische Gemeinwesen sind. Eine Gesellschaft kann ein multinationales System sein. Dies gilt

---

[13]) Etzioni (1968), S. 107.

auch — wie wir noch sehen werden — für ein makro- oder ein mikrologistisches System.

Die differenzierende Verwendung der Termini „international" und „multinational" empfiehlt sich auch im Bereich der Organisationen.

Multinationale Organisationen sind Organisationen, deren Mitglieder oder Teilnehmer mehreren Nationen angehören. So spricht man von einem multinationalen Unternehmen, wenn es in mehreren Ländern Betriebe oder Tochtergesellschaften unterhält und/oder Märkte in verschiedenen Ländern beliefert und sich dabei Verkaufsniederlassungen oder sonstiger, eng mit dem Unternehmen liierter Absatzmittler in diesen Ländern bedient.

Eine internationale Organisation liegt demgegenüber vor, wenn die Mitglieder selbst Organisationen sind, die ganze politische Gemeinwesen oder einzelne ihrer Subkollektive repräsentieren. Dies ist der Fall, wenn Staaten oder staatliche Teilorganisationen die Mitgliederschaft bilden. Dies ist aber auch der Fall, wenn als Mitglieder private oder halbamtliche nationale Verbände auftreten.

Eine internationale Organisation wird zu einer supranationalen Organisation, wenn ihre Mitglieder Staaten sind, die einen Teil ihrer staatlichen Autorisierungsrechte auf die Organe dieser Organisation übertragen, und wenn diese Organe hinreichende Macht besitzen, ihre autorisierten Entscheidungen bei den einzelnen Staaten durchzusetzen. Die Europäische Wirtschaftsgemeinschaft kann sich zu einer supranationalen Organisation in diesem Sinne entwickeln. Für die Vereinten Nationen wird dies dagegen bezweifelt.

1.124 Charakterisierung von Informations- und Entscheidungssystemen

Jedes soziale System weist ein Steuerungs- und Regelungssystem bzw. ein Informations- und Entscheidungssystem auf. Im Falle von Organisationen werden die spezifischen Eigenarten dieses Informations- und Entscheidungssystems sogar Grundlage für die Abgrenzung dieser Systeme. Wir wollen an dieser Stelle zunächst nur das Informations- und Entscheidungssystem einer Organisation näher charakterisieren[14]). Im weiteren Verlauf der Untersuchung werden wir dann sehen, welche zusätzlichen oder abweichenden Merkmale die Informations- und Entscheidungssysteme von Staaten, Gesellschaften und internationalen Systemen kennzeichnen.

Das Informations- und Entscheidungssystem einer Organisation umfaßt alle Elemente und strukturellen Subsysteme, aber auch externe Elemente der Organisation, die Informationen aufnehmen, speichern, verarbeiten und weitergeben und damit die vielfältigen Entscheidungsprozesse realisieren, die zur Gestaltung der Organisation und deren Anpassung an Veränderungen der Umwelt erforderlich sind. In kybernetischer Sicht ist das Informations-

---

[14]) Vgl. Bamberger (1971), S. 13 ff.; Bonini (1963); Forrester (1961); Kirsch (1971 b), S. 49 ff.

und Entscheidungssystem ein pluralistisches und hierarchisch strukturiertes System von Regelungs- bzw. Steuerungssystemen. Regelkreise niedriger Ordnung werden zu Regelstrecken von Regelkreisen höherer Ordnung. Der Komplexität des Informations- und Entscheidungssystems wird man freilich nur gerecht, wenn man die Entscheidungen auf den verschiedenen Ebenen der Regelungs- bzw. Steuerungshierarchie einer differenzierten Betrachtung unterwirft.

Typen von Entscheidungen

Man kann die Entscheidungen in der Organisation in drei Klassen einteilen: in die politischen, administrativen und operativen Entscheidungen[15]). Analog kann das gesamte Informations- und Entscheidungssystem in das politische, administrative und operative System unterteilt werden. Dieser Unterscheidung liegt die Kombination von zwei Kriterien zugrunde (vgl. Abb. 1.5):

(1) Das erste Kriterium betrifft den Strukturierungsgrad der Entscheidungen. Danach kann zwischen relativ wohl-definierten bzw. wohl-strukturierten und relativ schlecht-definierten bzw. schlecht-strukturierten Entscheidungen unterschieden werden. Bereits an anderer Stelle wurde auf diese Unterscheidung hingewiesen. Wohl-definierte bzw. wohl-strukturierte Entscheidungen sind mehr oder weniger routinemäßiger Natur. Es existieren operationale Problemdefinitionen bzw. Entscheidungskriterien sowie algorithmische Entscheidungsprogramme, die mit Sicherheit zu einer Lösung des Entscheidungsproblems führen. Schlecht-strukturierte Entscheidungen weisen demgegenüber nicht-operationale Problemdefinitionen mit offenen Beschränkungen auf. Es fehlen algorithmische routinemäßig anwendbare Problemlösungsprogramme. Die Lösung des Problems bedarf eines innovativen Entscheidungsprozesses.

Geht man vom Kriterium des Strukturierungsgrades der Entscheidungen aus, so sind die operativen Entscheidungen relativ wohl-strukturiert, routinemäßig, die politischen und administrativen Entscheidungen dagegen relativ schlecht-strukturiert, innovativ. Zur Unterscheidung der politischen und administrativen Entscheidungen ist dann ein zweites Kriterium erforderlich.

(2) Dieses zweite Kriterium knüpft an den Prämissen der Entscheidungen an, insbesondere an den Wertprämissen, die angeben, was „gut" oder „erstrebenswert" ist bzw. was sein soll. Die Wertprämissen determinieren zusammen mit den faktischen Informationen die Entscheidungen. Diese Wertprämissen innerorganisatorischer Entscheidungen können in zwei Klassen eingeteilt werden: in die individuellen Wertprämissen von

---

[15]) Ähnliche Unterscheidungen finden sich auch bei Anthony (1965), S. 15 ff.; Alexis und Wilson (1967), S. 389 f. Eine Einteilung der Organisation in zwei Ebenen: „technological system" und „governing system" nehmen Rome und Rome (1962) vor.

Organisationsteilnehmern, die deren subjektive Präferenzen und Zielvorstellungen zum Ausdruck bringen, und in jene Wertprämissen, die durch andere, vorgelagerte Entscheidungen bereits autorisiert sind und damit für das System offiziellen und verbindlichen Charakter besitzen.

Die Kombination beider Kriterien führt zu den in Abb. 1.5 wiedergegebenen Typen von Entscheidungen. Nicht alle theoretisch möglichen Typen sind jedoch relevant. In der Organisation finden sich in der Regel keine Entscheidungen, die wohl-definiert sind, gleichzeitig den Entscheidungsträgern aber die Möglichkeit geben, ihre persönlichen Werte in großem Umfang zum Tragen zu bringen. Die Typologie der Entscheidungen im Sinne der Abb. 1.5 stellt — wie jede Typologie — eine starke Vereinfachung der Realität dar. Beide Kriterien definieren letztlich ein Kontinuum von Möglichkeiten. Die Aufteilung des Kontinuums in zwei Abschnitte ist willkürlich und schließt Grenzfälle nicht aus. Gleichzeitig sind die beiden Kriterien nicht ganz unabhängig voneinander: Je mehr in die Entscheidungen auch individuelle Werte der Organisationsteilnehmer einfließen, desto schlechter sind in der Regel diese Entscheidungen strukturiert. Dennoch erscheint die Typologie der Entscheidungen für organisationstheoretische Betrachtungen brauchbar.

		Strukturierungsgrad	
		niedrig	hoch
Individuelle Wertprämissen	viele	politische Entscheidungen	(in der Realität nicht relevant)
	wenige	administrative Entscheidungen	operative Entscheidungen

Abb. 1.5: *Typen von Entscheidungen*

Die drei Typen von Entscheidungen stehen in einem hierarchischen Bezug zueinander. Dies wird deutlich, wenn man die einzelnen Entscheidungen näher charakterisiert:

(1) *Politische* Entscheidungen sind in hohem Maße schlecht-definierte Entscheidungen. Aufgabe des politischen Systems ist es insbesondere, die individuellen Präferenzen und Werte von Organisationsteilnehmern und sonstigen Interessenten in autorisierte Beschränkungen der Organisation

zu transformieren. Output des politischen Systems bilden insbesondere Entscheidungen über die zu verfolgenden Ziele, über grundlegende Strategien und die Budgets. Im politischen System geht es primär darum, die aus den unterschiedlichen individuellen Wertungen erwachsenen konfliktären Forderungen der auf eine Anpassung verzichtenden Interessenten zu handhaben und bei den zu autorisierenden Entscheidungen in der Weise zu berücksichtigen, daß stets eine hinreichende Unterstützung für das politische System, seine Verfassung und die Inhaber der Führungsrollen gewährleistet bleibt.

(2) *Administrative* Entscheidungen sind ebenfalls schlecht-definiert. Sie beinhalten in erster Linie die Entwicklung neuer Entscheidungs- und Ausführungsprogramme für das operative System. Die Träger administrativer Entscheidungen haben dabei die Beschränkungen (Ziele, Strategien, Budgets) zu beachten, die im Rahmen der politischen Entscheidungen der Organisation festgelegt und autorisiert sind. In die administrativen Entscheidungen gehen, wenn auch in geringerem Maße als bei politischen Entscheidungen, individuelle Werte von Organisationsteilnehmern ein.

(3) *Operative* Entscheidungen sind programmierte Entscheidungen. Sie sind wohl-definiert. Das operative System umfaßt alle diejenigen Elemente, die mit der unmittelbaren Steuerung und Regelung der Objektprozesse in den Kern- und Grenzsystemen der Organisation befaßt sind. Input des operativen Systems sind insbesondere detaillierte Programme, die im Rahmen der innovativen Entscheidungen des administrativen und auch des politischen Systems formuliert werden.

Wenn vom politischen, administrativen oder operativen System einer Organisation gesprochen wird, so umfassen diese Systeme nicht nur die Kernorgane für die entsprechenden Entscheidungen, d. h. jene Personen oder Gruppen, die über die verfassungsmäßigen Autorisierungsrechte verfügen. Teilnehmer eines solchen Systems sind auch jene, die als Stäbe entscheidungsrelevante Informationen erarbeiten oder aber als sogenannte „Satelliten" aktiv auf diese Entscheidungen Einfluß zu nehmen trachten, ohne zur Autorisierung berechtigt zu sein. Diese Charakterisierung eines Informations- und Entscheidungssystems kann unmittelbar auf den Staat übertragen werden. Auch in einem Staat bzw. in den in der staatlichen Superorganisation zusammengefaßten Regierungsorganisationen, Parlamenten, Gerichten, Behörden usw. werden politische, administrative und operative Entscheidungen getroffen, wenngleich das Schwergewicht dieser Entscheidungen unterschiedlich ist, je nachdem, ob man etwa das Bundeskanzleramt, die Bundesanstalt für Arbeit oder eine Autobahnmeisterei betrachtet. Das Informations- und Entscheidungssystem einer Gesellschaft umfaßt die Informations- und Entscheidungssysteme der in dieser Gesellschaft zusammengeschlossenen privaten und staatlichen Organisationen. Es schließt ferner die Fülle von Entscheidungen mit ein, die von Individuen, Haushaltungen oder sonstigen Gruppen außerhalb von Organisationen getroffen werden. Eine unmittelbare

Übertragung der Vorstellung politischer, administrativer und operativer Entscheidungen auf die Gesellschaft als Ganzes ist freilich nur bedingt zulässig. Nur Organisationen besitzen ein politisches System. Wenn man dennoch vom politischen System einer Gesellschaft spricht, so ist darunter der Inbegriff der politischen Systeme der staatlichen Organisationen dieser Gesellschaft zu verstehen. Analoges gilt, wenn von einem Informations- und Entscheidungssystem eines internationalen Systems bzw. von einem internationalen politischen System gesprochen wird.

Diese mehr terminologischen Überlegungen implizieren eine für die weiteren Erörterungen dieser Untersuchung bedeutsame Konsequenz: Organisationen und Staaten können Ziele oder Aufgaben haben, nicht jedoch Gesellschaften, internationale Systeme oder Kollektive. Zwar haben auch Mitglieder solcher sozialen Systeme Vorstellungen darüber, wie diese Systeme in Zukunft aussehen sollen. Diese Individualziele mit inhaltlichem Bezug auf ein soziales System mögen sich sogar in einem gewissen Umfang decken. Von Zielen oder Aufgaben des sozialen Systems kann jedoch erst gesprochen werden, wenn diese von Organen eines politischen Systems formuliert werden, deren Entscheidungen auf Grund einer Verfassung als verbindlich für das soziale System gelten. Dies ist aber ex definitione nur bei Organisationen bzw. Staaten der Fall.

Führung im Informations- und Entscheidungssystem

Das Informations- und Entscheidungssystem kann — vereinfachend — auch als Führungssystem des zugrundeliegenden sozialen Systems bezeichnet werden, denn die Steuerung bzw. Regelung eines sozialen Systems wird vielfach als Führung bezeichnet. Zu den im Rahmen der Darlegung von Steuerungs- und Regelungsprozessen bzw. Entscheidungsprozessen genannten Merkmalen treten freilich zusätzliche Gesichtspunkte. Von Führung kann erst gesprochen werden, wenn das Entscheidungsfeld eines Entscheiders andere Menschen oder Gruppen umfaßt, die selbst Entscheidungen treffen.

Um als Führer bestehen zu können, muß das Führungssystem zumindest folgende Fähigkeiten besitzen[16]): Es muß (1) kybernetische Fähigkeiten, d. h. Informationsgewinnungs- und Problemlösungsfähigkeiten, aufweisen: Es muß realistische Informationen über die Umwelt gewinnen, Vorstellungen über erwünschte und realisierbare zukünftige Zustände (Ziele) bilden, Abweichungen vom Zielkurs feststellen und geeignete kompensierende Maßnahmen finden können. Es muß aber (2) auch in der Lage sein, Macht auszuüben, um sicherzustellen, daß die gewählten Ziele und Strategien tatsächlich zu Prämissen der nachfolgenden Entscheidungen werden, und es muß (3) fähig sein, Unterstützung zu mobilisieren und zu sichern, um über hinreichende Machtgrundlagen für die Durchsetzung der Entscheidungen zu verfügen. Diese Machtgrundlagen erhält das Führungssystem dadurch, daß andere, die selbst

---

[16]) In Anlehnung an Etzioni (1968).

Macht haben, sich für das Führungssystem bzw. seine Entscheidungen einzusetzen bereit sind. Es muß deshalb (4) auch die Fähigkeit besitzen, für die Führungsentscheidungen und -maßnahmen einen Konsens mit den Betroffenen bzw. den relevanten Unterstützern zu bilden. Es muß zur Konsensbildung fähig sein.

Zwischen den einzelnen Fähigkeiten eines Führungssystems bestehen in gewissen Grenzen Substitutionsmöglichkeiten. Je größer die kybernetischen Fähigkeiten (Problemlösungsfähigkeiten) sind, desto leichter fällt es dem Führungssystem, Problemlösungen zu finden, die den Konsens erhöhen; der bei der Durchsetzung der Entscheidungen zu überwindende Widerstand ist geringer: Ein auf Konsens mit den Geführten ausgerichteter exzellenter Problemlöser kommt mit weniger Machtgrundlagen und Unterstützung aus und kann es sich leisten, in der Machtausübung unter Umständen ineffizient zu sein. Freilich ist es eine Utopie, als Führender ganz auf Machtausübung und Unterstützung verzichten zu können.

1.13 Logistische Grundtatbestände

Die Begriffe „Logistik" und „Verkehr" kennzeichnen Tatbestände, denen in allen sozialen Systemen eine besondere Bedeutung zukommt. Dies zeigt eine mit systemtheoretischen Kategorien durchgeführte Analyse der Begriffe. Damit wird gleichzeitig die Grundlage gelegt für einen Überblick über die wichtigsten Elemente und Strukturmerkmale logistischer Systeme (Verkehrsobjekte, Verkehrsmittel, Verkehrsnetze) sowie für die Abgrenzung der für eine betriebswirtschaftliche Logistik besonders relevanten Systeme, deren genauere Betrachtung im Mittelpunkt der folgenden Kapitel stehen wird.

1.131 Logistik und Verkehr im Lichte der Systembetrachtung

Das Verhalten eines Systems impliziert stets irgendeine Art von Übertragung zwischen aktiven Elementen bzw. Subsystemen innerhalb eines Systems oder zwischen Systemen. Inputs gelangen in ein System; in diesem erfolgen interne Prozesse; Outputs treten aus dem System in die Umwelt. Jeder dieser Prozesse kann sich auf die Übertragung von Materie, Energie oder Informationen erstrecken. Jedes (lebende) System (Zelle, Organismus, Mensch, Gruppe, Organisation, Gesellschaft) ist in der Weise differenziert, daß es spezielle Subsysteme herausbildet, deren Funktion in der Übertragung von Stoffen, Energie und Informationen im System und zwischen Systemen besteht. Jedes System verfügt in der Regel über Subsysteme, die mit der Übertragung von Inputs in das System und von Outputs an die Umwelt befaßt sind. Spezifische Subsysteme (Distributoren) sorgen dafür, daß stofflich-energetische oder informationelle Inputs aus der Umwelt oder Outputs von Subsystemen innerhalb des Systems in der Weise verbreitet (transportiert) werden, daß jede Komponente die notwendigen Inputs erhält.

Neben Subsystemen, die Materie, Energie oder Informationen befördern, besitzen nahezu alle Systeme Speicher- oder Lagerungssubsysteme. Stofflich-energetische und informationelle Inputs bzw. Outputs werden oft in Systemen so lange aufbewahrt, bis eine Nachfrage nach ihnen besteht. Dies ist die Funktion von Lagerungssubsystemen.

Transport- und Speicherungsvorgänge sind somit in allen Verhaltenssystemen relevant, gleichgültig, wie man sie abgrenzt und auf welcher Ebene der Betrachtungsweise man sie analysiert. Im vorliegenden Zusammenhang interessieren vor allem Transport- und Speicherungsvorgänge, d. h. logistische Prozesse in sozialen Systemen. Zur Kennzeichnung dieser Prozesse wird in aller Regel auch der Verkehrsbegriff herangezogen, wenngleich dieser meist etwas enger definiert wird.

Zum Verkehrsbegriff

Die in der Literatur vorgeschlagenen Definitionen weisen trotz aller Unterschiedlichkeit einen gemeinsamen Kern auf (vgl. Abb. 1.6). Im Lichte eines systemtheoretischen Bezugsrahmens läßt sich dieser gemeinsame Kern wie folgt charakterisieren: Soziale Systeme (Organisationen, Gesellschaften usw.) bestehen aus einer Menge aktiver Elemente bzw. Komponenten, die dauernd oder gelegentlich stofflich-energetische bzw. informationelle Kopplungen aufweisen. Die aktiven Elemente sind in der Regel räumlich getrennt; eine unmittelbare Kopplung ist daher nicht ohne weiteres möglich. Alle Prozesse, die bei zunächst *räumlicher* Trennung eine Kopplung aktiver Elemente eines Systems ermöglichen und so der Raumüberwindung dienen, sind *Verkehrsprozesse*.

Systeme weisen somit spezifische Kopplungselemente auf. Diese überbrücken als *sekundäre* aktive Elemente den Raum, so daß Kopplungen zwischen den übrigen *primären* Elementen realisiert werden können. Dabei sind zwei Möglichkeiten denkbar:

(1) Die zu koppelnden primären Elemente bleiben räumlich getrennt. Ihre Kopplung erfolgt nur mittelbar über eine Zwischenschaltung raumüberwindender sekundärer Elemente. Die primären Elemente sind unmittelbar nur mit den sekundären Elementen gekoppelt.

(2) Die primären Elemente werden unmittelbar gekoppelt, nachdem sie als Verkehrsobjekte bzw. passive Elemente selbst mit Hilfe sekundärer Elemente den Raum überwunden haben.

Zwischen den aktiven Elementen eines Systems besteht in der Regel nicht nur eine räumliche, sondern auch eine *zeitliche Lücke*, die eine Kopplung zunächst erschwert. Dies ist der Fall, wenn der Output eines aktiven Elementes in einer Zeit anfällt, zu der das andere aktive Element noch nicht für diese Stoffe, Energie oder Informationen aufnahmebereit ist. Auch hier sind spezifische Kopplungselemente erforderlich, die ein Schließen dieser zeitlichen Lücke ermöglichen. Sie fungieren als *Läger,* Speicher oder „Warteräume"

> „Unser Grundriß handelt dagegen vom Verkehr in einer engeren spezifischen Bedeutung, die einen Ausschnitt aus der Wirtschaft bezeichnet, nämlich die Gesamtheit der Vorgänge, die im Bereich der Wirtschaft der Raumüberwindung dienen. Verkehr in diesem Sinne umfaßt den Transport von Personen, Gütern und Nachrichten in jeder Form, zu Wasser, zu Lande und zu Luft... Wir beschränken uns aber nicht auf den Transport als solchen, sondern rechnen zum Verkehr auch die kommerziellen Funktionen, die mit dem Transport verbunden sind, selbst wenn sie unabhängig von den eigentlichen Transportbetrieben in selbständigen Unternehmungen durchgeführt werden." (Predöhl, 1958, S. 9 f.)
>
> „Die Tatsache und das Ergebnis der Raumüberwindung wird im gewöhnlichen Sprachgebrauch mit *Verkehr im engeren Sinn* bezeichnet im Gegensatz zum *Verkehr im weiteren Sinn,* der den regelmäßigen Austausch wirtschaftlicher Güter und Leistungen umfaßt und sich auch auf den Geld-, Zahlungs- und Handelsverkehr erstreckt." (Pirath, 1949, S. 1)
>
> „Als Sammelname für *alle Maßnahmen und Einrichtungen, welche derartige Ortsveränderungen von Personen, Gütern, Nachrichten ermöglichen,* hat sich die Bezeichnung wirtschaftlicher *Verkehr* eingebürgert. Da diese Bezeichnung zugleich auch alle wirtschaftlichen Beziehungen der Lebewesen mit umfaßt, scheint es angebracht, diese weitere Bedeutung eines *interpersonalen Verkehrs* von jener des *interlokalen Verkehrs,* der nur die Ortsveränderung im Sinn hat, zu trennen." (Illetschko, 1959, S. 23)
>
> „Verkehr, Bezeichnung für die Gesamtheit aller Vorgänge, die der Raumüberwindung dienen, also nicht nur die Ortsveränderung materieller Gegenstände." (Stichwort Verkehr, in: Linden, 1966, Sp. 1645)
>
> „Verkehr im wirtschaftlichen Sinne ist die Beförderung von Menschen, Gütern, Nachrichten und Kraft über den Bereich des einzelnen Betriebs hinaus (Raumüberwindungsfunktion). Hierzu gehört — exakt und weiter gefaßt — nicht nur die Transportdurchführung, sondern auch die lenkende, planende und organisatorische Tätigkeit ..." (Opladen und Sack, 1965, S. 15)

Abb. 1.6: Zum Begriff des Verkehrs

und werden hier als *tertiäre* Elemente eines Systems bezeichnet. Solche die zeitlichen Lücken überwindenden Prozesse stehen in einer sehr engen Beziehung zu den Verkehrsprozessen.

(1) Zunächst bestehen selbstverständlich auch zwischen den primären Elementen und den sekundären Kopplungselementen zeitliche Lücken. Die Kopplungselemente sind meist nicht unmittelbar zu den Zeiten aufnahmebereit, in denen der zu transportierende Output anfällt. Ferner wird der Transport meist mit einer Folge von Kopplungselementen (Transportkette) bewältigt, die sich zeitlich nicht unmittelbar aneinander anschließen. Außerdem sind die empfangenden primären Elemente häufig nicht zu jenen Zeitpunkten aufnahmebereit, in denen der eigentliche Transport abgeschlossen ist. Dies alles bedingt, daß auch zwischen den primären und sekundären Ele-

menten eines Systems in vielfältiger Weise tertiäre Kopplungselemente zwischengeschaltet werden müssen. Wesentliche Probleme im Verkehr ergeben sich gerade aus der adäquaten Schließung solcher zeitlichen Lücken.

(2) Viele Verkehrsmittel sind technisch so eingerichtet, daß sie gleichzeitig die Funktion sekundärer und tertiärer Kopplungselemente eines Systems erfüllen. „Stationen" (als Verkehrsmittel) umfassen in der Regel beispielsweise nicht nur spezifische Transport-, sondern auch Lagereinrichtungen.

(3) Zwischen den primären Elementen eines Systems bestehen in aller Regel gleichzeitig eine räumliche und eine zeitliche Lücke. Bei allen Entscheidungen über die Art und Weise der Schließung dieser zeitlichen Lücke ist stets der Zeitbedarf zu berücksichtigen, den der Transport verursacht. Umgekehrt sind bei Entscheidungen über den Transport und dessen Zeitbedarf die Konsequenzen einzubeziehen, die sich hieraus für die zweckmäßige Gestaltung der Schließung der verbleibenden zeitlichen Lücke ergeben.

Dehnt man die Analyse auf tertiäre Systemelemente und -prozesse der Überwindung zeitlicher Lücken aus, so geht die Analyse von Transport- bzw. Verkehrsprozessen in eine Analyse logistischer Prozesse über, die Transport- und Lagerungsprozesse gleichermaßen umfassen. Milne schlägt eine Definition des Verkehrs vor, die dieser zweiten Betrachtungsweise entspricht[17]). Logistische Prozesse sind dann Verkehrsprozesse im weitesten Sinne. Diese weite Begriffsfassung des Verkehrs bietet sich oftmals aus sprachlichen Gründen an, da die Bezeichnung „Verkehr" in sehr vielen Zusammensetzungen wie „Verkehrsträger", „Verkehrsmittel", „Verkehrsobjekt" u. a. verwendet werden kann. Solche vereinfachenden Bezeichnungen sind jedoch mit Hilfe des Terminus „Logistik" nur schwer und auf Kosten der sprachlichen Eleganz zu bilden.

Zum Begriff der Logistik

Es bleibt aber festzuhalten, daß der Logistikbegriff normalerweise noch weiter gefaßt wird[18]). Verwendet man den Begriff *Logistik* zur Bezeichnung realer Phänomene und nicht als Name einer entsprechenden wissenschaftlichen (Teil-)Disziplin, so bezieht sich dieser Begriff auf die Gestaltung, Steuerung, Regelung und Durchführung des gesamten Flusses an Energie, Informationen, Personen, insbesondere jedoch von Stoffen (Materie, Produkte) innerhalb und zwischen Systemen. Logistik geht über reine Transportprozesse hinaus. Sie beinhaltet auch einen zeitlichen Aspekt, der sich vornehmlich in Prozessen der Lagerung oder Speicherung sowie in der zeitlichen Verfügbarkeit von Diensten widerspiegelt. Logistische Prozesse schließen Transport und Lagerhaltung, aber auch z. B. Materialhandhabung,

---

[17]) Vgl. Milne (1955), S. 22.
[18]) Zum Begriff der Logistik vgl. Bowersox, Smykay und LaLonde (1968), S. 3 ff.; Constantin (1966), S. 38 ff.; Gepfert (1968), S. 75 ff.; Heskett, Ivie und Glaskowsky (1964), S. 5 ff.; Magee (1968 a), S. 1 ff.; Mossman und Morton (1965).

Verpackung oder die Standortwahl von Verarbeitungszentren ein. Die räumliche und zeitliche Dimension logistischer Prozesse findet in der amerikanischen Literatur ihren Niederschlag in der Forderung, die Logistik habe räumlichen und zeitlichen Nutzen zu schaffen[19]. Wesentliches Begriffsmerkmal der Logistik bilden die Gestaltung des logistischen Systems und die Steuerung und Regelung seiner Prozesse im Hinblick auf die Erfüllung von Effizienzkriterien des übergeordneten Gesamtsystems. Somit kann Logistik als der Inbegriff aller Prozesse in sozialen Systemen (Gesellschaften, Organisationen) definiert werden, die der Raumüberwindung bzw. Zeitüberbrückung sowie deren Steuerung und Regelung dienen.

Die Elemente oder Komponenten eines logistischen Systems umfassen im besonderen Transport- oder Verkehrsmittel, Läger verschiedenster Art, Transport- und Lagerobjekte, Verarbeitungs- und Verbrauchszentren sowie Regelungs- und Steuerungszentren. Logistische Systeme umfassen im allgemeinen drei Subsysteme[20]:

(1) Ein Subsystem ist mit den physischen Aspekten des Nachschubs an Inputfaktoren für das betreffende soziale System befaßt. Es soll als das *physische Versorgungssystem* bezeichnet werden.

(2) Ein weiteres Subsystem dient der *Intrasystemlogistik*. Es bezieht sich auf den Fluß von Stoffen, Energie, Informationen und Personen im System selbst. Die Intrasystemlogistik verbindet dabei nicht zuletzt die verschiedenen Transformationszentren im System.

(3) Als *physisches Distributionssystem* wird schließlich derjenige Ausschnitt eines logistischen Systems bezeichnet, dessen Funktion die Übertragung des Outputs des betrachteten Systems an andere soziale Systeme in dessen Umwelt bildet.

Logistische Systeme sind grundsätzlich als Zwischensysteme anzusehen. Sie umfassen die Aktivitäten zweier oder mehrerer Systeme. So kann beispielsweise das physische Distributionssystem eines Systems gleichzeitig das physische Versorgungssystem eines anderen Systems bilden. Auch kann das Distributions- (bzw. Versorgungs-)system eines Systems mehrere andere soziale Systeme oder Komponenten von ihnen beinhalten, die bei der physischen Distribution oder Versorgung des betrachteten Systems spezifische Funktionen (wie z. B. der Lagerung oder des Transports) erfüllen.

1.132 Verkehrsobjekte, Verkehrsmittel, Verkehrsnetze

Die üblichen systemtheoretischen Kategorien reichen sicherlich nicht aus, um die logistischen Grundtatbestände in allen Einzelheiten zu charakterisieren.

---
[19] Vgl. Magee (1968 a), S. 1 f.
[20] Vgl. ebenda, S. 2 f.

Die folgende Diskussion der Verkehrsobjekte, Verkehrsmittel und Verkehrsnetze soll jedoch zeigen, daß die traditionellen verkehrswissenschaftlichen Begriffe durchaus in den systemtheoretischen Bezugsrahmen passen.

Verkehrsobjekte

Als Verkehrsobjekte kommen Personen, Stoffe, Energie und Informationen in Betracht[21]). Sie sind passive Elemente logistischer Systeme und Prozesse. *Personen* können zunächst aus der Sicht des technischen Vollzugs der Transportleistung äußerlich als relativ einheitlich angesehen werden. Die spezifischen physiologischen und psychologischen Eigenschaften des Menschen bilden allerdings sehr weitgehende Beschränkungen für die Art und Weise, wie Transport und Wartezeiten technisch zu bewerkstelligen sind. Die Menschen legen als Verkehrsobjekte ihre speziellen Bedürfnisse und individuellen Werte nicht ab, und die Werte der Menschen unterscheiden sich trotz kulturbedingter Tendenz zur Einheitlichkeit in vielen Fällen sehr erheblich. Dabei ist zu beachten, daß die Menschen als Verkehrsobjekte nicht nur das Ergebnis der vollzogenen Verkehrsleistung, sondern auch die Art und Weise des Vollzugs bewerten. Dies führt nicht selten zu Verhaltensweisen, die den geplanten Vollzug „stören".

Die Analyse der Person als Verkehrsobjekt befindet sich letztlich in dem gleichen Dilemma wie die verhaltenswissenschaftliche und insbesondere psychologische Persönlichkeitsforschung: Inwieweit können Menschen in Theorien des menschlichen Verhaltens als „gleich" betrachtet werden, und inwieweit sind Unterschiede zu beachten? Stellt man die Unterschiede heraus, so zeigt sich sehr schnell, daß eine wissenschaftlich fundierte Betrachtung nur möglich ist, wenn ein System von Typen und Kategorien entwickelt wird, das einerseits eine Reihe von Unterschieden beachten, andererseits ganze Klassen von Individuen doch wieder als homogen ansehen läßt.

In der verkehrswissenschaftlichen Literatur finden sich viele Versuche der Typenbildung. So wird u. a. unterschieden zwischen Personen, die aus beruflichen Gründen am Verkehr teilnehmen, und Personen, die im Rahmen ihrer Freizeit als Teilnehmer des Verkehrssystems auftreten. Ferner gibt es Personen, deren Teilnahme am Verkehr — sei es aus beruflichen Gründen oder nicht — primär instrumentalen Charakter besitzt: Die Teilnahme ist Mittel zur Erreichung von Zielen, die weitgehend außerhalb der Sphäre des Verkehrs liegen. Ihnen stehen jene Personen als Verkehrsobjekte gegenüber, für welche die Inanspruchnahme von Verkehrsleistungen den Charakter des unmittelbaren Konsums besitzt.

Stoffe und *Energie* sind passive Elemente, die von aktiven Elementen verarbeitet und zwischen den aktiven Elementen ausgetauscht werden. Stoff ist alles, was Masse besitzt und Raum einnimmt. Energie wird in der Physik als

---

[21]) Vgl. Illetschko (1966), S. 13; Linden (1961), S. 39; Pegrum (1968), S. 24 ff.; Pirath (1949), S. 22 ff.; Voigt (1965 b), S. 807 ff., S. 947 ff.

die Fähigkeit, Arbeit zu leisten, definiert. In der verkehrswissenschaftlichen Literatur werden Stoffe und Energie meist unter dem Begriff „Gut" subsumiert und je nach Untersuchungszweck u. a. nach folgenden Kriterien gegliedert: (1) Zustand (feste, flüssige, gasförmige Verkehrsobjekte); (2) Größe (Normal- und Schwertransport); (3) Wertigkeit; (4) Transportempfindlichkeit (Verderblichkeit, Erschütterung, Hitze, Druck usw.).

Die Diskussion der *Informationen* als Verkehrsobjekte wirft zunächst die Frage nach dem Informationsbegriff selbst auf. Die logistische Fragestellung deckt sich hier sehr weitgehend mit der Informations- bzw. Kommunikationstheorie. Die Informationstheorie, die später zu einer spezifischen Kommunikationstheorie ausgebaut wurde, war ursprünglich eine rein technische Disziplin. Sie befaßt sich mit Methoden der Verschlüsselung, der Transmission und des Empfangs von Nachrichten in Kommunikationssystemen. Ausgehend von der quantitativen Messung des Informationsgehalts von Nachrichten, für den die Maßeinheit „bit" festgelegt wurde, strebt die Informationstheorie quantitative Aussagen über die Kapazität und Effizienz von Kommunikationskanälen an. In der Informationstheorie ist Information ein Maß der Unwahrscheinlichkeit eines Ereignisses. Je unwahrscheinlicher der Eintritt eines Ereignisses ist, desto mehr Informationen enthält das Ereignis, wenn es tatsächlich einmal eintritt. Man spricht auch vom Informationsgehalt des Ereignisses. In der Informationstheorie interessieren vor allem Ereignisse, die Signale oder Zeichen bzw. Folgen solcher Signale oder Zeichen sind. Signale sind Zeichenträger, d. h. die stofflich-energetische Basis, in der die Zeichen realisiert sind. Ein Zeichen ist eine Klasse äquivalenter Signale, die auf den gleichen Gegenstand, Sachverhalt usw. verweisen. Ein gesprochenes und ein geschriebenes Wort „Apfel" ist zwar in unterschiedlichen Signalen bzw. Signalfolgen realisiert; in beiden Fällen ist es jedoch eine identische Zeichenfolge. Eine besondere Klasse von Zeichen sind die Symbole. Sie sind von Menschen erfundene, künstliche Zeichen. Alle sprachlichen Zeichen sind Symbole.

Bei der Behandlung von Nachrichten oder Informationen als Verkehrsobjekte interessieren in erster Linie nur die Signale (Zeichenträger) bzw. die Medien, in denen diese Signale realisiert sind und transportiert bzw. gespeichert werden. Meyer-Eppler unterscheidet lineare, flächenhafte und/oder räumlich gespeicherte sowie akustische, elektrische und elektromagnetische Signale[22].

Wenn sich das logistische Interesse primär auf die Übermittlung und Speicherung von Signalen beschränkt, so ist doch von Fall zu Fall zu überlegen, ob nicht die Analyse auf den gesamten Kommunikationsprozeß auszudehnen ist. Die Informationstheorie geht von dem in Abb. 1.7 dargestellten *Paradigma des Kommunikationsprozesses* (Nachrichtenübermittlungsprozesses) aus[23]:

---
[22]) Vgl. Meyer-Eppler (1969), S. 7.
[23]) Vgl. Klaus (1969), S. 272; Kramer (1965), S. 48 ff.; Shannon (1949), S. 34; Weaver (1949), S. 7.

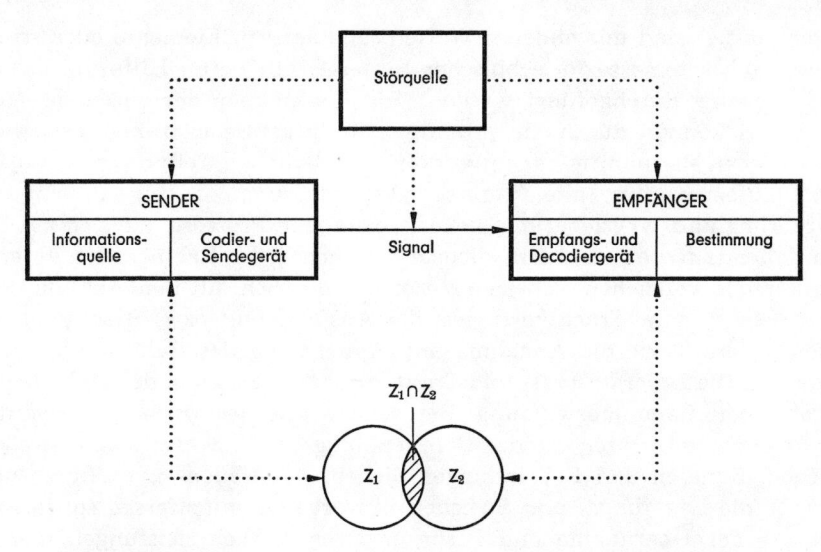

Abb. 1.7: Paradigma des Kommunikationsprozesses

In einer Informationsquelle wird aus einem gegebenen Zeichenvorrat Z_1 eine vom Sender gewünschte Menge von Zeichen erzeugt, die für den zu übermittelnden Sachverhalt geeignet erscheint. Die Zeichen werden in einem Codierer in Signale umgewandelt und über einen Nachrichtenkanal dem Empfänger zugeleitet. Beim Empfänger wird die Übertragung decodiert, somit werden die empfangenen Signale in Zeichen seines Vorrats Z_2 zurückverwandelt. Voraussetzung für das gegenseitige Verständnis ist die Existenz eines gemeinsamen Zeichenvorrats $Z_1 \cap Z_2$. Störungen eines Kommunikationsvorgangs können auf Grund dieser Beziehungen sowohl in der realen, mit physikalischen Methoden nachweisbaren Signalverbindung und -transformation als auch in der Vereinbarung über die Zeichenfunktion der gemeinsam verwendeten Signale auftreten.

Die Informations- und Kommunikationstheorie hat sich zu einer sehr umfangreichen, eigenständigen Disziplin entwickelt. Da sie in den letzten Jahren in einer Reihe von Gesamtdarstellungen eingehend behandelt wurde, erscheint es zulässig, wenn im weiteren Verlauf der Untersuchung — von Ausnahmen abgesehen — die spezifischen informationstheoretischen Aspekte der Nachrichtenübertragung ausgeklammert bleiben.

Verkehrsmittel

Verkehrsmittel sind alle aktiven Elemente oder Subsysteme, welche die unmittelbare Kopplung im Raum und/oder in der Zeit vollziehen oder Prozesse bewerkstelligen, die für den Kopplungsvorgang Voraussetzung sind[24]).

---

[24]) Vgl. Illetschko (1959), S. 23 ff., S. 31 ff., (1966), S. 15 ff.; Klaus (1969), S. 585 f.; Linden (1961), S. 37 f.; Löbel, Müller und Schmid (1970), S. 104 f.; Peters (1958), S. 28 ff.; Pirath (1949), S. 123 ff.; Voigt (1960), S. 196 ff., (1965 a), S. 151 ff.; Willeke (1966), S. 318 ff.

Verkehrsmittel sind mit anderen Worten jene aktiven Elemente oder strukturellen Subsysteme sozio-technischer Systeme, mit deren Hilfe die logistischen Prozesse durchgeführt werden. Die Funktionen der einzelnen Verkehrsmittel können durch die jeweiligen Teilprozesse charakterisiert werden, an denen sie unmittelbar mitwirken. Als derartige Teilprozesse sind für die Raumüberwindung alle Prozesse von Bedeutung, die der Abfertigung, Beförderung und Wegsicherung dienen, sowie jene Prozesse, die sich auf dabei anfallende Neben- und Hilfsdienste beziehen[25]). Im Rahmen der *Abfertigungsaufgabe* vollziehen sich jene Vorgänge, die sich auf den Abschluß des Beförderungs- bzw. Frachtvertrages, die Ausfertigung bzw. Besorgung der Begleitpapiere sowie die Annahme und Ablieferung des Beförderungsgutes erstrecken. Die *Beförderungs- und Transportprozesse* dienen der eigentlichen Aufgabe der Raumüberwindung. Bei der *Wegsicherungsfunktion* werden jene Prozesse betrachtet, die der Bereitstellung und Sicherung von Straßen, Schienen, Kanälen und Rohrleitungen dienen. Als *Neben- und Hilfsdienste* sind z. B. die Lagerungs- und Speicherungsvorgänge aufzufassen sowie Prozesse, die der Übernahme und Besorgung von Verkehrsleistungen dienen.

Im folgenden soll mit einer kurzen Betrachtung der Wege, Vehikel, Läger, Speicher und Stationen ein Eindruck von der Vielfalt der Verkehrsmittel in einer modernen Gesellschaft vermittelt werden.

Im Bereich der Wege unterscheidet man üblicherweise Land-, Wasser- und Luftwege sowie Leitungen. Zu den *Landwegen* zählen vornehmlich Straßen- und Schienenwege. Beide Netzarten unterscheiden sich vor allem durch (1) die unterschiedliche Oberflächenausprägung, (2) die mögliche Reaktion auf interne und externe Störungen und (3) die Organisationsform der Bereitstellung, Unterhaltung und Veränderung ihres Leistungspotentials. Bei den *Wasserwegen* können wir künstliche und natürliche Ausprägungen unterscheiden. Im Verhältnis zu den vorher beschriebenen Landwegesystemen ist das Binnenwasserstraßensystem als relativ kurz und kaum die Fläche erschließend zu charakterisieren. Im Zuge der ständig ansteigenden Flugzeugbewegungen pro Zeiteinheit haben sich aus Sicherheitsgründen bestimmte *Luftwege*, -straßen oder -korridore herausgebildet. Die Fluggesellschaften können deshalb nicht die kürzeste Strecke zwischen den Start- und Zielorten fliegen, sondern müssen die ihnen von den Flugsicherungsbehörden vorgeschriebenen Routen benutzen.

Das wohl längste und verzweigteste aller Wegesysteme manifestiert sich in den *Leitungen*, d. h. Rohren, Rinnen, Förderbändern, -geräten und Kabeln. Güter und Informationen sind die Verkehrsobjekte, die in bzw. mit ihnen befördert werden. Sowohl die für den Transport des elektrischen Stromes verwendeten Kabel als auch die für die Beförderung der verschiedensten

---

[25]) Vgl. hierzu Prüfungskommission für die Deutsche Bundesbahn (1960), S. 64 ff.; Europäische Wirtschaftsgemeinschaft (1961), Tz. 21; Lechner (1963), S. 10 f.; Linden (1961), S. 21 ff.; Oettle (1967 a), S. 39 f.

Materialien benutzten Rohrleitungen können nach Beschaffenheit und Kapazität differenziert und beschrieben werden. Der ständig wachsende Bedarf an Informationen, Energie sowie gasförmigen und flüssigen Materialien läßt für die Zukunft in arbeitsteilig kooperierenden Wirtschaftssystemen einen stark zunehmenden Ausbau des bereits bestehenden Leitungssystems erwarten. Insbesondere werden für die Datenfernübertragung zwischen Computerzentren und deren Benutzern eigene Übertragungssysteme entstehen (Datexverkehr analog dem Telexfernschreibnetz) sowie weitere Pipelines für Öl und Erdgas angelegt werden.

Als *Vehikel* werden diejenigen Elemente bzw. Subsysteme bezeichnet, die im Rahmen der Raumüberwindung im weitesten Sinne als Träger der Verkehrsobjekte und/oder Antriebsaggregate fungieren und selbst bewegt werden. Es können insbesondere antriebslose (Anhänger, Waggons, Kähne) und mit Antriebsaggregaten ausgestattete Vehikel (Pkw, Lkw, Zugmaschinen, Wasser-Selbstfahrer, Flugzeuge) unterschieden werden.

Läger, Speicher und *Stationen* bewerkstelligen selbst Kopplungen und unterstützen die jeweiligen Kopplungsprozesse. Sie üben räumliche und zeitliche Pufferfunktionen aus. *Läger* dienen der Aufbewahrung von Gütern. In Fertigungsbetrieben werden etwa Roh-, Hilfs- und Betriebsstoffe, Ersatzteile, halbfertige Erzeugnisse, Zwischenerzeugnisse, Fertigerzeugnisse und Zubehör gelagert; in Handelsbetrieben steht diesen der Vorrat an Waren gleich. Die Aufbewahrung kann die zeitliche Lücke überbrücken, die durch unterschiedliche Kopplungsaktivitäten in einem Transportnetzwerk bedingt sind.

Zur Kategorie der *Speicher* werden alle Medien gerechnet, die Informationen über einen beliebig langen Zeitraum festhalten und bei Bedarf wieder abgeben können. Diese Funktionen können Menschen und Maschinen wahrnehmen. Es gibt Speicher, die nur einmal eine Information aufnehmen können (z. B. Lochstreifen, Lochkarten) oder aber wiederholt aufnahmebereit sind (z. B. Magnetschichtspeicher, Menschen). Nach dem Zugriff zu den gespeicherten Informationen unterscheidet man (1) Speicher mit seriellem Zugriff und (2) Direktzugriffsspeicher. Bei seriellem Zugriff werden die Informationen in der Reihenfolge abgefragt, in der sie auf den Speichermedien stehen. Direktzugriffsspeicher ermöglichen einen von Zeitpunkt und Reihenfolge der Speicherung nahezu unabhängigen Abruf. Die Unterscheidung in innere Speicher (Arbeitsspeicher, Zentralspeicher) und äußere Speicher (z. B. Magnetbandeinheiten) orientiert sich an den technischen Eigenschaften. Man spricht auch von Primär-, Sekundär- und Tertiärspeichern.

Die *Stationen* stehen in enger Beziehung zum Wegenetz. Sie ermöglichen die Durchführung der jeweiligen Abfertigungsprozesse. Stationen des Eisenbahnnetzes sind die Bahnhöfe. Man teilt sie je nach ihrer Größe in Klassen ein. Daneben gibt es Haltepunkte, an denen Züge planmäßig, meistens aus Wartungsgründen und dergleichen halten. Haltestellen unterscheiden sich von den Haltepunkten insofern, als eine Abzweig- oder Anschlußstelle vorhanden ist. Im Omnibus- und Straßenverkehr geben die Haltestellen Gelegenheit zur Benutzung der planmäßig eingesetzten Fahrzeuge. An Bedarfshaltestellen wird nur auf Wunsch des Kunden angehalten. Stationen im Luftverkehr bilden die Flughäfen. In der Seeschiffahrt übernehmen Häfen die Funktion von Stationen. Man unterscheidet im wesentlichen (1) Fahrgasthäfen mit Spezialanlagen für die Fahrgastabfertigung; (2) Ladehäfen, in denen eine Ladung übernommen wird; (3) Löschhäfen, in welchen eine Ladung entladen wird; (4) Massenguthäfen für den Umschlag von Massengütern; (5) Stückguthäfen für den Umschlag von Stückgut; (6) Universalhäfen, die eine Reihe von Transportfunktionen gleichzeitig übernehmen können bzw. alle Hafentypen in sich vereinigen.

Verkehrsnetze

In logistischen Systemen überbrücken Personen, Stoffe und Energie sowie Informationen (Verkehrsobjekte) mit Hilfe der Verkehrsmittel den Raum. In einem bestimmten geographischen Gebiet ist die Raumüberbrückung durch eine Menge von Orten gekennzeichnet: $M_O = \{O_1, O_2, \ldots, O_p\}$. Die einzelnen Orte können — wenn sie nicht isoliert stehen — Verkehrsquelle und/oder Verkehrssenke, d. h. Ausgangspunkt und/oder Empfänger von Verkehrsverbindungen bzw. Verkehrsströmen, sein. Reale Verkehrsverbindungen und Verkehrsströme in einer Region können modellmäßig mit Hilfe von Verkehrsmatrizen und Verkehrsgraphen verdeutlicht werden.

Verkehrsmatrizen und Verkehrsgraphen

Die Elemente einer Verkehrsmatrix[26] (Abb. 1.8) werden mit v_{ij} bezeichnet. Der Index i bezeichnet den Herkunftsort (Verkehrsquelle), j den Zielort (Verkehrssenke). Die Elemente einer Verkehrsmatrix können dabei eine sehr

	O_1	O_2	O_3	...	O_p
O_1	v_{11}	v_{12}	v_{13}	...	v_{1p}
O_2	v_{21}	v_{22}	v_{23}	...	v_{2p}
. .	. .	. .	. .	...	. .
O_p	v_{p1}	v_{p2}	v_{p3}	...	v_{pp}

Abb. 1.8: Verkehrsmatrix

unterschiedliche empirische Interpretation erfahren. Sie geben die Beförderungsmengen der Verkehrsobjekte von i nach j an, sie können aber auch als Größen des Aufwands, der bei der Raumüberwindung von i nach j entsteht,

---

[26] Vgl. zum folgenden Dantzig (1966), S. 458 ff.; Ford und Fulkerson (1962); Harary, Norman und Cartwright (1965); Hürlimann (1963), (1966); Richter (1969), S. 40 ff.

interpretiert werden. In diesen Fällen spricht man von *Verkehrsstrommatrizen*.

Verkehrsmatrizen dienen ferner zur Abbildung realer Verkehrsnetze. Geht man von der Gesamtheit der konkret bestehenden Verbindungsmöglichkeiten aus, so läßt sich mit der *Verkehrsnetzmatrix* die Struktur von Transportnetzen abbilden. Die Elemente der Verkehrsmatrix nehmen dabei die Werte 1 oder 0 an, je nachdem, ob eine Verbindung zwischen den jeweiligen Orten besteht oder nicht.

Die Darstellung ausgewählter Merkmale von Verkehrsnetzen in Matrizenform kann durch eine Darstellung mit Hilfe von Graphen ergänzt bzw. ersetzt werden. Ein *Graph* ist eine meist geometrische Interpretation einer über einer Menge (z. B. von Orten) definierten zweistelligen Relation (z. B. Verkehrsverbindungen). Ein Graph besteht aus Punkten (Knoten) und Strecken (Kanten), die diese verbinden. Die Verbindungen sind gerichtet oder ungerichtet, je nachdem, ob die Verbindung einseitig (z. B. Einbahnstraße) oder wechselseitig ist. Die Verkehrsnetze eines Verkehrssystems sind in der Regel äußerst komplex. Sie können jedoch auf eine überschaubare Menge von einfachen Netzarten zurückgeführt werden, die im Gesamtnetz verknüpft sind.

Arten von Verkehrsnetzen

Im folgenden sollen die einzelnen Netzarten in Matrizenform und unter Verwendung von gerichteten Graphen verdeutlicht werden. Es handelt sich dabei um Simultan-, Sammel-, Verteil-, Pendel- und Ringverbindung. Der Einfachheit halber wird bei ihrer Darstellung von vier Orten (a, b, c, d) ausgegangen.

Eine freie Simultanverbindung ist gegeben, wenn zwischen den vier Orten a, b, c, d die Verkehrsmatrix (1 a) gilt.

	a	b	c	d
a	0	1	1	1
b	1	0	1	1
c	1	1	0	1
d	1	1	1	0

(1 a)

Dabei bedeutet das Element 1 der Verkehrsmatrix, daß z. B. von a nach b, a nach c und a nach d eine Verbindung besteht, die auch als Kante eines gerichteten Graphen interpretiert werden kann. Die Orte a bis d sind die Knoten. Das Element 0 besagt, daß die Verbindung gesperrt ist. Der angegebenen Verkehrsmatrix entspricht der gleichwertige gerichtete Graph (1 b).

(1 b)

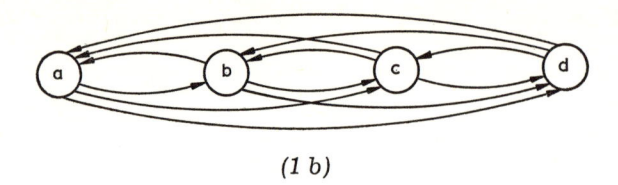

Aus ihm ist zu entnehmen, daß von jedem Ort (Knoten) drei Verbindungen (Kanten) ausgehen und gleichzeitig auf jeden Ort drei Verbindungen gerichtet sind.

In der Realität bestehen nicht zwischen allen Orten eines Verkehrsnetzes Verbindungen. Es liegt eine teilweise gesperrte Simultanverbindung vor. Sie

	a	b	c	d
a	0	1	0	0
b	1	0	1	0
c	0	1	0	1
d	0	0	1	0

(2 a)

kommt z. B. in Verkehrsmatrix (2 a) zum Ausdruck, welcher der gerichtete Graph (2 b) entspricht.

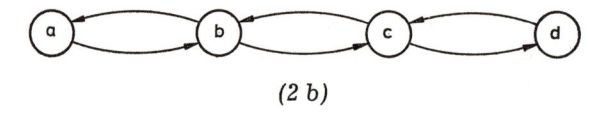

(2 b)

Eine Sammelverbindung ist dadurch gekennzeichnet, daß die Transporte von allen Orten aus zu einem Sammel- oder Zielort laufen. Die Verkehrsmatrix

	a	b	c	d
a	0	1	0	0
b	0	0	0	0
c	0	1	0	0
d	0	1	0	0

(3 a)

(3 a) bringt Verbindungen zum Ausdruck, die von den Orten a, c, d nach b laufen und im nicht gleichgerichteten Graphen (3 b) dargestellt sind.

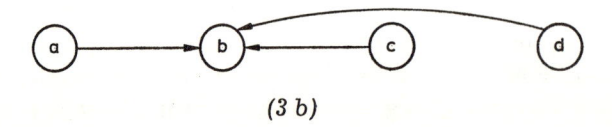

(3 b)

Eine Verteilverbindung entsteht, wenn die jeweiligen Kantenrichtungen, die den Transport kennzeichnen, umgekehrt werden. Die den bereits verwen-

	a	b	c	d
a	0	0	0	0
b	1	0	1	1
c	0	0	0	0
d	0	0	0	0

(4 a)

deten Beispielen entsprechende Matrix (4 a) läßt sich in dem dazugehörigen Graphen (4 b) darstellen.

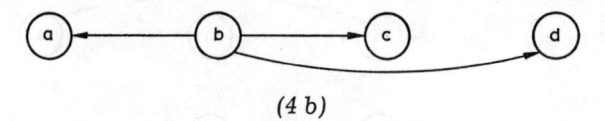

(4 b)

Ergänzt man die Kanten der Sammelverbindung oder Verteilverbindung durch die entgegengesetzt gerichteten Kanten, so erhält man die Pendelverbindung. Die ihr entsprechende Verkehrsmatrix erhält man durch Addition der Sammelverbindungsmatrix und der Verteilverbindungsmatrix.

Die Ringverbindung, Rundfahrt oder Streckenverbindung ist eine weitere Verbindungsart. Geht man von einer Rundfahrt von a nach b, b nach d, d nach c und c nach a aus, so entspricht dieser die Verkehrsmatrix (5 a).

	a	b	c	d
a	0	1	0	0
b	0	0	0	1
c	1	0	0	0
d	0	0	1	0

(5 a)

Sie kann auch durch gleichwertig gerichtete zyklische Graphen (5 b) dargestellt werden.

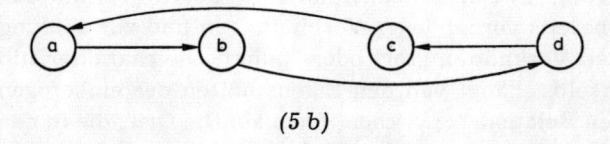

(5 b)

Die unter Zugrundelegung der auftretenden Verbindungen unterschiedenen Verkehrsnetze können darüber hinaus auch Orte enthalten, die von einem

Teil der anderen Orte isoliert sind. Sie sind „Randelemente", die in die Betrachtung des jeweiligen Verkehrsnetzes mit einbezogen werden.

Die Verknüpfung von Verkehrsnetzen

Die beispielhaft dargestellten Verkehrsnetztypen stehen in der Realität nicht isoliert nebeneinander. Vielmehr können in einem logistischen System zahlreiche Teilsysteme identifiziert werden, die mit anderen Systemen Beziehungen aufweisen. Dabei treten in den einzelnen Netzen die genannten Verbindungsmöglichkeiten kombiniert auf; so entstehen etwa aus einer Sammelverbindung nach b und einer Verteilverbindung von b aus neue, zusammengesetzte Verbindungen, wie aus den folgenden Abbildungen ersichtlich ist.

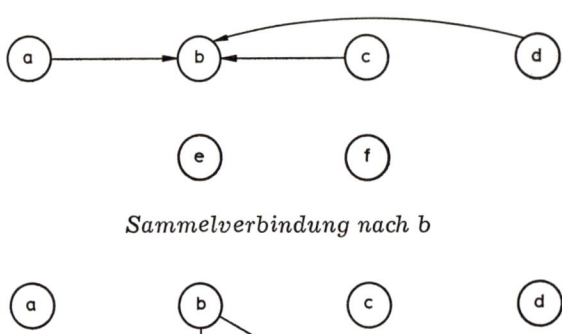

Sammelverbindung nach b

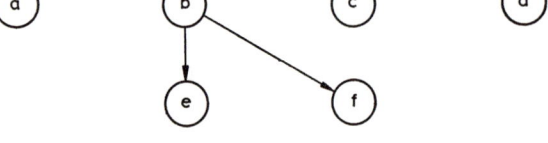

Verteilverbindung von b aus

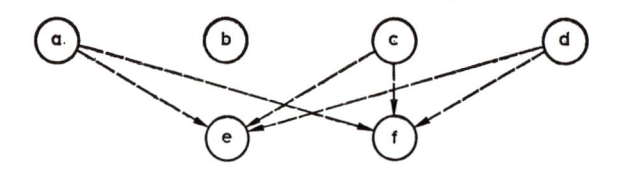

Neue, zusammengesetzte Verbindungen

Die Vereinigung zweier Netze N_1 und N_2 durch Verknüpfung führt zur Übernahme bereits vorhandener Verbindungen und zur Bildung neuer Kanten über einen Verknüpfungsort oder -punkt. Die charakteristische Struktur eines Netzes selbst hängt von den Eigenschaften der einbezogenen Orte und den jeweiligen Relationen zwischen ihnen ab. Die Orte, die in den Graphen als Knoten erscheinen, gewinnen ihre Bedeutung durch die Anzahl der aus- und eintretenden Verbindungen. Man kann sie danach klassifizieren. Die Orte und die Verbindungen zwischen ihnen werden je nach dem betrachteten Verkehrsobjekt, dem Verkehrsstrom und dem Verkehrsträger unterschiedlich beurteilt werden müssen. Eine Analyse wird deshalb zunächst Teilverkehrsnetze wegen ihrer Besonderheiten isoliert betrachten (z. B. Straßennetz, Schienennetz, Wasserstraßennetz, Luftliniennetz, Leitungsnetz). Bedeutsam ist hierbei vor allem die Belastung der Verkehrsnetze, die durch Ausmaß und Richtung der Verkehrsströme sichtbar gemacht wird.

Verkehrsströme in Verkehrsnetzen

Gegenstand eines Verkehrsstromes kann jedes Verkehrsobjekt sein[27]). Es ist zwischen Personenverkehrsströmen, Stoffe- und Energieverkehrsströmen sowie Informationsströmen zu unterscheiden. Sie werden teilweise mit Hilfe der Verkehrsstatistik erfaßt[28]). Diese führt den Nachweis über Verkehrsleistungen bzw. technische Betriebsleistungen der Verkehrsträger. Bei der Eisenbahn wird der Einsatz von Fahrzeugen im Güterverkehr nach Zug-km, Wagenachs-km und Brutto-Tonnen-km der Züge sowie Netto-Tonnen-km der Güterwagen ermittelt, im Personenverkehr nach Zug-km und Wagenachs-km. Im Bereich des Straßenverkehrs differenziert man nach gefahrenen Wagen-km und Wagen-km im Orts- und Überlandverkehr. Im Luftverkehr werden festgehalten: Anzahl der Fluggäste, Fracht und Post auf den Flughäfen, Flug-km, getrennt nach Personen-km, Fracht- und Post-Tonnen-km im In- und Auslandsverkehr. Bei der Deutschen Bundespost werden erfaßt: Zahl der Brief- und Paketsendungen, der Orts- und Ferngespräche sowie der übermittelten Telegramme. In der Binnenschiffahrt werden Tonnen-km westdeutscher Schiffe, solcher der DDR und jener im Transitverkehr ermittelt. Im Bereich der Seeschiffahrt hält man den Schiffsverkehr nach Ankunft und Abgang im Küsten- und Auslandsverkehr fest. In Organisationen allgemein ist die Erfassung der Verkehrs-, Stoffe-, Energie- und Informationsströme Aufgabe insbesondere der Statistik sowie des Rechnungswesens. Die Ermittlung der jeweils relevanten Verkehrsströme bildet die Grundlage für die organisationale Steuerung und Planung speziell des logistischen Systems.

Eine Verfeinerung in der Erfassung der Verkehrsverflechtungen und Verkehrsströme wird durch die Bildung regionaler Zonen und Gebiete (Verkehrsbezirke) erreicht. Dabei wird der Verkehr innerhalb der Bezirke (Versand und Empfang) in Verflechtungstabellen und zwischen ihnen (Wechselverkehr) in Verkehrsstrombildern nachgewiesen[29]). Auf diese Weise können die bestehenden Verkehrsnetze analysiert und Aufschluß über ihre Entwicklung gewonnen werden.

---

[27]) Vgl. z. B. Jándy (1967), S. 165 ff.; Potthoff (1965); Strohm (1969); Voigt (1965 b), S. 1280 ff.

[28]) Vgl. z. B. Esenwein-Rothe (1961); Funck (1961); Voigt (1964).

[29]) Für den Bereich des Güterverkehrs existiert eine umfassende Studie zu diesem Problemkomplex; vgl. John (1967). Ferner sei vor allem auf die laufenden Veröffentlichungen im „Statistischen Jahrbuch für die Bundesrepublik Deutschland" und die Monatszeitschrift „Wirtschaft und Statistik" hingewiesen.

1.14 Die relevanten Systeme der betriebswirtschaftlichen Logistik

Das Interesse einer betriebswirtschaftlichen Teildisziplin, die sich mit logistischen Prozessen befaßt, erstreckt sich insbesondere auf drei Typen von Systemen[30]):

(1) das makrologistische System der Gesellschaft, welches das gesellschaftliche Verkehrssystem einschließt;

(2) die mikrologistischen Systeme der einzelnen Betriebswirtschaften, die gleichsam einen — freilich auf niederer Systemebene betrachteten — Ausschnitt des makrologistischen Systems darstellen; sowie

(3) die logistischen Organisationen bzw. Betriebswirtschaften, die ebenfalls als Systeme aufzufassen sind und als deren Prototyp der Verkehrsbetrieb zu gelten hat.

Diese Systeme bilden den Mittelpunkt der weiteren Erörterungen.

1.141 Das makrologistische System

Als makrologistisches System wird das logistische System einer Gesellschaft bezeichnet. Dabei ist es zunächst gleichgültig, ob es sich bei der betrachteten Gesellschaft gleichzeitig um ein politisches Gemeinwesen oder aber um ein multinationales Gebilde handelt. Im weiteren Verlauf der Untersuchung wird jedoch unterstellt, daß die Grenzen der Gesellschaft mit den staatlichen Grenzen übereinstimmen. Diese Annahme entspricht dem expliziten oder impliziten Vorgehen in der Literatur zur Analyse makrologistischer Systeme. Das makrologistische System ist als Subsystem der Gesellschaft zu sehen. Es umfaßt alle sekundären und tertiären Elemente sowie jene primären Elemente, die solche sekundären bzw. tertiären Elemente in Anspruch nehmen. Schließlich rechnen zum makrologistischen System auch jene Elemente, die Funktionen der Steuerung und Regelung der Transport- und Speichervorgänge erfüllen. Da das Kriterium der Abgrenzung des makrologistischen Systems die Erfüllung einer bestimmten Funktion (nämlich der Raumüberwindung und Zeitüberbrückung) ist, kann das makrologistische System als funktionales Subsystem der Gesellschaft betrachtet werden.

Eine Sichtung der wissenschaftlichen Erörterung gesellschaftlicher Verkehrssysteme zeigt, daß die Analyse fast ausschließlich auf die Phänomene der Intrasystemlogistik beschränkt bleibt. Bezieht man die gesellschaftlichen Versorgungs- und Distributionssysteme in die Untersuchung ein, so erstreckt sich die Untersuchung auf multinationale logistische Probleme, also z. B. den grenzüberschreitenden Verkehr sowie die Lagerung bzw. Speicherung von Materie oder Energie im Ausland zur Sicherung der inneren Versor-

---

[30]) Vgl. auch die Unterscheidung von Mossman und Morton (1965) zwischen „logistics of macrodistribution systems" und „microdistribution systems".

gung. Allerdings wird sich die weitere Analyse des makrologistischen Systems primär auf das Verkehrssystem als funktionales Subsystem der Gesellschaft beschränken.

Einbezogen in ein makrologistisches System sind letztlich alle Mitglieder einer Gesellschaft, die Verkehrsmittel in Anspruch nehmen: Unternehmungen, speziell Verkehrsbetriebe, die Regierung, Behörden und andere Organisationen. Allerdings ist die Analyse des makrologistischen Systems auf einer relativ globalen, mit aggregierten Größen arbeitenden Betrachtungsebene durchzuführen, wie sie sich bei der makroskopischen Betrachtung ganzer Gesellschaften oder Volkswirtschaften als zweckmäßig erwiesen hat. Die Literatur weist hier jedoch kein einheitliches Bild auf. Bei der Analyse der eigentlichen Transportprozesse werden die aktiven Elemente der Gesellschaft meist unter regionalen Gesichtspunkten zu einer nicht weiter differenzierten Einheit im Sinne der Black-Box-Betrachtung zusammengefaßt, um die Analyse von Verkehrsnetzen und Verkehrsströmen zu vereinfachen. In der Regel wird die Analyse nicht auf einzelne Verkehrsmittel (Fahrzeuge, Stationen, Wege), sondern auf größere Einheiten bezogen. Sie werden als *Verkehrsträger* (z. B. Eisenbahn, Binnenschiffahrt usw.) bezeichnet und fassen typische Gattungen von Vehikeln, Stationen und Wegen zusammen. Auch bei der Analyse der Entscheidungs- und Steuerungsprozesse wird nicht auf die einzelnen Menschen als Entscheidungsträger Bezug genommen. Als Einheiten des makrologistischen Informations- und Entscheidungssystems, das selbst aus einer Vielzahl von Organisationen und Gruppen besteht, werden beispielsweise bestimmte Klassen von Verkehrsteilnehmern (Fußgänger, Autofahrer, Fernsprechteilnehmer), Industrien, Behörden, Verbände und sonstige Gruppen angesehen. Die Vorgehensweise ist jedoch keineswegs einheitlich. Letztlich spiegelt sich in der jeweils gewählten Betrachtungsebene und in der damit verbundenen Globalität der Analyse die subjektive Antwort des Forschers auf die Frage wider, welche Darstellungsform angesichts der Komplexität gesellschaftlicher Verhaltenssysteme zweckmäßigerweise gewählt werden sollte. Je mehr die Untersuchung auf das Verkehrssystem einer Subgesellschaft bzw. einer vergleichsweisen kleinen Region beschränkt bleibt, desto differenzierter und kleiner können die betrachteten Einheiten gewählt werden. Wir werden auf einige damit zusammenhängende Fragen noch zurückzukommen haben, wenn wir das Informations- und Entscheidungssystem eines Verkehrssystems einer genaueren Analyse unterziehen. Den Gegenständen und den Abläufen von Entscheidungsprozessen im makrologistischen System, wie sie ihren Ausdruck insbesondere in verkehrspolitischen Entscheidungen finden, gilt das besondere Interesse bei der Untersuchung des makrologistischen Systems.

1.142 Logistische Betriebswirtschaften

Logistische Betriebswirtschaften sind strukturelle Einheiten der Gesellschaft bzw. des makrologistischen Systems, die Menschen und technische Einrichtungen unter einheitlicher Leitung zusammenfassen. Der Verkehrsbetrieb ist der Prototyp solcher logistischen Betriebswirtschaften. Die Skala der Verkehrsbetriebe reicht von Bundesbahn, städtischen Verkehrsbetrieben, Luftfahrtgesellschaften und Reedereien über Spediteure, Flughafengesellschaften, Schleusenbetriebe, Autoverleiher und Taxiunternehmer bis zur Post als Nachrichtenverkehrs- und Fernmeldegesellschaft. Zu logistischen Betriebswirtschaften gehören aber auch beispielsweise Lagereibetriebe, die als selbständige Distributionszentren (warehouses) fungieren.

Sie alle sind Organisationen, die zwar primär der Durchführung und Steuerung von Prozessen der Raumüberwindung bzw. Zeitüberbrückung dienen, in der Regel aber auch eine Vielzahl anderer Funktionen erfüllen, die in einem mehr oder weniger engen Zusammenhang mit ihrer logistischen Hauptfunktion stehen. Wesentlich für die Klassifizierung einer Betriebswirtschaft oder Organisation als logistischer Betrieb ist die Frage, inwieweit die logistischen Funktionen dominieren. Nicht zu den logistischen Betriebswirtschaften zählen deshalb Unternehmungen, die im innerbetrieblichen, aber auch außerbetrieblichen Bereich Transport in eigener Regie (Werkverkehr) durchführen.

Logistische Betriebswirtschaften sind eingebettet in eine durch das makrologistische System gegebene komplexe Aufgabenumwelt. Gleichzeitig weisen sie auf Grund ihrer Funktion oft enge Beziehungen zu mikrologistischen Systemen von Unternehmungen oder anderen Organisationen auf und fungieren als Elemente oder Komponenten spezifischer mikrologistischer Zwischensysteme. Für die mikrologistischen Systeme ist dabei von besonderer Bedeutung, welche Leistungen von den logistischen Betrieben artmäßig, quantitativ und qualitativ angeboten werden, welche Kosten mit diesen verbunden sind und welche Kooperation der beteiligten Organisationen im Rahmen des Zwischensystems besteht. Eine Analyse logistischer Betriebe hat deshalb auch die mikrologistischen Systeme in ihre Betrachtung einzubeziehen. Beispielhaft für alle Arten logistischer Betriebswirtschaften wird sich die Untersuchung dabei insbesondere auf Verkehrsbetriebe erstrecken.

Es liegt auf der Linie der entscheidungs- und systemorientierten Betriebswirtschaftslehre, wenn man logistische Betriebswirtschaften als Organisationen, d. h. als komplexe, zielgerichtete, offene, sozio-technische Systeme, betrachtet. Wie alle Organisationen weisen auch logistische Betriebe komplexe Informations- und Entscheidungssysteme auf, die der Steuerung der verschiedenen Objektprozesse dienen. Die Beschreibung und Erklärung, vor allem aber die Gestaltung dieser Informations- und Entscheidungssysteme ist das zentrale Anliegen einer angewandten Betriebswirtschaftslehre des Verkehrs, soweit diese den Verkehrsbetrieb als Erfahrungsobjekt hervorhebt. Das System „Verkehrsbetrieb" ist jedoch nicht das einzige System, auf das sich die normativen Aussagen der angewandten Betriebswirtschaftslehre des Verkehrs beziehen können. Vor allem in den USA zeigt sich ein anderer Schwerpunkt in der Managementlehre und -ausbildung. Das wissenschaftliche Interesse richtet sich hier weniger auf den Verkehrsbetrieb als auf die logistischen Systeme der einzelnen Betriebswirtschaften verschiedenster Art. Wir wollen diese Entwicklung hier aufgreifen und das logistische System eines Betriebes als weiteres, für eine betriebswirtschaftliche Logistik relevantes System hervorheben, auf das sich die Aussagen dieser Disziplin richten können.

1.143 Mikrologistische Systeme

Als mikrologistische Systeme werden die logistischen Systeme von Organisationen bezeichnet. Sie sind damit diejenigen organisationalen Subsysteme, die mit der Bewegung und Lagerung von Stoffen, Energie, Informationen und Personen, also speziell mit den räumlichen und zeitlichen Aspekten der Leistungserstellung und -verwertung, befaßt sind. Das mikrologistische System einer Organisation stellt jenen Ausschnitt aus dem makrologistischen System dar, an dessen Gestaltung und Steuerung die betrachtete Betriebswirtschaft bzw. einzelne ihrer Mitglieder direkt oder indirekt beteiligt sind, um Transport und Lagerung ihrer Produktionsfaktoren, Zwischen- und Endprodukte sowie die mit dieser Tätigkeit verbundenen Kommunikationsprozesse sicherzustellen.

Die Charakterisierung des logistischen Systems eines Betriebes als Ausschnitt des makrologistischen Systems ist jedoch insofern irreführend, als sie eine gleiche Ebene der Betrachtungsweise im Sinne der Systemhierarchie zu implizieren scheint. Es wurde jedoch bereits darauf hingewiesen, daß die Komplexität großräumiger, gesamtgesellschaftlicher Verkehrssysteme meist eine relativ globale Betrachtungsweise erforderlich macht. Die nicht weiter differenzierten Elemente des makrologistischen Systems sind relativ umfassende Einheiten. Diese Betrachtungsebene kann bei der Analyse mikrologistischer Systeme nicht aufrechterhalten werden. Bei der Analyse betrieblicher logistischer Systeme bewegt man sich im allgemeinen auf einer niedrigeren Ebene der Betrachtungsweise, die weitgehend mit jener der Organisation bzw. der Betriebswirtschaft selbst übereinstimmt.

Alle Organisationen, ob Krankenhäuser, Regierungen, Behörden, Religionsgemeinschaften oder Unternehmungen, verfügen, wenn auch in unterschiedlich starker Ausprägung, über ein logistisches System. Das besondere Interesse einer „betriebswirtschaftlichen Logistik" gilt dabei naturgemäß den logistischen Systemen von Betriebswirtschaften. Mit dem logistischen System einer Betriebswirtschaft werden dann im allgemeinen jene Elemente und Prozesse gekennzeichnet, die mit ihrem Material- und Produktfluß und dessen Steuerung oder Regelung beschäftigt sind. Dabei werden nicht nur Transportprozesse im weitesten Sinne sowie Lagerhaltung und -kontrolle betrachtet, sondern auch beispielsweise die gesamte Auftragsabwicklung, Probleme der Verpackung oder der Materialhandhabung sowie Informationsverarbeitungsprozesse zur Gestaltung und Steuerung des Systems und seiner Prozesse in die Untersuchung einbezogen. Komponenten eines mikrologistischen Systems sind bei einer relativ globalen Ebene der Betrachtungsweise insbesondere Produktionsstätten, Distributionszentren („Außenläger", „Auslieferungsläger"), innerbetriebliche Läger und Fördermittel, Fuhrpark sowie das Informations- und Entscheidungssystem. Diese können auch Elemente anderer Betriebswirtschaften darstellen: Mikrologistische Systeme sind Zwischensysteme.

Wie jedes logistische System kann auch das logistische System von Betriebswirtschaften in drei Subsysteme differenziert werden, die sich auf den Beschaffungsbereich, die innerbetriebliche Logistik und den Absatzbereich beziehen. Ein besonderes Interesse haben dabei in der betriebswirtschaftlichen Literatur Probleme der physischen Distribution — in der deutschsprachigen Literatur auch als Warenverteilung bezeichnet — gefunden.

Das mikrologistische System ist ein funktionales Subsystem (bzw. Zwischensystem) einer Betriebswirtschaft. Wie bereits seine Differenzierung in physisches Versorgungssystem, innerbetriebliche Logistik und physisches Distributionssystem vermuten läßt, durchdringt das logistische System andere Funktionsbereiche der traditionellen Funktionengliederung der Betriebswirtschaftslehre. Es ergibt sich eine Gliederung, die am ehesten als Matrix darzustellen ist. Analog zur Charakterisierung der Finanzierungsfunktion, die mit der Gestaltung und Steuerung der betriebswirtschaftlichen Geld- und Zahlungsströme befaßt ist und ebenfalls die übrigen Funktionsbereiche durchdringt, ergibt sich auch im Falle des mikrologistischen Systems, daß Teile dieses Systems gleichzeitig auch Teile anderer funktionaler Subsysteme sind: Das physische Versorgungssystem beinhaltet den physischen Fluß im Beschaffungssektor, die Intrasystemlogistik jenen im Produktionsbereich, und das physische Distributionssystem ist gleichzeitig Teil des Absatz- oder Marketingsystems der Betriebswirtschaft. Neu ist also nicht die Tatsache, daß sich die Betriebswirtschaftslehre mit logistischen Fragen im Beschaffungs-, Produktions- und Absatzbereich befaßt. Neu ist vielmehr, daß man diese logistischen Phänomene als Bestandteile eines einheitlichen logistischen Systems betrachtet, das es ebenfalls unter relativ einheitlichen Gesichtspunkten zu gestalten und zu steuern gilt.

Die Betriebswirtschaftslehre hat sich seit jeher mit Problemen des Transports und der Lagerung beschäftigt. Ende der fünfziger, Anfang der sechziger Jahre rückten jedoch Probleme des Material- und Produktflusses in den Mittelpunkt des Interesses. Nachdem lange Zeit Betriebswirtschaftslehre wie Unternehmenspraxis ihr Hauptaugenmerk auf Probleme der Produktion, speziell der Rationalisierung, dann der Finanzierung und schließlich im Rahmen des Marketings vorherrschend auf Probleme der Kontrahierung und der Promotion richteten, wurde man sich der relativ hohen Kostenanteile, die durch Güterbewegungen und -lagerungen verursacht werden, bewußt. Zum anderen erkannte man die Möglichkeiten, die eine bewußte Gestaltung der physischen Distribution im Rahmen des Marketing-Mix bietet.

Das zunehmende Interesse an logistischen Problemen von Unternehmungen und die Herausbildung der „betriebswirtschaftlichen Logistik" als wissenschaftliche Disziplin wurde insbesondere durch zwei Entwicklungen gefördert. Dabei sind zum einen die Gedanken der Systemtheorie zu nennen. Nicht zuletzt sie haben zu dem Postulat beigetragen, daß die verschiedenen im Material- und Produktfluß involvierten Komponenten und Aktivitäten nicht — wie in der traditionellen Betrachtungsweise weitgehend üblich — unabhängig voneinander betrachtet werden, sondern im Sinne von Effizienzkriterien des Gesamtsystems gestaltet und gesteuert bzw. geregelt werden sollten. Die ganzheitliche Betrachtung der Logistik als eigenständige betriebswirtschaftliche Funktion, deren Ausübung eine Fülle von Informationen, eine schnelle Datenübertragung und eine hohe Entscheidungssensitivität bei den jeweiligen Entscheidungsträgern voraussetzt, wurde zum zweiten insbesondere durch die modernen Entwicklungen in der Informationstechnologie gefördert. Auch führte die Tendenz zur Automatisierung der Produktionsprozesse zu einer stärkeren Orientierung am Material- bzw. Produktfluß und zu dessen zielgerichteter Gestaltung. Verbesserungen in der Transport- bzw. Materialhandhabungstechnologie erhöhten darüber hinaus die Anzahl der Alternativen zur Gestaltung logistischer Systeme.

Es wird nicht der Anspruch erhoben, daß die weiteren Darlegungen dieser Untersuchung logistischer Systeme und Betriebe sowie der wichtigsten Methoden zur Unterstützung betriebswirtschaftlich-logistischer Entscheidungen bereits eine solche ganzheitliche Betrachtungsweise sichern. Die Aufgabe der Untersuchung ist in erster Linie darin zu erblicken, auf ein bisher vernachlässigtes, für die betriebswirtschaftliche Praxis jedoch sehr bedeutsames Problemgebiet hinzuweisen und einige Konzeptionen darzulegen, die zur Lösung der anstehenden Fragen hilfreich sein könnten. Dabei kann auf eine Reihe wissenschaftlicher Beiträge aus dem angelsächsischen Sprachbereich zurückgegriffen werden, die unter so unterschiedlichen Bezeichnungen wie „business logistics", „logistics of distribution", „marketing logistics", „rhochrematics" oder „materials management" erschienen sind.

1.2 Das makrologistische System

Das makrologistische System oder Verkehrssystem ist ein funktionales Subsystem der Gesellschaft und bildet zugleich die unmittelbare Umwelt, in der sich die Entscheider in Verkehrsbetrieben bzw. in mikrologistischen Systemen von Betriebswirtschaften zurechtfinden müssen. Bezeichnet man das Verkehrssystem als Subsystem der Gesellschaft, so bleibt der Begriff der Gesellschaft keineswegs auf den Kreis von Menschen, Gruppen, Organisationen usw. eines bestimmten Staates beschränkt. Das dem betrachteten makrologistischen System zugrundeliegende geographische Gebiet kann durchaus mehrere Staatsgebiete umfassen. Auch grenzüberschreitender Verkehr ist in die Untersuchung eines makrologistischen Systems einzubeziehen. Die Ausführungen des folgenden Kapitels stellen freilich die Verhältnisse der Bundesrepublik Deutschland in den Vordergrund.

Wir wollen zunächst einige Grundtatbestände des makrologistischen Systems erläutern, deren Kenntnis Voraussetzung ist für die Diskussion der Art und Weise, wie die vielfältigen Entscheidungen zur Steuerung und Regelung der logistischen Prozesse in der Gesellschaft koordiniert werden. Darauf aufbauend ist dann die Funktion der staatlichen Verkehrspolitik im Rahmen des Informations- und Entscheidungssystems des makrologistischen Systems zu diskutieren.

1.21 Grundtatbestände des makrologistischen Systems

Geht man von einer Systembetrachtung aus und stellt man die Entscheidungen zur Steuerung und Regelung der Systemprozesse zunächst in den Hintergrund, so ist das makrologistische System durch eine Reihe von Grundtatbeständen zu charakterisieren. Diese betreffen zum einen die passiven und aktiven Elemente des Systems (Verkehrsobjekte, Verkehrsmittel), zum anderen die Ströme bzw. Verbindungen, welche die Orte des dem System zugrundeliegenden geographischen Gebiets verbinden (Verkehrsnetze). Wir wollen diese Aspekte unter Berücksichtigung der besonderen Verhältnisse der einzelnen Verkehrsträger (Straßenverkehr, Schienenverkehr usw.) diskutieren. Gleichzeitig wird damit deutlich, wie die Verkehrsträger untereinander und mit den übrigen Bereichen der Gesellschaft verflochten sind.

1.211 Verkehrsträger

Einer der Schwerpunkte verkehrspolitischer Diskussion ist die Koordination der Verkehrsträger. Dabei wird jedoch in der Literatur der Begriff des Verkehrsträgers nicht einheitlich verwendet. So sieht z. B. Linden[1]) im Verkehrsträger als „ökonomischer Kategorie" einen Gattungsbegriff höherer Ordnung für eine bestimmte Weise verkehrswirtschaftlicher Leistungserstellung oder für eine bestimmte Angebotsrichtung im Verkehr in ihrer technischen und betriebswirtschaftlichen Gesamtheit.

Die Verkehrsträger sollen hier als funktionale Subsysteme des gesellschaftlichen Verkehrssystems verstanden werden. Verkehrsträger umfassen alle Betriebe und sonstige Organisationen, die mit der Durchführung und Steuerung der Raumüberwindung mittels bestimmter Kategorien von Verkehrsmitteln und -wegen zu tun haben. Im wesentlichen handelt es sich hierbei um die Binnen- und Seeschiffahrt, die Eisenbahn (Schienenverkehr), den Straßen-, Leitungs- und Luftverkehr.

Binnenschiffahrt

Die Binnenschiffahrt, unter die der Verkehr auf Flüssen, Seen und Kanälen zu subsumieren ist, ist einer der ältesten Verkehrsträger und hat wesentlich die räumliche Anordnung der Städte und Industrien bestimmt[2]). Das Binnenwasserstraßensystem oder -netz der Bundesrepublik Deutschland ist relativ weitmaschig, was dazu führt, daß andere Verkehrsträger die Binnenschiffahrt im Hinblick auf den Flächenverkehr ergänzen müssen. Der Binnenschiffsverkehr ist im wesentlichen ein Langstreckenverkehr und ein Knotenpunktverkehr.

Die Erstellung und Erhaltung der Wasserstraßen wird in den meisten Fällen vom Staat übernommen. Auf Grund der Größe der Transporteinheiten, der geringen Geschwindigkeit und der relativ niedrigen Tarife, die weitgehend durch Frachtenkonventionen und durch Frachtenausschüsse beeinflußt werden, ist die deutsche Binnenschiffahrt vor allem für den Transport von Massengütern in jeder Form geeignet.

Das Angebot an Laderaum ist gekennzeichnet durch viele Einzel- oder Kleinschiffer (Partikuliere) sowie durch Reedereien und Werksreedereien, wobei die Partikuliere insbesondere den Spitzenbedarf decken müssen. Während der Güterkraftverkehr wegen der notwendigen Flächenbedienung die Binnenschiffahrt durchaus ergänzen kann, besteht wegen der gleichen Eignung für Massenguttransporte ein starkes Konkurrenzverhältnis insbesondere zur Eisenbahn und — was den Mineralöltransport betrifft — zum Leitungsverkehr.

---

[1]) Vgl. Linden (1961), S. 38.
[2]) Vgl. zum folgenden Bonavia (1958), S. 23 ff.; Drude, Geisenberger und Müller (1969); Lechner (1963), S. 13 ff.; Linden (1961), S. 44 ff.; Pegrum (1968), S. 35 ff.; Predöhl (1958), S. 38 ff.; Voigt (1960), S. 207 ff., (1965 a), S. 225 ff.; Willeke (1966), S. 323 ff.

Seeschiffahrt

Ein wesentlicher Teil der auf Grund internationaler Interaktionsbeziehungen ausgetauschten Güter wird durch die Seeschiffahrt transportiert[3]). Der Transport vollzieht sich dabei zwischen wenigen großen Knotenpunkten. Seeschiffahrt ist vor allem Langstreckenverkehr; die erzielten Reisegeschwindigkeiten sind vergleichsweise niedrig.

Die Seeschiffahrt transportiert im wesentlichen Stoffe und Personen, während die Beförderung von Informationen (Briefe, Zeitungen usw.) heute keine große Rolle mehr spielt. Sie verkehrt dabei plan- und regelmäßig auf festgelegten Routen (Linienschiffahrt) oder nach Bedarf (Trampschiffahrt), wobei man bei der Charterung Reise-, Zeit- und Bare-Boat-Charter unterscheidet. Während die Linienschiffahrt vor allem Stückgut und Personen, aber auch Massengüter befördert, transportiert die Trampschiffahrt insbesondere Massengüter.

Die Frachtraten des Linienverkehrs werden auf Konferenzen festgelegt. Die Preise der Trampschiffahrt bilden sich dagegen am freien Markt. Sie werden in immer stärkerem Maße auch durch die Hafengebühren beeinflußt. Der starke Wettbewerb zwischen den Seehäfen vollzieht sich nicht allein über die Preise, sondern auch über die Qualität, d. h. über die Modernität der Umschlagsanlagen und Lagerhäuser sowie über die Tiefe der Hafenbecken. Der Ausbau von Häfen mit ihrer Bedeutung für Industrie und Handel des Hinterlandes war stets ein Objekt wirtschaftspolitischer Maßnahmen (etwa staatlicher Subventionen, Kabotage oder Flaggendiskriminierung).

Bei der Betrachtung der Konkurrenzbeziehungen zwischen Seeschiffahrt und anderen Verkehrsträgern ist zwischen Personen- und Güterverkehr zu unterscheiden. Beim Gütertransport ist die kostenwirtschaftliche Überlegenheit des Seeverkehrs um so stärker, je größer die Entfernung ist. Eine Ausnahme bilden nur sehr hochwertige und zeitunelastische Güter, die häufig mit dem Flugzeug kostengünstiger befördert werden können. Während der Güterverkehr selbst größere Umwege in Kauf nimmt, um beim Wasserweg zu bleiben, wählt der Personenverkehr im allgemeinen den schnellsten Weg. Im Langstreckenverkehr bedeutet dies die Substitution des Schiffes durch das Flugzeug.

Eisenbahnen

Der Eisenbahnverkehr vollzieht sich in entwickelten Ländern auf einem gegenüber dem Binnenwasserstraßensystem relativ engmaschigen Streckennetz[4]). Die Eisenbahn befördert Stoffe und Energie, Informationen wie auch

---

[3]) Vgl. zum folgenden Lechner (1963), S. 15 ff.; Linden (1961), S. 54 ff.; Pegrum (1968), S. 35 ff.; Voigt (1960), S. 206 f., (1965 a), S. 11 ff.

[4]) Vgl. zum folgenden Lechner (1963), S. 20 ff.; Linden (1961), S. 60 ff.; Pegrum (1968), S. 28 ff.; Predöhl (1958), S. 85 ff.; Voigt (1960), S. 201 ff., (1965 a), S. 497 ff.; Willeke (1966), S. 319 ff.

Personen sowohl auf kurzen wie auch auf langen Strecken. Sie ist vor allem dort vorteilhaft, wo ein hohes Verkehrsaufkommen besteht[5].

Die Preisstellung erfolgt über in der Regel sehr detaillierte Tarife, die durch Preisdifferenzierung gekennzeichnet sind. Auf Grund ihrer bedeutenden Stellung auch in modernen Verkehrssystemen wird die Eisenbahn vielfach besonders stark durch staatliche Maßnahmen beeinflußt. Schon der Betrieb von Eisenbahnen ist im allgemeinen konzessionspflichtig. In den meisten Ländern ist der überregionale Verkehrsbetrieb „Eisenbahn" im direkten oder indirekten Besitz des Staates. Dies schließt nicht aus, daß daneben auch private, spezifische Regionen bedienende Eisenbahngesellschaften bestehen. Darüber hinaus zählen zum funktionalen Subsystem „Eisenbahn" auch Verkehrsbetriebe, die Waggons verleihen, Schlaf- und Speisewagengesellschaften sowie häufig auch Hotelgesellschaften. Die Interaktionsbeziehungen mit ausländischen Eisenbahnverkehrsbetrieben, wie etwa der internationale Wagendurchlauf, sind vertraglich geregelt (CIM[6], CIV[7], RIV[8]) usw.).

Die Eisenbahn steht in starken Konkurrenzbeziehungen zu allen anderen Verkehrsträgern. „Es ist gewissermaßen ein ‚Dreifrontenkrieg', den die Eisenbahn führen muß: gegen das schnellere Flugzeug, gegen die beweglicheren Kraftwagen und gegen die ‚kompakteren' Binnenschiffe und Pipelines"[9]. Beim Massengüterverkehr konkurriert die Eisenbahn mit der Binnenschiffahrt und teilweise mit Pipelines, im Personenverkehr auf weiten Strecken mit dem Pkw und dem Flugzeug und im (Massen-)Personennahverkehr mit dem Pkw und öffentlichen Nahverkehrsmitteln wie Straßenbahn, Omnibus, U-Bahn usw.

Straßenverkehr

Negativ läßt sich der Begriff des Straßenverkehrs so formulieren, daß unter diesen alle diejenigen Transportvorgänge zu subsumieren sind, die auf dem Medium Land stattfinden und nicht zum Eisenbahn- oder Leitungsverkehr

---

[5] Das Reichsgericht definiert im ersten Band der amtlichen Sammlung die Eisenbahn als ein „Unternehmen, gerichtet auf wiederholte Fortbewegung von Personen oder Sachen über nicht ganz unbedeutende Raumstrecken auf metallener Grundlage, welche durch ihre Konsistenz, Konstruktion und Glätte den Transport großer Gewichtsmassen bzw. die Erzielung einer verhältnismäßig bedeutenden Schnelligkeit der Transportbewegung zu ermöglichen bestimmt ist und durch diese Eigenart in Verbindung mit den außerdem zur Erzeugung der Transportbewegung benutzten Naturkräften (Dampf, Elektrizität, tierischer oder menschlicher Muskeltätigkeit, bei geneigter Ebene der Bahn auch schon der eigenen Schwere der Transportgefäße und deren Ladung etc.) bei dem Betriebe des Unternehmens auf derselben eine verhältnismäßig gewaltige (je nach den Umständen nur in bezweckter Weise nützliche oder auch Menschenleben vernichtende und menschliche Gesundheit verletzende) Wirkung zu erzeugen fähig ist" (S. 252).
[6] Internationales Übereinkommen über den Eisenbahn-Frachtverkehr.
[7] Internationales Übereinkommen über den Eisenbahn-, Personen- und Gepäckverkehr.
[8] Übereinkommen über die gegenseitige Benutzung der Güterwagen im internationalen Verkehr.
[9] Linden (1961), S. 70.

rechnen[10]). Das Straßennetz zeichnet sich durch eine vergleichsweise sehr große Länge und Verästelung in der Fläche aus. Die Kopplungen zwischen den Primärelementen können im Straßenverkehr durch eine Vielzahl von Alternativen bewirkt werden.

Die Wettbewerbsverhältnisse des Straßenverkehrs sind äußerst vielschichtig. Die Konkurrenzbeziehungen bestehen sowohl innerhalb des Verkehrsträgers „Straßenverkehr" (etwa zwischen privaten und öffentlichen Verkehrsbetrieben) als auch gegenüber anderen Verkehrsträgern. Besonders scharf ist der Wettbewerb zwischen dem Schienen- und Straßenverkehr im innerörtlichen, regionalen und auch im Langstreckenverkehr. Geht man vom Preis als Koordinationsinstrument zur Herbeiführung einer „natürlichen" Verkehrsteilung aus, reduziert sich der „Imparitätsstreit" Schiene-Straße auf das Problem, inwieweit der Straßenverkehr tatsächlich die ihm zuzurechnenden Kosten der vom Staat erbauten und von ihm benutzten Wege trägt (Wegekostenbelastung)[11]). Der Wettbewerb erstreckt sich nicht nur auf den Güter-, sondern auch auf den Personenverkehr, wobei im Fernverkehr noch der Luftverkehr als Konkurrent zusätzlich auftritt. Im Nahverkehr konkurrieren die Verkehrsmittel und -betriebe des Straßenverkehrs untereinander. Insbesondere stehen sich hier der Individual- und der öffentliche Nahverkehr gegenüber, wobei wiederum das Wegekostenproblem und nicht zuletzt auch die individuellen Präferenzen und Wünsche der Anbieter und Nachfrager von Relevanz sind.

Leitungsverkehr

Unter Leitungsverkehr soll hier die Raumüberwindung mittels Kabel (Energie, Nachrichten) und Röhren (flüssige, gasförmige, feste Güter) verstanden werden[12]). Der Leitungsverkehr, bei dem das Zusammenspiel von Verkehrsweg, Vehikel, Station und Kraft nicht oder nur gedanklich zu trennen ist, ist im allgemeinen Eigenverkehr und besitzt damit den Charakter von Werksverkehr. In den Leitungen wird jeweils nur ein ganz bestimmtes Gut, dieses aber in großen Mengen, meistens kontinuierlich und nur in einer Richtung befördert.

Die interne Preisbildung erfolgt in Westeuropa entsprechend dem Charakter des Eigenverkehrs weitgehend autonom seitens der Eigentümer. In den Vereinigten Staaten werden die Rohrleitungen als „common carrier" betrieben; deshalb kann die dort verfolgte Preispolitik mit derjenigen öffentlicher Betriebe in der Bundesrepublik Deutschland verglichen werden.

Der Rohrleitungsverkehr — insbesondere der Öltransport — steht im Wettbewerb zur Eisenbahn, zur Binnen- und Seeschiffahrt. Wählt man ein Bei-

---

[10]) Vgl. zum folgenden Lechner (1963), S. 19 f.; Linden (1961), S. 71 ff.; Marx und Ackermann (1967); Pegrum (1968), S. 32 ff.; Voigt (1960), S. 209 f., (1965 a), S. 361 ff.; Willeke (1966), S. 327 ff.
[11]) Vgl. z. B. Oettle (1967 b).
[12]) Vgl. zum folgenden Lechner (1963), S. 24 f.; Linden (1961), S. 86 ff.; Pegrum (1968), S. 43 ff.; Predöhl (1958), S. 151 ff.; Riffel (1970); Voigt (1965 b), S. 807 ff., S. 947 ff.; Willeke (1966), S. 331 ff.

spiel, so ist eine direkte Konkurrenzbeziehung zwischen Leitungsverkehr und Eisenbahn insofern gegeben, als beide Öl transportieren können und in der Vergangenheit auch in großem Umfang transportiert haben; indirekte Konkurrenten sind sie, weil die Eisenbahn Kohle zum Bestimmungsort transportieren könnte, die dort zu Gas oder Elektrizität umgewandelt würde. Gegenüber der Eisenbahn ist der Leitungsverkehr im allgemeinen jedoch kostengünstiger. Ähnliches gilt auch für das Verhältnis von Binnenschiffahrt und Leitungsverkehr, soweit zwischen den Endpunkten entsprechend große Mengen eines Gutes transportiert werden. In der Konkurrenzbeziehung Leitungsverkehr - Seeschiffahrt besitzt die Seeschiffahrt, vor allem beim Einsatz moderner Großtanker, die höhere Wirtschaftlichkeit. Dies gilt jedoch dann nicht, wenn Leitungen den notwendigen Seeweg stark verkürzen. Der Kraftwagen konkurriert nicht mit dem Leitungsverkehr. Er erfüllt vielmehr insofern eine Komplementärfunktion, als er die Verteilung der Güter, d. h. den Flächenverkehr, übernimmt.

Luftverkehr

Der Luftverkehr umfaßt die regelmäßige und fallweise Raumüberwindung von Personen oder Sachen (Passagiere, Luftpostsendungen, Luftfracht)[13]. Der zivile Luftverkehr kann nach Kurz-, Mittel- und Langstreckenverkehr unterteilt werden. Eigen- und Werkverkehr haben eine relativ geringe Bedeutung. Die meisten Luftverkehrsbetriebe führen gemischte Transporte von Gütern (einschließlich Informationen) und Personen aus. Luftverkehrsgesellschaften sind oft in staatlichem Besitz, teilweise aber auch wie viele Chartergesellschaften in privatem Eigentum. Die wichtige Komplementärfunktionen erfüllenden Flughafengesellschaften befinden sich in der Regel in der Hand von Gebietskörperschaften.

Die Preise von Charterflügen bilden sich am freien Markt, während die Tarife der Liniengesellschaften durch IATA-Beschlüsse festgelegt werden. Die IATA ist ein Zusammenschluß der größten Fluggesellschaften der westlichen Welt und besitzt kartellartigen Charakter. Der internationale Luftverkehr wird durch internationales Luftrecht und durch bi- und multilaterale Abkommen geregelt und ist nicht frei von Diskriminierungen.

1.212 Die Verflechtung des Verkehrssystems mit anderen Bereichen der Gesellschaft

Zwischen dem Verkehrssystem und den übrigen Teilen der Gesellschaft bestehen starke Verflechtungen. „Der Staat als die Lebensform der Gesellschaft wird in seinem Wesen, seiner Durchsetzungsfähigkeit und seinen Integrationseffekten vom Verkehrssystem, zu dem auch das Nachrichtensystem

---

[13] Vgl. zum folgenden Lechner (1963), S. 17 ff.; Linden (1961), S. 94 ff.; Pegrum (1968), S. 40 ff.; Predöhl (1958), S. 131 ff.; Voigt (1960), S. 210 f., (1965 b), S. 719 ff.; Willeke (1966), S. 333 ff.

gehört, entscheidend geformt. Andererseits ist der Staat, weil er auf das Verkehrswesen angewiesen ist, stets bestrebt, ihm Züge seines Wesens aufzuprägen"[14]).

Diese enge Verflechtung äußert sich zunächst im ökonomischen Bereich. Die Güter- und Leistungsströme, die zwischen dem Verkehrssystem bzw. den einzelnen Verkehrsträgern und dem übrigen Wirtschaftssektor fließen, sind sichtbarer Ausdruck hierfür. Diese Güter- und Leistungsströme können mit Hilfe von Verflechtungsmodellen (Input-Output-Modellen[15])) dargestellt werden.

Ökonomische Verflechtungsmodelle

In einem Verflechtungsmodell (Abb. 1.9) werden die Wirtschaftsbereiche und -zweige (z. B. Industrie, Handel, Verkehr) als Sektoren des makrologistischen Systems bezeichnet. Die Sektoren i bzw. j = 1 bis n sind solche, die Güter und Dienstleistungen liefern (Output) bzw. empfangen (Input).

von \ an	1	2	3	......	n	Σ
1	x_{11}	x_{12}	x_{13}	......	x_{1n}	
2	x_{21}	x_{22}	x_{23}	......	x_{2n}	
3	x_{31}	x_{32}	x_{33}	......	x_{3n}	
.	...	...	...	......	...	X_{i0}
.	...	...	...	......	...	
.	...	...	...	......	...	
n	x_{n1}	x_{n2}	x_{n3}	......	x_{nn}	
Σ			X_{0j}			X_{00}

Abb. 1.9: Allgemeines Verflechtungsmodell

Die Elemente der Matrix X_{ij} stellen die Liefermengen der produzierten Güter- und Dienstleistungen der einzelnen Sektoren i an die Sektoren j dar: X_{i0} ist der gesamte Output des jeweiligen Sektors i (Zeilensumme) und X_{0j} der gesamte Input des jeweiligen Sektors j (Spaltensumme). X_{00} kann entweder die Outputs oder die Inputs aller Sektoren darstellen. An dieser Stelle interessiert die Verflechtung der Verkehrssektoren mit anderen Wirtschaftsbereichen. Abb. 1.10[16]) unterscheidet die Verkehrssektoren Eisen-

---
[14]) Voigt (1965 b), S. 1087.
[15]) Vgl. beispielsweise Gehrig (1964); Platt (1957); Stäglin (1968); Stäglin und Wessels (1969), (1971).
[16]) Zusammengestellt nach Stäglin und Wessels (1969), (1971).

bahnen, Schiffahrt, Bundespost und übriger Verkehr in der Bundesrepublik Deutschland. In diesen Sektoren wird die Gesamtheit der wirtschaftlichen Leistungen, die der Raumüberwindung dienen, festgehalten. Sie sind aus der Sicht des jeweiligen Sektors Vorleistungen, die alle von anderen Sektoren gelieferten und während der Rechnungsperiode im Produktionsprozeß eingesetzten Vorprodukte und Dienstleistungen umfassen. Die Vorleistungswerte der Abbildung beruhen auf unterschiedlichen statistischen Materialien, die für die einzelnen Sektoren verfügbar sind.

Die Analyse der Input-Output-Tabelle macht die Marktverflechtungen offenkundig, die zwischen den Verkehrssektoren und den übrigen Wirtschaftsbereichen der Gesellschaft bestehen. Die Tabelle in Abb. 1.10 a gibt beispielhaft die Abhängigkeit der Verkehrssektoren von der chemischen Industrie wieder. Bezieht man in die Betrachtung auch den privaten Verbrauch und die Bruttoproduktion des jeweiligen Sektors mit ein, so ergibt sich die aus Abb. 1.10 b ersichtliche Abhängigkeit des Verkehrs. Diese Aufstellung läßt die unterschiedliche Bedeutung der Transportleistungen in den angegebenen Verkehrszweigen für die privaten Haushalte erkennen.

Verkehrssektoren	1954	1958	1966
Eisenbahnen	379	438	404
Schiffahrt	119	166	158
Bundespost	65	92	219
Übriger Verkehr	132	251	964
Verkehrswesen insgesamt	695	947	1745

(a) *Verflechtung zwischen den Verkehrssektoren und der chemischen Industrie (in Mill. DM)*

Verkehrssektoren	Privater Verbrauch (Mill. DM)			v. H. des Bruttoproduktionswertes		
	1954	1958	1966	1954	1958	1966
Eisenbahnen	1570	2187	2234	26,8	28,4	21,5
Schiffahrt	99	154	142	4,7	3,6	2,2
Bundespost	421	578	1913	13,3	13,4	19,1
Übriger Verkehr	1287	1906	4227	29,3	24,2	19,0
Verkehrswesen insgesamt	3377	4825	8516	21,7	20,0	17,3

(b) *Zusammenhang zwischen privatem Verbrauch und Bruttoproduktion des jeweiligen Verkehrssektors*

Abb. 1.10: Marktverflechtungen zwischen Verkehrssektoren und den übrigen Wirtschaftsbereichen

Verflechtungen im außerökonomischen Bereich der Gesellschaft

Die Betrachtung der ökonomischen Verflechtungen des Verkehrssystems mit den übrigen Wirtschaftssektoren liefert — so einprägsam sie auch sein mag — nur ein begrenztes Bild der tatsächlichen Beziehungen zwischen Gesellschaft und Verkehr. Dies wird deutlich, wenn wir uns kurz den Verflechtungen zwischen Verkehr und den übrigen Bereichen der Gesellschaft (Verteidigung, Bildungswesen, Gesundheitswesen, Erholung usw.) zuwenden. Freilich existieren bislang keine Instrumente und Erhebungen, die diese Verbindungen analog zur ökonomischen Input-Output-Analyse quantitativ sichtbar machen könnten. Einen ersten Zugang zu diesen Fragen findet man jedoch, wenn man sich überlegt, in welchem Umfang Ausgaben des Staates für Verteidigung, Bildung, Gesundheit usw. gleichzeitig den Verkehrssektor betreffen und umgekehrt.

So ist es weitgehend üblich, daß sich — vor allem in grenznahen Gebieten — der staatliche Straßenbau u. a. auch an militärischen Gesichtspunkten orientiert. Ein nicht unbeträchtlicher Teil des Verteidigungsbudgets wird für die Erfüllung logistischer Aufgaben des Militärs ausgegeben. Beziehungen bestehen auch zwischen dem Bildungswesen und dem Verkehrssektor. Die Effizienz eines Schulsystems in dünnbesiedelten Gebieten hängt u. a. von der Leistungsfähigkeit des Verkehrssystems ab[17]). Bedeutsam vor allem für die Zukunft sind jedoch auch jene die Bereiche des Nachrichtenverkehrs berührenden Einrichtungen der Aus- und Weiterbildung im Sinne eines Fernstudiums, die in Zukunft einen großen Teil der gesellschaftlichen Kommunikationsmittel einbeziehen dürften. Eine besonders enge Verflechtung besteht zwischen dem Gesundheits- und Erholungswesen und dem Verkehr. Die zunehmende Freizeit des arbeitenden Menschen und seine Neigung, diese an anderen Orten als Tourist oder als Erholungsuchender zu verbringen, führen z. B. dazu, daß wesentliche staatliche Straßenbaumaßnahmen an diesen Präferenzen orientiert werden. Gleichzeitig sind zum Teil durch den Verkehr verursachte Beeinträchtigungen der Umwelt (Luft- und Wasserverschmutzung) zu einem Problem der Gesundheitspolitik geworden. Der Umweltschutz ist eine Forderung, die in besonderer Weise auch den Verkehrssektor berührt.

Diese wenigen Überlegungen mögen genügen, um die engen Verflechtungen von Verkehr und Gesellschaft zu verdeutlichen. Diese Beziehungen führen zu Entscheidungsinterdependenzen, die das Problem der Koordination des gesellschaftlichen Verkehrssystems und der staatlichen Verkehrspolitik in den Mittelpunkt des Interesses rücken. Diesen Fragen wollen wir uns im folgenden zuwenden[18]).

---

[17]) Vgl. z. B. Stäglin (1968), S. 9 ff.
[18]) Zur Koordination von Entscheidungen in Organisationen vgl. Kirsch (1971 c).

1.22 Die Koordination der Entscheidungen im makrologistischen System

Die Prozesse der Abfertigung, der Beförderung, der Bereitstellung und Sicherung von Wegen im makrologistischen System und die daraus resultierenden Verkehrsströme und Verkehrsnetze sind Ergebnis von Entscheidungen vieler Beteiligter. Diese Entscheidungen sind in hohem Maße interdependent. Eine *Entscheidungsinterdependenz* zwischen zwei Entscheidungsträgern liegt immer dann vor, wenn die Konsequenzen bzw. Erfolge der Entscheidungen des einen Entscheidungsträgers (bewertet im Lichte seiner subjektiven Werte und Ziele) von den Entscheidungen des anderen abhängen und umgekehrt. Diese Interdependenz kann sich sowohl in einer Komplementarität als auch in einer Konkurrenz ausdrücken. Im Falle der Konkurrenz können die Beteiligten nicht gleichzeitig ihre meistpräferierte Entscheidung verwirklichen. Es liegen die Voraussetzungen für einen Konflikt zwischen den Beteiligten vor. Die Analyse der einzelnen Verkehrsträger und deren Verflechtung mit den übrigen Bereichen der Gesellschaft enthält eine Fülle von Hinweisen auf solche Entscheidungsinterdependenzen. Interdependente Entscheidungsträger bedürfen der Koordination. Unter Koordination wird hier die „wünschenswerte" Abstimmung interdependenter Entscheidungen verstanden, die in dezentraler Weise von verschiedenen Entscheidungsträgern getroffen werden. Eine solche Koordinationsaussage enthält sowohl ein Werturteil („wünschenswert") als auch eine Tatsachenaussage („Abstimmung"). Beide Gesichtspunkte sollen im folgenden näher betrachtet werden.

1.221 Koordination als wünschenswerte Abstimmung

Jede Koordinationsaussage bringt eine Bewertung der Abstimmung interdependenter Entscheidungen zum Ausdruck. Freilich bleibt vielfach unklar, auf welche Werte dabei Bezug genommen wird.

Bedeutung der Wertproblematik

In der verkehrspolitischen Diskussion spielt die Aussage von der fehlenden bzw. mangelhaften Koordination eine große Rolle. Es zeigt sich freilich, daß solche Werturteile stets aus der Sicht der Beteiligten gefällt werden. Es handelt sich dabei um sehr unterschiedliche Interessen. Man wird zunächst an die unmittelbar angesprochenen Unternehmer oder Verkehrsteilnehmer (Autofahrer, Benutzer öffentlicher Verkehrsmittel usw.) denken. Nicht selten sind es aber auch relativ Außenstehende, wie etwa engagierte Wissenschaftler, Verbände, Behörden, die in die verkehrspolitische Diskussion eingreifen. Diese halten sich in aller Regel zugute, bei ihren Werturteilen nicht von eigennützigen Interessen, sondern von einem irgendwie gearteten allgemeinen Interesse auszugehen. Man braucht diesen Kritikern keine Unehrlichkeit vorzuwerfen, wenn man konstatiert, daß es sich hierbei stets um ihre subjektive Interpretation dessen handelt, was für die „Allgemeinheit" gut oder richtig sei. Es bleibt ihr subjektives Wertsystem, auch wenn sich die Werte unmittelbar auf die Gesellschaft oder „Allgemeinheit" beziehen. In den Werturteilen über das Maß der Koordination im Verkehrssystem steckt immer ein Bekenntnis zu spezifischen subjektiven Werten. Ist es aber möglich, so muß man sich fragen, bei solchen Urteilen von den Werten aller Beteiligten oder gar von einem Wertsystem des Kollektivs oder der „Allgemeinheit" auszugehen? Ein Wertsystem der Allgemeinheit, das unabhängig von den Werten der einzelnen existiert, gibt es nicht. Dies würde eine Verselbständigung und Personifizierung der Gesellschaft bedeuten, der hier nicht zugestimmt wird.

Wohlfahrtsökonomische Ansätze der Bewertung

In der Wohlfahrtsökonomie wurde lange Zeit die Frage diskutiert, ob es möglich sei, ein soziales Wertsystem zu konstruieren, das sich durch eine irgendwie geartete Amalgamierung oder Zusammenfassung der individuellen Wertsysteme ergibt. Eine solche Amalgamation ordnet jeder Konstellation von individuellen Wertordnungen eine soziale Wertordnung des Kollektivs zu. Diese Zuordnung läßt sich durch eine sogenannte *Sozialwahlfunktion* oder *soziale Wohlfahrtsfunktion* wiedergeben[19].

Bezeichnet man mit W_i den sozialen Wert des i-ten Zustandes des sozialen Systems und mit W_{ij} den individuellen Wert (Nutzen), den das j-te Individuum dem i-ten Zustand des sozialen Systems zuordnet, so hat die Sozialwahlfunktion folgendes allgemeine Aussehen:

$$W_i = f(W_{i1}, \ldots, W_{in})$$

Es hat in der Wohlfahrtsökonomie nicht an Versuchen gefehlt, solche Sozialwahlfunktionen zu konstruieren. Die Diskussion ist jedoch mit der Formulierung des *Unmöglichkeitstheorems*[20] durch Arrow weitgehend zum Abschluß gelangt. Das Unmöglichkeitstheorem besagt zwar nicht, daß eine Sozialwahlfunktion unmöglich sei. Es sagt jedoch, daß es aus logischen Gründen nicht möglich ist, eine solche Funktion zu formalisieren, die gleichzeitig fünf von Arrow genau präzisierten Bedingungen genügt. Mit diesen fünf Bedingungen faßt Arrow all jene Anforderungen zusammen, die in der Wohlfahrtsökonomie an Sozialwahlfunktionen gestellt wurden. Marschak charakterisiert diese fünf Bedingungen wie folgt, wobei er die Mengen der möglichen Zustände des sozialen Systems (um deren soziale Präferenzordnung oder Bewertung es geht) mit S bezeichnet:

---

[19] Vgl. Arrow (1963), S. 23.
[20] Vgl. ebenda, S. 24 ff.

„(a) Es gibt mindestens drei Alternativen in S, so daß jede soziale Rangordnung dieser drei durch die Regel (der Sozialwahlfunktion) irgendeiner Menge von ... individuellen Rangordnungen dieser drei zugeordnet ist. (b) Wenn eine Alternative in der Rangordnung irgendeines Individuums steigt, ohne daß sich sonst etwas ändert, dann fällt diese Alternative nicht in der sozialen Rangordnung. (c) Die soziale Rangordnung zweier beliebiger Alternativen A und B in S darf nur von den individuellen Rangordnungen von A in bezug auf B, nicht jedoch von den individuellen Rangordnungen anderer ‚irrelevanter' Alternativen noch von der Existenz oder Nicht-Existenz irgendeiner anderen Alternative in S abhängen. (d) Die soziale Rangordnung darf nicht ‚aufgezwungen' sein; d. h., die Regel (der Sozialwahlfunktion) darf nicht für irgendein Paar von Alternativen, A und B, eine soziale Präferenz von A über B ... aufzwingen, ungeachtet der individuellen Präferenzen von A in bezug auf B. (e) Die Regel darf nicht ‚diktatorisch' sein, es darf kein Individuum existieren, mit dessen Rangordnung die soziale Rangordnung stets konsistent ist, ungeachtet der Rangordnungen der anderen Individuen"[21]).

Jede einzelne Bedingung erscheint plausibel, gemeinsam können sie jedoch nicht erfüllt werden. Heute gelten diese Versuche der Wohlfahrtsökonomie, die auf eine „vollständige" soziale Rangordnung hinauslaufen, als gescheitert. Die moderne Wohlfahrtsökonomie geht von der Pareto-Ordnung sozialer Zustände aus. Eine soziale Präferenz einer Konstellation A über eine andere, B, ist hiernach dann gegeben, wenn beim Übergang von B nach A keiner der Beteiligten schlechter gestellt ist als vorher, mindestens einer der Beteiligten jedoch eine Verbesserung erfährt. Sehr viele Autoren verwenden den Koordinationsbegriff in der Weise, daß sie eine Menge von Entscheidungen verschiedener Entscheidungsträger als koordiniert bezeichnen, wenn diese Entscheidungen zu einem pareto-optimalen Zustand des sozialen Systems führen. Dieser Koordinationsbegriff ist zu streng gefaßt. Auf eine Konzeption, die von realistischeren Annahmen über das menschliche Verhalten in Situationen interdependenter Entscheidungen ausgeht, wird im folgenden eingegangen.

Der Koordinationsbegriff Lindbloms

Lindblom stellt nicht so sehr das Ergebnis der Abstimmung interdependenter Entscheidungen als vielmehr die Art und Weise dieser Abstimmung selbst in den Mittelpunkt seiner Diskussion des Koordinationsbegriffs bzw. der damit verbundenen Bewertung. Die Abstimmung einer Menge interdependenter Entscheidungsträger kann danach als „koordiniert" gewertet werden, auch wenn das Ergebnis dieser Entscheidungen keineswegs als pareto-optimal angesehen wird. Hinter diesen Überlegungen steht eine ähnliche Einstellung wie in der Theorie der Individualentscheidung, wo vielfach die Annahme, das Individuum strebe „optimale" Lösungen an, zugunsten der Annahme eines lediglich nach „befriedigenden" Lösungen suchenden Entscheidungssubjektes aufgegeben wird: Der Mensch richtet seine Bewertung in der Regel nicht nach unerreichbaren Utopien.

---

[21]) Marschak (1965), S. 427.

Lindblom schlägt folgenden Koordinationsbegriff vor:

> „Eine Menge interdependenter Entscheidungen ist koordiniert, wenn die Entscheidungen in der Weise aufeinander abgestimmt sind, daß für jede einzelne der abgestimmten Entscheidungen die Abstimmung in der Sicht der Werte von mindestens einem der beteiligten Entscheidungsträger als besser erachtet wird als keine Abstimmung"[22]).

Diese Definition schließt sowohl jenen Fall mit ein, daß alle Entscheidungsträger gleiche Werte bzw. Präferenzordnungen besitzen (Team), als auch jenen erheblich realistischeren Fall, daß die beteiligten Entscheidungsträger nur zum Teil über gemeinsame Werte verfügen. Schließlich nimmt die Definition auf die Werte der beteiligten Entscheidungsträger selbst Bezug, nicht auf die Werte irgendeines unbeteiligten Beobachters.

Eine endgültige Festlegung des Koordinationsbegriffs ist hier nicht beabsichtigt. Im vorliegenden Zusammenhang genügt es, darauf hinzuweisen, daß der Wertkomponente von Koordinationsaussagen Rechnung getragen werden muß, sofern man vermeiden will, daß solche Aussagen letztlich „sinnlos" sind, weil der zugrundeliegende Koordinationsbegriff unklar bleibt.

1.222 Verhaltensweisen und Formen der Abstimmung interdependenter Entscheidungsträger

Die Formen der Koordination interdependenter Entscheidungsträger sind äußerst vielfältiger Art. Sie lassen sich durch zwei Gegensatzpaare kennzeichnen: zentrale versus dezentrale Abstimmung und antizipative versus reaktive Abstimmung. Beide Gegensatzpaare, die miteinander kombinierbar sind, stellen jeweils die Extrempunkte einer ganzen Skala von Möglichkeiten dar. Die Realität ist durch vielfältige Mischformen gekennzeichnet.

Zentrale versus dezentrale Abstimmung

Die Abstimmung kann zentral oder dezentral sein. Bei zentraler Abstimmung übernimmt eine Person oder Gruppe explizit die Aufgabe, spezifische Koordinationsentscheidungen zu treffen. Der Koordinator legt für die einzelnen interdependenten Entscheidungsträger Beschränkungen fest, die — wenn sie von diesen als Entscheidungsprämissen akzeptiert werden — zu einer Abstimmung der Entscheidungen führen. Zwischen Koordinator und Koordinierten besteht eine asymmetrische Beziehung der Über-/Unterordnung. Man spricht daher auch von einer hierarchischen Abstimmung bzw. Koordination.

Bei dezentraler Abstimmung werden keine expliziten Koordinationsentscheidungen getroffen. Die interdependenten Entscheidungsträger „koordinieren

---

[22]) Lindblom (1965), S. 24.

sich selbst", indem sie ihre Entscheidungen aufeinander abstimmen. Diese Abstimmung kann durch wechselseitige Anpassung oder durch Manipulation erfolgen. Mit der Unterscheidung von Anpassung und Manipulation werden die beiden Verhaltensweisen charakterisiert, die Entscheidungsträger in Situationen interdependenter Entscheidungen ergreifen können. Im Falle der Anpassung werden die Entscheidungen anderer als Datum hingenommen. Bei der Manipulation dagegen wird der Versuch gemacht, jene Entscheidungen explizit zu beeinflussen, um auf diese Weise die Ungewißheit, die sich aus diesen Entscheidungen ergibt, zu absorbieren oder zumindest zu reduzieren.

Die *Anpassung* ihrerseits kann direkter oder indirekter Natur sein. Indirekte Anpassung liegt vor, wenn die wechselseitige Abstimmung z. B. durch einen anonymen Markt- und Preismechanismus "vermittelt" wird. Jeder "Marktteilnehmer" nimmt die Preise und die zu erwartenden Angebots- bzw. Nachfragemengen als Datum hin und paßt sich an diese "Signale" des Marktes an, ohne die übrigen interdependenten Entscheidungsträger im einzelnen zu berücksichtigen. Bei einer direkten Anpassung sucht der einzelne Entscheidungsträger Informationen über das Verhalten der anderen Entscheidungsträger zu gewinnen und paßt sich an die von ihm nicht manipulierten Daten an. Der Anpassung steht die *Manipulation* gegenüber, die stets direkter Natur ist. Im Falle der Abstimmung durch Manipulation nehmen die Beteiligten die Entscheidungen der anderen nicht als Datum hin, sondern versuchen, diese in aktiver Weise zu beeinflussen. Maßnahmen der aktiven Beeinflussung sollen bewirken, daß (1) die den Entscheidungen zugrundeliegenden Erwartungen über die Entscheidungen der anderen auch tatsächlich eintreffen oder (2) Störungen auf Grund des Verhaltens anderer weitgehend ausgeschlossen werden. Die anderen Entscheidungsträger können auf Manipulationsversuche mit einer Anpassung reagieren oder aber ihrerseits zu manipulativen Gegenmaßnahmen greifen: Es kommt zu Verhandlungen.

Direkte Anpassung und Manipulation sind die beiden Grundtypen des Verhaltens interdependenter Entscheidungsträger bei einer dezentralen Abstimmung, die Lindblom als parteiische wechselseitige Abstimmung (partisan mutual adjustment)[23] bezeichnet. Ihr steht die Abstimmung durch den Preismechanismus des anonymen Marktes gegenüber. In Organisationen sind vor allem die Formen der zentralen Abstimmung sowie der parteiischen wechselseitigen Abstimmung relevant[24].

Antizipative versus reaktive Abstimmung

Ein zweites Gegensatzpaar zur Kennzeichnung möglicher Formen der Abstimmung interdependenter Entscheidungen erhält man, wenn man zwischen

---

[23] Vgl. Lindblom (1965).
[24] Zum Sonderfall der hierarchischen Abstimmung durch innerbetriebliche Preise vgl. Vischer (1967), S. 120 ff. und die dort angegebene Literatur; ferner insbesondere Whinston (1964).

antizipativer und reaktiver Abstimmung, d. h. zwischen Abstimmung auf Grund von Erwartungen über die Entscheidungen der anderen und Abstimmung auf Grund von Rückkopplungsinformationen über Störungen auf Grund dieser Entscheidungen, differenziert.

Bei einer Abstimmung auf Grund von Erwartungen nimmt der Entscheidungsträger das Verhalten der anderen beteiligten Entscheidungsträger vorweg und trifft seine Entscheidung, ohne Rückinformationen über das Zutreffen seiner Erwartungen zu haben. Im Falle der Abstimmung durch Rückkopplung verzichtet er dagegen völlig auf eine Erwartungsbildung; seine Reaktionen gegenüber den interdependenten Entscheidungsträgern basieren ausschließlich auf Rückinformationen über deren Verhalten. Eine Abstimmung erfolgt hier im wesentlichen nach der Methode des Versuchs und Irrtums.

Gemischte Formen der Abstimmung im makrologistischen System

Im Verkehrssystem spielen alle Formen der Abstimmung eine Rolle. Die Koordination des Verkehrssystems ist durch Mischformen charakterisiert, die freilich schwer zu identifizieren sind. Stellt man sich die vier reinen Formen als Eckpunkte eines Quadrates vor, so repräsentieren die einzelnen Punkte innerhalb des Quadrats die denkbaren Abstimmungsausprägungen. Einige Hinweise mögen genügen, um die für das Verkehrssystem der Bundesrepublik Deutschland bedeutsamen Mischformen zu kennzeichnen.

Die Rolle des Preismechanismus im makrologistischen System

Um beurteilen zu können, welche Rolle der Preismechanismus bei der Koordination der Entscheidungen im makrologistischen System spielt, ist es erforderlich, sich einen Überblick über die spezifischen Eigenarten der Verkehrsmärkte zu verschaffen. Märkte können nach unterschiedlichen Gesichtspunkten systematisiert werden. Im folgenden sollen einige der wichtigsten Gesichtspunkte beispielhaft erläutert werden, soweit sie zur Charakterisierung der Märkte des makrologistischen Systems bedeutsam erscheinen[25]).

(1) Märkte können zunächst nach den „Spielregeln" des Marktes differenziert werden. Solche Regeln sind etwa staatliche Gesetze und Verordnungen, die ein ganzes Kontinuum von Marktbeschränkungen enthalten. Dabei spricht man von staatlich gelenkten Märkten erst dann, wenn der Staat den Marktteilnehmern Beschränkungen hinsichtlich der zu vereinbarenden Transaktionsbedingungen und der Art und Weise der Kontrahierung auferlegt. Die Verkehrsmärkte sind durch eine sehr weitgehende Beschränkung der

---
[25]) Zu den Verkehrsmärkten vgl. Hamm (1964); Illetschko (1966), S. 134 ff.; Linden (1961), S. 141 ff.; Peters (1958); Sanmann (1965); Seidenfus (1959); Willeke (1966), S. 314 ff.

Tarifautonomie der Verkehrsbetriebe gekennzeichnet. So ist es den einzelnen Verkehrsbetrieben in der Regel durch die staatlichen Verkehrsgesetze verwehrt, ihre Tarife selbst individuell festzulegen, vielmehr sind die Tarife in kollektiver Weise durch Frachtenausschüsse oder Tarifkommissionen zu fixieren. Damit wird der Preiswettbewerb zwischen den Verkehrsbetrieben durch staatliche Gesetzgebung stark eingeschränkt. Eine weitere Einschränkung der Tarifautonomie ist in der Regel in der ebenfalls gesetzlich vorgeschriebenen Genehmigungspflicht für die von den Tarifausschüssen vereinbarten Tarife zu erblicken. Die genehmigten Tarife werden vom Verkehrsminister durch Rechtsverordnung erlassen. Unter bestimmten Bedingungen ist der Verkehrsminister sogar berechtigt, die Tarife von sich aus festzulegen. Im Verkehrssystem gibt es praktisch keinen Markt, auf dem eine von staatlichen Einflußnahmen freie Preis- bzw. Tarifbildung existiert[26].

(2) Eine weitere Differenzierung der Märkte läßt sich daraus ableiten, ob der Zugang zu den Märkten jedem offensteht oder aber beschränkt bzw. völlig abgeschlossen ist. Das Verkehrssystem ist durch in hohem Maße für Anbieter von Verkehrsleistungen geschlossene Märkte charakterisiert. Sie können Ausdruck einer Kontingentierung (mengenmäßigen Beschränkung der Verkehrsleistungen) und/oder einer Konzessionierung (d. h., Verkehrsleistungen dürfen nur von den Inhabern einer Konzession erbracht werden) sein. Unter die Kontingentierung fallen etwa die auszugebenden Genehmigungen im Güter- und Möbelfernverkehr nach der Höchstzahlenverordnung[27]. Konzessionen im Verkehrswesen sind etwa staatliche Genehmigungen zum Bau und Betrieb einer Eisenbahn oder einer Omnibuslinie[28] sowie des Güternah- oder -fernverkehrs[29].

Ebenso besteht im Bereich des Postwesens auf Grund der Post- und Fernmeldehoheit (Post- und Telegraphenregal) ein nahezu völlig geschlossener Markt[30]. Unter den Postzwang fallen verschlossene Briefe und politische

---

[26] Zur Preis- und Tarifbildung vgl. u. a. Illetschko (1959), S. 77; Lechner (1963), S. 51 ff.; Oettle (1967 a), insbes. S. 30 ff.; Thiemeyer (1964); Willeke (1966).

[27] Vgl. Verordnung über die Höchstzahlen der Kraftfahrzeuge des Güterfernverkehrs und der Fahrzeuge des Möbelfernverkehrs vom 3. 7. 1970, BGBl I S. 1101.

[28] Vgl § 2 Abs. 1 und §§ 9 ff. Personenbeförderungsgesetz vom 21. 3. 1961, BGBl I S. 241 i. d. F. vom 25. 6. 1969, BGBl I S. 645.

[29] Der Güternahverkehr ist erlaubnispflichtig, sofern er gewerbsmäßig mit Lastkraftwagen, deren Nutzlast mehr als 750 kg beträgt, oder mit Zugmaschinen betrieben wird. Vgl. §§ 80 ff. Güterkraftverkehrsgesetz i. d. F. der Bek. vom 22. 12. 1969, BGBl I S. 2 und vom 4. 12. 1970, BGBl I S. 1613. Der Güterfernverkehr ist genehmigungspflichtig nach §§ 8 ff. Güterkraftverkehrsgesetz. Eine Genehmigung im Rahmen des § 9 GüKG kann nur erteilt werden, wenn
„1. der Unternehmer zuverlässig und fachlich geeignet ist,
  2. die Leistungsfähigkeit des Betriebes gewährleistet ist,
  3. das Fahrzeug nach Bauart und technischem Zustand für den Güterfernverkehr geeignet ist" (§ 10 Abs. 1 GüKG).

[30] Vgl. Glahe (1964), S. 435 f.; Orlik (1972); Schmidt (1964), S. 445 f.

Zeitungen[31]). Die Fernmeldehoheit (Telegraphenregal) sichert der Deutschen Bundespost die alleinige Betätigung auf dem Gebiet des Fernmeldewesens[32]).

In der Binnenschiffahrt übt der Staat eine Zugangsbeschränkung auf Grund des staatlichen Schleppmonopols aus[33]). Die Teilnahme am Luftverkehr setzt die Aufnahme in die Luftfahrzeugrolle voraus[34]). Dabei kann das Betreiben eines Flugverkehrs bzw. das Chartern fremder Flugzeuge durch Gebietsansässige bei erheblichen wirtschaftlichen Auswirkungen für diesen Markt eingeschränkt werden. Derartige staatliche Kontrollen des Marktzuganges haben zur Folge, daß die Märkte in hohem Maße oligopolistischer oder monopolistischer Natur sind.

(3) Eine dritte Differenzierung der Märkte ergibt sich aus dem Umfang, mit dem die Konkurrenten eines Marktes durch Koalitionsbildung den Wettbewerb beschränken. Das Gesetz gegen Wettbewerbsbeschränkungen („Kartellgesetz"), das in weiten Bereichen der Wirtschaft Kartelle mit einem Verbot belegt, findet gemäß § 99 dieses Gesetzes u. a. keine Anwendung auf Verträge zwischen Verkehrsbetrieben sowie auf Beschlüsse und Empfehlungen von Vereinigungen solcher Betriebe hinsichtlich der Transaktionsbedingungen, wenn diese Verträge oder Beschlüsse durch Gesetz oder Rechtsverordnung genehmigt werden. Damit werden kartellähnliche Kooperationen zwischen den konkurrierenden Verkehrsbetrieben gefördert. Diese Förderung der Kooperation manifestiert sich auch in verschiedenen Verkehrsgesetzen. Die Post hat beispielsweise gegenüber der Eisenbahn einen Anspruch auf Übernahme der Postbeförderung[35]); ferner besitzt sie ein Wegebenutzungsrecht für Funkanlagen und Fernsprechlinien[36]).

(4) Die geläufigste Gliederung der Märkte in den Wirtschaftswissenschaften findet sich in der Marktformenlehre[37]). Dort werden die Märkte (Marktformen) in der Regel nach der Zahl der am Markt beteiligten Anbieter und Nachfrager unterschieden. Die einzelnen Autoren kommen hierbei jedoch zu recht unterschiedlichen Abgrenzungen und Einteilungen. Betrachtet man

---

[31]) §§ 1—4 Gesetz über das Postwesen vom 28. 7. 1969, BGBl I S. 1006.

[32]) Vgl. insbes. §§ 1—5 Gesetz über Fernmeldeanlagen vom 14. 1. 1928, RGBl I S. 8, geändert durch Art. 134 Einführungsgesetz zum Ordnungswidrigkeitengesetz vom 24. 5. 1968, BGBl I S. 503.

[33]) Vgl. insbes. §§ 1 ff. Gesetz über den gewerblichen Binnenschiffsverkehr vom 1. 10. 1953, BGBl I S. 1453, Neufassung durch Bek. vom 8. 1. 1969, BGBl I S. 65.

[34]) Vgl. Abschn. 1 Luftverkehrsgesetz in der Fassung vom 4. 11. 1968, BGBl I S. 1113, geändert durch das Kostenermächtigungs-Änderungsgesetz vom 23. 6. 1970, BGBl I S. 805 und das Gesetz zum Schutz gegen Fluglärm vom 30. 3. 1971, BGBl I S. 282.

[35]) Vgl. insbes. Art. 2 Eisenbahn-Postgesetz vom 20. 12. 1875, RGBl S. 318.

[36]) § 1 Telegraphenwege-Gesetz vom 18. 12. 1899, RGBl S. 705, ergänzt durch Ges. vom 24. 9. 1935, RGBl I S. 1177.

[37]) Zur Theorie der Marktformen vgl. Jong (1951); Möller (1941); Stackelberg (1951); Triffin (1940). Ein umfassender Überblick findet sich bei Jacob (1963), S. 32 ff.; Ott (1959); Schneider (1948), S. 60 ff.

die Märkte des Verkehrssystems, so findet man die gesamte Skala der Marktformen dort vertreten.

(5) Letztlich geht es bei dem Versuch, Märkte abzugrenzen und Marktformen zu identifizieren, darum, Rückschlüsse auf das mögliche Verhalten der Marktteilnehmer abzuleiten. Die Zahl der Teilnehmer eines Marktes und die Zahl der damit für die einzelnen Marktteilnehmer offenstehenden Alternativen, auf die sie beim Scheitern der Verhandlungen über Transaktionsbedingungen zurückgreifen können, sind jedoch nur eine der möglichen Determinanten der Verhaltensweise. Frisch[38]), Schneider u. a.[39]) plädieren daher dafür, bei der Analyse direkt von einem Katalog möglicher Verhaltensweisen auszugehen. Knüpft man die Überlegungen hierzu an die möglichen Verhaltensweisen interdependenter Entscheidungsträger an, so können Märkte mit vorwiegend anpassendem Verhalten und Märkte mit vorwiegend manipulativem Verhalten seitens der direkt oder indirekt am Markt Beteiligten unterschieden werden. Im Rahmen der ersten Kategorie nennt Schneider die Verhaltensweisen des Mengenanpassers, des Preisfixierers, des Optionsfixierers und des Optionsempfängers.

Die Märkte mit Anpassungsverhalten lassen nur dann die Realisation von Transaktionen zu, wenn die Verhaltensweisen der Transaktionspartner kongruent sind: Dem Optionsfixierer muß z. B. ein Optionsempfänger gegenüberstehen, dem Preisfixierer ein Mengenanpasser. Besteht eine solche Verhaltenskongruenz zunächst nicht, so müssen die Transaktionspartner ihr Verhalten ändern[40]). Dies erfolgt vor allem durch Werbung und sonstige Maßnahmen des Promotionssystems, die einseitige Manipulationen darstellen; dies geschieht aber auch dadurch, daß sich die Transaktionspartner gegenseitig zu manipulieren trachten, wenn es einmal zu Kontakten zum Zwecke der Vereinbarung von Transaktionsbedingungen gekommen ist. Diese wechselseitigen Manipulationen bestehen in der Regel in Verhandlungen. Sie können jedoch auch in „härteren" Methoden des „Kampfes" in all seinen Varianten ihren Niederschlag finden.

Im Bereich des Verkehrs sind manipulative Maßnahmen nur begrenzt möglich. Die bestehende Tarifpflicht läßt nur geringen Spielraum. Soweit es sich allerdings um Margentarife handelt, bei denen nur Ober- und Untergrenzen verbindlich festgelegt sind, bestehen Verhandlungsmöglichkeiten. Verhandlungen können individuell oder aber in kollektiver Weise geführt werden. Auch eine Kombination beider Möglichkeiten ist denkbar. Die Tarifbildung wird damit zum Verhandlungsprozeß. Dabei können sich Verhandlungen auf zulässige oder unzulässige Sonderabmachungen erstrecken. Insgesamt kann man sagen, daß durch die spezifischen Verkehrsgesetze nicht so sehr die Tatsache der Verhandlungen selbst als vielmehr lediglich die Gegenstände dieser

---

[38]) Vgl. Frisch (1933).
[39]) Vgl. Schneider (1943); Sting (1931).
[40]) Zu kongruenten und inkongruenten Verhaltensweisen vgl. Kirsch (1968 a), S. 72 ff.

Verhandlungen beschränkt werden. Die Existenz dieser Beschränkungen führt dazu, daß sich die Verhandlungen vielfach an der „Grenze der Legalität" bewegen.

Geht man von der somit auch im Verkehr nicht aufgehobenen Tatsache aus, daß die Märkte Spielraum für Verhandlungen über die Transaktionsbedingungen zulassen, so läßt sich eine weitere Unterscheidung von Märkten dahin gehend treffen, ob die Verhandlungen zwischen den Transaktionspartnern individuell oder aber in kollektiver Weise geführt werden. Auch eine Kombination beider Möglichkeiten ist denkbar. Kollektives Verhandeln ist insbesondere bei Lohntarifverhandlungen üblich, wo sich Vertreter der Arbeitgeber und der Gewerkschaften über die Tarife einigen. Dies schließt freilich nicht aus, daß der einzelne Arbeiter — soweit es seine Machtposition zuläßt — zusätzliche Leistungen individuell mit dem ihn beschäftigenden Betrieb aushandelt[41]). Auch auf den Verkehrsmärkten herrscht ein kollektives Aushandeln der Tarife vor. Der kollektive Verhandlungsprozeß ist freilich nicht in dem Maße institutionalisiert wie im Falle der Lohntarifverhandlungen.

Es wurde bereits darauf hingewiesen, daß die Verkehrsgesetze Tarifkommissionen für die einzelnen Verkehrsträger vorsehen, welche die Tarife zu vereinbaren und dem Verkehrsminister zur Genehmigung vorzulegen haben. Dieser Prozeß der Tarifbildung ist im wesentlichen ein Verhandlungsprozeß innerhalb der Tarifkommission und zwischen der Tarifkommission und dem Verkehrsminister. In diesen Prozeß greifen auch Verbände ein, welche die Interessen der Verkehrsnutzer vertreten und in den sogenannten „beratenden" Ausschüssen der Tarifkommission vertreten sind. Der komplexe Prozeß der kollektiven Verhandlung über die Verkehrstarife ist bislang nur unvollkommen untersucht worden. Die Untersuchung beschränkt sich dabei meist auf die gesetzlich vorgeschriebene Form der Tarifbildung und die offiziellen Rechte und Pflichten der Beteiligten, die sehr stark auf die zentrale Koordination durch den Staat ausgerichtet sind. Eine realistischere Betrachtungsweise darf die überlagernden Prozesse der wechselseitigen Abstimmung durch Manipulation und Verhandlungen nicht außer acht lassen. Damit kehren die Überlegungen zu der Zentralthese zurück, daß die Koordination der interdependenten Entscheidungen im Verkehrssystem zentralistische Tendenzen aufweist, die durch eine parteiische wechselseitige Abstimmung überlagert sind. Die Umweltbeziehungen des Verkehrsbetriebes, insbesondere aber seine Marketingbemühungen sind durch diese Eigenschaft des Verkehrssystems geprägt. Die Analyse des Informations- und Entscheidungssystems wird zeigen, daß sich diese Eigenschaften auch auf die innere Struktur der Steuerung und Regelung verkehrsbetrieblicher Prozesse auswirken.

Diese wenigen Überlegungen zu den Verkehrsmärkten zeigen, daß der Preismechanismus in seiner reinen Form durch ein Netz von Beziehungen der

---
[41]) Vgl. insbesondere Walton und McKersie (1965).

wechselseitigen Anpassung und Manipulation im Sinne der parteiischen Abstimmung überlagert ist. Die wechselseitige Manipulation nimmt zu, je mehr die Märkte monopolisiert und Transaktionen bzw. die Preise als Transaktionsbedingungen Gegenstand expliziter Verhandlungen zwischen Anbieter und Nachfrager werden.

Tendenzen zur zentralen Koordination

Das Bild der verkehrswirtschaftlichen Realität wird noch komplizierter, wenn die für das Verkehrssystem typischen Ansätze einer zentralen Koordination durch staatliche Instanzen einbezogen werden. Diese zentrale Koordination zeigt sich bereits in der Tatsache, daß sehr viele preispolitische Maßnahmen der Verkehrsbetriebe einer staatlichen Genehmigung bedürfen. Der Staat als zentraler Koordinator legt den interdependenten Entscheidungsträgern auf den Märkten Beschränkungen auf und versucht, durch Genehmigungs- und Kontrollverfahren die Einhaltungen dieser Beschränkungen sicherzustellen.

Auch die Subordinationsbeziehungen in der Hierarchie der zentralen Koordination werden durch ein Netz der wechselseitigen Manipulation überlagert. Rein zentrale Koordination liegt nur vor, wenn sich die koordinierten Entscheidungsträger gegenüber dem Koordinator als reine Anpasser verhalten und die vom Koordinator vorgeschriebenen Beschränkungen uneingeschränkt als Prämissen ihrer Entscheidungen akzeptieren. Die rein zentrale Koordination wird bereits aufgegeben, wenn die übrigen Entscheidungsträger mit einigem Erfolg den Versuch unternehmen, den zentralen Koordinator zu beeinflussen. Darüber hinaus ist es üblich, daß die interdependenten Entscheidungsträger die zentral festgelegten Beschränkungen nicht in vollem Umfang zu ihren Entscheidungsprämissen machen und/oder diese für eine Koordination als nicht ausreichend ansehen. Sie versuchen dann, durch wechselseitige Abstimmung die Unzulänglichkeiten der zentralen Koordination auszugleichen. Ferner sind die Beschränkungen des zentralen Koordinators meist nicht operational: Sie sind *offene* Beschränkungen, die auslegungsfähig und auslegungsbedürftig sind. Diese Offenheit der Koordinationsbeschränkungen gibt den Koordinierten die Möglichkeit, den zentralen Koordinator davon zu überzeugen, daß ihre Auslegungen oder Schließungen der Beschränkungen mit den Intentionen des Koordinators übereinstimmen. Die Genehmigungsverfahren im Verkehr geben hierzu genügend Raum.

Schließlich ist davon auszugehen, daß das zentrale Koordinationssystem vielfach keine vollständige Hierarchie darstellt. Es gibt keine oberste Koordinationsinstanz, die alle übrigen Koordinatoren koordiniert. Auch die Koordinatoren müssen sich selbst durch wechselseitige Anpassung und Manipulation koordinieren. Das föderative System der Bundesrepublik Deutschland mit den abgegrenzten Zuständigkeiten von Bund und Ländern ist ein beredtes

Beispiel hierfür. Oft werden zwar „oberste" Koordinationsinstanzen geschaffen; diese stellen jedoch nichts anderes dar als Kollegien, in denen die relativ unabhängigen Koordinatoren repräsentiert sind. Diese Kollegien bilden dann den institutionellen Rahmen für wechselseitige Verhandlungsprozesse im Sinne der parteiischen wechselseitigen Abstimmung.

Die vorstehenden Ausführungen deuten an, in welcher spezifischen Weise die Koordination der interdependenten Entscheidungsträger im Verkehrssystem der Bundesrepublik Deutschland angestrebt und nach Meinung mancher Mitglieder auch erreicht wird. Das Management eines Verkehrsbetriebes oder eines mikrologistischen Systems muß sich darauf einstellen, in einer Umwelt zu operieren, in welcher der Preismechanismus als Koordinationsinstrument durch eine Fülle von zentralen Koordinationsversuchen überlagert ist. Das Ganze wird schließlich von einem Netz wechselseitiger Anpassung und Manipulation überdeckt.

1.223 Die Ordnung des makrologistischen Informations- und Entscheidungssystems

Die vorstehenden Ausführungen zur Koordination der Entscheidungen im makrologistischen System charakterisieren im Grunde das makrologistische Informations- und Entscheidungssystem. Dieses Informations- und Entscheidungssystem weist in jeder Gesellschaft eine unterschiedliche Ordnung auf. Unter *Ordnung* wollen wir das System von Gesetzen, Verordnungen, gesellschaftlichen Normen, Sitten und Gebräuchen bezeichnen, deren Inhalt insbesondere Antworten auf die folgenden Fragen impliziert: (1) Wer trifft welche Entscheidungen? (2) Wie werden diese Entscheidungen koordiniert?

Das makrologistische Informations- und Entscheidungssystem der Bundesrepublik Deutschland ist ein pluralistisches System. Die Entscheidungen sind auf eine Vielzahl interdependenter Gruppen bzw. privater und staatlicher Organisationen verteilt. Man kann dieses pluralistische System am besten mit Kategorien beschreiben, die dem sogenannten *Gruppenansatz* der politischen Wissenschaften entstammen. Wir müssen davon ausgehen, daß das makrologistische System eine Reihe von Gruppen im weiteren Sinne umfaßt, deren Entscheidungen interdependent sind. Auf Grund der Verfassung und der dahinterstehenden kulturellen Normen wird einigen dieser Gruppen für einen jeweils mehr oder weniger exakt definierten Ausschnitt des makrologistischen Systems die Entscheidungsbefugnis bzw. die Autorisierungsberechtigung zugesprochen: Sie sind für dieses jeweilige Entscheidungsfeld die Kerngruppe[42]). Einige dieser Kerngruppen erfüllen auch die Funktion zentraler Koordinatoren. Jede dieser Kerngruppen ist von einem Kranz von Satelliten umgeben, die in vielfältiger Weise durch Manipulation versuchen, auf die autorisierten Entscheidungen der jeweiligen Kerngruppen Einfluß zu nehmen. Diese Satellitengruppen sind zum Teil

---

[42]) Zur Unterscheidung von Kern- und Satellitengruppen vgl. Sayre und Kaufmann (1960).

auf anderen Gebieten selbst Kerngruppen, die ihrerseits Einflußnahmen eigener Satellitengruppen unterliegen.

Auch die einzelnen im makrologistischen System tätigen Betriebswirtschaften sind für den Bereich ihrer autonomen Entscheidungsbefugnisse Kerngruppen in diesem Sinne. Sie übernehmen aber auch die Funktion von Satellitengruppen für die Entscheidungen anderer Kerngruppen (Betriebe, Behörden, Verbände, Gemeinden usw.), gleichgültig, ob diese dabei als zentrale Koordinatoren oder aber als für ein spezifisches Entscheidungsfeld zuständige Entscheidungsträger auftreten.

Dieses Bild des Informations- und Entscheidungssystems zeigt die staatlichen Organe als einige Kern- bzw. Satellitengruppen unter vielen anderen. Der Staat ist als eine Art „Superorganisation" anzusehen, in der alle Individuen und Gruppen eines Staatsgebietes in mehr oder weniger begrenztem Umfang dem Autorisierungsrecht der staatlichen Organe (Regierungen, Behörden usw.) unterworfen sind, das notfalls mit Gewalt durchgesetzt werden kann. Zwischen den staatlichen Organisationen untereinander sowie zwischen ihnen und den übrigen Individuen und Organisationen bestehen für begrenzte Bereiche Über- bzw. Unterordnungsbeziehungen. Die wechselseitige Beeinflussung der Entscheidungen beruht dann unter anderem auf der Tatsache, daß einzelne staatliche Organisationen bzw. Organe autorisierte Vorschriften erlassen können, die andere als Beschränkungen akzeptieren müssen. Diese Ergänzung des vorher gezeichneten Bildes eines pluralistischen Informations- und Entscheidungssystems ändert jedoch zunächst nur wenig an diesem Bild: Einige Entscheider verfügen mit dem Recht, autorisierte Vorschriften für andere zu erlassen, lediglich über zusätzliche Machtgrundlagen bzw. manipulative Taktiken bei dem Versuch, sich im Prozeß der wechselseitigen Anpassung und Manipulation bzw. der zentralen Koordination durchzusetzen.

Das auf extrem pluralistische gesellschaftliche Informations- und Entscheidungssysteme abgestellte Modell des politologischen Gruppenansatzes ist für eine Reihe von Untersuchungen durchaus adäquat. Es reicht jedoch nicht aus, wenn man die staatliche Aktivität und die verkehrspolitischen Prozesse im makrologistischen System voll erfassen will. Dies gilt vor allem, wenn man dem Staat die Aufgabe zuweist, eine Gesellschaft zu aktivieren, umfangreiche Gemeinschaftseinrichtungen bereitzustellen und für eine geplante Anpassung gesellschaftlicher Teilsysteme an veränderte Bedingungen zu sorgen[43]).

1.23 Staatliche Verkehrspolitik

Eine Analyse der Entscheidungsprozesse zur Steuerung und Regelung des Geschehens im makrologistischen System einer Gesellschaft hat die verkehrspolitischen Entscheidungsprozesse des Staates bzw. der sonstigen

---

[43]) Zu einer makrosoziologischen Konzeption der aktiven Gesellschaft vgl. Etzioni (1968), (1969).

Gebietskörperschaften (Länder, Gemeinden) einzubeziehen. Hierzu ist es zunächst notwendig, die staatliche Aktivität im makrologistischen System zu umreißen und den Standort der Verkehrspolitik im Rahmen dieser staatlichen Aktivität zu bestimmen. Die Darstellung des verkehrspolitischen Systems schafft dann den Bezugsrahmen für eine kurze Diskussion der wesentlichsten Themen (Ziele, Forderungen, Probleme, Streitpunkte) der verkehrspolitischen Entscheidungsprozesse. Im Vordergrund steht dabei das Bemühen, die für das Management logistischer Betriebe bzw. mikrologistischer Systeme wesentlichen Gesichtspunkte herauszuarbeiten, ohne zu den aufgeworfenen verkehrspolitischen Problemen im einzelnen Stellung zu nehmen.

1.231 Die staatliche Aktivität im makrologistischen System

Die Diskussion der Koordination der Entscheidungen im makrologistischen System und der Ordnung des makrologistischen Informations- und Entscheidungssystems hat bereits eine Reihe von Hinweisen auf die staatliche Aktivität im makrologistischen System erbracht. Die zentrale Koordination und die Schaffung bzw. Sicherung einer „Arena" für die dezentrale Koordination sind Aktivitäten, die alle Staaten in mehr oder weniger großer Intensität zeigen. Im Falle dezentraler Koordination erstreckt sich die staatliche Aktivität vielfach auch darauf, die Machtverteilung zwischen den Beteiligten (etwa durch Wettbewerbspolitik) und damit indirekt das Ergebnis der dezentralen Koordination (etwa des Marktmechanismus) zu beeinflussen.

Darüber hinaus ist jedoch festzustellen, daß sich die staatliche Aktivität in hohem Maße auf die unmittelbare Bereitstellung von Verkehrsmitteln selbst erstreckt. Die größten Verkehrsbetriebe der Bundesrepublik (Bundesbahn, Bundespost, Schencker, Lufthansa u. a.) sind öffentliche Betriebswirtschaften. Ihre Leistungen sind direkt oder indirekt Ausfluß staatlicher Aktivität. Nahezu das gesamte Wegenetz der Gesellschaft verdankt seine Entstehung und Wartung dem Staat.

Staatliche Aktivitäten durchdringen somit in großem Umfang die makrologistischen Prozesse und ihre Steuerung bzw. Regelung. Dieses gesamte makrologistische System wird vielfach als unbefriedigend empfunden. Nicht selten wird ein tiefgreifender Wandel gefordert. In der wissenschaftlichen und praktischen Diskussion setzt sich immer mehr die Überzeugung durch, daß ein solcher Wandel des makrologistischen Systems oder einzelner seiner Teile nur durch den Staat herbeigeführt werden kann. Der Staat wird in Zukunft in stärkerem Maße als in der Vergangenheit „change agent" des makrologistischen Systems werden; seine Rolle bleibt damit nicht mehr allein auf die Bereitstellung von Verkehrsmitteln bzw. Verkehrsleistungen und auf die Koordination des existierenden Systems beschränkt.

In der ökonomischen Theorie wird die staatliche Aktivität vielfach in der Bereitstellung öffentlicher oder kollektiver Güter für die Gesellschaft gesehen[44]). Nicht selten wird argumentiert, daß der Marktmechanismus nicht in der Lage sei, für ein ausreichendes Angebot kollektiver Güter zu sorgen, und daß deshalb neben dem Marktmechanismus mit dem staatlichen Informations- und Entscheidungssystem ein zweiter Steuerungsmechanismus erforderlich ist, um die gesellschaftlichen Ressourcen „optimal" auf die Befriedigung privater und kollektiver Bedürfnisse der Mitglieder der Gesellschaft zu verteilen.

Private und öffentliche Güter

Die wissenschaftliche Erörterung der Probleme der Bereitstellung öffentlicher Güter steckt jedoch erst in ihren Anfängen. Es verwundert daher auch nicht, daß der Begriff des „öffentlichen Gutes" selbst noch weitgehend unklar ist und unterschiedlich verwendet wird. Damit ist auch die Abgrenzung von öffentlichen und privaten Gütern unklar. Kennzeichnend für *private* Güter ist, daß sie individuell konsumiert bzw. genutzt werden können. Eine Einheit eines solchen privaten Gutes kann unter Ausschluß anderer Wirtschaftsobjekte genutzt bzw. konsumiert werden *(Ausschlußprinzip)*. Im Falle *öffentlicher* oder *kollektiver* Güter liegt demgegenüber die Möglichkeit einer gemeinsamen Nutzung durch mehrere Wirtschaftssubjekte vor. Man sagt auch, öffentliche Güter seien insofern unteilbar, als es keine kleinsten Einheiten dieser Güter gibt, die ausschließlich individuell konsumiert bzw. genutzt werden können. Die Möglichkeit einer gemeinsamen Nutzung bedeutet, daß in gewissem Umfang das Prinzip der Nichtrivalität gilt. Eine Nutzung der öffentlichen Güter durch ein Individuum verhindert nicht, daß dieses Gut auch von anderen konsumiert wird, wenngleich u. U. eine Minderung des individuellen Nutzens der Konsumenten bei gemeinsamer Nutzung eintritt. Verkehrswege sind typische Beispiele solcher kollektiven Güter. Wird eine Straße einmal produziert und zur Verfügung gestellt, so ist sie grundsätzlich von mehreren benutzbar, auch wenn mit zunehmender Zahl der Benutzer dies für die einzelnen keine reine Freude mehr ist. Ähnliches gilt etwa für eine Autobusreise als kollektives Gut, für das es freilich eine genau zu definierende Höchstgrenze für die Zahl der das Gut gemeinsam Konsumierenden gibt.

Vielfach wird nur dann von einem öffentlichen Gut gesprochen, wenn das Ausschlußprinzip nicht gilt. Ein öffentliches Gut in diesem engeren Sinne liegt vor, wenn es im Falle, daß irgendeine Wirtschaftseinheit innerhalb einer Gruppe von Wirtschaftseinheiten das Gut konsumiert bzw. in Anspruch nimmt, unmöglich ist, die übrigen vom Konsum auszuschließen, gleichgültig, ob diese dafür zu zahlen bereit sind oder nicht. Jemand, der für ein kollektives Gut einer Gruppe nicht zu zahlen bereit ist, kann dennoch nicht vom

---

[44]) Die Probleme der Bereitstellung öffentlicher Güter in einer Gesellschaft werden eingehend in der Wohlfahrtsökonomik diskutiert. Vgl. aus der umfangreichen Literatur z. B. Bohnen (1964); Musgrave (1959); Weber und Jochimsen (1965) und die dort angegebene Literatur; ferner Schleicher (1971).

Konsum ausgeschlossen werden, wie es im Falle von privaten Gütern möglich ist. Dabei ist zu beachten, daß es öffentliche Güter für die gesamte Gesellschaft (z. B. die Landesverteidigung), aber auch für einzelne Gruppen innerhalb der Gesellschaft gibt. Die Tatsache, daß das Ausschlußprinzip nicht gilt, kann technisch bedingt sein. In den meisten Fällen ist es jedoch technisch durchaus möglich, das Ausschlußprinzip zu realisieren. Straßenbenutzungsgebühren und Brückenzölle sind Beispiele aus dem Verkehrsbereich. Daß für die meisten Straßen und Brücken auf eine Durchsetzung des Ausschlußprinzips verzichtet wird, ist eine politische Entscheidung, die durch ökonomische, soziale oder ethische Gesichtspunkte geprägt ist.

Neben den rein öffentlichen Gütern gibt es auch gemischt-öffentliche Güter. Der Abschluß einer Haftpflichtversicherung durch einen Verkehrsteilnehmer betrifft zunächst ein rein privates Gut. Gleichzeitig kommt dieser Versicherungsschutz aber allen Verkehrsteilnehmern zugute, die Gefahr laufen, mit dem Versicherungsnehmer in Berührung zu kommen. Das private Gut „Versicherungsschutz" weist externe Wirkungen auf, die es auch zu einem öffentlichen Gut machen.

Nicht selten sind es solche externen Wirkungen, die den Staat veranlassen, für bestimmte Güter sogar einen Konsumzwang zu veranlassen. Das entsprechende Gut wird zu einem *meritorischen Gut*. Die Kraftfahrzeughaftpflichtversicherung ist ein typisches Beispiel dafür.

Bezieht man die externen Wirkungen der Bereitstellung und des Konsums privater Güter in die Überlegung mit ein, so ist die Grenze zwischen privaten und (gemischt-)öffentlichen Gütern schwer zu ziehen. Vor allem im Verkehrssektor sind diese externen Wirkungen von allergrößter Bedeutung. Lärmbelästigung, Umweltverschmutzung, Gefährdung Unbeteiligter sind mögliche externe Wirkungen des privaten Konsums von Verkehrsleistungen. Die Bereitstellung eines Verkehrsweges läßt — auch das ist eine externe Wirkung — meist sprunghaft die Nutzungsmöglichkeiten angrenzender Grundstücke und Gelände steigen. In all diesen Fällen tritt die Frage auf, ob es möglich ist, diese externen Wirkungen zu „internalisieren", d. h., die Verursacher dazu zu bringen, die externen Kosten zu tragen bzw. die Nutznießer externer Wirkungen zu bewegen, den „Gewinn" abzugeben[45]). Die Möglichkeiten einer Internalisierung sind analog zu den Möglichkeiten zu sehen, für öffentliche Güter das Ausschlußprinzip zu realisieren. In vielen Fällen scheitert die Internalisierung an der technischen Unmöglichkeit. Meist wird auf sie jedoch bewußt verzichtet, weil sie aus ökonomischen oder sonstigen Gründen nicht gerechtfertigt erscheint.

Öffentliche Güter und staatliche Aktivität

Für alle öffentlichen Güter, bei welchen das Ausschlußprinzip nicht realisiert wird, ist zu erwarten, daß die Bereitstellung solcher Güter besonders

---

[45]) Vgl. dazu beispielsweise Hanusch (1970), insbes. S. 42 ff.; Schleicher (1971), insbes. S. 28 ff.; Thiemeyer (1968).

problematisch erscheint: Es existiert zwar eine Menge potentieller Konsumenten, die alle im eigenen Interesse eine Bereitstellung solcher öffentlichen Güter wünschen. Keiner ist jedoch zunächst gewillt, für die Bereitstellung solcher Güter einen Beitrag zu leisten, da er hofft, daß andere das öffentliche Gut bereitstellen, von dessen Konsum oder Nutzen er dann nicht ausgeschlossen werden kann. Da sich alle in ähnlicher Weise durchaus „rational" verhalten, werden keine öffentlichen Güter bereitgestellt, obgleich alle ein unter Umständen sehr intensives Bedürfnis nach solchen Gütern besitzen. Vieles spricht dafür, daß in solchen Situationen nur eine staatliche Aktivität zu einer hinreichenden Versorgung der Gesellschaft mit öffentlichen Gütern führt. Der Staat muß dann Beiträge der Bevölkerung mobilisieren (etwa in Form von Steuern), Entscheidungen über die Art und die Menge der zu erstellenden öffentlichen Güter treffen und die Unterstützung für diese Entscheidungen gewinnen bzw. sichern.

Die Überlegungen zu den öffentlichen Gütern, die für Verkehrsleistungen besonders relevant sind, geben zwar Hinweise auf mögliche Aufgaben des Staates. Es wäre aber falsch, daraus zu folgern, daß öffentliche Güter grundsätzlich vom Staat, d. h. von der öffentlichen Hand, produziert werden müßten. Eine unvoreingenommene Analyse hat zunächst davon auszugehen, daß prinzipiell alle Kombinationen privater und öffentlicher Bereitstellung von privaten und öffentlichen Gütern möglich sind, also: (1) die private Produktion privater Güter, (2) die private Produktion öffentlicher Güter, (3) die öffentliche Produktion privater Güter und (4) die öffentliche Produktion öffentlicher Güter.

Welche Produktions- bzw. Bereitstellungsaufgaben der Staat in einem makrologistischen System übernimmt, ist letztlich Ergebnis politischer Entscheidungen in diesem Staat. Die Aufgaben der staatlichen Aktivität sind nicht a priori gegeben. Damit wird deutlich, daß eine Diskussion über die Bereitstellung öffentlicher Verkehrsgüter und der Behandlung der externen Wirkungen privater Verkehrsleistungen in einem makrologistischen System ohne Beschreibung der spezifisch politischen Komponenten dieses Problems nicht sinnvoll ist. Wir müssen uns daher den politischen Entscheidungen zuwenden, die letztlich die staatlichen Aktivitäten im makrologistischen System determinieren.

1.232 Das verkehrspolitische System

Folgt man der Terminologie des Politologen Easton, so ist unter Politik die autoritative Allokation von Werten in einem sozialen System (Gesellschaft) zu verstehen. Der Politik steht die durch die wechselseitige Abstimmung der Individuen und Gruppen der Gesellschaft erfolgende Allokation von Werten und Gütern gegenüber, wie sie insbesondere für Marktwirtschaften typisch ist. Autoritativ ist die Allokation, wenn der die Allokationsentscheidung treffende Entscheider den davon Betroffenen formal übergeordnet ist. In einer Gesellschaft bilden der Staat bzw. die staatlichen Organisationen solche übergeordneten Entscheider: Es existiert eine Verfassung, die den staatlichen Organisationen das Autorisierungsrecht für eine Reihe von Entscheidungen gegenüber den Staatsbürgern und privaten Organisationen zuerkennt[46]).

Der Politikbegriff Eastons bedarf einiger Verfeinerungen. Zunächst ist es empfehlenswert, statt von einer autoritativen Allokation von Werten in etwas abgeschwächter Form von einer autoritativen Beeinflussung der Allokation von Werten innerhalb der Gesellschaft zu sprechen. Diese Verfeinerung ist erforderlich, wenn man den Staat als zentralen Koordinator der interdependenten privaten Entscheider der Gesellschaft betrachtet, der in autoritativer Weise Beschränkungen für die Allokationsentscheidungen der Mitglieder der Gesellschaft festlegt.

Eine weitere Verfeinerung erfährt die Konzeption, wenn man davon ausgeht, daß auch die übergeordneten staatlichen Organisationen einer Gesellschaft ein komplexes Informations- und Entscheidungssystem im Sinne des im einleitenden Kapitel skizzierten Bezugsrahmens aufweisen. Danach umfaßt das Informations- und Entscheidungssystem einer Organisation operative, administrative und politische Entscheidungen. Die autoritative Beeinflussung der gesellschaftlichen Wertallokation durch staatliche Organisationen erfolgt im Rahmen sowohl operativer und administrativer als auch politischer Entscheidungen dieser staatlichen Organisationen. Die weitaus umfangreichsten staatlichen Aktivitäten, die gerade auch für das Management logistischer Betriebe und Systeme wichtig sind, sind Ausfluß der operativen und administrativen Entscheidungen des Staates. Sie haben nichts mit der staatlichen Verkehrspolitik im engeren Sinne des Wortes zu tun. Verkehrspolitische Entscheidungen liegen erst vor, wenn es darum geht, die grundlegenden Beschränkungen (Ziele, Strategien, Budgets usw.) für die staatliche Aktivität im Verkehrsbereich, die Organisationsstruktur der staatlichen Organisationen und die Besetzung der Schlüsselpositionen festzulegen. Input dieser eigentlichen politischen Entscheidungen sind u. a. die individuellen Werte und Zielvorstellungen der politisch relevanten Individuen und Gruppen, die genügend Macht besitzen, ihre Vorstellungen durchzusetzen. Wir werden hierauf noch zurückzukommen haben. Zunächst steht die Abgrenzung des verkehrspolitischen Systems im Vordergrund. Bei genauerer Betrachtung bilden die politischen Systeme der staatlichen Organisationen, d. h. deren Kernorgane und Satelliten, das verkehrspolitische System der Gesellschaft. Kernorgane des verkehrspolitischen Systems sind somit die Kernorgane der einzelnen staatlichen Organisationen.

Bei einer Makrobetrachtung wird freilich vielfach von der inneren Struktur der Informations- und Entscheidungssysteme der staatlichen Organisationen, insbesondere von den operativen und administrativen Entscheidungen abstrahiert, und die einzelnen Organisationen selbst werden als Kerngruppen des verkehrspolitischen Systems gesehen. Gerade das Management logistischer Betriebe und Systeme sollte sich jedoch dieser Vereinfachung bewußt

---

[46]) Vgl. Easton (1965), S. 17 ff.

bleiben. Denn eine für Verkehrsbetriebe nicht unübliche Partizipation am verkehrspolitischen System bedeutet stets Einflußnahme auf Entscheidungen von Menschen in staatlichen Organisationen.

Es wurde bereits darauf hingewiesen, daß die einer makrologistischen Analyse zugrundeliegende Gesellschaft keineswegs mit den staatlichen Grenzen einer Nation übereinstimmen muß. Das verkehrspolitische System ist ebenfalls multinational. Dehnt man die Betrachtung auf multinationale Verkehrssysteme aus, so ist auch die internationale Verkehrspolitik in die Analyse einzubeziehen.

Die Analyse politischer Systeme und Prozesse zur autoritativen Beeinflussung der Allokation von Werten in einer Gesellschaft ist Gegenstand der politischen Wissenschaften. Es liegt nahe, bei der Diskussion der Verkehrspolitik auf Konzeptionen und Bezugsrahmen der politischen Wissenschaften zurückzugreifen[47]). Die vorhandenen Bezugsrahmen stellen freilich die politischen Systeme von Gesellschaften bzw. eines Staates in den Mittelpunkt. Die Theorie internationaler Beziehungen ist demgegenüber noch vergleichsweise unterentwickelt.

Die folgenden Ausführungen gehen von einem in Anlehnung an Easton formulierten Bezugsrahmen aus, der das politische System einer Gesellschaft innerhalb der Grenzen eines Staates als offenes System charakterisiert[48]).

Ein Bezugsrahmen zur Analyse politischer Systeme

Abb. 1.11 gibt in schematischer Sicht das politische System und seine Umweltbeziehungen wieder.

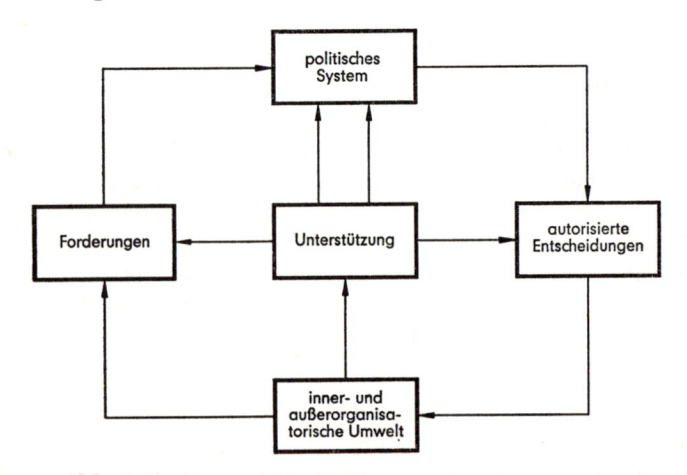

Abb. 1.11: Das politische System der Organisation

---

[47]) Vgl. z. B. Bertram (1966); Böhret und Grosser (1967); Deutsch (1970); Dror (1968 a); Ellwein (1968); Hirsch-Weber (1969), insbes. S. 14 ff.; Narr (1971); Naschold (1971); Stammen (1967).
[48]) Vgl. Easton (1965), insbes. S. 70 ff., (1966).

Output des politischen Systems sind die durch die Beschlüsse der Kerngruppen autorisierten Regelungen (Gesetze, Verordnungen, Ratifizierung von Verträgen) und verkehrspolitischen Maßnahmen (z. B. Straßenbau). Input sind die vielfältigen Forderungen aus der inner- und außergesellschaftlichen Umwelt, die von Satellitengruppen artikuliert werden. Dabei mag es dahingestellt bleiben, ob man die Satellitengruppen zum politischen System zählt oder nicht. Sie bilden gleichsam „Kanäle", über die Wünsche, Vorstellungen, Konzeptionen, Interessen der Menschen aus der Umwelt des politischen Systems in die Entscheidungsüberlegungen der Kerngruppen gelangen. Der politische Entscheidungsprozeß ist nichts anderes als ein Prozeß der Transformation von Input-Forderungen in autorisierte Entscheidungen.

Die politischen Instanzen sehen sich in der Regel einer Fülle konkurrierender Forderungen gegenüber. Auch die Mitglieder der Kerngruppen selbst artikulieren solche Forderungen. Der politische Prozeß muß zu einem Ausgleich zwischen den konkurrierenden Forderungen gelangen. Er ist in diesem Sinne ein Prozeß der Konflikthandhabung. Die Machtverteilung innerhalb und außerhalb des politischen Systems bestimmt vor allem, wer sich mit seinen Forderungen durchzusetzen vermag. Dabei wird versucht, den Wünschen und Erwartungen jener Personen oder Gruppen gerecht zu werden, auf deren Unterstützung das politische System primär angewiesen ist.

Easton fügt daher die Unterstützung als eine weitere Kategorie der Inputs hinzu. Die Unterstützung ist — wie noch zu zeigen sein wird — die kritische Variable des Systems. Im folgenden sollen einige Aspekte dieses allgemeinen Bezugsrahmens unter Berücksichtigung der Gegebenheiten in der Verkehrspolitik etwas genauer betrachtet werden.

Kernorgane und Kompetenzverteilung im verkehrspolitischen System

In verkehrspolitischen Prozessen sind Kernorgane und Kompetenzen sowohl innerhalb eines geographisch und rechtlich abgegrenzten Bereiches, etwa eines Landes, als auch zwischen verschiedenen Ländern zu beachten. Staatliche Kernorgane sind Regierungen, Parlamente sowie Gerichte des Bundes, der Länder und sonstiger Gebietskörperschaften (Regierungsbezirke, Landkreise, Gemeinden). Die Kompetenzverteilung zwischen Bund, Ländern und Gemeinden ergibt sich aus der Verfassung (Grundgesetz), aus sonstigen Gesetzen und Rechtsverordnungen, aber auch aus Staatsverträgen und anderen Quellen[49].

Die Kompetenzen der Länder beziehen sich hauptsächlich auf die Ausführung der auf Bundesebene getroffenen Entscheidungen. Sie führen nach Art. 83 GG die Bundesgesetze als eigene Angelegenheiten aus, soweit nicht aus-

---

[49] Vgl. dazu Adamek (1956); Berkenhoff (1963); Bertram (1966); Brecht (1969); Haus (1967); Hochschule Speyer (1961); Klein (1968); Klotz (1967); Lampert und Oettle (1968); Monz (1964); Oettle (1967 d); Weller (1967).

drücklich anderes bestimmt ist. Die selbständige Regelung des Verwaltungsverfahrens ist ihnen vorbehalten.

Kompetenzen der Länder erstrecken sich z. B. auf die nicht-bundeseigenen Eisenbahnen, die Verkehrspolizei und die Landesplanung. Neben dem Bund sind die Länder insbesondere Träger der Baulast eines Teils des klassifizierten Straßennetzes (Landes- und Kreisstraßen). Sie besitzen zudem über die Institution des Bundesrates Anregungsrechte, Beratungsrechte und Mitentscheidungsrechte im Rahmen der verkehrspolitischen Kompetenzen des Bundes.

Verkehrspolitisch relevante Kompetenzen der Gemeinden bestehen auf dem Gebiet der Städteplanung, der Verkehrsregelung durch die Straßenverkehrsbehörden und auf dem baupolizeilichen Sektor. Die Gemeinden besitzen auf dem Gebiet der Verkehrsbesteuerung gewisse Beratungsfunktionen. Darüber hinaus haben sie die Möglichkeit, Anliegerbeiträge festzusetzen und gebührenpolitisch auf die Verkehrsteilnehmer einzuwirken. Die Gemeinden tragen die Baulast für die nicht-klassifizierten Straßen und in größeren Städten für die Ortsdurchfahrten der klassifizierten Straßen. Typisch für die staatliche Organisation der Bundesrepublik ist, daß jedes der genannten Organe einen Bereich hat, in dem es autonom ist. Dies macht noch einmal die Rolle der dezentralen Koordination im Sinne der wechselseitig-parteiischen Abstimmung deutlich.

Bei der Betrachtung des auf einen Staat (z. B. die Bundesrepublik Deutschland) bezogenen verkehrspolitischen Systems sind die Organe fremder Staaten als Satelliten anzusehen, die u. a. auf die nationalen verkehrspolitischen Entscheidungen Einfluß zu nehmen trachten. Die zunehmende internationale Verkehrsverflechtung hat diese gegenseitigen Einflußnahmen auf die nationale Verkehrspolitik erheblich an Bedeutung gewinnen lassen. Eine Reihe internationaler Abkommen und Vereinbarungen in der EWG zeugt von gemeinsamen verkehrspolitischen Bemühungen der Staaten eines engverflochtenen multinationalen Verkehrssystems. Darüber hinaus haben die souveränen Staaten einen Teil ihrer verkehrspolitischen Kompetenz auf internationale Organisationen übertragen. Diese internationalen Organisationen versuchen, einzelne Bereiche des internationalen Verkehrs zentral zu koordinieren.

Die Unterstützung als kritische Variable

Unterstützung kann allgemein wie folgt definiert werden: Eine Person oder Gruppe unterstützt ein Objekt, wenn sie bereit ist, ihre eigene Macht für dieses Objekt einzusetzen, bzw. sie tatsächlich einsetzt. Objekte der Unterstützung können einzelne Forderungen bzw. die dahinterstehenden Personen oder Gruppen, aber auch einzelne autorisierte Entscheidungen, die Verfassung, die Mitglieder des politischen Systems oder die Organisation als „politische Gemeinschaft" sein. Als Unterstützer kommen alle Personen und

Gruppen in der inner- und außerorganisatorischen Umwelt, aber auch diejenigen Personen in Frage, die als Mitglieder des politischen Systems formale Rollen im politischen Prozeß ausfüllen.

Wenn sehr viele Personen oder Gruppen bereit sind, ihre eigene Macht für die Durchsetzung der autorisierten Entscheidung einzusetzen, wird die Machtposition der Kernorgane gestärkt und der Versuch der zentralen Koordination der Entscheidungen erfolgreich sein. Ähnliches gilt für den Fall, daß die Unterstützung auf die Verfassung des Systems gerichtet ist, die das Autorisierungsrecht der Kernorgane legitimiert und die den Gehorsam gegenüber den autorisierten Entscheidungen vorschreibt.

Das Überleben des politischen Systems setzt voraus, daß überhaupt Entscheidungen getroffen und autorisiert werden. Die Unterstützung kann sich auf einen bestimmten Output des politischen Systems richten und dadurch die Annahme durch die Mitglieder der Gesellschaft erreichen. Es handelt sich dann um spezifische Unterstützung. Dagegen ist die diffuse Unterstützung von konkreten Entscheidungen der Kernorgane weitgehend unabhängig. Bei diffuser Unterstützung werden die zentralen Entscheidungen der Kernorgane akzeptiert, obwohl sie nicht genau den Forderungen und Vorstellungen aller Mitglieder und Teilnehmer entsprechen, diese also gleichsam „enttäuscht" werden.

Die Existenz diffuser Unterstützung gründet vielfach auf der Tatsache, daß sich die am verkehrspolitischen Prozeß Beteiligten mit den Kernorganen oder aber mit den Führungspersönlichkeiten identifizieren. Bedeutsamer als Quellen diffuser Unterstützungen sind freilich der Glaube der Entscheider an die Legitimität der Verfassung bzw. deren Kernorgane und der Glaube an die Existenz eines „gemeinsamen Interesses", einer „allgemeinen Wohlfahrt" oder eines „allgemeinen Interesses" des Verkehrssystems.

Die Träger der verkehrspolitischen Entscheidungen

Als Träger eines politischen Systems sollen jene Personen oder Organisationen der Umwelt des politischen Systems angesehen werden, denen auf Grund der Verfassung das Recht zusteht, die Kernorgane dieses politischen Systems zu besetzen. Bei mehrzentrigen politischen Systemen, die mehrere Kernorgane aufweisen, werden einzelne Kernorgane zum Teil durch die anderen besetzt. Mindestens eines der Kernorgane ist jedoch gleichsam „von außen" durch die Träger des politischen Systems zu besetzen, sei es, daß diese von ihrem Recht auf Sitz und Stimme in dem betreffenden Kernorgan Gebrauch machen, sei es, daß sie sich an Wahlen für die Besetzung der Kernorgane beteiligen. Formal kommt somit den Trägern des politischen Systems direkt oder indirekt die Kontrolle über die Besetzung aller Kernorgane des Systems zu.

Die mit der Zuordnung der Trägerfunktion auf einzelne Personen oder Gruppen angestrebte Dominanz bestimmter Wertsysteme erhält ihre Legitimation durch die jeweils herrschenden Ideologien. Ohne die ideologischen Auseinandersetzungen um die Funktion der Trägerschaft weiterzuverfolgen, kann zwischen „exogen" und „endogen" getragenen verkehrspolitischen Entscheidungen unterschieden werden. Bei endogenen Entscheidungen wird die Trägerfunktion von den Mitgliedern selbst ausgeübt, während sie als exogen bezeichnet wird, wenn sie von Personen oder Gruppen, die nicht dem Autorisierungsrecht des Kernorgans unterliegen, eingenommen wird.

Bei endogen getragenen politischen Systemen sind es die Bürger selbst, die an der Besetzung der politischen Instanzen mitwirken. Es ist leicht einzusehen, daß politische Prozesse durch die Wünsche und Wertvorstellungen dieser Bürger unterschiedlich beeinflußt werden, je nachdem, ob alle oder nur ein Teil der Bürger verfassungsmäßige Träger sind und ob diese ihre Trägerfunktion auch tatsächlich ausüben oder nicht.

Im Falle des verkehrspolitischen Systems (der Bundesrepublik Deutschland) ist zu beachten, daß nicht allein die offiziellen Träger des politischen Systems als relevante Unterstützer in Frage kommen. Die vielfältigen Einflußnahmen von Interessengruppen auf die Verkehrspolitik sind daraus zu erklären, daß deren Unterstützung unmittelbar relevant ist. Vielfach ist diese deshalb so bedeutsam, weil die Interessenten in der Lage sind, als Meinungsführer große Gruppen von Wählern zu beeinflussen. Wenn verkehrspolitische Entscheidungen im Lichte subjektiver Wertsysteme und auch mancher in „wissenschaftlichen Kreisen" akzeptierten Ziele für die Gesellschaft vielfach als wenig rational erscheinen, so liegt dies u. a. daran, daß die für den Politiker bestehende Unterstützungsproblematik bei der Beurteilung der jeweiligen Entscheidungssituation außer acht gelassen wird.

Partizipienten des verkehrspolitischen Prozesses

Die vorstehenden Überlegungen weisen bereits darauf hin, daß es nicht realistisch ist anzunehmen, die einzelnen Individuen als Staatsbürger seien Partizipienten des verkehrspolitischen Prozesses. Der weitaus größte Teil verhält sich als Anpasser und macht — obgleich durch die staatliche Aktivität betroffen — keine Anstalten, auf die verkehrspolitischen Entscheidungen Einfluß zu nehmen. Aber auch die politisch Aktiven nehmen nur bedingt unmittelbar am Prozeß teil. In aller Regel sind es Führer und Repräsentanten von Organisationen, die sich in diesen Prozeß einschalten. Diese Organisationen stellen als Interessenverbände das Instrument von Kollektiven dar, die ohne die Aktivierung ihrer Mitglieder durch solche Organisationen weitgehend passiv blieben und keine Möglichkeit der Artikulierung dieser Forderungen im politischen Prozeß besäßen[50]).

Ähnliches gilt für die Parteien, die freilich ihre Mitglieder und ihre Wähler aus mehreren, zum Teil sehr unterschiedlichen Subkollektiven der Gesellschaft rekrutieren. Im Rahmen der innerparteilichen Willensbildung werden Forderungen an die staatlichen Kernorgane gestellt, für die dann die Unterstützung der Wähler und der diese Wähler mobilisierenden Führer von Kollektiven gesucht wird. Da die Parteien um die Wählerstimmen für die Besetzung der Führungsposition im politischen System konkurrieren, werden die Forderungen der gewinnenden Parteien zu Grundlagen für die Entscheidungen der Kernorgane des politischen Systems. Dies alles bewirkt, daß sich die Mitglieder der Kernorgane des verkehrspolitischen Systems in aller Regel nicht Forderungen gegenübersehen, die von einzelnen individuellen Staatsbürgern stammen, sondern es mit Interessengruppen und Organisationen zu tun haben, die gleichsam eine vermittelnde Rolle in der Sammlung und Artikulierung von Forderungen spielen.

Auch die einzelnen betriebswirtschaftlichen Organisationen können zu Partizipienten verkehrspolitischer Entscheidungsprozesse werden. Allgemeine Aussagen über Art und Umfang dieser Beteiligung sind jedoch kaum möglich. Auf Bundes- und Landesebene handelt es sich in der Regel um eine mehr indirekte Beteiligung über die sie vertretenden Interessenverbände. Unmittelbar beteiligt sind die Betriebe hier zunächst nur am politischen Prozeß des Verbandes, in dessen Rahmen es um die Verbandspolitik gegenüber staatlichen Organen geht. Verkehrsbetriebe wie die Bundesbahn und die Bundespost werden sich demgegenüber auf dieser Ebene in sehr viel direkterer Weise beteiligen. Diese direkte Beteiligung der Betriebe an verkehrspolitischen Prozessen nimmt zu, je mehr man die verkehrspolitischen Entscheidungen auf der Ebene der Regierungsbezirke, Kreise und Gemeinden in die Untersuchung einbezieht. Hier wiederum werden Betriebe mit öffentlichen Verkehrsleistungen und Betriebe der öffentlichen Hand stärker in die verkehrspolitischen Prozesse involviert sein als andere Betriebstypen. Die Dominanz staatlicher Entscheidungen bewirkt freilich, daß sich ein aktives Management eines logistischen Betriebes gegenüber den staatlichen Instanzen keinesfalls ausschließlich als Anpasser verhalten kann.

Diese Überlegungen führen zur Feststellung einer starken Interdependenz von staatlicher Verkehrspolitik und Betriebswirtschaftspolitik. Dabei spielt jedoch nicht nur die Tatsache eine Rolle, daß Betriebswirtschaften in vergleichsweise hohem Maße als Partizipienten der staatlichen Verkehrspolitik auftreten. Wie noch zu zeigen sein wird, nehmen vor allem bei Verkehrs-

---

[50]) Zur Problematik der Beteiligung am verkehrspolitischen Prozeß ist eine umfangreiche Literatur über Interessen und Partizipienten direkt oder indirekt relevant. Vgl. z. B. Buchholz (1964); Hirsch-Weber (1969), insbes. S. 50 ff. und S. 119 ff.; Menzel (1930); Oettle (1967 a), S. 15 ff.; Schmölders (1965); Tuchtfeldt (1962); Ziebill (1968).

betrieben der öffentlichen Hand auch staatliche Instanzen als Satelliten oder gar als Mitglieder der Kernorgane der betrieblichen politischen Systeme am Prozeß der Betriebswirtschaftspolitik teil.

1.24 Ziele und Themen verkehrspolitischer Forderungen und Entscheidungen

Die im verkehrspolitischen Prozeß erhobenen Forderungen und die notwendigen Entscheidungen sind naturgemäß so zahlreich, daß eine Steuerung und Regelung unumgänglich wird. Dabei gehen die Ziele und Kriterien als Führungsgrößen in die Prozesse der Steuerung und Regelung ein. Da die Verkehrspolitik lediglich ein Teilgebiet der allgemeinen Wirtschaftspolitik darstellt, bildet diese auch die grundsätzliche Ausgangsbasis einer Analyse und Beurteilung verkehrspolitischer Ziele. Deshalb sollen die entscheidenden Aspekte des wirtschaftspolitischen Zielbildungsprozesses erläutert werden, um dann die wichtigsten verkehrspolitischen Ziele aus staatlicher und internationaler Sicht zu erörtern. Sie werden in der verkehrswissenschaftlichen Literatur in der Regel vielfach als Mittel und Instrumente diskutiert, die gleichzeitig unter Heranziehung der jeweiligen typischen Entscheidungstatbestände analysiert werden. Letztere sind Forderungen und Entscheidungen, die an das politische System herangetragen werden. Trotz aller Vielfalt läßt sich jedoch zeigen, daß man aus der komplexen verkehrspolitischen Diskussion vergleichsweise wenig Schwerpunkte bzw. Themen herauskristallisieren kann.

1.241 Der wirtschaftspolitische Zielbildungsprozeß als Fundament der Verkehrspolitik

Die Ziele der Wirtschaftspolitik spielten in der Wissenschaft lange Zeit eine untergeordnete Rolle. Die klassische Zielanalyse beschränkte sich auf Ziele wie Freiheit, Gerechtigkeit und Wohlstand. Realistischere Vorstellungen zeigte die Diskussion um das „magische Dreieck" der Stabilitätspostulate Vollbeschäftigung, Preisniveaustabilität und Zahlungsbilanzgleichgewicht, das bald durch Zielvorstellungen über das Wirtschaftswachstum zum „magischen Viereck" erweitert wurde. Sollen auch sektorale und regionale Strukturprobleme in die Zielbildung einbezogen werden, so kann man von „magischen Zielpolygonen" sprechen[51]). Diese Erweiterung ist von großer Bedeutung, weil genau an dieser Stelle die Verkehrspolitik explizit in die gesamtwirtschaftliche Zielproblematik Eingang findet. Eine unausweichliche Folge dieser Spezifizierung ist die Häufung von Zielkonflikten. Sie öffnet gleichzeitig aber auch den Blick für deren Ursachen und fördert damit die Ein-

---

[51]) Vgl. hierzu Ott (1967).

beziehung der gesellschaftlichen Kräfte und der hinter diesen stehenden Ziele in die Zielanalyse. Damit ist der wichtige Schritt getan, die statische Struktur der Zielsysteme aus einem komplexen Zielbildungsprozeß heraus zu erklären, an dem eine Vielzahl von Individuen und Gruppen mitwirken[52]). Zwei Hypothesen sollen den wirtschaftspolitischen und damit — zumindest indirekt — verkehrspolitischen Zielbildungsprozeß skizzieren.

Der Zielbildungsprozeß nach Schumpeter/Downs

Die sog. Schumpeter/Downs-Hypothese besagt — auf eine kurze Formel gebracht —, daß sich Politiker in der pluralistischen Gesellschaft als „Stimmenmaximierer" verhalten[53]). Ihre Aussage läßt eine deutliche Entwicklungslinie erkennen, die von einigen Vertretern der antiken Staatsphilosophie über Machiavelli bis zu Max Weber reicht. Danach wird deutlich, daß es in der Theorie der Politik seit jeher eine Richtung gab, die politisches Handeln auf das Machtstreben der Politiker zurückführte. Nichtsdestoweniger weichen die theoretischen Interpretationen der wirksamen Machtverhältnisse erheblich voneinander ab. Im Marxismus werden die Ziele von den dominierenden Interessen der herrschenden Klasse bestimmt. Nach de Viti de Marco erfolgt die politische Willensbildung innerhalb institutioneller und historischer Bedingungen[54]). In absoluten Staaten übt danach der Herrscher oder die herrschende Kaste (Einheitspartei oder Militärdiktatur) die politische Macht als Monopolist aus. Im Volksstaat bzw. in einer pluralistischen Demokratie werben die Parteien um die Gunst der Mitglieder, d. h. deren Stimmen. Downs hat dann im Jahre 1957 mit ausdrücklicher Bezugnahme auf Schumpeter eine umfassende Theorie des politischen Verhaltens vorgelegt. Er geht von zwei Grundannahmen aus[55]):

(1) Die Parteien in der Demokratie verhalten sich ähnlich wie die Unternehmungen in einer auf Gewinn abgestellten Wirtschaft. Um ihre politischen Ziele zu erreichen, treten sie mit solchen politischen Programmen hervor, von denen sie sich den größten Gewinn an Stimmen versprechen — wie die Unternehmer diejenigen Waren produzieren, von deren Absatz sie den höchsten Gewinn erwarten.

(2) Parteien und Bürger verhalten sich rational.

Aufbauend auf diesen Grundannahmen, entwickelt Downs ein geschlossenes Erklärungssystem, das Zielbildungsprozesse in der Politik mit dem Streben nach Gewinnmaximierung verknüpft. Inzwischen ist die Schumpeter/Downs-

---

[52]) Hier verfolgt die Analyse wirtschaftspolitischer Zielbildungsprozesse eine interdisziplinäre Ausrichtung. Vertreter dieses Ansatzes sind z. B. Black (1950); Frey (1970); Hoffmann (1952); Mehler (1970); Schneider (1967); Tuchtfeldt (1971).
[53]) Vgl. Downs (1968); Schumpeter (1946).
[54]) Vgl. de Viti de Marco (1932).
[55]) Vgl. Downs (1968), S. 289 ff.

Hypothese modifiziert, erheblich verfeinert[56]) und in der „National Goal Analysis" in noch größere Zusammenhänge hineingestellt worden.

Der Zielbildungsprozeß in der „National Goal Analysis"

Die „National Goal Analysis" ist noch stärker, als dies in den Hypothesen von Schumpeter und Downs sichtbar wurde, auf einen Brückenschlag zwischen Nationalökonomie und Politologie ausgerichtet. Entscheidende Anregungen hierzu stammen von Colm[57]). Nach Colm sind Versuche, private und öffentliche Güter über bestimmte Merkmale voneinander zu unterscheiden, nicht stichhaltig. Er zieht es demgegenüber vor, die Gesamtwirtschaft institutionell in ein Marktsystem (Märkte) und ein Budgetsystem (öffentliche Haushalte) zu gliedern. Den Input beider Systeme bildet das insgesamt vorhandene Potential an Ressourcen.

Entscheidend für die Bildung nationaler Ziele und für die Realisierbarkeit national erwünschter Zustände ist die Aufteilung des Ressourcenpotentials auf die beiden Subsysteme. In überwiegend marktwirtschaftlichen Ordnungen entscheidet hierüber direkt oder indirekt der Bürger selbst. Seine indirekte Teilhabe an der Ressourcenaufteilung erreicht er über die Stimmabgabe bei der Wahl einer Partei. Er „entscheidet" damit gleichzeitig über die Höhe der an den Staat abzuführenden Steuern und damit über sein verfügbares Einkommen. Seine Stimme wird er jener Person bzw. Partei geben, von der er die größtmögliche Verwirklichung seiner Wünsche und Forderungen erwarten kann.

Im Rahmen des verfügbaren Einkommens entscheidet der Bürger zweitens direkt darüber, wie die verbleibenden Ressourcen im Marktsystem verwendet werden, um ebenfalls bestimmte Wünsche und Forderungen zu befriedigen. Es zeigt sich demnach, daß das gesamte Inputpotential an Ressourcen unmittelbar mit den jeweiligen Wünschen und Forderungen korreliert. Die Transformationsmechanismen der Wünsche und Forderungen sind dabei sehr unterschiedlich. Zwei Bereiche sind dabei zu unterscheiden: auf der einen Seite politische Parteien und öffentliche Haushalte (Budgetsystem), auf der anderen eine Vielzahl privater Personen und Organisationen (Marktsystem). Ergebnis der Entscheidungen in den beiden Subsystemen sind die öffentliche und private Nachfrage. Hierin kommen sowohl die öffentlichen (kollektiven) wie privaten (individuellen) Ziele zum Ausdruck, deren Aggregation zur Gesamtnachfrage auch als Nationalbudget bezeichnet werden kann; dieses reflektiert gewissermaßen die Gesamtheit aller (individuellen und kollektiven) Ziele und damit die nationalen Ziele.

---

[56]) Vgl. Bernholz (1966), (1969); Frey (1968); Frey und Lau (1968); Liefmann-Keil (1961), S. 106 ff., S. 124 ff.; Schneider (1967).
[57]) Vgl. Colm (1927), (1956), (1961), (1965).

Eine schematische Darstellung bringt diesen Zusammenhang zum Ausdruck (vgl. Abb. 1.12)[58]). Vergleicht man den Realisierungsgrad der nationalen Ziele in einer bestimmten Periode mit dem Potential an Ressourcen zu Beginn der Periode, so kann dies einen Feedback-Prozeß auslösen, der den Input der nächsten oder weiterer Perioden beeinflußt. Dies dürfte insbesondere

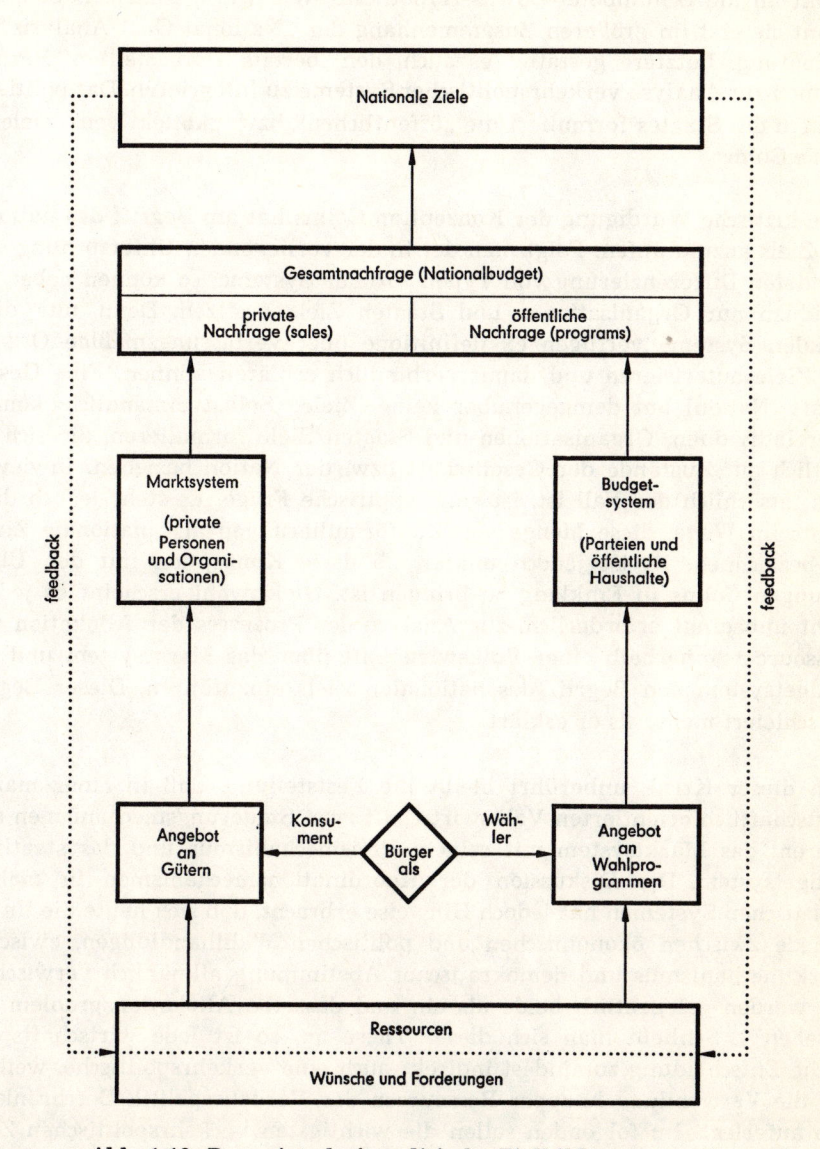

Abb. 1.12: Der wirtschaftspolitische Zielbildungsprozeß

---

[58]) In Anlehnung an Colm (1965), S. 218. Zu den Elementen einer „potentialorientierten Verkehrspolitik" vgl. Kloten (1971).

auch für langfristige Verkehrsinvestitionen, die einen Teil der nationalen Ziele darstellen, der Fall sein. Die Ressourcen werden möglicherweise neu verteilt, indem die Wähler ihre Stimmen etwa der Opposition und damit einem anderen Programm geben, sofern die Erwartungen allzusehr enttäuscht worden sind. Hier zeigt sich auch wieder erneut ein Anknüpfungspunkt an die Schumpeter/Downs-Hypothese. Wie wir gesehen haben, gewinnt sie erst im größeren Zusammenhang der „National Goal Analysis" an Bedeutung. Letztere gestattet es auch, den bereits dargestellten Bezugsrahmen zur Analyse verkehrspolitischer Systeme zu integrieren. Das politische System des Staates formuliert die „öffentlichen" bzw. „kollektiven" Ziele im Sinne Colms.

Eine kritische Würdigung der Konzeption Colms hat am Begriff des nationalen Ziels anzuknüpfen. Folgt man der in der vorliegenden Untersuchung verwendeten Differenzierung von Typen sozialer Systeme, so können neben Individuen nur Organisationen und Staaten Ziele besitzen. Denn nur diese sozialen Systeme verfügen ex definitione über verfassungsmäßige Organe, die Ziele autorisieren und damit verbindlich erklären können. Eine Gesellschaft (Nation) hat demgegenüber keine Ziele. Selbstverständlich können aber Individuen, Organisationen und Staaten Ziele formulieren, die sich inhaltlich auf Zustände der Gesellschaft bzw. der Nation beziehen. Inwieweit dies tatsächlich der Fall ist, ist eine empirische Frage. Es steht jedoch dann nichts im Wege, diese Menge von Zielformulierungen als „nationale Ziele" zu bezeichnen. Es ist jedoch unklar, ob diese Konzeption mit den Überlegungen Colms in Einklang zu bringen ist. Gleichwohl erscheint es jedoch nicht unbedingt erforderlich, zur Analyse des Prozesses der Allokation von Ressourcen innerhalb einer Volkswirtschaft über das Marktsystem und das Budgetsystem den Begriff des nationalen Ziels einzuführen. Dieser Begriff verschleiert mehr, als er erklärt.

Von dieser Kritik unberührt bleibt die Feststellung, daß in einer marktwirtschaftlich orientierten Volkswirtschaft zwei Steuerungsmechanismen existieren: das Marktsystem mit seinem Preismechanismus und das staatliche Budgetsystem. Die Diskussion der Koordinationsmechanismen in makrologistischen Systemen hat jedoch Hinweise erbracht, daß sich heute die Unterschiede zwischen ökonomischen und politischen Wahlhandlungen, zwischen Marktmechanismus und demokratischer Abstimmung allmählich verwischen. Sie werden gelegentlich beide als ein und dasselbe Allokationsproblem angesehen[59]. Schließt man sich dieser These an, so ist jede wirtschaftspolitische Entscheidung zumindest indirekt auch eine verkehrspolitische, weil sie für die Verwendung knapper Ressourcen der Verkehrspolitik Beschränkungen auferlegt. Im folgenden sollen die wichtigsten verkehrspolitischen Ziele behandelt werden, ohne dabei auf mögliche Beschränkungen anderer politischer Entscheidungen und deren Auswirkungen explizit einzugehen.

---

[59]) Vgl. Dahl und Lindblom (1963).

1.242 Verkehrspolitische Ziele

Die für verkehrspolitische Forderungen und Entscheidungen relevanten Ziele, d. h. die erwünschten Zustände, sind sehr vielfältig. Oft dürften sich weder die Politiker noch die übrigen Teilnehmer des Zielbildungsprozesses über den konkreten Gehalt ihrer Zielvorstellungen und die Beziehungen, die zwischen mehreren zugleich angestrebten Zielen bestehen, im klaren sein. Vergleichsweise globale Formulierungen überraschen nicht selten mit einer verblüffenden Übereinstimmung ihrer Aussagen. Eine detailliertere Analyse belehrt jedoch, daß sich dahinter zum Teil recht unterschiedliche Auffassungen und Absichten verbergen. Vollständig übereinstimmende Zielsysteme sind in der Realität sehr selten. Unter diesen Bedingungen wird es auch verständlich, daß etwa innerhalb der EWG Anstrengungen unternommen werden, Prinzipien einer gemeinsamen Verkehrspolitik zu entwickeln. Die wichtigsten nationalen und internationalen verkehrspolitischen Ziele sollen im folgenden diskutiert werden.

Versorgung der Bevölkerung mit Verkehrsleistungen

Ein primäres verkehrspolitisches Ziel besteht darin, die Wirtschaftseinheiten eines abgegrenzten Gebietes mit Verkehrsleistungen zu versorgen. Dies ist so lange unproblematisch, als ein ausreichendes und akzeptables Verkehrsangebot über den Marktmechanismus erreicht werden kann. Die Verkehrspolitik hat allerdings dann für das Angebot öffentlicher Verkehrsleistungen zu sorgen, wo sich eine privatwirtschaftliche Betätigung aus Zweckmäßigkeitsgründen verbietet oder wo private Unternehmer die von der Gesellschaft bzw. deren Mitgliedern als dringlich anerkannten Bedürfnisse gar nicht oder nicht in erwünschter Weise befriedigen würden (z. B. Bedienung von Randgebieten und kleinen Orten bzw. Regionen)[60].

Wettbewerb

Wettbewerb ist unter der Annahme marktwirtschaftlicher Verhältnisse ein verkehrspolitisches Prinzip, das den Leistungskampf (Konkurrenzkampf) zwischen Wirtschaftseinheiten am Markte postuliert. Prinzipiell können beliebig viele verkehrswirtschaftliche Einheiten miteinander im Leistungskampf stehen. Wegen der Substituierbarkeit verschiedener Verkehrsmittel besteht jedoch im Verkehrswesen Wettbewerb nicht nur zwischen Betrieben eines Verkehrsträgers, sondern auch zwischen Verkehrsträgern sowie zwischen der gewerblichen Verkehrswirtschaft (Fremdverkehr) und der Selbstbedienung von Betrieben anderer Wirtschaftszweige, von privaten und öffentlichen Haushalten (Eigenverkehr). Während die Erreichung eines fairen Wettbewerbs zwischen homogenen Verkehrsbetrieben relativ einfach ist, sind die Beziehungen zwischen den Verkehrsträgern sowie zwischen Fremd-

---
[60]) Vgl. Oettle (1967 b), (1969).

verkehr und Eigenverkehr problematischer. Hier sind vielfach die institutionellen und natürlichen Bedingungen, unter denen die Substitutionskonkurrenten arbeiten, erheblich verschieden. Zudem besteht die Gefahr, daß eine Verschleierung der wahren Rahmenbedingungen von verkehrspolitischen Interessenten gefördert wird, die sich nach außen zwar wettbewerbsfreundlich zeigen, in Wirklichkeit aber eigene institutionelle Wettbewerbsvorteile anstreben oder behalten wollen.

Gleichstellung und Handlungsfreiheit der Verkehrsträger, Verkehrsbetriebe und Verkehrsnutzer

Das Prinzip der Gleichbehandlung innerhalb der Verkehrswirtschaft ist ein wesentliches Fundament der vorgesehenen gemeinsamen Verkehrspolitik in der EWG[61]). Danach sollen die Verkehrszweige „in die Lage versetzt werden, ihre arteigenen Vorzüge geltend zu machen und frei zur Entfaltung zu bringen"[62]. Hier zeigt sich im Grunde ein Anknüpfungspunkt an das bereits erörterte Ziel der Konkurrenz, denn letztlich impliziert die arteigene Entfaltungsmöglichkeit der Verkehrsträger und -betriebe eine Verkehrsteilung, bei der die produktionstechnisch-kostenwirtschaftlichen Wettbewerbsfaktoren sehr wesentlich sind. Eine ernstgemeinte Verfolgung des genannten Prinzips setzt aber voraus, daß andere kosten- und ertragswirtschaftlich relevanten Überlagerungen dieser gleichsam natürlichen Vorteile bzw. Nachteile weitgehend abgebaut werden. Die Kommission nennt folgende solcher Überlagerungen: gemeinwirtschaftliche Verpflichtungen, unterschiedliche steuerliche Belastungen, Unterschiede in den arbeits- und sozialrechtlichen Bestimmungen, Beihilfen an einzelne Verkehrszweige und -betriebe sowie Rückwirkungen bestimmter Maßnahmen technischer Art, womit vor allem unterschiedliche Sicherheitsanforderungen und unterschiedliche Anforderungen an die Abstimmung von Weg und Fahrzeug gemeint sein dürften. Darüber hinaus soll eine Gleichbehandlung der Verkehrsnutzer angestrebt werden, wobei nicht gerechtfertigte, diskriminierende Praktiken, Beihilfen und Unterstützungsmaßnahmen zu beseitigen und Kartelle und Monopole zu kontrollieren wären[63]).

Neben der angestrebten Gleichstellung soll nach Meinung der Kommission am Prinzip der Handlungsfreiheit der Verkehrsbetriebe und wohl auch der Verkehrsnachfrager festgehalten werden. Die Achtung der Handlungsfreiheit der Verkehrsbetriebe garantiert, daß die Betriebsführung und insbesondere auch die Preise sowie die sonstigen Beförderungsbedingungen und die Organisationsform, von einigen Ausnahmen abgesehen, Angelegenheit der Betriebe selbst sind. Konkret wird erstrebt, den Verkehrsbetrieben möglichst

---

[61]) Vgl. dazu EWG-Kommission (1961). Eine kritische Analyse hierzu findet sich bei Müller-Hermann (1963); Oettle (1967 f).
[62]) EWG-Kommission (1961), Tz. 90.
[63]) Vgl. EWG-Kommission (1961), Tz. 97; vgl. auch Jürgensen (1965).

freien Zugang zu den Verkehrsmärkten zu erhalten oder zu schaffen. Daneben sollen sie grundsätzlich die freie Wahl der Beförderungsart (z. B. Eigen- oder Fremdverkehr) haben. Diese Bestrebungen sind freilich so lange unglaubwürdig, als sie nicht gleichzeitig die finanzielle Eigenständigkeit der Betriebe beachten.

Koordinierung der Verkehrsinfrastruktur

Grundsätzlich können Verkehrsbetriebe ihre Aufgaben nur erfüllen, wenn die notwendigen Investitionen in die Infrastruktur bereitgestellt werden. Unter Verkehrsinfrastruktur versteht man „die Wege und ortsfesten Anlagen, die Verkehrszwecken dienen, also die Gleisanlagen der Eisenbahn, Unter- und Oberbau einschließlich Oberleitungen, Brücken, Signalanlagen, Kraftverkehrsstraßen, See- und Binnenhäfen, Wasserstraßen, Flughäfen usw."[64]).

Die historische Entwicklung sowie die technischen und ökonomischen Bedingungen der Gegenwart machen es erforderlich, die Infrastrukturinvestitionen auf den unterschiedlichsten Gebieten des Verkehrswesens abzustimmen. Problematisch wird diese Koordinationsfunktion insbesondere hinsichtlich der Verkehrswege. Diese stehen in der BRD einzelnen Verkehrsträgern gegenwärtig zu relativ ungleichen Bedingungen zur Verfügung. Erinnert sei nur an die stark divergierenden Wegebereithaltungs- und damit Beförderungslasten bei den Konkurrenten der Schienenverkehrsbetriebe.

Harmonisierungsbestrebungen müßten darauf gerichtet sein, Erstellung, Bereithaltung und Unterhaltung der Wegenetze einheitlich den Verkehrsträgern selbst oder paritätisch den übergeordneten staatlichen Einheiten aufzuerlegen. Dies wird durch die Langlebigkeit von Wegeinvestitionen, die Freizügigkeit der Verkehrsnutzer und die Unsicherheiten bei der Prognose der Verkehrsströme erheblich erschwert, so daß nur eine kontinuierliche Abstimmung angemessene Erfolge erwarten läßt.

Stabilisierung der Wirtschaftspolitik

Da die öffentlichen Ausgaben im Infrastruktursektor einen vergleichsweise geringen Kapazitätseffekt, hingegen einen hohen Einkommenseffekt haben, werden sie insbesondere als Mittel der Konjunkturpolitik mit dem Ziel der Stabilisierung der gesamtwirtschaftlichen Entwicklung diskutiert. In einem sich der Krise nähernden Hochschwung dürfte die Bremswirkung der Infrastruktur-(insbesondere Straßenbau-)investitionen jedoch nur geringe Wir-

---

[64]) Anlage zum Kapteyn-Bericht über Fragen der Gemeinsamen Verkehrspolitik im Rahmen der EWG, Europäisches Parlament, Sitzungsdokument Nr. 106 vom 11. 12. 1961, Begriff 107; Wissenschaftlicher Beirat beim Bundesverkehrsministerium (1966), S. 31 und S. 37. Vgl. auch Jochimsen (1966) und die dort angegebene Literatur.

Zur Diskussion der Zielprobleme einer Verkehrsinfrastrukturpolitik vgl. z. B. Aberle (1972a), (1972b); Baum (1970); Frey (1969), (1970), S. 51 ff.; Jochimsen und Simonis (1970); Prognos (1967).

kungen zeigen. Eine wirksame Bekämpfung der Depression scheitert andererseits am hohen Mechanisierungsgrad des Straßenbaus und der Zuliefererindustrien. Abgesehen davon ist es auch aus anderen Gründen nicht unproblematisch, im Verkehrssektor einer stabilisierungsorientierten Politik zu folgen. Eine umfassende Stellungnahme hierzu hat der Wissenschaftliche Beirat der Gesellschaft für öffentliche Wirtschaft aus der Sicht öffentlicher Unternehmungen abgegeben. Die wichtigsten Ergebnisse hierzu sind[65]):

(1) „Bei den Investitionen öffentlicher Unternehmen mit *rechtlich geschützter Marktstellung — Infrastruktur-Unternehmen —* handelt es sich meist um Vorausinvestitionen mit langer Bauzeit, die die Grundlage für das wirtschaftliche Wachstum der gesamten Wirtschaft bilden. Diese Investitionen müssen daher Priorität genießen. Die Infrastruktur-Unternehmen müssen ihre Investitionen so an das langfristige Wirtschaftswachstum anpassen, daß sie allen Anforderungen jederzeit entsprechen können und das Entstehen von volkswirtschaftlichen Engpässen vermieden wird."

(2) „Die relativ gesicherte Marktstellung bildet bei den Infrastruktur-Unternehmen eine gute Grundlage für eine *stetige (überkonjunkturelle)* Investitionspolitik. Ein *antizyklisches* Variieren der Investitionen dieser Unternehmen ist jedoch nur insoweit möglich, als *vorher* ausreichende Kapazitätsreserven geschaffen wurden, um den in der Hochkonjunktur auftretenden Spitzenanforderungen nachkommen zu können."

(3) „Es muß — gegebenenfalls durch geeignete Finanzierungshilfen — dafür gesorgt werden, daß die öffentlichen Infrastruktur-Unternehmen die Möglichkeit behalten, in Perioden des Nachlassens der privaten Investitionstätigkeit eventuelle Investitionsrückstände auch tatsächlich aufzuholen und gegebenenfalls Vorausinvestitionen vorzunehmen. Auf keinen Fall dürfen sie mit einem Nachholbedarf in den konjunkturellen Aufschwung hineingehen."

Neben konjunkturellen Absichten kann die Verkehrspolitik auch auf eine Einkommens- und Verteilungsbeeinflussung abzielen. Ausdruck der ersten Zielrichtung sind Sozial- und Unterstützungstarife, die von negativen Nebenwirkungen auf die Marktkoordination begleitet sind. Verteilungswirkungen stellen sich über Marktordnungen und Mindestpreise ein.

Wachstum

Wirtschaftliches Wachstum kann als Zuwachs des realen Bruttosozialprodukts definiert werden. Entsprechend könnten verkehrspolitische Ziele Wachstumsziele genannt werden, wenn sie am Zuwachs des realen Bruttosozialprodukts teilhaben. Eine global wachstumsorientierte Verkehrspolitik geht davon aus,

---

[65]) Wissenschaftlicher Beirat der Gesellschaft für öffentliche Wirtschaft (1966), S. 114 f. Über die Beziehungen zwischen Stabilisierungspolitik und Verkehrspolitik vgl. z. B. Kloten (1971), S. 215 ff.; Seebohm (1961); Seidenfus (1968). S. 345 ff.

daß das wirtschaftliche Wachstum erleichtert werden kann, wenn die Entwicklung des Verkehrs der allgemeinen wirtschaftlichen Entwicklung voraneilt. Die regional wachstumsorientierte Verkehrspolitik verfolgt demgegenüber eine optimale Allokation im Teilraum. Inwieweit jedoch Infrastrukturinvestitionen die Grenzproduktivität in einer Region erhöhen, hängt u. a. von der Intensität der Straßenbauinvestition als komplementärer Unterstützungsfaktor der Güterproduktion ab.

Das Wachstumsziel kann einmal dadurch erreicht werden, daß der Staat Infrastrukturinvestitionen bereitstellt, deren positive externe Effekte prinzipiell nicht in die Preise der Infrastrukturnutzung transformiert werden. In diesem Fall ist das angestrebte Wachstumsziel mit einer zumindest partiellen Dauersubvention gekoppelt. Zum anderen kann sich der Staat aber auch auf Anregungen beschränken und somit lediglich während einer bestimmten Anlaufzeit Vorhaltefunktionen ausüben. Nach dieser Periode werden dann die ausgelösten positiven externen Effekte in die Preise für die Infrastrukturnutzung eingerechnet. Generell gilt, daß das verkehrswirtschaftliche Wachstum immer subsidiär und damit Mittel zum Zweck der Unterstützung anderer wirtschaftlicher Ziele sein sollte, was den bereits angedeuteten Zusammenhang zwischen Verkehrspolitik und Wirtschaftspolitik erneut verdeutlicht. Insoweit gelten die prinzipiellen Einwendungen gegen das Ziel einer unkontrollierten Ausweitung des Produktionspotentials für private und öffentliche Güter auch im Verkehrssektor. Gründe des Unbehagens gegenüber Wachstumsinteressen sind: (1) die unzureichende Aussagekraft des zugrundegelegten Maßstabes „Bruttosozialprodukt"; die hierzu angewandten Behelfslösungen zur Beurteilung wirtschaftlichen Wachstums mittels gesellschaftlicher Kennzahlen (social indicators[66])) sind noch vergleichsweise unbefriedigend; (2) der begrenzte Nahrungsspielraum und die begrenzten irdischen Ressourcen an Rohstoffen aller Art; (3) die mit dem Wachstum seit Mitte der sechziger Jahre weltweit tendenziell zunehmenden Preissteigerungen sowie (4) die zunehmende Diskrepanz zwischen privatem Reichtum — etwa in Form der Automobilinvestitionen — und öffentlicher Armut z. B. hinsichtlich unzureichender, unbequemer oder zu langsamer Nahverkehrsmittel.

1.243 Themen verkehrspolitischer Forderungen und Entscheidungen

Die Problematik der Analyse verschiedener differierender verkehrspolitischer Zwischen- bzw. Endzustände ist eng verknüpft mit den Wünschen, Forderungen und Entscheidungen, die im Prozeß der Zielerreichung diskutiert werden. Die diesbezüglich relevanten Tatbestände sollen im folgenden schwerpunktmäßig zu Themen- bzw. Problemkomplexen zusammengefaßt werden. Grundsätzlich kann zwischen prozessualen und materiell-inhaltlichen Forderungen bzw. Entscheidungen differenziert werden. Prozessuale Forderungen richten sich beispielsweise auf die Einführung „moderner"

---

[66]) Vgl. z. B. Sheldon und Moore (1968).

Prognose- und Entscheidungsmethoden in den verkehrspolitischen Prozeß. Wir werden darauf noch zurückzukommen haben.

Inhaltlich beziehen sich die Forderungen bzw. Entscheidungen auf ordnungspolitische, leistungspolitische, strukturpolitische und finanzpolitische Tatbestände. Ordnungspolitische Entscheidungen sind spezifische Koordinationsentscheidungen. Leistungspolitische Entscheidungen sind dagegen Entscheidungen, die mit dem Angebot von Gütern im Verkehrssystem (Verkehrsleistungen und/oder Verkehrsmittel) zusammenhängen. Das Angebot öffentlicher Verkehrsleistungen durch Verkehrsbetriebe der öffentlichen Hand ist ein typisches Beispiel hierfür. Finanzpolitische Entscheidungen betreffen die fiskalische Tätigkeit des Staates, die mit der Besteuerung, aber auch Subventionierung der am Verkehrssystem Beteiligten zusammenhängt. Strukturpolitische Entscheidungen schließlich dokumentieren sich in der Entwicklung der Infrastruktur des Verkehrssystems bzw. der Gesellschaft. Staatliche Straßenbaumaßnahmen zur verkehrsmäßigen Erschließung einzelner Regionen können als Beispiel genannt werden. Es fällt freilich in der Regel schwer, diese vier Kategorien verkehrspolitischer Entscheidungen im Einzelfall exakt voneinander abzugrenzen. Im folgenden stehen ordnungspolitische und strukturpolitische Themen im Vordergrund. Soweit auf leistungs- und finanzpolitische Themen Bezug genommen wird, werden diese in ihrem ordnungs- bzw. strukturpolitischen Zusammenhang gesehen[67]). Dabei soll beispielhaft referierend vorgegangen werden. Eine abschließende Stellungnahme zu diesen Themen, die letztlich parteilicher Natur sein müßte, ist hier nicht beabsichtigt.

Ordnungspolitische Themen

Als primäres Ziel der Ordnungspolitik wird meist die größtmögliche Wirtschaftlichkeit in den einzelnen Verkehrszweigen unter der Bedingung eines fairen und wirksamen *Wettbewerbs* gefordert. Letztlich ist dies aber nur dann nachhaltig möglich, wenn für alle Verkehrsträger und -betriebe wettbewerbsneutrale institutionelle Bedingungen gegeben sind. Aktionsparameter sind z. B. Zulassungsbedingungen für Verkehrswege, Stationen, Verladeeinrichtungen usw.; Besteuerung und/oder Subventionierung von Verkehrsleistungen (z. B. Beförderungsteuern, Zuschüsse); Besteuerung der Anschaffung und/oder des Haltens von Fahrzeugen (z. B. Kraftfahrzeugsteuer, Flugzeugsteuer); Besteuerung von Verbrauchsgütern, die für den Verkehr bestimmt sind (z. B. Mineralölsteuer); Erhebung von Benutzungsgebühren für die Inanspruchnahme öffentlicher und privater Verkehrseinrichtungen (Wege, Abstellplätze, Stationen).

Zum Teil wird die Möglichkeit der Herstellung gleicher institutioneller Bedingungen im Rahmen einer wettbewerbsorientierten Marktwirtschaft ver-

---

[67]) Vgl. zu dieser Systematisierung auch Predöhl (1961), S. 131 ff.; Willeke (1966), S. 338 ff. Zur Verkehrspolitik vgl. beispielsweise die Beiträge in Seidenfus (1961); ferner Berkenkopf (1961); Jürgensen (1964); Willeke (1971).

neint, solange sich öffentliche Verkehrsbetriebe an der Leistungserbringung beteiligen. Die Anhänger einer liberalen Wirtschaftsordnung verlangen die Privatisierung öffentlicher Verkehrsbetriebe und Einrichtungen. Es werden prinzipielle Einwände gegen die Betätigung öffentlicher Verkehrsbetriebe erhoben. Die Befürworter öffentlicher Verkehrsleistungen beziehen sich demgegenüber oft auf die traditionelle Unterscheidung von öffentlichen und privaten Gütern. Verkehrsleistungen sind freilich — wie wir gesehen haben — nicht notwendigerweise öffentliche Güter. Schließlich ist es durchaus üblich, daß private Güter von Betrieben der öffentlichen Hand entgeltlich und kontrolliert bereitgestellt werden. Von öffentlichen Betrieben werden Leistungsaufgaben gefordert, wie Betriebspflicht, Beförderungspflicht, Fahrplanpflicht und Tarifpflicht, die von privaten Betrieben allerdings ebenfalls zu erfüllen sind, sofern öffentliche Verkehrsleistungen angeboten werden.

Ein weiteres wettbewerbspolitisch bedeutsames Mittel staatlicher Verkehrspolitik ist in der *Tarifpolitik* zu sehen. Sie besteht darin, für bestimmte Verkehrsleistungen des Verkehrssystems amtlich genau fixierte *(Festtarife)* oder innerhalb einer Bandbreite festgelegte *(Margentarife)* Tarife vorzugeben. Handelt es sich lediglich um Empfehlungen, die vorzugsweise in Form von Margen abgegeben werden, bezeichnet man sie als *Referenztarife*. Neuerdings wird für den Bereich öffentlicher Verkehrsdienste ein unentgeltliches Leistungsangebot diskutiert *(Nulltarif)*[68]. Einkommens- und verteilungspolitisch sind *Sozial-* und *Unterstützungstarife* bedeutsam. Derartige staatliche Maßnahmen können zu erheblichen Wettbewerbsverzerrungen zwischen den Verkehrsträgern führen.

Es wird deshalb in politischen Prozessen die Forderung erhoben, die durch die jeweiligen Verkehrsträger verursachten Kosten diesen auch vollständig anzulasten. Dabei sollen nicht nur die natürlich-technischen Bedingungen, wie unterschiedliche Schnelligkeit, Zuverlässigkeit und Tragfähigkeit, Dichte des Wegenetzes und Aufwand für Wegeausbau und Wegesicherung, in den Kostenrechnungen und Preisstellungen der Anbieter zum Ausdruck kommen. Es geht vielmehr auch um den Ersatz betriebsfremder Lasten (z. B. infolge Krieges bei der Deutschen Bundesbahn) und um den Ausgleich unterschiedlicher Belastungen infolge konjunkturell oder strukturell bedingter wirtschaftspolitischer Eingriffe in den Verkehrsmarkt. Nach Meinung vieler Interessenten werden insbesondere durch Maßnahmen der Sozial- und Finanzpolitik, wie etwa Sozialtarife, Mineralölsteuer und Kraftfahrzeugsteuer, die natürlichen Realkostenrelationen vieler Anbieter verfälscht. Besonders heftig wird das Problem der „richtigen" Kostenberechnung und -anlastung im Bereich der Verkehrsmittel Eisenbahn, Binnenschiffahrt und Kraftwagen diskutiert. Hier geht es vor allem um die

---

[68] Zu tarifpolitischen Themen im Verkehrssystem vgl. v. Bissing (1956); Faller (1968 b); Hamm (1960); Hölterling (1966); Illetschko (1959), S. 86 ff.; Lechner (1963), S. 61 ff.; Linden (1961), S. 151 ff.; Oettle (1964 b), (1967 a), S. 31 ff.; Scheele (1959); Schneider (1956); Schulz-Kiesow (1956). Die Konsequenzen eines unentgeltlichen Angebots öffentlicher Nahverkehrsmittel in Ballungsräumen diskutiert eine Studie des Instituts für Verkehrswirtschaft und öffentliche Wirtschaft der Universität München: Ahner (1970).

Berechnung und Belastung mit den „echten" Wegekosten[69]). Zu ihnen zählen alle Kosten, die durch den Bau, die Unterhaltung und die Verbesserung der Verkehrswege, Läger, Speicher und Stationen entstehen. Auf Grund der unterschiedlichen Nutzung der Wege, der jeweiligen Besonderheiten der Verkehrsträger sowie des Fehlens richtiger Erfassungs- und Zurechnungskriterien stößt die Anwendung des vielfach geforderten „Verursachungsprinzips" auf Widerstand. Darüber hinaus wird die nur an den einzelwirtschaftlichen Kosten orientierte Betrachtung teilweise als zu eng angesehen. Gefordert werden vielmehr umfassende Nutzen-Kosten-Analysen. Bei diesen wird zwischen direkten Kosten und direkten Nutzen und sogenannten positiven und negativen Spillover-Effekten unterschieden. Bei der Ermittlung der direkten Kosten wird auf die Konsumnutzenmessung zurückgegriffen; die direkten Nutzengrößen werden über hypothetische Marktpreise erfaßt. Die indirekten Kosten- und Nutzenbeträge (spillover effects) umfassen die monetären und technologischen Auswirkungen, die auf Grund verkehrsbetrieblicher Leistungen auftreten (volkswirtschaftliche Kosten und Nutzen, soziale Zusatzkosten). Vielfach werden unter Hinweis etwa auf ruinöse Konkurrenzsituationen zwischen und innerhalb einzelner Verkehrsträger, auf Unfallgefahren und Volksgesundheit Kontingente sowie räumliche, zeitliche und technische Beschränkungen bei den einzelnen Verkehrsträgern und -mitteln verlangt. Eine noch weiter gehende Forderung ist die nach Einrichtung von Kartellen bzw. Zwangskartellen und Monopolen.

Strukturpolitische Themen

Eine bedeutsame strukturpolitische Problemstellung ist die Dimensionierung von direkten und indirekten Verkehrskapazitäten. Diese können grundsätzlich unter beschäftigungs- und investitionspolitischen Aspekten gesehen werden. Beschäftigungspolitische Anpassungsprobleme lassen sich makrologistisch in Form von Kooperation und Konzentration[70]) handhaben. Dabei ist freilich auch zu berücksichtigen, daß beide Formen überbetrieblicher Zusammenarbeit gleichzeitig auch die Struktur der Verkehrsmärkte verändern. Zwar dürfte eine totale Monopolisierung des Verkehrs die strukturellen Instabilitäten beseitigen, doch macht die damit einhergehende Ausschaltung des Wettbewerbs bestehende sowie potentielle Effizienz- und Rationalisierungserfolge unsicher. Eine optimale oder befriedigende Relation zwischen beiden Grenzpositionen dürfte jedenfalls auf erhebliche Schwierigkeiten stoßen.

Im investitionspolitischen Bereich werden Produktionsfaktoren in Marktwirtschaften zunächst dort investiert, wo die Grenzproduktivitäten ver-

---

[69]) Vgl. zum Problem der Wegekosten: Arbeitsgemeinschaft Möbeltransport Bundesverband (AMO) e. V. (1970); Arbeitsgruppe Wegekosten im Bundesverkehrsministerium (1969); Böttger (o. J.); Bundesverband des Deutschen Güterfernverkehrs (BDF) e. V.; Bundesverband des Deutschen Güternahverkehrs (BDN) e. V.; Bundesverband Spedition und Lagerei (BSL) e. V.; Deutsche Revisions- und Treuhand-Aktiengesellschaft — Treuarbeit — (1966); Dreskornfeld (1967); Faller (1967), (1968 a), (1968 b); Medert (1970); Willeke und Aberle (1970).

[70]) Vgl. zur Kooperation und Konzentration im Verkehr z. B. Brecht (1969); Seidenfus (1968).

gleichsweise hoch sind. Staatliche Eingriffe müßten danach dann beginnen, wenn die Grenzproduktivitäten ständig sinken, d. h. der vorgenannte Investitionsmechanismus innerhalb der wettbewerblichen Ordnung der Verkehrsmärkte nicht mehr funktioniert. Dabei zeigt sich, daß die verfügbaren Instrumente nur teilweise befriedigen.

In Theorie und Praxis ist allerdings die Vorstellung weit verbreitet, man könne ein optimales Verkehrswegeprogramm mit Hilfe einer Wirtschaftlichkeitsrechnung für einzelne Verkehrswege ableiten[71]. Dabei wird die Wirtschaftlichkeit eines Projektes unterschiedlich beurteilt. Eine Variante besteht darin, alle relevanten Eigenschaften und Wirkungen eines Projektes in Nutzen und Kosten zu transformieren. In Einzeluntersuchungen wird diese Vorgehensweise spezifiziert.

Untersuchungen über die Wirtschaftlichkeit etwa von Binnenwasserstraßen beginnen mit der Abgrenzung des Einflußgebietes des betreffenden Wasserweges. Ein Kriterium hierfür sind die Frachten der Binnenschiffahrt einerseits und die der konkurrierenden Verkehrsträger andererseits[72]. Danach werden die Verkehrsströme vor dem Bau der Wasserstraße in diesem Bereich nach den jeweiligen Verkehrsträgern unterschieden analysiert, wobei Interdependenzen nur unvollkommen erfaßbar sind. Noch erheblich schwieriger ist die Beurteilung der nach dem Bau zu erwartenden Verkehrsströme und deren Auswirkungen auf die Wirtschaftsstruktur. Eine realistische Einschätzung der volkswirtschaftlichen Produktivität müßte nach Seiler u. a.[73] von folgenden Größen ausgehen:

— dem Bauaufwand,

— der durchschnittlichen Frachtersparnis je geleisteten Tonnenkilometer,

— dem wahrscheinlichen Verkehrsaufkommen,

— dem Einfluß auf die Rentabilität anderer Verkehrsträger,

— der Erhöhung der industriellen Umsätze,

— der Ertragssteigerung der Landwirtschaft,

— der Steigerung der Steuereinnahmen auf Grund der mit der Wirtschaftsbelebung verbundenen Erhöhung des Volksvermögens,

— den Erträgen aus der Energieerzeugung und sonstigen Einflüssen und Erträgen.

Die jährlichen Erträge sollen kapitalisiert werden. Überschreitet deren Kapitalwert den Bauaufwand, so ist die volkswirtschaftliche Produktivität des

---

[71] Nach Stohler (1964) besteht die Technik der zentralen Infrastrukturplanung in der Bestimmung des internen Zinsfußes einer Investition aus den gesamtwirtschaftlich bewerteten Daten des Projekts. Vgl. ferner Aberle (1966), (1972 a); Foster (1963).
[72] Vgl. dazu Baumgartner (1968); Seiler et al. (1962).
[73] Vgl. Seiler et al. (1962), S. 12 f.

Projektes erwiesen. Nach der Battelle-Untersuchung[74]) des Wasserweges Basel - Yverdon ist dieses Projekt ökonomisch gerechtfertigt, wenn das durch die zusätzlichen Investitionen infolge des Kanalbaus hervorgerufene Wachstum des Sozialproduktes größer ist als die durchschnittliche soziale Produktivität der Investitionen in der Schweiz. Die Erträge des Binnenwasserweges hängen entscheidend von der zusätzlichen induzierten Wachstumsrate des Sozialproduktes in der Einflußzone des Projektes ab, die nur schwer prognostizierbar ist. Deshalb übertrug z. B. das Battelle-Institut ausländische Erfahrungen über die Entwicklungsmöglichkeiten des Projekt-Einflußgebietes auf die Schweiz.

Es dürfte nicht schwerfallen zu erkennen, daß diese Art der Beurteilung nur sehr begrenzte Problembereiche erfassen kann. Eine Vielzahl von Problemen, wie etwa das der Nutzengestaltung und die explizite Berücksichtigung von Verflechtungen, werden ausgeklammert oder so stark vereinfacht, daß erhebliche Fehler nicht auszuschließen sind. Überkapazitäten und Engpässe sowie ein Ansteigen der durchschnittlichen Kosten der Verkehrsleistungen können nicht mit Sicherheit verhindert werden.

Trotzdem können in der Praxis strukturpolitische Entscheidungen durch die Wirtschaftlichkeitsrechnung unterstützt werden. Doch kann es z. B. aus kulturellen, soziologischen, technischen und ökonomischen Gründen nicht erwünscht — wenn nicht gar faktisch unmöglich — sein, die augenblicklich bestehende Verkehrsfläche dem wachsenden Verkehr anzupassen, auch dann nicht, wenn die Erhöhung des geplanten Angebots an Verkehrsfläche die gesamtwirtschaftliche Produktivität[75]) steigert. Zu bedenken bleibt nämlich, daß etwa neue Wegekapazitäten regionale Wachstumsimpulse auslösen, die im Zusammenhang mit Produktions- und Einkommensexpansionen wiederum eine zusätzliche Nachfrage nach Transportleistungen hervorrufen[76]). Dieser kumulative Prozeß forciert regionale Konzentrationstendenzen der wirtschaftlichen Kraft an einem einzigen Punkt und verwässert oder behindert gleichzeitig bestehende bzw. zukünftige Entwicklungschancen auch für andere Räume und eine Streuung der Entfaltungsmöglichkeiten der Gesamtgesellschaft.

Entstehen räumliche Ungleichheiten in den Erwerbsmöglichkeiten, so werden Verkehrsleistungen gefordert, die auch kleineren Räumen einen kostenwirtschaftlich tragbaren und produktionstechnisch angemessenen Anschluß an die Hauptverkehrsnetze ermöglichen (z. B. Nebenbahnfrage[77])). Andere Forderungen beziehen sich etwa auf die verkehrspolitische Unterstützung

---

[74]) Vgl. Baumgartner (1968).
[75]) Nach Funck und Durgeloh (1962) ist die gesamtwirtschaftliche Produktivität ein geeigneter Maßstab für die Beurteilung von Investitionen in die Verkehrsinfrastruktur.
[76]) Vgl. z. B. Voigt (1964), insbes. S. 41.
[77]) Mit dem Problem der Stillegung der Nebenbahnen beschäftigen sich Bethke (1969), (1971); Faller (1968 c); Hoffmann (1963), (1965); Ifo-Institut für Wirtschaftsforschung (1965); Pottgießer (1958), (1963); Precht (1969); Radel (1970); Rohde (1952).

der gesamten Außenwirtschaft eines Landes, einzelner Wirtschaftssektoren (z. B. Forderung der Agrarwirtschaft nach verbilligtem Dieselöl), des Militärbereichs (z. B. Autobahnbau unter Berücksichtigung militärischer Gesichtspunkte für Nachschublinien und als Landeplätze) sowie der Gesellschaftspolitik (individuelle Freizügigkeit durch die Möglichkeit der Wahl zwischen Individual- und öffentlichem Verkehr, bildungs- und kulturpolitische Chancengleichheit durch Einrichtung und Subventionierung von Schulbus- und Bahnlinien).

Investitionen in die Verkehrsinfrastruktur beeinträchtigen darüber hinaus die Konkurrenzverhältnisse zwischen den einzelnen Verkehrsträgern. Über einen beschleunigten Ausbau des Straßensystems verbessern sich z. B. die Fahrtzeiten des Güterkraftverkehrs. Wird die dadurch gewonnene Produktivitätssteigerung an die Nachfrager weitergegeben, erlangen die betreffenden Verkehrsträger unter sonst gleichen Bedingungen Wettbewerbsvorteile. Infrastrukturinvestitionen können mithin über diesen Kapazitätseffekt Expansions- oder Schrumpfungsziele für einzelne Verkehrsträger verfolgen.

Instrumente zur langfristigen Beeinflussung der Kapazitätsparameter sind weiterhin Anpassungs- und Förderungsbeihilfen. Anpassungsbeihilfen erleichtern die wachstums- und wettbewerbsbedingten Veränderungen der betroffenen logistischen Systeme. Grundsätzlich können Beihilfen so ausgestaltet sein, daß eine Erhöhung, Erhaltung oder Reduktion des Verkehrsangebots bzw. der Kapazität erreicht wird. Soll dagegen ein makrologistisch erwünschter technischer Fortschritt durchgesetzt werden, gewährt der Staat wegen des hohen Investitionsrisikos sowie beträchtlicher Entwicklungskosten den einzelnen Verkehrseinheiten Förderungsbeihilfen. Sie sind demnach nicht auf eine Anpassung bzw. Erhaltung bestehender Strukturen, sondern vielmehr auf deren Überwindung gerichtet. Im Grunde simuliert ein Beihilfesystem die selektive Funktion der Marktpreise, die bei einem funktionsfähigen Wettbewerb unwirtschaftliche Verkehrsproduktionen ausschalten und in dieser Weise den strukturellen Anpassungsprozeß regeln. An das Beihilfesystem sind allerdings gewisse Anforderungen zu stellen, um die genannte Funktion nicht in ihr Gegenteil zu verkehren. Diese ergeben sich aus der perpetuierenden Tendenz von Unterstützungszahlungen allgemein, denn wenn diese einmal gewährt wurden, weisen sie eine kaum revidierbare Beharrungstendenz auf und hemmen damit den Entwicklungsprozeß und verfestigen bestehende und u. U. wenig erhaltungswürdige Strukturen im Verkehrssektor weiter. Ein Beispiel hierfür sind zinsverbilligte Kredite an deutsche Binnenschiffahrtsunternehmen zu einer Zeit, in der in diesem Zweig bereits seit langem Überkapazitäten bestehen[78].

Gerade in der strukturpolitischen Diskussion zeigt sich die enge Verflechtung des Verkehrssystems mit den übrigen Bereichen einer Gesellschaft. Strukturpolitische Maßnahmen im Verkehrssektor hängen somit eng mit der

---

[78] Vgl. hierzu ausführlich Fülling und Walter (1967).

Entwicklung der Gesellschaft als Ganzes zusammen. Verkehrspolitik ist hier eine Politik, die in alle gesellschaftlichen Bereiche hineinwirkt. Es ist daher kein Wunder, daß immer wieder eine alle betroffenen Bereiche und Interessenten berücksichtigende rationale Planung der Verkehrspolitik gefordert wird.

1.25 Die Planung im makrologistischen System

Prozesse im makrologistischen System können der marktwirtschaftlichen Eigendynamik überlassen bleiben oder aber über externe Einflußnahme des Staates einer Kontrolle unterliegen. Im ersten Fall wirken unzählige „Gehirne" in Haushalten und Unternehmungen ständig an der gesamtwirtschaftlichen Entwicklung mit, indem sie in eigener Verantwortung ihre kurz- und langfristigen Wirtschaftspläne schmieden. Diese Einzelpläne wiederum lenken mittels des Preisbildungsprozesses über Einkommensbildung und Einkommensverwendung die gesamte Wirtschaft, eingeschlossen das Verkehrssystem. Im zweiten Fall lenkt der Staat den gesamten Verkehr, ebenfalls über ein System von Plänen, deren Initiative, Ausführung und Verantwortung sich allerdings erheblich unterscheiden. Die genannten Grenzfälle sind zumindest für die meisten westlichen Gesellschaften in reiner Form nicht typisch. Es bestehen Mischformen, die auf der Erkenntnis gründen, daß im Verkehr weder eine unbeeinflußte Steuerung über den Markt noch ein zentrales Planen befriedigende Ergebnisse zeitigen.

1.251 Makrologistische Verkehrsplanung und Marktwirtschaft

Die unterschiedlichen Meinungen über die Notwendigkeit der Planung allgemein sowie voneinander abweichende Urteile darüber, ob ein Weniger an Plänen dem Wirtschaftssystem bekömmlicher sei als ein Mehr, haben sich als Reaktionen auf das Memorandum der Kommission der Europäischen Wirtschaftsgemeinschaft über das Aktionsprogramm für die zweite Stufe, das sich auch mit Verkehrsproblemen befaßt, wiederholt entfacht[79]. Den Nährboden solcher Diskussionen liefern die in den EWG-Ländern praktizierten Lenkungssysteme der französischen Planification einerseits und der sozialen Marktwirtschaft der Bundesrepublik Deutschland andererseits. Freilich gelten die Idealtypen „Zentralverwaltungswirtschaft" und „reine Wettbewerbswirtschaft" als nicht realisierbar; denn es zeigte sich, daß keiner der beiden Typen allein in der Realität Rezessionen oder Strukturkrisen verhindern konnte. Abgesehen von einigen Vertretern extrem liberaler Anschauungen sind Planung und Wettbewerb heute nicht mehr als unüberwindbare Gegensätze zu verstehen, sondern sie werden als sich gegenseitig bedingende Lenkungsinstrumente angesehen. Demnach schließen sich auch

---

[79] Vgl. aus der umfangreichen Literatur z. B. Erbe (1964); Körber (1964); Plitzko (1964); Welter (1961).

makrologistische Verkehrsplanung und Marktwirtschaft gegenseitig nicht aus, sie ergänzen sich vielmehr gegenseitig[80]). Im folgenden wird auf einige Tatbestände und Probleme der verkehrswirtschaftlichen Planung einzugehen sein.

Die verkehrswirtschaftliche Planung[81]) stößt im makrologistischen System auf vielfältige divergierende Tatbestände und Problemstellungen. Entsprechend kann das jeweils interessierende Planungsobjekt aufgefächert werden. So lassen sich die Verkehrsplanungen nach

— Verkehrsträgern (Straßenverkehrsplanung, Luftverkehrsplanung, Eisenbahnplanung usw.),

— Verkehrsobjekten (Personen, Stoffe, Energie, Informationen),

— Verkehrsmitteln (Wege, Vehikel, Läger, Speicher, Stationen),

— Verkehrsnetzen (Straßennetz, Luftlinien usw.),

— Verkehrsgebieten (Stadtverkehrsplanung, Regionalplanung, Landesverkehrsplanung usw.),

— Verkehrsnachfragearten (Nahverkehrsplanung, Fernverkehrsplanung) und nach der

— Ressourcenbeanspruchung

differenzieren. Innerhalb der genannten Bereiche kann kurz- oder langfristig geplant werden. Kurzfristig beeinflußbare Größen im Verkehrswesen sind in erster Linie Maßnahmen der Regelung des Verkehrsflusses, während langfristig beeinflußbare Größen bei der Entwicklung und dem Ausbau von Verkehrsgebieten und Verkehrsnetzen an Bedeutung gewinnen.

Die Ziele, Kriterien und Maßnahmen makrologistischer Planung sind eng verknüpft mit der staatlichen Verkehrspolitik. Auf dieser Ebene kann die Planung als Instrument zur Erfassung relevanter Forderungen und Unterstützungen angesehen werden.

1.252 Makrologistische Verkehrsplanung in der Bundesrepublik Deutschland

Versucht man, einen Überblick über theoretische und praktische Probleme makrologistischer Verkehrsplanung in der BRD zu geben, so bietet sich ein recht heterogenes Bild. Während Planungen in Teilbereichen der Verkehrswirtschaft — etwa die Generalverkehrsplanung in Städten — stark forciert

---

[80]) Vgl. z. B. Berkenkopf (1961); Hofmann (1968), insbes. S. 53 ff.; Napp-Zinn (1961); Welter (1961).

[81]) Vgl. z. B. die Beiträge in Arbeits- und Forschungsgemeinschaft für Straßenverkehr und Verkehrssicherheit Köln (1963); Carl (1969); Grevsmähl (1971); Seidenfus (1969); Ventker (1970); Voigt (1964); Wehner (1970), (1971); Weiss (1972) und die dort angegebene Literatur; Wilkenloh (1970). Eine Übersicht über den Teilbereich der Verkehrswegeplanung in der BRD gibt Arnold (1972).

werden, bleiben die bisherigen Erkenntnisse in anderen Sektoren in Ansatzpunkten stecken. Der Grund hierfür liegt nicht zuletzt in den institutionellen Voraussetzungen der bundesrepublikanischen Verkehrswirtschaft und ihrer Verflechtung mit anderen Staaten und Gemeinschaften. Neben internationalen Planungsinstanzen wie der Europäischen Wirtschaftsgemeinschaft und der Europäischen Konferenz der Verkehrsminister (CEMT) besitzen nationale (staatliche, regionale und kommunale) Instanzen Planungskompetenzen. Allein Planaufstellung und Planvollzug der deutschen Straßenplanung sind auf nahezu 25 000 Entscheidungsträger verteilt[82]), und zwar auf

— Bund,

— Länder, einschließlich Berlin (11),

— Landkreise (425) und kreisfreie Städte (149),

— Gemeinden (rd. 24 000) sowie

— Planungsgemeinschaften, Zweckverbände und Gemeindeverbände[83]).

Ähnliche Verhältnisse und die daraus entstehenden Probleme gelten auch für Großbritannien und die Vereinigten Staaten[84]).

Die bereits erörterte enge Verflechtung des Verkehrs mit anderen Wirtschaftssektoren sowie mit der Gesellschaft deutet die Notwendigkeit an, im Planungsprozeß die Eigenarten des Verkehrs und dessen Veränderungswirkungen auf andere Bereiche zu berücksichtigen. Makrologistische Interventionen müssen demnach mit den Zielvorstellungen anderer Teilsysteme abgestimmt werden. Spezifisch koordinierende Eingriffe im Verkehrssektor werden über die Planung ordnungspolitischer Maßnahmen erreicht. Die Planung struktur- und ablaufpolitischer Eingriffe kann bei Instabilitäten auf einzelnen Verkehrsmärkten Strukturanpassungen fördern. Dazu werden kapazitäts- und preispolitische Instrumente heranzuziehen sein.

Generalverkehrsplanung in Orten und Regionen

Im Jahre 1957 fand in den USA eine Konferenz zur Koordinierung des Großstadtverkehrs statt, die sich mit Problemen des Verkehrsflusses und seiner effizienten Planung beschäftigte. Wenig später bewirkte ein Leitfaden des National Committee on Urban Transportation, daß in zahlreichen Städten und Regionen Analysen und Planungen aufgenommen wurden. In Europa gibt es inzwischen Generalverkehrsplanungen in einer Reihe von Großstädten. Der Deutsche Städtetag hat bereits im Jahre 1954 Leitsätze zu „Maßnahmen für die Verbesserung des Straßenverkehrs in den Städten" ent-

---
[82]) Vgl. Beth (1966), S. 39.
[83]) Vgl. Voigt (1964), S. 63.
[84]) Nach Kennedy (1950), S. 292, sind in den Vereinigten Staaten allein mit der Highway-Planung 35 600 staatliche und örtliche Instanzen betraut.

wickelt, die inzwischen in zahlreichen Generalverkehrsplänen praktiziert und verbessert wurden[85]).

Der Generalverkehrsplan[86]) bietet eine allgemeine Grundkonzeption für die Gestaltung des Verkehrsnetzes. Ausgehend von alternativen Verkehrsprogrammen und den erwarteten Verkehrsbelastungen, wird die gesamte Flächennutzung[87]) konzipiert. Eine vorbereitende Verkehrsanalyse erforscht die Ursachen, Einflußfaktoren und Gesetzmäßigkeiten der Verkehrsbeziehungen. Den Rahmen der Analyse bilden Topographie, Erzeugerstandorte, Beschäftigtenzahl und Einwohner. Die Verkehrsströme selbst werden nach Personen-, Güter- und Informationsverkehr (Kommunikation) getrennt ermittelt. Ausgangspunkt im Personen- und Güterverkehr sind Daten über Quellen und Ziele des Verkehrs, die durch Stichproben erhoben und als Verkehrsbedarfslinien zwischen Zonen der städtischen Regionen dargestellt und zu Verkehrsbedarfsarten[88]) (Bedarfskarte) zusammengestellt werden. Eine entscheidende Größe der Bedarfsplanung ist der Kraftfahrzeugbestand. Mit ihm wird die Motorisierungsziffer (Einwohner/Kraftfahrzeug) ermittelt, die in verkehrspolitischen Diskussionen oft überstrapaziert scheint. Der Kraftfahrzeugbestand ist in Anbetracht der schwierigen Ermittlung von Verkehrsströmen vergleichsweise leicht feststellbar. Im Güterverkehr werden darüber hinaus die Verkehrsströme nach Verkehrsarten und Hauptgütergruppen in Verflechtungstabellen, Standortkarten und Verkehrsstrombildern dargestellt[89]). Sie sollen sowohl das Ausmaß der Verkehrsbelastung der einzelnen Streckenabschnitte als auch die Richtung der Ströme sichtbar machen. Die mit den angeführten Techniken ermittelten Größen werden oftmals als Ausgangsmaterial für langfristige Projektionen benutzt. Eine Bestandsaufnahme der Straßen und öffentlichen Verkehrsmittel gibt des weiteren Aufschluß über die Kapazität des städtischen Verkehrsnetzes (Kapazitätskarte).

Aus dem Vergleich von Kapazitätskarte und Bedarfskarte ergibt sich eine Fehlbedarfskarte. Dabei ist zwischen dem Fehlbedarf im Zeitpunkt der Planung sowie jenem in unterschiedlichen Zeiträumen innerhalb des Planungshorizontes zu differenzieren.

Bei den vorstehend skizzierten Investitionsplanungen ist die Neigung unverkennbar, zu wenig Alternativen zu vergleichen. Das bedeutet gleichzeitig

---

[85]) Vgl. Arbeits- und Forschungsgemeinschaft für Straßenverkehr und Verkehrssicherheit Köln (1963); Deutscher Städtetag (1963); Müller (1960).

[86]) Vgl. z. B. Arbeits- und Forschungsgemeinschaft für Straßenverkehr und Verkehrssicherheit (1963), (1964); Stadt Stuttgart (1962).

[87]) Vgl. hierzu Weckerle (1967) und die dort angegebene Literatur.

[88]) Vgl. zur Prognose von Verkehrsbedürfnissen z. B. John (1967); Mäcke (1964); Oi und Shuldiner (1962). Zu praktischen Problemen und Erfahrungen der Prognose im Bereich der Verkehrswegeplanung in der BRD siehe Arnold (1972), insbes. S. 29 ff.; Chrisholm et al. (1971); Grevsmähl (1971), S. 69 ff.

[89]) Vgl. John (1967).

auch, daß bestimmte Arten von Verkehrsstauungen nicht berücksichtigt werden, weil nicht alle Straßen in die Untersuchung einbezogen wurden. Bedeutsamer ist aber noch die Schwierigkeit, wie die Rückwirkungen des zusätzlichen Angebots auf die über die Verkehrsinfrastruktur induzierte Nachfrage zu erfassen sind. Trotzdem ist anzuerkennen, daß die Generalverkehrsplanung heute die Analyse ganzer Verkehrsnetze ermöglicht und damit der Interdependenz der Verkehrsströme hinreichend Rechnung trägt. Dies ist jedenfalls das Ergebnis der recht intensiven Generalverkehrsplanung Nordrhein-Westfalens seit 1964[90]). Hier wurden für alle Verkehrswege (Straßenverkehr, Schienenwege, Wasserwege, Luftwege und Rohrleitungen) ein langfristiger Plan für einen Zeitraum von zwanzig Jahren und ein kurzfristiger Plan für fünf Jahre (mit jährlichen Durchführungsprogrammen) aufgestellt. Die Planungen erstrecken sich räumlich auf das Gebiet Nordrhein-Westfalens, wobei Verkehrsbeziehungen über die Grenzen zusätzlich berücksichtigt werden.

Bei der Aufstellung des Verkehrsplanes wurden hier sechs Untersuchungs- und Planungsaufgaben unterschieden:

(1) grundsätzliche Abgrenzungs-, Koordinierungs- und Methodenfragen,

(2) Analyse und Prognose der Nachfragestruktur,

(3) technische und kostenmäßige Beurteilung der verschiedenen Möglichkeiten zur Erfüllung von Transportaufgaben (Systemvergleich),

(4) Idealplan (Modell),

(5) derzeitige Angebotsstruktur und

(6) Aufstellung des Generalverkehrsplanes (Realplan).

Im großen und ganzen entsprechen diese Aufgaben den bereits allgemein diskutierten Problemen einer Generalverkehrsplanung. Die Erfahrungen in Nordrhein-Westfalen zeigen auch, daß auf diesem Wege eine koordinierte Verkehrsplanung für alle Verkehrsträger unter Berücksichtigung der zukünftigen Entwicklung der Verkehrsnachfrage möglich ist.

Planning-Programming-Budgeting-Systeme

In jüngerer Zeit wird in wachsendem Maße ein Planungs- und Budgetierungssystem diskutiert, das als Planning-Programming-Budgeting-System (PPBS) bezeichnet wird und die Entscheidungsgrundlagen für Allokationsentscheidungen der politischen Entscheidungsträger verbessern soll[91]). In den Staatshaushaltsplänen (Budgets) spiegeln sich die zentralen Vorhaben der relevanten politischen Gremien wider. Dies gilt nicht zuletzt für den

---

[90]) Vgl. Grevsmähl (1971), S. 26 ff.; Kienbaum (1963), (1964); Lichtenberg (1967); Rogmann (1966).
[91]) Zum PPBS vgl. die Beiträge in Cleland und King (1969); Davis (1969); Enke (1967); Lyden und Miller (1968), (1972); Novick (1967); Public Administration Review (1969); Recktenwald (1970 a); Rühli und Riedweg (1971).

Bereich der Verkehrspolitik, sei es des Bundes, der Länder oder der Gemeinden. Welche Bedeutung Allokationsentscheidungen und der ihnen zugrundeliegenden Politik speziell im Verkehrsbereich zukommt, wird deutlich, wenn man den hohen Anteil an Ausgaben für den Verkehr in den öffentlichen Haushalten betrachtet.

An den herkömmlichen Vorgehensweisen der politischen Planung und Budgeterstellung wird seit einiger Zeit starke Kritik erhoben. Die Kritik richtet sich einmal darauf, daß die traditionelle Haushaltserstellung zu inkremental im Sinne von Lindblom ist. Die Budgets orientieren sich an den Budgets des Vorjahres, die nur geringfügig verändert werden. Weite Bereiche des Budgets werden keiner neuen Prüfung unterzogen. Fundamental neue, umfassende Projekte werden nur selten eingebracht. Die Entscheidungen sind häufig Ad-hoc-Entscheidungen und beruhen weniger auf einer langfristigen Planung. Der Prozeß selbst ist in starkem Maße durch Prozesse der sozialen Beeinflussung und kaum durch die Anwendung analytischer Verfahren gekennzeichnet[92]). Nicht zuletzt werden formale, strukturelle Aspekte herkömmlicher Budgets kritisiert. Diese sind im allgemeinen in Rechnungskategorien wie Personalkosten, Sachmittel usw., also in Inputgrößen des jeweiligen Systems, gegliedert. Dagegen wird eingewendet, daß diese Struktur eines Budgetsystems für Entscheidungen über die effiziente Allokation von Ressourcen nicht geeignet ist. Inputgrößen wie Personalkosten oder Sachmittelkosten stellen in der Regel kein adäquates Maß für die Leistung eines Subsystems dar und haben keinen unmittelbaren Bezug zu den Zielen des Systems. Das Budgetsystem erlaubt im allgemeinen nicht, komplementäre oder substitutive Leistungen hinsichtlich ihrer Kosten und Nutzen zu vergleichen; ebenso kann es zu Ungleichgewichten in der Mittelverteilung führen, wenn ein Programm von mehreren Subsystemen gemeinsam durchgeführt wird.

Funktionen von PPBS

Diese Kritik führte in den USA zur Konzipierung und Einführung des als PPBS oder Programmbudgetierung bezeichneten Verfahrens. Auch im deutschsprachigen Raum wurde PPBS zum Gegenstand weitreichender Diskussion[93]). Ein Planning-Programming-Budgeting-System ist ein outputorientiertes Budgetierungsverfahren, das den Systemansatz auf die Budgetierung zu übertragen versucht, kurz- und langfristige Planungselemente integriert und eine systematische Anwendung exakter und inexakter Prognose- und Entscheidungsmethoden vorsieht. Seine Funktionen können wie folgt formuliert werden[94]):

---
[92]) Zur Beschreibung traditioneller Budgetierungsverfahren in den USA vgl. Wildavsky (1964).
[93]) Vgl. dazu beispielhaft Bamberger (1971); Gresser (1970); Recktenwald (1970 b), S. 17 ff.; Reinermann (1968), (1971); Rühli und Riedweg (1971); Rürup (1971); Thiel (1970) und die Beiträge in Ronge und Schmieg (1971).
[94]) Vgl. Bureau of the Budget (1968), S. 407 f.

(1) Bereitstellung konkreterer und spezifischerer relevanter Informationen für die politischen Entscheidungsträger.

(2) Konkretere Beschreibung der Ziele der Regierungsprogramme.

(3) Systematische Analyse und Darstellung möglicher alternativer Ziele und alternativer Programme, um diese Ziele zu erreichen.

(4) Umfassender Vergleich und Bewertung der Programme auf der Grundlage ihrer gesamten langfristigen Kosten und Nutzen.

(5) Kontinuierliche, jährliche Revision von Zielen und Durchführung von Programmanalysen.

Während sich die herkömmlichen Budgetierungsverfahren als inkremental, nicht programmatisch und sequentiell erweisen, sind PPBS tendenziell synoptisch, simultan und mit ständigem Bezug zu den Zielsetzungen des Systems.

Merkmale von PPBS

Planning-Programming-Budgeting-Systeme umfassen insbesondere vier Aspekte[95]):

(1) Die *strukturellen Aspekte* der Programmbudgetierung beinhalten die Bildung von Programmen als Budgetkategorien. Programme fassen jeweils Aktivitäten zusammen, die der Erreichung eines bestimmten, mehr oder weniger global definierten Zieles des Systems (z. B. der Regierung) dienen. Sie charakterisieren Leistungen des Systems bzw. eines seiner Subsysteme an die innere oder äußere Umwelt und sind somit outputorientiert. Alle Programme bilden eine hierarchische, Programmkategorien, Subkategorien usw. umfassende Programmstruktur, die ein aktivitätsbezogenes Pendant zur Zielhierarchie des Systems darstellt.

In bezug auf den Verkehrsbereich konnten in den USA für Zwecke der Programmbudgetierung beispielsweise fünf globale Ziele identifiziert werden[96]):

(1) Allgemeine Entwicklung des Fracht- und Passagierverkehrs zwischen den großen Städten und Handelszentren.

(2) Bessere Erschließung der ländlichen Gebiete und entfernterer kleiner Städte.

(3) Verringerung der innerstädtischen Verkehrsprobleme.

(4) Schaffung einer Transportkapazität für Zwecke der Verteidigung bzw. anderer nationaler Notfälle.

(5) Förderung des nationalen Prestiges oder des internationalen Handels.

---
[95]) Vgl. auch zum folgenden Bamberger (1971), S. 236 ff.
[96]) Vgl. Meyer (1967), S. 147 ff.

Als weiteres Ziel könnte beispielsweise die Erhöhung der Sicherheit im Verkehr formuliert werden. Im Sinne der Programmbudgetierung sind nun aus diesen globalen Zielen jeweils konkretere Subziele, Subsubziele usw. abzuleiten und für deren Erreichung jeweils möglichst alternative (und teilweise auch komplementäre) Programme zu entwickeln. So könnte beispielsweise das Ziel, den Fernverkehr zu verbessern, in verschiedene Unterziele differenziert werden und die Erreichung eines bestimmten Subziels mit verschiedenen, die Förderung unterschiedlicher Verkehrsträger beinhaltenden Programmen untersucht werden. Der Übergang von inputorientierten Budgetkategorien zu den outputorientierten Programmen, der mit dem Übergang von einer Kostenarten- zu einer Kostenträgerrechnung verglichen werden kann, zwingt zu einer zumindest globalen, expliziten Formulierung (verkehrs-)politischer Ziele. Er erleichtert die Formulierung von operationalen Effizienzkriterien und den Vergleich von kompetitiven oder komplementären Programmen oder Programmelementen. Die Bildung von Programmen ist so gesehen die Voraussetzung für die Verwendung von Alternativenkalkülen zur Bewertung alternativer potentieller (verkehrspolitischer) Aktivitäten.

Idealziel wäre dabei, nicht nur alternative Programme eines Bereiches (z. B. des Verkehrssektors) miteinander zu vergleichen, sondern auch Programme unterschiedlicher Bereiche, also beispielsweise Aktivitäten im Verkehrsbereich und Aktivitäten im Gesundheitswesen, hinsichtlich der Erfüllung eines gemeinsamen Effizienzkriteriums des Gesamtsystems einander gegenüberzustellen. Dies ist gegenwärtig jedoch nicht möglich. Es gibt keine intersubjektiv eindeutige Methode, Kriterien wie beispielsweise Verbrechen pro Haushalt, Patiententage im Krankenhaus oder Straßenkilometer miteinander zu vergleichen. Selbst innerhalb eines bestimmten Bereichs sind häufig Vergleiche alternativer Programmelemente unter operationalisierten Kriterien nur auf sehr niederer Ebene möglich.

(2) Das zweite Hauptelement der Programmbudgetierung ist ihr *analytischer Prozeß*. Im analytischen Prozeß sollen die möglichen alternativen Ziele, die alternativen Programme oder Programmelemente zur Erreichung dieser Ziele und ihre Konsequenzen systematisch untersucht werden. Dabei sind verschiedene Techniken der Analyse anwendbar. Auf enge Suboptimierungsprobleme finden insbesondere Methoden des Operations Research Anwendung. Auf „breitere", schlecht-definierte Probleme umfassende Kontexte, wie sie bei der Entwicklung und dem Vergleich alternativer Programme im allgemeinen gegeben sind, werden die verschiedenen Verfahren der Systemanalyse angewendet. Sie werden im zweiten Teil dieses Buches noch näher zu betrachten sein und brauchen deshalb hier nicht weiter charakterisiert zu werden. Festgestellt sei lediglich, daß im Mittelpunkt des analytischen Prozesses in der Regel Nutzen-Kosten-Analysen alternativer Programme bzw. Programmelemente stehen. Ihren Niederschlag finden die Ergebnisse des analytischen Prozesses in den Programm- und Finanzplänen.

(3) Planning-Programming-Budgeting-Systeme verknüpfen eine *langfristige Planung* mit *kurzfristigen, jährlichen Budgets*. Es wird angestrebt, die Kosten und die Ergebnisse, die mit verschiedenen Programmkategorien, Subkategorien oder Programmelementen einer Organisation verbunden sind, nicht nur für eine Periode, sondern in ihrer Gesamtheit zu bestimmen. Das Ergebnis von Analysen, die das Setzen von Prioritäten und das Treffen von Entscheidungen zwischen den alternativen Programmen beinhalten, besteht in einem langfristigen Plan. Dieser repräsentiert die gewünschten Niveaus und Mischungen von Programmen. Er wird als Programm- und Finanzplan bezeichnet und umfaßt gewöhnlich fünf, bei langfristigen Aktivitäten auch mehr Jahre, besteht sowohl aus quantitativen als auch aus den mit diesen verbundenen finanziellen Größen und wird für jede Programmkategorie durch ein zusammenfassendes Programm-Memorandum sowie durch Spezialstudien ergänzt. Dieser langfristige Plan wird in jedem Jahr überprüft, die ihm zugrundeliegenden Programme werden neu bewertet, revidiert und auf den neuesten Stand gebracht. Das jährliche Budget stellt nur ein Segment des in finanziellen Größen ausgedrückten langfristigen Planes dar: Es basiert auf dem ersten Jahr des Programm- und Finanzplanes. Der gesamte Prozeß umfaßt in „planning", „programming" und „budgeting" einen jährlichen Zyklus, wobei die einzelnen Funktionen in enger Beziehung zueinander stehen.

(4) Den vierten Aspekt eines Planning-Programming-Budgeting-Systems bildet das von ihm benötigte *Informationssystem*. Dieses hat die für den analytischen Prozeß notwendigen relevanten Informationen zu liefern. Dazu gehören nicht zuletzt umfangreiche Kosteninformationen sowie Informationen zur Prognose von Nutzenwerten. Die Anforderungen, die ein PPBS an das formale Informationssystem stellt, sind eine relativ schwache Stelle in der Programmbudgetierung. Die traditionellen Informationssysteme insbesondere der staatlichen Organisationen sind nicht in der Lage, die relevanten Informationen zu liefern. Große Betonung wird deshalb auf die Entwicklung von Management-Informations-Systemen (MIS) auch für Regierungen gelegt. Nicht zuletzt wird die Meinung vertreten, daß einer der größten Nutzen von PPBS gerade im Informationssystem besteht, das für diese errichtet werden muß[97].

Aus anderer Sicht kann die Programmbudgetierung in vier globalen Schritten beschrieben werden:

(1) Ableitung der von den verschiedenen Subsystemen anzustrebenden Ziele aus den organisationalen Zielen.

(2) Prüfung, mit welchen spezifischen alternativen Programmen die organisationalen Ziele erreicht werden können.

---

[97] Zu Informationssystemen der öffentlichen Verwaltung vgl. z. B. Heitz (1971) und S. 680 ff. dieses Buches.

(3) Ermittlung der spezifischen Kosten alternativer Programme und Vergleich ihrer Effizienz in bezug auf die Erreichung der Ziele (analytischer Prozeß).

(4) Umrechnung des notwendigen Ressourceninputs in die finanziellen Größen des Budgets.

Diese Phasenbetrachtung macht den tendenziell synoptischen Charakter der Programmbudgetierung unmittelbar sichtbar. Es darf jedoch nicht verkannt werden, daß die Programmbudgetierung und speziell ihr analytischer Prozeß nicht (verkehrs-)politische Entscheidungsprozesse ersetzen kann oder will. Die Anwendung von PPBS soll den politischen Entscheidungsprozeß vielmehr in der Weise unterstützen, daß versucht wird, Ziele explizit zu machen, mögliche alternative Aktivitäten zu identifizieren und hinsichtlich ihrer Konsequenzen mittels systematischer Verfahren miteinander zu vergleichen. PPBS soll die Entscheidungsgrundlagen für die Regierung verbessern und den Entscheidungsprozeß in dieser Weise transparenter und „rationaler" machen. Ob das Verfahren diesen Ansprüchen gerecht wird, kann bei den derzeit noch relativ geringen Erfahrungen, speziell im Verkehrsbereich, noch nicht abschließend beurteilt werden[98]).

Verkehrspolitische Planung

Verkehrspolitik ist ein integrierter Bestandteil der Gesamtpolitik. Im Sinne des Art. 65 GG gelten daher auch für die Verkehrspolitik die allgemeinen Richtlinien der Politik. Innerhalb dieses Rahmens verfolgt sie spezifische eigene Aufgaben. Zentrales Anliegen der verkehrspolitischen Planung ist die Raumerschließung. Die Raumplanung[99]) erstrebt in Form der Bundes-, Landes-, Bezirks-, Kreis- und Ortsplanung eine wünschenswerte Raumordnung. Dies verlangt genaue Kenntnisse der strukturellen Zusammenhänge zwischen verkehrsmäßiger Flächennutzung und raumpolitischen Zielsetzungen. Letztlich beeinflußt jede Maßnahme im Bereich bestehender oder potentieller Verkehrsnetze wirtschaftliche, kulturelle und räumliche Interessen. Damit wird die Verkehrsplanung zur politischen Planung. Als ihr Ergebnis zeigt heute jedes Gebiet ein typisches Verkehrsbild, dessen Konturen und Rhythmus Entwicklungszusammenhänge mehr oder weniger leicht analysierbar und erkennbar machen.

Dieser Tatbestand führt letztlich dazu, eine kurz- sowie langfristige verkehrspolitische Planung zu betreiben. Dies dürfte nur dann möglich sein, wenn es gelingt, politische Planungsmethoden zu entwickeln, die die Führungsfähig-

---

[98]) Zu den Schwierigkeiten der Anwendung des PPBS im Verkehrsbereich vgl. Meyer (1967), S. 169 ff.
[99]) Zur Raumplanung und Raumwirtschaftspolitik vgl. z. B. Böventer (1968); Egner (1964); Jochimsen, Knobloch und Treuner (1971); Kruse-Rodenacker (1964); Müller (1964); Schneider (1968); Storbeck (1968).

keiten unterstützen[100]). Nicht zuletzt gewinnt hier die wissenschaftliche Beratung der verkehrspolitischen Planung an Bedeutung[101]).

Ein Blick in die Empirie läßt zunächst vermuten, daß die Planung keineswegs jene Rolle spielt, die man auf Grund ihrer ausführlichen Behandlung in der betriebswirtschaftlichen Literatur erwarten könnte. Welche Bedeutung ihr im verkehrspolitischen Prozeß zukommt, wird im folgenden erläutert.

Eine realistische Betrachtung hat davon auszugehen, daß auch in der Verkehrspolitik die für komplexe organisatorische Entscheidungen typische Strategie der unzusammenhängenden kleinen Schritte (incrementalism) vorherrscht. Forderungen und Unterstützung als Input des politischen Systems werden von den Auswirkungen beeinflußt, die durch die autorisierten Entscheidungen als Output in der inneren und äußeren Umwelt des politischen Systems verursacht werden. Insofern besteht zwischen dem Output des Systems und seinem Input eine Rückkopplung. Jede autorisierte Entscheidung der Kernorgane kann eine Veränderung der Unterstützung induzieren und neue Forderungen hervorrufen, weil durch diese Entscheidungen die latenten Interessen irgendeiner Person oder Gruppe innerhalb oder außerhalb des Verkehrssystems berührt werden. Die Kernorgane wenden sich diesen Forderungen meist in sequentieller Weise einzeln oder in kleinen „Bündeln" zu und reagieren, ohne die Beziehungen zu anderen Forderungen oder latenten Interessen, die zu neuen oder zusätzlichen Forderungen werden könnten, im einzelnen zu erkennen und in Erwägung zu ziehen. Die Reaktion geschieht ohne eine auch nur annähernd vollständige Analyse; man „wurstelt" sich in unzusammenhängender Weise von Problem zu Problem durch[102]).

Bei jeder Problemlösung und autorisierten Entscheidung geht man zudem inkremental, d. h. in kleinen Schritten, vor. Gründe für eine Strategie des Inkrementalismus sind darin zu sehen, daß die politischen Instanzen lediglich fragmentarische Informationen über die mutmaßlichen Konsequenzen „großer" Änderungen besitzen und Entscheidungen unter Unsicherheit möglichst aus dem Wege gehen. Man realisiert vielmehr Maßnahmen, die in der Nähe des Status quo liegen. Forderungen, die sich in die Strategie des Inkrementalismus einfügen, haben daher auch am ehesten eine Chance, bei zentralen Koordinationsentscheidungen Berücksichtigung zu finden, sofern darüber hinaus eine hinreichende Machtbasis des jeweils Fordernden vorhanden ist.

---

[100]) Ansätze hierzu finden sich dort, wo insbesondere die Politikwissenschaft beginnt, Probleme der Entwicklung von Methoden zur Unterstützung politischer Entscheidungen in ihr Interessengebiet einzubeziehen. Vgl. beispielsweise Böhret (1970); Ellwein (1966); Kress und Senghaas (1969); Lompe (1971); Stammen (1967) und die dort jeweils angegebene umfangreiche Literatur.
[101]) Vgl. beispielsweise Lompe (1966), (1971); Morkel (1967); Seidenfus (1971); Willeke (1971) und eine eingehende Kritik dazu bei Albert (1972 a), S. 94 ff.
[102]) Vgl. Lindblom (1959).

Stellt man die Frage, unter welchen Voraussetzungen eine umfassende verkehrspolitische Planung möglich ist, so hat sich das Interesse primär auf die möglichen Rückkopplungen vom Output zum Input des politischen Systems zu richten. Je elastischer die Umwelt auf die autorisierten Entscheidungen mit neuen Forderungen und/oder mit der Verminderung der Unterstützung reagiert, desto geringer sind die Möglichkeiten für eine effiziente Planung. Für den Planer ergibt sich daraus die Notwendigkeit, die derzeitigen und künftigen Wünsche bzw. Präferenzen der Umwelt zu erforschen. Es müssen insbesondere — zumindest in den Köpfen der Planenden — effiziente *Modelle* existieren, die mögliche Reaktionen der Umwelt zulassen. Schließlich werden Verfahren benötigt, die auf der Grundlage der erarbeiteten Informationen und Prognosen Planungsalternativen zu generieren und zu testen erlauben und ein Auffinden einer guten Alternative ermöglichen. Je mehr es der Wissenschaft gelingt, solche Planungsinstrumente bereitzustellen, desto größer werden sicherlich die Chancen einer erfolgreichen Planung verkehrspolitischer Entscheidungen.

Betrachtet man die verkehrspolitischen Diskussionen in der jüngsten Zeit, so stellt man in der Tat fest, daß gerade in der BRD große Anstrengungen unternommen wurden, die verkehrspolitischen Entscheidungen auf eine vergleichsweise umfassende Planung zu gründen und sich auch wissenschaftlicher Instrumente zu bedienen, die solche Planungen erleichtern. Typisches Beispiel ist das „Verkehrspolitische Programm für die Jahre 1968 bis 1972" (Leber-Plan)[103]. Hier wurde der Versuch unternommen, eine verhältnismäßig große Anzahl aktueller Forderungen, aber auch latent betroffener Interessen in ein umfassendes Konzept einzuarbeiten. Das Programm geht von folgenden Zielen der Verkehrspolitik aus:

— die Nachfrage der Bevölkerung und der verladenden Wirtschaft nach Verkehrsleistungen zu angemessenen Bedingungen zu erfüllen,

— die wirtschaftliche Lage der drei Binnenverkehrsträger durch Anpassung der Transportkapazitäten an die Strukturveränderungen im Verkehrsaufkommen und durch eine weitere Annäherung der Ausgangsbedingungen für den Wettbewerb zwischen den Verkehrsträgern die Marktpositionen aller Verkehrsträger so zu verbessern, daß sie langfristig auf eigenen Füßen stehen können,

— im Güterverkehr eine in erster Linie über die Kräfte des Marktes gesteuerte volkswirtschaftlich optimale Aufgabenteilung zu erreichen,

— für eine moderne Verkehrsbedienung in der Fläche zu sorgen,

---

[103] Zu den verkehrspolitischen Programmen der BRD bestehen umfangreiche Stellungnahmen, vornehmlich auch aus der Sicht der relevanten Interessengruppen. Vgl. Bundesminister für Verkehr (1965), (o. J.); Bundesverband der Deutschen Industrie (1960); Bundesverband des Deutschen Güterfernverkehrs (o. J.); Deutscher Bundestag (1968); Ritschl (1969); Willeke (1967). Das Gesamtverkehrskonzept der österreichischen Bundesregierung analysiert Seidelmann (1969).

— die Zusammenarbeit der Verkehrsunternehmen — vor allem im kombinierten Verkehr — zu fördern,

— ein auf den künftigen Bedarf ausgerichtetes Verkehrswegenetz zu schaffen sowie

— die Verkehrssicherheit durch erzieherische, technische, gesetzgeberische und administrative Maßnahmen zu heben.

Auf der Grundlage dieser Ziele werden die einzelnen Verkehrsträger in ihrer gegenwärtigen Situation analysiert, um Maßnahmen abzuleiten, die für die Erreichung der postulierten Ziele sinnvoll erscheinen. Bei der Deutschen Bundesbahn geht es um die Reorganisation, Konzentration und Rationalisierung. Streitpunkte entstehen vor allem hinsichtlich der Flächenbedienung und der Tarifierung. Das Leistungsangebot soll in kommerzieller, betrieblicher und technischer Beziehung verbessert werden. Im Bereich der Binnenschiffahrt werden Kapazitätsregelungen vorgeschlagen, um strukturelle Überkapazitäten möglichst schnell abzubauen. Im Straßenverkehr sollen Verkehrsfluß, Verkehrssicherheit u. a. durch entsprechende Besteuerung und Beförderungsverbot für bestimmte Güter sowie durch Beschränkung des Zugangs zum Markt des gewerblichen Güterfernverkehrs (Verringerung des Genehmigungskontingents) aufrechterhalten werden.

Arbeiten für eine umfassende integrierte Bundesverkehrswegeplanung aller Verkehrsträger sind im Anschluß an das „Verkehrspolitische Programm" bereits angelaufen. Danach werden in der Verkehrsplanung der BRD folgende Ziele von Bedeutung sein[104]):

— Sicherung des Freiheitsspielraumes;

— Förderung des Wirtschaftswachstums;

— Schaffung und Erhaltung einer lebenswerten Umwelt und Gesundheitsschutz;

— Berücksichtigung von Gesichtspunkten der Raumordnung;

— qualitative Verbesserung der Verkehrsleistung;

— Minderung der Störungsanfälligkeit der Verkehrsinfrastruktur;

— Verbesserung der Wirtschaftlichkeit;

— Berücksichtigung internationaler und sicherheitspolitischer Gesichtspunkte;

— Berücksichtigung verkehrsfremder Funktionen.

Im Hinblick auf die Erreichung dieser Ziele wird zunächst eine Analyse und Prognose der Bevölkerungs- und Wirtschaftsstruktur für 78 Regionen des Bundesgebietes sowie des Verkehrsaufkommens und der Verkehrsverflech-

---

[104]) Vgl. zum folgenden Arnold (1972), S. 34 ff.

tung sowohl im Güterverkehr als auch im Personenverkehr eingeleitet. Dabei müssen auch die Beziehungen zwischen der BRD und dem europäischen Raum und dessen Entwicklung berücksichtigt werden. Weiterhin sind vorhandene und neue Verkehrsmittel, Transportgeschwindigkeiten, Kapazitäten, Transportkosten und Tarife der Verkehrsmittel in die Analyse einzubeziehen, um einen Überblick über das gegenwärtige und zukünftige Verkehrsangebot zu erhalten. Damit sind die Arbeiten für eine Bundesverkehrswegeplanung nicht abgeschlossen. Weitere Planungserfolge werden im Sinne des Inkrementalismus nur schrittweise möglich sein. Dafür spricht, daß neben erwarteten neuen Verkehrstechnologien auch noch planungswissenschaftliche Grundlagen, insbesondere Prognoseverfahren, fehlen oder zu verbessern sind.

All diese Bemühungen dürfen jedoch nicht darüber hinwegtäuschen, daß das verkehrspolitische System nach wie vor durch zwei Gesichtspunkte charakterisiert bleibt:

(1) Die Dezentralisation der Kompetenzen spielt weiterhin eine bedeutende Rolle, auch wenn der Bund in Überschreitung seiner offiziellen Kompetenzen (z. B. beim Erlaß von Geschwindigkeitsbegrenzungen für den Pkw-Verkehr) bisweilen versucht, eine zentrale Koordination herbeizuführen.

(2) Die verkehrspolitischen Prozesse sind nach wie vor Prozesse im Sinne eines disjointed incrementalism. Die Planungsüberlegungen sollen zwar bewirken, daß größere Bündel von Forderungen gleichzeitig betrachtet und mehr Anstrengungen unternommen werden, Rückkopplungen im Sinne Eastons zu antizipieren und bei den einzelnen Entscheidungen zu beachten. Alle diese Instrumente werden jedoch nicht erreichen, daß die verkehrspolitischen Prozesse gleich dem synoptischen Ideal abrollen, auch wenn sie vielfach aus diesem synoptischen Ideal heraus konzipiert sind.

Dennoch ist zu erwarten, daß die makrologistische „Umwelt" mikrologistischer Entscheidungen in zunehmendem Maße durch staatliche Planung geprägt sein wird. Die Verwendung von Planungsinstrumenten wie etwa des Planning-Programming-Budgeting-Systems wird sicherlich tiefgreifende Veränderungen der zugrundeliegenden Prozesse verursachen. Auf diese Veränderung wird sich das Management von Verkehrsbetrieben öffentlicher und privater Art und von mikrologistischen Systemen einstellen müssen, auch wenn zum gegenwärtigen Zeitpunkt noch nicht klar ist, welche Auswirkungen sich aus diesen Planungsversuchen im einzelnen für die betriebswirtschaftlichen Entscheidungen ergeben, die in der vorliegenden Untersuchung primär interessieren.

1.3 Logistische Betriebswirtschaften

Der Verkehrsbetrieb als Prototyp logistischer Betriebswirtschaften ist jenes System, auf das sich traditionell das Interesse der Betriebswirtschaftslehre des Verkehrs richtet. Im Gegensatz zu den üblichen betriebswirtschaftlichen Erörterungen des Verkehrsbetriebes wird im folgenden der Verkehrsbetrieb als spezifische Organisation charakterisiert. Seine Umweltbeziehungen und die typischen Probleme seiner politischen Willensbildung werden besonders hervorgehoben. Diese Überlegungen bilden die Basis für die Diskussion der wichtigsten Ziele und Kriterien verkehrsbetrieblicher Entscheidungen und für die Erläuterung der Entscheidungsprobleme, denen sich die Entscheider im Produktions-, Absatz- und Finanzbereich eines Verkehrsbetriebes normalerweise gegenübersehen.

1.31 Der Verkehrsbetrieb als Organisation

Organisationen sind spezifische Typen sozialer Systeme, die zur Erfüllung bestimmter Aufgaben gegründet und fortgeführt werden, eine formale Verfassung besitzen und deren Mitglieder sich mit der Übernahme formaler Rollen dem Autorisierungsrecht der durch die Verfassung legitimierten Organe unterwerfen[1]). Die Existenz formaler Rollen bedeutet jedoch nicht, daß die Aktivitäten und Interaktionen der Organisationsmitglieder ausschließlich durch offizielle Regelungen beeinflußt werden. Eine Organisation ist stets nur teilweise organisiert und umfaßt immer auch informale Aspekte: Es gibt spontan entstehende, d. h. informale Gruppen; die wechselseitigen Rollenerwartungen sind zum Teil nicht autorisiert und konstituieren dementsprechend informale Rollen; die Organisationsmitglieder halten nicht nur die durch die offiziellen Regelungen vorgeschriebenen Kontakte mit anderen Organisationsmitgliedern aufrecht (informale Kommunikation). Schließlich umfaßt das organisationale System sozio-emotionale Beziehungen, Status- und Machtrelationen, die — wenn überhaupt — nur begrenzt einer bewußten Planung und Formalisierung zugänglich sind.

Im folgenden sollen nun einige Hauptmerkmale von Organisationen, die formale wie informale Aspekte des Systems betreffen, etwas näher untersucht werden. Ausgehend von den Merkmalen betriebswirtschaftlicher Organisationen, werden dabei insbesondere Tatbestände verkehrsbetrieblicher Organisationen hervorgehoben.

---

[1]) Aus der umfangreichen Literatur zur Organisation vgl. Barnard (1938); Cyert und March (1963); Katz und Kahn (1966); Kirsch (1971 b); Kirsch und Meffert (1970); Leavitt (1964 b); Luhmann (1964); March (1965); March und Simon (1958); Mayntz (1963); McGuire (1964); Miller und Rice (1967); Thompson, J. D. (1967).

1.311 Aufgabenteilung und soziale Differenzierung

Das am häufigsten genannte Merkmal komplexer Organisationen ist die Arbeitsteilung. Die Gesamtaufgabe einer Organisation, um derentwillen sie gegründet bzw. weiterbetrieben wird, impliziert eine Reihe von Teilaufgaben, die auf unterschiedliche Organisationseinheiten verteilt werden. Die Organisationseinheiten (Stellen, Abteilungen, Kollegien usw.) sind auf die Erfüllung unterschiedlicher Teilaufgaben spezialisiert. Die mit der Erfüllung dieser Teilaufgaben verbundenen Entscheidungen sind dezentralisiert.

In der Literatur werden in der Regel mehrere Kriterien genannt, nach denen die Spezialisierung der Organisationseinheiten beschrieben werden kann[2]). So kann eine Spezialisierung erfolgen (1) nach den zu erstellenden Produkten oder Dienstleistungen; (2) nach den Abnehmern, Kunden oder Klienten; (3) nach bestimmten geographischen Gesichtspunkten; (4) nach Prozeß- oder Verrichtungsähnlichkeiten; (5) nach der Art der erforderlichen Maschinen, Werkzeuge oder Einrichtungen (Verkehrsmittel); (6) nach zeitlichen Gesichtspunkten oder aber (7) nach spezifischen Fähigkeiten oder Persönlichkeitsmerkmalen, die für die Erfüllung der Aufgaben erforderlich sind. Nicht selten wird davon gesprochen, die Organisation bzw. deren Aufgabenverteilung sei in bezug auf eines der Kriterien „zentralisiert". Dies geht meist mit einer Dezentralisierung bezüglich der übrigen Kriterien einher. Es ist jedoch auch möglich, daß eine Zentralisation gleichzeitig nach mehreren Gesichtspunkten (z. B. spezifischen Verkehrsleistungen und geographischen Gebieten) erfolgt.

In der Regel wird jedoch der Begriff der Zentralisation bzw. Dezentralisation in Zusammenhang mit den Entscheidungen in der Organisation verwendet. Dabei ist davon auszugehen, daß die Gesamtaufgabe einer Organisation zunächst nicht ausführungsreif ist. Sie stellt ein komplexes Entscheidungsproblem dar, in dessen Definition die bereits formulierten Aufgabenelemente meist offene Beschränkungen bilden. Die Lösung dieses komplexen Entscheidungsproblems, das sich auf Grund von Veränderungen der Umwelt stets von neuem stellt, übersteigt die Informationsverarbeitungskapazität eines einzelnen Menschen. Die Lösung des Problems vollzieht sich in sequentieller und arbeitsteiliger Weise. Das Gesamtproblem bedarf einer Dekomposition: Die dekomponierten Entscheidungen werden im allgemeinen von verschiedenen Personen dezentral getroffen.

Eines der wichtigsten Probleme der dezentralisierten Entscheidungsfindung ist die Koordination der einzelnen interdependenten Entscheidungsträger. Die Koordinationsprobleme sind nicht zuletzt so drängend und schwierig, weil die aufgabenmäßig-technologische Differenzierung des Systems eine soziale Differenzierung verursacht, welche die Unterschiede zwischen den spezialisierten Organisationseinheiten noch stärker hervortreten läßt.

---
[2]) Vgl. Acker (1956); Bleicher (1961); Gulick und Urwick (1937); Kosiol (1962); Ulrich (1949).

(1) Zunächst besitzen unterschiedliche Aufgaben eine unterschiedliche Wertschätzung innerhalb und außerhalb der Organisation. Die entsprechenden Positionen innerhalb des Systems sind mit unterschiedlichem Status oder Prestige behaftet. Statusunterschiede führen zu einer sozialen Schichtung der Organisation, die nicht selten Kommunikationsbarrieren und Konflikte bewirkt.

(2) Für unterschiedliche Teilaufgaben sind unterschiedliche Fähigkeiten erforderlich; sie werden von Menschen mit verschiedenen und teils umfangreicher Ausbildung erfüllt. Spezialisten bringen differierende Werte, Attitüden und Überzeugungen mit in die Organisation, welche die Verständigung untereinander oftmals erschweren.

(3) Es ist für die Mitglieder einer Organisation — vor allem auf den höheren Ebenen der Hierarchie — typisch, daß sie sich mit ihren Aufgaben identifizieren. Die einzelnen Teilaufgaben der Organisationsmitglieder gewinnen eine gewisse funktionale Autonomie: Sie verlieren in den Augen der Organisationsmitglieder ihren Mittelcharakter zur Gesamtaufgabe. Es entsteht ein „Ressortegoismus".

(4) Die Arbeitsteilung wirkt sich auf den Informationsfluß innerhalb der Organisation aus. Die einzelnen Organisationseinheiten erhalten primär nur die für ihre Aufgabenerfüllung als relevant erachteten Informationen. Die Organisationsmitglieder machen sich ein Bild von der Organisation und ihrer Umwelt, das auf die spezifischen Teilaufgaben bezogen ist und sich von jenem der übrigen Organisationsmitglieder zum Teil erheblich unterscheidet. Dies kann beispielsweise dazu führen, daß verschiedene Entscheidungsträger Tatbestände unterschiedlich wahrnehmen.

(5) Die unmittelbare Umwelt der einzelnen Organisationsmitglieder besteht in den vielfältigen formalen, aber auch informalen Gruppen innerhalb der Organisation. Gruppen tendieren zu einer gewissen Uniformität der Gruppenmeinung. Sie entwickeln eine spezifische Kultur. Je mehr sich das einzelne Organisationsmitglied mit diesen Gruppen identifiziert, desto mehr sind seine Werte und Überzeugungen in der Gruppenmeinung verankert. Da die Gruppen dazu neigen, die interne Interaktion auf Kosten der externen zu intensivieren, ist zu erwarten, daß die einzelnen Organisationseinheiten ihren relativ geschlossenen Charakter verstärken. Die Subkulturen der einzelnen Gruppen streben noch mehr auseinander.

Die soziale Differenzierung des Systems erhöht das Konfliktpotential in der Organisation. Letztlich setzt die Arbeitsteilung, die unter dem Gesichtspunkt einer Effizienz in Erfüllung der Gesamtaufgabe vorteilhaft ist, soziale „Zentrifugalkräfte" in Bewegung, die desintegrierende Wirkungen besitzen. Die Integration des Systems wird damit zu einem ständigen Problem der Erhaltung der Organisation.

1.312 Systemelemente und Produktionsfaktoren

Verkehrsbetriebe erfüllen ihre komplexen Aufgaben, indem sie Stoffe und Energien aus der Umwelt aufnehmen und diese in Verkehrsleistungen transformieren, die sie an ihre Umwelt wieder abgeben. Dieser Transformationsprozeß wird durch zum Teil komplizierte Technologien gekennzeichnet, die den Einsatz von technischen Verkehrsmitteln als aktive Elemente des Systems erforderlich machen. Betriebswirtschaftliche Organisationen sind somit nicht auf die soziale Dimension beschränkte Mensch-Mensch-Systeme, sondern durch mehr oder weniger komplizierte Technologien geprägte Mensch-Maschine-Systeme. Der Aufbau, die Struktur und das Verhalten solcher Organisationen wird in entscheidendem Maße von technologischen Gesetzmäßigkeiten bestimmt.

Dieser sozio-technische Charakter betriebswirtschaftlicher Organisationen wird in der Betriebswirtschaftslehre seit langem berücksichtigt. So wird der Verkehrsbetrieb in herkömmlicher Weise etwa als eine Zusammenfassung von Menschen und technischen Einrichtungen unter einheitlicher Leitung zur Erbringung spezifischer Verkehrsleistungen charakterisiert.

Elemente von Verkehrsbetrieben

Bei der Analyse der Elemente eines Verkehrsbetriebes sind aktive und passive Elemente zu unterscheiden. Aktive Elemente sind die Menschen, Maschinen und technischen Einrichtungen, insbesondere die unter der Regie des Verkehrsbetriebes stehenden Verkehrsmittel. Passive Elemente sind die Stoffe, die Energie und die Informationen, die als Inputs von den aktiven Elementen aufgenommen, gespeichert, verarbeitet, transportiert und letzten Endes an die Umwelt wieder abgegeben werden. Grundsätzlich sind die Verkehrsobjekte, auf die sich die verkehrsbetriebliche Leistung erstreckt, als passive Elemente des Systems zu bezeichnen. Beim Personenverkehr ist es jedoch durchaus möglich, daß die zu befördernden Personen gleichzeitig Steuerungsfunktionen übernehmen. Das Verkehrsobjekt ist hier gleichzeitig aktives Element des Systems (z. B. der Pkw-Fahrer).

Diese allgemeine Charakterisierung der Systemelemente eines Verkehrsbetriebes läßt jedoch noch offen, wie das sozio-technische System „Verkehrsbetrieb" gegen seine Umwelt abgegrenzt werden soll, d. h., welche Menschen und technischen Einrichtungen zum System gerechnet werden müssen.

Betrachtet man zunächst die Menschen als Systemelemente, so ist vom Autorisierungsrecht der Kernorgane auszugehen. Zum System „Verkehrsbetrieb" sind dann jeweils alle Personen zu rechnen, die dem Autorisierungsrecht der durch die Verfassung der Organisation festgelegten obersten Kernorgane des Systems unterliegen. Im Lichte dieser Systemabgrenzung werden sicherlich Arbeiter und Angestellte des Verkehrsbetriebes als Mitglieder bzw. Systemelemente anzusehen sein. Durch Abschluß eines Dienstvertrages unterwerfen sie sich in mehr oder weniger präzisierten Grenzen dem Autorisierungsrecht der Kernorgane. Kritisch ist freilich, ob Personen, die im Rahmen des Personenverkehrs befördert werden, als (zeitweilige) Elemente des Systems anzusehen sind. Dies ist zu bejahen, wenn man berücksichtigt, daß ein Beförderungsvertrag im Personenverkehr stets auf allgemeine Beförderungsbestimmungen Bezug nimmt, die unter anderem vorsehen, daß die zu befördernden Personen den Weisungen des Fahrpersonals Folge zu leisten haben. Mit dem Abschluß des Beförderungsvertrages unterwirft sich die Person somit einem freilich äußerst begrenzten Autorisierungsrecht von Mitgliedern des Systems.

Im Falle technischer Systemelemente, von Energie, Stoffen und Informationen ist der Begriff des Autorisierungsrechts ohne Sinn. Man könnte zunächst geneigt sein, bei ihrer Abgrenzung von den Eigentumsverhältnissen auszugehen. Danach wären nur solche Verkehrsmittel, technischen Einrichtungen, Stoffe und Informationen Elemente des Verkehrsbetriebes, an denen die Träger des Verkehrsbetriebes oder der Verkehrsbetrieb selbst (etwa als juristische Person) Eigentumsrechte besitzen. Solche Eigentumsrechte sind die Grundlage für die nur in geringem Umfang beschränkte Disposition und Nutzung der Elemente durch den Betrieb. Das Recht hierzu kann jedoch auch anderweitig begründet sein. Miet-, Pacht- und Beförderungsverträge bringen technische Einrichtungen, Energie, Stoffe und Informationen ebenfalls in die Verfügungsgewalt des Verkehrsbetriebes. Solche vertraglichen Grundlagen beschränken zwar diese Verfügungsgewalt durch die Kernorgane. Dennoch erscheint es zweckmäßig, beispielsweise gemietete Verkehrsmittel oder beförderte Informationen als Elemente der Umwelt zu bezeichnen. Die vertraglichen Bestimmungen legen allenfalls den Entscheidungen im Verkehrsbetrieb Beschränkungen auf, die bei Vorliegen eines Eigentums nicht wirksam werden würden.

Für Verkehrsbetriebe typisch ist die Tatsache, daß sie sich in vielen Fällen Verkehrswegen bedienen, die öffentliche Güter sind und deren Benutzung keiner vertraglichen Grundlage mit dem Eigentümer bedarf. Es entspricht dem allgemeinen Sprachgebrauch, wenn man solche öffentlichen Wege nicht zu den Elementen logistischer Betriebswirtschaften rechnet.

Werden lediglich die aktiven Elemente beachtet, so ist es für Verkehrsbetriebe im Gegensatz zu den meisten anderen Betriebswirtschaften typisch, daß sich deren Standorte zeitlich häufig und vielfach rasch ändern. Von dieser Änderung sind zwangsläufig auch die passiven Elemente betroffen. Zeichnet man danach modellhaft die Grenzen des Verkehrsbetriebes, die alle Elemente dieses Systems umfassen, so erhält man ein Gebilde, in dem ein Kernbereich, etwa der Ort der Verwaltung, dominiert, während viele „Exklaven" den breiten räumlich-zeitlichen Zusammenhang der Leistungserstellung (z. B. auf Tour befindliche Lastkraftwagen mit Begleitpersonal, Kraftstoff und Ladung) sichtbar machen. Es ist unschwer einzusehen, daß diese Eigenschaft der Systemgrenzen spezifische Probleme bei der Steuerung und Regelung des Systems mit sich bringt. So wird die Kommunikation zwischen dem „Kern" und der „Exklave" zum Problem, was letztlich dazu führt, diesen „Exklaven" eine vergleichsweise große Autonomie zu gewähren.

Verkehrsbetrieb und Produktionsfaktoren

In der traditionellen Betriebswirtschaftslehre ist es üblich, Aspekte der Systemelemente zum Teil im Rahmen der Abgrenzung und Systematisierung der Produktionsfaktoren einer Betriebswirtschaft zu diskutieren. Das wohl am weitesten verbreitete Faktorsystem ist jenes von Gutenberg, der seine Konzeption selbst wie folgt zusammenfaßt:

> „Der gesamtbetriebliche Prozeß läßt sich als eine Kombination von Arbeitsleistungen und maschineller Apparatur zum Zwecke der Erstellung und Verwertung von Sachgütern oder Dienstleistungen auffassen. Die Arbeitsleistungen und die technische Apparatur, für die man auch den Ausdruck ‚Betriebsmittel' verwenden kann, bezeichnen wir als die Elementarfaktoren der betrieblichen Betätigung. Da in Fabrikationsbetrieben zur Leistungserstellung auch Werkstoffe in Form von Rohstoffen, Halbfabrikaten, Einzelteilen u. a. verwendet werden, erweist sich in diesen Betrieben außer den beiden Elementarfaktoren Arbeitsleistungen und Betriebsmittel der Werkstoff als dritter Elementarfaktor. Da nun die betriebliche Leistungserstellung und -verwertung auf menschlichen Entscheidungen beruhen, die nach bestimmten Grundsätzen getroffen werden (z. B. möglichst wirtschaftlich, d. h. sparsam, zu arbeiten), so tritt zu den drei Elementarfaktoren ein dispositiver Faktor hinzu, die Geschäfts- und Betriebsleitung. Ihre Aufgabe ist es, die Elementarfaktoren zu kombinieren. Versagt der dispositive Faktor, dann kann kein geordneter betrieblicher Prozeß zustande kommen. Werden die beiden Führungsfunktionen Planung und Organisation auf besondere Instanzen übertragen, dann gliedert sich der dispositive Faktor in die drei Faktoren: Geschäfts- und Betriebsleitung, Planung und Organisation. *Das System der produktiven Faktoren* besteht dann aus dem System der drei Elementarfaktoren: menschliche Arbeitsleistungen, Betriebsmittel, gegebenenfalls auch Werkstoffe, und den drei dispositiven Faktoren: Geschäfts- und Betriebsleitung, Planung und Betriebsorganisation"[3].

Grundsätzlich läßt sich auch — von einigen Modifikationen abgesehen — ein Verkehrsbetrieb als eine solche Kombination von Produktionsfaktoren untersuchen. Aus der spezifischen Eigenheit der Verkehrsbetriebe und aus der hier vertretenen systemtheoretischen Konzeption sind dem Vorschlag Gutenbergs freilich einige Bedenken entgegenzubringen.

Die wichtigsten dieser Bedenken richten sich gegen die Einordnung des Menschen in das System der produktiven Faktoren. Der Mensch erscheint bei Gutenberg einmal als Elementar- und zum anderen als dispositiver Faktor. Geht man von systemtheoretischen Kategorien aus, so ist zunächst festzustellen, daß Gutenberg mit dem Elementarfaktor Arbeit nicht das aktive Element „Arbeiter", sondern den (energetischen) Output dieses Elements oder

---

[3] Gutenberg (1958), S. 27.

den zu diesem Output führenden Transformationsprozeß als Produktionsfaktor bezeichnet (objektbezogene Arbeit). Es erscheint jedoch zweckmäßig, den Menschen selbst im Sinne eines aktiven Elements als Produktionsfaktor zu bezeichnen. Ist er es doch selbst, der in persona bestimmte Funktionen in der Organisation ausfüllt. Das Gesamtsystem muß deshalb auch auf die spezifischen physiologischen und psychologischen Eigenheiten des Systemelements „Arbeiter" Rücksicht nehmen und sich gegebenenfalls auf ihn einstellen.

Schwierigkeiten bereitet auch die Abgrenzung von objektbezogener und dispositiver Arbeit. Die Leistung eines Arbeiters, der unmittelbar an einem objektbezogenen Kombinationsprozeß beteiligt ist, besteht weitgehend auch in der Übernahme der Steuerungs- bzw. Regelungsfunktionen. Bei weitgehend automatisierten Prozessen beschränkt sich der energetische Output letztlich auf Manipulationen der Stellgrößen des Prozesses, während die eigentliche Stoffbearbeitung von Maschinen übernommen wird. Der „objektbezogene" Arbeiter wird — je nach dem Grad der Automatisierung — selbst zum „dispositiven" Arbeiter.

Der dispositive Faktor „Betriebs- und Geschäftsleitung" mit seinen Derivaten „Planung" und „Organisation" ist im Lichte des Systemansatzes mit dem Informations- und Entscheidungssystem der Organisation identisch, das der Steuerung und Regelung der Objektprozesse im Betrieb dient. Als funktionales Subsystem der Organisation stellt es selbst ein komplexes sozio-technisches System dar, dessen Elemente sowohl Menschen als auch Maschinen (z. B. Computer) bilden, welche durch ein Netz informationeller Kopplungen verknüpft sind. Es erscheint nicht sinnvoll, dieses komplexe Subsystem pauschal als Produktionsfaktor zu bezeichnen und es neben die aktiven und passiven Elemente des Systems (Betriebsmittel, Arbeiter, Verkehrsobjekte) zu stellen. Außerdem steht die Charakterisierung der Organisation als derivativer dispositiver Faktor der Betriebswirtschaft in Widerspruch zu der hier vertretenen Konzeption, die das gesamte System „Betriebswirtschaft" als Organisation auffaßt und bezeichnet.

Folgt man diesen mehr terminologischen Einwendungen, so erscheint es zweckmäßig, das System der Produktionsfaktoren nicht zur zentralen Konzeption für die Charakterisierung von Elementen, Aufbau und Struktur eines Verkehrsbetriebes zu erheben. Sie ist vielmehr durch den erheblich allgemeineren Ansatz der Systemtheorie zu ersetzen, der auf Organisationen schlechthin Anwendung finden kann und nicht — wie das betriebswirtschaftliche Faktorsystem — mehr oder weniger auf die Besonderheiten industrieller Produktionsbetriebe abgestellt ist. Der Begriff des Produktionsfaktors wird lediglich als Teil einer theoretischen Sprache aufgefaßt, die der Analyse der Verbrauchsvorgänge in betriebswirtschaftlichen Produktionsprozessen dient. Dabei werden die Produktionsfaktoren in enger Anlehnung an die Termini der aktiven, passiven und hybriden Systemelemente definiert. Seine Rechtfertigung erfährt die (wenn auch beschränkte) Verwendung des Begriffes des Produktionsfaktors aus der Möglichkeit, bei der Analyse von Produktionsprozessen in Verkehrsbetrieben auch solche in den Kombinationsprozeß eingehenden Elemente als Produktionsfaktoren zu bezeichnen, die — wie etwa öffentliche Verkehrswege — nicht Elemente des Systems „Verkehrsbetrieb", sondern Elemente seiner Umwelt sind. Es ist dann zwischen externen und internen Produktionsfaktoren zu unterscheiden. Nur die internen Faktoren sind gleichzeitig Systemelemente des sozio-technischen Systems „Verkehrsbetrieb".

1.313 Die Anreiz-Beitrags-Betrachtung

Betriebswirtschaften und damit auch Verkehrsbetriebe sind primär utilitaristische Organisationen. Die Teilnahme der Organisationsmitglieder, Kunden, Lieferanten, Kapitalgeber usw. beruht vorwiegend auf einem „materialistischen" Anreiz-Beitrags-Kalkül[4], nicht jedoch auf Zwang oder normativen Bindungen. Eine utilitaristische Organisation kann als eine Art „Koalition" von Teilnehmern gesehen werden. Die internen und externen Teilnehmer bilden kein Team. Sie besitzen keine identische Wertordnung. Sie nehmen nur an der Organisation teil, weil sie sich hieraus etwas für die Verfolgung ihrer individuellen Ziele versprechen, die durchaus in Konflikt zu den Zielen der übrigen Organisationsteilnehmer stehen können.

Teilnehmer einer Organisation ist jedes Individuum oder jede andere Organisation bzw. Gruppe, die Beiträge an die Organisation leistet und dafür Anreize erhält. *Anreiz* ist jede Transaktion zwischen Organisation und Teilnehmer, die dieser positiv bewertet, *Beitrag* jede Transaktion, die dieser negativ bewertet. Neben materiellen Anreizen und Beiträgen gibt es in jeder Organisation eine Fülle immaterieller Anreize und Beiträge. So mag es für einen bestimmten Teilnehmer ein Anreiz sein, in der Organisation Ansehen zu genießen und soziale Kontakte zu besitzen.

Jeder Teilnehmer wird seine Teilnahme nur so lange routinemäßig fortsetzen und die von ihm erwarteten Beiträge leisten, wie er den „Nutzen" der Anreize größer als die „Kosten" der Beiträge einschätzt. Die Bewertung von Anreizen und Beiträgen erfolgt im Lichte der subjektiven Werte und Ziele dieses Organisationsteilnehmers unter Berücksichtigung der Alternativen, die in Form anderer Organisationen offenstehen. Eine Störung des Anreiz-Beitrags-Saldos bzw. die Antizipation einer solchen Störung veranlaßt den Organisationsteilnehmer in der Regel, seine Teilnahme zu überdenken. Dabei kann er sich als Anpasser verhalten: Er scheidet aus der Organisation aus oder vermindert seine Beiträge, soweit dies mit einer weiteren Teilnahme verträglich ist. Eine Anpassung kann jedoch auch in einer Reduzierung der Ansprüche und in einer das Anreiz-Beitrags-Gleichgewicht wieder herstellenden Neubewertung von Anreizen und Beiträgen bestehen. Der Organisationsteilnehmer kann jedoch auch auf eine Anpassung verzichten und versuchen,

---

[4] Zur Anreiz-Beitrags-Theorie vgl. Barnard (1938); March und Simon (1958), S. 84 ff.

aktiv auf die innerorganisatorischen Entscheidungen Einfluß zu nehmen. Diese innerorganisatorischen Entscheidungen betreffen letztlich die Transformation der von allen Teilnehmern stammenden Beiträge in die an die Teilnehmer zurückfließenden Anreize. Eng mit dieser Transformationsentscheidung verbunden ist die Allokation der Beiträge und Anreize auf die Teilnehmer. Es gibt praktisch keine innerorganisatorische Entscheidung, die nicht diese Allokation direkt oder indirekt beeinflussen würde. Es ist unter anderem eine Frage der Machtverteilung zwischen den Teilnehmern einer Organisation, wessen Anreiz-Beitrags-Überlegungen die innerorganisatorischen Entscheidungen dominieren.

Anreize und Beiträge als kritische Variablen

Die Anreize und Beiträge der Teilnehmer stellen im Lichte der Anreiz-Beitrags-Theorie die kritischen Variablen des homöostatischen Systems „Organisation" dar. Die Organisation „überlebt" nur, wenn sie solvent bleibt. Die Transformation der Beiträge in die Anreize und deren Allokation muß so geartet sein, daß alle Organisationsteilnehmer im Lichte ihrer subjektiven Werte den Nutzen höher bewerten als die Kosten. Scheidet ein Organisationsteilnehmer aus, weil ihm die Anreize nicht mehr hoch genug erscheinen, und gelingt es der Führung der Organisation nicht, einen Nachfolger zu finden, so fallen dessen Beiträge aus, die unter Umständen für die Anreize anderer Organisationsteilnehmer benötigt werden. Dies kann zu einer Kettenreaktion führen, bis schließlich die Organisation auseinanderfällt.

Diese Überlebensbedingungen der Anreiz-Beitrags-Theorie sind jedoch einzuschränken: Eine Störung des Anreiz-Beitrags-Gleichgewichts kann bei Organisationsteilnehmern (vor allem bei den internen Mitgliedern) ein Problemlösungsverhalten auslösen. Je länger die Zeit für die Entscheidungsfindung ist, desto länger hat die Organisation Zeit, durch innerorganisatorische Entscheidungen zu kompensierenden Maßnahmen zu greifen. Es ist durchaus möglich, daß diese kompensierenden Maßnahmen in einer Reallokation der Anreize und Beiträge bestehen, die zu Störungen des Anreiz-Beitrags-Gleichgewichts anderer Organisationsteilnehmer führen. Die Organisation kann jedoch nicht über längere Zeit die einen Lücken füllen und neue entstehen lassen. Nicht jede Reallokation muß freilich zu Störungen des Anreiz-Beitrags-Gleichgewichts irgendwelcher Organisationsteilnehmer führen. Viele Organisationsteilnehmer erhalten mehr Anreize, als eigentlich zur Aufrechterhaltung ihrer Teilnahme erforderlich wäre. Es entsteht — um mit Cyert und March zu sprechen — ein „organizational slack"[5]. Dieser „Bodensatz" bildet eine Reserve, die abgebaut und umverteilt werden kann, wenn sich die Umwelt der Organisation ungünstig entwickelt und die einzelnen Organisationsteilnehmer schwerwiegende Störungen erwarten. Dieser slack muß nicht bewußt geplant sein. Er kann z. B. auf unvollkommene Informationen oder auf eine großzügige Kontrolle der Träger innerorganisatorischer

---

[5] Vgl. Cyert und March (1963), S. 36 ff.

Entscheidungen zurückzuführen sein. Vom slack zu unterscheiden sind jene Reserven, die sich die Organisation bewußt dadurch bildet, daß sie Teile der Beiträge einzelner Teilnehmer speichert und nicht unmittelbar als Anreize ausschüttet. Es versteht sich von selbst, daß auch solche Reserven die Überlebenschancen erhöhen.

Verkehrsbetriebe bieten nicht selten Anreize, die den Charakter öffentlicher Güter besitzen. Sofern das Ausschlußprinzip nicht realisierbar ist, besitzt der Verkehrsbetrieb Teilnehmer, die Anreize erhalten, ohne äquivalente Beiträge zu leisten. Das gleiche gilt, wenn die verkehrsbetrieblichen Leistungen „externe Wirkungen" aufweisen, die nicht internalisiert werden können.

In vielen Fällen steht der Verkehrsbetrieb vor der Situation, daß die von den Teilnehmern geleisteten Beiträge nicht ausreichen, die zum Überleben erforderlichen Anreize zu produzieren. Dies ist insbesondere der Fall, wenn der Staat die Verkehrsbetriebe zwingt, bestimmte kollektive Dienstleistungen anzubieten, gleichzeitig aber die Realisierung des Ausschlußprinzips entweder verhindert oder dafür sorgt, daß die Preise (Tarife) für diese Verkehrsleistungen aus sozialen oder sonstigen Gründen bewußt niedrig gehalten werden. In solchen Fällen entstehen Defizite, gleichzeitig aber auch externe Nutznießer, deren Anreize ihre Beiträge ganz erheblich überschreiten.

Die Beschreibung der offiziellen Aufgabe einer Organisation enthält in der Regel Hinweise darauf, für welchen Personenkreis in erster Linie Anreize, d. h. Leistungen, erstellt werden sollen. Gleichzeitig ist festgelegt, ob dieser Personenkreis auch Beiträge hierfür zu leisten hat, welche die „Kosten" der Leistungen decken. Es stehen sich dann solche Organisationen gegenüber, bei denen die Abnehmer (Kunden, Klienten) auch die Kosten zu tragen haben, und solche Organisationen, bei denen die Kosten bzw. das Beitragsdefizit von anderen zu tragen ist. Es versteht sich von selbst, daß in letztgenannten Organisationen das Überleben von der weiteren Teilnahme eines „Gönners" oder „Mäzens" abhängt. Diesem steht häufig auch die Trägerfunktion des Systems zu, d. h., er hat das verfassungsmäßige Recht, die Kernorgane des Systems zu besetzen. Die Empfänger öffentlicher Dienste bzw. Anreize sind die primären Nutznießer dieser Organisation. Ihr Anreiz-Beitrags-Saldo weist einen „Gewinn" auf, dessen Entstehen beabsichtigt ist.

Typen von Organisationen

Die Verfassung einer Organisation beinhaltet in diesem Zusammenhang auch Hinweise darauf, ob (1) die Abnehmer gleichzeitig auch Träger der Organisation sind, ob (2) die Träger die primären Nutznießer darstellen und ob (3) sie ein möglicherweise eintretendes Defizit zu tragen haben. Unter Bezugnahme auf diese jeweils zweiwertigen Merkmale lassen sich acht Organisationstypen bilden. Nicht alle sind gleichermaßen relevant oder können in der Realität tatsächlich vorkommen. Wir wollen im folgenden nur einige Typen herausgreifen, die für Verkehrsbetriebe besonders wichtig erscheinen:

(1) Ein erster Typ, der als *kooperative* Organisation oder „mutual benefit organization" bezeichnet werden kann, liegt vor, wenn die Abnehmer gleichzeitig Träger der Organisation und als solche sowohl primäre Nutznießer als auch Haftende für ein möglicherweise eintretendes Defizit sind. Beispiele hierfür sind genossenschaftliche Verkehrsbetriebe, die für ihre Mitglieder (meist kollektive) Verkehrsmittel bzw. Verkehrsleistungen bereitstellen.

(2) Typisches Beispiel für einen zweiten Typ von Organisationen ist die *private, erwerbswirtschaftliche* Verkehrsunternehmung. Hier sind die Kunden nicht gleichzeitig Träger des Systems, die Träger aber sowohl Nutznießer als auch Haftende für das Defizit.

(3) Die öffentliche Verkehrsleistungen bereitstellenden Organisationen entsprechen normalerweise einem dritten Typ von Organisationen. Auch hier sind die Abnehmer bzw. Kunden nicht die Träger des Systems. Sie sind aber — wie wir gesehen haben — die primären Nutznießer, während die Träger das eventuell auftretende Defizit übernehmen. In aller Regel übernimmt der Staat diese Funktion. Es liegen *öffentliche* Verkehrsbetriebe vor.

(4) Verkehrsbetriebe treten schließlich bisweilen auch in einem vierten Organisationstyp auf. Auch hier sind die Kunden nicht die Träger, wohl aber die primären Nutznießer. Das Defizit wird jedoch von einem „Mäzen" getragen, der nicht gleichzeitig Träger des Systems ist. Hierzu sind etwa staatlich *subventionierte private* Verkehrsbetriebe zu rechnen.

Im Falle der letzten beiden Typen von Organisationen hängt das Überleben des Systems wesentlich davon ab, ob der Staat bereit ist, das Defizit weiter zu übernehmen. Dies macht deutlich, daß das Überleben des Systems nicht allein im Lichte der Anreiz-Beitrags-Theorie zu diskutieren ist, die davon ausgeht, daß alle Teilnehmer einen ausgeglichenen Anreiz-Beitrags-Saldo aufweisen müssen.

Einschränkungen der Anreiz-Beitrags-Betrachtung

Die Anreiz-Beitrags-Theorie im engeren Sinne verliert weiter an Bedeutung, wenn man berücksichtigt, daß auch primär utilitaristische Organisationen Elemente normativer Organisationen aufweisen können. Die einzelnen Organisationsteilnehmer identifizieren sich unter Umständen mit der Organisation. Ihre Teilnahme beruht zum Teil auf normativen Bindungen, die nicht einem „rationalen" Anreiz-Beitrags-Kalkül unterliegen. Je größer diese Bindungen sind, desto eher wird der Organisationsteilnehmer bereit sein, kurzfristig „Opfer" zu übernehmen.

Die begrenzte Gültigkeit der Anreiz-Beitrags-Theorie läßt es geraten erscheinen, von einer etwas allgemeineren Konzeption der funktionalen Erfordernisse des Überlebens auszugehen. Parsons nennt beispielsweise Aufgabenerfüllung (goal attainment), Struktur- bzw. Kulturerhaltung (pattern maintenance), Integration (integration) und Anpassung (adaption)[6]. Die Organisation überlebt nur, wenn sie eine von der Umwelt akzeptierte Aufgabe erfüllt, die als Anreiz aufgefaßt und durch Beiträge bzw. Übernahme eines Defizits honoriert wird. Die Organisation muß aber auch in der Lage sein, ihre Mitglieder zu einem rollen- bzw. normenkonformen Verhalten zu bewegen; dies impliziert nicht zuletzt auch, daß die Mitglieder die verfassungsmäßigen Autorisierungsrechte der Kernorgane als legitim erachten. Das Erfordernis der Integration ist besonders problematisch, weil die Aufgabenteilung eine soziale Differenzierung und damit desintegrierende Tendenzen im System hervorruft. Schließlich macht die Tatsache, daß eine Organisation ein offenes System ist, die Funktion einer laufenden Anpassung dieses Systems an Veränderungen der Umwelt erforderlich.

1.314 Funktionale Subsysteme der Organisation

Ein funktionales Subsystem wird gebildet, wenn man gedanklich jene Elemente und strukturellen Subsysteme der Organisation zusammenfaßt, die an der Erfüllung einer bestimmten Funktion innerhalb der Organisation beteiligt sind. Nur in Ausnahmefällen sind funktionale Subsysteme gleichzeitig strukturelle Einheiten der Organisation. Meist sind mehrere strukturelle Einheiten an der Erfüllung einer Funktion beteiligt. Einzelne strukturelle Einheiten erfüllen umgekehrt in der Regel mehrere Funktionen. In der Organisationstheorie lassen sich viele Verallgemeinerungen auf funktionale Subsysteme beziehen. Die spezifische strukturelle Gestaltung dieser funktionalen Subsysteme ist dann nur eine unter mehreren Variablen, die bei der Analyse zu betrachten sind. In vielen Fällen übernehmen auch externe Organisationsteilnehmer, die nicht unter dem Autorisierungsrecht der organisatorischen Kernorgane stehen, Funktionen des Systems: Die Subsysteme besitzen grenzüberschreitenden Charakter.

Im folgenden soll zwischen den Kern- und den Grenzsystemen der Organisation einerseits und den Informations- und Entscheidungssystemen andererseits unterschieden werden. Diese Unterscheidung ist zweidimensional zu sehen. Das Informations- und Entscheidungssystem steht nicht neben den übrigen Systemen. Es umfaßt vielmehr die in allen Kern- bzw. Grenzsystemen der Organisation wesentliche Funktion der Steuerung und Regelung der jeweiligen Objektprozesse.

Kern- und Grenzsysteme

Als Kern- bzw. Grenzsysteme sind das Produktionssystem, das Erhaltungssystem, die Transaktionssysteme und das institutionelle System zu unterscheiden (vgl. Abb. 1.13)[7].

---

[6]) Vgl. Parsons (1961), S. 38 ff.
[7]) Vgl. hierzu auch die Unterscheidung von Katz und Kahn (1966), S. 39 ff.

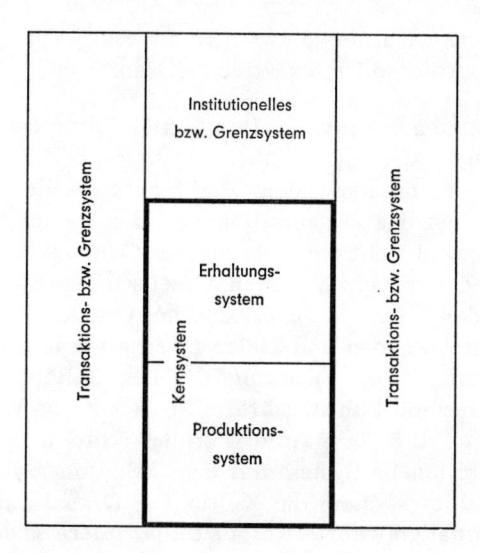

Abb. 1.13: Die funktionalen Subsysteme der Organisation

(1) Jede Organisation besitzt ein *Produktionssystem*, das die in Zusammenhang mit der primären Aufgabe (Domäne) erforderliche Transformation von Inputs an Stoffen, Energie und auch Informationen in die gewünschten Outputs, d. h. die Leistungserstellung, realisiert. Das Produktionssystem ist das technische Kernsystem der Organisation.

(2) Jede Organisation absorbiert einen Teil des Inputs, der der Erhaltung des Systems selbst dient. Das *Erhaltungssystem* ist das zweite Kernsystem der Organisation. Es ist für die Aufrechterhaltung der technischen, insbesondere jedoch der menschlichen Leistungsbereitschaft zuständig. Im menschlich-sozialen Bereich stehen die Fragen der Struktur- und Kulturerhaltung im Vordergrund. Neue Mitglieder sind mit der Kultur (den Rollen, den Normen) der Organisation vertraut zu machen und in ihre Rollen einzuweisen. Neben der Sozialisation der Mitglieder ist eine hinreichende Leistungsmotivation und Rollenkonformität durch adäquate Gestaltung der Leistungsanreize zu sichern.

(3) Die Organisation kann nur überleben, wenn die erforderlichen Inputs beschafft und die erstellten Leistungen auch verwertet werden. Um die Kernsysteme gruppieren sich daher die *Transaktionssysteme* der Organisation. Sie bewerkstelligen die Input- und Outputtransaktionen mit ihrer Umwelt. Hierzu gehört die Versorgung mit Stoffen, Energie und finanziellen Mitteln ebenso wie die Beschaffung von technischen Einrichtungen und die Rekrutierung von Organisationsmitgliedern. Katz und Kahn sprechen vom Produktionsversorgungssystem, das sie als Grenzsystem charakterisieren. Es hängt vom Untersuchungszweck ab, ob man mehrere Grenzsysteme unter-

scheiden will. So kann man etwa zwischen Beschaffungs- und Absatzsystem der betriebswirtschaftlichen Organisation differenzieren.

(4) Von den unmittelbaren mit den Input- und Outputtransaktionen befaßten Grenzsystemen ist das *institutionelle System* der Organisation als weiteres Grenzsystem zu unterscheiden. Das institutionelle System regelt die Beziehungen zwischen der Organisation und der sie umgreifenden Gesellschaft. Im Vordergrund steht die Sicherung der Unterstützung und der positiven Einstellungen der verschiedenen Gesellschaftsschichten und Institutionen gegenüber der Organisation. Es sind positive Attitüden gegenüber der Organisation, ihren Aufgaben und Zielen zu schaffen und zu bewahren. Von besonderer Bedeutung ist die Sicherung der Legitimität der Verfassung der Organisation, aus der die Führungskräfte ihr Recht auf Willensbildung und Willensdurchsetzung, d. h. ihre Autorisierungsrechte, ableiten. In gewissem Sinne ist das institutionelle System mit dem Erhaltungssystem vergleichbar. Während das Erhaltungssystem die Kultur der Organisation durch Sozialisation und Indoktrination wahrt, richtet sich das Interesse des institutionellen Systems u. a. darauf, die gesellschaftlichen Ideologien zur Rechtfertigung der Autorisierungsrechte der organisatorischen Kernorgane zu erhalten.

Die Unterscheidung in Kern- und Grenzsysteme darf nicht dahin gehend mißverstanden werden, daß die Kernsysteme keine Umweltbeziehungen aufweisen. Es fehlen ex definitione zunächst nur die Transaktionsbeziehungen. Dennoch sind die Kernsysteme informationell, aber auch stofflich-energetisch mit der Umwelt verbunden. Sie sind damit auch Umweltstörungen ausgesetzt, die den Produktions-, aber auch den Erhaltungsprozeß des Systems beeinträchtigen. Vor allem bei Verkehrsbetrieben vollzieht sich die eigentliche Leistungserstellung überwiegend in Exklaven, die besonders schwer gegen Umweltstörungen abzuschirmen sind. Die Störungsanfälligkeit des Erhaltungssystems wird deutlich, wenn man sich in Erinnerung ruft, daß die Organisationsmitglieder — um deren Rollenkonformität es im Erhaltungssystem u. a. geht — auch anderen Gruppen und Organisationen angehören. Sie bilden „Kanäle", über die immer wieder Störungen wirksam werden können. Auch die Kernsysteme sind somit erheblichen Umweltstörungen ausgesetzt, denen laufend mit kompensierenden Maßnahmen begegnet werden muß.

Die „Matrix" der Subsysteme

In der Betriebswirtschaftslehre ist es üblich, neben anderen vor allem Produktion, Absatz, Beschaffung und Finanzierung als Funktionsbereiche (funktionale Subsysteme) zu behandeln. Produktion, Absatz und Beschaffung fügen sich ohne Schwierigkeiten in die dargelegte Typologie von Kern- bzw. Grenzsystemen ein. Anders verhält es sich mit dem Finanzierungssystem. Der Finanzierungsbegriff hat im Laufe der Zeit eine erhebliche Ausweitung erfahren.

Ursprünglich verstand man unter Finanzierung lediglich die Beschaffung von Kapital. In dieser Sicht war das Finanzierungssystem ein spezifisches Transaktionssystem. Später wurden auch Tilgungen und Kapitalumschichtungen in den Finanzierungsbegriff miteinbezogen. Die nächste Phase war erreicht, als Kapitalaufbringung und Kapitaldisposition (also auch Aspekte der Investition) begrifflich erfaßt wurden. Einen vorläufigen Abschluß erfuhr diese Entwicklung, als schließlich unter „Finanzierung" oder „Finanzwirtschaft" die Steuerung sämtlicher Zahlungsströme innerhalb der Betriebswirtschaft und zwischen der Betriebswirtschaft und ihrer Umwelt verstanden wurde. Damit wird unter Finanzierung letztlich eine Funktion gesehen, die die übrigen Funktionsbereiche (Produktion, Absatz, Beschaffung) durchdringt. Eine matrixähnliche Darstellung der Funktionsbereiche bietet sich an. Neben den klassischen Funktionen Produktion, Absatz und Beschaffung und deren Ergänzungen im Sinne der dargestellten Konzeption der Kern- und Grenzsysteme können auch Funktionen bzw. funktionale Subsysteme gebildet werden, deren Abgrenzung an den Flußgrößen (flows) anknüpft, die eine Betriebswirtschaft stetig oder auch gelegentlich durchlaufen bzw. mit der Umwelt verbinden. Zahlungsströme, Materialströme, Personal, Anlagen (equipment) können solche flows sein und damit die Basis für die Abgrenzung von Matrixfunktionen bilden. Im Zentrum dieser Unterscheidung steht die Logistik als eine solche Matrixfunktion. Sofern sich die betriebliche Leistungserstellung auf Informationen bezieht (z. B. Zeitungsverlag, Marktforschungsinstitut), können auch diese Informationen zum Gegenstand einer entsprechenden Matrixfunktion gemacht werden. Davon sind freilich jene Informationsströme zu unterscheiden, die der Steuerung und Regelung des organisationalen Geschehens dienen. Sie sind im Rahmen des Informations- und Entscheidungssystems der Organisation zu betrachten.

Das Informations- und Entscheidungssystem

Das Informations- und Entscheidungssystem dient der Steuerung und Regelung der Objektprozesse im Rahmen der Kern- und Grenzsysteme der Organisation. Bereits an anderer Stelle wurde gezeigt, daß das Informations- und Entscheidungssystem aus drei Subsystemen zusammengesetzt gedacht werden kann: dem politischen, dem administrativen und dem operativen System. Den drei Subsystemen liegen unterschiedliche Typen von Entscheidungen zugrunde. Die Beziehungen zwischen den drei Typen von Entscheidungen sind wie in Abb. 1.14 angedeutet zu sehen. Sowohl operative und administrative als auch politische Entscheidungen können der unmittelbaren Steuerung und Regelung der Objektprozesse dienen, wenngleich Organisationen dazu tendieren, für die unmittelbare Steuerung und Regelung Programme zu entwickeln, die im Rahmen des operativen Systems mehr oder weniger routinemäßig angewandt werden können. Die Entwicklung und Modifikation dieser Programme ist Gegenstand nicht-programmierter, innovativer Entscheidungen sowohl der administrativen wie auch der politischen Ebene. Sie sind administrative Entscheidungen, wenn die Entscheider dabei

Beschränkungen (Ziele, Strategien, Budgets usw.) zu beachten haben, die schließlich im Rahmen politischer Entscheidungen festgelegt und autorisiert werden; sie sind politische Entscheidungen, wenn sie einen Ausfluß individueller Werte und Präferenzen darstellen.

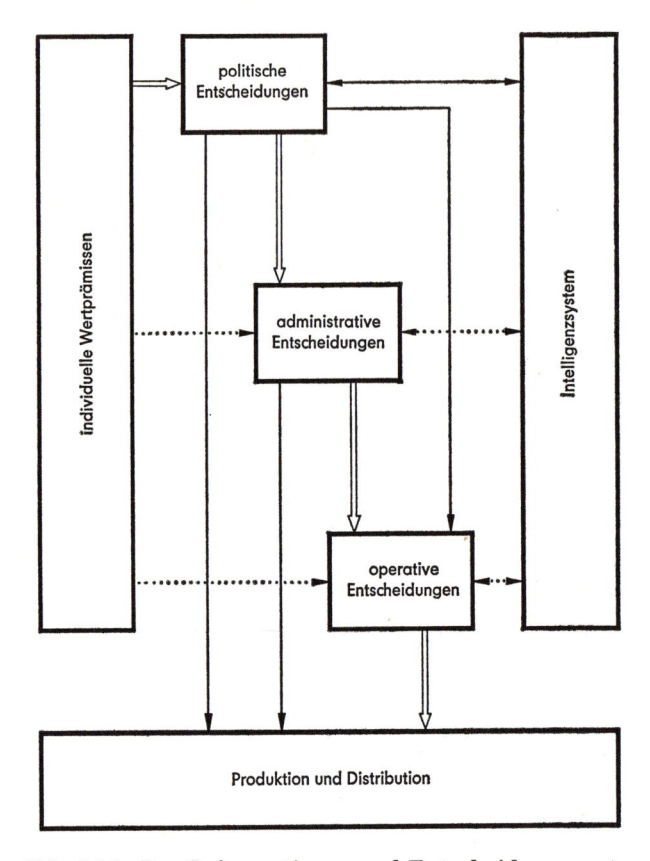

Abb. 1.14: Das Informations- und Entscheidungssystem des Verkehrsbetriebes

Die drei Subsysteme charakterisieren gleichzeitig Stufen, mit denen sich die Organisation an Störungen bzw. Änderungen der Umwelt anzupassen vermag.

(1) Eine Anpassung auf der *operativen* Ebene ist möglich, wenn die Programme des Systems hinreichend flexibel sind. In der Regel sehen die Programme des operativen Systems routinemäßig zu ermittelnde kompensierende Reaktionen für eine überschaubare und vorhersehbare Klasse von Umweltstörungen vor.

(2) Liegen die Umweltänderungen außerhalb dieser Klasse, so hat die Anpassung durch innovative, *administrative* Entscheidungen zu erfolgen: Die

Programme des operativen Systems müssen angepaßt und modifiziert werden. In Ausnahmefällen greifen administrative Entscheidungen direkt in die Steuerung der Objektprozesse ein. Administrativen Entscheidungen obliegt es auch, im Rahmen von Verhandlungen mit Umweltelementen potentiellen Störungen zu begegnen, so daß die operativen Programme weiterhin ihre Gültigkeit behalten können.

(3) Die administrativen Anpassungsentscheidungen bleiben in dem Rahmen, der durch die Beschränkungen des *politischen* Systems gesetzt ist. Erst wenn eine administrative Anpassung nicht möglich erscheint, sind auf der politischen Ebene die Ziele und Strategien, aber auch die grundsätzliche Organisationsstruktur des Systems zu ändern. Politische Entscheidungen können ebenfalls direkt in die Steuerung und Regelung der Objektprozesse eingreifen, ohne daß immer explizite Zielentscheidungen oder strategische Planungen durchgeführt werden.

Das Intelligenzsystem

Das Intelligenzsystem, dessen Bezeichnung vom englischen „intelligence" abgeleitet ist, versorgt die Entscheider auf allen Ebenen des Informations- und Entscheidungssystems mit entscheidungsrelevanten Informationen über die innere und äußere Umwelt sowie mit Problemlösungsvorschlägen[8] (vgl. Abb. 1.14). Es gewinnt Informationen in der Organisation und in der Umwelt und begründet damit die Sensitivität der Organisation gegenüber Änderungen bzw. Störungen in der Organisation und in der Umwelt. Das Intelligenzsystem umfaßt Stäbe, das Rechnungswesen, die Marktforschung sowie die verschiedenen Forschungs- und Entwicklungseinheiten der Organisation. Solche Organisationseinheiten sind weitgehend auf die eigentlichen Intelligenzaufgaben beschränkt. Zum funktionalen Subsystem „Intelligenzsystem" sind jedoch auch solche Organisationseinheiten zu rechnen, die neben der Erfüllung ihrer Intelligenzaufgaben auch an der Autorisierung von Entscheidungen und als Satelliten an deren Beeinflussung beteiligt sind: Untergebene, die selbst Autorisierungsrechte für Entscheidungen niederer Ordnung besitzen, übernehmen in der Organisation in vielen Fällen für die Entscheidungen ihrer Vorgesetzten Intelligenzfunktionen.

Das Intelligenzsystem weist selbst Steuerungs- und Regelungsmechanismen auf, welche die informationellen Objektprozesse dieses Systems betreffen. Auch hier können operative, administrative und politische Entscheidungen unterschieden werden. Die operativen Entscheidungen zur Steuerung der informationellen Objektprozesse sind grundsätzlich automatisierbar. Computerisierte Informationssysteme sind hier begrifflich anzusiedeln. Daneben gibt es aber auch schlecht-strukturierte Problemlösungsprozesse, die entweder Programme für die Informationsverarbeitung ausarbeiten oder Ad-hoc-Entscheidungen über das Vorgehen bei der Gewinnung und Verarbei-

[8] Vgl. Bamberger (1971), S. 16 ff.

tung von Informationen für konkrete Entscheidungen in den Kern- bzw. Grenzsystemen betreffen. Schließlich ist zu beachten, daß in jeder Organisation auch eine *Informationspolitik* betrieben wird, also auch im Rahmen des Intelligenzsystems politische Entscheidungen — etwa über die Allokation der knappen finanziellen Mittel auf verschiedene Bereiche der informatorischen Tätigkeit — getroffen werden.

Elementarkombinationen als kleinste Subsysteme

Die dargestellte Gliederung der funktionalen Subsysteme basiert auf relativ globalen Funktionen. Diese Funktionen bzw. die ihnen zugrundeliegenden Prozesse können noch weiter zerlegt werden. Die auf diese Weise zu gewinnenden Subprozesse niederster Ordnung sind die Elementarprozesse der Aufnahme, der Transformation, der Speicherung und der Abgabe von Stoffen, Energie und Informationen innerhalb der Organisation. Die an solchen Elementarprozessen beteiligten Elemente können als kleinste funktionale Subsysteme der Organisation gesehen werden. Wir wollen sie in Anlehnung an die Terminologie der betriebswirtschaftlichen Produktionstheorie als Elementarkombinationen bezeichnen[9]. Selbstverständlich kann kein für alle Organisationen verbindlicher Katalog solcher Elementarkombinationen aufgestellt werden. Es können jedoch einige Typen solcher Elementarkombinationen gebildet werden, die vor allem dann relevant werden, wenn man das organisatorische Geschehen als ein technologisch geprägtes Geschehen charakterisieren und die Besonderheiten verkehrsbetrieblicher Produktion herausarbeiten will.

Abb. 1.15 gibt eine von Kosiol vorgeschlagene Gliederung wieder[10]. Dabei wird von den Arten der in den Kombinationsprozeß einbezogenen technischen Elemente („Mechanismen") sowie den Quellen der Energie ausgegangen, die für die Realisierung der Elementarprozesse erforderlich sind.

Während in industriellen Produktionsprozessen alle Typen von Elementarkombinationen auftreten, bleiben die Produktionsprozesse im Verkehrsbetrieb weitgehend auf den Typ E beschränkt. In der Literatur fehlt es nicht an Versuchen, diesen Typ im Lichte der verkehrsbetrieblichen Besonderheiten näher zu differenzieren. So können die einzelnen Elementarkombinationen nach Art der technischen Verkehrsmittel und nach Art der zur Fortbewegung erforderlichen Energie unterschieden werden. Die Elementarkombinationen können weiterhin danach differenziert werden, ob die erforderliche Leistung des Aggregats durch mittransportierte Treibstoffe oder durch über Leitungen zugeführte Energie entfaltet wird. Schließlich sind die Möglichkeiten zu nennen, Antriebsaggregat und Ladegefäß zu trennen sowie

---

[9] Vgl. zu den Elementarkombinationen und ihren möglichen Ausprägungen Heinen (1970), S. 220 ff.
[10] Kosiol (1966), S. 152.

Art der Mechanisierung	Energiequelle	Beispiele	Kombination
Menschenarbeit	menschliche Energie	Handmontage, Übersetzungsarbeit	A
Mensch-Werkzeug-Arbeit	menschliche Energie	Montagearbeit mit Werkzeug, Schreibarbeit	B
	außermenschliche Energie	Montagearbeit mit elektrisch betätigtem Werkzeug	C
Mensch-Aggregat-Arbeit	menschliche Energie	Arbeit mit manueller Näh-, Schreib- oder Bohrmaschine, Fortbewegung mit Fahrrad	D
	außermenschliche Energie	Arbeit mit elektrischer Näh-, Schreib- oder Bohrmaschine, Fortbewegung mit Motorrad	E

Abb. 1.15: *Elementarkombinationen nach Kosiol*

vom Transportbehältnis getrennte Antriebsaggregate zu verwenden, die selbst keine Ortsveränderungen erfahren (z. B. Seilbahnen). Es bedarf keines besonderen Hinweises, daß diese technologischen Eigenschaften verkehrsbetrieblicher Elementarkombinationen sehr wesentliche Konsequenzen für den Verbrauch an Stoffen und Energie sowie für die Belastung der beteiligten aktiven Elemente besitzen.

Limitationale und substitutionale Elementarkombinationen

Eine andere Typologie, die in der betriebswirtschaftlichen Produktionstheorie eine besondere Rolle spielt, unterscheidet zwischen limitationalen und substitutionalen Elementarkombinationen. Bei substitutionalen Elementarkombinationen bestehen — im Gegensatz zu den limitationalen — Freiheitsgrade hinsichtlich der Verteilung der Belastung der beteiligten aktiven Elemente und damit Substitutionsmöglichkeiten hinsichtlich der für den Kombinationsprozeß erforderlichen Energiearten. Soll ein Lastzug mit einer Zugmaschine in einer bestimmten Zeit eine bestimmte Strecke zurücklegen, so ist dadurch die Belastung oder geforderte Leistung des Aggregats (von Zufallseinflüssen einmal abgesehen) determiniert. Substitutionale Elementarkombinationen liegen dagegen vor, wenn sich die Leistungen der beteiligten Potentialfaktoren gegenseitig in gewissen Grenzen substituieren lassen. Bei einem Güterzug, der von zwei Lokomotiven gezogen wird, können sich die Leistungen der beiden Loks gegenseitig ersetzen, ohne daß die festgelegte Strecke (Output) und die Fahrzeit eine Änderung erfahren.

Outputfixe und outputvariable Elementarkombinationen

Ebenfalls aus der Produktionstheorie stammt die Unterscheidung zwischen outputfixen und outputvariablen Elementarkombinationen. Bei outputvariablen Elementarkombinationen kann durch Variationen des Inputs der pro einmaligen Vollzug der Elementarprozesse anfallende Output verändert werden. Bei outputfixen Elementarkombinationen besteht diese Möglichkeit nicht. Für Verkehrsbetriebe sind vielfach outputvariable Elementarkombinationen typisch. Mit einer Fahrt eines Vehikels können in der Regel unterschiedlich viele Verkehrsobjekte befördert werden. Typisch für Verkehrsbetriebe ist ferner die Tatsache, daß das Outputniveau häufig den Wert Null annimmt: Rückfahrten zum Ausgangspunkt der Fahrt ohne Ladung (Leerfahrten) sind eine typische Eigenheit verkehrsbetrieblicher Prozesse, die zu dem vieldiskutierten Problem der *Rücklaufkosten* führt. Mißt man die Produktionsleistung durch den Output pro Zeiteinheit, so kann die Leistung in einer Betrachtungsperiode sowohl durch eine erhöhte Zahl von Wiederholungen der Elementarprozesse (bei gleichzeitiger Verminderung der Zeitdauer des einzelnen Prozesses) als auch durch eine Erhöhung des Outputniveaus pro einmalige Durchführung der Elementarprozesse erhöht werden.

Wiederholungstypen

Schließlich können Elementarkombinationen in verschiedene Wiederholungstypen eingeteilt werden. Zu einem Wiederholungstyp werden jene Elementarkombinationen zusammengefaßt, deren Zahl der Wiederholungen von gleichen Einflußgrößen abhängt. Heinen unterscheidet drei Typen: primäre, sekundäre und tertiäre Elementarkombinationen. Im Rahmen der *primären* Elementarkombinationen werden die eigentlichen Bearbeitungsprozesse bzw. Verkehrsprozesse vollzogen. Die Zahl ihrer Wiederholung hängt unmittelbar von der Menge der insgesamt in der Betrachtungsperiode zu erbringenden Verkehrsleistungen eines bestimmten Typs ab. *Sekundäre* Elementarkombinationen beinhalten Rüst- und Anlaufvorgänge, deren Wiederholungszahl nicht allein von der Menge der zu erbringenden Verkehrsleistungen, sondern auch davon abhängt, zu welchen „Auflagen" diese Verkehrsleistungen jeweils zusammengefaßt werden: Das Ankoppeln eines Anhängers und das Aufziehen einer Plane über die Ladefläche sind Beispiele solcher sekundären Elementarkombinationen. Die Zahl ihrer Wiederholungen hängt u. a. davon ab, wieviel Fahrten mit dieser Ausrüstung hintereinander (d. h. ohne „Umrüsten") gemacht werden. *Tertiäre* Elementarkombinationen schließlich sind Vorgänge, über deren Wiederholung autonom entschieden wird. Ihre Wiederholungszahl steht daher in keinem direkten Zusammenhang mit der Menge der zu erbringenden Verkehrsleistungen und deren Auflagen. Dies schließt nicht aus, daß man sich bei der expliziten Entscheidung über die Wiederholung u. a. an diesen Tatsachen orientiert. Wartungsvorgänge sind typische Beispiele für tertiäre Elementarkombinationen.

Steuerung und Regelung von Elementarkombinationen

Elementarkombinationen bedürfen der Steuerung und Regelung. Damit rückt die Charakterisierung der einzelnen Elementarkombinationen nach dem Grad ihrer Mechanisierung und Automatisierung in den Vordergrund. Je nachdem, ob und in welchem Umfang der Mensch am Prozeß der Regelung und an der Ausführung selbst beteiligt ist, lassen sich unterschiedliche Grade der Mechanisierung bzw. Automatisierung der einzelnen Elementarprozesse abgrenzen. Dabei gibt es ein ganzes Kontinuum von Möglichkeiten, von denen im folgenden nur einige wenige herausgestellt werden.

Der geringste Grad der Mechanisierung liegt vor, wenn der Mensch sowohl am Elementarprozeß selbst teilnimmt als auch alle Funktionen der Regelung des Elementarprozesses wahrnimmt, d. h. der Mensch Regler, Rezeptor und Effektor ist.

Eine nächste Stufe der Mechanisierung ist gegeben, wenn der Mensch die Regelungsfunktion übernimmt, während der Elementarprozeß selbst nur noch eine Kombination von technischen Faktoren darstellt.

Eine weitere Stufe der Mechanisierung liegt vor, wenn auch im Regelungssystem Funktionen von technischen Einrichtungen übernommen werden. Der heute interessanteste Fall ist dabei der Einsatz von Prozeßrechnern. Ein derartiger Einsatz kann „off-line", „open loop" oder aber „on-line" ablaufen. Mit *off-line* wird angedeutet, daß der Prozeßrechner nicht unmittelbar mit der Regelstrecke gekoppelt ist und die Daten über die Regelgrößen vom Menschen erfaßt und dem Computer eingegeben werden. *Open loop* kennzeichnet die Tatsache, daß der Prozeßrechner nicht unmittelbar mit den Stellgliedern der Regelstrecke verbunden ist und in die Regelung menschliche Tätigkeiten zwischengeschaltet sind. Im Falle des *On-line*-Einsatzes des Rechners wird die Regelgröße des Prozesses mit Hilfe von technischen Geräten (Meßfühlern) direkt abgetastet. Die Meßfühler, d. h. die Rezeptoren, sind darüber hinaus unmittelbar mit dem Prozeßrechner gekoppelt, ohne daß der Mensch eingeschaltet ist. Solange eine Open-loop-Regelung vorliegt und der Mensch auf Grund der „Vorschläge" des Prozeßrechners die Manipulation der Stellglieder noch selbst vornimmt, liegt eine Teilautomatisierung vor.

Eine vollautomatisierte Elementarkombination ist erst gegeben, wenn eine On-line-closed-loop-Regelung erfolgt. Die Elementarkombination wird ohne die Mitwirkung menschlicher Faktoren vollzogen. Der Mensch übernimmt lediglich in einem Regelkreis höherer Ordnung Überwachungsfunktionen des gesamten Regelkreises niederer Ordnung. Er verliert die Funktion eines Elementarfaktors.

Regelkreise höherer Ordnung sind auch erforderlich, wenn es gilt, mehrere Elementarprozesse und deren Input-Output-Kopplungen zentral zu regeln. Ein solcher aus mehreren Elementarkombinationen bestehender Kombinationsprozeß wird als vollautomatisiert bezeichnet, wenn auch seine Regelungs- und Steuerungsprozesse höherer Ordnung automatisiert sind. Bei der Verwendung des Terminus „Vollautomation" ist also stets darauf zu achten, ob er auf Elementarprozesse oder auf Prozesse höherer Ordnung bezogen ist. Der Gesamtprozeß einer Organisation kann freilich dann stets immer nur teilautomatisiert sein.

Es bereitet einige Schwierigkeiten, sich einen Überblick über den tatsächlich erreichten Grad der Automatisierung im Verkehrsbetrieb zu verschaffen. Einzelbeispiele wie der Autopilot im Flugverkehr, die automatische Steuerung des Transportes mit Pipelines oder des Telefonverkehrs machen zwar die Vielfalt der Möglichkeiten sichtbar. Sie vermitteln jedoch einen Eindruck, der sich bei der Betrachtung der Fülle der üblichen Verkehrsprozesse nicht bestätigt. Im allgemeinen läßt sich feststellen, daß die Möglichkeiten der Automatisierung bei Leitungsverkehr und spurgebundenem Verkehr sicherlich am größten sind. Darüber hinaus werden künftige Automatisierungsmöglichkeiten eher im Bereich der Abfertigung als im Bereich der eigentlichen Beförderung selbst zu finden sein. Grundsätzlich wird der Grad der Automatisierung im Verkehrsbetrieb geringer als etwa im industriellen Bereich sein. Die durch die geringere Automatisierung bedingte Arbeitsintensität des Verkehrs wird daher nur sehr allmählich zurückgehen.

Die dargestellten Typen von Elementarkombinationen beziehen sich zunächst nur auf die Prozesse im Produktionsbereich. Es ist jedoch durchaus denkbar, diese Konzeption auch auf andere funktionale Subsysteme auszudehnen. Auch dort vollzieht sich das betriebliche Geschehen im Rahmen sich mehr oder weniger oft wiederholender Elementarprozesse. Diese können vielfach nach den gleichen Kriterien typisiert werden. Die Konzeption der Elementarkombination wird stets dann besonders relevant, wenn es darum geht, den sozio-technischen Charakter in allen Bereichen der betrieblichen Tätigkeit hervorzuheben.

1.315 Der hierarchische Aufbau der Organisation

Organisationen weisen einen hierarchischen Aufbau auf. Darunter versteht man zunächst, daß das System „Organisation" eine Reihe Subsysteme einschließt, die sich wiederum aus Subsubsystemen zusammensetzen usw. Diese „Zerlegung" setzt sich so lange fort, bis man zu den aktiven Elementen „Mensch" und „Maschine" als kleinsten, nicht weiter differenzierten Einheiten der Organisation gelangt.

Konzentriert man die Betrachtung auf den hierarchischen Aufbau der formalen Organisationseinheiten, so ergeben sich folgende Hierarchien:

(1) Die aktiven Elemente „Mensch" und „Maschine" werden zu formalen Organisationseinheiten zusammengefaßt, welche die Subsysteme niederster Ordnung darstellen. Sie können auch als Stellen bezeichnet werden.

(2) Diese Stellen werden unter Einbeziehung einer Stelle mit Autorisierungsrechten zu Abteilungen gruppiert, die zu Abteilungen höherer Ordnung zusammengefaßt werden können, bis schließlich (gleichsam als Abteilung höchster Ordnung) die Gesamtorganisation entsteht. Für die Abteilungen unterschiedlicher Ordnung gibt es keine einheitliche Terminologie. Man kann etwa von Unterabteilungen, Abteilungen, Hauptabteilungen, Ressorts usw. sprechen, um den hierarchischen Aufbau zu charakterisieren.

(3) Parallel zur Hierarchie der formalen Organisationseinheiten findet sich eine Hierarchie von Aufgaben. Die relativ global formulierten Aufgaben der Organisationseinheiten höherer Ordnung schließen jeweils die detailliert formulierten Aufgaben der Organisationseinheiten niederer Ordnung mit ein. Diese *Inklusionsrelation* kann als eine Art Mittel-Zweck-Relation zwischen den Aufgaben unterschiedlicher Ordnung interpretiert werden. Die Erfüllung der detaillierteren Aufgaben niederer Ordnung ist Mittel zum Zwecke der Erfüllung der global formulierten Aufgaben höherer Ordnung.

Der Prozeß der sukzessiven Dekomposition der Aufgaben für die einzelnen Organisationseinheiten unterschiedlicher Ordnung ist eine Folge von Entscheidungs- und Problemlösungsprozessen[11]). Jede von Stufe zu Stufe vorgenommene Präzisierung der in jeweiligen Aufgaben höherer Ordnung einbegriffenen Aufgaben niederer Ordnung schließt offene Beschränkungen und fügt weitere Beschränkungen hinzu, bis die Aufgaben für die aktiven Elemente des Systems ausführungsreif detailliert und auf die von den aktiven Elementen bereits gespeicherten Routinen bzw. Programme zurückgeführt sind. Auf jeder Stufe wird der verbleibende Entscheidungsspielraum verringert. Die jeweiligen Entscheidungsaufgaben der einzelnen Organisationseinheiten bzw. deren Träger stehen somit ebenfalls in einem hierarchischen Verhältnis zueinander. Wenn von einer Dezentralisation von Entscheidungen gesprochen wird, so ist dabei zu beachten, daß die Entscheidungsaufgaben der einzelnen Entscheidungsträger zum Teil in einem hierarchischen Verhältnis zueinander stehen.

Stets wenn durch Zusammenfügen von Organisationseinheiten niederer Ordnung Einheiten höherer Ordnung entstehen, erhalten die Einheiten höherer Ordnung zusätzlich eine Instanz, der das Autorisierungsrecht für diese Organisationseinheiten zugesprochen wird. Die Instanzen der Organisationseinheiten unterschiedlicher Ordnung stehen ebenfalls in einem hierarchischen Verhältnis zueinander. Die Instanzen der Organisationseinheiten niederer Ordnung haben die von den Instanzen der Einheiten höherer Ordnung autorisierten Beschränkungen als Entscheidungsprämissen zu beachten. Vielfach ist diese *Hierarchie der Autorisierungsrechte* (meist ungenau als Autoritätshierarchie bezeichnet) gemeint, wenn man vom hierarchischen Aufbau der

---

[11]) Vgl. Gabele (1972), S. 322 ff.

Organisation spricht. Sie ist Ausdruck der Tatsache, daß Organisationen letztlich zentral oder — wie man auch sagt — hierarchisch koordinierte Systeme sind.

Die im Zusammenhang mit der Koordination der Entscheidungen im makrologistischen System diskutierten Arten der Abstimmung bzw. Koordination interdependenter Entscheidungen können auch auf die Organisation übertragen werden. In der traditionellen Organisationslehre wurde implizit unterstellt, daß Organisationen eine ausschließlich zentrale und antizipatorische Koordination (Koordination durch Planung) aufweisen. Ein Blick in die Realität zeigt jedoch, daß in Organisationen auch dezentrale und reaktive Koordinationsmechanismen existieren. Diese sind vielfach rein informaler Natur. Ganz allgemein gilt, daß dezentrale und reaktive Koordination um so mehr zunimmt, je dynamischer und turbulenter die Umwelt der Organisation ist und je störungsanfälliger und weniger beherrschbar die angewandten Technologien sind.

Alle Koordinationsformen setzen voraus, daß Kommunikationskanäle zwischen den beteiligten Entscheidern bestehen. Über diese Kanäle müssen die Entscheider und der zentrale Koordinator die Informationen über bereits getroffene oder zu erwartende Entscheidungen erhalten. Über diese Kanäle müssen aber auch die durch manipulative Maßnahmen unterstützten Forderungen und Beschränkungen zu den zu Koordinierenden gelangen. Schließlich müssen Kontrollinformationen zu den Entscheidern und den zentralen Koordinatoren hinzukommen, die eine Beurteilung des Erfolgs der Abstimmung ermöglichen. Vielfach wird dieser Informationsaustausch als Koordination bezeichnet. Im Sinne des hier verwendeten Koordinationsbegriffs handelt es sich jedoch um eine Voraussetzung bzw. Folge der Koordination.

Die hierarchisch strukturierten spezialisierten Organisationseinheiten (Stellen, Abteilungen) sind strukturelle Subsysteme der Organisation. Vergleicht man Organisationseinheiten gleicher Ordnung, so stellt man in der Regel fest, daß die Interaktionen zwischen den Elementen innerhalb der Organisationseinheiten erheblich intensiver und häufiger sind als zwischen den Organisationseinheiten. Jedes Subsystem ist relativ isoliert und zumindest zeitweise von anderen Subsystemen unabhängig. Man bezeichnet ein System mit solchen Eigenschaften als *beinahe zerfällbar* (nearly decomposable)[12]. Jedes Subsystem ist — da es ebenfalls aus relativ isolierten Subsystemen besteht — seinerseits als beinahe zerfällbar zu bezeichnen. Dieser relativ isolierte Charakter der einzelnen Subsysteme bzw. Subsubsysteme ist wesentliche Voraussetzung dafür, daß die Organisation als multistabiles System anzusehen ist.

Die relative Isoliertheit der Subsysteme impliziert, daß die dezentralen Entscheidungsträger einer Organisation keineswegs so interdependent sind wie bisher implizit unterstellt wurde. Die Koordination wird hierdurch wesent-

---

[12]) Vgl. Ando und Fisher (1963); Lange (1944); Simon und Ando (1961).

lich erleichtert. Es ist heute vielfach üblich, durch Umgliederung der Organisation — etwa von einer nach Funktionen gegliederten Organisationsform auf eine nach Produktgruppen oder Regionen gegliederte Sparten- bzw. Geschäftsbereichsorganisation — relativ unabhängige Organisationseinheiten zu schaffen, die erheblich leichter koordiniert werden können. In vielen Fällen nimmt man dabei in Kauf, daß die Spezialisierung der Einheiten zugunsten einer einfacheren Koordination vermindert wird.

Eine weitere Konsequenz der Eigenschaft nahezu zerfällbarer hierarchischer Systeme ist — in Anlehnung an Simon und Ando[13] —, daß es bei einer Untersuchung langfristiger Prozesse im System möglich ist, ohne allzu großen Verlust an Genauigkeit die Subsysteme als black boxes zu betrachten und deren interne Interaktionen zu vernachlässigen. Diese Eigenschaft kommt auch den Entscheidern auf allen Ebenen der Hierarchie selbst zugute. Entscheidungsträger höherer Ordnung befassen sich in aller Regel mit langfristigen Zusammenhängen. Es ist dann zulässig, die Analyse relativ global durchzuführen und das Verhalten der betreffenden Organisationseinheiten niederer Ordnung in aggregierter, d. h. die internen Interdependenzen vernachlässigender Form zu betrachten.

1.32 Umweltbeziehungen und Marketingsysteme des Verkehrsbetriebes

Der Verkehrsbetrieb ist ein offenes System, das sich in vielfältigen Beziehungen zu den Elementen seiner Umwelt befindet[14]. Im Vordergrund stehen zunächst jene Umweltbeziehungen, die in einer beobachtbaren stofflich-energetischen oder informationellen Kopplung zwischen Elementen der Organisation und Elementen der Umwelt bestehen. Fügt man die Dimension der Bewertung dieser stofflich-energetischen bzw. informationellen Kopplungen durch die Beteiligten hinzu, so liegen Transaktionen vor. Sie sind Ausdruck von Anreiz-Beitrags-Beziehungen zwischen der Organisation und externen Organisationsteilnehmern. Auch Informationen können zu Anreizen bzw. Beiträgen werden. Den grundsätzlich beobachtbaren stofflich-energetischen und informationellen Kopplungen bzw. Transaktionen stehen die vom Beobachter zu erschließenden Relationen gegenüber. Solche Umweltbeziehungen sind gemeint, wenn man etwa von der „Abhängigkeit" des Verkehrsbetriebes von Elementen seiner Umwelt spricht. Die Abhängigkeit bzw. die Interdependenzbeziehungen (wechselseitige Abhängigkeit) sind besonders bedeutsam, wenn man die Aufgabenumwelt des Verkehrsbetriebes abgrenzen will.

---

[13] Vgl. Simon und Ando (1961).
[14] Vgl. Burns und Stalker (1961); Dill (1958), (1962); Emery und Trist (1965); Evan (1969); Guetzkow (1966); Lawrence und Lorsch (1967); Levine und Whyte (1961); Rice (1963); Thompson, J. D. (1967).

1.321 Die Aufgabenumwelt des Verkehrsbetriebes

Nicht die gesamte Umwelt ist für die Aufgabenerfüllung einer Organisation relevant. Es hat sich daher in der Organisationstheorie eingebürgert, den relevanten Teil als Aufgabenumwelt (task environment) der Organisation zu bezeichnen. Die Aufgabenumwelt umfaßt alle Elemente der Umwelt, von denen die Organisation insofern abhängig ist, als die Konsequenzen der innerorganisatorischen Entscheidungen vom Verhalten dieser Elemente mit beeinflußt werden.

Zur Abgrenzung der Aufgabenumwelt

Eine wesentliche Determinante für die Abgrenzung der Aufgabenumwelt ist die *Domäne der Organisation*[15]). Die Domäne beschreibt die primären Aufgaben der Organisation, zu deren Erfüllung die Organisation errichtet bzw. fortgeführt wird. Die Domäne impliziert, welche Outputs bzw. Leistungen von der Organisation erbracht werden und welche Arten von Inputs erforderlich sind. Damit werden weite Bereiche der Umwelt als a priori irrelevant ausgeschlossen.

Jede Organisationseinheit besitzt ihre eigene Aufgabenumwelt. Analog zur Unterscheidung von Subsystemen der Organisation ist dann auch von Subumwelten zu sprechen, wobei es durchaus möglich ist, daß sich die einzelnen Subumwelten teilweise überschneiden. Dabei ist zu beachten, daß zur Aufgabenumwelt einzelner Organisationseinheiten auch andere Elemente der Organisationen selbst zählen können, die dann gleichsam die „innere" Aufgabenumwelt dieser Organisation konstituieren.

Es ist zwischen der objektiven, d. h. von einem Beobachter abgegrenzten Aufgabenumwelt und der von den Organisationsmitgliedern subjektiv wahrgenommenen Aufgabenumwelt zu unterscheiden. Sieht man zunächst einmal von den unterschiedlichen Wahrnehmungen der einzelnen Organisationsmitglieder ab, so besitzt jede Organisation einen spezifischen *Umwelthorizont*. Er grenzt jene Umweltelemente ab, von denen die Organisationsmitglieder eine Abhängigkeit wahrnehmen. Jenseits des Horizonts liegende Umweltelemente werden von den Organisationsmitgliedern als irrelevant erachtet. Der Horizont beeinflußt die „Reichweite" der Informationsgewinnung über die Umwelt. Der Umwelthorizont einer Organisation ist freilich nicht scharf abgegrenzt. Die Grenzziehung hängt unter anderem davon ab, ob das Verhalten der Umweltelemente einzeln oder mehr oder weniger aggregiert beobachtet wird. Das Verhalten eines Großkunden wird von einer Betriebswirtschaft in der Regel so detailliert beobachtet, daß sogar die verschiedenen Verhaltensweisen einzelner Organisationsmitglieder als relevant angesehen werden. Andere Kunden der Organisationen werden jedoch als undifferenzierte black boxes gesehen. Vielfach werden mehrere Organisationen gar in

---

[15]) Zur Aufgabenumwelt und Domäne vgl. Thompson, J. D. (1967), S. 25 ff.

aggregierter Form als „die Nachfrage" zusammengefaßt. Im Extrem beobachtet die Unternehmung das Verhalten der Gesamtwirtschaft, wenn sie Informationen über die in hohem Maße aggregierten makroökonomischen Größen wie Beschäftigung, Investitionsvolumen, Steueraufkommen usw. gewinnt. Die Differenzierung der subjektiv wahrgenommenen Umwelt kann folglich sehr unterschiedlich sein. Neben sehr differenziert wahrgenommenen Sektoren schließt der Umwelthorizont auch vergleichsweise undifferenzierte Sektoren ein.

Jedes Organisationsmitglied besitzt einen anderen Umwelthorizont. Dies gilt sowohl hinsichtlich seiner Reichweite als auch hinsichtlich seiner Differenzierung. Grundsätzlich gilt, daß die Reichweite nur vergrößert werden kann, wenn eine größere Aggregierung der Umweltelemente erfolgt. Wenn darüber hinaus angenommen werden kann, daß die Träger politischer Entscheidungen in der Organisation in der Regel einen größeren Umwelthorizont besitzen, so folgt daraus, daß diese Entscheidungsträger gewohnt sind, die Umwelt in relativ aggregierter Form wahrzunehmen. Diese Aussage gilt für die „innere" Umwelt der Organisationsmitglieder entsprechend.

In der Regel ist es Aufgabe des Intelligenzsystems der Organisation, die Informationen über die innere und äußere Umwelt in jener Aggregationsform zu liefern, die einerseits der Abhängigkeit der Organisation von den entsprechenden Elementen Rechnung trägt, andererseits auf die beschränkte Informationsverarbeitungskapazität der Entscheider Rücksicht nimmt. Dabei muß meist ein Kompromiß geschlossen werden.

Eine Betriebswirtschaft hat es normalerweise mit sehr vielen Arten von Umweltelementen (Individuen, Gruppen, Organisationen usw.) zu tun. Kunden, Lieferanten, Konkurrenten, Banken, Versicherungen, Gewerkschaften, öffentliche Verwaltungen, gesetzgebende Körperschaften, Gerichte, Berater, Wirtschaftsprüfer, Verbände, Presseorgane, Forschungsinstitutionen, Schulen, Parteien — sie alle können zur Aufgabenumwelt eines Verkehrsbetriebes oder einzelner Einheiten dieser Organisation zählen. Mit allen kann der Verkehrsbetrieb Interdependenzen aufweisen. Er ist der Fokus von Erwartungen, Wünschen und Forderungen und das Objekt von Manipulationsversuchen seitens der Umweltelemente. Alle genannten Umweltelemente können aber auch Adressaten von Transaktionen, Informationen und Beeinflussungsversuchen von seiten des betrachteten Verkehrsbetriebes ein.

Die Teilnehmer des Verkehrsbetriebes

Betrachten wir zunächst die Teilnehmer des Verkehrsbetriebes, mit denen der Verkehrsbetrieb Anreiz-Beitrags-Transaktionen unterhält. Sie können nach einer ganzen Reihe von Gesichtspunkten klassifiziert werden[16]).

---

[16]) Verschiedene Klassifikationsschemata finden sich in der Marketingliteratur; vgl. z. B. Fisk (1967); Kotler (1967); Stern (1969 a).

(1) Am geläufigsten ist die an die *funktionalen Subsysteme* des Verkehrsbetriebes anknüpfende Unterscheidung in Kunden, Lieferanten, Kapitalgeber usw. Sie bilden jeweils auf einzelne Subsysteme des Verkehrsbetriebes bezogene Umweltsektoren.

(2) Nach der *Intensität* der Bindung von Teilnehmern an die Organisation lassen sich verschiedene *Umweltschichten* bilden. Dazu ist es erforderlich, zwischen Teilnahme- und Beitragsentscheidung zu differenzieren[17]. Betrachtet man die internen Teilnehmer (Mitglieder) eines Verkehrsbetriebes, so ist die Entscheidung, in den Betrieb einzutreten oder zu kündigen (Teilnahmeentscheidung), von der laufend zu treffenden Entscheidung zu trennen, ob und in welchem Umfang die durch die Rollendefinitionen und Anweisungen der Vorgesetzten geforderten Beiträge geleistet werden (Beitragsentscheidung). Eine analoge Zweiteilung der Entscheidungen kann auch bei den externen Teilnehmern vorliegen. Während jedoch bei den Beschäftigten einer Organisation stets eine bewußte Beitrittsentscheidung zur Übernahme einer formalen Rolle vorliegt, ist bei den externen Teilnehmern eine solche strikte Trennung von Teilnahme- und Beitragsentscheidung nicht in jedem Falle und in dieser Deutlichkeit erkennbar. Immerhin sind Begriffe wie „Markentreue" keine unbekannten Phänomene. Damit scheint angedeutet, daß die Entscheidung, grundsätzlich eine bestimmte Verkehrsleistung in Anspruch zu nehmen (Teilnahmeentscheidung), von der Entscheidung, im Bedarfsfalle mehr oder weniger Einheiten dieser Verkehrsleistungen in Anspruch zu nehmen (Beitragsentscheidung), zu trennen ist.

Die erste Umweltschicht bilden jene Teilnehmer, welche eine bewußte und explizite Teilnahmeentscheidung treffen, die sich in einer dauerhaften vertraglichen Bindung mit dem Verkehrsbetrieb niederschlägt. Aus der Sicht dieses Kunden führt eine solche enge, dauerhafte vertragliche Bindung etwa dazu, die Vorteile eines Werkverkehrs und die Vorteile eines Fremdverkehrs zu kombinieren. Ähnlich verhält es sich etwa, wenn die Bundesbahn einem Kunden einen eigenen Gleisanschluß einrichtet. Auch hier liegt ein vergleichsweise enger Grad der Bindung des Kunden an den Verkehrsbetrieb vor.

Eine zweite Umweltschicht ist dann gegeben, wenn die Beziehungen nicht auf explizit formulierten Teilnahmeentscheidungen basieren, jedoch generelle Regelungen bestehen, die den Sachbearbeitern vorschreiben, bei bestimmten Transporten grundsätzlich etwa die Bundesbahn oder einen bestimmten Spediteur zu beauftragen.

In den meisten Fällen finden sich jedoch keine formalen generellen organisatorischen Regelungen über die Teilnehmer: Die Teilnahme ist Ergebnis einer Gewohnheitsbildung (Umweltschicht 3). Die bisher genannten Fälle sind Beispiele für das, was man bisweilen als „Stammkundschaft" bezeichnet. Ihr steht die „Laufkundschaft" gegenüber. Diese trifft Teilnahme- und

---

[17] Vgl. Kirsch (1971 b), S. 31 f.; March und Simon (1958).

Beitragsentscheidungen uno actu stets dann, wenn sich ein konkreter Bedarf nach Transportleistungen ergibt. Sie ist der 4. Umweltschicht zuzuordnen.

Die Umweltschichten 1—4 umfassen Umweltelemente, die tatsächlich — laufend oder gelegentlich — Teilnehmer des Verkehrsbetriebes sind. Die Schicht 5 schließt demgegenüber die große Gruppe jener Umweltelemente ein, die potentielle Teilnehmer sind. Auf Grund ihrer Bedürfnisse und Ziele ist anzunehmen, daß sie einen Bedarf an Verkehrsleistungen besitzen, der vom betrachteten Verkehrsbetrieb grundsätzlich gedeckt werden könnte.

Das vergleichsweise einfache Kreisparadigma in Abb. 1.16 zeigt, daß die Bildung von Umweltschichten Ansatzpunkte für das Marketing des Verkehrsbetriebes bietet. Dieser wird bestrebt sein, die einzelnen Umweltelemente möglichst nahe am Kern des Kreises anzusiedeln. Grenzen dieser Bestrebung bestehen hier allerdings insoweit, als der Verkehrsbetrieb auch von seinen Kunden abhängig werden kann.

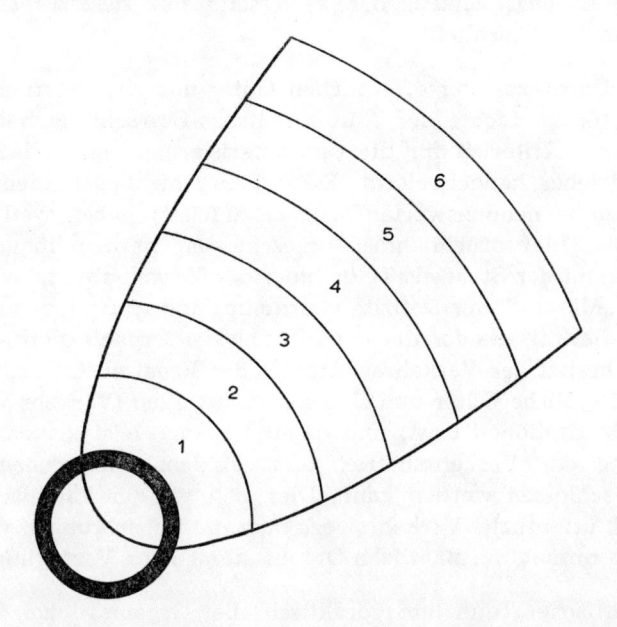

Abb. 1.16: Schichten der Umwelt des Verkehrsbetriebes

(3) In vielen Fällen ist die Unterscheidung der Organisationsteilnehmer nach der *rechtlichen Grundlage* ihrer Teilnahme von Bedeutung. Die Teilnahme kann gesetzlich vorgeschrieben und unter Umständen gar eine Zwangsteilnahme sein. Sie kann aber auch vertraglich vereinbart werden. Hier ist unter Umständen der Verkehrsbetrieb insofern einer gesetzlichen Beschränkung unterworfen, als für ihn in gewissen Bereichen ein Kontrahierungszwang bestehen kann.

(4) Die Umwelt eines Betriebes besteht auch aus Elementen, die Beiträge leisten und Anreize erhalten, ohne jedoch selbst unmittelbar Vertragspartner des betrachteten Betriebes zu sein. Im Gegensatz zu den übrigen Teilnehmern sind solche Umweltelemente als *indirekte Teilnehmer* zu charakterisieren. Sie sind im Verkehrsbetrieb recht zahlreich. So ist im Touristikverkehr bisweilen der Tourist unmittelbar Vertragspartner eines Reisebüros, das seinerseits mit den eigentlichen Transportbetrieben vertragliche Beziehungen eingeht. Der Tourist nimmt die Transportleistungen in Anspruch, ohne selbst Vertragspartner des Transportbetriebes zu sein. Bei Vorliegen einer Vermittlungstätigkeit etwa im Sinne des Speditionsgeschäfts wird die Unterscheidung von direkter und indirekter Teilnahme freilich schwierig. Ähnlich wie im Falle des Kommissionsgeschäfts liegt eine gewerbsmäßige Übernahme (Geschäftsbesorgung) von Transportleistungen mittels Frachtführern für fremde Rechnung, jedoch im eigenen Namen vor. Der Versender ist in diesem Falle wohl als indirekter Teilnehmer des Frachtführerbetriebes zu sehen, da er unmittelbar nur mit dem Spediteur vertragliche Beziehungen eingeht (Speditionsgeschäft), der seinerseits mit dem Frachtführer das Deckungsgeschäft abschließt.

(5) Bei der Diskussion der öffentlichen Güter und der externen Wirkungen privater Güter im Lichte der Anreiz-Beitrags-Betrachtung haben wir eine Reihe weiterer Kriterien für die Charakterisierung von Teilnehmern eines Verkehrsbetriebes kennengelernt. Es gibt Organisationsteilnehmer, die für die Anreize keine nennenswerten Beiträge zu leisten haben, weil sie praktisch nicht von der Inanspruchnahme ausgeschlossen werden können. Andererseits übernimmt der Staat als Teilnehmer des Verkehrsbetriebes vielfach die Rolle eines „Mäzens", der Defizite übernimmt und trotz eines unausgeglichenen Anreiz-Beitrags-Saldos die Fortführung der Organisation gewährleistet. Schließlich besitzt der Verkehrsbetrieb in der Regel auch „Teilnehmer", die ihrerseits öffentliche Güter und Dienste bereitstellen (Verkehrswege, Dienstleistungen in Stationen usw.) und damit Beiträge leisten, von deren Inanspruchnahme der Verkehrsbetrieb trotz Fehlens entsprechender Anreize nicht ausgeschlossen werden kann. Dies ist etwa der Fall, wenn der Verkehrsbetrieb öffentliche Verkehrswege oder die Einrichtungen von Stationen in Anspruch nimmt, die staatliche Organisationen zur Verfügung stellen.

(6) Ein spezifischer Teilnehmer praktisch aller Organisationen ist der Staat. Er stellt nicht nur öffentliche Güter bereit oder fungiert als Träger und/oder Mäzen. Über die von den Organisationen zu entrichtenden Steuern partizipiert er auch an den von den Organisationen verteilten Anreizen. Wir werden aber den Staat auch noch in anderen Funktionen als Umweltelement des Verkehrsbetriebes kennenlernen.

(7) Auf Grund der Transaktionsbeziehungen zwischen dem Verkehrsbetrieb und seinen direkten und indirekten Teilnehmern bestehen erhebliche Entscheidungsinterdependenzen, die sich in einer schwer zu analysierenden Mischung von Konflikt und Kooperation äußern. Es liegt nahe, die Teilneh-

mer des Verkehrsbetriebes auch danach zu klassifizieren, wie sie sich angesichts dieser Entscheidungsinterdependenzen verhalten. Bereits bei der Darlegung der Koordinationsformen im Rahmen des makrologistischen Systems haben wir auf die grundsätzliche Zweiteilung der Verhaltensweisen hingewiesen: auf die Anpassung und die Manipulation.

Sonstige Umweltelemente

Die Analyse der Elemente der Aufgabenumwelt eines Verkehrsbetriebes bzw. einzelner seiner Einheiten darf sich nicht auf die Teilnehmer beschränken, die Beiträge leisten und Anreize erhalten. Letztlich sind zur Aufgabenumwelt alle Umweltelemente zu rechnen, von denen die relevanten Entscheider des Verkehrsbetriebes eine einseitige oder wechselseitige Abhängigkeit wahrnehmen. Solche Abhängigkeiten bestehen nicht nur zu den Teilnehmern.

(1) Jede Organisation besitzt eine Reihe konkurrierender Organisationen. Diese stellen „Alternativen" für die Organisationsteilnehmer dar. Die Organisationsteilnehmer stehen vor der Wahl, ihre „knappen" Beiträge unter Umständen diesen anderen Organisationen zur Verfügung zu stellen, um die von ihnen gewährten Anreize zu erhalten. Diese Alternativen gehen folglich in die Teilnahme-, aber auch in die Beitragsentscheidungen der internen und externen Organisationsteilnehmer ein und bestimmen die Opportunitätskosten des Anreiz-Beitrags-Kalküls. Die Konkurrenten können grundsätzlich in ähnlicher Weise klassifiziert werden wie die Organisationsteilnehmer selbst. Der Intensität der Bindung der Organisationsteilnehmer an den betrachteten Verkehrsbetrieb entspricht die Konkurrenzbeziehung: Je stärker ein Organisationsteilnehmer an den betrachteten Verkehrsbetrieb gebunden ist, desto geringer ist die Konkurrenz dieses Betriebes mit anderen Betrieben.

(2) Den Konkurrenten als „Alternativen" für die Beitrags- bzw. Teilnahmeentscheidungen der Organisationsteilnehmer stehen jene Organisationen und sonstigen sozialen Systeme der Umwelt gegenüber, an denen die Teilnehmer des betrachteten Verkehrsbetriebes gleichzeitig teilnehmen. Bei mehrfacher Mitgliedschaft der Organisationsteilnehmer überlappen sich die betrachteten Organisationen. Über die Mitglieder wirken häufig kaum kontrollierbare Inputs und Störungen ein: Ein Akademiker in einem Verkehrsbetrieb etwa, der gleichzeitig Mitglied eines Berufsverbandes ist, wird stets Überzeugungen, Attitüden und Werte seiner Berufskollegen in die Organisation einbringen, die möglicherweise aus dem im betrachteten Verkehrsbetrieb üblichen Rahmen fallen. Dies gilt besonders, wenn sich das Organisationsmitglied stärker mit dem Berufsverband identifiziert als mit dem Betrieb. Nicht selten identifiziert sich der Mensch darüber hinaus auch mit sozialen Systemen, denen er nicht angehört. Solche *Referenzgruppen* müssen ebenfalls als bisweilen sehr bedeutsame Elemente in die Aufgabenumwelt des Verkehrsbetriebes oder eines seiner Subsysteme einbezogen werden. Bis-

weilen sind auch die Konkurrenten Referenzgruppen der Organisationsmitglieder.

(3) Eine nicht zu vernachlässigende Gruppe innerhalb der Aufgabenumwelt bilden die staatlichen Organe und öffentlichen Verwaltungen. Dabei ist weniger daran gedacht, daß die staatlichen Organe durch ihre Entscheidungen einen Kranz von Daten setzen, denen sich der Verkehrsbetrieb mehr oder weniger anzupassen hat. Vielmehr ist hier an die unmittelbaren Interaktionen zwischen Verkehrsbetrieb und den staatlichen Organen bzw. öffentlichen Verwaltungen gedacht, die sich beispielsweise daraus ergeben, daß die Verkehrsbetriebe Genehmigungen und Konzessionen benötigen und gegebenenfalls Adressaten informaler Einflußnahme staatlicher Instanzen sind. Umgekehrt versucht der Verkehrsbetrieb nicht selten, seinerseits auf die Organe von Gebietskörperschaften (Gemeinden, Länder, Bund) wie generell von öffentlichen Verwaltungen Einfluß zu nehmen. Solche Interaktionen sind unter anderem Ausfluß der Bemühungen des Staates, die Entscheidungen im makrologistischen System zentral zu koordinieren. Der Staat bzw. seine Organe und öffentlichen Verwaltungen werden somit zu Interessenten innerorganisatorischer Entscheidungen von Verkehrsbetrieben.

(4) Der Staat ist sicherlich nicht der einzige Interessent an den Entscheidungen des Verkehrsbetriebes. Sieht man einmal von den Teilnehmern des Verkehrsbetriebes selbst und seinen Konkurrenten ab, so hat der Verkehrsbetrieb nicht selten mit Verbänden und Vereinigungen verschiedenster Art zu tun. Zum Teil sind sie Koalitionen potentieller Teilnehmer des Verkehrsbetriebes, die gebildet werden, um bessere Transaktionsbedingungen auszuhandeln (z. B. Gewerkschaften). Zum Teil sind es aber auch Verbände, denen der Verkehrsbetrieb selbst als Mitglied angehört. Solche Verbände drängen nicht selten auf die Einhaltung bestimmter Geschäftsgebaren und auf ein gemeinsames Vorgehen gegenüber anderen.

(5) Zu den Interessenten sind aber auch die Presse und sonstige Repräsentanten der öffentlichen Meinung zu rechnen. Sie repräsentieren die Öffentlichkeit, die etwa durch Public Relations seitens der Betriebswirtschaft beeinflußt wird.

Die Handhabung von Interdependenzen

Jeder Verkehrsbetrieb ist in ein nahezu unentwirrbares Geflecht von Abhängigkeiten und Interdependenzen eingebettet. Er weist eine Fülle von Austauschbeziehungen zu Elementen seiner Aufgabenumwelt auf, die ihrerseits wiederum jeweils in ein Netz von Interdependenzen einbezogen sind. Von den Elementen der Umwelt werden Beschränkungen für die Entscheidungen des Verkehrsbetriebes gesetzt. Lieferanten können ihre Lieferungen einstellen, Kapitalgeber Kredite verweigern, der Staat neue Gesetze erlassen, andere Organisationen oder Personen ihre Unterstützung zurückziehen.

Abhängigkeit und Macht

Die Verhaltensweise des Verkehrsbetriebes selbst und seiner Umweltelemente hängt nicht zuletzt von den bestehenden Machtverhältnissen ab. Interdependenz heißt wechselseitige Abhängigkeit. Diese muß nicht symmetrisch sein. Der Erfolg des betrachteten Verkehrsbetriebes kann sehr viel stärker vom Verhalten einer anderen Organisation abhängen als umgekehrt. Diese „Netto-Abhängigkeit" des Verkehrsbetriebes führt dazu, daß die andere Organisation eine größere Chance besitzt, mit manipulativen Taktiken den Verkehrsbetrieb zur Annahme bestimmter Beschränkungen zu bewegen. Diese Chance ist um so größer, je stärker der Verkehrsbetrieb Güter oder allgemeine Leistungen benötigt, die der andere liefern kann, und je weniger andere Organisationen ebenfalls dazu in der Lage sind, der Verkehrsbetrieb also „Alternativen" besitzt. Gibt es beispielsweise für einen Betriebsstoff, der auch von den Konkurrenten des Verkehrsbetriebes nachgefragt wird, nur einen Lieferanten, so besitzt dieser erheblichen Einfluß auf die von ihm abhängigen Verkehrsbetriebe. Ebenso wird ein Verkehrsbetrieb in dem Maße von einem Kreditgeber abhängig sein, als andere Finanzierungsquellen nicht zur Verfügung stehen.

Abhängigkeit und Macht von Verkehrsbetrieben können in ihren jeweiligen Umweltsektoren sehr unterschiedlich sein. So kann ein Verkehrsbetrieb beispielsweise gegenüber seinen Lieferanten relativ viel Macht, im Outputbereich dagegen nur geringe Macht besitzen oder umgekehrt. Auch ist es möglich, daß eine Organisation über eine starke Position in allen Sektoren ihrer Aufgabenumwelt verfügt. Dies führt jedoch im allgemeinen zur Entstehung von „countervailing power"[18]).

Da Abhängigkeiten Beschränkungen oder Kontingenzen für die Entscheidungen beinhalten, stellt sich für den Verkehrsbetrieb das Problem, wie er sich verhalten soll, um diese so gering wie möglich zu halten und gegebenenfalls zu handhaben. Im Rahmen der Diskussion der Koordination von Entscheidungen im makrologistischen System wurden bereits die verschiedenen Formen der Koordination und deren spezifische „Mischung" im makrologistischen System der Bundesrepublik dargestellt. Dabei wurde insbesondere die beschränkte Funktion der Märkte als Mechanismen einer dezentralen Koordination herausgestellt. Im folgenden sollen nun einige andere Mechanismen zur Handhabung von Interdependenzen betrachtet werden. So kann man davon ausgehen, daß die Entscheidungsträger in einem Verkehrsbetrieb „dominierenden" Elementen in ihrer Aufgabenumwelt besondere Aufmerksamkeit widmen. Der Verkehrsbetrieb wird versuchen, seine Abhängigkeiten von Elementen der Umwelt zu verringern. Dabei sind folgende grundsätzliche Aktivitäten des betrachteten Verkehrsbetriebes zu erwarten:

(1) Er wird versuchen, seine Macht gegenüber den übrigen Umweltelementen zu erhöhen, um sich dann auf die dominierenden Elemente konzen-

---

[18]) Vgl. Galbraith (1968).

trieren zu können und notfalls die Möglichkeit zu besitzen, die ihm durch die Einflußnahme der dominierenden Umweltelemente auferlegten Beschränkungen und Kosten auf andere abzuwälzen.

(2) Der Verkehrsbetrieb wird versuchen, die Macht der dominierenden Elemente zu verringern.

Im folgenden werden einige Verhaltensweisen des Verkehrsbetriebes im einzelnen betrachtet, die dies bewirken können[19].

Ausweitung der Alternativen

Der Verkehrsbetrieb wird versuchen, die Zahl seiner eigenen Alternativen zu erhöhen. Inwieweit dies möglich ist, hängt zum einen davon ab, in welchem Maße die vom Verkehrsbetrieb benötigten Güter oder Leistungen auch von anderen Elementen der Umwelt zur Verfügung gestellt werden können. Zum anderen kann es jedoch beispielsweise gelingen, durch technische Umstellungen der Verfahren der Leistungserstellung in Zukunft auch andere Energie- und Betriebsstoffe zu verwenden und somit von bisher dominierenden Lieferanten unabhängig zu werden. In ähnlicher Weise vermag der Verkehrsbetrieb seine eigene Macht über andere Umweltelemente zu erhöhen, wenn er es erreicht, seine Aufgabenumwelt auszudehnen und den Kreis der potentiellen Organisationsteilnehmer zu erweitern. Möglichkeiten bestehen für den Verkehrsbetrieb beispielsweise in einer Erschließung neuer Märkte für seine bisherigen Verkehrsleistungen oder aber in der Erweiterung seiner Domäne durch Aufnahme neuer Verkehrsleistungen (Diversifizierung). Öffentlichen Verkehrsbetrieben sind hierbei freilich vielfach grundsätzliche Beschränkungen auferlegt. So steht es etwa der Bundespost nicht frei, in jedem beliebigen Geschäftszweig tätig zu werden.

Gewinnung von Prestige

Eine weitere Möglichkeit des Verkehrsbetriebes, Abhängigkeiten zu vermindern, besteht darin, sich ein spezifisches, in der Wahrnehmung der Umwelt vorteilhaftes Image aufzubauen und sein Prestige zu erhöhen. Der Verkehrsbetrieb pflegt eine Selbstdarstellung nach außen und nach innen. So kann angenommen werden, daß, wenn der Verkehrsbetrieb und seine Leistungen sehr positiv beurteilt werden, es für ihn leichter ist, Personal zu gewinnen, relevante Gesetzgebung und staatliche Ermessensentscheidungen zu beeinflussen, informale Macht in der Gemeinde auszuüben oder beispielsweise eine ausreichende Menge von Kunden oder Investoren zu sichern. Letztlich wirkt sich das wahrgenommene Prestige für den Verkehrsbetrieb dadurch aus, daß er als „Alternative" für seine Teilnehmer besonders attraktiv erscheint. Es fällt den Organisationsteilnehmern schwer, auf andere Alternativen auszuweichen. Ihre Abhängigkeit wird größer. Durch Erhöhung

---

[19] Vgl. hierzu auch Thompson, J. D. (1967).

seines Prestiges vermag so der Verkehrsbetrieb gleichzeitig die Macht dominierender Umweltelemente zu vermindern und seine eigene Macht gegenüber anderen zu erhöhen.

Kooperative Strategie

Eine dritte Klasse potentieller Verhaltensweisen zur Erhöhung der eigenen Macht bzw. zur Verringerung der Macht dominierender Elemente der Aufgabenumwelt besteht in einem kooperativen Verhalten. Hierzu zählen insbesondere die Koalitionsbildung, die Kooptation und die Aushandlung einer sicheren Umwelt.

Verkehrsbetriebe bilden nicht selten mit anderen Betriebswirtschaften *Koalitionen,* die gegenüber potentiellen Organisationsteilnehmern gemeinsam auftreten. Die Wahrscheinlichkeit für die Bildung einer solchen Koalition ist um so größer, je stärker der Verkehrsbetrieb und seine Konkurrenten von einem einzelnen Organisationsteilnehmer, für den sie Alternativen darstellen, dominiert werden. Es wird dann eine „Gegenmacht" gebildet.

Eine solche Koalition kann unterschiedliche Grade der Kooperation und Integration aufweisen. Sie kann in stillschweigendem gemeinsamem Vorgehen, in informellen Absprachen oder in mehr oder weniger expliziten Verträgen bestehen. In all diesen Fällen kann der Grad der Kooperation durch die *Kooptation* erhöht werden. Mitglieder der einzelnen Organisationen werden gleichzeitig in einflußreiche Positionen des politischen Systems der übrigen Organisationen delegiert. Die Kooptation erhöht die Sicherheit zukünftiger Unterstützung durch die kooptierten Personen und der durch sie vertretenen Organisationen. Sie beinhaltet eine personelle Verflechtung der beteiligten Organisationen und kann im Extremfall bis zu einer Fusion führen.

Die Existenz von Interdependenzen bedeutet stets, daß Verhaltensänderungen der Umweltelemente zu Störungen des Verkehrsbetriebes werden können. Solche Störungen sind in der Regel nicht oder nur sehr bedingt vorsehbar. Das Netz der Interdependenzen wird so zu einer Quelle ständiger Ungewißheit für innerorganisatorische Entscheidungen. Daraus ergeben sich einerseits erhebliche Konsequenzen für den inneren Aufbau der Organisation. Andererseits verhält sich der Verkehrsbetrieb jedoch gegenüber solchen Umweltstörungen nicht passiv. Er wird vielmehr versuchen, einen Teil der Aufgabenumwelt aktiv zu manipulieren und sich so eine „sichere" Umwelt zu schaffen. Die Umweltelemente sollen dazu gebracht werden, ihren Entscheidungen bestimmte Beschränkungen als Prämissen aufzuerlegen. Ihr Verhalten wird so besser vorhersehbar und die Ungewißheit zu einem gewissen Grade absorbiert. Diese Absorption von Unsicherheit geschieht dabei häufig auch in der Weise, daß zwischen den Organisationen Verträge (beispielsweise zur Sicherung zukünftiger Lieferungen oder Abnahme von Waren) geschlossen, mehr oder weniger formalisierte Vereinbarungen oder

Absprachen getroffen oder auch Übereinstimmung über die Anwendung bestimmter allgemein akzeptierter Geschäftspraktiken gesucht werden. Man kann in diesem Zusammenhang von einer manipulierten, ausgehandelten Umwelt (negotiated environment) sprechen[20].

Auch die Kooperation mit Konkurrenten hat letztlich den Effekt der Ungewißheitsabsorption. Zum einen werden die Konkurrenten als Störungsquellen vorhersehbar, zum anderen werden mit der Koalitionsbildung die Voraussetzungen für eine erfolgreiche Manipulation und für Verhandlungen mit bislang dominierenden Organisationsteilnehmern geschaffen. Unter Umständen können diese Organisationsteilnehmer zur Annahme langfristiger Verträge gebracht werden, die diese dann erheblich in ihrer Entscheidungsfreiheit einengen und — unabhängig von der Vorteilhaftigkeit der dabei fixierten Transaktionsbedingungen für die Koalition — viele Unsicherheiten für die Zukunft verringern oder ausschalten.

Eine besondere Form der Umweltmanipulation ist gegeben, wenn es dem Verkehrsbetrieb gelingt, Trägerfunktionen bei anderen Organisationen zu übernehmen und damit an der Besetzung der Kernorgane dieser Organisationen mitzuwirken. Ein in der Privatwirtschaft üblicher Vorgang ist der Kauf von Beteiligungen. Auf diese Weise entstehen zum Teil sehr umfangreiche Konzerne. Da die Mitglieder der Kernorgane der Tochterunternehmungen von der Muttergesellschaft abhängig werden, ist eine weitgehende zentrale Koordination des Gesamtkonzerns möglich.

Ausdehnung der Grenzen der Organisation

Sofern es dem Verkehrsbetrieb nicht gelingt, durch Manipulation, vertragliche Bindung oder Übernahme von Trägerfunktionen in anderen Organisationen Ungewißheit auf ein handhabbares Maß zu reduzieren, besteht die Tendenz, die Grenzen der Organisation auszudehnen. Die bisher von externen Teilnehmern geleisteten Beiträge werden nun von Mitgliedern übernommen, die unter das direkte Autorisierungsrecht der Kernorgane des Systems fallen. Die Angliederung zusätzlicher Abteilungen für die Wartung und Reparatur der Verkehrsmittel, die Übernahme der Funktionen von Reisebüros und Agenturen durch ein Netz eigener Verkaufsniederlassungen, die Gründung einer eigenen Werbeabteilung usw. sind Beispiele für ein solches Vorgehen.

1.322 Umweltbeziehungen des Verkehrsbetriebes

Transaktionen von Gütern und Dienstleistungen verknüpfen den Verkehrsbetrieb mit seiner Umwelt[21]. Von ihrer auf einem realistischen Verständnis

---

[20] Vgl. Cyert und March (1963), S. 119 ff.; ähnlich Weick (1969), S. 63 ff.
[21] Zu Organisation und Umwelt vgl. Burns und Stalker (1961); Dill (1958), (1962); Emery und Trist (1965); Evan (1969); Guetzkow (1969); Lawrence und Lorsch (1967); Levine und Whyte (1961); Thompson, J. D. (1967).

aufbauenden Gestaltung hängt das Überleben des Verkehrsbetriebes als selbständige organisatorische Einheit ab. Zur Analyse der Transaktionen und der damit eng verbundenen sonstigen Umweltbeziehungen bedarf es betriebswirtschaftlicher und organisationstheoretischer Kategorien. Jede Transaktion ist mit mehr oder weniger komplexen Kommunikationsbeziehungen zwischen dem Verkehrsbetrieb und seinen Transaktionspartnern verbunden, die der Anbahnung, Vereinbarung und Realisation dieser Transaktionen dienen. Nicht alle Umweltkopplungen einer Organisation stehen jedoch in einem unmittelbaren Zusammenhang mit der Anbahnung, Vereinbarung und Realisation von Transaktionen. Ein großer Teil der auf die Umwelt gerichteten Aktivitäten dient der generellen Förderung ganzer Klassen von Transaktionen (z. B. Werbung, Public Relations). Wir wollen diese Aktivitäten und Interaktionen mit der Umwelt als *Promotion* bezeichnen. Die Gegenüberstellung von Transaktionen und Promotionen zur Förderung von Transaktionen schließt nicht aus, daß sich Betriebe bei ihren Promotionsbemühungen externer Organisationsteilnehmer bedienen, deren Dienstleistungen dann selbstverständlich ebenfalls Gegenstand von Transaktionen sind.

Schließlich hält der Verkehrsbetrieb auch informationelle Beziehungen mit Elementen der Umwelt aufrecht, die der Informationsgewinnung, d. h. der Umweltintelligenz, dienen. Auch hier bedient sich der Verkehrsbetrieb sehr häufig externer Organisationsteilnehmer (z. B. Marktforschungsinstitute), die Dienstleistungen für den Verkehrsbetrieb erbringen.

Transaktionsepisoden

Transaktionen zwischen einer Betriebswirtschaft und ihren Teilnehmern sind in der Regel komplexe Interaktionen zwischen mehreren Organisationen, Gruppen und Individuen. Wir bezeichnen die Folge von Aktivitäten und Interaktionen zwischen Elementen des Verkehrsbetriebes und seiner Umwelt, die mit der Anbahnung, Vereinbarung und Realisation einer bestimmten Transaktion verbunden sind, als Transaktionsepisode. Die Umweltbeziehungen des Verkehrsbetriebes können dann zu einem großen Teil als eine Folge mehr oder weniger miteinander verbundener Transaktionsepisoden gesehen werden[22]. Dabei ist grundsätzlich zwischen vollständigen und unvollständigen bzw. abgebrochenen Episoden zu unterscheiden. Der größte Teil der Transaktionsepisoden ist in diesem Sinne unvollständig. Es hängt nicht zuletzt von der Zahl der Konkurrenten ab, wie groß der Anteil der vollständigen Episoden im Verhältnis zu der Gesamtzahl aller begonnenen Episoden ist. Die Transaktionsepisoden eines Verkehrsbetriebes können sehr unterschiedlich verlaufen und nach verschiedenen Merkmalen klassifiziert werden.

(1) Im Zentrum der Transaktionsepisoden stehen innerorganisatorische Entscheidungen der beteiligten Organisationen, in denen festgelegt wird, ob und

---

[22] Vgl. auch Kirsch, Kutschker und Huppertsberg (1971); Kuhn (1963).

zu welchen Bedingungen die Transaktion erfolgen soll. Geht man von den innerorganisatorischen Entscheidungen aus, so lassen sich die Episoden entlang einem Kontinuum anordnen, je nachdem, ob die mit der Transaktion verbundenen Entscheidungen primär innerhalb oder außerhalb der Episoden getroffen werden. Am einen Ende des Kontinuums beschränken sich die Entscheidungen innerhalb der Transaktionsepisode sowohl beim Anbieter als auch beim Nachfrager vorwiegend darauf, ob eine Transaktion erfolgen soll. Alle Entscheidungen über die Transaktionsbedingungen sind bereits vorher außerhalb der einzelnen Episoden generell geregelt (z. B. Routinekauf).

Am anderen Ende des Kontinuums stehen jene Episoden, bei denen nahezu alle wesentlichen Entscheidungen über die Transaktionsbedingungen während der Episode in enger Interaktion zwischen den Repräsentanten der beteiligten Organisationen mehr oder weniger ausgehandelt werden. Für diese Entscheidungen bilden lediglich generelle Zielformulierungen, Strategien und Prozeduren den Rahmen. Aber selbst dieser im politischen System der Organisationen fixierte Rahmen ist bei komplexen Transaktionsepisoden vielfach in Frage gestellt. Inwieweit dies der Fall ist, hängt unter anderem davon ab, ob es sich der Transaktionspartner auf Grund seiner Macht leisten kann, während der Verhandlungen auf eine Änderung dieser generellen Entscheidungsprämissen Einfluß zu nehmen, ohne das Scheitern der Verhandlungen befürchten zu müssen. Die Entscheidungen während der Transaktionsepisode nehmen dann häufig die Form von politischen Entscheidungen an.

(2) Die Art der Entscheidungen während der Transaktionsepisode ist somit ein weiterer Gesichtspunkt für die Klassifizierung solcher Episoden. Auch hier ist ein Kontinuum anzunehmen: Am einen Ende stehen jene Episoden, die nahezu ausschließlich auf der operativen Ebene ablaufen. In der Mitte des Kontinuums stehen solche Episoden, bei denen neben einem verbleibenden kleineren Teil operativer Entscheidungen die wesentlichen Entscheidungen administrativer Natur sind. Das andere Ende bilden schließlich jene Episoden, die in hohem Maße auch das politische System der beteiligten Organisationen involvieren[23].

(3) Die Erstellung des Gutes bzw. der Dienstleistung, um deren Transaktion es geht, kann innerhalb und außerhalb der eigentlichen Transaktionsepisode erfolgen. Im Falle von Sachgütern hängt dies u. U. davon ab, ob die erwünschten Merkmale des Produktes erst während der Transaktionsepisode vereinbart werden und eine Einzelfertigung erforderlich ist. Grundsätzlich ist hier jedoch eine Produktion außerhalb der Transaktionsepisode möglich und auch üblich. Anders verhält es sich bei Dienstleistungsbetrieben, zu denen auch die Verkehrsbetriebe zu rechnen sind. Dienstleistungen können nicht „auf Vorrat außerhalb der Transaktionsepisoden" produziert werden. Bei vielen

---

[23] Vgl. zum Verlauf von Transaktionsepisoden auch Kutschker (1972).

Verkehrsbetrieben kommt noch hinzu, daß sie die zur Dienstleistung erforderlichen Aktivitäten regelmäßig (etwa nach Fahrplan) durchführen, auch wenn damit keine Transaktion verbunden ist.

(4) Eine Transaktionsepisode umfaßt nicht selten auch Aktivitäten einzelner Beteiligter, die unmittelbar eine andere Transaktion betreffen, die jedoch mit der betrachteten Transaktion sehr eng verbunden sind. Hierzu ist es zweckmäßig, zwischen *primären* und *sekundären* Transaktionen zu unterscheiden. Bezeichnet man etwa die Lieferung eines Sachgutes durch einen Industriebetrieb als primäre Transaktion, so sind jene Transaktionen, die zum Zwecke des Transportes zwischen Lieferant und Verkehrsbetrieb oder zum Zwecke der Geldbewegung bzw. Finanzierung zwischen Kunde und Bank durchgeführt werden, sekundäre bzw. subsidiäre Transaktionen. Da auch im Rahmen sekundärer Transaktionen u. U. subsidiäre Transaktionen möglich sind (z. B. Finanzierung der sekundären Transporttransaktion), müssen aus der Sicht primärer Transaktionen in komplizierten Fällen sogar *tertiäre* Transaktionen usw. in die Betrachtung einbezogen werden. Enge Verbindungen können nun sowohl zwischen verschiedenen primären Transaktionen selbst (etwa bei Gegengeschäften) als auch zwischen primären, sekundären und tertiären Transaktionen bestehen. Dies ist etwa der Fall, wenn zur Finanzierung einer bestimmten Transaktion (etwa eines Investitionsobjektes) eine Bank eingeschaltet wird, mit der eine selbständige Kredittransaktion vereinbart wird, die Verhandlungen dafür aber sehr eng mit den Verhandlungen über die Transaktionsbedingungen für das Investitionsobjekt verzahnt sind.

In den meisten Fällen sind jedoch die Beziehungen zwischen der primären Transaktion und ihren subsidiären Transaktionen dergestalt, daß im Rahmen einer primären Episode Aktivitäten vollzogen werden, die subsidiäre Transaktionsepisoden gleichsam „aufrufen", im übrigen aber völlig losgelöst ablaufen. Man denke nur an jene Transaktion von Gütern, deren physischer Transport subsidiäre Transaktionen mit Verkehrsbetrieben auslöst, ohne daß der Verkehrsbetrieb aber in die Verhandlungen über die Bedingungen der primären Transaktionen eingeschaltet ist.

(5) Die Zahl der an einer Episode Beteiligten kann sehr unterschiedlich sein. In vielen Fällen umfaßt die Episode nur Verkäufer und Einkäufer zweier Organisationen und die mit dem physischen Transport befaßten Elemente. In anderen Fällen ist die Zahl der beteiligten Vermittler, Geldgeber, Berater, Konkurrenten, genehmigenden staatlichen Organe usw. — auch für die Beteiligten selbst — kaum übersehbar.

Transaktionszwischensysteme

Man kann die an einer Transaktionsepisode beteiligten Organisationen, Teile solcher Organisationen oder einzelne Gruppen und Individuen zu einem spezifischen Zwischensystem zusammenfassen. Ein solches Zwischensystem umfaßt nicht nur das Transaktionssystem des Verkehrsbetriebes, d. h. die mit dem Absatz bzw. mit der Beschaffung befaßten Organisationseinheiten, sondern auch Elemente der Umwelt dieser funktionalen Subsysteme der Organisation. Dabei sind u. U. auch Einheiten der inneren Umwelt zu beachten. Zur inneren Umwelt rechnen etwa die Produktionseinheiten des Verkehrsbetriebes, die an der während einer Transaktionsepisode zu erbringenden Leistung beteiligt sind. Ein solches Zwischensystem ist ein temporäres System, das sich mit Ablauf der Episode wieder auflöst. In vielen Fällen findet sich jedoch eine Folge von Transaktionsepisoden, an denen immer wieder ein relativ gleichbleibender Kern von Organisationen, Gruppen und Individuen beteiligt ist, um den sich dann ein von Episode zu Episode fluktuierender „Kranz" zusätzlich Beteiligter schart. In solchen Fällen ist es sinnvoll, ein Transaktionszwischensystem anzunehmen, das einen relativ dauerhaften Kern aufweist und eine Folge von Transaktionen bestimmten Typs handhabt. Der Kern eines solchen Transaktionszwischensystems wird zu einem relativ dauerhaften sozialen System im engeren Sinne. Es bilden sich u. U. spezifische Gruppennormen, eine informale Rollendifferenzierung und eine gewisse Uniformität in den Meinungen der Beteiligten heraus. Die Mitglieder beginnen, sich mit dem Zwischensystem zu identifizieren.

Transaktionszwischensysteme sind in aller Regel auf einer relativ niederen Ebene der Betrachtungsweise zu analysieren. Als Elemente sind Individuen, Gruppen, Abteilungen der involvierten Organisationen und nur in Ausnahmefällen die Organisation selbst anzusehen. Die im folgenden zu diskutierenden Transaktionskanäle und Marketingsysteme werden demgegenüber in aller Regel auf einer höheren Ebene der Betrachtungsweise analysiert.

1.323 Transaktionskanäle, Marketingsysteme und Märkte des Verkehrsbetriebes

Es bürgert sich in der Betriebswirtschaftslehre und auch in der Organisationstheorie immer mehr ein, die Beziehungen zwischen der Organisation und den Elementen ihrer Aufgabenumwelt als Bestandteil spezifischer Systeme zu sehen, die den Charakter von Zwischensystemen annehmen. Diese Zwischensysteme umfassen neben den Umweltelementen auch die betrachtete Organisation oder Teile der betrachteten Organisation selbst. Die neuerdings sehr intensiv geführte Diskussion um „vertikale Marketingsysteme" und „marketing channels" ist ein sichtbarer Ausdruck dafür[24]). Wir wollen im folgenden — ausgehend von den Transaktionen und Transaktionsepisoden — solche Zwischensysteme des Verkehrsbetriebes mit seiner Aufgabenumwelt näher betrachten. Gleichzeitig werden damit die begrifflichen Grundlagen für die im nächsten Kapitel zu vertiefende Diskussion physischer Distributions- und Versorgungssysteme als Teile des mikrologistischen Systems von Betrieben aller Art gelegt.

---

[24]) Vgl. beispielhaft Bucklin (1970); Mallen (1967 a); Stern (1969 c) sowie die Fußnote 109 auf Seite 361 dieses Buches.

Es ist an dieser Stelle nicht erforderlich, die verschiedenen Möglichkeiten einer Abgrenzung der Transaktionskanäle sowie Marketingsysteme zu diskutieren. Der Leser muß sich jedoch mit dem Gedanken vertraut machen, daß die Terminologie in der Literatur, die sich mit Umweltbeziehungen und Zwischensystemen in Organisationen bzw. in Betriebswirtschaften befaßt, eine große Vielfalt von Systemabgrenzungen kennt. Zum Teil werden die Abgrenzungskriterien nicht klar definiert, zum Teil werden unterschiedlich abgegrenzte Systeme mit gleichem Namen belegt. Die terminologischen Überlegungen des folgenden Abschnitts sollen die verschiedenen Möglichkeiten der Systemabgrenzung verdeutlichen und dem Leser helfen, bei der Auseinandersetzung mit der literarischen Diskussion zum Marketing und zur Logistik festzustellen, welche Systemabgrenzungen die einzelnen Autoren jeweils ihren Überlegungen zugrunde legen[25]).

Im folgenden soll zwischen Transaktionskanälen, Marketingsystemen und Märkten unterschieden werden.

Zur Abgrenzung von Transaktionskanälen

In den meisten Fällen sind Produzenten und Verbraucher bzw. Weiterverarbeiter eines Gutes nicht unmittelbare Transaktionspartner. Zwischen ihnen sind Handelsbetriebe, Makler, Kommissionäre usw. zwischengeschaltet. Ein Gut ist auf seinem Weg vom Produzenten zum Verbraucher Objekt einer ganzen Kette von Episoden, die sich auf primäre und sekundäre Transaktionen oder auf engverzahnte Komplexe solcher Transaktionen beziehen. Man kann auch sagen, das Gut durchlaufe eine Kette von Transaktionszwischensystemen. Solche Ketten von Transaktionszwischensystemen können als Transaktionskanäle bezeichnet werden. Die Abgrenzung von Transaktionskanälen ist jedoch in der Literatur nicht einheitlich.

Ein Transaktionskanal ist zunächst ein kategorial bzw. funktional abgegrenztes soziales System, das, da mehrere Organisationen bzw. Einheiten mehrerer Organisationen beteiligt sind, als ein multiorganisationales System bezeichnet werden kann. Dies gilt auch, wenn in einen Transaktionskanal zum Zwecke einer spezifischen Untersuchung auch solche Transaktionsketten einbezogen werden, die für das jeweils interessierende Gut sogenannte Vorprodukte oder Nachprodukte sind. Im Extremfall umfaßt ein Transaktionskanal alle Transaktionszwischensysteme von der Urproduktion bis zum Endverbraucher.

Der Begriff des Transaktionskanals wird jedoch heute in vielen Untersuchungen in einem engeren Sinne gebraucht. Es werden dazu strukturelle

---

[25]) Zum systemtheoretischen Ansatz im Marketing vgl. Adler (1967); Alderson (1965); Alewell (1971); Bell (1966); Berg (1962); Bowersox (1969); Cadwallader (1959); Fisk (1967); Marr und Picot (1972); McCammon (1965); Meffert (1971); Stasch (1966); Sturdivant et al. (1970); zur Differenzierung des Marketingsystems außerdem Breyer (1964), S. 164 ff.; Mallen (1967), S. 124; Stern und Brown (1969), S. 9 ff.

Merkmale zu seiner Abgrenzung herangezogen. Ein Kanal ist dann ein soziales System im engeren Sinne, das eine gewisse Integration aufweist. Nur solche Absatzmittler, Verkehrsbetriebe, Geldinstitute usw. werden als Elemente eines Kanals betrachtet, die relativ intensive Bindungen und Interaktionen zu den übrigen Elementen aufweisen. Nur gelegentlich Beteiligte werden zur Aufgabenumwelt des Kanals gerechnet. Ein Kanal ist in dieser Sicht ein utilitaristisches Kollektiv, u. U. sogar eine Gruppe von Organisationen. In einem solchen Fall sind jene Organisationen oder Teile solcher Organisationen, welche die betreffenden Güter beschaffen, verbrauchen und weiterverarbeiten, ebenfalls in den Kanal einzubeziehen, sofern vergleichsweise enge Bindungen und/oder häufige und intensive Interaktionen zu den übrigen Mitgliedern des Kanals festzustellen sind. Dies gilt vor allem im Bereich der Industriegüter, wo viele Betriebe regelmäßig beschaffen und über ihre Beschaffungsabteilung enge Kontakte zu den übrigen Mitgliedern des Kanals unterhalten.

Nicht selten wird ein Kanal (oder ein Teil eines Kanals) zu einer Koalition. Dies ist der Fall, wenn eine der am Kanal beteiligten Organisationen eine Führungsrolle übernimmt, zentral koordiniert und/oder Spielregeln für eine dezentrale Koordination durchsetzt. Die „Außenstehenden", gegenüber denen sich die Teilnehmer der Koalition in mehr oder weniger koordinierter Weise verhalten, sind in aller Regel die Endabnehmer (Verbraucher) der Güter. Sofern ein Kanal zu einer Koalition wird, ist deren Abgrenzung im Sinne des „commercial channel" durchaus sinnvoll. Man muß sich jedoch bewußt bleiben, daß nicht jeder Kanal eine solche Koalition einzuschließen braucht.

Flußgrößen in Transaktionskanälen

Innerhalb eines Kanals, der ja in Wirklichkeit ein komplexes Netzwerk von Einzelkanälen darstellt, können unterschiedliche Flußgrößen (flows) differenziert werden, die zum Teil voneinander abweichende Wege nehmen[26]. Wir wollen uns auf vier Typen solcher Flußgrößen eines Kanals beschränken: auf die vertraglich vereinbarten Rechte an Transaktionen zu bestimmten Bedingungen, auf den physischen Besitz an den Gütern, auf die Verfügungsgewalt über die entsprechenden Finanzmittel sowie auf den Informationsfluß. Analog kann zwischen Kontrahierungswegen, physischen Produktwegen, Zahlungswegen und Informations- bzw. Kommunikationswegen innerhalb eines komplexen Kanalsystems unterschieden werden.

Ein *Kontrahierungsweg* (Absatzweg) ist eine Kette von vertraglichen Beziehungen, die gegebenenfalls durch Vermittler (Vertreter, Makler) herbeigeführt werden. Wenn etwa ein Absatzweg eines Produktionsbetriebes durch die Kette „Produktionsbetrieb → Großhandel → Einzelhandel → Weiterverarbeiter" beschrieben wird, so ist dadurch nicht der physische Weg des zu-

---

[26]) Vgl. beispielsweise Bell (1966); Fisk (1967), S. 214 ff.; Lewis (1968), S. 140 ff.; Vaile, Grether und Cox (1952), S. 113.

grundeliegenden Sachgutes, sondern die Kette der Vertragsbeziehungen hervorgehoben, die letztlich zu einer indirekten Transaktion zwischen Produktionsbetrieb und Weiterverarbeiter führt. Im Sinne der rein physischen Distribution ist es dabei durchaus denkbar, daß der Produktionsbetrieb mittels Werkverkehrs den Weiterverarbeiter direkt beliefert.

Die Kontrahierungswege sind danach zu differenzieren, ob sich die vertragsmäßigen Rechte auf die primäre Transaktion oder aber auf die subsidiären Transaktionen beziehen, in deren Mittelpunkt der physische Transport bzw. die Durchführung der Zahlung (u. U. verbunden mit einem Kreditgeschäft) steht. Die Dreiteilung in Kontrahierungswege, physische Produktwege und Zahlungswege gilt uneingeschränkt zunächst nur für Transaktionen von Sachgütern. Bei Dienstleistungen — und Verkehrsbetriebe sind ja Dienstleistungsbetriebe — ist eine differenzierendere Betrachtung erforderlich. Zwar gibt es Dienstleistungsbetriebe (wie etwa Reparaturbetriebe), die ebenfalls Probleme der physischen Bewegung der (reparierten) Objekte haben; bei Verkehrsbetrieben entfällt jedoch die physische Distribution. An ihre Stelle tritt die Produktion der Verkehrsleistung. Vielfach muß zwar ein Verkehrsbetrieb — ohne selbst diese Leistung zu erbringen — dafür sorgen, daß die Verkehrsobjekte vom Endpunkt der eigenen Verkehrsleistung zum eigentlichen Zielort gelangen. Dies ist jedoch nur ein Ausdruck dafür, daß sich dieser Verkehrsbetrieb zusätzlich als Vermittler an weiteren Transaktionsepisoden beteiligt, die dem physischen Produktweg des betreffenden Verkehrsobjektes zwischen seinem Hersteller und seinem Weiterverarbeiter zuzurechnen sind. Es liegt jedoch keine physische Distribution der Verkehrsleistung vor, denn diese gibt es nicht. Es ist vielmehr eine physische Distribution des Verkehrsobjektes im Rahmen eines anderen Kanals gegeben, in dessen Bereich der betrachtete Verkehrsbetrieb dann eine doppelte Funktion als Transporteur und als Absatzmittler erfüllt.

Für die Kontrahierungswege des Verkehrsbetriebes zeigt sich freilich, daß diese als Kette vertraglicher Beziehungen zwischen dem Verkehrsbetrieb und dem Letztnachfrager seiner Transportleistungen an Komplexität kaum jenen der Produktionsbetriebe nachstehen. Bereits bei der Unterscheidung nach direkten und indirekten Teilnehmern des Verkehrsbetriebes wurde auf die Rolle der *Spediteure* als spezifische Kategorie von Absatzmittlern im Verkehrsbereich hingewiesen. Ränge und „Stufigkeit" der Kontrahierungswege eines Verkehrsbetriebes ergeben sich fast ausschließlich aus der Tatsache, daß der Kunde den Spediteur zu Geschäftsbesorgungen beauftragt und dieser seinerseits einen Zwischenspediteur (oder Unterspediteur) beauftragt, der schließlich — wenn nicht weitere Zwischenspediteure eingeschaltet werden — den betrachteten Verkehrsbetrieb in eigenem Namen, jedoch für fremde Rechnung zur Durchführung einer bestimmten Transportleistung verpflichtet.

Spediteure sind nicht die einzigen Absatzmittler, deren sich ein Anbieter oder Nachfrager von Verkehrsleistungen bedienen kann. *Vertreter* und

Agenturen, die Verträge über Verkehrsleistungen vermitteln und unter Umständen in fremdem Namen und für fremde Rechnung abschließen, sind auch im Verkehrsbereich bedeutsame Institutionen indirekter Absatzwege. Sehr viele Reisebüros sind ständige Abschlußvertreter für Verkehrsbetriebe. Seltener ist demgegenüber der *Makler* („Frachtagent"), der von Fall zu Fall „ohne ständige Betreuung" Verträge vermittelt, ohne selbst Transaktionspartner zu sein. Makler besitzen vor allem im Seeverkehr als Befrachtungsmakler eine gewisse Bedeutung. Befrachtungsmakler werden von Importeuren oder Exporteuren bestellt, um die von ihnen benötigte Tonnage zu beschaffen.

Eine wachsende Bedeutung besitzen demgegenüber solche Absatzmittler für Verkehrsleistungen, die — ähnlich den Warenhandelsbetrieben — sich in eigenem Namen und für eigene Rechnung zur Übernahme einer Dienstleistung im Verkehrsbereich verpflichten, ohne selbst über die erforderlichen Verkehrsmittel zu verfügen. Sie beauftragen einen anderen Verkehrsbetrieb, ebenfalls in eigenem Namen und für eigene Rechnung die erforderlichen Transportleistungen zu erbringen. Solche Absatzmittler erfüllen im Absatzweg für Transportleistungen gleichsam die Funktion eines „Handelsbetriebes für Dienstleistungen", wenngleich der Begriff des Handelsbetriebes auf Kauf und Verkauf von Waren (beweglichen Sachen) beschränkt ist. Der Absatzmittler ist hier nicht der eigentliche „Produzent" der Dienstleistung. Als solcher kann er allenfalls aufgefaßt werden, wenn er zur Erfüllung seiner Transportverpflichtungen Kapazitäten von Verkehrsmitteln, die von anderen Betrieben einsatzbereit gehalten werden, ganz oder teilweise chartert und mit dem Eigentümer einen *Stellungsvertrag* abschließt.

Strukturelle Differenzierung von Transaktionskanälen

Oft existieren für einen bestimmten Gütertyp mehrere Transaktionskanäle, die soziale Systeme im engeren Sinne (Kollektive, Gruppen, Koalitionen) darstellen und nur mehr oder weniger lose miteinander verknüpft sind. Diese Differenzierung des gesamten Kanalsystems in mehrere Kanäle kann in recht unterschiedlicher Weise erfolgen. Ein Sonderfall liegt vor, wenn diese Kanäle auf primäre und spezifische sekundäre Transaktionen innerhalb des gesamten Systems spezialisiert sind. So kann sich ein vertragsmäßiger Distributionskanal, der in erster Linie die Kontrahierungswege der primären Transaktionen umfaßt, und ein physischer Distributionskanal, der die Transportwege und die Kontrahierungskette der hierfür relevanten sekundären Transaktionen umfaßt, herauskristallisieren. Vertragsmäßige und physische Distributionen sind strukturell getrennt, wenn die primären und sekundären Transaktionen Gegenstand relativ isolierter Transaktionsepisoden sind[27]. Diese Bedingungen werden in der wissenschaftlichen Diskussion von Distri-

---
[27] Vgl. zur Differenzierung von Kontrahierungswegen und physischen Produktwegen auch S. 275 ff. dieses Buches.

butionskanälen kaum beachtet, da in aller Regel eine vergleichsweise undifferenzierte Konzeption sozialer Systeme unterstellt ist, die nicht zwischen funktionalen, kategorialen und strukturellen Systemen sowie zwischen mehreren Typen struktureller Systeme (Kollektive, Gruppen, Koalitionen usw.) unterscheidet. Es ist eine rein empirische Frage, ob etwa ein physischer Distributionskanal, der die physischen Transporte und Lagerungen im Rahmen primärer Transaktionen sowie die Kontrahierungskanäle der auf diese Transport- und Lagerungsvorgänge gerichteten sekundären Transaktionen umfaßt, ein soziales System im engeren Sinne darstellt, das sich vom vertragsmäßigen Distributionskanal, der die Kontrahierungswege der primären Transaktionen einschließt, abhebt.

Kanäle — gleichgültig welchen Gutes und gleichgültig, ob man sie eng oder weit abgrenzt — existieren unabhängig davon, ob auf Grund des Horizonts der beteiligten Betriebswirtschaften alle Elemente bzw. Subsysteme eines Kanals zur Aufgabenumwelt dieser Betriebe zu rechnen sind oder nicht. Jede Betriebswirtschaft nimmt Positionen in sehr vielen Kanälen ein und erfüllt dort unterschiedliche Rollen. Diese Kanäle können sich teilweise überschneiden. Die Rollen werden zum Teil nur bedingt miteinander zu vereinbaren sein. Bisher gibt es in der absatzwirtschaftlichen und organisationstheoretischen Literatur keine Versuche, das System der Kanäle einer Betriebswirtschaft zu analysieren und die Rückwirkungen unterschiedlicher Eigenschaften dieser Kanäle auf den inneren Aufbau und das Funktionieren dieser Betriebswirtschaft zu untersuchen.

Der Verkehrsbetrieb erfüllt primär Funktionen in physischen Distributionskanälen von Sachleistungsobjekten, Verkehrsleistungsobjekten und Dienstleistungsobjekten. Die Funktionen eines Verkehrsbetriebes bleiben jedoch nicht auf physische Distributionskanäle beschränkt. Dies wird deutlich, wenn man die Tatsache des Personen- und Nachrichtenverkehrs mit einbezieht. Diese Leistungen betreffen auch Funktionen in vertragsmäßigen und pagatorischen Kanälen. Ebenso ist zu berücksichtigen, daß der Verkehrsbetrieb selbst häufig mehrstufige Transaktionskanäle verwendet, um seine eigenen Leistungen abzusetzen oder die von ihm benötigten Inputs zu beschaffen.

Marketingsysteme

Transaktionsbeziehungen werden im allgemeinen durch Aktivitäten der Promotion ergänzt, die der generellen Förderung von ganzen Klassen von Transaktionen dienen. Wie Transaktionen so kann auch die Promotion ein- oder mehrstufig über externe Organisationen, wie z. B. Werbeagenturen, Druckereien, Fernsehgesellschaften usw., erfolgen und damit ihre eigenen Kanäle bilden. Den Transaktionskanälen können Promotionskanäle gegenüberstehen. Schließlich sind auch die Intelligenzkanäle zu berücksichtigen. Sie dienen der Umweltintelligenz und können bisweilen ebenfalls mehrstufige Gebilde sein. Man denke nur an die Einschaltung von Marktforschungsinstituten, die sich wiederum für bestimmte Untersuchungen selbständiger demoskopischer Institute oder freier Mitarbeiter bedienen. Transaktionskanäle, Promotionskanäle und Intelligenzkanäle bilden die Marketingkanäle der Betriebswirtschaft.

Es wurde bereits darauf hingewiesen, daß Transaktionskanäle — und dies gilt auch für Promotions- oder generell Marketingkanäle —, gleichgültig, ob sie rein funktional oder strukturell abgegrenzt werden, unabhängig vom Umwelthorizont einzelner beteiligter Betriebswirtschaften zu sehen sind. Die Aufgabenumwelt einer Betriebswirtschaft oder einzelner ihrer mit Marketingaufgaben befaßten Entscheider kann durchaus über die Grenzen eines bestimmten Kanals hinausgehen, an dem die betrachtete Betriebswirtschaft beteiligt ist. Dies ist etwa der Fall, wenn eine Betriebswirtschaft für jene Güter wirbt, die von anderen Betriebswirtschaften aus den von der betrachteten Betriebswirtschaft gefertigten Rohstoffen produziert werden. Umgekehrt ist es durchaus möglich, daß der Umwelthorizont einer Betriebswirtschaft nur einen Teil eines Kanals einschließt, etwa wenn der betrachtete Betrieb sich nur um die physische Distribution bis zum Großhändler kümmert.

Diese mögliche Inkongruenz der Grenzen von Kanälen einerseits und der Aufgabenumwelt einer betrachteten Betriebswirtschaft andererseits läßt es bisweilen geraten sein, zusätzlich die Begriffe des Distributionssystems bzw. des Versorgungssystems einzuführen.

Das *Distributionssystem* einer Betriebswirtschaft für eine Klasse der von dieser Betriebswirtschaft vertriebenen Güter umfaßt alle innerhalb des Umwelthorizonts liegenden Transaktionskanäle bzw. Teile von Transaktionskanälen, über welche die von dieser Betriebswirtschaft erstellten Güter und Dienstleistungen (ggf. auch die daraus wiederum erstellten Nachprodukte) vertrieben werden. Eine analoge Abgrenzung gilt für das *Versorgungssystem* auf der Beschaffungsseite.

Sowohl im Falle des Distributionssystems wie auch im Falle des Versorgungssystems kann zwischen dem vertragsmäßigen und dem physischen Distributions- bzw. Versorgungssystem als funktionalem Subsystem unterschieden werden, je nachdem, ob man die Kontrahierungskanäle oder die logistischen Kanäle untersuchen will. Analoges gilt für Zahlungswege, deren Analyse unter Umständen zur Abgrenzung eines entsprechenden Subsystems des Distributions- bzw. Versorgungssystems Anlaß geben kann.

Die genannten Subsysteme können auch als Teile eines umfassenderen Marketingsystems gesehen werden. Das *Marketingsystem* umfaßt dann alle Organisationseinheiten und externen Komponenten innerhalb des Umwelthorizonts der betrachteten Betriebswirtschaft, die mit Marketingaktivitäten dieser Betriebswirtschaft befaßt sind. Je nachdem, ob sich diese Aktivitäten auf die Beschaffung oder den Absatz beziehen, kann zwischen Beschaffungs- und Absatzmarketing unterschieden werden.

Die Klasse der Marketingaktivitäten kann in verschiedene Teilklassen aufgespalten werden. Analog können unterschiedliche funktionale Subsysteme des Marketingsystems gebildet werden. Das physische und das vertragsmäßige Distributionssystem sind solche Subsysteme. In vielen Fällen werden aber auch die Aktivitäten zur generellen Förderung oder Promotion der Transaktionen zum Anlaß genommen, das sogenannte Promotionssystem als funktionales Subsystem des umfassenden Marketingsystems zu bilden. Es kann jedoch an dieser Stelle darauf verzichtet werden, die Fülle von Möglichkeiten der Klassifikation von Marketingaktivitäten und der Abgrenzung entsprechender Subsysteme innerhalb des Marketingsystems zu diskutieren.

Märkte

Man kann die Umwelttransaktionen eines Verkehrsbetriebes und die zum Teil komplexen Zwischensysteme, die den Verkehrsbetrieb mit Elementen seiner Umwelt verbinden, nicht adäquat diskutieren, ohne die Märkte in die Betrachtung mit einzubeziehen.

Märkte sind spezifische Zwischensysteme. Der Markt für eine bestimmte Kategorie von Gut wird als Inbegriff der zwischen den potentiellen Anbietern und Nachfragern dieser Güter existierenden informationellen Beziehungen zur Herbeiführung eines Konsenses über die Bedingungen für die Transaktionen dieser Güter bezeichnet. Das Marketingsystem eines Verkehrsbetriebes für ein bestimmtes Gut kann mehrere Märkte umfassen. Die Menge der zu einem Markt gehörenden Elemente (Anbieter bzw. Nachfrager) kann dabei noch nach weiteren — etwa regionalen — Gesichtspunkten eingeengt werden. Schließlich ist es eine Zweckmäßigkeitsfrage, wie eng oder weit man die für die Abgrenzung des Marktes ausschlaggebende Kategorie von Gütern jeweils fassen will. Nach der hier vorgeschlagenen Konzeption spielt sich das Geschehen in einem Markt ausschließlich im Rahmen von Kommunikationsprozessen ab, in deren Mittelpunkt Vertragsabschlüsse über Transaktionsbedingungen stehen.

Abb. 1.17 zeigt in schematischer Weise die Zusammenhänge zwischen Kontrahierungskanälen von Verkehrsbetrieben und den damit verbundenen Märkten. Es wird vereinfachend von zwei Verkehrsbetrieben V_1 und V_2 ausgegangen. Die durchgezogenen Linien charakterisieren die Kontrahierungswege des Verkehrsbetriebes V_1, welche die Absatzmittler A_1 A_2 und A_3 sowie die Letztnachfrager N_1 bis N_5 umfassen. Die unterbrochenen Pfeile kennzeichnen demgegenüber die Kontrahierungswege des Verkehrsbetriebes V_2, die A_2, A_3 und A_4 sowie N_3 bis N_8 einschließen. Beide Kontrahierungskanäle decken sich teilweise. Die beiden Verkehrsbetriebe sind Konkurrenten, desgleichen die in beide Kanäle einbezogenen Absatzmittler.

In diesen vereinigten Kanälen können auf verschiedene Weise Märkte abgegrenzt werden. Der durch das Rechteck 1 charakterisierte Markt sieht die beiden Verkehrsbetriebe als Anbieter und die etwa in eigenem Namen und

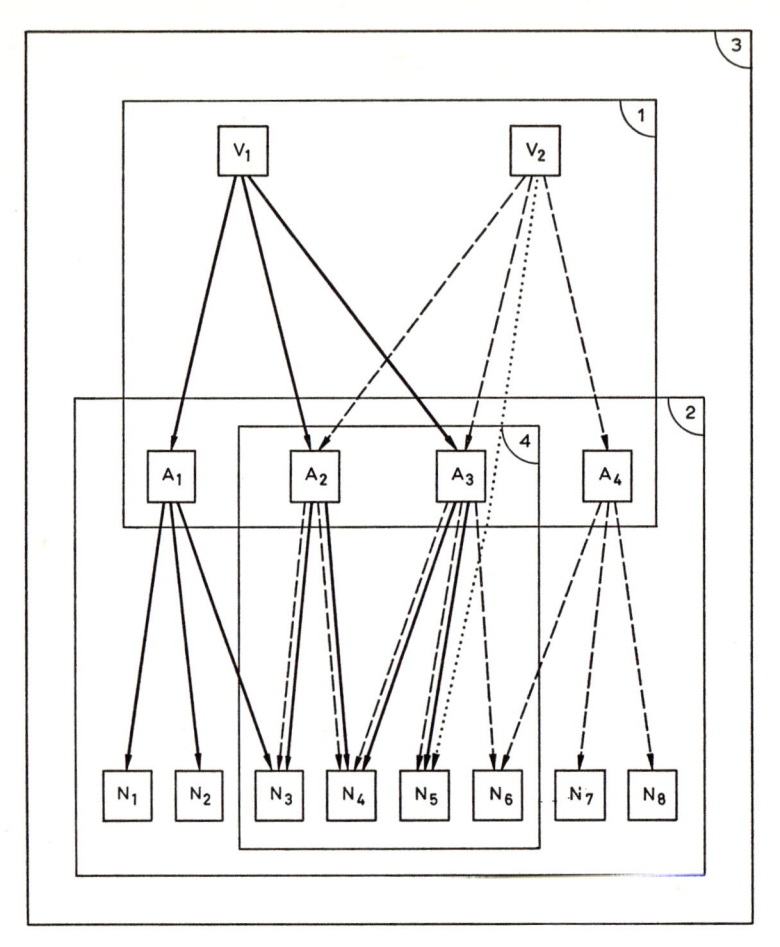

Abb. 1.17: Märkte und Kontrahierungskanäle von Verkehrsbetrieben

für eigene Rechnung abschließenden Absatzmittler als Nachfrager. Der Teilmarkt 2 hebt demgegenüber die Angebots- und Nachfrageverhältnisse zwischen Absatzmittlern und Letztnachfragern isoliert hervor. Die indirekten Absatzwege bedingen, daß man für besondere Untersuchungen auch beide Teilmärkte zu einem mehrstufigen Markt zusammenfassen kann. Dies ist etwa erforderlich, wenn Probleme der vertikalen Preisbindung untersucht werden oder für die Letztnachfrager die durch den punktierten Pfeil zwischen V_2 und N_5 angedeutete Möglichkeit besteht, auch direkt mit den Verkehrsbetrieben abzuschließen. In Fällen, in denen Märkte analog dem Rechteck 3 abgegrenzt werden, ist es durchaus sinnvoll, von den Absatzwegen innerhalb eines Marktes zu sprechen. Sie bestehen aus den vereinigten vertragsmäßigen Distributionssystemen der beteiligten Anbieter und Nachfrager. Es leuchtet ein, daß solchermaßen abgegrenzte Märkte eine zum Teil sehr komplexe Struktur aufweisen.

Das Rechteck 4 deutet schließlich die Möglichkeit an, daß jene Teilnehmer der beiden Transaktionskanäle zu einem Teilmarkt zusammengefaßt werden, bei welchen sich die Kanäle überschneiden. Einer solchen Abgrenzung können beispielsweise regionale Gesichtspunkte zugrunde liegen. Jede Marktabgrenzung schafft ein Zwischensystem, das „offen" ist. Stets sind die Einflüsse jener Elemente zu betrachten, die auf Grund des Abgrenzungskriteriums zur Umwelt des Marktes gerechnet werden. Solange die inneren Beziehungen zwischen den Teilnehmern des Marktes selbst nicht vergleichsweise intensiver sind als die „äußeren", erscheint eine enge Marktabgrenzung freilich wenig sinnvoll. Dies impliziert, daß Märkte soziale Systeme darstellen, die eine wenn auch meist nur sehr geringe Integration aufweisen. Diese Integration äußert sich in der Bereitschaft der Marktteilnehmer, gewisse Spielregeln bei der Anbahnung und Vereinbarung von Transaktionen zu beachten. Da diese Integration primär auf utilitaristischen Bindungen beruht, ist ein Markt ein utilitaristisches soziales System. In einzelnen Fällen nimmt der Markt (oder ein Teil eines Marktes) die Form einer Organisation an, an denen nur Mitglieder der Organisation teilnehmen können (z. B. Börsen).

Wir haben uns bereits im Zusammenhang mit der Diskussion der Koordination der Entscheidungen im makrologistischen System mit den spezifischen Eigenarten von Verkehrsmärkten befaßt, auf denen die Verkehrsbetriebe tätig werden. Der Leser sei daher an dieser Stelle auf diese Darlegungen verwiesen.

1.33 Das politische System des Verkehrsbetriebes

Als zentrale Aufgaben einer entscheidungs- und systemorientierten Betriebswirtschaftslehre wurden die Beschreibung, Erklärung und Gestaltung des Informations- und Entscheidungssystems der Betriebswirtschaft hervorgehoben. Bei der Analyse des Wissenschaftsprogramms der betriebswirtschaftlichen Logistik wurden darüber hinaus bereits in Grundzügen die wichtigsten Kategorien und Konzeptionen dargestellt, die einer Analyse des Informations- und Entscheidungssystems von Organisationen dienen. Im Rahmen der Diskussion des makrologistischen Systems wurden weitere Gesichtspunkte der zentralen und dezentralen Koordination interdependenter Entscheidungen und der Rolle politischer Prozesse bei der Steuerung und Regelung komplexer Systeme dargestellt. Alle diese Konzeptionen lassen sich auch auf den Verkehrsbetrieb selbst übertragen. Das Informations- und Entscheidungssystem eines Verkehrsbetriebes ist hierarchisch aufgebaut.

Innerhalb des hierarchisch aufgebauten Informations- und Entscheidungssystems werden politische, administrative und operative Entscheidungen getroffen. Analog kann zwischen den operativen, administrativen und politischen Systemen unterschieden werden. Wir wenden uns diesen drei Typen von Entscheidungen in Verkehrsbetrieben nunmehr zu, wobei das Schwergewicht auf den politischen Entscheidungsprozessen liegt.

1.331 Operative, administrative und politische Entscheidungsprozesse im Verkehrsbetrieb

Die Unterscheidung von operativen, administrativen und politischen Entscheidungen basiert auf der Vorstellung, daß für die adäquate Analyse jedes Entscheidungstyps grundsätzlich ein anderes begriffliches Instrumentarium erforderlich ist. Viele bisherige Irrtümer sind darin begründet, daß man glaubte, hierfür mit einem einzigen Instrumentarium auskommen zu können.

Operative Entscheidungsprozesse

Das operative System umfaßt alle Elemente, die mit der routinemäßigen Steuerung und Regelung physischer Objektprozesse des Verkehrsbetriebes befaßt sind. Die im Rahmen des operativen Systems zu treffenden Entscheidungen sind wohl-definiert und in hohem Maße programmiert. Individuelle Wertprämissen gehen in nur sehr geringem Umfang in operative Entscheidungen ein. Bei den operativen Entscheidungen handelt es sich vor allem um die Entscheidungen im Rahmen der Ausführungsprogramme, die im einzelnen vorschreiben, welche Teilprozesse durchzuführen sind. Bereits an anderer Stelle wurde darauf hingewiesen, daß Verkehrsprozesse — von wenigen Ausnahmen abgesehen — bislang nicht vollständig programmierbar und damit automatisierbar sind. Die Ausführenden besitzen daher zunächst noch einen vergleichsweise großen Ermessens- bzw. Entscheidungsspielraum. Dies gilt jedoch vornehmlich nur für die explizit formulierten Arbeitsanweisungen und Ausführungsregelungen („öffentliche Programme"), die „Lücken" aufweisen. Die Ausführenden überbrücken diese Lücken freilich meist durch ihre *kognitiven Programme* (Routinen), die sie sich im Laufe ihrer Berufsausbildung und ihrer praktischen Tätigkeit angeeignet haben. Der Grad der Routine ist daher in aller Regel erheblich größer, als es zunächst den Anschein hat.

Von den routinemäßigen Entscheidungen im Zuge der Ausführungsprogramme sind jene über die Auswahl dieser Programme zu unterscheiden. Für die meisten Organisationen sind solche adaptiven Entscheidungen ebenfalls in hohem Maße routiniert und damit programmiert. Es existieren algorithmische Entscheidungsprogramme, denen die Entscheidungsträger bei der Bestimmung der jeweils auf Grund der gegebenen Situationen zu verwendenden Ausführungsprogramme folgen. Auch solche programmierten Entscheidungen sind Entscheidungen des operativen Systems. Das Vordringen der Methoden der Unternehmensforschung hat dazu geführt, daß viele dieser adaptiven Entscheidungen routinemäßig getroffen werden können, wenn einmal die Programme bzw. Algorithmen für die Formulierung und Lösung der Entscheidungsprobleme grundsätzlich erarbeitet sind.

Die Ausweitung des operativen Systems auch auf die Entscheidungen zur situationsbedingten Auswahl von Ausführungsprogrammen aus dem verfügbaren Repertoire führt zu einer vergleichsweise hohen Flexibilität des operativen Systems. Diese Flexibilität ist bei Verkehrsbetrieben insofern von besonderer Bedeutung, als der Ort der Leistungserstellung nicht mit dem Sitz der Administration identisch ist, sondern die Realisation der verkehrsbetrieblichen Leistungserstellung in „Exklaven" erfolgt, die zudem ihren Standort entsprechend der Arteigenheit der Transportleistungen ständig verändern. Dies führt zu Kommunikationsschwierigkeiten; die am operativen System Beteiligten sind während der Durchführung der Verkehrsleistung vielfach auf sich allein gestellt. Die Verkehrsbetriebe befinden sich hierbei in einer ähnlichen Situation wie Militärorganisationen, bei denen zwischen der Kommandozentrale und der kämpfenden Truppe ebenfalls vielfach eine nur unzulänglich überwindbare räumliche Trennung besteht. Im militärischen Bereich wird daher vielfach die *Auftragstaktik* der *Befehlstaktik* vorgezogen. In der hier skizzierten Konzeption bedeutet dies, daß man dem operativen System erweiterungsfähige, mehr oder weniger flexible Ausführungsprogramme vorgibt (Befehlstaktik), also lediglich das Ziel (den Auftrag) der jeweiligen Operation bestimmt. Man überläßt es dem operativen System selbst, das adäquate Programm für die bei der Ausführung der Operation vorgefundene Situation auszuwählen. Voraussetzung hierfür ist freilich, daß ein Repertoire von Programmen entwickelt ist und die Auswahl des geeigneten Programms selbst weitgehend programmiert und routiniert ist. Dies ist meist nur über ein sehr umfangreiches Training bzw. eine ausgedehnte Ausbildung zu erreichen.

Das operative System besitzt ein weitgehend formal geregeltes Kommunikationsnetz, das den Beteiligten erhebliche Bindungen hinsichtlich Kommunikationspartner, Inhalt, Kanal, Zeit usw. auferlegt. Meist sind die Kommunikationsbeziehungen durch spezifische Programme vorgeschrieben. Die Kommunikation dient dazu, Programme auszulösen, welche die Teilprozesse steuern und regeln. Die durch das Programm vorgeschriebenen Rückkopplungsinformationen können über die Sprungbefehle der Programme zu einer Verzweigung der Programmabläufe je nach Situation führen. Schließlich liefern die Kommunikationsbeziehungen jene Daten und Informationen, die von den Entscheidungsprogrammen für die Auswahl der Ausführungsprogramme vorgeschrieben sind. Alle diese Kommunikationsprozesse sind selbst in hohem Maße programmiert. Generell weist das operative System eine mechanistische bzw. bürokratische Organisationsform auf.

Administrative Entscheidungsprozesse

Die Entscheidungen des administrativen Systems des Verkehrsbetriebes sind schlecht-definiert. Sie betreffen die Entwicklung neuer Entscheidungs- und Ausführungsprogramme für das operative System sowie die Verhandlungen mit Elementen der Umwelt, vor allem mit den Transaktionspartnern des Verkehrsbetriebes. Diese Entscheidungen sind unter Beachtung der Beschränkungen (Ziele, Strategien, Budgets) zu treffen, die dem Verkehrsbetrieb durch sein politisches System auferlegt werden. Insofern nimmt das administrative System eine gewisse Mittlerrolle zwischen dem operativen System der Organisation und seiner Umwelt ein. Die Entscheidungen sind schlecht-definiert, weil meistens zunächst nur vage, unvollständige und unstrukturierte Definitionen der Entscheidungssituation existieren. Die Problemdefinitionen sind nicht operational; die Beschränkungen als Merkmal der Problemdefinition sind „offene" Beschränkungen, die im Laufe des Entscheidungsprozesses erst „geschlossen", d. h. ergänzt und operationalisiert werden müssen. Auch bei administrativen Entscheidungen ist eine Einbeziehung von individuellen Werten als Entscheidungsprämissen in nur relativ geringem Umfang zu erwarten. Das Definieren des Problems wird selbst zum Problem. Auch die Alternativen sind nicht vorgegeben oder routinemäßig zu gewinnen. Ferner liegen über die Konsequenzen der Alternativen nur unvollkommene, ja sogar nur höchst fragmentarische Informationen vor. Schließlich existieren keine spezifischen Problemlösungsprogramme, welche die Lösung der Probleme (oder den Verhandlungserfolg) zu einer Routine und möglicherweise „sicheren Sache" machen: Es fehlen algorithmische Problemlösungsprogramme, deren Anwendung das Auffinden einer die Problemdefinition erfüllenden Lösung des Problems garantiert. Man kann solche schlecht-definierten Entscheidungen des administrativen Systems als nichtprogrammierte, innovative Entscheidungen bezeichnen und sie den programmierten, adaptiven und routinemäßigen Entscheidungen des operativen Systems gegenüberstellen.

Das administrative System tritt in Aktion, wenn das operative System nicht mehr in der Lage ist, Störungen der Objektprozesse im Rahmen flexibler Ausführungsprogramme oder durch routinemäßigen Übergang auf andere Ausführungsprogramme zu kompensieren. Es tritt insbesondere auch in Aktion, wenn sich Transaktionspartner und sonstige Marktteilnehmer nicht als Anpasser verhalten und das operative System nicht auf routinemäßige Weise vertragliche Vereinbarungen über Transaktionen herbeizuführen vermag. Das administrative System bewerkstelligt somit innovative Anpassungen der Organisationen an veränderte Umweltbedingungen sowie die Manipulation der „störenden Umwelt", um diese an die Programme des operativen Systems anzupassen.

Administrative Entscheidungsprozesse sind — im Gegensatz zu den operativen Entscheidungen — weitgehend kollektive Entscheidungsprozesse. Die Komplexität innovativer Entscheidungen macht es meist erforderlich, den Instanzen des administrativen Systems *Stäbe* beizuordnen, die einen großen Teil der informationsgewinnenden und -verarbeitenden Prozesse übernehmen, ohne selbst autorisierungsberechtigt zu sein. Die Tendenz zum kollektiven Entscheidungsprozeß wird noch verstärkt, wenn man berücksichtigt, daß die zentralen Koordinationsversuche des politischen Systems durch ein vielfältiges Netz wechselseitiger Abstimmungen überlagert sind. Auch im administrativen System gilt das Bild der von Satelliten umgebenen Kernorgane. Dieser Tatsache wird nicht selten dadurch formal Rechnung getragen, daß Kollegien institutionalisiert werden, die eine „Arena" für die Verhandlungen in kollektiven Entscheidungsprozessen darstellen.

Das administrative System besitzt ein vergleichsweise freies Kommunikationsnetz. Die Kommunikationsbedingungen sind größtenteils nicht programmiert, weil die Informationsbedürfnisse der Träger innovativer Entscheidungen nur bedingt vorhersehbar sind. Die Existenz informaler Kanäle, die sich auf die sozio-emotionalen Beziehungen zwischen den Teilnehmern gründen, wird zu einer Voraussetzung für das Funktionieren des Systems. Die Dominanz wechselseitiger Manipulationen im kollektiven Entscheidungsprozeß, die sich ebenfalls nur bedingt regeln lassen, verstärkt den Eindruck eines sich ständig ändernden und vergleichsweise wenig gebundenen Kommunikationsnetzes. Während sich formale und informale Kommunikationen im operativen System fast zusammenhanglos gegenüberstehen, sind es im administrativen System gerade die informalen Kommunikationsbeziehungen, die den entscheidungsbezogenen Informationsfluß aufrechterhalten. Das administrative System weist somit im Gegensatz zum operativen System eine weitgehend amorphe Struktur auf, die dem Charakter schlecht-strukturierter, innovativer Entscheidungsprozesse angepaßt ist.

Diese Aussagen bedürfen freilich gewisser Einschränkungen. Nicht selten findet sich in den Verkehrsbetrieben eine weitgehend bürokratische Organisationsform, welche die Kreativität der Administration eher behindert als fördert. In solchen Betriebswirtschaften besteht die Tendenz, daß Umweltstörungen, die nicht durch flexible Programme adäquat aufgefangen werden können, nicht rechtzeitig erkannt, dann aber sofort an das politische System weitergegeben werden. Das administrative System erfüllt seine Funktion nur sehr bedingt. Nur wenn es gelingt, das bürokratische „Korsett" durch eine mehr organische Organisationsform zu ersetzen, weist der Verkehrsbetrieb eine hinreichende administrative Flexibilität auf.

Politische Entscheidungsprozesse

Es wurde bereits darauf hingewiesen, daß politische Entscheidungen äußerst schlecht-strukturierte Entscheidungen sind, in die in großem Maße individuelle Werte der Beteiligten eingehen. Zu diesen politischen Entscheidungen des Verkehrsbetriebes zählen die konstitutiven Führungsentscheidungen, welche die Ziele, die grundlegenden Strategien, Projekte und finanziellen Budgets festlegen, in deren Rahmen die administrativen Entscheidungen zur Programmierung des operativen Systems zu treffen sind. Ganz allgemein werden im politischen System des Verkehrsbetriebes all jene Entscheidungen gefällt, die von den Teilnehmern, welche die Macht innerhalb der Koalitionen ausüben, als nicht delegierbar angesehen werden. Neben den bereits genannten Führungsentscheidungen, die langfristiger Natur sind und alle Funktionsbereiche des Verkehrsbetriebes berühren, sind dies auch die Entscheidungen über die Organisationsstruktur und — soweit diese nicht vom Gesetzgeber festgelegt ist — über die Verfassung des Betriebes bzw. seines politischen Systems selbst. Mit dem Aushandeln der Organisationsstruktur, insbesondere der Kompetenzverteilung, eng verbunden sind schließlich die Entscheidungen über die Besetzung der Schlüsselpositionen innerhalb der Organisation. Nicht nur, daß die Zuständigkeiten vielfach auf die Personen zugeschnitten sind, die Verhandlungen im Zusammenhang mit der Einstellung von Personen sind oftmals ein Anlaß, Struktur und Verfassung der Organisation zu ändern. Viele organisatorische Regelungen über Zuständigkeiten und Rechte der Organisationsmitglieder finden sich in den Anstellungsverträgen und in den Protokollen der Sitzungen der Kernorgane des politischen Systems, in denen die Entscheidung über die Anstellung der betreffenden Führungskräfte beschlossen und autorisiert wurde. Andererseits suchen Mitglieder und Gruppen des politischen Systems meist Personen in Schlüsselpositionen zu lancieren, die eine gewisse Koorientierung in den Wert- und Überzeugungssystemen erwarten lassen. Auf diese Weise soll sichergestellt werden, daß die von diesen Personen zu treffenden Entscheidungen den Werten und Überzeugungen entsprechen, die auch von den Mitgliedern der lancierenden Gruppen geteilt werden. Über diese Art einer Besetzung der Schlüsselpositionen behalten die zu diesen Entscheidungen berechtigten Kernorgane des politischen Systems die Kontrolle über die Kriterien der delegierten Entscheidungen, ohne daß explizite Ziele vorgegeben und durchgesetzt werden. Ganz allgemein werden die Mitglieder des politischen Systems all jene Entscheidungen als nicht delegierbar ansehen, die eine Veränderung der Machtverteilung innerhalb des politischen Systems des Verkehrsbetriebes erwarten lassen.

Politische Entscheidungsprozesse und Systeme verkehrsbetrieblicher Organisationen besitzen große Ähnlichkeit mit staatlichen politischen Prozessen. Dies gilt vor allem für einen großen Teil der öffentlichen Verkehrsbetriebe. Hier besteht eine enge Verflechtung zwischen betrieblicher und staatlicher Politik. Grundsätzlich kann daher der begrifflich-theoretische Bezugsrahmen, der bereits unseren Erörterungen verkehrspolitischer Prozesse zugrunde lag, auch zur Analyse der politischen Prozesse im Verkehrsbetrieb herangezogen werden. Um Wiederholungen zu vermeiden, sollen im folgenden lediglich einige besonders wichtige Gesichtspunkte hervorgehoben werden. Es sei dem Leser überlassen, die Aussagen des Abschnitts 1.23 auf die Verhältnisse politischer Prozesse in privaten und öffentlichen Verkehrsbetrieben zu übertragen.

1.332 Verfassungen des politischen Systems

Jedes politische System besitzt eine Verfassung. Sie regelt in grundlegender, schwer abänderbarer Weise die Kompetenzverteilung innerhalb des politischen Systems. Sie umfaßt insbesondere die Rechte und Pflichten der Kernorgane, einzelner, besonders legitimierter Satelliten (z. B. Betriebsrat bzw. Personalrat) und der Träger des politischen Systems. Die Verfassung beinhaltet ferner die wichtigsten Normen und Spielregeln, denen zufolge die Konflikthandhabung und die Autorisierung von Entscheidungen vorzunehmen sind. Schließlich enthält sie meist noch allgemeine Hinweise auf Werte, Ziele und Aufgaben des Betriebes, die Beschränkungen für die Entscheidungen der Kernorgane des Betriebes darstellen.

Verfassungsmäßige Organe und Träger des Verkehrsbetriebes

Verfassunggeber von Verkehrsbetrieben ist einmal der Staat, der mit seinem Organisationsrecht einen mehr oder weniger engen Rahmen für die einzelnen Betriebsverfassungen schafft; Verfassunggeber sind aber auch die Träger des politischen Systems, die in der Gründungsphase durch Gesellschaftsvertrag, Satzung, aber auch — soweit der Staat selbst Träger ist — durch Gesetz die Verfassung festlegen. Die Betriebsverfassung bestimmt schließlich die Kernorgane des Systems selbst, die zu Verfassungsänderungen befugt sind. Das staatliche Organisationsrecht ist privatrechtlicher und öffentlich-rechtlicher Natur. Analog kann zwischen öffentlich-rechtlichen und privatrechtlichen Rechtsformen bzw. Verfassungen der Verkehrsbetriebe unterschieden werden.

Die Verfassung des politischen Systems kann mehrere Kernorgane vorsehen. Es ist daher zwischen einzentrigen und mehrzentrigen politischen Systemen zu unterscheiden. In der Regel bestimmt die gewählte Rechtsform des Betriebes, inwieweit das politische System mehrzentrig ist.

Diese Kernorgane stehen nicht in einem Über- und Unterordnungsverhältnis, wie es für die Instanzen des administrativen bzw. operativen Systems typisch ist. Die Verfassung der Betriebswirtschaft, deren Mindestinhalt im Organisationsrecht kodifiziert ist, verteilt die Entscheidungskompetenzen auf diese Kernorgane, ohne daß von einer Delegation von Entscheidungen im ursprünglichen Sinne gesprochen werden könnte. Dieses Merkmal der meisten Verfassungen von Betriebswirtschaften verschafft jedem Kernorgan einen autonomen Bereich von Entscheidungen, auf den die Mitglieder der übrigen Kernorgane nur als Satelliten Einfluß nehmen können. Freilich beinhalten die meisten Verfassungen Werte und Normen (*Spielregeln*), die solche Einflußnahmen legitimieren. Dies ist etwa der Fall, wenn ein Kernorgan zur Anhörung eines anderen verpflichtet ist, bevor es seine autorisierte Entscheidung trifft. Nicht selten ist vorgesehen, daß an der Autorisierung mehrere Kernorgane beteiligt sein müssen.

In engem Zusammenhang mit den Kernorganen stehen die *Träger*. Als Träger eines politischen Systems wurden jene Organisationen oder Individuen der Umwelt des politischen Systems bezeichnet, die das Recht haben, Kernorgane des politischen Systems zu besetzen oder an Wahlen über die Besetzung teilzunehmen. Besteht das politische System aus mehreren Kernorganen, so werden diese teilweise durch die übrigen Kernorgane besetzt. Mindestens eines der Kernorgane muß jedoch gleichsam „von außerhalb" besetzt werden. Bei Aktiengesellschaften sind die Aktionäre Träger des politischen Systems, da sie das Recht besitzen, an den Entscheidungen des Kernorgans „Hauptversammlung" teilzunehmen. In kapitalistischen Wirtschaftssystemen wird die Funktion des Trägers vor allem aus dem Eigentum am Betriebsvermögen bzw. an den Anteilsrechten abgeleitet sowie aus der damit je nach der rechtlichen Ausgestaltung verbundenen beschränkten oder unbeschränkten Haftung für die Verbindlichkeiten, die sich aus den Transaktionen des Verkehrsbetriebes mit seinen Transaktionspartnern ergeben.

Eigentum und Haftung sind nicht die einzig denkbaren Legitimationsgrundlagen der Trägerschaft. Ohne die Bedeutung der Haftungsverhältnisse für die Motivation der Träger des politischen Systems für eine aktive Beteiligung am politischen Prozeß zu leugnen, wird die Trägerfunktion nicht nur mit dem Eigentum oder den Haftungsverhältnissen verbunden. Das wird deutlich, wenn man die zum Teil erfolgreichen Bemühungen der Gewerkschaften um eine Ausweitung der Mitbestimmung betrachtet. Nach den Mitbestimmungsgesetzen der Bundesrepublik Deutschland sind auch die Belegschaftsmitglieder insofern Träger des politischen Systems, als sie Vertreter in die Aufsichtsräte wählen und bei qualifizierter Mitbestimmung in den Montanbetrieben sogar das Recht zur Besetzung eines Vorstandspostens (Arbeitsdirektor) haben[28]. In ähnlicher Weise leitet sich bei öffentlichen Betrieben die Trägerschaft der öffentlichen Körperschaften z. B. nicht aus der Tatsache ab, daß sie etwa Anteilseigner sind. Solche Kategorien des privaten Rechts besitzen für öffentlich-rechtliche Rechtsformen, die Ausfluß der spezifischen staatlichen Hoheitsbefugnisse sind, nur bedingt Gültigkeit. Fragen der Haftung treten hier in den Hintergrund, weil die Vermögensrechnungen der Betriebe direkt oder indirekt mit den öffentlichen Haushalten verbunden sind.

Träger von Verkehrsbetrieben können natürliche und/oder juristische Personen des privaten Rechts, aber auch Personen des öffentlichen Rechts, insbesondere der Bund, die Länder und die Gemeinden, sein. Entsprechend wird zwischen *privaten* — auf die im weiteren nicht näher eingegangen werden soll — und *öffentlichen* Verkehrsbetrieben unterschieden[29]. Daneben gibt es auch *gemischtwirtschaftliche* Verkehrsbetriebe, bei welchen private und öffentliche Träger des politischen Systems vorhanden sind. Die öffentlichrechtlichen Rechtsformen und Verfassungen sind jenen Betrieben vorbehalten, bei welchen ausschließlich juristische Personen des öffentlichen Rechts Trägerfunktionen ausüben[30]. Privatrechtliche Rechtsformen sind für private

---

[28] Zur Mitbestimmung vgl. z. B. Albach (1964); Fäßler (1970); Prager (1966); Sachverständigenkommission zur Auswertung der bisherigen Erfahrungen bei der Mitbestimmung (1970); Thomssen (1970); Vilmar (1971); Voigt (1962).

[29] Eine vergleichende Darstellung verschiedener betrieblicher Rechtseinheiten geben Aubel (1959); Faulks (1969), S. 23 ff.; Hax (1968); Johns (1959); Labs (1959); Oettle (1967 c); Oettle und Thiemeyer (1969 a); Ritschl (1959); Schnettler (1956), S. 13 bis S. 111, (1964), S. 5 ff.

[30] Zum staatlichen Organisationsrecht vgl. z. B. Böckenförde (1964); Brauchitsch (1962); Rasch (1967); Rasch und Patzig (1962).

und gemischtwirtschaftliche Verkehrsbetriebe unumgänglich, können aber auch für öffentliche Verkehrsbetriebe gewählt werden.

Rechtsformen

Bei den privatrechtlichen Rechtsformen stehen sich grundsätzlich die Einzelunternehmungen und die Gesellschaftsunternehmungen gegenüber. Gesellschaftsunternehmungen sind u. a. die bürgerlich-rechtliche Gesellschaft und die aus ihr abgeleitete offene Handelsgesellschaft (OHG), die Kommanditgesellschaft (KG) und die stille Gesellschaft. Ferner sind zu nennen die Aktiengesellschaft (AG), die Kommanditgesellschaft auf Aktien (KGaA) und die Gesellschaft mit beschränkter Haftung (GmbH).

Zu den öffentlich-rechtlichen Rechtsformen zählen u. a. die reinen Regiebetriebe (Verwaltungs- und Regiebetriebe), die verselbständigten Regiebetriebe (Eigen- bzw. Gemeindebetriebe), die autonomen Wirtschaftskörper ohne eigene Rechtspersönlichkeit (Bundespost, Bundesbahn), die autonomen Wirtschaftskörper mit eigener Rechtspersönlichkeit (öffentliche Gesellschaften, Zweckverbände) sowie die Auftragsinstitutionen. Sie werden als gemischtwirtschaftlich bezeichnet, wenn ihren politischen Systemen privatrechtlich organisierte Träger angehören[31]).

Verwaltungs- und *Regiebetriebe* sind weder rechtlich noch vermögensmäßig selbständig und daher Teile der Hoheitsverwaltung. Die Kernorgane dieser Betriebe sind mit einzelnen Instanzen des öffentlichen Hoheitsträgers identisch. Je nach der jeweiligen Gemeindeverfassung sind dies die Bürgermeister und die Beiräte, deren Anordnungen von den Dezernenten in den Gemeindeverwaltungen auszuführen sind. Die vermögensrechtliche Unselbständigkeit bedeutet für Regiebetriebe, daß sie der Etatbindung unterliegen. Das Autorisierungsrecht über alle Einnahmen- und Ausgabenentscheidungen sowie über die entsprechenden Budgetansätze liegt bei der Trägerkörperschaft. Das politische System dieser Körperschaft ist somit weitgehend mit dem politischen System des entsprechenden Verkehrsbetriebes identisch.

Eigenbetriebe sind rechtlich unselbständige, wirtschaftlich jedoch weitgehend autonome Betriebe der öffentlichen Hand[32]). Sie unterliegen den Bestimmungen der Gemeindeordnungen und Eigenbetriebsverordnungen. An der Willensbildung wirken die Werksleitung, der Werksausschuß und verschiedene Gemeindeorgane mit. Die Kernorgane des politischen Systems eigenbetrieblicher Verkehrsbetriebe und der öffentlichen Trägerkörperschaften sind ebenfalls zum Teil identisch. Die Werksleitung führt den Eigenbetrieb selbständig und ist für die „wirtschaftliche Führung" verantwortlich. Die Kompetenzen des Gemeinderates erstrecken sich auf die Formulierung des Budgets, die Feststellung des Jahresabschlusses, die Festsetzung der

---

[31]) Vgl. Johns (1959), S. 52 ff.; Ritschl (1959), S. 510; Schnettler (1956), S. 66 ff.
[32]) Vgl. Johns (1959), S. 53 ff.; Schnettler (1956), S. 70 ff.; Zeiß (1962).

Tarife sowie auf wichtige finanzwirtschaftliche Entscheidungen. Der Werksausschuß besitzt ebenfalls eigene Entscheidungsbefugnisse, die zum Teil gesetzlich festgelegt, zum Teil auch — soweit sie nicht die laufende Geschäftsführung der Werksleitung unmittelbar berühren — durch die Satzung auf ihn übertragen werden können.

Die Deutsche Bundespost ist (wie die Bundesbahn) ein *autonomer Wirtschaftskörper ohne eigene Rechtspersönlichkeit*[33]). Sie wird als Bundesverwaltung mit eigenem Verwaltungsunterbau und einem getrennt vom Vermögen des Bundes zu haltenden Sondervermögen geführt. Das politische System der Bundespost ist sehr eng mit dem politischen System des Bundes selbst verflochten. Die Verflechtung ergibt sich über die Person des Bundesverkehrsministers, der eine Doppelfunktion ausübt. Er ist einmal Mitglied der Bundesregierung und damit an die Richtlinien des Bundeskanzlers und gegebenenfalls an die Beschlüsse des Kabinetts gebunden. Zum anderen ist er Kernorgan der Bundespost selbst und hat darauf zu achten, daß die Bundespost nach den Grundsätzen der Politik der Bundesregierung, insbesondere der Verkehrs-, Wirtschafts-, Finanz- und Sozialpolitik, geführt wird. Innerhalb dieser Beschränkungen und der Richtlinien des Bundeskanzlers leitet der Bundesverkehrsminister seinen Geschäftsbereich selbständig. Diese Selbständigkeit wird wesentlich beeinträchtigt durch mögliche einschränkende Entscheidungen des Bundesfinanzministers bezüglich der Finanzanforderungen im Voranschlag, da das einmal beschlossene Budget nicht ohne weiteres geändert werden kann. Hinzu kommt, daß auch nachträgliche Änderungen im Einvernehmen mit dem Bundesminister der Finanzen vorzunehmen sind. Dadurch soll eine Koordination von Bundeshaushaltswirtschaft und Bundesfinanzpolitik sichergestellt werden. Es besteht damit die Möglichkeit, daß der Bundesminister der Finanzen auf die Gestaltung der eigentlichen Postpolitik einwirkt.

Neben dem Bundesverkehrsminister und dem Bundesfinanzminister umfaßt das politische System der Bundespost auch den Verwaltungsrat. Dieser besitzt neben Beratungs-, Anhörungs-, Antrags- und Auskunftsrechten auch Beschlußrechte. Hierzu gehören die Feststellung des Budget-Voranschlages, die nachträgliche Genehmigung von zusätzlichen Ausgaben, die Genehmigung des Jahresabschlusses, der Vorschlag für die Gewinnverwendung bzw. eine eventuelle Verlustdeckung, die Gebühren und Tarife, die Änderungen des Leistungsprogramms sowie die Erneuerung und Änderung der technischen Anlagen. Die Stellung des Verwaltungsrates wird freilich dadurch eingeschränkt, daß er gegen den Widerspruch des Bundesverkehrsministers eine Erhöhung der im Voranschlag vorgesehenen Ausgaben oder Maßnahmen, die zu einer Verminderung der veranschlagten Einnahmen führen, nicht vornehmen darf. Darüber hinaus kann der Bundesverkehrsmini-

---

[33]) Vgl. zur Bundespost Bischoff (1954); Garbe (1956); Jäckel (1966); Kämmerer (1966); Kretschmann (1971); Maunz (1968); Neuburger (1965); Steinmetz (1955/56); ferner Orlik (1972) und die dort angegebene Literatur.

ster bei Vornahme einer Änderung des Voranschlages durch den Verwaltungsrat diesen Beschluß der Bundesregierung zur Entscheidung vorlegen. Der Verwaltungsrat kann durch Beschlüsse der Bundesregierung dann nahezu funktionsunfähig gemacht werden.

Die Deutsche Bundesbahn wird als Bundesverwaltung mit eigenem Verwaltungsunterbau und getrennt vom Vermögen des Bundes zu haltendem Sondervermögen geführt[34]). Die Bundesbahn ist somit rechtlich unselbständig, aber wirtschaftlich autonom. Die Kernorgane der Bundesbahn sind der Vorstand und der Verwaltungsrat. Der Vorstand leitet die Geschäfte und ist der gesetzliche Vertreter der Bundesbahn. Der Kompetenzbereich des Verwaltungsrates ist durch das Gesetz genau festgelegt. Zu den Beschlußrechten gehören die Festlegung des Wirtschaftsplanes (einschließlich des Stellenplanes) und des Jahresabschlusses, Fragen der Beteiligung an anderen Unternehmungen, Aufnahme von Krediten, Vorschläge für die Ernennung von Mitgliedern des Vorstandes und Vorschläge für die Besetzung leitender Angestellter, Bau neuer Bahnen, Stillegung von Strecken sowie die Festlegung der wichtigsten Tarife. Schließlich kann der Verwaltungsrat auch weitere Entscheidungen in „wichtigen Einzelfragen" an sich ziehen, sofern für die erforderlichen Beschlüsse eine Zweidrittel-Mehrheit im Verwaltungsrat erreicht wird.

Neben dem Vorstand und dem Verwaltungsrat ist auch der Bundesverkehrsminister als Kernorgan der Bundesbahn anzusehen. Trotz der weitgehenden Selbständigkeit der übrigen Kernorgane der Bundesbahn sind ihm wichtige Befugnisse eingeräumt worden. So kann er allgemeine Anordnungen erlassen, die erforderlich sind, um den Grundsätzen der Politik der Bundesrepublik, insbesondere der Verkehrs-, Wirtschafts-, Finanz- und Sozialpolitik, Geltung zu verschaffen und um die Interessen der Deutschen Bundesbahn und der übrigen Verkehrsträger miteinander in Einklang zu bringen. Letztlich liegt damit nach der Verfassung der Bundesbahn die Entscheidung darüber, wann der Bundesverkehrsminister wichtige Entscheidungen selbst zu treffen hat und in die Geschäftsführung der Bundesbahn eingreifen kann, beim Bundesverkehrsminister selbst. Dennoch besitzen Vorstand und Verwaltungsrat nach allgemeiner Ansicht eine vergleichsweise hohe Autonomie. Dies kann nur damit erklärt werden, daß die Machtverteilung innerhalb des politischen Systems der Bundesbahn sehr wesentlich auch von anderen als in der Verfassung verankerten Determinanten beeinflußt wird. In der Regel macht der Bundesverkehrsminister von seinen verfassungsmäßigen Autorisierungsrechten nur bedingt Gebrauch und bedient sich mehr informaler Methoden der Beeinflussung im politischen Prozeß der Bundesbahn. Andererseits muß jedoch auch im Falle der Bundesbahn (wie bei der Bundespost) festgehalten werden, daß die politischen Systeme des Betriebes und des Bundes auf das engste miteinander verflochten sind.

---

[34]) Vgl. z. B. Binder (1961); DVWG-Schriftenreihe (1969); Hofmann (1968); Merenski (1952); Oeftering (1962), (1967), (1971); Oettle (1964 a), (1966 c); Rockenfelt (1972); Sarter und Kittel (1952).

Öffentliche Verkehrsbetriebe werden vielfach unter der Rechtsform sogenannter *Zweckverbände* geführt. Zweckverbände sind Körperschaften des öffentlichen Rechts und besitzen somit eine eigene Rechtspersönlichkeit[35]. Sie sind Zusammenschlüsse öffentlicher Körperschaften, Anstalten oder Stiftungen zur gemeinsamen Erfüllung bestimmter Aufgaben. Die Betriebsverfassung, deren Rahmen durch das Zweckverbandsgesetz festgelegt ist, richtet sich danach, ob der Zweckverband überwiegend hoheitlichen oder überwiegend wirtschaftlichen Aufgaben dient. Sollen überwiegend hoheitliche Aufgaben erfüllt werden, so sind die Verfassungsgrundsätze dem Gemeindegesetz anzugleichen. Dem Verbandsleiter sind Beiräte zur Seite gestellt, welche die Verbandsmitglieder repräsentieren. Die Verbandssatzung kann ferner der Aufsichtsbehörde Mitwirkungs- und Entscheidungsbefugnisse zur Wahrung der Belange von Verbandsmitgliedern einräumen. Die Aufsicht über den Zweckverband kann durch den Landrat, eine Oberaufsichtsbehörde oder das Innenministerium ausgeübt werden. Sollen überwiegend wirtschaftliche Aufgaben durch den Zweckverband erfüllt werden, so soll die Betriebsverfassung grundsätzlich dem handelsrechtlichen Gesellschaftsrecht angeglichen werden.

Die Vielfalt der Rechtsformen öffentlicher Betriebe ist immer wieder kritisiert worden. In jüngerer Zeit sind daher Forderungen nach einer Vereinheitlichung der Verfassungen öffentlicher Betriebe laut geworden. So wird insbesondere die Schaffung einer Rechtsform der sogenannten *öffentlichen Unternehmung* oder *öffentlichen Gesellschaft* gefordert, deren Ausgestaltung Parallelen zur privatrechtlichen Aktiengesellschaft besitzen soll[36]. Sie ist vom Wissenschaftlichen Beirat der Gesellschaft für öffentliche Wirtschaft vorgeschlagen worden. Dabei soll nicht ausschließlich an das Aktiengesetz angeknüpft werden, da das Aktiengesetz auf das Zusammenwirken privater Aktionäre zugeschnitten ist, während bei öffentlichen Unternehmen eine parlamentarische Mitarbeit und Kontrolle erforderlich erscheint. Es müssen also den Parlamenten und den von ihnen ausgewählten Beauftragten Kontroll- und Einflußmöglichkeiten offenstehen. Als Organe sind der Vorstand, der Verwaltungsrat und die Unternehmensversammlung vorgesehen. Der Vorstand soll zwar genügend Selbständigkeit besitzen, gegenüber dem Vorstand der Aktiengesellschaft sollen jedoch die Befugnisse eingeschränkt und unmittelbar der Kontrolle durch die übrigen Organe unterworfen werden. In der Unternehmensversammlung sollen die Grundsatzbeschlüsse von den Vertretern der Trägerkörperschaften gefaßt werden.

1.333 Teilnehmer und Ablauf des politischen Entscheidungsprozesses

Die Analyse der Verfassungen von Verkehrsbetrieben liefert zwar Anhaltspunkte für die Möglichkeiten des Ablaufes und der Beeinflussung des be-

---
[35] Vgl. Klüber (1956); Schnettler (1964), S. 16 ff.
[36] Vgl. zur Diskussion hierüber Fischer (1958); Haussmann (1954); Janda (1954); Kunze (1955), (1957); Oettle (1967 c), S. 213 ff. und S. 224 ff.; Zeiß (1954), (1955).

triebspolitischen Prozesses. Dennoch sagt die Verfassung in der Regel sehr wenig darüber aus, wie die Prozesse tatsächlich vor sich gehen und die Macht unter den Beteiligten verteilt ist. Insbesondere erlaubt die Verfassung meist keine Aussage darüber, ob der politische Prozeß mehr integrativer oder mehr distributiver Natur ist[37].

Distributive und integrative politische Prozesse

Distributiv ist ein politischer Prozeß stets dann, wenn sich die Beteiligten in erster Linie durch Drohungen, Versprechungen, Überreden, Informationsverzerrungen und dergleichen zu beeinflussen suchen.

Zwar existieren kaum empirische Untersuchungen über politische Prozesse in Organisationen, geschweige denn in Verkehrsbetrieben. Dennoch wird man wohl annehmen können, daß die Prozesse in der Regel nicht extrem distributiv verlaufen, sondern stets einen mehr oder weniger starken integrativen Charakter aufweisen: Die Beteiligten versuchen, die wechselseitige Beeinflussung auf Überzeugen und Debattieren zu beschränken und Konflikte durch gemeinsame Problemlösungsbemühungen zu lösen. Bisweilen sind jedoch auch „Gewinn- und Verlust-Machtkämpfe", die nicht selten mit dem Ausschalten eines Mitgliedes des politischen Prozesses enden, zu finden. Dies ist vor allem bei jenen Verkehrsbetrieben zu beobachten, deren politische Systeme starke Überschneidungen mit den politischen Systemen der sie tragenden öffentlichen Körperschaften aufweisen und die eine offizielle Opposition in ihren Organen kennen.

Diese Überlegungen führen zu der Frage, welche Einflüsse aus der inneren und äußeren Umwelt des politischen Systems auf den Ablauf und das Ergebnis des politischen Entscheidungsprozesses einwirken und inwieweit die Verhältnisse bei öffentlichen und privaten Verkehrsbetrieben unterschiedlicher Natur sind.

Der Einfluß der Mitglieder des Verkehrsbetriebes auf den politischen Prozeß

Die Frage nach dem Einfluß der Organisationsmitglieder des Verkehrsbetriebes auf dessen politische Entscheidungen stellt zunächst das Problem der Mitbestimmung in den Vordergrund[38]. In der gesellschaftspolitischen Diskussion wird immer wieder gefordert, daß der Staat bei seinen öffentlichen Betrieben Schrittmacherdienste in Richtung auf eine verstärkte Mitbestimmung leisten sollte. In der Tat existieren einige Verfassungen öffentlicher Verkehrsbetriebe, deren Regelungen der Mitbestimmungsfrage über das in privaten Unternehmungen gegenwärtig praktizierte Maß hinausgehen. Komplikationen ergeben sich insbesondere bei jenen öffentlichen Ver-

---

[37]) Zur Unterscheidung distributiver und integrativer Verhandlungsprozesse vgl. Walton und McKersie (1965), S. 11 ff. und S. 126 ff.
[38]) Vgl. auch die Fußnote 28 auf S. 208 dieses Buches.

kehrsbetrieben, die in einer privatrechtlichen Rechtsform (z. B. als Aktiengesellschaft) betrieben werden. In jüngster Zeit waren unter dem Einfluß der Gewerkschaften Bestrebungen zu beobachten, in einigen kommunalen Verkehrsbetrieben die Mitbestimmungsrechte der Arbeitnehmer „freiwillig" — etwa im Sinne der qualifizierten Mitbestimmung in den Montanbetrieben — auszudehnen. Solche Bestrebungen scheiterten bislang, da das bestehende Aktiengesetz eine entsprechende Satzungsänderung nicht zuläßt. Es ist eine noch weitgehend ungeklärte Frage, in welchem Umfang die eine oder andere Mitbestimmungsform einen Einfluß der Organisationsmitglieder auf die Betriebspolitik zuläßt.

Die verfassungsmäßige Verankerung der Mitbestimmung schafft jedoch nicht die einzige Basis für eine Einflußnahme. Vor allem die *Technostruktur*[39]) der Verkehrsbetriebe, welche die Spezialisten des administrativen Systems und des Intelligenzsystems umfaßt, gewinnt offenbar auch in den großen Verkehrsbetrieben immer mehr an Einfluß. Bei der Betrachtung dieser Probleme ist zunächst zu beachten, daß die vom politischen System autorisierten Beschränkungen in aller Regel offene Beschränkungen darstellen. Die Ziele und Strategien des Verkehrsbetriebes sind meist Kompromißformeln, die vage und nicht operational definiert sind und die demzufolge unterschiedliche Interpretationen zulassen. Die Mitglieder des administrativen Systems besitzen die Möglichkeit, diese offenen Beschränkungen im Lichte ihrer eigenen Ziele und Werte zu schließen und damit die Betriebspolitik nicht unerheblich zu beeinflussen. Die „Offenheit" der Beschränkungen ermöglicht es darüber hinaus dem administrativen System, bei gravierenden Umweltstörungen, die eine Neuformulierung der Ziele und Strategien des politischen Systems erforderlich machen würden, auf eine „Politisierung" der neuen Probleme zu verzichten, weil die offenen Beschränkungen noch genügend „Interpretationsspielraum" offenlassen. Da das administrative System zudem meist eine weitgehende Kontrolle über die Umweltinformationen besitzt, können seine Mitglieder verhindern, daß Forderungen an das politische System herangetragen werden, die eine Befassung der Kernorgane mit neuen Anpassungsproblemen des Verkehrsbetriebes auslösen könnten.

Aber auch dann, wenn sich das politische System mit diesen neuen Problemen befaßt und zu einer vergleichsweise präzisen Formulierung der autorisierten Beschränkungen für die Organisation gelangt, besitzen die Mitglieder der Technostruktur des administrativen Systems vielfach einen erheblichen Einfluß auf das Ergebnis des politischen Prozesses selbst.

Die Rolle der Mitglieder der Technostruktur als „Problemlöser" für politische Entscheidungen, die Formulierung der Programme für das operative System im Rahmen der offenen Beschränkungen und die Verhandlungen mit den Transaktionspartnern des Verkehrsbetriebes bringen vor allem die geschäftsführenden Kernorgane des politischen Systems in eine gewisse Ab-

---
[39]) Vgl. Galbraith (1968).

hängigkeit. Die Kernorgane können nur überleben, wenn sie hinreichende Unterstützung durch die Mitglieder des administrativen Systems erhalten. Sie sind daher geneigt, den Erwartungen oder Forderungen der Mitglieder des administrativen Systems weitgehend gerecht zu werden.

Dieses Bild des tatsächlichen Einflusses der Mitglieder der Technostruktur auf die Betriebswirtschaftspolitik, das freilich wegen fehlender empirischer Untersuchungen noch weitgehend spekulativer Natur ist, bedarf jedoch vor allem bei öffentlichen Verkehrsbetrieben gewisser Einschränkungen. Die Überlegungen sind allzusehr von den Gegebenheiten privater Großbetriebe geprägt, in denen sich die Träger (Eigenkapitalgeber) weitgehend als Anpasser verhalten, die Einmischung anderer Interessenten der Umwelt in die Betriebswirtschaftspolitik zum Teil tabuiert ist und die Karriere des einzelnen Organisationsmitgliedes nicht zuletzt von seiner Fähigkeit abhängt, sich dem politischen System durch geschickte Nicht-Anpassung und durch Mitwirkung „sichtbar" zu machen. Öffentliche Betriebe unterliegen jedoch anderen Normen. Zahlreiche Gesetze bewirken, daß das Verhalten der Mitglieder des administrativen Systems und des Intelligenzsystems weitgehend auf eine Anpassung ausgerichtet ist. Dennoch sind auch hier die politischen Instanzen in zunehmendem Maße auf die innovative Unterstützung der Technostruktur angewiesen, welche die politischen Entscheidungen in „funktionierende" Programme umzusetzen vermag.

Der Einfluß des Staates und der Öffentlichkeit auf den politischen Prozeß

Der Einfluß des Staates ist naturgemäß dort am größten, wo die Kernorgane des politischen Systems der Verkehrsbetriebe teilweise mit jenen des Staates oder sonstiger Gebietskörperschaften identisch sind[40]. Hier sind betriebliche und staatliche Verkehrspolitik kaum zu trennen. Ähnliches gilt — wenn auch nicht im gleichen Umfang — bei solchen öffentlichen Verkehrsbetrieben, bei denen der Staat zunächst nur die Trägerfunktion erfüllt. In der Regel werden die Mitglieder des politischen Systems darauf bedacht sein, sich die Unterstützung der Träger des Systems zu sichern, unabhängig davon, ob sich diese als Anpasser verhalten oder mit Forderungen selbst in den politischen Prozeß des Verkehrsbetriebes eingreifen.

Der Staat ist jedoch auch bei vielen privaten Verkehrsbetrieben als Unterstützer relevant. Die enge Verflechtung von Verkehr und Gesellschaft läßt es ratsam erscheinen, den Vorstellungen und Wünschen staatlicher Instanzen gerecht zu werden. Für private Verkehrsbetriebe steht vielfach die „Gefahr" im Hintergrund, daß der Staat seine leistungspolitischen Maßnahmen aus-

---

[40]) Vgl. hierzu allgemein Duppré (1965); Eynern (1958), (1959); Mailick und Van Ness (1963); Morstein Marx (1965); Witte und Hauschildt (1966); Wysocki (1966). Vgl. zur juristischen Problematik Badura (1963); Böckenförde (1964); Köttgen (1962); Obermayer (1956); Starck (1962). Die Einflußnahme des Staates auf die Verkehrsbetriebe läßt sich nahezu immer mit dessen „Verkehrshoheit" begründen; vgl. hierzu Illetschko (1959), S. 33 ff., (1966), S. 108 ff.; Lechner (1963). S. 11 f.; Predöhl (1958), S. 192 ff.

dehnt und in Verkehrsbereiche vordringt, die vordem privaten Unternehmungen vorbehalten waren.

Bei privaten Verkehrsbetrieben gründet sich die Einflußnahme staatlicher Organe in der Regel auf die Tatsache, daß die Verkehrsbetriebe auf Konzessionen und Genehmigungen angewiesen sind, wenn sie ihr Leistungsprogramm oder ihre Ausstattung erweitern wollen. Sie haben hierbei meist Forderungen und Auflagen der staatlichen Aufsichtsbehörden und Körperschaften zu beachten. Neben staatlichen Organen versuchen nicht selten auch andere Institutionen und Organisationen, auf die politischen Entscheidungen von Verkehrsbetrieben aktiv Einfluß zu nehmen. Der Leser stelle sich nur einmal die Frage, wer alles Einfluß zu nehmen trachtet, wenn etwa die Bundespost, die Bundesbahn oder ein öffentlicher oder privater Betrieb des öffentlichen Nahverkehrs Tarife erhöhen oder die Bedienung einzelner Strecken oder Gebiete einstellen wollen. Diese Frage macht auch die Bedeutung der „öffentlichen Meinung" sichtbar, wie sie vor allem durch die Presse artikuliert wird.

Diese wenigen Ausführungen zum Einfluß von Staat und Öffentlichkeit auf die verkehrsbetriebliche Politik geben freilich ein etwas überzeichnetes Bild, wenngleich das Fehlen systematischer empirischer Untersuchungen ein abschließendes Urteil schwermacht. Die meisten privaten Verkehrsbetriebe, die sich ausschließlich dem privaten Verkehr widmen, betreiben sicherlich eine von staatlichen Einflußnahmen weitgehend freie Unternehmungspolitik. Der Staat setzt hier zwar durch seine Verkehrs- und Wirtschaftspolitik Daten, an die sich auch diese Unternehmungen mehr oder weniger anzupassen haben. Eine direkte Einflußnahme des Staates unterbleibt jedoch in der Regel. Verkehrsbetriebe, die schwerpunktmäßig öffentliche Verkehrsleistungen anbieten, stehen jedoch in immer stärkerem Maße im Lichte der Gesellschaft und haben mit Forderungen und Einflußnahmen der Gebietskörperschaften zu rechnen. Die Führung solcher Verkehrsbetriebe bedarf — neben der fachlichen Qualifikation — großen politischen Geschicks. Die spezifischen Führungsprobleme für das Top-Management von Verkehrsbetrieben ergeben sich hier aus der engen Verquickung von staatlicher und betrieblicher Verkehrspolitik, aus der Vielzahl von Forderungen der inneren und äußeren Umwelt sowie aus der besonders diffizilen, schwer durchschaubaren Unterstützungsproblematik.

Die Einflußnahme anderer Betriebswirtschaften

In einem gesellschaftlichen System, in dem die wirtschaftlichen Entscheidungen der Betriebe und Haushalte nicht allein durch den Preismechanismus, sondern auch durch ein kompliziertes Geflecht der parteiischen wechselseitigen Abstimmung koordiniert werden, besteht die Tendenz, daß in die politischen Entscheidungsprozesse der einzelnen Verkehrsbetriebe in hohem Maße auch andere Betriebe (Banken, Kunden usw.) als Satelliten eingreifen, wenngleich die meisten Verhandlungen der wechselseitigen Abstimmung zunächst freilich auf der administrativen Ebene der Betriebswirtschaften geführt werden[41]).

Die Tendenz der aktiven Einflußnahme anderer Betriebe auf die politischen Entscheidungen der Verkehrsbetriebe leitet sich auch aus der Tatsache ab, daß große Handels- und Produktionsbetriebe in zunehmendem Maße dazu übergehen, ihre mikrologistischen physischen Versorgungs- und Distributionssysteme bewußt zu gestalten und zentral zu koordinieren. Die Verkehrsbetriebe als Komponenten dieser mikrologistischen Systeme sehen sich im Zuge zentraler Entwurfs- und Koordinationsversuche zusätzlichen Einflußnahmen auf ihre Unternehmungspolitik ausgesetzt. Dies gilt vor allem dann, wenn die Verkehrsbetriebe mit einzelnen Betriebswirtschaften dauerhafte vertragliche Beziehungen eingehen. Das Aushandeln und der Abschluß solcher für den Verkehrsbetrieb grundlegenden Generalverträge ist in aller Regel ein multiorganisationaler politischer Entscheidungsprozeß, an dem Repräsentanten der politischen Systeme mehrerer Betriebswirtschaften beteiligt sind. Im Rahmen der Diskussion der mikrologistischen Systeme werden wir auf diese Zusammenhänge zurückzukommen haben.

1.34 Ziele und Kriterien verkehrsbetrieblicher Entscheidungen

Die system- und entscheidungsorientierte Betriebswirtschaftslehre stellt die Entscheidungsprozesse zur Steuerung und Regelung des betrieblichen Geschehens in den Vordergrund der Betrachtung. Dabei interessieren vornehmlich die Ziele und Kriterien, die als Führungsgrößen in die Steuerungs- und Regelungsprozesse eingehen. Im folgenden werden zunächst die wichtigsten Grundzüge der modernen betriebswirtschaftlichen Zielanalyse erläutert, um dann darauf aufbauend die wichtigsten Ziele in privaten und öffentlichen Verkehrsbetrieben zu erörtern.

1.341 Grundzüge der betriebswirtschaftlichen Zielanalyse

Ziele beinhalten die Beschreibung eines künftigen Zustandes, der durch Entscheidungen erreicht werden soll[42]). Bei dieser Definition bleibt freilich zunächst unklar, was als Ziel eines Verkehrsbetriebes aufzufassen ist. Individuen besitzen sicherlich geistige Vorstellungen über angestrebte künftige Zustände. Von Verkehrsbetrieben zu sagen, sie besäßen in analoger Weise eine solche geistige Vorstellung, würde diese als Organisationen in unzulässiger Weise personifizieren. Es ist deshalb zweckmäßig, zwischen Individual-

---

[41]) Vgl. z. B. Buchholz (1964); Oettle (1967 a), S. 15 ff.
[42]) Zur organisationalen Zielanalyse vgl. Bidlingmaier (1964), (1968); Heinen (1962), (1966 a); Kirsch (1971 b), S. 110 ff.; Schmidt-Sudhoff (1967); Strasser (1966); Thompson und McEwen (1964).

zielen der einzelnen Organisationsteilnehmer, den Zielen dieser Organisationsteilnehmer *für* die Organisation und den Zielen *der* Organisation zu unterscheiden[43]).

Individualziele, Ziele für den Verkehrsbetrieb, Ziele des Verkehrsbetriebes

Jeder Organisationsteilnehmer verfügt über individuelle Zielvorstellungen, die er zum Teil mit seiner Teilnahme an der Organisation verwirklichen will und in deren Licht er seine Anreize und Beiträge bewertet. Diese Individualziele können durchaus einen inhaltlichen Bezug zur Organisation besitzen und insofern „Organisationsziele" in einem weiten Sinne sein. Sieht der Organisationsteilnehmer sein individuelles Anreiz-Beitrags-Gleichgewicht gestört, so ist es möglich, daß er sich mit Forderungen an die Kernorgane am politischen Prozeß des Verkehrsbetriebes beteiligt. Sofern solche Forderungen künftige Zustände des Verkehrsbetriebes oder seiner Umwelt zum Gegenstand haben, die durch die Maßnahmen der organisatorischen Entscheidungsträger erreicht werden sollen, formuliert der Organisationsteilnehmer Ziele *für* den Verkehrsbetrieb.

Individuelle Ziele für den Verkehrsbetrieb sind jedoch noch keine Ziele *des* Verkehrsbetriebes. Damit eine Zielformulierung für den Verkehrsbetrieb zu einem Ziel des Verkehrsbetriebes wird, ist es erforderlich, daß diese Zielformulierung autorisiert wird. Die Zielformulierung muß von den durch die Verfassung hierzu legitimierten Kernorganen „beschlossen" und für die Organisation als verbindlich erklärt werden. Ziele der Organisation sind somit die durch Kernorgane autorisierten Zielformulierungen.

Die begriffliche Trennung zwischen Individualzielen, Zielen *für* die Organisation und Zielen *der* Organisation gilt auch dann, wenn man die Ziele der Mitglieder der Kernorgane selbst betrachtet. Mitglieder des Kernorgans haben meist die Möglichkeit, bei den der Autorisierung vorausgehenden Entscheidungen über die Ziele der Organisation auch ihre Individualziele als Entscheidungsprämissen zum Tragen zu bringen, ohne daß sie zu einem öffentlichen „commitment" gezwungen sind.

Autorisierte Ziele der Organisation bleiben vielfach nicht ohne Rückwirkungen auf die Individualziele der Beteiligten. Der einzelne Organisationsteilnehmer kann sich mit anderen Individuen oder Gruppen sowie mit deren Zielen identifizieren. Dies führt dazu, daß das Individuum diese Ziele auch als seine „eigenen" betrachtet und geneigt ist, seine Anreize und Beiträge auch im Lichte dieser Ziele zu bewerten. Auf diese Weise können Ziele anderer Individuen oder Gruppen für die Organisation, aber auch die autorisierten Ziele der Organisation zu Individualzielen der Organisationsteilnehmer werden. Individuen internalisieren vielfach auch „alte" oder „fremde" Ziele. Während sie diese zunächst als Entscheidungsprämissen akzeptieren,

---

[43]) Vgl. zum folgenden Kirsch (1969), S. 668 ff., (1971 b), S. 129 ff. und die dort angegebene Literatur.

weil deren Verletzung mit Bestrafungen bzw. ihre Befolgung mit Belohnungen verbunden ist, geht im Laufe des Sozialisationsprozesses das Wissen verloren, daß es sich hier um ursprünglich fremde Entscheidungsprämissen handelt. Auf diese Weise vermag der Organisationsteilnehmer auch Ziele der Organisation zu internalisieren und als seine eigenen Ziele zu betrachten.

Das Individuum internalisiert im Laufe seines Sozialisationsprozesses eine Fülle von kulturellen Normen und Werten, aber auch Ziele, die von der Kultur der Gesellschaft, der relevanten sozialen Schicht oder dem Berufsstand des Individuums sanktioniert werden. Auch solche Ziele gehen in den organisatorischen Zielbildungsprozeß und in die Entscheidungsprämissen der Organisationsteilnehmer ein. Vielfach verfügen die Organisationsmitglieder auf Grund ihres gemeinsamen gesellschaftlichen Hintergrundes, ihres Berufsweges und ihrer wechselseitigen Sozialisation innerhalb der Organisation über weitgehend identische Werte und Ziele, welche die spezifische Kultur der Organisation prägen. Diese beeinflussen die Entscheidungen der Organisation, ohne daß sie stets explizit gemacht würden. Freilich darf aus dieser Übereinstimmung nicht geschlossen werden, daß die einzelnen Individuen auch zu übereinstimmenden Bewertungen der zur Diskussion stehenden Alternativen und deren Konsequenzen gelangen. Die „übereinstimmenden" kulturellen Ziele und Werte sind nur so lange miteinander verträglich, als sie nicht in einer konkreten Situation operationalisiert werden müssen. Es zeigt sich dann sehr schnell, daß Organisationsteilnehmer die offenen Beschränkungen ihrer „gemeinsamen" kulturellen Ziele bzw. Werte sehr unterschiedlich schließen.

Diese Überlegungen machen bereits deutlich, daß die Frage, inwieweit die verschiedenen Typen von Zielen in die Entscheidungsprämissen der Organisationsteilnehmer eingehen, nur schwer zu beantworten sein wird. Für die Betriebswirtschaftslehre ergeben sich aus dieser Situation nahezu unüberwindliche Schwierigkeiten, wenn sie etwa den Versuch unternimmt, die tatsächlichen oder potentiellen Ziele verkehrsbetrieblicher Entscheidungen zu präzisieren und zu systematisieren. Empirische Untersuchungen, insbesondere Befragungen, zeigen, daß die Ergebnisse so lange wenig aufschlußreich sind, als die Befragungen nicht auf einer präzisen Sprache aufbauen, mit der über Ziele und Zielformulierungen gesprochen werden kann. Eine solche Sprache besteht bislang nur in Ansätzen. Einige ihrer Grundkategorien sollen im folgenden kurz dargelegt werden. Im Vordergrund stehen dabei die Dimensionen von Zielformulierungen und die möglichen Beziehungen zwischen Zielen.

Dimensionen und Vollständigkeit von Zielaussagen

Jedes Ziel kann nach zwei Dimensionen beschrieben werden, die als Sachdimension und Zeitdimension bezeichnet werden.

Die *Sachdimension* gibt die Kriterien wieder, nach denen die vom Ziel geforderten Zustände beschrieben werden. Beispiele sind Gewinn, Marktanteil,

Kosten usw. Jeder dieser Begriffe umreißt eine ganze Klasse von Zuständen; sie repräsentieren folglich Variablen, die als Zielvariablen bezeichnet werden.

Die *Zeitdimension* gibt die Zeitpunkte oder Zeiträume an, auf die sich die Forderung nach Erreichung des zukünftigen Zustands bezieht. Auch die Zeitdimension beschreibt eine Variable, die als Zeitvariable bezeichnet wird.

Eine Zielaussage enthält Hinweise, wie die Ausprägungen von Zeit- und Zielvariablen im Sinne einer Präferenzskala geordnet sind. Im Falle der Zeitvariablen fehlt freilich vielfach ein diesbezüglich expliziter Hinweis. Implizit ist jedoch dann meist unterstellt, daß eine frühere Zielerreichung einer späteren vorgezogen wird. Im Falle der Zielvariablen ist die zugrundeliegende Ordnungsrelation ebenfalls vielfach nur indirekt zu entnehmen. Die Forderung etwa, daß der Gewinn zu „maximieren" sei, impliziert, daß die einzelnen Gewinnzahlen in der Weise geordnet sind, daß höhere Gewinnzahlen niederen vorgezogen werden.

Neben dem Hinweis auf die Ordnung der Zielvariablen enthält eine vollständige Zielaussage vor allem eine Festlegung, welche Ausprägungen der Ziel- und Zeitvariablen anzustreben sind.

Beziehungen zwischen den Zielen

Zwischen den einzelnen Zielen besteht in der Regel eine Vielzahl von Beziehungen. Dabei sind zwei Klassen von Relationen zu unterscheiden: Relationen, die von einem externen Beobachter (z. B. Forscher) ermittelt werden, und Relationen, die von den Organisationsteilnehmern selbst festgestellt werden. Bei den letzteren ist wiederum die Teilmenge jener Relationsaussagen hervorzuheben, die dem offiziellen Informationssystem der Organisation zuzurechnen und demgemäß autorisiert ist.

Die Vielzahl der möglichen Relationsaussagen, die mehrere Ziele zueinander in Beziehung setzen, kann auf vier Typen zurückgeführt werden: auf die Präferenz- oder Dringlichkeitsrelation, die Interdependenzrelation, die Kompatibilitätsrelation und die Instrumentalrelation. Diese Relationen sind nicht unabhängig voneinander.

Die *Präferenz-* bzw. *Dringlichkeitsrelation* gibt an, ob und inwieweit ein Entscheidungsträger die Erreichung eines Zieles der Erreichung des anderen Zieles vorzieht und insofern als dringlicher erachtet. Man bezeichnet sie auch als Prioritätsrelation. Diese Präferenzrelation kann bedingt oder unbedingt formuliert sein. Sie ist bedingt formuliert, wenn die Formulierung Hinweise darauf enthält, unter welchen Bedingungen die angegebene Dringlichkeit gelten soll („in Krisenzeiten ist die Liquiditätssicherung dringlicher als die Erwirtschaftung einer Dividende").

Die *Interdependenzrelation* gibt an, inwieweit die Erreichung zweier Ziele korreliert ist. Dabei ist zwischen Konkurrenz, Komplementarität und Neutralität zu unterscheiden. Inwieweit eine Konkurrenz oder Komplementarität von Zielen vorliegt, kann nur beantwortet werden, wenn die Ausprägungen der betrachteten Ziele im Sinne einer Präferenzrelation geordnet sind. Konkurrenz liegt vor, wenn die Erreichung einer höher bewerteten Ausprägung des einen Zieles (d. h. eine Erhöhung der Zielerreichung) mit der Erreichung einer niedriger bewerteten Ausprägung des anderen Zieles korreliert. Komplementarität ist demgegenüber gegeben, wenn eine Erhöhung der Erreichung des einen Zieles gleichzeitig auch zu einer Erhöhung der Erreichung des anderen Zieles führt. Bei Neutralität schließlich besteht keine Korrelation zwischen den Zielerreichungsgraden.

Von der Interdependenzrelation ist die *Kompatibilitätsrelation* zu unterscheiden, obwohl dies in der Regel nicht immer geschieht. Zwei Ziele sind kompatibel, wenn sie gleichzeitig erreichbar sind. Konkurrierende Ziele können durchaus kompatibel sein. Dies ist etwa der Fall, wenn alle betrachteten konkurrierenden Ziele begrenzt formuliert sind. Unbegrenzt formulierte konkurrierende Ziele sind demgegenüber stets inkompatibel: Man kann nicht zwei konkurrierende Ziele gleichzeitig maximal erfüllen.

Die *Instrumentalbeziehung* zwischen zwei Zielen A und B besagt, daß die Erreichung des Zieles A Mittel zum Zwecke der Erreichung des Zieles B ist. Damit wird implizit zum Ausdruck gebracht, daß man auch dem Ziel B näher kommt, wenn man sich bei seinen Entscheidungen darauf konzentriert, das Ziel A zu erreichen. Ziel A kann Ziel B in konkreten Entscheidungen und unter bestimmten Bedingungen als Entscheidungsprämisse ersetzen. Man konzentriert sich bei den Entscheidungen auf das Ziel A, weil sich die Entscheidungsüberlegungen erheblich einfacher gestalten, und nimmt dabei in Kauf, das eigentliche Ziel B nur in einem begrenzten Umfang zu erreichen. Ziel A wird zum Ersatzkriterium für das Ziel B. Dennoch zieht man nach wie vor die Erreichung des Zieles B derjenigen des Zieles A vor. Das Ersatzkriterium A wird sofort fallengelassen, wenn sich Anhaltspunkte dafür ergeben, daß es zu Ziel B in einer derart starken Konkurrenz steht, daß die Instrumentalbeziehung nicht mehr angenommen werden kann.

Das Zielsystem der Organisation

Es hat sich eingebürgert, von einem Zielsystem der Unternehmung oder allgemein der Organisation zu sprechen. Es besteht aus der Menge von Zielen, zwischen denen Beziehungen vorliegen. Dabei ist davon auszugehen, daß sich dieses Zielsystem von Zeit zu Zeit ändert. Es ist daher zweckmäßig, stets vom Zielsystem der Organisation zu einem bestimmten Zeitpunkt zu sprechen[44].

Bei der Analyse von Zielsystemen bestehen in der Regel Abgrenzungsprobleme. Oft ist unklar, ob eine Zielformulierung als autorisiert zu gelten hat oder nicht. Die Prozesse und Riten zur Autorisierung sind durch die

---

[44] Vgl. dazu ausführlich Heinen (1966 a) und die dort angegebene Literatur.

spezifische Kultur oder Verfassung des Systems keineswegs immer eindeutig definiert. Unsicherheiten dieser Art können auch vorliegen, wenn unklar ist, ob ein konkretes Ziel überhaupt autorisiert werden durfte. Oft stehen Zielformulierungen in den Augen der Beteiligten nicht in Einklang mit der Verfassung der Organisation. Schließlich kann Unklarheit darüber bestehen, ob eine früher ausgesprochene Autorisierung noch Geltung besitzt. Nur selten werden autorisierte Ziele später explizit wieder außer Kraft gesetzt.

Insgesamt zeigt sich, daß das Zielsystem einer Organisation sowohl für einen Beobachter als auch für die Organisationsteilnehmer selbst keineswegs immer eindeutig abgegrenzt ist. Es ist keineswegs auszuschließen, daß unter den Teilnehmern einer Organisation erhebliche Meinungsverschiedenheiten darüber bestehen, ob eine Zielformulierung dem Zielsystem dieser Organisation zuzurechnen ist oder nicht.

Darüber hinaus ist davon auszugehen, daß das autorisierte Zielsystem der Organisation meist sehr unvollständig formulierte und widersprüchliche Ziele beinhaltet, die kaum miteinander in Einklang zu bringen sind. Hierfür ist in erster Linie die Tatsache maßgebend, daß sich das politische System in der Regel in sequentieller und „zusammenhangloser" Weise einzelnen Forderungen oder Bündeln von Forderungen seiner Teilnehmer zuwendet und zu keinem Zeitpunkt zu einer Gesamtschau gelangt.

Betrachtet man schließlich die Beziehungen zwischen den Zielen, die selbst Gegenstand autorisierter Relationsaussagen sind, ist wohl anzunehmen, daß diese in erster Linie Prioritäten oder Dringlichkeiten zwischen den Zielen zum Ausdruck bringen. Jene sind vielfach in unterschiedlichen sprachlichen Formulierungen manifestiert und häufig nicht eindeutig präzisiert. Dies alles spricht dafür, daß das autorisierte Zielsystem einer Organisation als eine höchst unscharf abgegrenzte, vage definierte und kaum geordnete Menge von Zielformulierungen anzusehen ist.

Es wäre freilich verfehlt, solche „Unvollkommenheiten" allein auf Unvermögen und Nachlässigkeit zurückzuführen. Die Unvollkommenheiten und Vagheiten sind nicht selten beabsichtigt. Es ist ein typisches Merkmal politischer Prozesse, daß man sich auf „Kompromißformeln" einigt, die in der Regel mehrere Auslegungen zulassen. Je allgemeiner und vager solche Kompromißformeln sind, desto eher besteht die Möglichkeit, die Unterstützung und Zustimmung weiter Kreise der tatsächlichen und potentiellen Organisationsteilnehmer zu erlangen. Man stimmt gerade deshalb zu, weil man eine Chance sieht, die autorisierten Ziele der Organisation in einem subjektiv erwünschten Sinne zu interpretieren.

Diese Überlegungen führen schließlich zu der Frage, ob und inwieweit in Organisationen und insbesondere in Verkehrsbetrieben davon ausgegangen werden kann, daß autorisierte Ziele der Organisation existieren. Vorhandene Untersuchungen lassen erhebliche Zweifel aufkommen, ob die am politischen System einer Betriebswirtschaft beteiligten Personen überhaupt anstreben,

Ziele der Organisation zu autorisieren[44a]). Danach werden Ziele allenfalls als relativ eng umrissene Vor- bzw. Unterziele autorisiert, die Richtlinien für die nachfolgenden Detailentscheidungen im administrativen System darstellen. Die Ober- bzw. Endziele, zu deren Erreichung die Vor- bzw. Unterziele dienen sollen, bleiben meist außerhalb des Bereiches autorisierter und damit verbindlicher Richtlinien für Entscheidungen. Die am politischen System Beteiligten bewerten die zur Diskussion stehenden Strategien und Projekte jeweils aus der Sicht ihrer individuellen Ziele. Sie formulieren zwar Ziele für die Organisation, denen die zu autorisierenden Mittelentscheidungen entsprechen sollen. Oberziele der Organisation werden jedoch im allgemeinen nicht autorisiert.

Hier sind freilich im Bereich der Verkehrsbetriebe einige Einschränkungen am Platze. Allgemein ist festzustellen, daß in öffentlichen Verkehrsbetrieben (vor allem bei Bahn und Post) sehr wohl explizit autorisierte Ziele im Sinne von Oberzielen existieren. Nicht selten sind diese sogar Bestandteile der Verfassungen und der ihnen zugrundeliegenden Gesetze. In einer Gesellschaftsordnung, die darauf bedacht ist, die wirtschaftliche Aktivität des Staates einzuschränken, bestehen starke Tendenzen in den politischen Systemen der Trägerkörperschaften der öffentlichen Betriebe, die Ziele dieser öffentlichen Betriebe in den Verfassungen zu verankern.

Sie enthalten eine meist sehr globale Angabe der allgemeinen Ziele der Organisation und/oder Hinweise auf eine Klasse von Mitteln und Prozessen, die der Erreichung dieser Ziele dienen sollen. So legt beispielsweise das Bundesbahngesetz nach der Novellierung vom 1. August 1961 die Domäne der Bundesbahn in § 28 Abs. 1 wie folgt fest:

> „Die Deutsche Bundesbahn ist unter der Verantwortung ihrer Organe wie ein Wirtschaftsunternehmen mit dem Ziel bester Verkehrsbedienung nach kaufmännischen Grundsätzen so zu führen, daß die Erträge die Aufwendungen einschließlich der erforderlichen Rückstellungen decken; eine angemessene Verzinsung des Eigenkapitals ist anzustreben. In diesem Rahmen hat sie ihre gemeinwirtschaftliche Aufgabe zu erfüllen."

Auf diese Weise sollen den Kernorganen der betriebspolitischen Systeme verfassungsmäßige Beschränkungen ihrer Tätigkeit auferlegt werden. Die „Motive" der staatlichen Einflußnahme sollen offengelegt werden. Im Bereich der privaten Betriebe besteht demgegenüber eher eine entgegengesetzte Tendenz. Hier lastet auf den am politischen System dieser Betriebe Beteiligten bisher kein größerer gesellschaftlich-kultureller Druck, die Ziele ihrer Teilnahme offenzulegen. Da bei der Autorisierung von Zielen der Organisation die am politischen System Beteiligten eine gewisse Flexibilität

---

[44a]) In einer Erhebung nach Zufallszahlen ausgewählter Einzel- und Großhandelsbetriebe mit mehr als 20 Beschäftigten der Bundesrepublik Deutschland mit einer Stichprobe von 500 bejahte mehr als ein Drittel der antwortenden Handelsbetriebe folgende Frage: „Haben Sie ausdrücklich dokumentierte, von Vorstand, Unternehmungsleitung, Geschäftsführung usw. verabschiedete Ziele, insbesondere auch solche, die für Entscheidungen Ihrer Mitarbeiter hilfreich sind?" Nach wie vor bleiben die geäußerten Zweifel u. a. auch wegen der relativ geringen Rücklaufquote bestehen. Vgl. Kirsch und Gabele (1973).

in der Verfolgung persönlicher Individualziele verlieren würden und niemand sich selbst gerne Beschränkungen auferlegt, ist nicht zu erwarten, daß solche Zielautorisierungen angestrebt werden.

1.342 Ziele privater und öffentlicher Verkehrsbetriebe

Die Vielfalt der für verkehrsbetriebliche Entscheidungen relevanten Zielformulierungen zeigt sich, wenn man die genauen Interpretationen betrachtet, die diese zunächst meist nicht-operationalen Ziele von Fall zu Fall erfahren. Solange sich die Betrachtung nur auf vergleichsweise globale Formu-

---

Einkommen
Gewinn
Rentabilität
Angemessene Verzinsung des Eigenkapitals
Zuschußbegrenzung

Kostenwirtschaftlichkeit (Kostensenkung)
(Voll-) Kostendeckung
Eigenwirtschaftlichkeit
Grenzkosten(preis)

Öffentliches Interesse
Allgemeines Wohl (Soziale Wohlfahrt)
Versorgung der Bevölkerung mit Verkehrsleistungen
Gemeinwirtschaftlichkeit

Umsatzsteigerung
Marktanteil
Wachstum

Überleben
Sicherheit
Liquidität
Kapital- bzw. Substanzerhaltung
Stabilität
Anpassungsfähigkeit (Flexibilität)
Wettbewerbsfähigkeit

Macht
Unabhängigkeit (Autonomie)
Kontrolle der Umwelt
Prestige
Goodwill
Unterstützung durch die Umwelt

Abb. 1.18: Relevante Themenbereiche verkehrsbetrieblicher Zielformulierungen

lierungen beschränkt, ist man überrascht, wie gering die Zahl der „Themen" solcher Ziele ist. Darüber hinaus erweist sich, daß sich viele dieser „Themen" sowohl in privaten wie auch in öffentlichen Verkehrsbetrieben finden. Ganz allgemein gilt auch hier, daß die politischen Diskussionen über Ziele in den Verkehrsbetrieben keineswegs zur Formulierung neuer Ziele führen. Die Diskussionen und Verhandlungen gehen vielfach um die für die konkrete Situation „gültige" Präzisierung der Zielinhalte und um die Prioritäten.

Die Zielsysteme in den Verkehrsbetrieben erscheinen bei oberflächlicher Betrachtung fast identisch. Bei detaillierter Analyse der Dimensionen der interpretierten Zielaussagen und deren Beziehungen findet man dagegen keine zwei annähernd identischen Zielsysteme. Die folgenden Überlegungen sollen den gemeinsamen Kern der Zielformulierungen herausarbeiten. Es werden die geläufigsten „Themen" verkehrsbetrieblicher Zielformulierungen umrissen und angedeutet, auf die sich die politischen Diskussionen bei der Interpretation dieser Formulierungen und der Setzung von Prioritäten normalerweise beziehen.

Abb. 1.18 gibt die geläufigsten „Themen" wieder. Nicht alle können hier diskutiert werden. Im Vordergrund stehen die für öffentliche Verkehrsbetriebe besonders bedeutsamen Ziele, die bislang in der Literatur keineswegs in ähnlich ausführlicher Weise diskutiert werden wie die Ziele privater Betriebswirtschaften[45]. Hinsichtlich der Ziele privater Betriebswirtschaften sei auf die umfangreiche Literatur zu diesem Problemkreis verwiesen.

Gewinn und Rentabilität

Es wurde lange Zeit nicht angezweifelt, daß es das Ziel privater Betriebswirtschaften sei, Einkommen für die Eigenkapitalgeber zu erwirtschaften. Das Streben nach Gewinn bzw. Rentabilität wurde als Ausdruck des „erwerbswirtschaftlichen Prinzips" betrachtet. Fraglich blieb, ob das erwerbswirtschaftliche Ziel einer privaten Betriebswirtschaft im Streben nach einem absoluten Gewinn oder im Streben nach einem auf eine Kapitalgröße relativierten Gewinn (Rentabilität) seinen adäquaten Ausdruck findet. Da dabei der Gewinn unterschiedlich weit definiert werden kann (kalkulatorischer Gewinn, pagatorischer Gewinn, Kapitalgewinn) und zudem sowohl das Gesamtkapital als auch das Eigenkapital als Bezugsbasis der Rentabilitätszahlen herangezogen werden kann, verbergen sich hinter dem Gewinnstreben eine ganze Menge von Zielformulierungen. Die politische Diskussion erstreckt sich in aller Regel auf die genaue Definition des Gewinns und die Abgrenzung der relevanten Kapitalgrößen[46].

Auch in öffentlichen Verkehrsbetrieben spielen die Themen „Gewinn" und „Rentabilität" eine große Rolle[47]. Dabei ist weniger der seltene Fall ge-

---

[45] Vgl. jedoch Hoffmann (1967); Oettle (1966 b); Oettle und Thiemayer (1969 a); Thiemeyer (1970); Weisser (1969); Witte und Hauschildt (1966).
[46] Eine eingehende Auseinandersetzung mit dieser Problematik findet sich bei Kirsch (1968 a).
[47] Vgl. z. B. Garbe (1969); Oettle (1967 a), S. 21 ff., S. 36 ff.; Thiemeyer (1970).

meint, daß eine öffentliche Gebietskörperschaft einen Verkehrsbetrieb ausschließlich deshalb unterhält, um dem Haushalt zusätzliche Einnahmen zuzuführen. Eine „angemessene Verzinsung des Eigenkapitals" wird meist aus wettbewerbspolitischen Gründen als wünschenswert angesehen. So findet sich nicht nur etwa im § 28 des Bundesbahngesetzes eine entsprechende Zielformulierung, sondern auch der § 15 des Postverwaltungsgesetzes fordert:

> „Die Deutsche Bundespost hat ihren Haushalt so aufzustellen, daß sie die zur Erfüllung ihrer Aufgaben und Verpflichtungen *notwendigen* Ausgaben aus ihren Einnahmen bestreiten kann."

Bei Eigenbetrieben bestimmt § 11 des Eigenbetriebsgesetzes:

> „Der Eigenbetrieb ist mit einem *angemessenen* Stammkapital auszustatten... (Es) soll eine *marktübliche* Verzinsung des Eigenkapitals erwirtschaftet werden."

Zielformulierungen, die für private Verkehrsbetriebe typisch sind, werden für Entscheidungen in öffentlichen Verkehrsbetrieben oft auch deshalb relevant, weil das Management öffentlicher Betriebe in vielen Fällen ähnliche Werte und Individualziele besitzt wie jenes privater Betriebe. Macht, Wachstum, Prestige usw. sind Beispiele hierfür. Solche Ziele verbleiben freilich meist im kognitiven Bereich der Mitglieder der Kernorgane. Sofern sie jedoch einmal in vorsichtiger Form explizit als Ziele für die Organisation gefordert werden, werden sie mit Zielen und Werten begründet, die für öffentliche Verkehrsbetriebe als legitim angesehen werden. Wachstum wird so etwa mit der „besseren Versorgung der Bevölkerung mit Verkehrsleistungen" begründet. Die öffentliche Trägerschaft wird zuweilen als ein Mittel zur Generierung zusätzlichen Prestiges des Verkehrsbetriebes angesehen.

Stellt man die offiziellen Zielformulierungen der öffentlichen Verkehrsbetriebe in den Vordergrund, so dreht sich fast alles um die Dichotomie von „öffentlichem Interesse" und „Eigenwirtschaftlichkeit". Beide Formulierungen finden sich in der einen oder anderen Abwandlung in fast allen Verfassungen öffentlicher Verkehrsbetriebe. Da diese Ziele in der Regel als miteinander konkurrierend angesehen werden und eine allgemeingültige Priorität nicht festgelegt ist, enthalten die Verfassungen öffentlicher Verkehrsbetriebe einen verfassungsmäßig institutionalisierten Zielkonflikt (sog. built-in conflict). Diesen Zusammenhang wollen wir im folgenden näher betrachten.

Das öffentliche Interesse

Das öffentliche Interesse ist ein zentrales Zielthema der politischen Entscheidungen öffentlicher Verkehrsbetriebe[48]). Es erscheint in der Diskussion

---

[48]) Zur literarischen Diskussion hierüber vgl. Downs (1962); Friedrich (1962); Herring (1968); Hirsch-Weber (1969), S. 50 ff., insbes. S. 101 ff.; Leys und Perry (1959); Meyerson und Banfield (1965); Ritschl (1965); Schubert (1957), (1961); Sorauf (1968); Thiemeyer (1970), insbes. S. 148 ff.; Weisser (1964 a), (1964 b), (1965).

auch in Formulierungen wie „Streben nach der allgemeinen Wohlfahrt" oder „Gemeinwirtschaftlichkeit". Das öffentliche Interesse und seine Abwandlungen sind in einer Reihe von Gesetzen bzw. Verfassungen als Ziele der öffentlichen Verkehrsbetriebe verankert. Die Deutsche Bundesbahn hat im Rahmen des § 28 Abs. 1 BBahnG ihre „gemeinwirtschaftliche Aufgabe" zu erfüllen. Die Deutsche Bundespost soll so geleitet werden, daß den „Interessen der deutschen Volkswirtschaft" (§ 2 Abs. 2 PVwG) Rechnung getragen wird. Eine wissenschaftliche Erörterung dieser Ziele hat zwischen der inhaltlichen Präzisierung dieser Formulierungen und der Funktion solcher Ziele in den politischen Entscheidungsprozessen der Verkehrsbetriebe zu unterscheiden.

Um die Problematik der Definition des öffentlichen Interesses haben sich Sozialwissenschaften, Staatsphilosophie und Ethik bemüht. Frühe Interpretationsversuche wollten das öffentliche Interesse „idealistisch" verstehen. Dabei wurde von einer „sittlichen Idee" ausgegangen, die sich im Staate selbst verwirklicht. In einer etwas anderen Version wird unterstellt, daß Werte in einer Gesellschaft existent sind, die von allen geteilt werden. Sie werden auch „Allgemeininteresse" genannt[49]. Zum genannten Begriff muß zum einen festgestellt werden, daß es schwierig ist, diese allgemein geteilten Werte in ihrer „soziologischen Geltung"[50] abzugrenzen; zum anderen wird auch keine Angabe über den Gegenstand des Interesses gemacht, was dazu führt, daß es mit den mannigfaltigsten Objekten verbunden werden kann. Der bedeutsamste Definitionsversuch ist innerhalb der Wohlfahrtsökonomie gemacht worden.

Die Grenzkostenpreisregel

Nach der wohlfahrtsökonomischen Konzeption liegt eine Maßnahme im öffentlichen Interesse, wenn es keine andere Maßnahme gibt, die sozial vorzuziehen ist (Pareto-Kriterium). Die Diskussion zur Koordination der interdependenten Entscheidungen des makrologistischen Systems hat bereits gezeigt, daß eine Sozialwahlfunktion, die eine vollständige Ordnung möglicher Konsequenzen von Maßnahmen ermöglicht, nicht in befriedigender Weise aufgestellt werden kann[51]. So bleibt lediglich die oben definierte Pareto-Ordnung, die freilich aus vielerlei Gründen als Kriterium konkreter Entscheidungen im öffentlichen Bereich nicht befriedigen kann. Immerhin werden die auf der Pareto-Regel aufbauenden wohlfahrtstheoretischen Modelldiskussionen zum Anlaß genommen, Ersatzkriterien für im öffentlichen Interesse tätige Verkehrsbetriebe zu empfehlen. Es handelt sich hier um die vieldiskutierte Grenzkostenpreisregel[52]. Diese Überlegungen gehen

---

[49] Vgl. dazu Hirsch-Weber (1969), S. 98 ff.
[50] Vgl. Myrdal (1965).
[51] Vgl. Thiemeyer (1970), S. 148 ff. und die dort angegebene Literatur.
[52] Vgl. DVWG-Schriftenreihe (1969); Jochimsen (1961); Lösenbeck (1963); Schneider (1964); Theoretischer Ausschuß der IFIG (1962); Thiemeyer (1962), (1964).

dahin, ein Preisbildungssystem zu finden, das unter weitgehender Vermeidung außerökonomischer Grundentscheidungen (Werturteile) den Zwang zur politischen Entscheidung durch „rationale" Kalkulation ersetzt. Dabei wird die Grenzkostenpreisregel nicht nur als Preisregel, sondern auch als Produktionsregel betrachtet. Dies bedeutet, daß nicht nur die Preise gleich den Grenzkosten gesetzt werden sollen, sondern auch der Produktionsumfang mengenmäßig so lange variiert wird, bis die Grenzkosten den für die letzte Einheit erzielbaren Preis übersteigen würden. Weiterhin wird nun gefolgert, daß die Preisstellung gemäß Grenzkosten zum Betriebsoptimum führt und ferner die Verwendung der Produktionsfaktoren in wirtschaftlichster Weise gesichert ist. Die Erreichung des Betriebsoptimums fordert einen Verlauf der Nachfragekurve durch den Schnittpunkt der Grenzkosten- und der Gesamtstückkostenkurve.

Es braucht wohl kaum betont zu werden, daß die Anwendung der Grenzkostenpreisregel schon wegen der Annahmen, die sich aus dem Pareto-Optimum ergeben, hinsichtlich ihrer anspruchsvollen Intention fraglich erscheinen muß. Hinzu kommt, daß die technischen Ermittlungsprobleme der geforderten Modellgrößen keineswegs gelöst sind und ferner die Nachfrage nur im Grenzfall die gewünschte Größe erreichen dürfte. Trotz dieser Einwendungen darf jedoch nicht übersehen werden, daß das Thema „Grenzkostenpreise" nicht nur akademische Bedeutung hat, sondern in der deutschen sowie insbesondere europäischen politischen Diskussion einen realen Hintergrund für verkehrsbetriebliche Entscheidungen bildet.

Darbietungsziele

Die Einhaltung der Grenzkostenpreisregel soll die „optimale Versorgung der Bevölkerung mit Verkehrsleistungen" sichern. Sehr oft wird in den Verfassungen öffentlicher Betriebe diese Formulierung hervorgehoben. Solche Ziele können auch als Darbietungsziele bezeichnet werden, wie sie Oettle für öffentliche Betriebe als typisch erachtet[53]). Die Darbietungsziele umfassen die gesamte „Leistungskonzeption" des Verkehrsbetriebes, in der die einzelnen Leistungen in einem Leistungsprogramm erfaßt und nach Art, Menge, Qualität, Preis, Service und räumlicher Verteilung spezifiziert werden. Im Leistungsprogramm wird auch festgelegt, ob es sich bei der jeweiligen Leistung um eine solche der Benutzungswahl, des Benutzungszwanges oder der Sonderbenutzung handelt[54]).

Solche Darbietungsziele, die letztlich ebenfalls keine operationalen Kriterien für konkrete Entscheidungen vorgeben, sind vor allem Beschränkungen, die eine im öffentlichen Interesse nicht erwünschte Ausweitung des Leistungsprogramms von Verkehrsbetrieben verhindern sollen. Eine relativ explizite Beschränkung dieser Art ergibt sich etwa aus § 85 der Gemeindeordnung für Baden-Württemberg:

---

[53]) Vgl. Oettle (1962), (1966 b), insbes. S. 252 ff.; Oettle und Thiemeyer (1969 a).
[54]) Vgl. auch Witte und Hauschildt (1966), S. 86 ff.

„Die Gemeinde darf wirtschaftliche Unternehmungen nur errichten, übernehmen oder wesentlich erweitern, wenn

1. der öffentliche Zweck das Unternehmen rechtfertigt und
2. das Unternehmen nach Art und Umfang in einem angemessenen Verhältnis zur Leistungsfähigkeit der Gemeinde und zum voraussichtlichen Bedarf steht."

Das Prinzip der Gemeinwirtschaftlichkeit

Der inhaltlichen Präzisierung des öffentlichen Interesses dient auch das Prinzip der Gemeinwirtschaftlichkeit, das in vielen Zielformulierungen anklingt. Aus den zahlreichen Definitionsversuchen sei hier kurz die Definition des Terminologie-Ausschusses der Gesellschaft zur Förderung der öffentlichen Wirtschaft angeführt[55]). Der Terminologie-Ausschuß sieht die Gemeinwirtschaft als Sammelbegriff eines bestimmten Typus von Wirtschaftsgebilden (Einzelwirtschaften) an, die unmittelbar dem Wohl einer übergeordneten Gesamtheit (öffentliches Interesse) dienen, während es sich um nicht-gemeinwirtschaftliche Unternehmen handelt, wenn mittelbar oder unmittelbar das Wohl der Träger angesprochen ist. Die Beziehung zum öffentlichen Interesse wird also auch in diesem Begriff augenscheinlich.

Problematik des Begriffs des öffentlichen Interesses

Alle bisher angestellten Überlegungen liefern keinen Anhaltspunkt für eine intersubjektiv gültige und operationale inhaltliche Präzisierung des öffentlichen Interesses. Man könnnte sogar so weit gehen zu sagen, daß es so etwas wie ein öffentliches Interesse nicht gibt. Es ist jedoch eine Tatsache, daß etwa Gerichte in vielen Urteilen unter Berufung auf das öffentliche Interesse entscheiden, wobei freilich von Situation zu Situation unterschiedliche Interpretationen zugrunde gelegt werden. Die im Grunde völlig offene Beschränkung wird in der konkreten Situation geschlossen, wobei es keine intersubjektiv überprüfbaren Methoden gibt, die angeben würden, wie man in einem spezifischen Fall das öffentliche Interesse zu definieren hat.

Man muß sich damit abfinden, daß es lediglich subjektive Vorstellungen von Individuen darüber gibt, was „gut" für eine Gesellschaft oder einen bestimmten Bevölkerungskreis sei. Zusammengenommen sind diese subjektiven Vorstellungen bei genauerer Betrachtung höchst konfliktär. Wenn jedoch Individuen mit ihren subjektiven Vorstellungen von einem allgemeinen Interesse am politischen Prozeß im Staat und in öffentlichen Verkehrsbetrieben aktiv beteiligt sind und es ihnen gelingt, für die Entscheidungen die Unterstützung derjenigen Kreise zu gewinnen, in deren Interesse sie ihre Forderungen stellen und Entscheidungen treffen, so spricht nichts dagegen, diese subjektiven Vorstellungen mit dem zu diesem Zeitpunkt „gültigen" öffentlichen Interesse gleichzusetzen. Damit verlagert sich jedoch die Diskussion

---

[55]) Vgl. Rittig (1954).

des Inhalts des öffentlichen Interesses auf die Diskussion der Funktionen dieses Begriffs in politischen Entscheidungsprozessen.

Politische Entscheidungsprozesse und öffentliches Interesse

Die verfassungsmäßige Verankerung bzw. Autorisierung des öffentlichen Interesses als des Ziels öffentlicher Verkehrsbetriebe schafft ganz allgemein eine Legitimation für Forderungen an das politische System des Verkehrsbetriebes. Dies gilt insbesondere für staatliche Instanzen, die auf diese Weise in konkreten Situationen ihre Einflußnahme am politischen Prozeß als gerechtfertigt erwiesen sehen. Das gilt aber auch für Minoritäten. Im ersten Fall werden die Ziele und Programme der Trägerkörperschaften, des Staates, der Länder und der Gemeinden, auf diese Weise zur Basis für Forderungen an das politische System der Verkehrsbetriebe. Die Berufung auf das öffentliche Interesse kann aber auch für die Rechte von Minoritäten geschehen, um auf diese Weise dem Überwiegen reiner Machtinteressen entgegenzutreten. Die verfassungsmäßige Verankerung des öffentlichen Interesses führt somit dazu, daß es nicht wie in rein privaten Organisationen tabuiert ist, wenn Personen auf die Politik des Verkehrsbetriebes Einfluß zu nehmen versuchen, die nicht die Trägerkörperschaften majorisieren.

Eine weitere Funktion des öffentlichen Interesses diskutiert Easton[56]). Auch er unterstellt nicht, daß es eine objektiv überprüfbare Definition des öffentlichen Interesses gibt. Er geht davon aus, daß die Verankerung der Wahrung des öffentlichen Interesses in Verfassungen von öffentlichen Betrieben geeignet ist, in weiten Bereichen der Öffentlichkeit diffuse Unterstützung für die Verfassung und die Kernorgane und damit auch für die Entscheidungen dieser Gremien zu generieren. Dies ist auch der Grund, weshalb sich gelegentlich private Verkehrsbetriebe — vor allem, wenn sie in den öffentlichen Verkehr eingeschaltet sind — in zunehmendem Maße zum öffentlichen Interesse bekennen. Zwar steht hier die Wahrung von diffuser Unterstützung im Vordergrund. Gleichzeitig wird damit aber auch eine Legitimationsbasis für eine Einflußnahme durch externe Interessentengruppen und staatliche Organe gegeben. Es zeigt sich, daß es verfehlt wäre, anzunehmen, daß es der Wissenschaft möglich wäre, das öffentliche Interesse intersubjektiv überprüfbar zu definieren. Dennoch muß eine Betriebswirtschaftslehre des Verkehrs bei der Analyse komplexer politischer Prozesse in Verkehrsbetrieben die Tatsache mit einbeziehen, daß die Berufung auf das öffentliche Interesse und die Verankerung dieses öffentlichen Interesses eine wesentliche Rolle in solchen Zusammenhängen spielt.

Das öffentliche Interesse wird jedoch nicht unmittelbar zum Kriterium konkreter Entscheidungen. Kriterien sind vielmehr die von den Satelliten des politischen Systems unter Berufung auf das öffentliche Interesse geforderten Ziele für den Verkehrsbetrieb. Kriterien sind auch die „Ersatzansprüche"

---
[56]) Vgl. Easton (1965), S. 151 ff.

unterschiedlichster Art, deren Instrumentalrelation zum öffentlichen Interesse in der politischen Diskussion der Verkehrsbetriebe immer wieder hervorgehoben wird. Nicht selten sind diese Ersatzkriterien — ohne daß dies explizit gemacht würde — in den persönlichen Motiven, Werten und Zielvorstellungen der maßgeblichen Entscheidungsträger verankert.

Eigenwirtschaftlichkeit

Das Prinzip der Eigenwirtschaftlichkeit erfüllt in öffentlichen Verkehrsbetrieben eine ähnliche Funktion wie das öffentliche Interesse. Es erscheint in vielen Ausprägungen und wird normalerweise als mit dem öffentlichen Interesse konkurrierend angesehen[57]). Zum Teil wird es allerdings auch als durch das öffentliche Interesse legitimiert betrachtet. Weder in der einen noch in der anderen Form ist es jedoch intersubjektiv überprüfbar.

Eigenwirtschaftlichkeit und öffentliches Interesse

Betrachten wir die Eigenwirtschaftlichkeit zunächst als Pendant zum öffentlichen Interesse. In all jenen Betrieben, in denen das öffentliche Interesse verankert ist und damit staatliche Instanzen oder Gruppen der breiteren Öffentlichkeit zur Einflußnahme auf die betriebspolitischen Entscheidungen legitimiert sind, wird es als wünschenswert angesehen, den Kernorganen des politischen Systems dieser Betriebe selbst ein autorisiertes Ziel an die Hand zu geben, das es ihnen ermöglicht, solche Ansprüche abzuwehren. Die Berufung auf die Eigenwirtschaftlichkeit legitimiert die betrieblichen Instanzen, in konkreten Situationen Entscheidungen zu treffen, die beispielsweise nicht den sich auf das öffentliche Interesse stützenden Instanzen entsprechen. Die Eigenwirtschaftlichkeit ist eine Legitimation für die Kernorgane (Verwaltungsrat, Vorstand), ihren Entscheidungen Kriterien zugrunde zu legen, die etwa als „kaufmännische Grundsätze" der Betriebsführung angesprochen werden können. Dies eröffnet die Möglichkeit, die Entscheidungen an Kriterien auszurichten, die für private Betriebswirtschaften vielfach typisch sind. Hierzu gehören etwa die Erzielung einer angemessenen Kapitalverzinsung, die Sicherung des Betriebes durch Bildung von Rücklagen und Rückstellungen und anderes mehr.

Angesichts der Bedeutung der wettbewerbspolitischen Diskussion im makrologistischen System, die sich vor allem um die Harmonisierung der Wettbewerbsbedingungen der einzelnen Verkehrsträger dreht, verwundert es jedoch nicht, daß auch die Forderung nach Eigenwirtschaftlichkeit der öffentlichen Verkehrsbetriebe vielfach als im öffentlichen Interesse liegend begründet wird. Nur wenn die öffentlichen Verkehrsbetriebe — so wird argumentiert — bei ihren Entscheidungen auf die gleichen Kriterien achten müssen wie private Verkehrsbetriebe, können die institutionellen Wett-

---

[57]) Vgl. zur Eigenwirtschaftlichkeit Illetschko (1966), S. 120 ff.; Oettle (1962), (1966 a), (1966 b), (1967 a), insbes. S. 37 ff., (1970); Oettle und Thiemeyer (1969 a).

bewerbsbedingungen als einigermaßen gleich angesehen werden. Dies wird deutlich, wenn wir uns den Versuchen zuwenden, die Eigenwirtschaftlichkeit inhaltlich zu umreißen.

Das Kostendeckungsprinzip

Inhaltlich wird die Eigenwirtschaftlichkeit meist als Kostendeckungsprinzip interpretiert. Je mehr diese generelle Interpretation der Eigenwirtschaftlichkeit geteilt wird, desto mehr dreht sich die politische Diskussion um die „richtige" Fassung des zugrundeliegenden Kostenbegriffs. So fordert man etwa, daß von Kostendeckung erst gesprochen werden könne, wenn auch kalkulatorische Zinsen auf das eingesetzte Eigenkapital verdient werden. Nach anderen Versionen wird dann eigenwirtschaftlich gearbeitet, wenn mit den erwirtschafteten Erlösen neben den Ausgabengegenwerten auch Abschreibungsgegenwerte erwirtschaftet werden. Je nach der Extension der verrechneten kalkulatorischen Abschreibungen enthalten diese auch die durchschnittlichen Preissteigerungen beabsichtigter Ersatzinvestitionen. In der weitesten Fassung der Eigenwirtschaftlichkeit wird schließlich auch die Sicherung von Verbesserungs- und Umstellungsinvestitionen sowie von Erweiterungsinvestitionen gefordert.

In der wissenschaftlichen Diskussion wird in diesem Zusammenhang zwischen betriebswirtschaftlichen und finanzwirtschaftlichen Kosten unterschieden[58]. Die *betriebswirtschaftlichen* Kosten werden als periodenechter, leistungsbezogener, betrieblich bedingter Güterverbrauch definiert, wobei wiederum zwischen wertmäßigen und pagatorischen Kosten differenziert wird. *Finanzwirtschaftliche* Kosten sind alle Kosten, die von den Einnahmen einer Periode gedeckt werden sollten, damit der Betrieb seine Aufgabe stetig und in ausreichender Weise erfüllen kann. Dazu gehören sicherlich die laufend anfallenden Betriebskosten. Problematisch ist jedoch, ob und inwieweit die finanzwirtschaftlichen Kosten auch kalkulatorische Zinsen und Abschreibungen umfassen. Der Ansatz fiktiver Zinsen auf das Eigenkapital wird verschiedentlich wegen seines Gewinncharakters für öffentliche Betriebe als unbegründet zurückgewiesen. Der Umfang der Abschreibungen wird vor allem durch die Notwendigkeit einer langfristig gesicherten, stetigen und ausreichenden Aufgabenerfüllung bestimmt. Bei gleichbleibenden Aufgaben muß dem Betrieb die Möglichkeit zur Erneuerung der Anlagen durch die Bildung von Erneuerungsrücklagen gegeben werden, die eine gleichbleibende Leistungskapazität sichern. Es können demzufolge über den Anschaffungspreis hinausgehende Abschreibungen erforderlich sein. Fallen öffentliche Aufgaben weg, so kann auch die Bildung von Erneuerungsrücklagen unterbleiben. Nehmen öffentliche Aufgaben zu — so wird argumentiert —, bedarf es nicht nur des Ersatzes unbrauchbar gewordener Anlagen, sondern es muß zusätzliches Kapital für Erweiterungs- und/oder Verbesse-

---

[58] Vgl. zum folgenden Goetzinger (1964); Johns (1950), (1960); Taxis (1957).

rungsinvestitionen beschafft werden, was durch die Bildung von Erweiterungs- und Verbesserungsrücklagen zu geschehen hat. Die finanzwirtschaftlichen Abschreibungen umfassen deshalb die Zuführungen zu Erneuerungs-, Erweiterungs- und Verbesserungsrücklagen. Problematisch ist, ob und inwieweit den Nutzern die ermittelten Kosten zugerechnet werden können. Die finanzwirtschaftliche Kostenrechnung kann diese Zurechnung nicht vollständig lösen. Es sind weitere Orientierungshilfen erforderlich. Danach kann es sich ergeben, daß eine Aufteilung der finanzwirtschaftlichen Kosten zwischen Trägerkörperschaft bzw. einem Oberverband und den Nutzern durchgeführt wird (Gebührenquote, Zuschußquote)[59]).

Die vorstehenden Überlegungen deuten bereits darauf hin, daß unter dem Motto „Eigenwirtschaftlichkeit" zunehmend Gesichtspunkte der Kapital- bzw. Substanzerhaltung als Zielthemen in die Diskussion öffentlicher Verkehrsbetriebe eingehen, die bereits einen festen Platz in der Zieldiskussion privater Betriebswirtschaften besitzen. Dieser Problemkreis wurde — meist unabhängig von der Zielkonzeption privater und öffentlicher Betriebe — in der Betriebswirtschaftslehre ausgiebig diskutiert.

Erwägungen der Kapitalerhaltung gehen immer mehr auch in Zielformulierungen öffentlicher Verkehrsbetriebe ein. So ist beispielsweise die Deutsche Bundesbahn verpflichtet, ihren Betrieb als „Wirtschaftsunternehmen" nach „kaufmännischen Gesichtspunkten" (§ 28 Abs. 1 BBahnG) „sicher zu führen, die Anlagen, die Fahrzeuge und das Zubehör in gutem betriebssicherem Zustand zu erhalten und unter Beachtung wirtschaftlicher Grundsätze nach dem jeweiligen Stand der Technik zu erneuern, zu ersetzen und weiterzuentwickeln" (§ 4 BBahnG). Für die Deutsche Bundespost gilt: „Die Anlagen der Bundespost sind in gutem Zustand zu erhalten und technisch und betrieblich den Anforderungen des Verkehrs entsprechend weiterzuentwickeln und zu vervollkommnen" (§ 2 Abs. 3 PVwG). Ähnliche Gesichtspunkte werden auch in den Gemeindeordnungen etwa für Baden-Württemberg erkennbar: „Die Gemeinde soll nach den Grundsätzen einer geordneten Wirtschaftsführung Rücklagen ansammeln. Rücklagen sollen angesammelt werden für Vermögensgegenstände, die nach Alter, Verbrauch oder sonstigen Gründen jeweils ersetzt oder in Folge wachsender Aufgaben geschaffen werden müssen" (§ 82 Abs. 1 und 2 GO für Baden-Württemberg). „Der Erlös aus der Veräußerung von Vermögensgegenständen ist in der Regel dem Vermögen zur Erhaltung seines Wertes zuzuführen" (§ 81 Abs. 1 GO für Baden-Württemberg).

Zuschußbegrenzung

Wo Kostendeckung nicht zu erreichen ist, wird oft Zuschußbegrenzung gefordert. Hier besteht das Problem in der Ermittlung und Anwendung geeig-

---

[59]) Theoretische und praktische Ansatzpunkte hierzu werden diskutiert bei Johns (1960); Oettle (1962); Schüler (1968); Seeger (1961), insbes. S. 104 ff., (1964).

neter Kriterien, welche die Zuschußquote bestimmen. Man muß sich darüber einig werden, ob und wie hoch eine verkehrsbetriebliche Leistungsabgabe an den Nutzer diesem auch tatsächlich angelastet wird. Das hängt sowohl von dem gesamten Zielbündel als auch von der jeweiligen Leistungskraft des betreffenden Betriebes ab. Ferner müssen in der Regel für die Gewährung von Zuschüssen wegen ihres Subventionscharakters die allgemeinen Merkmale, die an die Subventionsvergabe geknüpft sind, beachtet werden.

Eigenwirtschaftlichkeit und Liquidität

Die Eigenwirtschaftlichkeit besitzt auch einen Liquiditätsaspekt, der freilich in öffentlichen Betriebswirtschaften — im Gegensatz zu den privaten Unternehmungen — im Hintergrund bleibt[60]). In der Realität liegen über die zukünftigen Einnahmen- und Ausgabenströme wegen der Unvollkommenheit der Informationen mehrdeutige Erwartungen vor, womit auch die Erhaltung oder Nichterhaltung der Zahlungsfähigkeit mehrdeutig wird. Ob im gewünschten Zeitpunkt ausreichende Zahlungsmittel zur Verfügung stehen, hängt wesentlich von der Liquidierbarkeit der Vermögenswerte eines Betriebes ab. Bei öffentlichen Verkehrsbetrieben kann die Zahlungsfähigkeit in der Bereitschaft der Trägerkörperschaft liegen, dem Betrieb einen außerplanmäßigen Zuschuß bzw. Kredit zu gewähren.

Gerade diese Möglichkeit führt dazu, daß dem Liquiditätsziel in öffentlichen Verkehrsbetrieben vielfach nicht die gleiche Aufmerksamkeit gewidmet wird, wie es in privaten Betriebswirtschaften der Fall ist. Eine Illiquidität öffentlicher Verkehrsbetriebe ist — solange die gesamte Finanzkraft des Staates bzw. der Gebietskörperschaft dahintersteht — praktisch undenkbar. Eine Planung, welche die Liquidität nicht hinreichend sicherstellt, mag zwar für die verantwortlichen Mitglieder der Kernorgane der öffentlichen Verkehrsbetriebe persönliche Konsequenzen besitzen. Das „Überleben" des Betriebes selbst bleibt jedoch gewährleistet.

Built-in conflicts

Das Zielsystem öffentlicher Verkehrsbetriebe, das durch die Dichotomie von öffentlichem Interesse und Eigenwirtschaftlichkeit geprägt ist, enthält normalerweise keine offiziellen Hinweise, welchem der beiden Zielthemen im Konfliktfall die Priorität gebührt. Eher kann man aus den Formulierungen in den Verfassungen und Satzungen schließen, daß beide Themen als gleichrangig anzusehen sind.

Die Verantwortlichen in öffentlichen Verkehrsbetrieben beklagen immer wieder, daß keine eindeutigen Prioritäten gesetzt sind und die Verfassungen von vornherein eine Legitimation für sehr heterogene, konfliktäre Forderungen bieten. Die vorstehenden Überlegungen zur Funktion des öffentlichen

---

[60]) Zu den Eigentümlichkeiten des Kapitalbedarfs öffentlicher Betriebe vgl. Oettle (1968).

Interesses und der Eigenwirtschaftlichkeit im politischen Prozeß von Verkehrsbetrieben deuten jedoch darauf hin, weshalb eindeutige Prioritäten von den Verfassungsgebern öffentlicher Betriebe in der Regel nicht erwünscht sind: Der Konflikt ist institutionalisiert[61]).

Betrachtet man die möglichen Auswirkungen von „built-in conflicts", so kann festgestellt werden, daß sie zum einen für die Entscheidungsträger in öffentlichen Betrieben frustrierend sein können, zum anderen aber auch innovationsanregend wirken können. Letzteres ist sicherlich erwünscht. Häufig wird behauptet, daß öffentliche Betriebe dazu neigen, besonders ineffizient zu wirtschaften, der „organizational slack" demnach ungewöhnlich hoch sei. Je mehr den unter den Schutz der öffentlichen Interessen gestellten Forderungen bei den Entscheidungen die Priorität gegeben wird, desto geringer ist in der Regel die Chance einer Kostendeckung, desto größer werden aber auch die Möglichkeiten, Defizite zu rechtfertigen. Es sind keine besonderen psychologischen Kenntnisse erforderlich, um einzusehen, daß die Möglichkeit einer Rechtfertigung von Defiziten nicht gerade motivierend für Rationalisierung und Innovation wirkt.

Anders ist es jedoch, wenn die Eigenwirtschaftlichkeit als Gegengewicht institutionalisiert ist. Zwar steigt damit zunächst die Wahrscheinlichkeit, daß in jedem politischen Entscheidungsprozeß das Aushandeln (bargaining) als Form der Konflikthandhabung überwiegt. Der mit Konflikten verbundene psychologische Streß mobilisiert dann jedoch unter normalen Umständen die Problemlösungsfähigkeiten der zuständigen Entscheider. Sie versuchen, die institutionalisierten Konflikte durch Innovation wenigstens teilweise zu entschärfen.

Diese Verhaltensweisen setzen freilich Persönlichkeitsstrukturen bei den Mitgliedern der Kernorgane öffentlicher Verkehrsbetriebe voraus, die man normalerweise bei „Bürokraten" nicht vermutet. „Verwaltungsfachleute", die an klare Anweisungen und Prioritäten gewöhnt sind, werden angesichts des verfassungsmäßig institutionalisierten Konflikts öffentlicher Verkehrsbetriebe sehr schnell überfordert sein. Überspitzt könnte man zusammenfassen, daß die öffentlichen Verkehrsbetriebe in der Form ihrer gegenwärtigen Verfassung und mit den darin verankerten Zielen auf lange Sicht nur dann überleben können, wenn es gelingt, ein Management zu rekrutieren, das die hierzu „passenden" Werte, Attitüden und psychologischen Konstitutionen besitzt.

1.35 Entscheidungstatbestände und Entscheidungsprobleme im Verkehrsbetrieb

Stellt man das Informations- und Entscheidungssystem des Verkehrsbetriebes in den Mittelpunkt des Interesses, so wird die Frage relevant, über wel-

---

[61]) Zum Problem des „built-in conflicts" vgl. Dahrendorf (1969); Katz und Kahn (1966), S. 107 f.

che Tatbestände die Entscheidungsträger steuernd und regelnd auf das verkehrsbetriebliche System einwirken können. Im folgenden sollen deshalb die wichtigsten Entscheidungstatbestände betrachtet werden. Dabei gilt das Interesse naturgemäß vor allem jenen Entscheidungstatbeständen, die für Verkehrsbetriebe von besonderer Bedeutung erscheinen. Als Ausgangspunkt der Analyse kann die Differenzierung einer Betriebswirtschaft in verschiedene Funktionsbereiche dienen, wie sie in Abschnitt 1.314 beschrieben wurde. Entscheidungstatbestände im Verkehrsbetrieb sind dann zum einen produktionswirtschaftlicher, absatzwirtschaftlicher und finanzwirtschaftlicher Natur. Darüber hinaus weist jeder Verkehrsbetrieb jedoch auch logistische Probleme auf. Diese werden sich im allgemeinen weniger auf die physische Distribution des Outputs als auf die Sicherung des Nachschubs an Inputgütern (Energie, Ersatzteile, Fahrzeuge usw.) beziehen, die für die Erstellung der verkehrsbetrieblichen Leistungen erforderlich sind. Logistische Entscheidungen von Betriebswirtschaften werden in Abschnitt 1.4 ausführlich dargestellt werden. Da die dort getroffenen Feststellungen, wenn auch teilweise mit anderen Akzenten, zu einem großen Teil auch auf die Situation von Verkehrsbetrieben übertragen werden können, sollen logistische Entscheidungen des Verkehrsbetriebes im folgenden nicht explizit betrachtet werden. Den Erörterungen produktions-, absatz- und finanzwirtschaftlicher Entscheidungen werden einige Überlegungen zum Leistungsprogramm des Verkehrsbetriebes vorangestellt.

1.351 Das Leistungsprogramm des Verkehrsbetriebes

Mit Entscheidungen über das Leistungsprogramm versucht jeder Verkehrsbetrieb, seine „Domäne" festzulegen: Er entscheidet über die Menge der von ihm angebotenen „Produkte", über die mit diesen verbundenen Dienste und über den von ihm zu beliefernden Kundenkreis[62].

Das Leistungsprogramm von Verkehrsbetrieben besteht im Gegensatz zu den Sachleistungen des Industriebetriebes aus Dienstleistungen, wobei die eigentliche Transportleistung, d. h. die erfolgte Raumüberwindung, im allgemeinen bei weitem überwiegt. Darüber hinaus übernimmt der Verkehrsbetrieb jedoch auch andere Dienstleistungen wie den Umschlag von Gütern, ihre vorübergehende Lagerung und die Ausführung anderer, mit dem Transport verbundener Nebentätigkeiten (z. B. Zollabfertigung). Die Entscheidungen über die eigentliche Transportleistung lassen sich weiter untergliedern in Entscheidungen über die Art der beförderten Güter (Personen, Stoffe, Energie, Informationen), über deren gewünschte Merkmale (Größe, Gewicht, physischer Zustand), über die zeitliche Festlegung des Transportvorgangs und über Ausgangs- und Bestimmungsorte der Beförderung.

---

[62]) Vgl. dazu beispielsweise Witte und Hauschildt (1966), S. 86 ff. Zur Unterscheidung zwischen privater Absatzpolitik und öffentlicher Angebotspolitik vgl. Oettle und Thiemeyer (1969 b).

Ein Verkehrsbetrieb kann im allgemeinen — sieht man von Ausnahmen infolge rechtlicher oder natürlicher Beschränkungen ab — Ausgangs- und Bestimmungsort des Transportaktes bestimmen. Es kann dabei eine Relation oder mehrere gleiche oder unterschiedliche Relationen wählen. Die Relationen können unterschiedliche Entfernungen beinhalten. Außerdem kann der Verkehrsbetrieb über die zeitliche Durchführung des Transportprozesses entscheiden. Kombiniert man die Entscheidungen zur Orts- und zur Zeitbestimmung und führt als weitere Komponente die Abnehmer in die Betrachtung ein, so kann der Verkehrsbetrieb die Orts- und Zeitbestimmung mit dem Abnehmer frei vereinbaren (Gelegenheitsverkehr) oder Relation und Zeit im voraus determinieren (Linienverkehr)[63]. Linienverkehr wird vor allem im öffentlichen Personenverkehr, aber auch im Güterverkehr überall dort gewünscht, wo starke Verkehrsströme zu bewältigen und große Entfernungen in möglichst kurzer Zeit zu überbrücken sind, da in diesen Fällen der potentielle Abnehmer der Verkehrsleistung in besonderem Maße an den zeitlichen Merkmalen (Abfahrt, Ankunft, Dauer usw.) des Transports interessiert ist. Nach dem Kriterium der Entfernung wird zwischen Nah- und Fernverkehr differenziert, wobei beim Nahverkehr Orts- und Überlandverkehr, beim Fernverkehr innerstaatlicher und internationaler Fernverkehr unterschieden werden[64].

Die Leistungsbreite eines Verkehrsbetriebes kann sich auf eine oder mehrere Klassen von Verkehrsobjekten beziehen. Seine Leistungstiefe kann ein- oder mehrstufig sein, wobei die Leistungstiefe durch die Zahl der vom Verkehrsbetrieb erfüllten Transport- und Nebenfunktionen determiniert wird[65]. Außerdem besitzen auch Verkehrsbetriebe die Möglichkeit der Diversifikation. Dabei muß durchaus nicht ein unmittelbarer Zusammenhang mit den bisherigen Aktivitätsbereichen des Verkehrsbetriebes bestehen. Vielmehr werden häufig recht unterschiedliche Güter- und Dienstleistungen erbracht und gerade hierin das wesentliche Merkmal einer Diversifikation gesehen[66]. Als typische Diversifikation von Verkehrsbetrieben kann man z. B. die Angliederung von Hotel- und Restaurantketten bezeichnen, sofern sie nicht in unmittelbarem Zusammenhang mit der Transportleistung steht, wie z. B. Speisewagengesellschaften oder Bahnhofrestaurants. Üblich sind auch Fahrzeugvertretungen (Kfz, Luftverkehr), die Angliederung von Banken, Versicherungsgeschäften und verschiedenen anderen Tätigkeiten.

Dagegen ist wohl eine Aktivität in der Touristik neben bestehendem Linienverkehr oder die Verbindung von Flugverkehr und Leihwagenvermietung schon als Grenzfall der Diversifikation zu betrachten.

---

[63]) Zum Gelegenheits- und Linienverkehr vgl. Illetschko (1966), S. 8 ff., S. 107 ff., (1959), S. 27 ff.; Lechner (1963), S. 33 ff.; Linden (1961), S. 20, S. 98, S. 147; Pirath (1949), S. 51 f.
[64]) Vgl. Illetschko (1966), S. 12; Pirath (1949), S. 47 ff.
[65]) Vgl. hierzu die Abbildung bei Illetschko (1959), S. 29.
[66]) Vgl. beispielsweise die Begriffsabgrenzung bei Ansoff (1966), S. 130 ff.; Pegrum (1968), S. 460 ff.

1.352 Produktionswirtschaftliche Entscheidungen

In einem Verkehrsbetrieb vollziehen sich ständig Produktionsprozesse, die der Erstellung verkehrsbetrieblicher Leistungen dienen. Sie sind Kombinationsprozesse, die in bestimmten Grenzen durch Entscheidungen determiniert werden. Einige wesentliche Merkmale von verkehrsbetrieblichen Produktionsprozessen wurden bereits bei Erörterung der Elementarkombinationen dargestellt. Auf ihnen wird aufgebaut, wenn im folgenden produktionswirtschaftliche Entscheidungen näher betrachtet werden. Diese produktionswirtschaftlichen Entscheidungen beziehen sich zum einen auf die Ausstattung, zum anderen auf die Gestaltung der Prozesse im Verkehrsbetrieb[67].

Ausstattungsentscheidungen

Mit den Entscheidungen über seine Ausstattung legt der Verkehrsbetrieb die art- und mengenmäßige Zusammensetzung sowie die räumliche Verteilung seiner Potentialfaktoren fest und bestimmt damit seine qualitative und quantitative Kapazität. Die Ausstattungsentscheidungen werden im allgemeinen wesentlich durch die Entscheidungen über das Leistungsprogramm bestimmt. Betrachtet man die Ausstattungsentscheidungen im einzelnen, so sind insbesondere die Entscheidungen über die benötigten Fahrzeuge, über die Gestaltung der Wege, über Stationen, Umschlags- und Lagereinrichtungen und nicht zuletzt über das einzusetzende Personal zu nennen. Bei ihrer Festlegung verfügt der Verkehrsbetrieb in der Regel jeweils über eine Vielzahl von Freiheitsgraden. Hinsichtlich seiner Fahrzeuge entscheidet der Verkehrsbetrieb über deren Art (Kfz, Schiff, Flugzeug usw.), Antriebsmechanismus (Diesel-, Benzin-, Elektromotor; Selbstfahrer oder Schleppkahn; Düsen- oder Propellerantrieb usw.), Ladefähigkeit, Ladegröße, Länge und Breite, Wendekreis, Manövrierfähigkeit, Tiefgang usw. Bestimmte Verkehrsbetriebe sind auch für die Errichtung der von ihnen benutzten Wege selbst verantwortlich: Während bei Kraftverkehrs-, Binnenschiffahrts- und Luftfahrtbetrieben die Wege bzw. Stationen in aller Regel im Besitz der öffentlichen Hand sind, haben insbesondere Schienenbahnen und der Leitungsverkehr über die Ausstattung ihrer Verkehrsbetriebe mit Wegen und deren Steuerungs- und Sicherheitsvorrichtungen selbst zu entscheiden. Dabei läßt sich der Entscheidungstatbestand „Weg" seinerseits wiederum in eine Menge von Einzelentscheidungen zerlegen.

Verkehrsbetriebe sind sozio-technische Systeme. Ihre Produktionsprozesse sind nicht nur durch technische Aggregate, sondern auch durch den Einsatz von Menschen gekennzeichnet. Entscheidungen über Anzahl und Qualifikation der benötigten Arbeitskräfte hängen in starkem Maße von den Merkmalen aller übrigen Potentialfaktoren ab.

Bei seinen Ausstattungsentscheidungen hat der Verkehrsbetrieb zu berücksichtigen, daß die zusammenwirkenden Potentialfaktoren in ihren qualitati-

---
[67] Vgl. zu dieser Aufgliederung Heinen (1970), S. 489 f.

ven und quantitativen Kapazitäten harmonieren. Dabei wird der Potentialfaktorbestand nicht unabhängig von der aktuellen oder prognostizierten zukünftigen Nachfrage sein. Nicht zuletzt werden Abnutzung, Veränderungen in der Umwelt oder technischer Fortschritt zu ständigen Änderungen im Potentialfaktorbestand führen.

Bei seinen Ausstattungsentscheidungen sieht sich der Verkehrsbetrieb häufig Beschränkungen durch rechtliche Normen (z. B. hinsichtlich der technischen Beschaffenheit der Fahrzeuge oder der Qualifikation der Fahrzeugführer) gegenüber. Ebenso ergeben sich Beschränkungen aus Interdependenzen zwischen den Entscheidungstatbeständen selbst. So werden einerseits Ausstattungsentscheidungen von Entscheidungen über das Leistungsprogramm und umgekehrt beeinflußt. Andererseits gehen Ausstattungsentscheidungen als Daten in Prozeßentscheidungen ein, während notwendige zukünftige Prozeßentscheidungen wiederum bei den Entscheidungen des Verkehrsbetriebes über Leistungsprogramm und Ausstattung antizipiert werden müssen. Welche Prozeßentscheidungen dabei im Verkehrsbetrieb bedeutsam sind, soll im folgenden erörtert werden.

Prozeßentscheidungen

Unter Prozeßentscheidungen werden alle diejenigen Entscheidungstatbestände eines Betriebes subsumiert, die im Rahmen des „Fertigungsablaufes" der Realisierung eines bestimmten Leistungsprogramms bei gegebener Ausstattung dienen. Sie repräsentieren nicht zuletzt auch die Möglichkeiten, die ein Betrieb besitzt, sich an Änderungen seiner Beschäftigungslage anzupassen[68]).

Die folgende Beschreibung von Prozeßentscheidungen lehnt sich an Klassifikationen in der Produktions- und Kostentheorie an. Die genannten Entscheidungstatbestände können dabei auf verschiedenen Systemebenen identifiziert werden. Sie gelten nicht nur im Hinblick auf den gesamten Prozeß der verkehrsbetrieblichen Leistungserstellung, sondern auch für seine einzelnen — mehr oder weniger hierarchisch zerlegten — Teilprozesse (z. B. Transport-, Wegsicherungs-, Lade-, Abfertigungs- oder Lagerungsprozesse). Genannt seien insbesondere folgende für den Verkehrsbetrieb relevante Prozeßentscheidungen:

(1) Verkehrsbetriebe können in aller Regel ihre Betriebszeit, vor allem die Einsatzzeiten ihrer Aggregate, variieren. Dies geschieht beispielsweise durch Überstunden, Samstagsarbeit, zusätzliche Schichten oder auch Kurzarbeit; bestimmte Fahrten fallen aus oder neue kommen hinzu, ohne daß aber der Leistungsgrad verändert wird.

---

[68]) Zu Prozeßentscheidungen im Verkehrsbetrieb in der traditionellen Verkehrsbetriebslehre vgl. Illetschko (1959), S. 45 ff., (1966), S. 3 ff., S. 15 ff., S. 60 ff.; Lechner (1963), S. 37 ff.; Linden (1961); Taff (1955), S. 278 ff.

(2) Leistungsintensität bzw. Leistungsgrad werden variiert, wenn der Verkehrsbetrieb bei konstanter Betriebszeit die Menge der Leistungen bestimmter Einheiten verändert. Eine Leistungsgradvariation beinhaltet beispielsweise bei einem Fahrzeug die Veränderung seiner Geschwindigkeit. Dabei ist zu berücksichtigen, daß zwischen der Variation bzw. Konstanthaltung von Betriebszeit, Leistungsintensität und Entfernung unmittelbare Beziehungen bestehen. Bei der Variation der Leistungsintensität sind technische Daten der Aggregate, vor allem Mindest- und Höchstgeschwindigkeit, sowie Art, Menge und Gewicht des Transportobjektes, Beschaffenheit des Weges, Begleitverkehr, Witterungsbedingungen und nicht zuletzt häufig vom Staat verbindlich erklärte Fahrpläne zu beachten.

(3) Mit Entscheidungen über die Arbeitsverteilung und Fahrzeugverwendung entscheidet der Verkehrsbetrieb über die Zuordnung der vorhandenen Arbeitskräfte und Aggregate (Fahrzeuge) zu den zu erstellenden Leistungen. Zum Entscheidungstatbestand der Fahrzeugverwendung sind auch die Entscheidungen über die Zugbildung zu zählen. Die Arbeitsverteilung, also die Wahl des Personals und speziell der Fahrzeuglenker, ist insofern von großer Bedeutung, als diese durch eigene Entscheidungen den Prozeßablauf wesentlich zu bestimmen vermögen und häufig auch das akquisitorische Potential des Verkehrsbetriebes beeinflussen.

(4) Eine weitere Klasse von Allokationsentscheidungen beschäftigt sich mit Entscheidungen über den Transportweg bzw. die Routenführung. Der zu erbringenden Transportleistung werden ganz bestimmte Wege zugeordnet. Da der Weg als ein Produktionsfaktor betrachtet wird, wird damit auch eine Entscheidung über eine ganz bestimmte Faktorkombination getroffen. Alternativen stellen die verschiedenen Wege dar, die zu einem Zielort führen. Werden mehrere Wege in der Weise aneinandergereiht, daß der Endpunkt eines Weges gleich dem Anfangspunkt des nächsten ist, so wird von einer Route gesprochen. Häufig wird das Problem auch so formuliert, daß bei Anfahren mehrerer Punkte Ausgangsort und letzter Bestimmungsort identisch sind (Tour). Innerhalb einer Route oder Tour sind dann jeweils die einzelnen Wege zwischen zwei Orten zu bestimmen.

(5) Eng verbunden mit dieser Entscheidung ist die Entscheidung des Verkehrsbetriebes über die Reihenfolge des Anfahrens. Diese Entscheidung wird dann relevant, wenn mehrere Ausgangsorte, mehrere Bestimmungsorte oder beides zu berücksichtigen sind. Zu nennen sind hierbei vor allem Sammel- und Verteilfahrten sowie der Sammelladungsverkehr insbesondere bei Rollfuhrbetrieben und im Speditionsnah- und -fernverkehr. Da gleichzeitig mehrere Leistungen (praktisch als verbundene Leistungen) erbracht werden, beinhaltet die Entscheidung über die Reihenfolge des Anfahrens auch die Entscheidung über die Auftragsfolge.

(6) Die produktionswirtschaftlichen Elementarkombinationen des Verkehrsbetriebes sind im allgemeinen outputvariabel. So können in der Regel bei

einer Fahrt unterschiedliche Mengen an Transportobjekten befördert werden. Ein Fahrzeug kann in unterschiedlich starkem Maße beladen werden: Das Outputniveau wird variiert. Outputniveauvariationen sind nicht nur bei Transportfahrzeugen, sondern auch bei Aggregaten möglich, wie sie beispielsweise bei Lade- oder Lagerprozessen Verwendung finden. Entscheidungen über das Outputniveau berühren in unmittelbarer Weise die Auslastung der Aggregate und stellen deshalb eine wichtige Kosteneinflußgröße des Verkehrsbetriebes dar.

(7) Mit seiner Entscheidung über die Auflagen- und Losgröße bestimmt der Verkehrsbetrieb über die Anzahl einheitlicher Transportvorgänge, die in zeitlicher Aufeinanderfolge mit den einzelnen Fahrzeugen durchgeführt werden. Sollen die mit einem Fahrzeug vorgenommenen Transportvorgänge ihrer Art nach geändert werden, so erfordert dies die Durchführung von Rüstprozessen, während deren das Fahrzeug auf die neuen Transportbedingungen umgestellt wird. Die hierbei erforderliche Rüstzeit hängt von der Art des Umrüstens ab, d. h. von den in dem vorangegangenen und dem folgenden Transport beförderten Objekten. Umgerüstet werden beispielsweise Fahrzeuge von Personen- auf Gütertransport (z. B. Flugzeuge), für die Beförderung verschiedener Güter (Eisenbahn, Schiffe, Produktleitungen), zur Veränderung des Verhältnisses von Sitz- zu Stehplätzen oder zur Veränderung des Komforts (Verringerung der Sitzplätze).

(8) Entscheidungen über Eigenherstellung oder Fremdbezug beinhalten für Verkehrsbetriebe Wahlmöglichkeiten darüber, ob die Ausführung bestimmter Leistungen ganz oder teilweise auf fremde Betriebe übertragen wird. Von „Lohnfabrikation" kann in übertragenem Sinne beispielsweise dann gesprochen werden, wenn ein Frachtführer einen Unterfrachtführer einsetzt oder Frachtführer „im Auftrag der Deutschen Bundesbahn" fahren. Ein ähnlicher Sachverhalt liegt vor, wenn öffentliche Verkehrsbetriebe private Verkehrsbetriebe zur Bedienung bestimmter Linien verpflichten. Dabei bleibt der öffentliche Verkehrsbetrieb jedoch für die Durchführung des Verkehrs verantwortlich.

Betrachtet man die verschiedenen von einem Verkehrsbetrieb zu erfüllenden Transportfunktionen, so beeinflussen Entscheidungen über Eigenherstellung oder Fremdbezug von Verkehrsleistungen auch die Fertigungs- oder Leistungstiefe des Verkehrsbetriebes. Ein typisches Beispiel ist der Spediteur, der neben der eigentlichen Transportfunktion auch die Abfertigungs- und Lagerfunktion sowie andere Nebenfunktionen übernehmen kann.

(9) Es wurde bereits darauf hingewiesen, daß Verkehrsleistungen selbst nicht speicherbar sind und Zwischen- oder Fertigproduktläger insofern entfallen. Dennoch beinhaltet die Produktion von Verkehrsleistungen auch Entscheidungen über die Lagerhaltung. Diese beziehen sich zum einen auf die für die Erstellung der Verkehrsleistung notwendigen Inputgüter, also insbesondere auf Betriebs- und Kraftstoffe sowie Ersatzteile. Nicht selten unterhalten Ver-

kehrsbetriebe eine große Anzahl räumlich gestreuter Depots oder Läger, die diese Funktion erfüllen und letztlich erst die Erstellung der Verkehrsleistung ermöglichen. Darüber hinaus kann sich die Lagerung jedoch auch auf die Verkehrsobjekte beziehen. Im allgemeinen sind mit einem Transportvorgang auch Lagerhaltungsprozesse verbunden. Lagerhaltungsprozesse haben dabei häufig eine Pufferfunktion bei der Abstimmung mehrerer Transportprozesse oder dienen der Abwicklung von Lade- und Abfertigungsprozessen anderer Transportobjekte (z. B. Aufenthalt der Fahrzeuge in Stationen, Wartezeiten und Warteschlangen auf den Wegen).

1.353 Absatzwirtschaftliche Entscheidungen

In Abschnitt 1.32 wurden die wesentlichen Grundbegriffe zur Analyse der Umweltbeziehungen und der Marketingsysteme von Verkehrsbetrieben dargestellt. Auf diesen Überlegungen aufbauend, werden nun die wichtigsten Aktivitäten des Verkehrsbetriebes im Bereich der vertragsmäßigen Distribution und der Promotion näher beschrieben. Dabei lassen sich die für die vertragsmäßige Distribution getroffenen Aussagen zu einem großen Teil auch auf die Kontrahierungsprobleme im Beschaffungsbereich übertragen.

Entscheidungen über die Transaktionspartner

Jeder Verkehrsbetrieb ist zunächst grundsätzlich in der Wahl seiner Transaktionspartner zur Beschaffung seines Inputs und zum Absatz seines Outputs frei.

Einzelne Verkehrsbetriebe, insbesondere diejenigen des öffentlichen Verkehrs, sind allerdings in ihren Transaktionsbeziehungen insofern nicht frei, als sie auf Grund der Beförderungspflicht gezwungen sind, zu den geltenden Tarifen und den Beförderungsbedingungen die von irgendeinem Transaktionspartner gewünschten Beförderungen durchzuführen. Für die Betriebe besteht somit ein *Kontrahierungszwang*[69]). Unter die Entscheidungen über die Transaktionspartner sollen auch die Entscheidungen des Verkehrsbetriebes über seine Kontrahierungswege subsumiert werden. Auch bei Verkehrsbetrieben kann zwischen direktem Absatz und indirektem Absatz ihrer Leistungen unterschieden werden. Während bei *direkten* Absatzwegen eine unmittelbare Beziehung zwischen Verkehrsbetrieb und Nachfrager besteht, schieben sich beim *indirekten* Absatz zwischen Verkehrsbetrieb und Bedarfsträger ein oder mehrere weitere Betriebe, die, wie z. B. Vertreter, Spediteure und Makler, zum größten Teil Absatzmittler darstellen. Teilweise bauen Verkehrsbetriebe zum Absatz ihrer Leistungen mehr oder weniger dauerhafte mehrstufige Transaktionskanäle auf und fördern bewußt generelle Teilnahmeentscheidungen und die Integration ihrer Mitgliedsorganisationen. In der Regel übernehmen dabei die einzelnen Komponenten des Kanals jeweils

---

[69]) Vgl. z. B. Oettle (1967 a), S. 39 f.

spezifische Funktionen im Absatzprozeß. Die Marketingliteratur hat sich vor allem in bezug auf den Absatz von Sachgütern sehr eingehend mit den Problemen der Einschaltung von Absatzmittlern und der Differenzierung und Spezialisierung in Absatzwegen beschäftigt. Die Probleme des Aufbaus, der Gestaltung und der Führung von Kanälen sind dabei durchaus nicht auf Produzenten von Sachgütern beschränkt. Auch Verkehrsbetriebe haben sich mit ihnen im einzelnen auseinanderzusetzen.

Die Gestaltung der Leistung

Ob es zwischen dem Verkehrsbetrieb und seiner relevanten Umwelt zu Transaktionsbeziehungen kommt, hängt wesentlich von der Gestaltung seiner Leistung ab. Die Leistung ist der wichtigste primäre Anreiz, den der Verkehrsbetrieb externen Teilnehmern bietet. Gleichzeitig beinhaltet sie auch gewisse sekundäre Anreize. Ihre Gestaltung vermag wesentlich dazu beizutragen, daß potentielle Teilnehmer zu aktuellen Teilnehmern werden und bisherige Teilnehmer zu bewußten, expliziten Teilnahmeentscheidungen veranlaßt werden. Der Verkehrsbetrieb wird sich deshalb an den Präferenzen seiner (potentiellen) Abnehmer orientieren und diese zu beeinflussen versuchen.

(1) Entscheidungen über die *Produkt- oder Prozeßgestaltung* weisen zwei Aspekte auf: Zum einen hat der Verkehrsbetrieb die Merkmale seiner durch Entscheidungen über das Leistungsprogramm global determinierten Leistungen im einzelnen zu spezifizieren. Die Merkmale bereits bestehender Leistungen können variiert werden. Der zweite Problemkreis besteht in der Erweiterung des bisherigen Leistungsprogramms. Dies beinhaltet im Verkehrsbetrieb — wie die Erörterung des Leistungsprogramms gezeigt hat — beispielsweise die Aufnahme neuer Linien und zusätzlicher Fahrten, Übernahme zusätzlicher andersartiger Transportobjekte und weiterer Nebenfunktionen, die das bisherige Leistungsprogramm vervollständigen.

Spricht man mit der Produktgestaltung die Spezifizierung von Merkmalen verkehrsbetrieblicher Leistungen an, so kann die Gestaltung von Verkehrsleistungen in Eigenschaften wie Schnelligkeit, Pünktlichkeit, Bequemlichkeit, Sicherheit, Höflichkeit usw. gesehen werden[70]). Diese aus den Präferenzen der Abnehmer abgeleiteten Postulate beziehen sich in direkter Weise auf Eigenschaften des Leistungserstellungsprozesses des Verkehrsbetriebes. Die Gestaltung der verkehrsbetrieblichen Leistung erfolgt deshalb nicht zuletzt durch die Determinierung produktionswirtschaftlicher Variablen, wie Ausstattung, Zeit, Intensität, Fahrzeugverwendung, Arbeitsverteilung, Outputniveau usw.

Die Prozeßgestaltung kann deshalb als absatzwirtschaftliches Instrument des Verkehrsbetriebes betrachtet werden. In der Produkt- oder Prozeßgestaltung besitzt der Verkehrsbetrieb ein aus einer Vielzahl von Variablen bestehendes

---

[70]) Vgl. Illetschko (1966), S. 61 ff., S. 162 ff.; Lechner (1963), S. 50 f.; Pirath (1949), S. 159 ff.

Instrumentarium, dessen Bedeutung um so größer ist, je kleiner der Spielraum bei preispolitischen Entscheidungen bemessen ist.

(2) An die Stelle der Produkt- oder Prozeßgestaltung tritt im Bereich des Handels die *Sortimentsgestaltung*. Wenn auch der Handel mit Transportleistungen nicht dieselbe Bedeutung wie der Handel mit Sachgütern besitzt, so ist doch die Sortimentsgestaltung auch in diesem Bereich nicht ohne Bedeutung. Entscheidungen über die Zusammensetzung des Sortiments sind für diejenigen Verkehrsbetriebe relevant, die als Absatzmittler zwischen dem Produzenten der Verkehrsleistung und dem Bedarfsträger stehen und gleichzeitig die Leistungen mehrerer Produzenten vertreiben (z. B. Reisebüros und selbständige Transportagenten).

(3) Der Verkehrsbetrieb kann seine Leistung von der sonst gleichartigen Leistung der Wettbewerber differenzieren und sein akquisitorisches Potential dadurch erhöhen, daß er neben seiner Hauptleistung *Kundendienstleistungen* gleichsam als Nebenleistungen erbringt. Sie stellen wichtige sekundäre Anreize für die Transaktionspartner dar. Zusätzliche Kundendienstleistungen bieten oft gerade denjenigen — zahlreichen — Verkehrsbetrieben Ausweichmöglichkeiten, für die der Preis keinen Aktionsparameter darstellt. Charakteristische Kundendienstleistungen von Verkehrsbetrieben sind z. B. Beratung des verladenden Kunden, Bereitstellen von Paletten, unentgeltliche Beladung oder Lagerung, Zubringerdienste, Mietwagenvermittlung, Betreuung durch geschultes Personal, Mahlzeiten während der Beförderung, Informationen aller Art usw.

(4) Ein weiterer Aktionsparameter bei der Leistungsgestaltung besteht für den Verkehrsbetrieb in der *Übernahme des Transportrisikos und sonstiger Risiken*. Dies geschieht häufig in Form von Garantieleistungen, die Zusagen des Verkehrsbetriebes hinsichtlich der charakteristischen Eigenschaften des gesamten Leistungsprozeßablaufs beinhalten.

(5) Absatzwirtschaftliche Wirkungen besitzen auch die Entscheidungen des Verkehrsbetriebes über seine Leistungs- und Betriebsbereitschaft. Nicht zuletzt beeinflussen sie unbewußt das Bild, das sich der Abnehmer von dem betreffenden Verkehrsbetrieb macht (Image). Unter den Begriff der *Leistungsbereitschaft* fallen in diesem Sinne Betriebstyp, Betriebsgröße und Standort. Kriterium der *Betriebsbereitschaft* des Verkehrsbetriebes ist die zeitliche Variabilität seines Angebotes. In der Betriebsbereitschaft manifestiert sich die Entscheidung des Verkehrsbetriebes, zu welchen Zeiten er Transportaufträge anzunehmen und durchzuführen gewillt und fähig ist.

Die Gestaltung der Gegenleistung

Wirtschaftliche Transaktionen beinhalten in aller Regel Leistung und Gegenleistung. Im folgenden interessieren deshalb die Aktionsparameter, die der Verkehrsbetrieb bei der Gestaltung der Gegenleistung besitzt. Die Charakterisierung bestimmter Größen als Variablen des Verkehrsbetriebes impliziert nicht, daß diese stets allein vom Verkehrsbetrieb festgelegt werden. Vielmehr wird ihre Determinierung wie auch die Gestaltung der verkehrsbetrieblichen Leistung nicht selten Gegenstand komplexer Transaktionsepisoden und in diesen ablaufender Verhandlungsprozesse sein. Andererseits werden Kontrahierungsobjekt und Kontrahierungsbedingungen nicht bei jeder Transaktion von neuem festgelegt. Häufig geschieht dies außerhalb der jeweiligen Transaktionsepisoden durch für eine ganze Klasse von Transaktionen geltende generelle Entscheidungen.

(1) Der *Preis* ist wesentlicher Teil der Gegenleistung. Jeder Verkehrsbetrieb wird deshalb versuchen, diesen als absatzpolitisches Instrument einzusetzen[71]. Dabei sind ihm jedoch häufig mehr oder weniger enge Grenzen gezogen. Verkehrsbetriebe verfügen in der Preisbildung über einen unterschiedlich großen Spielraum, wobei mehrere Stufen differenziert werden können.

Die Preise können dem Verkehrsbetrieb einmal vom Staat vorgeschrieben werden, ohne daß dieser selbst an der Preisbildung beteiligt ist. Dies dürfte jedoch nur einen Ausnahmefall darstellen. Im allgemeinen ist der Verkehrsbetrieb zumindest Teilnehmer an kollektiven Entscheidungsprozessen, deren Ergebnis die Preisfestsetzung ist. Diese Art der Preisbildung ist vor allem, für diejenigen Verkehrsbetriebe relevant, deren Preise in Frachtenausschüssen oder Tarifkommissionen oder in Organen ihrer Träger ausgehandelt werden. Dabei sind neben den Verkehrsbetrieben oder ihren Vertretern bei der Preisfestsetzung beispielsweise Vertreter staatlicher Organe, der Verbände sowie anderer Interessengruppen (wie z. B. der Abnehmer der Verkehrsleistung) beteiligt. Oft bedürfen die getroffenen Entscheidungen wie auch die Entscheidungen bestimmter Verkehrsbetriebe, welche die Preise zunächst autonom festsetzen können, der Autorisierung durch bestimmte staatliche Organe. Dieses Autorisierungsrecht des Staates für preispolitische Entscheidungen des Verkehrsbetriebes ist ein wesentliches Merkmal der Verkehrshoheit des Staates. Es bildet die Voraussetzung für potentielle Maßnahmen des Staates zu einer zentralen Koordination der Verkehrsträger.

Die zuletzt genannten Formen der Preisfestsetzung charakterisieren insbesondere die Preisbildung des öffentlichen Personennahverkehrs, der Eisenbahn und des Güterfernverkehrs. Die Verkehrsbetriebe der See- und Binnenschiffahrt sowie des Luftverkehrs sind zwar in ihrer Preisgestaltung frei, haben sich jedoch freiwillig in sogenannten Konferenzen und anderen kartellartigen Zusammenschlüssen (z. B. IATA) zur Regelung des Preiswettbewerbs zusammengeschlossen und verschiedenartige Systeme von Festpreisen entwickelt. Diese Art von Preisabsprachen ist explizit von der Kartellgesetzgebung ausgenommen. Preisabsprachen sind bei den genannten Verkehrsträgern, vor allem zwischen den Verkehrsbetrieben des Linienverkehrs,

---

[71] Vgl. Andreae und Bellen (1969); Fair und Williams (1950), S. 331 ff.; Faller (1970); Hamm (1964); Illetschko (1966), S. 161 ff.; Lechner (1963), S. 51 ff.; Marl (1968); Pegrum (1968), S. 174 ff.; Pirath (1949), S. 249 ff.; Roberts (1969); Steiner (1957).

üblich. Einige Verkehrsbetriebe bleiben diesen Absprachen als Außenseiter fern. Freie Preisbildung herrscht auf dem Gebiet des Gelegenheitsverkehrs der Schiffahrt, der Luftfahrt und des Straßenverkehrs sowie in der Touristik vor.

(2) Feststellungen darüber, in welchem Ausmaß der einzelne Verkehrsbetrieb in seinen Preisentscheidungen autonom ist, sagen noch nichts darüber aus, wie sich der Verkehrsbetrieb generell gegenüber Konkurrenten oder gegenüber Abnehmern preispolitisch verhält bzw. verhalten kann. Hinsichtlich des Verhaltens gegenüber Konkurrenten läßt sich z. B. die *Preisführerschaft* von Verkehrsbetrieben nennen. Nicht selten wird die Preisführerschaft von den sogenannten Außenseitern ausgeübt.

Betrachtet man das Verhältnis des Verkehrsbetriebes zu seinen Abnehmern, so kann er für gleiche oder sehr ähnliche Verkehrsleistungen allen Transaktionspartnern gegenüber gleiche Preise fordern oder an verschiedene Käufergruppen zu unterschiedlichen Preisen verkaufen: Der Verkehrsbetrieb betreibt *Preisdifferenzierung*. Voraussetzungen der Preisdifferenzierung sind, daß der Verkehrsbetrieb auf unvollkommenen Märkten agiert und die Käufergruppen isolieren kann und daß auf den Teilmärkten die Preiselastizität der Nachfrager unterschiedlich hoch ist. Dabei gilt, daß, je niedriger die Preiselastizität ist, desto höher die Preise sein können. Folgende Arten der Preisdifferenzierung sind zu unterscheiden:

(a) Regionale Preisdifferenzierung liegt vor, wenn Kontrahierungspartner in verschiedenen Absatzgebieten unterschiedliche Preise zu zahlen haben. Zumindest den Verkehrsbetrieben des öffentlichen Verkehrs ist diese Form der Preisdiskriminierung wegen des Prinzips der Tarifgleichheit im Raum im allgemeinen nicht möglich, wenn auch bestimmte Ausnahmen insbesondere zur Strukturförderung durchaus gegeben sind.

(b) Verkehrsbetriebe differenzieren ihre Preise zeitlich, wenn die Höhe der Preisforderung vom Zeitpunkt der Kontrahierung, vor allem aber der Abnahme der Verkehrsleistung, abhängt. Ziel ist die gleichmäßige zeitliche Ausnutzung der Fahrzeuge oder des Leitungs- bzw. Wegenetzes. Zeitliche Preisdifferenzierung findet sich beispielsweise in der Preispolitik der Bundesbahn, der Personennahverkehrsbetriebe, Luftverkehrsgesellschaften sowie Touristikunternehmungen.

(c) Persönliche Preisdifferenzierung betreiben diejenigen Verkehrsbetriebe, die z. B. Sozialtarife festlegen: Für die gleiche Verkehrsleistung zahlen sozial unterschiedlich gestellte Personen verschiedene Preise.

(d) Weitere Möglichkeiten des Verkehrsbetriebes, Preisdifferenzierungen vorzunehmen und so die „Renten" seiner Kontrahierungspartner abzuschöpfen bzw. bei höheren Preisen die nicht zur Kontrahierung bereiten Personen oder Organisationen zu Transaktionsbeziehungen zu veranlassen, sind mengenmäßige und sachliche Preisdifferenzierungen. Auch diese Möglichkeiten werden von den Verkehrsbetrieben genutzt.

(3) Eine Kombination der verschiedenen Möglichkeiten der Preisdifferenzierung findet man oft in Tarifsystemen von Verkehrsbetrieben. *Tarife* spielen in den Marketingsystemen der meisten Verkehrsbetriebe eine große Rolle[72]). Ein Tarif stellt dabei die systematische veröffentlichte Zusammenstellung der Kontrahierungsbedingungen des Verkehrsbetriebes für wiederholte oder wiederholbare Verkehrsleistungen dar. Er gilt gegenüber allen Nachfragern und für einen bestimmten Zeitraum. Da persönliche Verhandlungen zur Festlegung der Kontrahierungsbedingungen mit dem Transaktionspartner in der Regel nicht stattfinden, müssen die Bedingungen, insbesondere die Verkehrsleistungen, einheitlich und präzise definiert sein. Eine Ausnahme von dieser Regel ist insbesondere dann gegeben, wenn Margentarife möglich sind, also nur Ober- und Untergrenzen festgelegt werden. Grundsätzlich kann festgestellt werden, daß Tarife die Anbahnung, Vereinbarung und Realisation von Transaktionen wesentlich erleichtern.

Die Verkehrsbetriebe, die auf Grund staatlicher Konzessionen öffentliche Verkehrsleistungen erbringen, sind verpflichtet, Tarife aufzustellen und zu veröffentlichen. Sie unterliegen der *Tarifpflicht*. Die Tarife bedürfen der hoheitlichen Genehmigung. Die übrigen Verkehrsbetriebe stellen teilweise freiwillig Tarife auf oder verzichten, wie z. B. Verkehrsbetriebe des Gelegenheitsverkehrs in der Schiffahrt, überhaupt auf sie.

Tarife lassen sich nach einer Vielzahl von Kriterien differenzieren. Man unterscheidet Normal- und Sondertarife. Stücktarife können Einheits-, Stations-, Zonen- oder Kilometertarife sein. Zusätzliche Differenzierungsmerkmale stellen Raum- oder Gewichtsmaße und Wert der Transportobjekte sowie Ausstattungsmerkmale und Geschwindigkeit der verwendeten Verkehrsmittel dar.

(4) Das vom Kontrahierungspartner effektiv zu zahlende Entgelt hängt nicht nur vom vereinbarten Kaufpreis, sondern auch wesentlich von den gewährten *Rabatten* ab. Sieht man von Einzelfällen ab, so ist die Rabattgewährung kein typischer absatzpolitischer Parameter des Verkehrsbetriebes. Dies liegt teilweise an der relativ geringen Entscheidungsfreiheit in der Preisbildung. Bestimmten Verkehrsbetrieben ist die Rabattgewährung auch explizit gesetzlich untersagt. Zu berücksichtigen ist außerdem, daß viele Tarifsysteme bereits derartig differenziert sind, daß eine zusätzliche Rabattgewährung nicht erforderlich ist.

(5) Den Transaktionen zwischen Verkehrsbetrieb und Abnehmer liegen vereinbarte *Lieferungs-* und *Zahlungsbedingungen* zugrunde. Ihre Gestaltungsmöglichkeiten sind zahlreich und sollen hier nicht im einzelnen beschrieben werden. Zum Teil gehören Verkehrsbetriebe Konditionenkartellen an, die zwar die Markttransparenz für die Teilnehmer am vertragsmäßigen Distri-

---

[72]) Vgl. hierzu von Bissing (1956); Esenwein-Rothe (1956); Faller (1968 b); Hamm (1960); Hölterling (1966); Illetschko (1959), S. 86 ff.; Lechner (1963), S. 61 ff.; Linden (1961), S. 151 ff.; Oettle (1964 b), (1967 a), S. 31 ff.; Scheele (1959); Schneider (1956); Schulz-Kiesow (1956).

butionssystem erhöhen, für das einzelne Kartellmitglied jedoch auch den Nachteil beinhalten, sich der Lieferungs- und Zahlungsbedingungen nicht als eines eigenständigen absatzpolitischen Instruments bedienen zu können. Auch die Gewährung von Skonti wird von den meisten Verkehrsbetrieben nicht als Aktionsparameter verwendet.

Die entgeltliche Abwicklung der Leistungen des Verkehrsbetriebes erfolgt in der Regel „Zug um Zug". Besonders im Personenverkehr herrscht Barzahlung vor, wobei der Fahrgast oft seine Leistung zeitlich vor der Leistungserstellung durch den Verkehrsbetrieb erbringen muß. Kreditgewährung war für den Verkehrsbetrieb bisher nicht typisch. Wenn auch der Eisenbahn, den Frachtführern, den Spediteuren und den Lagerhaltern gesetzliche Pfandrechte zustehen, so läßt doch die Natur der Dienstleistungen eine Kreditgewährung wenig vorteilhaft erscheinen. Dies schließt jedoch nicht aus, daß einige Verkehrsbetriebe gerade die Kreditgewährung als absatzpolitisches Instrument zu aktivieren versuchen, wie z. B. im Luftverkehr (fly now — pay later), bei der Deutschen Bundesbahn und in der Touristik.

Zur Bedeutung der Gestaltung von Gegenleistungen und insbesondere von Preisen als absatzpolitischen Parametern von Verkehrsbetrieben ist zusammenfassend festzustellen, daß sie nur eines der Instrumente in der Menge aller möglichen absatzpolitischen Variablen darstellen. Dabei ist zu beachten, daß es von einem Teil der Verkehrsbetriebe nicht eingesetzt werden kann oder eingesetzt wird. Dadurch wird die Gestaltung der Gegenleistung als Freiheitsgrad des Verkehrsbetriebes jedoch nicht prinzipiell aufgegeben, sondern nur in ihrer Bedeutung abgeschwächt. Der Wettbewerb vollzieht sich in stärkerem Maße durch andere absatzpolitische Maßnahmen, wie beispielsweise die Gestaltung des Leistungsprogramms oder die Information über Leistung und Gegenleistung.

Aktivitäten der Promotion

Wurden bisher weitgehend Aspekte der Kontrahierung angesprochen, so sollen im folgenden kurz die wesentlichen potentiellen Aktivitäten des Verkehrsbetriebes im Bereich der Promotion aufgezeigt werden. Zu diesen auf die Förderung von Transaktionen und die Schaffung von „Goodwill" gegenüber dem Verkehrsbetrieb gerichteten Aktivitäten zählen insbesondere Werbung, Sales Promotion und Public Relations[73]).

Werbung und Sales Promotion

Zielen die Informationsaktivitäten eines Betriebes unmittelbar auf den Absatz seiner Leistung ab, so spricht man im allgemeinen von *Werbung*. Diese kann sich sowohl auf den eigentlichen Bedarfsträger als auch auf den Ab-

---

[73]) Zu Aktivitäten der Promotion in Verkehrsbetrieben vgl. insbes. Faulks (1969), S. 198 ff.; Lechner (1963), S. 48 ff.; Mayo (1969); Taff (1961), S. 476 ff.

satzmittler richten. Werbung umfaßt alle jene Informationsprozesse, die das Verhalten tatsächlicher oder potentieller Transaktionspartner beeinflussen. Letztlich ist die Werbung bestrebt, die Entscheidungsprämissen, die den Teilnahme- und Beitragsentscheidungen potentieller Kunden zugrunde liegen, zu bestimmen und damit die Entscheidungen zu beeinflussen.

Werbliche Maßnahmen der Verkehrsbetriebe können in Form der Einzelwerbung, Massenwerbung, Alleinwerbung oder Kollektivwerbung betrieben werden. Letztere tritt als Gemeinschaftswerbung für eine bestimmte Verkehrsleistung ohne Nennung des einzelnen Verkehrsbetriebes auf; bei Sammelwerbung schließen sich mehrere Werbungtreibende zusammen (z. B. „fly and drive", Flug mit Besuchsprogramm in einer Stadt).

Ein Verkehrsbetrieb kann ferner einmal für sich als Organisation werben; dann betreibt er institutionelle Werbung. Bezieht er dagegen seine Werbung auf eine ganz bestimmte Transportleistung, so handelt es sich um Produktwerbung. Die Werbung der Verkehrsbetriebe ist sehr oft institutionelle Werbung („Alle reden vom Wetter, wir nicht"), dies insbesondere wohl deshalb, weil das potentielle oder aktuelle Leistungsprogramm vieler Verkehrsbetriebe eine große Anzahl unterschiedlicher Leistungen umfassen kann.

Durch Schaffung von *Marken* versuchen Verkehrsbetriebe, sich von ihren Wettbewerbern und deren Leistungen abzuheben und ihre Abnehmer zu veranlassen, explizite Teilnahmeentscheidungen zu treffen. Der Kunde soll eine grundsätzliche Entscheidung fällen, bei einem bestimmten Bedarf jeweils die betreffende Marke zu kaufen. Im Verkehrsbereich stellen die Entwicklung von Marken und markenbezogene Werbung noch eine Ausnahme dar. Als Versuche in dieser Richtung lassen sich die Bemühungen insbesondere der Fluggesellschaften, Mietwagenfirmen, Touristikunternehmen und ansatzweise auch der Deutschen Bundesbahn interpretieren, sich ein spezifisches *Image* aufzubauen. Nicht zuletzt wird dabei versucht, die Vorstellung des Abnehmers von der Betriebswirtschaft oder von Leistungen mit bestimmten Werten wie Sozialstatus, Sicherheit, Service oder Abenteuer zu verbinden.

Informiert der Verkehrsbetrieb Absatzmittler über Methoden, wie diese selbst ihren Absatz intensivieren können, so treibt der Verkehrsbetrieb Verkaufsförderung. Maßnahmen der *Verkaufsförderung* oder *Sales Promotion* sind deshalb für diejenigen Verkehrsbetriebe relevant, die ihre Leistungen vornehmlich über Absatzmittler vertreiben. Die Verkehrsbetriebe schulen die bei den Absatzmittlern mit dem Verkauf der Verkehrsleistungen Beschäftigten und beraten die Absatzmittler in der Gestaltung der Verkaufsstätten und Schaufenster (Reisebüros).

Public Relations

Die vorangegangenen Erörterungen haben gezeigt, daß Verkehrsbetriebe starke wechselseitige Beziehungen zu ihrer Umwelt besitzen und häufig im Blickpunkt der Öffentlichkeit stehen. Nicht zuletzt die Abhängigkeit von breiten Umweltschichten mit ihrem beträchtlichen Potential an Unterstützung macht die Notwendigkeit deutlich, auf die Einstellung von Personen, Gruppen oder Kollektiven gegenüber dem Verkehrsbetrieb strukturierend einzuwirken. Dies ist die Funktion von Public Relations. Mit ihrer Hilfe versucht der Verkehrsbetrieb, die Öffentlichkeit über seine Tätigkeit zu unterrichten: Dieses Ziel besteht darin, um Vertrauen zu werben und auf diese Weise Unterstützung zu generieren. Die Strukturierung der Beziehungen zur Öffentlichkeit und die Beeinflussung der Attitüden relevanter Umweltschichten gegenüber dem Verkehrsbetrieb erfolgen dabei nicht nur unmittelbar über bewußt geschaffene Kommunikationsbeziehungen. Eine Art der Gestaltung der Public Relations eines Verkehrsbetriebes stellt nicht zuletzt auch jedes Verhalten seines Personals in der Öffentlichkeit dar. Ebenso weist Taff darauf hin, daß Verkehrsbetriebe einen wichtigen Aspekt der Gestaltung der Beziehungen zur Öffentlichkeit vernachlässigen, wenn sie oder ihre Arbeitnehmer auf die Teilnahme der Mitgliedschaft an politischen Systemen (z. B. Gemeinderat) oder auf die Mitgliedschaft bei öffentlichen Organisationen verschiedener Art (Vereine, Handelskammern usw.) verzichten[74]).

1.354 Finanzwirtschaftliche Entscheidungen

Finanzwirtschaftliche Entscheidungen sind jene Entscheidungen, die sich unmittelbar auf die Steuerung und Regelung der betriebswirtschaftlichen Geldströme beziehen. Es wurde bereits darauf hingewiesen, daß auch beschaffungs-, produktions- und absatzwirtschaftliche Entscheidungen die betriebswirtschaftlichen Geldströme beeinflussen und damit letztlich finanzwirtschaftliche Entscheidungen umfassen. Der Finanzbereich einer Organisation ist als ein funktionales Subsystem aufzufassen, das die Beschaffungs-, Produktions- und Absatzbereiche überlagert und mit einer einheitlichen Steuerung und Regelung der Zahlungsströme befaßt ist.

In Anlehnung an die Terminologie von Heinen kann zwischen kapitalbedarfsrelevanten und kapitaldeckungsrelevanten Zahlungsströmen unterschieden werden[75]). Kapitalbedarfsrelevante Zahlungen sind entweder kapitalbindende Ausgaben oder kapitalfreisetzende Einnahmen; kapitaldeckungsrelevant sind kapitalzuführende Einnahmen oder kapitalentziehende Ausgaben. Der *Kapitalbedarf* eines Verkehrsbetriebes zu einem bestimmten Zeitpunkt läßt sich in dieser Terminologie als die Differenz aus den bis zu diesem Zeitpunkt angefallenen kapitalbindenden Ausgaben (z. B. für Fahrzeuge, teilweise für Wege und Stationen, Betriebs- und Verwaltungsgebäude, Hilfs- und Betriebsstoffe, Personal) und kapitalfreisetzenden Einnahmen (zum Großteil aus den abgesetzten Leistungen) bestimmen[76]). Welche Mög-

---

[74]) Vgl. Taff (1961), S. 500.
[75]) Vgl. Heinen (1966 b), insbes. S. 15 ff. Zum Finanzierungsbegriff vgl. ferner Kappler und Rehkugler (1972) sowie Köhler (1969); zum Ablauf finanzwirtschaftlicher Entscheidungsprozesse vgl. Kirsch und Bamberger (1973).
[76]) Zum Kapitalbedarf von Verkehrsbetrieben vgl. Faulks (1969), S. 216 ff.; Illetschko (1959), S. 99 ff.; Lechner (1963), S. 68 ff.; Sadove und Fromm (1965).

lichkeiten sich dem Verkehrsbetrieb bieten, Kapitalbedarf, Geldbedarf (= geplante Ausgaben) oder Finanzbedarf (= Geldbedarf ∕. kapitalfreisetzende Einnahmen) zu decken, wird in den folgenden Punkten dargestellt. Dabei spielt auch hier die grundsätzliche Unterscheidung zwischen öffentlichen und privaten Verkehrsbetrieben eine besondere Rolle. Es erscheint zweckmäßig, die Betrachtung von Besonderheiten bei der Finanzierung öffentlicher Verkehrsbetriebe an den Anfang der Erörterungen zu stellen.

Besonderheiten bei der Finanzierung öffentlicher Verkehrsbetriebe

Besonderheiten bei der Finanzierung öffentlicher Verkehrsbetriebe ergeben sich vor allem dadurch, daß diese auf Grund ihrer Rechtsform meist auch finanziell sehr eng mit ihrer jeweiligen Trägerkörperschaft verbunden sind[77]):

> „Solange die Betriebe lediglich Ämter ihres Trägergemeinwesens sind (reine Eigenbetriebe), bildet ihre Finanzwirtschaft mit der des Trägerverbandes eine Einheit. Finanzierungsvorgänge sind hier formell wie auch materiell in die Finanzwirtschaft des Trägergemeinwesens eingebettet"[78]).

Hier sollen nur solche Verkehrsbetriebe betrachtet werden, die im Hinblick auf ihre Rechnungslegung und ihre Verwaltung gegenüber ihrem Trägerverband eine gewisse Unabhängigkeit besitzen (Eigenbetriebe, autonome Wirtschaftskörper und die Betriebe mit eigener öffentlicher oder privater Rechtspersönlichkeit). Als gemeinsames Kriterium ihrer Verselbständigung kann die rechnerische und mehr oder weniger auch die verwaltungsmäßige Ausgliederung des Betriebsvermögens des jeweiligen Verkehrsbetriebes aus dem Vermögen seines Trägerverbandes angesehen werden. Im Hinblick auf die finanzielle Sphäre dieser Verkehrsbetriebe sind dabei einige Besonderheiten zu beachten. So können zwischen den verselbständigten Vermögensmassen desselben Rechtsträgers fiktive schuldrechtliche Beziehungen bestehen. Die Träger öffentlicher Verkehrsbetriebe können deshalb gleichzeitig auch deren Gläubiger sein, eine Aussage, die für die Unterscheidung von Eigen- und Fremdfinanzierung durch den Träger relevant ist. Die fehlende Rechtsfähigkeit der Eigenbetriebe verhindert es, Kredite im eigenen Namen und auf eigene Rechnung bei Dritten aufzunehmen. Diese stellen unmittelbare Verbindlichkeiten des Trägerverbandes dar, auch wenn sie rechnungstechnisch in den Bilanzen des Verkehrsbetriebes ausgewiesen werden. Die für diese Betriebsformen aufgenommenen Kredite unterliegen den gleichen haushaltsrechtlichen Bestimmungen wie die Hoheitsverwaltungen der Trägerverbände. Insbesondere für die Kreditaufnahme seitens der Gemeinden bestehen relativ strenge Vorschriften.

---

[77]) Vgl. zur Finanzierung öffentlicher Verkehrsbetriebe Barth (1965); Oettle (1966 a), (1968); Schnettler (1956), S. 112 ff., (1964), S. 113 ff.; Seiler (1964); Taxis (1965).
[78]) Schnettler (1956), S. 112.

Im Rechtsverhältnis der Eigenbetriebe gegenüber Dritten sind alle ihre Forderungen und Verpflichtungen als Forderungen und Verpflichtungen des Trägerverbandes anzusehen. Demgegenüber können die autonomen Wirtschaftskörper ohne eigene Rechtspersönlichkeit (wie Bundesbahn und Bundespost) Dritten gegenüber im Rechtsverkehr unter ihrem Namen handeln, klagen und verklagt werden. Eine Einschränkung dieser auch finanzrechtlichen Autonomie ist bei Bundesbahn und Bundespost insofern zu sehen, als bei wichtigen Fällen einer Kreditaufnahme (Schuldverschreibung, verzinsliche Schatzanweisung usw.) oder Bürgschaft die Mitwirkung der Organe des Bundes (Bundesregierung, Bundesminister für Verkehr, Bundesminister der Finanzen usw.) notwendig ist.

Die folgenden Überlegungen werden weitere Unterschiede in der Finanzierung öffentlicher und privater Verkehrsbetriebe verdeutlichen. Ausgangspunkt der Betrachtungen bilden die Finanzierungsformen. Dabei ist jedoch zu berücksichtigen, daß der hier verwendete Finanzierungsbegriff weiter ist, als er im allgemeinen der Betrachtung der Finanzierungsformen zugrunde liegt. Er bezieht sich nicht nur auf die Beschaffung von Kapital, sondern auch auf Regelungs- und Steuerungsvorgänge, die zu kapitalzuführenden oder kapitalfreisetzenden Einnahmen und zu kapitalbindenden oder kapitalentziehenden Ausgaben führen und sich damit letztlich auf alle monetären Abläufe beziehen. Aus dieser Sicht bietet sich dem Verkehrsbetrieb eine Vielzahl möglicher Freiheitsgrade. Nur ein Teil von ihnen wird durch die sogenannten Finanzierungsformen erfaßt[79]).

Außenfinanzierung: Eigen- und Fremdfinanzierung

Eine Außenfinanzierung des Verkehrsbetriebes kann zum einen in der Eigenfinanzierung, zum anderen in einer Fremdfinanzierung bestehen. Beide Begriffe lassen sich sowohl nach rechtlichen als auch nach wirtschaftlichen Merkmalen nur schwer voneinander abgrenzen. *Eigenfinanzierung* (Beteiligungsfinanzierung) eines Verkehrsbetriebes kann dann angenommen werden, wenn der Kapitalgeber rechtlich die Stellung eines Eigentümers erwirbt. Nur schwer zu klassifizieren sind nach diesem Kriterium jedoch z. B. Wandelobligationen oder bestimmte, von öffentlichen Haushalten den Verkehrsbetrieben gewährte Mittel. Die Arten und Prozesse der Eigenfinanzierung, insbesondere die der Transaktion zugrundeliegenden Kontrahierungsbedingungen, werden determiniert durch die Rechtsform des Verkehrsbetriebes. Insoweit gelten die allgemeinen, von der jeweiligen Rechtsform bestimmten Finanzierungsmöglichkeiten.

Besonderheiten weist die Eigenkapitalfinanzierung bei bestimmten konzessionspflichtigen Verkehrsbetrieben auf. Wird die Betriebsgenehmigung nur

---

[79]) Zur Finanzierung von Verkehrsbetrieben vgl. Fair und Williams (1950), S. 185 ff.; Faulks (1969), S. 216 ff.; Illetschko (1959), S. 105 ff.; Lechner (1963), S. 66 ff.; May (1966); Pegrum (1968), S. 467 ff.; Taff (1961), S. 233 ff.

für eine begrenzte Dauer erteilt, so ist ein Heimfallstock zu bilden und das Eigenkapital während der Konzessionsdauer durch Verlosung oder durch Rückkauf nach einem bestimmten Plan aus den Überschüssen zu tilgen.

Bei der *Fremdfinanzierung* erhält der Kapitalgeber einen Gläubigeranspruch gegenüber dem Verkehrsbetrieb bzw. dessen Eigentümer. Dabei lassen sich im Hinblick auf die einzelnen Verkehrsträger ganz spezifische Eigenheiten feststellen. So finanziert sich die Schiffahrt überwiegend über Schiffspfandbriefe, die Bundesbahn z. B. insbesondere durch Anleihen, Schatzanweisungen und Schuldscheine. Wegen der oft großen Bedeutung der Fremdfinanzierung für die Verkehrsbetriebe stellen ungünstige Kapitalmarktbedingungen oder Störungen der Kreditmärkte häufig einschneidende Beschränkungen für Wachstum und Rationalisierung dar. Die Anzahl der Freiheitsgrade, die der Verkehrsbetrieb in bezug auf Eigen- und Fremdfinanzierung besitzt, ist in starkem Maße von seiner Emissionsfähigkeit abhängig. Diese wiederum wird vor allem durch seine Rechtsform und seine Größe determiniert.

Auch bei öffentlichen Verkehrsbetrieben kann Außenfinanzierung betrieben werden. Bei der Eigenfinanzierung sind freilich die speziellen Vorschriften des Haushaltsrechts über die Bereitstellung von Haushaltsmitteln zu Betriebszwecken zu beachten. Am detailliertesten sind diese Rechtsformen für die gemeindlichen Eigenbetriebe in der Eigenbetriebsverordnung in Verbindung mit den Gemeindeordnungen kodifiziert. So sollen das Eigenkapital bei Eigenbetrieben sowie die Mittel zur Übernahme von Gesellschaftsanteilen bei Anteilsunternehmen nur in Ausnahmefällen durch Aufnahme von Darlehen aufgebracht werden. Regelfall soll die Finanzierung aus laufenden Mitteln des ordentlichen Haushalts bzw. aus Rücklagen sein. Diesen Vorschriften wird jedoch für die gemeindlichen Regiebetriebe nur eine geringe praktische Bedeutung beigemessen. Für die Deutsche Bundesbahn und die Bundespost sehen die gesetzlichen Vorschriften grundsätzlich keine Zuführung von Eigenkapital durch den Bund vor. Während jedoch für die Bundespost explizit Zuschüsse aus der Bundeskasse untersagt sind, sieht das Bundesbahngesetz insofern eine Ausnahme vor, als der Bund das Eigenkapital der Deutschen Bundesbahn verstärken oder ihr Darlehen aus Haushaltsmitteln gewähren soll, wenn diese nicht in der Lage ist, ihre Aufgaben aus eigenen Mitteln zu erfüllen.

Während es im allgemeinen den Trägerverbänden überlassen ist, inwieweit sie ihre Betriebe mit Eigen- oder Fremdkapital finanzieren, schreibt das Eigenbetriebsrecht vor, daß ein angemessener Anteil vom Gesamtkapital des Eigenbetriebes durch Fremdkapital zu finanzieren sei. Die Gestaltung der Eigenkapital-Fremdkapital-Relation ist jedoch bei allen öffentlichen Verkehrsbetrieben eine zentrale Aufgabe des Managements. Bei ihrer Festlegung sind bisweilen von privaten Betrieben abweichende Tatbestände zu konstatieren[80]):

---

[80]) Vgl. Oettle (1968), insbes. S. 29 ff.

(1) Die Finanzierungsmöglichkeiten öffentlicher Verkehrsbetriebe sind zumindest langfristig wegen ihrer Bindung an die Trägerkörperschaften — mit Ausnahme des Staatsbankrotts — unerschöpflich. Über diese hinaus steht letztlich die gesamte nationale Steuerkraft hinter ihnen.

(2) Die Konkurssicherheit der Trägerkörperschaften teilt sich vollständig ihren verselbständigten Betrieben mit.

(3) Öffentliche Verkehrsbetriebe sind auch dann — wenigstens mittelbar — über ihre Eigentümerkörperschaften kapitalmarktfähig, wenn sie wegen ihrer Betriebsgröße und Rechtsform keinen Zugang zum Kapitalmarkt haben.

(4) Zwar sind öffentliche Verkehrsbetriebe wie private Betriebswirtschaften von Störungen der Kreditmärkte betroffen; sie genießen jedoch oft wegen konjunktureller Schwankungen in der privaten Wirtschaft oder auf Grund steuerlicher Sonderregelungen Präferenzen.

Innenfinanzierung: Selbstfinanzierung, Abschreibungsfinanzierung, Umschichtungsfinanzierung

Der Verkehrsbetrieb bzw. sein politisches System hat darüber zu entscheiden, inwieweit Gewinne einzubehalten oder auszuschütten sind. Behält der Verkehrsbetrieb den gesamten oder Teile seines Gewinnes ein, so betreibt er *Selbstfinanzierung*. Nach dem Kriterium, ob der einbehaltene Gewinn offen in der Bilanz als Rücklage ausgewiesen wird, kann zwischen offenen und stillen Rücklagen unterschieden werden. Selbstfinanzierung ist jedoch nicht an die Autorisierung der Gewinnverwendungsentscheidung quasi ex post gebunden, sondern ist bereits dann anzunehmen, wenn in Zahlungen aus Transaktionserlösen ein Gewinnbestandteil enthalten ist. Die Entscheidung über die Selbstfinanzierung vollzieht sich in der Regel in einem Rahmen rechtlicher Normen. Rechtliche Bestimmungen finden sich einmal im Gesetz. Typische Beispiele sind das Aktiengesetz und das Bundesbahngesetz; letzteres schreibt für die Bundesbahn praktisch Selbstfinanzierung vor, soweit sie dazu in der Lage ist. Teilweise werden sich auch in den Gesellschaftsverträgen der Verkehrsbetriebe Bestimmungen finden, welche die Gewinnverwendungsentscheidung beeinflussen. Voraussetzung für die Selbstfinanzierung ist, daß ein Gewinn erzielt worden ist. Einige Verkehrsbetriebe — und diese Aussage gilt vor allem für die öffentlichen Verkehrsbetriebe — streben von vornherein keine Gewinnerzielung an. Andere Verkehrsbetriebe orientieren sich zwar am Gewinn als ihrer primären Zielsetzung, sind aber in ihrer Entscheidungsfreiheit begrenzt, die Verkaufspreise festzusetzen. Eine weitere Beschränkung besteht für diejenigen Verkehrsbetriebe, die zusätzlichen „betriebsfremden" Aufwand, z. B. Ablieferungen an Trägerkörperschaften, aufbringen müssen (vgl. z. B. § 21 Postverwaltungsgesetz).

Selbstfinanzierung ist in öffentlichen Verkehrsbetrieben deshalb von Bedeutung, weil die Trägerverbände im allgemeinen nur ungern bereit sind, Haushaltsmittel zur Verfügung zu stellen. Verschiedene Rechtsnormen fordern explizit die Bildung von Rücklagen, so z. B. für Eigenbetriebe (§ 8 IV Eigenbetriebsverordnung), für die Post (§ 20 I Postverwaltungsgesetz) und für die Bundesbahn (§ 33 I Bundesbahngesetz). Im Gegensatz zu den öffentlichen Haushalten ist eine gesonderte Verwaltung und Anlage der Rücklagemittel nicht erforderlich.

Eine gewisse Ausnahme kann im § 20 III Postverwaltungsgesetz gesehen werden: „Die Rücklagen sind ihrem Zweck entsprechend anzulegen." Stille Rücklagen sind in den öffentlichen Verkehrsbetrieben des Privatrechts grundsätzlich möglich, soweit die Bewertungsbestimmungen des Gesellschaftsrechts oder die Grundsätze ordnungsmäßiger Buchführung dem nicht entgegenstehen. Demgegenüber sehen Eigenbetriebsverordnungen für die Eigenbetriebe in der Regel lediglich die Bildung offener Rücklagen vor. Ähnliches gilt für Post und Bahn. Auf Grund gesetzlicher Bestimmungen zwangsläufig gelegte stille Rücklagen werden jedoch davon nicht betroffen.

Die oft starke Anlageintensität von Verkehrsbetrieben macht für diese eine Finanzierungsform relevant, die als *Finanzierung aus freigesetzten Abschreibungen* (Abschreibungsfinanzierung) bezeichnet werden kann. Voraussetzung dafür ist zunächst, daß die Abschreibungsgegenwerte über Transaktionserlöse in den Verkehrsbetrieb zurückfließen. Man unterscheidet zeitlich begrenzte und unbegrenzte Freisetzung. Das Volumen der freigesetzten Abschreibungswerte hängt von der Anlageintensität des Betriebes, der Nutzungsdauer der Anlagen, der Bemessungsmethode der Abschreibungen und der Entwicklung der Preise auf dem Beschaffungsmarkt ab. Der mit dieser Finanzierungsform häufig angestrebte *Kapazitätserweiterungseffekt* wurde schon früh im Hinblick auf seine Bedeutung für Verkehrsbetriebe untersucht[81]. Während die Mittel aus temporärer Freisetzung praktisch von allen Verkehrsbetrieben zur Finanzierung verwendet werden können, setzt die dauerhafte Freisetzung die Erfüllung bestimmter Bedingungen voraus. Eine Teilbarkeit der Aggregate ist häufig bei den Verkehrsbetrieben gegeben: Die Abschreibungsgegenwerte können in entsprechende neue Teileinheiten investiert werden. Unveränderte Anschaffungspreise der zusätzlichen Anlagen können dagegen in der Regel nicht unterstellt werden. Auch Absatzmöglichkeiten für die zusätzlichen Transportleistungen stehen den Verkehrsbetrieben oft nicht zur Verfügung, insbesondere dort nicht, wo zusätzliche Konzessionen erforderlich sind oder ein weiteres Verkehrsaufkommen nicht oder nur zu niedrigeren Preisen induziert werden kann. Auch die Tatsache, daß die Kapazitätserweiterung bei Verkehrsbetrieben mit einem erhöhten Betriebskapitalbedarf verbunden ist, läßt den Schluß zu, daß in Verkehrsbetrieben eine Finanzierung aus ständig freigesetzten Abschreibungsgegenwerten und der Kapazitätserweiterungseffekt zwar grundsätzlich möglich sind, die maximalen Koeffizienten jedoch nicht erreicht werden können. Der Effekt ist dabei um so geringer, je länger die Abschreibungsdauer

---

[81] Vgl. Polak (1921).

ist. Es wird deshalb für die Deutsche Bundesbahn angenommen, daß für sie wegen der geringen Erweiterungsquote und der hohen Lebensdauer ihrer Anlagen von dieser Finanzierungsform keine bedeutenden Finanzierungserleichterungen zu erwarten sind. Für sie sei der Lohmann-Ruchti-Effekt schon ausgelaufen.

Umschichtungsfinanzierung im Verkehrsbetrieb ist dann gegeben, wenn es gelingt, durch Regelungs- oder Steuerungsmaßnahmen die betrieblichen Prozesse so zu rationalisieren, daß der Kapitalbedarf für einen gegebenen Transportumfang verringert wird. Bisher gebundene Mittel werden freigesetzt.

Kurz-, mittel- und langfristige Finanzierung

Nach der *zeitlichen Dimension* der Finanzierungsentscheidung kann zwischen kurz-, mittel- und langfristiger Finanzierung unterschieden werden. Im allgemeinen wird angenommen, daß Eigenfinanzierung vorwiegend langfristigen Charakter besitzt. Kreditfinanzierung kann dagegen kurz-, mittel- oder langfristig sein, wobei die Fristigkeit Teil der Kontrahierungsbedingungen zwischen Verkehrsbetrieb und Kapitalgeber ist. Geht man davon aus, daß sich die Fristigkeit der Finanzierung an der Kapitalbindungsdauer orientiert, können für die einzelnen Verkehrsträger spezifische Aussagen gemacht werden.

Langfristige Finanzierung betreiben insbesondere die See- und Binnenschiffahrt sowie Luftverkehr, Eisenbahnen und Leitungsverkehr. Mittel- und kurzfristige Finanzierung kann nach den genannten Kriterien speziell für den Straßenverkehr als vorherrschend angenommen werden. Berücksichtigt man jedoch, daß nach beendeter Nutzung eines Aggregates zumindest ein gleichwertiges Aggregat wieder beschafft werden muß, so muß auch die Finanzierung substituiert oder prolongiert werden, wenn der Verkehrsbetrieb seine Kapazitäten nicht verringern will.

Leasing, Sale-and-lease-back und Factoring

Relativ neuartige Finanzierungsformen stellen Leasing, Sale-and-lease-back und Factoring dar[82]).

Von *Leasing* wird dann gesprochen, wenn eine Betriebswirtschaft von Lieferanten oder einer Finanzierungsgesellschaft Anlagen (Dienstleistungen) gegen periodische Zahlungen mietet (beansprucht). Bezogen auf den Verkehrsbetrieb, bedeutet dies, daß dieser seine Fahrzeuge und sonstigen Anlagegüter nicht mehr kauft, sondern mietet. Das wohl am häufigsten genannte positive Argument für Leasing besteht darin, daß der Beschaffungsaufwand entfällt und damit kein oder weniger Kapital im Anlagevermögen „eingefroren" wird. Allerdings wird dieser Vorteil für den Verkehrsbetrieb erst dann wirksam, wenn er das so freigesetzte Kapital anderweitig zu einem Ertrag

---
[82]) Vgl. Taff (1961), S. 243 ff.

einsetzen kann, der höher ist als die Kosten des Leasings. Teilweise übernehmen die Leasinggesellschaften auch die Wartung, Versicherung und Versteuerung der vermieteten Fahrzeuge (full service leasing), beim sogenannten „all expense leasing" sogar Öl und Benzin. Diese Art von Leasing-Verträgen werden oft für ein Jahr, häufig jedoch auch für die gesamte Lebensdauer des Fahrzeugs abgeschlossen. Darüber hinaus werden Fahrzeuge jedoch auch kurzfristig vermietet (Mietwagen). Leasing kann von allen Verkehrsbetrieben und für alle Fahrzeuge betrieben werden. So mieten in den USA Eisenbahngesellschaften beispielsweise Lokomotiven und Waggons. Sieht man von den wirtschaftlichen Gründen ab, so können rechtliche Bestimmungen dem Leasing entgegenstehen: Wegen der einer Konzessionserteilung zugrundeliegenden Vorschriften können z. B. Spediteure in der Bundesrepublik den Erwerb von Zugmaschinen nicht durch Leasing finanzieren. Als eng verwandt mit dem Leasing kann die Charterung von Fahrzeugen angesehen werden, wenn diese Entscheidung auch oft auf anderen Gründen beruht.

Leasing war lange Zeit eine besonders bevorzugte Finanzierungsform öffentlicher Verkehrsbetriebe, da mit dieser die auf Grund haushaltsrechtlicher Bestimmungen für die Aufnahme von Anleihen erforderlichen Genehmigungen durch die Aufsichtsbehörde umgangen werden konnten.

Ein Verkehrsbetrieb bedient sich des *Sale-and-lease-back-Verfahrens,* wenn er etwa Grundstücke an Versicherungen, Fonds oder Banken verkauft und sie von diesen für eine Zeit bis zu 99 Jahren wieder mietet. Der Verkehrsbetrieb kann auf diese Weise das bisher gebundene Kapital für andere, rentablere Zwecke, wie den Kauf weiterer Fahrzeuge, verwenden. Gleichzeitig sind die Zinszahlungen steuerlich absetzbar. In den USA wird dieses Verfahren vor allem bei den sogenannten „terminals" angewendet.

Das Grundprinzip des *Factoring* besteht darin, daß eine Betriebswirtschaft Forderungen gegenüber ihren Abnehmern an Banken oder Finanzierungsgesellschaften mit einem bestimmten Abschlag vom Rechnungsbetrag verkauft (abtritt). Kapitalfreisetzende und kapitalzuführende Einnahmen gehen früher ein: Der Kapitalbedarf des Verkehrsbetriebes wird geringer. Factoring ganzer Gruppen von Verkehrsbetrieben ließe sich insbesondere in Verbindung mit einer in einem gemeinsamen Rechenzentrum durchgeführten zentralen Rechnungserstellung denken. Ansätze dazu sind beispielsweise im Speditionsgewerbe erkennbar.

Subventionen und Zuschüsse

Eine besondere Bedeutung im Rahmen der Finanzierung öffentlicher Verkehrsbetriebe besitzen Subventionen und Zuschüsse[83]). Sie sind jedoch — wenn auch in geringerem Maße — auch für private Verkehrsbetriebe von

---

[83]) Vgl. Fair und Williams (1950), S. 706 ff.; Schnettler (1956), S. 133 ff., (1965), S. 174 ff.; Wysocki (1961).

Bedeutung. Grundsätzlich lassen sich private und öffentliche Subventionen unterscheiden. Als *öffentliche Subventionen* sollen Maßnahmen öffentlicher Haushaltswirtschaften verstanden werden, die mit Hilfe von Haushaltsmitteln oder durch Verzicht auf Haushaltsmittel bestimmte Betriebe finanziell direkt oder indirekt unterstützen. Sie sind für die öffentliche Hand ein differenziertes Instrumentarium zur Förderung und Realisierung ihrer wirtschafts- und sozialpolitischen Ziele. Für den subventionsempfangenden Verkehrsbetrieb stellen diese Mittel im allgemeinen zusätzliches Eigenkapital dar. Nur ausnahmsweise sind sie als Fremdkapital zu betrachten.

Die Staatshilfen für öffentliche und private Verkehrsbetriebe sind vielfältig. Zu ihrer Differenzierung können verschiedene Kriterien zugrunde gelegt werden. Subventionen können einmalig, mehrmalig oder periodisch wiederkehrend gewährt, bedingt oder bedingungslos geleistet werden. Subventionen können Effektiv- oder Eventualsubventionen, Geld- oder Naturalsubventionen sein; sie können unmittelbar von der Haushaltsstelle oder über eine beauftragte Stelle (z. B. Bank) gewährt werden, den Betrieb mittelbar oder unmittelbar begünstigen, sich auf der Ertrags- oder Kostenseite des Betriebes auswirken. Für alle diese Formen staatlicher Unterstützung lassen sich Beispiele im Verkehrssystem nennen.

Eine relativ große Bedeutung vor allem für die öffentlichen, aber auch für private Verkehrsbetriebe besitzen *Zinsbeihilfen*, d. h. die Gewährung zinsloser oder zinsverbilligter Darlehen. So spielten öffentliche Mittel wegen der beträchtlichen Zinsdifferenz gegenüber Mitteln anderer Kapitalgeber eine bedeutende Rolle beim Wiederaufbau der See- und Binnenschiffahrt. Oft übernehmen die an der Errichtung und dem Betrieb von Verkehrsunternehmen interessierten Körperschaften Verzinsungs- oder Rückzahlungsgarantien, Bürgschaften usw. und erleichtern damit die Kapitalaufbringung (Eventualsubventionen). Dies geschieht nicht nur für die als Eigenbetriebe geführten Verkehrsbetriebe und die Deutsche Bundesbahn, sondern z. B. auch für private Eisenbahngesellschaften, die Lufthansa, Flughafengesellschaften und Schiffahrtsbetriebe. Eine solche Förderung fällt den Gebietskörperschaften um so leichter, als sie oft selbst Banken besitzen. Zinslose oder zinsverbilligte Kredite schlagen sich ebenso vermindernd auf der Kostenseite der Verkehrsbetriebe nieder wie die Befreiung von bestimmten Steuern. Befreiung von bestimmten Steuern oder steuerliche Begünstigungen gegenüber anderen Betrieben stellen gleichzeitig Beispiele für Subventionen dar, die nicht durch Leistungen eines öffentlichen Haushaltes, sondern durch Verzicht auf geldwerte Leistungen gegenüber dem Empfänger erfolgen. Nur mittelbar kommen den Verkehrsbetrieben Steuervorteile für ihre Kapitalgeber zugute. Wie die Auswirkungen des § 7 d II EStG für die See- und Binnenschiffahrt in der Wiederaufbauphase nach 1949 zeigten, können sie dennoch großen Einfluß auf die Finanzierung der Betriebe besitzen. Ebenfalls als eine

Form der Subventionierung kann ein Verfahren betrachtet werden, das bei kommunalen Betrieben häufig anzutreffen ist: Erträge aus rentablen Elektrizitäts-, Gas- oder Wasserwerken müssen die Defizite der Personennahverkehrsbetriebe decken.

Von den Subventionen werden teilweise begrifflich *Zuschüsse* unterschieden, wobei die Abgrenzung nicht immer leichtfällt. Während es als ein Begriffsmerkmal der Subventionen angesehen wird, daß eine spezielle Gegenleistung von dem Subventionsempfänger nicht erbracht wird, sind Zuschüsse Geldbeträge privater oder öffentlicher Stellen, die zumindest teilweise eine Kostenübernahme für bestimmte Leistungen im Interesse des Zuschußleistenden darstellen. Teilweise werden jedoch auch Leistungen vor allem öffentlicher Körperschaften als Zuschüsse bezeichnet, denen eine Gegenleistung nicht gegenübersteht. Sie gehören dann zu den Subventionen.

Das Eigenbetriebsrecht beschäftigt sich eingehend mit den verschiedenen Formen der Zuschüsse. Danach lassen sich rückzahlbare und nicht-rückzahlbare Zuschüsse unterscheiden. Soweit sie rückzahlbar und zinsbegünstigt oder zinslos sind, rechnen sie zu den Subventionen. Vorherrschend sind jedoch die nicht-rückzahlbaren Zuschüsse. Nach dem Zweck lassen sich verschiedene Zuschüsse differenzieren. So unterscheidet z. B. die Eigenbetriebsverordnung Ertrags-, Kapital- und Überteuerungszuschüsse. Auf diese Begriffe soll jedoch nicht weiter eingegangen werden. Von herausragender Bedeutung sind einmalige oder laufende Betriebszuschüsse der öffentlichen Hand, die oft an die Übernahme bestimmter Beförderungs- und Betriebsverpflichtungen geknüpft sind. Hierunter lassen sich auch insbesondere Zahlungen öffentlicher Körperschaften an bestimmte Verkehrsbetriebe einordnen, die öffentlichen Personennahverkehr anbieten, deren Linien jedoch nicht rentabel sind. Zu nennen sind in diesem Zusammenhang nicht zuletzt die Zuschüsse des Bundes an die Berlin anfliegenden Fluggesellschaften. Betriebszuschüsse, teilweise in Form von Finanzierungszuschüssen, erhielt auch die Deutsche Lufthansa. Zuschüsse stellen nicht zuletzt die Zahlungen des Bundes an die Deutsche Bundesbahn dar, die zur Deckung ihrer Defizite beitragen, sowie jene Zahlungen, welche dem Ausgleich solcher Mindererlöse dienen, die sich aus der Gewährung sozialer Tarife usw. ergeben. Flugsicherungsanlagen, Tiefbauten und Landebahnen beim Bau von Flughäfen werden in der Regel durch öffentliche Mittel in Form verlorener Zuschüsse finanziert. Dies bedeutet, daß der Staat einen Teil der Wegekosten des Flugverkehrs übernimmt. Zuschüsse an Verkehrsbetriebe können auch private Stellen gewähren. Dies wird beispielsweise dann der Fall sein, wenn ein Industrieunternehmen Zahlungen an Busunternehmer zur Aufrechterhaltung bestimmter Linien des Berufsverkehrs leistet.

Die wenigen Beispiele von im Zusammenhang mit Verkehrsbetrieben gewährten Subventionen und Zuschüssen — wobei sich beide Termini durchaus unter einen weiten Subventionsbegriff subsumieren lassen — haben aufgezeigt, daß die Möglichkeiten vor allem staatlicher Unterstützung der Verkehrsbetriebe außerordentlich groß sind und daß diese Möglichkeiten auch genutzt werden. Wenn auch der Subventionierung durch die bestehenden Gesetze Grenzen gesetzt sind, so besitzen die Betriebswirtschaften dennoch Möglichkeiten, die Bedingungen ihrer Förderungswürdigkeit herzustellen oder zu verbessern. Die Verkehrsbetriebe werden sich in der Regel nicht als Anpasser verhalten, sondern sich aktiv — direkt oder über ihre Verbände — mit Forderungen in den verkehrspolitischen Prozeß einschalten.

1.4 Das logistische System von Betriebswirtschaften

Lange Zeit wurden in der Betriebswirtschaftslehre und in den Betrieben selbst Probleme der betrieblichen Logistik, vor allem der physischen Distribution, vernachlässigt. Dies bedeutet nicht, daß man sich nicht mit Aspekten des Material- oder Produktflusses beschäftigte. Die einzelnen logistischen Aktivitäten wurden jedoch relativ isoliert behandelt, ihre Bedeutung für die Effizienz des Gesamtsystems wurde unterschätzt. Üblicherweise wurden in der Vergangenheit logistische Aktivitäten von Betriebswirtschaften als eine Menge von unzusammenhängenden Funktionen betrachtet, die in der Regel von unterschiedlichen Abteilungen durchgeführt wurden. Eine spezielle Betonung lag auf Problemen des Transports, der Lagerung und der Bildung von Außenlägern. Entscheidungen in diesen Bereichen wurden unabhängig voneinander und mit wenig oder keiner Bewertung der Implikationen für die Entscheidungen in anderen Bereichen getroffen.

Die stärkere Orientierung am Markt, die Tendenz von Verkäufer- zu Käufermärkten, der Wunsch und die Notwendigkeit zu einer Marktsegmentierung und die damit verbundene, ständig ansteigende Varietät hinsichtlich Modellen, Formen oder Farben der von einer Unternehmung angebotenen Produkte mit ihren Auswirkungen auch auf den Produktions- und den Beschaffungsbereich ließen die Probleme, aber auch die Möglichkeiten des Material- und Produktflußmanagements offenbar werden[1]. Die Probleme bestehen einmal in der mit wachsender Produktvarietät stark ansteigenden Komplexität der notwendigen logistischen Systeme und in der integrierten Behandlung aller involvierten Aktivitäten. Außerdem wurde der relativ große Anteil der für die Bewegung und Lagerung von Material und Produkten aufgewendeten Kosten an den Gesamtkosten sichtbar, der ein beträchtliches Potential für Kostenreduzierungen vermuten ließ. Andererseits erkannte man die Bedeutung, die dem Material- und Produktfluß als absatzwirtschaftlichem Instrument zur Erhöhung des akquisitorischen Potentials der Unternehmung zukommt. Der Wert, der einem Produkt von einem (potentiellen) Kunden beigelegt wird, wird nicht nur durch die physische Beschaffenheit wie Qualität, Funktionsfähigkeit, Form und Farbe, sondern auch durch seine räumliche und zeitliche Verfügbarkeit beeinflußt. Durch die logistischen Aktivitäten wird über den eigentlichen Produktnutzen hinaus ein zeitlicher und räumlicher Nutzen geschaffen.

---
[1] Vgl. auch zum folgenden Bowersox (1969 d); Bowersox, Smykay und LaLonde (1968), S. 8 ff.; Brewer und Rosenzweig (1967); Cascino (1969); Drucker (1962); Gepfert (1968); LaLonde und Dawson (1969); Magee (1968 b); Neuschel (1967); Pfohl (1969); Poth (1970 b); Schneider (1969); Schröder (1968); Stanton (1967), S. 367 ff.; Stewart (1965); Stewart und Klee (1966).

Die Konzeption einer betriebswirtschaftlichen Logistik stellt den Versuch eines systematischen Ansatzes dar, den Material- und Produktfluß einer Betriebswirtschaft als integriertes System — gegebenenfalls von den Quellen des Rohmaterials über mehrere Verarbeitungsstufen bis zu den Endabnehmern — zu steuern und zu regeln[2]. Sie beinhaltet die koordinierte Steuerung aller logistischen Aktivitätszentren als ein umfassendes System und unter Berücksichtigung der relevanten Kriterien des Gesamtsystems „Betriebswirtschaft". Dabei ist nicht zuletzt zu berücksichtigen, daß mikrologistische Systeme Zwischensysteme sind und damit im allgemeinen von der betrachteten Betriebswirtschaft rechtlich unabhängige Individuen, Gruppen oder Organisationen umfassen.

Den Problemen der Gestaltung mikrologistischer Systeme und der Steuerung oder Regelung ihrer Material- und Produktflüsse gilt das besondere Interesse der betriebswirtschaftlichen Logistik. Diesen letztlich normativen Aspekten hat zunächst eine deskriptive Analyse des Systems vorauszugehen. Deshalb werden in einem ersten Punkt Aufbau, Struktur und Reichweite eines mikrologistischen Systems sowie seine Beziehungen zu anderen Bereichen der Betriebswirtschaft beschrieben. In zwei weiteren Punkten werden die für logistische Entscheidungen gewählten Kriterien sowie die wichtigsten Aktivitäten und ihre Kombinationsmöglichkeiten im Rahmen eines Logistik-Mix dargestellt. Der letzte Abschnitt schließlich befaßt sich mit Problemen des Informations- und Entscheidungssystems logistischer Systeme. Alle Überlegungen gehen dabei jeweils von einer bestimmten betrachteten Betriebswirtschaft aus. Behandelt werden im folgenden speziell ihre logistischen Aspekte. Die Analyse des logistischen Systems ist jedoch stets auch in dem weiteren Rahmen der gesamten Betriebswirtschaft zu sehen. Die wesentlichen Merkmale und Prozesse einer Betriebswirtschaft wurden bei der Beschreibung des Verkehrsbetriebes betrachtet. Soweit sie generell für Betriebswirtschaften gelten, liegen diese Gedanken auch den folgenden Überlegungen zugrunde.

1.41 Aufbau, Struktur und Reichweite logistischer Systeme

Untersucht man logistische Systeme im Sinne einer deskriptiven Systemanalyse, so sind insbesondere die Elemente des Systems zu charakterisieren, das System ist von seiner inner- und außerorganisatorischen Umwelt abzu-

---

[2] Als Überblick zur Konzeption und zu den relevanten Problemkreisen der Logistik vgl. insbes. Bowersox, LaLonde und Smykay (1969); Bowersox, Smykay und LaLonde (1968); Constantin (1966); Daniel und Jones (1969); Heskett, Ivie und Glaskowsky (1964); Ihde (1972); Johnson, Kast und Rosenzweig (1967), S. 173 ff.; Kirsch (1971 d); Magee (1967 a), (1968 a); Marks und Taylor (1967); McConaughy (1969); McElhiney und Cook (1969); Mossman und Morton (1965); Poth (1970 a); Smykay, Bowersox und Mossman (1961); Smykay und LaLonde (1967); Taff (1968) sowie die Beiträge in den sich speziell mit der Logistik beschäftigenden Zeitschriften: Transportation and Distribution Management, Handling and Shipping, Distribution Manager, Traffic Management, Distribution Age, Distribution.

grenzen, die Relationen zwischen den Elementen sind aufzuzeigen sowie die im System ablaufenden Prozesse darzustellen. Außerdem sind die Subsysteme zu erörtern und die möglichen Strukturen mikrologistischer Systeme zu beschreiben. Die Beziehungen des logistischen Systems zu anderen Subsystemen der Betriebswirtschaft werden in einem zweiten, gesonderten Abschnitt dargestellt.

1.411 Eine deskriptive Analyse logistischer Systeme

Die Analyse logistischer Systeme kann auf unterschiedlichen Ebenen der Betrachtungsweise erfolgen. So können einmal Fabrikationsstätten oder Außenläger jeweils als Einheit gesehen und die Aufmerksamkeit auf die Ströme gelenkt werden, die zwischen diesen Einheiten fließen. Die Fabrikationsstätten oder Außenläger werden dann selbst als black boxes betrachtet. Bei anderen Untersuchungen interessieren dagegen die detaillierten Prozesse innerhalb der Produktionsstätten oder Außenläger: Die black boxes werden geöffnet und wie unter einem Mikroskop betrachtet. Welche Betrachtungsebene gewählt wird, hängt jeweils vom Untersuchungszweck ab. Im allgemeinen wird im folgenden zunächst von relativ globalen Größen ausgegangen.

Die Systemelemente

Mikrologistische Systeme umfassen als Elemente oder Komponenten insbesondere Läger, Transportmittel, Verarbeitungszentren, Distributionszentren sowie Steuerungs- und Regelungszentren[3]).

(1) *Läger* haben vor allem eine Pufferfunktion zwischen zwei oder mehreren sich nacheinander vollziehenden Prozessen, die zu unterschiedlichen Zeiten oder mit unterschiedlichen Geschwindigkeiten ablaufen (z. B. Beschaffung — Produktion, Produktionsprozeß I — Produktionsprozeß II, Produktion — Absatz, Produktionsprozeß — Transportprozeß, Transportprozeß I — Transportprozeß II usw.): Läger dienen der Überbrückung zeitlicher „Lücken" und erlauben einem System, sich in jedem Punkt des Systems an erwartete oder unerwartete Variationen von Input und Output anzupassen. Sie ermöglichen es, Störungen aus der inner- und außerbetrieblichen Umwelt abzublocken: Die verschiedenen Aktivitätszentren können hinsichtlich Rhythmus und Menge ihrer Operationen unabhängiger von den vorangehenden und nachfolgenden Operationen verfahren. Im allgemeinen bestehen deshalb in mikrologistischen Systemen mehrere Läger an unterschiedlichen Orten und in verschiedenen Positionen zwischen Rohstoffquellen und Endverbrauchern. Sie können sowohl Fertigprodukte als auch Rohmaterialien oder halbfertige Erzeugnisse aufnehmen, sich in Produktionsstätten, in Distributionszentren oder beispielsweise bei Lieferanten oder bei direkten oder indirekten Ab-

---

[3]) Vgl. zum folgenden beispielsweise Bowersox, Smykay und LaLonde (1968), S. 104 ff.; Heskett, Ivie und Glaskowsky (1964), S. 45 ff.; Magee (1968 a), S. 3 f.

nehmern befinden. Das Systemelement „Lager" umfaßt die baulichen Einheiten wie auch die für die Ausführung der in den Lägern erfolgenden Prozesse erforderlichen Personen, Aggregate und Repetierfaktoren. Zu den Lägern können einfachheitshalber auch die mit der Warenannahme und der Expedition beschäftigten Organisationseinheiten gezählt werden.

(2) Als *Verarbeitungszentren* werden auf globaler Betrachtungsebene ganze Produktionsstätten (Fabriken), auf niedrigster Betrachtungsebene einzelne Maschinen bezeichnet. Verarbeitungszentren werden teilweise in der Literatur nicht als Bestandteile logistischer Systeme betrachtet. Sie müssen jedoch zu deren wichtigsten Elementen gezählt werden. Dies wird deutlich, wenn man berücksichtigt, daß Entscheidungen über Standort und Ausstattung der Verarbeitungszentren die zukünftigen logistischen Aktivitäten wesentlich beeinflussen. Häufig bestehen in einem logistischen System mehrere Verarbeitungszentren, teils nacheinander (Input-Output-Beziehungen) im Material- und Produktfluß, teils in paralleler Anordnung (Herstellung unterschiedlicher Produkte).

(3) *Distributionszentren* (warehouses) besitzen eine besondere Bedeutung in logistischen Systemen. Von Distributionszentren soll zur Kennzeichnung irgendeiner Stätte zum Umschlagen und zur Lagerung von Materie, Energie oder Informationen außerhalb der Verarbeitungszentren gesprochen werden. Sie werden auch als Auslieferungsläger, Außenläger, Lagerhäuser oder Depots bezeichnet. Distributionszentren dienen im logistischen System dem Warenumschlag sowie der Lagerung und erfüllen, wenn auch nur mit sekundärer Bedeutung, teilweise sogar bestimmte Verarbeitungsfunktionen. Wenn Distributionszentren auch Läger beinhalten und damit eine Lagerfunktion erfüllen, so besitzen sie doch zunächst eine „Bewegungsfunktion". Die Tatbestände des Distributionszentrums (warehouse) und des Leitens von Material- und Produktflüssen über Distributionszentren (warehousing) werden oft von jenen des Lagers und der Lagerung (storage) getrennt. Während die Lagerung im engeren Sinne sich auf Unterbrechungen im physischen Fluß von Gütern auf einem Absatzweg bezieht, liegt bei der Warehouse-Konzeption die Betonung auf dem Produktfluß[4]. Es soll hier deshalb bewußt nicht von „Lägern" gesprochen werden.

Die Hauptaufgabe der Distributionszentren besteht darin, die Produktmengen, die sie von einem oder mehreren Nachschubpunkten, wie z. B. einer Produktionsstätte, in großen Lieferungen erhalten, zu sortieren und in kleinere Einheiten in der jeweils gewünschten Zusammensetzung verschiedener Produkte aufzuspalten und an andere Distributionszentren, an Großhändler, Einzelhändler oder an die Endabnehmer weiterzugeben. Allerdings können Distributionszentren auch eine Sammel- oder Konsolidierungsfunktion erfüllen. In den Distributionszentren vollziehen sich Prozesse der Warenent-

---

[4] Vgl. zur Bewegungs- und Lagerfunktion von Distributionszentren Bowersox, Smykay und LaLonde (1968), S. 255 ff.

ladung und -annahme, Prozesse der vorübergehenden, gelegentlich auch ständigen Lagerung sowie verschiedene Prozesse des Warentransfers, der Selektion und der Regruppierung, des Ladens und Versendens. Distributionszentren bestehen sowohl auf der Input- wie auf der Outputseite von Betriebswirtschaften. Nach ihren Funktionen und räumlichen Anordnungen können verschiedene Typen von Distributionszentren unterschieden werden. Auf sie wird noch näher eingegangen werden.

(4) Jedes mikrologistische System umfaßt in der Regel verschiedene Arten von *Transportmitteln*. Der Transport schließt nicht nur beispielsweise die Bewegung von Gütern von den Rohstoffquellen oder — allgemeiner — von den Lieferanten zu den Verarbeitungszentren der betrachteten Betriebswirtschaft, von den Verarbeitungszentren zu den Distributionszentren, von Distributionszentren zu anderen Distributionszentren oder von diesen zu den Endabnehmern ein, sondern umfaßt auch die Bewegung in den Lägern, in den Verarbeitungs- und Distributionszentren. Zu den Transportmitteln zählen deshalb nicht nur etwa Kraftfahrzeuge, Eisenbahnen, Flugzeuge oder Schiffe, sondern auch die vor allem für den innerbetrieblichen Transport verwendeten Kräne, Stetigförderer, Gabelstapler, Aufzüge, Drahtseilbahnen und Flurförderungsfahrzeuge.

(5) *Steuerungs-* und *Regelungszentren* überwachen das logistische System und seine relevante Umwelt und sind für seine Gestaltung sowie für die Steuerung und Regelung der Prozesse verantwortlich. Sie bilden das logistische Informations- und Entscheidungssystem. Die Steuerungs- und Regelungszentren können — je nach der zu treffenden Entscheidung — Menschen oder Maschinen (Computer) sein oder beide in einem Mensch-Maschine-System zusammenfassen. Unter die Steuerungs- und Regelungszentren sollen auch die Vorrichtungen zur Informationsübertragung, -speicherung und -wiedergewinnung subsumiert werden.

Zu diesen Klassen von Elementen mikrologistischer Systeme könnten als weitere Systemelemente die *Verbrauchszentren* als die Endabnehmer der Produkte hinzugerechnet werden. Hier stellt sich grundsätzlich die Frage, ob die Verbrauchszentren noch zum System selbst oder bereits zu seiner Umwelt zu rechnen sind. Im allgemeinen dürften sie zur Aufgabenumwelt des logistischen Systems zu zählen sein. Von größerer Bedeutung als die Einbeziehung der Verbrauchszentren ist jedoch das Problem, ob und gegebenenfalls inwieweit Läger, Verarbeitungszentren, Distributionszentren sowie Steuerungs- und Regelungszentren noch zum logistischen System einer Betriebswirtschaft gehören, obwohl sie Komponenten rechtlich selbständiger Organisationen (beispielsweise der Lieferanten oder der Großhändler, der Einzelhändler als direkter und indirekter Kunden, des Spediteurs oder politischer Organisationen) sind und nicht dem Autorisierungsrecht der betrachteten Betriebswirtschaft unterliegen. Dies ist die Frage nach den Grenzen oder der „Reichweite" mikrologistischer Systeme.

Der „Horizont" logistischer Systeme

Die herkömmliche Unterteilung von Einheiten eines Distributionssystems in jene, die zur Organisation selbst gehören, und jene, die zu ihrer Umwelt zählen, orientiert sich typischerweise an den rechtlichen Grenzen einer bestimmten Organisation. Diese Abgrenzung erscheint jedoch als zu eng[5]). Am Prozeß der physischen Distribution eines Produktes von der betrachteten Betriebswirtschaft zu den Verbrauchszentren sind sehr häufig selbständige logistische Betriebe unterschiedlicher Art sowie logistische Funktionen erfüllende Groß- und Einzelhändler beteiligt. Ähnliche Aussagen gelten für den physischen Beschaffungsvorgang. Es erscheint deshalb vorteilhaft, alle Organisationen in das logistische System einer betrachteten Betriebswirtschaft einzubeziehen, welche an logistischen Aktivitäten teilnehmen, die der physischen Beschaffung, der innerbetrieblichen Logistik und der physischen Distribution von Material und Produkten dienen. Das logistische System einer Betriebswirtschaft ist ein Zwischensystem, das Komponenten verschiedener, durch stofflich-energetische, aber auch informationelle Kopplungen verbundene Organisationen einschließt. Die umfassendste Möglichkeit, logistische Systeme abzugrenzen, besteht dann darin, sämtliche Elemente, die von den Rohstoffquellen bis zu den Endabnehmern vom Material- bzw. vom Produktfluß einer Betriebswirtschaft berührt werden oder an seiner Steuerung oder Regelung teilnehmen, in ihr logistisches System einzubeziehen. Diese Abgrenzung ist in der logistischen Literatur sehr häufig zu finden. Sie ist allerdings eine sehr weite und in ihrem Umfang nur schwer feststellbare Abgrenzung.

Im allgemeinen wird die betrachtete Betriebswirtschaft nicht versuchen, in ihren Entscheidungen das gesamte Netzwerk zu berücksichtigen. Man kann vielmehr annehmen, daß jede Betriebswirtschaft auch in bezug auf ihr logistisches System einen spezifischen Umwelthorizont besitzt. Dieser Umwelthorizont schließt alle jene Umweltelemente eines Betriebes in sein mikrologistisches System ein, von der die Betriebswirtschaft bzw. ihre Organisationsmitglieder eine Abhängigkeit hinsichtlich der Konsequenzen ihrer Entscheidungen wahrnehmen. Jenseits des Horizonts liegende Umweltelemente werden von den Organisationsmitgliedern als irrelevant und nicht zum logistischen System der Betriebswirtschaft gehörig betrachtet. Sie werden deshalb in aller Regel auch nicht versuchen, deren Verhalten zu prognostizieren und gegebenenfalls in ihrem Sinne aktiv zu beeinflussen. Zum logistischen System einer betrachteten Betriebswirtschaft sollen im folgenden nur jene Elemente gezählt werden, die innerhalb ihres Umwelthorizonts liegen. Die Abgrenzung des logistischen Systems über den Umwelthorizont schließt nicht aus, beispielsweise bestimmte Material- und Produktflüsse als logistische Kanäle ohne Berücksichtigung des spezifischen Umwelthorizonts der betrachteten Betriebswirtschaft zu untersuchen.

---

[5]) Vgl. hierzu auch March und Simon (1958), S. 89 f.

Dieser „logistische Horizont" wird von Betrieb zu Betrieb unterschiedlich weit sein und häufig durchaus nicht nur die eigenen, unmittelbaren Lieferanten und Kunden, sondern auch deren Lieferanten oder Kunden usw. umfassen. Nicht zuletzt werden nicht selten auch logistische Betriebe unterschiedlichster Art und andere zur spezifischen Aufgabenumwelt der Betriebswirtschaft zählende Organisationen Elemente des logistischen Systems bilden.

Die relevante Umwelt des logistischen Systems

Die Umwelt eines logistischen Systems läßt sich in eine innerorganisatorische (interne) und in eine außerorganisatorische (externe) Umwelt differenzieren. Zur relevanten innerorganisatorischen Umwelt zählen insbesondere weite Bereiche des Produktionssystems, des Marketingsystems sowie des Rechnungs- und Finanzwesens. Zwar bilden Verarbeitungszentren (bei globaler Betrachtungsweise ganze Produktionsstätten, auf niederer Betrachtungsebene Maschinen) Elemente des logistischen Systems, doch werden diese Elemente auf jeder Betrachtungsebene jeweils als black boxes angesehen. Für das logistische System sind jeweils nur die Inputs und Outputs, nicht die eigentlichen Transformationsprozesse von Bedeutung, sofern sie nicht mit einem gleichzeitigen Transport oder mit Lagervorgängen verbunden sind. Die relevanten Bereiche des Marketingsystems sind dessen innerorganisatorische, an Kontrahierung und Promotion beteiligte Elemente, während dessen entsprechende externe Elemente zur außerorganisatorischen Umwelt des logistischen Systems zählen. Zu dieser können ebenfalls generell die kompetitive Umwelt, politische Organisationen, potentielle Mitglieder des logistischen Systems, speziell logistische Betriebe, gegebenenfalls auch die Rohstoffquellen sowie die Verbrauchszentren und ihre Nachfrage zählen. Die Zurechnung von Komponenten zur Umwelt des logistischen Systems bedeutet nicht, daß nicht enge Interdependenzbeziehungen zu diesen Bereichen bestehen können und das logistische System nicht aktiv Einfluß auf Entscheidungen und Verhalten der Umwelt zu nehmen versucht.

Relationen zwischen den Elementen logistischer Systeme

Aus der Fülle von Beziehungen zwischen den Elementen logistischer Systeme sollen hier nur die für die Analyse und Gestaltung logistischer Systeme wesentlichsten genannt werden. Von besonderer Relevanz sind einmal die räumlichen Beziehungen zwischen den Rohstoffquellen, den Verarbeitungszentren, Lägern, Distributionszentren und den Verbrauchszentren. Die geographischen und topologischen Eigenschaften von mikrologistischen Systemen können dabei in formaler Weise durch Graphen- und Matrizendarstellungen charakterisiert werden. Die Betrachtung der zunächst rein räumlichen Relationen läßt sich durch die stofflich-energetischen und informationellen Kopplungen zwischen den Elementen erweitern. Dabei werden den Gestalter logistischer Systeme vor allem die aktuelle oder potentielle Stärke der Material- und Produktflüsse zwischen den Elementen interessieren[6]). Mit der räumlichen Distanz zwischen den Elementen teilweise eng verbunden und für die Gestaltung und das Management logistischer Systeme von entscheidender Bedeutung ist die zeitliche Distanz zwischen den Elementen mikrologistischer Systeme. Zwischen dem Input und dem Output eines Prozesses, z. B. der Erzeugung, Verarbeitung, Materialhandhabung, Auftragsbearbeitung, vor allem jedoch des Transports, liegt ein Zeitverbrauch. Dieser Zeitverbrauch bildet insbesondere in den Beziehungen zwischen den Lieferanten und der betrachteten Unternehmung und zwischen der Unternehmung und ihren Kunden eine für das logistische System sowie das Gesamtsystem kritische Größe.

Mikrologistische Prozesse

Der Material- und Produktfluß in logistischen Systemen setzt sich aus einer Menge von Teilprozessen zusammen, auf welche die Art der Systemelemente bereits hinweist. Zwischen und teilweise in den Gewinnungszentren, Lägern, Verarbeitungszentren, Distributionszentren, Verbrauchszentren vollzieht sich der Fluß an Material und Produkten in Form von *Transportprozessen*. Zwischen den Transportprozessen erfolgen in Lägern und Distributionszentren Prozesse der *Lagerung*. Die Lagerung schließt dabei mehrere Subprozesse wie Warenannahme, die eigentliche Lagerung oder die Warenabgabe ein. Transport- und Lagerprozesse werden durch die Prozesse der *Materialhandhabung* und der *Verpackung* ergänzt. Unter Materialhandhabung (Hantierungen) wird die Vorbereitung, Plazierung, das Ein- und Ausladen, das Einstellen und die Entnahme von Material zur Erleichterung ihres Transports und ihrer Lagerung verstanden[7]). Jeder vor allem mechanisch besorgte Transport bedingt durch Laden, Beladen und Entladen der Vehikel sowie das Einstellen von Gütern in und die Entnahme aus Lägern Hantierungen mit und am Transportgut. In bezug auf die Prozesse in Lägern und Distributionszentren wird die Materialhandhabung vor allem hinsichtlich der Palettisierung, der Containerisierung, der Handhabung durch Gabelstapler sowie automatisierter Lagersysteme diskutiert. Die Art der Hantierungsprozesse, der Transport- und der Lagerprozesse beeinflußt wesentlich die *Verpackung* der bewegten Güter. Eine wichtige Funktion speziell in Distributionszentren kommt auch dem Zusammenstellen von Auslieferungen vor allem aus mehreren Produkten zu. Implizit sind in bezug auf das gesamte Distributionszentrum in diesem Prozeß Vorgänge der *Warenkonzentration*, des *Sortierens* und der *Warendispersion* in logistischen Systemen enthalten[8]). Ebenso ist der Versand der Waren zu berücksichtigen. Soweit sich die genannten Pro-

---

[6]) Vgl. zur Stärke von Material- und Produktflüssen Steffenhagen (1972), S. 125 ff.

[7]) Vgl. Immer (1953), S. 4. Der Begriff der Materialhandhabung wird hier enger verwendet als der Begriff des „material handling" in der anglo-amerikanischen Literatur, wo er häufig jede Form der Güterbewegung bezeichnet.

[8]) Vgl. auch Bowersox, Smykay und LaLonde (1968), S. 48.

zesse in Distributionszentren vollziehen, lassen sie sich unter dem Begriff des *Warehousing* zusammenfassen.

Die beschriebenen physischen Prozesse werden als „Objektprozesse" bezeichnet. Sie werden durch Informationsprozesse überlagert. In logistischen Systemen vollziehen sich Prozesse der Informationsgewinnung, -übertragung, -speicherung, -wiedergewinnung, -verknüpfung, -transformation usw. Hierunter werden die politischen, administrativen und operativen Planungs- und Entscheidungsprozesse zur Gestaltung, Steuerung und Regelung des logistischen Systems sowie die Wahrnehmung von Intelligenzfunktionen subsumiert. Nicht zuletzt zählen zu ihnen beispielsweise die Auftragsabwicklung, die Generierung logistischer Kosteninformationen und Prozesse der logistischen Forschung und Entwicklung, aber auch Prozesse zur Durchsetzung logistischer Entscheidungen speziell durch Aktivitäten der sozialen Beeinflussung. Allerdings sei darauf hingewiesen, daß Transport und Lagerung von Informationen auch Objektprozesse im logistischen System beinhalten können. Dies ist beispielsweise dann der Fall, wenn Informationen „Material" oder „Produkte" für die betrachtete Betriebswirtschaft darstellen, wie z. B. bei Verlagen oder Nachrichtenagenturen. Gegenstand des logistischen Systems sind dann Informationen und ihre physischen Träger. Von den Objektprozessen der Lagerung und Übermittlung der Informationen und ihrer physischen Träger sind die hier betrachteten Metainformationsprozesse zur Steuerung oder Regelung der Objektprozesse zu unterscheiden.

Subsysteme

Subsysteme des logistischen Systems können nach verschiedenen Kriterien abgegrenzt werden. Die wichtigste Unterscheidung besteht in einer Aufspaltung des logistischen Systems in ein physisches Versorgungssystem, ein System mit der Funktion der innerbetrieblichen Logistik und ein physisches Distributionssystem, wobei der Material- und Produktfluß vom physischen Versorgungssystem über die innerbetriebliche Logistik und das physische Distributionssystem zu den Endabnehmern führt.

Das *physische Versorgungssystem* ist jenes mikrologistische Teilsystem, das die logistischen Funktionen von den Rohstoffquellen bis zur betrachteten Betriebswirtschaft wahrnimmt. Ein weiteres Subsystem befaßt sich mit der Logistik in der betrachteten Betriebswirtschaft *(innerbetriebliche Logistik)*, während das *physische Distributionssystem* jenen Ausschnitt des logistischen Systems darstellt, der mit dem Produktfluß von der betrachteten Betriebswirtschaft zum Endabnehmer beschäftigt ist. Dem physischen Distributionssystem gilt in der Literatur das besondere Interesse.

Logistische Systeme umfassen im allgemeinen mehrere logistische Kanäle (Wege). Kriterium für die Einbeziehung eines Elements oder einer Komponente des logistischen Systems in einen bestimmten Kanal ist, ob dieses Element an dem Material- und Produktfluß eines bestimmten Endproduktes

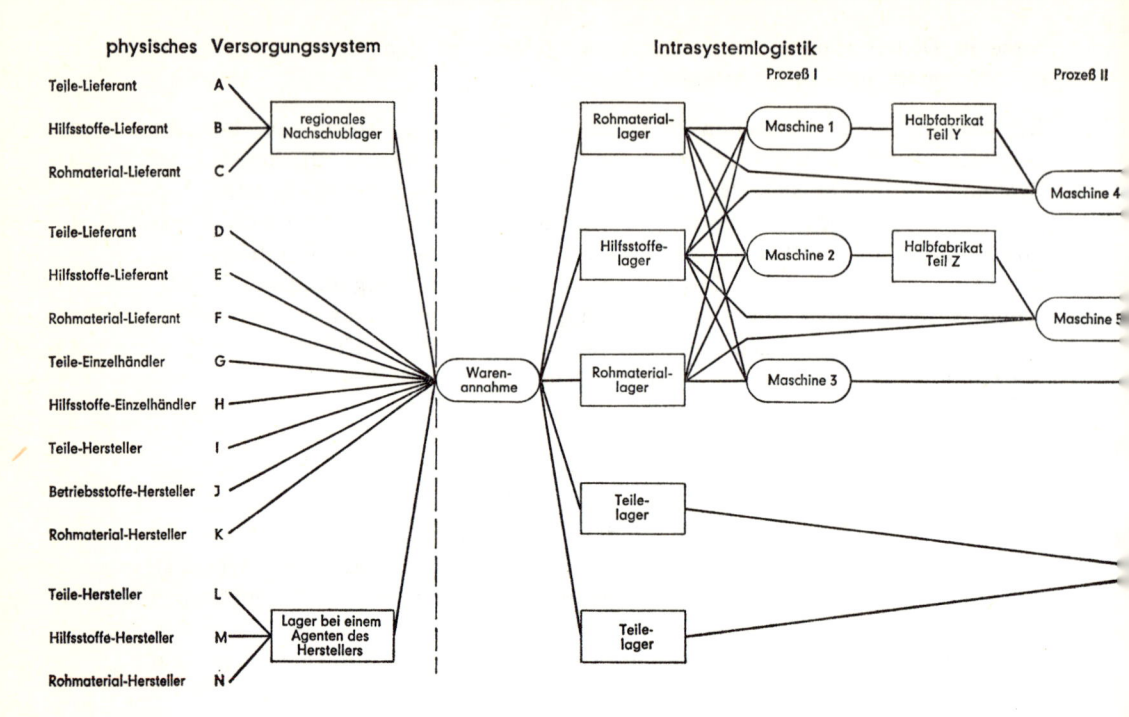

Abb. 1.19: Logistisches System einer Betriebswirtschaft

oder einer bestimmten Produktgruppe bzw. seiner Steuerung oder Regelung beteiligt ist. Speziell in Betriebswirtschaften mit heterogenen Produkten oder Produktgruppen werden in der Regel die Material- und Produktflüsse über unterschiedliche Systemelemente geführt und damit für die jeweiligen Produkte unterschiedliche logistische Kanäle generiert. Auch können für ein Produkt mehrere logistische Kanäle geschaffen werden.

Die einzelnen logistischen Kanäle führen jeweils durch das Versorgungssystem, die Intrasystemlogistik und das physische Distributionssystem. Im allgemeinen wird in der Realität jeder Kanal eine Vielzahl von Verästelungen aufweisen und sich mit anderen Kanälen des logistischen Systems teilweise überlappen.

Die hier verwendete Begriffsfassung charakterisiert logistische Kanäle zunächst als rein funktionale, kategoriale Systeme. Inwieweit diese zu strukturellen Systemen werden, wird erst später erörtert werden. Ebenso sind die logistischen Kanäle unabhängig von den Umwelthorizonten des logistischen Systems der Betriebswirtschaft zu betrachten. Die Grenzen eines logistischen Kanals und des logistischen Systems müssen nicht identisch sein. So kann sich beispielsweise ein bestimmter Produktfluß (z. B. einer Schraube) durchaus über mehrere Stufen des logistischen Kanals hinweg erstrecken, obwohl der Produzent selbst diese als außerhalb seines Umwelthorizontes und damit seines logistischen Systems betrachtet.

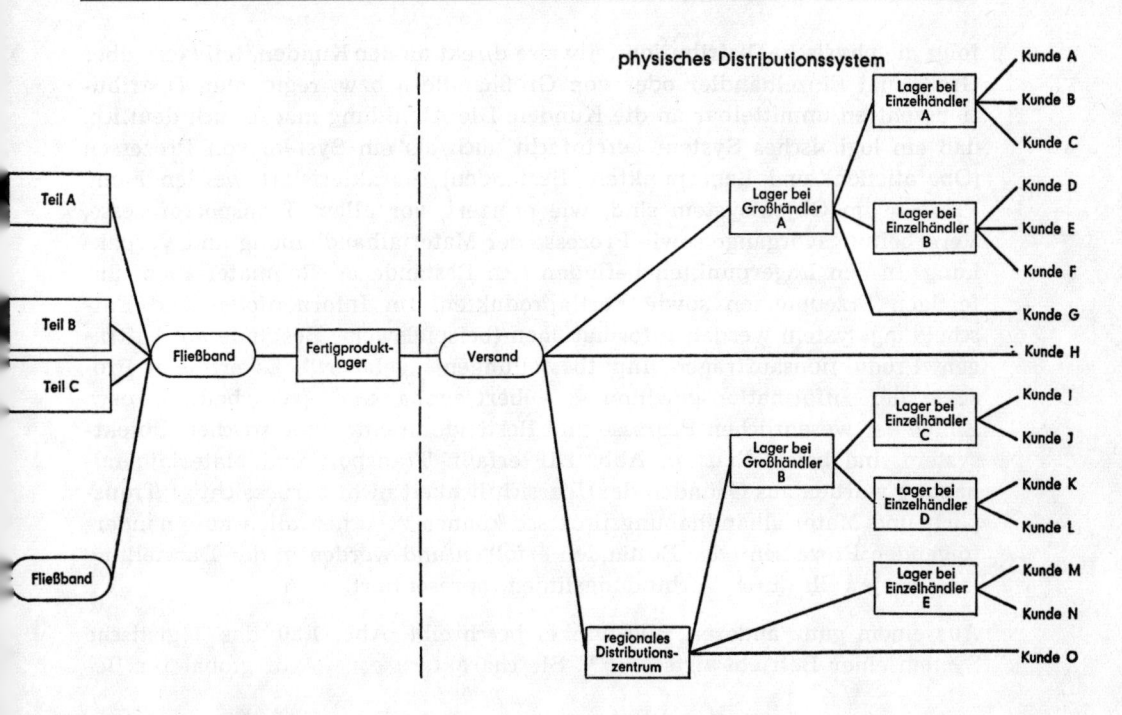

er Produktionsstätte und einem Produkt

Eine weitere Differenzierung des logistischen Systems erfolgt, wenn man zwischen dem Objektsystem, in dem die eigentlichen Transport-, Lager-, Materialhandhabungs- und Verpackungsprozesse erfolgen, und dem Informations- und Entscheidungssystem unterscheidet, das der Gestaltung, Steuerung und Regelung der Objektprozesse dient.

Der Aufbau logistischer Systeme

Nachdem in den vorangehenden Erörterungen die wesentlichen Merkmale logistischer Systeme einzeln dargestellt wurden, soll im folgenden der Aufbau logistischer Systeme an Hand einiger Beispiele verdeutlicht werden. „Bausteine" logistischer Systeme bilden die beschriebenen Elemente, Komponenten oder Subsysteme. Sie können in unterschiedlicher Anordnung und mit verschieden hoher Komplexität miteinander kombiniert werden.

Als erstes Beispiel zeigt Abb. 1.19 das logistische System einer Betriebswirtschaft mit einer Produktionsstätte und einem Produkt[9]. Dargestellt wird nur das Objektsystem. Die innerbetriebliche Logistik wird relativ detailliert beschrieben, wenn auch die Materialhandhabung im Schaubild nicht explizit berücksichtigt ist. Im Bereich des physischen Distributionssystems wird der Absatz über mehrere unterschiedliche logistische Wege durchgeführt. So er-

---

[9]) Vgl. zu dieser Darstellung auch Hopeman (1969), S. 273 ff.

folgt die physische Distribution teilweise direkt an den Kunden, teilweise über Groß- und Einzelhändler oder von Großhändlern bzw. regionalen Distributionszentren unmittelbar an die Kunden. Die Abbildung macht auch deutlich, daß ein logistisches System vereinfacht auch als ein System von Prozessen (Operationen) und Lagerpunkten (Beständen) charakterisiert werden kann. Prozesse im Objektsystem sind, wie erörtert, vor allem Transportprozesse, Verarbeitungsvorgänge sowie Prozesse der Materialhandhabung und Verpackung. In den Lagerpunkten befinden sich Bestände an Rohmaterialien, unfertigen Erzeugnissen sowie Fertigprodukten. Im Informations- und Entscheidungssystem werden Informationen (beispielsweise Bestände an Aufträgen, Produktionsaufträgen, Inputbestellungen) „gelagert". Es erfolgen Prozesse der Informationsgewinnung, -übertragung und -verarbeitung usw. Einige der wesentlichen Prozesse und Bestände in einem logistischen Objektsystem sind beispielhaft in Abb. 1.19 erfaßt. Transport und Materialhandhabung wurden aus Gründen der Übersichtlichkeit nicht berücksichtigt. Transport- und Materialhandhabungsprozesse können zwischen allen aufeinanderfolgenden Prozessen oder Beständen erfolgen und werden in der Darstellung insofern jeweils durch Verbindungslinien repräsentiert.

Aus einem ganz anderen Blickwinkel beschreibt Abb. 1.20 das logistische System einer Betriebswirtschaft[10]). Sie charakterisiert — auf globalerer Be-

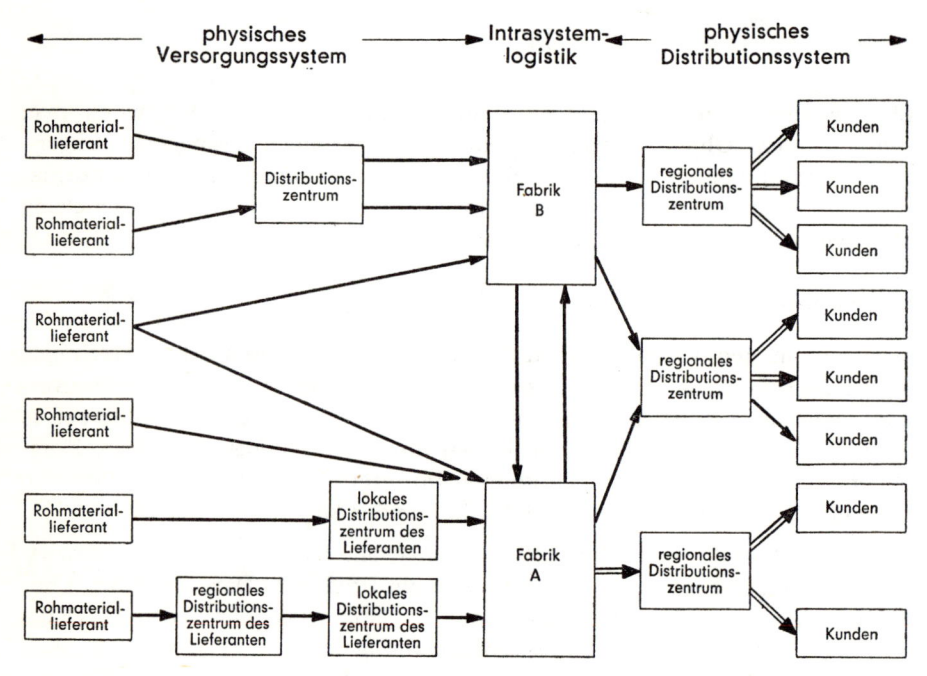

Abb. 1.20: Logistisches System einer Betriebswirtschaft mit zwei Verarbeitungszentren, zwei Produkten und Produktaustausch

---

[10]) Vgl. auch Magee (1968 a), S. 244 f.

trachtungsebene und unter Nichtberücksichtigung der Intrasystemlogistik — den Material- und Produktfluß in einer Betriebswirtschaft mit zwei Produktionsstätten, die jeweils ein Produkt (A und B) herstellen. Die beiden Produkte werden zwischen den Produktionsstätten ausgetauscht (cross-shipment)[11]. Das logistische System umfaßt zwei logistische Kanäle, die sich teilweise überschneiden.

Während bisher lediglich Beispiele für die potentielle Struktur logistischer Objektsysteme genannt wurden, beschreibt Abb. 1.21 in sehr globaler Weise und ohne Berücksichtigung der betrieblichen Logistik und des Versorgungssystems das physische Distributionssystem unter Einbeziehung informationeller Aspekte[12].

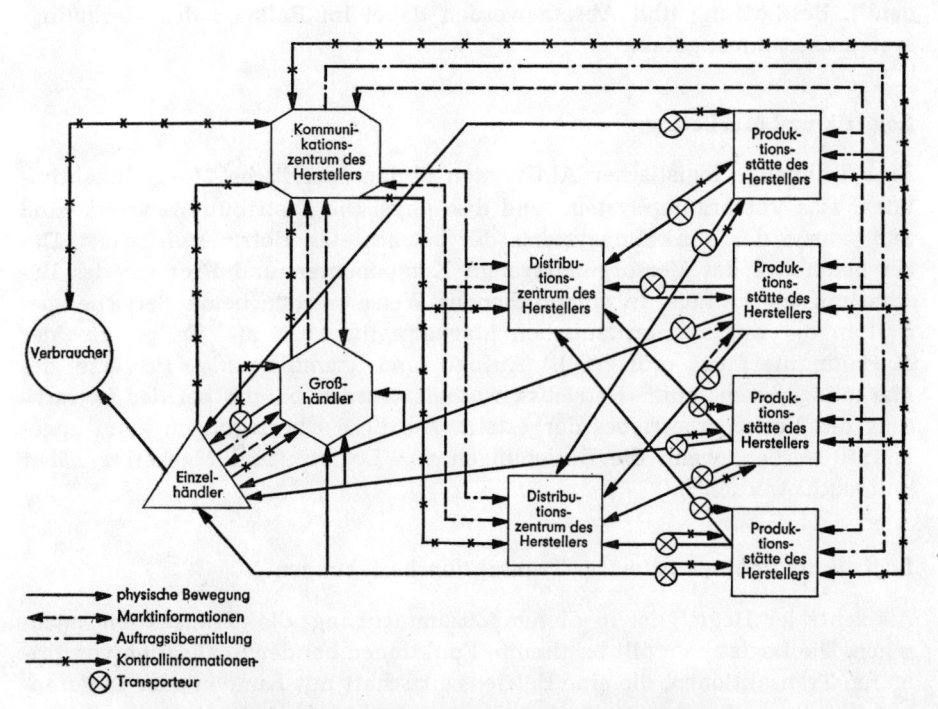

Abb. 1.21: Informations- und Produktfluß in einem physischen Distributionssystem

Berücksichtigt man, daß logistische Systeme in der Realität alle Aspekte umfassen, die in diesem kurzen Überblick stark vereinfacht und jeweils nur isoliert betrachtet wurden, und oft eine Vielzahl von Produktionsstätten mit Hunderten oder gar Tausenden von Produkten einbeziehen, so wird deutlich, welche Komplexität der Material- und Produktfluß und seine Steuerung und Regelung in der Realität annehmen kann.

---

[11]) Zum cross-shiphment vgl. im einzelnen S. 312 f. dieses Buches.
[12]) Vgl. Heskett, Ivie und Glaskowsky (1964), S. 252.

1.412 Beziehungen der Logistik zu anderen organisationalen Subsystemen

Mikrologistische Systeme sind funktionale Subsysteme von Betriebswirtschaften. Sie durchdringen dabei analog zu dem Finanzbereich die Funktionsbereiche der traditionellen Funktionsgliederung der Betriebswirtschaftslehre, wie es im Vorwort an Hand einer Matrix verdeutlicht wurde: physisches Versorgungssystem, innerbetriebliche Logistik und physisches Distributionssystem stellen Teilsysteme der Funktionsbereiche Beschaffung, Produktion und Absatz dar. Dies bedeutet, daß bestimmte logistische Aktivitäten Marketingaktivitäten sind; andere stellen Prozesse im Produktionssystem oder im Beschaffungsbereich dar. Diese enge Verknüpfung der Logistik mit den anderen Funktionsbereichen soll im folgenden näher betrachtet werden[13]. Beschaffung und Absatz werden dabei im Rahmen des Marketingsystems zusammengefaßt.

Logistik und Marketing

Eine Teilmenge logistischer Aktivitäten bilden spezifische Marketingaktivitäten. Das Versorgungssystem und das physische Distributionssystem sind Subsysteme des Marketingsystems der betrachteten Betriebswirtschaft. Dabei beinhaltet das Versorgungssystem Komponenten und Prozesse des Beschaffungsmarketings. In entsprechender Weise werden beide Bereiche speziell in der anglo-amerikanischen Marketingliteratur als Teilgebiete der Marketingliteratur erörtert[14]. Aufbau und grundlegende Prozesse des Marketingsystems einer Betriebswirtschaft wurden bereits bei der Betrachtung des Verkehrsbetriebes dargestellt. An diese Überlegungen kann angeknüpft werden, wenn die Beziehungen von Logistik und Marketing näher untersucht werden[15].

Logistik im Rahmen primärer Transaktionsbeziehungen

Als zentraler Begriff ist in diesem Zusammenhang die Transaktion anzusehen. Die Logistik erfüllt bestimmte Funktionen bei der Realisation von primären Transaktionen, die eine Betriebswirtschaft mit Kunden oder Lieferanten mittelbar oder unmittelbar anbahnt und vereinbart. Diese Formulierung verweist darauf, daß an einer Transaktionsepisode häufig mehrere Organisationen beteiligt sind, die in dem Transaktionszwischensystem in der Regel jeweils spezifische Aufgaben erfüllen. Diese Transaktionszwischensysteme

---

[13] Zu Beziehungen der Logistik mit den anderen Funktionsbereichen der Betriebswirtschaft generell vgl. Constantin (1966), S. 1 ff.; Heskett, Ivie und Glaskowsky (1964), S. 5 ff.; Magee (1968 a), S. 30 ff.

[14] Vgl. beispielhaft Alexander, Cross und Hill (1967), S. 459 ff.; Dodge (1970), S. 364 ff.; Elling (1969), S. 127 ff.; Fisk (1967), S. 366 ff. und S. 574 ff.; Kotler (1967), S. 417 ff.; Stanton (1967), S. 367 ff.; Stern (1969 a), S. 120 ff.

[15] Zur Rolle der Logistik in Marketingsystemen vgl. Böcker (1971); Bowersox (1969 b), (1969 c); Bowersox, Smykay und LaLonde (1968), S. 20 ff.; Magee (1968 a), S. 33 ff.; Nelson (1969); Parker (1969); Pfohl (1969); Poth (1970 b); Smykay (1967), (1969).

wurden auch unter Einbeziehung der Promotion als Marketingkanäle bezeichnet. Dabei ist es zunächst ohne Bedeutung, ob man sich an einer engeren oder weiteren Begriffsfassung orientiert. Funktionen der Logistik in einer Transaktionsepisode sind nun speziell die physische Bewegung und Lagerung der in die Transaktion einbezogenen Energie, Materialien oder Produkte und damit vor allem Aufgaben bei der Realisation der Transaktionen.

Die Beziehung der Logistik zu den anderen Marketingaktivitäten wird verdeutlicht, wenn man den Marketingkanal für ein bestimmtes Produkt oder für eine bestimmte Produktgruppe hinsichtlich der in ihm zu identifizierenden Flußgrößen differenziert[16]). Flußgrößen in einer Transaktionsepisode sind beispielsweise Aufträge, Eigentumsrechte, Informationen über Produkt und Betriebswirtschaft, physischer Besitz und Zahlungen (vgl. Abb. 1.22). Im folgenden soll sich die Betrachtung lediglich auf vier Flußgrößen beziehen, welche die Transaktion und Promotion charakterisieren: auf die vertraglich vereinbarten Rechte auf Transaktion, auf den physischen Besitz an den Gütern, auf die Verfügungsgewalt über die entsprechenden Finanzmittel und auf die in den Transaktionsepisoden ausgetauschten oder diese überlagernden promotionalen Informationen. Entsprechend kann zwischen Kontrahierungswegen, physischen Produktwegen, Zahlungswegen und — zusätzlich — Promotionswegen unterschieden werden.

Mit dieser Konzeption wird eine gegenüber der traditionellen Literatur differenziertere Betrachtungsweise von Beschaffungs- und Absatzvorgängen verfolgt. Die traditionelle Literatur bezieht sich noch weitgehend auf diejenigen Institutionen, die Handelsfunktionen erfüllen oder im Absatz bzw. in der Beschaffung vermittelnd tätig sind, also speziell auf Aspekte der Kontrahierung. In der deutschsprachigen Literatur spiegelt sich dieser Ansatz in typischer Weise in der Diskussion um die „Absatzmethode" einer Betriebswirtschaft wider. Die weitgehende Konzentration auf Aspekte der Kontrahierungskette vereinfacht den Marketingprozeß stark. Gesichtspunkte der Werbung, Finanzierung und des physischen Material- und Produktflusses werden vernachlässigt. Betrachtet man die verschiedenen Flußgrößen in einem Transaktionskanal, so kann angenommen werden, daß sich in jedem Weg oder Subkanal für die Steuerung und Regelung dieser Größen Organisationen herausbilden, die sich auf die Ausführung einer bestimmten Funktion spezialisieren. Diese Spezialisierung besteht in zweifacher Weise. Zum einen erfolgt sie auf einen bestimmten Weg oder Subkanal hin, zum anderen wird sich eine Spezialisierung hinsichtlich der Wahrnehmung bestimmter Funktionen innerhalb eines bestimmten Subkanals vollziehen. So werden beispielsweise verschiedene Banken innerhalb der Zahlungswege, Frachtagenten, Spedition und Lagerhäuser in physischen Produktwegen und Einzelhändler, Großhändler, Makler usw. in den Kontrahierungswegen tätig.

Diese kurzen Ausführungen machen bereits deutlich, daß nicht davon ausgegangen werden kann, daß die Komponenten der Kontrahierungswege, der

---

[16]) Vgl. auch Fußnote 26 auf S. 194 dieses Buches.

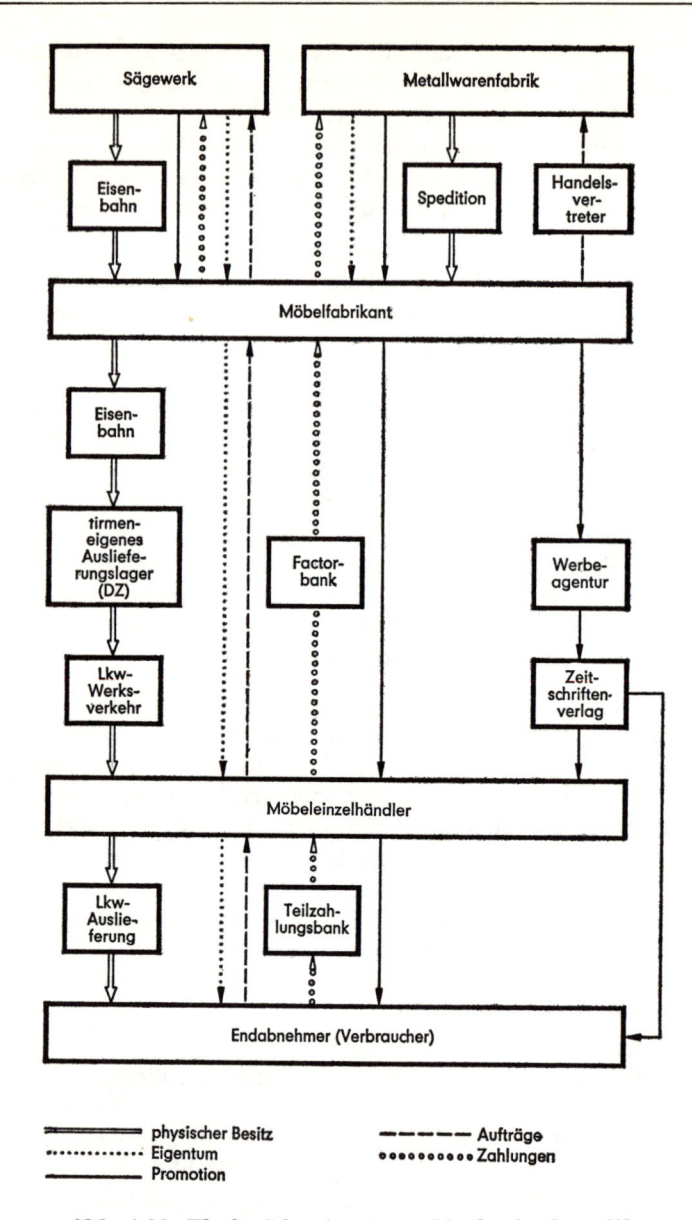

Abb. 1.22: Flußgrößen in einem Marketingkanal[17])

Zahlungswege, der Promotionswege und der physischen Produktwege a priori identisch sind. Sie können es zwar sein, sind es in aller Regel jedoch nicht. Vielmehr ist anzunehmen, daß sich in den meisten Marketingkanälen die verschiedenen Wege überlappen. Die Abgrenzung zwischen den verschiede-

---

[17]) Vgl. Bell (1966), S. 123.

nen Wegen ist dabei durchaus nicht immer einfach. Dies gilt insbesondere für die Abgrenzung des physischen Produktweges, der hier auch als *logistischer Kanal* bezeichnet wird, und des Kontrahierungsweges. Es besteht keine zwingende Notwendigkeit dafür, daß die jeweiligen Ströme durch das gleiche Netzwerk von Institutionen fließen. Ein Produkt mag beispielsweise niemals physisch bewegt werden, obwohl die Eigentumsrechte am Produkt mehrfach wechseln. Auf der anderen Seite kann ein Produkt mehrmals innerhalb einer Unternehmung (in und zwischen Werken oder z. B. in firmeneigene Außenläger) transportiert werden, ohne daß das Eigentum wechselt. Auch die Kosteneinflußfaktoren sind für die Aktivitäten beider Bereiche weitgehend unabhängig voneinander. In welcher Weise in den verschiedenen Wegen eine Spezialisierung erfolgt, hängt von den jeweiligen Umständen ab. Dabei wird das wirksamste Netzwerk für die Kontrahierung nicht mit dem effektivsten logistischen Kanal übereinstimmen. Ihre Bildung folgt unterschiedlichen Effizienzkriterien.

Ein von Bowersox et al. in Abwandlung übernommenes Beispiel mag die Trennung von Kontrahierungsweg und physischem Produktweg (logistischem Kanal) im Rahmen des gesamten Marketingkanals zeigen (vgl. Abb. 1.23)[18]). In der dargestellten Situation besteht der Kontrahierungsweg

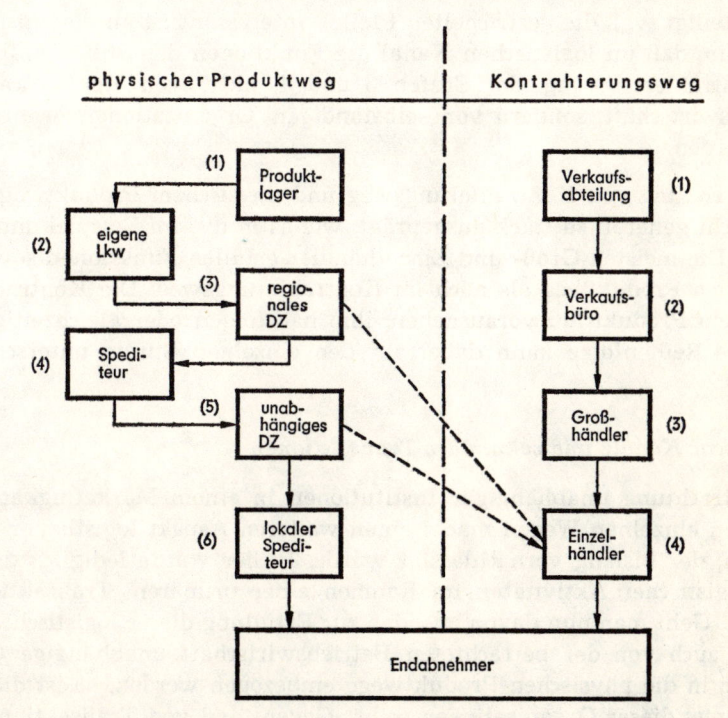

Abb. 1.23: Die Differenzierung von Kontrahierungsweg und physischem Produktweg

---
[18]) Vgl. Bowersox, Smykay und LaLonde (1968), S. 44 ff.

aus vier Elementen: aus (1) der Verkaufsabteilung der betrachteten Betriebswirtschaft, (2) einem lokalen Verkaufsbüro, (3) einem Großhändler und (4) einem Einzelhändler. Elemente des logistischen Kanals sind (1) ein Lager in der Produktionsstätte, (2) der Fuhrpark des Betriebes, (3) ein regionales Distributionszentrum des Betriebes (Außenlager), (4) ein Spediteur, (5) ein unabhängiges Distributionszentrum und (6) eine lokale Spedition.

Der Endabnehmer wird als gemeinsame relevante Umwelt beider Systeme betrachtet. Kontrahierung und physische Bewegung der Güter laufen weitgehend getrennt voneinander ab. Das regionale Verkaufsbüro der Betriebswirtschaft (2) besitzt kein Lager. Es besteht nur zu Kontrahierungszwecken. **Der Großhändler (3)** bewegt selbst physisch die Waren nie. Zwar besitzt er Eigentumsrechte auf Grund des Kaufvertrages, läßt aber die Produkte in einem unabhängigen Distributionszentrum lagern. Der Einzelhändler (4) läßt die Ware direkt vom Lager des Großhändlers im unabhängigen Distributionszentrum über einen lokalen Spediteur an seine Kunden liefern. Die Orte der Kontrahierung und der physischen Distribution stimmen also nicht überein. Seine Mengen, die er zu Ausstellungszwecken benötigt, erhält er vom regionalen Außenlager des Herstellers oder aus seinem eigenen Lager im unabhängigen Distributionszentrum. Insofern ist er am physischen Produktfluß beteiligt (vgl. die gestrichelten Pfeile). Interessant ist an diesem Beispiel weiterhin, daß im logistischen Kanal die Funktionen der Stufen 4, 5, 6 und im Kontrahierungsweg der Stufen 3 und 4 nicht von der betrachteten Betriebswirtschaft, sondern von selbständigen Organisationen wahrgenommen werden.

Eine Trennung von Kontrahierungsweg und physischem Produktweg ist jedoch nicht generell so stark ausgeprägt, wie es in diesem Beispiel dargestellt wurde. Die meisten Groß- und Einzelhändler erfüllen Funktionen sowohl im physischen Produktweg als auch im Kontrahierungsweg. Die Kontrahierung kann dem Produktfluß vorausgehen, ihm nachfolgen oder gleichzeitig erfolgen. Die Reihenfolge kann dabei auf den einzelnen Stufen unterschiedlich sein.

Logistische Kanäle und sekundäre Transaktionen

Die Betrachtung unabhängiger Institutionen in einem Marketingkanal und in seinen einzelnen Wegen macht einen weiteren Aspekt logistischer Kanäle deutlich, der bislang vernachlässigt wurde. Bisher wurde lediglich die Stellung logistischer Aktivitäten im Rahmen einer primären Transaktion betrachtet. Geht man nun davon aus, daß zur Erfüllung dieser logistischen Aktivitäten auch von der betrachteten Betriebswirtschaft unabhängige Organisationen in die physischen Produktwege einbezogen werden, so ist die „Verpflichtung" dieser Organisationen selbst Gegenstand von Transaktionen und Transaktionsepisoden: Der Aufbau temporärer oder dauerhafter logistischer Kanäle wird zum Gegenstand sekundärer Transaktionen, welche die Funktion der Logistik bei der primären Transaktion überlagern.

Logistik und Marketingsystem

Bisher wurde die Funktion der Logistik im Rahmen eines einzelnen Marketingkanals untersucht. Marketingsysteme umfassen jedoch in der Regel mehrere Kanäle. Andererseits werden Transaktions- oder Marketingkanäle unabhängig vom Umwelthorizont einer betrachteten Betriebswirtschaft gesehen. Im folgenden soll deshalb kurz auf die Stellung des logistischen Systems im gesamten Marketingsystem eingegangen und insbesondere die Beziehungen der logistischen Entscheidungen zu den Entscheidungen in den anderen Bereichen des Marketingsystems untersucht werden. Als Marketingsystem einer betrachteten Betriebswirtschaft wurden alle Organisationseinheiten und externen Komponenten innerhalb des Umwelthorizonts bezeichnet, die mit Marketingaktivitäten dieser Betriebswirtschaft befaßt sind. Es wurde bereits darauf hingewiesen, daß die verschiedenen Marketingaktivitäten und damit auch die funktionalen Subsysteme des Marketingsystems in unterschiedlicher Weise abgegrenzt werden können. Eine Möglichkeit besteht darin, entsprechend den Flußgrößen zwischen einem Kontrahierungssystem, einem physischen Distributionssystem (bzw. einem physischen Versorgungssystem) und einem Promotionssystem zu unterscheiden. Die Zahlungsströme lassen sich dabei dem Kontrahierungssystem subsumieren. In einer anderen Terminologie kann zwischen Distributionssystem und Promotionssystem differenziert werden, wobei sich das Distributionssystem aus einem vertragsmäßigen Distributionssystem (= Kontrahierungssystem) und dem physischen Distributionssystem zusammensetzt (vgl. Abb. 1.24). Entsprechend kann beim Beschaffungsmarketing von einem vertragsmäßigen und einem physischen Versorgungssystem gesprochen werden. Das Distributionssystem (bzw. Versorgungssystem) einer Unternehmung umfaßt dabei alle innerhalb des Umwelthorizonts liegenden Transaktionskanäle bzw. Teile von Transaktionskanälen, über die die von dieser Betriebswirtschaft erstellten Produkte vertrieben werden (bzw. die Inputgüter beschafft werden). Das

(Beschaffungs-)
Marketingsystem

Kontrahierungssystem   Physisches   Promotionssystem
                                              Distributions-
(vertragsmäßiges
Distributions- bzw.   (Versorgungs-)
Versorgungssystem)   **system**

Distributionssystem
(Versorgungssystem)

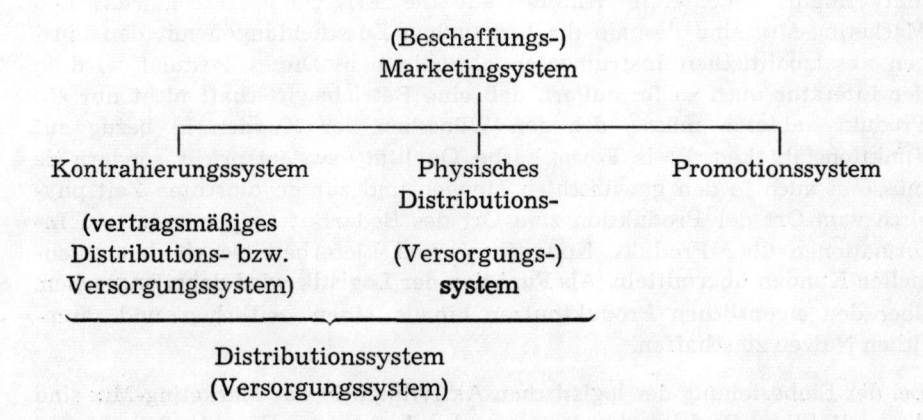

Abb. 1.24: Mögliche Differenzierungen eines Marketingsystems

physische Distributionssystem (bzw. Versorgungssystem) ist dann jenes funktionale Subsystem der Betriebswirtschaft, das alle innerhalb des Umwelthorizonts liegenden logistischen Kanäle auf der Output-(bzw. Input-)seite umfaßt. Diese Abgrenzung macht deutlich, daß das physische Distributionssystem und das physische Versorgungssystem spezifische Subsysteme des Marketingsystems sind. Entsprechende Bedeutung kommt deshalb den logistischen Aktivitäten bei der Steuerung und Regelung des Marketingsystems zu.

Marketing-Mix und Logistik

Logistische Entscheidungstatbestände im physischen Versorgungssystem und im physischen Distributionssystem sind auch Entscheidungstatbestände des Marketingsystems. Gleichzeitig sind jedoch auch Aktivitäten der innerbetrieblichen Logistik von Interesse, soweit sie Aspekte des physischen Versorgungs- bzw. Distributionssystems betreffen. Die Steuerung und Regelung des betrieblichen Material- und Produktflusses wird deshalb unter dem Gesichtspunkt eines umfassenden Marketing-Mix erfolgen, das eine optimale oder anspruchsadäquate Kombination aller Entscheidungstatbestände des Marketingsystems beinhaltet. Nicht zuletzt spiegelt sich die Bedeutung der logistischen Aktivitäten für die Effizienz des Marketingsystems in den Zielen für das logistische System wider. Wie noch im einzelnen darzustellen sein wird, können die logistischen Ziele weitgehend als Subkriterien von Zielen des Marketingsystems interpretiert werden. Die Gestaltung der logistischen Aktivitäten kann deshalb entscheidend zur Realisierung oder Nichterfüllung der Marketingziele beitragen.

Wie die Gestaltung der Kontrahierungswege und die Entscheidung über Produkt, Preis und Werbung so gehören auch die Entscheidungen im Rahmen des physischen Distributionssystems zum absatzpolitischen Instrumentarium einer Betriebswirtschaft. Logistische Aktivitäten bilden eine Teilmenge der Marketinginstrumente. Im Hinblick auf die Erreichung des gewünschten Marketing-Mix sind deshalb die logistischen Entscheidungen mit den übrigen absatzpolitischen Instrumenten abzustimmen. Dieses Postulat wird in der Literatur auch so formuliert, daß eine Betriebswirtschaft nicht nur ein Produkt anbieten müsse, das den Wünschen der Kunden in bezug auf Funktionsfähigkeit, Preis, Form, Farbe, Qualität usw. entspricht, sondern sie müsse es auch in den gewünschten Mengen und zur gewünschten Zeit physisch vom Ort der Produktion zum Ort des Bedarfs transportieren und Informationen über Produkt, Konditionen und Lieferbereitschaft den potentiellen Kunden übermitteln. Als Funktion der Logistik wird dabei angesehen, über den eigentlichen Produktnutzen hinaus einen zeitlichen und räumlichen Nutzen zu schaffen.

Bei der Einbeziehung der logistischen Aktivitäten in das Marketing-Mix sind die vielfältigen Beziehungen zwischen den logistischen Entscheidungen und dem Einsatz der anderen Marketinginstrumente zu berücksichtigen. Interdependenzen bestehen beispielsweise darin, daß die Produktgestaltung wesentlich die Art der Verpackung, des Transports und der Lagerung beeinflußt. Eine wachsende Varietät des Angebots auf Grund einer entsprechenden Produktpolitik bedingt eine überproportional steigende Komplexität des logistischen Systems. Eine bestimmte Gestaltung des logistischen Systems, die sich vor allem in der Lieferzeit und der Zuverlässigkeit ihrer Einhaltung ausdrückt, kann durch die Variation der Kontrahierungsbedingungen, wie Preis, Rabatt, Boni usw., oder durch Werbehilfen kompensiert werden. Effekte promotionaler Aktivitäten zur Erzeugung eines Nachfragesogs werden zunichte gemacht, wenn das logistische System nicht in der Lage ist, die benötigten Produkte zur rechten Zeit und am gewünschten Ort bereitzustellen. Andererseits ist die Gestaltung des logistischen Systems ein werbewirksames Argument im Rahmen der Promotion. Die Behandlung des Produktfluß-Managements als aktive Marketingstrategie bildet eine Möglichkeit, auf dem Markt zusätzliche Wettbewerbsvorteile zu erlangen[19]). Die Fähigkeit einer Betriebswirtschaft, ständig für eine größere Produktpalette eine schnelle und sichere Belieferung zu garantieren, erlaubt dem Kunden, seine eigenen Läger gering zu halten. Diese vom Kunden positiv bewerteten Eigenschaften des logistischen Systems erhöhen das akquisitorische Potential der Lieferanten. Demgegenüber schränken ständige Fehlmengensituationen die Wettbewerbsfähigkeit einer Unternehmung stark ein und lösen oder verhindern eine engere Bindung des Kunden an den Lieferanten.

Zusammenfassend kann festgestellt werden, daß die Logistik spezifische Funktionen im Rahmen primärer Transaktionsepisoden erfüllt. Das physische Distributionssystem bildet ein Subsystem des umfassenderen Marketingsystems. Eine analoge Stellung besitzt das physische Versorgungssystem im Beschaffungsmarketing. Die logistischen Aktivitäten speziell des physischen Distributionssystems zählen zu den Marketinginstrumenten einer Betriebswirtschaft und sind als solche mit den anderen absatzpolitischen Instrumenten abzustimmen. Bei der Gestaltung der logistischen Kanäle ist dabei zu berücksichtigen, daß mit der Einbeziehung selbständiger Organisationen sekundäre Transaktionsbeziehungen induziert werden können, die ihrerseits wiederum Kontrahierung, Promotion, Zahlungsbeziehungen, allerdings in der Regel keine sekundären logistischen Aktivitäten umfassen.

Logistik und Produktionssystem

Welche Bedeutung Entscheidungen im Produktionssystem für den Material- und Produktfluß besitzen, wird deutlich, wenn man den Bereich der innerbetrieblichen Logistik betrachtet[20]). Es wurde bereits darauf hingewiesen,

---

[19]) Vgl. Andersen, Dommermuth und Marks (1967); Staudt und Taylor (1965), S. 222; Stewart (1965); Weigand (1967).
[20]) Vgl. Bowman und Fetter (1957), S. 3 ff.; Constantin (1966), S. 38 ff.; Gavett (1968), S. 613 ff.; Hopeman (1969), S. 155 ff.; Johnson, Kast und Rosenzweig (1967), S. 177 ff.; Kern (1970), S. 92 ff.; Magee (1958), (1968 a), S. 39 ff.; Mayer (1968), S. 75 ff. und S. 483 ff.; McGarrah (1963).

daß der Bereich der innerbetrieblichen Logistik als ein Teilsystem des betrieblichen Produktionssystems betrachtet werden kann. Allerdings werden auch die Gestaltung, Steuerung und Regelung des Versorgungssystems und des physischen Distributionssystems durch Entscheidungen im Produktionsbereich beeinflußt und können ihrerseits Produktionsentscheidungen determinieren. Das Produktionssystem muß einmal Forderungen des physischen Distributionssystems nach Wiederauffüllen der Läger oder nach kurzer Lieferzeit erfüllen und auch die Fähigkeit besitzen, spezielle und ungewöhnliche Kundenwünsche (Spezialanfertigungen, geringe Modifikationen) auszuführen. Zum anderen hängt das Produktionssystem von der Fähigkeit des Versorgungssystems ab, die für die Produktion benötigten Rohmaterialien und Fertigteile in der gewünschten Qualität und Quantität rechtzeitig zur Verfügung zu stellen. Im innerbetrieblichen Bereich sind die Probleme der Fertigung und des innerbetrieblichen Transports, der Lagerhaltung und der Materialhandhabung sogar so eng miteinander verknüpft, daß sie sich teilweise nicht voneinander trennen lassen.

Produktionssysteme von Organisationen weisen eine bestimmte Grundstruktur auf, die den Materialfluß innerhalb der Organisation bestimmt. Analysiert man den Bereich der innerbetrieblichen Logistik auf relativ niederer Ebene, so sind als Elemente speziell Maschinen als Verarbeitungszentren, Läger, Transport- oder Fördermittel und Steuerungs- und Regelungszentren zu identifizieren. Von besonderem Interesse sind dabei Anzahl, Art und Anordnung der Verarbeitungszentren. In ihnen werden Materie und Energie einmal oder mehrmals, simultan oder sequentiell transformiert und letztlich zu den Leistungen der Organisation (Produkte) verarbeitet. Vor, zwischen und nach den Verarbeitungszentren befinden sich in Lägern Bestände an Rohmaterialien, unfertigen Erzeugnissen und Fertigprodukten. Zwischen den Maschinen und zwischen Maschinen und Lägern vollziehen sich (innerbetriebliche) Transportprozesse sowie Hantierungen. Es bedarf keiner weiteren Erörterung, daß der innerbetriebliche Standort, also die räumliche Anordnung der Gebäude, Räume und Produktionsaggregate, zusammen mit dem funktionellen Zusammenwirken der Aggregate im Fertigungsablauf den innerbetrieblichen Transport bestimmt[21]). Es ist die Funktion des innerbetrieblichen Transport- oder Förderwesens, die Verbindung zwischen den innerbetrieblichen Standorten herzustellen. Im Rahmen der Logistik sind dabei insbesondere die innerbetrieblichen Transport- oder Förderwege, die einzusetzenden Transport- bzw. Fördermittel und Förderhilfsmittel festzusetzen. Die Gestaltung des innerbetrieblichen Transports muß sich an der Art des Förder- oder Transportgutes, an der Förderstrecke (Entfernung, Höhenunterschiede, Neigungswinkel usw.) und der erforderlichen Förderintensität in Verbindung mit einem vorzugebenden Förderrhythmus orientieren. Das Produktionssystem, seine Ausstattung sowie speziell die Produktions- und insbesondere Ablaufplanung beeinflussen jedoch nicht nur Transportwege,

---

[21]) Vgl. z. B. Schmidt (1965).

Transportmengen, Fördermittel, Hantierungen und die Geschwindigkeit des innerbetrieblichen Materialflusses; Erfordernisse des Produktionssystems können auch die Bestandsmengen in den Lägern determinieren.

Produktionsablauf, Produktionsablaufplanung und innerbetriebliche Logistik

Von großer Bedeutung für die Gestaltung der Intrasystemlogistik ist die Art des im Produktionssystem verwendeten Fertigungsverfahrens[22]. Dies gilt sowohl für Probleme der Materialhandhabung (Hantierungen) als auch für die Reihenfolge- oder Fertigungsablaufplanung[23].

Das *Reihenfolge-* oder *Maschinenbelegungsproblem* stellt sich zwar letztlich bei allen Fertigungsverfahren, bei der Fließfertigung, der automatischen Produktion ebenso wie bei der Werkstattfertigung, doch ist es bei der Werkstattfertigung ständig aufs neue zu lösen. Bei der Fließfertigung, teilweise auch bei der automatischen Produktion werden die einzelnen Arbeitsvorgänge durch einen kontinuierlichen Prozeß verbunden, in dem alle zeitlich und fertigungstechnisch voneinander abhängigen Arbeitsvorgänge hintereinander geschaltet werden. Im Idealfall entstehen für die Produktionsaufträge und für das Material keine Wartezeiten, sondern nur Fertigungszeiten und Transportzeiten. Leerzeiten der Potentialfaktoren und Wartezeiten des Materials werden auf ein Minimum reduziert. Anders stellt sich dagegen das Problem bei der Werkstattfertigung: Eine bestimmte Anzahl von Maschinen, die unterschiedliche Arbeitsoperationen erlauben, werden zur Bearbeitung von mehreren Erzeugnissen benötigt. Eine Forderung besteht nun darin, die Durchlaufzeit des zu bearbeitenden Materials so festzusetzen, daß sie möglichst gleich der Fertigungszeit plus der Transportzeit ist, also Liege- und Wartezeiten gleich Null sind. Da die Wartezeiten des Materials nichts anderes als Zwischenlagerungen bedeuten, wird auch formuliert, daß der Materialfluß in dem Maße sein Optimum erreicht, wie die ablaufbedingten Zwischenlagerungen gegen Null gehen. Der Forderung nach Minimierung der Durchlaufzeit des Materials steht die Forderung gegenüber, die Produktionsaufträge zeitlich so zu verteilen, daß eine möglichst günstige Ausnutzung der Kapazität der Potentialfaktoren erreicht, also ablaufbedingte Leerzeiten der Potentialfaktoren minimiert werden. Beide Forderungen lassen sich im allgemeinen nicht gleichzeitig erfüllen (Dilemma der Ablaufplanung). In der Regel werden sowohl Wartezeiten (Zwischenläger) für das Material als auch teilweise Leerzeiten für die Potentialfaktoren nicht zu vermeiden sein. Je mehr — bei Einzel- und Serienfertigung — auf eine möglichst große Maschinenauslastung abgestellt wird, um so mehr verlangt der Betriebsablauf die Einrichtung von Zwischenlägern.

---

[22] Vgl. Riebel (1963).
[23] Zu den Problemen betrieblicher Ablaufplanung vgl. Ellinger (1959); Gutenberg (1969 a), S. 197 ff.; Kern (1970), S. 92 ff.; Mensch (1968); Schweitzer (1964).

Mit der Betrachtung der Durchlaufzeiten des Materials werden zeitliche Aspekte der Produktion untersucht, die für das logistische System von besonderer Relevanz sind. Die Durchlaufzeit ist diejenige Zeitspanne, die ein Produkt vom Eintritt in den Produktionsbereich (zunächst als Rohstoff) bis zu seiner endgültigen Fertigstellung und Bereitstellung für das Marketingsystem benötigt. Die Durchlaufzeit besteht aus der Summe der Operationszeiten aller Erzeugungsstufen für jeweils eine Erzeugniseinheit, der Summe aller (innerbetrieblichen) Förder- oder Transportzeiten und der Summe aller Liege- oder Wartezeiten. Berücksichtigt man, daß infolge ständiger technischer Fortentwicklung bei den Operationszeiten kaum noch erhebliche Einsparungen möglich sind, so wird die Bedeutung eines zielgerichteten Materialflußmanagements offenbar: Rationalisierungsbestrebungen werden sich in erster Linie auf die Ausschaltung vermeidbarer Liege- oder Wartezeiten und auf Zeitersparnisse bei den Förder- oder Transportzeiten richten. Maßnahmen dieser Art zielen dabei sowohl auf die Reduzierung der logistischen Kosten wie auf die Beschleunigung des Material- und Produktflusses ab.

Die engen Beziehungen zwischen Fertigungsverfahren und innerbetrieblicher Logistik werden nicht zuletzt beim innerbetrieblichen Transport und der Materialhandhabung sichtbar. Typisches Beispiel dafür in bezug auf den *Transport* ist die Organisation der Fertigung nach dem Fließprinzip oder gar die automatische Fertigung: Der Transformationsprozeß und der Transport erfolgen häufig gleichzeitig. Auch bewegte Läger können hier genannt werden. Werden Werkstücke einer Bearbeitung unterworfen, die einer längeren Zeitdauer bedarf — wie etwa Trocknung oder Abkühlung —, so kann das Fördermittel die Funktion der Lagerung bis zum nächsten Arbeitsgang übernehmen. Die Werkstücke werden nicht vom Fördermittel genommen, sondern auf dem Förderer belassen, bis der Zustand erreicht ist, der die Weiterbearbeitung zuläßt. Produktion, Lagerung und Transport können simultan verlaufen.

Eine besonders intensive Verbindung besteht auch zwischen den Fertigungsprozessen und der *Materialhandhabung*. So werden bei der Werkstattfertigung oft die Hantierungen wie auch der Transport zwischen den einzelnen Aggregaten vom Menschen selbst durchgeführt oder doch von ihm manuell gesteuert, während bei der automatischen Fertigung Transport und Hantierungen im Produktionsprozeß von Maschinen durchgeführt werden: Die Grenzen zwischen „Produktion" und „innerbetrieblicher Logistik" werden fließend.

Produktions- und Lagerbestandsmanagement

Produktionsentscheidungen determinieren einerseits die Lagerbestände im innerbetrieblichen Bereich, andererseits werden sie selbst wieder durch die (Kunden-)Auftragsbestände beeinflußt[24]. Diese Zusammenhänge zwischen

---

[24] Zur Produktionsplanung und Lagerhaltung vgl. beispielhaft Holt et al. (1960); Magee (1958); Magee und Boodman (1967).

Aufträgen, Produktionsplanung und Lagerbestandsmanagement werden noch verdeutlicht, wenn man die Parallelität zwischen den verschiedenen physischen Beständen und den einzelnen Auftragsbeständen berücksichtigt.

Neben den Beständen an Rohmaterial, unfertigen Erzeugnissen und Endprodukten existieren korrespondierend jeweils Bestände an Verkaufsaufträgen, Produktionsaufträgen und Rohmaterialbestellungen. Blumenthal charakterisiert diese Parallelität der Bestandsgrößen wie folgt:

> „Es gibt eine interessante parallele Trichotomie hinsichtlich der Material- und Auftragsbestände. Es gibt verschiedene Bestände an Rohmaterialien, Zwischenprodukten und Fertigerzeugnissen. Diesen entsprechend gibt es drei Klassen von Auftragsbeständen im logistischen Netzwerk: Bestände an Rohmaterialbestellungen, an Produktionsaufträgen und an Fertigproduktbestellungen. Ströme fließen zwischen all den Beständen in jedem der drei Auftragsbereiche, bevor sie zwischen den Bereichen fließen. Das heißt zum Beispiel, daß Fertigproduktbestellungen bearbeitet und Güter ausgeliefert oder als Auftragsrückstände behandelt werden und der Bestand an Fertigprodukten herabgesetzt wird, alles in einer kontinuierlichen Serie eng synchronisierter Aktionen. Anschließend werden für die Wiederauffüllung des Fertigproduktlagers Produktionsaufträge erstellt, die vielleicht für die Produktion in wirtschaftlichen Losgrößen zu einem späteren Zeitpunkt aggregiert werden. Die Bestände des Fertigproduktlagers fungieren als ein Puffer zwischen der Auftragsbearbeitung, Versandaktivitäten und der Produktion"[25].

Wichtiger Einflußfaktor für die Höhe der Bestände an Fertigprodukten und für die Lieferzeit ist die *Planung der Fertigungsauftragsgrößen* im Produktionssystem. Das Problem der Festlegung der Fertigungsauftragsgrößen stellt sich vor allem in marktorientierten Betriebswirtschaften. Obwohl in kunden- oder auftragsorientierten Betriebswirtschaften grundsätzlich nicht auf Lager produziert wird, besteht auch in diesen häufig die Tendenz, möglichst viele kleine Kundenaufträge oder zeitlich stark streuende Aufträge in einige wenige, jedoch größere Produktionsaufträge zusammenzufassen. Kundenaufträge oder Aufträge zur Wiederauffüllung von Lägern oder Distributionszentren wirken somit nicht unmittelbar auf die Produktionsprozesse, sondern werden nach den Erfordernissen des Produktionssystems abgewickelt. Im Rahmen der Prozeßplanung wird dabei versucht, Serien und Sorten in wirtschaftlichen Stückzahlen *(Problem der optimalen Losgröße)* aufzulegen. Die dabei anfallenden Lagerbestände müssen nicht mit den aus logistischer Sicht wünschenswerten Mengen übereinstimmen. Oft wird die Produktionsleitung in ihrem Streben nach größter Effizienz des Fertigungsbereichs dem logistischen System zusätzliche Kosten aufladen oder beispielsweise die Lieferzeiten verlängern.

Nicht nur Zwischenläger werden durch die Typen von Fertigungsverfahren und Leistungsprogrammen determiniert. Ähnliche Aussagen lassen sich in

---
[25] Blumenthal (1969), S. 49 f.

bezug auf Läger mit Inputgütern und Fertigproduktläger treffen. So werden mit dem Problem der Materialbereitstellung (Materialwirtschaft, Vorratswirtschaft) für den Produktionsprozeß Aspekte des Objektbereichs und des Informations- und Entscheidungssystems des Versorgungssystems untersucht[26]. Die Formen der Materialbereitstellung, wie Einzelbeschaffung im Bedarfsfall, fertigungssynchrone Anlieferung, Kauf auf Abruf oder Vorratshaltung, sind nicht für jedes Leistungsprogramm in gleichem Maße vorteilhaft. So wird beispielsweise bei auftragsorientierter Einzel- oder Kleinserienfertigung im allgemeinen eine Einzelbeschaffung im Bedarfsfall gewählt werden, während eine fertigungssynchrone Anlieferung in der Regel nur für Betriebe mit Massen- und Großserienfertigung interessant ist. Auch die im Versorgungssystem gehaltenen Bestände werden durch Bedingungen des Produktionssystems, insbesondere durch Erzeugungsprogramm, Erzeugungstyp und Kapazitätsauslastung, beeinflußt.

1.42 Ziele und Kriterien logistischer Entscheidungen

Die Gestaltung des logistischen Systems und die Steuerung oder Regelung seiner Prozesse erfordern implizit oder explizit Entscheidungskriterien oder Ziele, die als Wertprämissen für die logistischen Entscheidungen eine Anzahl von mehr oder weniger unabhängigen Beschränkungen bilden. Die Ziele sind als Generatoren Ausgangspunkt einer Suche nach geeigneten alternativen Systemzuständen und -prozessen und als Verifikatoren oder Testoren Beschränkungen, denen generierte Lösungshypothesen zu genügen haben. In den meisten Betriebswirtschaften bestehen Schwierigkeiten, eindeutige Ziele für die Gestaltung ihres logistischen Systems zu identifizieren. Diese Schwierigkeiten haben insbesondere drei Ursachen:

(1) Die arbeitsteilige Differenzierung der betrachteten Betriebswirtschaft ist mit einer Differenzierung hinsichtlich der von den einzelnen Subsystemen verfolgten Ziele verbunden. Die funktionalen Bereiche streben im allgemeinen in bezug auf das logistische System heterogene Zielsetzungen an. Vor allem die Bereiche Beschaffung, Produktion und Absatz, aber auch der Finanzbereich werden durch logistische Aktivitäten berührt und versuchen deshalb, auf die Formulierung der logistischen Ziele einzuwirken.

(2) Das logistische System ist selbst differenziert. Das bedeutet, daß zum einen für die einzelnen Subsysteme (physisches Versorgungssystem, Intrasystemlogistik, physisches Distributionssystem), zum anderen auch für die einzelnen logistischen Kanäle unterschiedliche Ziele formuliert werden können.

---

[26] Vgl. zu diesem Problemkreis Ammer (1968); Grochla (1958); Kroeber-Riel (1966); Reddewig und Dubberke (1959); Steinbrüchel (1971); Sundhoff (1958).

(3) Logistische Systeme sind Zwischensysteme. Teilnehmer oder Mitglieder in den logistischen Kanälen sind auch selbständige Personen oder Organisationen, die zumindest teilweise selbst Ziele verfolgen, die mit denen des betrachteten Betriebes nicht kompatibel sind. Die betrachtete Betriebswirtschaft kann deshalb das logistische System nur in dem Maße in ihrem Sinne gestalten, wie sie in der Lage ist, ihre Ziele gegenüber divergierenden Zielen anderer Mitglieder der logistischen Kanäle durchzusetzen.

Im folgenden werden zunächst nur die Ziele untersucht, welche die Betriebswirtschaft selbst in bezug auf ihr logistisches System verfolgt. Probleme, die sich daraus ergeben, daß Elemente des logistischen Systems auch autonome Organisationen sein können, die eigene und von denen des betrachteten Betriebes abweichende Interessen verfolgen, werden daran anschließend zu erörtern sein.

1.421 Suboptimierung und Effizienz des Gesamtsystems

Die arbeitsteilig bedingte Differenzierung der Organisation ist mit einer Differenzierung hinsichtlich der von den einzelnen Subsystemen verfolgten Ziele verbunden: Da im allgemeinen die obersten, globalen Zielsetzungen einer Organisation für die Entscheidungen ihrer Subsysteme keine operationalen Kriterien darstellen, werden in der Regel die Ziele der Organisation hierarchisch in Subziele aufgespalten und den organisationalen Einheiten vorgegeben. Das hierarchische Zielsystem ist jedoch nicht konfliktfrei. Praktisch ist jede Betriebswirtschaft so strukturiert, daß ihre Abteilungen hinsichtlich der Zielerreichung miteinander in Konflikt stehen. Mit der höheren Zielerreichung eines Subsystems kann eine geringere Effizienz anderer Subsysteme und auch des Gesamtsystems verbunden sein. Suboptimierung in einzelnen Bereichen impliziert also nicht zwingenderweise auch einen optimalen Zustand des Gesamtsystems. Für das logistische System ist diese Feststellung von um so größerer Bedeutung, als speziell in traditionellen Organisationsstrukturen logistische Entscheidungen in verschiedenen Funktionsbereichen aus deren jeweiligen Interessenlagen heraus getroffen werden. Diese isolierte Behandlung der einzelnen Aktivitäten und die damit verbundene Suboptimierung einzelner logistischer Bereiche wurde als eine Hauptschwäche des traditionellen Materialfluß-Managements angesehen. Grundgedanke neuerer Konzeptionen zur physischen Distribution ist deshalb die Betrachtung aller logistischen Aktivitäten aus dem Blickwinkel eines einheitlichen Systems, das auch aus einheitlicher Sicht zu steuern ist[27]. Es wird deshalb im Sinne einer Gesamtbetrachtung (total systems approach) gefordert, alle logistischen Entscheidungen an Kriterien des Gesamtsystems auszurichten und eine „overall effectiveness" anzustreben:

---

[27]) Vgl. Bowersox (1969 d); Bowersox, Smykay und LaLonde (1968), S. 101 ff.; Harvey (1966); Heskett, Ivie und Glaskowsky (1964), S. 445 ff.; Hill (1969); Johnson, Kast und Rosenzweig (1967), S. 173 ff.; Saunders (1969), S. 129 ff.

„Es ist offensichtlich, daß ein umfassenderer Ansatz notwendig ist, um die Probleme, die sich aus der veränderten Struktur der Distribution ergeben, zu lösen — eine Philosophie, welche die Produktion und Distribution aus dem Blickwinkel der gesamten Kosten betrachtet. In anderen Worten: Die Funktion der Produktion und des Marketings sollten in einem Gesamtsystem integriert sein. Die Kosten jeder individuellen Komponente sollten gemessen werden mit Bezug auf ihren Beitrag zur Gesamteffektivität und -effizienz"[28]).

Nimmt man beispielsweise die Minimierung der Gesamtkosten als einziges Ziel logistischer Entscheidungen an (was unrealistisch ist) und geht davon aus, daß bei gegebenem Output-Niveau die Produktionskosten 100 und die Distributionskosten ebenfalls 100, also die Gesamtkosten 200 betragen, so weist ein alternatives System geringere totale Kosten auf, wenn es mit Produktionskosten von 50 und mit Distributionskosten von 125 verbunden ist.

Die Gesamteffizienz enthält in bezug auf das logistische System neben verschiedenen anderen Kriterien vor allem zwei Klassen von Subzielen. Einerseits sind bei logistischen Entscheidungen Kostengesichtspunkte zu berücksichtigen. Diesen Kostenerwägungen stehen andererseits Ziele gegenüber, einen bestimmten Liefer- oder Servicestandard aufrechtzuerhalten.

1.422 Bestimmung eines Serviceniveaus

Betriebswirtschaften bilden sich im allgemeinen Vorstellungen darüber, wie sie ihre Kundenwünsche zu erfüllen gedenken. Gleichzeitig haben sie bestimmte Wünsche in bezug auf die Sicherung des eigenen Nachschubs. Serviceniveaus (Servicestandards, Lieferservice) sind deshalb sowohl für Inputgüter, also für das physische Versorgungssystem, als auch für die Fertigprodukte im Bereich des physischen Distributionssystems festzulegen[29]).

Ein Serviceniveau kann global formuliert oder in weitere Subziele aufgespalten werden. Dabei wird im allgemeinen versucht, die unternehmerischen Zielsetzungen hinsichtlich des Service zu operationalisieren. Der (schlechtdefinierte) Wunsch nach einem „guten" oder „optimalen" Service soll durch wohl-definierte Größen ersetzt werden. Man kann davon ausgehen, daß sich das Serviceniveau aus zwei Komponenten zusammensetzt, aus der Servicezeit und der Zuverlässigkeit des Service.

Servicezeit

Die Servicezeit bezeichnet die Zeitspanne zwischen einer Auftragserteilung und dem Empfang der Ware durch den Kunden. Diese Größe spezifiziert die Zeit, in der ein Kunde über die nachgefragte Ware verfügen kann, und wird deshalb auch als *Verfügbarkeitsstandard* bezeichnet. Häufig wird diese Zeit-

---

[28]) Johnson, Kast und Rosenzweig (1967), S. 179.
[29]) Zum Serviceniveau vgl. Constantin (1966), S. 36 ff.; Heskett, Ivie und Glaskowsky (1964), S. 155 ff.; Hirsch (1970); Johnson und Parker (1961); Magee (1968 a), S. 34 ff. und S. 86 ff.

spanne auch Lieferzeit genannt. Von diesem Terminus wird jedoch hier abgesehen, da er auch in der Weise verwendet wird, daß die Zeit der Auftragsübermittlung vom Kunden zum Lieferanten nicht eingeschlossen ist.

Die Prozesse zwischen Auftragserteilung und Empfang der Ware, welche die Servicezeit charakterisieren, beschreiben einen Service- oder Auftragszyklus (vgl. Abb. 1.25)[30]). Der Kreislauf umfaßt dabei drei Phasen, die sich teilweise zeitlich überlappen:

(1) Die Phase der *Auftragsübermittlung* ist jenes Segment des Servicezyklus, das sich vom Zeitpunkt der Auftragsformulierung durch den Kunden bis zum Auftragseingang beim Lieferanten erstreckt. Sie beinhaltet alle Aktivitäten des Käufers, die notwendig sind, um die Informationen über seinen Bedarf an den Verkäufer zu übermitteln.

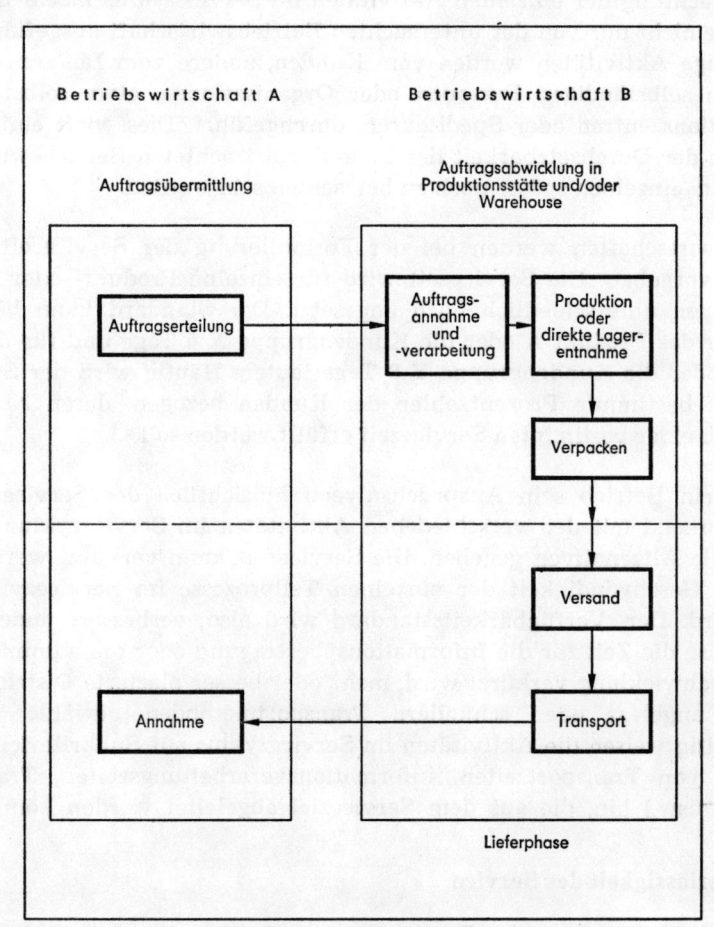

Abb. 1.25: Phasen des Servicezyklus[31])

---

[30]) Vgl. z. B. Heskett, Ivie und Glaskowsky (1964), S. 165 ff.
[31]) Vgl. auch die Abbildung bei Johnson, Kast und Rosenzweig (1967), S. 186.

(2) Die Phase der *Auftragsabwicklung* schließt alle jene Aktivitäten ein, die erforderlich sind, um den Auftrag auslieferbereit zu machen, also beispielsweise Annahme und gesamte administrative Abwicklung des Auftrags, Produktionsplanung und Fertigung oder Entnahme aus dem Lager oder Distributionszentrum sowie die Verpackung der Ware. Die einzelnen Schritte variieren von Betrieb zu Betrieb.

(3) Die *Lieferphase* umfaßt den physischen Transfer der Produkte vom Verkäufer zum Käufer. Aktivitäten dieser Phase sind zum Beispiel die Übergabe der Ware an den Spediteur, der Transport, die Entladung und die Annahme der Güter durch den Käufer.

Die Betrachtung der einzelnen Aktivitäten im Servicezyklus macht deutlich, daß diese nicht nur von der untersuchten Betriebswirtschaft ausgeführt werden. Einige Aktivitäten werden vom Kunden, andere vom Lieferanten, der Rest von selbständigen Personen oder Organisationen, etwa selbständigen Distributionszentren oder Spediteuren, durchgeführt. Dies wirft einige Fragen nach der Durchsetzbarkeit der Ziele der betrachteten Betriebswirtschaft auf, die im einzelnen später noch zu betrachten sein werden.

Betriebswirtschaften werden bei der Formulierung der Servicezeit häufig selektiv vorgehen: Die Servicezeit wird für einzelne Produkt- oder Abnehmergruppen unterschiedlich hoch angesetzt. Der Standard kann beispielsweise für das Produkt A oder die Kundengruppe X 5 Tage und für das Produkt B oder die Kundengruppe Y 8 Tage lauten. Häufig wird der Standard auch auf bestimmte Prozentzahlen der Kunden bezogen, deren Nachfrage innerhalb einer bestimmten Servicezeit erfüllt werden soll.

Möchte ein Betrieb sein Anspruchsniveau hinsichtlich der Servicezeit erhöhen, so sind mit den verschiedenen Aktivitäten im Servicezyklus hierfür potentielle Alternativen gegeben. Die Servicezeit kann verkürzt werden, indem die Geschwindigkeit der einzelnen Teilprozesse im Servicezyklus erhöht wird. Der Verfügbarkeitsstandard wird also verbessert, indem beispielsweise die Zeit für die Informationsübertragung oder die administrative Auftragsabwicklung verkürzt wird, mehr oder besser plazierte Distributionszentren angelegt oder schnellere Transportmethoden gewählt werden. Gleichzeitig weisen die Aktivitäten im Servicezyklus auf Subkriterien (Minimierung von Transportzeiten, Informationsverarbeitungszeiten, Transportstrecken usw.) hin, die aus dem Serviceziel abgeleitet werden können.

Die Zuverlässigkeit des Service

Als zweite Komponente des Serviceniveaus wird im allgemeinen die Zuverlässigkeit des Service angenommen[32]). Zuverlässigkeit bezieht sich auf den

---

[32]) Vgl. z. B. Bowersox, Smykay und LaLonde (1968), S. 106 f.; Magee (1968 a), S. 6 und S. 84 ff.

Grad der Sicherheit, mit dem der Verfügbarkeitsstandard erreicht werden soll. Das Ziel „Zuverlässigkeit" wird in verschiedener Weise definiert, doch sind alle Definitionen direkte oder indirekte Maße für die Wahrscheinlichkeit, mit welcher der Verfügbarkeitsstandard eingehalten wird. Häufig erfolgt die Formulierung der Zuverlässigkeit in der Weise, daß sie als Prozentsatz der bestellten Produkte ausgedrückt wird, der von dem Betrieb unverzüglich ausgeliefert werden kann. Die Differenz zu 100 % bezeichnet das Ausmaß, in dem Auftragsrückstände auftreten. Ein in dieser Weise formulierter Standard wird auch als *Lieferbereitschaft* bezeichnet. Eine derartig formulierte Zuverlässigkeit des Service wird durch die Höhe der Lagerbestände, speziell der Sicherheitsbestände, determiniert. Dementsprechend ist ein höherer Zuverlässigkeitsstandard mit einer höheren Kapitalbindung verbunden.

Die Formulierung des Zuverlässigkeitsstandards macht deutlich, daß dieser nicht unabhängig vom Verfügbarkeitsstandard ist. Letztlich ist es die gemeinsame Resultante beider Größen, die bei der Setzung des Servicezieles von Interesse ist. Geht man davon aus, daß die Zuverlässigkeit des Service nicht nur eine bestimmte Lieferbereitschaft beinhaltet, sondern beispielsweise auch die Zuverlässigkeit des Transports, der Auftragsübermittlung und -abwicklung umfaßt, so wird das Serviceniveau letztlich durch die Schnelligkeit und Zuverlässigkeit aller Teilaktivitäten im Servicezyklus bestimmt.

Man kann annehmen, daß speziell das Marketingsystem zur Erhöhung des akquisitorischen Potentials der Betriebswirtschaft ein möglichst hohes Serviceniveau für das physische Distributionssystem anstreben wird. Der Forderung nach einem möglichst hohen Serviceniveau liegt dabei die implizite Annahme zugrunde, daß Service und Umsatz positiv korreliert sind und der zusätzliche Umsatz höher als die zusätzlichen Kosten ist. Dies bedeutet, daß die Entscheidung einer Betriebswirtschaft über ihr Serviceniveau letztlich auf einer Analyse potentieller Reaktionen von Kunden und Konkurrenten bei alternativen Serviceniveaus beruhen wird. Hinsichtlich des physischen Versorgungssystems ist vor allem das Produktionssystem an der Festlegung von hohen Lieferstandards interessiert.

Heskett, Ivie und Glaskowsky diskutieren im einzelnen die Faktoren, welche die Formulierung des Serviceniveaus beeinflussen[33]). Sie differenzieren dabei nach Größen, welche die Formulierung des Serviceniveaus für das physische Distributionssystem beeinflussen, und nach Größen, die das Serviceniveau für das physische Versorgungssystem berühren. Wichtige Faktoren, die den Servicestandard für das physische Distributionssystem betreffen, schließen bestimmte Wesensmerkmale des Produkts und der Umwelt ein. Zu den kritischen Produktcharakteristika zählen beispielsweise Produktsubstitutionalität, physische Merkmale des Produkts und die Nachfrage-

---

[33]) Vgl. Heskett, Ivie und Glaskowsky (1964), S. 158 ff.

struktur. Zu den Umweltdeterminanten sind die Natur des Marketingkanals und speziell das Serviceniveau des Konkurrenten zu rechnen. In der industriellen Betriebswirtschaft sind die Bestimmungsfaktoren im Versorgungssystem von denen des physischen Distributionssystems verschieden. Die Zuverlässigkeit des Lieferantenservice ist für den jeweils betrachteten Betrieb von großer Bedeutung. Die Haupteinflußgröße für die Formulierung des Serviceniveaus im physischen Versorgungssystem sind mögliche Fehlmengenkosten. Diese können sehr unterschiedlicher Art und Bedeutung sein. In großen Supermärkten werden beispielsweise vorübergehende Nachschubschwierigkeiten in einem Produkt wegen Substitutionsmöglichkeiten nur zu geringen umsatzmäßigen Konsequenzen führen. In industriellen Betriebswirtschaften kann dagegen eine Materialknappheit zu Änderungen in der Produktionsplanung, zu Produktionsausfällen, zur Erhöhung der Lieferfristen und zu einem geringeren Zuverlässigkeitsstandard im Bereich des physischen Distributionssystems führen. Ein hoher Zuverlässigkeitsstandard im physischen Versorgungssystem ist im allgemeinen mit der Notwendigkeit großer Lagerhaltung verbunden. Gelingt es allerdings der betrachteten Betriebswirtschaft, einen hohen Zuverlässigkeitsstandard für ihre Inputgüter auch gegenüber ihren Lieferanten und Transporteuren durchzusetzen, so kann sie die Lagerhaltung im Bereich des Versorgungssystems weitgehend auf ihre Lieferanten übertragen.

1.423 Kosten als Zielkomponente

Logistische Aktivitäten sind mit Kosten verbunden. Die Höhe dieser Kosten ist vom gewählten Serviceniveau nicht unabhängig: Der Realisierung eines höheren Serviceniveaus werden im allgemeinen auch höhere Kosten des Systems gegenüberstehen[34]. Die Erhöhung der Geschwindigkeit des Transports, der Informationsübertragung und -verarbeitung, die Verbesserung der Materialhandhabung, die Unterhaltung eines engmaschigeren Systems von Distributionszentren und vergrößerte Lagerbestände sind in der Regel jeweils mit zusätzlichen Kosten verbunden. Diese werden dabei häufig um so größer sein, je größer die Produktvarietät ist. Die Kosten der verschiedenen logistischen Aktivitäten interagieren dabei häufig in inverser Weise: Steigende Kosten in einem Teilsystem können mit geringeren Kosten in einem anderen Teilsystem verbunden sein. Die Bedeutung einer Gesamtkostenbetrachtung ist offensichtlich: Die kostenmäßigen Konsequenzen einer Entscheidung werden nicht nur in bezug auf das jeweilige Aktivitätszentrum, sondern hinsichtlich des gesamten logistischen Systems bzw. der gesamten Betriebswirtschaft betrachtet.

Die Beziehungen zwischen Service- und Kostenniveau machen ein Problem sichtbar, dem in der Praxis erhebliche Bedeutung zukommt: die Erfassung

---

[34] Zu Kosten als Zielkomponente vgl. Bowersox, Smykay und LaLonde (1968), S. 115 f.; Heskett, Ivie und Glaskowsky (1964), S. 172 ff.; Hill (1969); Johnson, Kast und Rosenzweig (1957), S. 180 f.; Magee (1968 a), S. 170 ff.

logistischer Kosten. Herkömmliche Kostenrechnungssysteme werden die benötigten Informationen im allgemeinen nicht in vollem Umfang liefern können. Sie sind in erster Linie auf die Belange der Fertigung und kaum auf die Problemstellungen der Distribution zugeschnitten. Umfangreiche Kosteninformationen sind jedoch erforderlich, um einen Ausgleich zwischen Serviceziel und Kostenniveau herstellen zu können.

Die vorangehenden Betrachtungen haben deutlich gemacht, daß Serviceziel und Kostenziel konfliktär sind: Dem Ziel einer Optimierung des Service steht das Ziel einer Minimierung der Kosten gegenüber. Unternehmungen werden im allgemeinen ebensowenig einen Servicestandard ohne Rücksicht auf das Kostenniveau wie eine Kostenminimierung ohne Beachtung des dabei möglichen Servicestandards anstreben. Vielmehr wird in aller Regel versucht werden, einen Ausgleich herzustellen und einen Kompromiß zwischen den konfliktären Zielen zu schließen. Die Handhabung des Zielkonflikts erfolgt dabei häufig in der Weise, daß das eine Ziel begrenzt formuliert und das andere optimiert oder ein Tupel beider Größen dem Anspruchsniveau entsprechend gewählt wird. Voraussetzung für die Zielformulierung (beispielsweise des Servicestandards) ist dabei, daß die komparativen Kosten (bzw. Nutzen) alternativer Systeme bekannt sind.

1.424 Durchsetzung der Ziele im logistischen System

Geht man davon aus, daß die betrachtete Betriebswirtschaft für die Gestaltung, Steuerung und Regelung ihres logistischen Systems konkrete Ziele besitzt, so ist noch keine Aussage darüber getroffen, daß sie diese Ziele im logistischen System auch durchsetzen kann. Speziell in der traditionellen Theorie werden Probleme einer Willensdurchsetzung nicht gesehen. Man ging entweder davon aus, daß alle Elemente des logistischen Systems Elemente der betrachteten Betriebswirtschaft seien oder daß alle in einem logistischen System (Kanal) befindlichen Organisationen zumindest einige gemeinsame und definierbare Ziele besäßen. Die Überlegungen zur Struktur logistischer Kanäle und zur Analyse der Aktivitäten in einem Servicezyklus haben deutlich gemacht, daß die Effizienz des logistischen Systems einer zu untersuchenden Betriebswirtschaft nicht nur von dieser Betriebswirtschaft determiniert wird. Es ist jedoch nicht davon auszugehen, daß die Mitglieder in einem logistischen Kanal ausschließlich gleiche Interessen verfolgen: Sie bilden kein „Team". Deskriptive Untersuchungen realer logistischer Systeme und Aussagen der neueren Organisationstheorie lassen vielmehr darauf schließen, daß die einzelnen Organisationen durchaus unterschiedliche Interessen verfolgen. Sie beurteilen Konsequenzen ihrer logistischen Entscheidungen an der Leistung ihres Systems, nicht oder zumindest weniger an der Leistung des gesamten logistischen Kanals. Die Tatsache, daß ein Teil der Aktivitäten im Servicezyklus von selbständigen Organisationen ausgeführt wird, bedeutet somit, daß die betrachtete Betriebswirtschaft ihre eigenen Ziele nur durchzusetzen vermag, wenn sie aktiv auf die anderen Mitglieder des logistischen Systems Einfluß zu nehmen versucht und eine Kontrolle über diese ausübt.

1.43 Entscheidungstatbestände in logistischen Systemen

Jede Betriebswirtschaft wird versuchen, ihr logistisches System so zu gestalten und logistische Prozesse so zu steuern oder zu regeln, daß diese im Hinblick auf die von ihr verfolgten Zielsetzungen optimal oder ihrem gesetzten Anspruchsniveau adäquat sind. Voraussetzung dieser Gestaltungsaufgabe der betrieblichen Logistik ist die Kenntnis der Freiheitsgrade, die einer Beeinflussung zugänglich sind. Die Betriebswirtschaft muß ihre Möglichkeiten zur Generierung alternativer Systemzustände kennen und potentielle Aktivitäten im physischen Versorgungssystem, in der Intrasystemlogistik und im physischen Distributionssystem identifizieren. Im ersten Abschnitt dieses Kapitels wurden die einzelnen Elemente, Subsysteme, Relationen und Prozesse des logistischen Systems beschrieben. Sie werden durch eine Vielzahl von Merkmalen oder Eigenschaften charakterisiert. Soweit diese Eigenschaften unterschiedliche Ausprägungen annehmen können und von der betrachteten Betriebswirtschaft beeinflußbar sind, stellen sie für die Entscheidungszentren der logistischen Systeme Entscheidungstatbestände dar. Die der Betriebswirtschaft bei der Entwicklung und dem Management logistischer Systeme zur Verfügung stehenden Variablen im Objektbereich sollen im folgenden kurz betrachtet werden. Entscheidungen über das Informations- und Entscheidungssystem logistischer Systeme werden im Abschnitt 1.44 untersucht.

Die Entscheidungstatbestände im Objektbereich lassen sich in vier Bereiche klassifizieren:

(1) Die Betriebswirtschaft hat über Zahl, Art, Größe und Standort von Verarbeitungszentren sowie von Distributionszentren zu entscheiden.

(2) In einem weiteren Schritt hat sie Entscheidungen über den Transport zwischen den einzelnen Standorten, von den Lieferanten zu diesen Standorten und von den Standorten zu den Endabnehmern zu treffen.

(3) Den einzelnen Standorten sind bestimmte Arten und Bestände an Rohstoffen, unfertigen Erzeugnissen und Fertigprodukten zuzuordnen. Hiermit werden Entscheidungstatbestände im Lagerbereich angesprochen.

(4) Schließlich sind einige weitere Probleme zu nennen, die sich insbesondere auf die Materialhandhabung und die Verpackung von Material und Produkten beziehen.

Unter diese vier Bereiche von Entscheidungstatbeständen lassen sich jeweils Hierarchien von Einzelentscheidungen subsumieren. Ihre Untersuchung wird zeigen, daß sie nicht unabhängig voneinander sind. Vielmehr bestehen zwischen den einzelnen Entscheidungstatbeständen Substitutionsmöglichkeiten („trade offs"), welche die Betriebswirtschaft bei ihrer Suche nach einem optimalen „Logistik-Mix" zu berücksichtigen hat.

Die Betrachtung der relevanten Entscheidungssituationen innerhalb der Mikrologistik erfolgt unter rein deskriptiven Gesichtspunkten. Dargestellt werden zunächst nur die möglichen Freiheitsgrade. Auf formale Modelle, welche die Entscheidungssituationen abbilden, und auf die für diese Modelle entwickelten Lösungsverfahren wird lediglich hingewiesen. Näher charakterisiert werden sie erst in Teil II, da die Problemstrukturen in den drei betriebswirtschaftlich relevanten Systemen teilweise sehr ähnlich sind und die Verwendung derselben Kalküle erlauben.

Die Analyse logistischer Entscheidungstatbestände erfolgt ohne Bezug auf eine bestimmte Betriebswirtschaft. Es wurde bereits dargestellt, daß letztlich alle Organisationen logistische Probleme besitzen. Wie diese Probleme im einzelnen aussehen, hängt weitgehend vom Charakter der Organisation ab. Ein Produktionsbetrieb weist andere logistische Probleme auf als ein Dienstleistungsunternehmen, ein Gewinnungsbetrieb andere Probleme als ein Konsumgüterproduzent. Es sollen deshalb kurz einige Faktoren genannt werden, welche die Gestaltung des logistischen Systems von Betriebswirtschaften wesentlich determinieren[35]).

Zunächst ist das *Leistungsprogramm* der Betriebswirtschaft zu nennen. Es beeinflußt den Input, die Art der Transformationsprozesse und den Produktfluß im physischen Distributionssystem. Die Variation relevanter logistischer Entscheidungstatbestände hängt beispielsweise davon ab, wieviel und welche „Quellen" für den Input bestehen und wie dieser Input selbst beschaffen ist. Hinsichtlich der Produktionsstätten ist es neben strukturellen und prozessualen Merkmalen von Relevanz, ob nur eine oder mehrere Produktionsstätten existieren. Diese Frage hat einen Einfluß auf zusätzliche Möglichkeiten in bezug auf einen gegenseitigen Warenaustausch, die Schaffung zentraler Läger oder die Gestaltung des Kommunikationssystems. Die Gestaltung des physischen Distributionssystems wird in starkem Maße durch die *Anzahl* und *Heterogenität* der angebotenen Produkte und durch die *Nachfragestruktur* determiniert. Eine breite Palette von Produkten wirft ganz andere logistische Probleme auf, als es innerhalb eines Einproduktbetriebes der Fall wäre. Grundsätzlich kann angenommen werden, daß mit wachsender Produktvarietät die Komplexität der notwendigen logistischen Systeme und die Probleme ihrer integrierten Steuerung überproportional steigen.

Auch die *physische Beschaffenheit* der Produkte beeinflußt die notwendigen Aktivitäten innerhalb logistischer Systeme. Sie determiniert nicht zuletzt Möglichkeit und Art der Lagerhaltung sowie die Wahl der Transportmittel, der Materialhandhabung und der notwendigen Verpackung. Leistungspro-

---

[35]) Vgl. Magee (1968 a), S. 333 ff.

gramm und Produktgestaltung werden deshalb aus logistischer Sicht nicht als Daten betrachtet werden. Der Logistik-Manager wird vielmehr versuchen, auf beide Entscheidungskomplexe einzuwirken, um in die jeweiligen Problemdefinitionen Beschränkungen eingehen zu lassen, die die logistischen Interessen berücksichtigen.

1.431 Entscheidungen über Verarbeitungs- und Distributionszentren

Betriebswirtschaften haben Entscheidungen über ihre Produktions- und Distributionszentren zu treffen, in und zwischen denen sich der Material- oder Produktfluß vollzieht. Die Entscheidung über das Netzwerk von Verarbeitungs- und Distributionszentren hat weitreichende Konsequenzen für die Kostenstruktur und Wettbewerbsfähigkeit der Betriebswirtschaft. Dies gilt um so mehr, als die Entscheidungen die Betriebswirtschaft im allgemeinen für eine längere Zeit binden. Neben den Entscheidungen über Zahl, Art, Standort und Größe von Produktions- und Distributionszentren sind auch, analog zu den Absatzwegen im Kontrahierungssystem, Anzahl und Arten der Stufen der physischen Verteilung der Produkte sowie die Zuordnung von Gebieten zu den Komponenten auf den einzelnen Stufen von Interesse.

Die Untersuchung alternativer Systeme von Verarbeitungs- und Distributionszentren erfolgt zunächst auf relativ hoher und globaler Betrachtungsebene: Mit Verarbeitungszentren werden ganze Produktionsstätten (Fabriken) gekennzeichnet und diese, wie auch die Distributionszentren, zunächst als black boxes behandelt; ihre Ausstattung mit Potentialfaktoren und der Ablauf der Prozesse in den Zentren werden also zunächst nicht betrachtet. In einem weiteren Schritt werden dann Möglichkeiten des Layouts innerhalb der Verarbeitungs- und Distributionszentren analysiert.

Entscheidungen über die Verarbeitungszentren

Entscheidungen über Zahl, Art, Standort und Größe von Produktionsstätten sind als grundlegende konstitutive Entscheidungen für logistische Systeme anzusehen. Dies gilt nicht nur deshalb, weil die Mittel für die Fabrikationsstätten einen Großteil der vorhandenen Ressourcen binden, sondern insbesondere wegen der Tatsache, daß durch diese Entscheidungen eine Vielzahl anderer logistischer Entscheidungen unmittelbar berührt wird. Als eine der Basisentscheidungen in logistischen Systemen ist die Wahl des Standortes von Verarbeitungszentren anzusehen. Die Anordnung der Produktionsstätten im Raum ist von um so größerer Bedeutung, als sie sowohl die wesentlichen Kosteneinflußfaktoren als auch den Erlös in unmittelbarer Weise berührt.

Standortwahl

Schon relativ früh hat das Standortproblem insbesondere in Form landwirtschaftlicher und industrieller Standortlehren das wissenschaftliche Interesse vor allem deutschsprachiger Autoren gefunden. Genannt seien nur die bereits „klassischen" Standorttheorien von Johann H. von Thünen (1826/50), Wilhelm Launhardt (1885), Alfred Weber (1909) und August Lösch (1940). Im angelsächsischen Bereich wurden diese Ansätze insbesondere von Hoover (1938), Greenhut (1956) und Isaard (1960) aufgenommen und weiterentwickelt. Die Beiträge der Standorttheoretiker, soweit sie für die vorliegende Problematik relevant sind, zeigen, daß sich alle standortbeeinflussenden Faktoren in drei Kategorien gruppieren lassen: in (1) Kostenfaktoren, (2) Erlösfaktoren und (3) sonstige Einflußfaktoren vor allem nicht-wirtschaftlicher Art[36]).

Die *Kostenfaktoren* lassen sich in Transportkosten und Produktionskosten und letztere beispielsweise wieder in Grundstückskosten, Steuern, Kapital-, Arbeits- und Energiekosten aufgliedern. Auch die Transportkostenkomponente hat verschiedene Einflußfaktoren; so ist die Art der Rohmaterialien und der Fertigprodukte ebenso zu berücksichtigen wie die zur Verfügung stehenden Transportmittel, das Verkehrsnetz und bestehende Tarifsysteme. Nicht zuletzt sind bei den Kosten „external economies" auf Grund geographischer Ballung von Produktionsstätten zu berücksichtigen. Sie äußern sich z. B. in geringeren Transportkosten auf Grund besserer Verkehrsmöglichkeiten oder in reduzierten Produktionskosten wegen des Vorhandenseins qualifizierter Arbeitskräfte oder anderer spezialisierter Inputfaktoren.

Eine Kostenbetrachtung allein ist für eine Standortentscheidung jedoch nicht ausreichend. Auch direkte und indirekte *Erlöse* bilden Prämissen der Standortentscheidung. Die Organisation lebt nicht in einem „Wettbewerbsvakuum": In die Entscheidungen sind Informationen über die Wettbewerber sowie über die Nachfragestruktur als Entscheidungsprämissen einzubeziehen, wobei hinsichtlich der Nachfragestruktur u. a. Kaufkraft, Käuferdichte und Käuferpräferenzen und damit nicht zuletzt die Stärke der Nachfrage und die erzielbaren Preise interessieren. Auch Servicezeit und Lieferbereitschaft werden unmittelbar durch die Standortwahl beeinflußt.

Neben einer Einteilung der Einflußfaktoren der Standortentscheidung in Kosten-, Erlös- und sonstige Faktoren sind auch andere Betrachtungsweisen möglich. So werden aus einer etwas anderen Sicht etwa Materialorientierung (Rohstofforientierung), Arbeitsorientierung, Abgabenorientierung, Kraftorientierung (Energieorientierung), Verkehrsorientierung und Absatzorientierung als Bestimmungsfaktoren des betrieblichen Standortes unterschieden.

Das Problem der Standortwahl tritt nicht nur in der Gründungsphase der Betriebswirtschaft auf. Eine Veralterung oder eine zu geringe Kapazität der bestehenden Anlagen, die Aufnahme neuer Produkte in das Leistungsprogramm, erhebliche Verschiebungen der Industrie- oder Bevölkerungszentren,

---

[36]) Zur Standortwahl vgl. Bloech (1970); Greenhut (1956); Heskett (1969); Mossman und Morton (1965), S. 105 ff.; Rüschenpöhler (1958).

das Erschließen neuer Rohstoff- oder Energiequellen, das Aufkommen von vorteilhafter gelegenen Konkurrenten können eine Unternehmung ebenso veranlassen, einen neuen oder einen weiteren Standort zu überdenken, wie ihr Wunsch nach Dezentralisation der Produktion.

Anzahl der Verarbeitungszentren

Das Problem der Standortwahl läßt sich um die Frage erweitern, ob die Betriebswirtschaft über eine oder mehrere Produktionsstätten verfügen soll und wo diese zu errichten sind. Diese Entscheidung ist für die Gestaltung logistischer Systeme insofern relevant, als mit der Zahl weiterer Produktionsstätten die Komplexität logistischer Systeme in der Regel stark ansteigt.

Die Art der zusätzlich auftretenden Probleme hängt vor allem davon ab, ob an den verschiedenen Standorten gleiche, unterschiedliche oder sich teilweise überlappende Produktgruppen hergestellt werden. Daraus ergeben sich notwendige Entscheidungen u. a. darüber,

— welche Erzeugnisse in jeder Produktionsstätte gefertigt werden sollen;

— ob jede Produktionsstätte die Kunden direkt beliefern soll oder ob Produkte, die nicht in allen Verarbeitungszentren hergestellt werden, zwischen den Fabriken gegenseitig ausgetauscht werden sollen, so daß die Bestellungen als Einheit ausgeliefert werden können;

— welche Gebiete von den einzelnen Verarbeitungszentren beliefert werden sollen, wenn gleiche Produkte an mehreren Orten hergestellt bzw. bereitgehalten werden[37]).

Verschiedene dieser Probleme werden im einzelnen noch untersucht werden.

Mehrstufigkeit von Produktionssystemen

Häufig umfassen die Produktionssysteme von Betriebswirtschaften mehrere räumlich getrennte Verarbeitungszentren, die funktional in der Weise gekoppelt sind, daß sie jeweils eine bestimmte Stufe des Produktionsprozesses ausführen. Verschiedene Massenrohstoffe, wie beispielsweise Agrarerzeugnisse oder Rohöl, sind nur in wenigen Gebieten verfügbar und selbst dort vielleicht nur in jeweils begrenzten Mengen. Sie müssen deshalb zunächst in verarbeitende Fabriken transportiert werden. Erst dort fallen die Endprodukte an. Ähnliches gilt für die Herstellung von Halbfabrikaten in ausgegliederten Produktionsstätten und die Fertigstellung in einer weiteren Produktionsstätte.

Häufig werden auch aus Kosten- und Servicegründen Montagestätten über ein Absatzgebiet regional verstreut. Eine ähnliche Erscheinung ist die Existenz von zentralen Abpackungszentren, wie sie etwa für bestimmte Arten von Chemikalien, Ölen oder Getränken bestehen. Diese Beispiele machen

---

[37]) Vgl. Magee (1968 a), S. 240 ff.

auch deutlich, daß die Abgrenzung zwischen physischem Versorgungssystem, innerbetrieblicher Logistik und physischem Distributionssystem durchaus nicht immer ohne Schwierigkeiten möglich ist.

Entscheidungen über Distributionszentren

Die Errichtung und der Betrieb von Distributionszentren, die zwischen Lieferanten und Verarbeitungszentren und insbesondere zwischen Verarbeitungszentren und Kunden eingeschaltet werden, spielen eine entscheidende Rolle in der Distributionspolitik. Während man früher Distributionszentren lediglich eine mehr oder weniger passive Lagerfunktion beimaß, betrachtet man heute Distributionszentren als aktive und effiziente Instrumente im Rahmen des Marketing-Mix. Die Distributionszentren haben dabei vornehmlich eine Bewegungs-, weniger eine Lagerfunktion.

Die Konzeption, den Material- oder Produktfluß über Distributionszentren zu lenken, beruht vor allem auf zwei Überlegungen. Zum einen sollen Distributionszentren gegenüber einem Direktversand die Servicezeit verringern und somit zusätzliches akquisitorisches Potential schaffen. Zum anderen erlaubt Warehousing häufig, die Transportkosten insofern zu verringern, als es vorteilhafter sein kann, einen starken Produktfluß auf zentrale Punkte — die Distributionszentren — zu lenken und dort in schmale Ströme zu den einzelnen Kunden aufzuspalten, als den Produktfluß schon an seiner Quelle aufzuspalten und die einzelnen Kunden direkt zu beliefern. Allerdings werden Transportkosteneinsparungen häufig durch die Kosten für die Unterhaltung der Distributionszentren überkompensiert. Auch auf der Beschaffungsseite sollen Distributionszentren primär die Transportkosten senken und/oder den schnellen Nachschub sichern.

Innerhalb einer Marketingstrategie ist Warehousing das logistische Analogon zum indirekten Absatz und zu den Absatzketten im Kontrahierungssystem. Wie auch ihre Pendants im Kontrahierungssystem können Distributionszentren sehr unterschiedlicher Natur sein. Sie beinhalten für die systemgestaltende Organisation eine Vielzahl von Freiheitsgraden, die bei der Gestaltung des logistischen Systems kombiniert werden[38]).

Arten von Distributionszentren

Distributionszentren können markt- oder produktionsorientiert sein oder eine Zwischenstellung einnehmen[39]). Marktorientiert ist ein Distributions-

---

[38]) Vgl. zu den verschiedenen Problemkreisen des Warehousing aus der umfangreichen Literatur die Beiträge in Bowersox, Smykay und LaLonde (1968), S. 246 ff.; Briggs (1960); Constantin (1966), S. 364 ff.; Frederick (1957); Heskett, Ivie und Glaskowsky (1964), S. 377 ff.; Heskett und Taylor (1967), S. 41 ff.; Magee (1968 a), S. 143 ff.; Mossman und Morton (1965), S. 225 ff.; Perrine (1971 b); Smykay und LaLonde (1967), S. 124 ff.; Taff (1968), S. 129 ff.; Wapman (1971).

[39]) Vgl. Bowersox, Smykay und LaLonde (1968), S. 250 ff.

zentrum, wenn es in der Nähe der Endverbraucher gelegen ist und damit durch Zusammenfassung von Lieferungen auf den weiten Strecken und relativ kurzen Bewegungen im lokalen Bereich größere Transportkostenverminderungen ermöglicht. Produktionsorientierte Distributionszentren werden dagegen in der Nähe von Produktionsstätten geschaffen, um als Sammelpunkte für viele Produkte zu dienen, die in verschiedenen Produktionsstätten hergestellt werden. Sie erfüllen insofern eine „Konsolidierungsfunktion". Der Vorteil dieser Distributionszentren liegt darin, daß von den Produktionsstätten Lieferungen in großen Mengen an die Distributionszentren erfolgen können. Dort werden die Lieferungen für die Kunden in der Regel aus mehreren Produkten zusammengestellt und wiederum in großen Mengen transportiert. Die Kunden werden somit zu den geringeren Kosten, die bei größeren Lieferungen anfallen, dennoch mit ganzen Sortimenten bedient.

Distributionszentren werden sowohl im physischen Versorgungs- wie im physischen Distributionssystem errichtet. In einigen Fällen dienen sie beiden Seiten. So erhalten große Einzelhandelsketten ihre Produkte von einer Vielzahl von Herstellern. Die Kette veranlaßt nun den Hersteller, an wenige regionale Annahme- und Distributionszentren zu liefern. Diese dienen gleichzeitig wiederum als Nachschubquelle für die einzelnen Läden.

Nach der Anordnung der Distributionszentren im Raum und nach den zugeordneten Liefergebieten oder Kundenkreisen ist zu differenzieren zwischen regionalen und lokalen Warehouses sowie zwischen Lägern bei Organisationen oder Personen, die — wie z. B. Großhändler — bestimmte Verteilerfunktionen erfüllen (distributor stocks) und Lägern bei Einzelhändlern. Diese Formen stellen eine Art „Hierarchie von Distributionszentren" dar, wobei Läger bei Einzelhändlern in der Regel den Endpunkt in der Distributionskette bilden. Häufig werden sie dabei mit produktions- oder marktorientierten Zentren kombiniert.

Eigene versus unabhängige Distributionszentren

Die betrachtete Betriebswirtschaft hat darüber zu entscheiden, ob die Distributionszentren von ihr selbst oder von anderen unterhalten werden. Dabei sind zunächst nur die Möglichkeiten zu betrachten, bei denen die Dispositionsfreiheit über die Waren bei der Betriebswirtschaft verbleibt.

Die Betriebswirtschaft kann selbst Distributionszentren errichten bzw. mieten und selbst betreiben. Sie kann aber auch in ihrem logistischen System Distributionszentren verwenden, die in fremdem Besitz sind und grundsätzlich allen nachfragenden Betriebswirtschaften zur Verfügung stehen. Letztere seien hier als *unabhängige* Warehouses bezeichnet. Unabhängige Warehouse-Betriebe bieten als Dienste gegen Entgelt Lagermöglichkeiten an, wobei die Verträge — oft auf die Miete bestimmter Flächen bezogen — im allgemeinen kurzfristig sind. Unabhängige Distributionszentren stellen beispielsweise Lagerhäuser (Lagereien, staatliche und öffentliche Lagerhäuser) dar. Auch Speditionen offerieren in der Regel ähnliche Dienste. Die Verpflichtung unabhängiger Distributionszentren bildet den Gegenstand von (sekundären) Transaktionsepisoden, in deren Rahmen die betrachtete Betriebswirtschaft verschiedene Einzelentscheidungen zu treffen hat.

Über die eigentliche Lagerung hinaus haben unabhängige Distributionszentren in vielen Fällen ihre Dienste beträchtlich erweitert. Die angebotenen Dienste können nicht nur Warenannahme, Zusammenstellung, Versand und Beladung, sondern ebenso beispielsweise Auftragsannahme, Auszeichnung, Etikettierung, Wiederverpackung und Inspektion der Waren einschließen. Weiterhin können sie auch die Leitung der lokalen Auslieferung einschließlich der Erstellung der Versandpapiere, der Buchhaltung und der Frachtenvorauszahlung umfassen.

Unabhängige Distributionszentren haben in modernen logistischen Systemen eine große Bedeutung erlangt. Sie besitzen gegenüber den in eigener Regie betriebenen Distributionszentren drei wesentliche Vorteile: Flexibilität, Spezialisierung und finanzielle Vorteile. Flexibilität besteht sowohl hinsichtlich des Standortes als auch des benötigten Raums. Darüber hinaus können unabhängige Distributionszentren kurzfristig gemietet werden und sich deshalb entsprechend der Nachfragesituation einsetzen lassen. Die Spezialisierung der unabhängigen Distributionszentren äußert sich in einer zweckmäßigen Ausstattung mit Anlagen und qualifiziertem Personal. Finanzielle Vorteile bestehen unter anderem darin, daß die sonst in eigenen Distributionszentren festgelegten Mittel für andere Zwecke zur Verfügung stehen, Lagerscheine eine Kreditaufnahme erleichtern und die Ware zahlungsunfähigen Kunden nicht wie bei einer direkten Lieferung zur freien Verfügung zugänglich ist[40]).

Die Verwendung unabhängiger Distributionszentren kann insofern Nachteile beinhalten, als die variablen Kosten in der Regel pro Einheit höher sind als bei eigenen Zentren. Allerdings ist zu berücksichtigen, daß selbstbetriebene Distributionszentren erhebliche Fixkosten verursachen. Entscheidend für die Wahl zwischen eigenen und unabhängigen Distributionszentren ist deshalb nicht zuletzt der mengenmäßige Umfang des Material- oder Produktflusses. Eine weitere Schwierigkeit kann darin bestehen, unabhängige Warehouses in das gesamte logistische System einer Organisation zu integrieren. Die betrachtete Betriebswirtschaft sieht sich dem Problem gegenüber, wie sie die von unabhängigen Distributionszentren ausgeführten Prozesse in ihrem Sinne beeinflussen und kontrollieren kann und das alle Prozesse überlagernde Kommunikationssystem gestalten soll[41]).

In aller Regel wird weder ein reines System selbstbetriebener Distributionszentren noch ein nur aus unabhängigen Zentren bestehendes System allen Anforderungen gerecht werden. Es wird deshalb oft ein kombiniertes System

---

[40]) Vgl. Constantin (1966), S. 381 ff.
[41]) Vgl. Magee (1968 a), S. 153.

gewählt, wobei dann eigene Stützpunkte dazu dienen, die Distribution der Waren in Gebieten durchzuführen, in denen die Nachfrage stabil und genügend groß ist. Unabhängige Distributionszentren werden eingesetzt, um Spitzennachfragen zu decken oder Einführungsprodukte zu übernehmen. Vor allem Marktverhältnisse und Leistungsprogramm stellen somit Anhaltspunkte für eine Entscheidung über die Art der Distributionszentren dar.

Läger und Distributionszentren bei Groß- und Einzelhändlern

In die Entscheidungen über die Errichtung oder das Betreiben von Distributionszentren im logistischen System einer betrachteten Betriebswirtschaft sollen auch die von oder bei Groß- oder Einzelhändlern bzw. anderen Komponenten des Kontrahierungskanals betriebenen Läger oder Distributionszentren einbezogen werden. Diese Distributionsstellen sind zwar nicht „Warehouses" im eigentlichen Sinne, erfüllen aber in logistischen Kanälen letztlich dieselben Funktionen. Dabei bestehen mehrere Möglichkeiten. Zum einen können Groß- und Einzelhändler, Handelsvertreter oder Makler der betrachteten Betriebswirtschaft lediglich den Raum und gegebenenfalls die benötigten Arbeitskräfte zur Verfügung stellen, die „Regie" jedoch der betrachteten Betriebswirtschaft überlassen. Sie übernehmen gewissermaßen „Depots" der betrachteten Betriebswirtschaft. Diese Art wird insbesondere dann gewählt werden, wenn die Ware wie beispielsweise bei Konsignationslägern (zunächst) nicht in das Eigentum des Absatzmittlers übergehen soll. Die Absatzmittler üben bei dieser Form des Warehousing in gewisser Weise die Funktion eines unabhängigen Distributionszentrums aus.

Darüber hinaus stellt sich mit der Existenz von Großhändlern, Einzelhändlern und anderen Komponenten des Kontrahierungskanals für die betrachtete Betriebswirtschaft jedoch grundsätzlich das Problem, ob und gegebenenfalls inwieweit sie überhaupt die Warehousing-Funktion — sei es über eigene, sei es über unabhängige Distributionszentren — selbst erfüllen oder den anderen Mitgliedern des Kontrahierungskanals überlassen will. So sind sehr häufig nach der Kontrahierung und Übergabe der Ware durch den Hersteller an die Groß- oder Einzelhändler diese für Lagerung, Warehousing sowie generell für die weitere physische Distribution verantwortlich. Sie unterhalten selbst Läger bzw. Distributionszentren oder nehmen die Dienste unabhängiger Zentren in Anspruch: Die betrachtete Betriebswirtschaft überläßt die Funktion des Warehousing generell oder für bestimmte Stufen des Kanals anderen Mitgliedern des Kontrahierungswegs. Ein Vorteil dieses Vorgehens — betrachtet man nur die Aspekte der physischen Distribution — besteht darin, daß die Kosten des Warehousing unter den verschiedenen, den Distributionskanal konstituierenden Organisationen aufgeteilt werden. Nachteile ergeben sich für die betrachtete Betriebswirtschaft allerdings dabei wiederum unter den Aspekten der einheitlichen Regelung und Steuerung des logistischen Systems.

Zahl und Standort von Distributionszentren und die Zuordnung von Gebieten

Die Entscheidungen über Anzahl und Standort von Distributionszentren sowie über die ihnen zuzuordnenden Gebiete sind eng miteinander verknüpft. Man kann nicht über einen Aspekt diskutieren, ohne die beiden anderen in die Betrachtung einzubeziehen.

Das Problem läßt sich in der Weise formulieren, daß in einem gegebenen Distributionsraum vor allem unter Berücksichtigung der Nachfragestruktur Distributionszentren in solcher Anzahl und in solcher räumlichen Anordnung verteilt und ihnen in einem weiteren Schritt bestimmte Liefergebiete so zugewiesen werden, daß die Ziele des logistischen Systems optimal erfüllt werden. Die der Entscheidung über alternative Systeme zugrundeliegenden Ziele werden einen Kompromiß zwischen einem noch akzeptierten Kostenniveau und dem „zeitlichen" Nutzen beinhalten, den die Unternehmung ihren Kunden in Form der Servicezeit noch zu gewähren bereit ist. Ein praktischer Ansatz zur Lösung des Problems besteht darin, verschiedene mögliche Systeme von Distributionszentren zu definieren und in einer Analyse Gesamtkosten und Lieferservice einander gegenüberzustellen. Anschließend wird diese Lösung durch Hinzufügen weiterer Zentren oder durch Veränderung der Standorte in der Regel in mehreren Schritten inkremental in der Weise verbessert, daß entweder ein marginaler Kostenvorteil oder ein marginaler Servicevorteil entsteht.

Auch die Gestaltung des Kontrahierungssystems und die Bedingungen des Produktionssystems beeinflussen Entscheidungen über die Distributionszentren. Wenn der Hersteller direkt an den Endabnehmer verkauft, wird er wahrscheinlich selbst das Warehousing übernehmen. Wenn die Absatzkette lang ist, wird häufig auch der logistische Kanal lang sein und das Warehousing mit mehreren an diesem Kanal beteiligten Organisationen, z. B. Groß- oder Einzelhändlern, geteilt werden. Auch wurde festgestellt, daß die Einrichtung von Distributionszentren zusätzliche Kontrahierungen anrege[42]. Entscheidungen über das Produktionssystem sind insofern relevant, als beispielsweise saisonale Produktion Zahl und räumliche Anordnung von Distributionszentren mitbestimmt.

Die *Anzahl* der Distributionszentren hängt bei gegebenem Service- bzw. Kostenziel weitgehend davon ab, ob der Markt und die Nachfrage nach den Waren geographisch konzentriert sind oder nicht. Die Konzentration für die einzelnen Produkte kann dabei durchaus unterschiedlich sein. Mit wachsender Streuung der Märkte und der Nachfrage werden mehr Standorte wünschenswert. Mit der Weiterentwicklung der Transporttechnik, insbesondere der Zunahme der Geschwindigkeit, ist dagegen ein Trend zu weniger Stützpunkten im Versorgungssystem und im physischen Distributionssystem verbunden. Allerdings können Betriebswirtschaften aus verschiedenen

---

[42] Vgl. Anderson (1970).

Gründen bestrebt sein, in bestimmten Orten repräsentiert zu sein, auch wenn es aus „technischen" Gründen nicht unbedingt erforderlich sein sollte.

Geeignete *Standorte* der Distributionszentren werden ebenfalls bestimmt durch die Markt- und Produktkonzentration. Außerdem ist die Homogenität der Märkte von Bedeutung. Neben Marktfaktoren beeinflussen der Standort der Produktionsstätten, die Differenzierung des Leistungsprogramms und die Verkehrssituation im betrachteten Gebiet die Standortwahl. Liegt die Anzahl der Distributionszentren fest, ist bei Berücksichtigung der genannten Faktoren für die Wahl des Standorts im allgemeinen nur noch eine geringe Entscheidungsfreiheit gegeben. Der Entscheidungsprozeß zur Bestimmung der Standorte ist im allgemeinen in der Weise hierarchisch strukturiert, daß zunächst sehr globale Alternativen verglichen werden und nach Wahl einer globalen Alternative in deren Rahmen noch genauere, detailliertere Lösungen gesucht werden. Ist beispielsweise der Standort hinsichtlich der Stadt oder des Gebietes grob bestimmt, so kann die Lage innerhalb dieser Grenzen exakt festgelegt werden. Dabei hängt die Wahl — es seien nur einige wenige Faktoren genannt — von Erschließung, Zugangsmöglichkeiten, Grundstücksgröße, Verfügbarkeit von Arbeitskräften, der Nähe der Hauptkunden oder bestimmter staatlicher Einrichtungen ab.

Wurden Entscheidungen über Anzahl und Standorte der Distributionszentren getroffen, dann sind diesen sowie den einzelnen Produktionsstätten die von ihnen zu betreuenden Kunden bzw. die *Gebiete* zuzuweisen, innerhalb deren sie für die Verteilung der Waren zuständig sind. Dieses Zuordnungsproblem ist einmal eine Frage wirtschaftlicher Überlegungen, zum anderen eine Frage der Konvention. So werden beispielsweise häufig Grenzen der Bundesländer, Landkreise oder Postleitzahlengebiete gewählt. Teilweise wird auch eine Übereinstimmung zwischen den den Distributionszentren zugeordneten Gebieten und den Gebieten der entsprechenden Institutionen im Kontrahierungssystem angestrebt. Geht man von wirtschaftlichen Gesichtspunkten aus, so wird postuliert werden, die Grenzen zwischen den Gebieten so zu ziehen, daß an der Grenze zwischen zwei Gebieten die gesamten Distributionskosten bei der Lieferung von beiden Warehouses oder Produktionsstätten gleich hoch sind.

Entscheidungen über die Kapazität von Distributionszentren

Innerhalb des Problemkreises „Distributionszentren" stellt die mengenmäßige Kapazität einen weiteren Entscheidungstatbestand dar. Ausgangspunkt einer Kapazitätsbestimmung ist die Schätzung zukünftiger mengenmäßiger Umsätze und des Raumbedarfs pro Mengeneinheit bei gegebener Lagertechnik. Dabei wird die Höhe des zukünftigen Bedarfs nicht unabhängig von den Entscheidungen über die Zuordnung von Gebieten (Kunden) zu den Distributionszentren sein. Sind zukünftige Umsätze und Raumbedarf pro Mengeneinheit bekannt oder geschätzt, kann die maximale Größe des

Distributionszentrums berechnet werden. Nur in seltenen Fällen wird jedoch auf Grund hoher Fixkostenbelastung bei Nichtausnutzung die maximale Kapazität gewählt. Es kann vielmehr wünschenswert erscheinen, einen das Distributionszentrum durchlaufenden Material- oder Produktfluß aufzuteilen in die Basiserfordernisse, um den Markt in jeder Periode zu versorgen, und in saisonale und zyklische Variationen. Eine Beschränkung der Kapazität auf die Basiserfordernisse ergäbe eine 100%ige Ausnutzung der Kapazität und damit ceteris paribus minimale Durchschnittskosten. Hinsichtlich des Spitzenbedarfs wäre auf zusätzliche unabhängige Distributionszentren zurückzugreifen. Im allgemeinen wird jedoch auch bei dieser Entscheidung weder das eine Extrem (maximale Kapazität) noch das andere (minimale Kapazität) gewählt, sondern eine Lösung zwischen diesen Punkten gesucht. Hebt man die Beschränkung einer gegebenen Lagertechnik auf, so stellt sich die Frage nach der Ausstattung der Distributionszentren. Sie soll bei der Betrachtung der innerbetrieblichen Transportmittel und der Materialhandhabungsmethoden erörtert werden[43]).

Mehrstufigkeit von Versorgungs- und Distributionssystemen

Auch wenn man mögliche innerbetriebliche „Etappen" des Produktflusses in den Verarbeitungs- und Distributionszentren selbst nicht berücksichtigt, stellen logistische Systeme mehrstufige Gebilde dar. Der Produktfluß vollzieht sich auf der Beschaffungsseite von den Nachschubquellen zu den Produktionsstätten, auf der Absatzseite von den Produktionsstätten bis zu den Endabnehmern. Sowohl zwischen den Nachschubquellen und den Produktionsstätten der betrachteten Unternehmung als auch zwischen den Produktionsstätten und den Endabnehmern kann der Produktfluß nacheinander über mehrere Distributionszentren gelenkt werden. Dabei können die Distributionszentren auf den einzelnen Stufen unterschiedlicher Art sein. Bezieht man das System von Produktionsstätten in die Betrachtung ein, so ergibt sich ein äußerst komplexes Bild alternativer, mehrstufiger logistischer Netzwerke, die von Systemen mit einem einstufigen Versorgungssystem, einstufigen System der innerbetrieblichen Logistik und einstufigen physischen Distributionssystem bis zu Systemen reichen, bei denen sich allein die physische Distribution über ganze Ketten von produktions- bzw. marktorientierten regionalen und lokalen Distributionszentren vollzieht.

Innerbetriebliche Standortplanung (Layout-Problem)

Das Problem der Raumzuordnung (Layout) läßt sich in allgemeiner Weise wie folgt charakterisieren: Betrachtet wird ein System, dessen Elemente oder Komponenten wechselseitige materielle, energetische oder informationelle Kopplungen aufweisen. Es ist offensichtlich, daß die gesamte erforder-

---

[43]) Vgl. S. 308 ff. und S. 326 ff. dieses Buches.

liche Transportleistung zur Beförderung von Personen, Materie, Energie oder Informationen von der räumlichen Anordnung der einzelnen Elemente oder Komponenten des Systems abhängt. Ob zwei Einheiten, zwischen denen sich ständig eine Vielzahl von Transaktionen vollzieht, unmittelbar aneinander grenzen oder räumlich stark getrennt liegen, beeinflußt in direkter Weise die Systemeffizienz. Man wird deshalb den Elementen oder Komponenten innerhalb eines gegebenen Raumes einen solchen Standort zuweisen, daß der im System durch die Kopplungen verursachte Aufwand möglichst gering ist. Dieser Aufwand kann als Transportkosten, Transportzeiten oder unter bestimmten Annahmen beispielsweise auch als Entfernungen definiert werden.

Standort- und Raumzuordnungsentscheidungen werden auf allen Ebenen eines Systems getroffen. In den vorangegangenen Ausführungen wurden Entscheidungen über den Standort von Produktionsstätten und Distributionszentren erörtert, wobei diese selbst jeweils als „black boxes" betrachtet wurden. Im folgenden sollen nun mögliche Standorte *innerhalb* gegebener Produktionsstätten oder Distributionszentren untersucht werden[44]. Angesprochen werden damit insbesondere Problemkreise, die den Bereich der innerbetrieblichen Logistik erfassen. Die Organisationseinheiten sind als Abteilungen, Arbeitsplätze, Maschinen, Gruppen von Maschinen, als Personen oder Produkte zu interpretieren.

Bereits bei dieser Aufzählung wird deutlich, daß auch beim innerbetrieblichen Layout mehrere Ebenen der Betrachtungsweise unterschieden werden können. Einmal sind Entscheidungen über die räumliche Anordnung relativ globaler Bereiche, wie z. B. der Energieversorgung, der Produktion, der Läger oder der Verwaltung, zueinander zu treffen. Innerhalb dieser Bereiche sind wiederum Standorte festzulegen, sei es von Abteilungen oder auf noch niedrigerer Systemebene von Arbeitsplätzen, Maschinen oder beispielsweise von Produkten in Lägern.

Wählt man eine relativ globale Betrachtungsweise, so treten in den *Verarbeitungszentren* Entscheidungen über die räumliche Anordnung des Wareneingangs, der Rohmateriallager, der Produktionsabteilungen, der Zwischenproduktläger, der Endproduktläger und des Versandbereichs auf. Einflußfaktoren der Gestaltung sind z. B. die Heterogenität der Rohmaterialien, das Fertigungsprogramm sowie das Fertigungsverfahren.

Untersucht man das Layout-Problem auf einer niedrigeren Systemebene, so interessieren vornehmlich Standortprobleme im *Produktionsbereich* sowie die Raumzuordnung im Eingangs-, im Lager- und im Versandbereich. Innerhalb des Produktionsbereichs ist vor allem die Anordnung der Betriebseinrichtungen bei Werkstattfertigung mit Schwierigkeiten verbunden. Wäh-

---

[44] Zur innerbetrieblichen Standortplanung vgl. Heiner (1961), S. 87 ff.; Kiehne (1969); Pack, Kiehne und Reinermann (1966); Schmidt (1965); Reed (1961).

rend bei der Fließfertigung die Standorte der Aggregate funktionsorientiert und weitgehend durch den Produktionsablauf festgelegt sind, bietet sich für die Standortzuweisung der einzelnen Werkstätten eine Vielzahl von Anordnungen an, aus der eine optimale ausgewählt werden soll.

Die Standortplanung im Produktionsbereich hat schon relativ früh das Interesse der Praxis wie auch der betriebswirtschaftlichen Literatur gefunden. Demgegenüber wurden die für den Material- und Produktfluß ebenfalls sehr wesentlichen Probleme der Raumzuordnung sowohl auf der Input- als auch auf der Outputseite, also speziell Standortprobleme im Bereich des Wareneingangs, der Lagerung und des Versands, lange Zeit vernachlässigt.

Layout-Probleme in Lägern und Distributionszentren bestehen darin, den eigentlichen Lagerbereich, die Input- und Outputstellen und die anderen involvierten Bereiche (z. B. Administration, Qualitätskontrolle, Zusammenstellung, Verpackung, Versand) räumlich so zueinander anzuordnen, daß der Produktfluß begünstigt wird. Die Anordnung wird dabei u. a. beeinflußt durch die Transportart, mit der Produkte geliefert oder versandt werden, durch die innerbetrieblichen Transportmittel, die Methoden der Materialhandhabung, das Produktionsverfahren, das Fertigungsprogramm sowie durch die vorhandenen Bauten und den möglichen oder gewünschten Automatisierungsgrad der logistischen Prozesse.

Von nicht geringer logistischer Bedeutung ist letztlich die Anordnung der Materialien oder Produkte im eigentlichen Lagerbereich. So wird dieses Problem beispielsweise in Versandhäusern eine für den innerbetrieblichen Produktfluß entscheidende Rolle spielen und eine Vielzahl von Problemen aufwerfen.

1.432 Entscheidungen über den Transport

Transportprozesse haben von jeher einen relativ breiten Raum bei der Untersuchung von Distributionssystemen eingenommen. Oft wird gar das Transportwesen einer Organisation mit ihrem logistischen System gleichgesetzt. Transportsysteme und Transportprozesse bezeichnen jedoch nur Teilaspekte logistischer Systeme: Der Transport erfüllt die Funktion, zwischen den Elementen oder Komponenten des logistischen Systems und zwischen System und Umwelt Kopplungen insbesondere stofflich-energetischer Art zu ermöglichen[45].

Im folgenden soll davon ausgegangen werden, daß Gewinnungszentren, Zahl, Art, Größe und Standort der Verarbeitungs- und der Distributionszentren sowie die relevanten Merkmale der Endabnehmer (bzw. Lieferanten) in

---

[45] Zu den Problemkreisen des Transports in logistischen Systemen vgl. Banks (1969); Bowersox, Smykay und LaLonde (1968), S. 125 ff.; Constantin (1966), S. 205 ff.; Heskett, Ivie und Glaskowsky (1964), S. 54 ff.; Magee (1968a), S. 117 ff.; die verschiedenen Beiträge in Marks und Taylor (1967), S. 185 ff.; Mossman und Morton (1957), (1965); Taff (1968), S. 72 ff. und S. 286 ff.

jedem logistischen Kanal festliegen und bekannt sind. Es stellt sich dann einmal das Problem, welche Transportart grundsätzlich gewählt werden soll, welche Kapazität die „Transportflotte" besitzen und ob der Transport im Werkverkehr oder durch selbständige Organisationen durchgeführt werden soll. Zum anderen ist festzulegen, in welcher Reihenfolge mehrere Empfänger (beispielsweise Endabnehmer oder Distributionszentren) von einem Punkt aus angefahren werden sollen, welche Fahrzeuge welchen Touren zuzuordnen sind und wie diese Fahrzeuge optimal zu beladen sind. Die Entscheidungen über Art, Anzahl und Größe der Transportmittel, über Werkverkehr oder Fremdleistung, über Transportwege und Fahrzeugzuordnung sind dabei ebensowenig voneinander unabhängig, wie es die Entscheidungen über Zahl, Art, Größe und Standort von Verarbeitungs- und Distributionszentren und die Zuordnung von Gebieten sind.

Der Transport umfaßt nicht nur die Beförderung zwischen den globalen Elementen des logistischen Systems und seiner Umwelt, wie Verarbeitungszentren, Distributionszentren und Endabnehmern, sondern auch auf niedrigerer Systemebene die Beförderung in den Zentren, also innerbetriebliche Prozesse[46]). Es wurde bereits darauf hingewiesen, daß Entscheidungen über den innerbetrieblichen Transport in starkem Maße interdependent sind mit Entscheidungen über Produktionsprozesse und den innerbetrieblichen Layout. Im folgenden sollen Probleme des innerbetrieblichen Transports explizit nur am Rande erörtert werden. Allerdings sind die im innerbetrieblichen Bereich vorzufindenden Problemstrukturen den im folgenden beschriebenen Problemen teilweise sehr ähnlich.

Entscheidungen über die Transportart

Eine Wahl der Transportart erfordert vom jeweiligen Entscheidungsträger eine Konkretisierung seiner Vorstellung über mehrere Tatbestände. Das relativ globalste Klassifikationskriterium ist eine Unterscheidung nach den *Verkehrsträgern*. Dies ist in der logistischen Literatur die am häufigsten angewendete Betrachtungsweise. Sie ist gut geeignet, die unterschiedlichen Konsequenzen von Entscheidungen über die Transportart im Hinblick auf die den logistischen Systemen zugrundeliegenden Zielsetzungen deutlich zu machen. Der Begriff des Verkehrsträgers ist ein relativ globaler Begriff in der Diskussion verkehrswirtschaftlicher Leistungserstellung und beschreibt zunächst kategoriale Systeme wie die Binnenschiffahrt, die Seeschiffahrt, den Eisenbahn-, den Straßen-, den Leitungs- oder den Luftverkehr. Jeder dieser Verkehrsträger hat spezifische Vor- und Nachteile[47]). So unterscheiden sich die Verkehrsträger beispielsweise insofern, als sie unterschiedlich engmaschige Systeme von Wegen und Stationen aufweisen. Sie sind in verschie-

---

[46]) Zum innerbetrieblichen Materialfluß vgl. Heiner (1961); Illetschko (1962); Köhler (1959); Merbach (1961); Muther und Haganäs (1969); VDI-AWF (1959); Voitl (1958).
[47]) Vgl. auch S. 89 ff. dieses Buches.

denem Maße zum Flächenverkehr und zum „Haus-zu-Haus"-Verkehr geeignet. Die einzelnen Verkehrsträger differieren in ihrer Geschwindigkeit und in ihrer Abhängigkeit von externen Einflüssen, also auch in ihrer zeitlichen Zuverlässigkeit, sowie in ihren Kosten. Fragen der Tarife, Tarifsysteme und Tarifbildung sowie Aspekte der Transportkostenermittlung und des Einflusses der Transportkosten auf das logistische System sind zentrale Problemstellungen bei der Diskussion der Gestaltung von logistischen Systemen und Prozessen.

Bezieht man in die Betrachtung ein, daß bei einigen Verkehrsträgern verschiedene Verkehrsmittel, unterschiedliche Fahrzeuge und bei Inanspruchnahme von Verkehrsbetrieben mehrere, zum Teil sehr differenzierte Versandarten zur Verfügung stehen, so wird unmittelbar deutlich, welche Vielzahl von Möglichkeiten in den Kalkül einer versendenden Organisation einzubeziehen sind. Dies gilt um so mehr, wenn man berücksichtigt, daß bei einem Transportakt verschiedene Verkehrsmittel oder Verkehrsträger kombiniert eingesetzt werden können.

Der Wahl der Transportart liegen neben dem Postulat der Flexibilität insbesondere drei Subkriterien zugrunde, die eng mit den bereits beschriebenen allgemeinen Kriterien für logistische Entscheidungen verbunden sind: (1) die Transportkosten, (2) die Transportgeschwindigkeit und (3) die Zuverlässigkeit, mit der eine bestimmte Transportzeit eingehalten werden kann.

Die Transportkosten resultieren aus den Kosten für die eigentliche Bewegung, aus den Kosten für die Verpackung, die bei den verschiedenen Transportarten durchaus unterschiedlich sein können, aus den Kosten für die Materialhandhabung sowie aus Kosten, die sich aus der zeitlichen Nichtverfügbarkeit der Waren während des Transportes ergeben. Die Transportgeschwindigkeit beeinflußt in unmittelbarer Weise die Servicezeit. Mit der Erhöhung der Transportgeschwindigkeit steigen im allgemeinen auch die Kosten für die Beförderung. So wird Luftfracht teurer sein als die Versendung mit der Eisenbahn, eine Expreßgutsendung einen höheren Tarif haben als der Normalversand.

Im Hinblick auf die Zuverlässigkeit der Transportart sei auf die Bedeutung verwiesen, die eine Organisation darauf legt, daß von den durchschnittlichen Transportzeiten einer bestimmten Transportart nicht in signifikanter Weise abgewichen wird[48] Nimmt ein gegebener Transport bei einer Beförderung zwei, bei einer anderen Beförderung sechs Tage in Anspruch, können sich ernste Engpässe im Produktfluß bilden. In dem Maße, in dem die Transportzeit nicht zuverlässig ist, müssen „Sicherheitspuffer" in Form von zusätzlichen Lägern in das logistische System eingebaut werden. Die Möglichkeit der Errichtung zusätzlicher Läger zeigt bereits eine Substitutionsmöglichkeit von Entscheidungen im Transportbereich und in anderen logistischen Bereichen auf.

---

[48] Vgl. Bowersox, Smykay und LaLonde (1968), S. 106 f.

Auch im innerbetrieblichen Bereich ist zwischen einer Vielzahl alternativer Transport- oder Fördermittel zu wählen[49]). Illetschko differenziert diese beispielsweise in *Einzelfördermittel, Förderanlagen* und *Fördersysteme* sowie *Leitungssysteme*[50]). Die Verwendung der verschiedenen Fördermittel hängt von Faktoren wie der Art des Transportgutes, den Transportwegen, den Transporthäufigkeiten und der erforderlichen Transportgeschwindigkeit ab.

Werkverkehr versus „Fremdbezug"

Neben die Wahl der Transportart tritt vor allem im Versorgungs- und im physischen Distributionssystem die Entscheidung, ob und inwieweit die betrachtete Betriebswirtschaft Transportprozesse selbst ausführen oder anderen Organisationen zu ihrer Ausführung übertragen soll. Führt die Organisation die Transporte selbst durch, so kauft oder mietet und unterhält sie die notwendigen Anlagen und Fahrzeuge selbst[51]). Im anderen Falle verpflichtet sie vertraglich eine fremde Organisation, ihren gesamten Transport durchzuführen, oder nimmt bedarfsweise Verkehrsbetriebe in Anspruch. Ein logistischer Kanal umfaßt in aller Regel mehrere Verkehrsbetriebe auch unterschiedlicher Art und mehrmals nacheinander, beispielsweise Transportagenten, Speditionen im engeren Sinne, Frachtführer usw.

Für die Entscheidung, wie die notwendige Transportkapazität zu beschaffen ist, sind im wesentlichen zwei Faktoren relevant: die Kosten „eigener" und „fremder" Transportleistung und die Konsistenz der Dienste.

Werden die entstehenden Kosten als Entscheidungskriterium gewählt, so sollte ein eigener Fuhrpark nur dann unterhalten werden bzw. ein Transportauftrag nur dann an den eigenen Fuhrpark erteilt werden, wenn dessen Kosten niedriger sind als die Kosten bei Übertragung der Transportaufgabe an eine externe Organisation. Wegen der Möglichkeit, die Kosten des eigenen Fuhrparks mit den Preisforderungen von Verkehrsbetrieben zu vergleichen, wird in bezug auf die Entscheidung über die Unterhaltung und Beschäftigung des eigenen Fuhrparks in der Literatur auf die spezielle Eignung der betrieblichen Koordination durch Profitzentren hingewiesen[52]). Besteht bereits ein eigener Fuhrpark, ist zu berücksichtigen, daß im allgemeinen Transporte bereits durch Werkverkehr erfolgen werden, wenn dessen variable Kosten niedriger sind als die Kosten bei Heranziehung externer Betriebe.

Allerdings dürfen die Kostenfaktoren nicht isoliert betrachtet werden. Die Transportleistungen müssen in Einklang mit der gesamten weiteren Gestaltung des logistischen Systems stehen. Diese Konsistenz schließt ein, daß die

---

[49]) Vgl. hierzu beispielsweise Heiner (1961), S. 177 ff.; Köhler (1959), S. 109 ff.; Meyercordt (1965), S. 367 ff.; Michenfelder (1950); Wapman (1971).
[50]) Vgl. Illetschko (1962), S. 19 ff.
[51]) Vgl. zu den damit verbundenen Problemen Taff (1968), S. 417 ff.
[52]) Vgl. z. B. Farrel (1971 c).

Transportleistung technisch zuverlässig durchgeführt wird, die vorgeschriebenen Transportzeiten eingehalten und Sonderwünsche der Organisation ausgeführt werden können, das System also flexibel bleibt. Letztlich beinhaltet diese Konsistenz die Forderung einer Organisation, die gesamten Transportprozesse in ihrem Sinne gestalten zu können ohne Rücksicht darauf, ob die Transportleistung vom eigenen Transportsystem oder von fremden Organisationen erbracht wird. Das Postulat der Konsistenz der Transportleistung umfaßt im Hinblick auf die Einbeziehung von Verkehrsbetrieben in das logistische System deshalb auch die Möglichkeit der Beeinflussung und Kontrolle dieser Verkehrsbetriebe.

Entscheidungen über die Fuhrparkgröße

Jeder Versender, der einen eigenen Fuhrpark unterhält und dessen Nachfrage seitens seiner Kunden schwankt, muß über die Anzahl und Kapazität der Fahrzeuge seines eigenen Fuhrparks und über die Anzahl und Kapazität der Fahrzeuge, die er auf Ad-hoc-Basis mieten soll, entscheiden[53]). Die optimale Fuhrparkgröße hängt von der Höhe und den Schwankungen der Nachfrage, von den Kosten der eigenen Fahrzeuge und jener im Fremdbesitz sowie vom gesetzten Servicestandard, speziell der gewünschten Servicezeit, ab. Die Betriebswirtschaft kann auch in bezug auf die Verfügbarkeit von Fahrzeugen einen Standard setzen, so beispielsweise in der Form, daß in 90 % der Bedarfsfälle ein eigenes Fahrzeug zur Verfügung steht. Je höher dieser Standard gesetzt wird, desto mehr zusätzliche Fahrzeuge müssen über den durchschnittlichen Bedarf hinaus beschafft werden.

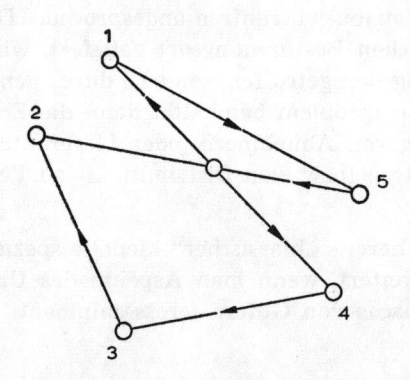

a) *Kürzeste Route bei einem Minimum an Fahrzeugen*

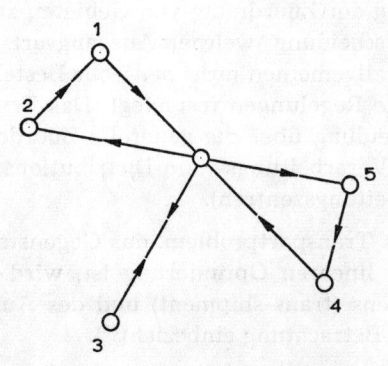

b) *Kürzeste mögliche Route bei Verwendung von drei Fahrzeugen*

Abb. 1.26: *Beispiel der Minimierung der Anzahl von Fahrzeugen versus Minimierung der Entfernungen*[54])

---

[53]) Vgl. zu diesem Problem Eilon, Watson-Gandy und Christofides (1971), S. 220 f.; Hertz (1969), S. 111 f.

[54]) Vgl. Eilon, Watson-Gandy und Christofides (1971), S. 223.

Entscheidungen über Anzahl und Kapazität der Fahrzeuge hängen in starkem Maße von der Lösung einiger weiterer Transportprobleme ab. So sind zunächst die kürzesten Transportwege zu ermitteln, die ein gegebener Bestand an Fahrzeugen zurückzulegen hat, um eine gegebene Nachfrage zu erfüllen. Allerdings ist die Minimierung der zurückzulegenden Entfernungen ihrerseits auch nicht unabhängig von der Anzahl der Fahrzeuge (vgl. Abb. 1.26).

Über das Problem kürzester Transportwege hinaus ist die geringste Anzahl von Fahrzeugen gegebener Kapazität zu finden, die erforderlich ist, um ohne Rücksicht auf die von den Fahrzeugen zurückzulegenden Entfernungen die Kunden zu beliefern. Die zuletzt angesprochenen Probleme sind im folgenden näher zu untersuchen.

Transportproblem, Umladeproblem und cross-shipment

Steht ein Gut an mehreren Orten zur Verfügung (z. B. Produktion eines Gutes in mehreren Verarbeitungszentren, Lagerung in mehreren Distributionszentren) und wird dieses in bestimmten Mengen an verschiedenen Orten benötigt (z. B. von Distributionszentren oder Kunden), so besteht eine grundlegende Entscheidung über Richtung und Stärke der Material- und Produktströme darin, festzulegen, welcher Bestimmungsort von welchem Ausgangsort in welchen Mengen beliefert werden soll. Dieses Problem wird in der Literatur als das Transportproblem oder auch als Distributionsproblem bezeichnet. Einflußfaktoren der Entscheidung sind u. a. die Nachfrage nach den Produkten durch die Bestimmungsorte sowie speziell die Transportkosten alternativer Systeme. Das Problem wurde letztlich bereits bei der Betrachtung der Zuordnung von Gebieten zu Distributionszentren angesprochen. Die Entscheidung, welcher Ausgangsort welchen Bestimmungsort beliefert, wird im allgemeinen nicht bei jeder Bestellung neu getroffen, sondern durch generelle Regelungen festgelegt. Das Transportproblem beinhaltet dann die Entscheidung über die generelle Zuordnung von Abnehmern (oder Lieferanten) zu Verarbeitungs- und Distributionszentren (bzw. von Distributions- zu Verarbeitungszentren).

Das Transportproblem, das Gegenstand bereits „klassischer" Modelle speziell der linearen Optimierung ist, wird erweitert, wenn man Aspekte des Umladens (trans-shipment) und des Austauschs von Gütern (cross-shipment) in die Betrachtung einbezieht[55]).

Die Fragestellung des Umladeproblems *(trans-shipment)* ist im wesentlichen die des Transportproblems. Das Transportproblem wird jedoch insofern erweitert, als sich zwischen den Ausgangsorten und den Bestimmungsorten Umschlag- bzw. Vermittlungsstellen (beispielsweise Distributionszentren zwischen Verarbeitungszentren und Endabnehmern) befinden, über die der Material- und Produktfluß geführt werden soll. Das Umladeproblem ist insofern ein mehrstufiges Transportproblem.

---

[55]) Vgl. auch zum folgenden Magee (1968 a), S. 240 ff.; Wagner (1969), S. 171 ff.

Das Transportproblem wird noch komplexer, wenn die verschiedenen Verarbeitungszentren nicht nur ein Produkt herstellen, sondern jeweils unabhängige oder sich teilweise überlappende Produktlinien erzeugen. In diesem Fall bestehen die grundsätzlichen Alternativen, entweder die Produkte von den Verarbeitungszentren jeweils direkt an den Bestimmungsort zu versenden und somit für jedes Produkt (für jeden logistischen Kanal) ein isoliertes Routenmuster zu entwickeln oder die Produkte zwischen den Verarbeitungszentren auszutauschen *(cross-shipment)*, so daß jedes Verarbeitungszentrum das gewünschte Produktionsprogramm liefern kann[56]). Dabei ist es nicht erforderlich, daß alle Produkte ausgetauscht und zu allen Verarbeitungszentren transportiert werden. Da die Transportprozesse zwischen den Produktionsstätten zusätzliche Kosten verursachen, müssen beim cross-shipment Einsparungen durch Reduktion der Transportkosten zum Kunden erzielt werden. Einsparungen können z. B. dadurch entstehen, daß ein Artikel von der Produktionsstätte in großen Mengen zu einem der Nachfrage naheliegenden anderen Verarbeitungszentrum transportiert und von diesem verteilt wird. In diesem Falle dient das empfangende Zentrum als (lokales) Distributionszentrum. Einsparungen können jedoch auch durch die Möglichkeit erwachsen, mehrere Artikel in einer Lieferung für den Transport zu kombinieren. Nicht zuletzt sind auch Aspekte des Service zu berücksichtigen.

Entscheidungen über den Transportweg

Sind die Bestimmungsorte bekannt, die von einem Ausgangspunkt beliefert werden sollen, so ist der Transportweg zu bestimmen[57]). Das Problem besteht darin, den kürzesten Weg zwischen zwei Orten zu suchen oder den kürzesten Weg bei Anfahren mehrerer Punkte zu bestimmen. Soll nach Bedienung aller Punkte wieder zum Ausgangsort zurückgekehrt werden, sollen also Ausgangsort und Endpunkt des Transports identisch sein, ergibt sich die bereits beim Verkehrsbetrieb erörterte Frage nach der kürzesten Tour. Dabei wird das Rundreiseproblem im allgemeinen in bezug auf *ein* vorhandenes Fahrzeug formuliert. Es wurde bereits darauf hingewiesen, daß die Entscheidung über die kürzesten Transportwege jedoch nicht unabhängig von der Anzahl der einsetzbaren Fahrzeuge ist. Werden mehrere Fahrzeuge eingesetzt, so wird die Menge aller Bestimmungsorte durch mehrere (Sub-)Touren erfaßt.

Fahrzeugeinsatzplanung

Das Problem der Fahrzeugeinsatzplanung läßt sich wie folgt formulieren: Eine Menge von Kunden, deren Standort und Bedarf an bestimmten Produkten bekannt sind, muß von einem einzigen Ausgangspunkt (Verarbeitungs- oder Distributionszentrum) mit Fahrzeugen gegebener Kapazität beliefert

---

[56]) Vgl. auch Abb. 1.20 auf S. 272 dieses Buches.
[57]) Vgl. auch S. 492 ff. dieses Buches sowie Taff (1968), S. 286 ff.

werden. Das Problem besteht nun darin, für diese Fahrzeuge Routen unter folgenden Beschränkungen zusammenzustellen[58]):

(a) Der Bedarf aller Kunden muß gedeckt werden.

(b) Die Kapazität der Fahrzeuge darf nicht überschritten werden, d. h., die gesamte Ladung, die jedem Fahrzeug zugeordnet wird, darf dessen Kapazität nicht übersteigen. Mit Kapazität wird eine multidimensionale Größe angesprochen, die z. B. Gewicht, Volumen, aber auch qualitative Gesichtspunkte umfaßt.

(c) Die Gesamtzeit (oder Gesamtdistanz), die jedes Fahrzeug für seine Route benötigt, darf nicht einen vorbestimmten Wert (gesetzliche oder vertragliche Bestimmungen) überschreiten.

(d) Es bestehen früheste oder späteste Anlieferungszeiten bei den Kunden, die nicht verletzt werden dürfen.

Als Ziel wird in der Regel die Minimierung der gesamten Lieferkosten, bestehend aus den fixen Kosten des Fuhrparks und den variablen Kosten der Auslieferung, postuliert.

Aus dem Problem der Fahrzeugeinsatzplanung können verschiedene Subprobleme abgeleitet werden:

(1) Wenn der Fuhrpark nur aus *einem* Fahrzeug mit genügender Kapazität besteht, so daß Beschränkung (b) ignoriert werden kann, und falls zusätzlich die Beschränkungen (c) und (d) außer acht gelassen werden, so finde die kürzeste Tour, um alle Kunden zu besuchen! Das Problem wird so zum klassischen Rundreiseproblem vereinfacht.

(2) Werden die Beschränkungen (c) und (d) ignoriert, finde die kleinste Anzahl benötigter Fahrzeuge!

(3) Für eine gegebene Anzahl von Fahrzeugen, die den Beschränkungen entsprechen, stelle für die Fahrzeuge die Routen so zusammen, daß die Gesamtdistanz minimiert wird! Das ist das eigentliche Problem der Fahrzeugeinsatzplanung.

(4) Wenn die Standorte der Kunden und ihr Bedarf für beispielsweise jeden Tag einer Woche bekannt sind und angenommen werden kann, daß die Nachfragestruktur konstant bleibt, finde (für eine gegebene Fahrzeugkapazität) die Größe des eigenen Fuhrparks im Verhältnis zur Größe des zu mietenden Fuhrparks unter der Bedingung, daß die gesamten Lieferkosten minimiert werden! Dieses Problem wurde bereits untersucht.

---

[58]) Vgl. auch zum folgenden Eilon, Watson-Gandy und Christofides (1971), S. 180 f.

Entscheidungen über die Fahrzeugbeladung

Die Betriebswirtschaft hat Entscheidungen darüber zu treffen, wie sie die auszuliefernden Sendungen auf die einzelnen vorhandenen Fahrzeuge verteilt[59]). Sie hat eine bestimmte Anzahl Sendungen gegebener Größe Fahrzeugen mit gegebener Kapazität so zuzuordnen, daß die Kapazitätsbeschränkungen nicht verletzt werden und bestimmte logistische Subziele erfüllt werden. Die Subziele können sein, die Zahl (oder den Wert) der Fahrzeuge, den eingesetzten Raum (Wert) der verwendeten Fahrzeuge, die Zahl (oder den Wert) der nicht untergebrachten Sendungen oder den kombinierten (gewichteten) Wert der gewählten Fahrzeuge und den Wert der nicht untergebrachten Sendungen zu minimieren.

Es ist leicht einzusehen, daß die Lösung des Fahrzeugeinsatzproblems nicht mit der Lösung des korrespondierenden Fahrzeugladeproblems kompatibel sein muß. Es hängt letztlich von den gegebenen Umständen ab, welches der beiden Teilprobleme im weiteren Kontext der Minimierung der gesamten totalen Distributionskosten bei gegebenem Serviceniveau dominant ist und eine Lösung bedingt.

Die Entscheidungsprobleme im Zusammenhang mit Fuhrparkgröße, Transportweg, Fahrzeugeinsatz und Fahrzeugbeladung wurden insbesondere unter den Aspekten des physischen Distributionssystems betrachtet. Dies sollte nicht darüber hinwegtäuschen, daß der Fuhrpark auch die Aufgabe besitzen kann, die Versorgung mit Inputgütern zu sichern sowie den Material- und Produktfluß zwischen und teilweise auch in den Verarbeitungszentren zu ermöglichen. Die Problemstrukturen sind jedoch von den betrachteten nicht in signifikanter Weise verschieden.

1.433 Entscheidungen über Material- und Produktbestände und -ströme in logistischen Systemen

Die Erfordernisse für den physischen Transfer von Material und Produkten zwischen den Verarbeitungszentren und Distributionszentren werden nicht zuletzt durch die Entscheidungen der betrachteten Unternehmung über die Lagerhaltung bestimmt. Bestandsmengen und Flußgrößen bedingen sich gegenseitig. Die Unternehmung hat das Problem zu lösen, welche Rohmaterialien, Zwischen- oder Endprodukte sie in welchen Mengen und zu welcher Zeit den Verarbeitungs- und Distributionszentren zuordnen soll: Sie hat die Bestände an Materialien und Produkte im logistischen System festzulegen. Gleichzeitig werden mit den Veränderungen der Bestände durch Inputs und Outputs auch die Material- und Produktströme beeinflußt. Zwar besteht das Idealziel eines Logistik-Managements darin, einen kontinuierlichen Materialfluß von den Rohmaterialquellen bis zu den Endabnehmern zu gewährleisten, doch wird dies in aller Regel nicht zu realisieren sein.

---

[59]) Vgl. Eilon, Watson-Gandy und Christofides (1971), S. 204.

Bestände an Material oder Produkten befinden sich in allen Stufen eines logistischen Systems oder eines bestimmten logistischen Kanals. Sie bestehen sowohl im physischen Versorgungssystem wie im Bereich der innerbetrieblichen Logistik wie im physischen Distributionssystem. Läger werden in den Verarbeitungszentren in Form von Beständen an Rohmaterial, unfertigen Erzeugnissen oder Fertigprodukten, aber auch in Distributionszentren sowohl auf der Beschaffungs- wie auf der Absatzseite angelegt. Den Lägern in den Distributionszentren gilt das besondere Interesse der logistischen Literatur. Es wurde bereits darauf hingewiesen, daß Lägern eine Ausgleichsfunktion zwischen aufeinanderfolgenden Prozessen unterschiedlicher Geschwindigkeit zukommt. Dieser Ausgleichsfunktion können mehrere Ursachen zugrunde liegen[60]:

(1) So ist es grundsätzlich aufwendig, stückweise oder dem jeweiligen Bedarf entsprechend Material zu beschaffen oder Produkte zu erzeugen oder zu distribuieren. Es wird deshalb im allgemeinen versucht werden, Material oder Produkte in *wirtschaftlichen* Mengen zu bestellen, zu produzieren oder wieder anzufordern.

(2) Auch ist die Lieferbereitschaft der Lieferanten, die Nachfrage der Kunden oder der Materialbedarf der Produktion nicht gleichmäßig oder vollständig vorhersehbar. Die Preise auf dem Beschaffungs- oder Absatzmarkt können schwanken. Besteht Unsicherheit in bezug auf Nachschub oder Nachfrage, bedarf es im logistischen Kanal bestimmter Sicherungen, um zukünftige Transaktionserfordernisse zu befriedigen. Nicht selten werden Läger auf Grund der beschriebenen Unsicherheiten auch „ungeplant" auftreten.

(3) Schließlich können saisonale Gründe Läger bedingen. Bestimmte Betriebswirtschaften sind gezwungen, saisonal zu produzieren und eine kontinuierliche Nachfrage zu erfüllen oder kontinuierlich zu produzieren und eine saisonale Nachfrage zu befriedigen.

Entscheidungen über die in einem logistischen System zu haltenden Bestände an Material oder Produkten gehören zu den wichtigsten logistischen Entscheidungen. Dies gilt nicht nur wegen der von den Lägern erfüllten, für das Bestehen und für die Ausführung der Transformationsprozesse kritischen Funktion. Läger binden im allgemeinen auch einen erheblichen Teil der Ressourcen einer Betriebswirtschaft und verursachen entsprechende Kosten.

Betrachtet man ein logistisches System oder einen bestimmten logistischen Kanal, so werden Läger nicht nur von der untersuchten Betriebswirtschaft gehalten. Auch andere, selbständige Organisationen im logistischen Kanal unterhalten Läger, so beispielsweise Großhändler oder Einzelhändler, soweit sie in den physischen Produktfluß einbezogen sind. Zwischen den Beständen der einzelnen Organisationen bestehen teilweise Substitutionsmöglichkeiten.

---

[60] Vgl. Buffa (1963); Magee (1968 a), S. 84 ff.; Popp (1968).

Wegen der mit der Lagerhaltung verbundenen Risiken und Kosten wird jede Organisation versuchen, die Lagerfunktion soweit wie möglich auf andere Organisationen abzuwälzen und die eigene Belieferung vertraglich oder durch aktive Einflußnahme auf die Lieferanten abzusichern oder zumindest die aus der Lagerung erwachsenden Risiken nicht zu übernehmen.

Abstrahiert man zunächst von der Problematik, die sich mit der Einbeziehung mehrerer Organisationen in ein logistisches System ergibt, so stellen sich die Fragen, (1) welche Bestände an Material oder Produkten gehalten und bestellt werden sollen, (2) wann Bestellungen zur Auffüllung der Läger erfolgen sollen, um Fehlmengen zu verhindern und (3) welche Unterschiede in Lagerort und -menge zwischen den Produkten oder in bezug auf bestimmte Kunden oder Kundengruppen bestehen sollen.

Bei Betrachtung dieser Entscheidungsprobleme wird davon ausgegangen, daß die Läger in den Verarbeitungs- und Distributionszentren hinsichtlich ihrer qualitativen und quantitativen Kapazität bereits determiniert sind[61]). Untersucht werden lediglich die Entscheidungen über Güterströme und -bestände. Dabei ist zu berücksichtigen, daß sich die folgenden Untersuchungen, soweit sie sich auf Bestandsmengen in Lägern beziehen, weitgehend nur mit den dispositionsbestimmten Lagerbeständen beschäftigen. Darüber hinaus werden sich in jedem logistischen System jedoch auch ungeplante Bestände an Material oder Produkten bilden.

Entscheidungen über Lager- und Bestellmengen

Die Betriebswirtschaft hat Entscheidungen darüber zu treffen, welche Mengen an Material oder Produkten sie in ihren Lägern (durchschnittlich, mindestens oder höchstens) zu halten gewillt ist, wieviele Einheiten jedes Artikels jeweils auf einmal zur Wiederauffüllung der Rohmaterialbestände bestellt und welche Mengen jedes Artikels für Läger an Zwischen- und Fertigprodukten hergestellt werden sollen[62]).

Die Gesamtmenge der in einem logistischen Kanal befindlichen Bestände an Material und Produkten ist nicht unabhängig von der Anzahl, Stufigkeit und der geographischen Konfiguration der Läger, speziell der Distributionszentren. Diese Größen sollen bei der folgenden Betrachtung als im Rahmen der Festlegung logistischer Entscheidungstatbestände determiniert und damit als gegeben angenommen werden. Die in einem logistischen System gehaltenen Bestände sind für jeden Artikel verschieden hoch. Es werden deshalb die Faktoren zu untersuchen sein, die diese Unterschiede bedingen. Die Einfluß-

---

[61]) Zur Lagerwirtschaft vgl. Chmielewski (1959); Göldner (1960); Grochla (1958); Köhler (1959); Meyercordt (1965); Schulte (1964).

[62]) Vgl. aus der umfangreichen Literatur zu diesem Problemkreis Bowman und Fetter (1957); Buffa (1963); Fäßler und Kupsch (1972); Hadley und Within (1963); Holt et al. (1960); Hopeman (1969); Klingst (1971); Magee (1958), (1967 a); Magee und Boodman (1967); Popp (1968); Prichard und Eagle (1965); Starr und Miller (1962).

faktoren für die Entscheidung über die den Lägern zuzuordnenden Mengen können für die verschiedenen Läger, seien es Läger für Rohmaterialien, unfertige Erzeugnisse oder Fertigprodukte, seien es Läger in Verarbeitungs- oder in Distributionszentren, weitgehend gemeinsam betrachtet werden. Die Entscheidungen weisen ähnliche Problemstrukturen auf. Bei entsprechender Interpretation der Größen werden die Entscheidungen durch dieselben Faktoren determiniert.

Als Einflußfaktoren lassen sich insbesondere vier Größen nennen: Höhe und Variabilität des Bedarfs, Kostenfaktoren, die Wiederauffüllzeit (Beschaffungszeit) sowie der für die Erfüllung eines bestimmten Bedarfs festgesetzte Zuverlässigkeitsstandard. Differenziert man den an einem spezifischen Ort des logistischen Systems gehaltenen Bestand in Lagermengen, um den durchschnittlichen oder erwarteten Bedarf zu erfüllen, und in einen Sicherheitsbestand, um Fehlmengen zu verhindern, so haben die Faktoren für die beiden Teilaspekte unterschiedliche Bedeutung.

Kostenfaktoren

Nimmt man die mengenmäßige und zeitliche Bedarfsstruktur (je nach Problem interpretiert als Verbrauch an Rohmaterialien in der Produktion, als Bedarf an unfertigen Erzeugnissen in einer Produktionsstufe oder als Nachfrage an Fertigprodukten durch die Kunden) zunächst als gegeben an, so determinieren insbesondere die Kosten, welche Mengen eines Artikels bestellt oder produziert werden. Die zugrundeliegende Fragestellung ist als *Problem der optimalen Losgröße oder optimalen Bestellmenge* bekannt. Die gewählte Losgröße oder Bestellmenge bestimmt bei Einbeziehung des tatsächlichen Bedarfs die jeweils aus wirtschaftlichen Gründen bedingten Lagerbestände (lot size stocks). Die optimale Losgröße oder Bestellmenge ist diejenige, bei der (bei gegebenen Erlösen) die Kosten je Erzeugniseinheit am geringsten sind. Die in den Kalkül einzubeziehenden Kostenfaktoren weisen dabei eine unterschiedliche Tendenz auf.

Bestimmte Kostenfaktoren steigen tendenziell mit der *Anzahl* der Bestellungen oder Lose an. Diese Kosten führen zu dem Wunsch nach wenigen, aber größeren Losen oder Bestellungen. Zu diesen los- oder bestellmengenfixen Kosten zählen die Kosten der Umrüstung und Ingangsetzung der Produktion, die Kosten der Wahl eines Lieferanten, der Auftragsausstellung und -überwachung. Bilden sie allein die relevanten Entscheidungsprämissen, werden wenige, aber größere Aufträge an Lieferanten oder an die Produktion erteilt.

Andere Kostenfaktoren steigen tendenziell mit den bestellten oder produzierten *Mengen* und damit ceteris paribus mit dem durchschnittlichen Lagerbestand an. Die Kosten implizieren den Wunsch nach häufigeren und kleineren Losen oder Bestellungen. Zu diesen Kosten zählen insbesondere die Kosten für die eigentliche Lagerung und Materialhandhabung, die Verzinsung der gelagerten Waren, die Versicherung sowie Kosten wegen Veralterung, Schwund usw. Die Betriebswirtschaft hat in ihren Entscheidungen beide Kostentendenzen im Sinne einer Minimierung der Gesamtkosten zum Ausgleich zu bringen.

Wiederauffüllzeit (Beschaffungszeit)

Eine weitere Größe, welche die Höhe der Bestände an Material und Produkten in logistischen Systemen beeinflußt, ist die Wiederauffüllzeit. Sie wird auch als Beschaffungszeit bezeichnet. Die Wiederauffüllzeit oder Beschaffungszeit ist die Zeit, die erforderlich ist, um eine aus dem Lager entnommene Einheit (Versand an den Abnehmer oder Abgabe an die Produktion) zu ersetzen. Sie ist ein allgemeines, auch intern auftretendes Pendant zur bereits beschriebenen Servicezeit. Der Prozeß des Wiederauffüllens eines Lagers, sei es für Rohstoffe, Zwischen- oder Endprodukte, bildet einen Zyklus, wie er bereits als Servicezyklus beschrieben wurde. In einem logistischen System bestehen für jedes Lager Zyklen, die wie bei der Wiederauffüllung von Zwischenproduktlägern oder Distributionszentren interner Natur sind oder sich an den Grenzen der betrachteten Betriebswirtschaft mit dem Servicezyklus des Lieferanten oder dem Beschaffungszyklus des Abnehmers decken. Wiederauffüllzyklus und Servicezyklus sind identisch, nur der Blickwinkel ist verschieden. Beim Servicezyklus wird der Zyklus vom Ausgangspunkt (Lieferanten der Ware) her, beim Wiederauffüllzyklus aus dem Blickwinkel des Bestimmungsortes (Abnehmers) betrachtet.

Wie bereits bei der Untersuchung des Servicezyklus beschrieben, besteht ein Beschaffungs- und Lieferzyklus generell aus drei Teilaktivitäten, die eine unterschiedlich lange Zeitdauer in Anspruch nehmen können: aus der Auftragsübermittlung, aus der Auftragsbearbeitung, die auch die Produktion einschließen kann, sowie aus der Auslieferung der Ware. Die Wiederauffüllzeit beeinflußt die Höhe der durchschnittlichen Lagerbestände. Je geringer die Zykluszeit ist, desto geringer sind die notwendigen Bestände. Dies bedeutet, je schneller die Verfahren der Auftragsübermittlung, der Auftragsverarbeitung und des Transports sind, desto geringer wird ceteris paribus die gesamte Lagerinvestition im logistischen System sein und umgekehrt.

Die Wiederauffüllzeit ist keine gegebene fixe Größe. Beispielsweise spiegeln sich in der Zeit für die Auftragsübermittlung Verhaltensweisen des Lagermanagements in bezug auf die zeitliche Regelung der Kontrolle der Lagerbestände, des Sammelns von Aufträgen zu größeren Einheiten oder der zeitlichen Übermittlung der Aufträge, also der Bestellhäufigkeit, wider. Insofern wird die Wiederauffüllzeit auch durch Entscheidungsregeln und -programme im Lagerbereich und durch das Kontrollsystem beeinflußt. Einer dispositiven Gestaltung zugänglich sind ebenso die für die Auftragsbearbeitung und für den Transport notwendigen Zeiten.

Bedarfsstruktur

Wurde bisher bei der Betrachtung der Einflußfaktoren von Bestell- bzw. Lagermengen der Bedarf als gegeben angenommen, so soll diese Einschränkung nun aufgehoben werden. Grundlage und Voraussetzung jedes Lagerbestandsmanagements ist die Kenntnis der Bedarfsstruktur hinsichtlich der jeweiligen Güter. Die Bedarfsstruktur determiniert sowohl die Höhe der Lagerbestände, die aus Gründen der Wirtschaftlichkeit gehalten werden, als auch die Höhe der Sicherheitsbestände. Der Bedarf kann als Nachfrage durch Kunden, als Anforderungen der Distributionszentren oder als Material- und Zwischenproduktanforderungen des Produktionsbereichs auftreten. Diese Größe wird in der Literatur auch neutral als „Abgangsrate" bezeichnet. Von Relevanz sind insbesondere die Höhe des Bedarfs, sein zeitlicher Verlauf sowie speziell seine Variabilität, also der Grad unvorhersehbarer Schwankungen.

Die Bedarfsstruktur wird ihrerseits — entsprechend den verschiedenen Bedarfstypen — von einer Menge unterschiedlicher Faktoren beeinflußt. So wird beispielsweise der Bedarf des Produktionsbereichs nicht nur durch seine Beschäftigungslage und das Fertigungsprogramm, sondern beispielsweise auch durch das Fertigungsverfahren und die Art der Produktionsplanung bestimmt[63]. In bezug auf den Absatzbereich wird in unmittelbarer Weise die Bedeutung von Absatzprognosen deutlich[64]. Das betriebliche Bestandsmanagement ist insofern eng mit der Beschaffungs-, Produktions- und Absatzplanung verbunden.

Sicherheitsbestände und Zuverlässigkeitsstandard

Die Variabilität des Bedarfs ist zusammen mit dem Grad der Unsicherheit der Belieferung des Lagers auf der Inputseite, welche durch den tatsächlichen Zuverlässigkeitsstandard des Lieferanten charakterisiert werden kann, einer der Haupteinflußfaktoren für die Errichtung von *Sicherheitsbeständen*. Je größer die Variabilität des Bedarfs und je größer die Unzuverlässigkeit des Lieferanten bei Wiederauffüllung der Läger ist, desto größer müssen die Sicherheitsbestände sein, sollen Fehlmengen verhindert werden.

Wie hoch die Sicherheitsbestände im einzelnen zu sein haben, hängt, von der Outputseite her gesehen, neben Variabilität des Bedarfs und Unsicherheiten der Beschaffung letztlich vom *Zuverlässigkeitsstandard* ab, der für die Lieferungen des Lagers an seine Abnehmer in bezug auf einen bestimmten Artikel festgelegt wird. Je höher die gewünschte Lieferbereitschaft ist, desto

---

[63] Zur Bestimmung des Bedarfs und seinen Faktoren speziell im Beschaffungsbereich vgl. Bauer (1949); Grochla (1958), S. 31 f.; Kottke (1966); Meyer (1951); Reddewig und Dubberke (1959), S. 49 ff.

[64] Zur Bedeutung von Prognosen für die Lagerhaltung vgl. Brown (1959) sowie die Beiträge in Constantin (1966), S. 74 ff.

höher müssen ceteris paribus die Sicherheitsbestände sein. Dabei kann davon ausgegangen werden, daß mit der Erhöhung des Zuverlässigkeitsstandards die notwendigen Lagerbestände überproportional steigen werden.

Die Grundlage für die Errichtung von Sicherheitsbeständen sind Schätzungen der Kosten, die mit der Unterhaltung zusätzlicher Läger verbunden sind, und der resultierenden Erträge, die aus einem höheren Serviceniveau erwartet werden. Das Problem bei dem Versuch, Lagerhaltungskosten und Serviceniveau zum Ausgleich zu bringen, besteht vor allem in der Schwierigkeit, im Beschaffungs-, Produktions- und Absatzbereich Fehlmengensituationen zu bewerten. Mit einer Fehlmengensituation können vor allem drei Ereignisse verbunden sein: (1) Auftragsrückstand, (2) ein entgangener Verkauf und (3) ein verlorener Kunde. Jedem dieser Ereignisse müssen Kosten und entgangene Erträge zugeordnet werden. Sowohl die Feststellung der Erträge als auch die Ermittlung der Fehlmengenkosten sind äußerst schwierig und häufig nicht durchzuführen.

Die Höhe der entgangenen Verkäufe ist in starkem Maße korreliert mit der jeweiligen Servicepolitik der Wettbewerber der betrachteten Betriebswirtschaft. Für die Entscheidung über die Lagerbestände sind deshalb speziell im physischen Distributionssystem auch *kompetitive* Gründe ausschlaggebend.

Zwischen den Fertigproduktlägern eines Verkäufers und den entsprechenden Beschaffungslägern eines Käufers bestehen gewisse Substitutionsbeziehungen, die zu Konflikten zwischen den beiden Partnern führen können. Der Käufer muß seine Bestände an Inputgütern so regeln, daß der Bedarf seitens seiner Produktion oder seiner Kunden seinem Standard entsprechend gesichert ist. Wenn der Materialfluß vom Verkäufer zum Käufer schnell und zuverlässig (Servicestandard des Verkäufers) ist, kann der Käufer seine eigene Lagerhaltung verringern. Man kann annehmen, daß viele Kunden wünschen, der Lieferant oder seine Repräsentanten im Distributionssystem hielten über die laufenden Bedürfnisse hinaus Läger in ihrer Nähe. Dies würde die Kunden davon befreien, Sicherheitsbestände zu unterhalten; auch der Wiederbestellzeitpunkt würde, wie noch darzustellen ist, für den Kunden positiv beeinflußt. Die Kunden brauchten nur jene Bestände zu halten, die den optimalen Bestellmengen entsprechen. Der Lieferant trüge in diesem Fall die Hauptverantwortung dafür, die Nachfrage richtig zu prognostizieren und Sicherheitsbestände zu unterhalten sowie die umgehende Belieferung der Kunden durch dezentralisierte Läger sicherzustellen. Der Kunde wird deshalb versuchen, auf den Verkäufer Druck auszuüben, um einen guten Lieferservice hinsichtlich Verfügbarkeit und Zuverlässigkeit gewährleistet zu bekommen. Der Lieferant muß seinerseits unter Berücksichtigung der Wettbewerbsverhältnisse und des Grades der Variabilität der Käufernachfrage entscheiden, wie weit er in der Haltung von Lagerbeständen gehen kann und muß, um eine bestimmte Servicezuverlässigkeit im System zu garantieren.

Die Bestimmung der (Wieder-)Bestellzeitpunkte

Die Ermittlung des (optimalen) Bestellzeitpunktes wird letztlich durch dieselben Faktoren wie die Bestimmung der Lager- oder Bestellmengen beeinflußt, also durch Höhe, zeitlichen Verlauf und Variabilität des Bedarfs, Wiederauffüllzeit, Lieferbereitschaft und die Determinanten für wirtschaftliche Losgrößen und Bestellmengen.

Wird der Bedarf (die Abgangsrate) für den Planungszeitraum (T_i) sowohl als konstant als auch innerhalb der Periode als gleichmäßig verteilt angenommen, bereitet es keine Schwierigkeiten, die Frage nach dem Bestellzeitpunkt für jede Bestellung zu beantworten: Auf Grund der Ermittlung der optimalen Bestellmenge (B) ist der Zeitpunkt bekannt, an welchem die Bestellungen wieder dem Lager zugeführt werden müssen. Der Bestellzeitpunkt liegt dann um so viele Zeiteinheiten früher, als die Wiederauffüllzeit (WZ) beträgt.

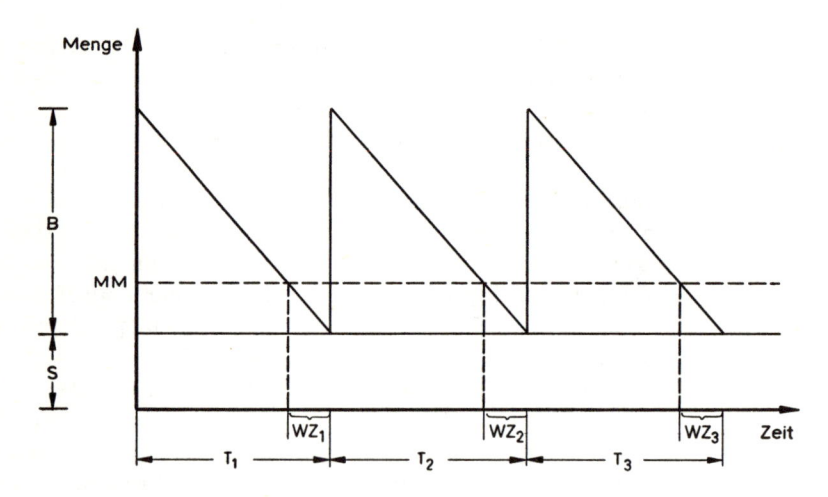

Abb. 1.27: Meldemengensystem

Die zum Bestellzeitpunkt im Lager vorhandene Menge wird als Meldemenge (MM) oder auch als Melde- bzw. Bestellbestand bezeichnet. Die Meldemenge entspricht dem Bedarf der Wiederauffüllzeit. An ihr kann das Lagermanagement erkennen, wann der neue Bestellvorgang auszulösen ist (vgl. Abb. 1.27). Das Meldemengensystem kann als das einfachste Verfahren des Lagerbestandsmanagements angesehen werden. Andere Verfahren sind beispielsweise das Bestellrhythmussystem oder das Optimalsystem.

Zwischen Meldemenge, Wiederauffüllzeit und Bedarfsverlauf bestehen unmittelbare Beziehungen. Wird die Wiederauffüllzeit länger, verändern sich ceteris paribus auch Meldemenge und Bestellzeitpunkt. Abb. 1.28 stellt diese Beziehungen dar.

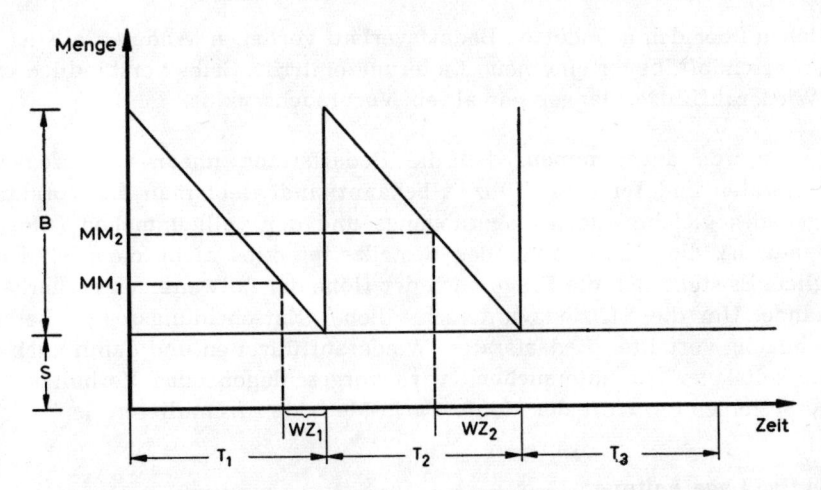

Abb. 1.28: Wirkung der Wiederauffüllzeit auf die Meldemenge

In Abb. 1.28 verlängert sich die Wiederauffüllzeit von WZ_1 auf WZ_2 mit einem entsprechenden Anstieg der Meldemenge. Wenn die Information über die verlängerte Wiederauffüllzeit das Lagermanagement schnell erreicht, können eine neue Meldemenge und ein neuer Bestellzeitpunkt bestimmt werden, bevor der Lagerbestand unter MM_2 gesunken ist. Ein solch schneller informationeller Feedback ist notwendig, um das System im Gleichgewicht zu halten. Erreicht der Feedback nur nach längerer Zeit den Entscheidungsträger, ist mit dem Auftreten von Fehlmengen zu rechnen.

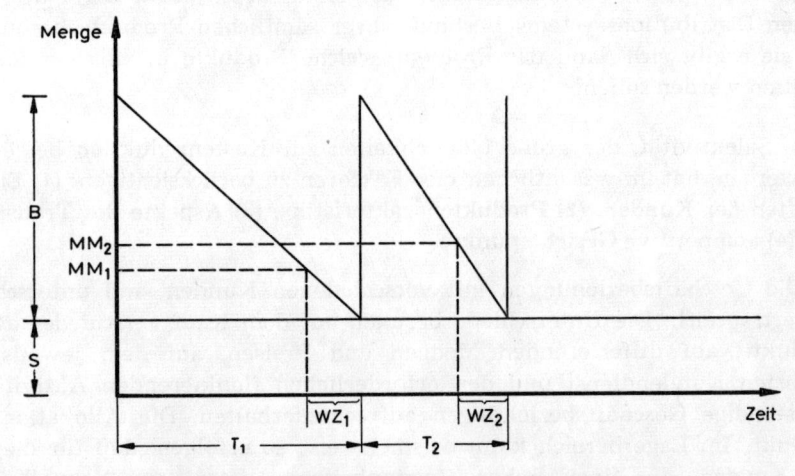

Abb. 1.29: Bedarfsverlauf und Meldemenge

In ähnlicher Weise beeinflußt der Bedarfsverlauf die Meldemenge und den Bedarfszeitpunkt. Ein höherer Bedarf führt dann zu einer höheren Meldemenge (Abb. 1.29). Auch in diesem Fall müssen rechtzeitig Feedbackinformationen über den geänderten Bedarfsverlauf vorliegen. Anderenfalls ist das Lager erschöpft, bevor eine neue Lieferung eintrifft. Selbstverständlich kann die Wiederauffüllzeit länger sein als ein Verbrauchszyklus.

Bisher wurde angenommen, daß die Bedarfsraten linear verlaufen und Bedarfsraten und Wiederauffüllzeit bekannt sind. Hebt man die Voraussetzungen des gleichmäßigen Lagerabgangs und der vollkommenen Information auf, ist die Bestimmung des Bestellzeitpunktes nicht mehr eindeutig möglich. Es stellt sich die Frage nach der Höhe der notwendigen Sicherheitsbestände. Um die Effizienz unterschiedlicher Entscheidungsregeln bei ungleichmäßig verteilten Bedarfsraten, Wiederauffüllzeiten und damit auch der Sicherheitsläger zu untersuchen, wird vorgeschlagen, das Verhalten von Lagersystemen mit Hilfe der Monte-Carlo-Methode zu simulieren[65].

Selektive Lagerhaltung

Einen weiteren Entscheidungsbereich im Rahmen der Lagerhaltung stellt die selektive Lagerhaltung dar[66]. Grundsätzlich ist es möglich, daß alle Läger im physischen Distributionssystem jeweils sämtliche von der Betriebswirtschaft vertriebenen Artikel enthalten. Diese Vorgehensweise ist bei einem umfangreichen Produktionsprogramm mit sehr hohen Kosten verbunden. Es scheint ein „wirtschaftliches Gesetz" zu sein, daß ein geringer Prozentsatz der Produkte den Großteil des Umsatzes ausmacht, während sich die größere Anzahl der Produkte nur langsam umschlägt und relativ wenig zu Umsatz und Gewinn beiträgt. Diesem Sachverhalt kann eine Betriebswirtschaft in der Weise Rechnung tragen, daß sie nicht in jedem Lager des physischen Distributionssystems Bestände ihrer sämtlichen Produkte bereithält. Für sie ergibt sich dann das Problem, welche Produkte in welchen Lägern gehalten werden sollen.

Diese Selektivität, der große Möglichkeiten zur Kostenreduktion beigemessen werden, hat im wesentlichen vier Faktoren zu berücksichtigen: (1) Eigenschaften der Kunden, (2) Produktcharakteristika, (3) Aspekte des Transports und (4) kompetitive Gesichtspunkte.

(1) Die Geschäftsbeziehungen mit verschiedenen Kunden sind unterschiedlich ertragreich. Die Unterschiede beruhen auf dem Kauf verschiedenartiger Produkte, auf differierenden Mengen und Preisen, auf dem jeweils geforderten Kundendienst und den erforderlichen flankierenden Aktivitäten, um ständige Geschäftsbeziehungen aufrechtzuerhalten. Die Allokation der Produkte im Lagerbereich kann beispielsweise so erfolgen, daß für diejenigen Kunden, die einen hohen Gewinnbeitrag leisten, eine schnelle und konsistente physische Distribution gewährleistet ist.

---
[65] Vgl. S. 542 ff. dieses Buches.
[66] Zur selektiven Lagerhaltung vgl. beispielsweise Bowersox, Smykay und LaLonde (1968), S. 107; Hill (1966), S. 409 ff.; Magee (1968 a), S. 71 ff.

(2) Zwischen den Produkten einer Betriebswirtschaft besteht im allgemeinen ein beträchtlicher Unterschied in bezug auf Umsatz und Gewinn. Erkennt man diesen Tatbestand an, so ist zu fragen, warum auch weniger ertragreiche Artikel im Sortiment geführt werden. Allerdings basiert eine Selektivität in der Lagerhaltung nicht nur auf Gewinngrößen. Viele Artikel werden selten benötigt, stellen aber — wie bestimmte Ersatzteile — im Bedarfsfall für den Kunden „kritische" Güter dar und sollten deshalb ständig verfügbar sein. Die Betriebswirtschaft kann in einer „kritischen Wertanalyse" eine gewichtete Menge von Werten, die auf der kritischen Natur der Produkte beruhen, ermitteln und die Produkte nach ihrem kritischen Wert klassifizieren. Die bekannteste Methode, Produkte in ihrer relativen Wichtigkeit zu bewerten, ist die ABC-Analyse[67]). Viele Unternehmen gehen so vor, daß sie langsam sich umschlagende oder wenig ertragreiche Produkte in bestimmten Lägern konzentrieren und bei Bedarf die schnellsten Kommunikations- und Transportmethoden anwenden, um so die Servicezeit zu vermindern. Kombiniert man die verschiedenen Kriterien, so kann eine Betriebswirtschaft ihre Produkte beispielsweise wie folgt klassifizieren[68]):

— Produkte, die genügend umsatzstark, ertragsstark oder kritisch sind, um in allen lokalen Distributionszentren gelagert zu werden,

— Produkte, die nur in einigen wenigen ausgewählten regionalen Distributionszentren gelagert werden,

— Produkte, die nur in den Verarbeitungszentren gelagert werden,

— Produkte, die nicht auf Lager gehalten werden, sondern nach Auftrag hergestellt werden.

(3) Viele Transporttarife berücksichtigen die Transportmengen. Es kann deshalb vorteilhaft sein, mehr Artikel in einem bestimmten Lager zu halten, um größere Transportmengen zu erhalten. Die entsprechenden Einsparungen in Transportkosten pro Einheit können die steigenden Lagerhaltungskosten mehr als kompensieren.

(4) Lagerhaltungsentscheidungen haben Auswirkungen auf die Wettbewerbssituation der Betriebswirtschaft. Die Fähigkeit eines Betriebes, schnell ein komplettes Produktsortiment zu liefern, erhöht seine Attraktivität für die Kunden. Bestimmte Produkte können deshalb in einem Lager gehalten werden, um einen zusätzlichen Wettbewerbsvorteil zu erlangen, auch wenn eine solche Entscheidung zu höheren Kosten führt. Die Lagerhaltungsentscheidungen werden also durch Aspekte der Kontrahierung und der Promotion beeinflußt. Die Strategie der kompetitiv stimulierten Allokationen wird sich in dem Maße verstärken, in dem Kunden kompetitive Angebote gegenseitig substituieren können.

---

[67]) Vgl. hierzu Bowersox, Smykay und LaLonde (1968), S. 197 f.; Constantin (1966), S. 331 ff.; Greene (1967), S. 75; Taff (1968), S. 108 ff.
[68]) Vgl. Magee (1968 a), S. 232 f.

1.434 Entscheidungen über Materialhandhabung und Verpackung

Nach der Untersuchung von Objektentscheidungen über Verarbeitungs- und Distributionszentren, Transport und Lagerhaltung soll mit Materialhandhabung und Verpackung ein letzter Aktivitätsbereich in logistischen Systemen einer kurzen Betrachtung unterzogen werden. Mit Materialhandhabung (Hantierungen) werden Prozesse der Vorbereitung, der Plazierung, des Einstellens und der Entnahme von Material und Produkten zur Erleichterung ihres Transports, ihrer Bearbeitung und ihrer Lagerung verstanden. Vor allem das Be- und Entladen der Fahrzeuge sowie das Einstellen von Gütern und die Entnahme aus Lägern erfordern eine Vielzahl von Hantierungsvorgängen. Welche Bedeutung der Materialhandhabung und ihrer Rationalisierung zukommt, wird einmal deutlich, wenn man berücksichtigt, daß Hantierungen sowohl im physischen Versorgungssystem wie in der innerbetrieblichen Logistik wie im physischen Distributionssystem in großer Anzahl vorgenommen werden. Zum anderen ist zu berücksichtigen, daß sich der Material- und Produktfluß über mehrere Organisationen vollzieht. Die Wahl der Handhabungsmethoden wird sich deshalb nicht nur an den Erfordernissen der betrachteten Betriebswirtschaft ausrichten. Vielmehr wird im allgemeinen versucht werden, die Hantierungen im gesamten logistischen Kanal zu erleichtern und damit den Produktfluß zu beschleunigen bzw. seine Kosten zu senken.

Das Problem der Gestaltung der Materialhandhabung ist auf das engste mit zwei Problemkreisen verknüpft: der Bildung größerer Transporteinheiten durch Verwendung von Behältern, Paletten oder Containern und der Gestaltung der Verpackung. Keiner der Entscheidungskomplexe kann determiniert werden, ohne die beiden anderen zu berücksichtigen.

Materialhandhabung

Die Materialhandhabung, die in der logistischen Literatur insbesondere in bezug auf Distributionszentren diskutiert wird, umfaßt selbst mehrere Entscheidungsbereiche, so speziell Probleme der Ausstattung und der Bildung größerer Transport- oder Handhabungseinheiten[69]).

Hinsichtlich der *Ausstattung* werden Entscheidungen auf verschiedenen Betrachtungsebenen diskutiert. Die Betriebswirtschaft hat beispielsweise darüber zu befinden, in welchem Maße sie die Materialhandhabung mechanisieren oder automatisieren will oder kann. Grundsätzlich können drei Klassen der Materialhandhabung in einem Distributionszentrum festgestellt werden: Manuelle Handhabung beruht auf menschlicher Kraft und Entscheidungsfähigkeit. Bei der mechanischen Materialhandhabung wird die menschliche Kraft durch mechanisch angetriebene Aggregate unterstützt. Kontrolle und Steuerung der physischen Prozesse erfolgen noch durch menschliche Ent-

---

[69]) Vgl. hierzu im einzelnen insbesondere Immer (1953); Morris (1960); Stocker (1951).

scheidungen. Automatische Handhabungsmethoden verwenden — unter genereller und häufig sehr geringer menschlicher Führung — mechanische Mittel sowohl für die physische Bewegung als auch zur Steuerung und Regelung dieser Prozesse[70]).

Diese Erörterungen machen zwei Aspekte sichtbar:

(1) Der Grad der Mechanisierung oder Automatisierung der Materialhandhabung beeinflußt auch die Gestaltung des logistischen Informations- und Entscheidungssystems.

(2) Der Grad der Mechanisierung oder Automatisierung beeinflußt die Entscheidungen über die im einzelnen zu wählenden Ausrüstungsgegenstände.

Mit der Frage nach den einzelnen Ausrüstungsgegenständen werden Probleme einmal der relevanten innerbetrieblichen Transportarten oder Fördermittel, zum anderen der verschiedenen Lagerhilfsmittel sowie der Beschaffung von Behältern, Paletten oder Containern, aber auch von Aggregaten und Vorrichtungen angeschnitten, welche die Transformationsobjekte für die eigentlichen Verarbeitungsprozesse bereit machen[71]). Zu den unter den Gesichtspunkten der Materialhandhabung relevanten innerbetrieblichen Transportmitteln zählen verschiedene Arten von Gabelstaplern, Transportkarren, Kränen, Leitungen mit und ohne pneumatische oder hydraulische Vorrichtungen sowie Transportbänder unterschiedlichster Art. Zu den Lagerhilfsmitteln zählen insbesondere Regale, Gestelle, Boxen usw. Grundsätzlich sind mit all diesen Entscheidungen auch Entscheidungen über die Ausstattung von Lägern bzw. Distributionszentren angesprochen.

Aus der Sicht der Lagerung und der Materialhandhabung kommt der Stapelfähigkeit der Produkte eine große Bedeutung zu. Diese Aussage gilt auch für die Bildung *größerer Transporteinheiten* durch Verwendung von Behältern, Paletten oder Containern. Die Bildung größerer Transporteinheiten vermindert durch Zusammenfassen der Material- und Produkteinheiten die Anzahl der Hantierungen in der Betriebswirtschaft sowie unter Umständen im gesamten logistischen Kanal und ermöglicht eine weitgehende Mechanisierung der Be- und Entladevorgänge sowie der Lagereinstellungen und -entnahmen. Der Material- oder Produktfluß wird wirtschaftlicher und schneller[72]).

Die Entscheidungen über die Ausstattung, die Bildung größerer Transporteinheiten und die räumliche Anordnung der Lagerhilfsmittel, Kräne und Transportbänder sind nicht unabhängig voneinander: Bei der Gestaltung des

---

[70]) Vgl. die Beiträge in Foster (1970); Magee (1968 a), S. 158 ff.; Mandell (1963).
[71]) Vgl. zu den Mitteln der Materialhandhabung Chmielewski (1959), S. 77 ff.; Illetschko (1962), S. 25 f.; Immer (1953); Köhler (1959); Meyercordt (1965); Morris (1960); Stocker (1951); Taff (1968), S. 156 ff.; Wapman (1971).
[72]) Vgl. hierzu beispielsweise Heskett, Ivie und Glaskowsky (1964), S. 386 ff.; Klosterkemper (1970).

gesamten Handhabungssystems garantiert die Wahl einzelner effizienter Komponenten nicht notwendigerweise auch ein effizientes Gesamtsystem. Die Effizienz des Gesamtsystems wird nicht nur durch Faktoren wie Höhe und periodische Fluktuationen der zu handhabenden Mengen, Lohnniveau für die menschliche Arbeitskraft und Kosten des Raumes beeinflußt. Sie hängt auch von der Art ab, in der die verschiedenen Komponenten zu einem integrierten System zusammengefügt werden.

Zusammenfassend sind bei der Wahl des Handhabungssystems über die genannten Faktoren hinaus im wesentlichen folgende Aspekte zu beachten: (1) das Produktionssystem, vor allem das Fertigungsverfahren, (2) Art und Menge der zu handhabenden Güter, (3) der verfügbare Raum für die Lager- und Handhabungsprozesse, (4) die Verpackung der Güter und (5) die Charakteristika der externen Transportprozesse.

Das Materialhandhabungssystem der betrachteten Betriebswirtschaft sollte dabei nicht nur mit seinem eigenen Transportsystem, sondern auch mit den Materialhandhabungsaktivitäten anderer Organisationen im logistischen Kanal kompatibel sein[73]). Dies gilt sowohl für das Versorgungs- als auch für das physische Distributionssystem. Eine exakte Abstimmung des eigenen Materialhandhabungssystems mit denjenigen der Lieferanten und Kunden setzt jedoch im allgemeinen voraus, daß die Mitglieder des betrachteten Kanals relativ eng integriert sind und ihre Entscheidungen aufeinander abstimmen.

Verpackung

Die Materialhandhabung wie der gesamte Material- und Produktfluß werden durch die Art der Verpackung der Güter beeinflußt[74]). Die Verpackung hat insbesondere drei Funktionen:

(1) Die Verpackung soll Material und Produkte während des logistischen Prozesses schützen.

(2) Die Verpackung dient dazu, Material oder Produkte zu größeren Einheiten zusammenzufassen und damit Hantierungen und Transport im logistischen System zu erleichtern.

(3) Die Verpackung vor allem von Konsumgütern ist auch unter dem Aspekt der Promotion zu sehen.

Die Entscheidung über die Verpackung hat somit Erfordernisse der Produktion, des Kontrahierungs- und des Promotionssystems, des Warehousing und des Transports zu berücksichtigen. In besonderem Maße hat sie die Produktcharakteristika und damit vor allem die Produktgestaltung (Gewicht, Höhe,

---

[73]) Vgl. Heskett, Ivie und Glaskowsky (1964), S. 392.
[74]) Vgl. Farrel (1971 a); Guss (1967); Immer (1963), S. 181 ff.; Taff (1968); Zusi (1967).

Länge, Form, Zerlegbarkeit) und die Zerbrechlichkeit in den Kalkül einzubeziehen.

Betrachtet man das Problem der Verpackung aus dem Blickwinkel der Promotion, so ist hinsichtlich Konsum- und Investitionsgüterverpackung zu differenzieren. Speziell die Konsumgüterverpackung bedient sich der motivationalen Beeinflussung durch Design, Farbe oder Größe, um promotionale Effekte zu erzielen. Demgegenüber wird die Verpackung von Investitionsgütern im allgemeinen nicht als Motivationsinstrument verwendet. Im Vordergrund steht der Schutz der Güter im logistischen Prozeß. Allerdings bedürfen auch Konsumgüter während der Perioden der Lagerung und des Transports des Schutzes durch die Verpackung.

Die Interessen des Promotionssystems und des logistischen Systems können einander bei der Gestaltung der Verpackung entgegenstehen. So führen oft promotionale Gründe zu Packungsgrößen und -formen, welche die Handhabungs- und Transportkosten im logistischen System erhöhen: Vorteilen aus Promotion und zusätzlichen Transaktionen stehen zusätzliche Kosten im logistischen System gegenüber. Solange steigende Umsätze und Gewinne die wegen der unwirtschaftlichen Verpackung höheren logistischen Kosten aufwiegen, werden sich keine Einwände gegen den Aufwand der physischen Distribution erheben. Ist jedoch das Verhältnis umgekehrt, wird gefordert werden, die Verpackung in stärkerem Maße an die Erfordernisse der physischen Distribution anzupassen.

Wegen der beschriebenen engen Beziehungen kann grundsätzlich angenommen werden, daß sowohl Logistik-Manager wie auch die Verantwortlichen für Kontrahierung und Promotion im Rahmen des Marketingsystems auf Entscheidungen über die Verpackung Einfluß zu nehmen versuchen werden. Dabei ist der Logistik-Manager weniger an den motivationalen Aspekten der Verpackung als am Schutz des Produkts, der Handlichkeit der Einheiten und den durch die Verpackung verursachten Kosten interessiert. Allerdings stehen auch dem Wunsch nach einem möglichst umfassenden *Schutz* der Ware vor Beschädigung oder Verlust während der logistischen Prozesse — auch über mehrere Organisationen hinweg — in der Regel wachsende Kosten gegenüber. Es wird deshalb im allgemeinen versucht werden, die Ansprüche an die Verpackung von seiten der Logistik und Promotion mit der Forderung nach Kostenwirtschaftlichkeit zum Ausgleich zu bringen.

Es wurde bereits darauf hingewiesen, daß die Art der Verpackung einerseits die Materialhandhabung beeinflußt; andererseits wird sie auch selbst durch die Wahl der Handhabungsmethoden berührt. Die Bildung größerer Transporteinheiten durch Verwendung von Behältern, Paletten oder Containern ermöglicht im allgemeinen eine weniger aufwendige Verpackung der in größeren Einheiten befindlichen einzelnen Produkte: Zwischen Materialhandhabung und Verpackung besteht eine Vielzahl von Substitutionsbeziehungen. Darüber hinaus ist es vorteilhaft, wenn die Maße der Einzelgebinde auf die Maße der größeren Einheiten, wie z. B. der Paletten, abgestimmt sind.

Als ein letzter Einflußfaktor für die Art der Verpackung, der in unmittelbarem Zusammenhang mit der Bildung größerer Transporteinheiten steht, sind Tarifklassifikationen im Transportbereich zu nennen. Nicht zuletzt zeigt sich auch hier deutlich, wie eng die Probleme des Transports, der Materialhandhabung, der Bildung größerer Einheiten und der Verpackung miteinander verbunden sind.

1.435 Probleme des „Logistik-Mix"

In den vorangegangenen Erörterungen wurden die wichtigsten Objektentscheidungstatbestände in den logistischen Aktivitätsbereichen dargestellt und ihre Wirkung auf die Erfüllung logistischer Ziele unter Berücksichtigung der relevanten Einflußfaktoren untersucht. Die Betrachtung der einzelnen Entscheidungstatbestände erfolgte dabei relativ isoliert voneinander. Diese Abstrahierung ist in der Praxis im allgemeinen nicht möglich. Der Aufbau logistischer Systeme und die Steuerung des Material- und Produktflusses erfordern die Kombination einer Vielzahl von Variablen. Typisches Beispiel für ein komplexes System von Entscheidungen bildet der Design eines logistischen Kanals für ein bestimmtes Produkt oder für eine Produktgruppe. Aber auch logistische Prozeßentscheidungen erfordern im allgemeinen ganze Folgen von Entscheidungen, die erst in ihrer Gesamtheit die Effizienz des Systems begründen: Die Entscheidungen in den einzelnen Bereichen sind im Hinblick auf ein optimales oder anspruchsadäquates „Logistik-Mix" zu kombinieren.

Zum einen ist zu beachten, daß gegebene logistische Ziele mit einer unterschiedlichen Kombination von Entscheidungen erreicht werden können: Zwischen den verschiedenen logistischen Aktivitäten bestehen neben Komplementaritätsbeziehungen auch Substitutionsmöglichkeiten. Diese existieren sowohl zwischen den Aktivitäten innerhalb der betrachteten Betriebswirtschaft als auch zwischen Entscheidungen dieses Betriebes und Entscheidungen anderer Organisationen im logistischen Kanal. In der betrachteten Betriebswirtschaft sind sie innerhalb eines logistischen Aktivitätsbereichs, zwischen mehreren logistischen Aktivitätsbereichen und zwischen dem logistischen System und anderen Subsystemen der Betriebswirtschaft zu finden[75].

Ein weiterer, eng mit dem ersten verbundener Problemkreis besteht darin, daß zwischen den Entscheidungen in verschiedenen logistischen Teilbereichen inverse Kostenbeziehungen bestehen. So können beispielsweise Entscheidungen in einem Bereich zu Kostensenkungen, gleichzeitig in einem

---

[75] Vgl. auch zum folgenden Bowersox, Smykay und LaLonde (1968), S. 299 ff.; Heskett, Ivie und Glaskowsky (1964), S. 446 ff.

anderen jedoch zu Kostenerhöhungen führen. Es wurde bereits darauf hingewiesen, daß im Sinne einer Gesamtbetrachtung des logistischen Systems die Konsequenzen von logistischen Entscheidungen nicht nach der Effizienz der Teilbereiche, sondern nach der des Gesamtsystems zu beurteilen sind.

Substitutionsmöglichkeiten *innerhalb* eines logistischen Aktivitätszentrums bestehen beispielsweise zwischen Entscheidungen im Bereich der Distributionszentren. Wichtiger als Substitutionsmöglichkeiten innerhalb eines Bereichs sind jedoch entsprechende Möglichkeiten *zwischen* den Entscheidungen verschiedener Aktivitätsbereiche. Bezieht man zu den untersuchten Entscheidungskomplexen noch Entscheidungen über Auftragsabwicklung und Kommunikation ein, so ergibt sich eine Vielzahl potentieller Substitutionsmöglichkeiten innerhalb eines logistischen Systems.

Analysiert man den Einfluß bestimmter Entscheidungen auf die Erreichung des Servicezieles, so kann beispielsweise eine bestimmte Servicezeit entweder durch eine große Anzahl an Distributionszentren (mit einer entsprechenden Erhöhung der Gesamtbestände im logistischen System) oder durch lediglich ein Lager im Verarbeitungszentrum, aber mit Verwendung elektronischer Datenverarbeitung und mit Lufttransport (oder durch Expreßlieferung) erreicht werden:

> „Je entfernter das Lager vom Kunden ist, desto länger wird es dauern, um einen Kundenauftrag zu erfüllen. So besteht ein Weg, die Servicezeit zu verringern, darin, mehr und besser plazierte Läger zu besitzen, ein anderer darin, eine schnellere Transportmethode anzuwenden, und eine dritte darin, die Zeit für Informationsübertragung und -verarbeitung zu verringern"[76]).

Daß sich die Lieferzeit mit Modifikationen der Auftragsbearbeitung, der Kommunikation und der Transportgeschwindigkeit verändert, wurde bereits beschrieben. Die Transportzeit hängt auch von der zurückzulegenden Entfernung ab, die ihrerseits durch Entscheidungen über den Standort von Verarbeitungszentren, insbesondere jedoch durch die Errichtung von Distributionszentren beeinflußbar ist. Andererseits kann eine Beschleunigung des Material- und Produktflusses auch durch die Wahl geeigneter Methoden der Materialhandhabung erreicht werden.

Die Substitutionsmöglichkeiten zwischen den logistischen Aktivitäten sind jedoch nicht nur aus der Sicht der Erfüllung der Serviceziele zu betrachten. Substitutionsbeziehungen bestehen auch in bezug auf das Kostenziel. Wichtiger ist jedoch die Aussage, daß unterschiedliche Kombinationen von Aktivitäten zur Erreichung eines bestimmten Servicezieles im allgemeinen unterschiedlich hohe Kosten verursachen. Berücksichtigt man dabei die häufig inversen Beziehungen zwischen den Kosten der einzelnen logistischen

---

[76]) Magee (1968 a), S. 34.

	Eisenbahn-Warehouse	Direkter Luftverkehr
I. Lagerhaltungskosten		
A. Lager während des Transports (Tage)	10	2
B. Lagerung im Verarbeitungszentrum (Tage)	5	1
C. Lagerung in Distributionszentren (Tage)	30	0
Gesamttage	45	3
Eingesparte Lagerzeit	—	42
D. Jährliche Lagerhaltungskosten		
1. Kapitalkosten	20 %	20 %
2. Risiko der Veralterung	5 %	2 %
3. Versicherung (nach Wert)	1 %	1 %
4. Steuern (nach Wert)	2 %	2 %
Gesamt	28 %	25 %
	DM	DM
E. Angenommener Wert der gegenüber dem Eisenbahn-Warehouse-System eliminierten Produkte (eliminierte Lagertage)	5 000 000	
F. Jährliche Lagerkostenersparnis durch direkten Lufttransport $$\frac{(D) \cdot (i) \cdot (J)}{365}$$ wobei D = eingesparte Lagerzeit (Tage) i = Lagerhaltungskosten (%) J = Reduktion des Lagerbestandswertes $$\frac{42 \times 0{,}25 \times 5\,000\,000}{365} =$$		143 836
II. Ersparnisse bei den Kosten der Distributionszentren durch direkten Lufttransport		
A. Miete (Kapitalkosten, falls Eigentum)	200 000	150 000
B. Löhne und Gehälter	200 000	100 000
C. Betriebskosten	100 000	50 000
Gesamt	500 000	300 000
Ersparnisse		200 000

	Eisenbahn-Warehouse	Direkter Luftverkehr
	DM	DM
III. Jährliche Bruttoersparnisse bei Lagerhaltung und Warehousing		343 836
IV. Transportkostenvergleich und Ersparnisse durch Eisenbahn-Warehouse-Distribution		
A. Frachtkosten	350 000	500 000
B. Kosten der lokalen Auslieferung	100 000	150 000
Gesamt	450 000	650 000
Ersparnisse beim Transport durch Eisenbahn	200 000	
V. Nettoersparnisse, direkter Lufttransport versus Eisenbahn-Warehouse-Distribution (343 836 — 200 000)		143 836

Einbezogene Kosten: Kosten (1) der Lagerhaltung, (2) des Warehousing, (3) des Transports

Abb. 1.30: *Beispiel für einen komparativ-statischen Kostenvergleich zweier alternativer logistischer Systeme (Distribution über Eisenbahn und Distributionszentren versus Distribution direkt mittels Luftverkehrs)*[77])

Aktivitäten, so wird unmittelbar deutlich, daß die Bestimmung eines Logistik-Mix auf einer Gesamtkostenanalyse aufzubauen hat. Der Vergleich alternativer logistischer Systeme in der Gesamtkostenanalyse wird alle logistischen und sonstigen Kosten berücksichtigen, die mit der jeweiligen Alternative anfallen[78]). Die relevanten Kostenbereiche sind wiederum Verarbeitungs- und Distributionszentren, Transport, Lagerhaltung, Materialhandhabung, Auftragsbearbeitung und Kommunikation. Kosten-Trade-offs wägen nun (bei gegebenem Serviceniveau) die Kostenreduktion in einem Bereich gegen den Kostenanstieg in einem anderen Bereich ab. Beispielsweise erhöht eine Entscheidung, mehr Distributionszentren zu errichten, zwar die Kosten des Warehousing, läßt aber die relativen Transportkosten sinken. Die Verwendung großer Transporteinheiten senkt die Handhabungskosten, läßt aber die Kosten der Lagerhaltung ansteigen. Die Wahl einer Transportart beeinflußt im allgemeinen die Lagerhaltung und Materialhandhabung sowie die Wahl des Kommunikationssystems und die dadurch induzierten Kosten.

---

[77]) Vgl. Bowersox, Smykay und LaLonde (1968), S. 304.
[78]) Vgl. zur Gesamtkostenanalyse des logistischen Systems Bowersox, Smykay und LaLonde (1968), S. 299 ff.; Flaks (1967); Le Kashman und Stolle (1969); Lewis, Culliton und Steele (1956); Perrine (1971 a); Rayburn (1969); Smykay, Bowersox und Mossman (1961), S. 77 ff.

Die Trade-offs zwischen Kosten festzustellen und zu quantifizieren ist teilweise recht schwierig; dies gilt um so mehr, als die Analyse unter unterschiedlichen Bedingungen, vor allem unter alternativen Nachfragesituationen, durchgeführt werden sollte. Für die Gesamtkostenanalyse logistischer Systeme wurden verschiedene statische, komparativ-statische, dynamische, graphische und mathematische Ansätze entwickelt, die hier im einzelnen nicht dargestellt werden können[79]). Ein relativ einfaches Beispiel eines Kostenvergleichs alternativer logistischer Systeme zeigt jedoch Abb. 1.30.

Die Gesamtkostenbetrachtung sollte nicht nur sämtliche Kosten des alternativen logistischen Systems selbst berücksichtigen, sondern auch die Kosten, die in anderen und von anderen Subsystemen der betrachteten Betriebswirtschaft verursacht werden. Beispielsweise können Entscheidungen über die wirtschaftlichsten Produktionsmengen (Losgrößen) oder das Produktionsverfahren hohe Lager- oder Handhabungskosten verursachen. Entscheidungen über die Produktgestaltung oder die Kontrahierungsbedingungen in den anderen Subsystemen des Marketingsystems berühren ebenfalls die Kosten im logistischen Bereich: Marketing, Produktion, Finanzierung und Logistik stellen Subsysteme der Betriebswirtschaft dar. Zwischen diesen Bereichen besteht eine Fülle von Interdependenzen. Die Entscheidungsträger jedes Bereichs müssen diese Interdependenzen und ihre Konsequenzen für das Gesamtsystem kennen und berücksichtigen, soll die Effizienz der gesamten Organisation gefördert werden. Insofern hat auch die Bestimmung des Logistik-Mix in Abstimmung mit den Entscheidungen der anderen Bereiche der Betriebswirtschaft zu erfolgen.

Ein noch weiterer Rahmen für logistische Entscheidungen wird sichtbar, wenn man Substitutionsmöglichkeiten für logistische Entscheidungen zwischen den Mitgliedsorganisationen eines logistischen Kanals berücksichtigt. Trade-offs bestehen dabei für alle logistischen Aktivitätsbereiche. Besonders deutlich werden sie, wenn man die Einflußfaktoren der Servicezeit und der Servicezuverlässigkeit und hier speziell Aspekte der Lagerhaltung betrachtet. Je mehr Distributionszentren ein Lieferant unterhält, je höher dessen Lagerbestand, je geringer seine für die administrative Auftragsabwicklung und für den Transport benötigte Zeit ist, desto niedriger können die Lagerbestände des Kunden sein. Heskett, Ivie und Glaskowsky schematisieren Beispiele intra- und interorganisationaler Trade-offs wie in Abb. 1.31 wiedergegeben.

Die Entscheidungsfindung in logistischen Systemen stellt einige Anforderungen an das Informations- und Entscheidungssystem in bezug auf die Verteilung der Entscheidungskompetenzen, die Problemlösungsverfahren, die Kommunikation und den Informationsbestand sowie hinsichtlich der Abstimmung

---

[79]) Vgl. jedoch den Überblick bei Bowersox, Smykay und LaLonde (1968), S. 302 ff.; Heskett, Ivie und Glaskowsky (1964), S. 454; Lewis, Culliton und Steele (1956).

Kosten des Transports, der Materialhandhabung, Verpackung, Auftragsabwicklung

| Kunde | betrachtete Unternehmung | Lieferant |

- - - - → intraorg. Trade-off
———→ interorg. Trade-off

(Pfeile zeigen Bereich des Kostenanstiegs zu Bereichen der Kostensenkung an)

Abb. 1.31:
Einige Beispiele intra- und interorganisationaler Kosten-Trade-offs[80])

von Entscheidungen innerhalb der betrachteten Betriebswirtschaft und anderen Mitgliedsorganisationen in den logistischen Kanälen. Nachdem bisher lediglich Entscheidungskomplexe im Objektbereich des logistischen Systems untersucht wurden, gilt das Interesse des folgenden Abschnitts dem Aufbau und den Prozessen des logistischen Informations- und Entscheidungssystems.

1.44 Das Informations- und Entscheidungssystem logistischer Systeme

In logistischen Systemen vollziehen sich ständig Prozesse der Informationsgewinnung, -übertragung, -verarbeitung, -speicherung usw. Das funktionale Subsystem des logistischen Systems, in dem diese Prozesse stattfinden, wird als Informations- und Entscheidungssystem bezeichnet. Aus einer etwas anderen Sicht ist das Informations- und Entscheidungssystem auch als der

---
[80]) Vgl. Heskett, Ivie und Glaskowsky (1964), S. 453.

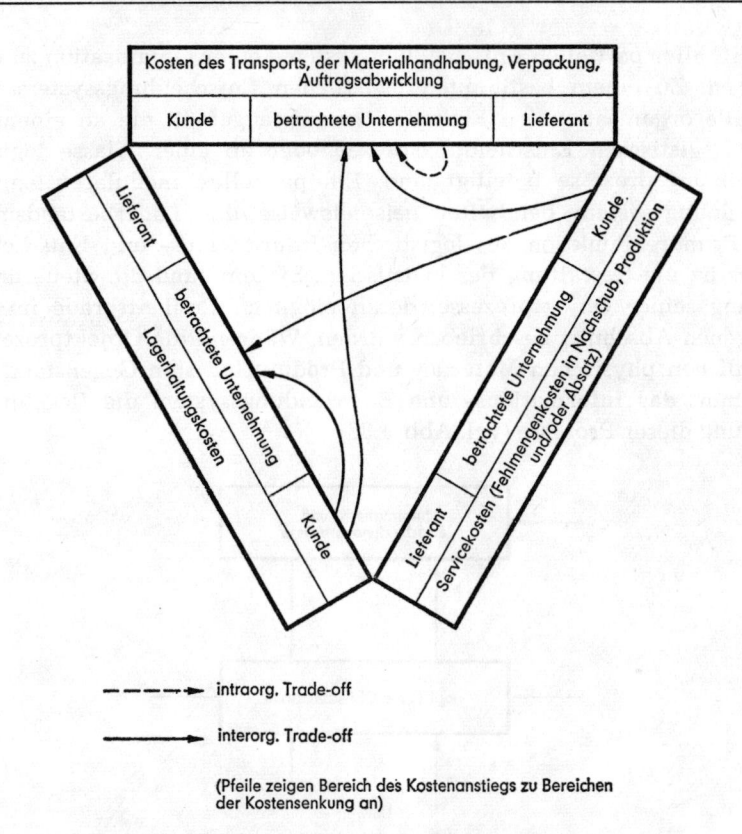

Inbegriff aller partiellen Entscheidungssysteme einer Organisation zu charakterisieren. Zu einem bestimmten logistischen Entscheidungssystem werden dann alle organisationalen Einheiten zusammengefaßt, die an einem spezifischen logistischen Entscheidungsprozeß oder an einer Klasse logistischer Entscheidungsprozesse beteiligt sind. Ein partielles, modulares logistisches Entscheidungssystem beinhaltet beispielsweise das Lagerbestandsmanagement. Primäre Funktion des logistischen Informations- und Entscheidungssystems ist die Gestaltung des logistischen Systems und die Steuerung oder Regelung seiner Objektprozesse, deren mögliche Freiheitsgrade im vorangegangenen Abschnitt beschrieben wurden. Während die Objektprozesse den tatsächlichen physischen Material- und Produktfluß zum Gegenstand haben, übernimmt das Informations- und Entscheidungssystem die Regelung oder Steuerung dieser Prozesse (vgl. Abb. 1.32).

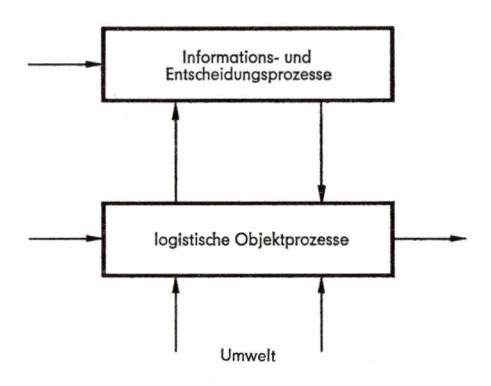

Abb. 1.32: *Regelung und Steuerung logistischer Objektprozesse*

Aufgabe der folgenden Abschnitte ist es, einige Aspekte der Gestaltung von logistischen Informations- und Entscheidungssystemen und ihrer Prozesse zu beschreiben. Betrachtet werden dabei letztlich „Metaentscheidungen", also Entscheidungen darüber, wie logistische Entscheidungen getroffen werden.

Ausgangspunkt der Untersuchungen bildet die Charakterisierung der vom logistischen Informations- und Entscheidungssystem zu treffenden Entscheidungen, da deren Merkmale in starkem Maße die Gestaltung des Informations- und Entscheidungssystems und seiner Prozesse bestimmen. Angesprochen werden damit unmittelbar Probleme der Einordnung der Logistik in die Organisationsstruktur, des Informationsbedarfs und der Informationsübertragung sowie der Koordination der interdependenten logistischen Entscheidungen. Dabei ist nicht zuletzt zu berücksichtigen, daß logistische Entscheidungen häufig Gegenstand interorganisationaler Prozesse sind. Die im logistischen Informations- und Entscheidungssystem zur Lösung der Entscheidungsprobleme verwendeten Methoden der Informationsverarbeitung werden zunächst nicht betrachtet. Sie werden für alle relevanten Systeme der betriebswirtschaftlichen Logistik gemeinsam in Teil II beschrieben.

1.441 Die Problemstruktur logistischer Entscheidungen

Nicht alle logistischen Entscheidungen haben für die Effizienz der Betriebswirtschaft die gleiche Bedeutung. Sie sind nicht in gleichem Maße komplex und treten in unterschiedlichen Zeitintervallen auf. Diese Merkmale sind für den Systemplaner insofern von Bedeutung, als sie die Gestaltung des logistischen Informations- und Entscheidungssystems und den Ablauf seiner Prozesse beeinflussen.

Art der Problemformulierung

Ein Untersuchungsmerkmal für logistische Entscheidungen ist die Komplexität des jeweiligen Entscheidungsproblems, die sich im Strukturierungsgrad der Problemformulierung widerspiegelt. Der Strukturierungsgrad der Entscheidungen bildet neben dem Umfang der in die Problemdefinition einbezogenen individuellen Ziele und Werte das entscheidende Kriterium für die Abgrenzung politischer, administrativer und operativer Entscheidungen.

Politische Entscheidungen im logistischen System sind zum einen Entscheidungen über die zu verfolgenden logistischen Ziele. Die individuellen Präferenzen und Werte von Organisationsteilnehmern, von organisationalen Subsystemen und von sonstigen „Interessenten" wie beispielsweise autonomen Mitgliedern logistischer Kanäle werden in autorisierte Beschränkungen der betrachteten Betriebswirtschaft für ihre logistischen Entscheidungen formuliert. Zu den politischen Entscheidungen im logistischen System zählen auch die Entscheidungen über grundlegende logistische Strategien sowie über das Budget für das logistische System. Politische Entscheidungen beinhalten nicht zuletzt die Standortwahl speziell der Verarbeitungszentren sowie die Gestaltung des logistischen Informations- und Entscheidungssystems selbst. Dabei sind insbesondere Entscheidungen über die Organisationsstruktur, das Kommunikationssystem und das Intelligenzsystem zu nennen.

Administrative Entscheidungen haben die Funktion, politische Entscheidungen in operative Entscheidungen umzusetzen. Sie spezifizieren und implementieren — beispielsweise im Rahmen eines hierarchischen Planungsprozesses — politische Entscheidungen. Administrative Entscheidungen beinhalten die Entwicklung neuer logistischer Entscheidungs- und Ausführungsprogramme für das operative System. Funktion des administrativen Systems ist auch die Wahrnehmung bestimmter Verhandlungsbeziehungen mit der relevanten Umwelt des logistischen Systems.

Operative Entscheidungen des logistischen Systems umfassen die Vielzahl der Entscheidungen zur unmittelbaren Steuerung oder Regelung der logistischen Objektprozesse, wie die Bestimmung der Versandart, der wiederzubestellenden Material- oder Produktmenge, des einzusetzenden Fahrzeugs, der Verpackung des Versandgutes oder beispielsweise die Erstellung bestimmter Kontrollberichte.

Für die Gestaltung des logistischen Informations- und Entscheidungssystems und seiner Prozesse ist es nun von Bedeutung zu wissen, welchen Anteil die jeweiligen Problemstrukturen an der Menge aller Entscheidungsprobleme besitzen. Der Anteil operativer, administrativer und politischer Entscheidungen ist durchaus nicht in allen Bereichen einer Betriebswirtschaft gleich. Auch schwankt dieser Anteil von Betriebstyp zu Betriebstyp. Wesentliche Determinanten sind beispielsweise die Komplexität der relevanten Umwelt oder die der angewandten Technologie. Tendenziell kann angenommen werden, daß in logistischen Systemen der Anteil operativer Entscheidungen relativ hoch und vergleichsweise größer ist als in anderen organisationalen Bereichen, wie z. B. im Kontrahierungs- oder Promotionssystem des Marketingbereichs, in der Finanzierung oder der Forschung und Entwicklung (vgl. Abb. 1.33).

▦ operative Entscheidungen
☐ administrative Entscheidungen
▨ politische Entscheidungen

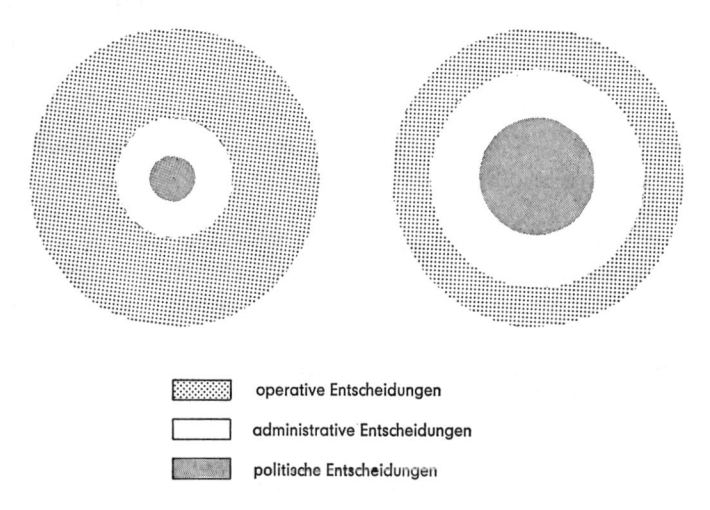

Abb. 1.33: *Unterschiede in der Struktur der Entscheidungen in zwei Bereichen der Organisation*

Gegenstand und Häufigkeit logistischer Entscheidungen

Weitere Merkmale der Struktur der Entscheidungen in logistischen Systemen sind der Gegenstand und die Häufigkeit von Entscheidungen. Sie stehen dabei in enger Beziehung zur Art der Problemformulierung. Das Informations- und Entscheidungssystem logistischer Systeme hat auf der einen Seite logistische Systeme in ihrer Gesamtheit von Grund auf neu zu planen und zu entwickeln *(systems design* und *systems development)* und auf der anderen Seite ständig über den Ablauf der logistischen Prozesse zu entscheiden. Beide Aktivitäten stellen in gewisser Weise die Extrempunkte eines Kontinuums dar: Oft wird ein logistisches System nur in der Gründungsphase einer Betriebswirtschaft von Grund auf neu gestaltet und in der Folgezeit nur durch inkrementale Veränderungen an neue Situationen angepaßt: Die Entwicklung des logistischen Systems vollzieht sich in einer Evolution.

In mehr oder weniger unregelmäßigen Zeitabständen werden logistische Systeme jedoch im allgemeinen einem grundlegenden Wandel unterzogen. Entwicklungen in der internen und externen Umwelt zwingen dazu, das logistische System von Grund auf zu überdenken und umzugestalten. Die potentiellen Stimuli für eine umfassende Planung mikrologistischer Systeme sind vielfältig. Die Zeitabstände, in denen sich ein grundlegender Wandel eines logistischen Systems vollzieht, wird von der Akkumulationsrate der Änderungen in der logistischen Technologie ebenso abhängen wie von Änderungen im Produktionsprogramm, in den Märkten oder grundsätzlich in der Geschäftspolitik der Betriebswirtschaft. Nicht zuletzt sind krisenhafte Entwicklungen Ursachen für die grundlegende Wandlung von Systemen. Das Problem der Planung und Entwicklung mikrologistischer Systeme ist ein äußerst komplexes Problem und Gegenstand politischer Entscheidungen[81]).

Der Neukonzipierung ganzer logistischer Systeme oder wesentlicher Teile von ihnen stehen die laufenden Entscheidungen zur Steuerung und Regelung des Material- und Produktflusses gegenüber. Sie sind speziell Prozeßentscheidungen, beinhalten jedoch auch in einem bestimmten Maße Ausstattungsentscheidungen. Es ist dabei selbstverständlich, daß diese Entscheidungen auch inkrementale Veränderungen des logistischen Systems bewirken können. Betrachtet man die relevanten Entscheidungen zur Steuerung und Regelung des Material- und Produktflusses, so sind insbesondere Entscheidungen über den inner- und außerbetrieblichen Transport, Aspekte der Produktionsplanung und -kontrolle, Kontrolle und Wiederauffüllen der Lagerbestände in den Verarbeitungs- und Distributionszentren, Warehouseaktivitäten, Warenannahme und -versand, Auftragsbearbeitung einschließlich Ausfertigung der Versandpapiere und Rechnungsstellung zu nennen. Diese Entscheidungen sind primär operativer Natur.

Zwischen der Planung und Entwicklung neuer logistischer Systeme und den laufenden Prozeßentscheidungen kann die Aufstellung periodischer Pläne für das logistische System eingeordnet werden. Als wichtigstes Planungsinstrument ist in dieser Hinsicht die *Budgetierung* anzusehen[82]). Im Rahmen der Budgetierung werden regelmäßig die logistischen Aktivitäten für eine bestimmte zukünftige Periode (in der Regel für 1 Jahr) geplant und mit den vorhandenen Ressourcen abgestimmt. Die Budgetierung liefert die Gelegenheit für eine periodische Beurteilung und Revidierung der logistischen Ziele und der zur Verfügung stehenden Ressourcen. Für jeden logistischen Bereich werden die vorzunehmenden Aktivitäten für die zukünftige Periode mehr oder weniger global spezifiziert. Diese Zuordnungen basieren auf einer Kombination von Prognose und globaler, antizipativer Entscheidungsfin-

---

[81]) Zur langfristigen Planung und zum Design makrologistischer Systeme vgl. Berg (1969); Bowersox und McCarthy (1970); Bowersox, Smykay und LaLonde (1968), S. 323 ff.; Magee (1968 a), S. 290 ff. und S. 316 ff. sowie die verschiedenen Beiträge in Bowersox, LaLonde und Smykay (1969), S. 128 ff.

[82]) Zu den budgetären Aspekten der Logistik vgl. Taff (1968), S. 46 sowie allgemein Bamberger (1971).

dung. Gleichzeitig wird der Ressourcenbedarf ermittelt, um die geplanten Aktivitäten durchführen zu können. Relativ kurzfristige Pläne, wie es beispielsweise Unternehmensbudgets zu sein pflegen, können Bestandteile langfristiger Pläne und Implementierungsprogramme sein: Lang-, mittel- und kurzfristige Planung sind eng miteinander verzahnt[83]).

Interdependenz und Konfliktträchtigkeit logistischer Entscheidungen

Logistische Entscheidungen — dies haben die Erörterungen zu den Entscheidungstatbeständen gezeigt — sind in starkem Maße durch Interdependenzen gekennzeichnet. Zum einen sind die verschiedenen logistischen Entscheidungen selbst nicht unabhängig voneinander. Zum anderen weisen sie beträchtliche Interdependenzen mit den Entscheidungen in den anderen Funktionsbereichen der Betriebswirtschaft und mit Entscheidungen anderer Organisationen auf. Die Beziehungen zwischen den Entscheidungen sind dabei nicht nur komplementär, sondern zumindest teilweise in höchstem Maße konfliktträchtig. Logistische Entscheidungen werfen damit Probleme der Koordination und der Konflikthandhabung auf. Die Fülle der logistischen Entscheidungen bedingt im allgemeinen eine Dezentralisation der Entscheidungsfindung. Logistische Entscheidungsprozesse werden insofern kollektive Entscheidungsprozesse sein. Diese werden sich jedoch häufig nicht nur auf die betrachtete Betriebswirtschaft beschränken, sondern auch Komponenten von Organisationen einschließen, mit der die betrachtete Betriebswirtschaft Abhängigkeiten wahrnimmt. Logistische Entscheidungen werden zum Gegenstand interorganisationaler Entscheidungsprozesse.

Anpassungsentscheidungen im logistischen System

Faßt man die bisherigen Erörterungen zu den Merkmalen mikrologistischer Entscheidungen zusammen, so ist festzustellen, daß das logistische System durch drei Ebenen des Informations- und Entscheidungssystems gesteuert wird. Welche dieser drei Ebenen in den Prozeß eingreift, hängt von der jeweils gegebenen Problemstruktur ab. Sieht man von Extremen wie der Neugründung einer Betriebswirtschaft ab, so werden sowohl Entscheidungen zur Neugestaltung des logistischen Systems als auch laufende Prozeßentscheidungen durch tatsächliche oder antizipierte Störungen bzw. Änderungen der internen und externen Umwelt induziert, die auf den bestehenden Zustand des logistischen Systems oder eines seiner Subsysteme einwirken. Allerdings verhalten sich Organisationen nicht nur „reaktiv". Teilweise werden Organisationen auch versuchen, sich selbst Vorstellungen darüber zu machen, wie sie in der Zukunft aussehen wollen, und Aktivitäten ergreifen, um diesen gewünschten Zustand zu erreichen. Sie reagieren nicht unmittelbar auf Stimuli der Umwelt, sondern versuchen ihrerseits, die Umwelt in ihrem Sinne zu beeinflussen und umzugestalten.

---

[83]) Vgl. hierzu auch die Konzeption von PPBS und seine Anwendungen auf Betriebswirtschaften z. B. bei Pyhrr (1970); Smalter (1969) sowie S. 142 ff. dieses Buches.

Wie sich Organisationen an Änderungen ihrer Umwelt anpassen, wurde bereits bei Betrachtung des Verkehrsbetriebes beschrieben. Diese Aussagen gelten auch für das logistische System. Sie seien für das logistische System an Hand der Abb. 1.34 noch einmal verdeutlicht.

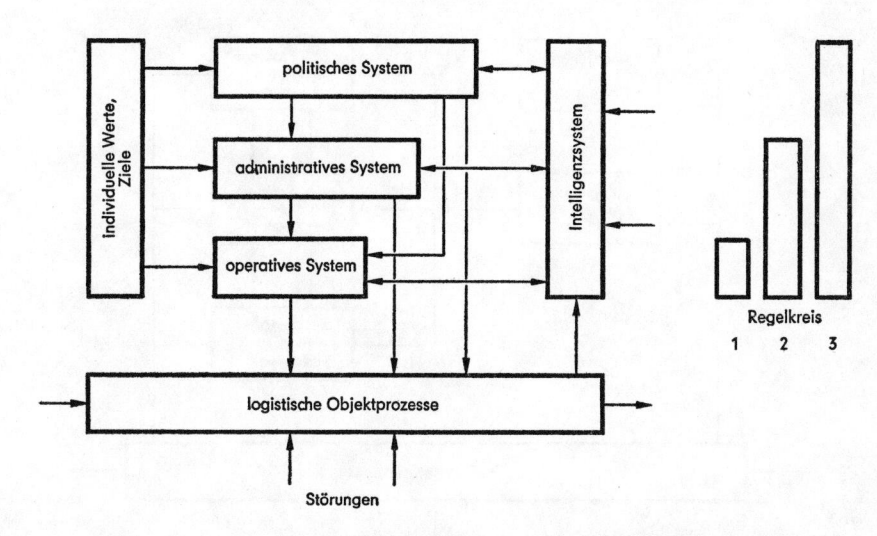

Abb. 1.34: Anpassungsentscheidungen bei Störungen logistischer Objektprozesse

Nimmt das logistische Intelligenzsystem als Rezeptor des logistischen Systems bereits erfolgte Störungen logistischer Objektprozesse oder antizipierte potentielle Störungen aus der Umwelt wahr, so meldet es diese an die Entscheidungsträger. Eine Anpassung auf operativer Ebene ist dann möglich, wenn die Programme des Systems hinreichend flexibel sind und die Störungen „unter Kontrolle" gehalten werden können (Regelkreis 1). Vermögen die über Programme des operativen Systems generierten Anpassungsentscheidungen die Störungen nicht hinreichend zu kompensieren, paßt sich das logistische System durch die Modifizierung seiner Entscheidungs- und Ausführungsprogramme an (Regelkreis 2). Ist jedoch die potentielle oder tatsächliche Störung weder vom operativen noch vom administrativen System zu kompensieren, werden politische Entscheidungen getroffen (Regelkreis 3). Diese können in Entscheidungen über die zu verfolgenden Ziele und Strategien oder beispielsweise in einer Änderung der Organisationsstruktur bestehen. Ebenso kann eine strategische (politische) Planung angeregt oder auch direkt in die Objektprozesse eingegriffen werden.

Bei der Betrachtung des Anpassungsprozesses ist zu berücksichtigen, daß die Feststellung, ob ein auftretendes Problem im logistischen System operativer, administrativer oder politischer Natur ist, sowohl sukzessiv als auch „synoptisch" erfolgen kann. Ebenso wird nicht nur ein Problem von unten nach oben „weitergereicht". Auch eine umgekehrte Entwicklung ist möglich: Das politische System formuliert sehr globale Pläne oder Entscheidungen, die von den untergeordneten Ebenen detailliert und implementiert werden. Abb. 1.35 gibt den möglichen Verlauf eines Anpassungsprozesses wieder[84]).

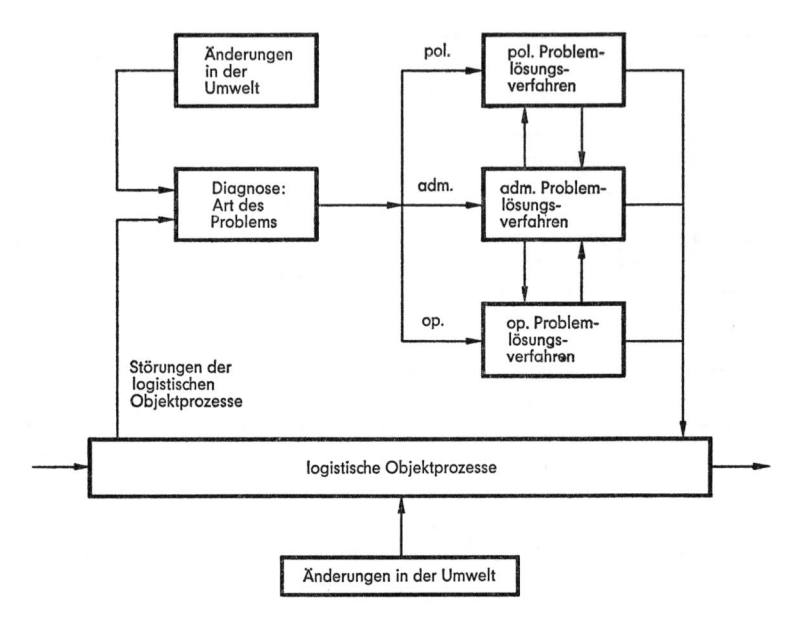

Abb. 1.35: Problemstruktur und Anpassungsprozeß

Anforderungen an das Informations- und Entscheidungssystem logistischer Systeme

Die Merkmale der in einem logistischen System zu treffenden Entscheidungen bestimmen in besonderem Maße die Gestaltung des logistischen Informations- und Entscheidungssystems und den Ablauf seiner Prozesse.

So hängt es von der Struktur eines Entscheidungsproblems ab, welche Methode der Informationsverarbeitung zu seiner Lösung anwendbar ist. Problemstrukturen bedingen bestimmte Problemlösungsverfahren: Die Planung und Entwicklung neuer logistischer Systeme oder das Design eines logistischen Kanals im engeren Sinne erfordern andere Problemlösungsprozesse als die Ermittlung einer Bestellmenge nach einer gegebenen Formel. Nicht zuletzt ist der Anteil operativer Entscheidungsprobleme dafür ausschlaggebend, ob und in welchem Maße gewohnheitsmäßiges Verhalten und standardisierte Ausführungsprogramme sowie exakte formale Entscheidungsmodelle zur Problemlösung verwendet werden und Entscheidungsprozesse in mikrologistischen Systemen automatisierbar sind. Ebenso stellt sich die Frage nach den Methoden zur Lösung schlecht-strukturierter

---

[84]) Vgl. auch Ansoff (1969), S. 18.

Entscheidungen. Grundsätzlich bedarf eine Betriebswirtschaft eines bestimmten „Know-how", um die sich ihr stellenden Probleme zu lösen. Dieses „Know-how" wird sich in einem bestimmten organisationalen Bestand an Problemlösungsverfahren widerspiegeln. Welche Möglichkeiten eine Betriebswirtschaft zur Unterstützung ihrer logistischen Entscheidungen besitzt, wird in Teil II dieses Buches im einzelnen dargestellt werden.

Die Merkmale logistischer Entscheidungen determinieren jedoch nicht nur die Art des Problemlösungsverfahrens. Sie sind auch ausschlaggebend für die Art und Menge der zur Entscheidungsfindung benötigten Informationen sowie für die Probleme ihrer Übertragung in der Betriebswirtschaft wie generell im logistischen Kanal. Nicht zuletzt beeinflußt die Struktur logistischer Entscheidungen die Verteilung der Funktionen des Informations- und Entscheidungssystems auf bestimmte strukturelle Organisationseinheiten. Angesprochen werden damit unmittelbar Probleme der Einordnung des logistischen Systems in die formale Organisationsstruktur der Betriebswirtschaft und die Strukturierung des logistischen Bereichs selbst.

Die Beschreibung der Merkmale logistischer Entscheidungen hat deutlich werden lassen, daß diese einer Koordination bedürfen und sich Abstimmungs- und Konflikthandhabungsprozesse durchaus nicht nur auf die betrachtete Betriebswirtschaft allein erstrecken werden. Letztlich determiniert der Charakter der zu treffenden logistischen Entscheidungen die Ansprüche, die an das logistische Informations- und Entscheidungssystem zu stellen sind. Sie sollen im folgenden untersucht werden.

1.442 Mikrologistik und Organisationsstruktur

Mikrologistische Systeme sind, wie bereits beschrieben, zunächst als funktionale Subsysteme von Betriebswirtschaften zu betrachten. Das Problem, ob die verschiedenen logistischen Aktivitäten auch zu einem einheitlichen strukturellen Subsystem zusammengefaßt werden sollen, ist Gegenstand organisatorischer Entscheidungen der Betriebswirtschaft.

Die Frage nach der Einordnung der logistischen Aktivitäten in die Organisationsstruktur einer Betriebswirtschaft kann nicht in eindeutiger Weise beantwortet werden. Das Problem der Bestimmung einer „optimalen" Organisationsstruktur der Betriebswirtschaft oder des logistischen Systems ist ein äußerst schlecht definiertes, politisches Entscheidungsproblem. Die Organisationslehre ist beim derzeitigen Stand der Forschung nicht in der Lage, den für die Organisation Verantwortlichen eindeutige Verfahren oder Entscheidungsregeln zur Generierung der vorteilhaftesten Organisationsstruktur an die Hand zu geben. Gerade wegen der Komplexität und der Vielzahl offener Beschränkungen des Problems ist die „Theorie des Organisierens" weit weniger entwickelt als beispielsweise Theorien für den Produktionsbereich, für Marketing oder Finanzierung. Die Organisationslehre muß sich darauf beschränken, einige generelle Prinzipien zu nennen, denen die Gestaltung einer

Organisationsstruktur folgt. Gleichzeitig ist zu berücksichtigen, daß die Eigenarten jeder Betriebswirtschaft oder jedes Betriebstyps bedingen, daß die Organisationsstrukturen von Betriebswirtschaft zu Betriebswirtschaft variieren. Dies gilt auch für die Einordnung der logistischen Aktivitäten. Dabei stellt sich zunächst grundsätzlich die Frage, ob die Bedeutung der logistischen Aktivitäten überhaupt in einer Betriebswirtschaft so groß ist, daß sie das Setzen expliziter Beschränkungen für die Organisationsentscheidungen rechtfertigt. Hinweise für die Bedeutung mögen der Anteil der Kosten des Material- und Produktflusses an den Gesamtkosten, das Produktionsprogramm, die Aufgabenumwelt, die verwendete Technologie oder die Art der relevanten Inputgüter der Betriebswirtschaft geben[85]).

Die Zuordnung der logistischen Aufgaben oder Aktivitäten zu bestimmten formalen, strukturellen Subsystemen beinhaltet drei Klassen von Entscheidungen[86]):

(1) Die Entscheidungskompetenz für die einzelnen logistischen Aktivitätsbereiche kann auf verschiedene Organisationseinheiten (Hauptabteilungen) der Betriebswirtschaft aufgeteilt oder in einem eigenen, speziell logistischen Bereich konzentriert werden. Dies ist die Frage nach Konzentration oder Zerstreuung der logistischen Aktivitäten.

(2) Ist die betrachtete Betriebswirtschaft in der Weise dezentral organisiert, daß eine Sparten- oder Geschäftsbereichsorganisation bzw. Divisionalisierung besteht, so ist eine weitere Organisationsentscheidung zu fällen: Das Logistik-Management kann für die gesamte Betriebswirtschaft — gegebenenfalls in einer eigenen Sparte — zentralisiert oder aber in der Weise dezentralisiert sein, daß jede Sparte oder Division selbst ein logistisches System unterhält und steuert[87]).

(3) Werden alle logistischen Aktivitäten in einem speziellen strukturellen Funktionsbereich zusammengefaßt, stellt sich die Frage nach der weiteren organisationalen Aufgliederung dieses Bereiches.

Konzentration versus Dispersion der logistischen Aktivitäten

Es wurde im Verlaufe dieser Arbeit deutlich, daß das logistische System ein funktionales Subsystem der Betriebswirtschaft ist, das seinerseits wiederum eine Vielzahl von Teilfunktionen umfaßt. Die einzelnen Aufgabenbereiche der Logistik können einmal unterschiedlichen Funktionsbereichen, Ressorts, Abteilungen oder beispielsweise Sparten zugeordnet werden. Dieses Vor-

---

[85]) Vgl. Heskett, Ivie und Glaskowsky (1964), S. 481 ff.

[86]) Zu organisatorischen Problemen der Mikrologistik vgl. Becker (1968); Bowersox (1969 c), (1969 d); Browne (1964); Klee und Türks (1970); LaLonde, Grabner und Robeson (1970); LaLonde und Robeson (1972); Little (1969); Reilly (1970); Smykay und LaLonde (1967), S. 109 ff.; Stolle (1969); Weigand (1967).

[87]) Zur Zerstreuung und Konzentration, Zentralisation und Dezentralisation logistischer Aktivitäten vgl. auch Magee (1968 a), S. 335 ff.

gehen war in der traditionellen Behandlung des Material- und Produktflusses mehr oder weniger das allein vorherrschende Verfahren. Bei dieser Organisationsstruktur werden beispielsweise die den Service und die Distributionszentren betreffenden Entscheidungen vom Marketingbereich getroffen. Die Produktion ist für den innerbetrieblichen Transport und die Werksläger zuständig, die Einkaufsabteilung steuert Warenannahme und Rohstoffläger, und die Verwaltung hat die Entscheidungskompetenz für den Fuhrpark. Die Zuordnung der einzelnen logistischen Aktivitäten zu verschiedenen Abteilungen bringt es mit sich, daß die logistischen Entscheidungen jeweils nach den Interessen der entscheidenden Einheiten getroffen werden. Ist beispielsweise der Transportbereich der Produktion zugeordnet, so wird diese wahrscheinlich wenig Verständnis für eine schnelle, kostspielige Lieferung haben, die aus einer akuten Marketingsituation erforderlich wird. Andererseits wird es der Marketingbereich wenig schätzen, Auslieferungen an Kunden zurückzuhalten, um über große Transportmengen die Transportkosten zu vermindern. Daß die Suboptimierung in jedem Teilbereich nicht zu einem Optimum des Gesamtsystems führen muß, wurde bereits beschrieben. Dazu kommt, daß die einzelnen logistischen Aktivitäten von den Bereichsmanagern häufig als von zweitrangiger Bedeutung für die Erfüllung ihrer Funktion betrachtet werden.

Berücksichtigt man die starken Interdependenzen zwischen den logistischen Aktivitäten, so wirft ihre Zuordnung zu verschiedenen strukturellen Subsystemen Probleme ihrer Koordination auf. Häufig wird in der Praxis keine, eine schwache oder nur eine mittelbare Koordination der in den unterschiedlichen Bereichen getroffenen logistischen Entscheidungen erfolgen. Andererseits ist es jedoch auch möglich, daß sich die einzelnen Manager hinsichtlich der von ihnen zu treffenden logistischen Entscheidungen abstimmen, sei es in nicht formal geregelter Weise, sei es in Kollegien oder Projektgruppen. Auch ist eine zentrale Koordination aller logistischen Aktivitäten durch einen der Betriebsleitung zugeordneten Stab möglich.

Die Bildung relativ unabhängiger Einheiten

Die Schwierigkeiten, die mit der Zuordnung der logistischen Aktivitäten auf mehrere Bereiche der Unternehmung verbunden sind, implizieren nicht a priori, daß damit eine „unvorteilhafte" Organisationsstruktur gewählt würde. Es wurde bereits bei der Charakterisierung des Verkehrsbetriebes als Organisation darauf hingewiesen, daß Organisationen ihre Abteilungen auf jeder Hierarchieebene so zu bilden versuchen, daß diese relativ unabhängig voneinander sind. Die Organisationsstruktur determiniert in starkem Maße den Grad der Interaktion zwischen Subsystemen. Organisationen werden deshalb ihre Struktur so bilden, daß Aktivitäten mit starken Interdependenzen in einem strukturellen Subsystem zusammengefaßt werden. Ziel dieses Vorgehens ist es, die Interdependenzen zwischen den strukturellen Subsystemen zu minimieren und damit die Kosten der Koordination der interdependenten Einheiten zu verringern. Allerdings werden nie alle Interaktionen auszuschließen sein. Die Organisation ist lediglich ein nahezu zerfällbares, kein vollständig zerfällbares System. Ebenso sind für die Bildung struktureller Einheiten nicht nur die Kosten der Koordination, sondern auch die Vorteile gemeinsamer Nutzung von Ressourcen, speziell die Vorteile größerer Spezialisierung zu berücksichtigen.

Betrachtet man nun das Problem der Eingliederung der logistischen Aktivitäten in die Organisationsstruktur unter dem Gesichtspunkt einer Minimierung der Interdependenzen, so haben die bisherigen Erörterungen gezeigt, daß starke wechselseitige Beziehungen sowohl zwischen den einzelnen Aktivitätsbereichen des logistischen Systems selbst als auch zwischen den Aktivitätsbereichen und den anderen organisationalen Bereichen wie Beschaffung, Produktion und Absatz bestehen. Wie diese Interdependenzbeziehungen im einzelnen aussehen und wie deshalb die Organisationsstruktur beschaffen sein wird, hängt letztlich von den Verhältnissen in den einzelnen Betriebswirtschaften ab. Es kann allerdings davon ausgegangen werden, daß in vielen Betrieben die Interdependenzen zwischen den verschiedenen logistischen Aktivitätsbereichen größer sind als die Beziehungen zu anderen Bereichen. In diesem Falle bietet es sich an, alle logistischen Aktivitäten der Betriebswirtschaft in einer Abteilung zusammenzufassen. Dabei sind grundsätzlich zwei Lösungen möglich:

(1) Zusammenfassung aller logistischen Bereiche unter einen der bestehenden Funktionsbereiche, z. B. den Marketing- oder den Produktionsbereich;

(2) Zusammenfassung aller logistischen Bereiche der Unternehmung in einem selbständigen Bereich, der neben die traditionellen Funktionsbereiche tritt.

Zusammenfassung unter einen bestehenden Funktionsbereich

In Betrieben, in denen sich die logistischen Probleme praktisch ausschließlich aus dem Beschaffungs- oder dem Marketingbereich ergeben, wird es sich anbieten, die Logistik dem jeweils vorherrschenden Bereich anzugliedern.

Allerdings wird in der Regel die Einordnung aller logistischen Aktivitäten unter einen der bestehenden Funktionsbereiche mit dem Nachteil verbunden sein, daß bei der Gestaltung des logistischen Systems und der Steuerung und Regelung seiner Prozesse die Ziele dieses Funktionsbereichs dominieren, die Interessen anderer Subsysteme dagegen vernachlässigt werden. Magee beschreibt diese Situation:

> „Oft tendiert die Produktionsleitung dazu, ganz mit Problemen der physischen Operationen und technischen Aspekten beschäftigt zu sein; das Lagerhaltungsmanagement dient mehr dazu, Schwierigkeiten der Produktion zu vermeiden, als den Kundenservice zu unterstützen. Das Bedürfnis nach

Flexibilität und Reaktionsfähigkeit kann in der Suche nach Kostenreduzierungen übersehen werden. Kostenwirtschaftlichkeit dominiert Marketingeffizienz.

Wenn das (logistische, Anm. d. Verf.) System vom Marketingbereich gemanagt wird, wird mehr als notwendig die Betonung auf das Serviceniveau gelegt — mit entsprechender Investition in Distributionszentren und Lagerhaltung. Spezielle Produktionsentscheidungen und Auftragsabwicklung und -versand können mit zu geringer Berücksichtigung von Produktionsproblemen gehandhabt werden. Das Management des logistischen Systems durch die Transportabteilung legt häufig zu starke Betonung auf Frachtkosten, Verhandlungen über Frachttarifsenkungen und Frachtklassifikationsprobleme und zuwenig auf die Balance des Systems. Das Management des logistischen Systems durch die Einkaufsabteilung ist selten sinnvoll, es sei denn, das logistische Problem bestünde primär in der Beschaffung von Teilen und Materialien"[88]).

Bildung eines selbständigen logistischen Bereichs

Nicht nur wegen dieser Schwierigkeiten bietet sich die Schaffung eines eigenen selbständigen logistischen Bereichs an, der neben die Beschaffung, die Produktion, den Absatz und das Finanzwesen tritt. Die Konzentration aller logistischen Aktivitäten unter einheitlicher Leitung und in einem selbständigen Bereich ermöglicht eine integrierte Steuerung des gesamten Material- und Produktflusses. Hierin dürfte für die Logistik der wesentliche Vorzug liegen. Hinzu kommt, daß es diese Organisationsform erlaubt, Kosten und Leistungen des logistischen Systems besser zu ermitteln oder dieses gar als Gewinnzentrum zu behandeln.

Die Zusammenfassung aller an der logistischen Funktion beteiligten Komponenten zu einem selbständigen strukturellen Subsystem „Logistik" vermag auch das Problem zu lösen, das daraus entsteht, daß die einzelnen logistischen Teilbereiche einerseits gegenseitig, andererseits mit anderen Funktionalbereichen interdependent sind. Die Lösung dieses Problems ist dann möglich, wenn man die Logistik nicht als Funktionalbereich *neben* den Bereichen für Beschaffung, Produktion oder Absatz betrachtet, sondern sie als einen Bereich ansieht, der die Beschaffung, die Produktion und den Absatz durchdringt. Der Bereich „Logistik" ist dann für jene Aspekte der anderen Bereiche zuständig, die die physische Bewegung sowie die Lagerung von Material oder Produkten betreffen. Analog dazu beschäftigt sich das Finanzwesen mit der Gestaltung und Steuerung der betriebswirtschaftlichen Geld- und Güterströme, die ebenfalls durch die Aktivitäten in Beschaffungs-, Produktions- und Absatzbereich induziert werden. Ähnlich der bereits beschriebenen Funktionengliederung der Betriebswirtschaftslehre läßt sich dann die Organisationsstruktur als Gliederung der globalen strukturellen Systeme als Matrix darstellen. Was in der Funktionengliederung als funktionale Subsysteme der Unternehmung betrachtet wurde, ist nun als strukturelle Systeme zu interpretieren (vgl. Abb. 1.36).

---

[88]) Magee (1968 a), S. 341 f.

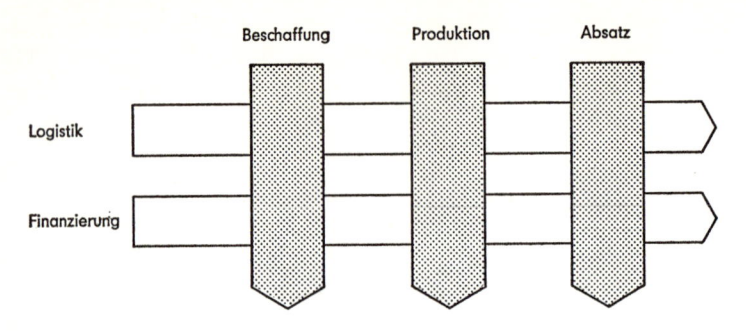

Abb. 1.36: *Integration logistischer Aktivitäten in einer Matrixorganisation*

Logistik und Finanzbereich befassen sich in dieser Matrixorganisation mit den gleichen Sachverhalten wie die anderen Funktionsbereiche für Beschaffung, Produktion und Absatz, jedoch aus dem Blickwinkel der integrierten Steuerung des physischen Güterstromes bzw. des Geldstromes. Wie bei der herkömmlichen Matrixorganisation aus Objekt- und Funktionengliederung überschneiden sich die Kompetenzen der einzelnen Bereiche: Konflikte zwischen den jeweiligen Bereichen werden institutionalisiert und zwingen die Beteiligten, die Probleme aus den verschiedenen Blickwinkeln zu betrachten und unter Berücksichtigung beider Interessenlagen zu lösen. Gerade dies wurde als eine der Hauptschwierigkeiten des Material- und Produktfluß-Managements identifiziert. Dies soll jedoch nicht darüber hinwegtäuschen, daß auch die Matrixorganisation mit verschiedenen Problemen behaftet ist, die nicht zuletzt aus den bewußt geschaffenen Kompetenzüberschneidungen und der Notwendigkeit gegenseitiger Abstimmung entstehen.

Zentralisation versus Dezentralisation des logistischen Bereichs

Besteht die betrachtete Betriebswirtschaft aus relativ selbständig agierenden Einheiten in Form von Sparten oder Divisionen (Gewinnzentren), so kann jede dieser Einheiten alle Funktionalbereiche umfassen. In bezug auf die Einordnung der logistischen Aktivitäten ergeben sich dabei zwei Möglichkeiten:

(1) Das logistische System ist dezentralisiert: Jede Sparte oder Division errichtet und kontrolliert einen eigenen logistischen Bereich. Im allgemeinen werden dabei nur Linienfunktionen dezentralisiert. Logistische Stabsaktivitäten werden in der Regel zentralisiert. In den einzelnen Sparten oder Divisionen selbst stellt sich wiederum das Problem, ob der logistische Bereich zerstreut oder konzentriert organisiert werden soll.

(2) Das logistische System ist zentralisiert: Es besteht ein logistischer Funktionsbereich, der für alle Sparten zuständig ist. Er kann entweder direkt der Betriebsleitung zugeordnet sein oder auch eine eigene Sparte oder

Division bilden. In einer Matrixorganisation wird der logistische Bereich im allgemeinen einen Funktionalbereich bilden, der von den verschiedenen Produktbereichen in Anspruch genommen wird (vgl. Abb. 1.37).

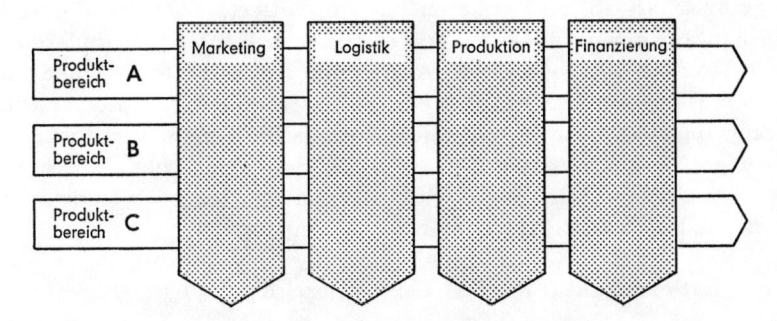

Abb. 1.37: *Logistik als Funktionsbereich bei Divisionalisierung und Matrixorganisation*

Die Zentralisation kann so weit gehen, daß für alle Sparten nur ein einziges Netzwerk von Distributionszentren, ein einziges System zur Auftragsbearbeitung oder ein einziges Transportsystem besteht. Ein zentraler logistischer Bereich kann doppelte Aktivitäten verhindern sowie eine Spezialisierung der Potentialfaktoren und Kostendegressionen ermöglichen.

Die Entscheidung über Zentralisation oder Dezentralisation des logistischen Systems hängt von mehreren Faktoren ab:

(1) vom Grad der Übereinstimmung der logistischen Kanäle der einzelnen Divisionen: Je homogener die Güter der einzelnen Sparten hinsichtlich ihres Transports oder ihrer Lagerung sind und je mehr Produkte oder Produktgruppen über die gleichen Kanäle distribuiert werden, desto mehr wächst die Tendenz zur Zentralisation. Wird die Anzahl unterschiedlicher logistischer Kanäle größer, wächst die Tendenz zur Dezentralisation;

(2) von der Stärke der Material- und Produktströme: Je schwächer der einzelne Strom in einer Division ist, desto größer ist die Tendenz zur Zentralisation;

(3) von der Höhe des Serviceniveaus und

(4) von Quantität und Qualität der benötigten Informationen.

Teilweise werden in der Praxis auch Zwischenlösungen zwischen einer reinen Zentralisation und einer reinen Dezentralisation gewählt. So wird beispielsweise der Fuhrpark zentralisiert, während alle anderen logistischen Aktivitäten dezentral in den einzelnen Sparten oder Divisionen durchgeführt werden.

Kombination der Kategorien

In jüngerer Zeit verstärkt sich die Neigung zur Konzentration und zur Zentralisation des logistischen Systems. Dabei hängen die Art der Konzentration und der Grad der Zentralisation von den Märkten und Produktgruppen der Betriebswirtschaft ab. So tendieren marktorientierte Betriebe, die verschiedene Produktgruppen über dieselben logistischen Kanäle distribuieren, dazu, die markt- und servicebezogenen Aktivitäten zu konzentrieren und zu zentralisieren. Demgegenüber werden andere Unternehmungen, die verschiedene Produktgruppen über unterschiedliche logistische Kanäle vertreiben, wenig oder keinen Vorteil in einer Zentralisation der logistischen Entscheidungskompetenzen sehen. Allerdings besteht in den Sparten oder Divisionen eine Tendenz, die logistischen Aktivitäten zu konzentrieren.

Die Organisationsstruktur des logistischen Bereichs

Die Strukturierung des logistischen Bereichs folgt denselben Prinzipien, wie sie der Bildung einer Organisationsstruktur für die gesamte Betriebswirtschaft zugrunde liegen. Ausschlaggebend ist deshalb in erster Linie die Stärke der Interdependenzbeziehungen zwischen den verschiedenen Aktivitäten des logistischen Systems, wobei nicht zuletzt auch die Möglichkeiten zu einer Spezialisierung der Potentialfaktoren zu beachten sind. Die zu berücksichtigenden Aktivitäten wurden bereits im einzelnen betrachtet. Sie umfassen das Transportwesen, das Lagerbestandsmanagement, das Warehousing, die Auftragsabwicklung usw. Dazu kommen Stabsfunktionen wie beispielsweise die logistische Forschung und Entwicklung (Entwicklung neuer Verpackungs- und Hantierungsmethoden, allgemeine Rationalisierung des Material- und Produktflusses) sowie die Planung und Kontrolle.

Die Teilaktivitäten können jedoch auch durchaus in anderer Weise gegliedert werden. Ausgangspunkt einer alternativen Betrachtung kann die Bildung funktionaler Subsysteme bzw. modularer Entscheidungssysteme des logistischen Informations- und Entscheidungssystems sein, wie sie z. B. von Hopeman oder Blumenthal vorgeschlagen werden. Hopeman unterscheidet vier globale Subsysteme: (1) das Subsystem für die Lagerhaltungsplanung und -kontrolle (inventory planning and control subsystem); (2) das Subsystem für die Lagerbestandsbeobachtung (inventory stock status subsystem); (3) das Transportsubsystem (logistics subsystem) und (4) das Einkaufssubsystem (purchasing subsystem)[89]. Blumenthal bildet drei Subsysteme des logistischen Informations- und Entscheidungssystems als Grundlage für den operativen Bereich eines Management-Informations-Systems, die selbst wiederum aus verschiedenen Moduln bestehen[90]:

(1) Das Subsystem für *Fertigprodukte* (saleable products) beinhaltet Fertigwarenlagerkontrolle, Distributionskontrolle, Verkaufskontrolle, Auftragsbearbeitung, Preisbildung und Rechnungsstellung.

---

[89] Vgl. Hopeman (1969), S. 155 ff.
[90] Vgl. Blumenthal (1969), S. 75 ff.

(2) Das Subsystem für den *Produktionsbereich* (production control) umfaßt Materialanforderungen (-bedarf), Zwischenlagerkontrolle, Distributionskontrolle, Produktionsauflistung und Job- und Verarbeitungskontrolle.

(3) Das Subsystem für *Rohmaterial* (raw material control) bezieht sich auf Einkauf, Materialeingang, -prüfung, -lagerung, Lagerkontrollverbindlichkeiten.

Nichts spricht dagegen, daß unter Berücksichtigung der allgemeinen Organisationsprinzipien in ähnlicher Weise auch strukturelle Subsysteme der Logistik gebildet werden können. Wie die Organisationsstruktur im konkreten Fall aussehen wird, hängt auch hier wiederum von den spezifischen Verhältnissen in der betrachteten Betriebswirtschaft ab.

1.443 Die Gestaltung des logistischen Informationsflusses

Logistische Entscheidungsprozesse — seien sie politischer, administrativer oder operativer Natur — sind Informationsverarbeitungsprozesse. Sie benötigen einen Input an Informationen und geben als Output selbst wieder Informationen ab. Zur Steuerung und Regelung der logistischen Objektprozesse vollzieht sich ein ständiger Informationsfluß, der den Material- und Produktfluß überlagert.

Das logistische Informationssystem beeinflußt die Effizienz des logistischen Systems in unmittelbarer Weise[91]). Zwei Faktoren sind dabei hervorzuheben:

(1) Die *Qualität* der Information: Die Informationen müssen für die jeweiligen logistischen Entscheidungen relevant (und häufig der Problemstruktur entsprechend gefiltert und kondensiert) sowie exakt sein. Die Generierung falscher Prognosen oder Bearbeitung falscher Auftragsdaten kann erhebliche Kosten verursachen.

(2) Die *Geschwindigkeit* des Informationsflusses: Die Betrachtung der logistischen Ziele und Aktivitätsbereiche hat gezeigt, daß die Servicezeit und damit das Serviceniveau durch die Geschwindigkeit des Informationsflusses beeinflußt werden. Das gleiche gilt für die Wiederauffüllzeiten und damit die Bestandsmengen auf allen Stufen des Systems.

Die Qualität und die Geschwindigkeit des Informationsflusses im logistischen System beeinflussen die Integration bzw. Koordination aller logistischen Aktivitätszentren. Die Kommunikation soll dabei eine Koordination der internen wie auch der externen Mitglieder der logistischen Kanäle fördern. Dieser Funktion kommt eine um so größere Bedeutung zu, als die Komponenten des logistischen Systems in aller Regel räumlich voneinander getrennt sind.

---

[91]) Zum logistischen Informationssystem vgl. Bowersox, Smykay und LaLonde (1968), S. 228 ff.; Hertz (1969), S. 106 ff.; Ivie (1967); Magee (1968 a), S. 162 ff.

Der Informationsfluß bestimmt in unmittelbarer Weise die Erfüllung logistischer Ziele. Das kann erstens dadurch geschehen, daß die Zeit für die Auftragsbearbeitung durch die Eliminierung zeitlicher Verzögerungen im System verkürzt wird. Dies wiederum führt zu einer Reduktion der Lagerhaltungskosten, ohne daß am Serviceniveau Abstriche gemacht werden müßten. Zweitens kann das Management durch Verbesserung des Informationsflusses jede Abweichung von den Servicestandards schneller feststellen und korrigierende Aktivitäten ergreifen. Drittens kann das Kommunikationssystem die Distributionsplanung dadurch verbessern, daß es rechtzeitig genaue und zuverlässige Informationen für Zwecke der kurz- und langfristigen Planung zur Verfügung stellt. Viertens kann das Kommunikationssystem die Beziehungen zu den anderen Mitgliedern in den logistischen Kanälen sowie zu den Endabnehmern verbessern, indem es einen schnellen und zuverlässigen Kommunikationsfluß über Probleme gegenseitigen Interesses erleichtert[92]). Letztlich kann es die Gewinnsituation der Betriebswirtschaft verbessern, indem die Forderungen reduziert werden und die Produktionsrate stabilisiert wird sowie ganz allgemein dadurch, daß schnelle und zuverlässige Informationen geliefert werden, die von anderen Bereichen der Betriebswirtschaft benötigt werden[93]).

Aufträge als Objekte logistischer Informationssysteme

Kundenaufträge können als die wichtigsten Inputgrößen des logistischen Systems und damit als ein kritischer Informationsfluß im logistischen System betrachtet werden. Die Kundenaufträge stellen einmal ein Bindeglied zwischen Kontrahierungssystem und logistischem System dar. Im logistischen System selbst besteht, wie bereits gezeigt wurde, eine unmittelbare Beziehung zu den anderen Auftragsbeständen im logistischen Informations- und Entscheidungssystem, speziell zu den Produktions- und Beschaffungsaufträgen. Die Auftragsbestände wiederum sind in engem Zusammenhang mit den einzelnen Lagerbeständen im logistischen Objektsystem zu sehen. Die Handhabung der Aufträge, speziell der Kundenaufträge, kann deshalb als die vielleicht wichtigste Funktion der Kommunikation in logistischen Systemen angesehen werden. Diese Bedeutung wird unmittelbar erkennbar, wenn man berücksichtigt, daß die Auftragsübermittlung und -bearbeitung in direkter Weise das Serviceniveau beeinflussen und daß die Abwicklung der Aufträge eine Vielzahl weiterer Entscheidungen zur Steuerung und Regelung des Material- und Produktflusses induziert.

Betrachtet man die Handhabung eines Auftrages im einzelnen, so beinhaltet sie u. a. seine Übermittlung vom Kunden zur Betriebswirtschaft, unter Umständen zwischen Distributionszentren und von Distributionszentren zu Ver-

---

[92]) Zu den Kommunikationsbeziehungen zwischen den Mitgliedern der logistischen Kanäle vgl. z. B. Cross (1968); Grabner und Rosenberg (1969); Kaufman (1966); Steffenhagen (1972), S. 159 ff.

[93]) Vgl. Bowersox, Smykay und LaLonde (1968), S. 239 ff.

arbeitungszentren. Sie umfaßt die Auftragsbearbeitung einschließlich der Abstimmung der Auftragsinformationen mit anderen Aktivitäten der Unternehmung, die von diesem Auftrag berührt werden, Anweisungsinformationen zur Steuerung der Auslieferung, unter Umständen der Fertigung sowie des Wiederauffüllens der Läger in Verarbeitungs- und Distributionszentren. Nicht zuletzt schließt der Prozeß auch die administrative Abwicklung des Auftrages sowie die Gewinnung und Übermittlung von Kontrollinformationen des gesamten Vorganges ein[94].

Der Informationsbedarf logistischer Entscheidungen

Die Gestaltung des logistischen Systems sowie die Steuerung und Regelung seiner Prozesse verlangen eine Vielzahl von Informationen, die das Intelligenzsystem zur Verfügung zu stellen hat. Die Informationen haben dabei bestimmten Erfordernissen zu entsprechen, die sich aus der Art der logistischen Entscheidungen ergeben. Logistische Entscheidungen erfordern Informationen, die sich auf den gegenwärtigen Zeitpunkt sowie auf zukünftige Ereignisse beziehen. Sie benötigen Informationen über die Organisation selbst und über ihre Umwelt, finanzwirtschaftliche Informationen sowie Informationen über technische Beziehungen und über menschliches Verhalten[95]. Die Informationen haben den unterschiedlichen Anforderungen zu entsprechen, welche die drei Ebenen des Informations- und Entscheidungssystems an ihren informationellen Input stellen. Die Informationsbedürfnisse des operativen, administrativen und politischen Systems unterscheiden sich beispielsweise in bezug auf die Zeitspanne, das Ausmaß an Informationen über die Umwelt oder das Aggregationsniveau der Information. Man kann davon ausgehen, daß dem hierarchischen Aufbau organisationaler Entscheidungsprozesse eine hierarchische Struktur der Informationen entspricht. Entscheidend ist dabei weniger die Menge der zur Verfügung stehenden Informationen als ihre jeweilige Relevanz und Adäquanz für die zu treffende logistische Entscheidung. Das bedingt eine der betrachteten Ebene und der vorliegenden Entscheidung entsprechende Filterung und Kondensation der Informationen[96].

Die Ansprüche, die das logistische System hinsichtlich Quantität, Qualität und zeitlicher Verfügbarkeit der benötigten Informationen stellt, setzen in der Regel das Bestehen formaler Informationssysteme voraus[97]. Diese sind in zunehmendem Maße computerunterstützt. Speziell auf die Entwicklung von Management-Informations-Systemen wird in Teil II näher einzugehen sein.

---

[94] Vgl. auch Heskett, Ivie und Glaskowsky (1964), S. 255 ff.; Klee und Türks (1970), S. 69 ff.; Smykay und LaLonde (1967); Taff (1968), S. 311 ff.
[95] Vgl. z. B. Evans (1966); Fisk (1967), S. 587 ff.; Lewis (1969), (1970).
[96] Vgl. auch Bamberger (1971), S. 117 ff.
[97] Vgl. Bowersox (1964); Dearden und McFarlan (1966), S. 51 ff.; Gepfert (1968); Hopeman (1969), S. 293 ff.; Ivie (1967); LaLonde und Grashof (1969); Lewis (1969), (1970); Smykay und LaLonde (1967).

Betrachtet man die benötigten Informationen im einzelnen, so können beispielsweise folgende Klassen von Informationen genannt werden:

— Informationen über tatsächliche und potentielle *Kunden:* Standorte, Nachfragemengen pro Produkt, Bestellzyklen, Orte der Bestellungen und der Lieferungen;
— Informationen über tatsächliche und potentielle *Lieferanten:* Standorte, Produktcharakteristika, Servicezyklus, Hantierungssystem usw.;
— Informationen über die logistischen Systeme von *Wettbewerbern:* Lieferservice, Standorte, Komponenten der logistischen Kanäle usw.;
— Informationen über den *Zustand des eigenen logistischen Systems:* Art, Anzahl, Anordnung, Funktion, Arbeitsweise und Interessen der internen und externen Mitglieder der logistischen Kanäle;
— Informationen über die *Bestände an Material und Produkten* an allen Orten des logistischen Systems;
— Informationen über die *Bestände an Kundenaufträgen, Produktionsaufträgen, Beschaffungsaufträgen* usw.;
— Informationen über *potentielle Mitglieder in logistischen Kanälen*, wie Verkehrsbetriebe oder Lagerhäuser: Ort, Leistungsangebot, Preise oder Tarife;
— Informationen über Zustand und geplante Entwicklung des *Marketingsystems:* gegenwärtige und geplante Produkte und Produktgruppen, physische Produktcharakteristika, gegenwärtige und geplante Umsätze usw.;
— Informationen über Zustand und geplante Entwicklung des *Produktionssystems:* gegenwärtige und zukünftige Fertigungsmethoden, Kapazitäten usw.;
— Informationen über den Entwicklungsstand der logistisch relevanten *Technologien;*
— Informationen über die relevanten Merkmale des *makrologistischen Systems:* Verkehrsnetze, Verkehrsträger, aktuelle und gegenwärtige Verkehrspolitik, staatliche Planungsaktivitäten, rechtliche Bestimmungen;
— Informationen über die Ausführung logistischer Aktivitäten *(Kontrollinformationen);*
— Informationen über die *Kosten* aller logistischen Aktivitäten.

Die Generierung relevanter Kosteninformationen stellt einige Anforderungen an das Kostenrechnungssystem, sowohl was Kostenarten-, Kostenstellen- als auch Kostenträgerrechnung betrifft[98]. Häufig werden die herkömmlichen Kostenrechnungssysteme den an sie gestellten Anforderungen nicht gerecht

---

[98] Vgl. Heckert und Miner (1953), S. 227 ff.; Lewis, Culliton und Steele (1956); Longman und Schiff (1955); Miller (1969); Rayburn (1969).

werden. Beispielsweise sehen — was die Kostenartenrechnung betrifft — der Gemeinschaftskontenrahmen der Industrie von 1951 sowie der Industriekontenrahmen von 1971 eine detaillierte Gliederung der Produktionskosten vor, die jedoch eine genaue Erfassung der logistischen Kosten nicht zuläßt. In bezug auf eine Kostenstellenrechnung sind aus dem Beschaffungs-, dem Produktions- und dem Absatzbereich isolierte Kostenstellen des logistischen Systems zu bilden und die für jede Kostenstelle kostenverursachenden Leistungseinheiten festzulegen. Was die Kostenträgerrechnung angeht, so werden häufig nicht die Erzeugnisse, sondern Aufträge als Kostenträger für die logistischen Kosten zu wählen sein. So würden beispielsweise Kostensätze pro Auftrag (auftragsfixe Kosten), pro Auftragsposition, pro Transporteinheit, pro Lagereinheit, pro Hantierungseinheit oder pro Verpackungseinheit ermittelt werden[99]). Welche Bedeutung genaue Kosteninformationen besitzen, wird deutlich, wenn man berücksichtigt, daß Kosten neben dem Serviceniveau die wichtigste Zielkomponente für logistische Entscheidungen darstellen und Kostenniveau und Serviceziel miteinander zum Ausgleich zu bringen sind.

Einige Aspekte des logistischen Kommunikationssystems

Die Gestaltung des logistischen Kommunikationssystems bezieht sich sowohl auf potentielle Informationsübertragungen innerhalb der Betriebswirtschaft als auch zwischen Betriebswirtschaft und Umwelt. Sie hat somit eine interne und eine externe Dimension.

Die relevanten Kommunikationsmittel in logistischen Systemen sind beispielsweise Briefverkehr, Telegramme, Fernschreiber, Funkverkehr sowie Computer-Datenfernübertragung mittels Spezialkabelsystems, Fernschreibkabelsystems oder Telefonnetzes. Jedes dieser Kommunikationsmittel weist eigene Charakteristika hinsichtlich Schnelligkeit, Zuverlässigkeit und Kosten auf. Es ist selbstverständlich, daß sich die Wahl der Kommunikationsmittel und die Gestaltung des logistischen Objektsystems wechselseitig beeinflussen: Das logistische Kommunikationssystem muß in sich konsistent und mit dem logistischen Objektsystem kompatibel sein. So ist es wenig sinnvoll, daß Aufträge in einem lokalen Verkaufsbüro eine Woche gesammelt, dann per Post an ein Regionalbüro weitergeleitet, von dort ins Rechenzentrum geschickt und sodann einem Distributionszentrum zugewiesen werden, wenn schließlich die Auslieferung per Luftexpreß erfolgt, um eine schnellere Lieferung zu erreichen. Eine gewisse Schwierigkeit in bezug auf Systemkonsistenz und -kompatibilität besteht auch hier nicht zuletzt in der Tatsache, daß bestimmte Komponenten der logistischen Kanäle selbständige Organisationen sind, die beispielsweise die Kommunikation beschleunigen oder verlangsamen können.

Die Komplexität des logistischen Kommunikationsnetzes wächst überproportional mit der Komplexität des logistischen Objektsystems. Je mehr Input-

---

[99]) Vgl. Brändle und Röhr (1970), S. 95 ff.; Shillinglaw (1961), S. 398 f.

materialien und Produkte gehandhabt werden müssen, je mehr Stufen die logistischen Kanäle aufweisen, je heterogener die Kundenkreise sind und je mehr Kanäle das gesamte logistische System umfaßt, desto komplexer wird auch das Kommunikationssystem sein. Dabei ist zu berücksichtigen, daß Material- und Produktfluß einerseits und Informationsfluß andererseits nicht notwendigerweise dieselben Wege nehmen: Die Kanäle der physischen Bewegung stimmen nicht mit den informationellen Wegen überein.

Wie ein logistisches Kommunikationssystem im einzelnen gestaltet wird, hängt nicht zuletzt von den Merkmalen der zu übermittelnden Informationen ab, also insbesondere von der Struktur des Informationsflusses, speziell von den Merkmalen der Sender und Empfänger, von Informationsmenge, Dringlichkeit, Sprache sowie der notwendigen Genauigkeit der Information[100]. In größeren logistischen Systemen werden in der Regel mehrere Kommunikationsmethoden verwendet. So können beispielsweise zwischen Zentren mit großen und teilweise dringenden Informationsmengen Computer-Datenfernübertragungssysteme eingesetzt werden, während zwischen Zentren mit geringer Kommunikation ein Briefverkehr für ausreichend erachtet wird.

Zur Zeit dürfte noch der Großteil der Kommunikation in logistischen Kanälen — sieht man von der Kommunikation innerhalb der Zentren ab — durch die traditionellen Kommunikationsmittel wie Briefpost, Telefon oder Fernschreiber durchgeführt werden. Die Übermittlung von Informationen über Computer-Datenfernübertragungssysteme beschränkt sich noch auf relativ wenige, in der Regel große Betriebswirtschaften (große Industriebetriebe mit mehreren Verarbeitungs- und Distributionszentren und Verkehrsbetriebe, insbesondere Luftverkehrsgesellschaften)[101]. Generell haben jedoch Fortschritte in der Informationstechnologie — in der Entwicklung der Computerhardware einschließlich Ein- und Ausgabegeräten, in den Zugriffsmethoden sowie der Entwicklung der Software, Multiprogramming und Time-sharing — über die erweiterten Möglichkeiten der Informationsübertragung und -verarbeitung zu einer größeren Integration der logistischen Aktivitäten vor allem im operativen Bereich geführt.

Informationssystem und Kosten

Die bisherigen Überlegungen haben deutlich gemacht, daß die die logistischen Objektprozesse überlagernden informationellen Prozesse eine Vielzahl von Teilprozessen umfassen, die insbesondere die Generierung, Aggregation, Filterung, Speicherung, Verarbeitung und Übertragung von Informationen betreffen. Die Gestaltung des logistischen Informationssystems und die Steuerung oder Regelung seiner Prozesse bilden selbst Gegenstand von (Meta-)Entscheidungen, die bestimmten Kriterien unterliegen. Im allgemei-

---

[100]) Vgl. auch Bowersox, Smykay und LaLonde (1968), S. 241 ff.
[101]) Vgl. beispielsweise Kaufman (1966); Stern und Craig (1971) sowie S. 657 ff. dieses Buches.

nen werden Kosten und Nutzen als Kriterien für die Entscheidungen über Systeme und Prozesse der Informationshandhabung genannt. Informationen stehen Organisationen nicht in unbeschränkter Weise zur Verfügung. Sie sind selbst wirtschaftliche Ressourcen, die einen Wert besitzen und Kosten verursachen.

Mit den Problemkreisen von Kosten und Nutzen von Informationen beschäftigt sich speziell die *Informationsökonomie,* die insbesondere eng mit dem Namen von Jacob Marschak verbunden ist[102]). Sie fragt nicht zuletzt nach dem „optimalen Informationssystem" oder dem „optimalen Informationsstand" einer Person oder Organisation. Der „optimale Informationsstand" wird in aller Regel keinen Zustand vollständiger Information beinhalten. Es kann angenommen werden, daß auch Informationen abnehmenden Grenznutzen haben und ein Ausgleich von (Grenz-)Nutzen und (Grenz-)Kosten der Information angestrebt wird: Gesucht ist nicht der Zustand vollständiger Information, sondern die „optimale Unvollständigkeit der Information".

Grundsätzlich werden Kosten und Nutzen von Informationssystemen durch dieselben Faktoren bestimmt. Zu ihnen zählen insbesondere die Menge der zu handhabenden Informationen, die gewünschte Selektivität des Outputs, die gewünschte zeitliche Verfügbarkeit, die Genauigkeit und Zuverlässigkeit sowie die Allgemeinheit und Flexibilität der Informationen[103]).

1.444 Koordination in logistischen Systemen

Logistische Systeme oder logistische Kanäle dürfen, wie die bisherigen Überlegungen ergeben haben, nicht als mechanistische Gebilde gesehen werden, deren Komponenten rein mechanisch bestimmte Funktionen im System wahrnehmen. Betriebswirtschaften und mit ihnen in aller Regel ihre logistischen Systeme sind im allgemeinen in starkem Maße differenziert. Diese Differenzierung bedingt und beinhaltet nicht zuletzt, daß die einzelnen Subsysteme, Komponenten oder Elemente sich unterschiedlichen Wertsystemen verpflichtet fühlen und einen unterschiedlichen Informationsstand besitzen. Die Interdependenz der von einzelnen Komponenten wahrgenommenen Funktionen und die zwischen den Komponenten auftretenden Konflikte machen eine Koordination zwischen diesen erforderlich. Dabei sind insbesondere zwei Situationen zu unterscheiden:

(1) Das logistische System sieht sich bei seinen Entscheidungen Forderungen anderer Subsysteme des Betriebes gegenüber und stellt selbst Forderungen in bezug auf Entscheidungen, deren Autorisierungsrecht andere Subsysteme der Betriebswirtschaft besitzen.

(2) Logistische Systeme von Betriebswirtschaften umfassen auch selbständige, über primäre oder sekundäre Transaktionen oder gar nur mittel-

---

[102]) Zur Informationsökonomie vgl. z. B. Marschak (1954), (1959), (1964).
[103]) Vgl. auch Emery (1969), S. 98 ff. sowie S. 461 ff. dieses Buches.

bar mit ihnen verbundene Organisationen. Diese am Material- und Produktfluß beteiligten Organisationen verfolgen auch Zielsetzungen, die von denen der betrachteten Betriebswirtschaft abweichen. Sie vertreten eigene Interessen und versuchen teilweise, die Betriebswirtschaft in ihrem Sinne zu beeinflussen. Es stellt sich die Frage, inwieweit die Betriebswirtschaft gewillt und in der Lage ist, die an ihrem Material- und Produktfluß beteiligten Komponenten im Sinne ihrer Ziele zu beeinflussen oder gar den logistischen Kanal zu einem sozialen System im engeren Sinne zu gestalten und in ihm die Führungsrolle zu übernehmen.

Die Abstimmung des logistischen Bereichs mit seiner internen Umwelt

Das Problem der Abstimmung des logistischen Bereichs mit anderen Subsystemen der Betriebswirtschaft besteht darin, daß Entscheidungen im logistischen Bereich sowohl Aktivitäten des Produktionssystems, des Marketingsystems wie auch Vorgänge im Finanzbereich beeinflussen und umgekehrt und daß auf Grund unterschiedlicher Zielsetzungen und Informationen keine Einigkeit über die Wahl der Alternativen besteht. Daß Konflikte zwischen den verschiedenen Funktionsbereichen in bezug auf die Gestaltung logistischer Aktivitäten bestehen, wurde bereits mehrfach sichtbar. Konflikte können über eine Vielzahl von Streitpunkten bestehen. Nicht zuletzt entwickeln sich häufig diese Schwierigkeiten aus Machtkämpfen über Prioritäten, Leistungskriterien und Zuständigkeitsbereiche[104].

Eine Möglichkeit, die Konflikte zwischen dem logistischen System und den anderen Subsystemen der Betriebswirtschaft, vor allem dem Marketing- und dem Produktionssystem, zu verringern, wurde bereits bei der Betrachtung potentieller Organisationsstrukturen untersucht. Die *Zusammenfassung aller logistischen Aktivitäten in einem eigenen logistischen Bereich* wird in der Literatur als die bedeutsamste Maßnahme zur Reduzierung der intraorganisationalen Konflikte angesehen. Eine weitere Koordinationsentscheidung ist in der *Schaffung effektiverer Kommunikationskanäle* zwischen den einzelnen Entscheidungszentren und im *Austausch relevanter Informationen* zu sehen. Die Zusammenfassung aller logistischer Aktivitäten in einem Bereich und ein verbesserter Informationsaustausch schließen jedoch Konflikte mit den anderen Bereichen nicht aus. Auch weiterhin wird der Marketingbereich einerseits beispielsweise an der Gestaltung des physischen Distributionssystems, das logistische System andererseits z. B. an der Produktgestaltung oder dem Fertigungsverfahren Interesse haben, da wegen der Interdependenz die Entscheidungen im einen Bereich Beschränkungen für die Entscheidungen des anderen Bereichs setzen. Jeder Bereich kann sich nun auf eine erfolgte oder erwartete Störung seiner Aktivitäten als *Anpasser* oder *Manipulator* verhalten. Wählt der Bereich bzw. sein Vertreter die Manipulation, wird er versuchen, die betreffende Entscheidung zu beeinflussen und Be-

---

[104] Vgl. auch Stern (1969 b), S. 90.

schränkungen in die Problemdefinition der anderen Entscheider zu inkorporieren, um den möglichen Lösungsraum auf jene Punkte einzugrenzen, die für ihn vorteilhaft sind. Geht man davon aus, daß jeder Bereich für eine bestimmte Menge an Entscheidungen autorisierungsberechtigt ist, so ist der logistische Bereich für einige Entscheidungen Kerngruppe, während er bei anderen Entscheidungen, deren Autorisierungsrecht beispielsweise dem Marketing- oder dem Produktionssystem zusteht, als Satellitengruppe auftritt. So ergibt sich das Bild einander personell und zeitlich überschneidender partieller oder interdependenter Entscheidungsprozesse und Konfliktepisoden[105]).

Der Koordinationsprozeß zwischen den Bereichen weist in aller Regel sowohl zentrale wie dezentrale Aspekte auf. Methoden der einseitigen wie der wechselseitigen Manipulation finden Anwendung. Eine besondere Bedeutung nehmen im Rahmen der dezentralen Koordination *Verhandlungsprozesse* zwischen den Beteiligten ein. Sie finden in Form von Besprechungen, Kommissionssitzungen, Sitzungen von Arbeitsteams oder Projektgruppen statt und dienen dem gemeinsamen Problemlösen und der Abstimmung divergierender Interessen. Die Verhandlungen sind teils integrativer, teils distributiver Natur; sie sind durch bestimmte sozio-emotionale Beziehungen und durch die Anwendung manipulativer Taktiken gekennzeichnet. Nicht in jedem Falle führen sie zu einer Lösung der Konflikte: Sie lassen „Residuen" zurück, die zum Gegenstand späterer Verhandlungsepisoden werden. Häufig spricht man daher auch von einer „Quasi-Lösung" der Konflikte.

Wie die Koordinationsprozesse im einzelnen verlaufen, hängt nicht zuletzt von den *Machtbeziehungen* zwischen den Beteiligten und ihrer Aktivierung ab. Als relevante Machtgrundlagen werden häufig positive oder negative Sanktionsgewalt, Sachverständigkeit und Koorientierung, Identifikation sowie Legitimität genannt. Generelle Aussagen zur Macht bestimmter Subsysteme in einer Organisation können nicht getroffen werden. Im Gegensatz zur interpersonellen oder Intragruppen-Betrachtung der Macht oder der Untersuchung der relativen und absoluten Macht bestimmter Stufen in der formalen Hierarchie hat die Frage nach den dominierenden Gruppen in Organisationen relativ geringe Beachtung gefunden[106]). Nur wenige Autoren haben sich mit diesem Problem beschäftigt, wobei Aussagen zur potentiellen Macht des logistischen Systems völlig fehlen. Allerdings scheint es, daß sich aus den wenigen Untersuchungen zumindest eine Aussage ableiten läßt: So nimmt Thompson an, daß zu den dominierenden Mitgliedern einer Organisation die Repräsentanten derjenigen Bereiche einer Organisation zu zählen sind, die durch Unsicherheit hinsichtlich der Ursache-Wirkungs-Beziehungen charakterisiert sind[107]). Je weniger perfektioniert die Technologie ist, desto wahrscheinlicher ist es, daß der Repräsentant der Technologie zu

---

[105]) Zu Potential, Transformation und Verhalten in Konfliktepisoden vgl. Esser (1972).
[106]) Vgl. auch zum folgenden Bamberger (1971), S. 200 f.
[107]) Vgl. Thompson, J. D. (1967), S. 136 ff.

den einflußreichen Mitgliedern der Organisation zählt. Je heterogener die Aufgabenumwelt ist, desto einflußreicher werden die mit der Aufgabenumwelt beschäftigten Spezialisten sein. Eine ähnliche Auffassung (strategische Kontingenzentheorie intraorganisationaler Macht) besteht darin, daß die Arbeitsteilung in Organisationen letztlich die Quelle für die Macht von Subsystemen ist[108]). Die Macht wird durch Variablen erklärt, die Elemente der Aufgabe, ihres Funktionierens und ihrer Beziehungen zu Aktivitäten anderer Subeinheiten sind. Die Macht eines Subsystems bestimmt sich dann ceteris paribus danach, wie es die strategischen Kontingenzen für andere abhängige Einheiten kontrollieren kann. Diese Kontrolle hängt ab (1) von dem Ausmaß, in dem das Subsystem Unsicherheit für andere Subsysteme absorbieren kann, (2) von dem Umfang, in dem die absorbierenden Aktivitäten substituierbar sind, und (3) von der Zentralität des Subsystems im organisationalen Aufgabengefüge. Diese Variablen lassen sich ihrerseits weiter spezifizieren. Je mehr Kontingenzen durch ein Subsystem kontrolliert werden, als desto größer wird die Macht des Subsystems in der Organisation angenommen. Grundsätzlich ist festzustellen, daß die Macht eines Subsystems nicht statisch ist. Ändern sich beispielsweise die Ziele, die Outputs, Technologien und relevanten Subumwelten für ein Subsystem, so werden sich auch die Einflußfaktoren für seine Macht und seine Macht selbst ändern.

Sind die einzelnen Bereiche nicht in der Lage, sich dezentral zu koordinieren, wird sich im allgemeinen eine übergeordnete Organisationseinheit (oft die Betriebsleitung) einschalten oder von einer der beteiligten Parteien angerufen werden und eine zentrale Koordination der Parteien vornehmen. Der zentrale Koordinator legt für die einzelnen interdependenten Entscheidungsträger Beschränkungen fest, die, werden sie von diesen als Entscheidungsprämissen akzeptiert, zu einer Abstimmung der Entscheidungen des logistischen Systems, des Marketing-, des Produktions- und/oder des Finanzbereichs führen. Eine ähnliche Wirkung ergibt sich, wenn durch einen Autorisierungsakt bestimmte Entscheidungen für alle Beteiligten verbindlich gemacht werden. Diese „autoritative Abstimmung" der Entscheidungen bedeutet jedoch nicht, daß die Betroffenen darauf verzichten, zu versuchen, auf die Entscheidungen des zentralen Koordinators selbst Einfluß zu nehmen. In diesem Fall wird die zentrale Koordination durch dezentrale Mechanismen überlagert. Eine ähnliche Kombination zentraler und dezentraler Koordination liegt vor, wenn sich zwar die einzelnen Subsysteme dezentral koordinieren, der zentrale Koordinator aber durch Festlegung bestimmter Regeln eine Art „Arena" für die dezentrale Koordination schafft.

Koordination und Führung in logistischen Kanälen

Die Effizienz der logistischen Aktivitäten einer Betriebswirtschaft hängt nicht unwesentlich davon ab, wie sich die anderen Teilnehmer in den logi-

---

[108]) Vgl. Hickson et al. (1971).

stischen Kanälen verhalten. Muß man davon ausgehen, daß die Teilnehmer weitgehend divergierende Interessen verfolgen, so ist anzunehmen, daß die betrachtete Betriebswirtschaft ihre logistischen Ziele nicht oder nur unter großen Schwierigkeiten erreicht. Andererseits stellt sich die Frage, ob und unter welchen Bedingungen ein „abgestimmtes" Verhalten aller Beteiligten möglich ist. In der Marketingliteratur werden unter diesen Gesichtspunkten in wachsendem Maße Probleme der Koordination, der Konflikthandhabung und der Führung in Distributions- oder Marketingkanälen erörtert[109]. Einige ihrer Grundgedanken sollen im folgenden mit speziellem Bezug auf Aspekte logistischer Kanäle kurz betrachtet werden[110].

Logistische Kanäle als soziale Systeme

In der vorangegangenen Beschreibung logistischer Systeme wurden als logistische Kanäle jene Elemente oder Komponenten der betrachteten Betriebswirtschaft und ihrer Umwelt bezeichnet, die — mit oder ohne Berücksichtigung eines Umwelthorizonts — vom Material- oder Produktfluß eines bestimmten Endprodukts dieser Betriebswirtschaft berührt wurden oder dessen Steuerung oder Regelung vornahmen. In diesem Sinne wurden logistische Kanäle zunächst rein funktional abgegrenzt, also als rein kategoriale Systeme behandelt. Diese Einschränkung soll nun aufgehoben werden. Speziell die verhaltenswissenschaftlich orientierte Marketingliteratur zum „channel management" geht weitgehend davon aus, daß Distributions- oder Marketingkanäle soziale Systeme im engeren Sinne mit einem hohen Grad an Integration sind[111]. Ohne zu verkennen, daß zwischen den Mitgliedern eines Marketingkanals auch Konflikte bestehen, wird von der Annahme ausgegangen, daß die Gründe für ein integratives Verhalten die Gründe für ein distributives Verhalten der Mitglieder des Kanals überwiegen. Der Kanal wird als eine Einheit betrachtet, die einen gemeinsamen Kundenkreis besitzt und mit Kanälen ähnlicher Produkte im Wettbewerb steht. Es wird davon ausgegangen, daß alle Beteiligten ein gemeinsames Interesse am Absatz des Produktes haben und daß ein koordiniertes Verhalten aller Mitgliedsorganisationen mit einem gegenüber einem unkoordinierten Verhalten höheren gemeinsamen Gewinn verbunden ist. Lediglich bei der Aufteilung des gesamten Gewinns des Kanals wird ein Konflikt zwischen seinen Mitgliedern angenommen. Dieser Betrachtungsweise liegt also der Gedanke zugrunde, daß Marketingkanäle Koalitionen mit mehr oder weniger hoher Integration sind. Ihr Verhalten läßt sich als eine Art „gemischtes Spiel" beschreiben, wobei die gemeinsamen Interessen der Koalitionsteilnehmer als größer angenommen werden als ihre Konflikte. Um das Verhalten der Koalition „Marketing-

---

[109] Vgl. aus der umfangreichen Literatur zu diesem Problemkreis Bucklin (1970); Lewis (1968); Mallen (1967 a); Moller und Wilemon (1971); Stern (1969 c) sowie Bell (1966), S. 455 ff.; Elling (1969), S. 127 ff.; Fisk (1967), S. 214 ff.; Kotler (1967), S. 386 ff.; Steffenhagen (1972).
[110] Zum physischen Produktfluß in Distributions- oder Marketingkanälen vgl. auch Bowersox (1965); Bucklin (1969) sowie die in Fußnote 14 auf S. 274 angegebene Literatur.
[111] Vgl. beispielhaft Stern (1969 b), (1969 c).

kanal" zu beschreiben, wird weitgehend auf Aussagen über die Koalition „Betriebswirtschaft" bzw. „Organisation" zurückgegriffen. Teilweise liegt diesem Vorgehen auch eine Konzeption zugrunde, welche die Marketingkanäle einer Betriebswirtschaft lediglich als eine Erweiterung der eigenen internen Organisation, speziell des Marketingbereiches, sieht[112]). Das Verhalten der Koalition „Marketingkanal" und ihrer Mitglieder wird mit verschiedenen Aussagensystemen der Organisationstheorie zu erfassen versucht. Besonderes Interesse haben dabei das Rollenverhalten, Konflikte, Aspekte der Macht, der Kommunikation und der Führung gefunden.

Weder die Betrachtung als rein kategoriales System noch eine Charakterisierung als Koalition werden allein dem realen Phänomen „Marketingkanal" gerecht. So kann beispielsweise gegen eine Beschreibung des Marketingkanals als Koalition eingewendet werden, daß es durchaus Absatzwege gibt, deren Elemente sich nicht als Mitglieder eines übergeordneten kohäsiven Systems betrachten und sich mehr oder weniger ausschließlich mit eigenen Problemen und nicht mit Aspekten des Kanals beschäftigen. Andererseits bestehen jedoch auch Absatzwege, deren Kern sich zumindest aus Mitgliedern zusammensetzt, die ein generelles commitment zur Mitgliedschaft am vertikalen Marketingsystem abgegeben haben, sich mit dem System identifizieren, gemeinsame Ziele wahrnehmen oder vereinbaren und sich in ihren Aktionen koordinieren oder koordinieren lassen. Marketingkanäle können sowohl als kategoriale Systeme wie auch als Koalitionen mit starker Integration beschrieben werden. Beide Möglichkeiten kennzeichnen Extrempunkte auf einem Kontinuum möglicher Ausprägungen in der Realität. Nicht selten wird sich dabei die genetische Entwicklung von einem rein funktionalen, kategorialen System zu einer Koalition vollziehen. Eine Analyse der Ausprägungen von Marketingkanälen in der Realität muß dabei wesentlich differenzierter sein und auch Abstufungen zwischen den beiden Extrempunkten einbeziehen. Ein geeignetes begriffliches Instrumentarium bietet dafür die Differenzierung sozialer Systeme, wie sie in den Abschnitten 1.121 und 1.122 beschrieben wurde. Eine Teilmenge von Marketingkanälen läßt sich in dieser Terminologie als Kollektive bezeichnen, deren Kohäsion ihre wesentliche Grundlage in utilitaristischen Beziehungen besitzt. Die grundsätzliche Bereitschaft zu einem Zusammenwirken beruht auf dem „rationalen" Kalkül der Organisationen, daß sich die Teilnahme an einem bestimmten Marketingkanal für sie lohne. Grundlage der Kohäsion können auch normative Beziehungen sein, wie sie sich beispielsweise in einem ausgeprägten Qualitätsbewußtsein oder Prestigestreben äußern. Nicht zuletzt sind auch bestimmte Zwangsbeziehungen denkbar.

Marketingkanäle sind häufig auch als Gruppen von Organisationen zu bezeichnen. Eine bestimmte Menge von Organisationen, Gruppen oder Individuen wirkt immer wieder an einer spezifischen Klasse von Transaktionsepisoden mit. Sie interagieren häufiger und stärker innerhalb dieser Gruppe

---

[112]) Vgl. auch Berg (1969); Drucker (1962); Mallen (1967 b); Ridgeway (1957).

als mit Elementen der Umwelt. In diesem Sinne werden Marketingkanäle nach strukturellen Gesichtspunkten abgegrenzt. Ein Marketingkanal als relativ isoliertes System bzw. Gruppe von Organisationen muß kein Kollektiv sein und damit eine hohe Integration aufweisen. Allerdings ist anzunehmen, daß sich in der zeitlichen Entwicklung kohäsive Tendenzen einstellen werden. Die Charakterisierung von Marketingkanälen als Gruppen von Organisationen hat nicht zuletzt zu dem Versuch geführt, ihr Verhalten durch Konstrukte zu beschreiben, die aus der Kleingruppenforschung stammen. Dies gilt beispielsweise für das Rollenverhalten, die Machtausübung oder für mögliche Führungsstile.

Wie Gruppen keine Kollektive sein müssen, so sind häufige und intensive Interaktionen zwischen den Mitgliedern keine Voraussetzung dafür, daß Marketingkanäle zu Koalitionen werden. In der Realität werden jedoch Marketingkanäle nicht unüblich sein, die eine starke Kohäsion aufweisen und sowohl durch starke Interaktion ihrer Mitglieder als auch durch eine Koordination ihres Verhaltens gekennzeichnet sind. Letztlich liegt gerade diese Konstellation vielen deskriptiven und normativen Ansätzen der neueren Literatur zu Marketingkanälen zugrunde.

Welche Bedeutung den beschriebenen Ausprägungen in der Realität im einzelnen zukommt, ist eine empirische Frage. Im folgenden sollen einige Faktoren aufgezeigt werden, die tendenziell zu einer stärkeren Kohäsion und Interaktion der Elemente eines Marketingkanals führen können und Aspekte der Führung relevant werden lassen.

Kooperation und Integration in Marketingkanälen

Geht man vom Marketingkanal als einem funktionalen, kategorialen System aus, so kann er als eine Menge von Institutionen — Organisationen, Gruppen, Individuen — betrachtet werden, die alle Funktionen oder Aktivitäten ausüben, die erforderlich sind, um den Fluß an Produkten und Rechten zu erzeugen und zu vollziehen. Unter diesem Blickwinkel besteht ein deskriptiver Ansatz darin, die Institutionen, ihre jeweiligen Aktivitäten und ihre Stellung in Marketingkanälen zu identifizieren. Dies ist eine Betrachtungsweise von Marketingkanälen, wie sie insbesondere in der älteren Marketingliteratur zu finden ist. Berücksichtigt man, daß Marketingkanäle auch soziale Systeme im engeren Sinne sein können, so stellt sich die Frage, warum und unter welchen Bedingungen verschiedene Mitglieder von Transaktionszwischensystemen zu kooperieren bereit sind. Die Diskussion um diese Frage nimmt einen breiten Raum in der Literatur zu Marketingkanälen ein.

Als grundlegende Ursache für die Bereitschaft, sich kooperativ zu verhalten, wird generell angenommen, daß die Komponenten eines Absatzweges letztlich gemeinsame Ziele verfolgen. Ihre Aktivitäten beziehen sich auf denselben Markt und auf die Befriedigung derselben Bedürfnisse. Die Betrachtung der logistischen Aktivitäten hat deutlich gemacht, daß die an einem bestimmten Material- und Produktfluß beteiligten Organisationen hinsichtlich der Erreichung ihrer Ziele interdependent sind. Gleiches gilt für die anderen Bereiche eines Marketingkanals. Es wird nun davon ausgegangen, daß ein koordiniertes Handeln aller Beteiligten zu einer höheren Zielerreichung des gesamten Kanals führt, also mit einer Art Synergieeffekt verbunden ist. Berücksichtigt man, daß in einem Kanal eine Vielzahl von Funktionen bzw. Aktivitäten auszuführen ist, so kann der Synergieeffekt beispielsweise darauf beruhen, daß sich die einzelnen Komponenten dahin gehend verständigen, sich jeweils auf bestimmte Funktionen zu spezialisieren und eine Duplikation von Aktivitäten zu verhindern. Neben dieser globalen Rollendifferenzierung im Kanal wird ein weiterer Vorteil darin gesehen, grundlegende Pläne, Strategien und Entscheidungen der Komponenten aufeinander abzustimmen[113]). So wird die Werbeaktion eines Herstellers einen größeren Erfolg haben, wenn sie mit verstärkten Verkaufsbemühungen beispielsweise der Groß- oder Einzelhändler sowie mit entsprechenden logistischen Aktivitäten verbunden ist. Sie wird dagegen in ihrem Erfolg stark eingeschränkt sein, wenn zum Beispiel Groß- oder Einzelhändler im relevanten Zeitraum dieses Produkt nicht auf Lager haben oder ein konkurrierendes Produkt propagieren. Ein anderes Beispiel für ein koordiniertes Verhalten ist die Vereinheitlichung der Hantierungsmethoden und die Schaffung eines gemeinsamen Palettenpools in einem logistischen Kanal.

Die grundsätzliche Bereitschaft zur Kooperation, zur Berücksichtigung von Beschränkungen, die durch andere Organisationen gesetzt werden, und zur Abgabe eines generellen commitments, über eine temporäre Beteiligung hinaus an den gemeinsamen Bemühungen des Kanals mitzuwirken, wird weitgehend auf Anreiz-Beitrags-Überlegungen jeder Organisation beruhen[114]). Die Koopcrationsbereitschaft wird deshalb in einem starken Maße davon abhängen, inwieweit eine Kooperation für die jeweilige Organisation mit Vorteilen verbunden ist, die sie allein nicht erreichen könnte. Hier wird die utilitaristische Basis einer Kohäsion in Marketingkanälen unmittelbar deutlich. Das Maß, in dem der Erfolg einer Organisation vom Erfolg des gesamten Marketingkanals abhängt, ist nicht für jede Organisation gleich. Viele Betriebswirtschaften sind gleichzeitig Mitglied in mehreren, teilweise sogar konkurrierenden Marketingkanälen. Es kann angenommen werden, daß eine Betriebswirtschaft, die in mehreren Marketingkanälen involviert ist, weniger Interesse an einem koordinierten Verhalten aller Beteiligten in einem bestimmten Kanal hat als eine Betriebswirtschaft, die nur Mitglied eines Marketingkanals ist.

Die Integration in einem Marketingkanal wird jedoch nicht nur durch utilitaristische Faktoren und damit letztlich von dem Ausmaß der durch die

---

[113]) Vgl. Berg (1969); Bowersox und McCarthy (1970); Steffenhagen (1972), S. 88 ff.; Stern und Brown (1969).

[114]) Zur Anwendung der Anreiz-Beitrags-Theorie auf interorganisationale Distributionssysteme vgl. Steffenhagen (1972), S. 60 ff.

Mitgliedschaft im Kanal erfüllten Ziele determiniert. Sie wird auch beeinflußt durch strukturelle Merkmale, insbesondere durch die Häufigkeit und Stärke der Interaktion der einzelnen Komponenten sowie durch normative Faktoren, wie sie sich speziell in gleichen Überzeugungen und Werthaltungen manifestieren. Nicht zuletzt wird eine Rolle spielen, in welchem Ausmaß sich die einzelnen Mitglieder in Konkurrenz zueinander befinden und Konkurrenzbeziehungen gegenüber anderen Marketingkanälen wahrnehmen. Ein starker Wettbewerb mit anderen Kanälen konkurrierender Produkte kann die Integration in einem Kanal wesentlich stärken. Andererseits ist nicht zu übersehen, daß auch zwischen den Mitgliedern eines Marketingkanals selbst Konflikte bestehen können[115]. Es wurde bereits darauf hingewiesen, daß diese Konflikte analog zu der Situation in einem gemischten Spiel als Konflikte um die Verteilung eines zunächst gemeinsam (gegenüber Wettbewerbern und Kunden) erzielten Gewinnes interpretiert werden können.

Palamountain hat versucht, im Rahmen der Distribution auftretende Konflikte zu klassifizieren[116]. *Horizontalen Wettbewerb* nennt Palamountain Konflikte zwischen Wettbewerbern gleicher Art, wie beispielsweise zwischen zwei unabhängigen Einzelhändlern oder Lagerhausgesellschaften. Die zweite Art ist der Konflikt zwischen verschiedenen Methoden der Distribution, wie zwischen Versandhaus, Warenhaus und Einzelhandelskette oder zwischen Direktversand und Warehousesystem (intertype conflict). Als *vertikalen Konflikt* bezeichnet Palamountain den Konflikt zwischen den verschiedenen Stufen eines Distributionskanals. Es ist der vertikale Konflikt, der in diesem Zusammenhang von Interesse ist. Ursache für diesen Konflikt ist insbesondere, daß die Mitglieder in den einzelnen Stufen rechtlich unabhängig sind und eigene, divergierende Ziele verfolgen. Die Untersuchung der logistischen Aktivitäten hat eine Vielzahl potentieller Konfliktbereiche, wie z. B. in bezug auf die Lagerhaltung, die Versandart oder die Materialhandhabung, sichtbar werden lassen. Grundsätzlich ist festzustellen, daß die vertikalen Konflikte so stark sein können, daß von einer Koalition der an einem Absatzweg beteiligten Organisationen nicht mehr gesprochen werden kann. Der Marketingkanal (oder logistische Kanal als Subkanal in diesem) erscheint dann als System, in dem jedes Element allein seinem eigenen Vorteil zu dienen und ihn gegenüber anderen Mitgliedern im Kanal durchzusetzen versucht. Betrachtet man die verschiedenen Subkanäle im Marketingkanal, so ist es durchaus möglich, daß Konflikte im logistischen Kanal durch Konflikte im Kontrahierungsweg induziert werden. Der logistische Kanal wird dann zum Ort, an dem Interessengegensätze über die Distribution ausgetragen werden:

---

[115] Zu Konflikten in Marketingkanälen vgl. Kroeber-Riel und Weinberg (1972); Mallen (1967 b); Rosenberg und Stern (1970); Steffenhagen (1972) sowie die verschiedenen Beiträge in Stern (1969 c).
[116] Vgl. Palamountain (1955).

„Einzelhändler und Hersteller versuchen, durch Ersparnisse in der physischen Distribution einen Marktvorteil zu erlangen. Ihre Interessen stoßen aufeinander. Das Versorgungssystem, das für einen Einzelhandelskettenladen sehr effizient ist, um Produkte aus vielen Quellen anzunehmen, mag unvereinbar mit dem physischen Distributionssystem eines Herstellers sein, der viele kleine und große Kunden bedient. Gesetzliche und institutionelle Barrieren und Unterschiede in den Marketingzielen können diese Konflikte schwer lösbar werden lassen"[117]).

Vertikale Konflikte sind häufig auch Rollenkonflikte zwischen den Mitgliedern eines Marketingkanals. Geht man davon aus, daß auch Organisationen im Rahmen umfassenderer sozialer Systeme (beispielsweise von Marketingkanälen) Rollen ausüben können, so können Diskrepanzen zwischen der Rolle, wie sie von der jeweiligen Organisation selbst wahrgenommen wird, und den Rollenerwartungen seitens der anderen Mitglieder des Kanals auftreten[118]). Es wurde bereits darauf hingewiesen, daß in Marketingkanälen im engeren Sinne die Tendenz auftritt, daß sich die verschiedenen Mitgliedsorganisationen auf die Ausübung spezifischer Funktionen spezialisieren. Dabei kann es durchaus vorkommen, daß bestimmte Betriebswirtschaften ihre eigene Funktion in einer anderen Weise sehen als die übrigen Mitglieder. Auch müssen sich die verschiedenen Mitgliedsorganisationen durchaus nicht jederzeit „rollenkonform" verhalten. So wird es nicht zuletzt häufig deshalb zu Konflikten zwischen Mitgliedern eines Marketingkanals kommen, weil eine Betriebswirtschaft Aktivitäten im Kanal übernimmt oder zu übernehmen versucht, die bisher einer oder mehreren anderen Organisationen „vorbehalten" waren. Dies ist beispielsweise dann der Fall, wenn ein Produzent versucht, die bisherigen Grossisten auszuschalten und auch die Funktion der Großhandelsstufe zu übernehmen.

Führungsaspekte in Marketingkanälen

Betrachtet man Marketingkanäle als Koalitionen, so kann die Abstimmung des Verhaltens der Koalitionsteilnehmer gegenüber Kunden und Wettbewerbern zum einen in dezentraler Weise erfolgen: Die Teilnehmer koordinieren ihr Verhalten selbst. Sehr häufig wird sich jedoch in den Marketingkanälen ein Führer herausbilden, der zumindest teilweise eine zentrale Koordination der Mitglieder des Systems vornimmt und für eine gewisse Kontinuität im Marketingkanal sorgt. Aspekten der Führung gilt das besondere Interesse der Literatur zu Marketingkanälen[119]). Dabei kristallisieren sich vor allem zwei Fragen heraus. Zum einen wird untersucht, welche Betriebs-

---

[117]) Magee (1968 a), S. 8; vgl. ferner auch Bowersox, Smykay und LaLonde (1968), S. 31.

[118]) Zu Rollen und Rollenkonflikten in Marketingkanälen vgl. die verschiedenen Beiträge in Stern (1969 c), S. 21 ff., S. 155 ff. und S. 288 ff.; Moller und Wilemon (1971); Steffenhagen (1972), S. 103 ff.

[119]) Zur Führung in Marketingkanälen vgl. Berg (1969); Bowersox und McCarthy (1970); Bowersox, Smykay und LaLonde (1968), S. 52 ff.; Lewis (1968), S. 62 ff.; Little (1971); Mallen (1967 b); McCarthy (1964), S. 460 ff.; Ridgeway (1957); Steffenhagen (1972), S. 149 ff.; Stern (1969 b).

wirtschaft bzw. welcher Rolleninhaber in einem Marketingkanal dominant zu sein tendiert. Die zweite Frage ist die nach der Art der Führung. Grundsätzlich ist dabei festzustellen, daß bei ihrer Untersuchung in starkem Maße auf Ansätze der Kleingruppenforschung Bezug genommen wird.

Nicht jede Organisation in einem Marketingkanal ist in gleichem Maße in der Lage oder gewillt, die Koordinationsfunktion zu erfüllen. Bestimmte Mitglieder im Kanal verhalten sich passiv als Anpasser, andere dagegen versuchen aktiv, die Aktivitäten im Distributionskanal in ihrem Sinne zu beeinflussen. Es bestehen nun verschiedene Anhaltspunkte dafür, wann eine Organisation im Kanal „aktiv" zu sein tendiert und gegebenenfalls die Führung im Kanal anstrebt. So sind verschiedene Organisationen langfristig Mitglieder der Koalition, während andere nur kurzfristig im Kanal tätig werden. Man kann davon ausgehen, daß die nur kurzzeitig im Kanal tätigen Organisationen an diesem und seiner einheitlichen Führung kaum Interesse haben. Es wurde auch bereits darauf hingewiesen, daß Betriebswirtschaften, die in einer Vielzahl von Kanälen Mitglieder sind, im allgemeinen nur ein geringes Interesse an einer Abstimmung der Entscheidungen besitzen. Ein neben dauernder Mitgliedschaft und Mitgliedschaft in anderen Kanälen wesentlicher Faktor, der zumindest die teilweise Beherrschung der logistischen Kanäle für eine Betriebswirtschaft wünschenswert erscheinen läßt, ist die Verteilung von Kosten und Risiken im Kanal. Das Risiko, das sich insbesondere aus dem Absatz der Ware ergibt, ist im Marketingkanal ungleich verteilt. Beispielsweise trägt ein Spediteur nur wenig Risiko in bezug auf den Absatz des Produkts, der Groß- oder Einzelhändler nur in dem Maße, in dem er die Produkte des betreffenden Kanals in seinem Sortiment hat und selbst erwirbt. Demgegenüber hängt das Überleben des Herstellers nur eines Produktes vom Funktionieren dieses einen Marketingkanals ab. Andererseits können aber die Kosten der Distribution gerade von den Organisationen im Kanal ungünstig beeinflußt werden, die nur wenig Risiko tragen[120]. Es erscheint deshalb selbstverständlich, daß die betroffenen Betriebswirtschaften versuchen, den Kanal zu kontrollieren und seine Aktivitäten in ihrem Sinne zu determinieren.

Die Führerschaft im Marketingkanal und damit im allgemeinen auch im logistischen Kanal liegt in der Regel beim Führer des Kontrahierungskanals. Dieser weist aus den bereits geschilderten Gründen prinzipiell das größte Interesse am Funktionieren des Marketingkanals auf und ist auch in aller Regel durch die größte wirtschaftliche Macht gekennzeichnet.

Merkmale eines Marketingführers

Fragt man generell nach den Fähigkeiten, die der Führer eines Marketingkanals (Marketingführer) besitzen muß, so sind vor allem vier Faktoren zu nennen, die sehr eng zusammenhängen:

---

[120]) Vgl. Bowersox, Smykay und LaLonde (1968), S. 35 ff. und S. 52 ff.

(1) die kybernetische Fähigkeit,

(2) die Fähigkeit der effizienten Machtausübung,

(3) die Fähigkeit, Machtressourcen und Unterstützung zu mobilisieren, und

(4) die Fähigkeit, für die gewünschten Entscheidungen und Maßnahmen einen Konsens mit den Betroffenen bzw. den relevanten Unterstützern zu bilden.

Unter der *kybernetischen Fähigkeit* ist die Fähigkeit zu verstehen, realistische Informationen über den zu führenden Marketingkanal und seine Umwelt zu gewinnen, zukünftige Ereignisse zu antizipieren und realistische Prognosen über die zukünftigen Auswirkungen der alternativen Maßnahmen zu formulieren und Entscheidungsprobleme zu lösen. Die Forderung nach realistischen Informationen bzw. Prognosen richtet sich auch auf die Gewinnung eines realistischen Bildes über die verschiedenen Ziele der Mitglieder des Marketingkanals, die herrschenden Machtverhältnisse, den Grad der relevanten Unterstützung und die bei der Durchsetzung von Entscheidungen zu erwartenden Widerstände. Nicht zuletzt sind unter die kybernetischen Fähigkeiten eines Marketingführers auch die Fähigkeiten einer Organisation zu Kreativität und Innovation zu subsumieren.

Machtausübung ist für einen Marketingführer notwendig, um Widerstände gegenüber den von ihm präferierten Entscheidungen zu überwinden. Kein Marketingführer wird, selbst wenn er es wollte, allen Forderungen nach Berücksichtigung spezieller Interessen gerecht werden können. Er wird stets Entscheidungen treffen, die in einem gewissen Widerspruch zu den Werten und Präferenzen bestimmter anderer Mitglieder des Kanals stehen. Er benötigt deshalb Macht, um seine Entscheidungen durchzusetzen, und die Fähigkeit, diese Macht effizient auszuüben, da die Machtressourcen, auf die sich die Machtausübung gründet, knapp sind[121]).

Beschreibungen der Machtgrundlagen von potentiellen Marketingführern basieren im allgemeinen auf der Konzeption von French und Raven, die zwischen positiver und negativer Sanktionsgewalt, Sachverständigkeit, Identifikation und legitimierter Macht unterscheiden[122]). Als wichtigste Grundlage wird in der Literatur im allgemeinen die wirtschaftliche Macht oder die Marktmacht einer Betriebswirtschaft genannt. Diese Größen weisen selbst wiederum verschiedene Ursachen auf. Von größter Bedeutung ist hierbei die Fähigkeit, über positive und negative Sanktionserwartungen die Anreize und Beiträge eines Kanalmitglieds zu beeinflussen. Zur Beeinflussung von aktuellen oder potentiellen Mitgliedern eines logistischen Kanals werden dabei neben direkter monetärer Kompensation bei überlappenden Mitglied-

---

[121]) Vgl. zum Aspekt der Macht in Marketingkanälen Beier und Stern (1969); Heskett, Stern und Beier (1970); Little (1971); Mallen (1967 b); Steffenhagen (1972), S. 123 ff.; Sturdivant und Granbois (1968).

[122]) Vgl. beispielsweise Beier und Stern (1969); Heskett, Stern und Beier (1970).

schaften vor allem Anreize im Kontrahierungs- und im Promotionskanal gewährt, so vor allem Preiszugeständnisse, günstige Liefer- und Zahlungsbedingungen, Rabatte im Kontrahierungskanal sowie die Schaffung starker Marken durch Werbung, Unterstützung der Mitglieder durch Werbemittel oder Verkaufstraining. Negative Sanktionen werden beispielsweise in Form von Lieferboykotts angewendet. Neben einer positiven und negativen Sanktionsgewalt werden häufig auch Informationsvorteile unterschiedlichster Art eine Machtgrundlage für den Marketingführer bilden. Nicht unüblich ist auch die Schaffung eines positiven Images bzw. von Prestige. Die Betriebswirtschaft versucht, Macht durch Identifikation zu gewinnen und die Abhängigkeit anderer Organisationen zu erhöhen.

Von der Machtausübung, d. h. der Transformation der Machtressourcen in tatsächliche Macht, ist die Mobilisierung und Sicherung solcher Machtressourcen zu unterscheiden. Diese Machtressourcen des Marketingführers sind um so größer, je mehr es ihm gelingt, die *Unterstützung* jener zu gewinnen, die selbst Macht besitzen. Ohne die Fähigkeit, die relevante Unterstützung zu sichern, kann keine Organisation als Marketingführer funktionsfähig bleiben.

Sicherlich ist es möglich, vorhandene Machtressourcen teilweise auch dafür einzusetzen, andere trotz anfänglicher Widerstände zu einer Unterstützung zu bewegen und damit diese Machtressourcen zu erhöhen. Diese Möglichkeiten sind jedoch begrenzt. Der Marketingführer muß daher in der Lage sein, seine Entscheidungen auf einen *Konsens* mit denjenigen zu gründen, von deren Unterstützung er abhängt: Der Marketingführer muß die Fähigkeit zur Konsensbildung besitzen. In dem Maße, wie diese Konsensbildung auch die primär von den Entscheidungen Betroffenen einschließt, sind auch die zu überwindenden Widerstände geringer. Die Notwendigkeit, Macht auszuüben, vermindert sich.

Generell gilt, daß zwischen den einzelnen Fähigkeiten eines Marketingführers Substitutionsmöglichkeiten bestehen. Ein Marketingführer, der die Fähigkeit zur Konsensbildung mit den anderen Mitgliedern des Marketingkanals hat, benötigt weniger Macht. Eine Organisation, deren Mitglieder besonderes Geschick in der Gewinnung von Unterstützung bzw. Machtressourcen für die Organisation besitzen, kann es sich leisten, bei der Machtausübung „weniger effizient" zu sein; und der Führer, der besonders hohe kybernetische Fähigkeiten aufweist, kann zusätzliche Forderungen in seine Problemdefinition aufnehmen und so Interessen einer Vielzahl von Mitgliedern eines Kanals berücksichtigen.

Ob eine Betriebswirtschaft zum Führer in einem Marketingkanal wird, hängt vom Niveau ihrer Führungsfähigkeiten ab. Dieses Niveau wiederum kann durch eine unterschiedliche Kombination der genannten Führungsfähigkeiten gekennzeichnet sein. Marketingführer kann der Hersteller eines Produktes sein, aber auch beispielsweise Groß- oder Einzelhändler üben häufig in Kanälen diese Funktion aus[123]).

Zur Beschreibung des Führungsverhaltens in Marketingkanälen werden häufig relativ globale Kategorien verwendet. So schlägt Mallen zur Charakterisierung von Führungsverhältnissen in Marketingkanälen drei Kategorien vor: autokratische, demokratische und anarchistische Beziehungen. Bei *autokratischen* Beziehungen zwingt der Führer die Mitglieder des Marketingkanals zur Kooperation. Die Kohäsion des Systems beruht also auf Zwangsbeziehungen. „Hilft" der Marketingführer den Mitgliedern zusammenzuarbeiten, bezeichnet Mallen dies als *demokratische* Beziehungen. Bei *anarchistischen* Beziehungen fehlt jegliches Führungsverhalten im Marketingkanal. Autokratische und demokratische Beziehungen werden auch als gesteuerte Kooperation bezeichnet[124]).

Das Führungsverhalten von Marketingführern

Das Führungsverhalten von Marketingführern kann präzisiert werden, wenn man es nach verschiedenen Merkmalen oder Komponenten untersucht.

Ein erstes Merkmal des Führungsverhaltens besteht darin, inwieweit der Führer versucht, ursprünglich von den einzelnen Mitgliedern getroffene Entscheidungen an sich zu ziehen. Dies ist die Frage nach der Zentralisation bzw. nach der Dezentralisation relevanter Entscheidungen im Marketingkanal. Dabei kann auch das Problem auftreten, welche Entscheidungen grundsätzlich in die Koordination einbezogen werden sollen.

Das Problem der Zentralisation bzw. Dezentralisation der Entscheidungsfindung ist zu trennen von der Frage, ob zentral oder dezentral koordiniert wird. Zentrale und dezentrale Koordination bilden zwei Extrempunkte eines Kontinuums. Eine Führung mit dezentraler Koordination wird sich darauf beschränken, bestimmte Regeln für die dezentrale Abstimmung und für die Konflikthandhabung festzusetzen. Der Marketingführer schafft eine Art „Arena", in deren Rahmen die einzelnen Mitglieder des Kanals ihre Aktivitäten selbst aufeinander abstimmen.

Ebenfalls von zentraler und dezentraler Entscheidungsfindung zu trennen ist der Grad, in dem der Marketingführer bei seiner Entscheidungsfindung die Meinungen der anderen Mitglieder des Kanals einholt und ihnen die Möglichkeit zu einer Einflußnahme gibt. Grundsätzlich ist anzunehmen, daß sich die Mitglieder eines Kanals durchaus nicht passiv verhalten werden und auf Beeinflussungsversuche des Marketingführers ihrerseits mit Manipulationsversuchen reagieren. Dabei wird sich häufig das Bild eines ständigen Prozesses gemeinsamen Problemlösens und Aushandelns ergeben. Dieser Prozeß wird nicht zuletzt durch ein weiteres Merkmal geprägt.

---
[123]) Vgl. Stern (1969 b), S. 86 ff.
[124]) Vgl. Mallen (1967 b), S. 127.

Dieses — vierte — Führungsmerkmal besteht darin, welche Taktiken der Durchsetzung bzw. der Machtausübung der Marketingführer gegenüber den anderen Mitgliedsorganisationen anwendet. Hierzu steht ihm eine ganze Skala von Möglichkeiten zur Verfügung, die von Drohungen und Versprechungen, der Schaffung von vollendeten Tatsachen, über die Anwendung der Reziprozitätsnorm bis zum Überzeugen und Überreden führen. Es ist anzunehmen, daß eine häufige Anwendung von Taktiken wie Drohen und Versprechen oder Schaffung vollendeter Tatsachen zu einer Entfremdung und letztlich zu einer Desintegration im Kanal führen kann.

Die Beziehungen zwischen den Mitgliedern können in unterschiedlicher Weise formalisiert sein. Bestehen beispielsweise formale Rollen für die einzelnen Mitglieder des Marketingkanals, so können diese die Koordination wesentlich verbessern. Verhalten sich die Mitglieder in Übereinstimmung mit ihren spezifischen Rollen oder Verhaltensvorschriften, so können die anderen Elemente des Kanals deren Verhalten antizipieren. Die interne Unsicherheit über das wechselseitige Verhalten wird reduziert. Neben einer Formalisierung der Verhaltenserwartungen können beispielsweise die Kommunikationsbeziehungen ebenso formalisiert werden wie eine bestimmte Klasse von Entscheidungsverfahren.

Für das Führungsverhalten von Interesse ist auch die Tatsache, von wem der Marketingführer seine relevante Unterstützung erhält. Zum einen kann die Unterstützung von den Mitgliedern des Kanals selbst stammen, zum anderen kann sie unabhängig von diesen sein und von Organisationen, Gruppen oder Individuen (z. B. Kunden) stammen, die selbst nicht Mitglieder des Kanals sind.

Ein letztes, wenn auch in diesem Zusammenhang im allgemeinen wenig relevantes Kriterium ist die Art der durchgeführten Kontrolle. Der Marketingführer kann entweder eine sehr globale Kontrolle der Mitglieder durchführen und sich speziell auf das Ergebnis ihrer Entscheidungen beschränken oder aber eine strenge Verhaltens- oder Prozeßkontrolle (z. B. der Produktion oder des Verkaufs) vornehmen.

Eine Kombination aller dieser Merkmale, die sich beliebig erweitern lassen, charakterisiert das jeweilige Verhalten des Marketingführers. Man kann dabei auch eine Beziehung zu Begriffen wie demokratischen oder autokratischen Führungsstilen herstellen. So wäre ein demokratischer Führungsstil des Marketingführers beispielsweise tendenziell mit einer geringeren Zentralisation der Entscheidungsfindung, mit dezentraler Koordination und mit Möglichkeiten der Einflußnahme durch die Mitglieder des Kanals, durch Taktiken wie Überzeugen oder Überreden und durch eine Unterstützung seitens der Mitglieder selbst gekennzeichnet. Letztlich kann dies jedoch nur ein Beispiel sein. In der Realität wird sich ein relativ stark differenziertes Bild verwendeter Führungsstile zeigen.

Zum Abschluß soll noch eine weitere Möglichkeit, einen logistischen Kanal oder Marketingkanal zu beherrschen, kurz genannt werden. Diese Möglichkeit, die bereits bei der Betrachtung der Handhabung von Abhängigkeiten durch Organisationen kurz angeschnitten wurde, besteht darin, daß eine Betriebswirtschaft alle Aktivitäten des Kanals durch Komponenten der eigenen Organisation ausführen läßt (ownership control): Die Betriebswirtschaft weitet ihre Grenzen aus. Ownership control besteht in der vertikalen Integration von zwei oder mehr aufeinanderfolgenden Gliedern in einem Kanal durch ein und denselben Betrieb. Für den logistischen Kanal würde dies auf der letzten Stufe der Integration bedeuten, daß der Hersteller seine Produkte mit eigenem Fuhrpark und über eigene Distributionszentren zu seinen eigenen Einzelhandelsstützpunkten befördert. In aller Regel wird dies jedoch die Ausnahme sein.

Teil II

Methoden zur Unterstützung logistischer Entscheidungen

Der erste Teil dieses Buches war der deskriptiven Betrachtung der relevanten Systeme einer betriebswirtschaftlichen Logistik gewidmet. Eine angewandte Betriebswirtschaftslehre begnügt sich freilich nicht damit, systematisch Wissen über die jeweils relevanten Systeme zusammenzutragen, begrifflich-theoretische Bezugsrahmen zur Integration dieses Wissens zu erarbeiten und Theorien zu entwickeln, die eine Erklärung dieser Systeme ermöglichen. Die Betriebswirtschaftslehre bemüht sich insbesondere auch darum, Methoden zu entwickeln, die eine Anwendung dieses Wissens in der Praxis, d. h. eine unmittelbare Unterstützung der betriebswirtschaftlichen Entscheidungsprozesse, möglich machen.

Im folgenden sollen die wichtigsten, für logistische Entscheidungen relevanten Methoden dargestellt werden. Ihre Kenntnis ist — freilich in weitaus größerem Detail als hier angestrebt — Voraussetzung für eine wissenschaftliche Fundierung der Planung, Entwicklung und Führung komplexer logistischer Systeme bzw. Betriebswirtschaften.

Man könnte zunächst geneigt sein, die zu diskutierenden Methoden nach jenen Systemen zu gliedern, zu deren Steuerung und Regelung sie herangezogen werden können. Ein solches Vorgehen erweist sich jedoch sehr schnell als unzweckmäßig. In der modernen Betriebswirtschaftslehre existieren kaum Methoden, die ausschließlich für das eine oder andere System relevant erscheinen. Es gibt heute einen „Bestand" an Methoden, der insofern als „allgemeingültig" bezeichnet werden kann, als er in sehr unterschiedlichen Systemen — mit oder ohne Modifikationen — Verwendung finden kann. Die Darstellungsweise dieses zweiten Teiles folgt dieser Überlegung. Es werden die wichtigsten Methoden an Beispielen aus dem Bereich der Logistik beleuchtet. Der Leser sei aufgefordert, sich eingehender mit jenen methodenorientierten wissenschaftlichen Disziplinen auseinanderzusetzen, denen die darzustellenden Methoden entstammen. Hierbei handelt es sich insbesondere um Operations Research, die angewandte Informatik, die Systemanalyse und die angewandte Organisationstheorie. Die Darstellung und Charakterisierung der wichtigsten Beiträge dieser methodenorientierten Disziplinen zur Unterstützung logistischer Entscheidungsprozesse setzen jedoch die Diskussion einiger Grundfragen begrifflicher und methodologischer Art voraus.

2.1 Begriffliche und methodologische Grundfragen

Sieht man in der Bereitstellung von Methoden zur Unterstützung betriebswirtschaftlicher Entscheidungsprozesse den Kern einer angewandten Betriebswirtschaftslehre, so rückt die Empfehlung solcher Methoden einige grundlegende Fragen des Wissenschaftsprogramms der angewandten Betriebswirtschaftslehre in den Mittelpunkt des Interesses[1]). Nicht zuletzt wird das Problem der Wertfreiheit und der Parteilichkeit betriebswirtschaftlicher Aussagen relevant[2]). Wir wollen dieses Problem hier freilich nicht im einzelnen aufgreifen, sondern uns vielmehr darauf beschränken, einige allgemeine Merkmale von Methoden, insbesondere deren mögliche Funktionen in betriebwirtschaftlichen Entscheidungsprozessen sowie die für die weiteren Erörterungen grundlegende Unterscheidung exakter und inexakter Methoden herausarbeiten. Daran anschließend sind die wichtigsten interdisziplinären Beiträge zur betriebswirtschaftlichen Methodendiskussion und die damit verbundenen spezifischen begrifflichen und methodologischen Probleme aufzuzeigen, wie sie sich in den modernen methodenorientierten Disziplinen (Operations Research, Informatik, Systemanalyse und angewandte Organisationstheorie) darstellen. Schließlich sind zum Abschluß dieses einleitenden Abschnittes Fragen der Beurteilung von Methoden zur Unterstützung von Entscheidungen aufzuwerfen.

2.11 Allgemeine Merkmale von Methoden

Der Methodenbegriff wird meist nicht explizit definiert. Es lassen sich jedoch einige Gemeinsamkeiten in der Verwendung dieses Begriffes aufzeigen. Wenn in beliebigem Zusammenhang von einer Methode die Rede ist, so wird — meist unausgesprochen — ein Bezugsrahmen unterstellt, der mindestens folgende Komponenten umfaßt:

(1) Es existiert ein Transformationsprozeß, der durch eine Vielzahl von Einzelschritten gekennzeichnet ist.

(2) Die Einzelschritte erfolgen in einer vorgesehenen, zufälligen oder intuitiven Reihenfolge.

---

[1]) Zum Wissenschaftsprogramm der angewandten Betriebswirtschaftslehre vgl. Albach (1967); Chmielewicz (1970); Heinen (1968), S. 13 ff.; Kirsch (1968 a), S. 91 ff., (1968 b), (1969), (1972 a); Kroeber-Riel (1969); Simon (1969), insbes. S. 79 f.; Steffens (1962); Szyperski (1971 a); Wild (1966), S. 179 ff.; ferner die Beiträge im Sammelband, herausgegeben von von Kortzfleisch (1971).

[2]) Vgl. dazu beispielsweise Albert (1968), S. 62 ff., (1972), insbes. S. 39 ff.; Kirsch (1968 b), S. 91 ff., (1972 a), S. 173 ff.; Myrdal (1965), (1971); Nagel (1952).

(3) Transformiert wird ein Anfangszustand A in einen Endzustand Z. Der Anfangszustand charakterisiert den Input, der Endzustand den Output des Transformationsprozesses.

(4) Die Transformation kann durch eine Prozeßvorschrift definiert sein, die den Anfangszustand A in den gewünschten Endzustand Z transformiert ($A \rightarrow Z$). Es ist aber ebenso möglich, daß die Transformation nicht durch Vorschriften oder Gesetze beschrieben werden kann, sondern einen Verlauf nimmt, der entweder lediglich durch Entwicklungsgesetze angenähert werden kann oder aber mit gegenwärtig bekannten Gesetzen nicht erklärbar ist (quasi-law).

(5) Schließlich werden die im Prozeß Beteiligten genannt (Anwender, Ausführende, Berater, Experten usw.).

Auf dieses Grundschema lassen sich alle Methoden zurückführen. Die einzelnen Komponenten und Merkmale dieser Methoden besitzen jedoch unterschiedliche Ausprägungen, je nachdem, welche Funktionen die Methoden in einem Entscheidungsprozeß erfüllen, und je nachdem, ob sie exakt oder inexakt formuliert sind.

2.111 Funktionen von Methoden im Entscheidungsprozeß

Betriebswirtschaftliche Entscheidungsprozesse, an denen in der Regel mehrere Personen oder Gruppen beteiligt sind, können als komplexe, multipersonale Prozesse gesehen werden, die sich aus einer Vielzahl von Prozessen der Gewinnung, Verarbeitung und Weitergabe von Informationen sowie von Prozessen der interpersonellen Beeinflussung zusammensetzen. Entscheidungsprozesse umfassen eine Reihe von Phasen oder Episoden. Alle diese Phasen können Gegenstand spezifischer Methoden sein.

Phasen des Entscheidungsprozesses und relevante Methoden

Es gibt keinen allgemeingültigen Katalog der Phasen eines Entscheidungsprozesses[3]. In der einen oder anderen Form erscheinen jedoch in allen Gliederungsvorschlägen in etwa folgende Phasen[4]:

(1) Anregung (Diagnose der Ausgangsposition, Feststellung eines Problems),

(2) Zielsetzung (Präzisierung der Entscheidungskriterien, Definition des Problems),

(3) Suche nach Alternativen (Suche bzw. Entwicklung von Lösungshypothesen),

---

[3] Vgl. zur Kritik an den in der Literatur vorgeschlagenen Phasenschemata Kirsch (1970 a), S. 75; Witte (1968 a), (1968 b).
[4] Überblicke über mögliche Phasenabläufe geben Kirsch (1970 a), S. 72 ff.; Wild (1967), S. 3 ff.; Witte (1968 b).

(4) Prognose der Konsequenzen (Erwartungsbildung, Beschreibung der Lösungshypothesen),

(5) Bewertung der Alternativen (Vergleich und Ordnung der Alternativen, Verifikation der Lösungshypothesen),

(6) Auswahl (Entschluß, commitment bzw. Autorisierung),

(7) Realisation (Kommunikation der gewählten Alternative, Durchsetzung),

(8) Kontrolle (Soll/Ist-Vergleich, gegebenenfalls Feststellung eines neuen Problems).

Das „Arsenal" von Methoden zur Unterstützung betriebswirtschaftlicher Entscheidungsprozesse umfaßt Methoden der Diagnose der einer Entscheidung zugrundeliegenden Ausgangssituation, der Zielsetzung und Problemdefinition, der Suche nach geeigneten alternativen Problemlösungen und Maßnahmen, der Prognose der Konsequenzen dieser Maßnahmen, der Handhabung der mit der Zukunftsbezogenheit der Entscheidungen sich zwangsläufig ergebenden Unsicherheit, der Bewertung und des Vergleichs alternativer Lösungsvorschläge sowie der Bestimmung optimaler oder befriedigender Lösungen. Methoden zur Unterstützung von Entscheidungsprozessen beziehen sich aber auch auf Probleme der Durchsetzung, der sozialen Beeinflussung und Machtausübung, der Mobilisierung und Erhaltung von Unterstützung sowie der Handhabung von Konflikten und der Konsensbildung. Schließlich sind die vielfältigen Methoden des Testens und der Kontrolle zu nennen, die gleichzeitig Hinweise auf neue Probleme geben und neue Entscheidungsprozesse auslösen können. Die meisten dieser Methoden haben informationsverarbeitenden Charakter. Die Hinweise auf die Durchsetzung, Konflikthandhabung und Konsensbildung machen jedoch deutlich, daß sich solche Methoden zur Unterstützung von Entscheidungsprozessen keineswegs auf Informationsverarbeitungsmethoden beschränken müssen.

Informationsverarbeitungsmethoden

Eine Methode der Informationsverarbeitung unterscheidet sich von Methoden anderer Art (z. B. chemischen Verfahrensvorschriften, Bedienungsanleitungen usw.) dadurch, daß die Ausgangssituation A durch eine Datenkonstellation gegeben ist und die elementaren Schritte, aus denen die Methode besteht, informationsverarbeitende Prozesse sind und potentielle Entscheidungsprämissen eines Entscheidungsträgers generieren. Eine Methode der Informationsverarbeitung beschäftigt sich mit mindestens einer der folgenden Teilfunktionen, die zusammen die verschiedenen Aspekte der Informationsverarbeitung definieren[5]):

(1) Die Wahrnehmung von Daten bezeichnet den ursprünglichen Eintritt von Daten in den Bereich der Methode.

---
[5]) Vgl. Firmin und Linn (1968), insbes. S. 75.

(2) Aufzeichnung von Daten in symbolischer Form als Zahlen oder Buchstaben.

(3) Speicherung der Aufzeichnung an einem bestimmten Ort für zukünftigen Gebrauch.

(4) Verarbeitung im engeren Sinne, d. h. Transformation von Daten in Informationen (zweckorientiertes Wissen), die den speziellen Bedürfnissen eines bestimmten Anwenderkreises angepaßt sind.

(5) Informationswiedergewinnung als zweckorientiertes, beabsichtigtes Wiederauffinden gespeicherter Informationen oder Daten.

(6) Übermittlung von Daten oder Informationen.

(7) Darstellung als Form der Informationsverarbeitung zum Zwecke der Berichterstattung und Kommunikation.

Als Ausführende von Informationsverarbeitungsmethoden kommen Menschen und Gruppen, insbesondere aber auch Maschinen (Computer) in Frage. In jüngster Zeit rückt immer mehr die Frage nach der Automatisierung bzw. Automatisierbarkeit von Informationsverarbeitungsmethoden zur Unterstützung organisationaler Entscheidungen in den Mittelpunkt.

Der mögliche Output von Informationsverarbeitungsmethoden

Der Output informationsverarbeitender Methoden und seine Weiterverwendung im Entscheidungsprozeß können sehr unterschiedlich sein. Folgt man den Phasen des Entscheidungsprozesses und beschränkt man sich auf die reinen Informationsverarbeitungsaktivitäten, so lassen sich insbesondere Ziele, Prognosen, Alternativen bzw. Lösungshypothesen, Bewertungen bzw. Rangordnungen von Alternativen sowie Kontrollinformationen bzw. Soll/Ist-Abweichungen als Output informationsverarbeitender Methoden hervorheben.

(1) Erst neuerdings wird der Zielsetzung, der Präzisierung von Entscheidungskriterien bzw. der Definition von Entscheidungsproblemen im Rahmen der Methoden der Entscheidungsfindung vermehrte Aufmerksamkeit gewidmet. Die Betriebswirtschaftslehre wendet sich Methoden zur Unterstützung des Zielbildungsprozesses bislang freilich nur zögernd zu. So tief ist im Wissenschaftsprogramm der Betriebswirtschaftslehre die Annahme vorgegebener Ziele oder aber — sofern die Ziele als Variablen betrachtet werden — zumindest die Vorstellung verwurzelt, daß die Zielbildung zwar deskriptiv zu analysieren, nicht jedoch durch Empfehlung entsprechender Methoden zu unterstützen sei. In der Tat wirft die Aufgabe eines in bezug auf die Zielsetzung restriktiven Wissenschaftsprogramms eine Reihe für die Betriebswirtschaftslehre grundlegender Fragen ihrer Wertfreiheit und Parteilichkeit auf. Letztlich geht es darum, Methoden zu entwickeln, die helfen, Ziele der Betriebswirtschaft jeweils zu finden, welche die Unterstützung und

den Konsens der jeweils relevanten Personen und Gruppen des politischen Systems dieser Betriebswirtschaft erhalten.

(2) Eine zweite Klasse von Methoden befaßt sich mit der Ermittlung, Generierung, Formulierung oder dem Entwurf (Design) von Handlungsalternativen. Hier stehen kreative Problemstellungen im Vordergrund des Interesses. Wesentliches Kennzeichen dieser Klasse von Methoden ist der Umstand, daß sich der Anwender in einem permanenten Suchprozeß befindet. Für diesen müssen in der Regel Methoden gefunden werden, die eine Zerlegung in Teilprozesse ermöglichen, um das komplexe Problem überhaupt handhabbar zu machen.

Darüber hinaus sind Methoden notwendig, die aus der Menge gegebener Subprozesse, die auch als Operatoren betrachtet werden können, eine bestimmte Folge solcher Subprozesse zusammenstellen. Methodisch interessant ist dabei sowohl die Kombination der Reihenfolge selbst als auch die generelle Absicht, einen bestimmten Anfangszustand in einen geforderten Endzustand zu überführen. Letztlich ist diese Klasse von Methoden damit die Voraussetzung der Ermittlung von mutmaßlichen Lösungen für Entscheidungsprobleme.

(3) Eine dritte Klasse von Methoden, die mit jenen der zweiten Klasse kombiniert werden, leistet die Bewertung bereits gefundener Lösungshypothesen bzw. Handlungsalternativen. Diese Methoden dienen der Klärung der Frage, ob die Merkmale einer Lösungshypothese (Handlungsalternative) mit jenen der Problemstellung übereinstimmen (Lösungsverifikation). Stehen mehrere Handlungsalternativen zur Wahl, so sind etwa die „Kosten" bzw. die „Nutzen" sowie eine Rangordnung der Handlungsalternativen zu ermitteln. Letztlich geht es hier um die Feststellung, welche Alternative „gut", „besser" oder gar „optimal" ist. Eine solche Bewertungsfunktion vermag eine Methode nur zu erfüllen, wenn eine Reihe von Wertprämissen (Ziele, Kriterien) als Input eingehen, aus denen die Bewertung abzuleiten ist, und darüber hinaus die Stabilisierung der Bewertung gesichert ist.

Eng einher mit der Gewinnung von Bewertungen bzw. Rangordnungen geht die Handhabung der mit den einzelnen Alternativen verbundenen Unsicherheiten. Bewertungen werden vor allem dann problematisch, wenn die Konsequenzen der einzelnen zur Wahl stehenden Alternativen nur unvollkommen und fragmentarisch prognostiziert werden können.

(4) Eine Bewertung bzw. Präferenzordnung von Handlungsmöglichkeiten bedeutet noch keine Auswahl der zu realisierenden Alternativen. Eine Methode der Entscheidungsfindung leistet zusätzlich die Auswahl, wenn als Output ein Befehl oder ein Steuersignal generiert wird, das unmittelbar eine Realisierung der gewählten Alternative bewirkt. In der Regel ist die eigentliche Auswahl (der Entschluß, das commitment) ein Akt, der dem Menschen überlassen bleibt. Bei einer automatisierten Prozeßsteuerung ist es jedoch denkbar, daß auch die „Auswahl" von einem Automaten getroffen wird. Es liegt dann ein Closed-loop-Betrieb vor.

(5) Eine weitere Klasse von Methoden bezieht sich auf Aktivitäten, die prüfen, ob die Entscheidung überhaupt ausführbar ist, die Durchführung entschlußgemäß verläuft und das Ergebnis der Entscheidung eingetreten ist bzw. wie groß die Abweichung zwischen realisiertem und angestrebtem Endzustand ist. Diese Methoden generieren Kontrollinformationen. Hierzu rechnen aber auch alle Methoden zur Diagnose gegebener Situationen. Ihnen gemeinsam ist die Ermittlung von Ist-Informationen und die Feststellung von Soll-Ist-Abweichungen.

Ersetzung versus Unterstützung menschlicher Entscheidungen

Solange der Mensch die Auswahl trifft, sind alle Methoden zur Entscheidungsfindung lediglich entscheidungsunterstützende Methoden. Ihnen stehen die entscheidungsersetzenden Methoden gegenüber. Ein Grenzfall liegt vor, wenn der Mensch routinemäßig den Output einer Bewertungs- bzw. Optimierungsmethode „wählt" und in die Tat umsetzt. Viele Methoden des Operations Research sind unter der Fiktion konzipiert, daß sie die Entscheidungen des Menschen ersetzen sollen. Die Entscheidungsautomatisierung wird in Zukunft jedoch zweifellos an Bedeutung gewinnen. Die Möglichkeiten dafür werden um so größer, je eindeutiger die Inputbedingungen einer Prozedur bestimmten Klassen von Problemen zugeordnet werden können und je häufiger diese Probleme zur Lösung anstehen. Entscheider ordnen in diesen Fällen ein wahrgenommenes Problem routinemäßig bekannten Prozeduren zu. Besonders häufig dürften solche Ersatzfunktionen auf der operativen Ebene eines Systems zu finden sein.

Bedeutsamer als die Ersetzungsfunktion von Methoden ist deren Unterstützung von Entscheidungen. Solange der Mensch eine bewußte Auswahl trifft, sind alle Methoden der Entscheidungsfindung primär entscheidungsunterstützende Methoden. Dies gilt jedenfalls für alle Entscheidungssituationen, in denen das bekannte Arsenal von Methoden eine eindeutige Handhabung des bestehenden Problems nicht gestattet; eine Methode kann bei der Lösung des Problems lediglich Hilfsfunktionen ausüben und damit also die Entscheidung unterstützen. Hier wird die Verwendung von Methoden bei einem bestimmten Problembestand selbst zum Problem. Dies gilt maßgeblich in schlecht-definierten Entscheidungssituationen, also vornehmlich bei administrativen und insbesondere bei politischen Entscheidungen.

Planungsmethoden

Vieles, was heute im Zuge der entscheidungsorientierten Betriebswirtschaftslehre unter den Stichwörtern „Entscheidung" bzw. „Entscheidungsmethoden" diskutiert wird, findet sich in älteren betriebswirtschaftlichen Konzeptionen unter Bezeichnungen wie „Planung" bzw. „Planungsmethoden". Der Entscheidungsbegriff hat den Planungsbegriff zum Teil verdrängt. Es erscheint jedoch an der Zeit, den Planungsbegriff wieder in die entscheidungs- und systemorientierte Betriebswirtschaftslehre einzuführen, ihm aber einen engeren Sinn zu geben, als es früher angesichts der weitgehenden Gleichsetzung von Entscheidungsfindung und Planung der Fall war. Ohne auf die vielfältigen Definitionsversuche in der Betriebswirtschaftslehre und anderen mit Planungsproblemen befaßten Disziplinen im einzelnen einzugehen[6]), wollen wir im folgenden unter einem Planungsprozeß einen spezifischen Entscheidungsprozeß verstehen. Der hier verwendete *enge Planungsbegriff* ergibt sich aus der Kombination zweier Unterscheidungen von Entscheidungsprozessen (vgl. Abb. 2.1).

(1) Entscheidungen können reaktiver oder antizipativer Natur sein. Im Falle *reaktiver* Entscheidungen dient die Lösung des Entscheidungsproblems der Kompensation bereits eingetretener Störungen. Im Falle *antizipativer* Entscheidungen werden demgegenüber Vorgehensweisen bzw. Programme für zukünftige Situationen festgelegt. Viele Autoren sehen in den antizipativen Entscheidungen das Wesensmerkmal der Planung. Wir wollen jedoch noch eine zweite Unterscheidung einführen und damit den Planungsbegriff noch stärker einengen.

(2) Die zweite Unterscheidung knüpft am General Problem Solver, einem Modell zur Simulation menschlicher Problemlösungsaktivitäten, an[7]). Die *Planungsmethode* (oder besser: die *Abstraktionsmethode*) des GPS besteht darin, vor Beginn des eigentlichen Problemlösungsprozesses ein Problem durch Abstraktion zu vereinfachen und im Modell einen globalen Lösungsweg zu suchen[8]). Lautet das ursprüngliche Problem, den gegebenen Anfangszustand a in den Zielzustand b zu transformieren, so geht „Planung" so vor, daß die ursprüngliche Problemdefinition durch ein vereinfachtes Modell des Problems ersetzt wird. a und b werden durch ihre Abstraktionen a' und b' ersetzt. Wesentliche Merkmale der Problemdefinition bleiben erhalten, unwesentliche Einzelheiten entfallen. Daraufhin wird das Problem definiert, a' in b' zu verwandeln. Nach der Lösung des abstrahierten Problems wird diese Lösung als Plan für die Lösung des ursprünglichen Problems benutzt, zu diesem Zweck mit Hilfe der Korrespondenzbeziehungen auf das ursprüngliche Problem zurückübertragen und dort ausgeführt[9]). Dementsprechend kann zwischen der Lösung eines abstrahierten Entscheidungsproblems und der Lösung des ursprünglichen Entscheidungsproblems unterschieden werden.

---

[6]) Zahlreiche Beispiele für Definitionen des Planes und der Planung nennen z. B. Dror (1968 b), S. 96 ff.; Gragg (1965), S. 129 ff.; Rieger (1967), S. 1 ff.; Ronge und Schmieg (1971), S. 7 ff. Die Literatur zur Planung ist so umfangreich, daß sie sich einigermaßen umfassend nur noch durch Bibliographien erfassen läßt; vgl. Branch (1966); Fuchs und Schwantag (1971); RKW (1961). Als Beispiele für die sehr unterschiedlichen Ansätze seien genannt: Ackoff (1970); Albach (1969); Anthony (1965); Bamberger (1971); Blumenthal (1969); Chamberlain (1965); Emery, J. C. (1969); Ewing (1964); Gilmore und Brandenburg (1962); Greniewski (1966); Jantsch (1969); Manheim (1966); Rieger (1967); Stachowiak (1970); Steiner (1963), (1969).

[7]) Zum General Problem Solver vgl. insbes. Ernst und Newell (1969); Kirsch (1971 a), S. 169 ff.; Newell, Shaw und Simon (1965); Newell und Simon (1972).

[8]) Zur „Planung" im GPS vgl. Newell, Shaw und Simon (1962), S. 91 ff., (1965), S. 53; Simon (1960 a), S. 28 f.

[9]) Vgl. zu GPS und Planungsbegriff auch Bamberger (1971), S. 38 ff.

	antizipatives Entscheiden	reaktives Entscheiden
abstrahierte Problemdefinition	I Planung	II
ursprüngliche Problemdefinition	III	IV

Abb. 2.1: Charakterisierung der Planung als spezifische Entscheidung

Kombiniert man beide Unterscheidungen, so ergibt sich eine Vierfelder-Matrix. Wir wollen lediglich jene Prozesse der Entscheidungsfindung als Planung bezeichnen, die dem Matrixfeld I entsprechen. Ein Planungsprozeß ist also ein antizipativer Entscheidungs- bzw. Problemlösungsprozeß, dem eine abstrakte Version einer an und für sich erheblich komplizierteren und detaillierteren Problemdefinition zugrunde liegt. Diese enge Fassung des Planungsbegriffes impliziert, daß auch bei reaktiven Entscheidungen die Abstraktionsmethode (Planungsmethode im Sinne des GPS) zur Anwendung gelangen kann (Feld II). Schließlich kann sich eine antizipative Entscheidung ohne Anwendung der Abstraktionsmethode sofort auf die ursprüngliche Problemdefinition beziehen (Feld III). Freilich kann sich ex post bei Eintritt der antizipierten Situation, für die die Entscheidung vorab getroffen wurde, herausstellen, daß die Problemdefinition der antizipierten Entscheidung doch wesentliche Merkmale nicht erfaßte. Das Verhaltensprogramm als Output der ursprünglichen antizipativen Entscheidung kann dann — sofern es nicht gänzlich zu verwerfen ist — zur Basis für die Anwendung der Abstraktionsmethode im Rahmen einer nunmehr erforderlichen reaktiven Entscheidung werden. Es liegt jedoch keine Planung im hier verstandenen Sinne vor.

In aller Regel wird die *Prognose* als Begriffsmerkmal der Planung hervorgehoben. In der Tat besteht eine enge Beziehung zwischen der Prognose und einer effizienten Planung. Planung als antizipatives Entscheiden setzt immer (zumindest implizite) Annahmen über die Zukunft voraus[10]. Es ist jedoch keineswegs unüblich, daß mit relativ willkürlichen Annahmen über die Zukunft geplant wird, ohne daß konkrete Anstalten unternommen werden, fundierte Prognosen über die Zukunft zu bilden. Der Planer legt sich ein abstrakt formuliertes Verhaltensprogramm zurecht, von dem er hofft, daß es die von ihm präferierten Ziele erreicht, und verläßt sich im übrigen darauf, daß seine Macht dazu ausreicht, die „Umwelt" dazu zu zwingen, sich so zu

---

[10]) Vgl. beispielsweise Jantsch (1971); Koch (1961), S. 9 ff. und S. 111 ff.

verhalten, daß sein Plan realisierbar bleibt. „Abschirmung" des Planes durch Machtausübung kann fundierte Prognose über die Zukunft bei der Planung ersetzen.

Prognose ist jedoch kein Merkmal, wodurch sich Planungsprozesse von anderen Entscheidungsprozessen unterscheiden. Es leuchtet ein, daß auch die Entscheidungstypen der Felder II, III und IV Prognoseaktivitäten einschließen können und sinnvollerweise auch sollten. So ist es z. B. auch bei einer rein reaktiven Entscheidung ohne Anwendung der Abstraktionsmethode (Feld IV) sinnvoll, Prognosen hinsichtlich der mutmaßlichen Konsequenzen der alternativen Maßnahmen zur Kompensierung bereits eingetretener Störungen zu bilden.

Neben der Prognose wird vielfach als weiteres Merkmal einer Planung hervorgehoben, daß es sich hierbei stets um das Treffen eines ganzen „Systems von Entscheidungen" handle[11]). Dieser Gesichtspunkt soll hier freilich nicht zum Begriffsmerkmal erhoben werden. Ein Plan kann durchaus im Rahmen einer einzigen Entscheidung verbindlich gemacht werden. In Organisationen ist allerdings ein umfassender Planungsprozeß in aller Regel ein sukzessiv und iterativ ablaufender Prozeß, dessen Problemdefinition in eine Reihe parallel oder hintereinander zu lösender Subprobleme dekomponiert wird. Außerdem weisen solche Prozesse eine hierarchische Struktur auf[12]). Ausgehend von einer Problemdefinition höchster Abstraktion *(Globalplanung)*, werden sukzessive konkretere Problemdefinitionen generiert und gelöst *(Detailplanung)*. Kompliziertere organisationale Planungen sind also in der Tat normalerweise durch ein System von Entscheidungen charakterisiert. Dies ist jedoch letztlich eine empirische Aussage.

Betrachtet man einen Planungsprozeß als einen spezifischen Entscheidungsprozeß, so sind grundsätzlich alle bereits angedeuteten und im weiteren Verlauf zu diskutierenden Methoden zur Unterstützung von Entscheidungen auch Planungsmethoden. Hinzu kommen jedoch Methoden der Generierung vereinfachter Problemdefinitionen. Da zudem die Planung in erster Linie bei besonders komplexen Problemen im Vordergrund steht, sind auch Methoden der Komplexitätshandhabung einzubeziehen.

2.112 Exakte versus inexakte Methoden

Methoden können so genau beschrieben sein, daß weder über den Inhalt noch über die Reihenfolge der auszuführenden Schritte Zweifel bestehen: Die Methoden sind exakt formuliert[13]).

---

[11]) Vgl. z. B. Ackoff (1970), S. 2 f.
[12]) Zur hierarchischen und iterativen Natur der Planung vgl. Bamberger (1971); Emery, J. C. (1969).
[13]) Vgl. zur Unterscheidung zwischen exakten und inexakten Methoden und zu ihrer problemabhängigen Formulierung Gabele (1972), S. 59 ff.

Merkmale exakter Methoden

Die Aussage, bestimmte Methoden seien exakt, läßt sich — vor allem im Hinblick auf die Codierung von Methoden als Computerprogramme — etwas formalisieren. Eine Methode M für ein aktives Element (Anwender) Q besteht aus einer Prozeßvorschrift (symbolisch durch einen Pfeil dargestellt), durch die eine gegebene Anfangs- oder Inputsituation A in einen gewünschten Zielzustand bzw. in die Outputsituation Z transformiert wird.

$$M := (Q; A \rightarrow Z)$$

Der Anwender Q ist in der Lage, eine Menge von Elementarprozessen q_1, $q_2, \ldots, q_n$ auszuführen, so daß gilt

$$q_1 : A \rightarrow a_1$$
$$q_2 : a_1 \rightarrow a_2$$
$$\vdots$$
$$q_n : a_{n-1} \rightarrow Z$$

Hierbei sind a_1 bis a_{n-1} Zwischenzustände, die zur Erreichung des Endzustandes durchlaufen werden müssen.

Eine solche Methode ist prinzipiell automatisierbar, denn sowohl die Anfangs- oder Inputsituation und die Elementarprozesse als auch die Prozeßvorschriften sind eindeutig angebbar. In Umkehrung dieses Sachverhaltes läßt sich daher sagen, daß eine Methode genau dann *exakt* bzw. *wohl-definiert*[14]) ist, wenn sie automatisierbar ist. Automatisierbar ist eine Methode immer dann, wenn sie von Automaten ausgeführt werden kann.

Man mag einwenden, daß diese Definition nicht viel weiterhelfe, weil niemand alle denkbaren informationsverarbeitenden Automaten kennen könne und somit niemals mit hinreichender Sicherheit entscheidbar sei, ob eine Methode automatisierbar ist oder nicht. Es genügt aber, stellvertretend für alle informationsverarbeitenden Automaten die digitale, programmgesteuerte Rechenanlage mit Speichermöglichkeit und prinzipiell unbeschränkten Ein-/Ausgabemöglichkeiten (kurz: den Computer) zu betrachten. Die Begründung hierfür ergibt sich aus dem Nachweis, daß der Computer jeden beliebigen anderen Automaten duplizieren (nachahmen, „simulieren") kann. Dieser Nachweis wurde in der „Theorie der Berechenbarkeit" geführt[15]). Es läßt sich zeigen, daß es universelle Steuerwerke gibt, die, falls ein geeignetes Programm im Speicher steht, jeden beliebigen informationsverarbeitenden

---

[14]) Vgl. zur Definition von Problemen Kirsch (1971 a), S. 141 ff.; Kleene (1967), S. 223 ff.; Klein (1971 a), S. 32 ff. und die dort angegebene Literatur, insbesondere Reitman (1964), (1965); Minsky (1961).

[15]) Vgl. dazu Church (1936); Gödel (1931); Kleene (1936); Turing (1936).

Automaten simulieren können. Man sagt, daß die flexible und austauschbare Programmierbarkeit des Computers ihn zu einer „universellen Turingmaschine" mache[16]).

Es läßt sich daher ohne Verzicht auf Allgemeingültigkeit sagen, eine Methode sei genau dann exakt oder wohl-definiert, wenn sie als Computerprogramm formuliert werden kann. Umgekehrt beschreibt jedes Computerprogramm (ausgenommen solche mit Schleifen ohne Ausgang) genau eine wohl-definierte Methode. Prototypen exakter Methoden sind jene Modelle und Rechenverfahren, die den Kern der Unternehmensforschung (Operations Research) bilden.

Wenn einerseits exakte Methoden somit immer automatisierbar sind, so kann andererseits kein Computer (von der Art, wie sie gegenwärtig bekannt oder projektiert sind) etwas ausführen, was nicht grundsätzlich auch ein Mensch kann (dieser jedoch mit größerer Fehleranfälligkeit und vielleicht so langsam, daß das Ergebnis jeden Wert verloren hätte, wenn es endlich vorliegt); anders ausgedrückt, kein Computer kann ein Problem lösen, von dem man nicht wenigstens auf dem Papier weiß, wie es anzupacken ist.

Überträgt man eine Methode der Informationsverarbeitung von einem Menschen auf einen Computer, so tauscht man die flexible Überwachung (monitoring) und Ausführung (execution) der Methode auf Grund menschlicher Umsicht und Verantwortung gegen die Schnelligkeit und geringe Fehlerwahrscheinlichkeit elektronischer Schaltkreise aus. Es ist eine intellektuelle Herausforderung, zu zeigen, bis zu welchem Grade es möglich ist, Computer so zu programmieren, daß man in den Genuß ihrer Vorteile kommt, ohne dafür mit einer Einbuße an Umsicht und Flexibilität bezahlen zu müssen. Im Rahmen der heuristischen Programmierung und der künstlichen Intelligenz werden Computer für Aufgaben eingesetzt, von denen man gemeinhin behauptet, sie erfordern Intelligenz, wenn sie vom Menschen gelöst werden sollen. Die dabei verwendeten Methoden — so wurde lange Zeit behauptet — könnten niemals exakter formuliert werden. Gerade die Betrachtung der Bemühungen um künstliche Intelligenz zeigt jedoch, daß die Anwendung exakter Methoden heute bereits weiter vorangetrieben ist, als man zunächst vermuten könnte. Dennoch ist auf vielen Gebieten nach wie vor eine Dominanz inexakter Methoden der Informationsverarbeitung und vor allem der Entscheidungsfindung zu verzeichnen. Ausgehend von der voranstehenden Definition exakter Methoden, lassen sich *inexakte Methoden* in negativer Weise abgrenzen. Inexakt sind alle solche Verfahren der Informationsverarbeitung, die sich nicht automatisieren lassen. Dabei können die Einzelschritte oder die Reihenfolge sowie beide gleichzeitig unvollständig formuliert sein.

---

[16]) Zum Begriff der „Universalität" des Computers vgl. Newell und Simon (1963); Turing (1950).

Merkmale inexakter Methoden

Inexakte Methoden enthalten Begriffe, Definitionen und Prozeßvorschriften, die mehrdeutig interpretierbar sind. Bei den Begriffen und Definitionen ist es häufig so, daß durchaus Einigkeit über den Kerninhalt der Formulierung besteht, Zweifel jedoch bei den Grenzfällen auftreten. Bei vagen Definitionen ist die Extension nicht mehr eindeutig abgrenzbar. Dadurch wird für die Entscheidbarkeit das Axiom der Logik außer Kraft gesetzt, daß ein beliebiger Gegenstand X ein Prädikat P hat oder nicht.

Vage Definitionen und mehrdeutig interpretierbare Prozeßvorschriften fungieren als offene Beschränkungen[17], die bei der Ausführung der Methoden vom Menschen *geschlossen* werden müssen. Hierbei besteht keine Garantie, daß die Schließung von verschiedenen Menschen in gleicher Weise vollzogen wird. Die offenen Beschränkungen sind somit Ansatzpunkte subjektiver Interessen und interpersonaler Beeinflussungsversuche im organisatorischen Problemlösungsprozeß.

In vielen Fällen sind inexakte Methoden extrem unvollständig formuliert. Man behilft sich mit einer genaueren Charakterisierung des Ausführenden und beschränkt sich auf eine zum Teil recht globale Angabe der geforderten Outputs der Methode und der hierfür geeignet erscheinenden Aktivitäten. Im übrigen achtet man darauf, daß der Ausführende „Experte" ist. Die Empfehlung einer solchen extrem inexakten Methode beruht letztlich auf dem Rat, einen Experten einzusetzen, dessen kognitives Repertoire jene Methoden umfaßt, die nicht explizit artikuliert, geschweige denn exakt formuliert werden können. Wir werden auf diese Art inexakter Methoden zurückkommen, wenn wir etwa im Rahmen der angewandten Organisationstheorie auf die Figur des change agent stoßen, der u. a. als Experte für Methoden der Konflikthandhabung bei tiefgreifenden Reorganisationen vorgeschlagen wird.

Zur Wissenschaftlichkeit inexakter Methoden

Die moderne Betriebswirtschaftslehre hält sich — mit Recht — zugute, den Status einer exakten Wissenschaft anzustreben und zum Teil bereits zu besitzen. Dies könnte dahin gehend gedeutet werden, daß inexakte Methoden nicht in den Problemkreis einer angewandten Wissenschaft fallen, sondern allenfalls einer vorwissenschaftlichen Kunstlehre zuzurechnen seien[18]. Es ist

---

[17] Attribute, die die Komponenten eines Problems definieren, können als Beschränkungen der Problemlösung betrachtet werden. Offene Beschränkungen (open constraints) sind nichtoperational; über ihren Inhalt bestehen nur vage und verschwommene Vorstellungen. Vgl. Reitman (1965).

[18] Mit dem Problem der Wissenschaftlichkeit inexakter Methoden beschäftigen sich Helmer und Rescher (1959), die einen ansatzweisen Versuch einer Methodologie der inexakten Wissenschaften vorlegen. Vgl. auch Gabele (1972), S. 60 ff.; Golembiewsky, Welsh und Crotty (1969); Mitroff (1972).

hier nicht der Ort, auf diese methodologischen Fragen im einzelnen einzugehen. Folgende Anmerkungen seien jedoch erlaubt:

(1) Eine Ausklammerung inexakter Methoden würde für die Betriebswirtschaftslehre bedeuten, daß sie sich für geraume Zeit lediglich auf eine Teilmenge jener betriebswirtschaftlichen Probleme beschränken müßte, die sie in ihrem Wissenschaftsprogramm zu ihrem Gegenstandsbereich rechnet. Vor allem im Bereich der administrativen und politischen Entscheidungen, insbesondere bei strategischen Planungen und tiefgreifenden Veränderungen betriebswirtschaftlicher Systeme, hätte sich die Betriebswirtschaftslehre auf eine rein deskriptive Analyse zu beschränken.

(2) Es gibt keine klare Dichotomie zwischen exakten und inexakten Methoden. Exakte Methoden sind zumindest aus der Sicht ihrer Anwender mit unformalisierter Begutachtung vermischt. Diese informalen Aspekte nehmen in dem Maße zu, wie der eigentliche „Kernteil" einer exakten Methode verlassen wird (Randargument). Wir werden sehen, daß es auch im Bereich exakter Methoden durchaus üblich und notwendig ist, zum Teil inexakt zu argumentieren.

(3) Inexakte Methoden können Gegenstand wissenschaftlicher empirischer Überprüfung sein, die den exakten statistischen Standards und den Kriterien der Intersubjektivierbarkeit der modernen empirischen Forschung genügen. Es ist beispielsweise keineswegs besonders schwierig, Laborexperimente mit problemlösenden Gruppen durchzuführen und zu testen, ob Gruppen, denen inexakte Problemlösungsmethoden zur Verfügung gestellt werden, signifikant besser abschneiden als Gruppen, die ohne solche Methoden auskommen müssen.

Wir sind uns bewußt, daß die Diskussion um die Wissenschaftlichkeit inexakter Methoden der Betriebswirtschaftslehre erst noch bevorsteht. Bei der folgenden Darlegung der wichtigsten für eine betriebswirtschaftliche Logistik relevant erscheinenden Methoden wollen wir freilich auf Methoden des Operations Research, der Informatik, der Systemanalyse und der angewandten Organisationstheorie Bezug nehmen und dabei neben exakten auch inexakte Methoden zur Unterstützung logistischer Entscheidungen behandeln.

2.12 Interdisziplinäre Beiträge

Es hat sich mittlerweile eine ganze Reihe wissenschaftlicher Disziplinen herausgebildet, die sich mit Methoden zur Vorbereitung bzw. zur Unterstützung von Entscheidungen befassen. Wir wollen im weiteren Verlauf vier solcher Disziplinen hervorheben: das Operations Research, die angewandte Informatik, die Systemanalyse und die angewandte Organisationstheorie. Diese Disziplinen stehen nicht nebeneinander. Es fällt schwer, ihre Wissenschaftsprogramme genau zu präzisieren und voneinander abzugrenzen. Tendenziell kann man sich diese Disziplinen jedoch in der genannten Reihenfolge auf einer Art Goodman-Skala vorstellen: Die in der Reihenfolge jeweils folgenden Disziplinen schließen Methoden aller vorhergehenden Disziplinen mit ein, weisen jedoch zusätzlich arteigene Methoden auf. Die genannte Reihenfolge spiegelt tendenziell auch den Rang und den Strukturierungsgrad der Entscheidungen wider, die mit den Methoden der einzelnen Disziplinen zu unterstützen sind. Methoden des Operations Research besitzen vor allem für solche Probleme Bedeutung, die wohl-strukturiert sind oder im Zuge der Analyse wohl-strukturiert gemacht werden können. Methoden der angewandten Informatik spielen dagegen auch bei der Unterstützung schlechtstrukturierter Entscheidungen eine Rolle, wobei die Anwendung freilich vorläufig über administrative Entscheidungen kaum hinausgeht. Die Methoden der Systemanalyse sind demgegenüber für äußerst schlecht strukturierte Probleme der strategischen und politischen Planung relevant, während die angewandte Organisationstheorie jene Problemdimension hinzufügt, die bei tiefgreifenden Reorganisationen organisationaler Systeme auftreten.

Wir wollen im folgenden diese einzelnen methodenorientierten Disziplinen und ihre spezifischen Probleme näher charakterisieren. Dabei kann es nicht darum gehen, einen vollständigen Überblick über die in der einschlägigen Literatur diskutierten Charakterisierungen, Abgrenzungen und Konzeptionen zu geben. Aber auch wenn wir uns weitgehend auf unsere eigene spezifische Sichtweise beschränken, nehmen wir doch an, daß diese den Kern der gegenwärtigen Diskussion auf den einzelnen Gebieten trifft.

2.121 Operations Research

Historisch gesehen ist die Forschung zur Entwicklung von Methoden und Verfahren zur Unterstützung von Entscheidungen zuerst unter der Bezeichnung „Operations Research" betrieben worden. Im vorliegenden Zusammenhang ist vor allem interessant, daß diese Disziplin ihre Entstehung und ihren ersten Aufschwung nicht zuletzt den logistischen Problemen des Militärs verdankt. Später hat sie jedoch weit über den engeren Bereich der Logistik hinaus Bedeutung erlangt. Nach wie vor sind es freilich die logistischen Probleme, bei denen die Methoden des Operations Research exemplifiziert und auch am erfolgreichsten angewandt werden[19].

Zum Begriff des Operations Research

Einen ersten Eindruck von der Vielfalt der mit dem Begriff des Operations Research verbundenen Inhalte vermitteln die vielen Vorschläge, diesen Begriff ins Deutsche zu übersetzen oder durch einen analogen deutschen Begriff

---

[19] Zur Einführung in Operations Research vgl. Ackoff und Sasieni (1968); Churchman, Ackoff und Arnoff (1968); Hanssmann (1971); Henn und Künzi (1968); Hillier und Lieberman (1967); Müller-Merbach (1969); Sasieni, Yaspan und Friedman (1967); Wagner (1969).

zu substituieren. So finden sich in der deutschsprachigen Literatur u. a. folgende Bezeichnungen[20]): Verfahrensforschung, Operationsforschung, Unternehmensforschung, Planungsforschung, Entscheidungsforschung, mathematische Entscheidungsforschung, Planungs- bzw. Entscheidungsanalyse, ökonometrische Unternehmensforschung, mathematische Planungsmethoden, quantitative Methoden, Optimalplanung u. a. Wir wollen im folgenden die angelsächsische Bezeichnung Operations Research beibehalten.

Churchman, Ackoff und Arnoff stellen ihrem bekannten Buch über Operations Research folgende „Arbeitsdefinition" voran:

> „O. R. ist die Anwendung wissenschaftlicher Methoden, Verfahren und Hilfsmittel auf Probleme, betreffend die Arbeitsweise von Systemen mit dem Ziel, den für diese Arbeitsweise Verantwortlichen optimale Lösungen für diese Probleme zu liefern"[21]).

Müller-Merbach verwendet Operations Research und Optimalplanung synonym und versteht unter dem Begriff der Optimalplanung „die Anwendung von mathematischen Methoden zur Vorbereitung optimaler Entscheidungen"[22]). Diese Definition enthält folgende typische Eigenschaften zur Optimalplanung:

> „(1) Es werden *Entscheidungen vorbereitet*.
> (2) Dabei handelt es sich um *optimale Entscheidungen*.
> (3) Es werden *mathematische Methoden* eingesetzt"[23]).

Besser als diese oder ähnliche Arbeitsdefinitionen zeigen jedoch Erörterungen der typischen Vorgehensweise bei einer Untersuchung des Operations Research, was das Wesen dieser Disziplin ausmacht:

> „Eine wissenschaftliche Untersuchung im Rahmen der Operationsforschung enthält folgende Phasen: 1. Formulierung des Problems, 2. Konstruktion des mathematischen Modells, 3. Ableitung der Lösung des Problems aus dem Modell, 4. Überprüfung des Modells und der abgeleiteten Lösung durch Konfrontation mit dem realen System, 5. Ausarbeitung von Kontrollmöglichkeiten über Veränderungen des Systems, die eine Abänderung der Lösung erforderlich machen, 6. Einführung der Lösung in die Praxis"[24]).

In Anlehnung, Ergänzung, aber auch in teilweiser Abweichung von den vorstehenden Erörterungen wollen wir folgende Merkmale des Operations Research herausstellen:

(1) Als Operations Research wird hier jener Zweig interdisziplinärer angewandter Forschung verstanden, der sich mit der Entwicklung und dem

---

[20]) Vgl. Müller-Merbach (1969), S. 1 ff.; Zeitschrift für Betriebswirtschaft (1962).
[21]) Churchman, Ackoff und Arnoff (1968), S. 26.
[22]) Müller-Merbach (1969), S. 1 (im Original gesperrt).
[23]) Ebenda, S. 2 (im Original Hervorhebung gesperrt).
[24]) Klaus (1969), S. 458; ähnlich auch Churchman, Ackoff und Arnoff (1968), S. 21 ff.

Testen exakter Methoden zur Unterstützung der Entscheidungsfindung in Organisationen befaßt.

(2) Diese exakten Methoden sind nicht auf mathematische oder mathematisch-statistische Methoden beschränkt. In zunehmendem Maße werden auch andere formale Sprachen zur Formulierung exakter Methoden herangezogen. Nicht die Verwendung der Mathematik, sondern die Formulierung exakter und damit automatisierbarer Methoden wird als hauptsächlichstes Merkmal des Operations Research angesehen.

(3) Im Zentrum des Operations Research steht die (exakte) Modellanalyse. Operations Research wird stets dann betrieben, wenn zur Unterstützung der Entscheidungsfindung Modelle formuliert werden, die bei Einbeziehung konkreter Daten (Antezedenzbedingungen) der jeweiligen Entscheidungssituation auch tatsächlich „gelöst" werden können. Das Operations Research widmet sich also insbesondere auch der Entwicklung exakter Verfahren zur Lösung der Modelle.

(4) Der Operations Research ist insofern eine mit empirischen Forschungsmethoden arbeitende erfahrungswissenschaftliche Disziplin, als das Testen der entwickelten Methoden ein empirisches Problem darstellt[25]. Ob ein Lösungsverfahren für eine Klasse von Modellen heuristische Kraft besitzt oder die Einbeziehung eines Operations-Research-Modells in einen organisationalen Entscheidungsprozeß diesen „effizienter" gestaltet, ist nur durch Experimente und empirische Untersuchungen zu klären.

(5) Im Vordergrund des Operations Research stehen Modellanalysen, die dem Auffinden optimaler Lösungen für Entscheidungsprobleme dienen. Nicht alle Modellanalysen des Operations Research sind jedoch Optimalplanungen. Abgesehen davon, daß sich das Operations Research in zunehmendem Maße auch mit Modellanalysen befaßt, die lediglich Näherungslösungen, zulässige Lösungen oder befriedigende Lösungen erbringen, ist zu beachten, daß zum Teil auch solche Modellanalysen dem Operations Research zuzurechnen sind, die der Bildung von Prognosen dienen. Operations-Research-Methoden sollen nicht nur die Frage „Was ist optimal?" beantworten, sondern auch die Antwort auf Fragen wie „Was wäre, wenn..?" oder „Was wird sein?" erleichtern. Das zunehmende Interesse des Operations Research an der Simulation zur Unterstützung von Entscheidungen bringt dies zum Ausdruck.

(6) Die Einbeziehung jeglicher exakten Methoden zur Entscheidungsfindung, insbesondere auch der exakten Prognosemethoden, führt dazu, daß sich das Operations Research in zunehmendem Maße auch statistischer und ökonometrischer Konzeptionen bedient. Damit ergeben sich erhebliche Berührungspunkte zur Ökonometrie.

---

[25] Vgl. S. 453 ff. dieses Buches.

Ökonometrie und Operations Research

Als Hauptzweck der Ökonometrie wird weitgehend einheitlich die empirische Fundierung ökonomischer A-priori-Überlegungen genannt. So definiert etwa J. Marschak:

> „Ökonometrie ist die Anwendung von Mathematik und Statistik auf die Wirtschaftstheorie ... In einem offensichtlich engeren Sinn beschäftigt sich die Ökonometrie mit der Messung ökonomischer Beziehungen. Diese Messung erfordert bestimmte statistische Methoden, und bevor man zur Messung gelangt, müssen die ökonomischen Beziehungen mathematisch formuliert werden. Folglich muß man Mathematik und Statistik auf die Wirtschaftstheorie anwenden"[26].

Die Ökonometrie befaßt sich mit der Ermittlung der im Wirtschaftsbereich bestehenden quantitativen Gesetzmäßigkeiten mit Hilfe mathematisch-statistischer Methoden. Nicht zuletzt dient sie dazu, Hypothesen der Wirtschaftstheorie auf ihre Übereinstimmung mit der Wirklichkeit zu prüfen. Aufgabe ökonometrischer Modelle bildet die Erklärung und Prognose wirtschaftlichen Geschehens, wobei die Prognose die „Feuerprobe" des ökonometrischen Modells ist.

Theorie und Anwendung der Ökonometrie schließen insbesondere drei Hauptkomplexe ein:

(1) Entwicklung von ökonometrischen Modellen für wirtschaftliche Tatbestände und Prozesse,

(2) Gewinnung (im engeren Sinne) und vor allem Beurteilung der Ausgangsgrößen, der daraus abgeleiteten Modellparameter sowie der Modellresultate und

(3) Interpretation der generierten Ergebnisse als Grundlage wirtschaftlicher Entscheidungen[27].

Abb. 2.2 macht diese Zusammenhänge deutlich[28].

Eine gewisse Uneinigkeit besteht hinsichtlich der Breite des Stoffes, den die Ökonometrie zur Erfüllung ihres Zweckes zu behandeln hat. Orientiert man sich an den vorhandenen Einführungen zur Ökonometrie, so ist kritisch zu bemerken, daß sie ihre Aufgabe recht eng sehen. Soweit sie *methodenorientiert* aufgebaut sind, verbleiben sie meist gänzlich bei der Diskussion der formalen Methoden statistischer Kausalforschung, die dem wirtschaftsstatistischen Datenmaterial angemessen sein könnten — der sogenannten Theorie der Ökonometrie[29] —, dies, obwohl in den Einleitungen häufig auch die Anwendung der empirischen Ergebnisse auf „die Probleme der wirtschaft-

---

[26] Marschak (1948), S. 1.
[27] Vgl. Richter (1971), S. 17.
[28] Vgl. ähnlich Richter (1971), S. 37.
[29] Vgl. auch Goldberger (1964); Johnston (1963), S. 145 ff.; Menges (1961); Schneeweiß (1971).

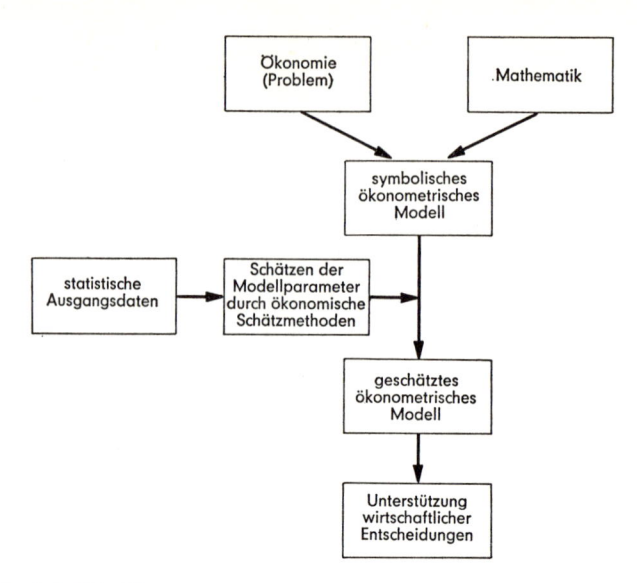

Abb. 2.2: Die Unterstützung wirtschaftlicher Entscheidungen durch ökonometrische Modelle

lichen Entscheidungsfindung"[30]) als Aufgabe einer breiter interpretierten Ökonometrie genannt wird. *Anwendungsorientierte* Einführungen behandeln Nachfrageanalysen, Produktions- und Kostenfunktionen, Einkommensverteilung, Kreislauf- und Verflechtungsmodelle, Input-Output-Analysen und schließlich Wachstumsmodelle[31]).

Ursprünglich war die Ökonometrie ausschließlich der empirischen Grundlagenforschung auf dem Gebiet der Wirtschaftswissenschaften zuzurechnen. Dort liegen auch heute nach wie vor die Hauptanwendungen. Je mehr die Unterstützung wirtschaftlicher Entscheidungen aber als Zwecksetzung ökonometrischer Modellanalysen hervorgehoben wird, desto weniger können Ökonometrie und Operations Research voneinander abgegrenzt werden. „Symbolische" ökonometrische Modelle im Sinne der Abb. 2.2 können durchaus auch Modelle des Operations Research sein. Die engen Beziehungen zwischen Operations Research und Ökonometrie werden nirgends deutlicher dokumentiert als etwa in den Veröffentlichungen von Richter über Verkehrsökonometrie[32]). Der Inhalt dieser Veröffentlichungen geht weit über die üblichen ökonometrischen Fragestellungen und Ansätze hinaus und enthält auch die wichtigsten für Verkehrsprobleme relevanten Methoden des klassischen Operations Research. *Ökonometrie* wird hier — obwohl sie in dieser Weise nicht explizit definiert ist — als Analyse *konkret-rechnerischer* ökonomischer Modelle verstanden, deren Parameter mit Hilfe statistischer

---

[30]) Goldberger (1964), S. 1.
[31]) Vgl. Klein (1962); Richter (1969), (1971).
[32]) Vgl. Richter (1969), (1971).

Methoden ermittelt werden. Ohne den Begriff der Ökonometrie so weit auszudehnen, werden wir jedoch im Rahmen der exakten Methoden zur Unterstützung logistischer Entscheidungen auch auf ökonometrische Prognosemodelle eingehen.

Im folgenden wollen wir uns jedoch kurz mit einigen Grundproblemen der Modellanalyse, der Pragmatik und des Aufbaus mathematischer bzw. ökonometrischer Modelle, den Verfahren zur Lösung von Modellen, den mit jeder Entwicklung und Analyse von Modellen verbundenen inexakten Methoden sowie den Grenzen der Modellanalyse befassen.

Modell und Realität

Modelle sind vereinfachte Abbilder der Wirklichkeit. Der Mensch muß sich solche Vereinfachungen schaffen, weil die Wirklichkeit zu komplex für die verhältnismäßig engen Kapazitätsgrenzen der menschlichen Denk- und Rechenfähigkeit ist. Glücklicherweise lassen sich komplexe Vorgänge meist auf wenige Grundstrukturen reduzieren und durch diese mit hinreichender Genauigkeit vorhersagen bzw. der Kontrolle unterwerfen.

Ein Modell ist demnach ein System, das in abstrahierender, vereinfachender Weise ein anderes System abbildet[33]). Im folgenden interessieren vor allem solche Modelle, die reale Systeme abbilden. Je nachdem, aus welchen Bausteinen ein Modell erstellt wird, unterscheidet man *ikonische* (meist bildhafte Verkleinerungen des abzubildenden Sachverhalts, wie z. B. ein Planetarium oder das Bohrsche Atommodell), *analoge* (etwa die Darstellung des volkswirtschaftlichen Kreislaufs als hydraulisches System) und *symbolische* Modelle. Die letzteren sind die bei weitem wichtigsten. Sie bestehen aus einem Alphabet (Menge zulässiger Symbole), einer Syntax, Ableitungsregeln, Axiomen und Theoremen. Die Symbole des Modells repräsentieren die interessierenden Eigenschaften der Elemente, deren Beziehungen oder sonstige Aspekte des abzubildenden realen Systems. Soweit die durch die Symbole abgebildeten Eigenschaften unterschiedliche Ausprägungen annehmen können, sind sie im Modell durch *Variablen* wiederzugeben. Konstante oder konstant gehaltene Eigenschaften sind demgegenüber *Parameter* des Modells. Eine bestimmte Konstellation der Ausprägungen der relevanten Eigenschaften kennzeichnet einen bestimmten Zustand des Systems. Zwischen den Modellvariablen bestehen funktionale Beziehungen. Diese bringen die Gesetzmäßigkeiten zum Ausdruck, welche die Eigenschaften der Elemente bzw. Beziehungen des realen Systems und die Veränderungen des Systemzustandes im Zeitablauf determinieren.

Reale Verhaltenssysteme sind in der Regel so geartet, daß sie durch dynamische Modelle abgebildet werden müssen. In *dynamischen* Modellen be-

---

[33]) Zu Interpretationen des Modellbegriffs vgl. Brodbeck (1968), S. 585 ff.; Bunge (1967 a), (1970); Carnap (1960); Coombs, Raiffa und Thrall (1960); Fischer-Winkelmann (1971); Hempel (1970); Nagel (1961); Spinner (1969); vgl. auch Kirsch (1971 a), S. 32 ff.

stehen funktionale Beziehungen, die Variablen mit unterschiedlichem zeitlichem Bezug verknüpfen. Dies bedeutet, daß die einzelnen Variablen im Zeitablauf unterschiedliche Werte annehmen, deren Veränderungen in der Zeit durch die spezifische Art der dynamischen Funktionen und die unterstellten Anfangsbedingungen bestimmt werden. Die Folge von Wertkonstellationen der Variablen des dynamischen Modells bildet eine Folge von Zuständen ab, die das reale System gleichsam durchläuft. Bezeichnet man eine spezifische Folge solcher Zustandsveränderungen als Prozeß oder Verhalten des realen Systems, so beschreiben die sich im Zeitablauf ändernden Wertkonstellationen der Modellvariablen das Verhalten dieses Systems.

Vielfach sind die Gesetze des Modells so geartet, daß einer bestimmten Konstellation der Werte der unabhängigen Variablen mehrere Wertkonstellationen der abhängigen Variablen zugeordnet sind, für die jedoch eine Wahrscheinlichkeitsverteilung angegeben werden kann. Dies gilt insbesondere, wenn die Übergänge vom alten zu einem neuen Systemzustand nicht eindeutig determiniert sind und lediglich Übergangswahrscheinlichkeiten existieren. In diesen Fällen ist das reale System durch ein *stochastisches* oder *probabilistisches* Modell abzubilden.

Damit ein formales Modell, das zunächst nur einen uninterpretierten Kalkül darstellt, tatsächlich ein reales System abbildet, ist es erforderlich, die Symbole (Variablen, Parameter) des Modells empirisch zu interpretieren. Die Beziehungen zwischen Modell und realem System sind freilich äußerst kompliziert. Dies wird deutlich, wenn wir uns dem sog. *Korrespondenzregelproblem* zuwenden[34]).

Ein Modell ist in einer theoretischen Sprache L_T formuliert, in der Vorhersagen von Ereignissen der Wirklichkeit bzw. Zuständen eines realen Systems abgeleitet werden. Die zu beobachtenden Feststellungen über die Wirklichkeit sind demgegenüber in einer Beobachtungssprache L_O formuliert. Das reale System „existiert" in der Menge von Zustandsbeschreibungen der Beobachtungssprache. Das in der theoretischen Sprache L_T formulierte Modell ist zunächst lediglich ein uninterpretierter Kalkül, ein „Sprachspiel" mit Symbolen unter gegebenen Regeln. Um zu Prognosen für das reale System zu gelangen, muß das Modell eine empirische Interpretation erfahren. Dies geschieht mit Hilfe von Korrespondenzregeln, durch die bestimmte Sätze der theoretischen Modellsprache mit Sätzen der Beobachtungssprache verknüpft werden.

Diese Korrespondenzregeln können nicht formalisiert werden. Obwohl Begriffe und Aussagen in der theoretischen Modellsprache mit großer Präzision formulierbar sind, werden sie durch die nicht vollständig präzisierbaren Korrespondenzregeln Ereignissen des realen Systems zugeordnet, die somit weit weniger bestimmt sind. Es gibt keine Möglichkeit, die durch die Korre-

---

[34]) Vgl. hierzu Nagel (1961), S. 97 ff.; Radner und Winokur (1970); Stegmüller (1969), S. 463 ff.

spondenzregeln bedingte Unschärfe einer Zuordnung von Beobachtungssätzen über Ereignisse realer Systeme zu theoretischen Aussagen des Modells zu beseitigen[35]).

Aus der fehlenden Formalisierbarkeit der Korrespondenzregeln folgt, daß die Frage, inwieweit ein Modell ein adäquates Abbild eines realen Systems ist, letztlich nicht intersubjektiv überprüfbar beantwortet werden kann. Über die in der Beobachtungssprache ausgedrückten und einwandfrei ermittelten Beobachtungen sowie über die logisch einwandfrei abgeleiteten Theoreme des Modells läßt sich im allgemeinen nicht streiten, jedoch über die Korrespondenz (Entsprechung) von Aussagen und Begriffen in der theoretischen und in der Beobachtungssprache.

Pragmatik von Modellen

Stellt man die Frage nach der Zwecksetzung des Modells, so steht die pragmatische Dimension im Vordergrund[36]). Die Pragmatik betrachtet die Beziehungen zwischen dem Modell und seinen Verwendern. Aufgabe der Modellanalyse kann eine Vorhersage, eine Erklärung oder aber die Kontrolle bzw. Beeinflussung realer Phänomene sein. Analog unterscheidet man zwischen Prognose-, Erklärungs- und Entscheidungsmodellen, wobei Prognose (Vorhersage) und Erklärung von vielen Autoren gleichgesetzt werden. Das Verhältnis der Begriffe Erklärung und Vorhersage ist in der Wissenschaftstheorie ausführlich diskutiert worden[37]). Es genügt hier, die logische Struktur von deskriptiven und normativen Modellen vereinfacht darzustellen. Im Falle deskriptiver Modelle generiert die Modellanalyse faktische Informationen (etwa die Prognose zukünftiger Ereignisse), im Falle normativer Modelle demgegenüber Bewertungen oder gar Handlungsvorschriften bzw. Steuersignale an einen Effektor, bestimmte Prozesse zu realisieren.

Deskriptive Modelle erklären, „was ist" oder „was sein wird". Sie geben Einsicht in das „Warum" realen Geschehens. *Normative* Modelle erklären demgegenüber, „was sein soll". Output der Modellanalyse sind Werturteile bzw. Handlungsvorschriften. Dies setzt voraus, daß in Modellprämissen mindestens eine Wertprämisse enthalten ist. Es ist logisch nicht zulässig, aus einer Menge faktischer Prämissen ein Werturteil bzw. eine Handlungsvorschrift (einen Imperativ) abzuleiten. Dies ist das Grundprinzip einer *deontischen Logik* (Logik der Imperative bzw. Werturteile)[38]). Die logische Struktur formaler Kalküle mit normativer Zwecksetzung unterscheidet sich

---

[35]) Vgl. Nagel (1961), S. 99 f.

[36]) Vgl. hierzu Kirsch (1968 a), S. 91 ff. und die dort angegebene Literatur.

[37]) Die erste systematische Analyse der Logik der Erklärung und deren Beziehung zur Prognose findet sich bei Hempel und Oppenheim (1948); vgl. ferner Hempel (1965); Kade (1964); Lenk (1972); Nagel (1961); Opp (1970), insbes. S. 29 ff.; insbes. auch verschiedene Beiträge in Albert (1972 b).

[38]) Zur imperativischen oder deontischen Logik vgl. Anderson (1962); Frey (1957); Hare (1952); Simon (1969); Stegmüller (1969).

jedoch deswegen nicht von denjenigen deskriptiver Aussagensysteme. Es gibt keine spezifische Logik für normative Schlußfolgerungen. Bei einer rein formalen Betrachtung eines Modells kann nicht festgestellt werden, ob etwa eine Beschränkung in den Modellprämissen (z. B. eine mathematisch formulierte Nebenbedingung) faktischer oder wertender Natur ist. Im ersten Falle bringt sie die Beschränkung zum Ausdruck, daß bestimmte Konstellationen der Modellvariablen nicht zulässig sind, weil sie empirisch nicht realisierbar sind (z. B. „negative" Preise). Im zweiten Falle schließt sie unerwünschte Konstellationen aus.

Ob eine Funktion des Modells eine faktische Aussage oder einen Wert bzw. ein Ziel zum Ausdruck bringt, ist also allein eine Frage der Interpretation der entsprechenden Modellkomponenten[39]). Folgendes Beispiel mag dies verdeutlichen. Ein Modell enthalte beispielsweise folgende Gleichung:

(A 1) $\quad\quad\quad\quad\quad\quad G = \alpha \{G^*\}$

Das Symbol G bedeute etwa „Gewinn". Das Symbol α gibt dagegen eine bestimmte Auswahlfunktion wieder. α kann z. B. für „max" stehen, dann schreibt die Gleichung (A 1) vor, daß aus der Menge aller möglichen Ausprägungen von G (G*) jenes auszuwählen oder zu bestimmen ist, das am höchsten ist. α kann selbstverständlich auch vorschreiben, daß G Werte annehmen soll, die größer oder gleich einem Parameter G_{min} sind. Formal verhindert die Auswahlfunktion (A 1), daß die Modellvariable G jeden beliebigen Wert annimmt. Die Gleichung kann jedoch sowohl dahin gehend interpretiert werden, daß die Variable G nur bestimmte Werte annehmen *soll*, als auch dahin gehend, daß sie nur bestimmte Werte annehmen *kann*.

Wenn wir sagen, daß die Pragmatik des Modells eine Frage der Interpretation des Modells sei, so ist diese Aussage freilich noch etwas ungenau. Man kann nicht ganze Gleichungen, sondern lediglich Symbole des Modells interpretieren, d. h. real definieren, und zwar auch nur solche Symbole, deren Bedeutung nicht formal, etwa als mathematische oder logische Operatoren, durch die Syntax der Kalkülsprache festgelegt ist. Das Gleichheitszeichen ist ein solches Symbol. Ob eine Gleichung (oder Ungleichung) des Modells, dessen Symbole real interpretiert sind, eine faktische Aussage, einen Wert (Ziel) oder eine Definition wiedergibt, kann nur durch sog. *Metaaussagen,* die nicht Bestandteil des Modells sind, zum Ausdruck gebracht werden. Der Unterschied zwischen den Schlußfolgerungen im Rahmen des Modells und den Schlußfolgerungen im Rahmen der Metaaussagen kann etwa wie folgt verdeutlicht werden.

Bezeichnen wir der Einfachheit halber die möglichen Ausprägungen der unabhängigen Variablen des Modells mit U_i, die Gleichungen mit G_k und die

---

[39]) Vgl. dazu Kirsch (1972 a), S. 173 ff.

Ausprägung der abhängigen Variablen mit A_j, so lautet die im Rahmen der Modellanalyse zu generierende Schlußfolgerung vereinfacht wie folgt: Wenn die unabhängigen Variablen des Modells die Wertausprägungen $\bar{U}_i$ annehmen und das Modell die Gleichungen bzw. Funktionen G_k umfaßt, dann nehmen die abhängigen Variablen die Wertausprägungen $\bar{A}_j$ an. Oder: Wenn $\bar{U}_i$ und G_k, dann $\bar{A}_j$. Im Rahmen der Metaaussagen wird zum Ausdruck gebracht, ob $\bar{U}_i$, G_k und $\bar{A}_j$ faktische Informationen bzw. Aussagen oder aber Werte darstellen (die Existenz von Definitionen wollen wir im folgenden der Einfachheit halber vernachlässigen). Im Falle einer normativen Pragmatik ist in den Metaaussagen eine Teilmenge der Gleichungen (G_{k1}) als Werte zu interpretieren. Wir wollen die entsprechende Metaausage durch $W(G_{k1})$ symbolisieren. Da nunmehr einige der Modellprämissen als Werte interpretiert sind, müssen auch die Outputs der Modellanalyse, d. h. die Ausprägungen der abhängigen Variablen aus $\bar{A}_j$, zum Gegenstand wertender Metaaussagen werden: $W(\bar{A}_j)$. Alle übrigen Komponenten gehen in faktische Metaaussagen ein: $F(\bar{U}_i)$ bzw. $F(G_{k2})$. Die Schlußfolgerungen der Metaaussagen lauten dann vereinfacht wie folgt: Wenn (1) es eine Tatsache ist, daß die unabhängigen Variablen die Ausprägungen $\bar{U}_i$ annehmen, ferner (2) die Gleichungen G_{k2} faktische Gesetzmäßigkeiten zum Ausdruck bringen und wenn schließlich (3) es gut oder optimal ist, wenn die Gleichungen G_{k1} gelten, dann ist es auch gut oder optimal, wenn die abhängigen Variablen die Wertausprägungen $\bar{A}_j$ annehmen. Oder: Wenn $F(\bar{U}_i)$ und $F(G_{k2})$ und $W(G_{k1})$, dann $W(\bar{A}_j)$.

Im Falle einer deskriptiven Pragmatik enthalten die Prämissen der Metaaussagen nur faktische Aussagen: $F(G_{k2})$ oder $F[W(G_{k2})]$. Letzterer Ausdruck besagt, daß ein Entscheider tatsächlich seine Entscheidungen am Wert $W(G_{k2})$ orientiert. Wenn alle Prämissen faktische Aussagen darstellen, dann trifft dies auch für die Conclusio zu: $F(\bar{A}_j)$.

Erklärungs- und Entscheidungsmodelle

In der Betriebswirtschaftslehre hat es sich zum Teil eingebürgert, zwischen Erklärungs- und Entscheidungsmodellen zu differenzieren[40]). Dabei ist es üblich, bei der Unterscheidung am formalen Aufbau anzuknüpfen. Ein Erklärungsmodell umfaßt danach eine Menge von Kausalgesetzen, ein Entscheidungsmodell und zusätzlich eine oder mehrere Zielfunktionen, die formal den Charakter von Auswahlfunktionen im dargestellten Sinne besitzen. Wir wollen die Unterscheidung von Erklärungs- und Entscheidungsmodellen zwar übernehmen, sie jedoch nicht im Hinblick auf ihren formalen Aufbau, sondern im Hinblick auf ihre Pragmatik unterscheiden. Erklärungsmodelle sind Modelle mit *deskriptiver Pragmatik:* Sie dienen der Erklärung bzw. der Prognose tatsächlicher Ereignisse oder der Ableitung von Gesetzen niedrigerer Ordnung aus einer Menge von Gesetzen höherer Ordnung. Entscheidungs-

---

[40]) Vgl. Heinen (1968), S. 157 ff. und S. 221 ff.

modelle besitzen eine *normative Pragmatik*. Ihre Modellergebnisse werden in den Metaaussagen zu Werturteilen.

Sowohl Entscheidungsmodelle als auch Erklärungsmodelle können eine oder mehrere Auswahlfunktionen enthalten, die als Zielfunktion interpretiert werden können. Ein deskriptives Modell mit Zielfunktion erklärt und prognostiziert beispielsweise das Entscheidungsverhalten. Derartige Erklärungsmodelle, die sich formal nicht von normativen Entscheidungsmodellen unterscheiden, können auch als *Modelle des Entscheidungsverhaltens* bezeichnet werden[41]).

Zur Unterstützung von Entscheidungen sind Erklärungsmodelle *und* Entscheidungsmodelle relevant. Erstere dienen der Prognose des zukünftigen Verhaltens der nicht beeinflußbaren Umweltaspekte des Entscheiders bzw. der Konsequenzen seiner zur Diskussion stehenden Maßnahmen oder Alternativen, letztere der Bewertung oder Ordnung der Alternativen. Im folgenden wollen wir uns kurz dem formalen Aufbau solcher Erklärungs- und Entscheidungsmodelle zuwenden.

Der Aufbau von Modellen

Erklärungs- und Entscheidungsmodelle zur Unterstützung von Entscheidungen weisen einige Elemente auf, die sich in der einen oder anderen Weise in allen Modellen wiederfinden[42]). Die folgenden Überlegungen gelten in erster Linie für mathematisch formulierte Modelle. Es bereitet jedoch keine Schwierigkeiten, die Aussagen auch auf nicht mathematisch formulierte Modelle zu übertragen. Ein mathematisches Modell besteht aus einer Menge von Gleichungen bzw. Ungleichungen, die Relationen zwischen Variablen und Parametern zum Ausdruck bringen. Die Variablen und Parameter lassen sich in zwei Klassen einteilen. Eine erste Klasse repräsentiert Größen, die unter der Kontrolle des Entscheiders stehen, deren Werte er also in gewissen Grenzen beliebig festsetzen kann. Man bezeichnet diese Variablen als *Instrumentalvariablen (Aktionsparameter)*. Eine zweite Klasse von Parametern und Variablen steht *nicht* unter der Kontrolle des Entscheiders. Soweit es sich hierbei nicht um parametrische Konstanten oder Gesetzmäßigkeiten handelt, repräsentieren die Variablen *Erwartungsgrößen* des Entscheiders. Diese Erwartungsvariablen können endogene und exogene Größen sein. *Endogene* Erwartungsvariablen werden durch die Gleichungen des Modells selbst erklärt. *Exogene* Erwartungsvariablen sind demgegenüber unabhängige Variablen des Modells. Ihre Werte werden nicht durch die Gesetze der Modellfunktionen erklärt. Sie müssen außerhalb des betrachteten Modells „erklärt" werden.

---

[41]) Vgl. Kirsch (1971e), S. 21 ff.
[42]) Zum Aufbau von Modellen vgl. Ackoff, Gupta und Minas (1968); Albach (1959), S. 8 ff.; Albert (1972a); Dinkelbach (1969b); Hesse (1963); Kirsch (1968a), S. 20 ff.; Stachowiak (1965); ferner einzelne Beiträge in den Sammelwerken von Albert (1972b) und Brodbeck (1968), insbes. S. 573 ff. sowie Mayntz (1967).

Die Gleichungen bzw. Funktionen des Modells können in mindestens drei Klassen eingeteilt werden: in die Definitionsgleichungen, die Auswahlfunktionen und die Transformationsfunktionen.

Definitionsgleichungen

Definitionsgleichungen geben Relationen zwischen Modellvariablen wieder, die ex definitione gelten. Gleichung (A 2) definiert etwa den Gewinn als Differenz zwischen dem Erlös E und den Kosten K:

(A 2) $\qquad G = E - K$

Da die Erlöse als Summe der verkauften Mengen, multipliziert mit ihren Preisen ($\sum_{i=1}^{n} x_i \cdot p_i$), und die Kosten als Summe der verbrauchten Einsatzgüter, multipliziert mit deren Preisen ($\sum_{j=1}^{m} r_j \cdot q_j$), definiert sind, kann die Definitionsgleichung des Gewinns auch wie folgt aussehen:

(A 3) $\qquad G = \sum_{i=1}^{n} x_i \cdot p_i - \sum_{j=1}^{m} r_j \cdot q_j$

Hierin können die Verkaufsmengen x_i Instrumentalvariablen sein, während die übrigen Variablen Erwartungsgrößen zum Ausdruck bringen.

Auswahlfunktionen

Ein Modell enthält in aller Regel eine Reihe von Auswahlfunktionen, die verhindern, daß die Modellvariablen alle denkbaren Werte annehmen. Eine Auswahlfunktion für eine beliebige Modellvariable kann allgemein wie folgt beschrieben werden:

(A 4) $\qquad Y = \alpha \{Y^*\}$

Dabei repräsentiert Y* die Menge aller denkbaren Ausprägungen der Modellvariablen, Y dagegen die Teilmenge der durch den Auswahloperator α zugelassenen Ausprägungen. In mathematischen Modellen werden die Auswahlfunktionen normalerweise freilich anders formalisiert. Sie besitzen außerdem zum Teil spezifische Namen.

Sehr oft dürfen die Modellvariablen nur ganzzahlige oder positive Werte annehmen, um empirisch sinnvoll interpretiert werden zu können. So kann etwa nicht eine „halbe" Maschine zum Einsatz gelangen oder eine negative Menge von Absatzgütern verkauft werden. Gleichung (A 5) stellt eine Nichtnegativitätsbedingung dar:

(A 5) $\qquad x_i \geq 0$

Gleichung (A 6) gibt dagegen eine Kapazitätsnebenbedingung wieder:

(A 6) $\qquad r_j \leq b_j$

Dabei bedeutet r_j die tatsächlich eingesetzte Menge des Produktionsfaktors, b_j die maximal beschaffbare und/oder für den Einsatz zur Verfügung stehende Menge. Selbstverständlich bleibt dabei offen, ob r_j nicht größer als b_j sein *kann* oder sein *soll*.

In letzterem Falle kann Gleichung (A 6) als eine Zielfunktion interpretiert werden, die einen gewünschten Zustand beschreibt. Die Erwartungsvariable r_j wird gleichzeitig zur Zielvariablen. Zielfunktionen erscheinen freilich normalerweise als Extremalfunktionen: Die als Zielfunktion zu interpretierende Auswahlfunktion läßt nur Extremwerte für die Zielvariable zu. Dies wird üblicherweise wie folgt beschrieben:

(A 7) $\qquad\qquad N \rightarrow \max!$

Es wird an späterer Stelle noch näher auf die Zielfunktionen einzugehen sein. Zunächst aber seien die Transformationsfunktionen als letzte Kategorie von Modellgleichungen betrachtet.

Transformationsfunktionen

Transformationsfunktionen beschreiben Relationen zwischen den Modellvariablen, die nicht ex definitione gelten. Sie bringen Gesetze zum Ausdruck, die angeben, wie Wertausprägungen der unabhängigen Variablen der jeweiligen Funktion in Wertausprägungen der abhängigen Variablen transformiert werden. Der etwas unübliche Ausdruck „Transformationsfunktion" wird hier deshalb gewählt, weil solche Funktionen im System der Metaaussagen sowohl als faktische Gesetzmäßigkeiten (empirische Korrelationen, Kausalgesetze) als auch als Werturteile interpretiert werden können. Im ersteren Falle spricht man — sofern Ursache-Wirkungs-Zusammenhänge wiedergegeben werden — von *Kausalitätsfunktionen* oder allgemein von *Erklärungsfunktionen*. Der Begriff der Erklärungsfunktion ist jedoch insofern irreführend, als auch Auswahlfunktionen u. U. empirische Zusammenhänge erklären können. Transformationsfunktionen der zweiten Art heißen dagegen *Entscheidungsfunktionen*.

Gleichung (A 8) gibt in allgemeiner Schreibweise eine Transformationsfunktion wieder:

(A 8) $\qquad\qquad b_j = f_{jk}(d_k)$

Gleichung (A 8) kann sowohl eine Erklärungsfunktion als auch eine Entscheidungsfunktion darstellen. Im Falle einer Erklärungsfunktion kann im Rahmen der Metaaussage etwa die Erwartung zum Ausdruck gebracht werden, daß die maximal zur Verfügung stehende Menge des j-ten Produktionsfaktors (z. B. bestimmte Arbeitskräfte) u. a. von der Witterung (d_1) abhängt (weil etwa bei Kälte ein größerer Teil der Beschäftigten krank ist als bei warmen Temperaturen). Die Gleichung (A 8) kann jedoch auch eine Entscheidungsfunktion repräsentieren. Die entsprechende Metaaussage würde dann zum Ausdruck bringen, daß es gut sei, wenn die maximale Verbrauchsmenge des j-ten Produktionsfaktors unterschiedlich hoch festgesetzt wird, je nachdem, welche Ausprägungen bestimmte situationsbedingte Daten (ausgedrückt durch d_k) jeweils annehmen. Charakterisiert d_2 beispielsweise die Preissteigerungsrate des betreffenden Produktionsfaktors in der Vergangenheit, so kann es als „gut" erachtet werden, wenn bei einer hohen Preissteigerungsrate die maximal zur Verfügung stehende Menge hoch angesetzt wird (weil man mit weiteren Preissteigerungen und entsprechenden Spekulationsgewinnen rechnet).

Sehr oft bezieht sich der Output der Modellanalyse nicht auf die Bestimmung bestimmter Werte der abhängigen Modellvariablen, sondern auf die Ableitung neuer Transformationsfunktionen. So werden etwa im Rahmen der Analyse von Erklärungsmodellen Gesetzmäßigkeiten (Erklärungsfunktionen) bestimmt, die durch die Erklärungsfunktionen der Modellprämissen (und durch konkrete Werte einer Teilmenge der unabhängigen Variablen bzw. Parameter) logisch impliziert sind. Im Rahmen von Entscheidungsmodellen werden dagegen u. U. Entscheidungsfunktionen abgeleitet, d. h. Regeln, die angeben, mit welchen Maßnahmen jeweils auf noch zu ermittelnde Datenkonstellationen zu reagieren ist. Wir werden auf den Fall der Generierung von Entscheidungsfunktionen im Rahmen der Analyse von Entscheidungsmodellen im folgenden zurückkommen, wenn wir die eng zusammenhängenden Begriffe „Zielfunktion", „Nutzenfunktion", „Entscheidungsregel" und „Entscheidungsfunktion" näher betrachten.

Zielfunktion, Nutzenfunktion, Entscheidungsregel, Entscheidungsfunktion

Der Konstruktion von Entscheidungsmodellen (bzw. von Modellen des Entscheidungsverhaltens) liegen in aller Regel Konzeptionen der entscheidungstheoretischen Grundlagenforschung, insbesondere der Entscheidungslogik, zugrunde[43]). Ein Vergleich der jeweiligen Modellkonstruktionen mit den entscheidungslogischen Konzeptionen zeigt die erheblichen Vereinfachungen auf, die bei der Formulierung von Modellen bezüglich der Ziele und Präferenzen sowie der Ungewißheitshandhabung vorgenommen werden. Gemessen an dem Standard der Entscheidungslogik weisen Modelle zur Unterstützung betriebswirtschaftlicher Entscheidungen einen vielfach nahezu als primitiv zu bezeichnenden Aufbau auf.

Bereits an anderer Stelle[44]) haben wir uns mit den Grundbegriffen der betriebswirtschaftlichen Zielanalyse auseinandergesetzt und dabei die vielfältigen *Dimensionen* von Zielformulierungen dargestellt. In formalen Modellen sind Ziele — wie wir gesehen haben — über Auswahlfunktionen zu berücksichtigen. Begrenzt formulierte Ziele erscheinen dabei in Form von Neben-

---

[43]) Die theoretischen Untersuchungen zur Entscheidungslogik streben in erster Linie eine Explikation der Rationalität, eine formale Analyse an. Vgl. dazu die ausführliche kritische Diskussion bei Kirsch (1970 a) und die dort angegebene Literatur.

[44]) Vgl. S. 217 ff. dieses Buches.

bedingungen, unbegrenzt formulierte Ziele dagegen als Extremalfunktionen. Es fällt nicht immer leicht, verbal meist vage formulierte Ziele durch präzise Auswahlfunktionen im Modell zu erfassen. Spezifische Probleme treten auf, wenn mehrere Ziele gleichzeitig zu beachten sind. Relativ einfach ist dies, wenn alle Ziele (oder alle bis auf ein Ziel) begrenzt formuliert sind und als Nebenbedingungen in das Modell eingehen können. Schwieriger ist dagegen der Fall, wenn mehrere, zudem noch konkurrierende Ziele unbegrenzt formuliert sind. In diesen Fällen muß eine Auswahlfunktion des Modells als Nutzenmaximierung aufgefaßt werden.

Der Nutzen als zusätzlich einzuführende Variable ist ein empirisch nicht unmittelbar interpretierbarer theoretischer Begriff der theoretischen Modellsprache. Er bringt die Präferenzordnung bzw. die Gewichtung der konkurrierenden Ziele zum Ausdruck. In der *Nutzenfunktion* wird jeder Konstellation von Ausprägungen der Zielvariablen, d. h. jedem n-tupel der Zielerreichungsgrade, eine reelle Zahl — genannt Nutzen — zugeordnet, so daß gilt:

(A 9) $\qquad Z_1 \succsim Z_2 \leftrightarrow u(Z_1) \geq u(Z_2)$

Wenn der Vektor Z_1 der Zielerreichungsgrade dem Vektor Z_2 vorgezogen wird, so ist dem Vektor Z_1 eine höhere Zahl $u(Z_1)$ zuzuordnen als dem Vektor Z_2. Die Nutzenfunktion stellt jene Transformationsfunktion des Modells dar, die den einzelnen Vektoren der Zielerreichungsgrade reelle Zahlen in der Weise zuordnet, daß obige Bedingung jeweils gilt. Es muß in diesem Zusammenhang darauf verzichtet werden, die Nutzenkonzeption als zentrale Konzeption der entscheidungstheoretischen Grundlagenforschung, insbesondere die vorgeschlagenen Methoden zur empirischen Ermittlung des Nutzens zu behandeln. Bisher sind kaum Modelle zur Unterstützung konkreter betriebswirtschaftlicher Entscheidungen bekanntgeworden, welche die äußerst verfeinerten Nutzenkonzeptionen der Entscheidungslogik einbeziehen. Die Behandlung der Ziele und Präferenzordnungen in den für praktische Anwendungen vorgeschlagenen Modellen erfolgt in aller Regel in sehr vereinfachter Form. Normalerweise behilft man sich so, daß man alle Ziele bis auf eines als Nebenbedingungen einführt. Es leuchtet ein, daß die Zielfunktionen solcher Modelle die tatsächlichen Präferenzen der jeweiligen Entscheider nur sehr unvollkommen wiedergeben.

Ähnliches gilt für die Entscheidungsregeln. *Entscheidungsregeln*[45]) geben an, wie man von einer Präferenzordnung der Zielerreichungsgrade bzw. der Entscheidungsergebnisse (Konsequenzen der Alternativen) zu einer Präferenzordnung der Alternativen selbst gelangt. In deterministischen Modellen, in denen den einzelnen Wertkonstellationen der Instrumentalvariablen in eindeutiger Weise Werte der Erwartungsvariablen zugeordnet sind, ist die Entscheidungsregel trivial: Wertkonstellationen der Instrumentalvariablen (Alternativen) werden jeweils dann anderen vorgezogen, wenn den Konse-

---

[45]) Vgl. Kirsch (1970 a), S. 40 ff. und die dort angegebene Literatur.

quenzen dieser Wertkonstellationen ein höherer Nutzen zugeordnet ist. Problematisch wird die Entscheidungsregel erst, wenn unvollkommene Informationen über die Konsequenzen der Alternativen gegeben sind: Die Entscheidungsergebnisse (Zielerreichungsgrade), die mit einer bestimmten Konstellation der Werte der Instrumentalvariablen verbunden sind, nehmen unterschiedliche Werte an, je nachdem, welche Umweltsituation jeweils eintritt. Können Wahrscheinlichkeiten für das Eintreten der verschiedenen Umweltsituationen angegeben werden (Entscheidungen unter Risiko), so kann etwa die *Bayes-Regel* angewandt werden:

(A 10) $\qquad a_i \succsim a_j \leftrightarrow \sum_k u_{ik} \cdot p_k \geq \sum_k u_{jk} \cdot p_k$

Die Alternative a_i wird der Alternative a_j vorgezogen, wenn der Erwartungswert des Nutzens von a_i ($\sum_k u_{ik} \cdot p_k$) größer ist als der Erwartungswert des Nutzens von a_j ($\sum_k u_{jk} \cdot p_k$). Als Zielfunktion des Modells ist dann die Maximierung des mathematischen Erwartungswertes des Nutzens anzusehen.

Fehlen Wahrscheinlichkeitsvorstellungen (Entscheidungen unter Unsicherheit), dann ist u. a. die bekannte *Minimax-Regel* als Entscheidungsregel relevant:

(A 11) $\qquad a_i \succsim a_j \leftrightarrow \min_k u_{ik} \geq \min_k u_{jk}$

Die die Zielfunktion des Modells wiedergebende Auswahlfunktion bestimmt dann, daß jene Werte der Instrumentalvariablen zu wählen sind, bei welchen der Nutzen bei Eintritt der jeweils ungünstigsten Situation noch am größten ist.

In der entscheidungslogischen Diskussion findet sich eine ganze Reihe weiterer Entscheidungsregeln. Es gilt aber auch hier, daß die Behandlung der Ungewißheit in den bisher bekannten Modellen des Operations Research zur Unterstützung von Entscheidungen erheblich einfacher erfolgt. Sofern nicht von vornherein deterministische Modelle formuliert werden, beschränkt man sich in den allermeisten Fällen auf Auswahlfunktionen, die der Erwartungswertmaximierung entsprechen.

Die Entscheidungsregeln sind von den *Entscheidungsfunktionen* zu unterscheiden, die in der Literatur vielfach auch als „Entscheidungsregeln" bezeichnet werden. Entscheidungsfunktionen finden sich vor allem in den Modellen der statistischen Entscheidungstheorie und in der Team-Theorie.

Die Grundgedanken dieser entscheidungslogischen Konzeptionen können wie folgt erläutert werden: Die Alternativen des Entscheidungsproblems bilden nicht die zur Verfügung stehenden Aktionen, sondern Entscheidungsfunktionen. Entscheidungsfunktionen sind Regeln, die angeben, welche Aktion jeweils zu wählen ist, wenn bestimmte Informationen (etwa in Form eines Stichprobenergebnisses) vorliegen. Die abhängigen Variablen der Entscheidungsfunktionen sind Variablen, deren Ausprägungen die verschiedenen zur Verfügung stehenden Aktionen beschreiben (Instrumentalvariablen, Aktionsparameter). Unabhängige Variablen der Entscheidungsfunktion sind die *Indikatoren*. Diese Variablen beschreiben verschiedene Arten von Informationen, ihre Werte die verschiedenen Ausprägungen, die diese Informationsarten annehmen können. Sie werden deshalb als Indikatoren bezeichnet, weil die einzelnen Wertkonstellationen dieser Variablen auf mögliche Umweltsituationen hinweisen. Dabei wird unterstellt, daß das Entscheidungssubjekt Vorstellungen darüber besitzt, mit welcher Wahrscheinlichkeit die einzelnen Umweltsituationen eintreten, wenn eine bestimmte Wertkonstellation der Indikatorenvariablen beobachtet wird. Grundsätzlich kann für jede denkbare Wertkonstellation der Indikatorenvariablen jene Aktion bestimmt werden, bei welcher der subjektiv erwartete Nutzen maximiert wird. Jeder denkbaren Wertkonstellation der Indikatoren wird somit eindeutig eine optimale Aktion zugeordnet und damit die gesuchte „optimale" Entscheidungsfunktion bestimmt. Die Bestimmung der Entscheidungsfunktion legt aber noch nicht endgültig fest, welche Aktion tatsächlich zu verwirklichen ist. Sie macht vielmehr die endgültige Entscheidung von den erst noch zu gewinnenden Informationen über die jeweiligen Wertkonstellationen der Indikatorenvariablen abhängig.

Dieser Ansatz kann dahin gehend erweitert werden, daß gleichzeitig mit der Bestimmung der optimalen Entscheidungsfunktion auch die Indikatorenvariablen selbst bestimmt werden, die Gegenstand der Informationsgewinnungsmaßnahmen sein sollen. In diesem Falle ist die Menge aller möglichen Informationsarten gegeben. Aus dieser Menge ist eine Teilmenge von Informationen auszuwählen, die als unabhängige Indikatorenvariablen in die alternativ möglichen Entscheidungsfunktionen eingehen. Jeder möglichen Teilmenge sind unterschiedliche Kosten der Informationsgewinnung zugeordnet. Nimmt man an, daß neben den sonstigen Zielen nunmehr auch das Ziel, die Informationskosten möglichst gering zu halten, eingeführt wird, so muß eine Nutzenfunktion formuliert werden, welche die Präferenzordnung aller Konstellationen von Zielerreichungsgraden (einschließlich der Informationskosten) wiedergibt. Unter der Voraussetzung, daß schließlich Vorstellungen darüber existieren, mit welcher Wahrscheinlichkeit die einzelnen Wertkonstellationen aller denkbaren Indikatorenvariablen beobachtet werden, kann eine optimale Entscheidungsfunktion bestimmt werden, die gleichzeitig eine optimale Auswahl der tatsächlich zu ermittelnden Indikatoren aus der Gesamtmenge aller denkbaren Indikatorenvariablen widerspiegelt. Es wird also ein Optimum der Informationsgewinnung bestimmt und gleichzeitig festgelegt, wie auf die später tatsächlich zu ermittelnden Informationen optimal reagiert werden soll.

Bisher wurden noch keine Modelle formuliert, die eine Bestimmung optimaler Entscheidungsfunktionen für eine konkrete Entscheidungssituation ermöglichen würden. In einem anderen Sinne gewinnt jedoch die Bestimmung von Entscheidungsfunktionen als Output von Modellanalysen immer mehr an Bedeutung. In zunehmendem Maße werden Simulationsmodelle mit dem Zweck formuliert, zu simulieren, welche Konsequenzen damit verbunden sind, wenn Entscheidungsträger des zu simulierenden realen Systems nach bestimmten „policies" (ausgedrückt durch Entscheidungsfunktionen) entscheiden. Damit wird zwar zunächst nur prognostiziert, „was wäre, wenn die Entscheider gemäß alternativ möglicher Entscheidungsfunktionen entscheiden würden". Da man aber sukzessive die Konsequenzen mehrerer Konstellationen von Entscheidungsfunktionen simuliert, kann man sich über mehrere Simulationsläufe an die Ermittlung einer Konstellation „guter" Entscheidungsfunktionen herantasten.

Besonderheiten ökonometrischer Modelle

Das Gleichungssystem ökonometrischer Erklärungsmodelle umfaßt neben parametrischen Konstanten sowie exogenen und endogenen Variablen auch sog. Schockvariablen. Letztere sollen der nicht-deterministischen Natur ökonomischer Beziehungen Rechnung tragen. Sie spiegeln die positiven oder negativen Abweichungen um den erwarteten „eigentlichen" Wert der zu erklärenden Variablen wider. Für ihre Hinzufügung werden drei nicht notwendigerweise einander ausschließende Begründungen genannt:

(1) der Einfluß weiterer Einflußgrößen, die im Modell aus Vereinfachungsgründen nicht erfaßt wurden,

(2) ein prinzipiell unvorhersehbares Element im menschlichen Verhalten,

(3) Beobachtungs- und/oder Meßfehler.

Aufgabe der Theorie der Ökonometrie ist es, Methoden zur Schätzung der Parameter der Modellgleichungen zu entwickeln. Dies geschieht auf Grund von Stichproben, die sich in Zeitreihen der interessierenden Größen manifestieren. Das grundsätzliche Problem der Parameterschätzung, auf das wir in Kapitel 2.2 noch näher eingehen werden[46]), resultiert daraus, daß die der Schätzung zugrundeliegenden Beobachtungsgrößen im Experiment nicht isoliert werden können. Die Modellparameter müssen auf Grund von Beobachtungsdaten geschätzt werden, die letztlich durch das Zusammenwirken vieler Gesetzmäßigkeiten, die durch die Transformationsfunktion des Modells repräsentiert werden, entstanden sind. Im Rahmen der ökonometrischen Theorie ist deshalb aufzuzeigen, unter welchen Bedingungen ein eindeutiger Rückschluß von den Beobachtungswerten auf die zugrundeliegenden Parameter (einschließlich der Streuungen und Korrelationskoeffizienten der Schockvariablen) möglich ist. Der Entstehungsgrund der Ökonometrie ist also letztlich darin zu erblicken, daß nicht unter kontrollierten Bedingungen experimentiert werden kann.

---

[46]) Vgl. S. 574 ff. dieses Buches.

Lösungsverfahren

Ein vollständig formuliertes Modell wird immer durch drei verschiedene Strukturen gekennzeichnet sein: (1) eine wohl-definierte Daten- und/oder Parameterdarstellung, durch die zumeist gleichzeitig die Klasse von Problemen abgegrenzt wird, auf die das Modell anwendbar ist (Modellinput), (2) eine Ableitungslogik und/oder ein Lösungsverfahren (Modellogik), das als Operator auf die Datenkonstellation einwirkt, sowie (3) einen Output von (1) und (2) in Form numerischer Ergebnisse oder Theoreme (Modellergebnisse). Wegen der besonderen Bedeutung, die Lösungsverfahren beim Aufbau von Modellen besitzen, wird im folgenden ausführlich auf diese eingegangen.

In der wissenschaftlichen Diskussion findet sich eine Reihe von Termini zur Charakterisierung unterschiedlicher Lösungsverfahren im Rahmen der Modellanalyse, die keineswegs einheitlich verwendet werden. Im folgenden soll — ohne auf die unterschiedlichen Verwendungsmöglichkeiten im einzelnen einzugehen — zwischen algorithmischen und heuristischen Lösungsverfahren einerseits und analytischen, iterativen und Simulationsverfahren andererseits unterschieden werden. Beide Unterscheidungen sind miteinander kombinierbar, so daß insgesamt sechs Typen von Lösungsverfahren möglich sind. Sie sind freilich keineswegs alle gleichermaßen bedeutsam.

Betrachten wir zunächst die Unterscheidung von *algorithmischen* und *heuristischen* Lösungsverfahren[47]). Inexakte Verfahren sind stets heuristischer Natur. Exakte Verfahren können dagegen Algorithmen oder heuristische Verfahren sein. Beide Verfahren sind endlich formuliert, d. h., sie brechen nach einer endlichen Zahl von Schritten ab. Sie weisen schließlich einen Definitionsbereich auf: Die Klasse der Probleme bzw. Aufgaben, die mit ihrer Hilfe zu lösen sind, kann erschöpfend definiert werden. Die beiden Lösungsverfahren unterscheiden sich jedoch dadurch, daß ein Algorithmus eine Lösungsgarantie besitzt, ein heuristisches Verfahren dagegen nicht. Einer Modellanalyse zur Unterstützung von Entscheidungen liegt stets ein Problem des Verwenders des Modells zugrunde, gleichgültig, ob eine Prognose zukünftiger Ereignisse oder aber eine „optimale" Alternative generiert werden soll. Ein Algorithmus liefert in einer endlichen Zahl von Schritten mit Sicherheit eine Lösung (d. h. eine Antwort auf die gestellte Frage) oder aber die Garantie, daß das gestellte Problem überhaupt keine Lösung besitzt. Heuristischen Lösungsverfahren fehlt demgegenüber eine solche Garantie. Brechen heuristische Verfahren ohne Lösung ab, so schließt dies nicht aus, daß das Problem der Modellanalyse nicht doch eine Lösung besitzt, die nur nicht gefunden wurde.

Das Adjektiv „heuristisch" bedeutet soviel wie „zum Finden geeignet". Heuristische Lösungsverfahren beinhalten eine Reihe von heuristischen Prinzipien. Als *heuristisches Prinzip* bezeichnet man jeden Trick, jedes Verfahren

---

[47]) Vgl. Klein (1971 a).

und jede Methode bzw. Strategie, die bei der Suche nach der Lösung für ein Problem helfen kann. Diese „Hilfe" besteht meist in einer drastischen Reduzierung der in Frage kommenden Möglichkeiten, denen zum Auffinden der Lösung nachzugehen ist. Entscheidend für die Verwendung heuristischer Lösungsverfahren ohne Lösungsgarantie ist, daß diese Verfahren mangels besserer Methoden Lösungen liefern, die häufig als „gut genug" angesehen werden.

Diese Überlegungen könnten den Schluß nahelegen, daß Algorithmen — sofern vorhanden — stets heuristischen Lösungsverfahren vorzuziehen sind. Die Lösungsgarantie, die zweifellos für den Algorithmus spricht, ist jedoch nicht der einzige Gesichtspunkt, der hier zu beachten ist. Auch der Aufwand an Zeit sowie monetäre und psychische Kosten, die mit der Suche nach einer Lösung verbunden sind, sind wichtig. Diese Merkmale prägen die *heuristische Kraft* der zur Wahl stehenden Lösungsverfahren. Auch Algorithmen besitzen eine mehr oder weniger hohe heuristische Kraft. Ein heuristisches Lösungsverfahren mit großer heuristischer Kraft und fehlender Lösungsgarantie (nur in 80 % der Fälle findet das Verfahren etwa eine Lösung) ist unter Umständen einem Algorithmus vorzuziehen, der zwar in 100 % der Fälle eine Lösung erbringt, jedoch eine geringe heuristische Kraft aufweist.

Der Unterscheidung von algorithmischen und heuristischen Lösungsverfahren steht die Unterscheidung von analytischen, iterativen und Simulationsverfahren gegenüber.

Die klassische Methode zur Lösung von Modellen ist die logische Deduktion, d. h. das rein *analytische* Lösungsverfahren. Handelt es sich beispielsweise um das Auffinden eines Maximums im Rahmen eines mathematischen Modells, so bietet die Differentialrechnung bzw. die Theorie der Differenzengleichungen relativ allgemeingültige Deduktionsschemata. Algorithmen, die solche logischen Deduktionsschemata für kompliziertere Aufgaben realisieren, sind selten. Gleiches gilt für Deduktionsschemata der formalen Logik: Es gibt z. B. in der Regel keinen Algorithmus, mit dem man logische Beweise finden kann. Hier sind heuristische Verfahren anzuwenden. In der mathematischen Logik wurde gezeigt, daß formale Systeme ab einem bestimmten Komplexitätsgrad prinzipiell nicht algorithmisierbar sind. Auch der Mathematiker behilft sich mit heuristischen Lösungsverfahren, die freilich bislang nur in wenigen Fällen explizit gemacht werden konnten.

Für eine wichtige Klasse von Problemen, die im Rahmen des Operations Research unter der Bezeichnung „mathematische Programmierung" (lineare, nichtlineare, dynamische und stochastische Programmierung) bekannt sind, wurden iterative Algorithmen entwickelt. Ein *iteratives* Lösungsverfahren beginnt mit einer zulässigen Versuchslösung und spezifiziert eine Anzahl von Regeln, wie die Versuchslösung verbessert werden kann. Die Versuchslösung wird durch die verbesserte Lösung ersetzt und damit beginnt die nächste Iteration. Der Prozeß wird abgebrochen, wenn sich keine Verbesserung mehr ergibt oder die Rechenkosten im Verhältnis zum Nutzen der Lösung eine

Weiterführung der Rechnung verbieten. Iterative Algorithmen sind beispielsweise die Simplexmethode und ihre Erweiterungen zur Lösung linearer Gleichungssysteme. Auch heuristische Lösungsverfahren können auf dem Prinzip der Iteration beruhen. Es liegt in der Natur heuristischer Verfahren, daß dann die stufenweise Veränderung der einzelnen Versuchslösungen nicht mit Sicherheit die gewünschte Lösung hervorbringt. Im Falle der iterativen Lösungsverfahren liegt — im Gegensatz zu den analytischen Verfahren — ein induktiv orientiertes, systematisches „Herumprobieren" vor. Der Ablauf des Lösungsverfahrens wird von einem Programm geregelt, das — ohne daß menschliche Intuition einzugreifen hat — den jeweils nächsten probeweisen Schritt unter Berücksichtigung der Ergebnisse der vorhergehenden Versuche festlegt.

Auch das *Simulationsverfahren* ist ein „Herumprobieren". Man spricht häufig auch von *Berechnungsexperimenten*. Hier sind freilich zwei Fälle zu unterscheiden. Im Normalfall erfolgt die bei Iteration noch automatisierbare Rückkopplung bei der Simulation über den Menschen. Die Festlegung des nächsten Schrittes geschieht im Rahmen inexakter, nur vom Menschen realisierbarer Methoden, die zudem in aller Regel nicht explizit gemacht werden. Es hängt dabei von den heuristischen Prinzipien des experimentierenden Menschen ab, ob das gesamte, teilweise exakte Lösungsverfahren zu einer Lösung des gestellten Problems führt. Im zweiten Falle der Simulation hängt die Folge der Berechnungsexperimente nicht von den ad hoc, auf Grund der bisherigen Ergebnissen zu treffenden Entscheidungen des Experimentators ab, sondern wird nach einem von vornherein festgelegten Programm bestimmt. Dies ist etwa der Fall, wenn der jeweils nächste Schritt durch einen (automatisierbaren) Zufallsprozeß bestimmt wird. Mit der sogenannten Monte-Carlo-Simulation werden wir einen solchen Typ der Simulation kennenlernen. Das Simulationsverfahren ist hier — da keine Einflußnahme des Menschen durch inexakte Methoden vorgesehen ist — insgesamt exakt formuliert und damit automatisierbar.

Grenzen exakter Modellanalysen

Die bisherigen Überlegungen machen deutlich, daß trotz exakter Lösungsverfahren auch im Rahmen der Modellanalyse inexakte Methoden eine Rolle spielen. Nicht mehr exakt sind bereits die peripheren Methoden der Modellanalyse. Unter *peripheren* Methoden werden hier alle jene Aktivitäten zusammengefaßt, die mit der Datensammlung, der Modellkonstruktion und der Interpretation des Modelloutputs zusammenhängen. Der „Trick" bei der Modellkonstruktion besteht darin, aus der großen Zahl von möglichen Parametern und Variablen, die zusammen eine Erscheinung der Erfahrungswelt determinieren, jene herauszugreifen, die für die Erklärung bzw. Prognose „wesentlich" erscheinen. Bei der Modellformulierung wird meist eine Vereinfachung der vermuteten Gesetzesrelationen in der Weise angestrebt, daß die „wesentlichen" Abhängigkeiten — gemessen an der Abweichung zwischen Vorhersage und Test — erhalten bleiben. Beides ist dem Menschen auf Grund seiner Fähigkeit zur strukturerkennenden Abstraktion möglich, die jedoch wissenschaftlich noch nicht recht zu erklären ist. Eng verbunden mit der Formulierung von Modellen ist das bei der Interpretation und Anwendung von Modellen auftretende Korrespondenzregelproblem.

Dies ändert freilich nichts an der Tatsache, daß die Modellanalyse wegen ihres exakten Kerns die wissenschaftliche Methode par excellence ist und bleiben wird. Es zeichnet sich jedoch in jüngster Zeit eine Tendenz ab, auch den inexakten Methoden der wissenschaftlichen Analyse mehr Aufmerksamkeit zu widmen. Diese Tendenz steht in engem Zusammenhang mit der Erkenntnis, daß der Modellanalyse Grenzen gesetzt sind[48]). Diese Erkenntnis beruht auf einer langjährigen wissenschaftlichen Diskussion. Mit den ersten Erfolgen der Operations-Research-Verfahren im militärlogistischen Bereich konnte es nicht ausbleiben, daß der emotionalen, verständnislosen Ablehnung der mathematischen Hilfsmittel als „Modeerscheinung" eine optimistische Haltung gegenüberstand, die in exakten Modellen und ihrer Computerisierung den Schlüssel zur Lösung aller Probleme sah. Nicht wenige gingen sogar so weit, totale, d. h. die gesamte Betriebswirtschaft und deren relevante Umwelt im Detail erfassende Modelle zu fordern, um so das Ideal einer Modellanalyse im betriebswirtschaftlichen Bereich zu erreichen. Wie viele Ideale stellte sich auch dieses Ideal als Utopie heraus.

Als Antwort auf diese Erkenntnisse zeichnen sich heute zwei Tendenzen in der Diskussion von Methoden zur Unterstützung von Entscheidungsprozessen ab: die Konzeption betriebswirtschaftlicher Methoden- bzw. Modellbanken und die Einbeziehung inexakter Methoden zur Unterstützung von Entscheidungen. Die erste Tendenz führt uns in das Gebiet der angewandten Informatik und der automatisierten Datenverarbeitung, die zweite in das Gebiet der Systemanalyse. Beiden Gebieten wollen wir uns im folgenden zuwenden.

2.122 Datenverarbeitung und Informatik

Eine Diskussion von Methoden zur Unterstützung betriebswirtschaftlicher Entscheidungsprozesse ist heute ohne eine Einbeziehung der automatisierten Datenverarbeitung nicht mehr möglich. In zunehmendem Maße werden die im Rahmen des Operations Research entwickelten Modelle nicht mehr als isolierte Entscheidungsmethoden, sondern als Komponenten computerisierter Informationssysteme gesehen. Damit tritt die Informatik als weitere methodenorientierte Disziplin in den Gesichtskreis der angewandten Betriebswirtschaftslehre und damit auch der betriebswirtschaftlichen Logistik. In den folgenden Abschnitten sollen zunächst die Informatik und ihre Anwendungsschwerpunkte näher charakterisiert werden, um dann die Konzeption computerunterstützter Informationssysteme einzuführen.

---

[48]) Vgl. zu den Grenzen exakter Modellanalysen beispielsweise auch Spinner (1969), Sp. 1004 ff.

Begriff und Gliederung der Informatik

Der im deutschsprachigen Raum übliche Begriff „Informatik" bezeichnet eine wissenschaftliche Disziplin, die im angelsächsischen Bereich „Computer Science" oder „Data Processing" genannt wird. Diese Gleichsetzung von Informatik, Computer Science und Datenverarbeitung wird nicht von allen Autoren vorgenommen. Ein Blick in die gängigen deutschen Lehrbücher, die das Wort „Datenverarbeitung" im Titel führen, zeigt, daß man darunter primär eine Sammlung technologischer Fertigkeiten versteht, die zur Automation routinemäßiger Verwaltungstätigkeiten angewandt werden können[49]. Hierbei handelt es sich insbesondere um Kenntnisse über Programmierung und Datenorganisation in Großspeichern mit dem notwendigen Hintergrundwissen über Informationstheorie (Codierung), Schaltalgebra und Betriebssysteme. Mit Recht wird die intellektuelle Enge kritisiert, die sich aus einer solchen Interpretation der Datenverarbeitung für die Diskussion der Möglichkeiten und Grenzen des Computereinsatzes in Organisationen ergibt. Wir wollen im folgenden davon ausgehen, daß Datenverarbeitung, Informatik und Computer Science Begriffe sind, die im wesentlichen identische wissenschaftliche Problemkreise bezeichnen. Möchte man jedoch das Wort „Datenverarbeitung" — etwa entsprechend dem angelsächsischen Business Data Processing — für die betriebswirtschaftlich relevanten Teile der Informatik reservieren, dann darf diese Auswahl nicht durch die Zufälligkeit der historischen Entwicklung gekennzeichnet sein, sondern muß eine methodologisch reflektierte „spezielle Informatik" darstellen.

Folgt man der modernen angelsächsischen Diskussion, dann bezeichnen die Begriffe „Datenverarbeitung", „Informatik" oder „Computer Science" im wesentlichen identische Problemkreise. Zur Klärung können folgende Arbeitsdefinitionen beitragen:

(1) Datenverarbeitung (Computer Science) ist die Wissenschaft über Computer und alle sie umgebenden Erscheinungen[50].

(2) Datenverarbeitung (Computer Science) ist die Wissenschaft von der Information, insbesondere von den Formen ihrer Darstellung (d. h. ihrer syntaktischen Dimension), den Mechanismen ihrer Verarbeitung (der semantischen Dimension) und Interpretation[51].

Die erste Definition stellt den Computer als informationsverarbeitendes System in den Mittelpunkt der neuen Disziplin Datenverarbeitung. Computer sind nicht lediglich als schnellere Tischrechenmaschinen zu betrachten, sondern als allgemein programmierbare (general purpose), informationsverarbeitende, kybernetische Systeme. Das bedeutet, sie können selbständig jedem logisch denkbaren Programm zur Verarbeitung von Symbolen belie-

---

[49] Vgl. z. B. Chapin (1963); Diemer (1962); Dotzauer (1968); Dworatschek (1970); Fischbach und Büttgen (1967); Futh (1964), (1965); Graef, Greiller und Hecht (1970); Wehrig (1970).
[50] Vgl. Forsyte (1970); Newell, Perlis und Simon (1967).
[51] Vgl. Amarel (1971); Wegner (1970).

biger Art folgen, gleichgültig, ob es sich um Zahlen, Bilder oder sonstige Zeichen handelt. Dieser Sachverhalt ist gemeint, wenn der Automatentheoretiker den Computer als *universelle Turingmaschine* charakterisiert. Komponenten moderner Computersysteme sind im wesentlichen die Hardware-Elemente (insbesondere Speicher, logische Verknüpfer und Zuordner, Übertragungskanäle, Ein- und Ausgabegeräte), Lösungsverfahren (heuristische Prozeduren oder Algorithmen), Programmiersysteme und Sprachelemente, Programme (d. h. spezifische Implementationen von Lösungsprozeduren in einer wohl-definierten Sprache) und Informationsstrukturen.

Eine wissenschaftliche Arbeitsteilung, die sich an diesen Gesichtspunkten orientiert, ergibt etwa folgende Einteilung der Datenverarbeitung[52]):

— Hardware and Logical Design
— Operating Systems
— Programming Systems and Languages
— Automata Theory
— Numerical Analysis
— Information Storage and Retrieval
— Symbol Manipulation, Heuristic Programming, Artificial Intelligence.

Die englischen Bezeichnungen deuten bereits an, daß es sich hierbei in der Tat um jene Fächer handelt, die heute am häufigsten im angelsächsischen Sprachgebiet unter der Überschrift „Computer Science" gelehrt werden. Der Nachteil dieser Einteilung ist, daß sie die Anwendungen der Datenverarbeitung quasi nur am Rande erfaßt („die den Computer umgebenden Erscheinungen"), da sie die Erforschung des Computers selbst als informationsverarbeitendes Hardware-und-Software-System in den Mittelpunkt der Datenverarbeitung stellt. Dadurch wird nicht deutlich genug gemacht, was, abgesehen von den jeweils historisch bedingten Zufälligkeiten, Schwerpunkte der Computer*anwendung* sein sollen. Hier hilft jedoch die zweite Definition weiter.

Nach ihr ist Hauptaufgabe der Datenverarbeitung die Untersuchung des Phänomens der *Information* in allen seinen Erscheinungsformen. Danach spielt der letztlich nicht zu definierende Begriff der Information für die Datenverarbeitung eine genauso zentrale Rolle wie der Begriff des Lebens für die Biologie, die Erscheinungsformen der Gesellschaft für die Soziologie, der „Geist" des Menschen für die Psychologie, Energie und Materie für die Physik usw. Erkenntnisziel der Datenverarbeitung ist es dann, möglichst allgemeingültige, theoretisch und empirisch fundierte Aussagen über informationsverarbeitende Systeme zu erarbeiten, gleichgültig, ob diese Systeme biologischer (Organismen), künstlich-technischer (Automaten) oder sozialer Natur (Planung und Entwurf von Mensch-Maschine-Systemen) sind.

---
[52]) Amarel (1971).

Die Methoden der Datenverarbeitung zur Erforschung der Information sind empirischer und theoretischer Natur. In der Theorie versucht die Datenverarbeitung, möglichst allgemeingültige *Modelle* der Informationsverarbeitung aufzustellen. Diese sind theoretische Aussagensysteme, welche die Spekulationen und die Hypothesen des individuellen Forschers zu einzelnen informationsverarbeitenden Problemen in überprüfbarer Form festhalten. Die technologische Zweckmäßigkeit oder die empirische Relevanz der Modelle ist letztlich nur mittels Experimenten testbar. Unter diesem Aspekt benutzt die Datenverarbeitung — analog zu Experimenten in der Physik bei der Erforschung energieverarbeitender Geräte — Computer als informationsverarbeitende Experimentieranlagen. Im Lichte der Tatsache, daß sich in der Physik unsere Vorstellungen über das Wesen von Energie und Materie nur allmählich durch das Studium ihrer verschiedenen Formen (Wärme, Elektrizität, Kernspaltungsenergie usw.) konkretisiert haben, kann es nicht überraschen, daß die Computerwissenschaften auch noch 30 Jahre nach der Konstruktion des ersten Computers über die verschiedenen Formen und das Wesen der Information nur sehr unvollkommene Aussagen machen können. Immerhin ist festzustellen, daß man einige Klassen von Informationen möglicherweise besser versteht (z. B. Zahlen) als andere (z. B. die natürliche Sprache oder die Verarbeitung von Bildern im menschlichen Gedächtnis).

Folgt man diesen Überlegungen, dann geht es auf dem Gebiet der Hardware um die Frage nach der zweckmäßigen technischen Relation von informationsverarbeitenden Automaten zu bestimmten gewünschten Eigenschaften, bei den Betriebssystemen um den Entwurf von Informationssystemen zum ökonomischen Betrieb bestimmter, technisch gegebener informationsverarbeitender Automaten und bei den Programmiersprachen um die Erforschung der Mittel zur Mensch-Maschine-Kommunikation. Die Automatentheorie beschäftigt sich mit den mathematisch-logischen Bedingungen und Eigenschaften von Berechnungsprozessen (Algorithmen) schlechthin. Sie muß ermitteln, ob bestimmte Klassen von Funktionen überhaupt berechenbar sind, und trägt dadurch mit formalen Mitteln zum Verständnis von Rechenprozessen bei. Dieses Gebiet stellt gewissermaßen den Kern der Datenverarbeitung dar. In ihren Anwendungen ist sie interdisziplinär. Sie teilt ihr Interesse an der Information insbesondere mit der Mathematik, mit der Neurologie und Gehirnforschung sowie mit den Sozialwissenschaften.

Im deutschsprachigen Raum wird die Informatik häufig als Zweig der angewandten Mathematik begriffen. Hieran ist richtig, daß auch die Mathematik sich mit der Information beschäftigt. Beide betonen hierzu die Arbeit mit symbolischen Modellen. Die Gemeinsamkeiten beider Disziplinen dürfen aber nicht über die unterschiedlichen Ausgangspunkte dieser Disziplinen hinwegtäuschen. Der Mathematiker interessiert sich für die *syntaktischen* Beziehungen zwischen Zeichenketten, die nach wohl-definierten Regeln geformt und als Axiomensysteme abgeleitet werden können. Er abstrahiert hierbei von der spezifischen Art der Darstellung. Auch ist für ihn unerheblich, ob seine Aussagen von Bedeutung für die Realität sind. Demgegenüber analysiert der Informatiker Informationswandlungsprozesse der wirklichen Welt. Er macht diese zum Gegenstand von Modellen und Theorien mit Anspruch auf *empirischen* Wahrheitsgehalt. Auf diese Weise sollen unsere intuitiven Vorstellungen über das Wesen der Informationen auf eine methodologisch gesicherte Basis gestellt werden. Darauf aufbauend werden Computer primär als Informationswandler zur Lösung von Problemen betrachtet. Hierbei sind sehr wohl die Eigenschaften alternativer Darstellungen mathematisch ansonsten äquivalenter Funktionen von Interesse. Informatik ist daher im wesentlichen auch eine angewandte Wissenschaft. Ihre Aussagen werden zum erheblichen Teil experimentell gewonnen und verlangen entsprechende Forschungsmethoden. Dies wird von Mathematikern gerne übersehen. Erfahrungssätze haben ihrer Natur nach weder die Prägnanz mathematischer Axiome noch die Stringenz formaler Beweise.

Informatik ist auch nicht an eine bestimmte Technologie gebunden. Es ist daher bedenklich, sie etwa den Fakultäten für Maschinenbau oder Elektrotechnik zuzuordnen. Der Beitrag der Elektrotechnik zur Datenverarbeitung, insbesondere ihres Teilgebietes Elektronik, ist die Konstruktion künstlich-technischer informationsverarbeitender Systeme. Demgegenüber ist die Informatik die Wissenschaft von der Information schlechthin. Das heißt, sie ist die Lehre von der Arbeitsweise und der Gestaltung aller denkbaren Informationssysteme[53]). Sie erforscht deren Aufbau und Leistungen zu bestimmten Zwecken unter wechselnden Bedingungen. Dies schließt die von der Technik konstruierten informationsverarbeitenden Automaten genauso ein wie die von der Natur angebotenen biologischen Mechanismen oder die für das gesellschaftliche Zusammenleben notwendigen sozialen Mensch-Maschine-Systeme zur Informationsverarbeitung.

Im folgenden wollen wir die bisher nur zum Teil angedeuteten Aspekte der Hardware und Software von Computersystemen, der Anwendungsschwerpunkte der Informatik und der Informationssysteme zur Automatisierung und Unterstützung organisationaler Entscheidungen vertiefen.

Hardware und Software

Unter Hardware versteht man die mechanischen, elektrischen und elektronischen Funktionseinheiten einer Datenverarbeitungsanlage einschließlich der peripheren Geräte. Im Vordergrund stehen im folgenden die programmgesteuerten Digitalrechner. Unter dem Begriff der Software im weitesten Sinne wird alles das zusammengefaßt, was sonst zu einem Computersystem oder gar zu einem ganzen Mensch-Maschine-Informationssystem gerechnet werden kann und nicht zur Hardware gehört.

---

[53]) Ähnlich auch Grochla (1971) sowie Szyperski (1968), (1971 b), die freilich eine solchermaßen definierte Informatik neben die Computer Science stellen.

Komponenten der Hardware

Es ist üblich, die Hardware moderner Computersysteme in die Zentraleinheit, die Ein-/Ausgabeeinheiten, die peripheren Speicher und die Kanäle zu gliedern. Abb. 2.3 charakterisiert die Computer-Hardware. Durchgezogene Pfeile bzw. Linien deuten den Datenfluß an, während unterbrochene Pfeile den Fluß elektrischer Kontrollsignale angeben[54]).

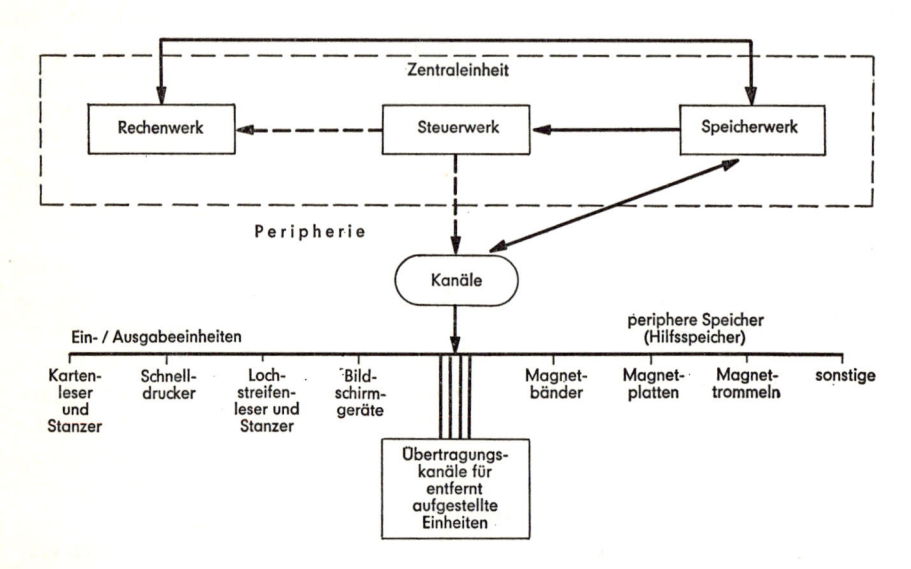

Abb. 2.3: Die Computer-Hardware

Die Abb. 2.3 zeigt von den Ein-/Ausgabeeinheiten nur jene Geräte, die direkt Zugang zur Zentraleinheit besitzen oder, wie man sich ausdrückt, „on line" betrieben werden. Sie gehören zur ersten Peripherie. Daneben besteht eine zweite Peripherie von Geräten, die nicht direkt an die Zentraleinheit angeschlosssen sind oder „off line" sind. Hierzu gehört beispielsweise der Kartenlocher.

Alle Symbole, die im Rechenwerk der Zentraleinheit verarbeitet werden sollen, müssen zunächst in den Speicher der Zentraleinheit, auch Haupt- oder Arbeitsspeicher genannt, eingeschrieben werden. Bei der heutigen Technologie besteht das Speicherwerk aus Ferritkernen, die durch ihre Links- bzw. Rechtsmagnetisierung angeben, ob eine 0 oder eine 1 gespeichert ist. Die kleinste Speichereinheit ist folglich ein *bit* (Abkürzung für binary dig*it*). Für die Adressierung ist es jedoch zweckmäßig, die bits zu gruppieren. Am häufigsten sind 6er- oder 8er-Gruppen. Solche Gruppen heißen *Bytes*. Ein Byte ist somit die kleinste Dateneinheit, welche im Verkehr mit der Peripherie

---

[54]) Vgl. zur Computer-Hardware beispielsweise Chapin (1963); Diemer (1968); Dworatschek (1970), S. 48 ff.; Flores (1969); Hassitt (1967); Hellermann (1967); Maisel und Wright (1969), S. 34 ff.

adressiert werden kann. Der Vollständigkeit halber sei noch erwähnt, daß manche Computerhersteller keine Bytes verwenden, sondern die bits so zusammenfassen, daß jede Gruppe genau eine Dezimalstelle (Dezimalstellenorganisation) oder mehrere alphanumerische Zahlen (z. B. 4, 6 oder 10) speichern kann (Wortorganisation des Speichers). Wortmaschinen sind insbesondere für rechenintensive wissenschaftliche Anwendungen von Vorteil. Die Größe des Bytes wird in aller Regel so gewählt, daß sein Informationsgehalt ausreicht, um alle gewünschten alphanumerischen Symbole (Buchstaben, Ziffern, Sonderzeichen) zu kodieren.

Das *Rechenwerk* besteht aus einem oder mehreren Registern (Schnellspeicherplätzen) und Schaltelementen (z. B. Halbaddierer, Volladdierer, Negationsglieder, Verschieber usw.), mit denen bestimmte arithmetische und logische Operationen zur Symboltransformation ausgeführt werden können. An arithmetischen Operationen bewältigt das Rechenwerk die vier Grundrechenarten Addition, Subtraktion, Multiplikation und Division. Im Grunde beherrscht der Computer eigentlich nur die Addition, da sich die übrigen drei Grundrechenarten auf diese zurückführen lassen. Logische Operationen gestatten dem Rechenwerk, den Größenvergleich zweier Daten x und y durchzuführen. Solche Größenvergleichsoperationen sind etwa:

$$x = y;$$
$$x > y;$$
$$x \leq y.$$

Die Fähigkeit des Vergleichens und die davon abhängige Programmsteuerung sind für die Flexibilität des Computers charakteristisch.

Das *Steuerwerk* ist in der Lage, Computerbefehle aus dem Speicher der Reihe nach abzurufen und ihnen folgend durch entsprechende Steuersignale alle Teile der Hardware zu koordinieren.

Kanäle bewerkstelligen selbständig auf Anforderung den Datentransfer zwischen Zentraleinheit und Peripherie. Ursprünglich nur als Übertragungswege konzipiert, können sie heute als kleine Spezialcomputer aufgefaßt werden, die Codes prüfen und umformatieren, periphere Geräte überwachen u. ä. Sie arbeiten dabei nach den eigens für sie in einem gesonderten Speicherbereich bereitgehaltenen *Kanalprogrammen* und entlasten insoweit die Zentraleinheit von den Ein-/Ausgabeoperationen. Dies ist wirtschaftlich notwendig, weil die Ein-/Ausgabeoperationen um den Faktor 10^2 bis 10^6, d. h. hundert- bis einmillionmal, langsamer ablaufen, als die Zentraleinheit arbeitet. Das Betriebssystem koordiniert deshalb die Arbeit der Kanäle und der Zentraleinheit so, daß sich die Arbeit der Kanäle mit den Rechenvorgängen in der Zentraleinheit überlappt. Man unterscheidet Multiplex- und Selektorkanäle. *Selektorkanäle* sind schnelle Kanäle, die jeweils nur ein einziges Ein-/Ausgabegerät bedienen können. *Multiplexkanäle* sind langsamer, dafür jedoch in der Lage, mehrere Ein-/Ausgabeeinheiten gleichzeitig zu bedienen.

Die *peripheren Einheiten* sind vom Standpunkt der Rechenlogik aus zwar der unwesentlichste Teil einer Datenverarbeitungsanlage, doch tritt diese über die Ein-/Ausgabeeinheiten mit der Außenwelt in Verbindung. Die wichtigsten Geräte hierzu sind in Abb. 2.3 angeführt. Neben den Ein-/Ausgabeeinheiten gehören auch die Hilfsspeicher zur Peripherie der Computer-Hardware. Im wesentlichen handelt es sich hierbei um Magnetbänder, Magnetplatten und Magnettrommeln.

Für die Beurteilung der peripheren Einheiten ist neben ihrer Übertragungsgeschwindigkeit — gemessen in bit pro Sekunde — die Form des Zugriffs auf die in ihnen gespeicherten Daten ausschlaggebend. Von besonderer Bedeutung sind die Plattenspeicher, die eine direkte Adressierung über Zylinder (Spur) und Plattenseite erlauben. Die Kapazität eines Plattensatzes mit z. B. 8 einzelnen Platten reicht bis zu mehr als 240 Millionen alphanumerischen Zeichen. Demgegenüber speichert ein 800 m langes Magnetband zwischen 24 und 48 Millionen Zeichen.

Computer-Software

Definiert man Hardware als die mechanischen, elektrischen und elektronischen Funktionseinheiten einer Datenverarbeitungsanlage einschließlich der peripheren Geräte, so kann man unter Software sämtlichen Bedienungskomfort für die Hardware verstehen[55]. Dies umfaßt letztlich alles, was als Teil eines Computersystems aufgefaßt werden kann und nicht zur Hardware gehört. Im Sinne dieser weiten Definition läßt sich die Software zunächst in die drei großen Teilbereiche: systemorientierte Software, Anwender-Software und intellektueller Service unterteilen (vgl. Abb. 2.4[55a]). Letzteren bezeichnet Dworatschek[56] als Teil der Software und versteht darunter die Hilfestellung, die vom Hersteller bei der Ausbildung des Personals des Anwenders und bei der Erstellung der Anwenderprogramme geleistet wird.

Die Mitglieder der System Development Corporation schließlich beziehen in den Begriff der Software eines Informationssystems auch die Systems Procedures (Verfahrensvorschriften) für die Operateure und Benutzer, die Ausbildungsprogramme und sogar die menschlichen Elemente des Informationssystems ein.

Wir wollen im folgenden die systemorientierte Software und die Anwender-Software näher betrachten.

---

[55]) Vgl. ähnlich Heinrich (1970), S. 125. Gliederungen der Software finden sich z. B. bei Poths (1969), S. 356 und Walter (1970), S. 159. Diesen wird hier nicht gefolgt, weil sie weitgehend vereinfacht und teilweise unvollständig scheinen. Eine eingehende betriebswirtschaftlich-organisatorische Analyse der Software-Entwicklung findet sich auch bei Mertens (1972 a); Seibt (1972) sowie in den Beiträgen der Sammelwerke, herausgegeben von Jacob (1972); ferner Fischer und Walter (1971).

[55a]) Vgl. auch Englert (1972), S. 8.

[56]) Vgl. Dworatschek (1970), S. 328.

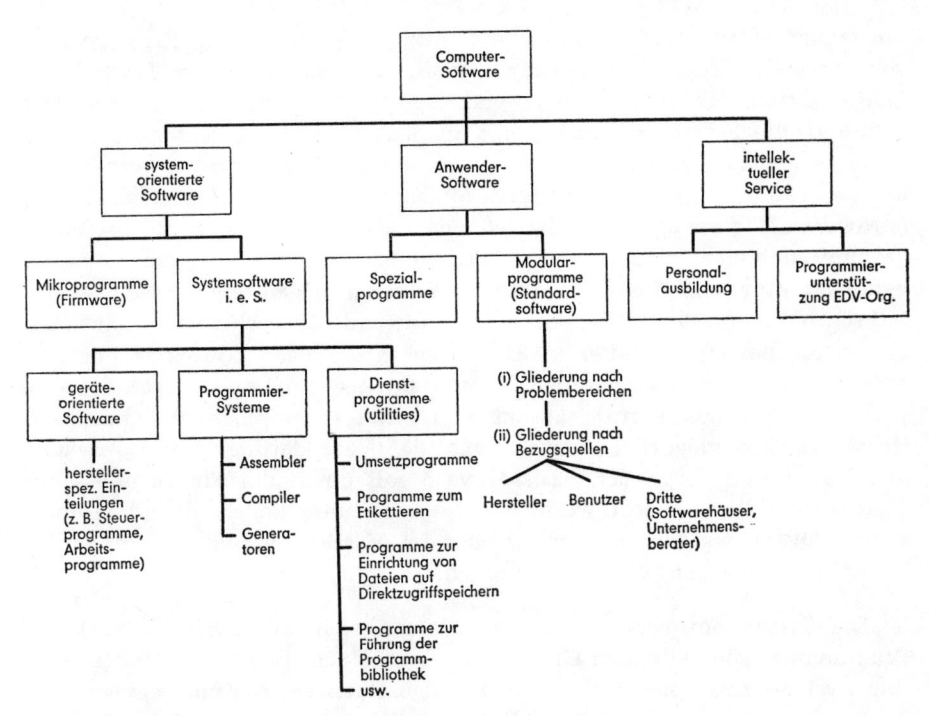

Begriffliche und methodologische Grundfragen

```
                          Computer-
                          Software
         ┌──────────────────┼──────────────────┐
    system-            Anwender-           intellek-
    orientierte         Software           tueller
    Software                               Service
     ┌────┴────┐       ┌────┴────┐         ┌────┴────┐
 Mikro-    System-   Spezial-  Modular-  Personal-  Programmier-
 programme software  programme programme ausbildung unterstüt-
 (Firmware) i. e. S.           (Standard-           zung EDV-Org.
                               software)

 geräte-    Programmier-  Dienst-      (i) Gliederung nach
 orientierte Systeme      programme        Problembereichen
 Software                 (utilities)
                                       (ii) Gliederung nach
  hersteller-  ─ Assembler  ─ Umsetzprogramme    Bezugsquellen
  spez. Ein-
  teilungen   ─ Compiler   ─ Programme zum   Hersteller  Benutzer  Dritte
  (z. B. Steuer-             Etikettieren                          (Softwarehäuser,
  programme,  ─ Genera-                                            Unternehmens-
  Arbeits-       toren     ─ Programme zur                         berater)
  programme)                 Einrichtung von
                             Dateien auf
                             Direktzugriffsspeichern

                           ─ Programme zur
                             Führung der
                             Programm-
                             bibliothek
                             usw.
```

Abb. 2.4: Klassifikation der Computer-Software

Die *systemorientierte* Software arbeitet nicht unmittelbar produktiv für die Lösung von Anwenderproblemen. Ihre Aufgabe ist vielmehr, eine Hilfestellung für die eigentliche Anwender-Software-Produktion zu geben. Die systemorientierte Software ist in die Mikroprogramme und die System-Software im engeren Sinne zu unterteilen.

(1) Die *Mikroprogrammierung* wurde von M. V. Wilkes[57]) erfunden. Diesem ging es zunächst um die Ordnung der fast chaotischen Entwurfsmethoden für komplizierte logische Schaltungen. Sein Grundgedanke war es, die Logik eines Rechner-Steuerwerks zur Erhöhung der Übersichtlichkeit auf der Hardware-Ebene von der eigentlichen Elektronik zu trennen. Dazu werden die Maschinenbefehle auf der untersten Ebene der Hardware in die Spannungsimpulse umgesetzt, welche die Schaltelemente (Register, Addierer, Negationsglieder usw.) betätigen[58]). Schnupp und Wieler[59]) sprechen folglich von der Mikroprogrammierung als der verschwindenden Grenze zwischen Hardware und Software. Die Mikroprogramme stehen in gesonderten, eventuell austauschbaren Festspeichern (sog. Read-Only-Memories) und ersetzen somit die feste Verdrahtung der Maschinenbefehle.

---

[57]) Vgl. Wilkes (1951).
[58]) Vgl. dazu die Literaturauswertung bei Davies (1972).
[59]) Vgl. Schnupp und Wieler (1972). Ferner sei verwiesen auf Cashman (1971); Husson (1970); Rosin (1969); Wilkes und Stringer (1953).

Ein Hauptvorteil der Mikroprogrammierung liegt darin, daß Eigenschaften von höheren Programmiersprachen (z. B. Verarbeitung von Listen und Zeichenketten, rekursive Unterprogrammaufrufe, dynamische Speicherverwaltung), die bei einer Übersetzung in herkömmliche Maschinensprachen einen besonders hohen Aufwand (sowohl für den Generator als auch später bei der Ausführung) erfordern, durch Mikroprogrammierung ziemlich einfach hardwaremäßig realisiert werden können. Schließlich schafft die Mikroprogrammierung eine den aktuellen Wünschen des Benutzers anpaßbare Maschinenarchitektur und Befehlsstruktur. Bedenken gegen eine Freigabe der Mikroprogrammierung für einen breiten Anwenderkreis stützen sich auf Probleme, die bei unkontrollierten Eingriffen in die Basisarchitektur der Anlage nicht ausgeschlossen werden können, sowie auf die zu erwartenden Gewährleistungs- und Wartungsauseinandersetzungen zwischen Anwender und Hersteller. Ein möglicher Ausweg aus der Veränderung der Hardwarearchitektur und damit der Basissoftware soll durch die Einführung eines *Meta-Assemblers* erreicht werden. Dieser erlaubt nämlich, den Assembler durch Angabe von Parametern, welche die Maschinenstruktur beschreiben, auf die jeweilige Hardware abzustimmen.

(2) Die *System-Software im engeren Sinne* besteht aus einer Vielzahl von Programmen, die bei einem Großcomputer zu einem *Betriebssystem* (Operating System) zusammengefaßt sind. Bei den Datenverarbeitungsanlagen der dritten Generation ist die System-Software die Voraussetzung dafür, daß ein Datenverarbeitungssystem überhaupt für die Erfüllung von Aufgaben eingesetzt werden kann[60]).

Zur *geräteorientierten Software* gehören Programme und Unterprogramme, welche die organisatorische Handhabung und Überprüfung der Informationen, die von den Geräten kommen oder für sie bestimmt sind, vornehmen[61]). Ein typisches Beispiel für geräteorientierte Software ist das sogenannte Ein-/Ausgabekontrollsystem (Input-Output-Control-System, IOCS). Es dient der Bewerkstelligung der Ein-/Ausgabeoperationen der Anwenderprogramme mit Hilfe des Kanalprogramms. Dabei übernimmt das IOCS auch die Diagnostizierung von eventuell auftretenden Fehlern.

Unter einem *Programmiersystem* versteht man im allgemeinen eine bestimmte Programmiersprache (d. h. die linguistischen Elemente, mit denen das Problem für den Computer formuliert wird) und das zugehörige Übersetzungsprogramm. Entsprechend der Aufteilung in maschinenorientierte und problemorientierte Programmiersprachen unterscheidet man zunächst zwischen *Assemblern* und *Compilern*. Sind die Sprachelemente so geartet, daß vom Benutzer nur noch Zustandsbeschreibungen von Problemdefinitionen gegeben werden, zu denen das System selbständig den Lösungsweg

---

[60]) Zur System-Software im engeren Sinne vgl. z. B. Flores (1966); Hays (1967); Knuth (1969); Minsky (1968); Ralston (1971); Rice und Rice (1969); Rosen (1967); Sammet (1969).

[61]) Unterprogramme (Subroutinen) sind Programme, die trotz mehrfacher Verwendung nur einmal im Speicher stehen und von beliebigen Stellen aus angesprochen werden können.

generiert, dann spricht man von *Generatoren*. Die Programmiersprache eines Generators gleicht einem Satz von Schablonen, mit denen bestimmte Typen von Aufgaben beschrieben werden können. Aus den schablonenhaften Problembeschreibungen leitet das Generatorsystem die Lösungsprozedur ab.

Dienstprogramme innerhalb eines Betriebssystems unterstützen das Arbeiten mit den an eine Datenverarbeitungsanlage angeschlossenen äußeren Speichern sowie Eingabe- und Ausgabegeräten. Sie sind ein wertvolles Hilfsmittel zum Betrieb eines Computers. Der Programmieraufwand vieler Aufgaben läßt sich mit ihnen stark reduzieren.

Die wichtigsten Dienstprogramme sind:

(1) Umsetzprogramme. Sie dienen der Übertragung von Daten eines Datenträgers auf einen anderen mittels einer Datenverarbeitungsanlage ohne weitere Verarbeitung. Wichtigstes Beispiel hierfür ist die Umsetzung von Daten zwischen äußeren Speichern und Ein- und Ausgabegeräten. Vielfach werden zur Umsetzung — wo dies möglich ist — kleinere Umsetzanlagen eingesetzt. Für die meisten Datenverarbeitungsanlagen stellen die Hersteller jedoch Standard-Umsetzprogramme zur Verfügung.

(2) Programme zum Etikettieren von äußeren Speichern. Ein Etikett ist ein auf dem Datenträger eines Magnetschichtspeichers aufgezeichneter Block, der zur Identifizierung von Dateien und zum Schutz gegen unbeabsichtigtes Überschreiben dient. Beispiele für Etikette sind: Datenträger-Etikette, Dateianfangs- und -end-Etikette, Abschnittsetikette zur Kennzeichnung von Abschnittsmarken, Fixpunktetikette zur Kennzeichnung von Wiederanlaufpunkten und Format-Etikette.

(3) Programme zum Einrichten von Dateien auf Direktzugriffsspeichern. Solche Programme haben die Aufgabe, Daten für bestimmte Aufgaben nach ausgewählten Kriterien zusammenzustellen.

(4) Programme zur Führung der Programmbibliothek. Hierzu gehören Programme für die Neuaufnahme oder Löschung von Programmen in den auf äußeren Speichern untergebrachten Programmbibliotheken (Bibliothekswartungsprogramme).

Unter *Anwender-Software* sind in erster Linie alle Programme und Teilprogramme zu verstehen, die direkt für die vom Anwender geforderten Aufgaben verwendet werden können. Anwender-Software ist immer problembezogen und wird daher auch als problemorientierte Software bezeichnet oder, etwas vereinfachend, mit den Benutzerprogrammen gleichgesetzt. Sie stellt die Gesamtheit der unmittelbar zur automatisierten Erfüllung betrieblicher Datenverarbeitungsaufgaben eingesetzten Programme dar[62]).

---

[62]) Die Bezeichnung Anwender-Software soll an sich ausdrücken, daß mit dieser Definition mehr umfaßt wird als nur eine Bibliothek von Benutzerprogrammen. Eine extensionale Beschreibung für die MIS-Problematik gibt Klein (1973), Kapitel 3.1 bis 3.5; zu internationalen Abgrenzungsschwierigkeiten vgl. ebenda, Kapitel 3, Anm. 2.

Die Anwender-Software kann unterteilt werden in Programme, die für einen bestimmten Zweck bei einem einzelnen Betrieb vorgesehen sind, und solche, die der Erfüllung von gleichen oder ähnlichen Aufgaben aus einer bestimmten Aufgabenklasse bei verschiedenen Benutzern dienen können. Für Anwenderprogramme des letzten Typs hat sich in letzter Zeit der Ausdruck *Modularprogramme* oder problemorientierte *Standardsoftware* eingebürgert. Wenn im Verlauf dieses Kapitels Anwenderprogramme mit logistischem Bezug diskutiert werden, so sind hierbei jene Prinzipien von besonderem Interesse, mit deren Anwendung eine gewisse Standardisierung und Flexibilität der Computer-Software für logistische Probleme erreicht werden kann. Die Besonderheiten, welche im konkreten Einzelfall bei der Software-Entwicklung auftauchen, treten dabei in den Hintergrund.

Informationssysteme

Im Mittelpunkt der in unserem Zusammenhang interessierenden Anwendungsprobleme der Informatik stehen organisationale Informationssysteme zur Unterstützung logistischer Entscheidungsprozesse. Abb. 2.5 verdeutlicht die Schwerpunkte der Informatik für den Aufbau von Informationssystemen (Computer-Wissenschaft)[63]. Die Verbindungslinien der Abbildung deuten auf besonders enge Verbindungen zwischen den Gebieten auf Grund von Lösungsverfahren, Datenstrukturen, Algorithmen und Prozeduren, Programmiersprachen usw. hin. Die Abbildung zeigt zunächst die engen Beziehungen der angewandten Informatik zum Operations Research auf. Statistische Rechenverfahren, mathematische Optimierung, Modelltechnik, Simulation und heuristische Programmierung gehören heute in den USA bereits zu den klassischen Gebieten der Datenverarbeitung und sind in weiten Bereichen standardisiert. Modularprogramme aus diesen Gebieten sind das Baumaterial, aus dem Informationssysteme zur Unterstützung von Entscheidungen zu konstruieren sind.

Die Abbildung macht auch sichtbar, daß die Diskussion solcher Informationssysteme sehr schnell Probleme nahezu aller übrigen Anwendungsschwerpunkte relevant werden läßt.

Es ist nun aber die Frage zu stellen, was unter einem Informationssystem zu verstehen ist und was sich insbesondere hinter dem Begriff des Management-Informations-Systems (MIS), der neuerdings auch in der betriebswirtschaftlichen Literatur so intensiv diskutiert wird, verbirgt. Zunächst ist festzuhalten, daß ein Informationssystem oder Management-Informations-System nicht mit dem Informations- und Entscheidungssystem der Organisation identisch ist. Ein Informationssystem oder ein MIS ist stets nur ein Teilsystem des gesamten Informations- und Entscheidungssystems. Jede Organisation besitzt — wie wir bereits im ersten Teil dargelegt haben — ein Informations- und Entscheidungssystem. Dieses läßt sich — vereinfacht dar-

---

[63] Amarel (1971), S. 396. Vgl. zu einer abweichenden Einteilung von Anwendungsschwerpunkten der Datenverarbeitung Dworatschek (1970), S. 329 ff.

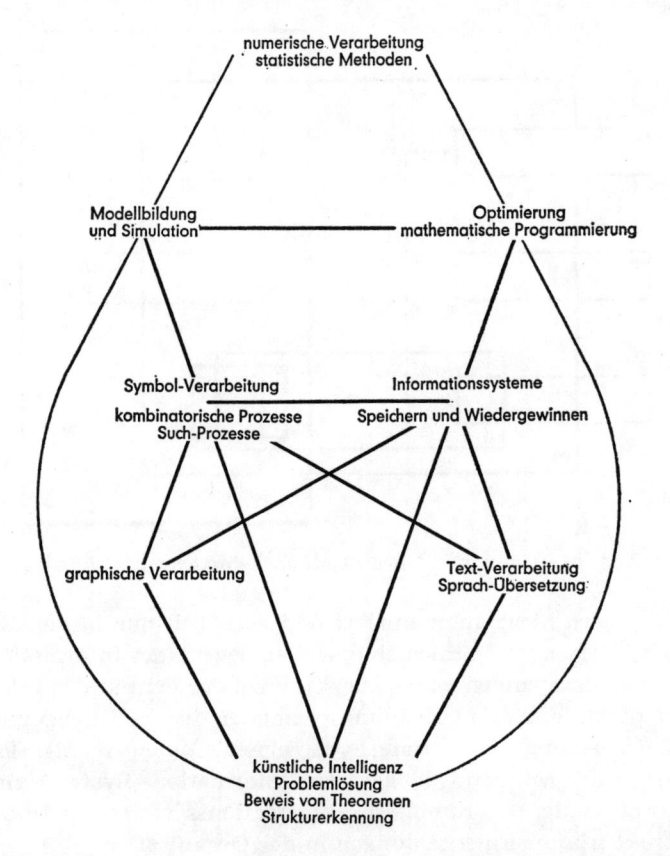

Abb. 2.5: *Anwendungsorientierte Schwerpunkte der Informatik (Computer-Wissenschaft)*

gestellt — durch vier Teilsysteme charakterisieren: das politische System, das administrative System, das operative System und das Intelligenzsystem. In der Abb. 2.6 repräsentieren die Rechtecke I, II und III das politische, administrative und operative System, das Rechteck IV das Intelligenzsystem, das selbst wiederum politische, administrative und operative Steuerungsprozesse umfaßt. (Rechtecke IV a, IV b und IV c). Die übrigen Rechtecke deuten Begriffsabgrenzungen von Informationssystemen, Management-Informations-Systemen und Mensch-Maschine-Digitalsystemen an, auf die wir im folgenden eingehen.

Mit Hilfe des Rechtecks V der Abb. 2.6 läßt sich der Begriff des Informationssystems verdeutlichen. Informationssysteme sind offizielle (formale), programmierte Teilsysteme des Intelligenzsystems. Sie umfassen einen Bestand an exakten Methoden der Informationsverarbeitung (z. B. Programme), die öffentlich und offiziell, d. h. autorisiert sind. Neben diesen offiziellen Informationssystemen umfaßt das Intelligenzsystem auf seiner operativen Ebene auch andere routinemäßige Informationsverarbeitungsprozesse, deren

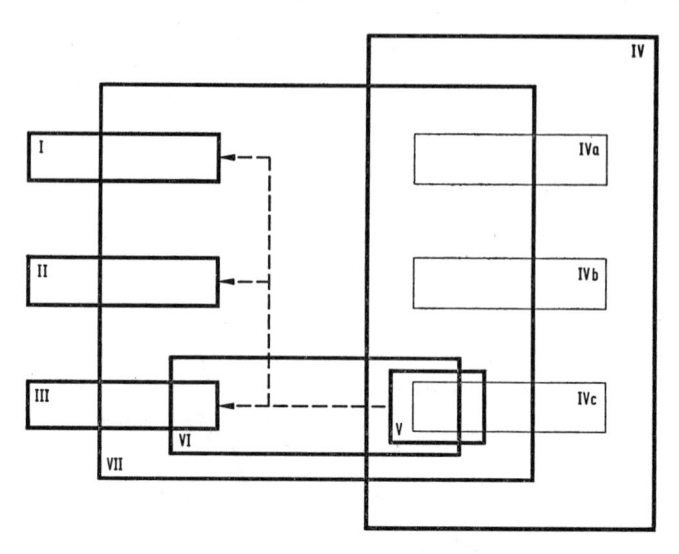

Abb. 2.6: *Intelligenzsystem und Mensch-Maschine-Digitalsystem*

Programme jedoch nicht automatisiert und zum Teil nur in den Köpfen der beteiligten Menschen gespeichert sind. Dieser Begriff des Informationssystems entspricht etwa demjenigen von Emery[64]). Wird der Output des Informationssystems zu potentiellen Entscheidungsprämissen für politische und administrative Entscheidungen, so kann von einem *Management-Informations-System* gesprochen werden. Management-Informations-Systeme sind also in dieser Sicht offizielle, programmierte Informationssysteme zur Unterstützung schlecht-strukturierter Entscheidungen in der Organisation.

Diese Charakterisierung von Informationssystem und Management-Informations-System setzt nicht voraus, daß die exakt formulierten Intelligenzfunktionen automatisiert sind, d. h. dem Computer übertragen werden. Wir wollen jedoch im weiteren Verlauf diese Einengung des Begriffs des Informationssystems vornehmen. Ein Informationssystem entsteht demnach, wenn einzelne Funktionen des Informations- und Entscheidungssystems auf Computer übertragen, also automatisiert werden. Dabei kann es sich um eine Automatisierung der Entscheidungen selbst handeln. Die Möglichkeiten hierzu sind jedoch auf Entscheidungen der operativen Ebene beschränkt. Im Falle der schlecht-strukturierten administrativen und politischen Entscheidungen können dagegen allenfalls Intelligenzfunktionen automatisiert werden[64a]). Ein In-

---

[64]) Vgl. Emery, J. C. (1969), insbes. S. 34 ff.

[64a]) Hierzu sei auf die Studie von Klein (1973) über die Möglichkeiten zur Gestaltung von Informationssystemen verwiesen. Nach der dort vertretenen Auffassung sind Management-Informations-Systeme automatisierte, informationsverarbeitende Artifakte, welche eine Intelligenzverstärkung des Informations- und Entscheidungssystems bewirken sollen. Das Management-Informations-System besteht aus Programmen zur Mechanisierung von Routineaufgaben, Automation von Entscheidungen (Operations Research, heuristische Programmierung) sowie geeigneter Hardware und Software zur Mensch-Maschine-Kommunikation (Informationswiedergewinnung, Simulationsmodelle).

formationssystem bzw. Management-Informations-System entsteht also immer, wenn eine Teilmenge der Entscheidungen und/oder Intelligenzfunktionen zur Unterstützung einer Teilmenge schlecht-strukturierter Entscheidungen automatisiert wird. Dies ist durch Rechteck VI der Abb. 2.6 symbolisiert. Im Gegensatz zum Begriff des Rechtecks V umfaßt ein Informationssystem gemäß Rechteck VI auch automatisierte operative Entscheidungen, schließt aber offizielle programmierte Intelligenzfunktionen, die nicht automatisiert sind, aus.

Die Rechtecke V und VI der Abb. 2.6 repräsentieren relativ enge Begriffsabgrenzungen von Informationssystemen. In zunehmendem Maße erfahren die Begriffe in der wissenschaftlichen Diskussion eine Ausweitung, die am ehesten etwa durch Rechteck VII symbolisiert wird. Danach ist ein MIS zwar in seinem Kern stets automatisiert. Insofern ändert sich gegenüber der Fassung des Rechtecks VI nichts. Es schließt jedoch in dieser erweiterten Fassung nicht nur Komponenten der Computer-Hardware und Computer-Software, sondern auch andere technische Einrichtungen, vor allem aber auch menschliche Elemente mit ein. Es liegt ein *Mensch-Maschine-System* vor. Die menschlichen Elemente sind zum einen mit operativen, administrativen und u. U. sogar politischen Entscheidungen zur Steuerung und laufenden Anpassung des automatisierten Kerns befaßt. Die Software des Systems beinhaltet also auch Prozeduren für diese um den automatisierten Kern des Systems herum entstehenden Funktionen. Zum anderen geht man aber in der wissenschaftlichen Diskussion von Informationssystemen dazu über, auch die Entscheider selbst, zu deren Unterstützung die automatisierten Intelligenzfunktionen dienen, als Elemente in das System einzubeziehen. Dies führt dazu, daß bei der Entwicklung des Systems u. a. auch Prozeduren (Verfahrensvorschriften) für die zu unterstützenden Entscheidungsprozesse formuliert werden. Der Begriff des Management-Informations-Systems, der ursprünglich als Kurzform für „Informationssystem zur Unterstützung des Managements" gedacht war, ist dann besser im Sinne eines „Management- und Informationssystems" zu interpretieren. Es ist nur konsequent, wenn neuerdings vielfach von einem „Management-Informations- und Entscheidungssystem"[65]) gesprochen wird. Sackman[66]) verwendet demgegenüber den Begriff des „Mensch-Maschine-Digital-Systems". Seine Definition bringt sehr deutlich u. a. die Einbeziehung der Entscheider selbst zum Ausdruck:

> „Ein Mensch-Maschine-Digital-System ist eine sich entwickelnde Organisation von Menschen, Computern und anderen Einrichtungen, einschließlich zugeordneter Kommunikations- und Versorgungssysteme, sowie deren integriertes Operieren zum Zwecke der Steuerung und Regelung spezifischer Umweltereignisse im Hinblick auf die Erreichung von Systemzielen"[67]).

Der Begriff des Management-Informations-Systems charakterisiert bereits eine vergleichsweise hoch entwickelte Form des Computereinsatzes in organisationalen Informations- und Entscheidungssystemen. Gegenwärtig be-

---

[65]) Vgl. z. B. Morton (1972); ähnlich auch Wilkenloh (1970).
[66]) Vgl. Sackman (1967a), (1970a).
[67]) Sackman (1967a), S. 42.

schränkt sich der tatsächliche Computereinsatz freilich auf meist noch vergleichsweise niedrige Entwicklungsstufen. Das folgende Zitat verdeutlicht an Hand eines typischen Beispiels der Logistik, nämlich der Lagerhaltungskontrolle, die verschiedenen Entwicklungsstadien und Verfeinerungen (levels of sophistication) von Informationssystemen:

> „Die meisten früh computerisierten Lagerhaltungskontrollsysteme erforderten eine Datei mit einem Satz für jeden Teil, der Daten über die jeweils zur Verfügung stehenden Mengen, den Preis pro Einheit usw. enthielt. Tägliche Transaktionen bestanden zum einen aus Aufträgen, die Artikel anforderten, welche vom Lager zu entnehmen waren, und zum anderen aus Eingängen mit der Wirkung, daß Artikel den Lagerbestand erhöhten.
>
> Eine zweite Stufe der Verfeinerung wurde erreicht, als automatische Wiederbestellniveaus hinzutraten. Die Datei wurde um Kosten- und Benutzungsdaten ergänzt und ein Verfahren entwickelt, welches bestimmt, wann eine neue Bestellung notwendig wird. Das System erzeugte einen zusätzlichen Output — Anweisungen an die Einkaufsabteilung, zusätzliche Artikel zu bestellen.
>
> Eine dritte Stufe der Verfeinerung führte zu einer automatischen Bestimmung der Lieferanten. Die Absicht bestand darin, Verzögerungen in der manuellen Ausfertigung von Bestellungen zu vermindern. Dies erforderte, daß die Lagerdatei zeigte, welche Lieferanten jedes Teil liefern könnten. Weil viele Teile von mehreren Lieferanten gekauft werden konnten und viele Lieferanten mehrere Teile lieferten, wurde das System um eine zweite Datei erweitert. Diese enthält konstante Informationen für jeden Lieferanten. Eine wirksame Technik mußte entwickelt werden, um den Satz einem bestimmten Lieferanten zuzuordnen und um diesen wiederzugewinnen.
>
> Eine vierte Stufe der Verfeinerung entstand mit Erfordernissen wie der Minimierung von Transportkosten. Weil Transportkosten häufig davon abhängen, ob ganze Wagenladungen transportiert werden können, muß das System um ein Modell ergänzt werden, das bestimmt, welche anderen Teile gleichzeitig bestellt werden könnten, um die Wagenladung zu füllen. Die Schlüssel der Lieferantendateien müssen nun anzeigen, welche Teile jeder Lieferant liefern kann.
>
> Eine weitere Verfeinerung ergibt sich aus den Erfordernissen nach unmittelbaren Berichten. Dies erfordert ‚On-line-Systeme'. Ihr Design bedingt kompliziertere Dateistrukturen und komplexe Modelle der Warteschlangentheorie, um Leistungsmaße wie die durchschnittliche Wartezeit zu prognostizieren"[68]).

Diese Entwicklungsstufen können zum Anlaß genommen werden, von Management-Informations-Systemen nur zu sprechen, wenn eine besonders hoch entwickelte Form des Computereinsatzes zur Unterstützung schlechtstrukturierter Entscheidungen vorliegt. Vielfach wird gefordert, daß eine Datenbank und bisweilen zusätzlich sogar eine Modellbank in das Informationssystem einbezogen sein muß, bevor von einem Management-Informations-System gesprochen werden kann. Wir werden auf diese Konzeption in Kapitel 2.4 zurückkommen, wenn wir uns mit Informationssystemen im mikro- und makrologistischen Bereich befassen.

---

[68]) Teichroew (1971), S. 575.

2.123 Systemanalyse

In jüngster Zeit zeichnet sich bei einem Kreis von Wissenschaftlern, die sich ursprünglich den exakten Methoden des Operations Research verschrieben hatten, eine Einstellungsänderung gegenüber Studien ab, die sich mit schlecht-strukturierten Entscheidungsproblemen unter Ungewißheit und konfliktären bzw. nicht-operationalen Zielvorstellungen befassen. Wenn wir es recht sehen, so wurde dieser Trend von der Rand Corporation eingeleitet. Anstoß war der breitere Blickwinkel, der erforderlich wurde, als die Rand Corporation sich von der Optimierung primär taktischer Verfahrensfragen der militärischen Logistik (operational analysis) nach dem zweiten Weltkrieg strategischen Problemen zuwandte[69]). Diese Einstellungsänderung wird damit begründet, daß analytische Studien, wie sie z. B. in der Spieltheorie, der linearen und dynamischen Programmierung und der Monte-Carlo-Methode zum Ausdruck kommen, zwar wichtige Anwendungsbereiche finden und, am richtigen Platz eingesetzt, oft eine große Hilfe für Intuition, Verständnis und Lösung zahlreicher Probleme sind. Doch wird betont, daß weniger ein idealisiertes Modell sowie intellektuelle und mechanische Tricks, die zu dessen Lösung herangezogen werden, im Vordergrund des Interesses stehen als vielmehr die reale Welt und deren praktische Problemstellungen. Dabei beschränkt sich der Vertrauensverlust hinsichtlich einer rein analytischen Behandlung realer Sachverhalte durch die Rand Corporation ausschließlich auf komplexe Probleme. Es wäre deshalb völlig verfehlt anzunehmen, es sollten die teilweise bewährten analytischen Verfahren vollständig ersetzt werden.

Im folgenden wollen wir uns jenen Ansätzen zuwenden, die bei der methodischen Unterstützung komplexer Entscheidungen von Bedeutung sind. Für diese bürgert sich immer mehr die Bezeichnung „Systemanalyse" ein.

So sehr der Terminus „Systemanalyse" in jüngster Zeit auch in den Vordergrund gerückt ist, so wenig geklärt ist bislang, was hierunter im einzelnen eigentlich zu verstehen ist. Teilweise werden sehr unterschiedliche Aktivitäten und Methoden als „Systemanalyse" bezeichnet. Gemeinsam ist allen Ansätzen, daß sie in großem Umfang auf Konzeptionen und Bezugsrahmen der allgemeinen Systemtheorie — wie sie auch in der vorliegenden Untersuchung im Vordergrund stehen — zurückgreifen. Nur zum Teil wird jedoch „Systemanalyse" als methodenorientierte Disziplin zur Unterstützung von Entscheidungen mit wissenschaftlichen Methoden gesehen.

Zum Begriff der Systemanalyse

Die Verwendung des Begriffes der Systemanalyse in der wissenschaftlichen Diskussion kann in mindestens fünf Klassen eingeteilt werden:

(1) Eine erste Kategorie der Verwendung des Begriffes der Systemanalyse wird etwa durch Publikationen wie Eatons „A Systems Analysis of Political

---
[69]) Vgl. z. B. Quade (1967a), (1968a); Specht (1967), S. 79 f.

Life" dokumentiert[70]). Systemanalyse ist hier eine deskriptive Analyse eines spezifischen realen Systems unter Bezugnahme auf Kategorien der allgemeinen Systemtheorie und der Kybernetik. Im Sinne dieser Begriffsfassung hätte der erste Teil des vorliegenden Buches etwa auch die Überschrift „Systemanalyse logistischer Phänomene" tragen können.

(2) Eine zweite Kategorie der Verwendung des Begriffes der Systemanalyse kennzeichnet demgegenüber Methoden der Simulation exakt formulierter Modelle realer Systeme zur Unterstützung schlecht-strukturierter Entscheidungen bei der Steuerung dieser Systeme.

Typisch für diese Art der Modellanalysen ist, daß die zu simulierenden Systeme als kybernetische Systeme interpretiert werden. Die Modelle bilden u. a. eine Menge miteinander verbundener Regelkreise ab und beziehen auch die Entscheidungsfunktionen der Entscheider als „Regler" einzelner Teile des realen System mit ein. Die Modellanalyse soll Anhaltspunkte für „gute" Entscheidungsfunktionen („Entscheidungsregeln") liefern. Die ursprünglich unter der Bezeichnung „Industrial Dynamics" bekanntgewordenen Simulationsmodelle des Kreises um Forrester können als typische Beispiele für diese Art von Systemanalyse angeführt werden[71]). Von Kortzfleisch nennt folgende Merkmale der Systemanalyse dieses Typs:

„1. *Zweck der Systemanalyse:* Erhalten und Entwickeln des Systems in seiner Umwelt nach übergeordneten Gesichtspunkten,

2. *Erkenntnisobjekte der Systemanalyse:* Regeln und Parameter für Entscheidungen über das Verhalten der Systemelemente zueinander und gegenüber der Umwelt,

3. *Rahmen der Systemanalyse:* Lang-, mittel- und kurzfristige Planung des Systemverhaltens als Vorschau, als Vorgabe und als Informationsquelle,

4. *Hilfsmittel der Systemanalyse:*
   a) Verhaltenswissenschaftliche Erkenntnisse,
   b) Mathematische Definitionen und Algorithmen,
   c) Computer (bis auf wenige handrechenfähige Ausnahmen),

5. *Vorgehensstufen der Systemanalyse:*
   a) Identifizieren des Entscheidungsproblems,
   b) Isolieren der problembezogenen Systemkomponenten,
   c) Markieren der Grenzen des zu analysierenden Systemkomplexes,
   d) Skizzieren der Interdependenzen zwischen den Komponenten,
   e) Mathematisches Definieren der Komponenten und ihrer Interdependenzen,
   f) Programmieren der mathematischen Definitionen,
   g) Simulieren des Systemverhaltens mit einem Computer,
   h) Variieren der Entscheidungsregeln und -parameter,
   i) Adaptieren einer zufriedenstellenden Alternative,

---

[70]) Vgl. ähnlich auch Deutsch (1970); Easton (1965); Hopeman (1969); Johnson, Kast und Rosenzweig (1967).

[71]) Vgl. z. B. Forrester (1961), (1972 b) sowie S. 548 ff. dieses Buches.

6. Gebrauch der Mathematik bei der Systemanalyse:
   a) Aufnehmen von unsicheren Größen,
   b) Berücksichtigen von nichtlinearen Beziehungen,
   c) Hinnehmen von Unstetigkeiten in Funktionen,
   d) Pragmatisches Definieren von Imponderabilien"[72]).

(3) Eine dritte Kategorie der Systemanalyse liegt vor, wenn neben der Entwicklung und dem Testen exakter Modelle auch Fragen der Eingliederung des Modells in Informations- und Entscheidungssysteme von Organisationen untersucht werden. In aller Regel werden dabei die Computerisierung des Modells, die Umstrukturierung der organisationalen Informationsflüsse und Datenbestände (Dateien) sowie die organisatorische Regelung der Verwendung des Modells bzw. des Modelloutputs durch die betreffenden Entscheidungsträger (etwa im Rahmen einer Mensch-Maschine-Kommunikation) einbezogen. Modell, Computersystem, Operateure und Benutzer des Modells bilden ein Informationssystem, dessen Planung Gegenstand der Systemanalyse ist. Lee bringt Beispiele für diese Art von Systemanalysen[73]).

(4) Für viele ist Systemanalyse untrennbar mit der Computerisierung irgendwelcher Informationsverarbeitungsmethoden verbunden, gleichgültig, ob es sich hierbei um Modelle realer Systeme handelt oder nicht. „Systemanalysen" sind in dieser Sichtweise auch bei der Computerisierung routinemäßiger Büroarbeiten (Lohnabrechnung, Rechnungsstelle) erforderlich. Systemanalyse ist dann einfach die Phase der Planung des Computereinsatzes, die dem eigentlichen Codieren und Austesten von Programmen vorausgeht. Entsprechend heißen die hiermit beauftragten Spezialisten häufig „Systemanalytiker"[74]).

Im Zentrum der Systemanalyse steht dabei die Entwicklung von Informationssystemen:

> „Die Bezeichnung Analytiker oder Systemanalytiker wurde geschaffen, als man erkannte, daß die Entwicklung von Informationssystemen größere Fähigkeiten verlangte als jene, die für Programmierer erforderlich sind. Mehr und mehr wird jedoch speziell in größeren Organisationen eine weitere Unterscheidung zwischen Informationsanalytiker und System Designer getroffen. Positionen in der Systementwicklungsgruppe tragen diese oder äquivalente Bezeichnungen wie MIS-Analytiker für den Informationsanalytiker und Systementwickler oder Computerspezialist für den System Designer. Der Informationsanalytiker wird als sozial- oder organisationsorientiert beschrieben. Manche sehen seine Position als eine Fortentwicklung von weniger komplizierten, methodisch und verfahrenstechnisch orientierten Stellen an. Der System Designer wird als computer- und technologieorientiert beschrieben"[75]).

(5) Im weiteren Verlauf steht eine fünfte Begriffsfassung im Vordergrund, die ihren Ursprung in der Rand Corporation hat. Die Mitarbeiter der Rand

---
[72]) Von Kortzfleisch (1970), S. 209 f.
[73]) Vgl. Lee (1970); ferner McMillan und Gonzales (1968); Wilson und Wilson (1965).
[74]) Vgl. z. B. Mertens (1969 b), S. 225 ff.; Sanders (1970), S. 320 f.; Schulz (1970); Schweiker (1966).
[75]) Ashenhurst (1972), S. 368.

Corporation und in ihrem Gefolge auch andere Wissenschaftler verstehen unter Systemanalyse ein Instrumentarium von Methoden zur Unterstützung äußerst schlecht strukturierter politischer Entscheidungen, die sich letztlich auf die Entwicklung, Bewertung und Auswahl komplexer Systeme beziehen[76]). Später haben vor allem Politologen und Verwaltungswissenschaftler diese Konzeption aufgegriffen. Dies führte dazu, daß heute vielfach Systemanalyse als Synonym für „politische strategische Planung" angesehen wird.

Die Systemanalyse dieser Prägung geht über die Anwendung exakter Methoden bzw. deren Vorbereitung hinaus und bezieht auch Lösungsverfahren für umgreifende Probleme und Gesamtzusammenhänge ein, die für die bisher bekannten exakten Methoden unzugänglich sind. Charakteristischerweise wird diese Form der Systemanalyse — um mit Quade zu sprechen — eine systematische Untersuchung der Ziele der politischen Entscheidungsträger und der relevanten Kriterien sowie einen Vergleich der Kosten, Nutzen, Effektivität, des Risikos und der zeitlichen Konsequenzen einschließen, die mit jedem alternativen Systementwurf verbunden sind[77]). Insofern ist der Prozeß synoptisch. Er ist jedoch auch iterativ, weil im Prozeß neue Alternativen und andere Ziele gesucht, neue Modelle formuliert und über diese wiederum Lösungshypothesen generiert werden, wenn sich die bisher der Analyse zugrundegelegten Annahmen über die relevanten Faktoren des Problems als unzureichend erweisen. Die Systemanalyse wird zu einem zyklischen Prozeß. Dieser hat mehrere Phasen und Arbeitsschritte. Sie beginnen mit einer Eingrenzung des Problems, der Klärung der Ziele sowie der Generierung von Informationen und potentiellen Alternativen, die dann über Sensitivitätstests, Infragestellen der Annahmen, Überprüfung der Ziele oder Berücksichtigung neuer Alternativen einer vertieften Beurteilung unterzogen werden. Erweist sich eine Lösungshypothese als genügend „stabil", wird sie dem politischen Entscheidungsträger als Aktion empfohlen. Anderenfalls wird das Problem neu formuliert, andere Ziele werden angenommen, zusätzliche Alternativen gesucht, das Modell wird neu formuliert usw.[78]).

An der zuletzt skizzierten Begriffsfassung der Systemanalyse soll im weiteren Verlauf festgehalten werden. Danach lassen sich gewisse Hauptmerkmale der Systemanalyse herausarbeiten, die diese weiter präzisieren.

Hauptmerkmale der Systemanalyse

Die Systemanalyse im hier verstandenen Sinne ist vor allem durch folgende Merkmale charakterisiert[79]):

---

[76]) Vgl. hierzu die Beiträge in Böhret (1970), S. 72 ff.; Cleland und King (1968), (1969); Enke (1967); Gawthrop (1970); Lyden und Miller (1968), (1972); Quade (1967); Quade und Boucher (1968); Recktenwald (1970 a).

[77]) Vgl. Quade (1968 c), S. 297 f.

[78]) Vgl. hierzu im einzelnen S. 692 ff. dieses Buches.

[79]) Zu den wesentlichen Merkmalen der Systemanalyse vgl. insbesondere Bamberger (1971), S. 239 ff.; Böhret und Nagel (1969); Enthoven (1968); Fisher (1968); Hitch (1967); Quade (1968 b), (1968 c), (1968 e); Wildavsky (1970), S. 374 ff.

(1) Systemanalyse beinhaltet — ganz allgemein gesprochen — den Versuch, äußerst komplexe Probleme systematisch zu erfassen. Dabei ist zunächst nicht klar, worin das Problem eigentlich besteht. Sofern eine Definition des Problems gegeben ist, ist diese unvollständig und nicht operational. Das Problem weist viele „offene" Beschränkungen auf, die im Prozeß der Systemanalyse zu schließen sind.

(2) Anders als bei Verfahren des Operations Research werden die für die Lösung des Entscheidungsproblems relevanten Ziele und Bewertungskriterien nicht als gegeben, sondern selbst als Problem betrachtet. Da sich die Systemanalyse auf äußerst schlecht strukturierte Probleme bezieht, wird teilweise die Untersuchung, welche Ziele für die Problemlösung relevant sind, als wichtiger angesehen als der Vergleich der Alternativen selbst. In der Systemanalyse werden in der Regel mehrere Ziele berücksichtigt. Im allgemeinen werden zunächst versuchsweise Ziele formuliert, die modifiziert oder ersetzt werden, wenn die Kenntnisse über das untersuchte System und seine Umwelt wachsen.

(3) Die Maßnahmen, die möglicherweise zu einer Lösung des Problems führen können, liegen nicht auf der Hand, sondern müssen gesucht werden. Es besteht — ähnlich wie bei einem Architekten — ein Entwurfsproblem, bei dem mit allgemeinen Grundkenntnissen aus bestimmten vorhandenen Mitteln etwas Neues generiert werden muß.

(4) Bei der Entwicklung und Auswahl von Handlungsmöglichkeiten (Strategien oder Systementwürfen) ist mit erheblichen Ungewißheiten und Imponderabilien zu rechnen. Die vorhandenen und zu gewinnenden Informationen sind in der Regel fragmentarisch. Die Informationsgewinnung ist selbst schlecht-strukturiert.

(5) Die Beurteilung der Lösung erfolgt unter mehr als einem Gesichtspunkt. Meist soll die Lösung einem ganzen Bündel von Zielen genügen, die nicht notwendigerweise alle miteinander verträglich sind. Die Ziele, die im Laufe der Entwicklung einer strategischen Konzeption auftauchen und niedergelegt werden, sind nicht endgültig. Die Systemanalyse verdrängt deshalb in ihren Annahmen nicht die Einsicht, daß auch die Lösung nie endgültiger Natur sein wird.

(6) Korreliert mit diesen Merkmalen ist meist die Tatsache, daß das Problem in einen verwickelten sozialen Kontext eingebettet ist. Das bedeutet, daß mehr als ein Personenkreis mit unterschiedlichen Zielvorstellungen von den Auswirkungen der Problemlösungen berührt wird. Von den Betroffenen ist nicht von vornherein Kooperation zu erwarten. Die beteiligten Personenkreise, die ihrerseits keineswegs in sich homogen sind, lassen sich — vor allem hinsichtlich der Lösung eines Problems — in unterstützende, neutrale und feindliche Lager einteilen. Die Analyse von sogenannten Konfliktsystemen, deren Zwecksetzung die Existenz eines feindlichen Lagers gerade-

zu voraussetzt (z. B. politische Wahlkampagnen, militärische Waffensysteme), hat spezielle Gesetzmäßigkeiten zu beachten.

(7) Die Durchsetzung eines Problems wird von vornherein in die Betrachtung einbezogen. Planung, Durchsetzung und Testen der bis dato jeweils entwickelten Lösungshypothesen sind als parallele Prozesse zu sehen. Der Prozeß der Systementwicklung ist ein politischer Prozeß, in den zum Teil konfliktäre individuelle Präferenzen einfließen und in dem Probleme der Macht, sozialen Beeinflussung und Manipulation sowie der Konflikthandhabung von besonderer Bedeutung sind. Der Systemanalytiker muß von Anfang an im Auge behalten, daß die zur Autorisierung der Lösung berechtigten Kernorgane auf die Unterstützung der inneren und äußeren Umwelt angewiesen sind.

(8) Der Kern der Systemanalyse besteht zwar in der Konstruktion und Verwendung von Modellen der jeweiligen Entscheidungssituation. Dabei werden soweit wie möglich exakte Methoden des Operations Research und der Ökonometrie verwendet. Der Anteil exakter Methoden in der Systemanalyse ist jedoch vergleichsweise gering, da Ziele häufig konfliktär, vage definiert oder gar nicht bekannt sind, die Anzahl alternativer Handlungsmöglichkeiten groß und die Unsicherheit über die Konsequenzen von Alternativen hoch ist. Soweit die Problemstruktur die Anwendung exakter quantitativer Methoden nicht zuläßt, werden jedoch ganz bewußt inexakte Verfahren der Prognose und Entscheidung verwendet. Dabei bezieht die Systemanalyse systematisch Expertenurteile und subjektive Schätzungen in den Problemlösungsprozeß ein, um jene Bedingungen zu schaffen, in denen „gute" oder „zuverlässige" Expertenurteile zu erwarten sind. Es wird versucht, den Prozeß, durch den subjektive Urteile zustande kommen, explizit und nachvollziehbar zu machen. Der politische Entscheidungsträger soll wissen, wie hoch der Exaktheitsgrad generierter Lösungshypothesen ist und wo die Bereiche des subjektiven Urteils von Systemanalytikern sind, damit nicht subjektive Aussagen so behandelt werden, als wären sie exakt.

Die Systemanalyse umfaßt eine Vielzahl von Verfahren[80]). Im Zentrum der Systemanalyse steht die Nutzen-Kosten-Analyse (Cost-Benefit-, Cost-Effectiveness-Analyse). Der Zweck von Nutzen-Kosten-Analysen als Bestandteil der Systemanalyse besteht darin, zur Beurteilung von Alternativen den Gesamtnutzen eines geplanten Systems seinen Gesamtkosten gegenüberzustellen und dabei zu untersuchen, ob der Gesamtnutzen die Gesamtkosten übersteigt und insbesondere ob die Differenz oder der Quotient bei einer Lösungshypothese größer ist als für ein alternatives System. Um diese zentrale Methode gruppiert sich eine Reihe von ergänzenden Methoden der Gewinnung relevanter Entscheidungs- bzw. Nutzenkriterien (also auch der Zielplanung), der kreativen Generierung „neuer" Lösungsalternativen oder der langfristigen Prognose zukünftiger Zustände und Entwicklungen. Proto-

---

[80]) Vgl. hierzu im einzelnen Kapitel 2.3, S. 579 ff.

typ solcher Methoden ist die bekannte und vieldiskutierte Delphi-Methode. Nicht zuletzt sind hier jedoch auch beispielsweise Rollenspiele, Scenarien oder Brainstorming zu nennen. Von besonderer Bedeutung sind Methoden, die der Überprüfung und „Stabilisierung" der durch die Nutzen-Kosten-Analyse erarbeiteten Bewertung und Ordnung der Systemalternativen dienen sollen. Dabei handelt es sich vor allem um Methoden der Unsicherheitshandhabung; die Sensitivitätsanalyse, die Kontingenzenanalyse und die sogenannte A-fortiori-Methode können hier als Beispiele genannt werden. Zu nennen ist schließlich aber auch die sogenannte Cost-Constraint-Analyse. Sie dient der Ermittlung politischer Widerstände bzw. Hemmnisse gegen die zu realisierenden Systemalternativen und der „Kosten" ihrer Handhabung. Mit der Cost-Constraint-Analyse, über deren Erprobung allerdings noch keine verläßlichen Ergebnisse vorliegen, bezieht die Systemanalyse zum ersten Male eine wichtige Dimension der politischen Planung explizit in ihre Nutzen-Kosten-Analysen ein.

Letztlich ist also die Systemanalyse eine Kombination exakter und inexakter Methoden, mit der komplexe Probleme systematisch erfaßt und Lösungen gefördert bzw. unterstützt werden. Der Systemanalyse entspricht daher eher die Funktion, Entscheidungshilfe zu sein, als Entscheidungen zu ersetzen[81]). Bei derart hohen Erwartungen können Zweifel an ihrer hinreichenden theoretischen Fundierung nicht ausbleiben. Der kritische Leser wird sich unter Berücksichtigung des Scheiterns der Wohlfahrtsökonomie sowie der Unbestimmtheit des Rationalitätsbegriffes angesichts von Ungewißheit, Konflikten und psychologischen Informationsverarbeitungskosten fragen, mit welcher Berechtigung die Systemanalyse Methoden zur Lösung von Aufgaben anbieten kann, an denen Politiker und Philosophen seit Menschengedenken, Sozialwissenschaftler seit ihrer Namensgebung gescheitert sind.

Die methodologische Basis der Systemanalyse

Die hohen Ansprüche der Systemanalyse gründen sich gerade auf die Einsicht in die angesprochenen ungelösten Probleme der Sozialwissenschaften. Die Überlegung lautet dabei: Gerade weil wir heute wissen, daß das vorher skizzierte synoptische Ideal exakter Methoden bei vielen Problemen aus grundsätzlichen Überlegungen heraus nicht realisierbar ist, können wir den Entwurf und die Bewertung von Alternativen zu komplexen Aufgabenstellungen mit einem gut Teil mehr Verständnis und Selbstvertrauen angehen als vor 20 Jahren.

Offensichtlich kann man keine logisch zwingenden, werturteilsfreien Aussagen erwarten. Der Systemanalyse geht es lediglich darum, ein operationales Konzept zu entwerfen, mit dem politische Fragen in systematischer Weise so angepackt werden können, daß sich in der Regel aus der Sicht der Beteiligten bessere Problemlösungen ergeben als durch willkürliches oder zufälliges

---

[81]) Vgl. hierzu Böhret (1970), S. 72 ff.; Böhret und Nagel (1969), S. 598 ff.; Golovin (1969), S. B-474; Quade (1967 a), S. 11 f., (1967 c).

Herumprobieren. Die Anwendung der hierzu notwendigen Kriterien kann kein mechanisches, logisch zwingendes Verfahren sein.

Die Systemanalyse gründet ihr Selbstvertrauen, dennoch Empfehlungen auf wissenschaftlicher, d. h. methodisch abgesicherter Basis aussprechen zu können, auf drei verhältnismäßig gut belegte Thesen:

(1) Menschliches Handeln kann zwar Rationalität beabsichtigen, jedoch wegen der Beschränkungen der Informationsverarbeitungskapazität des Gehirns nicht realisieren. Alle Entscheidungen sind daher unter dem Gesichtspunkt einer unvollkommenen Rationalität zu beurteilen[82]). Aus der These der beschränkten Rationalität ergibt sich eine gewisse Rechtfertigung für das Streben nach befriedigenden anstelle optimaler Lösungen. Die Systemanalyse nimmt nicht für sich in Anspruch, optimale Lösungen zu finden, sondern nur bessere, als sie dem Status quo bzw. dem gesunden Menschenverstand entsprechen. „Satisficing" hat im Vergleich zur Optimierung eine erhebliche heuristische Wirkung. Es erleichtert den Entwurf und die Bewertung von Alternativen[83]).

(2) Wissenschaft wird von Menschen für Menschen betrieben. Ihre Ergebnisse, sei es in Form von Erklärungen, Prognosen oder Empfehlungen, werden bei bestimmten Empfängern zu Entscheidungsprämissen und beeinflussen damit deren Handlungen. Sie werden daher manchen Menschen nützen und anderen schaden. Der Wissenschaftler mag daher Wertfreiheit als Ideal anstreben, in der Realität wird er „Parteilichkeit" erzielen[84]). Aus der These, daß Wissenschaft letzten Endes nicht wertfrei sein könne, ergibt sich für den Systemanalytiker eine etwas gelassenere, weil methodisch untermauerte Einstellung gegenüber Werturteilen. Er ist sich bewußt, daß seine Studien dazu dienen, bedeutende politische Entscheidungen — oder parapolitische Entscheidungen in Organisationen — zu beeinflussen, obwohl (oder gerade weil) sie von subjektiven Präferenzen beeinflußte Feststellungen enthalten. Er weiß auch, daß seine Überlegungen in einer Weise „mißbraucht" werden können, die er selbst gar nicht beabsichtigt hat. Die Systemanalyse versucht daher, das Wertproblem dadurch zu mildern, daß sie sich ihm stellt, statt es wegen seines angeblich unwissenschaftlichen Charakters zu verdrängen.

Dem professionellen Ideal von Subjektivität und Wertneutralität wird ebenfalls dadurch Rechnung getragen, daß die zugrundeliegenden Werthaltungen nach bestem Wissen explizit gemacht werden[85]).

(3) Keine Wissenschaft besteht aus exakten Methoden allein. Auch die Naturwissenschaften sind nur soweit exakt, als sie den jeweils bekannten

---

[82]) Vgl. zu Beschränkungen der Rationalität insbesondere Braybrooke und Lindblom (1963); Kirsch (1970 a), S. 64 ff.; Lindblom (1965); Simon (1957 a), (1957 b), S. 196 ff., (1957 c).
[83]) Zum „Satisficing" vgl. Cyert und March (1963), S. 123 ff.; Simon (1957 b), S. 196 ff., (1957 c).
[84]) Zur politischen „Neutralität" der Systemanalyse vgl. z. B. Bamberger (1971), S. 245 und S. 248 ff.; Golovin (1969), S. B-474; Quade (1968 f), S. 425 f.; Wildavsky (1970), S. 384 ff.
[85]) Vgl. z. B. Quade (1967 b), S. 156 ff.; Wildavsky (1970), S. 375 ff.; Wohlstetter (1967), S. 120 ff.

Modellen gleichgesetzt werden. Die meisten Wissenschaftler werden gerade in der Fähigkeit, vorhandene Modelle zu erweitern, nicht in ihrer mechanischen Reproduktion das eigentlich „Wissenschaftliche" ihrer Tätigkeit sehen. Bei der Entwicklung von Modellen im Rahmen des Operations Research haben wir hierfür den Begriff der peripheren Methoden geprägt. Da sich der Systemanalytiker der Grenzen exakter Methoden bewußt ist, scheut er sich nicht, wenn nötig, bei seinen Studien auf Schätzurteile (judgments) und intuitive, schwer überprüfbare Einsichten zurückzugreifen. Allerdings sollte die Systemanalyse nicht nur als Methode subjektiver Urteile betrachtet werden. Gerade weil sie sich der methodologisch bedingten Unschärfe exakter Methoden bewußt ist, versucht sie, den Menschen als Entscheider nicht zu ersetzen, sondern nur zu unterstützen. Ihre Einstellung hierzu ist die einer inexakten Wissenschaft: „The epistemology of systems analysis is the epistemology of the inexact sciences"[86]).

Es ist zum Teil eine Einstellungsfrage, ob man den inexakten systemanalytischen Methoden das Prädikat „wissenschaftlich" zuerkennen will oder nicht. Tut man es nicht, so muß man sich freilich klar darüber sein, daß eine „wissenschaftliche" Unterstützung politischer Entscheidungen gegenwärtig und auch in naher Zukunft außerhalb der Reichweite wissenschaftlichen Bemühens liegt. Dies gilt in noch höherem Maße für die angewandte Organisationstheorie. Dieser letzten, im weiteren Verlauf relevanten methodenorientierten Disziplin wollen wir uns abschließend zuwenden.

2.124 Angewandte Organisationstheorie

Die bisher dargelegten methodenorientierten Disziplinen beschränken sich — von wenigen Ausnahmen abgesehen — auf die Unterstützung von Entscheidungen im Rahmen gegebener organisationaler Systeme. Betrachtet man dagegen Entscheidungen, in deren Mittelpunkt eine Veränderung von Struktur und Aufbau dieser Systeme selbst steht, so bewegen wir uns im Problembereich der angewandten Organisationstheorie.

Versucht man, einen Überblick über das Gebiet der Organisationstheorie zu gewinnen, so bietet sich ein höchst heterogenes Bild. Man kann jedoch die Vielfalt der Ansätze auf vier Grundtypen reduzieren[87]). Die verschiedenen Typen organisationstheoretischer Ansätze unterscheiden sich sowohl hinsichtlich ihrer Zwecksetzung (Pragmatik) als auch hinsichtlich des zugrundeliegenden Organisationsbegriffes.

Typen organisationstheoretischer Ansätze

Geht man von der Pragmatik der Organisationstheorie aus, so lassen sich deskriptive und normative (angewandte) Ansätze von Organisationstheorien unterscheiden. Normative Ansätze gipfeln in einer Bewertung der Phäno-

---
[86]) Enthoven (1968), S. 285.
[87]) Vgl. Kirsch und Meffert (1970) sowie zum folgenden insbes. Kirsch (1972 b).

mene. Deskriptive Ansätze sind demgegenüber dadurch charakterisiert, daß sie sich einer solchen Bewertung enthalten. Dies schließt nicht aus, daß diese wissenschaftlichen Bemühungen nicht ebenfalls von der Absicht getragen sind, solche Bewertungen in der Praxis zu erleichtern.

Den zweiten Ausgangspunkt der hier verwendeten Differenzierung von Organisationstheorien bildet der Organisationsbegriff selbst. Unter Organisation kann einmal ein bestimmter Typ sozialer Systeme verstanden werden[88]), zum anderen wird mit Organisation auch die Struktur sozialer Systeme bezeichnet.

Kombiniert man die möglichen Ausprägungen der Pragmatik der theoretischen Ansätze und des zugrundeliegenden Organisationsbegriffes, so ergeben sich die in Abb. 2.7 dargestellten Grundtypen[89]).

Organisationsbegriff / Pragmatik	System	Struktur
deskriptiv	Typ I (verhaltenswissenschaftliche Organisationstheorie)	Typ IV
normativ	Typ III (Theorie des geplanten Wandels)	Typ II (Theorie der Strukturgestaltung)

Abb. 2.7: *Typen von Organisationstheorien*

Die bisherigen Ausführungen dieses Buches wurden in hohem Maße durch die Konzeption der Organisationstheorie vom Typ I, der verhaltenswissenschaftlichen Organisationstheorie, geprägt. Im folgenden interessieren dagegen in erster Linie die normativen Ansätze, die Theorie der Strukturgestaltung und die Theorie des geplanten Wandels von Systemen. Prototyp der Theorie der Strukturgestaltung ist der klassische Ansatz der betriebswirtschaftlichen Organisationslehre. Die Theorie des geplanten Wandels von Systemen ist dagegen neueren Datums. Sie wird in der betriebswirtschaftlichen Diskussion bislang nur vereinzelt erwähnt und ist daher noch weitgehend unbekannt. Im folgenden sollen diese beiden Typen angewandter Organisationstheorien einander gegenübergestellt und verglichen werden.

---

[88]) Vgl. S. 56 ff. dieses Buches.
[89]) Kirsch und Meffert (1970), S. 22.

Theorie der Strukturgestaltung versus Theorie des geplanten Wandels von Systemen

Die Theorie der Strukturgestaltung befaßt sich mit dem Entwurf der Struktur sozialer Systeme. Sie beschränkt sich dabei weitgehend auf die Gestaltung formaler Strukturen. Es geht ihr darum, die in einer gegebenen Situation im Hinblick auf bestimmte Aufgaben und Ziele jeweils „optimale" oder „richtige" Struktur zu bestimmen. Wenig Augenmerk widmet sie dem Entscheidungs- bzw. Problemlösungsprozeß, in dessen Rahmen diese Strukturen zu finden sind. Sofern dieser Prozeß selbst zum Objekt normativer Aussagen gemacht wird, beschränken sich diese Aussagen auf Fragen des Entwurfs bzw. der Planung von neuen Organisationsstrukturen, während den Fragen der Realisation und Durchsetzung keine Aufmerksamkeit geschenkt wird.

Die Theorie des geplanten Wandels von Systemen befaßt sich demgegenüber mit der Gestaltung bzw. dem Wandel ganzer Systeme. Sie beschränkt sich dabei nicht nur auf die formalen Aspekte. Auch solche Gesichtspunkte, die — wenn diese Unterscheidung hier noch richtig passen würde — der informalen Organisation zuzurechnen wären, werden in die Überlegungen einbezogen. Eine Einschränkung erfährt dieser Ansatz insofern, als in erster Linie solche Gestaltungsfragen diskutiert werden, die eine tiefgreifende Veränderung des betrachteten Systems bedeuten.

Tiefgreifende Änderungen (major changes) sind solche, bei denen besondere Probleme der Komplexitätshandhabung und der Durchsetzung auftreten. Die Theorie des geplanten Wandels enthält sich der Aussagen über „optimale" Systeme. Ihr normatives Interesse gilt dem Prozeß, in dessen Verlauf die Ziele und die gewünschten Erfordernisse eines neu zu entwickelnden Systems bestimmt werden und das entsprechende Systemmodell entworfen, realisiert und getestet wird. Dabei bezieht sie den gesamten Prozeß ein. Im Gegensatz zur Theorie der Strukturgestaltung beachtet sie insbesondere auch die Fragen der Durchsetzung und der Handhabung der mit tiefgreifenden Veränderungen stets verbundenen Konflikte und Anpassungswiderstände. Da diese Konflikte und Widerstände in dem jeweils bestehenden alten System verwurzelt sind, bildet das alte System eine wesentliche Begrenzung der Möglichkeiten, zu einem neuen System zu gelangen. Die Bezeichnung *geplanter Wandel* bringt diese Anknüpfung am jeweils bestehenden System zum Ausdruck.

Die Interessengebiete der beiden hier skizzierten Ansätze überschneiden sich teilweise, zum Teil ergänzen sie sich aber auch. Aus der Sicht der Unternehmensführung erscheint freilich die Theorie des geplanten Wandels von Systemen als die umfassendere. Sie schließt die Planung tiefgreifender struktureller Veränderungen mit ein, beschränkt sich aber nicht auf diese Fragen allein. Die Theorie des geplanten Wandels ist aus dieser Perspektive vorzuziehen, denn die bei umfassenden Reorganisationen oder bei der Einführung computerunterstützter Informationssysteme zu lösenden Probleme bleiben nicht auf den traditionellen Objektbereich der Theorie der Strukturgestaltung beschränkt.

Eine Zuordnung der Ansätze in zwei Hauptklassen ist sicherlich eine erhebliche Vereinfachung, die der Vielfalt der wissenschaftlichen Bemühungen nicht gerecht wird. Sie erweckt darüber hinaus allzu leicht den Eindruck, als ob zwei in sich geschlossene, relativ einheitliche Konzeptionen existierten. Tatsächlich ist dies — vor allem im Bereich der Theorie des geplanten Wandels von Systemen — nur sehr bedingt der Fall. Zwar gibt es eine Reihe zum Teil sehr heterogener Ansätze, die Bausteine zu einer solchen Theorie des geplanten Wandels organisatorischer Systeme liefern. Sie werden unter Bezeichnungen wie „Systems Design", „Systems Development", „Systems Analysis", „Planned Organizational Change" u. a. diskutiert. Zur Stunde existiert kein Versuch, diese verschiedenen Richtungen in einer einheitlichen Konzeption als relativ umfassende Theorie des geplanten Wandels soziotechnischer Systeme zusammenzufassen. Die Konturen einer solchen Konzeption zeichnen sich freilich immer deutlicher ab. Die trotz der unterschiedlichen Schwerpunkte und Fragestellungen unverkennbare Verwandtschaft dieser Richtungen zeigt sich vor allem in der Tatsache, daß die untersuchten Prozesse der Entwicklung und des geplanten Wandels von Systemen als *politische Entscheidungsprozesse* erkannt werden, auch wenn das Wort „Politik" bisher noch selten explizit Verwendung findet.

Die Theorie des geplanten Wandels, die im weiteren Verlauf allein weiter verfolgt wird, ist als methodenorientierte Disziplin zu sehen, die sich mit Methoden zur Unterstützung betriebswirtschaftspolitischer Entscheidungen zur Planung und Durchsetzung tiefgreifender Veränderungen betriebswirtschaftlicher Systeme befaßt — gleichgültig, ob sich die Veränderungen auf die Struktur des Systems (das klassische Objekt der angewandten Organisationstheorie vom Typ II) beziehen oder nicht. Dabei ist es nicht erforderlich, daß die Grenzen des zu verändernden Systems mit den Grenzen einer Organisation zusammenfallen. Auch logistische Kanäle als multiorganisationale (Zwischen-)Systeme können Gegenstand einer angewandten Theorie des geplanten Wandels von Systemen sein. Solche Entscheidungen werden im folgenden als politische Metaentscheidungen charakterisiert.

Der Wandel eines Systems als politische Metaentscheidung

Der Begriff der Metaentscheidung knüpft an der Konzeption einer Hierarchie von Regelkreisen an, wie sie für komplexe Steuerungs- und Regelungssysteme bzw. organisationale Informations- und Entscheidungssysteme typisch ist. In den bisherigen Ausführungen dieses Buches haben wir das organisationale Informations- und Entscheidungssysteme in erster Linie als System zur Steuerung und Regelung der physischen Prozesse der Produktion und Distribution in Betriebswirtschaften betrachtet. Diese physischen Prozesse können als *Objektprozesse* des Informations- und Entscheidungssystems angesehen werden. Es leuchtet ein, daß auch Informationsprozesse innerhalb der Organisation — also Aspekte des Informations- und Entscheidungssystems selbst — Objektprozesse von Steuerungs- und Regelungsversuchen sein können. Es ist dann zweckmäßig, zwischen Objekt- und Metaprozessen im Rahmen des gesamten Informations- und Entscheidungssystems zu unterscheiden[90]). Wenn beispielsweise in einem Regelkreis höherer Ordnung die Struktur und die Komponenten eines Regelkreises niedriger Ordnung verändert werden, so liegt ein Metaprozeß vor, der sich auf einen informationsverarbeitenden Objektprozeß bezieht.

Man kann alle an solchen Metaprozessen Beteiligten zu einem *Metasystem* zusammenfassen. Das Metasystem ist selbst Bestandteil des Informations- und Entscheidungssystems. Mit der Unterscheidung von Objekt- und Metasystem wird der Konzeption des Informations- und Entscheidungssystems lediglich eine weitere Dimension hinzugefügt.

Abb. 2.8 gibt die Einordnung eines Metasystems in das gesamte Informations- und Entscheidungssystem einer Organisation wieder[91]). Das Objektsystem bildet ein physisches System nebst zugehörigem Managementsystem. Die Pfeile 1 bis 3 kennzeichnen den Fluß von Stoffen und Energie, die übrigen Pfeile repräsentieren den Informationsfluß innerhalb des gesamten Informationssystems sowie zwischen Informations- und Entscheidungssystem und Umwelt.

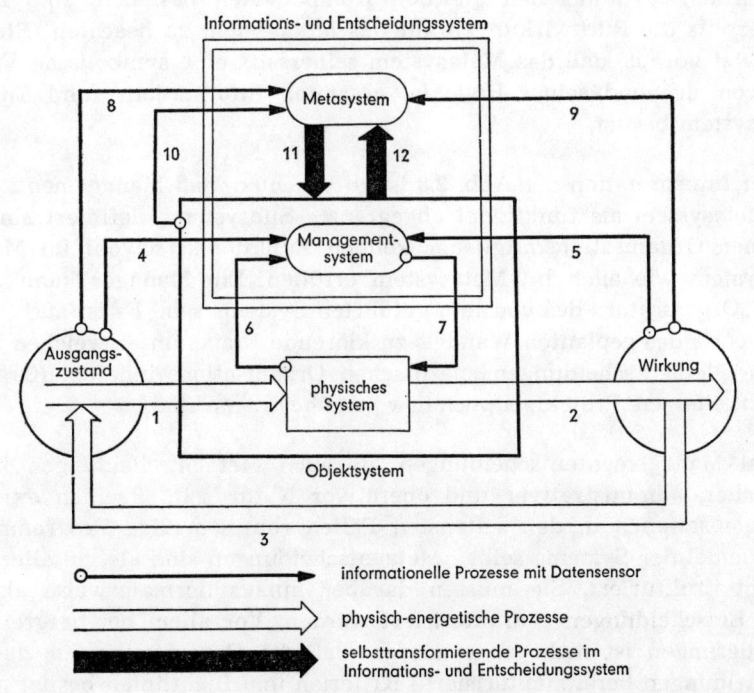

Abb. 2.8: Informations- und Entscheidungssystem und Objektsystem der Unternehmung

---
[90]) Vgl. Gabele (1972), S. 83 ff.; Klein (1973).
[91]) Klein (1973), S. 26.

Das Managementsystem erhält ständig Daten über den Ist-Zustand der Umwelt (Pfeil 4), die Wirkung der Aktionen des physischen Systems auf die Umwelt (Pfeil 5) und den Ist-Zustand des physischen Systems selbst (Pfeil 6). Es verwendet diese Information zur Steuerung und Regelung des physischen Prozesses (Pfeil 7). Die Pfeile 4 und 5 stehen zusammen für die Sammlung von Daten über die Umwelt (Umweltintelligenz), Pfeil 6 für die Sammlung von Daten über den Zustand und die Leistungscharakteristika des physischen Systems. Sie sind Teile der internen Intelligenzfunktion, mit der die Organisation ihre innere Umwelt diagnostiziert.

Das Metasystem erhält als Eingangsgrößen ebenfalls Daten über die Umwelt (Pfeil 8) und über die Beeinflussung der Umwelt durch das Objektsystem (Pfeil 9). Diese sind nicht notwendigerweise mit den Eingangsdaten des Objektsystems identisch. Zusätzlich erhält es Daten über den Aufbau und die Prozesse des Objektsystems (Pfeil 10). Neben diesem Informationsaustausch bestehen strukturelle Beziehungen zwischen dem Metasystem und seinem Objektsystem, insbesondere dem Managementsystem. Einerseits kann das Metasystem die Komponenten der Struktur des Objektsystems ändern (Pfeil 11). Da Meta- und Objektsystem aber nicht völlig getrennte Gebilde sind, sondern teilweise aus den gleichen Komponenten bestehen, sind hierbei andererseits die Rückwirkungen auf das Metasystem zu beachten (Pfeil 12). Dies setzt voraus, daß das Metasystem seinerseits eine symbolische Vorstellung von sich und seiner Rolle im gesamten Informations- und Entscheidungssystem besitzt.

Bei der Interpretation der Abb. 2.8 ist zu beachten, daß Managementsysteme und Metasystem als funktional abgegrenzte Subsysteme definiert sind. Die einzelnen Organisationsmitglieder können Funktionen sowohl im Managementsystem wie auch im Metasystem erfüllen. Ein Manager kann gleichzeitig „Organisator" des von ihm geführten Systems sein. Es ist auch eine in der Theorie des geplanten Wandels zu klärende Frage, unter welchen Bedingungen Metaentscheidungen spezifischen Organisationseinheiten (Organisationsabteilungen, Projektgruppen usw.) zu übertragen sind.

Sowohl Managemententscheidungen als auch Metaentscheidungen können politischer, administrativer und operativer Natur sein. Freilich existieren in Organisationen in den seltensten Fällen routinemäßige Programme für den Wandel der Systeme selbst. Metaentscheidungen sind also in aller Regel schlecht-strukturiert. Sie müssen darüber hinaus normalerweise als politische Entscheidungen charakterisiert werden. Vor allem bei tiefgreifenden Veränderungen ist nicht zu erwarten, daß die Organisation für derartige Entscheidungen bereits autorisierte Kriterien und Richtlinien besitzt und sie der Administration überläßt. Sofern Richtlinien existieren, stehen sie in aller Regel während des Prozesses des Systemwandels mit zur Diskussion und berühren den politischen Charakter dieses Prozesses kaum. Wir müssen also davon ausgehen, daß Metaentscheidungen in der Regel politische Entscheidungen, d. h. schlecht-strukturierte, innovative Entscheidungen, sind, für die es in der betrachteten Organisation noch keine verbindlichen, autorisierten Kriterien bzw. Wertprämissen gibt und die daher in hohem Maße durch die individuellen Werte und Präferenzen derjenigen geprägt werden, die entsprechende Macht in der Organisation besitzen.

Diese These legt es nahe, die *politische Dimension* einer Theorie des geplanten Wandels hervorzuheben. Kennzeichnend für diese Theorie ist, daß die Führung einer Betriebswirtschaft (oder eines logistischen Kanals), zu deren Unterstützung Methoden zu entwickeln sind, als politische Führung begriffen, „Betriebswirtschaftspolitik" wörtlich genommen und die strategische Planung als Kern dieser Politik als politische Planung konzipiert wird. Nirgends ist der politische Charakter der Unternehmensführung und die Notwendigkeit einer politischen Planung deutlicher, als wenn es um tiefgreifende Veränderungen und Reorganisationen betriebswirtschaftlicher Systeme geht.

Diese Erkenntnis legt es nahe, systematisch auf Konzeptionen der politischen Wissenschaft Bezug zu nehmen. Zwei Entwicklungen der modernen Politikwissenschaft erleichtern dies:

(1) Die Politikwissenschaft gibt in zunehmendem Maße ihre traditionelle Beschränkung auf politische Prozesse des Staates, d. h. auf die Ebene der Gesellschaft, auf und betrachtet „Politik" als Phänomen, das in allen sozialen Systemen, also auch in Betriebswirtschaften, eine große Rolle spielt[92]).

(2) Dort, wo sich die Politikwissenschaft auf ihre traditionelle Bezugsebene „Staat" und „Gesellschaft" beschränkt, beginnt sie, im Rahmen einer Regierungslehre[93]) Probleme der Entwicklung von Methoden zur Unterstützung politischer Entscheidungen in ihr Interessengebiet einzubeziehen. Für Probleme des geplanten Wandels von Systemen besonders relevant sind in diesem Zusammenhang die politikwissenschaftlichen Untersuchungen zur „Gesellschaftspolitik". Lompe[94]) definiert beispielsweise Gesellschaftspolitik als „Politik des geplanten sozialen Wandels".

Die Berücksichtigung der „politischen Dimension" deutet auf die sehr umfangreiche verhaltenswissenschaftliche Fundierung der Theorie des geplanten Wandels hin. Im Gegensatz zur klassischen Theorie der Strukturgestaltung weist sie eine vergleichsweise realistische, deskriptive Basis auf. Diese deskriptive Basis äußert sich nicht zuletzt in der Tatsache, daß die Theorie

---

[92]) Vgl. z. B. Deutsch (1970); Dror (1968 a); Easton (1965); Ellwein (1968); Narr (1971); Naschold (1971); Stammen (1967).

[93]) Vgl. z. B. Böhret (1970); Ellwein (1966); Hennis (1965); Hirsch (1969); Lompe (1971) und die dort angegebene umfangreiche Literatur; vgl. auch den Versuch, unter dem Begriff der „policy science" eine interdisziplinäre umfassende Entscheidungslehre der Politik zu schaffen. Dazu sei insbesondere verwiesen auf die bisher erschienenen Bände von Policy Sciences.

[94]) Lompe (1971), S. 119.

des geplanten Wandels davon ausgeht, daß die Entwicklung bzw. der Wandel organisationaler Systeme „normalerweise" durch einen Inkrementalismus, d. h. durch eine Folge mehr oder weniger unzusammenhängender kleiner Schritte, geprägt ist.

Der Inkrementalismus als Ausgangshypothese der Theorie des geplanten Wandels

Tiefgreifende geplante Veränderungen eines Systems setzen ein hohes Niveau in den Führungsfähigkeiten des planenden politischen Systems voraus. Als solche Fähigkeiten sind insbesondere zu nennen[95]: die kybernetischen Fähigkeiten, die Fähigkeit zur Machtausübung, die Fähigkeit der Sicherung von Unterstützung und die Fähigkeit zur Konsensbildung. Wir müssen davon ausgehen, daß diese Fähigkeiten in aller Regel begrenzt sind. Dies gilt insbesondere für die Konsensbildungsfähigkeiten und die kybernetischen Fähigkeiten.

Im Falle der *Konsensbildung* ist zu beachten, daß die individuellen Werte, Präferenzen und Überzeugungen der beteiligten Menschen — obwohl langfristig durchaus veränderbar — stets in einem gewissen Grade konfliktär sind. Auch wenn die Werte, Präferenzen und Überzeugungen ständig im Fluß sind und laufende Bemühungen um Konsens das politische Geschehen überlagern, wird eine betriebswirtschaftliche Organisation nie zu einem „Team" mit identischer Wertordnung. Die Fähigkeit der Unternehmensführung, ihre Entscheidungen auf einen breiten Konsens zu gründen, sind somit begrenzt.

Aber auch die *kybernetischen Fähigkeiten* eines politischen Systems sind in der Regel als begrenzt anzusehen. Die Politiker besitzen nur fragmentarische Informationen über die Werte und Präferenzen der relevanten Interessenten. Ihre Fähigkeit, Informationen zu gewinnen und zu verarbeiten sowie komplexe Probleme zu lösen, unterliegt engen quantitativen und qualitativen Kapazitätsgrenzen. Auch dort, wo „theoretisch" eine Konfliktlösung durch Innovation und Kreativität und damit ein Konsens über das Ergebnis der Entscheidungsprozesse denkbar wäre, ist das politische System auf Grund seiner begrenzten Kapazität gezwungen, die Konflikte durch Machtausübung zu „handhaben" und seine Politik gegen den Widerstand eines Teiles der Betroffenen durchzusetzen[96]).

Wir müssen also von erheblichen Beschränkungen in den kybernetischen Fähigkeiten eines politischen Führungssystems und in seiner Fähigkeit zur Konsensbildung ausgehen. Das ist wichtig, wenn wir die Chance für das politische Führungssystem einer Organisation beurteilen wollen, einen tiefgreifenden Wandel des Systems zu planen und auch durchzusetzen und dabei die Planung auf eine umfassende Analyse des alten Systems, der gewünschten

---

[95]) In Anlehnung an Etzioni (1968).
[96]) Zum Konfliktverhalten von Organisationsteilnehmern und dessen Ursachen vgl. Esser (1972).

Erfordernisse und möglichen Alternativen eines neuen Systems sowie der langfristigen Konsequenzen dieser Alternativen zu gründen. Diese Chancen sind in der Regel gering. Das Entscheidungsverhalten des politischen Systems ist in den meisten Fällen durch eine Folge relativ unzusammenhängender kleiner Schritte geprägt.

Die Gründe für den Inkrementalismus sind u. a. darin zu erblicken, daß die politischen Instanzen lediglich fragmentarische Informationen über die mutmaßlichen Konsequenzen *großer* Änderungen zur Verfügung haben und Entscheidungen unter Ungewißheit aus dem Wege gehen. Man realisiert Maßnahmen, die „in der Nähe" des Status quo liegen, weil man sich nur bei kleinen Änderungen vorzustellen vermag, welche Auswirkungen zu erwarten sind. Darüber hinaus sind kleine Änderungen in nachfolgenden Schritten leichter zu korrigieren als große. Schließlich sind kleine Änderungen einfacher durchzusetzen: Die Konsensbildung ist leichter.

Die Bedeutung dieses Sachverhaltes für den Wandel logistisch relevanter Systeme wird offensichtlich, wenn man berücksichtigt, daß auch dieser Wandel in der Regel ein evolutionärer Wandel ist, der durch meist rein reagierende, inkrementale Entscheidungen vorangetrieben wird — Entscheidungen, die eine Fülle unvorhergesehener Konsequenzen mit sich bringen und jeweils neue Nachfolgeprobleme entstehen lassen. Ein solcher Wandel ist — obwohl laufend Organisationsentscheidungen getroffen werden — nur begrenzt unter der Kontrolle der politischen Führung. Die bisweilen „wild wuchernden", desintegrierten Informationssysteme in Betriebswirtschaften sind beredte Beispiele hierfür. Aber auch die Evolution logistischer Kanäle dürfte in der Regel durch einen solchen Inkrementalismus charakterisiert sein, selbst wenn sich ein Führer des Kanals herauskristallisiert hat, der eine zentrale Koordination und eine Umgestaltung des Kanals anstrebt.

Dennoch mag dieses Bild zum Teil überzeichnet erscheinen. Ihm widerspricht die Tatsache, daß wir immer wieder von Betriebswirtschaftlern hören, die tatsächlich tiefgreifende, nicht-inkrementale Reorganisationen interner und externer Systeme planen und auch erfolgreich realisieren. Man könnte geneigt sein, der Führung dieser Betriebswirtschaften überdurchschnittliche kybernetische Fähigkeiten und Konsensbildungsfähigkeiten zuzuerkennen.

Man sollte jedoch zunächst skeptisch bleiben. In vielen Fällen dürfte die tiefgreifende Reorganisation weniger das Ergebnis einer umfassenden Analyse und intensiver Konsensbildungsbemühungen sein als auf eine dominierende Machtposition des politischen Systems oder einzelner seiner Mitglieder zurückzuführen sein. Eine solche Machtposition erlaubt es, die schwer zu erfüllenden Forderungen interner und externer Interessenten zu negieren und auch eventuelle Widerstände der administrativen und operativen Ebene innerhalb der Organisation zu überwinden.

Es wird jedoch in Zukunft für das politische System großer Betriebswirtschaften immer schwieriger sein, sich eine solche unangefochtene Machtposition zu erwerben bzw. zu bewahren. Zwei gesellschaftliche Entwicklungen, die wir gegenwärtig mitverfolgen, lassen diese Hypothese plausibel erscheinen:

(1) Die fortschreitende Mitbestimmung wird die Machtverhältnisse in den Betrieben verändern. Gleichgültig, wie man dazu steht: Die Kernorgane des politischen Systems werden es sich in der Zukunft weniger leisten können, bestimmte Forderungen zu negieren. In der Mitbestimmungsdiskussion wird auf seiten der Vertreter des Top-Managements immer wieder die Sorge laut, daß es in Zukunft schwieriger sein wird, langfristige Pläne zu fassen und Maßnahmen einzuleiten, die nicht selten kurzfristige „Durststrecken" einschließen und deshalb unpopulär sind. Und tiefgreifende Reorganisationen sind in aller Regel unpopulär.

(2) Die traditionellen Machtmittel der Unternehmensführung (materielle Belohnungen und Bestrafungen) werden in zunehmendem Maße gegenüber der Administration der Betriebe ihre Wirkung verlieren. Die zunehmende Mobilität leitender Angestellter sowie die in einer Wohlstandsgesellschaft immer bedeutsamer werdenden „höheren Bedürfnisse" nach Selbstverwirklichung und Autonomie sprechen dafür. Hinzu kommt, daß als Folge der gesellschaftlichen Mitbestimmungsdiskussion das Eigentum als alleinige Legitimation für die Ausübung politischer Macht in der Unternehmung auch in den Augen der leitenden Angestellten und Spezialisten der administrativen Ebene immer mehr diskreditiert wird. Die Folge ist, daß die Inhaber politischer Führungsstellen ihre Machtpositionen in zunehmendem Maße auch auf die Unterstützung der von ihnen geführten Administration gründen müssen. Dies wiederum bewirkt, daß in Zukunft erfolgreiche Betriebswirtschaftspolitik und tiefgreifende Reorganisationen ohne einen gewissen Konsens mit der Administration nicht mehr möglich erscheinen.

Ähnliches mag auch für die Machtposition von Führern logistischer Kanäle gelten. Freilich zeichnen sich hier die Entwicklungslinien weit weniger deutlich ab. Zu wenig ist über die Determinanten von Marketingkanälen und deren Entwicklungstendenzen bekannt. Wir möchten dennoch die Hypothese wagen, daß auch hier die Möglichkeit abnimmt, innerhalb des Kanals Macht auszuüben, die nicht auf der Unterstützung der Mitglieder des Kanals selbst beruht. Auch hier treten die begrenzten Konsensbildungsfähigkeiten des Kanalführers in zunehmendem Maße als Beschränkungsfaktor tiefgreifender Umgestaltungen in den Vordergrund.

Ein Ausweg aus der durch einen Inkrementalismus geprägten Situation ist nur denkbar, wenn es gelingt, politische Planungsmethoden zu entwickeln, welche die Führungsfähigkeiten des planenden Metasystems, insbesondere seine kybernetischen Fähigkeiten und seine Fähigkeiten zu Konsensbildung, wesentlich erhöhen. Es sind daher bestimmte, im folgenden aufgeführte Anforderungen an eine solche politische Metaplanung zu stellen.

Merkmale einer politischen Systemplanung

(1) Politische Systemplanung kann nicht davon ausgehen, daß die Ziele der Betriebswirtschaft und deren Prioritäten bereits verbindlich vorgegeben sind und es nur darauf ankommt, ein System zu entwerfen, das vorgegebene Ziele bzw. Kriterien erfüllt. Politische Systemplanung ist immer auch Zielplanung, und der Prozeß des Entwurfs eines neuen Systems ist davon nicht zu trennen. Die Auslösung eines Prozesses des geplanten Wandels erfolgt zwar dadurch, daß das alte System in den Augen einiger nicht mehr alle Wünsche erfüllt. Diese Initiatoren wissen dann aber zunächst allenfalls, was sie *nicht* wollen — und auch das meist nur unvollständig und vage. Es ist keineswegs eine triviale Aufgabe, von diesem mehr oder weniger vagen Mängelbewußtsein zu konkreten Kriterien und Prioritäten zu gelangen, an denen die Entscheidungen auszurichten sind; es ist keine einfache Aufgabe, realistische Ziele zu formulieren, die in Einklang mit den subjektiven Werten und Präferenzen derjenigen zu bringen sind, von deren Unterstützung der Erfolg des initiierten Prozesses des geplanten Wandels eines Systems letztlich abhängt.

(2) Politische Systemplanung kann nicht davon ausgehen, daß die qualitative und quantitative Informationsverarbeitungskapazität eines Planungssystems ausreicht, bei der Planung nach dem synoptischen Ideal der rationalen Entscheidungslogik vorzugehen. Die Empfehlung, beim Entwurf eines komplexen Systems gemäß dieser Entscheidungslogik vorzugehen, ist genauso unsinnig wie etwa die Empfehlung an einen Schachspieler, zunächst alle denkbaren Folgen von Zügen und Gegenzügen bis zum Matt oder Remis explizit als alternative Strategien zu formulieren und dann die „richtige" Strategie auszuwählen. Nach den Gesetzen der Kombinatorik werden Größenordnungen erreicht, die jenseits der Kapazität jedes nur denkbaren natürlichen oder künstlichen Informationsverarbeitungssystems liegen. Nur heuristische Planungsmethoden sind hier akzeptabel. Sie müssen so geartet sein, daß dem *kombinatorischen Anwachsen* der denkbaren Lösungsmöglichkeiten eine ebenso mächtige *kombinatorische Eliminierung* a priori nicht erfolgversprechender Alternativen entgegenwirkt.

(3) Politische Systemplanung muß die Durchsetzungs- und Unterstützungsproblematik von vornherein in die Betrachtung einbeziehen. Es sind die zu erwartenden Widerstände zu antizipieren und die Möglichkeiten und „Kosten" ihrer Überwindung bei der Formulierung und Auswahl von Alternativen zu beachten. Dies schließt nicht aus, daß man während des Planungsprozesses zeitweise von der Frage der Durchsetzbarkeit abstrahiert, um die kreative Generierung „neuer" Lösungen zu fördern. Die Einstellung aber, daß sich eine als „richtig" erkannte Lösung von allein durchsetze, ist sicherlich die Einstellung eines „unpolitischen" Planers.

(4) Politische Systemplanung ist von vornherein durch flankierende Maßnahmen der Mobilisierung von Unterstützung, der Konsensbildung und der

Konflikthandhabung zu ergänzen. Es genügt nicht, die Durchsetzungsprobleme bei der Planung soweit wie möglich zu antizipieren, im übrigen aber Planung und tatsächliche Durchsetzung als getrennte, nacheinander ablaufende Phasen zu sehen. Planung, Durchsetzung, Konsensbildung und Konflikthandhabung sind parallele Prozesse, die sich in vielfältiger Weise gegenseitig durchdringen und beeinflussen.

Bausteine einer Theorie des geplanten Wandels

Es gibt noch keine ausgearbeitete, auf der Idee der politischen Planung aufbauende Konzeption der Theorie des geplanten Wandels von Systemen. Es gibt aber eine Reihe von Ansätzen, die als erste Bausteine einer solchen angewandten Organisationstheorie gelten können. Diese Ansätze bewegen sich auf sehr unterschiedlichem Abstraktionsniveau. Sie reichen von ganz pragmatischen Schilderungen einzelner Prozesse der Entwicklung bzw. des geplanten Wandels organisationaler Systeme bis zu Versuchen, die Umrisse einer generellen Theorie des „Designs" zu entwerfen, die dann keineswegs auf Organisationen allein beschränkt bliebe. Selbstverständlich haben in einer solchen umfassenden Konzeption auch Teile der klassischen Theorie der Strukturgestaltung ihren Platz, denn auch bei tiefgreifenden Veränderungen von Systemen tauchen Probleme auf, die zum Gegenstandsbereich dieser klassischen Organisationslehre zählen.

Im folgenden sollen jedoch einige weitere Bausteine klassifiziert werden, die in der wissenschaftlichen Diskussion bislang weniger Beachtung gefunden haben. Dabei können insbesondere drei Forschungsrichtungen hervorgehoben werden, die einen sehr unterschiedlichen Ursprung und sehr verschiedenartige Schwerpunkte aufweisen, deren innere Verwandtschaft aber immer deutlicher wird und die sich zum Teil sehr gut ergänzen. Im angelsächsischen Schrifttum sind diese Forschungsrichtungen unter den Bezeichnungen *Systems Development*, *Systems Analysis* und *Planned Organizational Change* bekannt. Die folgenden Überlegungen beschränken sich auf eine kurze Charakterisierung des Ursprungs dieser Richtungen und auf eine allgemeine Einordnung in die hier vorgetragene Konzeption einer Theorie des geplanten Wandels.

Auf die Merkmale der Systemanalyse haben wir bereits hingewiesen. Bisher wurden systemanalytische Methoden freilich kaum im Zusammenhang mit Fragen des geplanten Wandels von Organisationen diskutiert. Eine systemanalytische Studie der beiden Politologen Böhret und Nagel[97]) mit dem Anwendungsbeispiel „Universitätsreform" macht jedoch die Relevanz der Systemanalyse für Probleme der Planung tiefgreifender organisationaler Änderungen deutlich. Im folgenden sollen die beiden noch nicht charakterisierten Ansätze (Systems Development und Planned Organizational Change) näher erläutert werden.

---

[97]) Vgl. Böhret und Nagel (1969).

Systems Development

Die Theorie des Systems Development ist eng mit den Namen von Mitarbeitern der System Development Corporation verbunden, die an der Entwicklung einer Reihe von militärischen und privaten computerunterstützten Informations- und Entscheidungssystemen mitgewirkt haben[98]). Diese Ansätze entstammen aus dem Bemühen, u. a. Methoden des rein technisch orientierten „Systems Engineering" auf Probleme der Entwicklung solcher computerunterstützten Informations- und Entscheidungssysteme, d. h. auf die Entwicklung komplexer Mensch-Maschine-Systeme, zu übertragen. Aus den praktischen Erfahrungen dieser Bemühungen entstanden Vorschläge für realistische Strategien der Komplexitätshandhabung und für die diesen Strategien entsprechenden detaillierten Ablaufschemata für den Prozeß der Systementwicklung. Diese Strategien bzw. Ablaufschemata charakterisieren den Entwicklungsprozeß als hierarchisch strukturierten Prozeß[99]), der mehrere Iterationen durchläuft. Der tiefgreifende Wandel des zu verändernden Systems wird in einer Folge relativ überschaubarer, kleiner Schritte erreicht, die jedoch von einer laufend anzupassenden konzeptionellen Gesamtplanung gesteuert werden. Das System ist nicht mehr Objekt einer nur begrenzt kontrollierten, sondern einer — wie es Rosove ausdrückt — geplanten Evolution.

Planned Organizational Change

Die dritte hier anzuführende Forschungsrichtung ist unter Bezeichnungen wie „Planned Change" oder „Planned Organizational Change" bekannt[100]). Diese Ansätze entstanden aus den Bemühungen einer Reihe von Verhaltens- bzw. Sozialwissenschaftlern, ihre Erkenntnisse über das Verhalten von Menschen, Gruppen, Organisationen und Gesellschaften für den geplanten Wandel sozialer Systeme nutzbar zu machen und *angewandte* Verhaltenswissenschaft zu betreiben. Versucht man, sich einen Überblick zu verschaffen, so bietet sich ein für den Außenstehenden höchst verworrenes Bild der Absich-

---

[98]) Die Systementwicklung stößt heute auf breite Forschungsinteressen, die sich nicht ausschließlich auf den unmittelbaren Einflußbereich der System Development Corporation beschränken. Vgl. z. B. einzelne Beiträge in Aronofsky (1969); Blumenthal (1969); Chestnut (1965); Eckman (1961); Lawrence (1969), insbes. Kap. 9, S. 493 ff.; Rosove (1967 a); Sackman (1967 a), (1970 a); Schoderbek (1967); Willmorth (1965).

[99]) Die Bildung von Hierarchien ist eine wichtige Strategie bei der Handhabung komplexer Strukturen und Prozesse. Der Hierarchie wird im allgemeinen eine konzeptionelle, erklärende Funktion (hierarchy as concept) zugeschrieben. Sie stellt in dieser Form einen übergeordneten Bezugsrahmen dar, der es gestattet, sowohl die Ordnung natürlicher (hierarchy in nature) als auch künstlicher Systeme (hierarchy in artifact) zu umgreifen. Vgl. dazu die umfassende Bibliographie von Wilson (1969); ferner die Beiträge des interdisziplinären Symposiums über „Hierarchical Structure in Nature and Artifact", herausgegeben von Whyte, Wilson und Wilson (1969). Ein Überblick über potentielle Varianten der Hierarchie findet sich bei Gabele (1972), S. 142 ff.

[100]) Vgl. zu den teilweise abweichenden Ansätzen z. B. Argyris (1970); Bennis (1966 a), (1966 b); Bennis, Benne und Chin (1969); Dienstbach (1972); Jones (1968); Leavitt (1964 a); Lippitt (1958); Mann und Neff (1961).

ten und Methoden dieses Zweiges angewandter Forschung[101]). Soweit sich die Versuche auf Organisationen beschränken, deckt sich das Interessengebiet des Planned Organizational Change zunächst mit der hier skizzierten Theorie des geplanten Wandels organisationaler Systeme. Eine genauere Betrachtung zeigt jedoch erhebliche Beschränkungen, die letztlich in dem ausschließlich verhaltenswissenschaftlichen Background und den bisweilen recht einseitigen Perspektiven seiner Vertreter begründet sind. So fällt auf, daß sich ein verhältnismäßig großer Teil der Literatur mit solchen Fragen des geplanten Wandels auseinandersetzt, die sich bei dem Versuch ergeben, das interpersonelle Verhalten, insbesondere das Führungsverhalten in Organisationen, zu ändern. Die Human-Relations-Bewegung hat hier ihre tiefen Spuren hinterlassen. Es fällt daher zunächst nicht leicht, in den Ansätzen des Planned Organizational Change Ansatzpunkte zu finden, die auch dann relevant sind, wenn es etwa um Planung und Realisation eines computerunterstützten Informations- und Entscheidungssystems geht.

Im Zentrum des Planned Organizational Change steht die Rolle des sog. *change agent,* eines verhaltenswissenschaftlich ausgebildeten Experten des sozialen Wandels, der versucht, den geplanten Wandel eines sozialen Systems, des sogenannten *client system,* in „helfender Weise" zu fördern. Geht man von den dargelegten Merkmalen einer politischen Planung aus, so ist der change agent in erster Linie für die die eigentliche Planung flankierenden Maßnahmen der Überwindung von Anpassungswiderständen, der Konflikthandhabung und der Konsensbildung zuständig. Er sorgt aber auch dafür, daß das Planungssystem die Werte und Überzeugungen der relevanten Unterstützer und die zu erwartenden Widerstände im *client system* besser einzuschätzen vermag. Somit trägt der change agent — so die Hoffnung seiner Verfechter — dazu bei, daß die kybernetischen Fähigkeiten, vor allem aber die Konsensbildungsfähigkeiten des planenden politischen Systems erhöht werden. Die Konzeption des Planned Organizational Change kann so als eine sinnvolle Ergänzung zu den Konzeptionen der Systementwicklung bzw. der Systemanalyse angesehen werden, die ihrerseits in erster Linie auf die Erhöhung der kybernetischen Fähigkeiten des planenden politischen Systems ausgerichtet sind.

2.13 Die Beurteilung von Methoden

In den folgenden Abschnitten werden wir eine Reihe für logistische Probleme relevanter Methoden des Operations Research, der Systemanalyse, der automatisierten Datenverarbeitung und der angewandten Organisationstheorie darstellen. Von allen wird behauptet, daß sie eine Unterstützung logistischer Entscheidungsprozesse erbringen können. Wer sich jedoch anschickt, solche

---

[101]) Wesentliche Methoden sind etwa das Laboratory Training, Sensitivity Training, die Bildung von T-Groups allgemein. Vgl. hierzu z. B. Bennis (1969); Dalton, Lawrence und Lorsch (1970); Schein (1969).

Methoden tatsächlich zu verwenden und in die Praxis einzuführen, wird sich nicht nur diese Methoden aneignen müssen, sondern sich auch mit dem Problem auseinandersetzen müssen, diese Methoden zu beurteilen und zu bewerten. Die angewandte Forschung beginnt erst allmählich, sich den methodologischen Problemen der Beurteilung oder Bewertung von Methoden zu stellen. Im folgenden sollen einige Gesichtspunkte dieser Beurteilungsproblematik angeschnitten und insbesondere verdeutlicht werden, daß die Beurteilung von Methoden schwierige Probleme der empirischen Forschung impliziert.

2.131 Die Beurteilung von Methoden als ein Problem der empirischen Forschung

Die Betriebswirtschaftslehre hat sich als angewandte Disziplin schon immer mit der Entwicklung von Methoden zur Unterstützung von Entscheidungen befaßt. Sie hat dabei aber weitgehend versäumt, sich als Erfahrungswissenschaft zu sehen und intensive empirische Forschung zu betreiben oder zumindest auf Erkenntnisse und Konzeptionen solcher Nachbardisziplinen zurückzugreifen, die gewohnt sind, ihre Hypothesen empirisch abzusichern. In zweifacher Weise setzt der Entwurf und die Beurteilung von Methoden empirische Forschung[102]) voraus: Eine methodenorientierte Disziplin, die Methoden zur „Verbesserung" der Realität entwickelt, muß erstens von einem realistischen, empirisch abgesicherten Bild der zu verbessernden Prozesse bzw. Systeme ausgehen. Sie muß zweitens empirisch testen, ob die entwickelten Methoden die behaupteten „verbessernden" Wirkungen auf die jeweiligen Prozesse bzw. Systeme besitzen.

Deskriptive Entscheidungsforschung als Voraussetzung für die Beurteilung von Methoden

Will man Methoden zur Unterstützung organisationaler Entscheidungsprozesse entwickeln und beurteilen, so muß man eine realistische Vorstellung davon besitzen, wie individuelle und kollektive Entscheidungsprozesse in Organisationen tatsächlich ablaufen. Dies bedarf einer deskriptiven Entscheidungstheorie[103]). Die Betriebswirtschaftslehre hat immer wieder Entscheidungsmethoden vorgeschlagen, die von der Praxis jedoch nicht aufgegriffen wurden, weil die wissenschaftlichen Empfehlungen von allzu naiven Vorstellungen über „rationales Entscheidungsverhalten" in der Realität getragen waren. Es ist keineswegs ein Widerspruch, wenn man eine anwendbare betriebswirtschaftliche Entscheidungslehre fordert und dann kon-

---

[102]) Vgl. zur empirischen Prüfung von Theorien Opp (1970), S. 267 ff. und die dort angegebene Literatur. Opp unterscheidet folgende Strategien der Prüfung von Theorien: (1) Konfrontierung mit alternativen Theorien; (2) Suche nach internen Widersprüchen; (3) Konfrontierung mit Fakten; (4) empirische Absicherung und (5) Scheintests.

[103]) Vgl. dazu Kirsch (1970 a), (1971 a), (1971 b) und die dort diskutierten Ansätze.

sequent die Frage stellt, welche Merkmale und Begrenzungen die organisatorischen Entscheidungsprozesse aufweisen, in welche die von der Betriebswirtschaftslehre vorgeschlagenen Methoden einzupassen sind — in der Hoffnung, daß diese Entscheidungsprozesse dadurch effizienter werden.

Dies mag selbstverständlich klingen, ist aber in der gegenwärtigen betriebswirtschaftlichen Diskussion keineswegs üblich. Wer heute beispielsweise ein Buch über Marketing schreibt, bemüht sich sehr darum, seinen Empfehlungen über das richtige Mix der Marketingmethoden eine realistische Konzeption des Käuferverhaltens zugrunde zu legen. Der breite Raum, den die deskriptive Theorie des Käuferverhaltens in der modernen Marketingliteratur einnimmt, dokumentiert dies[104]). Es gibt jedoch bislang kein Buch über Operations-Research-Methoden oder computerisierte Informationssysteme, in dem analog ein Kapitel über das Entscheidungsverhalten zu finden wäre, zu dessen Unterstützung die vorgeschlagenen Methoden und Systeme entwickelt werden.

Die Forderung nach einer deskriptiven Entscheidungstheorie schließt nicht aus, daß man sich bei der Entwicklung von Entscheidungsmethoden an der Entscheidungslogik — interpretiert als Theorie zur Explikation der Rationalität — orientiert. Man muß sich nur klar darüber sein, daß dabei vielfach Methoden entwickelt werden, die einen Bedarf an Input-Informationen besitzen, der in der Realität nur schwer zu befriedigen ist. Darüber hinaus besteht die Gefahr, daß mit der Methode „verfeinerte" Output-Informationen generiert werden, deren Effekt angesichts der übrigen in den zu unterstützenden Entscheidungsprozeß eingehenden Informationen, die nicht durch explizite Informationsverarbeitungsmethoden generiert werden und meist höchst vage und fragmentarisch sind, nicht die Kosten der Methode rechtfertigt. Bei einer genaueren Kenntnis der zu unterstützenden Entscheidungsprozesse wird man vielfach zu der Überzeugung gelangen, daß eine einfachere und möglicherweise sogar inexakte Methode u. U. den gleichen Effekt erzielt wie eine exakte und kompliziertere Methode, die alle Finessen der angewandten Mathematik und Informatik berücksichtigt.

Diese Überlegungen deuten einen Wandel in der Methodik der Beurteilung von Methoden an. Wir wollen diesen Wandel durch zwei Tendenzen charakterisieren: „von der Prämissenkritik zur Beurteilung der pragmatischen Relevanz" und „von der isolierten Beurteilung einer Methode zur Nutzen-Kosten-Analyse des methodenunterstützten Systems".

Von der Prämissenkritik zur Beurteilung der pragmatischen Relevanz

Es ist in der wissenschaftlichen Diskussion der Betriebswirtschaftslehre weitgehend üblich, ein Modell an Hand der Prämissen zu beurteilen, die das Modell konstituieren und sich in den Transformations- und Auswahlfunk-

---

[104]) Vgl. z. B. Amstutz (1967); Howard (1972); Howard und Sheth (1969); Kollat, Blackwell und Engel (1970); Meffert (1971); Nicosia (1966); Schulz (1972); Webster und Wind (1972).

tionen manifestieren. Man beurteilt das Modell im wesentlichen danach, ob diese Prämissen der Realität entsprechen. Typische Fragestellungen dieser Art lauten: Entspricht die Zielfunktion des Modells den wahren Zielen und Präferenzen der Entscheider? Sind die Annahmen der Erklärungsfunktion über Ursache-Wirkung-Relationen realistisch? Vor allem bei Entscheidungsmodellen tritt zu dieser Prämissenkritik in der Regel eine weitere Frage: Entspricht der Modellaufbau den Erfordernissen der formalen Entscheidungslogik? Hinter dieser üblichen Art der Modellbeurteilung steht die Annahme, daß Modelle, deren Prämissen der Realität und deren Konstruktion der Entscheidungslogik entsprechen, auch ihren Zweck erfüllen. Eine genauere Überlegung zeigt jedoch, daß hier erhebliche Zweifel anzumelden sind.

(1) Ein Modell mag trotz einer weitgehenden Erfüllung der genannten Bedingungen nicht brauchbar zu sein, weil das wegen seiner realitätsnahen und entscheidungslogischen Adäquanz äußerst komplizierte Modell nicht oder nur mit unvertretbar hohem Aufwand anwendbar ist.

(2) Umgekehrt kann ein Modell, dessen Prämissen einer empirischen Überprüfung kaum standhalten und dessen Aufbau vom entscheidungslogischen Standpunkt aus nicht akzeptabel erscheint, durchaus unter bestimmten Bedingungen seinen Zweck erfüllen. Diese Aussage knüpft an einer wissenschaftstheoretischen Diskussion der Frage an, wann eine Theorie in einer Erfahrungswissenschaft akzeptiert werden soll. Eine Theorie bzw. ein deskriptives Modell ist — so die vielfach vertretene Meinung — erfahrungswissenschaftlich akzeptabel, wenn es trotz unrealistischer Prämissen eine *prognostische Relevanz* besitzt, d. h. unter bestimmten Bedingungen brauchbare Prognosen ermöglicht[105]). Ein ökonomisches Modell, das die Prognose der Veränderung der Gesamtnachfrage auf einem Markt ermöglicht, ist akzeptabel, auch wenn es auf der unrealistischen Prämisse beruht, die einzelnen Nachfrager verhielten sich vollständig rational[106]). Ohne auf diese Diskussion im einzelnen einzugehen und ohne insbesondere die Frage zu diskutieren, ob die Realitätsferne der Prämissen bei prognostischer Relevanz das Modell auch für die *Erklärung* annehmbar macht, wollen wir das Kriterium der prognostischen Relevanz für Modelle zur Unterstützung von Entscheidungen akzeptieren.

Dehnt man die Betrachtung auf Entscheidungsmodelle aus, so ist dieses Kriterium freilich zu erweitern. Generell ist von einer *pragmatischen Relevanz* zu sprechen[107]). Ein Prognosemodell besitzt pragmatische Relevanz, wenn die von ihm generierten Prognosen zumindest so weit zutreffen, daß die Effizienz des mit dem Modell zu unterstützenden Entscheidungsprozesses

---

[105]) Vgl. z. B. Kirsch (1971 a), S. 33 ff.
[106]) Vgl. hierzu die kritischen Auseinandersetzungen bei Albert (1967).
[107]) Zur Pragmatik betriebswirtschaftlicher Entscheidungsmodelle vgl. Kirsch (1968 a), S. 91 ff. und die dort angegebene Literatur. Spezifische Probleme des Einsatzes ökonomischer Theorien in der Wirtschaftspolitik diskutiert Watrin (1967), insbes. S. 372 ff.

zunimmt. Analog besitzt ein normatives Entscheidungsmodell pragmatische Relevanz, wenn die Berücksichtigung der vom Modell generierten Empfehlungen im Entscheidungsprozeß diesen „verbessert". Das Kriterium der pragmatischen Relevanz knüpft also an dem durch die jeweils zur Diskussion stehende Methode zu unterstützenden Entscheidungsprozeß oder — faßt man alle an diesem Prozeß Beteiligten zu einem spezifischen Entscheidungssystem zusammen — an diesem System an. Es leuchtet ein, daß das Kriterium der pragmatischen Relevanz auch für Methoden anwendbar ist, die nicht den Charakter von Modellanalysen besitzen. Schließlich sind auch inexakte Methoden danach zu beurteilen. Analog zur Irrelevanz der Prämissenkritik ist auch die Kritik an der Inexaktheit der Formulierung der Methode irrelevant, wenn durch die Verwendung dieser Methode eine meßbare Verbesserung des methodenunterstützten Entscheidungssystems erreicht wird.

Von der isolierten Beurteilung einer Methode zur Nutzen-Kosten-Analyse des methodenunterstützten Systems

Knüpft man bei der Beurteilung einer Methode am unterstützten System an, so nimmt man keine isolierte Beurteilung dieser Methode vor, sondern führt letztlich eine Art Nutzen-Kosten-Analyse oder „Systemanalyse" des methodenunterstützten Systems durch. Diese Systemanalyse beruht auf einem systematischen Vergleich eines Systems *ohne* Methodenunterstützung mit einem System *mit* Methodenunterstützung. Wir wollen hier nicht auf Einzelheiten solcher Nutzen-Kosten-Analysen eingehen[108]). Lediglich ein Gesichtspunkt sei hervorgehoben: In die Nutzenüberlegungen einer solchen Analyse gehen sicherlich auch Kriterien ein, die den Zielen des Entscheidungssystems entsprechen. Diese Ziele müssen sich jedoch nicht in der Zielfunktion des Modells zur Unterstützung des Entscheidungssystems wiederfinden. Die Zielfunktion des Modells kann auf einem vergleichsweise „banalen" Ersatzkriterium beruhen. Auch für die Zielfunktion des Modells gilt das Kriterium der pragmatischen Relevanz, nicht jedoch das Erfordernis, mit den „wahren" Zielen des zu unterstützenden Entscheidungssystems übereinstimmen zu müssen. Oft kann die (inexakte) Nutzen-Kosten-Analyse des methodenunterstützten Systems auch Ziele berücksichtigen, die — um das Modell handhabbar zu machen — im Modell selbst nicht erscheinen. Auch hier zeigt sich die Irrelevanz der Prämissenkritik.

Diese Ablehnung der Prämissenkritik muß freilich abschließend eingeschränkt werden. Sie ist sehr oft die einzige Ersatzmethode der Beurteilung von Modellen, wenn eine systematische Nutzen-Kosten-Analyse nicht möglich ist. Genau das ist jedoch vorläufig fast immer der Fall. Auch wenn man zu einer brauchbaren Gliederung der Kostenarten und der relevanten Nutzenkriterien gelangt, scheitern Nutzen-Kosten-Analysen nicht selten daran, daß keine Anhaltspunkte dafür existieren, wie sich der Einsatz der

---

[108]) Vgl. S. 606 ff. dieses Buches.

Methoden auf die Höhe der Kosten und die Erfüllung der einzelnen Nutzenkriterien auswirkt. Anhaltspunkte hierfür erhält man nur, wenn man Methoden systematisch testet. Das Testen von Methoden ist jedoch ein Problem der empirischen Forschung.

Das Testen von Methoden als Problem der empirischen Forschung

Versuche, Methoden bzw. Informationssysteme zur Unterstützung von Entscheidungen empirisch zu testen, sind noch äußerst spärlich. Im Operations Research beschränkt man sich meist auf die Mitteilung, ein Modell habe sich bewährt, ohne im einzelnen anzugeben, auf Grund welcher Indizien und auf Grund welcher empirischen Erhebungen der durch das Modell unterstützte Entscheidungsprozeß als „verbessert" angesehen werden kann. Allenfalls wird von „Einsparungen" berichtet, die freilich meist nur subjektiv geschätzt sind.

Im Bereich der Systemanalyse findet sich eine Reihe von Experimenten, die Aufschluß über die pragmatische Relevanz inexakter Methoden einbringen sollten. So haben beispielsweise Helmer und Gordon[109] und in Deutschland Busch[110] mit der sogenannten Delphi-Methode experimentiert. Wie noch im einzelnen zu zeigen sein wird, handelt es sich hier um ein Verfahren zur Informationsgewinnung durch strukturierte Gruppenbefragung. Eine Gruppenantwort wird gebildet, indem man aus den in verschiedenen Befragungsrunden abgegebenen Einzelurteilen über die Anwendung exakter Methoden der Statistik beispielsweise Zentralwerte aller Einzelantworten der Gruppe ermittelt. Aus der Iteration der Zentralwerte über einzelne Runden lassen sich statistisch durchschnittliche Gruppenfehler ermitteln (Streuung). Ohne auf die Ergebnisse dieser Untersuchungen im einzelnen einzugehen, kann jedoch festgehalten werden, daß offensichtlich auch inexakte Methoden Gegenstand empirischer Experimente sein können, die den Standards der erfahrungswissenschaftlichen Forschung, wie sie vor allem in der Sozialpsychologie postuliert werden, genügen. Empirische Untersuchungen, in denen Systeme mit und ohne Methodenunterstützung systematisch verglichen werden, existieren praktisch überhaupt nicht. Als Ausnahmen können jedoch die empirischen Studien von Morton und Hedberg genannt werden[111]. Beide Autoren untersuchen Veränderungen, die organisationale Entscheidungsprozesse durch die Einführung eines Informationssystems mit der Möglichkeit einer Mensch-Maschine-Kommunikation erfahren.

Mortons Studie beruht auf einem Feldexperiment. Zugrunde liegt der monatliche Prozeß der Produktions- und Absatzplanung in einem realen Betrieb. Zur Unterstützung des Planungsprozesses wurde ein Informationssystem entwickelt, das eine Datenbank und eine Reihe statistischer Prognose-

---

[109] Vgl. Helmer und Gordon (1967) sowie S. 593 ff. dieses Buches.
[110] Vgl. Busch (1970), (1972).
[111] Vgl. Hedberg (1970); Morton (1972).

methoden umfaßte. Die mit der Planung betrauten Entscheider konnten über mit Bildschirmen ausgerüstete Terminals (visual display terminals) mit Hilfe von Lichtschreibern direkt mit dem System in Interaktion treten. Morton beobachtete über längere Zeit die Entscheidungsprozesse vor und nach der Einführung des Informationssystems und stellte eine Reihe von Auswirkungen dieses Systems auf den Prozeß fest. Wir wollen darauf verzichten, die Studie und deren Ergebnisse hier im einzelnen zu referieren. Zwei Gesichtspunkte sind es jedoch wert, hervorgehoben zu werden:

(1) Die empirische Untersuchung Mortons hat den Charakter einer Einzelfallstudie. Die Beobachtungen sind nicht statistisch abgesichert.

(2) Morton beschränkt sich auf die Beschreibung von Veränderungen, die der Planungsprozeß durch die Einführung des Informationssystems bzw. der Mensch-Maschine-Kommunikation erfährt. Er vermeidet, ein explizites Urteil darüber abzugeben, ob der beobachtete Entscheidungsprozeß tatsächlich „effizienter" wurde.

Die Studie Hedbergs beruht auf einer Serie von Laborexperimenten. Den Experimenten wurde ein computerisiertes Unternehmensplanspiel aus dem Bankenbereich zugrunde gelegt. Die Spieler hatten die Möglichkeit, entweder im direkte Zugriff über terminals oder im batch processing auf eine Daten- und eine Methodenbank zuzugreifen. Die Untersuchung bestand weiterhin darin, den Einfluß auf den Entscheidungsablauf und das Verhalten der Entscheidungsträger zu testen, wenn ihnen anstelle eines MIS in Off-line-Version ein bzw. verschiedene On-line-Informationssysteme zur Verfügung standen. Ebenso wie Morton verzichtet auch Hedberg auf eine Wertung der jeweiligen Systeme. Allerdings wurden die optimistischen Vermutungen bezüglich der Überlegenheit der On-line-Version — wie auch das Vorwort Goldbergs zu Hedbergs Studie zeigt — nicht unbedingt bestätigt:

> „Wir sind bereit, große Summen von Geld zu investieren, um die Entscheidungsfähigkeiten von Organisationen und von Managern zu verbessern. Die Ergebnisse dieser Studie stützen solche Erwartungen nicht; das neue Informationsverarbeitungspotential wird hauptsächlich dazu benutzt, mehr Informationen zu sammeln, nicht aber dazu, Entscheidungen zu erarbeiten oder deren Eignung zu testen"[112].

Die Ergebnisse Mortons und Hedbergs stimmen zum Teil skeptisch. Dies gilt insbesondere hinsichtlich der Möglichkeiten, von einer empirischen Beobachtung der Veränderungen des Entscheidungsprozesses auf die Qualität der durch die getesteten Methoden unterstützten Entscheidungen zu schließen. Unabhängig jedoch von den Ergebnissen müssen die Untersuchungen Mortons und Hedbergs als Pionierleistungen auf dem Gebiet des empirischen Tests von Methoden und Informationssystemen zur Unterstützung organisationaler Entscheidungsprozesse angesehen werden. Vor allem die Arbeit Hedbergs weist einen — wie uns scheint — zukunftsträchtigen Weg zu einer

---
[112] Goldberg (1970), S. 221.

betriebswirtschaftlichen empirischen Erforschung von Methoden. Es bereitet keine Schwierigkeit, sich spezielle *Managementlaboratorien* vorzustellen. Solche Laboratorien sind als stehende Einrichtungen mit entsprechenden personellen und technischen Einrichtungen sowie einer Bibliothek von Unternehmensplanspielen, Scenarien und Fallstudien zu konzipieren, die es erlauben, kontrollierte Laborexperimente mit Methoden von Informationssystemen durchzuführen. Vorläufig sind solche Einrichtungen freilich noch Zukunftsmusik. Solange aber systematische empirische Untersuchungen fehlen, bleibt die Beurteilung von Methoden weitgehend ein Feld intuitiver Urteile, die nicht durch „hard facts" gestützt werden können.

2.132 Kriterien zur Beurteilung von Methoden und Informationssystemen

Von den im vorhergehenden Abschnitt diskutierten methodenorientierten Disziplinen hat sich bisher in erster Linie die Informatik bzw. die Computerwissenschaft mit der Frage der Beurteilung von Methoden oder Informationssystemen befaßt, wenngleich die Diskussion auch dort noch in ihren Anfängen steckt[113]). Die folgenden Darlegungen können lediglich als beispielhaft für ein noch weitgehend unerschlossenes Feld der Forschung gelten.

Allgemeinheit und Mächtigkeit von Methoden

Methoden unterscheiden sich durch den Grad ihrer Allgemeinheit und ihrer Mächtigkeit (power)[114]). Diese Begriffe charakterisieren Merkmale von Methoden, die zuerst im Bereich der Forschung auf dem Gebiet der künstlichen Intelligenz diskutiert wurden. Wir wollen uns jedoch bemühen, diese Begriffe und die mit ihnen verbundenen Hypothesen zu verallgemeinern.

Grundbegriffe

Der Grad der Allgemeinheit einer Methode wird durch die Menge der Probleme bestimmt, zu deren Lösung sie anwendbar ist. Die Aussage, Methode A sei allgemeiner als Methode B, ist jedoch nur sinnvoll, wenn die Domäne der Methode B eine Teilmenge der Domäne der Methode A darstellt:

> „Eine Methode, die lediglich auf die Standortbestimmung von Distributionszentren anwendbar ist, ist weniger allgemein als eine, die auf Probleme anwendbar ist, die Standortbestimmungen aller physischen Einrichtungen einschließen. Nichts Interessantes über die relative Allgemeinheit kann freilich von einer spezifischen Methode zur Unterstützung von Lagerhaltungsentscheidungen im Vergleich zu einer Methode zur Unterstützung der Produktionsablaufplanung ausgesagt werden"[115]).

---

[113]) Vgl. beispielsweise die Beiträge in Grochla (1970) und die dort angegebene Literatur.
[114]) Vgl. zum folgenden Newell (1969); ferner auch Gabele (1972), S. 68 ff.
[115]) Newell (1969), S. 377.

Die Mächtigkeit einer Methode erfaßt eine ganze Reihe von Merkmalen. Wir wollen zwischen *Lösungsmächtigkeit* und *Ressourcenmächtigkeit* einer Methode unterscheiden. Die Lösungsmächtigkeit — im folgenden auch als heuristische Kraft bezeichnet — ist nicht eindeutig zu messen. Normalerweise sind mindestens zwei Dimensionen zu beachten: die Lösungsqualität und die Lösungswahrscheinlichkeit.

(1) Bei schlecht-strukturierten Problemen existiert in der Regel kein eindeutiges Kriterium dafür, ob ein von der Methode generierter Output eine Lösung ist oder nicht. Besteht das Problem der Methode etwa in der Generierung „kreativer Ideen", so ist die Qualität dieser Ideen — wie immer man sie auch messen mag — in die Beurteilung einzubeziehen. Ähnliches gilt für Prognosemethoden. Die Qualität des Outputs der Methode ist hier sicher höher zu bewerten, wenn relativ eindeutige Prognosen generiert werden, als wenn lediglich eine vergleichsweise große Spannweite angegeben wird, in der das zukünftige Ereignis liegt. Geht es schließlich bei der Methode darum, eine Näherungslösung für ein Maximum oder Minimum zu bestimmen, so äußert sich die Qualität der Lösung darin, wie nahe die Näherungslösung am tatsächlichen Extremwert liegt. Vielfach ist das qualitative Niveau der Lösung variabel und etwa von den eingesetzten Ressourcen abhängig.

(2) Eine zweite Dimension der Lösungsmächtigkeit ist in der Lösungswahrscheinlichkeit zu sehen, d. h. in der Wahrscheinlichkeit, eine Lösung bestimmter Qualität zu finden. Im Extremfall besteht eine Lösungsgarantie. Es leuchtet ein, daß die Lösungswahrscheinlichkeit normalerweise unterschiedlich ist, je nachdem, welche Qualität die Lösung haben soll. Das gleiche gilt hinsichtlich der eingesetzten Ressourcen, sofern diese variabel sind.

Die Ressourcenmächtigkeit bezieht sich auf die Ressourcen, die zur Anwendung der Methode einzusetzen sind. Diese Ressourcen betreffen zunächst die Inputinformation, die die Methode verarbeitet. Darüber hinaus sind die ausführenden Menschen oder Maschinen (Computer) zu den Ressourcen zu rechnen. Inexakte Methoden sehen ferner vielfach den Einsatz von Experten als weitere Ressourcen vor. Schließlich können auch die spezifischen Umweltbedingungen zu den Ressourcen gerechnet werden, etwa Bedingungen, die ein besonderes „kreatives Klima" schaffen.

Wir wollen zunächst die Mächtigkeit einer Methode hinsichtlich der Inputinformationen, die *Informationsmächtigkeit* der Methode, betrachten:

(1) Jede Methode kann — wenn sie auf ein spezifisches Problem angewandt wird — stets nur eine mehr oder weniger beschränkte Menge von Informationsarten verarbeiten. Für ein Entscheidungsmodell, das als alleinige Zielfunktion die Gewinnmaximierung und dementsprechend nur Erklärungsgleichungen enthält, welche die Auswirkungen von Variationen der

Instrumentalvariablen auf die Lösung als Kosten beschreiben, sind zusätzliche Informationen über Aspekte der Liquidität als Inputinformationen ohne Belang. Man kann also eine Methode auch durch die Menge von Informationsarten charakterisieren, die von dieser Methode bei Anwendung auf ein spezifisches Problem als Input gefordert bzw. verarbeitet wird.

(2) Bisher wurde unterstellt, daß die Menge der durch die Methode verarbeitbaren Informationsarten gleichzeitig die für die Anwendung der Methode erforderliche Menge an Information ist. Bei exakten Metoden ist dies in aller Regel der Fall. Bei inexakten Methoden, die subjektive Urteile von Experten einschließen, trifft dies nicht zu. Hier besteht eine erheblich größere Flexibilität hinsichtlich der erforderlichen Inputinformation. Es ist geradezu das Hauptmerkmal der Einbeziehung von Experten, daß diese die „fehlenden" Inputinformationen überbrücken können. Man kann auch sagen, daß bei solchen Methoden der Input an expliziten Informationen durch einen Input an Experten substituiert wird, die ihr Repertoire kognitiver Informationen in die Methode einbringen. Diese Überlegungen beziehen freilich bereits die übrigen Ressourcen in die Betrachtung ein.

Auch hinsichtlich der übrigen Ressourcen äußert sich die Mächtigkeit einer Methode insbesondere darin, ob sie spezifische Ausführende mit besonderer Vorbildung und/oder spezifische technische Einrichtungen erforderlich macht. Eine Methode, die von einer großen Zahl „aktiver Elemente" realisiert werden kann, ist mächtiger als eine Methode, die nur von ganz speziell ausgebildeten Fachleuten gehandhabt werden kann. Die Variabilität von Informationen und sonstigen Ressourcen sowie eventuell vorhandene Substitutionsmöglichkeiten bestimmen die *Ressourcenflexibilität* der Methode, die somit zum Hauptmerkmal der Mächtigkeit einer Methode hinsichtlich der zum Einsatz gelangenden Ressourcen wird.

Der aufmerksame Leser wird in diesen Überlegungen einige Parallelen zur betriebswirtschaftlichen Produktionstheorie finden. Man kann etwa die Produktion einer Lösung als eine Art „Elementarkombination von Produktionsfaktoren" interpretieren. Die Lösungsqualität entspricht dann dem qualitativen Outputniveau der Kombination, während die Merkmale der Variabilität und Substitutionalität der Ressourcen Gesichtspunkte repräsentieren, die in der Produktionstheorie zu der Unterscheidung von outputvariablen und outputfixen Elementarkombinationen einerseits sowie substitutionalen und limitationalen Elementarkombinationen andererseits führen. Die Analogie zur Produktionstheorie, die Input-Output-Beziehungen physischer Prozesse und Technologien abbildet, macht deutlich, daß Überlegungen zur Allgemeinheit und Mächtigkeit von Methoden letztlich in eine Theorie der Informationsproduktion und Informationstechnologie einmünden. Im folgenden sollen einige empirisch zu überprüfende Hypothesen, die einmal zu Bausteinen einer solchen Theorie werden können, diskutiert werden.

Allgemeinheit und Ressourcenmächtigkeit

Es scheint so, als bestünde eine enge Beziehung zwischen der Allgemeinheit und der Ressourcenmächtigkeit einer Methode. Dies gilt zunächst vor allem im Hinblick auf die von der Methode verarbeitbare Menge von Informationsarten. Allgemeine Methoden erfordern und verarbeiten bei einer Anwendung auf ein bestimmtes Problem weniger problemrelevante Informationen als speziellere Methoden. Umgekehrt wird der Versuch, ein Modell so zu gestalten, daß möglichst viele relevante Faktoren Berücksichtigung finden, stets damit verbunden sein, daß die Klasse der zu lösenden Probleme eingeschränkt wird.

Analoge Beziehungen bestehen wohl auch zwischen Allgemeinheit und Mächtigkeit der Methode hinsichtlich der übrigen Ressourcen, obwohl diese Korrelation weit weniger eindeutig ist: Je allgemeiner eine Methode ist, desto größer sind zumeist die Anforderungen an die Vorbildung der Ausführenden.

Lösungsmächtigkeit

Die Lösungsmächtigkeit (heuristische Kraft) einer Methode ist stets unter Bezugnahme auf die Zeitdauer zu definieren, die für die Methode maximal zur Verfügung steht. Die folgenden Überlegungen sollen dies verdeutlichen. Dabei soll der Einfachheit halber die Lösungsmächtigkeit allein an der Lösungswahrscheinlichkeit gemessen werden. Es wird also unterstellt, daß die Eigenschaft des Outputs der Methode, eine Lösung zu sein, binär ist und die betrachtete Methode eine völlige Starrheit hinsichtlich der Ressourcen impliziert.

Die Wahrscheinlichkeit einer Methode, ein Problem zu lösen, kann zweckmäßigerweise an Hand einer repräsentativen Stichprobe aus der Domäne der Probleme gemessen werden. In der Problemlösungstheorie sind solche Versuche zur Beurteilung von Computerprogrammen bekannt. Unter praktischen Gesichtspunkten interessiert dabei nicht so sehr, ob eine Methode alle Probleme lösen kann, als vielmehr, ob sie in einer gegebenen Zeit eine genügend große Anzahl von Aufgaben lösen kann. Kumuliert man die durch eine Methode gelösten Probleme in einem Zeitintervall, so kann dieser Anteil als Maß für die Effizienz dieser Methode angesehen werden. Es wird *heuristische Kraft* (heuristic power) genannt, die wie folgt abgeschätzt werden kann:

(1) Aus dem Anwendungsbereich für die in Frage stehende Methode wird eine Stichprobe von Entscheidungsaufgaben gezogen und der Methode zur Lösung gegeben. Für jede Aufgabe wird vermerkt, welche Zeit (bzw. wieviele elementare Operationen) die Methode zur Ermittlung der Lösung benötigte.

(2) Aus den unter (1) ermittelten Daten wird errechnet, wieviel Prozent der in der Stichprobe enthaltenen Aufgaben als Funktion der Zeit gelöst

wurden. Offensichtlich ist es sinnvoll zu sagen, daß eine Methode A, die in 2 Stunden 60 % der in der Stichprobe enthaltenen Aufgaben löst, größere heuristische Kraft besitzt als eine Methode B, die in der gleichen Zeit nur 20 % aller Aufgaben lösen konnte (vgl. Abb. 2.9)[116]).

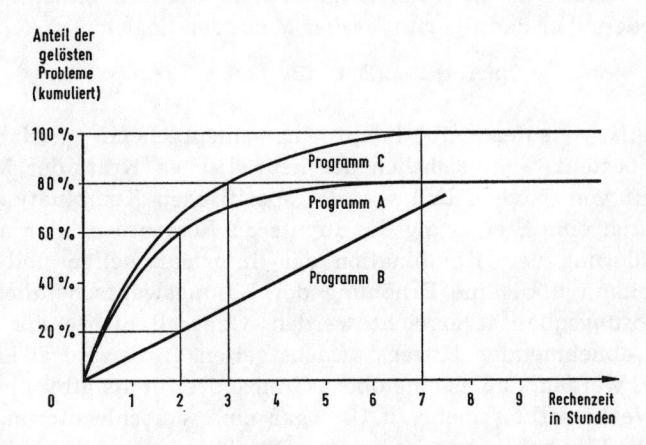

Abb. 2.9: *Entscheidungsmodelle mit verschieden starker heuristischer Kraft*

Die heuristische Kraft wird hier allein durch die Wahrscheinlichkeit für das Ereignis „Mit Methode A wird eine Lösung für das konkrete Problem x innerhalb eines Zeitintervalls [t_1, t_2] gefunden" gemessen. $p(A, t)$ ist dann die Wahrscheinlichkeit dafür, daß eine zufällig gezogene Aufgabe eines bekannten Problembereiches durch die Methode A in t oder weniger Zeit gelöst wird. Für irgendeinen Zeitraster, etwa 1 = 3, ist dann die heuristische Kraft der Methoden A, B, C definiert als $p(A, t_3)$, $p(B, t_3)$, $p(C, t_3)$. Nun lassen sich die verschiedenen Methoden über das Maß der heuristischen Kraft vergleichen. Aus den Funktionen der Abb. 2.9 kann abgelesen werden, daß z. B. Methode C 80 % aller Aufgaben in wenigstens drei Stunden lösen kann. Sie ist im angenommenen Fall die leistungsfähigste.

Betrachtet man die Lösungswahrscheinlichkeit von Methoden über einen größeren Zeitraum, so zeigt sich, daß diese zeitabhängige Lösungsgarantien aufweisen können (Algorithmen) oder aber lediglich tendenziell lösungsorientiert sind (heuristische Methoden und allgemeine Heuristiken). Für algorithmische Methoden — im Beispiel B und C — gilt, daß diese in irgendeinem Zeitpunkt t_1 eine Lösungswahrscheinlichkeit $p(A, t_1) = 1$ besitzen. Eine Methode ist asymptotisch algorithmisch, wenn sich $p(C, t)$ bei zunehmender Zeitdauer 1 nähert. Heuristische Methoden oder allgemeine heuristische Verfahrensweisen schließen dieses Charakteristikum zwar nicht voll-

---

[116]) Special Interest Committee on Artificial Intelligence of the ACM (1967), S. 15; Simon (1967), S. 18.

ständig aus; wichtig ist aber, daß dessen zwingender Eintritt nicht erwartet werden kann. Vielmehr werden allein befriedigende Lösungen angestrebt, die lediglich Teile relevanter Lösungsaspekte berücksichtigen. Beachtet man aus Gründen beschränkter Ressourcen zeitliche Schranken[117]), so kann vornehmlich in kurzen Zeitintervallen die Lösungswahrscheinlichkeit heuristischer Methoden über der algorithmischer Methoden liegen:

$$p(A, t) > p(B, t) \text{ für } t_0 \leq t \leq t_7.$$

Ähnliches gilt — sofern überhaupt eine entsprechende Variabilität der Ressourcen besteht — hinsichtlich der heuristischen Kraft der Methode in Abhängigkeit vom Niveau und von der spezifischen Kombination der Ressourcen. Durch eine Steigerung des Inputs an Ressourcen oder auch durch eine Veränderung der Kombination der informationellen und sonstigen Ressourcen kann u. U. eine Erhöhung der Lösungswahrscheinlichkeit und/oder der Lösungsqualität erreicht werden. Generell dürfte auch hier das Gesetz vom abnehmenden Ertragszuwachs gelten. In der Regel kann davon ausgegangen werden, daß es eine obere Grenze des Inputs gibt, über die hinaus keine Verbesserung mehr (u. U. sogar eine Verschlechterung) erreicht werden kann. Wir haben bereits bei der Diskussion der Allgemeinheit einer Methode darauf hingewiesen, daß es eine obere Grenze der von der Methode verarbeitbaren Arten von Input-Informationen gibt.

Allgemeinheit und heuristische Kraft

Normalerweise stehen für die Lösung eines spezifischen logistischen Problems mehrere Methoden zur Verfügung. Diese unterscheiden sich in ihrer Allgemeinheit und in ihrer Lösungsmächtigkeit. Tendenziell gilt, daß die Lösungsmächtigkeit bei zunehmender Allgemeinheit der Methode abnimmt. Darüber hinaus ist anzunehmen, daß Methoden mit einem hohen Grad an Allgemeinheit in aller Regel keine Algorithmen sind. Abb. 2.10 bringt diese Beziehungen zum Ausdruck[118]). Jeder Punkt des Koordinatensystems repräsentiert eine Methode für ein spezifisches Problem (z. B. Bestimmung des Standorts von Distributionszentren). Die Methoden werden durch ihren Grad an Allgemeinheit (also ob sie auch noch für andere Probleme anwendbar sind) und durch ihre Lösungsmächtigkeit (der Einfachheit halber durch die Lösungswahrscheinlichkeit gemessen) charakterisiert. Da die Lösungsmächtigkeit unterschiedlich hoch ist, je nachdem, wie lange die maximal zur Verfügung stehende Zeit ist (vgl. Abb. 2.9), gilt die Abb. 2.10 nur für eine bestimmte vorgegebene Lösungszeit. Die Buchstaben a und h deuten an, ob es sich bei den einzelnen Methoden um algorithmische oder heuristische Methoden handelt. Erstere besitzen bei unbegrenzter Lösungszeit Lösungsgarantie. Solange aber die Lösungszeit — wie in der Abbildung unterstellt — begrenzt

---

[117]) Im Beispiel ist es unter Einbeziehung der Kosten nicht sinnvoll, mehr als 7 Stunden für die Lösung eines beliebigen Problems aus diesem Aufgabenbereich zu verwenden.
[118]) In Anlehnung an Newell (1969), S. 373; vgl. auch die Interpretation bei Gabele (1972), S. 66.

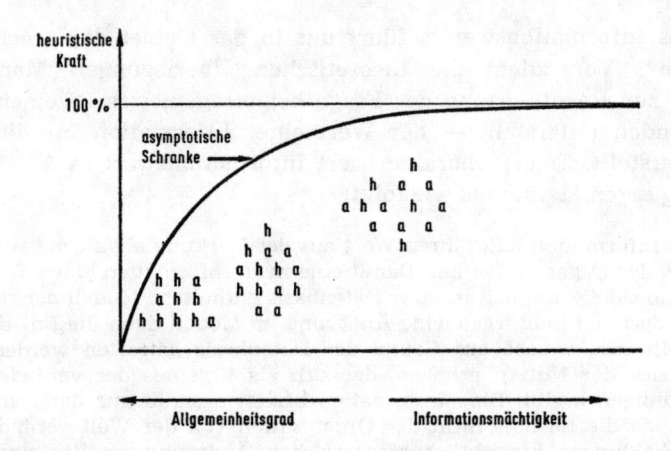

Abb. 2.10: Hypothetische Relation zwischen Allgemeinheitsgrad, Informationsmächtigkeit und heuristischer Kraft von Methoden

ist, weisen auch Algorithmen u. U. Lösungswahrscheinlichkeiten auf, die kleiner als 1 sind. Die Abb. 2.10 impliziert folgende empirisch zu überprüfende Hypothesen:

(1) Bei einem hohen Grad der Allgemeinheit existieren mehr heuristische als algorithmische Methoden, die beide eine vergleichsweise geringe heuristische Kraft aufweisen. Je mehr wir uns in dem Bereich spezieller Methoden bewegen, desto mehr Algorithmen existieren und desto höher ist auch die heuristische Kraft der zur Verfügung stehenden Methoden.

(2) Zwischen Allgemeinheitsgrad und heuristischer Kraft besteht keine ein-eindeutige, sondern eine ein-mehrdeutige Beziehung. Die in Abb. 2.10 eingezeichnete Kurve ist eine asymptotische Schranke. Die bei gegebenem Allgemeinheitsgrad obere Grenze der Lösungsmächtigkeit wird praktisch durch Informationsarten determiniert, die durch die Methode maximal verarbeitbar sind.

(3) Es ist von Fall zu Fall zu entscheiden, ob bei einer Begrenzung der zur Verfügung stehenden Zeit ein Algorithmus oder aber eine heuristische Methode die größere heuristische Kraft besitzt. Algorithmen sind also nicht immer vorzuziehen.

Die Bewertung von Output-Informationen und Lösungen

Die bisherigen Überlegungen ließen — wenn wir von gelegentlichen Hinweisen auf die Lösungsqualität absehen — weitgehend unbeachtet, welcher Wert der durch die Anwendung einer Methode gewonnenen Lösung bzw. Information beigemessen wird. Es leuchtet ein, daß eine Methode letztlich nach dem Wert der generierten Informationen zu beurteilen ist. Eine Diskussion des Informationswertes führt uns in das Gebiet der „eocnomics of information". Vor allem die theoretischen Überlegungen Marschaks[119]) haben viel zur Beantwortung der Frage beigetragen, was — einen rational Entscheidenden unterstellt — der Wert einer Information für diesen Entscheider darstellt. Emery charakterisiert Informationswert in Anlehnung an die Überlegungen Marschaks wie folgt:

> „Eine Information leitet ihren Wert aus der Wirkung ab, die sie auf das Verhalten der Organisation hat. Damit eine neue Information einen Wert besitzt, (1) muß sie das implizit in ihrer Datenbasis enthaltene Modell der realen Welt verändern, (2) muß irgendeine Änderung im Modell dann die Entscheidungen beeinflussen, welche auf Grund der Datenbasis getroffen werden, und (3) muß sich der Nutzen erhöhen, der sich als Ergebnis der veränderten Entscheidungen ergibt. Eine Information besitzt deshalb nur dann einen Wert, wenn sie die formale Sicht der Organisation von der Welt verändert, wenn **Entscheidungen hinsichtlich einer solchen Änderung sensitiv sind und der Nutzen sensitiv hinsichtlich Änderungen in den Entscheidungen ist.** Der Grenznutzen der Information ist der Nutzen, der mit der Information erzielt wird, abzüglich des Nutzens, der ohne diese Information erzielt worden wäre. Selbstverständlich sollte die Information gewonnen werden, falls ihr Grenznutzen ihre Grenzkosten übersteigt"[120]).

Der theoretische Wert einer Information entspricht also einer Nutzendifferenz. Es werden zwei Systeme verglichen: das System S_o (ohne die Methode) und das System S_m (mit der Methode). Für beide Systeme wird der maximal erreichbare Erwartungswert des Nutzens bestimmt. Bei der Bestimmung des Erwartungswertes des Nutzens des Systems S_m sind die Kosten der Methode und u. U. die Tatsache zu berücksichtigen, daß die Methode nur eine begrenzte Lösungswahrscheinlichkeit besitzt. Es leuchtet ein, daß die Bestimmung dieser Nutzengrößen und damit der Nutzendifferenz in der Praxis nicht möglich ist. Man muß sich daher auf zum Teil allerdings fragwürdige Ersatzmaßstäbe stützen. Die wenigen Ansätze in der Literatur nennen dabei Kriterien, die sehr enge Beziehungen zu den bereits genannten Aspekten der Allgemeinheit und Mächtigkeit von Methoden aufweisen. Die Diskussion erfolgt dabei unter Bezugnahme auf das System, das die zur Diskussion stehenden Methoden implementiert. Emery nennt folgende „Determinanten des Wertes" der von einem Informationssystem generierten Information[121]):

(1) Datenvolumen (volume of data): Dies impliziert im Grund eine Beurteilung der Informationsmächtigkeit der durch das System implementierten Methoden. Erfaßt und verarbeitet das System alle für das Problem als relevant erachteten Informationen? Fehlen wichtige Input-Informationen, die den Wert der Output-Informationen mindern?

(2) Selektivität des Outputs (selectivity of output): Liefert das System Informationen, die Antworten auf gestellte Fragen sind, oder ist es dem Be-

---

[119]) Vgl. z. B. Marschak (1964).
[120]) Emery, J. C. (1969), S. 67.
[121]) Vgl. ebenda, S. 98 ff.

nutzer des Systems noch weitgehend selbst überlassen, aus der Menge der produzierten Output-Informationen relevante Informationen auszuwählen?

(3) Reaktionszeit des Systems (response time): Sind die Input-Informationen hinreichend aktuell? Dauert die Generierung der Output-Informationen zu lange, so daß das Ergebnis nicht mehr aktuell ist und in den Entscheidungen nicht mehr berücksichtigt wird?

(4) Genauigkeit und Verläßlichkeit (accuracy and reliability): Wie hoch ist die Lösungsqualität? Wie nahe liegt die Näherungslösung am wirklichen Optimum? Wie treffsicher sind die Prognosen des Systems? Wie groß ist die Wahrscheinlichkeit, daß die implementierten Methoden tatsächlich eine Lösung erbringen? Wie groß ist die Gefahr, daß die aktiven Elemente des Systems ausfallen und trotz heuristischer Kraft der Methoden nur selten relevante Informationen generiert werden?

(5) Allgemeinheit und Flexibilität (generality and flexibility): Auf wieviele Fragen kann das System relevante Antworten geben? Welche Klassen von Problemen können gelöst werden? Wie leicht ist das System an veränderte Informationsbedürfnisse und an Fortschritte in der Informationstechnologie anzupassen?

Ein Hauptmerkmal der Theorie der Informationsökonomie ist es, daß der Wert der Information aus der Präferenzordnung des Entscheiders abgeleitet wird. Unter bestimmten Bedingungen ist es im Rahmen dieser Theorie zudem auch möglich, zu bestimmen, welche Informationsarten zu beschaffen bzw. zu generieren sind. Der Informationsbedarf wird in der Informationsökonomie als endogen zu erklärende Größe behandelt. Er wird im Rahmen der Modellanalyse bestimmt und je nach Pragmatik der Modelle *erklärt* oder *empfohlen*. Bei den heute diskutierten und praktisch anwendbaren Methoden der Bewertung von Informationen bzw. Informationssystemen ist es dagegen üblich, von exogen vorgegebenen Informationsbedürfnissen der Entscheider auszugehen, die empirisch zu ermitteln sind. Beim Versuch, diese empirisch zu ermitteln, stellt man jedoch meist sehr schnell fest, daß die Entscheider gar nicht angeben können, welche Informationsbedürfnisse sie im einzelnen besitzen. Sofern sie aber Angaben machen, neigen sie vielfach dazu, mehr Informationen zu fordern, als sie in den konkreten Entscheidungssituationen tatsächlich verarbeiten. Die Informationsbedürfnisse sind daher insbesondere auch durch Beobachtung des tatsächlichen Entscheidungsverhaltens zu ermitteln. Die Problematik, den Output von Methoden und Informationssystemen zu bewerten, wird noch verstärkt, wenn man berücksichtigt, daß nicht selten das Angebot von Informationen und deren leichte Zugänglichkeit Informationsbedürfnisse wecken können[122]. Wenn man dann aber die Frage stellt, welche Informationsarten denn angeboten werden

---

[122] Vgl. zu diesem Problemkreis die empirische Studie von Witte (1972).

sollen, dann gerät der Informationsanalytiker sehr schnell in die Situation eines Marketingspezialisten. Methoden, Informationssysteme und deren Output werden „verkauft" und für potentielle Benutzer „wertvoll gemacht". Der OR-Spezialist und der Systemanalytiker werden zu Parteien in kollektiven Entscheidungsprozessen, in deren Rahmen die Bewertung von Methoden und Informationssystemen erfolgt und eine Auswahl getroffen wird. Diese Überlegungen führen uns zurück zur Ausgangsthese dieses Abschnitts, wonach die Beurteilung einer Methode bzw. eines Informationssystems letztlich Gegenstand von Nutzen-Kosten-Analysen bzw. Systemanalysen ist. Diesen Gedanken wird freilich in der wissenschaftlichen Diskussion über Beurteilungskriterien von Methoden und Informationssystemen noch nicht generell Rechnung getragen. Die folgenden Darlegungen von Anforderungen an ein Informationssystem, die den Ausführungen Ashenhursts folgen[123]), bringen jedoch bereits zum Ausdruck, daß sich die Erfordernisse eines Informationssystems aus den Wünschen und Bedürfnissen der mit diesem System Befaßten ableiten lassen.

Anforderungen an ein Informationssystem

Die Diskussion der Anforderungen an ein Informationssystem zeigt in jüngster Zeit eine bemerkenswerte Tendenz, die Bedürfnisse der Beteiligten in den Vordergrund zu stellen:

> „Eine Schlüsselqualität, nach der jedes Informationssystem bewertet werden muß, ist darin zu erblicken, in welchem Umfang es im Einklang mit den Bedürfnissen derjenigen Menschen steht, die das System direkt oder indirekt berührt"[124]).

Ashenhurst stellt bei der Darlegung der wichtigsten Systemerfordernisse, die im Prozeß der Systementwicklung freilich dann zu spezifizieren sind, die Gesichtspunkte der Entscheider (Manager), der Kunden oder Klienten (die etwa als Empfänger von Auftragsbestätigungen, Lieferscheinen und Rechnungen oder als Sender von Bestellungen mit dem Informationssystem in Berührung kommen), aber auch der Operateure und des Wartungspersonals heraus:

> „Ein Aspekt ist der Blickwinkel von Managern und anderen Personen in der Organisation, zu deren Nutzen das System besteht, oder von Kunden oder Klienten, die mit diesem interagieren. Das System muß die *Fähigkeit* besitzen, seine beabsichtigten Funktionen in einer Weise durchzuführen, die menschlichem Handeln und Entscheiden angemessen ist. Darüber hinaus muß das System eine gewisse Beständigkeit oder *Stabilität* aufweisen, welche über Änderungen in Hardware, Software und die Fortbildung des Personals hinaus weiterbesteht. Im Gegensatz hierzu, aber als ebenfalls wichtig besteht die Notwendigkeit, daß das System gegenüber unvermeidbaren Änderungen in den organisationalen Erfordernissen flexibel ist. Es muß deshalb das Merk-

---

[123]) Vgl. Ashenhurst (1972).
[124]) Ebenda, S. 366.

mal der *Veränderbarkeit* aufweisen, welches ermöglicht, daß Änderungen im Funktionieren und in den Funktionen des Systems ordnungsgemäß von Informationssystem-Spezialisten auf Wunsch der Manager durchgeführt werden können.

Andere Aspekte der menschlichen Interaktion betreffen jene Personen, die täglichen Kontakt mit dem System haben — die unmittelbaren Benutzer, die Operateure oder das Wartungspersonal, die damit beauftragt sind, die oben erwähnten Änderungen in die Tat umzusetzen. Die Merkmale, die das System besitzen muß, um ihren Ansprüchen gerecht zu werden, können entsprechend als *Benutzerfreundlichkeit, Operabilität* und *Servicefreundlichkeit* charakterisiert werden"[125]).

Die Bezugnahme auf die Bedürfnisse der Beteiligten und Betroffenen besitzt für die weitere Diskussion insbesondere zwei Implikationen, die es wert sind, hervorgehoben zu werden:

(1) Bei der Diskussion von Informationsverarbeitungsmethoden und Informationssystemen rückt immer mehr die Polarität von Zufriedenheit und Wirksamkeit in den Mittelpunkt, die seit langem die theoretischen und empirischen Untersuchungen von Gruppen und Organisationen beherrscht. Sieht man jedoch einmal von den bereits zitierten exploratorischen Untersuchungen von Morton und Hedberg ab[126]), so existieren freilich bislang keine empirischen Untersuchungen der Frage, wie die Zufriedenheit der an einem Informationssystem Beteiligten mit der Wirksamkeit des Systems in bezug auf die Förderung der Ziele der Organisation korreliert ist und welche langfristigen Wirkungen zu erwarten sind, wenn zwischen Zufriedenheit und Wirksamkeit eine negative Korrelation bestehen sollte.

(2) Die Hervorhebung der Bedürfnisse der Beteiligten, die in aller Regel nicht komplementär sind, lenkt die Aufmerksamkeit auf die interindividuellen Konflikte, die sich an unterschiedlichen Bewertungen von Methoden und Informationssystemen entzünden. Mit der Entwicklung und Einführung von Methoden und computerisierten Informationssystemen in das Informations- und Entscheidungssystem einer Organisation werden somit stets Probleme der Konflikthandhabung relevant.

Ganz allgemein haben die Ausführungen dieses Abschnittes eine Reflexivität der Methodenproblematik aufgezeigt. Um Methoden entwickeln, beurteilen und einführen zu können, muß man in aller Regel auf diese Methoden selbst wieder zurückgreifen. Praktisch bleibt dadurch stets eine Unschärfe in der Beurteilung von Methoden zur Unterstützung von Entscheidungen bestehen. Dies ist zu beachten, wenn in den folgenden Kapiteln die wichtigsten Methoden und Systeme zur Unterstützung logistischer Entscheidungen zur Darstellung gelangen. Zunächst werden wir exakte Methoden des Opera-

---

[125]) Ashenhurst (1972), S. 366.
[126]) Vgl. Hedberg (1970); Morton (1972).

tions Research und der Ökonometrie behandeln, anschließend die wichtigsten inexakten Methoden und den Ablauf systemanalytischer Studien. Diesen Überlegungen folgt eine Darlegung von Merkmalen computerisierter Informationssysteme zur Unterstützung logistischer Entscheidungen. Schließlich werden im letzten Kapitel einige Fragen des geplanten Wandels logistisch relevanter Systeme betrachtet. Bei all diesen Überlegungen beschränken wir uns jedoch nicht auf Methoden, deren Domäne *ausschließlich* logistische Probleme umfaßt. Zur Darstellung sollen auch solche Methoden mit einem relativ hohen Grad von Allgemeinheit gelangen, deren Domäne u. a. *auch* logistische Probleme einschließt.

2.2 Exakte Methoden zur Unterstützung logistischer Entscheidungen

Der Bestand an exakten Methoden zur Unterstützung betriebswirtschaftlicher Entscheidungen hat sich speziell in den vergangenen zwanzig Jahren in einem Maße vergrößert, daß er sich auch für einzelne, sehr detaillierte Fragestellungen kaum noch überblicken läßt. Im folgenden sollen einige für die betriebswirtschaftliche Logistik relevante Entscheidungs- und Prognosemethoden dargestellt werden. Die Auswahl der Verfahren muß dabei in höchstem Grade selektiv sein. Dem Charakter dieses Buches entsprechend werden nur die Grundmerkmale der verschiedenen Methoden skizziert. Dabei soll ein gewisser Überblick über den derzeitigen Stand der Forschung in diesem Bereich gegeben und nicht zuletzt Interesse an den Fragestellungen, Möglichkeiten und Problemen des Einsatzes quantitativer Methoden geweckt werden. Es wird versucht, jeweils einen Überblick über die bestehenden Verfahren zur Lösung des betrachteten Problems zu geben. Teilweise werden auch Methoden im einzelnen dargestellt. Zur Vertiefung der Ausführungen sei auf die zu den einzelnen Problemkreisen relevante Literatur verwiesen.

2.21 Die Anwendung von Entscheidungsmodellen auf logistische Probleme

Aus der großen Zahl logistischer Problemstellungen, für die exakte Entscheidungsmodelle entwickelt wurden, sollen im folgenden einige beispielhaft näher untersucht werden. Dabei wird primär eine problemorientierte Klassifizierung der verwendeten Methoden gewählt. Allerdings soll zu ihrer Ergänzung zunächst in einem ersten Punkt ein kurzer Überblick über die grundsätzlichen Arten von Modellformulierungen gegeben werden.

2.211 Methodenorientierte versus problemorientierte Betrachtung von Entscheidungsmodellen

Eine Diskussion exakter Verfahren zur Unterstützung logistischer Entscheidungen kann problemorientiert oder methodenorientiert erfolgen. Bei der Diskussion der logistischen Entscheidungstatbestände in den voranstehenden Kapiteln wurde ein problemorientiertes Gliederungsprinzip bevorzugt. Dargestellt wurden die verschiedenen Probleme in den betriebswirtschaftlich relevanten logistischen Systemen. Eine Möglichkeit, Entscheidungsmethoden zu ordnen, besteht nun darin, zu fragen, welche Methoden auf einen bestimmten Problemtyp anwendbar sind[1]). Neben dieser problemorientierten Betrachtungsweise gliedert die Operations-Research-Literatur auch nach Klassen von Methoden[2]). Bei einem Blick durch die gegenwärtig repräsentative Literatur zur Unternehmensforschung stellt man fest, daß die wichtigsten Methoden zur Lösung logistischer Probleme die folgenden sind:

(1) Differentialrechnung, insbesondere die Methode der Lagrangeschen Multiplikatoren;

(2) mathematische Programmierung:
— lineare Programmierung,
— ganzzahlige Programmierung,
— nichtlineare Programmierung,
— dynamische Programmierung,
— stochastische Programmierung,
— Sensitivitätsanalyse;

(3) Graphentheorie;

(4) heuristische Programmierung.

In der Operations-Research-Literatur werden darüber hinaus noch die Wahrscheinlichkeitsrechnung, die Simulation und die Spieltheorie besprochen.

Grundsätzlich lassen sich die problem- und die methodenorientierte Betrachtungsweise miteinander kombinieren. Dies kann man in anschaulicher Weise an Hand einer Matrix darstellen (vgl. Abb. 2.11). Dabei sollen in den Zeilen die in Teil I herausgearbeiteten wesentlichen logistischen Problemstellungen und in den Spalten die potentiellen Methoden zur Lösung dieser Probleme aufgeführt werden. Prognosemethoden werden zunächst nicht berücksichtigt. Sie werden in Abschnitt 2.32 im einzelnen betrachtet. Es ist einzusehen, daß durchaus nicht alle Matrixfelder relevant sind, wenn auch häufig ein Problem mit mehreren Methoden gelöst werden kann. Da im folgenden nicht alle Methoden, die zur Lösung eines bestimmten Entscheidungsproblems wesentlich sind, im einzelnen dargestellt werden können, werden in der Matrix jene Ansätze (mit einem Kreuz) kenntlich gemacht, welche ausführlicher behandelt sind. Ein beschriebenes Verfahren ist in der Matrix jeweils bei dem Problem vermerkt, für welches es speziell im Text beschrieben ist. Die Tatsache, daß eine Methode auf unterschiedliche, wenn auch ähnlich strukturierte logistische Probleme Anwendung finden kann, wird ebenso im Text berücksichtigt wie die Existenz unterschiedlicher Methoden für ein gegebenes Problem.

---

[1]) Zu einer problemorientierten Betrachtung von Methoden vgl. z. B. Churchman, Ackoff und Arnoff (1968); Hanssmann (1971).

[2]) Zu einer methodenorientierten Betrachtung vgl. z. B. Hillier und Lieberman (1967); Müller-Merbach (1969); Thierauf und Grosse (1970); Wagner (1969).

Logistische Probleme \ Entscheidungsmethoden	Differentialrechnung	Mathematische Programmierung - lineare	Mathematische Programmierung - Varianten, insb. ganzzahlige	Graphentheorie	Heuristische Programmierung
Standort von Produktionsstätten, Zuordnung best. Produktion zu best. Produktionsstätten					
Entscheidungskomplex: Distributionszentren (Anzahl, Standort, Größe)	x				x
Zuordnung von Gebieten					x
Innerbetriebliche Standortplanung (Layout)	x		x		x
Investitionsentscheidungen					
Fuhrparkgröße					
Transportproblem		x			
Umladeproblem					
Cross-Shipment					
Rundreiseproblem; Probleme des kürzesten Weges einschl. Reihenfolgeprobleme			x	x	x
Fahrzeugeinsatzplanung					
Arbeitsverteilung					
Fahrzeugbeladung					
Auflagen- und Losgrößen					
Maschinenbelegung					
Lager- und Bestellmengen, -zeitpunkte	x				
Warteschlangenprobleme					
Wohlfahrtsökonomische Bewertungen					
Stimmenmaximierung					
Maximierung des Bruttosozialprodukts					
Verkehrswegeoptimierung					

Abb. 2.11: Logistische Probleme und Entscheidungsmethoden

Da im weiteren Verlauf dieses Kapitels weitgehend problemorientiert vorgegangen wird, werden zunächst kurz einige grundlegende Methoden des Operations Research skizziert.

Die Differentialrechnung

Die Differentialrechnung dient zur Ableitung von Maxima und Minima, wenn diese an differenzierbaren Stellen der betrachteten Gleichungen liegen[3]. Ist ein Maximum oder Minimum unter Nebenbedingungen zu suchen, dann bringt die Anwendung der Methode der Lagrangeschen Multiplikatoren erhebliche Rechenvorteile, wenn die Nebenbedingungen linear sind.

Sind die betrachteten Funktionen nicht differenzierbar bzw. besteht Grund zu der Annahme, daß die gesuchten Optima an einer nicht differenzierbaren Stelle eines ansonsten differenzierbaren Gleichungssystems liegen, so ist die mathematische Programmierung anzuwenden.

Die wichtigste und wohl am meisten entwickelte Methode der mathematischen Programmierung ist die lineare Programmierung, deren Verständnis grundlegend für alle anderen Formen ist. Diese wird daher zunächst etwas ausführlicher erläutert.

Die lineare Programmierung

Die lineare Programmierung ist seit ihrer Entwicklung im zweiten Weltkrieg eine der wichtigsten Methoden zur Unterstützung betriebswirtschaftlicher Entscheidungen geworden[4]. Mit Hilfe der linearen Programmierung können viele Probleme rein algorithmisch durch ein schematisches Programm gelöst werden. Die Modelle der linearen Programmierung sind dadurch charakterisiert, daß sie nur aus linearen Gleichungen bzw. Ungleichungen bestehen. Die Linearität der Bedingungen, von denen man ausgeht, entspricht zwar häufig der Struktur der betrachteten Probleme, ist aber oft auch nur ein Notbehelf: Viele nichtlineare Probleme müssen durch lineare Modellformulierungen approximiert werden.

Als Schöpfer der Theorie muß neben Dantzig insbesondere von Neumann genannt werden. Die zeitliche Parallelität der Entwicklung dieser Theorie mit den Fortschritten der Technik elektronischer Rechenanlagen ist kein Zufall, sondern Ausdruck des seit den vierziger Jahren unseres Jahrhunderts sichtbaren Trends, durch neue technische und mathematische Entwicklungen Aufgaben der Ökonomie zu bewältigen, die vorher als unausführbar galten.

---

[3] Zur Differentialrechnung vgl. aus der umfangreichen Literatur die Ausführungen in Allen (1962); Kemeny et al. (1966); Smirnow (1967); Yamane (1962).

[4] Zur Einführung in die lineare Programmierung vgl. Charnes und Cooper (1961); Dantzig (1966); Dorfman, Samuelson und Solow (1958); Hadley (1962); Krelle und Künzi (1958); Kromphardt, Henn und Förstner (1962).

Ein Einführungsbeispiel zur linearen Programmierung

Bevor der allgemeine Standardansatz der linearen Programmierung dargestellt wird, ist es aus didaktischen Gründen zweckmäßig, das grundsätzliche Vorgehen der linearen Programmierung an einem einfachen Beispiel zu erklären. Auf dieses Beispiel wird auch Bezug genommen, wenn das Grundprinzip der Simplexmethode zur Lösung von linearen Standardprogrammen erläutert wird. Aus Gründen der zweidimensionalen graphischen Darstellung müssen wir uns auf ein Beispiel mit nur zwei Instrumentalvariablen beschränken.

Bei der Formulierung einer Aufgabe der linearen Programmierung macht man von der Tatsache Gebrauch, daß sich Alternativen als Punktmenge (Vektoren) und Konsequenzen als Zahlenskalare darstellen lassen. Bei linearer Problemstruktur sind die Punktmenge durch lineare Gleichungen oder Ungleichungen und die Konsequenzen der Alternativen als lineare Transformation der Elemente dieser Punktmenge darstellbar.

Um dies zu verdeutlichen, sei angenommen, daß an zwei Versandorten V_1 und V_2 die Mengen A_1 und A_2 (Angebot) eines homogenen Gutes liegen, das an einem Empfangsort E mindestens in der Menge B (Bedarf) benötigt wird. Welche Menge X_1 muß von V_1 nach E und welche Menge X_2 von V_2 nach E transportiert werden, wenn die Kosten pro Transporteinheit (Kilo, Tonne usw.) von V_1 nach E gleich c_1 und von V_2 nach E gleich c_2 sind (wobei unterstellt ist, daß A_1 und A_2 für sich allein genommen jeweils kleiner als der Bedarf B, zusammen jedoch größer als der Bedarf sind), so daß die Gesamtkosten ein Minimum werden? Dies ist eine der einfachsten Versionen des sogenannten Transportproblems, das später noch ausführlicher diskutiert wird. Um dieses Beispiel mit Hilfe der linearen Programmierung zu lösen, formulieren wir zunächst die Randbedingungen des Problems:

$X_1 + X_2 \geq B$ (der Bedarf muß gedeckt werden)

$X_1, X_2 \geq 0$ (keine negativen Transportmengen sind zugelassen)

$X_1 \leq A_1$

$X_2 \leq A_2$

$c_1 \cdot X_1 + c_2 \cdot X_2 \to \text{Min}$ (die Transportkosten sollen minimiert werden)

Die ersten fünf Ungleichungen beschreiben die schraffierte Fläche in Abb. 2.12. Dies bedeutet, daß die Menge aller Alternativen aus der Menge M aller Vektoren (X_1, X_2) besteht, die durch folgende Bedingung definiert sind:

$$M = \{(X_1, X_2) \mid X_1 + X_2 \geq B, X_1 \leq A_1, X_2 \leq A_2, X_1 \geq 0 \text{ und } X_2 \geq 0\}$$

Die Konsequenzen jeder Alternative lassen sich dadurch errechnen, daß das ihr entsprechende Vektorelement (X_1, X_2) aus M in die Zielfunktion eingesetzt wird. Die schraffierte Punktmenge der Abb. 2.12 enthält natürlich unendlich viele Alternativen, die nicht alle auf diese Weise untersucht werden können.

Die Auswahl der optimalen Alternative kann mit Hilfe der Zielfunktion erfolgen. Gleichgültig, was deren endgültiger Wert ist, muß es sich offensichtlich um eine Gerade mit der Steigung tg α, d. h. $-\dfrac{c_1}{c_2}$ handeln. Hierdurch wird eine Schar von Parallelen definiert, deren Abszissen- und Ordinatenabschnitte noch unbekannt sind. Zeichnet man diese Schar von Parallelen in die Abb. 2.12 ein, so ermittelt man leicht die optimale Lösung, die an der

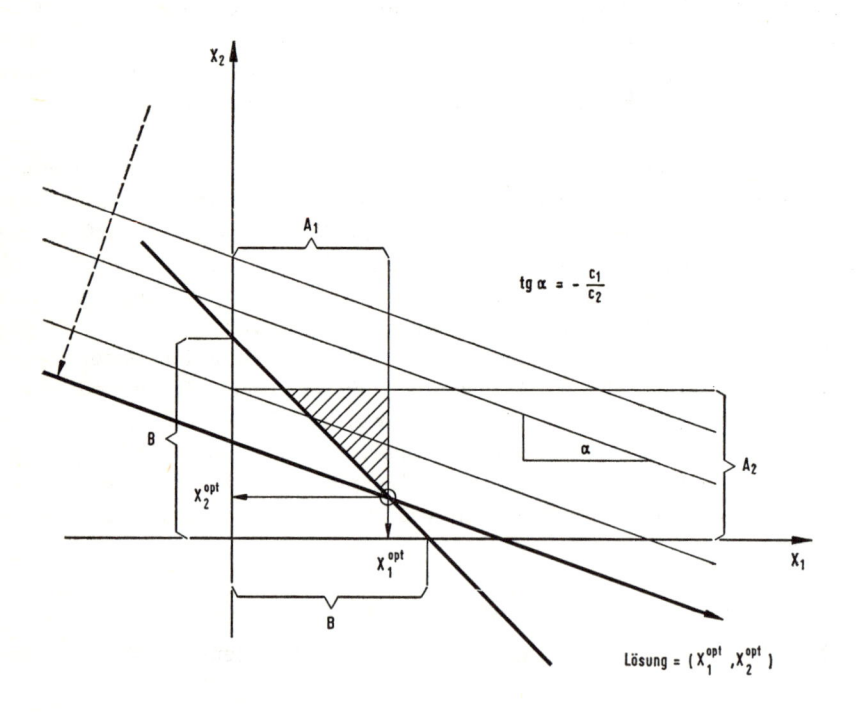

Abb. 2.12: Graphische Darstellung eines Minimierungsproblems

eingekreisten Ecke liegen wird (abhängig davon, ob die Steigung der Zielfunktion größer oder kleiner als — 1 ist). Die optimale Lösung ist im vorliegenden Fall offensichtlich jene, welche den kleinsten Wert der Zielfunktion ergibt, wenn sie in diese eingesetzt wird. Graphisch bedeutet dies, daß der Ordinatenabschnitt der Zielfunktion minimiert wird, wenn die Zielfunktion durch jenen Punkt geht, der der gewählten Alternative in der Abbildung entspricht (d. h. $X_1 = X_1^{opt}$ und $X_2 = X_2^{opt}$).

In der Tat ist es kein Zufall, daß dieses Optimum in der Abb. 2.12 an einer der Kanten der zulässigen Alternativenmenge liegt. Eines der wichtigsten Theoreme, auf das bei der Lösung allgemeiner Modelle der linearen Programmierung Bezug genommen wird, sagt aus, daß sich die optimale Lösung immer unter den zulässigen Eckenlösungen befinden muß, wenn nicht Zielfunktion und mindestens eine Restriktion identisch sind. Dies entspricht durchaus der Überlegung des gesunden Menschenverstandes, den Empfangsort E zunächst vom billigsten Versandort aus zu beliefern und die fehlende Restmenge anschließend vom zweiten Versandort abzudecken. Bei der Verallgemeinerung auf n Versandorte und m Empfangsorte hilft diese Überlegung aber unmittelbar nicht mehr weiter.

Nach dieser kurzen Einführung soll im folgenden ein Überblick über den allgemeinen Ansatz der linearen Programmierung und das Simplexverfahren zu seiner Lösung gegeben werden.

Standardprogramme

Die allgemeine Formulierung einer Aufgabe der linearen Programmierung lautet wie folgt: Gegeben seien m lineare Gleichungen oder Ungleichungen mit n Variablen. Die Anzahl der Gleichungen kann größer, gleich oder kleiner als die Anzahl der Variablen sein. Zusätzlich ist eine lineare Funktion dieser Variablen gegeben, die auch Zielfunktion genannt wird. Gesucht sind nichtnegative Werte für die Variablen, welche die Zielfunktion maximieren bzw. minimieren.

Im voranstehenden Einführungsbeispiel wurde eine Minimierungsaufgabe formuliert. Diese kann allgemein wie folgt gefaßt werden: Gegeben seien Kostengrößen $k_1, \ldots, k_n$ und Restriktionen b_i, $i = 1, \ldots, m$, ferner eine Matrix A:

$$A = \begin{pmatrix} a_{11} & \ldots & a_{1n} \\ \cdot & & \cdot \\ \cdot & & \cdot \\ \cdot & & \cdot \\ a_{m1} & \ldots & a_{mn} \end{pmatrix}$$

Gesucht ist eine nichtnegative Lösung $(x_1, \ldots, x_n)$, welche das Ungleichungssystem

(L 1 a)
$$\begin{aligned} x_1 a_{11} + \ldots + x_n a_{1n} &\geq b_1 \\ &\vdots \\ x_1 a_{m1} + \ldots + x_n a_{mn} &\geq b_m \end{aligned}$$

erfüllt und welche außerdem noch die *Zielfunktion*

$$K(x_1, \ldots, x_n) = x_1 k_1 + \ldots + x_n k_n = \text{Min!}$$

minimiert. Durch eine einfache Transformation kann man die Ungleichungen von (L 1 a) in Gleichungen verwandeln. Führt man nämlich m neue sog. *Schlupfvariablen* $x_{n+1}, \ldots, x_{n+m}$ ein, so kann man das folgende Gleichungssystem

(L 1 b)
$$
\begin{aligned}
x_1 a_{11} + \ldots + x_n a_{1n} - x_{n+1} &\phantom{-x_{n+2}} = b_1 \\
x_1 a_{21} + \ldots + x_n a_{2n} \phantom{-x_{n+1}} - x_{n+2} & = b_2 \\
&\vdots \\
x_1 a_{m1} + \ldots + x_n a_{mn} \phantom{-x_{n+1}} - x_{n+m} &= b_m
\end{aligned}
$$

mit der Zielfunktion

$$K(x_1, \ldots, x_n, x_{n+1}, \ldots, x_{n+m}) = \text{Min!}$$

zusammenfassen zu:

$$K = x_1 k_1 + \ldots + x_n k_n + x_{n+1} \cdot 0 + \ldots + x_{n+m} \cdot 0$$

Die Lösung des Standardprogramms liefert die 2-Phasen-Methode, eine Variante der Simplexmethode[5]).

Eine nichtnegative Lösung $(x_1, \ldots, x_n, x_{n+1}, \ldots, x_{n+m})$ eines so erhaltenen *kanonischen Minimum-Programms* mit dem Gleichungssystem (L 1 b) liefert sofort eine nichtnegative Lösung des ursprünglichen Standardprogramms. Umgekehrt läßt sich aus einem beliebigen kanonischen Programm ein äquivalentes Standardprogramm herstellen.

Analog läßt sich selbstverständlich auch ein Standard-Maximum-Programm formulieren. Hierzu sind in (L 1 a) die „Kleinergleich"-Zeichen durch „Größergleich"-Zeichen zu ersetzen, und die Zielfunktion ist zu maximieren. Bei manchen Problemen treten allerdings auch beide Typen von Ungleichungen auf. Ebenso sind Gleichungen als Nebenbedingungen denkbar.

Um im folgenden die Schreibweise zu vereinfachen und die Beziehungen zwischen dualen und primalen linearen Programmen besser darstellen zu können, ist es zweckmäßig, die Matrixschreibweise zu verwenden.

Unter Verwendung der anschließend erläuterten Symbole läßt sich das dargestellte Standard-Minimum-Programm wie folgt schreiben:

(L 2)
$$
\begin{aligned}
\mathbf{A}\mathbf{x} &\geq \mathbf{b} \\
\mathbf{k}^T \mathbf{x} &= \text{Min!} \\
\mathbf{x} &\geq 0
\end{aligned}
$$

---

[5]) Vgl. Dantzig (1966), S. 118 ff.; Hillier und Lieberman (1967), S. 154.

Das Maximum-Programm lautet entsprechend:

(L 3)
$$\mathbf{Ax} \leq \mathbf{b}$$
$$\mathbf{k}^T\mathbf{x} = \text{Max!}$$
$$\mathbf{x} \geq 0$$

Dabei bedeutet:

$\mathbf{A}$ = eine Koeffizientenmatrix mit m $\times$ n Feldern;

$\mathbf{A}^T$ = eine Koeffizientenmatrix mit n $\times$ m Feldern (die Transponierte von A);

$\mathbf{x}$ = einen Vektor von n primalen Variablen;

$\mathbf{y}$ = einen Vektor von m dualen Variablen;

$\mathbf{b}$ = einen Vektor von m Konstanten ($\mathbf{b}^T$ der entsprechende Zeilenvektor);

$\mathbf{k}$ = einen Vektor von n Konstanten ($\mathbf{k}^T$ der entsprechende Zeilenvektor).

Duale Programme

Jedem Minimum-Programm ist nun in zwingender Weise ein gewisses Maximum-Programm, das duale Programm, zugeordnet und umgekehrt. Zwischen beiden Problemformulierungen bestehen formale Beziehungen. Lautet das primale Programm

(L 4 a)
$$\mathbf{Ax} \geq \mathbf{b}$$
$$\mathbf{k}^T\mathbf{x} = \text{Min!}$$
$$\mathbf{x} \geq 0,$$

dann ergibt sich hieraus das duale Programm

(L 4 b)
$$\mathbf{A}^T\mathbf{y} \leq \mathbf{k}$$
$$\mathbf{b}^T\mathbf{y} = \text{Max!}$$
$$\mathbf{y} \geq 0,$$

d. h., die Koeffizientenmatrix der Nebenbedingungen ist zu transponieren, der Konstantenvektor $\mathbf{b}$ der erweiterten Koeffizientenmatrix im primalen Programm mit dem Koeffizienten der Zielfunktion im dualen Programm zu vertauschen, und die n primalen Variablen sind durch m duale Variablen zu ersetzen. Außerdem ändert sich meist die Dimension der Variablen.

Waren die primalen Variablen Mengengrößen, dann lassen sich die dualen Variablen meist als Wert- oder Preisgrößen interpretieren und umgekehrt. Handelt es sich bei den Wertgrößen um Kostenwerte, so entsprechen sie im optimalen Programm den Opportunitätskosten, die auch als Schattenpreise bezeichnet werden. Nach dem Dualitätssatz der linearen Programmierung haben zwei duale Programme denselben Extremalwert, d. h. $\mathbf{k}^T\mathbf{x} = \mathbf{b}^T\mathbf{y}$. Dieser läßt sich häufig als ein ökonomisches Verhaltensgleichgewicht interpretieren.

Die Lösung von Modellen der linearen Programmierung mit Hilfe der Simplexmethode

Aus der allgemeinen Formulierung der linearen Programmierung ist in Erinnerung, daß eine LP-Aufgabe neben der Zielfunktion aus n Variablen in m Ungleichungen besteht. Durch die Kanonisierung kommen m Schlupfvariablen hinzu. Dies ergibt zusammen also n + m Variablen. Zur Bestimmung ihrer Werte stehen m Gleichungen und eine Zielfunktion zur Verfügung. Es ist offensichtlich, daß, wenn überhaupt eine Lösung existiert, durch m Gleichungen maximal nur m Variablen bestimmt werden können. Von einem Lösungsverfahren muß verlangt werden, daß es diese m Variablen findet. Da man weiß, daß die optimale Lösung an einer Ecke der konvexen Punktmenge liegen muß und im m-dimensionalen Raum m unabhängige Gleichungen einen Punkt definieren, können die übrigen Variablen gleich 0 gesetzt werden. Eine derartige Auswahl von m Variablen, deren Werte alle Nebenbedingungen des Problems erfüllen, heißt *Basislösung*, die von 0 verschiedenen Variablen heißen *Basisvariablen*, die gleich 0 gesetzten Variablen *Nichtbasisvariablen*. Das Problem besteht nun offenbar darin, jene Basislösung zu finden, welche die Zielfunktion optimiert.

Da man weiß, daß die optimale Lösung unter den Eckenlösungen zu finden ist, liegt es nahe, nur diese auszuprobieren. Da deren Anzahl aber immer noch sehr groß ist, wird man dies nicht zufällig tun, sondern nach einem heuristischen Prinzip, das möglichst schnell zur optimalen Lösung führt. Ein solches Prinzip kann z. B. darin bestehen, eine Folge solcher Basislösungen zu generieren, welche den Wert der Zielfunktion monoton wachsen bzw. fallen lassen. Folgt man dieser Überlegung, dann müssen aus der Problemstruktur, d. h. aus den Koeffizienten der Ungleichungen der Zielfunktion, Kriterien dafür abgeleitet werden, welche Variablen in der nächsten Iteration gleich Null zu setzen sind, damit bei der Bestimmung der nächsten Basislösung der Wert der Zielfunktion zunimmt oder doch nicht abnimmt (bzw. bei einer Minimierungsaufgabe abnimmt oder doch nicht ansteigt).

Genau das leistet die Simplexmethode. Sie setzt dabei allerdings voraus, daß eine Basislösung bekannt ist. Häufig kann man bei Maximumproblemen davon ausgehen, daß der Koordinatenursprung, in dem alle Instrumentalvariablen 0 sind (alle Schlupfvariablen ungleich 0 sind), eine zulässige Basislösung ist. Schrittweise werden immer mehr Instrumentalvariablen in die Basislösung aufgenommen. Alle übrigen Instrumentalvariablen bleiben Nichtbasisvariablen. Jedesmal, wenn eine neue Instrumentalvariable als Basisvariable aufgenommen wird, wird eine der Schlupfvariablen zur Nichtbasisvariablen. Ausgehend von einer gegebenen Basislösung, wird auf diese Weise bei jeder Iteration eine neue Eckenlösung generiert, bis das neue Optimum erreicht ist. Beim Optimum versagen die Kriterien zur Auswahl einer neuen Instrumentalvariablen für den nächsten Austauschschritt. Dadurch zeigt der Algorithmus an, daß der Rechenvorgang abzubrechen ist.

Zur Lösung von linearen Programmen auf Rechenanlagen stehen heute umfangreiche Benutzerprogrammpakete zur Verfügung. Diese besitzen meist auch die Fähigkeit, mathematische Sonderfälle (Degenerationen) zu erkennen und entsprechend zu behandeln. Ferner existieren computerunterstützte Hilfen zur Aufbereitung des manchmal umfangreichen Datenmaterials und zur Weiterverarbeitung der Ergebnisse[6]).

1. Beispiel: Das Transportproblem nach Hitchcock als Beispiel für ein lineares Standardprogramm

Das folgende Beispiel ist eine weitere Version des bereits definierten Transportproblems[7]). Ein Produzent mit zwei Distributionszentren, in denen sich 4000 bzw. 7000 Tonnen Heizöl befinden, soll an drei Kunden die Mengen 2000, 3000 und 5000 Tonnen liefern.

Die Transportkosten einer Mengeneinheit seien durch die Zahlen $k_{11} = 10$, $k_{12} = 15$, $k_{13} = 20$, $k_{21} = 20$, $k_{22} = 30$, $k_{23} = 40$ DM gegeben, so daß also z. B. der Transport vom Lager 2 zum Kunden 3 je Einheit 40 DM kostet. Wie müssen die transportierten Mengen x_{11}, x_{12}, x_{13}, x_{21}, x_{22}, x_{23} gewählt werden, damit die Transportkosten minimal werden? Sie berechnen sich zu

$$K = 10x_{11} + 15x_{12} + 20x_{13} + 20x_{21} + 30x_{22} + 40x_{23}$$

Zu dieser Hauptgleichung kommt ein System von Nebenbedingungen:

$$\begin{aligned}
x_{11} \phantom{+ x_{12} + x_{13}} + x_{21} \phantom{+ x_{22} + x_{23}} &\geq 2000 \\
x_{12} \phantom{+ x_{13}} + x_{22} \phantom{+ x_{23}} &\geq 3000 \\
x_{13} + x_{23} &\geq 5000 \\
x_{11} + x_{12} + x_{13} &\leq 4000 \\
x_{21} + x_{22} + x_{23} &\leq 7000
\end{aligned}$$

Die ersten drei Ungleichungen drücken aus, daß die an die Kunden gelieferten Mengen die Bestellmengen wenigstens decken müssen.

Die letzten beiden Ungleichungen besagen, daß von jedem Distributionszentrum höchstens so viele Güter versandt werden können, wie dort vorhanden sind.

Zunächst fragt es sich, ob man überhaupt eine Lösung (x_{11}, x_{12}, x_{13}, x_{21}, x_{22}, x_{23}) finden kann (und zwar eine nichtnegative, denn die beförderten Güter können natürlich nicht in negativen Mengen auftreten). Dies braucht nicht der Fall zu sein: Wäre z. B. die Summe der beiden unteren rechten Zahlen im System der Nebenbedingungen kleiner als die Summe der drei oberen, so könnte man die Anforderungen der Kunden wegen zu geringer Lagerkapazitäten nicht befriedigen, und auch rechnerisch ergäbe sich ein Wider-

---
[6]) Vgl. z. B. Bonner (1969); Hammer (1970).
[7]) Vgl. Hitchcock (1941).

spruch. Gibt es aber nichtnegative Lösungen, so kann man nach optimalen Lösungen fragen, d. h. solchen Lösungen, für welche die Kosten laut (L 1 a) minimal werden. Eine Lösung dafür wäre z. B. (0, 0, 4000, 2000, 3000, 1000). Es läßt sich zeigen, daß diese Lösung sogar optimal ist, daß also die sich ergebenden Kosten

$$10 \cdot 0 + 15 \cdot 0 + 20 \cdot 4000 + 20 \cdot 2000 + 30 \cdot 3000 + 40 \cdot 1000 = 250\,000$$

für dieses Problem minimal sind.

2. Beispiel: Die duale Form des Transportproblems aus Beispiel 1

Angenommen, der Ölproduzent aus Beispiel 1 wünscht die Belieferung der Kunden nicht mehr in Eigenregie durchzuführen, sondern damit einen Transportbetrieb zu beauftragen. Gesucht sind die Frachtsätze, unter denen der Transportunternehmer als Gewinnmaximierer die Auslieferung übernehmen muß, wenn sich weder aus der Sicht des Mineralölproduzenten noch aus der Sicht der Kunden eine Änderung der ökonomisch-logistischen Situation ergeben soll.

Der Transportunternehmer müßte also dem Produzenten an den beiden Lägern die dort vorhandenen Heizölmengen zu Preisen y_1, y_2 abkaufen und den Kunden die erforderlichen Mengen zu Preisen z_1, z_2, z_3 liefern, derart, daß die Preisdifferenzen $z_1 - y_1$, $z_2 - y_1$, $z_3 - y_1$, $z_1 - y_2$, $z_2 - y_2$, $z_3 - y_2$ nicht größer als die ursprünglich vom Produzenten veranschlagten Transportkosten 10, 15, 20, 20, 30, 40 sind. Der Transportunternehmer müßte also in seinem Angebot die Ungleichungen

$$\begin{aligned} z_1 - y_1 &\leq 10 \\ z_2 - y_1 &\leq 15 \\ z_3 - y_1 &\leq 20 \\ z_1 - y_2 &\leq 20 \\ z_2 - y_2 &\leq 30 \\ z_3 - y_2 &\leq 40 \end{aligned}$$

erfüllen und gleichzeitig darauf achten, daß sein Gewinn ($2000 z_1 + 3000 z_2 + 5000 z_3 - 4000 y_1 - 7000 y_2$) maximal ist.

Faßt man die voranstehenden Überlegungen zur linearen Programmierung zusammen, so kann festgestellt werden, daß die Modelle der linearen Programmierung folgende einschränkende Annahmen über die formale Problemstruktur machen:

(1) Die Zielfunktion und alle Nebenbedingungen sind linear;

(2) alle Alternativen und Konsequenzen können durch ein Gleichungssystem bzw. ein Ungleichungssystem mit Sicherheit beschrieben werden;

(3) die Lösungen für die Instrumentalvariablen können beliebige reelle Werte annehmen;

(4) es besteht kein Konflikt über die zur Anwendung gelangende Zielfunktion; und

(5) das Entscheidungsproblem läßt sich rein statisch formulieren, d. h., Interdependenzen zwischen den Entscheidungen mehrerer Zeitperioden existieren nicht.

Die Varianten der mathematischen Programmierung

Die anderen Formen der mathematischen Programmierung beschäftigen sich mit der Lösung von Problemen, für die eine oder mehrere der zuletzt genannten einschränkenden Annahmen nicht zutreffen.

Die *ganzzahlige Programmierung* hebt z. B. die Bedingung (3) auf[8]. Hierbei unterscheidet man Modelle, bei denen alle Variablen ganzzahlige Werte annehmen müssen, und gemischtganzzahlige Programmierungsprobleme, bei denen die Ganzzahligkeitsbedingung nur für einige Variablen formuliert ist. Eine Sondergruppe bilden die sogenannten diophantischen Probleme, deren Lösungen nur den Wert 0 oder 1 annehmen dürfen. Ganzzahlige Probleme erhält man immer dann, wenn sich die Instrumentalvariablen auch nicht annähernd beliebig teilen lassen, so z.B. bei den im folgenden darzustellenden Raumzuordnungsproblemen oder bei der Zuweisung von Arbeitern oder Lastwagen zu bestimmten Aufträgen. Außerdem lassen sich viele Probleme der heuristischen Programmierung als ganzzahlige Programmierungsprobleme formulieren, so z. B. auch das Rundreiseproblem. In gewisser Weise ist die heuristische Programmierung geradezu das Ersatzinstrument für die Lösung ganzzahliger Programmierungsprobleme. Denn eine erhebliche Zahl von ihnen läßt sich leichter formulieren als mit wirtschaftlich vertretbarem Aufwand lösen, sobald sie eine realistische Größenordnung erreichen.

Ist mindestens eine der Nebenbedingungen und/oder der Zielfunktionen einer mathematischen Programmierungsaufgabe nicht linear, so spricht man von *nichtlinearen Programmen*[9]. Geometrisch bedeutet dies, daß die betreffenden Relationen des Modells konvexe oder konkave Entscheidungsräume beschreiben. Hierbei können die Extrema am Rande oder im Innern der betrachteten Punktmenge auftreten, ferner sind Suboptima denkbar. Die spezielle Schwierigkeit der nichtlinearen Programme besteht darin, ein Optimum Optimorum zu finden, d. h. eine Lösung, die von keiner anderen Lösung übertroffen wird. Hierbei verursachen gerade die Randextrema besondere Komplikationen. Die Bestimmung des absoluten Optimums erfordert die Betrachtung einer oft sehr großen Anzahl kleiner lokaler Optima und anschließend die Auswahl des Wertes mit dem größten oder kleinsten Wert der Zielfunktion. Hierzu gibt es kein allgemein wirksames Verfahren wie den Simplexalgorithmus für die lineare Programmierung, sondern nur eine Viel-

---

[8] Vgl. Balinski (1965); Hadley (1969), S. 305 ff.; Hillier und Lieberman (1967), S. 553 ff.; Müller-Merbach (1969), S. 349 ff.

[9] Zur nichtlinearen Programmierung vgl. Abadie (1967); Hadley (1969); Künzi und Krelle (1962).

zahl von optimierenden Verfahren oder auch von Näherungsverfahren für Aufgaben mit spezieller Problemstruktur. Eine solche spezielle Struktur liegt vor, wenn die Probleme eine streng konkave oder konvexe Zielfunktion besitzen. Derartige Aufgaben haben die Eigenschaft, daß jedes globale Optimum auch ein Optimum Optimorum ist. Auf Probleme, deren Zielfunktion so beschaffen ist, daß ihr Extremum in einem Eckpunkt des zulässigen Bereichs liegt, kann man eine Variation der Simplexmethode anwenden. Die genannten Voraussetzungen sind allerdings jeweils gesondert zu beweisen.

Die *stochastische Programmierung* geht davon aus, daß nicht alle Koeffizienten des Gleichungssystems mit Sicherheit bekannt sind (2. Bedingung)[10]. Der einfachste Fall ist gegeben, wenn beispielsweise die Koeffizienten der Zielfunktion Zufallsvariablen sind, etwa wenn Kosten- und Gewinngrößen nicht im voraus bekannt sind. In diesem Fall läßt sich zeigen, daß das Maximum des Erwartungswertes der Zielfunktion gleich ist der Summe der Erwartungswerte der Koeffizienten der Zielfunktion, multipliziert mit den gesuchten Werten der Instrumentalvariablen (Theorem des linearen Sicherheitsäquivalents). Dieses Theorem kann auch auf die Nebenbedingungen einer linearen Optimierungsaufgabe übertragen werden. Für den allgemeinen Fall der stochastischen Programmierung gibt es keinen Algorithmus, vielmehr lassen sich nur einfache Sonderfälle behandeln.

Die Problematik der stochastischen Programmierung läßt sich unter Umständen dadurch umgehen, daß man die Koeffizienten zunächst bei der Lösung als sicher annimmt und nach der Optimierung feststellt, wie „robust" die Lösung gegen Variationen in den zugrundegelegten Daten ist. Auf dieser Grundidee basieren die Sensitivitätsanalyse und die parametrische Programmierung. Bei der *Sensitivitätsanalyse* wird untersucht, wie stark einzelne Ausgangsdaten variieren dürfen, bis sich die Lösung qualitativ ändert. Bei der *parametrischen Programmierung* wird untersucht, wie sich die Lösung als Funktion der kontinuierlichen Variation der Eingangsparameter ändert[11]. Mit Hilfe der parametrischen Programmierung kann auch die Menge der pareto-optimalen Lösungen bestimmt werden, wenn man sich nicht auf eine einzelne Zielfunktion festlegen will bzw. wenn unklar ist, welche Zielfunktion den eigenen Nutzenvorstellungen am besten entspricht[12].

Die *dynamische Programmierung* schließlich löst die Annahme (5) auf und behandelt mehrstufige Entscheidungsprobleme[13]. Jeder Stufe ist eine wohlabgegrenzte Menge von Instrumentalvariablen zugeordnet. Die Stufen kön-

---

[10]) Zur stochastischen Programmierung vgl. Charnes und Cooper (1959); Faber (1970); Hadley (1969), S. 197 ff.; Hillier und Lieberman (1967), S. 530 ff.; Kall (1968).
[11]) Zur Sensitivitätsanalyse und parametrischen Programmierung vgl. Dinkelbach (1969 a); Hillier und Lieberman (1967), S. 485 ff.; Müller-Merbach (1969), S. 148 ff.
[12]) Vgl. hierzu Klein (1971 a), S. 58.
[13]) Zur dynamischen Programmierung vgl. Beckman (1968); Bellman (1967); Hadley (1969); Howard (1960); Nemhauser (1969).

nen als Zeitperioden oder als Vorstufen einer Entscheidungsfolge in Richtung auf die optimale Lösung interpretiert werden: Jede Entscheidung e_n auf der Stufe n schafft eine mehr oder weniger günstige Ausgangsposition für die nächste Entscheidung e_{n+1} auf der Stufe n + 1. Der Erfolg der Stufe n + 1 ist somit eine Funktion der getroffenen Entscheidung e_n und des tatsächlichen Zustands s_{n+1} in der Stufe n + 1, ferner des Erfolges der Entscheidung für die vorhergehende Stufe n. Hierbei wird unterstellt, daß die Art und Weise, wie der Erfolg in der vorhergehenden Stufe n erreicht wurde, keine Auswirkung auf die nächste Stufe hat; anders ausgedrückt: Unabhängig davon, wie Stufe n zustande kam, hängt der Erfolg für die Zukunft nur davon ab, welches der Zustand in der Periode n tatsächlich ist, welche Entscheidung in der Stufe n getroffen wird und welche Zustände sich in der Zukunft einstellen werden (Bedingungen eines Markov-Prozesses). Ferner müssen die Periodenerfolge additiv sein, d. h., der Gesamterfolg jeder Stufe n ist gleich der Summe der Erfolge, die mit den Entscheidungen bis zur Periode n erzielt wurden. Dies sind die grundsätzlichen Annahmen für die Aufstellung einer Rekursionsbeziehung, welche die Erfolgsgrößen der einzelnen Stufen miteinander verknüpft. Die Lösung schreitet durch stufenweise Enumeration aller möglichen Entscheidungen in allen Stufen voran. Gesucht ist jene Entscheidungsfolge, die über alle Stufen ein Maximum/Minimum ergibt. Die optimale Entscheidungsfolge genügt dem Optimalitätsprinzip von Bellman:

> „Eine optimale Entscheidungspolitik hat die Eigenschaft, daß, ungeachtet des Anfangszustandes und der ersten Entscheidung, die verbleibenden Entscheidungen eine optimale Entscheidungspolitik hinsichtlich des aus der ersten Entscheidung resultierenden Zustandes darstellen"[14].

Auch bei der dynamischen Programmierung existieren deterministische und stochastische Problemformulierungen. Logistische Anwendungen ergeben sich bei der Lagerhaltung, bei der Distributionszentrenallokation, bei Rundreise- und Fahrzeugbeladungsproblemen.

Graphentheorie

Ein mathematisches Teilgebiet, das zur Unterstützung betriebswirtschaftlicher Planungs- und Entscheidungsprozesse eine wachsende Bedeutung erlangt, ist die Graphentheorie[15]. Sie befaßt sich mit topologischen Beziehungen zwischen Elementen eines Systems. Ein Graph läßt sich axiomatisch wie folgt beschreiben:

> „(1) Ein Graph besteht aus einer Menge $\mathfrak{M}$ von Elementen $E_1, E_2 \ldots$
> (2) Über dieser Menge ist eine zweistellige Relation R definiert, die sich unter Benutzung des Kreuzproduktes zweier Mengen durch $\mathfrak{M}$ [$R \subseteq (\mathfrak{M} \times \mathfrak{M})$] charakterisieren läßt.

---

[14] Bellman (1967), S. 88.
[15] Zur Graphentheorie vgl. Berge (1958); Busacker und Saaty (1968); Elmaghraby (1970); Ford und Fulkerson (1962).

(3) Die Elemente von $\mathfrak{M}$ werden als *Knoten* dargestellt und durch Punkte, Kreise, Vierecke usw. symbolisiert.

(4) Die Paare von Elementen, die durch R festgelegt sind, werden als *Kanten*, d. h. als Verbindungen zwischen den Knoten, dargestellt"[16]).

Viele komplexe Probleme, welche die Bewegung von Gütern oder Fahrzeugen bzw. den Ablauf von Arbeitsgängen betreffen, können in Form von Graphen dargestellt werden. Vor allem drei Anwendungsbereiche der Graphentheorie erscheinen hier von Interesse. Zum einen werden durch die Darstellung in Graphen Zusammenhänge in Systemen besser erkennbar. Darüber hinaus lassen sich Netzplanprobleme häufig so formulieren, daß sie mit Hilfe bestimmter, von der linearen und der dynamischen Programmierung abgeleiteter Verfahren zu lösen sind. Ein Anwendungskomplex besteht dabei in der Berechnung kürzester und längster Wege in Graphen. Ebenso ist die Berechnung des maximalen Flusses durch einen Graphen zu nennen.

Die *Netzplantechnik* bildet das Hauptanwendungsgebiet der Graphentheorie in der Praxis[17]). Sie umfaßt eine Menge von Verfahren, die insbesondere der Projektplanung, speziell der Terminplanung, dienen. Dazu werden die einzelnen Projekte in ihre Teilprozesse zerlegt und entsprechend ihrer funktionalen und zeitlichen Aufeinanderfolge in einem Graphen (Netzplan) abgebildet. Zweck der Netzplantechnik ist vor allem die Darstellung der logischen Zusammenhänge zwischen den Teilaktivitäten eines Projektes, die Generierung eines Zeitplanes für alle Aktivitäten und die Ermittlung kritischer Stellen und Engpässe. Teilweise wird auch versucht, Kostenbetrachtungen in die Zeitplanung einzubeziehen. Zu den bekanntesten Methoden der Netzplantechnik zählen CPM (Critical Path Method), PERT (Program Evaluation and Review Technique), MPM (Metra Potential Method), PERT/Cost, RAMPS (Resource Allocation and Multiproject Scheduling) und GERT (Graphical Evaluation and Review Technique). Sie sind teils deterministischer, teils stochastischer Natur.

Heuristische Programmierung

Die heuristische Programmierung wird immer dann eingesetzt, wenn für ein prinzipiell mathematisch formulierbares Problem keine algorithmischen Lösungsverfahren zur Verfügung stehen oder der mit diesen verbundene Rechenaufwand zu groß ist[18]). Im Rahmen der Unternehmensforschung und der exakten Methoden zur Entscheidungsunterstützung hat die heuristische Programmierung somit primär die Aufgabe, Faustregeln zur Verringerung des Rechenaufwandes zu liefern. Sie bedient sich dabei im wesentlichen

---

[16]) Klaus (1969), S. 241.
[17]) Aus der sehr umfangreichen Literatur zur Netzplantechnik vgl. Battersby (1967); Jacob (1969); Kern (1969); Martino (1967); Völzgen (1971); Wagner (1968); Woodgate (1967).
[18]) Zur heuristischen Programmierung vgl. Klein (1971 a), (1971 b); Simon und Newell (1958); Thompson, G. L. (1967); Weinberg und Zehnder (1969); Wiest (1969).

experimentellen Vorgehens, wenngleich gegenwärtig in der Forschung auch versucht wird, die Wirksamkeit und Verläßlichkeit bestimmter heuristischer Strategien mit mathematischen Mitteln zu beweisen. Auf die grundsätzliche Bedeutung der heuristischen Programmierung als Denkhilfe und systematische, wenngleich auch nicht optimierende Problemlösungsmethode zur Konstruktion von Computerprogrammen mit künstlicher Intelligenz wurde bereits an anderer Stelle eingegangen.

2.212 Das Transportproblem

Als erster Problembereich sei das sogenannte Transportproblem (Distributionsproblem) betrachtet, das unterschiedliche Interpretationsmöglichkeiten offenläßt und für verschiedene logistische Bereiche von Bedeutung ist. Als „das Transportproblem" wird in der Literatur ein Spezialfall eines linearen Optimierungsproblems bezeichnet, für das ein besonders einfacher Lösungsalgorithmus, der sogennante Transportalgorithmus, existiert[19]). Das Transportproblem wird meist folgendermaßen formuliert:

> An m Versandorten V_i (i = 1, 2, ..., m) lagern die Mengen a_i eines einheitlichen Produkts (z. B. Kohle, Zement, Kartoffeln), die zu n Empfangsorten E_k (k = 1, 2, ..., n) transportiert werden sollen, so daß der Empfangsort E_k die Menge b_k erhält.

Beispielsweise bestehe das logistische System einer Betriebswirtschaft aus drei Produktionszentren und vier regionalen Distributionszentren. Bekannt sind die Produktionskapazitäten an den Fabrikationszentren und die Frachtkosten pro Stück der im übrigen homogenen Güter, die für den Versand von jedem Produktionszentrum zu jedem Distributionszentrum entstehen. Das Transportproblem besteht darin, zu bestimmen, welche Fabriken welche Distributionszentren mit welchen Gütermengen beliefern sollen, so daß die Transportkosten ein Minimum ergeben. Dieses Beispiel interpretiert die Versandorte V_i als Fabriken und die Empfangsorte E_k als Distributionszentren. Beliebige andere Interpretationen sind möglich: Fabriken zu Kunden, Distributionszentren zu Kunden, Lieferanten zu Fabriken.

Abb. 2.13 verdeutlicht ein Transportproblem für drei Fabriken und fünf Distributionszentren. Zu bestimmen ist die Menge x_{ik} der Güter, die entlang den eingezeichneten Verbindungslinien zwischen Fabriken und Distributionszentren fließen sollen.

---

[19]) Transportproblem und Transportalgorithmus werden in praktisch jedem Lehrbuch beschrieben; vgl. z. B. Ackoff und Sasieni (1968), S. 123 ff.; Dantzig (1966), S. 343 ff.; Henn und Künzi (1968), S. 22 ff.; Hillier und Lieberman (1967), S. 172 ff.; Jandy (1967), S. 103 ff.; Sasieni, Yaspan und Friedman (1967), S. 205 ff.

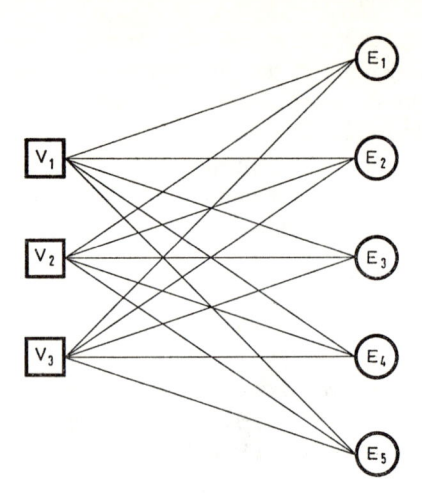

Abb. 2.13: Schematische Darstellung eines Transportproblems mit drei Versandorten V_i und fünf Empfangsorten E_k

Die formale Struktur des Transportproblems

Bei der Formalisierung des Transportproblems müssen die Transportkosten den beförderten Mengen proportional sein. Die Kosten für die Beförderung einer Einheit des Gutes von V_i nach E_k seien c_{ik}. Gesucht sind die Werte der Instrumentalvariablen x_{ik}, die angeben, welche Mengen des Gutes von V_i nach E_k zu transportieren sind, so daß die Zielfunktion der Gleichung (T 1 a) ein Minimum wird.

(T 1 a) $\qquad K = \sum_{i=1}^{m} \sum_{k=1}^{n} c_{ik} x_{ik} \rightarrow \text{Min!}$

(T 1 b)
$$\sum_{k=1}^{n} x_{ik} = a_i \qquad (i = 1, \ldots, m)$$
$$\sum_{i=1}^{m} x_{ik} = b_k \qquad (k = 1, \ldots, n)$$
$$x_{ik} \geq 0 \qquad \text{für alle } i=1, \ldots, m \text{ und alle } k=1, \ldots, n$$

Die ersten m Gleichungen von (T 1 b) drücken aus, daß die Summe aller Güter, die an den n Empfangsorten E_k eintreffen, gleich den Mengen ist, die an jedem der m Versandorte lagern. Die zweite Untermenge der m + n Gleichungen von (T 1 b) drückt aus, daß die Summe aller Güter, die aus beliebigen Versandorten V_i an einem Empfangsort E_k eintreffen, gleich dem Bedarf an jedem Empfangsort ist.

In dieser Form liegt ein „ausgewogenes" (balanced) Transportproblem vor. Abb. 2.14 gibt ein Zahlenbeispiel für ein ausgewogenes Transportproblem wieder. Ausgewogen bedeutet dabei, daß das an den Transportquellen vorhandene Angebot genau die an den Transportsenken vorhandenen Wünsche deckt. Für ein ausgewogenes Transportproblem gilt also, formal ausgedrückt:

$$\sum_{i=1}^{m} a_i = \sum_{k=1}^{n} b_k$$

In diesem Fall sind von den m + n Gleichungen in (T 1 b) nur (m + n — 1) linear unabhängig. Ebenso viele Variablen können durch die Lösung dieses Gleichungssystems bestimmt werden. Sie heißen Basisvariablen und bilden

---

Homogene Güter sollen von den Distributionszentren A, B, C zu den Abnehmern V, W, X, Y, Z transportiert werden, die jeweils bestimmte Mengen benötigen. Die Gesamtbeförderungskosten sollen dabei so gering wie möglich sein.

Für die Auslieferung stehen zur Verfügung im	
Distributionszentrum A	15 Einheiten
Distributionszentrum B	19 Einheiten
Distributionszentrum C	20 Einheiten

Der Warenbedarf beträgt bei	
Abnehmer V	17 Einheiten
Abnehmer W	10 Einheiten
Abnehmer X	12 Einheiten
Abnehmer Y	5 Einheiten
Abnehmer Z	10 Einheiten

Kostentableau

	Abnehmer				
	V	W	X	Y	Z
Distributionszentrum A	17	4	12	6	7
Distributionszentrum B	1	2	15	9	14
Distributionszentrum C	5	8	6	31	5

Abb. 2.14: Numerisches Beispiel für ein ausgewogenes Transportproblem[20])

---

[20]) Zur Errechnung der optimalen Lösung vgl. S. 488 ff. dieses Buches; vgl. auch Fletcher und Clarke (1966), S. 17 ff.

das Ergebnis der jeweiligen Basislösung. Vereinfacht ausgedrückt ist jede zulässige Basislösung eine Alternative für das Transportproblem. Das Entscheidungsproblem besteht nun darin, aus der Menge aller Variablen eine solche Untermenge als Basislösung auszuwählen, daß die Zielfunktion optimiert, d. h. im vorliegenden Fall minimiert wird. Alle übrigen Variablen heißen Nichtbasisvariablen; für jede Basislösung sind die Nichtbasisvariablen notwendigerweise gleich Null, die Basisvariablen meist größer als Null. Sind einige der Basisvariablen gleich Null, dann liegt der mit einigen mathematischen Komplikationen verbundene Fall der Degeneration (Ausartung) vor.

Das Gleichungssystem (T 2) zeigt die Nebenbedingungen für ein unausgewogenes Transportproblem.

(T 2)
$$\sum_{k=1}^{n} x_{ik} \leq a_i \quad (i=1, 2, \ldots, m)$$
$$\sum_{i=1}^{m} x_{ik} \geq b_k \quad (k=1, 2, \ldots, n)$$
$$\sum_{i=1}^{m} a_i \geq \sum_{k=1}^{n} b_k$$

Der Leser sei davor gewarnt, ein wirkliches Entscheidungsproblem, dessen Nebenbedingungen die Form von (T 2) aufweisen, bedenkenlos mit der Zielfunktion (T 1 a) zu optimieren. Diese ist bei unausgewogenen Transportproblemen meist empirisch keine ausreichende Approximation des wahren Sachverhaltes. Bei Unterangebot ist es notwendig, zusätzlich zu den Transportkosten die Kosten der „Nichtbelieferung" zu berücksichtigen. Diese sind meist nichtlinear und können wesentlich mehr Gewicht haben als die gegebenen Transportkosten. Bei Überangebot ist es notwendig, die Lagerkosten bzw. die Kosten der Maßnahmen zu ihrer Beeinflussung in die formale Analyse einzubeziehen. Dies erfordert meist genauere empirische Untersuchungen der jeweils vorliegenden Verhältnisse.

Lösungsverfahren

Die voranstehende Diskussion der formalen Struktur des Transportproblems zeigt, daß es sich um eine lineare Optimierungsaufgabe handelt. Es kann folglich mit der Simplexmethode gelöst werden. Freilich ist dies nur selten zweckmäßig, weil es spezielle Verfahren gibt[21]), mit denen die Optimal-

---

[21]) Zur Einführung in die wichtigsten Lösungsverfahren vgl. zunächst Müller-Merbach (1969), S. 169, S. 251 ff., S. 290 ff. und die dort angegebene Literatur; ferner Busacker und Saaty (1968), S. 344 ff.; Ford und Fulkerson (1956); Hadley (1962), S. 346 ff.; Ford und Fulkerson (1962) zur iterativen Lösung des „Maximalfluß-Minimalschlupf-Theorems"; ferner zu weiteren Lösungsverfahren allgemein: Ackoff und Sasieni (1968), S. 123 ff.; Charnes und Cooper (1961), S. 41 ff.; Hadley (1962), S. 273 ff.

lösung schneller zu finden ist. Es handelt sich hierbei um Verfahren der Flußmaximierung in Graphen sowie um Varianten der Simplexmethode. Letztere werden meist auch im Rahmen der linearen Planungsrechnung erklärt. Man unterscheidet primale und duale Verfahren. Eines der bekanntesten Lösungsverfahren ist der sogenannte Transportalgorithmus. Er ist auch auf Zuteilungsprobleme anwendbar. Auch die an sich sehr schnellen Optimierungsverfahren reichen nicht aus, um den Rechenaufwand der in der Praxis auftretenden Transportprobleme zu bewältigen. Man geht daher so vor, daß man mit Hilfe eines *Näherungsverfahrens* eine möglichst gute Ausgangslösung sucht. Die heuristische Kraft der Näherungsverfahren ist im allgemeinen höher als jene der optimalen Verfahren. Nachdem das Näherungsverfahren abbricht, wendet man auf die Endlösung des Näherungsverfahrens ein optimierendes Verfahren an. Hierdurch kann man oft mit relativ wenigen Iterationen zum Optimum gelangen. Wegen der Existenz guter Algorithmen kommt den Näherungsverfahren nur eine Beschleunigung des Rechenprozesses zu. Dies drückt man häufig auch dadurch aus, daß man die Näherungsverfahren als Eröffnungsverfahren bezeichnet. Die mit den Eröffnungsverfahren ermittelte Ausgangslösung für das Transportproblem muß mit der Struktur übereinstimmen, die von den optimierenden Methoden als Eingangslösung verlangt wird.

Diese ist verschieden, je nachdem, ob es sich um ein primales oder duales Optimierungsverfahren handelt. Entsprechend sind auch die Näherungsverfahren verschieden. Es existieren sehr viele Näherungsverfahren. Beispielsweise finden sich allein bei Müller-Merbach sieben Näherungsverfahren für den primalen Lösungsansatz[22]. Eines der bekanntesten Näherungsverfahren ist das sogenannte *Nordwest-Ecken-Verfahren*. Es hat praktisch nur historische Bedeutung, da es im Grunde gar keine Näherungslösung, sondern lediglich eine zulässige Ausgangslösung hervorbringt.

Zusammenfassend kann festgestellt werden, daß für das Transportproblem zwei Gruppen von Lösungsverfahren bestehen:

a) Näherungsverfahren,

b) exakte Optimierungsverfahren.

Zu den Näherungsverfahren zählen beispielsweise:

(1) das Nordwest-Ecken-Verfahren (Nordwest-Ecken-Regel),

(2) das Zeilenfolge- oder Spaltenfolgeverfahren,

(3) das Matrixminimumverfahren und

(4) die Vogelsche Approximationsmethode (VAM).

---

[22] Vgl. Müller-Merbach (1969), S. 291 f.

Als exakte Methoden seien genannt:

(1) die Simplexmethode,

(2) die Transportmethode (bzw. Transportalgorithmus),

(3) das Stepping-Stone-Verfahren.

Als Beispiel für eine Kombination beider Verfahren sei im folgenden das Beispiel der Abb. 2.14 numerisch gelöst[23]).

Beispiel für die Lösung eines Transportproblems

Die Ausgangsmatrix für das Beispiel auf S. 485 kann wie folgt formuliert werden:

	Abnehmer					Lager-bestand
	V	W	X	Y	Z	
Distributionszentrum A	— 17	— 4	— 12	— 6	— 7	15
Distributionszentrum B	— 1	— 2	— 15	— 9	— 14	19
Distributionszentrum C	— 5	— 8	— 6	— 31	— 5	20
Bedarf	17	10	12	5	10	54

Abb. 2.15: *Ausgangsmatrix*

Kosten werden mit einem negativen, Gewinne mit einem positiven Vorzeichen versehen, so daß durch dasselbe mathematische System die Gewinne maximiert und die Kosten minimiert werden.

Der erste Schritt besteht in der Bestimmung einer zuverlässigen Ausgangslösung, die höchstens m + n — 1 positive Einträge enthält und gegen keine Restriktionen verstößt.

Ein einfaches Verfahren zur Bestimmung einer solchen Ausgangslösung bildet die als *Nordwest-Ecken-Regel* bezeichnete Methode. Bei der Nordwest-Ecken-Regel geht man in der Weise vor, daß man für die obere linke Ecke der Tabelle so viel Einheiten einplant, daß der Bedarf von V möglichst erfüllt, die Überschußmenge von A jedoch nicht überschritten wird. Man schreitet dann so lange waagrecht weiter, wie noch genügend Überschußmengen in der betreffenden Zeile (A) vorhanden sind. Sobald diese erschöpft sind, wechselt man senkrecht in der gleichen Spalte zur nächsten Zeile und plant dort die erforderliche oder höchstmögliche Menge ein usw. Die obere linke Tabellenecke ist die „nordwestliche" Ecke und hat dem Verfahren den Namen gegeben. Nach Anwendung der Nordwest-Ecken-Regel ergibt sich die Ausgangslösung (vgl. Abb. 2.16).

---

[23]) Vgl. zum folgenden Fletcher und Clarke (1966), S. 17 ff.; für weitere rechnerische Beispiele vgl. z. B. Henn und Künzi (1968), S. 23 ff.; Richter (1969), S. 145 ff.

Exakte Methoden

	V	W	X	Y	Z	Bestand
A	15					15
B	2	10	7			19
C			5	5	10	20
Bedarf	17	10	12	5	10	54

Abb. 2.16: Ausgangslösung des Transportproblems

Die Gesamtkosten dieser ersten Lösung betragen

$$K = 15 \cdot 17 + 2 \cdot 1 + 10 \cdot 2 + 7 \cdot 15 + 5 \cdot 6 + 5 \cdot 31 + 10 \cdot 5 = 617.$$

Abb. 2.16 gibt die erste zulässige Lösung an. An die Aufstellung der Ausgangslösung schließen sich zwei weitere Schritte an, und zwar

(1) die Prüfung der Optimalität der Ausgangslösung — dieser Schritt ist auch nach jeder verbesserten Lösung erforderlich — und

(2) die Verbesserung der Lösung, wenn die Prüfung ergibt, daß die optimale Lösung noch nicht vorliegt.

Um die Optimalität einer Lösung zu prüfen, wird jedes der in der gegenwärtigen Lösung nicht benutzten Felder in der Weise bewertet, daß ihm die Opportunitätskosten (Alternativ-, Verschiebungskosten) für die Benutzung gerade dieses speziellen Transportweges zugeordnet werden. Die Opportunitätskosten geben dabei an, um wieviel sich die Gesamttransportkosten ändern, wenn der Transport einer Einheit von einem bisher benutzten auf einen bisher nicht benutzten Transportweg verlagert wird. Eine Verlagerung (Verschiebung) ist nur dann sinnvoll, wenn sich dadurch eine Verringerung der gesamten Transportkosten ergibt.

Zur Anwendung der *Transportmethode* wird die Ausgangslösung in erweiterter Form nach Abb. 2.17 a geschrieben. Die oberen rechten Tabellenecken enthalten die Elemente des Kostentableaus. Der Wert in der linken unteren Ecke eines jeden Feldes stellt die Verschiebungskosten dar, welche sich ergeben, wenn man eine Einheit über die betreffende Route transportiert. Die Prüfung der Optimalität der Lösung wie auch die Bestimmung des Feldes, das zur Verbesserung der Lösung belegt werden muß, beruhen auf den in Abb. 2.17 a angeführten Randzahlen u_i (für die Zeilen $i = 1$ bis $i = 3$) und v_k (für die Spalten $k = 1$ bis $k = 5$). Diese Randzahlen ergeben sich unter der Bedingung, daß für alle besetzten Felder der Lösung die Summe der zugehörigen Randzahlen gleich den Kostenziffern dieser Felder ist. Für die besetzten Felder gilt demnach

$$u_i + v_k = c_{ik}.$$

Das durch diese Formel gegebene Gleichungssystem besitzt $m + n - 1$ Gleichungen (für jedes besetzte Feld eine Gleichung) und $m + n$ Unbekannte u_i und v_k. Nachdem eine Randzahl gleich Null gesetzt wurde, kann das Gleichungssystem gelöst und können alle übrigen Randzahlen bestimmt werden. Nachdem die Randzahlen bestimmt sind, wird für alle Felder der Matrix die Randzahlensumme

$$c'_{ik} = u_i + v_k$$

gebildet. Die Verschiebungskosten werden ermittelt, indem jeweils die Differenzen zwischen den fiktiven Aufwandszahlen c'_{ik} und den tatsächlichen Kostenzahlen

	V	W	X	Y	Z	Bestand
v_k / u_i	−17	−18	−31	−56	−30	
A 0	−17 / 15 / 0 / −14	−4 / −19	−12 / −50	−6 / −23	−7	15
B 16	−1 / 2 / 0	−2 / 10 / 0	−15 / 7 / 0	−9 / −31	−14 / 0	19
C 25	−5 / 13	−8 / 15	−6 / 5 / 0	−31 / 5 / 0	−5 / 10 / 0	20
Bedarf	17	10	12	5	10	54

Abb. 2.17 a: *Ausgangslösung in erweiterter Form*

errechnet werden. Positive Verschiebungskosten bedeuten, daß eine Kostenerhöhung eintritt, wenn man Gütereinheiten auf das entsprechende Feld verschiebt. Daher interessieren nur Felder mit negativen Verschiebungskosten. Es wird nun das Feld ausgewählt, das die größte Ersparnis pro Einheit bringt (Feld 1, 4), und versucht, die Lösung dadurch zu modifizieren, daß möglichst viele Waren über diesen Weg transportiert werden. Natürlich müssen die Verschiebungen so erfolgen, daß die Zeilen- und Spaltensummen jeweils konstant bleiben. Deshalb ist 5 die größtmögliche Menge, die über den Weg (1, 4) transportiert werden kann. Abb. 2.17 b zeigt die verbesserte Lösung; Δ gibt die zu verschiebende Menge an, sie ist in diesem Fall = 2.

	V	W	X	Y	Z	Bestand
v_k / u_i	−17	−18	−31	−6	−30	
A 0	$-\Delta$ / 10 / −17 / 0 / −14	−4 / −19	−12 / 0	−6 / 5 / $+\Delta$	−7 / −23	15
B 16	$+\Delta$ / 7 / −1 / 0	−2 / 10 / 0	$-\Delta$ / 2 / −15 / 19	−9	−14 / 0	19
C 25	−5 / 13	−8 / 15	$+\Delta$ / 10 / −6 / 50	−31 / $-\Delta$	−5 / 10 / 0	20
Bedarf	17	10	12	5	10	54

Abb. 2.17 b: *Erste verbesserte Lösung des Transportproblems*

Die Gesamtkosten belaufen sich nun auf

$K = 10 \cdot 17 + 5 \cdot 6 + 7 \cdot 1 + 10 \cdot 2 + 2 \cdot 15 + 10 \cdot 6 + 10 \cdot 5 = 367.$

Gegenüber der ersten zulässigen Lösung bedeutet dies eine wesentliche Verbesserung. Nun wird wiederum die Optimalität dieser Lösung überprüft und gegebenenfalls nach ihrer Verbesserung gesucht. Dies geschieht in derselben Weise, also über die Ermittlung der c'_{ik}-Werte. Dies führt zur dritten Lösung (Abb. 2.17 c) mit den Kosten $K = 8 \cdot 17 + 5 \cdot 6 + 2 \cdot 7 + 9 \cdot 1 + 10 \cdot 2 + 12 \cdot 6 + 8 \cdot 5 = 321.$

Exakte Methoden

	v_k	V −17	W −18	X −8	Y −6	Z −7	Bestand
A	0	−Δ / 8 / 0 [−17]	+Δ / −14 [+Δ]	−4 / 4	−12 / 0 [5]	−6 / 0 [2]	[−7] 15
B	16	+Δ / 0 / 9 [+Δ]	−1 / 0 / 10 [−Δ]	−2 / 23	−15 / 19	−9 / 23	[−14] 19
C	2	−10 [−5]	−8 [−8]	0 / 12 [−6]	27 [−31]	0 / 8 [−5]	20
Bedarf		17	10	12	5	10	54

Abb. 2.17 c: Zweite verbesserte Lösung des Transportproblems

Nach einer weiteren Iteration (△ = 8) wird eine Lösung erreicht, die mit Kosten K = 209 verbunden ist. Eine Überprüfung der Verschiebungskosten zeigt, daß diese alle positiv sind (vgl. Abb. 2.17 d). Dies bedeutet, daß ein Optimum erreicht wurde. K = 209 sind die niedrigsten Gesamttransportkosten, mit denen der Bedarf der fünf Kunden von den drei Distributionszentren erfüllt werden kann.

	v_k	V −3	W −4	X −8	Y −6	Z −7	Bestand
A	0	14 [−17]	0 / 8 [−4]	4 [−12]	0 [−6] [5]	0 [−7] [2]	15
B	2	0 / 17 [−1]	0 / 2 [−2]	9 [−15]	5 [−9]	9 [−14]	19
C	2	4 [−5]	6 [−8]	0 / 12 [−6]	27 [−31]	0 / 8 [−5]	20
Bedarf		17	10	12	5	10	54

Abb. 2.17 d: Optimale Lösung des Transportproblems

Lösung komplexerer Modelle

Das beschriebene Beispiel beinhaltete ein sehr einfaches Problem, das sich durchaus noch von Hand durchrechnen läßt. Auf großen Rechenanlagen lassen sich Transportprobleme bis zur Größenordnung n = m = 1000 lösen. Hierzu existieren Standardprogramme, deren man sich bedienen kann, ohne das Lösungsverfahren als solches im einzelnen zu kennen, wenn man nur mit dessen grundsätzlichem Vorgehen vertraut ist. Ein Hinweis auf das verwendete Lösungsverfahren sollte sich in aller Regel in der Dokumentation des Programms finden.

2.213 Probleme des kürzesten Weges:
Das Rundreiseproblem (Travelling-Salesman-Problem)

Aufgaben der Wegeminimierung lassen sich am besten an Hand von *Graphen* darstellen. Die Graphentheorie bietet hierzu ein geeignetes Instrumentarium. Auf ihre Grundbegriffe wurde bereits kurz eingegangen. Danach ist ein Graph eine Menge von Punkten, meist Knoten genannt, zusammen mit einer Anzahl von Linien, meist Kanten genannt, die eine Untermenge der Knoten paarweise verbinden. Die Kanten können zur Darstellung beliebiger binärer Relationen verwendet werden; allerdings werden in einem Graphen zwei Punkte meist durch nicht mehr als nur eine Kante verbunden. Wenn V und V' zwei Knoten sind und n eine ganze Zahl >0, dann heißt $(V_0, V_1, \ldots, V_n)$ ein Weg oder ein Pfad der Länge n von V nach V' genau dann, wenn $V = V_0$, V_k ein Nachbar von V_{k+1} (für alle $0 \leq k < n$) und $V_n = V'$ ist. Man beachte, daß das damit definierte Längenmaß noch nicht der umgangssprachlichen Vorstellung einer Entfernung entspricht. Immerhin ist es jetzt bereits möglich, von kürzesten und längsten Pfaden in einem Graphen zu sprechen.

Ein Graph heißt *verbunden*, wenn alle Punkte durch mindestens einen Pfad miteinander verbunden sind. Existiert in einem Graphen von einem Knoten V aus ein Pfad von mindestens der Länge 3, welcher am Ausgangspunkt endet (d. h. $V_0 = V$ und $V_n = V$), so nennt man diesen Pfad einen *Zyklus*.

Für Verkehrsprobleme liegt es nahe, den Kanten Entfernungen zuzuordnen. Die Entfernungen sind als die Werte einer Funktion aufzufassen, die auf der Menge aller Kanten definiert ist. Die Entfernung wird meist neben die Kante geschrieben. Die Entfernung zwischen zwei beliebigen Knoten in Graphen ist durch die Summe der den Kanten eines Pfades zwischen diesen Knoten zugeordneten Zahlen definiert. Probleme des kürzesten Weges versuchen, dieses Entfernungsmaß zu minimieren[24]. Sie existieren in zwei Versionen:

Im ersten Fall interessiert der kürzeste Weg zwischen zwei beliebigen Knoten. Dies ist beispielsweise das Problem einer Person, die von Stadt A zu einer Stadt B reisen möchte und fragt, über welche Orte der Weg führen soll.

Im zweiten Fall interessiert der kürzeste Weg zwischen allen Knoten eines Graphen. Dies ist beispielsweise bei einem Touristen gegeben, der von Ort A nach Ort B reisen, auf der Fahrt aber bestimmte Sehenswürdigkeiten besichtigen möchte.

Beim Rundreiseproblem (auch Travelling-Salesman-Problem oder Problem des Handlungsreisenden genannt) handelt es sich um eine Spezialaufgabe

---

[24] Zu Problemen des kürzesten Weges vgl. Ackoff und Sasieni (1968), S. 304 ff.; Dantzig (1960); Fletcher und Clarke (1966), S. 63 ff.; Ford und Fulkerson (1962); Müller-Merbach (1969), S. 229 ff.; Opferman (1967); Wagner (1969), S. 165 ff.; Zionts (1966).

der zweiten Version. Das Spezielle liegt darin, daß der Anfangsknoten gleich dem Endknoten ist. Im folgenden sei lediglich das Rundreiseproblem näher betrachtet[25]).

Beim Rundreiseproblem sind n Knoten eines verbundenen Graphen mit Entfernungsangaben gegeben. Die Knoten können als Städte einer Landkarte, die Kanten als die verbindenden Straßen mit den Entfernungskilometern interpretiert werden. Das Problem kann in der Weise formuliert werden, daß ein Handlungsreisender jede Stadt mindestens einmal besucht. Gesucht ist die kürzeste Reiseroute, die ihn an seinen Ausgangspunkt zurückbringt. Formal gleiche Rundreiseoptimierungen ergeben sich bei der Planung von Inspektionsfahrten und bei der Verteilung von Gütern (von einer zentralen Verteilungsstelle aus, etwa einem Armeedepot oder einem regionalen Distributionszentrum, sind alle Einheiten, die in einem Gebiet räumlich verteilt sind, zu versorgen) sowie innerbetrieblich beispielsweise bei der Materialversorgung von Werkstätten, bei der Planung der Bearbeitungsreihenfolge von Werkstücken oder bei der Übermittlung von Nachrichten durch Boten.

Im Hinblick auf das bereits formulierte Transportproblem ist es zweckmäßig, noch eine andere verbale Formulierung dieses Problems zu geben. Danach besteht das Travelling-Salesman-Problem darin, mit *einem* Wagen, dessen Kapazitätsgrenzen vernachlässigt werden können, n Orte so zu besuchen, daß die Rundreisekilometer minimiert werden. Dies ist ein Spezialfall der Frage, wie m Wagen n Orte in der Weise besuchen können, daß gegebene Transportgüter bzw. Fahrgäste von ihren momentanen Aufenthaltsorten an ihre Bestimmungsorte gelangen und die gesamten Reisekilometer minimiert werden. Daß der kürzeste Weg nicht unabhängig von der Anzahl der Wagen ist, wurde bereits beschrieben.

Formale Definition der Entscheidungsaufgabe

Gegeben sei eine n × n-Matrix reeller positiver Zahlen $A = a_{ij}$ mit i und $j = 1,\ldots, n$. Gesucht ist eine azyklische Permutation $(i_1, i_2, \ldots, i_n)$ der Zahlen $1, 2, \ldots, n$, so daß gilt:

$$\sum_{j=1}^{n-1} a_{i_j i_{j+1}} + a_{i_n i_1} = \text{Min!}$$

Eine Permutation heißt *azyklisch*, wenn sie die Bestimmungsorte in einer Reihenfolge aufzählt, die keine voneinander getrennten Rundreisen enthält. Dies ist eine offensichtliche Nebenbedingung, die eingehalten werden muß, wenn eine beliebige Permutation als Lösungshypothese sinnvoll sein soll.

Macht man keine weiteren Einschränkungen hinsichtlich der Werte, die die Elemente der Matrix A annehmen können, so gibt es (n—1)! mögliche Per-

---

[25]) Aus der sehr umfangreichen Literatur zum Rundreiseproblem vgl. allgemein Ackoff und Sasieni (1968), S. 304 ff.; Churchman, Ackoff und Arnoff (1968), S. 428 ff.; Eilon, Watson-Gandy und Christofides (1971), S. 113 ff.; Sasieni, Yaspan und Friedman (1965), S. 270 ff.

mutationen. Interpretiert man den Skalar a_{ij} als die Entfernung vom Ort i nach Ort j und nimmt man an, daß die Orte Punkte eines zweidimensionalen euklidischen Raumes sind, so ergibt sich $a_{ij} = 0$, wenn $i = j$. In diesem Fall ist die Anzahl der möglichen Permutationen $\frac{1}{2} \cdot (n-1)!$. Das Problem wird jedoch bereits dann nicht-euklidisch (d. h. Matrix A nicht-symmetrisch), wenn die Verbindungswege zwischen den Orten (Punkten) nicht in beiden Richtungen befahrbar sind (z. B. Einbahnstraßen, Bauarbeiten), so daß sich für Hin- und Rückfahrt unterschiedliche Entfernungen zwischen den zwei Orten ergeben.

Eine andere Interpretation der Matrix A ergibt ebenfalls ein nicht-euklidisches Problem. Gegeben seien eine Maschine und n Aufträge; es seien a_{ij} die Rüstkosten, wenn die Maschine von Auftrag i auf Auftrag j umgerüstet werden muß. Für einen Farbenmixer ist z. B. $a_{ij} < a_{ji}$, wenn i ein Auftrag mit einer sehr hellen Farbe und j ein Auftrag mit einer dunklen Farbe ist. Gesucht ist die Reihenfolge der Aufträge, so daß die Summe aller Rüstkosten ein Minimum wird (Reihenfolge-Problem).

Lösungsmethoden

Eine Rundreise bzw. eine „Tour" besteht aus einem Vektor $(i_1, i_2, \ldots, i_n, i_1)$, welcher die Reihenfolge angibt, in der die n Orte anzufahren sind. Die Zahl möglicher Lösungen eines Rundreiseproblems mit n Orten (einschließlich Ausgangs- und Zielort) beträgt $(n-1)!$. Dies bedeutet, daß beispielsweise bei 11 Orten $10! = 3\,628\,800$ verschiedene Rundreisen möglich sind.

Die Methoden zur Ermittlung einer Tour zerfallen in vier große Gruppen[26]. Innerhalb ihrer Gruppe existieren teilweise optimierende und heuristische Verfahren.

(1) Die erste Gruppe bilden solche Verfahren, die auf einem Zusammenfassen getrennter Zyklen basieren (contraction of subtours). Hierbei wird von der zuletzt gegebenen Interpretation des Rundreiseproblems als Reihenfolgeproblem ausgegangen. Die Elemente a_{ij} der Matrix A (Kostenmatrix) werden als Kosten interpretiert, die entstehen, wenn Ort i mit Ort j verbunden wird. Auf diese Weise wird zunächst nach den besten Verbindungen zwischen den Orten gesucht. Das Ergebnis ist eine Lösung zum Zuordnungsproblem (assignment problem). Möglicherweise kombiniert sich diese bereits zu einer Rundreise, dann ist dies die optimale Tour. Anderenfalls bestehen mehrere Zyklen, die mittels spezieller Methoden zu einer Rundreise vereinigt werden müssen. Optimierende Verfahren, die auf diesem Prinzip beruhen,

---

[26] Gute Überblicke über Lösungsverfahren zum Rundreiseproblem geben insbesondere Eilon, Watson-Gandy und Christofides (1971), S. 116 ff. sowie Müller-Merbach (1969).

sind der Branch-and-Bound-Algorithmus von Eastman[27]) und Shapiro[28]), das Verfahren der ganzzahligen Programmierung von Dantzig, Fulkerson und Johnson[29]) und das Verfahren von Gilmore und Gomory[30]). Letzteres setzt allerdings eine Kostenmatrix mit einer speziellen Struktur voraus.

(2) Die zweite Gruppe von Verfahren ist enumerativer Natur. Wie bereits ausgeführt, ist eine vollständige Aufzählung aller möglichen Rundreisen auch für die schnellsten Rechenanlagen unmöglich. Jedoch kann man eine Teilmenge aller Rundreisen aufzählen und dann die beste der bisher aufgezählten auswählen. Hierbei muß man eine Anzahl von Tests einbauen, um solche Touren, bei denen abzusehen ist, daß sie zu schlechten Lösungen führen, von vornherein von der Enumeration auszuschließen. Der Algorithmus von Roberts und Flores[31]) fällt im wesentlichen in diese Kategorie.

(3) Eine weitere Gruppe von Methoden beruht auf einer schrittweisen Verbesserung einer anfänglich gegebenen Ausgangslösung. Hierzu ist es notwendig, abwechslungsweise einen Generationsmechanismus anzuwenden, der die gegebene Tour verändert und daraufhin testet, ob die Veränderung zu einer Verbesserung geführt hat oder nicht. Spezielle Heuristiken sind anzuwenden, um zu ermitteln, in welche „Richtung" die Veränderung erfolgen soll. Schließlich sind noch Stopregeln notwendig. Hat man auf diese Weise eine Lösung gefunden, dann kann man den Prozeß mehrere Male wiederholen, wobei man jedesmal mit einer unterschiedlichen Ausgangslösung beginnt. Man wählt die beste aller sich ergebenden Lösungen aus. Derartige iterative Verfahren haben sich als sehr wirksam erwiesen. Erwähnenswert sind die Verfahren von Croes[32]), Lin[33]) sowie Sherman und Reiter[34]).

(4) Bei der letzten Gruppe von Lösungsverfahren handelt es sich um konstruktive Methoden. Hierbei beginnt man mit einem Ort, z. B. dem Ort i_1, und konstruiert eine Tour, indem man sukzessive weitere Orte hinzufügt, bis alle Orte miteinander durch eine Rundreise verbunden sind. In diese Gruppe fallen sowohl einige optimierende als auch heuristische Methoden. Ein konstruktiver Algorithmus ist z. B. jener von Held und Karp[35]), welcher ein Verfahren der dynamischen Programmierung benutzt, und die Methode von Little, Murty, Sweeny und Karel[36]), das sogenannte Branch-and-Bound-Verfahren.

---

[27]) Vgl. Eastman (1958).
[28]) Vgl. Shapiro (1966).
[29]) Vgl. Dantzig, Fulkerson und Johnson (1954).
[30]) Vgl. Gilmore und Gomory (1964).
[31]) Vgl. Roberts und Flores (1966).
[32]) Vgl. Croes (1958).
[33]) Vgl. Lin (1965).
[34]) Vgl. Sherman und Reiter (1963).
[35]) Vgl. Held und Karp (1962).
[36]) Vgl. Little et al. (1963).

Aus der Vielzahl von Lösungsverfahren zum Rundreiseproblem[37]) wird im folgenden kurz das heuristische Verfahren von Karg und Thompson dargestellt[38]). Diese Autoren haben ihr Verfahren beispielsweise auf das von Sherman und Reiter beschriebene 57-Städte-Problem angewendet. Hierbei haben sie eine Lösung ermittelt, die mit 19 985 US-Meilen nur um 30 Meilen länger ist als die mit erheblich mehr Rechenaufwand ermittelte Lösung von Sherman und Reiter.

Um das Wesen der heuristischen Programmierung besser hervortreten zu lassen, ist es zweckmäßig, eine „gute" heuristische Strategie, die in Abb. 2.18 a und b dargestellt ist, mit einer schlechten heuristischen Strategie zu konfrontieren[39]). Als verhältnismäßig „schlechte" heuristische Strategie kann beispielsweise das „Verfahren des besten Nachfolgers" gelten. Ausgehend von einem Ausgangsort, z. B. Nr. 1 in Abb. 2.18 b, wird eine Rundreise dadurch konstruiert, daß aus der Restmenge der noch nicht angefahrenen Orte der jeweils am nächsten liegende Ort gewählt wird. Im Beispiel wird hierdurch die Reiseroute

$$1-3-2-4-5-1 \qquad : : \quad 160 \text{ Meilen}$$

oder

$$1-3-4-5-1-2-1 \qquad : : \quad 180 \text{ Meilen}$$

ausgewählt. Damit die im Vergleich zur zweiten Route offensichtlich günstigere weitere Alternative

$$1-3-4-5-3-2-1 \qquad : : \quad 160 \text{ Meilen}$$

gefunden wird, muß die Regel des besten Nachfolgers für bestimmte Fälle um eine Vollenumeration der verbleibenden Reiserouten zum Anfahren der noch nicht besuchten Städte ergänzt werden.

Der Grund, warum das Verfahren des besten Nachfolgers in den meisten Fällen zu relativ schlechten Ergebnissen führt, ist leicht einzusehen[40]). In den ersten Schritten, d. h. bei der Auswahl der ersten Orte der Reihenfolge, ist die Zahl der möglichen Nachfolger groß, so daß man eine anfänglich günstige Reihenfolge bestimmen kann. Die Zahl der möglichen Nachfolger, d. h. der „Freiheitsgrad" der Entscheidungen über die sich sukzessive ergebenden Subprobleme, nimmt aber im Verlauf der Lösungskonstruktion ständig ab. Bei der Wahl der letzten Orte besteht überhaupt keine Alternative mehr.

---

[37]) Eilon, Watson-Gandy und Christofides (1971) haben die wichtigsten Lösungsmethoden zum Problem des Handlungsreisenden unter Effizienzgesichtspunkten getestet. Aus ihrer Tabelle (vgl. S. 146 f.) ist ersichtlich, daß für optimierende Verfahren keine Rechenergebnisse vorliegen, wenn die Anzahl der Städte größer als 40 wird. Dies verdeutlicht die Notwendigkeit, auf heuristische Methoden zurückzugreifen, auch wenn sie nur hinreichend gute Lösungen finden (vgl. dazu Klein, 1971 a).

[38]) Vgl. zum folgenden Karg und Thompson (1964).

[39]) Zu den Abb. 2.18a und 2.18b vgl. Karg und Thompson (1964), S. 227 ff.; Klein (1971 a), S. 166 f.

[40]) Vgl. hierzu Müller-Merbach (1969), S. 277 f.

Gegeben seien n Städte, angeordnet in einer beliebigen (zufälligen) Reihenfolge, und die zugehörige Entfernungsmatrix A. Das heuristische Programm von Karg und Thompson wählt durch wiederholtes Durchlaufen der folgenden 5 Schritte eine günstige Reiseroute aus:

Code 1

(1) Wähle zwei beliebige Städte als die erste azyklische Permutation der Länge 2 aus.

(2) Angenommen, es sei eine bestimmte Permutation $(i_1, i_2, \ldots i_k)$, bestehend aus k Städten mit $2 \leq k < n$, gegeben. Wähle eine beliebige Stadt h aus der Anzahl $n - k$ der restlichen Städte. Berechne für alle $j = 1, 2, \ldots, k$ die Zahlen

$$d_j = a_{ij, h} + a_{h, ij+1} - a_{ij, ij+1}$$

und setze i_{k+1} gleich i_1, wenn $j = k$ wird.

(3) Bestimme das Minimum aller unter (2) berechneten d_j, und bezeichne seinen Index mit j^* : $\min \{d_j\} = d_{j^*}$.

(4) Bezeichne i_j mit i_{j+1} für alle $j = j^*, j^* + 1, \ldots, k$, und setze i_{j^*} gleich h.

(5) Auf diese Weise ist eine neue Permutation $(i_1, \ldots, i_{k+1})$, bestehend aus $k + 1$ Städten, definiert. Das Verfahren wird so lange ab Schritt 2 wiederholt (ersetze k durch $k + 1$), bis $k + 1 = n$ erreicht ist. Die letzte Permutation wird als Lösung ausgedruckt.

Abb. 2.18 a: Grundprinzip der heuristischen Strategie zur Lösung des Travelling-Salesman-Problems nach Karg und Thompson

Code 1 beginnt also mit einem beliebigen Paar von Städten (angenommen, den ersten beiden einer zufällig aufgestellten Liste) als erste Zweier-Permutation. In Schritt 2 wird eine dritte Stadt so hinzugefügt, daß die Reiseroute für alle drei Städte ein Minimum wird. Das gleiche gilt im nächsten Durchlauf bei Hinzunahme der vierten Stadt. Bei einer symmetrischen Matrix A ist die Anzahl der Permutationen, die in Schritt 2 bei 3 oder 4 Städten durchgerechnet werden, gleich der Anzahl der möglichen Reiserouten. Dies ändert sich von der fünften Stadt an: Aus $\frac{1}{2} (5 - 1)! = 12$ möglichen Reiserouten werden im Schritt 2 nur noch vier betrachtet. Allgemein werden bei n Städten von $\frac{1}{2} (n - 1)!$ möglichen Reiserouten (bei symmetrischer Matrix A) nur n Reiserouten durch die heuristische Regel in Stufe 2 des Prozesses „generiert". D. h. der Rechenaufwand des Verfahrens steigt nicht progressiv, sondern linear mit wachsendem n. Die erhebliche heuristische Kraft des Verfahrens gestattet, das gleiche Problem mehrmals zu lösen, wobei die Auswahl der Städte in Stufe (1) und (2) durch Zufallszahlen gesteuert wird. Kommt es mehrmals zur gleichen Lösung oder liegen alle Lösungen nahe beieinander, so ist das ein Hinweis dafür, daß eine befriedigende Lösung gefunden wurde. Eine Reihe solcher Versuche ermöglicht es, eine Wahrscheinlichkeit dafür abzuschätzen, daß das heuristische Verfahren die optimale Lösung findet. Ein Beispiel mag dies verdeutlichen.

In der Skizze gibt es $\frac{1}{2} \cdot (5-1)! = 12$ mögliche Reiserouten; die kürzeste Reiseroute ist 1, 2, 3, 4, 5 mit einer Länge von 148 Meilen. In 25 Versuchen generierte das Verfahren 15mal die optimale Lösung (Länge = 148 Meilen) und 10mal die suboptimale Lösung 1, 2, 4, 5, 3 mit der Länge 152 Meilen. Hieraus schließen Karg und Thompson, daß die empirische Wahrscheinlichkeit für das Auffinden der optimalen Lösung **bei diesem Problem** etwa $\frac{25}{15} = 0{,}6$ ist.

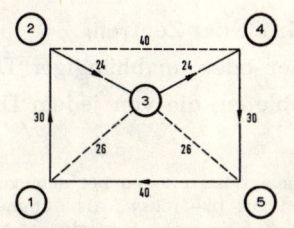

Skizze: Die kürzeste Reiseroute, die fünf Städte verbindet (ausgezeichnete Linie).

Abb. 2.18 b: Erläuterung der heuristischen Strategie von Karg und Thompson an einem 5-Städte-Beispiel

Wegen der ungünstigen Problemdekomposition, zu der die „kurzsichtige" Wahl des jeweils am nächsten liegenden Ortes führt, müssen daher am Schluß besonders ungünstige Verbindungen in Kauf genommen werden. Obwohl die heuristische Kraft dieses Verfahrens besonders groß ist[41], scheint eine Computerisierung dieser Methode nicht gerechtfertigt, weil der Mensch vermutlich ohne Rechenhilfe mit vergleichbaren Kosten zu besseren Ergebnissen kommen wird. Letzten Endes läßt sich aber eine derartige Hypothese nur durch eine Reihe von repräsentativen Experimenten bestätigen.

2.214 Die Bestimmung des Standorts von Distributionszentren

Die Optimierung der physischen Bewegungen der Objekte des logistischen Systems kann sowohl mit Hilfe von Transport- und Wegeentscheidungen innerhalb eines gegebenen Verkehrsnetzes als auch durch die Gestaltung der Struktur des logistischen Systems selbst erfolgen. Dies wirft insbesondere Probleme der optimalen Standortwahl auf. Standortprobleme lassen sich, wie bereits erörtert, insbesondere auf drei Ebenen diskutieren. Die Betrachtung der *innerbetrieblichen* Standortwahl führt zur Definition sogenannter Raumzuordnungsprobleme, insbesondere zur Formulierung des Layoutproblems, das im nächsten Abschnitt zu behandeln ist. Bei *makrologistischer* Betrachtungsweise sind Standortprobleme vor allem eine Aufgabe der Verkehrsstrukturpolitik (Standort der Industrien). Vor allem Johann H. v. Thünen (1826/50), Wilhelm Launhardt (1885) und Alfred Weber (1909) untersuchten bereits sehr früh modelltheoretisch volkswirtschaftliche Standortprobleme. Sieht man die Standorte der *Produktionszentren* als gegeben an, dann können die einzelnen Betriebe bei mikrologistischer Betrachtungsweise danach fragen, wie sie ihr Verkehrsnetz im Rahmen der gegebenen Struktur optimieren können. Dies führt zu der Frage nach den günstigsten Standorten für *Distributionszentren*. Synonym werden hierfür aus stilistischen Gründen im folgenden auch Bezeichnungen wie Warehouseproblem, Lagerhausproblem, Depotproblem und Distributionszentrenallokation verwendet.

Es wurde bereits bei der Erörterung mikrologistischer Entscheidungstatbestände festgestellt, daß die Gestaltung eines Netzes von Distributionszentren mit einer Fülle von Einzelentscheidungen verbunden ist[42]. Zu den Basisentscheidungen gehören dabei insbesondere die Entscheidungen über

— Anzahl, Standort und Größe der Zentren,

— die Verwendung eigener oder unabhängiger Distributionszentren,

— die Zuordnung von Gebieten, die von jedem Distributionszentrum beliefert werden sollen,

---

[41] Nachdem der erste Ort festgelegt ist, müssen bei dem zweiten Ort (n—1) Möglichkeiten verglichen werden, beim dritten Ort (n—2) usw. Als Summe errechnen sich hieraus bei n Orten 1/2 (n²—n) Vergleiche, also eine recht bescheidene Anzahl, verglichen mit anderen Verfahren.

[42] Vgl. S. 299 ff. dieses Buches.

— die Anzahl der Zwischenstufen des Distributionsnetzes und

— die Produkte, die in jedem Zentrum geführt werden (selektive Lagerhaltung).

Die bisher vorhandenen Lagerhausmodelle beziehen nur einen Teil dieser Fragen in ihre Problemformulierung ein. Im wesentlichen geht es um drei relativ eng zusammenhängende Optimierungsprobleme:

(1) Festlegung der Anzahl der Distributionszentren,

(2) Bestimmung ihrer Standorte (Lokationsproblem),

(3) Zuordnung der Kunden bzw. Gebiete, die jedes Distributionszentrum beliefern soll (Allokationsproblem), und damit letztlich auch Bestimmung der Kapazität des Lagerhauses.

Die in der Literatur vorhandenen Lösungsansätze[43]) hierzu können grundsätzlich in zwei Gruppen eingeteilt werden. Kriterium bildet dabei die Frage, ob sie sich bei der Lösung der Infinitesimalrechnung bedienen oder nicht. Der *Infinitesimalansatz* hat den Vorteil, daß keine möglichst günstigen A-priori-Standorte von Hand ausgewählt werden müssen, daß mehrere Alternativnetze bestimmt werden können und daß auf flexible Weise auch kleinere Veränderungen des Systems untersucht werden können, weil das Systemverhalten mit Hilfe stetiger Funktionen studiert wird. Dem steht der Nachteil gegenüber, daß die Modelle den einschränkenden Bedingungen für die Anwendung der Differentialrechnung genügen müssen (insbesondere muß die Zielfunktion differenzierbar sein, und die Transportkosten müssen als eine monotone Funktion der Entfernung formuliert sein). Darüber hinaus können sich unerwünschte Standorte als Lösungen ergeben (Seen, Berge, Wüsten usw.). Demgegenüber können die *diskreten Modelle* (feasible set approach) beliebige Kostenüberlegungen berücksichtigen; sie verlangen aber die Eingabe der grundsätzlich in Frage kommenden Standorte mit allen notwendigen Nutzen-Kosten-Relationen, deren mathematische Form allerdings keinerlei Beschränkungen unterworfen ist. Der diskrete Ansatz wählt aus einer Menge möglicher Standorte im Lichte der vorhandenen Informationen die günstigsten aus, während der Infinitesimalansatz ein relatives Optimum im Sinne der Infinitesimalrechnung bestimmt[44]).

Der Infinitesimalansatz

Aufgabe dieses Abschnitts ist es zunächst, das grundsätzliche Vorgehen des Infinitesimalansatzes zu verdeutlichen[45]). Wir bedienen uns hierzu einer

---

[43]) Einen Überblick über die Literatur geben Eilon, Watson-Gandy und Christofides (1971), S. 13 ff.; vgl. außerdem Baumol und Wolfe (1967); Bowman und Stewart (1967); Flannery (1964); Napolitan (1967); Whiteman (1967).
[44]) Vgl. Eilon, Watson-Gandy und Christofides (1971), S. 14 f.
[45]) Die folgende Darstellung orientiert sich an der Darstellung von Eilon, Watson-Gandy und Christofides (1971), S. 58—82 und der dort angegebenen Literatur, insbesondere Miehle (1958) sowie Wester und Kantner (1958).

stark vereinfachten Problemformulierung (Modell 1), welche anschließend in Modell 2 zu einer wirklichkeitsnäheren Problemstellung erweitert werden soll.

1. Modell: Eine elementare Formulierung des Standortproblems für m Verteilungszentren und n Abnehmer

Das Modell besteht aus:

(1) m Verteilungszentren. Der Standort eines Verteilungszentrums i wird in einem zweidimensionalen, euklidischen Raum durch die Komponenten des Vektors (x_i, y_i) gegeben $(i = 1, 2, \ldots, m)$. Die Komponenten der Standortvektoren dieser m Verteilungszentren sind die Entscheidungsparameter des Modells.

(2) n Abnehmer oder Lieferanten. Der Standortvektor eines Abnehmers j ist gegeben mit (x_j, y_j), $(j = 1, \ldots, n)$.

(3) einer Transportkostenmatrix mit dem typischen Element c_{ij}. Jede beliebige positiv definite Matrix ist zulässig. Für den Fall, daß die Transportkosten eine proportional monoton steigende Funktion des Transportgewichts oder einer sonstigen Maßgröße (z. B. Volumen) und der zurückzulegenden Entfernung sind, gilt für jedes Element der Transportkostenmatrix:

(W 1 a) $$c_{ij} = k_{ij} \cdot w_{ij} \cdot d_{ij}$$

Hierbei ist:

k_{ij} = Kosten pro Transportmaßeinheit (z. B. pro kg) und Entfernungseinheit (z. B. pro km) von Lagerhaus i zu Abnehmer j (bzw. von Lieferant j zu Distributionszentrum i);

w_{ij} = Maßzahl für die Anzahl der transportierten Einheiten von Distributionszentrum i zu Abnehmer j (meist kg oder cbm);

d_{ij} = Entfernung von i nach j. Wieder ist jede beliebige positiv definite Matrix zulässig. Die Entfernungen brauchen nicht den Axiomen einer euklidischen Norm zu genügen, insbesondere muß nicht gelten: $d_{ij} = d_{ji}$. Für den Fall, daß es zulässig ist, die Entfernungen entlang dem kürzesten Weg zu messen (etwa bei Luftposttransporten), kann d_{ij} jedoch wie folgt errechnet werden:

(W 2) $$d_{ij} = \sqrt{(x_i - x_j)^2 + (y_i - y_j)^2}$$

Für die weitere Diskussion wird unterstellt, daß die Einheitskosten k_{ij} für alle Verteilungszentren identisch sind. Sie können daher nur noch vom Kundenindex abhängig gemacht werden. Obige Beziehung vereinfacht sich dann zu:

(W 1 b) $$c_{ij} = k_j w_j d_{ij}$$

> Schritt 1: Wähle einen anfänglichen Standort für jedes Distributionszentrum
>
> Schritt 2: Ordne jeden Kunden dem nächstliegenden Distributionszentrum zu und berechne den daraus resultierenden Wert der Funktion C (1)
>
> Schritt 3: Errechne neue Distributionszentrumsstandorte (x^*_i, y^*_i, $i=1, \ldots, n$) nach folgenden Gleichungen[46]:
>
> (W 5 a) $\quad x^*_i = (\sum_{j=1}^{n} k_j w_j x_j D_{ij} / d_{ij}) : R_i$
>
> (W 5 b) $\quad y^*_i = (\sum_{j=1}^{n} k_j w_j y_j D_{ij} / d_{ij}) : R_i$
>
> Schritt 4: Wiederhole Schritte 2 und 3 so lange, bis sich keine weitere Kostenreduzierung aus Funktion C (1) errechnet

Abb. 2.19: *Die Miehle-Prozedur zur Lösung des Standortproblems nach Modell 1*

Letztere Form wird allen folgenden Überlegungen zugrunde gelegt. Hierbei steht D für eine Relationsmatrix, in der das typische Element D_{ij} gleich 1 ist, wenn Kunde j vom Distributionszentrum i bedient wird, und sonst immer gleich Null ist.

Das Entscheidungsproblem besteht darin, die Standortvektoren (x_i, y_i) für alle i so zu bestimmen, daß die Gesamtkostenfunktion einen minimalen Wert

---

[46]) Vgl. Miehle (1958).

Die Größe R_i ist eine Abkürzung für folgenden Ausdruck:

(W 5c) $\quad R_i = \sum_{j=1}^{n} k_j w_j D_{ij}/d_{ij}$

Die genannten Formeln ergeben sich, wenn man unter Verwendung der in (W 2) angeschriebenen euklidischen Metrik C (1) partiell nach x_i und y_i differenziert. Dahinter steht der Gedanke, für die jeweils vorherrschende Aufteilung der Kunden auf die Distributionszentren den kostenminimalen Standort für jedes Distributionszentrum in seinem Kundengebiet zu finden. Es ergibt sich folgende Rechnung:

(W 5d) $\quad \dfrac{\partial C(1)}{\partial x_i} = \left[\sum_{j=1}^{n} k_j w_j \cdot 2(x_i - x_j) D_{ij} \right] \cdot \frac{1}{2} \left[(x_i - x_j)^2 + (y_i - y_j)^2 \right]^{-1/2}$

$\quad\quad\quad\quad\quad\;\; = \sum_{j=1}^{n} k_j w_j (x_i - x_j) D_{ij} / d_{ij}$

Analog ergibt sich für:

(W 5e) $\quad \dfrac{\partial C(1)}{\partial y_i} = \sum_{j=1}^{n} k_j w_j (y_i - y_j) D_{ij} / d_{ij}$

Setzt man die partiellen Differentiale gleich Null, so errechnen sich hieraus die oben angegebenen Werte für x^*_i und y^*_i.

annimmt. Die Gesamtkosten für Modell 1, bezeichnet mit C (1), sind gegeben durch:

(W 3) $$C(1) = \sum_{i=1}^{m} \sum_{j=1}^{n} C_{ij}$$

mit

(W 4) $$C_{ij} = k_j \, w_j \, d_{ij} \, D_{ij}$$

Zur *Lösung* dieses Modells sind speziell drei Methoden bekannt[47]). Es werden hier die Ergebnisse von Eilon et al. für die iterative Prozedur von Miehle zitiert. Die Prozedur selbst ist in Abb. 2.19 dargestellt. Aus der Aufstellung in Abb. 2.20 geht hervor, daß einige der Lösungen erheblich von der besten Lösung in der Stichprobe abweichen. Die Tabelle in Abb. 2.20 zeigt die Resultate, die sich ergaben, als das Problem für m = 2, 3, 4 und 5 häufig gelöst wurde. Die Größe der Stichprobe gibt die Anzahl der wiederholten Lösungsversuche an und ist in Spalte 3 aufgeführt. Spalte 4 zeigt die Anzahl der verschiedenen Lösungen, die sich ergaben. Wie zu erwarten, nahm die Anzahl der gefundenen Lösungen mit der Anzahl der Distributionszentren und dem Umfang der Stichprobe zu. Für die Ortsbestimmung eines einzigen Depots ist die Prozedur der Abb. 2.19 ein Algorithmus, für ein Multidepotproblem nur

Anzahl der Distributionszentren (m)	Beste Lösung für C (1) (gerundet auf ganze Werte)	Umfang der Stichprobe	Anzahl der gefundenen Subsysteme	Abweich. der schlechtesten Lösung von der besten Lösung für C (1) in %	Zeit für 20 Vers. in Min. auf einer IBM 7090 (inkl. Compilationszeit)
1	180	2	1	—	kleiner 0,6
2	136	230	18	6,9	kleiner 0,8
3	105	200	26	25,8	1,3
4	84	185	37	15,2	2,1
5	72	200	61	40,9	2,4

Abb. 2.20: Ergebnisse der Miehle-Prozedur für ein 50-Kunden-Problem mit m = 1, 2, 3, 4 und 5 Distributionszentren[48])

---

[47]) Vgl. hierzu Cooper (1963), (1964); Miehle (1958); Surkis (1967).

[48]) Mit geringfügigen Änderungen übernommen von Eilon, Watson-Gandy und Christofides (1971), S. 63.

ein heuristisches Verfahren. Dies liegt daran, daß die Lösung eines Multidepotproblems zweierlei verlangt: (1) die Bestimmung der optimalen Standorte, (2) die Zuteilung von Kunden auf die gewählten optimalen Standorte. Im Fall eines Distributionszentrums wird Subproblem (1) trivial, und die Prozedur von Miehle konvergiert gegen den optimalen Standort. Dies wurde von Haley[49]), Kuhn und Kuenne[50]) sowie Palermo[51]) gezeigt. Anderenfalls generiert die Prozedur ein Suboptimum für jedes beliebige eingegebene anfängliche Standortmuster. Wie noch aufgezeigt wird, ist es denkbar, für die Bestimmung der Anfangsstandorte weitere heuristische Prinzipien zu programmieren, anstatt eine zufällige anfängliche Standortverteilung zu generieren.

2. Modell: Das Standortproblem für m Verteilungszentren und n Abnehmer mit einer erweiterten Kostenfunktion

Die Anwendung von Modell 1 führt zu völlig paradoxen Ergebnissen. Die niedrigsten Transportkosten ergeben sich, wenn jeder Kunde von einem eigenen Distributionszentrum aus bedient wird. Dies liegt daran, daß die Gesamtkostenfunktion C (1) zu informationsarm ist. Offensichtlich setzen sich die Gesamtkosten K zusammen aus

(W 6) $$K = \sum_{i=1}^{m} F_i D_i + \sum_{i=1}^{m} \sum_{k=1}^{r} G_{ik} D_{ik} + C(1)$$

Für F_i wurde in einem konkreten Fall folgende Form ermittelt[52]):

(W 7) $$F_i = a + b W_i + c \sqrt{W_i}$$

Hierbei ist:

F_i = Kosten für das Depot i im Distributionszentrumsystem;

G_{ik} = distriktabhängige Kosten für die Sammeltransporte von der Fabrik zum Distributionszentrum i in Distrikt k = 1, ..., r;

D_{ik} = 1 oder 0, je nachdem, ob Distributionszentrum i im Distrikt k eröffnet wurde oder nicht;

C (1) = die lokalen Transportkosten vom Distributionszentrum zum Kunden; sie werden wie in Modell 1 als distriktunabhängig und als monoton proportional steigend zur Entfernung unterstellt;

D_i = 1 oder 0, je nachdem, ob Distributionszentrum i eröffnet wird oder nicht (ob $W_i > 0$ oder $W_i = 0$);

---

[49]) Vgl. Haley (1963).
[50]) Vgl. Kuhn und Kuenne (1962).
[51]) Vgl. Palermo (1961).
[52]) Vgl. Eilon, Watson-Gandy und Christofides (1971), S. 3 ff., S. 76 ff. und S. 99 ff.

W_i = der Durchsatz (throughput) für Distributionszentrum i;

a, b und c = geeignet gewählte Konstante.

Die Bestimmung der konkreten Form und numerischen Parameter der durch die Symbole F, G und C dargestellten Funktionenschar bedarf sorgfältiger empirischer Untersuchungen. In den voranstehenden Kapiteln wurden die Einflußfaktoren, welche die genannten Kostengrößen bestimmen, herausgearbeitet. Für das Weitere wird unterstellt, daß die Zielfunktion C (1) eine hinreichende Approximation für die lokalen Auslieferungskosten darstellt. Dies ergibt eine kontinuierliche, konkave Kostenfunktion mit einem Fixkostenanteil von a und variablen Kosten, deren Höhe vom jeweiligen Durchsatz W_i abhängt. Der Ausdruck unter der Wurzel berücksichtigt die Größendegression der Kosten für die durchschnittlichen variablen Einheitskosten der Materialhandhabung und Lagerung.

Für die Gesamtkosten der Sammeltransporte wird folgende Funktion angenommen:

(W 8) $$G = \sum_{i=1}^{m} \sum_{k=1}^{r} v_k W_i D_{ik}$$

Hierbei ist:

v_k = Kosten pro Gewichtseinheit, wenn der Bestimmungsort des Sammeltransports in Distrikt k liegt (k = 1, ..., r);

W_i = Gewicht, das nach Depot i geliefert wird;

D_{ik} = 1 oder 0, je nachdem, ob Depot i in Distrikt k liegt oder nicht.

Um das Modell noch realistischer zu machen, wäre nun noch für jedes Distributionszentrum eine eigene Kostenfunktion einzuführen. In erster Annäherung könnten hierzu die Konstanten a, b und c mit einem Index für jedes Distributionszentrum i versehen werden. Auf diese Erweiterung wird hier verzichtet. Die Lösung des Modells geht von der eingangs definierten Gesamtkostenfunktion aus.

Die *Lösung* des Modells beruht auf einer Modifikation und Erweiterung der in Abb. 2.19 dargestellten Prozedur zu Modell 1. Die Modifikation betrifft primär das Kriterium, nach dem die Kunden den vorläufigen Standorten der Distributionszentren zugeordnet werden. Während die Lösungsprozedur zu Modell 1 jeden Kunden dem nächstliegenden Distributionszentrum zuordnet, wird bei Modell 2 jeder Kunde dem Distributionszentrum zugeordnet, von dem aus er am billigsten beliefert werden kann. An die Stelle einer Entfernungsmetrik tritt somit eine Kostenfunktion, welche die marginalen Stückkosten jeder Einheit mißt, die entstehen, wenn vom Distributionszentrum i an den Kunden j ausgeliefert wird. Diese Grenzkostenfunktion beinhaltet Ausdrücke für die Kosten des Sammeltransports von den Fabriken zum Distributionszentrum, die meist geringer sind als die Kosten der örtlichen Auslieferung vom Distributionszentrum an die Kunden und die marginalen Betriebskosten für jedes Distributionszentrum. Da die fixen Kosten des Distributionszentrums nicht berücksichtigt werden, ist es möglich, daß die gesamten Distributionskosten dadurch gesenkt werden können, daß einige Distributionszentren aus dem Gesamtsystem gestrichen werden. Um diese Möglichkeit auszuprobieren, enthält die Lösungsprozedur ein Unterprogramm zum versuchsweisen Ausscheiden von Distributionszentren (drop routine). Zunächst wird versuchsweise immer das kleinste Distributionszentrum ausgeschieden. Der Streichungsprozeß wird so lange fortgesetzt, bis sich im Hinblick auf die Gesamtkosten, welche auch die fixen Kosten enthalten, keinerlei Einsparung mehr ergibt. Die drop routine ist die oben erwähnte Erweiterung der Lösungsprozedur im Verhältnis zu Modell 1. Damit ergibt sich im Prinzip folgendes Vorgehen für das Modell 2:

(1) Bestimmung von Anzahl und anfänglichen Standorten für die Lagerhäuser.

(2) Zuordnung von Kunden auf Lagerhäuser, so daß die marginalen Kosten der Belieferung möglichst minimiert werden.

(3) Schrittweise Verbesserung des Auslieferungsnetzes durch Veränderung der Lagerhausstandorte, bis sich keinerlei Kosteneinsparungen nach der Gleichung (W 6) mehr ergeben.

(4) Ausscheiden von Lagerhäusern, beginnend bei den kleinsten, so lange, bis sich keinerlei Einsparungen mehr im Hinblick auf die Gesamtkostenfunktion ergeben.

Diskrete Ansätze

Bei den diskreten Ansätzen zum Problem der Distributionszentren werden nur jene Standorte berücksichtigt, welche am Anfang vom Benutzer als grundsätzlich in Betracht kommend eingegeben werden. Es sind hierbei zwei Typen von Modellen zu unterscheiden: Simulationsmodelle ermöglichen nur Prognosen über die vermutlichen Auswirkungen alternativer Gestaltungsvorschläge, welche vom Benutzer eingegeben werden müssen. Demgegenüber generieren heuristische Programme selbst Lösungsvorschläge. Ein typischer Simulationsansatz ist das Modell von Shycon und Maffei. Prototyp eines heuristischen Programms ist das Modell von Kuehn und Hamburger, das im Anschluß daran besprochen wird.

Der Simulationsansatz von Shycon und Maffei

Im Lichte der eingangs gegebenen umfassenden Charakterisierung des Standortproblems ist der Simulationsansatz am flexibelsten. Er erlaubt es, möglichst viele Gesichtspunkte zu berücksichtigen, welche bei der Gestaltung von Auslieferungsnetzen eine Rolle spielen. Dies zeigt insbesondere das Modell von Shycon und Maffei[53]). Es schließt eine Vielzahl von Einflußgrößen ein, welche von Shycon und Maffei bei der Untersuchung des logistischen Systems eines amerikanischen Lebensmittelkonzerns als wesentlich erkannt wurden. Das physische Distributionsnetz umfaßte bei Umsätzen mehrerer Produktionsstätten in der Größenordnung von 100 Millionen Dollar zwischen 60 und 70 Distributionszentren und Tausende von Kunden. Das Modell wurde entwickelt, um den Design des gesamten physischen Distributionssystems zu verbessern und speziell Anzahl, Größe und Standort der Distributionszentren so zu modifizieren, daß die Gesamtkosten des Systems ein Minimum erreichen. Als wesentlichste Elemente des Systems waren zu berücksichtigen (1) die *Kunden,* (2) die *Produktionsstätten,* (3) die *Warehouses* und *mixing points,* wobei mit „mixing points" eine spezifische Art von (produktionsorientierten) Distributionszentren mit der Funktion, die Produkte aus mehreren Produktionsstätten zur Zusammenstellung größerer Transporte zusammenzufassen, bezeichnet wird, und (4) die *Transporteure* (Spediteur, Eisenbahn). Jedes dieser Systemelemente wird durch verschiedene Merkmale im einzelnen gekennzeichnet. Sie werden noch näher dargestellt, wenn im folgenden die wesentlichsten Charakteristika des Distributionssystems dargestellt werden, die Shycon und Maffei in ihr Modell aufgenommen haben:

(1) Die Kunden und ihre Merkmale werden als der wohl bedeutendste Einflußfaktor für die Gestaltung des physischen Distributionssystems angesehen. Sie werden charakterisiert durch ihren geographischen Standort, durch die Art ihres Geschäftsbetriebes (Kettenladen, Großhändler, Makler, Einzelhändler, Restaurant usw.), durch ihr spezifisches Bestellsortiment (Produkt-Mix), die Auftragshäufigkeit, Bestellgrößen und die von ihnen bevorzugte Versandart.

(2) Die wesentlichen Merkmale der Verarbeitungszentren sind die quantitativen und qualitativen Produktionskapazitäten, ihre Standorte und ihr Produktionsprogramm, also die von ihnen jeweils hergestellten Produkte.

(3) Warehouses und mixing points verursachen — nicht zuletzt regional differenziert — Kosten. Zu ihnen zählen insbesondere Miete, Personalkosten, Sachkosten, Steuern usw. Von speziellem Interesse ist die Abhängigkeit der Gesamtkosten von der Umschlagsmenge des Distributionszentrums.

(4) Einbezogen wird das Verhalten der Transportkosten in Abhängigkeit vom Versand- und Empfangsort unter Beachtung der Versandart (Lastwagen, Eisenbahn), der speziellen Eigenschaften der Transportgüter und der anfallenden Transportmengen. Die Berücksichtigung der Tarifsysteme kann mit beträchtlichen Schwierigkeiten verbunden sein.

---

[53]) Vgl. zum folgenden Shycon und Maffei (1960).

(5) Das Modell sieht drei Arten der Distribution vor: (a) von den Produktionsstätten über Warehouses zu den Kunden, (b) von den Produktionsstätten über die mixing points an die Kunden und (c) Direktlieferungen von den Produktionsstätten an die Kunden (speziell bei großen Mengen).

(6) Wenn über die tatsächlichen Verhältnisse ungenügende Informationen vorhanden sind, erlaubt das Modell die Veränderung der Kosten- und Mengenschätzungen.

Die Verwendung des Modells erfolgt in der Weise, daß der Benutzer bei systematischer Variation der Modellkomponenten wiederholt gleiche oder unterschiedliche Produktflüsse in das Modell eingibt und die resultierenden Konsequenzen beobachtet. Der grundlegende Prozeß besteht darin, Konfigurationen von Distributionszentren zu variieren sowie sich ergebende Wirkungen auf die Distributionskosten zu beobachten und zu vergleichen. Man kann auf diese Weise versuchen, eine möglichst günstige Strategie auf experimentellem Wege zu bestimmen. Das Trial-and-Error-Prinzip wird von der Realität auf das Modell verlagert, um das Verhalten bei verschiedenen Alternativen vom Modell für die Wirklichkeit abzuleiten und, darauf aufbauend, die zweckmäßigsten Maßnahmen zu ergreifen. Das Modell von Shycon und Maffei ergab in bezug auf die Anzahl der Distributionszentren im Optimumbereich eine verhältnismäßig flache Kostenkurve. Es liegt daher nahe, als optimale Anzahl für die Lagerhäuser jede Zahl zuzulassen, deren Gesamtkosten sich in einem vorgegebenen Intervall befinden, das seinerseits den optimalen Bereich einschließt. Dies entspricht dem Prinzip des „satisficing", d. h. dem Suchen nach befriedigenden Lösungen. Nicht zuletzt hat das Management die Möglichkeit, innerhalb des optimalen Bereichs eine Lösung zu wählen und dabei Faktoren zu berücksichtigen, die im Modell nicht erfaßt sind.

Der Nachteil des Modells besteht im wesentlichen darin, daß es nur Auskunft auf Fragen gibt, die vom Benutzer explizit formuliert und eingegeben werden (was wäre, wenn ...). Das Modell selbst ist nicht in der Lage, Lösungsvorschläge zu machen. Es wäre daher eine fruchtbare Fragestellung, das Modell von Shycon und Maffei mit einer heuristischen Generationsroutine auszurüsten, etwa von der Art, wie sie das Modell von Kuehn und Hamburger enthält.

Das heuristische Programm von Kuehn und Hamburger

Der Ansatz von Kuehn und Hamburger geht von der vereinfachenden Überlegung aus, daß sich die Aufgaben der Distributionszentren im Rahmen der Marketingstrategie einer Betriebswirtschaft im wesentlichen auf die Reduzierung der Transportkosten und die Anhebung des Serviceniveaus durch

Verringerung der Lieferzeiten erstreckt[54]). Dementsprechend enthält die Zielfunktion ihres Programms (1) einen Ausdruck für die Transportkosten der Güter s, die jeder Empfänger j von den Herstellbetrieben k über die Distributionszentren i erhält. Hierbei unterscheidet das Modell zwischen den Transportkosten von den Herstellbetrieben zu den Distributionszentren und den Transportkosten der lokalen Auslieferung von den Distributionszentren zu den jeweiligen Kunden. Außerdem trennt die Zielfunktion (2) zwischen den fixen und variablen Kosten des Warehousing und berücksichtigt (3) die sogenannten Fehlmengenkosten. Darin liegt eine Besonderheit der Modellformulierung von Kuehn und Hamburger, die in den bisher dargestellten und den meisten anderen Modellen fehlt. Die Gesamtkosten sind die Summe der genannten Kostenkomponenten.

Ausgehend von dieser Problemformulierung, versuchten die Autoren, ein Programm zu erstellen, das unter Berücksichtigung der vorliegenden geographischen Gegebenheiten jene Standorte für Distributionszentren bestimmt, welche für die Unternehmung am gewinnbringendsten sein werden, wenn die marginalen Lagerhauskosten gleich sind den Transportkosteneinsparungen und dem marginalen Ertragszuwachs aus der Verkürzung der Lieferzeiten[55]). Freilich können diese Standorte nicht mit einer mathematischen Marginalanalyse bestimmt werden, obgleich verschiedene mathematische Formulierungen des Problems bekannt sind. Das Programm sucht vielmehr nach einer Näherungslösung, indem es mit Hilfe heuristischer Prinzipien jene Gebiete eingrenzt, in denen die im Sinne der Zielfunktion vermutlich günstigsten Standorte liegen werden. Das Problem wird im wesentlichen in zwei Stufen gelöst. Die Lösungsprozedur besteht zunächst aus einem Hauptprogramm, das mit Hilfe dreier heuristischer Prinzipien eine möglichst günstige Eröffnungslösung sucht. Auf diese werden in einem Unterprogramm zwei weitere heuristische Prinzipien angewendet, die auf eine Verbesserung der bereits erzielten Ausgangslösung hinwirken sollen.

Die heuristischen Prinzipien des Hauptprogramms leiten sich aus der Überlegung ab, daß sich innerhalb eines Landes a priori nur wenige Orte als Standorte für Distributionszentren eignen, daß nicht alle diese möglichen Standorte auf einmal ausgewertet werden müssen und daß primär solche Distributionszentren in das bereits entwickelte Netz eingefügt werden sollen, für die sich auf Grund der ihnen zugeordneten lokalen Kundennachfragen die größten Kostenersparnisse ergeben. Input des Hauptprogramms sind die Standorte der Herstellerbetriebe, die M grundsätzlich möglichen Standorte, eine Zahl N, die angibt, welche Standorte aus den M möglichen auf einmal im einzelnen ausgewertet werden sollen (im allgemeinen gilt $N < M$), die erwarteten Kundenumsätze und die bereits diskutierten Kostengrößen (vgl. auch Abb. 2.21). Aus den M eingegebenen Standorten werden im Hauptprogramm zunächst die N günstigsten Standorte mit Hilfe der genannten heu-

---
[54]) Vgl. zum folgenden Kuehn und Hamburger (1962).
[55]) Vgl. ebenda, S. 647.

1. Lies ein:
   (a) Standorte der Herstellerbetriebe,
   (b) die M grundsätzlich möglichen Standorte der Distributionszentren (DZ),
   (c) die Zahl der DZ-Standorte (N), welche im Detail in jedem Zyklus bewertet werden sollen,
   (d) die Transportkosten zwischen Produktionsstätten, potentiellen DZ und Kunden,
   (e) erwartetes Verkaufsvolumen,
   (f) Kostenfunktionen, die mit dem Betrieb jedes DZ verbunden sind,
   (g) Opportunitätskosten, die mit Transportverzögerungen verbunden sind, oder alternativ die Wirkungen auf die Nachfrage.

2. Bestimme und plaziere die N möglichen DZ-Standorte, die – nur unter Betrachtung ihrer lokalen Nachfrage – die größten Kostenersparnisse erbringen, wenn von lokalen DZ und nicht von den gegenwärtig liefernden DZ bedient würde.

3. Bewerte die Kostenersparnisse für jede Distributionsstruktur, welche aus dem Hinzufügen des nächsten DZ in jedem der N Orte resultiert.

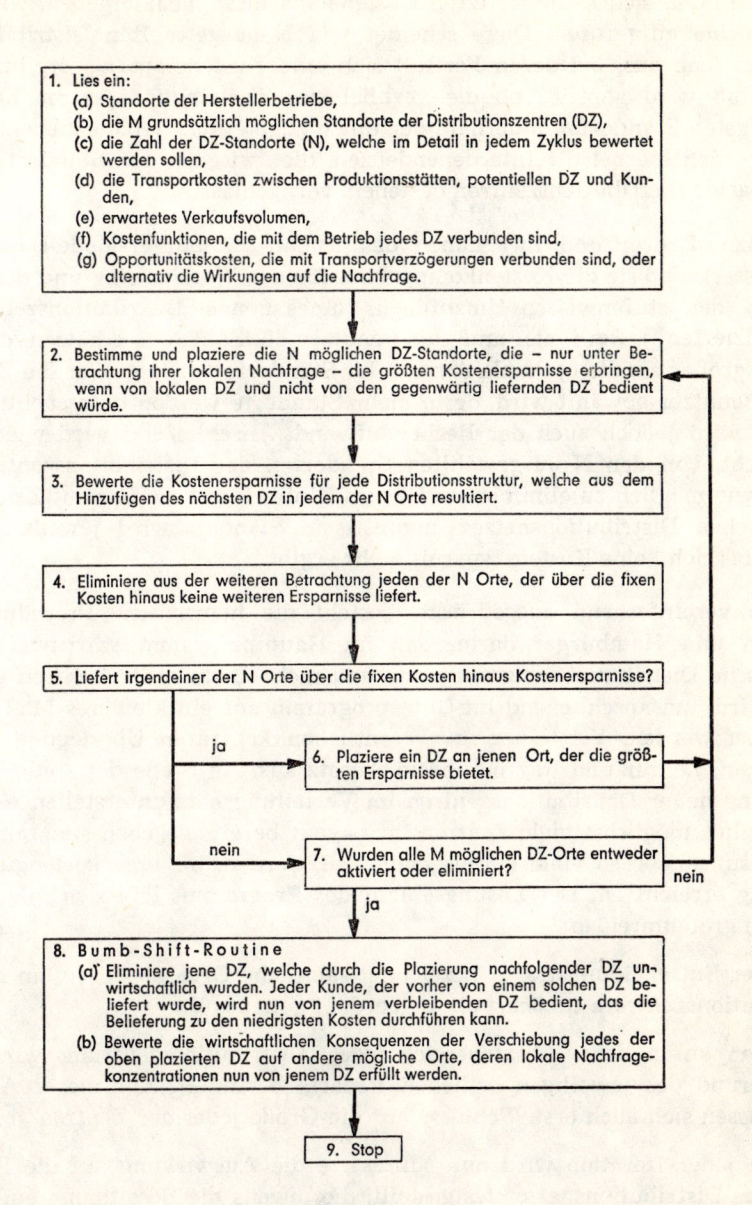

4. Eliminiere aus der weiteren Betrachtung jeden der N Orte, der über die fixen Kosten hinaus keine weiteren Ersparnisse liefert.

5. Liefert irgendeiner der N Orte über die fixen Kosten hinaus Kostenersparnisse?

   ja → 6. Plaziere ein DZ an jenen Ort, der die größten Ersparnisse bietet.

   nein → 7. Wurden alle M möglichen DZ-Orte entweder aktiviert oder eliminiert?   nein

   ja ↓

8. Bumb-Shift-Routine
   (a) Eliminiere jene DZ, welche durch die Plazierung nachfolgender DZ unwirtschaftlich wurden. Jeder Kunde, der vorher von einem solchen DZ beliefert wurde, wird nun von jenem verbleibenden DZ bedient, das die Belieferung zu den niedrigsten Kosten durchführen kann.
   (b) Bewerte die wirtschaftlichen Konsequenzen der Verschiebung jedes der oben plazierten DZ auf andere mögliche Orte, deren lokale Nachfragekonzentrationen nun von jenem DZ erfüllt werden.

9. Stop

Abb. 2.21: Flußdiagramm für das Warehouse-Modell von Kuehn und Hamburger

ristischen Prinzipien ausgewählt. Wenn der Suchprozeß im Hauptprogramm feststellt, daß sich keine weiteren Kostenersparnisse mehr ergeben, wird die Subroutine aufgerufen. Diese scheidet von N ausgewählten Distributionszentren jene aus, bei deren Fortfall sich eine Kostenersparnis ergibt. Zum Abschluß wird geprüft, ob die verbliebenen Distributionszentren an den günstigsten Standorten innerhalb der ihnen zugeteilten Gebiete stehen. Freilich werden hierbei die Interdependenzen, die zwischen den Standorten benachbarter Distributionszentren bestehen, vernachlässigt.

Feldman, Lehrer und Ray haben das Kuehn-Hamburger-Modell dadurch verbessert, daß sie die Kostenkomponente für das Warehousing und das Verfahren des stufenweisen Hinzufügens eines neuen Distributionszentrums modifizierten[56]. Bei ihnen muß der Benutzer die Zahl N so schätzen, daß sie etwas größer als die optimale Anzahl der Standorte ist. Je größer die Zahl N vom Benutzer gewählt wird, desto mehr Standorte werden untersucht, desto höher wird jedoch auch der Rechenaufwand. Anschließend wird wiederum versucht, von den N ausgewählten Standorten der Distributionszentren so viele wie möglich zu eliminieren. Der im Hinblick auf die Gesamtkosten des physischen Distributionsnetzes ungünstigste Standort wird jeweils gestrichen, bis sich keine Kostenersparnis mehr ergibt.

Etwas vereinfachend ausgedrückt, besteht die heuristische Prozedur von Kuehn und Hamburger darin, daß im Hauptprogramm schrittweise das physische Distributionsnetz um mehr und mehr Distributionszentren erweitert wird, um anschließend im Unterprogramm auf ein kleineres Maß reduziert zu werden. Von einer im wesentlichen konträren Überlegung gehen Feldman, Lehrer und Ray bei ihrem Ansatz aus. An Stelle der stetigen Anordnung neuer Distributionszentren im Verteilungsnetz unterstellen sie, daß anfänglich möglichst viele Zentren im Layout bereits gegeben sind, aus dem dann sukzessive so viele herausgenommen werden, bis eine kostengünstige Lösung erreicht ist. Der Lösungsablauf des Programms läßt sich folgendermaßen grob umreißen:

(1) Der Entscheidungsträger bezeichnet sämtliche Orte, an denen ein Distributionszentrum zunächst als angeordnet gelten soll.

(2) Der anfängliche Absatzbereich jedes Distributionszentrums wird auf Grund des jeweiligen örtlichen Bedarfs bestimmt. Aus dieser Angabe lassen sich auch erste Schlüsse auf die Größe jedes der Zentren ableiten.

(3) In jeder Iteration wird nun sukzessive die Auswirkung auf die Kosten des Distributionsnetzes festgestellt, die jeweils die Beseitigung eines der Auslieferungsläger aus dem Layout und die Zuordnung seines Kundenstamms zu den übrigen Lägern mit sich bringt. Die Höhe der Kosteneinsparungen entscheidet schließlich darüber, welche Distributionszentren tatsächlich beseitigt werden.

---

[56] Vgl. auch zum folgenden Feldman, Lehrer und Ray (1966).

Dieser Ansatz unterscheidet sich von dem von Kuehn und Hamburger entwickelten vor allem jedoch durch die Formulierung der Kostenfunktion: Während bei Kuehn und Hamburger die Lagerkosten linear mit der Menge der durch das Lager fließenden Güter steigen, nehmen Feldman, Lehrer und Ray einen degressiven Verlauf dieser Kurve an, um die „Economies of Scale" in bezug auf die Betriebskosten eines Distributionszentrums zum Ausdruck zu bringen. Wie Feldman, Lehrer und Ray festgestellt haben, wirkt sich dieser Unterschied in der Formulierung der Kostenfunktion auf die endgültige Fassung des Layouts recht deutlich aus.

Das Lagerhausproblem wird häufig als betriebliches Standortproblem im weiteren Sinne bezeichnet. Es erhebt sich die Frage, inwieweit mit den zu seiner Lösung zur Verfügung stehenden Verfahren auch das innerbetriebliche Standortproblem im engeren Sinne gelöst werden kann. Eine gewisse Ähnlichkeit der beiden Fragestellungen ist durchaus zu bejahen. Die wichtigsten Unterschiede zu dem im nächsten Abschnitt behandelten innerbetrieblichen Standortproblem (auch als Standortproblem im engeren Sinne bezeichnet) dürfen bei der Übertragung der formalen Lösungsverfahren jedoch nicht außer acht gelassen werden:

(1) Beim Lagerhausproblem wird unterstellt, daß die einzelnen Distributionszentren keine Kontakte untereinander unterhalten. Gerade die Analyse dieser Kontaktkosten spielt bei der Lösung des innerbetrieblichen Standortproblems die zentrale Rolle.

(2) Beim Lagerhausproblem muß den Kosten, die durch den Betrieb der einzelnen Distributionszentren verursacht werden, eine besondere Beachtung geschenkt werden. Beim innerbetrieblichen Standortproblem spielen die Kosten, die der Betrieb einer Organisationseinheit als solcher verursacht, wiederum keine Rolle. Das Lagerhausproblem hingegen resultiert ja gerade aus der Tatsache, daß eine Erhöhung der Anzahl von Distributionszentren zwar eine Senkung der Transportkosten des Systems verursacht, andererseits aber eine Erhöhung der gesamten Betriebskosten für die Unterhaltung von Lägern mit sich bringt. Anzahl und Standorte der Distributionszentren sind unter Berücksichtigung dieser Beziehung zu optimieren. Demgegenüber sind beim innerbetrieblichen Standortproblem die Anzahl der Organisationseinheiten in aller Regel als fest vorgegeben zu betrachten. Eine Ausnahme hiervon bilden lediglich die Modelle von Vergin und Rogers[57]) sowie Cooper[58]), welche grundsätzlich auf das Lagerhausproblem übertragbar sind.

(3) Schließlich übt die Standortwahl beim Lagerhausproblem einen Einfluß auf das Serviceniveau und damit u. U. auch auf Umsatz und Gewinn aus. Es ist davon auszugehen, daß potentielle Kunden im Absatzraum solche Unternehmen präferieren werden, deren Distributionszentren nicht weit

---

[57]) Vgl. Vergin und Rogers (1967).
[58]) Vgl. Cooper (1963).

vom Standort des eigenen Unternehmens entfernt liegen. Dies findet beispielsweise in der Zielfunktion des Kuehn-Hamburger-Modells Berücksichtigung. Beim innerbetrieblichen Standortproblem besteht ein derartiger direkter Einfluß nicht.

2.215 Raumzuordnungsprobleme, insbesondere das innerbetriebliche Layoutproblem

Bei Raumzuordnungsproblemen geht es um die bestmögliche Zuordnung von organisatorischen Aufgaben auf Räume oder Gebiete[59]. Die Träger der Aufgaben werden im folgenden als Organisationseinheiten (kurz: OE) bezeichnet. Hierbei spielt es zunächst keine Rolle, ob es sich um organisatorische Aufgaben im Informations- und Entscheidungssystem handelt (Einrichtung einer Vorstandsetage mit Vorstandszimmer, Dienstzimmer für Stäbe, Konferenzräume, eigene Informations- und Entscheidungszentren mit speziellen benutzerorientierten Datenstationen, die Anschluß an ein leistungsfähiges MIS geben, Schreibdienste usw.) oder um Aufgaben auf der physischen Ebene der Produktion und Distribution der Betriebswirtschaft (z. B. Zuordnung von Maschinen auf Standorte innerhalb einer großen Fabrikhalle oder Anordnung von Werkstätten in einem Industrieareal). Im ersten Falle bestehen die OE aus Menschen, die mit informationsverarbeitenden Aufgaben beauftragt sind, im zweiten Falle aus Maschinen, die mit produktiven Aufgaben beschäftigt sind. Freilich wird im ersten Fall die Erfassung der notwendigen Daten erheblich größere Schwierigkeiten bereiten als im zweiten Fall. Bei allen Raumzuordnungsproblemen wird aber unterstellt, daß alternative räumliche Anordnungen der OE als unterschiedlich günstig wahrgenommen werden können.

Ein sehr anschauliches Beispiel eines Layoutproblems bildet die Gestaltung der Sitzordnung einer Hochzeitstafel („Wo-sitzt-die-Schwiegermutter-Problem?")[60]. Hierbei wird angenommen, daß die Sympathie- bzw. Antipathieintensitäten zwischen den Gästen einer Festtafel bekannt sind. Es wird unterstellt, daß jeder Gast zu jedem anderen einen der Platzentfernung an der Tafel proportionalen Kontakt hat. Es sind n Plätze vorhanden. Ihre Entfernung voneinander ist unterschiedlich, aber bekannt. Den Plätzen sind nun die Gäste so zuzuordnen und damit eine Sitzordnung aufzustellen, daß ein Maximum an anregender Unterhaltung bzw. ein Minimum an unerfreulichen Streitfällen zwischen den Gästen entsteht.

Die mathematische Formulierung des Raumzuordnungsproblems

Im innerbetrieblichen Bereich wird das Raumzuordnungsproblem meist dadurch operationalisiert, daß eine *Kontaktnutzenfunktion* zu optimieren ist.

---

[59] Zu Methoden der Raumzuordnung vgl. als Überblick Burckhardt (1969); Buser (1965); Kiehne (1969); Kieser (1970); Pack, Kiehne und Reinermann (1966); Schmidt (1965); Zorn (1966).
[60] Vgl. Müller-Merbach (1969), S. 302 f.

In aller Regel handelt es sich um die Minimierung einer linearen Kontaktkostenfunktion. Hierzu werden die maßgeblichen Bestimmungsgrößen der Kontaktkosten als bekannt unterstellt. Wie beim Hochzeitstafelproblem spielen auch hier die Kontaktintensitäten eine zentrale Rolle. Im wesentlichen handelt es sich hierbei um die relativen Häufigkeiten, die ausdrücken, wieviele Kontakte zwischen den verschiedenen Organisationseinheiten in einer gewissen Beobachtungsperiode anfallen. Die wesentlichen Bestimmungsfaktoren der Kontaktgrößen sind folgende:

n = die Anzahl der anzuordnenden OE;

v_{ij} = die Anzahl der Kontakteinheiten, die zwischen den OE i und j während einer gewissen Beobachtungsperiode aufgenommen werden; als Kontakteinheiten gelten z. B. transportierte Güter sowie persönliche Gänge zwecks Informationsüberbringung (hier zählen nur reine „face-to-face"-Kontakte zur Übermittlung von Nachrichten oder Überbringung irgendwelcher Datenträger und nicht etwa die Kontaktaufnahme über Telefon und dergleichen);

u_{ij} = die Kosten, die durch Aufnahme eines Kontaktes pro Distanzeinheit zwischen den OE i und j anfallen;

d_{ij} = die Distanz zwischen den OE i und j.

Die Größen v_{ij} bilden die Matrix V, die Größen u_{ij} die Matrix U. Da die Werte der beiden Matrizen von Änderungen in der Anordnung der einzelnen OE völlig unabhängig sind, ist es möglich, sie paarweise miteinander zu multiplizieren. Daraus entsteht die Matrix der gesamten Kontaktkosten pro Distanzeinheit für jeweils ein Paar von OE: $Y = (y_{ij})$. Die Distanz zwischen den OE variiert in dem Maße, in dem deren Anordnung variiert. „Der Einfluß der Anordnung ... (auf den Zielwert — Anm. d. Verf.) kommt alleine durch die verschiedenen möglichen Entfernungsmatrizen D zustande"[61]. Die Werte d_{ij} sind somit die primären Variablen des Problems.

Unter der Annahme, daß die Matrizen Y und D symmetrisch sind, d. h., daß $y_{ij} = y_{ji}$ und $d_{ij} = d_{ji}$ (für i, j = 1, ..., n, wobei n = Zahl der OE), sowie unter der Annahme $y_{ij} = 0$ und $d_{ij} = 0$ für (i = j) kann das Problem nun folgendermaßen formuliert werden:

(R 1) $$Z = \tfrac{1}{2} \sum_{i=1}^{n} \sum_{j=1}^{n} y_{ij}\, d_{ij} \to \text{Min!}$$

Dieser Ausdruck liegt (wenn auch nicht explizit) allen Verfahren zur Layoutplanung zugrunde.

Ein Überblick über vorgeschlagene Lösungsverfahren

Der weitaus größte Teil der traditionellen betriebswirtschaftlichen Literatur, die sich mit Layoutverfahren beschäftigt, begnügt sich mit der Darlegung

---

[61] Kiehne (1969), S. 22.

rein schematischer, nicht-rechnerischer Methoden; die Planungsergebnisse, die mit diesen Verfahren erzielt werden können, hängen dabei in hohem Maße von der subjektiven Einschätzung und Erfahrung des Entscheidungsträgers ab, der sich nach der Methode des Versuchs und Irrtums an eine möglichst gute Lösung heranarbeitet. Mit Hilfe von Produkt- und Prozeßanalysen, von Arbeitsablaufbögen und Operationsplänen werden hierbei Flußschaubilder und Kontakt-Tabellen (travel charts, relationship charts) entworfen, auf Grund deren grobe Planungen vollzogen werden[62].

Als erste systematische Verfahren, die, an diesen travel charts anknüpfend, zum Teil unter Verwendung einfacherer rechnerischer Methoden auf simplere Problemstellungen anwendbar sind und als heuristische Handrechenmethoden bezeichnet werden können, sind die Ansätze von Buffa[63] sowie Muther und Wheeler[64] wie auch insbesondere die von Bloch[65] und Hillier[66] zu nennen.

Im Bereich der rechnerischen Verfahren[67] existieren einige geometrische Ansätze: Hierher gehören die Kreismethode Busers[68] sowie die von Kern[69] und von Hakimi[70] dargelegten Ansätze zur Anordnung einer einzigen OE in einem Graphen. Bindschneider und Moore[71] ordnen neue OE mit Hilfe von Isokostenlinien an. Daneben wurde eine ganze Reihe von Ansätzen entwickelt, welche die Methoden der linearen Programmierung anwenden[72]: Wie Zorn[73] jedoch nachweist, handelt es sich bei den Modellen der Layoutplanung um typisch nichtlineare Probleme, so daß diese Ansätze für die Lösung des kombinatorischen Layoutproblems als nicht adäquat bezeichnet werden können.

Zu den in jüngerer Zeit entwickelten exakten mathematischen Verfahren zählt ein Ansatz der ganzzahligen quadratischen Programmierung von Kern[74]. Hierzu muß die bereits gegebene mathematische Formulierung des Layoutproblems um einige Restriktionen erweitert werden:

(1) Alle OE werden in Form von Punkten oder gleich großen Quadraten dargestellt.

---

[62] Vgl. hierzu beispielsweise Apple (1963); Cameron (1952); Ireson (1952); Muther (1955); Reed (1961).
[63] Vgl. Buffa (1955), S. 95 ff., (1965), S. 411 ff.
[64] Vgl. Muther und Wheeler (1962), S. 33 ff.
[65] Vgl. Bloch (1950), S. 305 ff.
[66] Vgl. Hillier (1963), S. 33 ff.
[67] Vgl. den Überblick von Burckhardt (1969), S. 233 ff.
[68] Vgl. Buser (1966), S. 31 ff.
[69] Vgl. Kern (1967), S. 50 f.
[70] Vgl. Hakimi (1964), S. 650 ff.
[71] Vgl. Bindschneider und Moore (1961), S. 41 ff.
[72] Vgl. Schmidt (1965), S. 177 ff.
[73] Vgl. Zorn (1966), S. 13 f.
[74] Vgl. Kern (1967), S. 55 ff.

(2) Alle Standorte sind in Form von fest vorgegebenen Plätzen $P_1, \ldots, P_k, \ldots, P_n$ bekannt, die in einem gegebenen Zuordnungsraum verteilt sind und denen jeweils eine OE zugeordnet wird. Es gelte:

$$x_{ik} = \binom{1}{0}, \text{ wenn OE}_i \binom{\text{im Standort k liegt}}{\text{nicht im Standort k liegt}}$$

Die Restriktionen seien gegeben durch:

$$\sum_i x_{ik} = 1 \quad \text{(alle OE zugewiesen)}$$

$$\sum_k x_{ik} = 1 \quad \text{(alle Standorte besetzt)}$$

$$x_{ik} = \quad \text{(0 oder 1)}$$

Wenn $y_{i_1 i_2}$ die Kosten pro Distanzeinheit der zwischen OE i_1 und i_2 aufgenommenen Kontakte darstellt und $d_{k_1 k_2}$ die Distanz zwischen Standort k_1 und k_2 ist, so kann das Problem folgendermaßen formuliert werden:

(R 2) $$Z = \sum_{k_2} \sum_{k_1} \sum_{i_2} \sum_{i_1} x_{i_1 k_1} x_{i_2 k_2} y_{i_1 i_2} d_{k_1 k_2} \to \text{Min!}$$

Die Zielfunktion drückt aus, daß die Summe der Kontaktkosten ($y_{i_1 i_2}$ mal $d_{k_1 k_2}$) zwischen allen OE ein Minimum werden soll, wobei alle OE einem Standort zugewiesen sind und kein Standort unbesetzt geblieben ist. Die Zahl der möglichen Anordnungen, die hierbei zu untersuchen sind, ist sehr groß. Bei 20 OE, die in einem Rechteck angeordnet sind, existieren bereits ca. $608 \cdot 10^{15}$ unterschiedliche Anordungen[75]), so daß eine Lösung mit dem erwähnten Verfahren fragwürdig erscheint. Alle mathematischen Verfahren haben den Nachteil, daß sie nur auf relativ kleine Probleme anwendbar sind. Dies gilt auch für Monte-Carlo-Methoden, die sukzessive zufällige Lösungen generieren[76]). Steigt die Zahl der anzuordnenden OE, so impliziert das entweder sehr unexakte Lösungen oder einen nicht mehr zu vertretenden Rechenaufwand. Dies gilt selbst dann, wenn zur Lösung elektronische Datenverarbeitungsanlagen eingesetzt werden. Das Interesse konzentriert sich somit primär auf heuristische Lösungsverfahren. In diesem Sinne schreibt z. B. Müller-Merbach:

> „Während bei der Lösung des Transportproblems die heuristischen Verfahren nur dem Komfort der Rechenbeschleunigung dienen, hat man bei den im folgenden skizzierten *Raumzuordnungsproblemen* keine andere Wahl, als heuristische Verfahren zur Lösung anzuwenden. Optimierungsverfahren, die mit vertretbarem Rechenaufwand die exakte Lösung bringen, gibt es für diese Probleme nicht"[77]).

---

[75]) Vgl. Buffa, Armour und Vollmann (1964), S. 155.
[76]) Vgl. Grundmann (1967), S. 215 f.; Seehof und Evans (1967), S. 900 ff.
[77]) Müller-Merbach (1969), S. 296.

Heuristische Lösungsverfahren

Bei den heuristischen Methoden sind im wesentlichen die Verfahren auf mathematisch-analytischer Basis sowie die Konstruktions- und die Vertauschungsverfahren zu unterscheiden. Daneben besteht eine ganze Anzahl anderer Verfahren, die für die Layoutplanung im weiteren Sinne konstruiert wurden, jedoch auch auf Probleme der innerbetrieblichen Layoutplanung Verwendung finden können, so z. B. der Ansatz von Cooper[78]), der Ansatz von Eilon und Deziel[79]) und schließlich das Verfahren von Maranzana[80]). Auf diese kann hier nicht näher eingegangen werden.

Mathematisch-analytische Verfahren

Unter dem Begriff der Verfahren auf mathematisch-analytischer Basis sollen jene Ansätze verstanden werden, die im Verlaufe ihres Lösungsprozesses in starkem Maße die Methoden der mathematischen Analysis, insbesondere der Differentialrechnung, mit heuristischen Vorgehensweisen verknüpfen. Sie gehen davon aus, daß in einem bereits gegebenen Layout einige neu hinzukommende OE angeordnet werden müssen, deren Flächenbedarf die Gesamtfläche des bereits bestehenden Layouts nicht übersteigen darf. Dieses Problem stellt sich im Betrieb beispielsweise dann, wenn neue Lagerhallen auf einem Industrieareal, neue Materialausgabeabteilungen innerhalb des Produktionsbereichs oder neue selbständige Verwaltungseinheiten innerhalb eines Bürokomplexes angeordnet werden sollen. Die Problemstellung kann hierbei folgende Ausprägungen annehmen:

Fall 1: Die Anzahl der neu anzuordnenden OE ist gegeben; die Menge der Kontakte, die zwischen jeder einzelnen alten OE und jeder einzelnen neuen OE sowie zwischen den neuen OE selbst unterhalten werden, ist bekannt.

Fall 2: Die Anzahl der neu anzuordnenden OE ist gegeben; die Menge der zwischen den einzelnen alten und neuen OE fließenden Kontakte hängt jedoch von dem Standort der neuen OE ab.

Fall 3: Die Anzahl der neu anzuordnenden OE ist unbekannt; die Stärke des Kontaktaustausches zwischen den einzelnen alten und neuen OE hängt demnach sowohl von der Anzahl der neuen OE als auch von deren Standort ab.

Die mathematisch-analytischen Verfahren nehmen bei der Lösung dieser drei Problemstellungen jeweils an, daß die OE in einem kartesischen Koordinatensystem als Punkte angeordnet sind. Die Entfernungen zwischen den OE werden in Form von Geraden gemessen; dabei wird angenommen, daß

---
[78]) Vgl. Cooper (1963).
[79]) Vgl. Eilon und Deziel (1966).
[80]) Vgl. Maranzana (1964).

die Kontaktaufnahmekosten linear mit der Länge der zurückzulegenden Entfernungen steigen. Ist der Standort der m alten OE durch die Koordinaten (x_i, y_i), für $i = 1, \ldots, m$ und der Standort der n (wobei n noch unbekannt sein kann) neuen OE (x_j, y_j) für $j = 1, \ldots, n$ angegeben, so wird die Entfernung zwischen zwei OE über die euklidische Norm gemessen. Dies geschieht analog wie in den bereits dargestellten Modellen zur Ermittlung des Standortes von Distributionszentren nach Eilon. Die zu minimierende Zielfunktion besteht aus zwei Teilen. Der erste Teil drückt die Kosten aus, die durch den Kontaktaustausch zwischen den neuen und alten OE entstehen; der zweite Teil der Zielfunktion betrifft nur die Kosten der Kontaktaufnahme innerhalb des Bereiches der neuen OE. Die Bestimmung der Standorte kann mit Hilfe partieller Differentiation erfolgen, etwa in der Art, wie es bereits beim Standortproblem für Distributionszentren dargestellt wurde. Die Auflösung der partiellen Differentiale ist jedoch gerade für komplexere Probleme derart schwierig und zeitraubend, daß man nach einer Vereinfachung der Zielfunktion suchen muß. Das grundsätzliche heuristische Prinzip besteht dabei darin, immer nur eine neue Organisationseinheit in das Layout einzufügen und dabei die Standorte aller übrigen Organisationseinheiten, seien diese bereits ursprünglich vorhanden gewesen, seien sie im vorhergehenden Schritt hinzugefügt worden, als fest gegeben zu unterstellen. Hierdurch vereinfacht sich die Zielfunktion zu folgendem Ausdruck:

(R 3) $$c = \sum_{i=1}^{m} w_i \left[(x - x_i)^2 + (y - y_i)^2 \right]^{1/2}.$$

Hierbei sind w_i die Kontaktkosten pro Entfernungseinheit, die zwischen der *neu anzuordnenden* Organisationseinheit und der i-ten bestehenden Organisationseinheit anfallen, wobei $i = 1, \ldots, m$ ist und m die Anzahl der insgesamt schon im Layout angeordneten neuen und alten Organisationseinheiten darstellt. x und y sind die Koordinaten der neu anzuordnenden Organisationseinheiten, x_i und y_i die Koordinaten der m bereits angeordneten Organisationseinheiten.

Sind auf diese Weise alle neuen OE angeordnet worden, so beginnt der Prozeß wiederum bei der ersten neu hinzugefügten Organisationseinheit. Sukzessive werden alle neuen OE anders plaziert, wobei jeweils die Lage, die den restlichen n—1 neuen OE zuletzt zugewiesen wurde, als fix angesehen wird. Dieser Prozeß wird so lange wiederholt, bis sich keine Standortveränderungen für alle neuen OE mehr ergeben. Das zuletzt ermittelte Layout gilt als Lösung des Problems.

Vergin und Rogers haben durch Tests festgestellt, daß für kleinere Probleme, deren optimale Lösung bekannt war, ihr Verfahren regelmäßig Lösungen erzielte, die den optimalen nahezu gleich waren. Komplexere Probleme wurden mehrere Male gelöst, und zwar derart, daß die Anordnungsreihenfolge der neuen OE dabei immer eine andere war. Die Lösungen der sonst gleichen Problemstellungen waren einander in aller Regel so ähnlich, daß die Vermutung naheliegt, der Wert, um den sie gruppiert waren, stelle das absolute Optimum dar. Allerdings kann, solange dieses Optimum nicht bekannt ist, hierfür kein endgültiger Beweis angetreten werden. Schließlich haben Vergin und Rogers das Verfahren noch auf den Fall erweitert, daß die Menge der Kontakte, die eine neue Organisationseinheit mit einer anderen Organisationseinheit unterhält, im wesentlichen vom Standort der neuen OE abhängt. Zur Lösung eines derartigen Problems eignet sich eine Kombination des eben diskutierten Verfahrens mit dem Algorithmus zur Lösung von Transportproblemen, wie er in der linearen Programmierung Verwendung findet[81].

Konstruktionsverfahren

Die Konstruktionsverfahren gehen im Gegensatz zu der eben geschilderten Methode nicht davon aus, daß in einem fest eingegrenzten Layout neue OE einzuplanen sind oder, wie bei der folgenden Methode, bereits bestehende OE in ihrer Lage verändert werden sollen. Vielmehr versuchen sie, ein Layout durch sukzessive Anordnung sämtlicher OE zu konstruieren. Dies geschieht dadurch, daß diejenige OE, die mit allen anderen OE die meisten Kontakte unterhält, in zentraler Lage des zukünftigen Layouts angelegt wird. Sie bildet somit einen Kern, an dessen Seite sukzessive weitere OE angeordnet werden. Mit zunehmender Anzahl von angeordneten OE wächst der Kern zu einem zusammenhängenden Gebilde. Die Auswahl derjenigen OE, die dem Kern jeweils als nächste angefügt wird, erfolgt auf Grund der Menge von Kontakten, die sie mit den bereits angeordneten OE unterhält. Hierbei unterscheiden sich die Konstruktionsverfahren in verschiedenen Varianten, je nachdem, ob sie die Kontakthäufigkeiten aller OE, die bereits im Kern angeordnet sind, oder nur besonders ausgewählter OE berücksichtigen.

Ein Computerprogramm, das auf der Basis der Konstruktionsmethode arbeitet, ist das CORELAP-Programm von Lee und Moore[82]. Der Lösungsablauf des Programms orientiert sich an einer Kontaktmatrix (relationship chart), die symmetrisch ist und deren Elemente nicht in Form von Zahlen, sondern in Form von alphabetischen Symbolen angegeben werden. Diese drücken den Dringlichkeitsgrad für das Nebeneinanderliegen zweier OE aus (closeness rating). Die sechs unterschiedlichen Ausprägungen des Dringlichkeitsgrades reichen von unbedingt notwendig (A) bis unerwünscht (X). Die Matrix wird auf Grund einer ersten, groben Einschätzung dessen, wie ein späteres Layout geartet sein sollte, gebildet. Dies ist vom Benutzer vorzunehmen. Dabei ist jeweils an der Stelle der Matrix, an der sich die Zeile und Spalte zweier OE kreuzen, der Wert einzutragen, der die Dringlichkeit für das Nebeneinanderliegen dieser beiden OE ausdrückt. Es ergibt sich also eine dreieckige Relationsmatrix, deren Elemente für je zwei Organisationseinheiten angeben, ob

---

[81]) Vgl. hierzu Vergin und Rogers (1967), S. B-253.
[82]) Vgl. zum folgenden Lee und Moore (1967), S. 195 f.

sie unbedingt nebeneinanderliegen sollen, ob es besonders wichtig ist, daß sie nebeneinanderliegen sollen, ob es wichtig ist, ob es erwünscht ist, ob es nicht wichtig ist oder ob es sogar unerwünscht ist, daß sie nebeneinanderliegen. Außerdem zählen zu den Eingabedaten des Programms die Zahl der anzuordnenden OE sowie die Angaben über deren Flächengröße.

Aus den Eingabedaten ermittelt das Programm gleich zu Beginn des Lösungsprozesses eine Reihe von Orientierungshilfen, sog. „reference files". Auf diese bezieht sich das Programm im weiteren Verlauf. Neben den für alle heuristischen Programme üblichen Prinzipien[83] kombiniert das Programm im wesentlichen die Methode des steilsten Anstiegs mit einem „Generate-and-Test"-Verfahren[84]: Für eine angeordnete OE werden jeweils sämtliche Möglichkeiten für die Anordnung einer weiteren OE ermittelt und getestet. Nur diejenige wird jedoch tatsächlich realisiert, welche die absolut höchste Dringlichkeitsbewertung mit sich bringt. Aufbauend auf dem CORELAP-Programm, hat Kiehne einen Ansatz entwickelt, der bis zu 10 000 OE berücksichtigt, während das CORELAP-Programm maximal nur 45 OE anordnen kann[85].

Vertauschungsmethoden

Am eingehendsten in der Literatur wurden wohl die Vertauschungsmethoden diskutiert. Sie stellen vermutlich auch das in der Praxis am meisten angewandte Verfahren dar. Sie werden daher im folgenden ein wenig ausführlicher dargestellt[86]. Ein Computerprogramm, das mit der Vertauschungsmethode arbeitet, ist CRAFT[87].

Sämtliche Vertauschungsverfahren sind reine „Verbesserungsverfahren", d. h., sie gehen von einem gegebenen Anfangslayout, das in einem vorgegebenen Areal aufgestellt ist, aus und verändern dieses durch systematisches Vertauschen der Standorte von OE, wobei allerdings nur solche Vertauschungen durchgeführt werden, welche die Kosten der gesamten Kontaktaufnahme verringern.

Derartige Verfahren eignen sich vor allem dazu, ein bereits bestehendes System von OE insgesamt neu zu ordnen, wie dies z. B. bei Änderungen im Produktionsprogramm, bei Produktinnovationen, Betriebserweiterungen und dergleichen notwendig wird. Daneben ist es möglich, mit den Vertauschungsverfahren eine erstmalige Planung eines Layouts durchzuführen; hierfür muß jedoch die Form des gesamten Anordnungsareals vorgegeben sein und von einem anfänglichen, von Hand geordneten Layout ausgegangen werden.

---

[83] Vgl. Klein (1971 a).
[84] Vgl. Newell (1969).
[85] Vgl. Kiehne (1969), S. 178 ff.
[86] Vgl. hierzu insbesondere Kieser (1970).
[87] Vgl. Armour und Buffa (1963).

Der Lösungsprozeß der Vertauschungsverfahren läuft nun folgendermaßen ab[88]):

(1) Sofern die Matrix der Kontaktkosten pro Distanzeinheit ($Y = (y_{ij})$) nicht bereits vorgegeben ist, wird sie durch Multiplikation der Kontaktzahlen mit den entsprechenden Kostenzahlen pro Kontaktaufnahme ermittelt.

(2) Die Distanzmatrix $D = (d_{ij})$ wird für das Anfangslayout ermittelt; werden die OE als Punkte dargestellt, wie dies bei Zorn der Fall ist, so wird die Distanzmatrix vom Entscheidungsträger angegeben und braucht nicht vom Programm berechnet zu werden. Für den Fall jedoch, daß die OE als gleich große Einheitsquadrate (bei Kiehne) oder als Flächenstücke, die den realen Flächenbedarf der einzelnen OE berücksichtigen (bei Armour), ins Modell eingehen, werden die d_{ij} als rechtwinklige Abstände (parallel zu den Außenseiten der Anordnungsfläche verlaufend) zwischen den errechneten Mittelpunkten der Einheitsquadrate bzw. Flächenstücke angenommen.

(3) Durch paarweise Multiplikation der d_{ij} mit den y_{ij} ergibt sich die Kontaktkostenmatrix $C = (c_{ij})$. Die Summe aller c_{ij} stellt den Zielwert dar, der zu dem bestehenden Layout gehört.

(4) Es werden nun mögliche Vertauschungen von OE simuliert; d. h., es wird angenommen, daß jede bzw. einige der n OE ihren Standort sukzessive mit den Standorten der restlichen OE vertauschen, wobei für jede angenommene Vertauschung die entsprechende Zielwertänderung berechnet wird. Werden beispielsweise die OE e und f vertauscht, dann besteht der dadurch verursachte Teil des gesamten Kontaktaufwandes $C_e + C_f$ aus drei additiven Komponenten: (1) dem Kontaktaufwand aller übrigen OE mit der OE e, (2) dem Kontaktaufwand aller übrigen OE mit der OE f und (3) dem Kontaktaufwand zwischen den beiden vertauschten OE e und f. Die Zielwertänderung ΔZ ergibt sich, wenn man diesen Ausdruck einmal für das gegebene Layout und einmal für das variierte Layout berechnet. Nimmt man der Einfachheit halber nur Zweiervertauschungen an (es läßt sich experimentell zeigen, daß diese besser sind als beispielsweise Dreiervertauschungen[89])), dann existieren bei einem Layout mit 40 OE 780 variierte Layouts, die von einer modernen Rechenanlage leicht zu berechnen sind.

(5a) ΔZ wird für sämtliche unterschiedlichen Vertauschungen ermittelt; diejenige Vertauschung wird dann effektiv vollzogen, die den höchsten positiven Wert von ΔZ erbringt. Als Alternative zu dieser Vorgehensweise bietet sich Schritt 5b an:

---

[88]) Vgl. Armour (1961), S. 51 ff.; Kiehne (1969), S. 101 ff.; Zorn (1966), S. 24 ff.
[89]) Vgl. Kieser (1970).

(5b) Es werden nur so viele Vertauschungen simuliert, bis sich ein erster positiver Wert für ΔZ ergibt. Die zu diesem ΔZ gehörende Vertauschung wird dann vollzogen.

(6) An diesem Punkt ist jeweils eine Iteration beendet, und die nächste beginnt wieder bei Schritt 2, wo die Werte der Distanzmatrix entsprechend dem zuletzt ermittelten Layout geändert werden. Der Lösungsprozeß läuft nun ständig in der bisher beschriebenen Art ab und endet erst, wenn kein positives ΔZ für irgendeine Vertauschung mehr gefunden wird.

Der Lösungsprozeß zeigt sich als eine Aufeinanderfolge von Teilproblem-Lösungen in der Form der Anordnung jeweils einer einzigen OE:

Für den Fall, daß jeweils die beste aller simulierten Vertauschungen tatsächlich durchgeführt wird (5a), besteht der Lösungsablauf aus einer Kombination eines „Generate-and-Test"-Ansatzes mit der Methode des steilsten Anstiegs: Aus allen möglichen Alternativen wird die absolut beste ausgewählt.

Im Fall (5b) liegt eine Kombination eines „Generate-and-Test"-Ansatzes mit einem einfachen „Hill-Climbing"-Verfahren vor: Als Vergleichskriterium zwischen zwei Vertauschungsmöglichkeiten (der gespeicherten und der neu generierten) dient dabei lediglich die Frage, ob ΔZ einen positiven oder negativen Wert annimmt.

2.216 Lagerhaltungsprobleme

Ein bereits klassischer Bereich der Anwendung quantitativer Methoden in der Betriebswirtschaftslehre ist die Lagerhaltung[90]). Gegenstand formaler Modelle ist dabei insbesondere das Problem, wann und in welchem Umfang Güter auf oder vom Lager genommen werden müssen, damit die Effizienz des Lagers maximiert wird. Häufig läßt sich dieses Postulat in einer Minimierung der Kosten ausdrücken.

Der Bestand an Modellen zum Problem der Lagerhaltung ist heute kaum noch zu überblicken. Die Lagerhaltungsmodelle unterscheiden sich nach der Art des Zuflusses der Güter in das Lager oder ihres Abflusses aus dem Lager. Sie können statisch oder dynamisch formuliert sein. Die Flüsse können unabhängig voneinander stetig oder diskret, konstant oder variabel und in regelmäßigen oder unregelmäßigen Zeitabständen erfolgen. Sie können genau bekannt sein, eine bekannte Wahrscheinlichkeitsverteilung aufweisen

---

[90]) Praktisch alle Lehrbücher zum Operations Research umfassen Ausführungen zu Lagerhaltungsproblemen; vgl. z. B. Ackoff und Sasieni (1968), S. 174 ff.; Churchman, Ackoff und Arnoff (1968), S. 189 ff.; Henn und Künzi (1968), S. 84 ff.; Hillier und Lieberman (1967), S. 357 ff.; Sasieni, Yaspan und Friedman (1967), S. 74 ff.; darüber hinaus existiert eine Fülle kaum noch überschaubarer Spezialliteratur zu diesem Bereich; als Überblick vgl. Buffa (1968); Enrick (1971); Hadley und Within (1963); Hanssmann (1962); Holt et al. (1960); Magee und Boodman (1967); Naddor (1966); Pack (1964); Popp (1968).

oder nur durch Schätzwerte charakterisierbar sein. Eine zusammenfassende Klassifikation der wichtigsten Merkmale von Lagerhaltungsmodellen findet sich bei Churchman, Ackoff und Arnoff[91]). Sie ist in Abb. 2.22 dargestellt.

1. Einkaufs- oder Produktionskosten pro Mengeneinheit		a) konstant	
2. Lagerhaltungskosten pro Zeiteinheit		b) variabel	
3. Fehlmengenkosten			
4. Bedarf	A. bekannt	a) konstant	
	B. geschätzt	b) variabel	
5. Zeitliche Verteilung der Abgänge vom Lager	A. stetig	a) konstante Abgangsrate	
	B. unstetig	b) variable Abgangsrate	
6. Lieferzeit (Bestellaufschubzeit)	A. praktisch Null		
	B. positiv		
7. Zeit zwischen Bestellungen	A. bekannt	a) konstant	
	B. geschätzt	b) variabel	
8. Eingänge der Mengen	A. diskret	a) konstant	
	B. kontinuierlich	b) variabel	
9. Zeitliche Verteilung der Eingänge	A. kontinuierlich	a) konstante Eingangsrate	
	B. diskontinuierlich	b) variable Eingangsrate	

Abb. 2.22: *Klassifikation der Merkmale von Lagerhaltungsproblemen*

Über die genannten Merkmale hinaus ist eine Fülle anderer Variationsmöglichkeiten denkbar. Allein die hier aufgezählten Möglichkeiten ergeben jedoch bereits einige tausend Typen von Lagerhaltungsproblemen.

Die Einflußgrößen der Theorie der Lagerhaltung

Betrachtet man die Modelle im einzelnen, so beinhalten Lagerhaltungsmodelle vor allem zwei wichtige Größen als Instrumentalvariablen:

(1) die *Menge*, um welche der Lagerbestand erhöht (gesenkt) wird (Lagerzugang bzw. -abgang); welche Merkmale diese Flußgrößen aufweisen können, wurde bereits beschrieben;

(2) die *Häufigkeit* bzw. den Zeitpunkt der Auffüllung des Lagers.

---

[91]) Vgl. Churchman, Ackoff und Arnoff (1968), S. 190.

Die wichtigsten Größen, welche bei Lagerhaltungsmodellen im allgemeinen als unbeeinflußbar gelten, sind insbesondere:

(1) die *Lagerhaltungskosten*, bestehend aus den Kapitalkosten, ferner den variablen Verwaltungs-, Raum-, Versicherungs- und Abschreibungskosten sowie den Kosten für Veralterung, Verderb oder Schwund der gelagerten Güter;

(2) die *Fehlmengenkosten* sind in wesentlichen Teilen häufig sehr schwer meßbar; als Ersatzkosten für die mit der Unmöglichkeit der sofortigen Belieferung verbundenen Nachteile können aber meist die Kosten für Überstunden, Luftpostversand usw. in Ansatz gebracht werden;

(3) die fixen *Rüst-* oder *Bestellkosten;*

(4) der *Einkaufspreis* der zu lagernden Güter bzw. deren variable *Produktionskosten;*

(5) das *Ausmaß der Nachfrage*, d. h. die während der betrachteten Zeitperiode T benötigte Menge an Produkten; diese Größe wird in aller Regel eine Zufallsvariable sein;

(6) die *Wiederauffüll-* oder *Beschaffungszeit,* also jene Zeit, welche zwischen Absenden der Bestellung und dem Eintreffen der benötigten Güter im Lager verstreicht und gegebenenfalls auch die Produktionszeit (einschließlich der Zeit für Auflage eines neuen Produktionsloses) umfaßt;

(7) die *Menge der tatsächlich eintreffenden Güter*. Wenn x Güter bestellt oder für die Produktion geplant werden, dann kann die tatsächlich eintreffende Gütermenge um x mit einer bestimmten Wahrscheinlichkeit schwanken. Der Effekt dieser Unsicherheit ist der gleiche wie jener, der bei einer statistischen Schätzung der Nachfrage auftritt.

Aus der Menge aller möglichen Modellformulierungen sollen nachstehend zwei elementare Problemtypen kurz betrachtet werden[92]).

Zwei elementare Modellformulierungen

Der einfachste Fall eines Lagerhaltungsproblems ist die Bestimmung der optimalen Bestellmenge bzw. Losgröße. Hierbei wird davon ausgegangen, daß fixe Kosten pro Bestellung (beim Produktionslos die sogenannten Rüstkosten) bestehen. Die Stückkosten sinken daher in quadratischer Proportion in Abhängigkeit von der Anzahl der bestellten Menge. Mit der Zunahme der Bestellmenge bzw. des Produktionsloses steigen jedoch die Kosten der Lagerhaltung an. Im einfachsten Fall bestehen diese aus den der gelagerten Menge proportionalen Zinskosten. Bei kontinuierlicher Entnahme, aber konstantem und diskretem Lagerzugang zeigt Abb. 2.23 das Ausmaß der Lagerhaltung in Abhängigkeit von der Zeit.

---

[92]) Vgl. z. B. Ackoff und Sasieni (1968), S. 178 ff.; Churchman, Ackoff und Arnoff (1968), S. 189 ff.; Miller und Starr (1969), S. 319 ff.

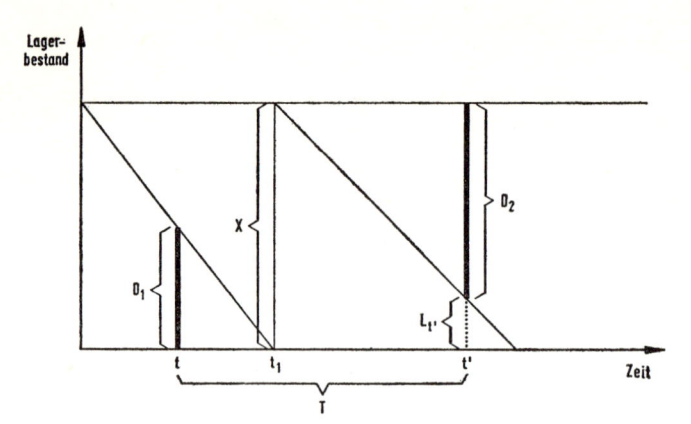

Abb. 2.23: Ein Lagerhaltungsmodell mit konstanter, diskreter Zugangsrate und konstanter, kontinuierlicher Abgangsrate

X:	produzierte (bestellte) Menge des benötigten Gutes pro Produktionslauf oder Bestellvorgang
p:	Herstellungskosten oder Einkaufspreis pro Maßeinheit des betrachteten Gutes
c_r:	Rüst- oder Bestellkosten pro Produktionslos bzw. Bestellvorgang
c_l:	Lagerhaltungskosten pro Maßeinheit des betrachteten Gutes pro Zeiteinheit
c_f:	Fehlmengenkosten pro Maßeinheit (Stück, Kilo usw.) des betrachteten Gutes pro Zeiteinheit
T:	betrachtete Zeitperiode (z. B. ein Jahr), gemessen in geeigneten Zeiteinheiten (Tage, Wochen, Monate, Vierteljahre usw.)
C:	Gesamtkosten pro Zeitperiode T
D:	benötigte Menge des Gutes während T, gemessen in Stück, Gewicht, Volumen usw. (der Bedarf)
r:	D/T, die Lagerabflußrate, d. h. die Anzahl der Einheiten, die pro Zeiteinheit vom Lager entnommen wird
q:	Produktionsrate, d. h. die Anzahl der Einheiten, die pro Zeiteinheit produziert wird bzw. am Lager eintrifft
L_t:	das Lagervolumen zum Zeitpunkt t, auch geschrieben als $L_t = L(t)$, wobei t die kontinuierliche Zeitachse darstellt
L_{max}:	der maximale Lagerbestand = Max $\{L_t/L_{t'} \geq 0\}$
l_{max}:	die maximale Fehlmenge = Min $\{L_t/L_{t'} \leq 0\}$
K:	gesamte durchschnittliche Lagerkosten pro Zeiteinheit während der betrachteten Periode T

Abb. 2.24: Verzeichnis der bei der Darstellung der Lagerhaltungsmodelle verwendeten Abkürzungen und Variablen

Ein derartiges System hat eine besonders einfache Zustandsgleichung. Für zwei beliebige Zeitpunkte t und t' (mit t' > t) gilt:

(I 1) $\qquad L_{t'} = L_t + X - D$, mit $D = D_1 + D_2$

(neuer Lagerbestand = alter Lagerbestand + Zugang — Abgang)

In Gleichung (I 1) ist unterstellt, daß immer $L_t \geq D$ ist oder ein negatives D nicht zum Fortfall des Bedarfes führt. Dies ist immer dann der Fall, wenn alle Kundenaufträge, die mangels Vorrats nicht sofort befriedigt werden können, eine Warteschlange bilden, aus der keine Elemente ausscheiden. In einem derartigen Fall hängt C offensichtlich nur von X ab. Die Lagerhaltungspolitik besteht in der Festlegung des optimalen X, d. h. X_0, so daß gilt:

(I 2) $\qquad C(X_0) = \text{Min}\{C(X)\}$

Diese Zielfunktion drückt aus, daß für die optimale Lagerhaltungspolitik die Gesamtkostenfunktion ein Minimum annimmt.

Im voranstehenden Fall wurde unterstellt, daß die optimale Lagerhaltungspolitik in der Festlegung einer diskreten Bestellmenge oder eines diskreten Produktionsloses besteht. Demgegenüber wird in der Abb. 2.25 ein Modell mit kontinuierlicher Zugangsrate betrachtet (z. B. laufende Produktion von Materialteilen, Nahrungsmitteln, Chemikalien). Ferner sollen auch Fehlmengenbestände zugelassen werden. Die Lagerentnahme erfolgt wie beim voranstehenden Modell mit konstanter Rate r.

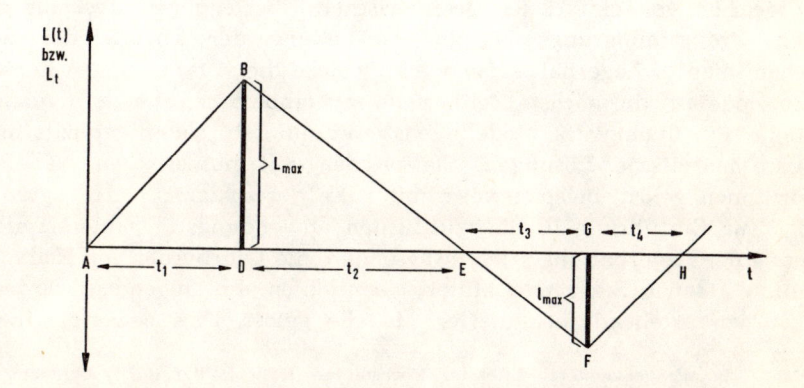

Abb. 2.25: Ein 4periodiger Lagerhaltungszyklus

Ein derartiges System hat im Unterschied zur Abb. 2.23 einen 4periodigen Lagerhaltungszyklus:

Zyklus $t_1 = \overline{AD}$: Zu Beginn des Zyklus ist der Lagerbestand gleich 0, die Zugangsrate q $>$ Abgangsrate r, woraus folgt, daß der Lagerbestand bis zu seinem Maximum $L_{max} = \overline{BD}$ ansteigt.

Zyklus $t_2 = \overline{DE}$: Die Produktion wird eingestellt (bzw. gedrosselt), der Bedarf aus dem Lagerbestand befriedigt, das Lagervolumen sinkt mit der Abgangsrate r bis auf 0.

Zyklus $t_3 = \overline{EG}$: Wie t_2 mit dem Unterschied, daß der ungedeckte Bedarf akkumuliert und gespeichert wird.

Zyklus $t_4 = \overline{GH}$: Die Produktion wird wiederaufgenommen, die Zugangsrate ist größer als die Abgangsrate, der ungedeckte Bedarf wird abgetragen, bis alle anstehenden Aufträge erfüllt sind. Dann beginnt der Lagerhaltungszyklus wieder bei t_1.

Im folgenden Fall hängen die Gesamtkosten C offensichtlich von L_{max}, l_{max} und den Zeitpunkten t_i (i = 1, 2, 3, 4) ab, wobei allerdings, wie später noch auszuführen ist, einige Variablen eliminiert werden können.

Aus den voranstehenden zwei Modellen wird deutlich, wie durch Hinzunahme immer weiterer Merkmale Lagerhaltungsprobleme zunehmend komplizierter formuliert werden können[93]. Welche Möglichkeiten dazu bestehen, hat in anschaulicher Weise Abb. 2.22 gezeigt.

Methoden zur Lösung von Lagerhaltungsmodellen

Die mathematischen Hilfsmittel, die zur Lösung dieser Modelle benötigt werden, reichen von einfachsten geometrischen Überlegungen über die dynamische Programmierung[94] bis zur Anwendung der Theorie der Servomechanismen[95]. Lagerhaltungsmodelle, welche die Auswirkungen der einen Zeitperiode auf die nächste Zeitperiode mit einbeziehen, heißen dynamische Modelle. Für dynamische Modelle existieren nur sehr selten explizite mathematisch-analytische Lösungen. Sie werden mit numerischen Näherungsalgorithmen gelöst, beispielsweise mit Hilfe der dynamischen Programmierung. Zur Einführung in die wichtigsten anwendungsrelevanten Teile der Theorie der Lagerhaltung seien insbesondere die Lehrbücher von Hadley und Whithin[96] sowie Starr und Miller[97] empfohlen. Im folgenden werden die beiden voranstehend formulierten Modelle gelöst. Dies bedeutet eine Be-

---

[93]) Vgl. z. B. aus der neueren Literatur Hochstädter (1969); Müller (1972); Neuvians (1971); Popp (1968).
[94]) Vgl. Arrow, Karlin und Scarf (1958); Hanssmann (1962), S. 51 ff.; Hausman und Thomas (1972).
[95]) Vgl. hierzu Holt et al. (1960), S. 363 ff. und die dort zitierte Literatur.
[96]) Vgl. Hadley und Within (1963).
[97]) Vgl. Starr und Miller (1962).

schränkung auf die elementarsten Gesichtspunkte, die in einführenden Lehrbüchern über das Gesamtgebiet der Unternehmensforschung zu finden sind. Abschließend soll dann kurz die Frage diskutiert werden, welche Bedeutung deterministische Lagerhaltungsmodelle besitzen, wenn einige der verwendeten Größen unbekannt sind.

Die klassische Losgrößen-(Bestellmengen-)Formel

Unter den vereinfachenden Annahmen des ersten Modells (vgl. Abb. 2.23) bestehen die jährlichen Gesamtkosten aus den Rüstkosten pro Produktionslos (bzw. den fixen Bestellkosten pro Bestellvorgang) und den Lagerkosten. Werden X Güter auf einmal produziert (bestellt), so werden pro Lagerzyklus T $\frac{D}{X}$ Produktionslose (Bestellvorgänge) benötigt. Die hierbei anfallenden gesamten Rüst- bzw. Bestellkosten C_r sind: $C_r = \frac{D}{X} \cdot c_r$; der durchschnittliche Lagerbestand pro Zeiteinheit ist $\frac{X}{2}$. Die gesamten Lagerhaltungskosten betragen $C_l = \frac{X}{2} \cdot c_l$. Die gesamten Lagerkosten sind die Summe dieser beiden Komponenten: $C = C_r + C_l$.

(I 3) $$C = \frac{D \cdot c_r}{X} + \frac{X \cdot c_l}{2}$$

Das Optimum (Minimum der gesamten Lagerkosten) läßt sich entweder graphisch (vgl. Abb. 2.26) oder durch Anwendung der Differentialrechnung bestimmen.

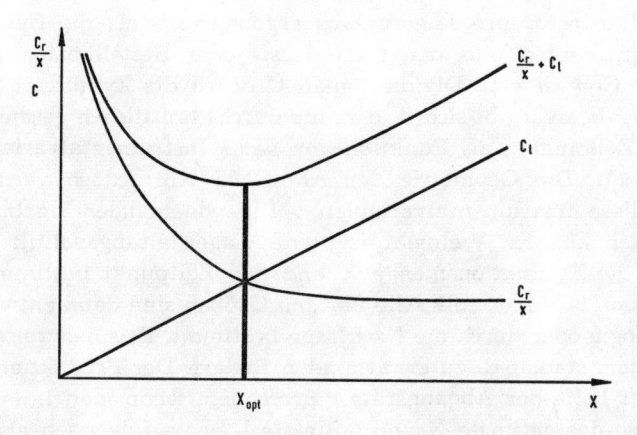

(I 4) $$\frac{dC}{dX} = - \frac{D c_r}{X^2} + \frac{c_l}{2}$$

Abb. 2.26: Graphische Lösung des Bestellmengenproblems aus Abb. 2.23

Setzt man $\dfrac{dC}{dX} = 0$, so folgt

(I 5) $$X_0 = \sqrt{\dfrac{2Dc_r}{c_l}}$$

Die Berücksichtigung von Lagerzyklen und Fehlmengenkosten in der optimalen Bestellmenge bei kontinuierlicher Abgangs- und Zugangsrate

In Abb. 2.23 und 2.25 wird der Lagerbestand L als Funktion der Zeit betrachtet, d. h. L = f(t); in Abb. 2.23 ist der Lagerbestand pro Zyklus $\int_0^{t_1} L(t)\, dt = \dfrac{X}{2}$, wenn $t_1 = \dfrac{1}{y}$ und $y = \dfrac{D}{X}$ die Auflagenhäufigkeit darstellt sowie wenn $L_{max} = X_0 =$ konstant und $l_{max} = 0$. In Abb. 2.25 dagegen ist der Lagerbestand pro Zyklus gleich $\int_A^E L(t)\, dt$ oder gleich der Fläche des Dreiecks $\overline{ABC}$, d. h. $L_{max}(t_1 + t_2)/2$. Dies ist das Mengengerüst der Lagerhaltung.

Der Mengenfaktor der Lagerhaltung ist mit den zeitproportionalen variablen Lagerhaltungskosten c_l zu multiplizieren:

(I 6) $$C_l = \dfrac{c_l \cdot L_{max}(t_1 + t_2)}{2}$$

Mit Hilfe einer analogen Überlegung ergeben sich die Fehlmengenkosten pro Lagerzyklus

(I 7) $$C_f = \dfrac{c_f \cdot l_{max}(t_3 + t_4)}{2}$$

Die Gesamtkosten C pro Lagerzyklus ergeben sich als die Summe dieser beiden Komponenten plus den fixen Rüst- oder Bestellkosten pro Lagerzyklus: $C = C_l + C_f + c_r$. Dividiert man C durch die Zykluszeit $T = t_1 + t_2 + t_3 + t_4 = \overline{AH}$, so ergibt sich K, d. h. die durchschnittlichen gesamten Lagerkosten pro Zeiteinheit, als Funktion von sechs Instrumentalvariablen: L_{max}, l_{max}, t_1, t_2, t_3, t_4. Die Geometrie der Abb. 2.25 läßt jedoch vermuten, daß nicht alle diese Instrumentalvariablen völlig voneinander unabhängig gewählt werden können. Vielmehr ist eine Lagerhaltungspolitik festgelegt, wenn man die Produktionsmenge X und den Zeitpunkt bestimmt, zu dem die Produktion beginnen soll. Alle übrigen Größen sind dann entweder durch die Technologie oder durch die Nachfrage bestimmt. Beispielsweise errechnet sich r aus dem statistisch zu ermittelnden Bedarf. Der Produktionszeitpunkt läßt sich mit Hilfe der Abgangsrate r errechnen, wenn man l_{max} kennt. Gesucht ist also das optimale X und optimale l_{max}, im folgenden als X_0 und l_0 bezeichnet.

In Periode t_1 gilt, daß sich L_{max} als das Produkt der Nettozugangsrate $(q-r)$ und der in der Periode t_1 produzierten Menge errechnet:

(I 8) $$L_{max} = t_1(q-r)$$

Analog gilt für t_2 und t_3 (es wird nicht produziert!)

(I 9) $$L_{max} = t_2 \cdot r \qquad \text{und}$$

(I 10) $$l_{max} = t_3 \cdot r$$

Während t_4 werden die akkumulierten Fehlmengen mit der Differenz zwischen der Zugangs- und der Abgangsrate abgebaut, d. h., der Fehlmengenbestand ergibt sich wie folgt:

(I 11) $$l_{max} = t_4 \cdot (q-r)$$

Schließlich müssen sich pro Lagerhaltungszyklus noch die produzierte Menge X und die Lagerentnahmen ausgleichen:

(I 12) $$X = r \cdot T = r(t_1 + t_2 + t_3 + t_4)$$

oder unter Zuhilfenahme der voranstehenden Gleichungen:

(I 13) $$X = \frac{q(t_2 + t_3)}{q-r} \cdot r$$

Unter Ausnutzung der voranstehenden Gleichungen ergeben sich nach einigen Einsetzungen und algebraischen Manipulationen die durchschnittlichen Lagerkosten pro Zeiteinheit K:

(I 14) $$K = \frac{\frac{1}{2} \cdot qr(c_l t_2^2 + c_f t_3^2) + c_r(q-r)}{q(t_2 + t_3)}$$

Um die optimalen Werte für t_2 und t_3, d. h. t_2^0 und t_3^0, zu finden, muß K partiell nach t_2 und t_3 differenziert werden. Die sich ergebenden zwei Gleichungen sind Null zu setzen und nach den Variablen t_2 und t_3 aufzulösen. Es ergibt sich:

(I 15) $$t_2^0 = \sqrt{\frac{2c_f c_r(1-r/q)}{r(c_l+c_f)\,c_l}}$$

(I 16) $$t_3^0 = \sqrt{\frac{2c_l c_r(1-r/q)}{r(c_l+c_f)\,c_f}}$$

Hieraus folgt mit Hilfe der Gleichungen (I 8) und (I 13) die optimale Lagerhaltungspolitik:

(I 17) $$X_0 = \sqrt{\left(\frac{2rc_r}{c_l}\right)\left(\frac{1}{1-r/q}\right)\left(\frac{c_l+c_f}{c_f}\right)}$$

$$\text{(I 18)} \qquad l_0 = \sqrt{\frac{2rc_l c_r (1 - r/q)}{(c_l + c_f) c_f}}$$

Lagerhaltungsmodelle und das Problem der Informationskosten

Bereits bei Betrachtung der Lösungen zu den voranstehenden elementaren Modellen wird deutlich, daß die meisten der benötigten Parameter nicht a priori bekannt sind. Sie müssen auf Grund statistischer Beobachtungen ermittelt werden, was recht kostspielig, wenn nicht unmöglich sein kann. Weiterhin erfordert die Analyse von probabilistischen Lagerhaltungsmodellen fortgeschrittene Techniken der Wahrscheinlichkeitsrechnung bis hin zur Theorie stochastischer Servomechanismen. Es fragt sich, ob ein derartiger Aufwand im Lichte der zu erwartenden Verbesserungen der Entscheidungen überhaupt gerechtfertigt ist. Dies führt zu der Frage nach den Nutzen und Kosten zusätzlicher Informationen, wenn bestimmte Werte, die zur Berechnung einer optimalen Politik benötigt werden, nicht bereits bekannt sind.

Um das grundsätzliche Prinzip zur Beantwortung dieser Frage zu verdeutlichen, sei nochmals auf die klassische Losgrößenformel in der Gleichung (I 5) Bezug genommen. Die Frage, die es zu untersuchen gilt, lautet: Hat diese Formel für das Management irgendeinen praktischen Nutzen, wenn der Wert der Kostenparameter c_r und c_l aus irgendwelchen Gründen nicht ermittelt werden kann?

Sicherlich läßt sich ohne Kenntnis der genannten Kostenparameter die optimale Lagerhaltungspolitik nicht bestimmen. Das gleiche gilt, wenn der Parameter D, d. h. die Nachfrage, unbekannt ist. Die maßgebende Überlegung ist aber die folgende: Es läßt sich zeigen, daß jede tatsächliche Entscheidung, die über den Wert von X getroffen wird, einen Wert für die relevanten Kostengrößen induziert. Wenngleich sich auf diese Weise den unbekannten Kostengrößen auch keine festen Werte zuweisen lassen, so kann dies doch dazu genutzt werden, die logische Konsequenz einer Lagerhaltungspolitik zu überprüfen.

Auf diese Weise läßt sich unter Umständen vermeiden, daß die bestehenden Gepflogenheiten mit einer optimalen Lagerhaltungspolitik unverträglich sind. Betrachtet man in einem solchen Fall beispielsweise die tatsächlichen Werte für einen Teil der Instrumentalvariablen der Lagerhaltungspolitik als politisch gegebenes Datum, dann lassen sich unter Umständen für die Werte des restlichen Teils der Instrumentalvariablen bestimmte logische Beschränkungen ableiten, denen sie genügen müssen, wenn die Politik insgesamt optimal sein soll. Ist die Nachfrage unbekannt, so läßt sich möglicherweise zeigen, daß die optimale Bestellpolitik im Bereich eines breiten Intervalls von der genauen Höhe dieser Nachfrage unabhängig ist. Sofern die Nachfrage in diesem Bereich liegt, kann die optimale Bestellpolitik errechnet werden, ohne daß es dazu genauerer Untersuchungen bedarf. Schließlich läßt sich aus der Nettogewinnerhöhung, die sich mit Hilfe einer genauen Kenntnis eines oder mehrerer Parameter erzielen läßt, eine Kostenschranke für die Maßnahmen der Informationsgewinnung ableiten. Diese Kostenschranke weist den unbekannten Informationen einen Wert zu. Die Kenntnis dieses Wertes kann eine große Hilfe sein, wenn es darum geht, zu entscheiden, ob weitere statistische Untersuchungen zur Bestimmung der unbekannten Parameter angestellt werden sollen.

All dies erfordert keinen großen mathematischen Aufwand, sondern nur eine aufgeschlossene Haltung gegenüber der Anwendung quantitativer Methoden. Auch mit dem bereits vorhandenen A-priori-Wissen, wie ungenügend es auch immer sein mag, lassen sich oft wertvolle Hinweise zur Approximation einer optimalen Lagerhaltungspolitik finden[98]).

2.22 Prognosemethoden in logistischen Systemen

Nachdem im vorangegangenen Abschnitt einige für logistische Entscheidungen relevante Entscheidungsmodelle dargestellt wurden, gilt nun Prognosemodellen das besondere Interesse. Es wurde bereits in Kapitel 2.1 darauf hingewiesen, daß im allgemeinen allein aus dem formalen Kalkül nicht geschlossen werden kann, ob ein deskriptives oder normatives Modell vorliegt. Ein Kalkül kann sowohl Prognose- als auch Entscheidungsmodell sein. Entscheidend sind letztlich die Interpretation und die Pragmatik seitens des Verwenders. Allerdings werden in der sozialwissenschaftlichen Literatur einige spezifische Methoden zur Generierung von Vorhersagen diskutiert. Zu ihnen zählen insbesondere

— Anwendungen der Warteschlangentheorie,

— Monte-Carlo-Methoden,

— Simulationsmodelle,

— Trendrechnungen,

— ökonometrische Modelle.

Die theoretischen Instrumente, die sich hinter diesen Namen verbergen, sind teilweise sehr eng miteinander verwandt. Zur Lösung eines konkreten Problems werden häufig mehrere Verfahren benötigt, die sich gegenseitig ergänzen. So wird vor allem eine computerunterstützte Vorhersagestrategie meist Elemente aus mehreren der aufgezählten Gebiete benutzen. Trotz dieser engen Beziehungen zwischen den Methoden verbindet sich mit jedem der genannten Gebiete eine spezifische Denkweise, die es nahelegt, aus didaktischen Gründen nach ihnen zu gliedern.

---

[98]) Leicht lesbare Einführungen in die Grundsätze der Informationsökonomik und illustrative Beispiele finden sich bei Emery, J. C. (1969), S. 64 ff. und S. 91 ff.; Miller und Starr (1969), S. 328 ff.

2.221 Die Warteschlangentheorie

Die Warteschlangentheorie kann sowohl zur Konstruktion von Entscheidungsmodellen wie zur Ableitung von Prognosen beitragen[99]). Als Prognosemethode vermag sie vor allem über wahrscheinliche (bzw. langfristig zu erwartende) Zustände eines Systems Auskunft zu geben. Im Mittelpunkt des Interesses stehen Vorhersagen über Engpässe eines Systems, die in verschiedener Weise gemessen werden können. Mögliche Maße sind beispielsweise die durchschnittliche Wartezeit, der durchschnittliche Nutzungsgrad des Systems, die erwartete Länge der Warteschlange usw.

Grundbegriffe der Warteschlangentheorie

Die wichtigsten Merkmale, die ein Warteschlangenproblem definieren, sind[100]):

(1) die Spezifikation einer *Abfertigungsstelle*, insbesondere Angaben über die statistische Verteilung der Ankunftsereignisse, gemessen an der mittleren Ankunftsrate (einschließlich eventueller zeitlicher Interdependenzen), und die Streuung der Ankunftsereignisse;

(2) die Beschreibung des *Abfertigungsmechanismus*, auch Bedienungsstrategie genannt; zu ermitteln sind hier die Kapazität, die Bereithaltebedingungen und die statistische Verteilung der Abfertigungszeiten;

(3) die *Warteschlangenordnung* oder *-disziplin*. Diese gibt an, was mit den Ankunftsereignissen passiert, die nicht sofort bedient werden. Sind diese z. B. Kundenaufträge, dann können sie aus der Warteschlange von selbst verschwinden. Ferner enthält sie Angaben über die Bedienungsprioritäten, z. B. „der gewinnbringendste Kunde zuerst", Regeln wie „wer zuerst (bzw. zuletzt) kommt, wird zuerst (bzw. zuletzt) bedient", Zufallsauswahl, Prioritätsgruppen mit einem der genannten Auswahlmechanismen usw.

Wir werden hier nur den einfachsten Fall der Warteschlangentheorie betrachten, nämlich die isolierte Abfertigungsstelle mit voneinander unabhängigen zufälligen Ankunftsereignissen, mit konstanten durchschnittlichen Ankunfts- und Abfertigungsintervallen und negativ exponentiell verteilter Abfertigungszeit. Zur genaueren Erklärung dieses Grundmodells ist es zweckmäßig, einige Symbole einzuführen (vgl. Abb. 2.28). Abb. 2.27 zeigt eine Abfertigungsstelle, an der Kunden, Fahrzeuge usw. eintreffen und eine Schlange, etwa wie vor einem Fahrkartenschalter, bilden.

---

[99]) Zur Warteschlangentheorie vgl. Feller (1968); Ferschl (1964); Morse (1958); Prabhu (1962); Saaty (1961); Völzgen (1971) sowie die Bibliographie von Doig (1957).
[100]) Vgl. z. B. Ackoff und Sasieni (1968), S. 248 ff.; Churchman, Ackoff und Arnoff (1968), S. 357 ff.; Cox (1968).

$$\hat{a} = \sum_{i=1}^{4} (t_{i+1} - t_i) / 4$$

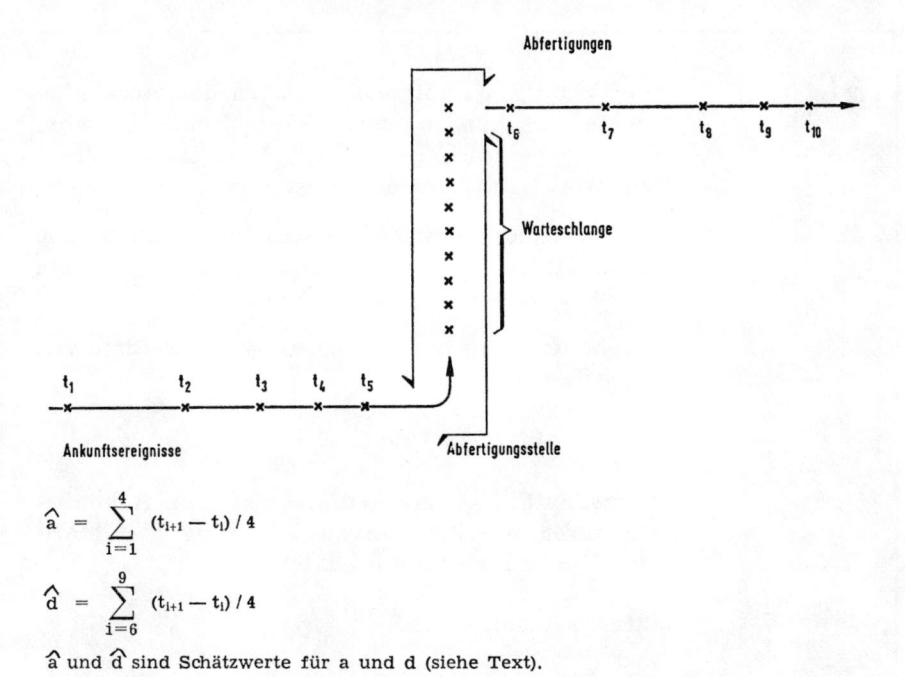

$$\hat{d} = \sum_{i=6}^{9} (t_{i+1} - t_i) / 4$$

$\hat{a}$ und $\hat{d}$ sind Schätzwerte für a und d (siehe Text).

Abb. 2.27: *Ein einfaches Abfertigungssystem*

Als Vorhersage wird der Gleichgewichtszustand des Systems benutzt. Dieser besteht aus jenen Werten, nach denen n und $p_n(t)$ konvergieren, wenn beliebig viel Zeit verstreicht, d. h., wenn der Zeitindex i unbegrenzt wächst. Die Gleichgewichtszustände sind das Ergebnis eines stochastischen Prozesses. In aller Regel beschränkt man sich auf die Analyse einer speziellen Klasse von stochastischen Prozessen, nämlich solcher, bei denen die Übergangswahrscheinlichkeit von Zustand i nach Zustand j in jedem Zeitpunkt t, d. h. also $p_{ij}(t)$, von den vergangenen Zeitpunkten $t-1$, $t-2$, ... stochastisch unabhängig sind. Das bedeutet, daß die Vergangenheitsereignisse sich zwar im Prozeßzustand der Gegenwart niederschlagen, die zukünftigen Zustände aber nur vom gegebenen Gegenwartszustand abhängen. Stochastische Prozesse, die dieser Bedingung genügen, heißen *Markov-Prozesse*. Wenn das stochastische Verhalten eines Systems den Bedingungen eines Markov-Prozesses genügt, dann vereinfacht sich die mathematische Analyse ganz erheblich.

Es gibt Systeme, in denen sich verschiedene Gleichgewichtszustände einstellen, je nachdem, bei welchem Ausgangszustand der Konvergenzprozeß beginnt. In aller Regel konzentriert sich die Warteschlangentheorie aber auf solche Markov-Prozesse, die eine Gleichgewichtsverteilung besitzen, welche „auf lange Sicht" unabhängig davon ist, in welchem Zustand sich das System ursprünglich befand (ergodische Systeme).

a:	durchschnittliches Intervall zwischen den Auskunftspunkten der Kunden, wenn diese auf einer Zeitachse abgetragen werden, gemessen in Minuten. Im folgenden kurz als mittleres Ankunftsintervall bezeichnet
d:	Mittelwert der Häufigkeitsverteilung, die angibt, wie sich die Abfertigungszeiten verteilen, ist die erwartete Dienstleistungszeit, gemessen in Minuten
T/d:	Anzahl der Kunden, die in einem langen Zeitintervall T abgefertigt werden
$\mu = \dfrac{1}{d}$:	mittlere Abfertigungsrate
T/a:	durchschnittliche, erwartete Anzahl von Ankunftsereignissen pro Zeitintervall T (analog der durchschnittlichen Dienstleistungsrate)
$\lambda = \dfrac{1}{a}$:	mittlere Ankunftsrate
$r = \dfrac{\lambda}{\mu} = \dfrac{d}{a}$:	Verhältnis von durchschnittlicher Dienstleistungsrate zu Abfertigungsrate (mißt die Auslastung der Abfertigungsstelle). Dieser dimensionslose Quotient heißt Verkehrsintensität (traffic intensity)[101]
t:	kontinuierliche Zeitachse
t_i:	Zeitpunkt t_i mit i = 1, 2, ..., n
$t + \Delta t$:	ein Zeitintervall
$p_n(t)$:	Wahrscheinlichkeit, daß sich zum Zeitpunkt t n Kunden im System befinden, mit n = 0, 1, 2, ..., usw.
$\bar{n}$:	mittlere Länge der Warteschlangen, d. h. die Anzahl von Einheiten (Kunden) in der Warteschlange

$p_n(t)$ und $\bar{n}$ sind meist nicht gegeben, sondern werden aus den Annahmen über die Eigenschaften des Systems abgeleitet und werden damit zum Gegenstand von Vorhersagen.

Abb. 2.28: *In der Warteschlangentheorie verwendete Symbole*

---

[101] Von Kendall wurde vorgeschlagen, die Verkehrsintensität in „Erlang" zu messen, um den Begründer der Warteschlangentheorie (Erlang, 1909) zu ehren. Diese Bezeichnung scheint sich aber nicht recht durchgesetzt zu haben.

Ein Beispiel mag diese Übelegungen verdeutlichen[102]). Ein System habe zwei Zustände, die mit z_0 und z_1 bezeichnet werden. Die Übergangswahrscheinlichkeit vom Zustand z_1 nach z_1 sei p_{11} und bekannt (z. B. gleich 0,6). Analog sei die Übergangswahrscheinlichkeit von Zustand z_0 nach z_1, d. h. p_{01}, gleich 0,3. Offensichtlich sind die Übergangswahrscheinlichkeiten $p_{00} = 1-p_{01} = 0,4$ und $p_{10} = 1-p_{11} = 0,7$. Ausgehend von den gegenwärtigen Zuständen des Systems läßt sich das zukünftige Verhalten wie folgt vorhersagen:

(1) Ausgehend vom ursprünglichen Zustand z_0, ist die Wahrscheinlichkeit w_{t+1}^1 für Zustand z_1 zum Zeitpunkt $t + 1$:

(Q 1) $\qquad w_{t+1}^1 = p_{11} w_t^1 + p_{01} (1-w_t^1)$

(2) Ausgehend vom ursprünglichen Zustand z_1, ist die Wahrscheinlichkeit v_{t+1}^1 für Zustand 1 zum Zeitpunkt $t + 1$:

(Q 2) $\qquad v_{t+1}^1 = p_{11} v_t^1 + p_{01} (1-v_t^1)$

Analoge Gleichungen existieren für die Vorhersage von Zustand z_0, d. h. für w_{t+1}^0 und v_{t+1}^0. Offensichtlich ist $w_{t=1}^1 = p_{01} = 0,3$ und $v_{t=1}^1 = p_{11} = 0,6$. Damit können die Wahrscheinlichkeiten w_t und v_t durch laufendes Einsetzen berechnet werden. Es ergibt sich folgende Tabelle:

t =	1	2	3	4	5	6	7	8
w_t =	0,3	0,39	0,417	0,4251	0,4275	0,4283	0,4285	0,4286
v_t =	0,6	0,48	0,444	0,433	0,430	0,429	0,4287	0,4286

Die Konvergenz gegen Gleichgewichtswerte für w_t und v_t ist offensichtlich. Mit Hilfe der Gleichungen (Q 1) und (Q 2) läßt sich leicht zeigen, daß für den Fall, daß ein Gleichgewicht existiert, gilt: $v = w = 0,3/0,7$. Dieser Wert ist die Vorhersage für den Zustand des Systems, wenn t genügend groß wird. Im vorliegenden Beispiel genügt hierfür bereits $t \geq 7$. Wie rasch ein System gegen den Gleichgewichtswert konvergiert, hängt selbstverständlich von den konkreten Zahlenwerten ab.

Mit Hilfe mathematischer Methoden versucht man im wesentlichen, (1) zu bestimmen, ob eine eindeutig bestimmte statistische Gleichgewichtsverteilung für das System besteht und was die Bedingungen hierfür sind, (2) unter der Annahme, daß diese Bedingungen gegeben sind, die Gleichgewichtsverteilung abzuleiten und (3) das Verhalten des Systems in der Zeit zu studieren, wenn es nicht im Gleichgewicht ist. Das System ist meist nicht im Gleichgewicht, wenn es sich im Anfangsstadium befindet; ferner ist denkbar, daß sich die statistischen Parameter eines Systems im Zeitablauf ändern.

---

[102]) In Anlehnung an Ackoff und Sasieni (1968), S. 251 f.

Die Antwort zu (1) kann meist intuitiv gegeben werden, obwohl zwingende Beweise oft anspruchsvolle mathematische Reduktionen verlangen. Der erste Schritt ist meist, den Wert von r zu bestimmen. Ist dieser größer als 1, dann kann kein Gleichgewicht bestehen[103]. Ist r kleiner als 1, dann ist zu erwarten, daß sich ein statistisches Gleichgewicht einstellen wird, in dem die Anzahl der Elemente (Kunden) im System mit einer stabilen Wahrscheinlichkeitsverteilung schwankt. Das Ausmaß der Schwankungen und damit die Verteilung der Warte- und Beschäftigungszeiten hängen offensichtlich von der Varianz der Ankunfts- und Abfertigungsereignisse ab.

Antworten auf die Frage (2) bilden den Schwerpunkt der Literatur zur Warteschlangentheorie. Wir werden hierfür ein einfaches Modell zur Warteschlangentheorie angeben. Die Antwort auf die Frage (3) ist meist nur von Interesse, wenn Vorhersagen über das kurzfristige Verhalten des Systems gemacht werden sollen. Hierzu liegen jedoch nicht allzu viele brauchbare mathematische Ergebnisse vor. Es bietet sich aber die Simulation als Mittel an, das Verhalten des Systems experimentell zu studieren.

Analyse einer Bedienungsstelle mit der Anwendung von Markov-Prozessen

Eine Warteschlange genügt den Bedingungen eines Markov-Prozesses, wenn (1) die Wahrscheinlichkeit einer Ankunft im Zeitintervall (t, t + Δt) gleich Δt/a ist. Entsprechend ist dann $\lambda(\Delta t)$ die Wahrscheinlichkeit, daß sich im genannten Zeitintervall eine neue Einheit der Warteschlange anschließt. Dies besagt, daß die Ankunftsereignisse statistisch voneinander und von allen anderen Ereignissen unabhängig sind. Die entsprechende Bedingung (2) für die Verteilung der Abfertigungszeiten ist, daß, wenn ein Kunde zum Zeitpunkt t bedient wird, die Wahrscheinlichkeit seiner Abfertigung im Zeitintervall (t, t + Δt) gleich Δt/d ist, d. h., die Abfertigungszeit ist unabhängig von der Länge der Zeit, die bei der Bedienung des Kunden bereits verstrichen ist.

Man kann zeigen, daß die Verteilung der Ankunftsereignisse, die durch die Annahme (1) generiert wird, d. h. die Wahrscheinlichkeit, daß n Kunden in einem endlichen Zeitraum t ankommen, gleich $\dfrac{(\lambda t)^n e^{-\lambda t}}{n!}$ ist, d. h. der Poissonverteilung folgt. Die Wahrscheinlichkeit, daß ein Intervall die Länge t überschreitet, ist gleich der Wahrscheinlichkeit, daß keine Ankunftsereignisse in dem Intervall auftreten, das dem Intervall t unmittelbar folgt. Um

---

[103] Es läßt sich zeigen, daß ein Warteschlangensystem, bestehend aus m Abfertigungsstellen mit identischen Eigenschaften und mit beliebiger statistischer Verteilung der Abfertigungszeiten, ein Gleichgewicht erreichen kann, wenn r/m < 1, d. h. $\lambda/m\mu < 1$. Ist die Ankunftsrate pro Abfertigungsstelle genau gleich der Abfertigungsrate, dann wächst die Warteschlange über alle Grenzen, es sei denn, die Ankunftsereignisse sind deterministisch regelmäßig nach Abständen gestaffelt, die der mittleren Abfertigungsrate gleich sind. Dieses Ergebnis ist die Konsequenz der Tatsache, daß Stillstandszeiten weder gespeichert noch nachgeholt werden können.

diese Wahrscheinlichkeit zu ermitteln, ist n gleich Null zu setzen, und aus der Poissonverteilung ergibt sich dann $e^{-\lambda t}$. Somit folgt aus diesen Annahmen, daß die Zeit zwischen den Ankunftsereignissen negativ exponentiell verteilt ist. Für die Abfertigungszeit x wird meist die Dichtefunktion $\mu \cdot e^{-x\mu}$ angenommen.

Die Annahme poissonverteilter Ankünfte ist nicht so unrealistisch, wie es im ersten Augenblick scheinen mag. Beispielsweise werden Eisenerzschiffe so eingesetzt, daß sie zu bestimmten Zeitpunkten bei den Stahlwerken ankommen. Beobachtungen haben jedoch gezeigt, daß Wetterschwankungen und die Gezeiten dahin wirken, daß die fahrplanmäßigen Ankunftszeiten nicht in der Weise eingehalten werden können, daß die tatsächlichen Ankunftszeiten poissonverteilt sind. Das gleiche Phänomen wurde auf Flughäfen beobachtet. Obwohl die Landungen und Abflüge zu fixen Zeitintervallen geplant werden, gehorchen die tatsächlichen Landungen und Starts einer Poissonverteilung, weil die Flugzeuge häufig um mindestens den gleichen Betrag wie das durchschnittliche geplante Landungs- und Startintervall zu spät oder zu früh ankommen bzw. abfliegen. Um 1909 beobachtete A. K. Erlang, daß Telefonanrufe bei der Vermittlung in einer solchen Reihenfolge ankommen, daß die Annahme, sie seien poissonverteilt, zu zweckmäßigen Schlußfolgerungen hinsichtlich der notwendigen Vorhaltekapazität führt[104].

Weiterhin läßt sich zeigen[105], daß unter den gemachten Annahmen die Werte für $p_n(t)$, ferner die Wahrscheinlichkeit für eine Warteschlange der Länge n und die durchschnittliche Länge der Warteschlange vorhergesagt werden können. Hierzu muß die Menge der linearen Differentialgleichungen aufgestellt werden, welche die Übergangswahrscheinlichkeiten für das Verhalten des Systems in Abhängigkeit von der Zeit t bestimmen. Da es sich um einen kontinuierlichen, stochastischen Prozeß handelt, werden die Übergangswahrscheinlichkeiten mathematisch durch einen Differentialquotienten ausgedrückt, d. h. durch

(Q 3) $$\frac{dp_n(t)}{dt} = f(p_n(t)).$$

Die mathematische Analyse dieser Gleichungen, die das Verhalten des Systems in der Zeit beschreiben, ist verhältnismäßig umständlich. Deshalb wird vorausgesetzt, daß $r < 1$ ist. Hieraus folgt, daß das System eine langfristige Gleichgewichtsverteilung besitzen muß, die unabhängig von der Zeit ist. Diese Gleichgewichtsverteilung besteht aus der Menge aller Wahrscheinlichkeiten $\{p_n\}$ mit $n = 0, 1, 2, \ldots$ Sind die Wahrscheinlichkeiten $p_n(t)$ im Zeitablauf konstant, dann ist obiger Differentialquotient selbstverständlich gleich Null. Obige Differentialgleichungen werden damit zeitunabhängig.

---

[104] Diese Beispiele finden sich bei Ackoff und Sasieni (1968), S. 253.
[105] Vgl. beispielsweise Ackoff und Sasieni (1968), S. 253 ff. oder Churchman, Ackoff und Arnoff (1968), S. 359.

Die genannten Differentialgleichungen gelten nicht für den Fall n = 0. Deshalb ist als zweiter Schritt die Wahrscheinlichkeit dafür abzuleiten, daß zum Zeitpunkt t + Δt sich 0 Einheiten in der Warteschlange befinden. Hierdurch erhält man eine Reihe von Gleichungen, die implizit die Beziehung zwischen Wartezeit und Bedienungszeit ausdrücken, um so die Basis für die Lösung vieler Warteschlangenprobleme zu liefern. Je nachdem, wie kompliziert die Funktion $p_n(t)$ ist, sind die Lösungen mehr oder weniger schwierig. Wenn man annimmt, daß $p_n(t)$ von t unabhängig ist, gelangt man jedoch zu einer formelmäßigen Standardlösung. Dabei ist

(1) die Wahrscheinlichkeit dafür, daß sich n Elemente (Arbeitsstücke, Kunden) im System befinden,

(Q 4) $$p_n = \left(\frac{\lambda}{\mu}\right)^n p_0$$

(2) die durchschnittliche Länge der Warteschlange

(Q 5) $$\bar{n} = \sum_{n=0}^{\infty} n p_n$$

(3) ferner die Wahrscheinlichkeit, daß sich eine Warteschlange der Länge n ergibt,

(Q 6) $$p_n = \left(\frac{\lambda}{\mu}\right)^n \left(1 - \frac{\lambda}{\mu}\right)$$

Diese Formel setzt freilich voraus, daß die durchschnittliche Ankunftsrate kleiner ist als die durchschnittliche Abfertigungsrate. Ansonsten wächst die Warteschlange ins Grenzenlose. Ist diese Bedingung aber erfüllt, so läßt sich zeigen, daß $p_0 = 1 - \left(\frac{\lambda}{\mu}\right)$. Die Warteschlange der Länge n ergibt sich dann als das logische Produkt aus der Wahrscheinlichkeit, daß sich n Kunden im System befinden, und der Wahrscheinlichkeit, daß sich kein Kunde gerade in der Abfertigung befindet, also kein Kunde im System ist.

Anwendungen der Warteschlangentheorie

Es wurde bereits darauf hingewiesen, daß die Warteschlangentheorie zur Aufstellung sowohl von Entscheidungsmodellen als auch von Prognosemodellen benötigt wird. Entscheidungsprobleme entstehen immer dann, wenn entweder Kunden oder Abfertigungsstellen warten müssen und sowohl mit der Wartezeit des Kunden als auch mit der Wartezeit der Abfertigungsstellen Kosten verbunden sind. Typische Beispiele für Entscheidungsprobleme sind[106]:

---

[106] Vgl. Ackoff und Sasieni (1968), S. 249.

— Wieviele Kassen sollen in einem Supermarkt eingerichtet werden?

— Wieviele Landebahnen sollen für einen Flughafen geplant werden?

— Wieviele Anlegestellen soll ein Hafen für Passagierschiffe und Frachter bereithalten?

— Wieviele Parkplätze werden für eine Behörde benötigt?

— Wieviele Verkäuferinnen soll ein Geschäft anstellen?

— Wieviele Reparaturkolonnen soll eine Fabrik unterhalten?

— Wieviele Ärzte werden in einer Klinik benötigt?

— Wieviele Betten soll ein Krankenhaus haben?

— Wie sollen die Abflugzeiten von Flugzeugen bzw. die Abfahrtzeiten von Eisenbahnen und Bussen festgesetzt werden?

Anwendungsbereiche der Warteschlangentheorie sind in mikrologistischen Systemen nicht zuletzt die Lagerhaltung (vor allem Zwischenläger), die Produktionsabläufe, die Auftragsbearbeitung, der innerbetriebliche Transport und die Nachrichtenübermittlung. Weiterhin können manche Wartungsprobleme als Warteschlangenaufgaben formuliert werden. Die zu reparierenden Ausrüstungsgegenstände sind in diesem Falle die „Kunden" und die Reparaturkolonnen die Abfertigungsstellen. In diesem Falle geht die Abfertigungsstelle zum „Kunden" und nicht der „Kunde" zur Abfertigungsstelle. Die Stillstandskosten der Ausrüstungsgegenstände sind die Kosten der Wartezeit für den „Kunden". Ähnlich sind Lagerhaltungsprobleme zu betrachten. Ein empfangener Auftrag ist in diesem Falle als „Kunde" zu betrachten. Das Lager ist die Abfertigungsstelle, welche die gewünschten Gegenstände vom Vorrat an den Kunden liefert. Die Abfertigung als solche ist der Vorgang, den leeren Lagerplatz dadurch wieder aufzufüllen, daß neue Einheiten nachbestellt werden. Die Warteschlange ist die Anzahl dieser Nachbestellungen, welche die Lagerhaltung erhöhen, wenn keine Aufträge vorliegen. Um ein derartiges Lagerhaltungsproblem zu lösen, muß das Modell einer Warteschlange in das Lagerhaltungsmodell eingebettet werden[107].

Die vereinfachenden Annahmen, welche in Kauf genommen werden müssen, um die Warteschlangenmodelle analytisch handhabbar zu machen, sind ganz beträchtlich. Die Anzahl von Warteschlangenproblemen, die vollständig durch analytische Methoden gelöst werden können, ist relativ klein. Die Bedeutung der Warteschlangentheorie für die Praxis liegt daher mehr in ihrer Funktion als theoretischer Bezugsrahmen, mit dem wirkliche Fragestellungen geordnet und durchdacht werden können. Ist das Problem einmal formalisiert, dann lassen sich komplexe Warteschlangenprobleme meist nur mit Hilfe von Monte-Carlo-Simulationen auf experimentellem Wege lösen. Auf die Monte-Carlo-Methode wird im folgenden noch eingegangen. Auf

---

[107] Vgl. hierzu beispielsweise Morse (1958); Prabhu (1962).

analytischem Wege lassen sich meist nur Teilaspekte einer wirklichkeitsnahen Fragestellung lösen.

In diesem Abschnitt stand die Warteschlangentheorie speziell als Prognosemethode zur Diskussion. Ein instruktives Anwendungsbeispiel hierzu ist die Vorhersage von Verkehrsflüssen. Dabei geht es um die Prognose von Verzögerungen, von Stauungen an geregelten und ungeregelten Kreuzungen, Festsetzung von Ampelschaltzeiten, Stauungen auf Überlandstraßen, Einbahnampelschaltungen, Spitzenverkehrsanalysen, Einordnungs- und Parkplatzprobleme usw. Ein Überblick hierzu findet sich bei Cleveland und Capelle[108]). Eines der einfachsten Modelle, die dort geschildert werden, ist das Modell von Newell zur Vorhersage der Kapazität einer ampelgeregelten Straßenkreuzung mit Gegenverkehr und Linksabbiegen in beiden Richtungen[109]). Die Straßenverhältnisse sind dabei so, daß jeweils nur genau ein Fahrzeug in jeder Richtung die Kreuzung passieren kann, d. h., ein Linksabbieger blockiert die Fahrbahn für alle nachfolgenden Fahrzeuge.

Newell spezifiziert die möglichen Zustände eines derartigen Systems wie folgt:

Zustand 1: Zwei in entgegengesetzter Richtung einfahrende Fahrzeuge können ungehindert die Kreuzung passieren. Sie können hierbei beide geradeaus fahren, beide nach rechts oder beide nach links abbiegen.

Zustand 2: Ein nach Norden fahrendes Fahrzeug versucht, nach links abzubiegen, und muß hierbei auf den Gegenverkehr warten.

Zustand 3: Ein nach Süden fahrendes Fahrzeug möchte nach links abbiegen, muß hierbei jedoch dem Gegenverkehr Vorrang einräumen.

Um die durchschnittliche Anzahl von Fahrzeugen zu prognostizieren, die pro Ampelschaltzyklus die Kreuzung passieren können, muß zunächst die Matrix der Markovschen Übergangswahrscheinlichkeiten aufgestellt werden. Diese geben an, mit welcher Wahrscheinlichkeit jeder der drei genannten Zustände in einen anderen übergeht. Die allgemeine Gleichung für diese Wahrscheinlichkeiten ist mathematisch nicht mehr handhabbar. Die Abb. 2.29 zeigt jedoch den Spezialfall, bei dem die Wahrscheinlichkeit dafür, daß ein Fahrzeug nach links abbiegen will, für beide Richtungen gleich ist. Unter dieser Annahme ist die Kapazität jeder Kreuzungseinfahrt bei erlaubtem Linksabbiegen durch folgenden Ausdruck bestimmt:

(Q 7) $$q_m = \frac{N(2-p)}{3-2p} + \frac{(1-p)[1-(1-p)^N(1-2p)^N]}{p(3-2p)^2}$$

---

[108]) Vgl. Cleveland und Capelle (1964).
[109]) Vgl. Newell (1959).

In diesem Ausdruck bedeutet:

q_m = die Kapazität einer Kreuzungseinfahrt;

p = die Wahrscheinlichkeit, daß ein Fahrzeug aus beliebiger Richtung nach links abbiegen will;

N = die Kapazität einer Kreuzungseinfahrt bei Verbot des Linksabbiegens, ausgedrückt in Anzahl von Fahrzeugen der grünen Ampelperiode.

Die Abb. 2.29 zeigt das Verhalten der Kapazität in Abhängigkeit von verschiedenen Werten für p und N. Auf der Senkrechten ist ablesbar, in welchem Verhältnis die Kapazität einer Kreuzungseinfahrt beim Zulassen von Linksabbiegen gegenüber der Kapazität eben dieser Kreuzungseinfahrt sinkt, wenn Linksabbiegen verboten ist. Können beispielsweise bei Verbot des Linksabbiegens pro Grünphase zehn Fahrzeuge die Kreuzung in einer Richtung passieren und wünschen bei Erlaubnis des Linksabbiegens 20 % der Fahrzeuge nach links abzubiegen, dann sinkt die Kapazität von 10 Fahrzeugen pro Grünphase auf 7 bis 8 Fahrzeuge pro Grünphase.

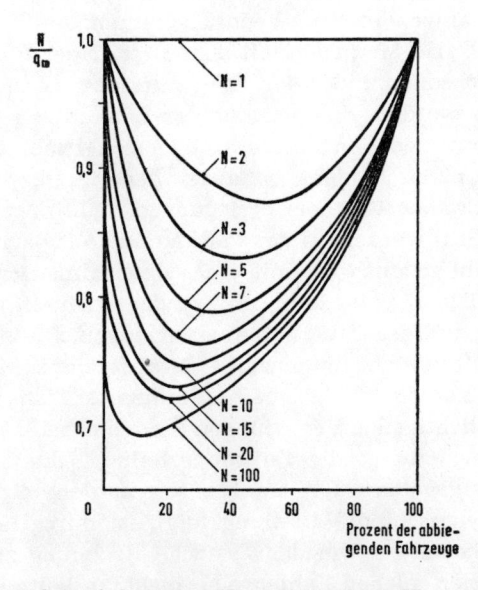

Abb. 2.29: *Abhängigkeit der Kapazität einer Kreuzungseinfahrt von der Wahrscheinlichkeit für Linksabbieger und der Kapazität N ohne Linksabbieger*

Das voranstehende Prognosemodell wird zu einem Entscheidungsmodell, wenn die Frage nach der optimalen Schaltzeit für die Ampel aufkommt. Newell stellte beispielsweise fest, daß die maximale Kreuzungskapazität, gemessen in Anzahl von Fahrzeugen pro Zeiteinheit, ein Maximum hinsichtlich N annimmt, wenn die Wahrscheinlichkeit für Linksabbieger etwa ein

Zehntel oder weniger ist. Auch hier sind die Formelausdrücke für die Ableitung dieser Wahrscheinlichkeiten bereits ziemlich kompliziert. Das Beispiel verdeutlicht also, daß Probleme, obwohl sie mathematisch verhältnismäßig leicht zu formulieren sind, dennoch nicht so ohne weiteres gelöst werden können. Hier hilft aber die Monte-Carlo-Technik weiter.

2.222 Monte-Carlo-Techniken

Bei der Diskussion von Warteschlangenmodellen wurde mehrmals darauf hingewiesen, daß bestimmte Ansätze nicht praktikabel sind, weil die statistischen Verteilungsgesetze mathematisch nicht mehr handhabbar sind. In diesen Fällen liegt es nahe, die Relationen des Modells als Computerprogramm zu formulieren und die Effekte der statistischen Verteilungen mit Hilfe von Zufallszahlen zu erzeugen. Dieses Vorgehen macht den Kern der sogenannten Monte-Carlo-Methoden aus[110].

So versteht beispielsweise Knuth unter Monte-Carlo-Methoden einen Sammelbegriff, „der benutzt wird, um jede Art von Algorithmus zu bezeichnen, der Zufallszahlen anwendet"[111]. Wenngleich manche Verfasser auch den Begriff der Monte-Carlo-Methoden mit dem Begriff der Simulation schlechthin gleichsetzen, so sollen hierunter doch nur jene Teile der Simulationstechnik verstanden werden, die sich mit der Behandlung von Zufallsereignissen in Simulationsmodellen befassen. Wie sich leicht zeigen läßt, kann man Zufallszahlen nämlich nicht „zufällig" generieren, sondern deren Erzeugung muß durch theoretische Überlegungen, d. h. durch eine mathematische Theorie, gelenkt werden. In der Tat kann man zunächst die Frage stellen, ob es überhaupt möglich ist, mit einer deterministischen Maschine, bei der der nächste Zustand vollständig und eindeutig durch den vorhergehenden bestimmt ist, „zufälliges" Verhalten zu erzeugen. Die pragmatische Antwort hierauf ist, daß es nicht um einzelne Zufallsereignisse geht, sondern um eine Sequenz von Zahlen, die einem bestimmten statistischen Verteilungsgesetz folgt. Die wichtigsten Verteilungen sind hierbei die Rechteckverteilung, die Normalverteilung, die Poissonverteilung, die Exponentialverteilung u. a. Ob eine gegebene Reihenfolge von Zahlen mit genügender Genauigkeit einer gewünschten Verteilung folgt, ist durch entsprechende statistische Tests festzustellen. Um der Tatsache Rechnung zu tragen, daß die einzelnen Werte einer solchen Zahlenreihe nicht im kausalen Sinne voneinander unabhängig sind, spricht man genauer von Pseudozufallszahlen.

Zur Generierung von *Pseudozufallszahlen* steht heute eine Reihe von Standardprogrammen zur Verfügung. In diesen gibt man zunächst einen Anfangswert ein, die sogenannte „Saat", und bei jedem Programmaufruf liefert dann das Programm eine Liste von Zufallszahlen, deren Anzahl eben-

---

[110] Vgl. zu Monte-Carlo-Techniken Brown (1956); Koxholt (1967); Mertens (1969); Meyer (1956); Schneeweiß (1968); Tocher (1963).
[111] Knuth (1969), Vol. 2, S. 2.

falls als Eingangsparameter dem Programm zur Verfügung gestellt wird. Die wichtigste Verteilung ist hierbei zunächst die Rechteckverteilung, weil die anderen Wahrscheinlichkeitsverteilungen häufig durch eine Verzerrung der Rechteckverteilung simuliert werden. Eine der bekanntesten Methoden zur Generation einer Rechteckverteilung ist beispielsweise die lineare Konkurrenzenmethode nach Lehmer. Hierbei werden zunächst vier geeignete Zahlen X_0, a, c und m gewählt. Diese Zahlen müssen folgenden Bedingungen genügen:

$$X_0 \geq 0$$
$$a \geq 0$$
$$c \geq 0$$
$$m > X_0, \quad m > a, \quad m > c.$$

Man erhält eine Folge von Zufallszahlen X_i durch die Rekursionsformel

$$X_{i+1} = (aX_i + c) \bmod m; \ i = 0, 1, 2, \ldots$$

Die Wahl der Zahlen X_0, a, c und m bedarf sorgfältiger Überlegung. Der Leser möge beispielsweise ausprobieren, ob die Wahl $X_0 = a = c = 7$ und $m = 10$ eine befriedigende Zufallsfolge ergibt. Den Methoden zur Generation von Zufallsverteilungen und der Beschreibung der zu ihrer Überprüfung notwendigen statistischen Tests werden in den einschlägigen Lehrbüchern umfangreiche Kapitel gewidmet[112]).

Bei der Anwendung von Monte-Carlo-Methoden werden nun bestimmte Ereignisse der Wirklichkeit als Zufallsvariablen aufgefaßt und im Modell durch Zufallszahlen repräsentiert. Gilt es z. B., das Ereignis „ein Fahrzeug will nach links abbiegen" im Modell darzustellen, und ist die Wahrscheinlichkeit für dieses Ereignis etwa 0,2, dann wird man zunächst eine Zufallszahl aus der Rechteckverteilung ziehen. Ist diese Zahl kleiner oder gleich 0,2, dann wird man das vorliegende Ereignis als Linksabbieger klassifizieren, anderenfalls als Geradeausfahrer oder Rechtsabbieger, wenn dies die einzigen drei Möglichkeiten sind. Das Modell reproduziert die Wirklichkeit also dadurch, daß eine Zufallszahl gezogen wird, anschließend festgestellt wird, welches Ereignis diese Zufallszahl repräsentiert, und dann dieses Ereignis registriert und im Simulationsmodell weiterbearbeitet wird. Auf diese Weise können sukzessive auch sehr stark interdependente Ereignisfolgen so generiert werden, daß sie auf lange Sicht proportional ihrer Wahrscheinlichkeit auftreten: Mit Hilfe der Zufallszahlenfolge wird der Ablauf eines Prozesses konstruiert. Die Parameter der Wahrscheinlichkeitsfunktionen sind entweder auf Grund von A-priori-Überlegungen bekannt, beispielsweise bei der Monte-Carlo-Simulation eines Roulett- oder Würfelspieles, oder müssen durch empirische Beobachtungen als relative Häufigkeit bestimmt werden.

---

[112]) Zur Einführung hierzu vgl. Mertens (1969), S. 15 ff.; Tocher (1963), S. 51 ff. und S. 27 ff.; ferner Knuth (1969), Vol. 2, S. 1 ff.

Berücksichtigt man, wieviele Variablen in logistischen Entscheidungen stochastischer Natur sind, so wird deutlich, welche umfassenden Anwendungsmöglichkeiten die Monte-Carlo-Simulation in logistischen Systemen besitzt. Beispielhaft genannt sei hier nur die Darstellung der Häufigkeitsverteilung von Bestellungen und der Schwankungen der Bestellmengen, die sowohl Auswirkungen auf die Gestaltung der Produktionsplanung, der Lagerhaltung oder der Auftragsbearbeitung als auch z. B. auf die Größe des Fuhrparks, seine Betriebsbereitschaft und die Fahrzeugeinsatzplanung besitzen. Einen anderen Anwendungsbereich bilden Ersatzprobleme, wie sie beispielsweise häufig im Fuhrpark von Verkehrsbetrieben oder anderen Betriebswirtschaften auftreten. Monte-Carlo-Methoden können zur Lösung jedes beliebigen Warteschlangenproblems herangezogen werden, wenn die erforderlichen Informationen zur Verfügung stehen.

Die Anwendung der Monte-Carlo-Methode läßt sich gut an der Simulation einer Straßenkreuzung erklären[113]). Es wird angestrebt, ein möglichst wirklichkeitsgerechtes Modell zu entwerfen. Hierzu nehme man den Standpunkt eines Beobachters ein, der neben der Kreuzung steht. Ihm werden die Ankunftsraten der Fahrzeuge, die Störungen des Verkehrs und die Richtungsänderungen der Fahrzeuge als Zufallsprozesse erscheinen. Innerhalb verhältnismäßig kurzer Zeitspanne können die Parameter der Verteilungen als konstant angesehen werden. Gilt es, den Verkehrsfluß während eines ganzen Tages zu simulieren, dann sind die Parameter Funktionen der Zeit.

Abb. 2.30 zeigt die wichtigsten Subroutinen zur Erzeugung der Verkehrsereignisse für jene Fahrzeuge, die von der östlichen Kreuzungseinfahrt kom-

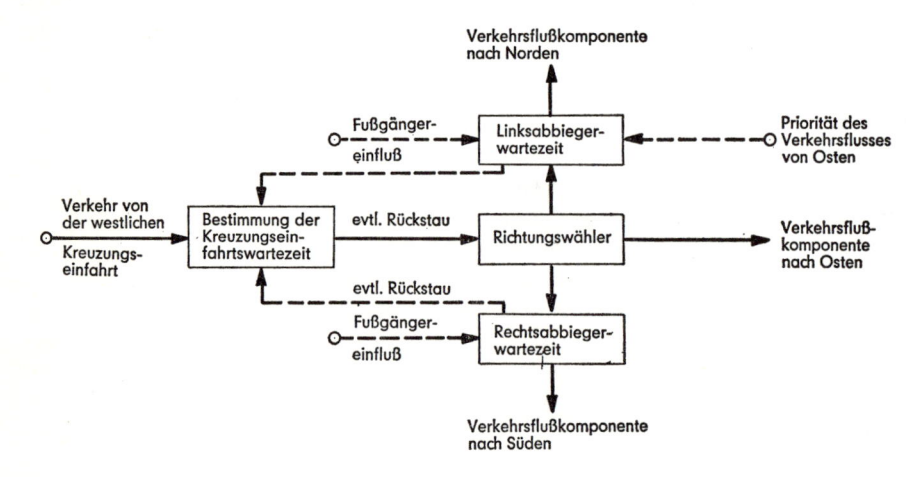

Abb. 2.30: *Blockdiagramm zur Simulation des Verkehrsflusses von der östlichen Kreuzungseinfahrt nach allen Richtungen an einer Kreuzung mit einer Fahrbahn in alle Richtungen*

---

[113]) Vgl. auch Gerlough (1964).

men. Dieses Programm-Modul ist um drei weitere zu ergänzen, die den Verkehrsfluß für die anderen drei Kreuzungseinfahrten simulieren. Das Programmsystem muß selbstverständlich so entworfen sein, daß die einzelnen Einfahrtsmodule problemgerecht mit ihren Inputs und Outputs kommunizieren (design of the module interface).

Die in Frage stehenden Wahrscheinlichkeiten sind durch empirische Beobachtungen zu bestimmen. So gibt es in einem Verkehrssystem im allgemeinen mehrere Variablen, die mit unterschiedlichen Merkmalen verbunden sind (Fahrzeug, Fahrer, Straße usw.). Da es an Wissen über die Verteilung und Gesetze der Interaktionen der Komponenten des Verkehrssystems fehlt, muß der Wissenschaftler die Verteilungen aus Beobachtungen des Gesamtsystems entnehmen (Abb. 2.31 a). Die gewöhnlich beobachteten Variablen sind — in der Reihenfolge der Mühelosigkeit ihrer Ermittlung — Verkehrsfluß, Ankunftszeiten und Geschwindigkeiten. Falls die Verteilung einer Variablen gegeben ist, erweist es sich manchmal als möglich, durch Simulation die Verteilung einer anderen zu bestimmen. So schlägt beispielsweise Schuhl[114]) vor, daß ein Verkehrsfluß als das additive Ergebnis unbehinderter und behinderter Fahrzeuge betrachtet werden kann (Abb. 2.31 b).

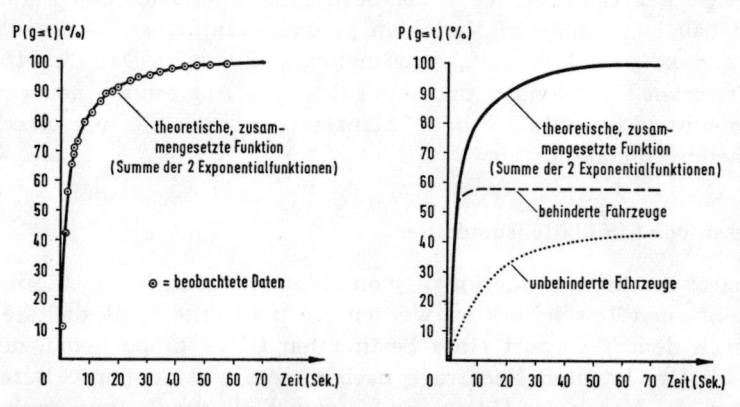

Die Ordinate gibt die Wahrscheinlichkeit an, daß eine Lücke g der Zeitlänge t Sek. oder weniger auftritt.

Abb. 2.31 a: Zusammengesetzte Exponentialfunktion zur Darstellung von Beobachtungsdaten

Abb. 2.31 b: Die Zusammensetzung der Exponentialfunktion

Um den Verkehrsfluß im Modell zu bestimmen, wird man zunächst je eine Zufallszahl für die theoretische Teilung der frei beweglichen und der behinderten Fahrzeuge ziehen. Deren Addition ergibt eine Prozentzahl, die bestimmt, ob im Zeitraum $g < t$ 10, 20, 30 usw. Prozent des maximal möglichen Verkehrsflusses an der Kreuzung eintreffen. Mit Hilfe weiterer Zufallszahlen sind diese Fahrzeuge auf Linksabbieger, Rechtsabbieger und Geradeaus-

---

[114]) Vgl. auch Gerlough (1964); Schuhl (1955).

fahrer aufzuteilen, wobei gegebenenfalls auch die Wahrscheinlichkeit für die Priorität eines Fußgängers oder des Gegenverkehrs zu berücksichtigen ist. Diese bestimmt, ob ein Fahrzeug die Kreuzung verlassen kann oder nicht. Die sich ergebenden unterschiedlichen Fahrzeugströme sind zu registrieren und für den nächsten Simulationslauf zu speichern. Durch ausreichende Wiederholungsläufe kann man feststellen, welches Erscheinungsbild die Kreuzung bei gegebener Stärke des Verkehrsflusses zeigen wird. Man sieht also, daß es beim Monte-Carlo-Verfahren im wesentlichen darum geht, mit einem gegebenen Aufwand durch ein Modell Computerstichproben so zu konstruieren, daß diese die wahre Verteilung in der Wirklichkeit möglichst gut repräsentieren. Das Modell dient dann als „Zeitraffer", mit welchem die sich vermutlich in der Zukunft ergebenden Zustände der Wirklichkeit generiert werden. Diese dienen dann als Vorhersage.

2.223 Die Simulation als Prognosemethode

Wie bereits bei Erläuterung der Monte-Carlo-Methode deutlich wurde, kann mit Hilfe eines Computerprogramms das Verhalten eines beliebigen Systems in der Zeit generiert werden. Eine bestimmte interessierende Eigenschaft x_t wird dabei aus anderen Variablen y_t und eventuell der Vergangenheit von x_t, d. h. x_{t-i}, $i = 1, 2, \ldots, n$, errechnet: $x_t = f(y_t, x_{t-i})$. Das Einsetzen von Anfangswerten für y und x und das sukzessive Ausrechnen neuer x- und y-Werte mittels Substitution der Anfangswerte durch die neu errechneten Werte heißt Simulation.

Das Wesen von Simulationsmodellen

Die charakteristischen Merkmale von Simulationsmodellen[115] sollen an einem einfachen Beispiel erklärt werden. Dazu sei unterstellt, daß die Nachfrage nach dem Transport eines bestimmten Gutes proportional zur noch unbefriedigten, latenten Nachfrage nach diesem Gut zunimmt. Bezeichnen wir mit q_t die Menge der Güter, die bis zum Ende des Zeitpunktes t befördert werden müssen, mit d die insgesamt vorhandene Nachfrage und mit c eine Proportionalitätskonstante, dann kann diese Hypothese wie folgt ausgedrückt werden:

$$q_{t+1} - q_t = c(d - q_t)$$

Bringt man das $-q_t$-Glied auf die rechte Seite der Gleichung und löst dann sukzessive für $q_1, q_2, \ldots, q_n$, so wird hierdurch die nachgefragte Transportmenge q_t simuliert. Freilich könnte in dem vorliegenden einfachen Falle die Lösung der Gleichung auch analytisch bestimmt werden. Nimmt man aber beispielsweise an, daß c seinerseits eine Funktion von d und q_t ist,

---

[115] Zur Simulation vgl. Cohen und Cyert (1965); Hoggat und Balderston (1963); Koller (1969); Koxholt (1967); McMillan und Gonzales (1968); Mertens (1969); Naylor et al. (1966); Shubik (1972); Sisson (1969).

d. h. c = f(d, q_t), dann kann die Gleichung nur noch in speziellen Fällen analytisch gelöst werden, während sich für die Simulation keine Schwierigkeit ergibt. In den meisten derartigen Fällen ist die Simulation somit das hauptsächlichste Hilfsmittel, um das Verhalten des Systems studieren zu können.

Der Kern eines Simulationsmodells sind somit die Relationen („Gesetze"), die das Verhalten des Systems während eines beliebigen Zeitintervalls als Funktion des Systemzustands zu Beginn dieses Zeitintervalls determinieren. Hierbei müssen die Anfangsbedingungen und die Werte der in den Relationen auftretenden Parameter gegeben sein. Die Relationen selbst können deterministisch oder stochastisch sein. Haben sie die Gestalt von Differentialgleichungen (vgl. die Gleichung (Q 1) aus Abschnitt 2.221), dann sind diese durch Differenzengleichungen zu approximieren.

Nicht in jedem Fall muß die Zeit explizit als abhängige oder unabhängige Variable in das Simulationsprogramm eingehen. Die zeitliche Ordnung kann vielmehr durch die Reihenfolge der Befehlsausführung im Rechenwerk des Computers implizit bestimmt sein. Der protokollierte Output sagt dann nichts aus über die Länge und Abstände der generierten Ereignisse, sondern nur etwas über das „Vorher" und „Nachher" sowie die Art der sich ergebenden Systemzustandsänderungen.

Der Vorhersageeffekt eines Simulationslaufes kann einmal darauf beruhen, daß der Computer als „Zeitraffer" fungiert. Das bedeutet, die Errechnung der sich nacheinander entwickelnden Systemzustände läuft, beginnend bei t_0, um vieles schneller ab als die Vorgänge in der Wirklichkeit. Zum anderen können Prozesse programmiert worden sein, deren Äquivalent in der Wirklichkeit noch gar nicht existiert. Beispielsweise können auf diese Weise die Auswirkungen neuer Straßenverkehrsgesetze, einer neuen Struktur des physischen Distributions- oder Promotionssystems usw. erforscht werden.

Von besonderem Interesse für logistische Prozesse sind Simulationsmethoden für den Sektor der Lagerhaltung und Beschaffung sowie die bereits behandelte Simulation der zu optimierenden Standortstrukturen (speziell von Distributionszentren) und die Simulation von Verkehrsflüssen (Verkehrsregelung, Ladestrategien, Luftüberwachung usw.). Die bisher angesprochenen Simulationsmodelle behandeln alle jedoch nur Teilaspekte des logistischen Systems.

Im folgenden steht primär die Leistungsfähigkeit der Simulation als Prognosemethode zur Gestaltung komplexer logistischer Systeme zur Diskussion. Was die Simulation dabei zu leisten vermag, soll an zwei Beispielen dargestellt werden. Von besonderem Interesse erscheinen zum einen der Modellansatz von Forrester, zum anderen das LREPS-Modell von Bowersox und Mitarbeitern.

Der Modellansatz des Industrial Dynamics

Der von Jay W. Forrester entwickelte Modellansatz beabsichtigt, Verfahren zur Analyse des Verhaltens komplexer dynamischer Systeme bereitzustellen. Dazu gehören Betriebswirtschaften ebenso wie Gesellschaften und nicht zuletzt die ganze Welt[116]). Beschränkt man sich auf Betriebswirtschaften, so werden diese als ein System von Regelkreisen verstanden, in denen die klassischen funktionalen Bereiche der Betriebswirtschaftslehre systematisch erfaßt und simuliert werden. Die dabei interessierenden Prozesse lassen sich in sechs miteinander verbundenen Netzwerken analysieren:

(1) Das *Materialnetzwerk* (⎯⎯⎯▶) umfaßt alle physischen Güter, unabhängig von ihrem Bearbeitungszustand, z. B. Roh-, Hilfs-, Betriebsstoffe sowie unfertige und fertige Erzeugnisse.

(2) Zum *Zahlungsmittelnetzwerk* gehören Bar- und Buchgeld (-$-$-$-$▶).

(3) Personal, Arbeit und Bevölkerung repräsentieren die im System tätigen *Personen* (══════▶).

(4) Anlagen und Investitionsgüter, wie Maschinen, Grundstücke, Gebäude und alle sonstigen betrieblichen Einrichtungen, bilden das *Anlagennetzwerk* (▬▬▬▶).

(5) Im *Auftragsnetzwerk* fließen sämtliche Aufträge, also sowohl Bestellungen von Kunden als auch Aufträge an Lieferanten (o—o—o▶).

(6) Übergeordneten und verbindenden Charakter trägt das *Informationsnetzwerk* (-----▶). In ihm fließen Bestandsinformationen aus allen anderen Netzwerken zu den Entscheidungseinheiten. Es speichert die Flußmengeninformationen in eigenen Informationsbeständen und umfaßt auch Informationen über die Ziele der Organisation und ihre Umwelt.

Die einzelnen Netzwerke gestatten, das Verhalten von Produktions-Distributions-Systemen partiell zu analysieren. Die Analyse ist *dynamisch*, weil sie zeitabhängige Verhaltensreaktionen berücksichtigt. So besteht etwa die Möglichkeit, bestimmte Beziehungen (z. B. Kunden-Hersteller- oder Hersteller-Arbeitnehmer-Beziehungen) in Zeitreihen darzustellen und Wirkungen von Änderungen der Systemparameter zu testen. Bei Kenntnis der Systemreaktionen und deren Sensitivität lassen sich Entscheidungsregeln und Systemstruktur so variieren, daß die Stabilität von Beschäftigung, die Liquidität und die Lieferzeiten einer Organisation erhöht werden, ohne gleichzeitig größere Läger bzw. Lagerbestandsschwankungen in Kauf nehmen zu müssen.

Die dynamische Studie baut auf der Fallstudie einer tatsächlich gegebenen Betriebswirtschaft auf. Der Fallstudie liegt die Fragestellung zugrunde, die Ursachen für Beschäftigungsgradschwankungen zu finden, die sich in der

---

[116]) Die hier vorgenommene Einteilung komplexer Systeme als Gegenstand der Modellanalyse entspricht dem umfassenden Werk Forresters. Vgl. Forrester (1961), (1969), (1972 a).

Größenordnung von 2 : 1 mit einem Abstand von ca. zwei Jahren in der Wirklichkeit wiederholten. Diese Erscheinung war deshalb befremdend, weil in der Endnachfrage nach den Produkten dieser Betriebswirtschaft keinerlei Schwankungen auftraten, die in der Größenordnung auch nur annähernd den genannten Beschäftigungs-, Liquiditäts- und Lieferzeitschwankungen vergleichbar waren. Das Beispiel war insbesondere deshalb interessant, weil es für einen bedeutenden Teil der nordamerikanischen Industrie typisch ist.

Die Modellanalyse von Forrester zeigte, daß die beobachteten Beschäftigungsschwankungen ein Ergebnis der Kaufgewohnheiten der Kunden in Verbindung mit den Lagerhaltungs-, Beschäftigungs- und Produktionsplanungspraktiken der Betriebswirtschaft waren. Das Modell sagte das Verhalten des „Zwischensystems" hinreichend genau voraus.

Selbstverständlich waren hierzu zahlreiche Modelländerungen notwendig, die teilweise im Rahmen von Dissertationen erarbeitet wurden. Um das Modell änderungsfreundlich formulieren zu können, wurde eine eigene Simulationssprache (Dynamo) entworfen, mit der Differenzengleichungen der weiter unten angegebenen Form kompiliert werden können[117].

Auf den Erkenntnissen, die mit dem deskriptiven Modell gewonnen werden konnten, wurde die dynamische Studie aufgebaut, um die Struktur des Informations- und Entscheidungssystems der gegebenen Betriebswirtschaft im Lichte der Zielsetzungen des Managements zu verbessern. Dazu wurden für die einzelnen Aktoren im Informations- und Entscheidungssystem Entscheidungsfunktionen aufgestellt, die im Simulationslauf vorher auf ihre Zweckmäßigkeit geprüft worden waren. Dieses Vorgehen zeigt besonders gut, wie sich Erklärungs- und Entscheidungsmodelle gegenseitig ergänzen können.

Die Grundbegriffe von Industrial Dynamics

Charakteristisch für Industrial Dynamics ist der strenge Formalismus zum Aufbau der mathematischen Simulationsmodelle. Dabei bleibt die angestrebte Einfachheit und Durchsichtigkeit dadurch gewährleistet, daß nur wenige standardisierte Typen von Modellelementen und -relationen eingeführt werden, die durch Vervielfachung zur Abbildung komplexer Strukturen geeignet sind.

Wichtigste Variablentypen sind Bestände bzw. Zustandsgrößen und Flußgrößen bzw. Änderungsraten. *Bestände* (levels) kennzeichnen einen Systemzustand in einem bestimmten Zeitpunkt. Veränderungen zwischen zwei Beständen (Zu- und Abgänge) werden durch die *Flußgrößen* (flow rates) erfaßt, die auf Grund von Entscheidungen zustande kommen. Es erleichtert das Verständnis, wenn man sich die Zustandsgrößen (levels) als Bestandsmengen (etwa wie Wasser in einem Behälter, Waren in einem Lager) vorstellt, die durch Zu- und Abgangsleitungen mit Ventilen kontrolliert wer-

---

[117] Vgl. Pugh III (1963).

den. Das Zunehmen einer Änderungsrate entspricht dem Öffnen des Ventils (durch ⋈ symbolisiert). Entscheiden heißt, die Ventile öffnen oder schließen, so daß die Änderungsraten größer bzw. kleiner werden. Die Abbildungen 2.32 und 2.33 zeigen, wie diese Größen miteinander in Beziehung treten[118]).

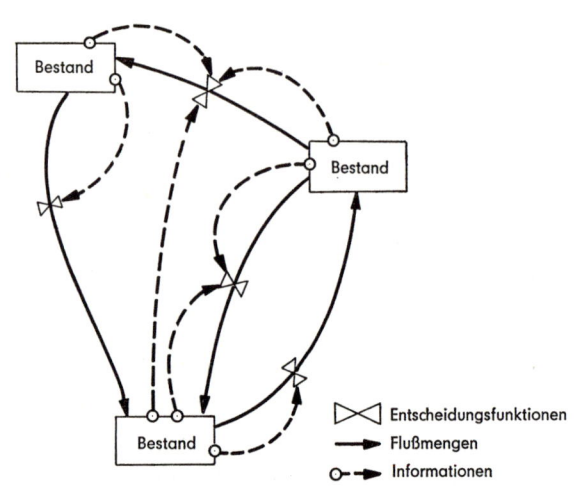

Abb. 2.32: *Grundlegende Modellstruktur des Industrial Dynamics*

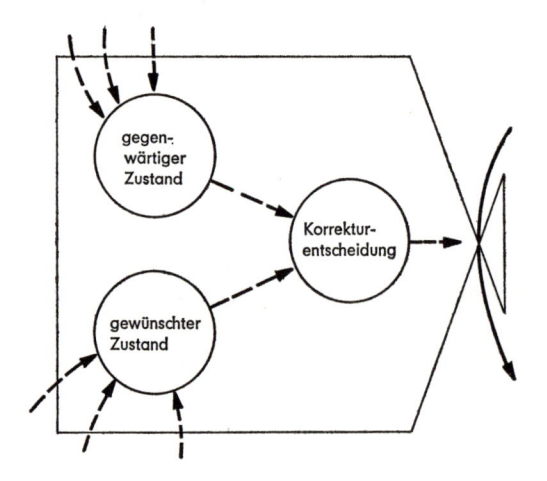

Abb. 2.33: *Entscheidungsfindung im Modell*

Aus Abb. 2.32 ist ersichtlich, wie das Informationsnetzwerk die Entscheidungsfunktionen mit Inputdaten über die Bestandsgrößen beliefert. Abb. 2.33 zeigt den inneren Mechanismus einer typischen Entscheidungsfunktion, die

---

[118]) Vgl. hierzu ausführlich Kapitel 6: Structure of a Dynamic System Model bzw. Kapitel 10: Policies and Decisions, in: Forrester (1961), S. 67 ff. und S. 93 ff.

aus Daten über die Bestandsgrößen und aus Hilfsgrößen zusammengesetzt ist, mit deren Unterstützung die Änderung der Flußgröße als Korrekturentscheidung abgeleitet werden kann.

Alle Entscheidungen beabsichtigen Veränderungen der Flußraten. Eine Entscheidung transformiert Informationen über Zustandsgrößen in neue Änderungsraten. Die Entscheidungsfunktionen heißen daher auch „rate equations". Die Grenzen dieser Modellsprache, des Aufbaus des Modells sowie dessen beanspruchter Anwendungsbereich und die Validität sind in der Literatur diskutiert worden und sollen hier nicht weiter verfolgt werden[119]).

Das Verhalten des Systems in der Zeit

Systeme können sich einmal gleichmäßig an ein angestrebtes Ziel annähern oder aber starke Oszillationen bei der Zielsuche aufweisen. Zum anderen kann das Verhalten Wachstum und Schrumpfung signalisieren oder Dominanzverschiebungen aufweisen. Die genannten Verhaltensarten lassen sich durch unterschiedliche Rückkopplungsstrukturen (Feedback- oder Loop- bzw. Regelkreis-Strukturen) bestimmen. Positive Rückkopplungen beschreiben Wachstum; sie beinhalten eine intrinsische Wachstumskraft. Negative Rückkopplungen weisen eine Zielorientierung auf, bei der Oszillationen um ein angestrebtes Ziel charakteristisch sind. Nichtlineare Schleifenverbindungen können von einer Schleife zur anderen das charakteristische Verhalten ändern (Dominanzverschiebungen).

Im folgenden sollen die für Industrial Dynamics bedeutsamen Rückkopplungsschleifen an einigen Beispielen erläutert werden, um den Zusammenhang zwischen Entscheidungsvariablen (rates) und Zustandsvariablen (levels) sichtbar zu machen.

(1) Einfache Rückkopplungsschleife

Die Grundstruktur einer Rückkopplungsschleife kennzeichnet Abb. 2.34[120]). Die Rückkopplungsschleife (Regelkreis) in dieser Abbildung ist ein geschlossener Kreis, der die Entscheidung, die eine Handlung steuert, sowie den Zustand des Systems (Status oder Bedingung des Systems) und die Informationen über diesen Zustand, die zur Entscheidung zurückgemeldet werden, verbindet.

---

[119]) Vgl. ausführlich Ansoff und Slevin (1968) und die Antwort von Forrester (1968 b); vgl. ferner Forrester (1968 a). Auch nach der geführten Diskussion bleiben die aufgeworfenen Probleme, insbesondere der umfassende Anwendungsanspruch, die Quantifizierung sowie die generelle Validität des Modells, offen. Daran ändert auch der erst in neuerer Zeit vorgetragene Erklärungsversuch Forresters wenig; vgl. Forrester (1971). Gleichwohl sind die Leistungen des Ansatzes beachtlich: Vgl. zur Explikation des Modells z. B. hinsichtlich des Wachstums industrieller Unternehmungen Zahn (1971).

[120]) Forrester (1972 b), S. 19.

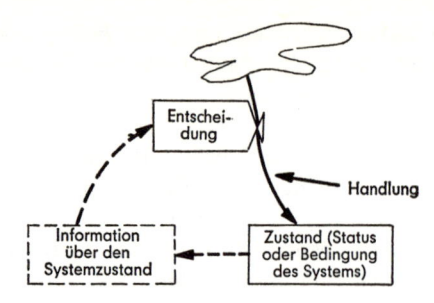

Abb. 2.34: Grundstruktur einer einfachen Rückkopplungsschleife

Aus Abb. 2.34 wird ersichtlich, daß die jeweils verfügbare Information Grundlage der betreffenden Entscheidung darstellt, die den Handlungsvollzug steuert. Die Handlung selbst verändert den Zustand des Systems. Der neue Zustand eines Systems läßt sich wie folgt ermitteln:

Neuer Zustand (L) = alter Zustand (L_0) + Zustandsänderung (ZR — AR)

oder formalisiert:

$$L = L_0 + \int_0^t (ZR - AR)\, dt,$$

wobei ZR = Zuflußrate und AR = Abflußrate.

Der tatsächliche (wahre) Zustand des Systems wird in der Information über das System manifest. Die Information kann aber verzögert oder irrig sein; sie vermittelt deshalb lediglich den scheinbaren Zustand des Systems, der vom tatsächlichen Zustand abweichen kann. Basis des Entscheidungsprozesses ist daher die Information (der wahrgenommene scheinbare Zustand des Systems) und nicht der tatsächliche (wahre) Zustand des Systems.

(2) Negative Rückkopplungsschleife mit Verzögerung erster Ordnung

Die einfache Rückkopplungsschleife wird dadurch erweitert, daß eintretende Verzögerungen und Verzerrungen in die Betrachtung einbezogen werden.

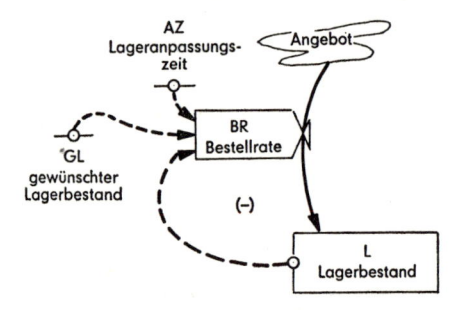

Abb. 2.35: Lagerhaltungs-Kontrollsystem als Beispiel einer negativen Rückkopplungsschleife erster Ordnung

Besitzt die Rückkopplungsschleife nur eine Statusvariable (z. B. das Lager), so liegt ein System erster Ordnung vor. Abb. 2.35 zeigt ein einfaches Lagerhaltungs-Kontrollsystem[121].

Dabei sei zunächst unterstellt, daß die Bestellrate sowohl positiv als auch negativ sein kann, d. h. Waren für das Lager bestellt oder dem Lieferanten zurückgesandt werden können. Es ist Ziel des Systems, den gewünschten Lagerbestand GL aufrechtzuerhalten. L stellt den tatsächlichen Lagerbestand und AZ die Lageranpassungszeit dar.

Die Bestellentscheidung (BR) dient dem Ziel, den tatsächlichen Lagerbestand dem gewünschten anzugleichen. Sie wird in unterschiedlichen Zeitpunkten verschieden große Raten annehmen. Um diesen Prozeß zu steuern, könnte eine Bestellregel so festgelegt sein, daß die Bestellrate allein von der Differenz zwischen dem gewünschten und dem tatsächlichen Lagerbestand abhängig gemacht wird:

$$BR = GL - L$$

BR = Bestellrate (Menge/Zeit)
GL = gewünschter Lagerbestand (Menge)
L = Lagerbestand (Menge)

Die obige Gleichung ist jedoch in ihren Dimensionen nicht richtig. Auf der linken Seite der Gleichung wird in Mengen/Zeit, auf der rechten dagegen nur in Mengeneinheiten gemessen. Eine Richtigstellung gelingt, indem für die Bestellrate näher angegeben wird, wie diese von den Lagerbestandsänderungen abhängt. Unterstellt man eine einfache lineare Beziehung und gibt darüber hinaus an, wie schnell die Lagerdifferenz korrigiert werden soll, so kann die Bestellrate wie folgt geschrieben werden:

$$BR_i = \frac{GL - L_{i-1}}{AZ} \quad \text{(Einheiten/Woche)}$$

$$L_i = L_{i-1} + BR_i; \, i = 1, 2, \ldots, n.$$

Beispiel:

AZ = 5 Wochen
GL = 6000 Einheiten
L_0 = 1000 Einheiten

Daraus ergibt sich eine Bestellrate in der ersten Woche von:

$$BR_1 = \frac{6000 - 1000}{5} = 1000 \text{ (Einheiten/Woche)}$$

---

[121] Forrester (1972 b), S. 28.

Die Bestellrate in der zweiten Woche (BR$_2$ sinkt, da der Lagerbestand inzwischen auf L$_1$ = 1000 + 1000 = 2000 angewachsen ist) ist wie folgt zu ermitteln:

$$BR_2 = \frac{6000 - 2000}{5} = 800 \text{ (Einheiten/Woche)}$$

Hieraus errechnet sich L$_2$ von 2000 + 800 = 2800.

$$BR_3 = \frac{6000 - 2800}{5} = 640 \text{ (Einheiten/Woche)},$$

wenn L$_3$ = 2800 + 640 = 3440, dann

$$BR_4 = \frac{6000 - 3440}{5} = 512 \text{ (Einheiten/Woche)}$$

Man erhält durch diese Dynamik eine Verzögerung erster Ordnung mit folgendem typischen Aussehen:

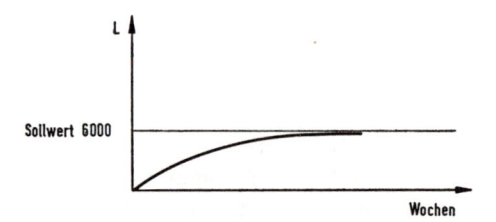

Abb. 2.36: *Typischer zeitlicher Verlauf des Lagerbestandes bei Verzögerungen erster Ordnung*

Soziale und ökonomische Systeme sind jedoch komplizierter: Sie haben mehrere Regelkreise, Systemzustände und Flußgrößen. Dadurch kommen Verzögerungen zweiter und höherer Ordnung zustande, die je nach Ausmaß für folgende Kurven der Zielerreichung verantwortlich sind:

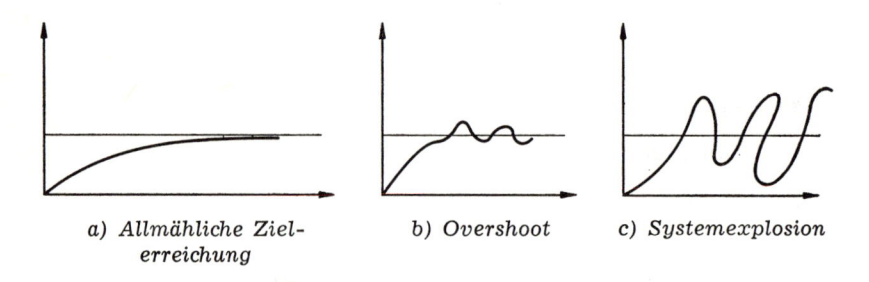

a) *Allmähliche Zielerreichung* b) *Overshoot* c) *Systemexplosion*

Abb. 2.37: *Typische Verhaltensweisen von Systemen erster und höherer Ordnung*

(3) Positive Rückkopplung

Im Gegensatz zum negativen Regelkreis strebt der positive nicht einem externen Ziel zu, sondern vom Ziel oder Ausgangspunkt weg. Ein positiver Regelkreis kann beispielsweise angenommen werden, wenn vorhandene Verkäufer (V) neue Verkäufer ausbilden sollen[122]. Hierzu wird zwar eine Ausbildungszeit benötigt. Aber auch die neuen Verkäufer können nach einer gewissen Zeit wieder ausbilden usw. Werden keine Systemschranken gesetzt, so wächst der Verkäuferstamm (eine Zustandsgröße) exponentiell ins Unendliche. Es ist daher notwendig, Systemschranken in Form negativer Schleifen mit kompensierender Rückkopplung zu definieren. Formal läßt sich die Verkäuferausbildung in Abb. 2.38 darstellen.

V: Verkäufer (Personen)
VAR: Verkäuferausbildungsrate (Personen/Wochen)
AZ: Anpassungszeit (Wochen)

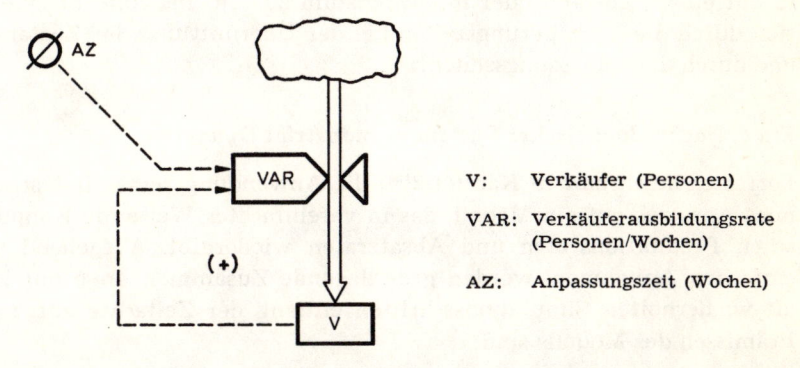

Abb. 2.38: *Verkäuferausbildung als Beispiel eines positiven Regelkreises*

Im dargestellten Beispiel hängt die Verkäuferausbildungsrate direkt von der Anzahl der Verkäufer ab. Die möglichen Beziehungen zwischen Verkäuferausbildungsrate und der Anzahl der Verkäufer zeichnen sich dadurch aus, daß sie in einem Koordinatensystem durch Kurven repräsentiert sind, die alle positive Steigungen besitzen.

Unterstellt man lineare Beziehungen zwischen Ausbildungsrate und Verkäufern, so läßt sich der positive Regelkreis mit folgender Ratengleichung beschreiben:

$$VAR = \frac{V}{AZ}$$

In dieser Gleichung kommt zum Ausdruck, daß die pro Woche neu eingestellten Verkäufer 1/AZ der gegenwärtigen Verkäuferzahl ausmachen. Das exponentielle Wachstum zeigt folgenden Kurvenverlauf:

---

[122] Vgl. zur positiven Rückkopplung Forrester (1972 b), S. 42 ff. Ein einfaches Lernmodell im Rahmen der erstmaligen Installation einer EDV-Anlage, das jedoch nicht auf negative Regelkreise beschränkt bleibt, entwickelte Kurz (1970), S. 53 ff.

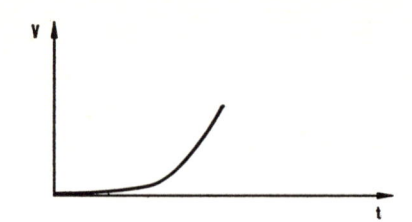

Abb. 2.39: Exponentielles Wachstum bei einem positiven Regelkreis

Reale Systeme besitzen meistens positive und negative Schleifen, die sich gegenseitig überlagern. Je nachdem, welcher Einfluß überwiegt, haben wir es mit einem Zustand oder mit Wachstum zu tun. Instabile Effekte ergeben sich durch die Verzögerungszeiten bei der Übermittlung der Zustandsgrößen und durch die Anpassungszeiten.

Ein einfaches logistisches System in Industrial Dynamics

Forrester beschreibt in Kapitel 2[123]) die Anwendung seines Industrial-Dynamics-Ansatzes auf ein Modell, das in vereinfachter Weise die Kopplung zwischen Produktionsraten und Absatzraten wiedergibt. Ausgehend von sehr einfachen Annahmen, werden grundlegende Zusammenhänge mit Hilfe von oft wiederholten Simulationsschritten entlang der Zeitachse aufgezeigt. Die Prämissen des Modells sind:

(1) Es existiert eine Fabrik, die Güter herstellt. Sie besitzt ein Lager.

(2) Es existiert ein Großhändler. Er besitzt ebenfalls Lagerräume.

(3) Es existiert ein Verkäufer, der den eigentlichen Markt beliefert. Er besitzt ebenfalls Lagerräume. Statt eines Verkäufers können es auch mehrere sein.

(4) Zwischen den verschiedenen Gruppen besteht Informations- und Güteraustausch, ebenso Auftragsaustausch.

Insgesamt werden hier also drei der sechs von Forrester angegebenen Netzwerke verwendet. Die Kopplungsprozesse werden durch verschiedene Verzögerungszeiten gekennzeichnet. Jedoch sind die Verhaltensgleichungen, die Entscheidungsregeln und die Ziele in diesem Modell über die Zeit invariant. Abb. 2.40 gibt die Systemstruktur mit den Verzögerungszeiten wieder[124]).

In einem weiteren Schritt wird das noch offene Modell (Kaufaufträge des Kunden bisher nicht beeinflußbar) erweitert und die Systemgrenze noch weiter hinausgeschoben. Der Käufermarkt wird dabei durch Werbestrate-

---

[123]) Vgl. Forrester (1961), S. 21—42.
[124]) Vgl. ebenda, S. 36.

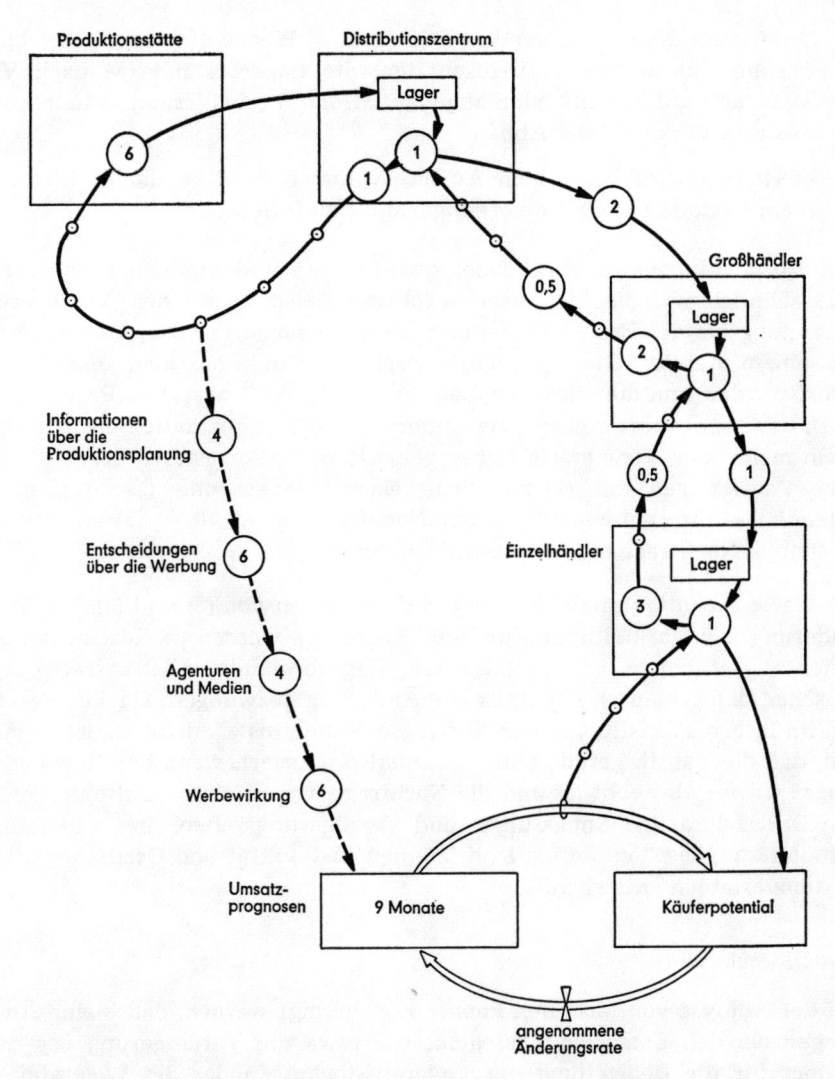

Ziffern in Kreisen sind Verzögerungszeiten in Wochen, andere Symbole werden im Text erläutert.

Abb. 2.40: Ein einfaches logistisches System in Industrial Dynamics

gien als beeinflußbar betrachtet. Während das Ausgangsmodell 3 loops besaß, hat das erweiterte Modell nun 5 loops.

Die angewandten policies (Entscheidungsrichtlinien, -regeln) der verschiedenen Teilnehmer sind

(1) kurzfristig: Es wird nach oben so viel in Bestellung gegeben, wie nach unten während eines bestimmten Zeitraums verkauft wurde.

(2) langfristig: Nach genügender Zeit (z. B. 8 Wochen) werden, um kurzfristige Fluktuationen auszuschalten, die Lagerbestände je nach Verkaufslage aufgestockt oder abgebaut. Hohe Verkaufsrate: Aufstockung; niedrige Verkaufsrate: Abbau.

(3) Zusätzlich wird bei hohem Auftragsvolumen bzw. bei hoher Lieferzeit mehr bestellt, um die Versorgungskanäle zu füllen.

Die Entscheidungen werden dabei quantifiziert und mathematisch formuliert, ähnlich wie dies in unserem obigen Beispiel mit der Verzögerung 1. Ordnung bei der Bestellratenentscheidung demonstriert wurde. Ausgehend von einem stabilen Gleichgewicht zwischen Produktionsraten und Absatzraten, werden nun die einzelnen Lagerbestände, Auftragsraten, Produktionsraten usw. analysiert, sofern eine Änderung der Marktsituation eintritt, d. h., wenn mehr oder weniger als bisher gekauft wird. Forrester führt drei mögliche Änderungen ein: (1) plötzliche Nachfrageänderung (step-input); (2) regelmäßige Sinusschwingungen der Nachfrage um ± 10 %; (3) stochastisch bestimmte Nachfrage mit Zufallsschwankungen.

Als vierte Variation untersucht er Überlagerungen von (2) und (3). Durch die Änderung der Marktsituation und der Nachfrage werden die bislang aufeinander abgestimmten Produktionsraten, Lagerbestände, Auftragsraten usw. zwischen den Akteuren ebenfalls zur Änderung gezwungen. Da Verzögerungen im Informationsfluß, in der Auftragserfüllung usw. auftreten, ist es möglich, daß die Fabrik gerade dann maximal produziert, wenn der Boom schon längst wieder abgeebbt ist und die Nachfrage sich in einer „Talsohle" befindet. Durch derartige Anpassungs- und Verzögerungszeiten, die in den angewandten „policies" enthalten sind, können Instabilität und Oszillationen der Systemvariablen entstehen.

Modellergebnisse

Bei der Analyse von Modellen konnte z. B. gezeigt werden, daß kleine Änderungen bei den Entscheidungsregeln, wie etwa die Verlängerung des Zeitraumes für die Beurteilung der Lageraufstockung (oder des Lagerabbaus), die zunächst instabilen, bis zu ± 60 % oszillierenden Variablen beträchtlich in ihrer Schwankungsamplitude reduzieren und damit entscheidend zur Systemstabilität beitragen. Dagegen bringt die zunächst sinnvoll erscheinende Verkürzung der Verzögerungszeiten kaum Stabilitätsgewinn, während weniger Zwischenhändler und direkter Zugang zum eigentlichen Markt ebenfalls die Neigung zur Instabilität reduzieren.

Das Simulationsmodell zeigt somit, daß erst die genaue Kenntnis des Zusammenspiels aller Variablen ein sinnvolles Gestalten eines stabilen und harmonisch-gleichgewichtigen Systems möglich macht. Wichtig scheinende Zusammenhänge werden bei genauerer Simulationsmodellbetrachtung oft irrelevant; kaum beachtete Zusammenhänge werden häufig maßgebend für das gesamte Systemverhalten. Allerdings kann nur die Simulationsmethode derart verschachtelte, vermaschte und aus Subsystemen bestehende Ganzheiten bezüglich ihres Verhaltens untersuchen.

Von Interesse ist in diesem Zusammenhang die These Ackoffs, nach der Manager meist nicht angeben können, welche Informationen sie benötigen, um „gute" Entscheidungen zu treffen, da sie die gesamten Beziehungen in dem offenen System, in dem sie tätig sind, meist nicht kennen. Voraussetzung für eine Definition der benötigten Information für „gute" Entscheidungen ist also ein Entscheidungsmodell, das alle wichtigen Beziehungen enthält. Dieses Modell fehlt bislang. Simulationsmodelle mit ihrer Möglichkeit, äußerst komplexe Zusammenhänge exakt in Beziehung zueinander zu setzen, sind ein erster Schritt dafür. Jedoch taucht auch bei Simulationsmodellen die Frage auf, welche Variablen und Relationen als wichtig erachtet werden und in das Modell eingehen sollen. Hierfür existiert kein Patentrezept.

Das LREPS-Modell von Bowersox

Ein sehr umfassendes Modell zur Simulation von physischen Distributionssystemen ist das LREPS-Modell (Long-range Environmental Planning Simulator), das von Bowersox und Mitarbeitern entwickelt wurde[125]. Ausgangspunkt der Entwicklung bildete die Kritik an den herkömmlichen quantitativen Verfahren zur Unterstützung des Designs physischer Distributionssysteme. Bowersox nennt insbesondere drei Mängel bestehender analytischer Verfahren und Simulationsmodelle: (1) Viele Modelle seien nicht weit genug in dem Sinne, als sie nicht alle Elemente eines physischen Distributionssystems einbeziehen; (2) sie vermöchten nicht Zeit und Raum als die einigenden Systemdimensionen zu integrieren; und (3) sie seien nicht in der Lage, dynamisches Verhalten einzubeziehen. Hinsichtlich des ersten Einwandes sieht Bowersox den Mangel bestehender Simulationsmodelle wie jener von Shycon und Maffei, Kuehn und Hamburger oder Forrester darin, daß sie keine mehrstufige Struktur und keinen variablen Produktfluß berücksichtigen. Eine *mehrstufige Struktur* bezieht sich auf die Fähigkeit des Modells, eine Anzahl aufeinanderfolgender Stufen in einem physischen Distributionskanal zu berücksichtigen. Ein *variabler Produktfluß* stellt auf die Fähigkeit des Modells ab, gleichzeitig mehr als eine Stufenstruktur zu simulieren. Als umfassend sieht Bowersox ein Modell an, das alle Komponenten der physischen Distribution einschließt und eine mehrstufige und variable Kanalstruktur aufweist. Die spezifischen Postulate für LREPS wurden deshalb wie folgt formuliert:

(1) ein umfassendes Modell physischer Distributionsaktivitäten als ein integriertes System, das fähig ist, Gesamtkosten und Serviceniveau zu messen;

---
[125] Vgl. auch zum folgenden Bowersox (1972).

(2) ein dynamisches Modell, das die physische Distributionsplanung in der Zeit erlaubt und genügend Feedback liefert, um zu sichern, daß die zukünftige Bedeutung oder Konsequenz jeder Entscheidung adäquat berücksichtigt wird;

(3) ein Modell, das gleichzeitig Lagerbestandsallokationen und Standortprobleme berücksichtigt und dadurch zeitliche und räumliche Merkmale integriert;

(4) ein Modell, das ein oder mehrere Bestellzyklen auf probabilistischer Basis und in einer mehrstufigen Struktur darstellen kann und dadurch variable Produktflußmuster und Verzögerungen im System einführt;

(5) ein Umweltmodell, das Experimente zwischen der Grenze des Modells und kritischen Umweltfaktoren, welche die Leistung beeinflussen, erlaubt;

(6) eine Modellstruktur, die genügend flexibel ist, um effizient auf eine Vielzahl betrieblicher Situationen angewendet werden zu können.

Der Aufbau des Modells

LREPS simuliert das physische Distributionssystem eines Produktionsbetriebes, der mit der nationalen Distribution verpackter Güter befaßt ist. Zweck des Modells ist es, das Management im Designprozeß physischer Distributionssysteme zu unterstützen.

LREPS weist eine mehrstufige Struktur auf. Die *erste* Stufe umfaßt eine bis sechs Produktionsstätten einschließlich Läger. Jede Produktionsstätte kann so konzipiert sein, daß sie die gesamte oder nur einen Teil der Produktionslinie herstellt. Die *zweite* Stufe besteht aus bis zu 35 Distributionszentren, die jedes Lagersortiment aufnehmen können. Wenn gewünscht, können Distributionszentren zu ganzen Produktflußsequenzen zusammengestellt werden. Ein zusätzliches Merkmal der zweiten Stufe besteht darin, daß Versandpunkte (shipping points) simuliert werden können, die nur zum Zwecke der Konsolidierung von Transporttonnage dienen. Die *letzte* Stufe besteht aus bis zu dreitausend Nachfrageeinheiten, die individuelle und/oder Aggregationen von Kunden repräsentieren.

Verbindungen zwischen und innerhalb der Stufen sind in Form von Produkt- und Informationsflüssen definiert. Bis zu 50 einzelne Produkte in mehr als sechs Produktgruppen können verfolgt werden. Der Informationsfluß, der insbesondere die Auftragsübermittlung betrifft, vollzieht sich zwischen und innerhalb der Stufen. Der Produktfluß wird durch Einheiten wie Wert, Gewicht, Rauminhalt und Dichte gemessen. Die Servicezeit als das Hauptmaß für das Serviceniveau wird mit Hilfe von vier Zeitintervallen gemessen: (1) der Zeit zur Auftragsübermittlung, (2) der Zeit zur Auftragsbearbeitung, (3) der Transportzeit und (4) der Zeit, die sich in (1), (2) und (3) durch Verzögerungen, Fehler oder Warteschlangen ergibt. Aufträge und Produkte können sich in mehreren Kanälen bewegen. Sowohl Informations- wie Produktflüsse, die sich auf bestimmte Aufträge beziehen, können über alternative Kanäle zwischen Produktion und Nachfrageeinheit verlaufen.

Mit LREPS kann in drei Arten gearbeitet werden:

(1) LREPS kann im Hinblick auf die Gesamtservicezeit probabilistisch oder deterministisch arbeiten. Zum einen können Kommunikations-, Auftragsbearbeitungs- und Transportzeiten für jede spezifizierte Verbindung festgesetzt werden, zum anderen können diskrete Wahrscheinlichkeitsverteilungen bestimmt werden.

(2) LREPS kann variable zeitliche Planungshorizonte beinhalten. Das Modell operiert auf der Basis von Zeitintervallen (d. h., Ergebnisse am Ende einer Zeitperiode werden festgestellt und beeinflussen Operationen während der nächsten Zeitperiode) und funktioniert für verschiedene Kombinationen von Tagen, Vierteljahren oder Jahren. Im allgemeinen ist 10 Jahre die längste gewählte Periode.

(3) Es werden Feedbacks verwendet, um, wenn gewünscht, dynamisches Verhalten zu generieren. Beispielsweise kann der zukünftige Umsatz einer Produktgruppe geändert werden, wenn das Serviceniveau von einem Zielwert abweicht.

Zusätzlich sind in LREPS zwei Lösungsverfahren zur Standortbestimmung enthalten: Ein heuristisches Programm ähnelt jenem von Kuehn und Hamburger. Das andere Lösungsverfahren ist ein Algorithmus in Form einer linearen Programmierungsroutine, der eine analytische Lösung für die Standortstruktur eines einzigen Punktes in der Zeit im Planungsraum bestimmt. Wenn aktiviert, ändern die Lösungsverfahren die Struktur der zweiten Stufe — soweit notwendig — über den gesamten Planungshorizont hinweg. Die Modifikation erfolgt gemäß Parametern, wie zulässiger Größe, Kosten oder örtlichen Präferenzen, welche vom Management festgelegt werden.

In LREPS sind drei Klassen von Variablen definiert: Zielgrößen, Umweltvariablen und kontrollierbare Größen. Die wichtigsten Zielvariablen sind Serviceniveau und Gesamtkosten. Die Umweltvariablen lassen sich in Klassen demographischer, technologischer oder topologischer Natur gliedern. Jede dieser Kategorien kann ihrerseits in verschiedene Variablen aufgespalten werden. Zu den kontrollierbaren Variablen zählen vor allem Auftragscharakteristika, Produkt-Mix, Zusammensetzung der Kunden, Struktur des physischen Distributionssystems, Lagerhaltungspolitik, Transport, Kommunikation und Materialhandhabung.

Modellablauf

Stehen die Daten, die notwendig sind, um eine bestimmte Planungssituation zu simulieren, zur Verfügung, vollzieht sich der Modellablauf in vier Schritten, wie sie vereinfacht in Abb. 2.41 dargestellt sind.

(1) Zunächst werden die täglichen Aufträge der Nachfrageeinheiten generiert. Dies wird erreicht, indem über Zufallsauswahl Blöcke gegenwärtiger Aufträge in der Weise bestimmt werden, daß die täglichen Umsatzerfordernisse jeder Nachfrageeinheit befriedigt werden. Eine Gesamtumsatzprognose wird auf die Nachfrageeinheiten gemäß unabhängigen Marktvariablen verteilt. Diese anfängliche Aktivität wird durch das Nachfrage- und Umweltsubsystem des Modells (Demand and Environmental Subsystem — D & E) ausgeführt.

(2) Die Auftragsverarbeitung wird simuliert. Der Lieferzyklus zwischen Nachfrageeinheiten und den Distributionszentren wird simuliert und der entsprechende Zeitverbrauch berechnet. Das Operationssubsystem (OPS) des LREPS führt diese Verarbeitungsfunktion aus. In dem Maße, wie Aufträge in jedem Distributionszentrum verarbeitet sind, werden die Lagerbestände entsprechend reduziert; falls nachgefragte Produkte nicht zur Verfügung stehen, ergibt sich ein Auftragsrückstand. Wenn die Wiederbestellmenge oder -zeit auf einer Stufe erreicht ist, werden Wiederauffüllbestellungen an die nächste Stufe weitergeleitet. Zeitliche Verzögerungen werden errechnet, Lagerauffüllentscheidungen getroffen.

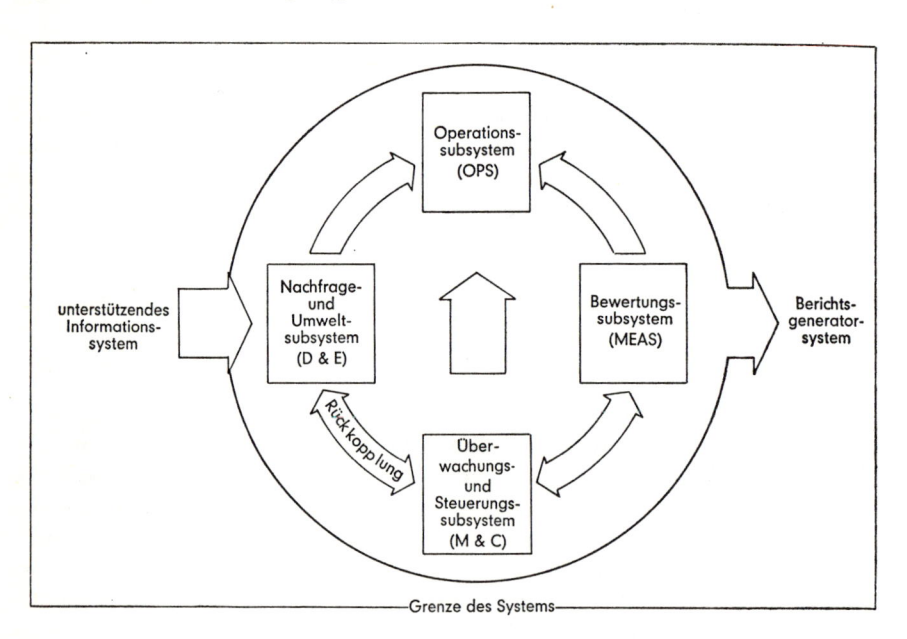

Abb. 2.41: Grundkonzeption des LREPS[126]

(3) Alle oben beschriebenen Informationen werden verwendet, um die Werte der Zielvariablen zu berechnen. Die Gesamtkosten werden auf der Basis von Kostenparametern und mathematischen Transformationen gemessen, welche

---
[126] Vgl. Bowersox (1972), S. 21.

sich auf jede Systemkomponente beziehen. So können beispielsweise die Kosten für die Sachanlagen aus den jährlichen Abschreibungssummen und die Kosten der Auftragsbearbeitung jedes Distributionszentrums über Regressionsgleichungen berechnet werden, die verschiedene, auf Größe und Standort der Zentren beruhende Kostenfaktoren einschließen, während externe Transportkosten entsprechend der Entfernung ermittelt werden. Das Bewertungssubsystem (Measurement Subsystem — MEAS) liefert die benötigten Informationen zur Bewertung des Systemverhaltens.

(4) Das beschriebene Zusammenwirken muß gesteuert und überwacht werden (Monitoring and Control Subsystem — M & C). Die Einführung neuer Werte für Variablen zu gegebener Zeit, das Hinzufügen oder Streichen von Standorten entsprechend bestimmten Managementregeln und die Wirkungen von Umweltänderungen werden intern im Modell vom M&C-Subsystem gehandhabt.

Grenzen des Modells

Die Grenzen des Modells sieht Bowersox vor allem in folgenden Bereichen:

(1) Die Summe der benötigten, initiierenden Daten ist groß. Da nicht alle Betriebswirtschaften über die erforderlichen Daten verfügen, ist die Anwendbarkeit von LREPS eingeschränkt.

(2) Die Komplexität macht LREPS für viele kleinere Untersuchungen ungeeignet.

(3) In allen Bereichen der Prognose einschließlich der Kostenvorhersagen erscheinen Verbesserungen der Regressionsgleichungen wünschenswert.

(4) Die Verfahren zur Datenaufbereitung müssen verbessert werden.

(5) In jenen Fällen, in denen mehr als fünf Stufen der Distribution erforderlich sind, ist LREPS ohne Modifikation ungeeignet.

Anwendungsbeispiele und geplante Weiterentwicklung

LREPS ist für eine Vielzahl von Fragestellungen geeignet. So wurde LREPS beispielsweise zur Analyse eines Planungsproblems herangezogen, bei dem es darum ging, über 10 Jahre die benötigte Warehouse-Kapazität zu beurteilen. Das Modell lieferte Informationen zur Entscheidung, ob lediglich bestehende Zentren erweitert oder bestehende Zentren erweitert und um zwei oder drei Distributionszentren ergänzt werden sollten. Von besonderem Interesse waren dabei die zukünftigen Werte der Zielvariablen. Bei anderen Anwendungen handelte es sich um die Beziehung zwischen Lagerbestand und Anzahl von Warehouses und um die Beziehungen zwischen Anzahl und Folge von Warehouseallokationen, Lagerkosten und Anpassung der Marktgebiete.

Die zukünftige Verwendung von LREPS ist insbesondere in zwei Bereichen vorgesehen. Zum einen soll das Modell in weiteren Betriebswirtschaften und auf eine Vielzahl unterschiedlicher Planungsprobleme angewendet werden. Zum anderen sollen am Modell selbst einige Modifikationen vorgenommen werden.

Gegenwärtig konzentrieren sich alle Anwendungen auf die Entwicklung physischer Distributionssysteme. Gedacht ist an die Verwendung des Modells bei Problemen wie der Einführung neuer Produkte, der Trennung von Kontrahierungs- und logistischen Kanälen, der Reduzierung von Lagerbeständen durch Wahl unterschiedlicher Transportarten, der Einbeziehung von Beschaffungsaspekten oder der Abwägung zwischen privaten und unabhängigen Distributionszentren.

Modifikationen des Modells sollen sich insbesondere auf vier Bereiche erstrecken: (1) Die Anzahl der Produktionsstätten, der unterschiedlichen Arten von Distributionszentren und der bewegten Produkte soll erhöht werden. (2) Eine regionale Version des Modells für weniger umfangreiche Planungsprobleme wurde bereits entwickelt. (3) Die LREPS-Struktur soll auf die innerbetriebliche Logistik und das Versorgungssystem ausgedehnt werden und damit das gesamte logistische System umfassen. (4) In das Modell sollen mehr Optimierungstechniken eingebaut werden, um innerhalb der LREPS-Struktur spezifische Probleme lösen zu können. Ob das LREPS-Modell die an es gestellten Erwartungen erfüllen kann, muß abgewartet werden. Eine endgültige Beurteilung bedarf weiterer Ergebnisse und einer umfassenden Dokumentation von Programm und generierten Ergebnissen.

2.224 Zeitreihenanalyse und Trendprojektionen

Eine Zeitreihe ist eine Anzahl chronologisch geordneter Daten über den gleichen Sachverhalt, wie etwa die Anzahl der Passagiere, die pro Monat von Stadt i nach Stadt j befördert werden, oder die Anzahl der zugelassenen Pkw jeweils zum Monatsende[127]. Häufig ist die Annahme sinnvoll, daß die Schwankungen einer Zeitreihe das Ergebnis verschiedenartiger Einflüsse sind. Als solche kommen beispielsweise in Frage:

(1) saisonale Schwankungen (S);

(2) mittelfristige (2- bis 3jährige) zyklische Schwankungen, wie sie etwa durch konjunkturelle Rhythmen verursacht werden (K);

(3) langfristige Trends, wie etwa die ständige Zunahme der Nachfrage nach Verkehrsleistungen (T);

(4) einmalige, zufällig verteilte Einflüsse (Z).

---

[127] Ausführungen zu Zeitreihenanalyse und Trendprojektionen sind in praktisch allen Einführungen in die Statistik enthalten; vgl. z. B. Kellerer (1960), S. 92 ff.; Yamane (1969), S. 330 ff.; vgl. auch Fletcher und Clarke (1966), S. 112 ff.

Die Zeitreihenanalyse versucht, diese verschiedenen Komponenten einer gegebenen Reihe von Rohdaten zu isolieren und, darauf aufbauend, die zukünftigen Werte dieser Reihe vorherzusagen. Jeder Versuch einer Isolierung der einzelnen Komponenten setzt eine Modellvorstellung über ihr Zusammenspiel voraus. Unter Verwendung der oben definierten, in Klammern stehenden Symbole wäre beispielsweise ein erster, besonders einfacher Ansatz (R = Rohdaten):

(Z 1) $$R = T + K + S + Z$$

Die Argumente dieser Funktion, die in diesem Falle eine additive Zusammensetzung der Rohdaten postuliert, sind ihrerseits als Funktionen der Zeit zu interpretieren. Selbstverständlich sind auch andere Verknüpfungsmodelle, etwa multiplikative Modelle ($R = T \cdot K \cdot S \cdot Z$) oder Modelle gemischter Natur ($R = (T+K) \cdot S + Z$) denkbar. Unglücklicherweise können die meisten Methoden nur die saisonalen Schwankungen und eventuell die Zufallsschwankungen isolieren. Man erhält somit die kombinierten Effekte von Trends und Zyklen.

Aus dieser einfachen Beschreibung ist ersichtlich, daß alle derartigen Techniken sich auf Verhaltensmuster der Vergangenheit (und die Veränderungen dieser Verhaltensmuster in der Vergangenheit) konzentrieren und aus ihnen die zukünftige Entwicklung generieren wollen. Dies kann nur unter der Annahme sinnvoll sein, daß bestehende Regelmäßigkeiten in der Zukunft erhalten bleiben. Diese Annahme ist wahrscheinlich eher auf kurze als auf lange Sicht gerechtfertigt. Mit Ausnahme der ihrer Natur nach langfristigen Trends wird man daher die meisten Techniken auf einen Vorhersagezeitraum bis allenfalls von einem Jahr verwenden. Die elementaren Methoden sind der gleitende Durchschnitt, das Exponential Smoothing und die einfachen Trendrechnungen. Zu diesen kommen noch die sogenannte „Box-Jenkins"-Methode, eine Erweiterung des Exponential Smoothing, und die X—11-Methode[128]). Letztere wurde vom amerikanischen Zensus Bureau entwickelt und zerlegt eine Zeitreihe in eine saisonale Komponente, Trendzyklen und Zufallsschwankungen. Wir konzentrieren uns hier auf die elementaren Methoden und zeigen ihre Anwendung an einem realistischen Beispiel.

Gleitende Durchschnitte und Trendprojektionen

Die *gleitenden Durchschnitte* werden dazu herangezogen, um (1) Spitzen und Stellen starker Krümmung der Rohdaten zu glätten sowie um (2) saisonale Schwankungen durch Berechnung von Saisonindizes zu bereinigen. Um mit Hilfe von Saisonindizes zu einer Vorhersage zu gelangen, muß unterstellt werden, daß sich die Verteilung des Umsatzes innerhalb eines Jahres nicht ändert bzw. daß sich Umsatzveränderungen proportional zur Verteilung der Saisonindizes über das Jahr hin auswirken. Dies ist immer dann plausibel, wenn sich mit der Erhöhung bzw. Verminderung des Umsatzes nicht auch die

---

[128]) Vgl. Chambers, Mullick und Smith (1971).

Konsumgewohnheiten ändern. Weiß man etwa aus der Vergangenheit, daß auf die ersten sechs Monate eines Jahres ein Drittel des Umsatzes entfällt und auf die zweiten sechs Monate des Jahres zwei Drittel, und war der Umsatz im ersten halben Jahr 60 Millionen DM, so errechnet sich daraus offensichtlich für das zweite halbe Jahr ein geschätzter Umsatz von 60 · 2 = 120 Millionen DM. In aller Regel will man aber eine Prognose gestaffelt nach Monaten herstellen. Man bedient sich hierbei nun der Saisonindizes, zu deren Berechnung die gleitenden Durchschnitte benötigt werden. Der Gesamtumsatz wird dann proportional der Anzahl der den einzelnen Monaten zugeteilten Saisonindizes über das Jahr hin verteilt.

Noch einfacher geht die *Trendrechnung* vor. Sie versucht, das Entwicklungsgesetz einer gegebenen Zeitreihe in einer mathematischen Gleichung zu erfassen. Hierbei müssen Annahmen über die Form der Funktion gemacht werden (linear, Polynom, Exponentialfunktion usw.). Mit Hilfe einer mathematischen Technik (meist der Methode der kleinsten Quadrate) werden die Funktionsparameter errechnet, welche die gegebene Zeitreihe am besten approximieren. Unter der Annahme, daß die Zeitreihe sich in der Zukunft wie in der Vergangenheit weiterentwickeln wird und daß dieses Entwicklungsgesetz in der Funktion erfaßt ist, sagt die errechnete Funktion den Trend voraus.

Exponentielle Glättung (Exponential Smoothing)

Die Trendrechnung weist allen Zahlen der Vergangenheit das gleiche Gewicht zu. Offensichtlich ist die Annahme sinnvoll, daß die aktuellsten Werte die Zukunft stärker beeinflussen als die weiter zurückliegenden. Dementsprechend unterstellt die Methode der exponentiellen Glättung, daß der nächste (unbekannte) Wert S_{n+1} der Zeitreihe gleich ist dem letzten Schätzwert S_n und dem gewogenen arithmetischen Mittel aus einer begrenzten Anzahl der vergangenen Vorhersagedifferenzen $(X_n - S_n)$, $(X_{n-1} - S_{n-1})$, $(X_{n-2} - S_{n-2})$ ... usw.[129]. Die Gewichtungsfaktoren g_i summieren sich in der folgenden Gleichung natürlich zu 1 auf:

(Z 2) $\qquad S_{n+1} = S_n + g_0 (X_n - S_n) + g_1 (X_{n-1} - S_{n-1}) + \ldots$

In der Gleichung sind die X_i die tatsächlich eingetretenen Werte der entsprechenden Perioden. Die Anzahl der in Betracht gezogenen Perioden schwankt in der Praxis meist zwischen 1 und 5.

Meist werden die Gewichte so gewählt, daß weiter zurückliegende Perioden kleinere Gewichte erhalten als die der Gegenwart näheren. Die Festsetzung der Gewichte kann auch adaptiv erfolgen, d. h., sie werden unter Beachtung der jeweils bekannt werdenden tatsächlichen Werte X_i der Zeitreihe so gewählt, daß die Vorhersagefehler minimiert werden. Geht das Exponential

---

[129] Zur exponentiellen Glättung vgl. Brown (1959), (1963); Müller-Merbach (1969), S. 407 ff.

Smoothing von einer saisonbereinigten Zeitreihe aus, so spricht man auch von adaptiven Prognosen (adaptive forecasting). Durch rekursives Einsetzen des ersten errechneten Wertes S_{n+1} an Stelle von S_n werden in der Praxis Vorhersagen über mehrere Perioden generiert (bei Monatswerten bis zu 2 Jahren).

Im folgenden Beispiel wird eine vereinfachte Version des Exponential Smoothing angewandt. Der neue Schätzwert S_{n+1} wird lediglich aus dem letzten tatsächlichen Wert der Zeitreihe X_n, dem Schätzwert S_n und der Differenz zwischen X_n und dem letzten Schätzwert abgeleitet. Diese beiden Werte werden mit der Glättungskonstante g, deren Wert zwischen Null und 1 liegen muß, in adaptiver Weise gewichtet. Es ergibt sich folgende formale Form der Vorhersagefunktion:

(Z 3) $$S_{n+1} = S_n + g(X_n - S_n)$$

und durch einfache algebraische Umformung

(Z 4) $$S_{n+1} = gX_n + (1-g)S_n$$

Anwendung der exponentiellen Glättung zur Vorhersage von Verkehrsstrommatrizen

Die Verkehrsstrommatrix ist zusammen mit der Aufstellung der vorhandenen Beförderungskapazitäten die entscheidende Grundlage zur Erstellung der Fahrpläne. Air Canada hat eine computerunterstützte Trendvorhersagemethode entwickelt, mit der die monatlichen Verkehrsstrommatrizen $[T_{ij}^m (m-1, 0)]$ für 12 Monate im voraus projiziert werden. T ist die Verkehrsstrommatrix für Monat $m-1$ im Jahre 0^{130}). Hierbei bedeuten:

i, j   = 1, 2, 3, ..., D; die Anzahl der Städte, von denen und zu denen die Leute fliegen können;

m   = gegenwärtiger Monat;

m — 1   = vorhergehender Monat;

0   = Index des gegenwärtigen Jahres;

$T_{ij}^m (m-1,0)$ = tatsächliche Anzahl der Passagiere, die von der i-ten nach der j-ten Stadt während des dem gegenwärtigen, m-ten Monat vorhergehenden, m — 1-ten Monats befördert worden sind.

Die quadratische Matrix T (m — 1, n) wird bei Air Canada als die Verkehrsstrommatrix für Monat m — 1 im Jahr n bezeichnet. Von dieser Matrix geht der Vorhersageprozeß aus.

---

[130]) Vgl. auch zum folgenden Lee (1970), S. 204 ff.; auch Whitton und Linder (1962).

Die Vorhersageprozedur hat zwei Teile: einen Vorhersageprozeß und einen Überwachungsprozeß. Letzterer erlaubt die Bewertung und Modifizierung der Ergebnisse des Vorhersageprozesses angesichts spezieller Kenntnisse über gegenwärtige oder antizipierte Bedingungen, die in den Vorhersageprozeß keinen Eingang gefunden haben.

Zum Vorhersageprozeß

Für die wesentlichsten Anwendungen projiziert der Vorhersageprozeß die Vorhersagematrix für die jeweils nächsten 12 Monate voraus. Das typische Element der Matrix für Monat m + k, projiziert im Monat m des gegenwärtigen Jahres 0, wird hierbei geschrieben als

$$t_{ij}^m (m + k, 0), \text{ wenn } m + k \leq 12.$$

Entsprechend ist

$$t_{ij}^m (m + k - 12, 1)$$

das typische Element der Matrix des nächsten Jahres, wenn m + k größer als 12 ist, d. h., wenn die jährliche Vorhersagematrix nach dem Dezember des gegenwärtigen Jahres liegt.

Auf Grund der Analyse zurückliegender Daten über mehrere Jahre hinweg wurde gefunden, daß der Trend des Verkehrsaufkommens das Ergebnis einer multiplikativen Verknüpfung folgender Komponenten ist:

(1) einer Basiskomponente $A_{ij}^m (m - 1, 0)$,

(2) einer monatlichen Wachstumskomponente $B_{ij}^m (m - 1, 0)$,

(3) einer saisonalen Komponente $C_{ij}^m (m - 1, 0)$ und

(4) einer irregulären Zufallskomponente, deren zeitlich aufeinanderfolgende Werte untereinander und von allen anderen Komponenten statistisch unabhängig sind.

Jeden Monat wird vom Rechnungswesen die Matrix des vorhergehenden Monats, d. h. also die Ist-Werte für $[T_{ij}^m (m - 1, 0)]$, erstellt. Auf Grund der multiplikativen Modellvorstellung wird postuliert, daß sich die Istwerte (unter Vernachlässigung der Zufallskomponente) wie folgt zusammensetzen:

(Z 5) $$T_{ij}^m (m - 1, 0) = A_{ij}^m \cdot B_{ij}^m \cdot C_{ij}^m$$

wobei die Komponenten A, B und C genauso wie T auf der linken Seite der Gleichung indiziert sind, d. h. mit (m — 1, 0).

Die erste Projektion für den gegenwärtigen Monat m ist das Produkt der drei Komponenten $a_{ij}^m (m - 1, 0)$, $b_{ij} (m - 1, 0)$ und $c_{ij}^m (m - 1, 0)$[131]. Die

---

[131] $c_{ij}^m (m, -1)$ ist der entsprechende Monat des Vorjahres. Im Monat m des gegenwärtigen Jahres wurden jedoch die Daten bekannt, mit denen die Saisonkomponente für Monat m —1 auf den neuesten Stand gebracht wird. Diese wird mit $c_{ij}^m (m - 1, 0)$ bezeichnet.

Schätzwerte für die Komponenten werden nach folgenden Formeln berechnet, von denen jede ihre eigene Glättungskonstante besitzt:

(Z 6) $$a_{ij}{}^m (m-1, 0) = \alpha \cdot \frac{T_{ij}{}^m (m-1, 0)}{c_{ij}{}^m (m-1, 0)}$$
$$+ (1-\alpha) \cdot a_{ij}{}^{m-1}(m-2, 0) \cdot b_{ij}{}^{m-1}(m-2, 0)$$

(Z 7) $$b_{ij}{}^m (m-1, 0) = \beta \cdot \frac{a_{ij}{}^m(m-1, 0)}{a_{ij}{}^{m-1}(m-2, 0)} + (1-\beta) \cdot b_{ij}{}^{m-1}(m-2, 0)$$

(Z 8) $$c_{ij}{}^m (m-1, 0) = \gamma \cdot \frac{T_{ij}{}^m(m-1, 0)}{a_{ij}{}^m(m-1, 0)} + (1-\gamma) \cdot c_{ij}{}^m(m-1, -1)$$

Aus der Projektion für das typische Element $t_{ij}{}^m (m, 0)$ wird das entsprechende Element für den Monat $m + k$ nach folgender Formel berechnet[132]):

(Z 9) $$t_{ij}{}^m(m+k, 0) = a_{ij}{}^m(m-1, 0) \cdot \{b_{ij}{}^m(m-1, 0)\}^{k+1} \cdot c_{ij}{}^m(m+k, -1)$$

Diese Formel ergibt sich wegen des multiplikativen Charakters des Modells. Sie stimmt auch für $k = 0$.

Zum Überwachungsprozeß

Tests mit Vergangenheitsdaten zeigten, daß der Quotient

(Z 10) $$R(m-1, 0) = \frac{T_{ij}{}^m(m-1, 0)}{t_{ij}{}^{m-1}(m-1, 0)}$$

(das Verhältnis zwischen tatsächlichen und geschätzten Passagierzahlen) normalverteilt war mit dem arithmetischen Mittel 1 und der Varianz σ^2, die von Zeitreihe zu Zeitreihe unterschiedlich war. Dies machte die Konstruktion eines Kontrolltests möglich, wie er aus der statistischen Qualitätskontrolle bekannt ist.

Jeden Monat wird die Verhältniszahl $R(m-1, 0)$ errechnet und geprüft, ob sie in das Intervall $1 \pm 3\sigma$ fällt. Wenn nicht, muß nach den Gründen der Abweichung geforscht werden. Das Wesen dieser Gründe — bekannt, aber vorübergehend, unbekannt oder bekannt und dauerhaft — bestimmt, wie die Glättungskonstanten geändert werden müssen, um den Projektionsprozeß wieder „unter Kontrolle" zu bringen. Dieses Zurücksetzen des Projektionsmechanismus auf die „richtige Spur" wird jedoch durch menschlichen Eingriff vollzogen. Der menschliche Analytiker ist in der Lage, die Abweichungsursachen unter einer breiteren Perspektive zu sehen. Das Modell und der Mensch bilden zusammen mit den Hintergrundinformationen ein System höherer Ordnung.

---

[132]) Die Formel berücksichtigt nicht die Änderung in der Schreibweise, die für $m + k > 12$ vorgenommen werden muß. Siehe Erklärung auf S. 568 zu Beginn des Abschnitts über den Vorhersageprozeß.

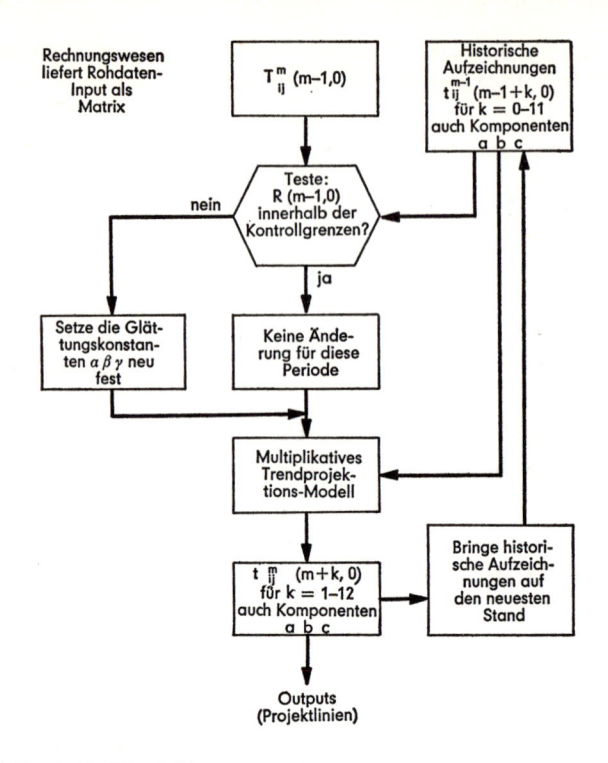

*Abb. 2.42: Blockdiagramm des Trendprojektionsmodells
mit Überwachungsprozeß[133])*

Abb. 2.42 faßt den Vorhersageprozeß zusammen. Sie zeigt, wie ein computerunterstütztes Vorhersageverfahren, das auf Grund von Vergangenheitsdaten in autoregressiver Weise Vorhersagen generiert, unter bestimmten Voraussetzungen die Einbeziehung von qualitativen Urteilen auslöst. Es wäre extrem schwierig, wenn nicht beim gegenwärtigen Stand der Forschung unmöglich, auch die qualitative Analyse des Menschen zu untersuchen: Mensch und Maschine bilden zusammen ein Vorhersagesystem, in dem der Mensch von den routineartigen Vorhersagen entlastet wird. Er kann sich daher um so besser der Analyse des Neuen, von der Routine nicht Vorhersehbaren, widmen. Es ist zu erwarten, daß Mensch und Computer zusammen zu besseren Ergebnissen gelangen als jeder für sich allein.

2.225 Ökonometrische Erklärungs- und Prognosemodelle

Der entscheidende Nachteil aller Trendverfahren ist, daß sie nicht versuchen, auf Grund von kausalen Abhängigkeiten zu Prognosen zu gelangen. Das Denken in kausalen Relationen, d. h., daß der Wert einer Variablen Y als

---

[133]) Vgl. Lee (1970), S. 207.

Abhängige von X und nicht umgekehrt variiert, ist aber grundlegend für die wissenschaftliche Vorgehensweise. Da kausale Effekte in der Zeit wirksam werden, liegt es nahe, aus der Kenntnis eines Kausalgesetzes und den Anfangswerten der Ursachen, die in dem Kausalgesetz als hinreichend für das Eintreten einer Wirkung aufgezählt werden, die Wirkung vorherzusagen. In den Sozialwissenschaften wird man dabei in vielen Bereichen von einer probabilistischen Interpretation des Kausalgesetzes auszugehen haben. Eine gegebene Konstellation von Ausgangsbedingungen bestimmt also eine wohl-definierte Wahrscheinlichkeitsverteilung für die möglichen Zustände der Welt. Der Versuch, kausale Gesetzmäßigkeiten über wirtschaftliche Zusammenhänge quantitativ zu erfassen und diese quantitativen Relationen zur Erklärung und Prognose wirtschaftlicher Tatbestände nutzbar zu machen, führte zur Gründung der Ökonometrie[134]).

Die Betriebswirtschaftslehre kennt bisher kaum Anwendungen ökonometrischer Methoden. Dies gilt insbesondere auch für die betriebswirtschaftliche Logistik. Wir erwarten jedoch, daß die Anwendung ökonometrischer Methoden auf betriebswirtschaftliche Prognoseprobleme in absehbarer Zeit einen Aufschwung nehmen wird. Vorläufig müssen wir uns freilich auf eine mehr generelle Charakterisierung ökonometrischer Modelle und der damit verbundenen Probleme der Parameterschätzung und Identifikation beschränken.

Wir haben bereits darauf hingewiesen, daß ökonometrische Modelle aus Gleichungen mit endogenen Variablen y_k (k = 1 bis G), exogenen Variablen x_l (l = 1 bis M), Parametern (a_i, b_{ik}, c_{il}) und Schockvariablen (ϵ_i) bestehen[135]).

Ein ökonometrisches Modell umfaßt im allgemeinen vier Arten von Gleichungen:

(1) ökonomische Verhaltensgleichungen, wie Angebots- und/oder Nachfragefunktionen, die das Verhalten der Produzenten und Konsumenten am Markt beschreiben;

(2) institutionelle Regeln und Gesetze, wie Umsatzsteuer- und Abgabesätze;

(3) technische Transformationsgesetze, wie etwa Produktionsfunktionen;

(4) definitorische Identitäten und Gleichgewichtsbedingungen.

---

[134]) Die Geburtsstunde der Ökonometrie wird auf den 29. 12. 1930 datiert, als auf Einladung der Professoren Irving Fisher, Ragnar Frisch und Charles Roos eine Gruppe von Nationalökonomen, Statistikern und Mathematikern in Cleveland (Ohio) die ökonometrische Gesellschaft gründete. Als Vorläufer der Disziplin werden von volkswirtschaftlicher Seite u. a. Thünen, Cournot, Gossen, Walras und Pareto genannt, von mathematisch-statistischer Seite Lexis, Markov, Ezekiel sowie R. A. Fisher und seine Schule. Zur Einführung in die Ökonometrie vgl. insbesondere Goldberger (1964); Johnston (1963); Klein (1953), (1962); Lange (1968); Menges (1961); Schneeweiß (1971); Schönfeld (1969); Wold (1963).

[135]) Zur Struktur ökonometrischer Modelle vgl. z. B. Menges (1961), S. 57 ff.; Richter (1971), S. 21 ff.; Schneeweiß (1971), S. 29 ff.; Schönfeld (1969), S. 5 ff.

Alle vier Arten von Gleichungen werden als strukturelle Beziehungen (Gleichungen) angesprochen. Ohne zusätzliche Information kann nicht entschieden werden, zu welcher der vier Arten eine bestimmte Gleichung aus einem gegebenen Modell gehört. Hieraus folgt, daß eine beliebige Gleichung i aus einem interdependenten Modell prima facie nicht kausal interpretiert werden darf. Hieraus ergeben sich vor allem zwei Probleme, das Schätzproblem und — eng mit diesem verbunden — das Identifikationsproblem. Beide werden noch zu betrachten sein.

Typen ökonometrischer Modelle

Von Bedeutung erscheinen insbesondere zwei Unterscheidungsmerkmale. Zum einen wird zwischen linearen und nichtlinearen Modellen differenziert. Wichtiger als diese Unterscheidung ist jedoch eine Klassifikation nach simultanen Modellen in Verbindung mit der reduzierten Form zur Parameterschätzung und nach rekursiven oder Kausalkettenmodellen. Letztere wurden von Tinbergen 1937 und 1939 zur Erklärung der Konjunkturzyklen angewendet. Simultanmodelle gehen auf Haavelmo (1943) zurück[136].

Die beiden Modelltypen sind in den Gleichungssystemen (E 1 a) bzw. (E 1 b) und (E 2 a) bzw. (E 2 b) unter Verwendung der vorher definierten Symbole einander gegenübergestellt. Der Index t gibt die Zeitperiode an, auf die sich der Wert der Variablen bezieht. Die Länge der Zeitperioden hängt von dem jeweiligen Modell ab und schwankt meist zwischen einem Monat und einem Jahr.

(E 1 a)
$$a_{10} + b_{11}y_1 + \ldots + b_{1G}y_G + c_{11}z_1 + \ldots + c_{1K}z_K = \epsilon_1$$
$$a_{20} + b_{21}y_1 + \ldots + b_{2G}y_G + c_{21}z_1 + \ldots + c_{2K}z_K = \epsilon_2$$
$$\ldots \quad \ldots \quad \ldots \quad \ldots \quad \ldots \quad \ldots \quad \ldots \quad \ldots$$
$$a_{G0} + b_{G1}y_1 + \ldots + b_{GG}y_G + c_{G1}z_1 + \ldots + c_{GK}z_K = \epsilon_G$$

In verkürzter Schreibweise:

(E 1 b)
$$a_{i0} + \sum_{j=1}^{G} b_{ij}y_j + \sum_{l=1}^{K} c_{il}z_l = \epsilon_i; \qquad (i = 1, 2, \ldots, G)$$

(E 2 a)
$$y_1 = 0 \qquad\qquad\qquad\qquad\qquad + P_1 + \epsilon_1$$
$$y_2 = b_{21}y_1 + 0 \qquad\qquad\qquad\quad + P_2 + \epsilon_2$$
$$y_3 = b_{31}y_1 + b_{32}y_2 + 0 \qquad\qquad + P_3 + \epsilon_3$$
$$y_4 = b_{41}y_1 + b_{42}y_2 + b_{43}y_3 + 0 \quad + P_4 + \epsilon_4$$
$$\ldots \quad \ldots \quad \ldots \quad \ldots \quad \ldots \quad \ldots$$
$$y_G = b_{G1}y_1 + b_{G2}y_2 + \ldots + b_{G,G-1}y_{G-1} + P_G + \epsilon_G$$

---

[136] Vgl. zu simultanen und rekursiven Modellen und der mit ihnen verbundenen Diskussion z. B. Bentzel und Hansen (1954/55); Goldberger (1964), S. 288 ff.; Haavelmo (1943); Hood und Koopmans (1953); Strotz und Wold (1960); Wold (1953).

In verkürzter Schreibweise:

(E 2 b) $$y_i = \sum_{k=1}^{i-1} b_{ik} y_k + P_i + \epsilon_i \qquad (i = 1, 2, \ldots, G)$$

In System (E 2) ist P_i ein Globalausdruck für die prädeterminierten Variablen, d. h.

$$P_i^t = \sum_{k=1}^{G} \sum_{s=1}^{H} b_{ik}^t \cdot y_k^{t-s} + \sum_{l=1}^{M} \sum_{s=0}^{H} c_{il}^s \cdot x_l^{t-s} \qquad (l = 1, \ldots, M)$$

wobei x_l die exogenen Variablen sind und y_k^{t-H} bzw. x_l^{t-H} der am weitesten zurückliegende Wert der Variablen y_k bzw. x_l.

Für beide Systeme gilt eine Reihe zusätzlicher Annahmen, die u. a. eine Korrelation der Schockvariablen jeder Gleichung mit allen erklärenden Variablen dieser Gleichung (bei Kausalkettensystemen) oder den prädeterminierten Variablen (bei simultanen Systemen) ausschließen. Obwohl die unterschiedlichen formalen Eigenschaften, die hier übergangen werden, in der Diskussion eine Rolle gespielt haben, ist der ausschlaggebende Gesichtspunkt die unterschiedliche Interpretation der Gleichungen von System (E 1) und (E 2).

Die Interpretation ökonometrischer Gleichungssysteme

Interdependente Systeme der Form (E 1) enthalten im allgemeinen alle vier Arten von Gleichungen, wie sie eingangs beschrieben wurden (Verhaltensgleichungen, institutionelle Beziehungen, technische Transformationsgesetze, definitorische Identitäten und Gleichgewichtsbedingungen). Deshalb kann eine beliebige Gleichung aus System (E 1) ohne zusätzliche Information nicht ohne weiteres kausal interpretiert werden. Zudem erschwert die Bildung der reduzierten Form (die Regression aller endogenen Variablen auf alle exogenen Variablen) im Zusammenhang mit den Implikationen für bedingte Erwartungen eine kausale Auffassung der Gleichungen. In der Tat führt die Deutung von interdependenten Gleichungen als kausale Abhängigkeiten schon rein formal zu Widersprüchen, da die gleiche Variable einmal als Ursache (cause variable) und das andere Mal als Wirkung (effect variable) auftreten kann.

In Kausalkettensystemen dagegen beschreibt jede Gleichung eine einseitige (asymmetrische) kausale Abhängigkeit. Jede Beziehung spiegelt die in der Wirklichkeit zwischen den Variablen angenommenen Beziehungen wider, d. h., jede Gleichung beschreibt, wie die linke Variable (effect variable) auf die Änderung einer oder mehrerer Variablen auf der rechten Seite (cause variable) ceteris paribus reagiert.

Dem liegt die Vorstellung zugrunde, daß wirtschaftliche Änderungen von bestimmten Handlungseinheiten bewirkt werden, solchen nämlich, die vorher als funktionale Subsysteme bezeichnet wurden. Dies können einzelne Personen sein oder auch Gruppen von Individuen, organisiert, beispielsweise in Unternehmungen, oder unorganisiert, etwa als Konsumenten. Ferner kommen der Staat sowie gesellschaftliche Institutionen (z. B. Gewerkschaften) in Frage, überhaupt kann jede irgendwie definierte Menge von Wirtschaftssubjekten unter den Begriff der Handlungseinheit (behavior unit) fallen, wenn sie nur in bestimmter Weise auf wirtschaftliche Datenänderungen *gleichförmig* reagiert. Ein Beispiel mag diese Überlegungen verdeutlichen: Eine der bekanntesten Identitäten ist vielleicht die definitorische Gleichheit:

(E 3) $$S_t = Y_t - C_t$$

Danach sind die Ersparnisse einer Periode t (mikro- und/oder makroökonomisch) gleich dem Einkommen minus den Ausgaben für Konsum. In einem interdependenten System wird diese Gleichung als definitorische Identität aufgefaßt. Sie ist daher umkehrbar: $Y_t = S_t + C_t$. Nicht so in einem rekursiven System. In einem rekursiven System muß die Funktion als Verhaltensgleichung interpretiert werden, und zwar etwa folgendermaßen: S wird als die unabhängige Variable betrachtet, und die Hypothese ist, daß S als Rest oder Differenz zwischen Einkommen und Verbrauch kausal bestimmt wird. Es ist ersichtlich, daß die Gleichung auf Grund dieser Hypothese nicht ohne weiteres umkehrbar ist, etwa in dem Sinn, daß der Verbrauch als Differenz zwischen Einkommen und Ersparnis kausal bestimmt wird. Das Modell postuliert in der oben gegebenen Form, daß die Wirtschaftssubjekte über die Höhe ihres *Konsums* entscheiden und daß die Ersparnis Erwartungsparameter ist (d. h., die Ersparnis wird als abhängige Variable betrachtet). Deshalb dürfen wir die definitorische Größe C_t auf der rechten Seite der Gleichung auch durch eine andere Verhaltensgröße ersetzen:

(E 4) $$C_t = c \cdot Y_t$$

(E 5) $$S_t = Y_t - c \cdot Y_t$$

In den Gleichungen (E 4) und (E 5) ist c der konsumierte Prozentsatz des jeweiligen Einkommens. Die Konstante c umschreibt das Verhalten der Wirtschaftssubjekte hinsichtlich der Verwendung ihres Einkommens; sie ist ein echter Verhaltensparameter und kann mit Hilfe der Regressionsanalyse geschätzt werden.

Zusammenfassend kann festgestellt werden, daß ökonomische Funktionen kausal interpretiert werden können. Sie haben damit primär eine Erklärungsfunktion. Diese kann dann als Gesetzeshypothese aufgefaßt und zu Prognosen benutzt werden.

Die Schätzung von Parametern

Wie dargestellt, treten in den ökonometrischen Gleichungen und Modellen sowohl Variablen als auch konstante Größen auf. Die konstanten Größen oder Parameter müssen numerisch bekannt sein, soll mit Hilfe der Ökonometrie die Entscheidungsfindung unterstützt werden. Ein mehr oder weniger großer Teil dieser Parameter ist durch vorgegebene Bedingungen festgelegt. Modellparameter, über die keine A-priori-Informationen vorliegen, müssen auf der Basis von Beobachtungsdaten bestimmt werden. Da die Beobachtungsdaten wegen der großen Zahl der auf sie einwirkenden Faktoren als Realisationen von Zufallsvariablen aufzufassen sind, bilden sie im Sinne der Statistik eine Stichprobe. Der Ökonometriker muß nun auf Grund einer gegebenen Stichprobe für die Variablen y_{ij} (j = 1 bis G) und z_l (l = 1 bis K) die strukturellen Konstanten a_i, d_{ij} und c_{il} schätzen, d. h. Schätzwerte bestimmen. Die Residualgrößen ϵ_i sind einer direkten Beobachtung nicht zugänglich. An die Eigenschaften einer „guten" Schätzung werden verschiedene Forderungen gestellt. Es ist Aufgabe der Theorie der Ökonometrie, Methoden zur Schätzung der Parameter von Gleichungsmodellen zu entwickeln[137]). Die in den Gleichungen auftretenden Parameter (Konstanten oder Koeffizienten der Variablen) werden mit Hilfe der Regressionsanalyse geschätzt. Die grundlegende Form einer Regressionsgleichung lautet wie folgt:

Regressand = f (Regressoren) + Schockvariable

Im linearen, zweidimensionalen Fall vereinfacht sich das zu folgender Form:

Regressand = Konstante + (Parameter · Regressor) + Schockvariable

Im Hinblick auf die Schätzung von Parametern werden insbesondere zwei Methoden diskutiert: die *Methode der kleinsten Quadrate* und das *Maximum-Likelihood-Prinzip* (Methode der größten Dichte). Beide Methoden sind unter bestimmten Bedingungen identisch. Hauptargument für die häufige Verwendung der Methode der kleinsten Quadrate ist, daß sie unter verhältnismäßig großzügigen Annahmen lineare, unverzerrte Schätzfunktionen mit kleinerer Varianz als jede andere lineare Schätzfunktion für die gesuchten Parameter liefert (best linear unbiased estimator).

Die Grundannahmen der Methode der kleinsten Quadrate postulieren, daß

(1) die Schockzufallsvariablen mit dem Erwartungswert von Null sind, d. h. $E(\epsilon_i) = 0$, für alle i,

(2) alle Schocks ϵ_i gleiche und konstante Varianz haben (Homoskedastizität),

(3) alle Schocks paarweise unkorreliert sind, d. h. $E(\epsilon_t, \epsilon_{t+s}) = 0$, für alle s $\neq$ 0, und

(4) die Matrix der Beobachtungswerte mit dem typischen Element X_{ir} (= bezeichnet die r-te Beobachtung zur Variablen X_i) den Rang $i < r$

---

[137]) Vgl. hierzu Goldberger (1964); Johnston (1963), S. 145 ff.; Menges (1961), S. 88 ff.; Schneeweiß (1971); Schönfeld (1969).

hat, d. h., die Anzahl der Beobachtungen übersteigt die Anzahl der zu schätzenden Parameter (einschließlich der additiven Konstanten), und die Beobachtungen sind linear unabhängig.

Die Theorie der Ökonometrie läßt nun einzelne dieser Annahmen fallen und untersucht die sich ergebenden Auswirkungen auf die Eigenschaften der Schätzfunktion (least square estimator). Am meisten Beachtung gefunden haben dabei in der ökonometrischen Literatur das Problem der Beobachtungsfehler, autokorrelierte Schocks, Multikollinearität und Heteroskedastizität. Letztlich wird dabei angestrebt, die Parameter komplexer Modelle „möglichst gut" zu schätzen.

Ein Grundproblem der Ökonometrie ist, ob eine Schätzung von Parametern prinzipiell möglich ist, selbst wenn eine beliebig große Stichprobe von Beobachtungswerten zur Verfügung steht. Die Problematik resultiert daraus, daß einzelne der genannten Variablen nicht im Experiment isoliert werden können, sondern daß die Parameter auf Grund von Daten geschätzt werden müssen, die durch das Zusammenwirken aller strukturellen Gleichungen des postulierten Gleichungssystems entstanden sind. Die Theorie der *Identifikation* soll die Bedingungen aufzeigen, unter denen der eindeutige Rückschluß von den Beobachtungswerten auf die zugrundeliegenden Parameter (einschließlich der Streuungen und Korrelationskoeffizienten der Schockvariablen) möglich ist. Das Problem tritt vor allem bei den interdependenten Gleichungssystemen auf, weil diese, wie beschrieben, nicht ohne weiteres kausal interpretiert werden können. Die Gleichungen zu Kausalkettenmodellen sind ohnehin irreversibel und können direkt mit Hilfe der Methode der kleinsten Quadrate geschätzt werden[138]).

Ökonometrische Anwendungen in der Logistik

Der mögliche Anwendungsbereich ökonometrischer Modelle zur Unterstützung logistischer Entscheidungen ist außerordentlich groß. Dies gilt sowohl für das makrologistische System als auch für den Verkehrsbetrieb und die Mikrologistik[139]). Einer der Hauptanwendungsbereiche ökonometrischer Methoden im Verkehrsbereich ist die Entwicklung verkehrsökonometrischer *Verflechtungsmodelle*. Sie wurden bereits in Abschnitt 1.212 dargestellt und sollen deshalb hier nicht noch einmal erörtert werden. Verkehrsökonometrische Verflechtungsmodelle sind teilweise sehr umfassende und in ihrer Entwicklung aufwendige Modelle. Häufig beschränken sich Fragestellungen des Logistikers auf relativ enge Kontexte, für welche die Ableitung von ganzen Verflechtungsbilanzen zu arbeitsaufwendig ist und die Anwendung einfacherer Modellformen adäquater erscheint. Zu diesen Fragestellungen zählt insbesondere die Untersuchung der Beziehungen zwischen zwei wirt-

---

[138]) Zur Einführung in das Identifikationsproblem vgl. Goldberger (1964), S. 306 ff.; Johnston (1963), S. 240 ff.; Menges (1961), S. 72 ff.

[139]) Zu Anwendungsbereichen vgl. Ahner (1969) sowie zum folgenden insbesondere Richter (1969), (1971).

schaftlichen Größen. So können etwa die Beziehungen zwischen der Entwicklung der Bruttoproduktion und der des Gütertransports interessieren. Es fällt nicht schwer, eine ganze Fülle von Beziehungen zwischen verschiedenen Größen zu formulieren, die für den Logistiker relevant sind und ihm für Zwecke der Prognose nützlich sein können.

Eine relativ große Bedeutung nehmen ökonometrische *Bedarfs- und Nachfragemodelle* ein. Bedarf an und Nachfrage nach Verkehrsleistungen hängen von einer Menge unterschiedlicher Faktoren ab. Es wird nun versucht, die Beziehungen zwischen Bedarf oder Nachfrage einerseits und den sie bestimmenden Faktoren andererseits in geeigneter Weise mathematisch zu beschreiben. Die allgemeinen Ausführungen zu ökonometrischen Modellen haben deutlich gemacht, daß die Zweckmäßigkeit und Verwendbarkeit von Bedarfs- und Nachfragemodellen insbesondere von zwei Faktoren abhängen: zum einen von der richtigen Bestimmung der Einflußfaktoren, zum anderen von der numerisch richtigen Bestimmung der in den Modellen auftretenden Parameter. Die Schätzung künftiger Werte der Einflußfaktoren ist relativ schwierig, da starke innere Verflechtungen im ökonomischen System bestehen und Rückkopplungseffekte auftreten können. Ausgangspunkt der Aufstellung von Bedarfs- und Nachfragemodellen im Verkehrsbereich wird im allgemeinen die wirtschaftliche Stellung des Verkehrswesens im volkswirtschaftlichen Gesamtsystem sein.

Ein weiterer Anwendungsbereich ökonometrischer Modelle in logistischen Systemen bezieht sich auf *Produktions- und Kostenfunktionen*. Produktionsfunktionen werden vor allem auf der betriebswirtschaftlichen Ebene diskutiert, gewinnen jedoch in aggregierter Form auch Bedeutung für Wirtschaftszweige und die Gesamtwirtschaft. Ein besonderer Typ von Produktionsfunktionen entsteht dabei im Rahmen der Verflechtungsmodelle. Auch im Hinblick auf Kostenfunktionen werden unterschiedliche Ansätze erörtert.

Abschließend sei beispielhaft ein sehr einfaches, generelles ökonometrisches Modell kurz betrachtet:

Gegeben sei ein Drei-Gleichungs-Modell für einen Verkehrsmarkt mit polypolistischer Konkurrenz. Die Nachfrage sei eine Funktion des gegenwärtigen Preises, das Angebot hänge vom Preis der vergangenen Periode ab. Die dritte Beziehung erklärt den gegenwärtigen Preis als eine Berichtigung des Preises der vorangegangenen Periode, deren Höhe davon abhängt, um wieviel die angebotene und die nachgefragte Menge in der Periode (t—1) voneinander abwichen. Dieses rekursive System kann dann folgendermaßen geschrieben werden[140]:

(E 6) $\quad\quad\quad p_t = p_{t-1} + a(d_{t-1} - s_{t-1})$

(E 7) $\quad\quad\quad s_t = S(p_{t-1}) \quad\quad\quad$ (Angebotsfunktion)

(E 8) $\quad\quad\quad d_t = D(p_t) \quad\quad\quad\quad$ (Nachfragefunktion)

---

[140] In Anlehnung an Wold (1953), S. 12 f. und S. 68.

Es bedeutet:

p_t = Preis in der Periode t;

s_t = angebotene Menge in der Periode t;

d_t = nachgefragte Menge in der Periode t.

Die Angebotsfunktion beschreibt das Verhalten der Produzenten, die Nachfragefunktion bezieht sich auf die Konsumenten, und Gleichung (E 6) drückt aus, wie Angebot und Nachfrage mittels Preisänderungen ausgeglichen werden. Wenn nun angenommen wird, daß sich die polypolistisch handelnden Produzenten der Verkehrsleistung etwa durch ein Kartell zu einem Angebotsmonopol zusammenschließen, so müssen die Gleichungen (E 6) und (E 7) durch Funktionen ersetzt werden, welche die monopolistische Preis- oder Produktionspolitik ausdrücken; hingegen bleibt die Nachfragefunktion dieselbe wie vorher auf dem polypolistisch belieferten Markt: Die Konsumenten handeln im obigen Sinne *autonom*. Daraus ist auch ersichtlich, daß in rekursiven Gleichungssystemen jede Verhaltensgleichung ferner in dem Sinne autonom ist, daß sie isoliert vom System allein als ein Ein-Gleichungs-Modell für Voraussagen, kausale Schlußfolgerungen oder zur Schätzung bestimmter Parameter verwendet werden kann.

2.3 Inexakte Methoden zur Unterstützung logistischer Entscheidungen

Lange Zeit konzentrierte sich das Interesse mehr oder weniger ausschließlich auf die Entwicklung exakter Methoden. Diese Betonung der exakten Methoden spiegelte sich insbesondere in der Entwicklung des Operations Research wider. Nicht zuletzt hat eine gewisse Ernüchterung über die Möglichkeiten und Perspektiven, auch für sehr komplexe und schlecht-strukturierte Probleme exakte Methoden zu entwickeln, dazu geführt, daß in jüngerer Zeit eine Differenzierung der Betrachtungsweise erfolgte. In zunehmendem Maße werden auch inexakte systematische Methoden zur Unterstützung der Entscheidungsfindung zur Verfügung gestellt und in Problemlösungsprozesse einbezogen. Neu ist dabei nicht, daß in Entscheidungsprozessen inexakte Methoden Verwendung finden. Gerade politische Entscheidungen waren stets dadurch gekennzeichnet, daß sie den Einsatz subjektiver Urteilskraft, von Intuition, Kreativität, Faustregeln (Heuristiken) oder anderer durch Veranlagung und Erfahrung erlangter kognitiver Programme erforderten. Was die in jüngerer Zeit entwickelten inexakten Methoden gegenüber diesen „traditionellen" Methoden auszeichnet, ist, daß sie schlecht-strukturierte Problemlösungsprozesse in bestimmten Teilaktivitäten in systematischer Weise unterstützen. Sie sind nicht nur systematische Methoden, sie machen den Problemlösungsprozeß auch transparenter und zumindest teilweise auch nachvollziehbar. Die inexakten Methoden ziehen ganz bewußt subjektive Komponenten in die Betrachtung ein. Eine besondere Bedeutung kommt dabei der Nutzung von Expertenurteilen als einer Kombination von Intuition und Sachwissen zu.

Obwohl wir heute noch am Beginn der Entwicklung systematischer inexakter Methoden stehen, so kann doch bereits auf ein ganzes Instrumentarium von inexakten Verfahren zur Unterstützung komplexer logistischer Entscheidungen zurückgegriffen werden. Versucht man, sie zu klassifizieren, so bietet sich als ein Unterscheidungskriterium die Funktion an, welche die einzelnen Methoden in einem Entscheidungsprozeß erfüllen. Wählt man als Anhaltspunkt die Phase des Entscheidungsprozesses, in dem die jeweilige Methode eingesetzt werden kann, so ist ein Bild denkbar, wie es Abb. 2.43 für einige ausgewählte Methoden wiedergibt. Eine Vollständigkeit wurde dabei weder hinsichtlich der genannten Methoden noch hinsichtlich ihrer möglichen Funktionen angestrebt.

In den folgenden Abschnitten sollen wie in Kapitel 2.2 einige Methoden beispielhaft näher erörtert werden. Gewählt wird dabei eine speziell methodenorientierte Betrachtungsweise. Aus Gründen der Übersichtlichkeit werden die betrachteten Methoden unter vier globale Klassen subsumiert. Dar-

Inexakte Methoden \ Phasen (Funktionen)	Diagnose	Zielsetzung	Suche	Prognose	Handhabung von Unsicherheit	Bewertung	Bewertungsstabilisierung	Durchführung	Soziale Beeinflussung, Unterstützung, Konflikthandhabung	Test, Kontrolle
Morphologische Methoden	x					x				x
○ Brainstorming	x	x	x	x			x			
○ Synektik		x	x	x						
○ Quick-Look-Analyse	x	x	x	x			x			
Fragenkataloge	x	x	x	x						
Attribute Listing	x		x							
Forced Relationships	x		x							
Scenario-Writing	x	x	x	x			x			
Interview (einschl. individuelle Expertenbefragung)	x	x	x	x						x
Konferenzmethode	x	x	x	x			x			
Delphi-Methode		x	x	x						
○ SEER-Methode			x	x						
○ Panel Consensus		x	x	x						
Visionäre Prognose		x	x	x		x				
Historische Analogie		x	x	x						
Gaming	x		x	x		x	x		x	x
Planspiele	x		x	x		x	x		x	x
Unternehmensspiele	x		x	x		x			x	x
Wertanalyse	x		x				x			
Vergleichsmethode		x	x	x	x	x				
Konkurrenzanalyse	x		x	x	x	x				
○ Kepner-Tregoe-Methode	x	x	x			x				
Nutzen-Kosten-Analyse			x			x				
○ Modal-Split-Verfahren			x	x						
Sensitivitätsanalyse					x		x			
○○○○ Kontingenzenanalyse					x		x			
A-fortiori-Methode					x		x			
Break-even-Analyse							x			
○ Cost-Constraint-Analyse	x						x	x	x	x

(Die mit ○ bezeichneten Methoden werden im einzelnen dargestellt)

Abb. 2.43: Die Anwendung inexakter Methoden in einzelnen Phasen des

gestellt werden einige Kreativitätsmethoden, Prognosemethoden, die Nutzen-Kosten-Analyse und Methoden zur Unsicherheitshandhabung und Bewertungsstabilisierung. Abb. 2.43 macht deutlich, daß die jeweils beschriebenen Methoden zumindest zum Teil durchaus auch andere Funktionen im Entscheidungsprozeß erfüllen können. Andererseits können hier verschiedene Methoden nicht erörtert werden, die ähnliche Funktionen wie die dargestellten Verfahren besitzen.

Sehr häufig werden in einem Entscheidungsprozeß mehrere inexakte Methoden miteinander — unter Umständen unter Einbeziehung exakter Methoden — kombiniert. Musterbeispiel hierfür ist die bereits kurz beschriebene Systemanalyse. Der Begriff der Systemanalyse wird nicht zuletzt deshalb auch als Sammelbegriff für die Anwendung inexakter Methoden zur Unterstützung politischer Entscheidungen verwendet. Eine Skizzierung des Ablaufs der Systemanalyse soll abschließend beispielhaft Anwendung und Kombination inexakter Methoden zur Unterstützung äußerst komplexer Entscheidungsprozesse verdeutlichen. Zunächst sollen jedoch verschiedene inexakte Methoden mehr oder weniger unabhängig voneinander betrachtet werden, da sie auch Verwendung finden, ohne daß jeweils eine „Systemanalyse" in ihrer Gesamtheit durchgeführt wird.

2.31 Kreativitätsmethoden

Betrachtet man die Methoden, die für die Unterstützung der einzelnen Teilaktivitäten eines Entscheidungsprozesses zu Verfügung stehen, so vollzieht sich vor allem auf dem Gebiet der Kreativitätsmethoden eine sehr schnelle Entwicklung[1]. Die Gewinnung, Konkretisierung und Bewertung von Ideen sind Gegenstand äußerst schlecht strukturierter Problemlösungsprozesse. Weder Aufgabenstellung noch Ziele sind im allgemeinen eindeutig formulierbar. Ebenso fehlen Rechenverfahren, deren Anwendung in eindeutiger Weise zu Lösungen, also zu „brauchbaren", innovativen Ideen und damit zu neuartigen Alternativen für den übergeordneten Entscheidungsprozeß führen. Eine entsprechende Bedeutung kommt inexakten Methoden zur Unterstützung kreativer Prozesse zu. Besondere Aufmerksamkeit im betriebswirtschaftlichen Bereich gilt dabei Aspekten der Forschung und Entwicklung, speziell der Produktinnovation[2]. Aus diesem Blickwinkel heraus gibt Abb. 2.44 einen Überblick über einige der bekanntesten Kreativitätsmethoden, ihre Merkmale und ihre Leistungsfähigkeit. Morphologie, Brainstorming und Synektik sollen im folgenden Abschnitt näher beschrieben werden.

---

[1] Ein Vortrag Guilfords im Jahre 1950 als Präsident der „American Psychological Association" gab richtungweisende Anregungen; vgl. Guilford (1950), (1962). Eine zusammenfassende Darstellung neuerer amerikanischer Ansätze zur Kreativität findet sich bei Ulmann (1968). Zur Diskussion der Methoden im Prozeß der Generierung von Gestaltungsalternativen vgl. Gabele (1972), S. 287 ff.
[2] Vgl. dazu Schmitt-Grohé (1972) und die dort angegebene Literatur.

Beurteilungs-kriterien / Verfahren	Mechanismen der Ideen-produktion	Reifegrad der produzierten Ideen	Komplexität der möglichen Problem-lösungen bzw. Ideen	Analogie zu bisherigen Produkten	Leistungs-fähigkeit (Rang)	Ausbildungs-dauer	Zeitbedarf der Anwendung	Höhe der Anwendungs-kosten (Rang)
	1	2	3	4	5	6	7	8
1 Fragen-kataloge (z. B. Osborn-Checklist)	Assoziations-prinzipien	erste Anregung	nur einfache Probleme	hoch	6	—	nicht erwähnens-wert	6
2 Attribute Listing (Funktions-analysen)	Veränderung bisheriger Eigenschaften /Funktionen	erste Anregung	mittlere Komplexität	hoch	3,5	gering bis mittel	gering bis mittel	3
3 Forced Relationships (Funktions-kombination)	Zusammen-fügung bisher getrennter Funktionen zu Funktions-komplexen	erste Anregung	mittlere Komplexität	hoch	3,5	gering	gering bis mittel	4
4 Morphologie	totale Kombi-nation aller denkbaren Parameter-alternativen	relativ vollständiges gedankliches Modell	auch für technisch hoch-komplizierte Probleme	fehlt bzw. gering	2	Wochenkurse Morpholo-gisches Institut Zürich	mittel bis groß	2
5 Brainstorming	freie Assoziations-ketten durch Suspendie-rung der Kritik	erste Anregung	gering	eher hoch	5	gering	mit Auswertung wenige Std./Tage	5
6 Synektik	Anwendung der 4 Analo-gietypen zur Verfremdung der Problem-lösung	vollständige, auch physisch-konstruktive Problemlösung bzw. deren gedankliches Modell	auch für technisch hoch-komplizierte Probleme	fehlt bzw. gering	1	lt. Gordon 1 Jahr, nach Rohrbach mehrere Tages-seminare	groß	1

Abb. 2.44: Übersicht über einige Kreativitätsmethoden[3])

2.311 Morphologische Methoden

Unter dem Begriff der morphologischen Methoden wird eine Reihe unterschiedlicher Methoden subsumiert, die der systematischen Generierung und Analyse möglicher Alternativen zur Lösung eines gegebenen Problems dienen. Die morphologische Analyse erfolgt dabei im allgemeinen in mehreren Schritten, welche die genaue Präzisierung des zu lösenden Problems, die Identifizierung aller wichtigen Attribute, Charakteristika oder Parameter des Problems, die Aufstellung des sogenannten morphologischen Kastens, in dem alle alternativen Lösungsmöglichkeiten des Problems erfaßt werden, und schließlich die Bewertung aller Lösungsmöglichkeiten beinhalten.

Die wichtigsten Aspekte und Methoden der Morphologie

Im einzelnen können die wichtigsten Aspekte und Methoden der Morphologie wie folgt beschrieben werden:

(1) Die Morphologie[4] basiert auf der Analyse des vorhandenen Wissens über ein konkretes Problem. Zunächst wird das gesicherte Wissen herauskristallisiert. Dieses leitet dann — als Ausgangspunkt — die weitere Suche nach Ideen oder Lösungen. Bleibt ein Vorwärtstasten im Suchprozeß erfolglos, kann zum Ausgangspunkt zurückgekehrt werden, um einen neuen Prozeß einzuleiten.

(2) Es wird nach Informationseinheiten zum Problem gesucht, die so weit aufgeschlüsselt werden, bis ein *Ideenelement* (idea-bit) erreicht ist. Diese Vorgehensweise wird auch „idea-bit-technique" genannt[5]. Die generierten Informationen können flexibel gehandhabt und kombiniert werden. Ebenso erleichtert die idea-bit-technique die sequentielle Verfeinerung der Ideen sowie die Rangordnung, Bewertung und Beurteilung der Information. Die Ideenelemente sind als Attribute des untersuchten Problems anzusehen und werden als solche aufgelistet. Die Attribute werden hinsichtlich der Möglichkeit ihrer Kombination mit anderen Attributen überprüft und gegebenenfalls modifiziert, substituiert oder neu generiert. Die Kombination wird formal — soweit möglich — über eine Matrixdarstellung erreicht.

(3) Die wohl bekannteste Matrixdarstellung ist in diesem Zusammenhang der von Zwicky entwickelte *morphologische Kasten*[6]. Im morphologischen Kasten werden Problemelemente (Attribute, Parameter, Problemmerkmale) in ein zwei- oder mehrdimensionales Schema gebracht. Dabei stellen die auf den Achsen abgetragenen Kombinationselemente gesichertes Wissen dar. Der Sinn des morphologischen Kastens besteht nun allerdings weniger darin,

---

[4] Vgl. zur Morphologie insbesondere Arnold (1962), S. 255 ff.; Crawford (1954); Gregory (1967); Hart (1964); Hollinger (1968); Wills (1972), S. 131 ff.; Zwicky (1966); Zwicky und Wilson (1967).
[5] Vgl. Gregory (1967), S. 45 ff. Die einzelnen Ideenelemente können als Attribute des anstehenden Problems verstanden und aufgelistet werden (attribute listing); vgl. dazu Crawford (1954); Jones (1966).
[6] Vgl. Zwicky (1966), S. 114 ff.

bereits bestehende Kombinationsmöglichkeiten nachzuweisen. Vielmehr soll er zum Experimentieren anregen und so als Generator auf neue Alternativen aufmerksam machen. Obwohl die Vorteile des morphologischen Kastens im Offenlegen der Relationen und einer gewissen Veranschaulichung komplexer Objekte bestehen, ist zu bedenken, daß er Probleme in einem relativ frühen Stadium der Analyse zwangsläufig auf bestimmte Suchbereiche einschränkt. Die Analyse ist darüber hinaus stark technisiert und täuscht eventuell eine Genauigkeit vor, die nicht existiert. Diese „Genauigkeit" wird seitens der Vertreter der morphologischen Methode relativ unkritisch hingenommen. Für den Problemlöser kann dieser positivistische Absolutheitsanspruch nur vermehrte Wachsamkeit und Distanz in der Beurteilung der mit Hilfe dieser Methode gewonnenen Ergebnisse bedeuten.

(4) Bei der morphologischen Methode wird experimentiert, negiert und konstruiert bzw. generiert. In diesen Aktivitäten kommt das zentrale Anliegen des Morphologen zum Ausdruck. Bestimmte negative Eigenschaften von Stoffen, Vorgängen usw. werden eliminiert, um den Weg zu einer konstruktiven Verwirklichung des Denkergebnisses zu ebnen. Beschränkte Ressourcen verbieten im allgemeinen, alle denkbaren Kombinationen durchzuspielen. Man berücksichtigt in der morphologischen Analyse Prioritäten, die entweder extern vorgegeben oder intuitiv erahnt bzw. an Hand des gesicherten Wissens als Ausgangspunkt generiert werden.

Zwei Beispiele

Die Anwendung der morphologischen Methode soll am Beispiel einer Prognose der Zukunft von Landfahrzeugen erörtert werden[7]. Zunächst ist die grundlegende Problemstellung abzugrenzen: Es handelt sich um den Transport irgendwelcher Objekte zu Lande und dessen Zukunftsperspektiven. Danach können folgende Dimensionen des Problems gebildet werden:

A Verteilung von Antrieb und Beförderungsraum
    A 1: Antrieb und Beförderungsraum in einer einzigen Einheit
    A 2: Antrieb mit Beförderungsraum, weitere Anhänger
    A 3: Antrieb allein (Zugeinheit) und Beförderungsraum in Anhängern

B Lenkung
    B 1: Selbstlenkung
    B 2: Lenkung durch Schiene

C Motor
    C 1: Dampfantrieb
    C 2: Verbrennungsmotor
    C 3: Elektromotor
    C 4: Atommotor

---

[7] Vgl. Arnold (1962), S. 256 f.; Gehmacher (1971), S. 50 ff.

Unter Zugrundelegung dieser Dimensionen wird ein morphologischer Kasten gebildet, in dem jeder Würfel eine Kombination der durch die Dimensionen abgegrenzten Möglichkeiten repräsentiert. Abb. 2.45 demonstriert die angedeuteten Kombinationsmöglichkeiten.

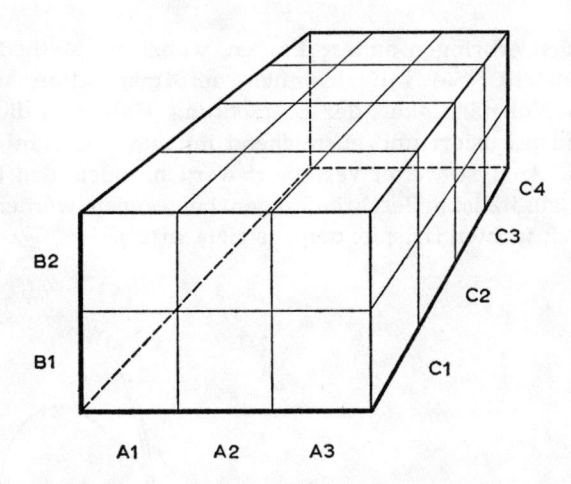

Abb. 2.45: Morphologischer Kasten

Testet man die möglichen Fächer durch, so ergeben sich etwa folgende Alternativen:

A 1 × B 1 × C 1: Dampfauto
A 1 × B 1 × C 2: gegenwärtiges Automobil, Panzer und dergleichen
A 1 × B 1 × C 3: Elektromobil, Gepäckverkehrsfahrzeug und Beförderungsmittel im innerbetrieblichen Transport
A 1 × B 1 × C 4: Atomauto
A 1 × B 2 × C 1: dampfangetriebener Eisenbahntriebwagen
A 1 × B 2 × C 2: Dieseltriebwagen
A 1 × B 2 × C 3: elektrischer Triebwagen
A 1 × B 2 × C 4: schienengeleiteter Atomtriebwagen
A 2 × B 1 × C 1: Dampfwalze mit Anhänger
A 2 × B 1 × C 2: Automobil mit Anhänger
A 2 × B 1 × C 3: Elektroauto mit Anhänger
   usw.

Die kombinierbaren Möglichkeiten lassen sich leicht weiterführen. Jedes Kombinationsergebnis bedarf zusätzlicher Erklärungshilfen, die diese Methode nicht explizit leistet. Die systematisch-kombinative Darstellung kann aber um eine deskriptive oder normative Komponente erweitert werden. Danach könnten die gefundenen Kombinationsergebnisse beispielsweise nach potentiellen zukünftigen Realisationschancen getestet werden: Wird sich ein Dampfauto durchsetzen? Sind die Hoffnungen auf ein elektrisch getriebenes Auto gerechtfertigt? Ist das Atomauto eine Utopie?

Andere Kriterien erbringen andere Fragen, wobei die Methode selbst keine Antwort bereitstellt. Sie hilft lediglich der Imagination und garantiert keineswegs die Vollständigkeit der Betrachtung. Hält man die Dimensionen für hinreichend präzisiert und ausreichend innovationsträchtig, so kann die morphologische Analyse weiter verfeinert werden, indem den Kombinationsmöglichkeiten zusätzliche Beschränkungen beigegeben werden, wie dies in folgendem vereinfachten Beispiel demonstriert wird[8]).

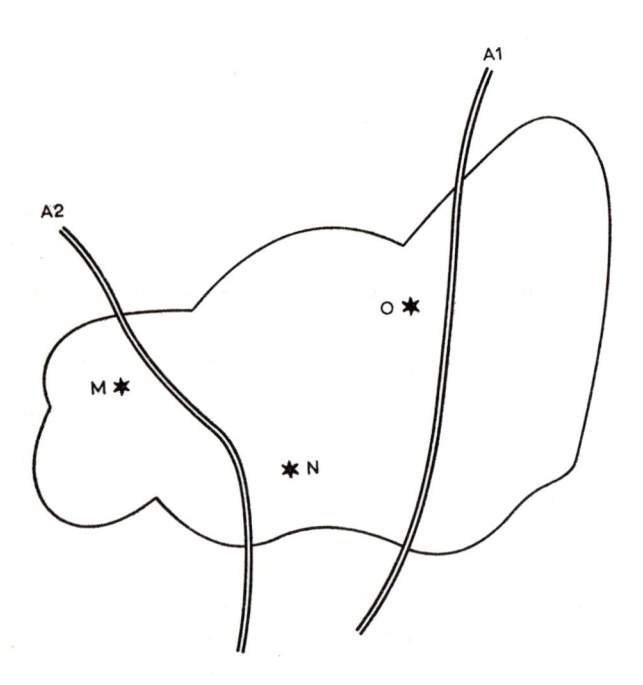

Abb. 2.46: Erschließung einer Region

Das Problem besteht darin, daß eine abgegrenzte Region erschlossen werden soll. Dabei sind folgende Parameter relevant (vgl. Abb. 2.46):

A Bau eines Autobahnastes durch die Region: A 1 im Osten
                                                A 2 im Westen

---

[8]) Vgl. Gehmacher (1971), S. 56 f.

B   Ansiedlung von transportabhängigen Industrien: B 1 im Ort N
                                                    B 2 im Ort M
                                                    B 3 im Ort O
C   Ausbau vom Zentralort der Region: C 1 von Ort N
                                                    C 2 von Ort M
                                                    C 3 von Ort O

Eine vollständige Kombination aller Möglichkeiten ergäbe 18 Varianten. Sollen sie reduziert werden, so kann dies durch Einbeziehen eines weiteren Kriteriums geschehen: Abhängigkeit der Autobahntrassierung vom Standort der transportorientierten Industrien. Daraus ergibt sich folgender morphologische Baum:

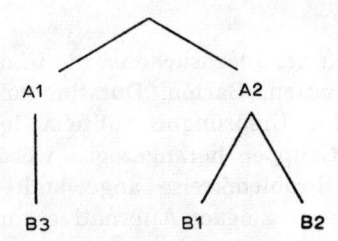

Abb. 2.47: *Morphologischer Baum nach Einführung des Kriteriums „Abhängigkeit der Autobahntrassierung vom Standort der transportorientierten Industrien"*

Soll der Zentralort der Region in der Nähe des Industriezentrums ausgebaut werden, folgt weiterhin:

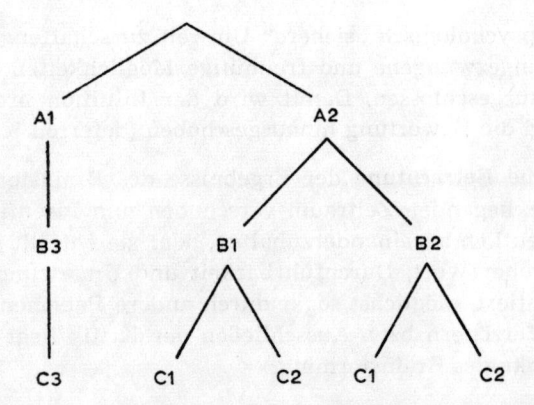

Abb. 2.48: *Morphologischer Baum nach Einführung des Kriteriums „Ausbau des Zentralortes der Region in der Nähe des Industriezentrums"*

Von den 18 anfangs theoretisch möglichen Varianten bleiben lediglich 5 relevant. Diese können nun weiter detailliert und analysiert werden. Damit ist freilich nicht gewährleistet, daß keine leichtfertige oder unzulässige Vereinfachung vorgenommen wird, d. h. originelle, innovative und erfolgversprechende Alternativen nicht bereits in einem frühen Stadium der Analyse ausgeschaltet werden.

Bei zunehmender Anzahl von Dimensionen und Kriterien wird das systematische Kombinieren der morphologischen Analyse langwierig und komplex. Zudem erfordert die Festlegung der relevanten Dimensionen oft enormes Fachwissen, das häufig nur in Gruppen und unter Heranziehung von Spezialisten erarbeitet werden kann.

2.312 Brainstorming

Ein flexibleres Verfahren der Ideensuche ist die in den vierziger Jahren von der Beratungssozietät Batten, Barton, Durstine und Osborn[9]) entwickelte Technik des Brainstorming. Ursprünglich sollte sie lediglich für die geeignete Zusammensetzung von Gruppen herangezogen werden. Heute wird sie auf die unterschiedlichsten Problemkreise angewandt[10]). Auch Brainstorming dient speziell der Generierung neuer Alternativen und Lösungsperspektiven. Beim Brainstorming diskutiert eine kleine, heterogene Gruppe (meist 5 bis 12 Personen) ein bereits in seinen Grundzügen bekanntes Problem. Es sollen möglichst viele Ideen schnell produziert werden, auch wenn sie prima facie nicht erfolgversprechend sind. Bedingungen, Verlauf und Beurteilung der Ergebnisse des Brainstorming beruhen teilweise ausschließlich auf wenig abgesicherten Einzelerfahrungen. Sie sind deshalb als spezielle Heuristiken auf spezifische Problemstellungen abzustimmen. Als wichtigste Prinzipien sind zu nennen[11]):

(1) Es ist eine psychologisch „sichere" Umwelt zu schaffen. Kreative Ideen verlangen ungezwungene und freimütige Möglichkeiten der Entfaltung. Kritik ist ausgeschlossen. Damit wird der Intuition breiter Spielraum gegeben und die Bewertung hinausgeschoben (deferred judgment).

Eine kritische Betrachtung der Ergebnisse des Brainstorming wird auf einen später liegenden Zeitraum verschoben, um Ideenfindung und Beurteilung deutlich auseinanderzuhalten, oder sie entfällt ganz. In diesem Falle wird über Wert, Durchführbarkeit und Umsetzung der Ideen getrennt diskutiert, möglichst sogar durch andere Personen oder Gruppen. In diesem Verzögern bzw. Ausschließen der Kritik liegt der eigentliche Grundgedanke des Brainstorming.

---
[9]) Vgl. Osborn (1962), insbes. S. 22 f., (1963).
[10]) Eine kurze Übersicht gibt Gregory (1967), S. 195.
[11]) Vgl. Gregory (1967), S. 196 f.; Hart (1964), S. 199; Hummer (1967), S. 118 f.; Osborn (1963), S. 156.

(2) Bei Brainstorming geht zunächst Quantität vor Qualität. Die Teilnehmer werden aufgefordert, möglichst viele Ideen zu eruieren und sie kurz und unkompliziert vorzutragen. Diese Quasi-Forderung orientiert sich an der These: „Je größer die Anzahl der Ideen ist, desto wahrscheinlicher ist es, daß auch gute dabei sind." Sie wird durch Untersuchungen von Meadow und Parnes experimentell gestützt: Die Quantität der geäußerten Ideen korreliert stark mit der Qualität, und letztere steigt in der zweiten Zeithälfte erheblich an[12]).

(3) Kombination und Verbesserung der Ideen sind erwünscht. Die freie Interaktion der Diskussionsteilnehmer ist angelegt, Assoziationen wachzurufen, die verborgene Heuristiken aktivieren und neue generieren. Es ist deshalb auch erlaubt und sogar erwünscht, daß Teilnehmer Ideen anderer aufgreifen, verbessern und zu neuen Vorschlägen entwickeln.

(4) Der Gruppenkoordinator oder -führer soll den Verlauf der Diskussion lediglich in folgenden Punkten beeinflussen: (a) Mitteilung der bereits aufgeführten Grundregeln 1—3; (b) Mitteilung der Diskussionsdauer; (c) kurze Darstellung des Problems; (d) bei längeren Ausführungen eines Teilnehmers Straffung der Aussagen in dem von diesem verwendeten Vokabular; (e) Unterbrechung bei aufkommender Kritik; (f) kein Einmischen bei schöpferischen Pausen; (g) bei aufkommenden zusätzlichen Problemstellungen Problem wiederholen und nach Lösungsalternativen fragen; (h) vorsichtige und flexible Steuerung des Problemgrenzbereichs; (i) Auflisten der vorgebrachten Ideen.

Modifikationen des Brainstorming sind die Methode des *Reverse Brainstorming* und *The Little Technique*.

Beim Reverse Brainstorming werden anstelle positiver Lösungen und Ideen mögliche Beschränkungen, Fehler, Gefahren usw. einer bestimmten Idee oder Lösung ermittelt[13]).

Die Little-Technik oder Gordon-Technik wurde von Gordon bei der Firma Arthur D. Little entwickelt. Sie ähnelt stark dem Brainstorming bis auf den Punkt, daß lediglich der Gruppenführer exakt mit der Natur des gestellten Problems vertraut ist. Ihm kommt demnach hier auch eine Vorrangstellung zu: Der Gruppenführer stellt allgemeine Fragen, die sich nur entfernt auf das Problem beziehen. In dieser Weise „umkreist" er das Problem und nähert sich nach längerer Zeit schrittweise dem Problem selbst. Sowohl die Varianten als auch das eigentliche Brainstorming sind Konzeptionen, die das Assoziieren und Aktivieren des Vorbewußten im Problemlösungsprozeß fördern.

Die Anwendung des Brainstorming ist dann sinnvoll, wenn das Problem in seinen Grundzügen offenliegt. Die Methode kennzeichnet Suchprozesse,

---

[12]) Vgl. Meadow und Parnes (1959).
[13]) Vgl. Gregory (1967), S. 197 f.; Hart (1964), S. 201.

deren Allgemeinheitsgrad relativ unspezifiziert ist. Wie empirische Ergebnisse zeigen, liegt die Lösungsmächtigkeit — gemessen an der Anzahl guter Ideen — beim Brainstorming um etwa 70 % höher als bei individueller Problemlösung. Da der soziale Input bekannt ist, kann auch die Ressourcenmächtigkeit problembezogen angegeben werden. Positiv wirkt sich aus, daß die freie Interaktion Assoziationen wachruft und verborgene Heuristiken aktiviert. Andere Einflüsse, etwa in Form von versteckten Gruppenpressionen oder Konformitätstrends, beeinträchtigen die Ressourcenmächtigkeit und damit den gesamten Suchprozeß negativ. Mit der Delphi-Methode sollen diese Effekte ausgeschaltet werden.

2.313 Synektik

Eine interessante Entwicklung auf dem Gebiet der Diskussionsmethoden ist die von W. J. J. Gordon[14] erstmals vorgestellte Methode der Synektik (synectics). Sie ist ein sehr anspruchsvolles und psychologisch fundiertes Verfahren der gemeinsamen Ideenfindung in Gruppen. Im Gegensatz zum Brainstorming setzt sich hier die Gruppe (häufig 5 bis 7 Personen) aus hochqualifizierten, ausgesuchten und sehr intensiv geschulten Persönlichkeiten aller Fachrichtungen zusammen, die über einen längeren Zeitraum hinweg zusammenarbeiten.

Grundmerkmale der Synektik

Der synektischen Methode liegen folgende Hypothesen zugrunde[15]):

(1) Kreativität ist bis zu einem gewissen Grade in jedem Menschen vorhanden. Man kann den Erfolg seiner Bemühungen um neue Ideen bedeutend steigern, wenn man den psychologischen Vorgang versteht, mit Hilfe dessen man kreativ ist.

(2) Kreativität und Erfindungsgabe sind eher emotional und nicht-rational **als intellektuell und rational.**

(3) Die emotionalen und nicht-rationalen Elemente können durch Training und praktische Experimente nutzbar gemacht werden.

Die grundlegende Devise für die Überschreitung der Barriere zwischen einer Problemsituation und ihrer Lösung lautet:

„(1) Mache dir das Fremde vertraut,

(2) entfremde dir das Vertraute!"

Das erste Prinzip zielt darauf ab, die relativ verschlossene Haltung des Menschen gegenüber Neuem und Unbekanntem aufzulockern. Dies geschieht in der Weise, daß das Fremde in Beziehung zu bereits bekanntem Wissen ge-

---

[14]) Vgl. Gordon (1961).
[15]) Vgl. Alexander (1965), S. 168; Gregory (1967), S. 198.

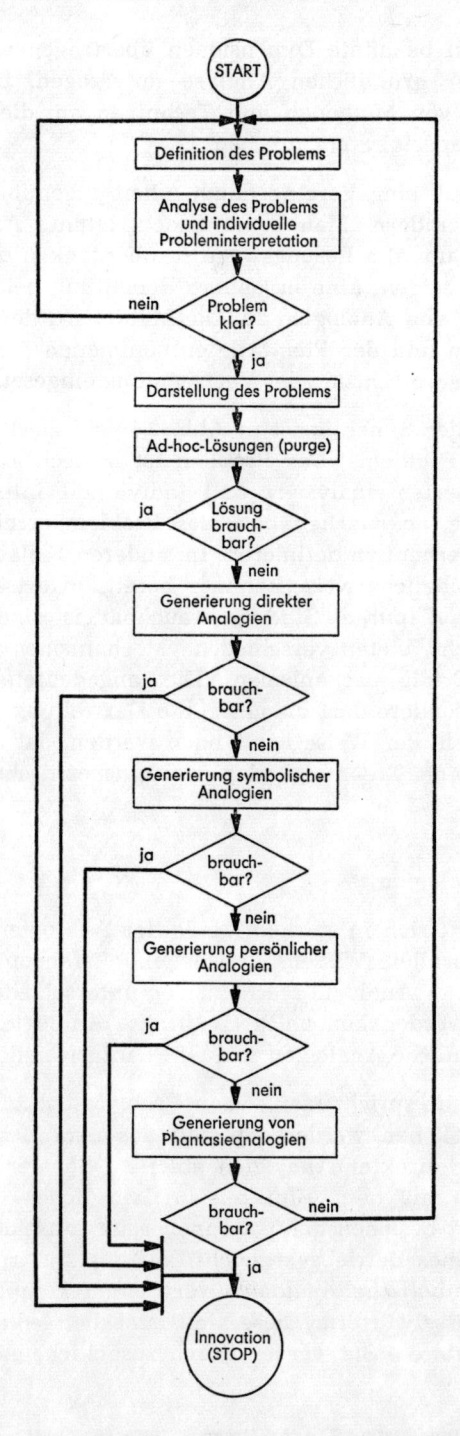

Abb. 2.49: Flußdiagramm zum Verlauf synektischer Suchprozesse

bracht und damit in bekannte Dimensionen übertragen wird. Das gestellte Problem wird einer gründlichen Analyse unterzogen. Dabei wendet der Mensch eine Reihe von Methoden und Techniken an, die seinem Informationsverarbeitungsrepertoire entsprechen.

Die zweite Devise soll eine Voreingenommenheit gegenüber bekannten Problemstellungen verhindern. Man bemüht sich, latente Aspekte eines Problems aufzudecken, um alte Lösungswege zu überdenken und neue Lösungsmöglichkeiten aufzuzeigen. Eine besondere Bedeutung bei der Verfremdung kommt der Bildung von Analogien zu. Die Metaphern der direkten, symbolischen, persönlichen und der Phantasie entnommenen Analogie werden als Mechanismen zur Herbeiführung der Verfremdung eingesetzt.

Der Gesamtprozeß der Synektik ist in Abb. 2.49 skizziert[16]). Er beginnt mit der Definition des Problems. Das Problem ist schlecht-definiert und wird deshalb durch Experten analysiert und individuell interpretiert. Danach stellt sich die Frage, ob Klarheit über das Problem erreicht wurde. Trifft dies nicht zu, ist es erneut zu definieren. Im anderen Falle wird das Problem schriftlich fixiert. Möglicherweise kommen bereits in diesem Prozeßstadium Lösungsvorschläge auf (purge). Sind sie brauchbar, ist eine neue Alternative gefunden, wenn nicht, bieten verschiedene Mechanismen der Analogienbildung potentielle Erfolgsmechanismen. Die angedeutete Reihenfolge ist hypothetisch. Insbesondere darf die getrennte Darstellung der verschiedenen Mechanismen nicht in der Weise verstanden werden, daß im Ablauf synektischer Sitzungen eine Trennung oder problemspezifische Zuordnung von Analogien erfolgt.

Die Bildung von Analogien

Die Synektik bedient sich in starkem Maße der Analogienbildung und versucht damit, auf parallele Wissensbereiche und Erfahrungen zurückzugreifen. Dabei werden vier Analogie-Mechanismen unterschieden, die im Prozeßverlauf eingesetzt werden können[17]): (1) direkte Analogien, (2) symbolische Analogien, (3) persönliche Analogien und (4) Phantasieanalogien.

Von *direkter Analogie* spricht man, wenn Problemstrukturen verschiedener Wissensgebiete verglichen werden. Speziell aus dem Bereich der Biologie läßt sich eine Fülle direkter Analogien ableiten. So werden beispielsweise Informationsströme mit dem Blutkreislauf verglichen. Konkretere Vergleichsmöglichkeiten bestehen dann, wenn bereits funktionierende Systeme, etwa im Rahmen eines Betriebsvergleichs, auf das konkrete Problem übertragen werden. *Symbolische Analogien* verwenden komprimierte Aussagen in Form von Schlüsselwörtern. Diese sind zunächst lediglich einfache begriffliche Klassifikatoren. Sie werden durch zusätzliche Analogien erläutert

---
[16]) Gabele (1972), S. 318.
[17]) Vgl. Gordon und Prince (1960), S. 4 ff.; Gregory (1967), S. 199 ff.; Hart (1964), S. 202 ff.; Michael (1973), S. 70 ff.

und gleichzeitig getestet. *Persönliche Analogien* erleichtern Kreativität dadurch, daß sich die Mitglieder der Gruppe mit dem Problem identifizieren. Dieses persönliche Engagement zielt darauf ab, vertraute Sachverhalte und Problemstellungen zugunsten neuer Konstellationen zu verfremden. *Phantasieanalogien* basieren auf der Vorstellung unerfüllter, verborgener Wünsche. Diese werden im Prozeß der Verfremdung des Gewohnten in veränderte Bedingungen und Zustände transformiert.

Die Effizienz synektischer Verfahren hinsichtlich der Generierung von Alternativen wird als sehr hoch eingeschätzt. Allerdings ist die Synektik auch ein sehr aufwendiges Instrument der systematischen Ideenentwicklung. Ein besonderer Vorteil der Synektik als kreativer Gruppenprozeß ist speziell darin zu sehen, daß mit den Verfremdungsmechanismen erfolgreiche Hilfsmittel der Ideenproduktion zur Verfügung stehen. Diesen wird nicht zuletzt für die Generierung von Marktneuheiten große Effizienz beigemessen.

2.32 Prognosemethoden

In jedem Entscheidungsprozeß sind Informationen darüber erforderlich, wie sich relevante Merkmale des betrachteten Systems und seiner Umwelt entwickeln werden. Vor allem bei sehr schlecht-strukturierten und langfristigen Entscheidungen werden die Informationen über zukünftige Ereignisse und Entwicklungen sehr gering sein. Eine sinnvolle Anwendung exakter Prognosemethoden, wie sie in Kapitel 2.2 beispielsweise mit Zeitreihenanalysen, Trendprojektionen, Simulationsmodellen und ökonometrischen Modellen beschrieben wurden, ist auf solche Fragestellungen kaum noch möglich. Wegen der bestehenden Unsicherheit muß in starkem Maße auf die menschliche Urteilskraft zurückgegriffen werden, um qualitative Informationen in quantitative Schätzungen umzusetzen. In den vergangenen Jahren wurde eine ganze Fülle inexakter Prognosemethoden entwickelt. Abb. 2.50 beschreibt lediglich einen kleinen Ausschnitt von ihnen[18]). Das Ziel dieser Ansätze kann darin gesehen werden, alle zur Verfügung stehenden Informationen und subjektiven Beurteilungen, welche sich auf die zu schätzenden Faktoren beziehen, in einen logischen, unverzerrten und systematischen Zusammenhang zu bringen und zu einer Prognose zu verarbeiten. Eine besondere Bedeutung kommt in diesen Prozessen der Einbeziehung von Expertenwissen zu. Die Darstellung der Delphi-Methode und der SEER-Technik macht dies deutlich.

2.321 Delphi-Methode

Ein Prognoseverfahren, das in jüngster Zeit das besondere Interesse gefunden hat, ist die Delphi-Methode. Die Delphi-Methode ist ein iteratives Ver-

---

[18]) Vgl. zu inexakten Prognosemethoden allgemein Cetron (1969); Gehmacher (1971); Wills (1972); teilweise auch Bright (1968) sowie zur Abbildung Chambers, Mullick und Smith (1971).

Merkmale / Methoden	Beschreibung	Genauigkeit kurzfristig (0–3 Mte.) / mittelfristig (3 Mte.–2 J.) / langfristig (2 J. u. mehr)	Identifizierung von Wendepunkten (qualitativer Sprünge)	Typische Anwendungen	Notwendige Daten	Erforderliche Zeit, um eine Anwendung zu entwickeln und eine Prognose zu generieren	Anwendung auch ohne Computer möglich?
Delphi-Methode	Ein Expertenpanel wird mit Hilfe einer Folge von Fragebögen befragt. Dabei werden die Antworten eines Fragebogens verwendet, um den nächsten Fragebogen zu entwickeln. Irgendwelche Informationen, die nicht allen, sondern nur einigen Experten verfügbar sind, werden so den anderen zugänglich gemacht, so daß alle Experten für die Prognose zu allen Informationen Zugang haben. Diese Technik eliminiert den „bandwagon effect" der Majoritätsmeinung.	befriedigend bis sehr gut / befriedigend bis sehr gut / befriedigend bis sehr gut	befriedigend bis gut	Prognosen langfristiger Umsätze speziell neuer Produkte; Prognose der Gewinnentwicklung.	Ein Koordinator gibt eine Folge von Fragebögen aus, redigiert und konsolidiert die Antworten.	2 Monate	ja
SEER-Methode	Experten werden zu Problemen befragt, an denen sie gegenwärtig arbeiten. Der vorgelegte Fragebogen enthält bereits Vorinformationen. An mehreren Befragungsrunden beteiligen sich unterschiedliche Experten. Die Beteiligten kennen die Antworten der anderen Experten. Sie können auch neue angrenzende Fragen stellen.	gut bis sehr gut / gut / befriedigend bis gut	gut	Prognosen langfristiger Umsätze speziell neuer Produkte; Prognose der Gewinnentwicklung; Entwicklung von Plänen unter Berücksichtigung der praktischen Implementierung.	Ein Koordinator leitet den Experten Vorinformationen (Globalpläne, Präferenzen, Ergebnisse von Literaturstudien und Interviews) zu. Er leistet auch Aufklärungsfunktionen und stellt Kontrollfragen.	mehrere Monate	ja
Panel-consensus	Diese Technik basiert auf der Annahme, daß mehrere Experten zu einer besseren Prognose kommen können als eine Person. Es gibt keine Geheimhaltung, Kommunikation wird vielmehr angeregt. Die Prognosen werden manchmal durch soziale Faktoren beeinflußt; es ist möglich, daß sie einen wahren Konsens nicht widerspiegeln.	schwach bis befriedigend / schwach bis befriedigend / schwach	schwach bis befriedigend	Prognosen langfristiger Umsätze speziell neuer Produkte; Prognose der Gewinnentwicklung.	Informationen von einem Expertenpanel werden offen in Gruppenzusammenkünften präsentiert, um zu einem Konsens über die Prognose zu kommen. Benötigt werden mindestens zwei Arten von Informationen, nämlich eine große Menge an Marktdaten von Fragebögen usw. sowie Zeitreihenanalysen von Marktvariablen.	2 Wochen	ja
Visionary forecast (Visionäre Prognose)	Voraussagen, welche persönliche Einsichten, Urteile und, wenn möglich, Fakten über unterschiedliche Scenarios der Zukunft verwenden. Sie sind charakterisiert durch subjektive Vermutungen und Vorstellungsvermögen; im allgemeinen sind die Methoden nicht wissenschaftlicher Natur.	schwach / schwach / schwach	schwach	Prognosen langfristiger Umsätze speziell neuer Produkte; Prognose der Gewinnentwicklung.	Eine Menge möglicher Scenarien über die Zukunft, welche von einigen Experten im Lichte vergangener Ereignisse vorbereitet werden.	1 Woche	ja
Historical analogy (Historische Analogie)	Dies ist eine komparative Analyse der Einführung und des Wachstums ähnlicher neuer Produkte. Die Prognose basiert auf Ähnlichkeitsstrukturen.	schwach / schwach gut bis befriedigend / gut bis befriedigend	schwach bis befriedigend	Prognosen langfristiger Umsätze speziell neuer Produkte; Prognose der Gewinnentwicklung.	Die Geschichte eines oder mehrerer Produkte über mehrere Jahre hinweg.	1 Monat	ja

Abb. 2.50: Übersicht über einige Prognosemethoden

fahren der Expertenbefragung, um zeitliche und inhaltliche Aufschlüsse über zukünftige Entwicklungen zu erlangen. Eine Verbesserung gegenüber bestehenden Komitee-Ansätzen besteht insbesondere darin, daß die Meinungen der einzelnen Teilnehmer der Kritik der anderen Teilnehmer ausgesetzt werden, ohne daß zwischen diesen ein direkter Kontakt besteht. Von demoskopischen Umfragen unterscheidet sich die Delphi-Methode insbesondere durch die Tatsache, daß ausschließlich Experten befragt werden.

Die Delphi-Methode ist in ihrer gegenwärtigen Form Ergebnis von Forschungsarbeiten der Rand Corporation in den sechziger Jahren und insbesondere mit dem Namen von Olaf Helmer verbunden[19]). Sie wurde bislang vornehmlich bei längerfristigen Prognosen eingesetzt. So beschäftigt sich eine umfassende Delphi-Studie von Olaf Helmer unter Mitarbeit von Theodore Gordon[20]) aus dem Jahre 1966 mit der Prognose bedeutender Entwicklungen auf den Gebieten wissenschaftliche Umwälzungen, Bevölkerungstrends, Automation, Weltraum, Verhütung von Kriegen und künftige Waffensysteme. Neuerdings geht die Entwicklung dahin, sie bei der Produktplanung und der Planung schlechthin[21]) sowie auch bei Problemen mit sozialem und politischem Inhalt[22]) einzusetzen.

Grundmerkmale der Delphi-Methode

Die wesentlichen Merkmale der Delphi-Methode können wie folgt beschrieben werden[23]):

(1) Eine Gruppe von Experten wird mittels eines formalen Fragebogens nach ihrer Meinung über ein unsicheres oder umstrittenes Problem befragt. Die Delphi-Technik versucht, fachlich intuitive Urteilskraft der Befragten nutzbar zu machen. Sie leitet ihre Bedeutung aus der Annahme ab, daß langfristige Zukunftsprojektionen weniger aus etablierten Theorien als aus den persönlichen Erwartungen von Individuen abgeleitet werden können. Entsprechende Relevanz kommt der Auswahl der Experten zu[24]).

(2) Die befragten Personen bleiben anonym, um sprachliche und sonstige Beeinflussungskomponenten auszuschalten.

(3) Aus den gegebenen Antworten wird statistisch eine Gruppenantwort ermittelt.

---

[19]) Vgl. Dalkey (1969); Dalkey und Helmer (1963); Gordon (1968); Helmer (1966), (1968 a), (1968 b); Helmer una Rescher (1959); Wills (1972), S. 188 ff.

[20]) Vgl. Helmer (1967).

[21]) Vgl. Brockhoff (1969 b); Chambers, Mullick und Goodman (1971); zum Einsatz der Delphi-Methode in der Forschungsplanung vgl. Kerksieck (1972).

[22]) Vgl. Fusfeld und Foster (1971), S. 68 ff.; Quade (1970 b).

[23]) Vgl. Albach (1970), S. 17; Helmer (1966), S. 270 ff., (1967), S. 17 ff.; North und Pyke (1969), insbes. S. 72 ff.; Quade (1970), S. 175.

[24]) Vgl. Helmer (1968 a), S. 118 und S. 119.

(4) Alle oder einige Teilnehmer werden über die Gruppenantwort informiert. Sie erhalten u. a. auch in anonymer Weise die Argumente und Begründungen für die einzelnen Antworten sowie gegebenenfalls weitere Informationen.

(5) Unter Hinweis auf die Gruppenantwort werden die Teilnehmer erneut um ihre Meinung gebeten. Zeichnet sich bereits in der zweiten Runde eine deutliche Konvergenz der Antworten ab, kann sich eine weitere Iteration erübrigen.

Ein Beispiel soll die Methode verdeutlichen:

(1) Ist der Wert W einer Alternative unsicher und werden beispielsweise 11 Experten unabhängig voneinander gebeten, ein persönliches Urteil über die Alternative abzugeben, so werden die Werte W im Normalfall voneinander abweichen (Abb. 2.51). Aus den genannten Werten werden statistisch der Mittelwert M und die Quartilswerte Q_1 und Q_2 festgestellt. Eine Variante der Mittelwertbildung besteht darin, daß man die abgegebenen Urteile nach der Vertrauenswürdigkeit der Experten gewichtet.

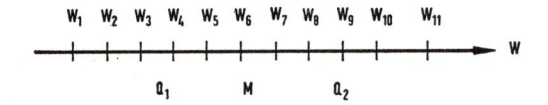

Abb. 2.51: *Bestimmung von Mittelwert und Quartilswerten nach der Delphi-Methode*

(2) Alle drei Werte werden jedem Befragten mitgeteilt. Gleichzeitig wird der Befragte unter Einbeziehung der übermittelten Information um eine neue Stellungnahme gebeten, wobei zu erwarten ist, daß die Streuung nach dieser zweiten Runde geringer sein dürfte.

(3) Es erfolgt u. U. eine erneute Mitteilung mit der Aufforderung zur nochmaligen Abgabe einer Wertschätzung, sofern erwartet wird, daß weitere Veränderungen eintreten.

(4) Ist dies nicht der Fall, so kann das Ergebnis der letzten Befragungsrunde als repräsentative Gruppenposition über die Höhe von W angesehen werden.

Eine gewisse Modifikation der Delphi-Methode ergibt sich, wenn man sie auf innerorganisatorische Probleme anwendet und dabei die durch das untersuchte Projekt betroffenen Organisationsteilnehmer als „Experten" betrachtet[25]). So können beispielsweise in einem Designprozeß in einem logistischen

---

[25]) Vgl. dazu auch Gabele (1972), S. 304 ff.

System bestimmte Organisationsteilnehmer, die auf Grund der von ihnen eingenommenen Positionen, ihrer Erfahrung oder auch ihrer Betroffenheit als „Experten" gelten, im Delphi-Verfahren über die zu verfolgenden Ziele und die möglichen relevanten Alternativen befragt werden. Die Schritte, die zur Generierung eines Zielkataloges (mit oder ohne Gewichtung) und einer Aufstellung realisierbarer Alternativen führen, könnten etwa folgende sein:

(1) Die zu befragenden Personen werden entsprechend der zu untersuchenden Problemstellung ausgewählt.

(2) Den befragten Personen werden differierende Ziele oder Alternativen vorgelegt, die mittels Brainstorming generiert wurden und ein ganzes Kontinuum von Möglichkeiten umfassen.

(3) Zu jeder vorgelegten Alternative wird ein persönliches Einzelurteil erbeten, so daß sich eine Skala von Werten wie in Abb. 2.51 aufstellen läßt.

(4) Die Mittel- und Quartilswerte werden festgestellt und den Befragten mitgeteilt.

(5) Eine erneute Bitte zur Abgabe einer Stellungnahme soll die Starrheit oder Flexibilität der eingenommenen Position klären.

Die Anwendung der Delphi-Methode in der Weise, daß die befragten Personen zumindest teilweise mit den Personen identisch sind, die durch geplante Änderungen betroffen sind, hat den Nachteil, daß die geäußerten Urteile stark an der aktuellen Informationsbasis oder an deren unmittelbarem Nahbereich orientiert sind. Eine Möglichkeit, die geäußerten Urteile mittels bestimmter Attribute, wie beispielsweise der durch den geplanten Wandel verursachten Betroffenheit, zu gewichten, führt nicht weiter, da sie die Anonymität aufhebt. Diese ist jedoch ein wesentliches Merkmal, das die Delphi-Methode vom üblichen Interview oder der Diskussion unterscheidet.

Vergleich der Delphi-Methode mit anderen Methoden

Die Delphi-Methode weist einige wesentliche Unterschiede zu anderen Verfahren mit ähnlichen Funktionen auf und beinhaltet spezifische Vor- und Nachteile. So weicht die Delphi-Methode hinsichtlich der Art der Befragung methodisch von erbetenen Einzelurteilen einzelner Experten sowie den in einer Gruppendiskussion mittels Brainstorming erzielten Urteilen ab. Ein wichtiges Kriterium zur Einschätzung der Methoden ist die *Qualität* der generierten Ergebnisse. Grundsätzlich berücksichtigen alle genannten Methoden, daß bei Prognosen über Konsequenzen bestimmter Maßnahmen selten auf exaktes Wissen zurückgegriffen werden kann. Geht man nun aber davon aus, daß gute und schlechte Informationen in den Köpfen mehrerer

Personen wahrscheinlichkeitsverteilt sind, so kann formuliert werden, daß in n Köpfen wenigstens so viele richtige und falsche Informationen stecken wie in einem Kopf, im allgemeinen jedoch mehr[26]).

Wird demnach aus einer Gruppe von n Köpfen ein einzelner befragt, so erhält man eine zufällige Information aus der auf alle Gruppenmitglieder verteilten Gesamtinformation (Einzelurteil). Die Lösungsmächtigkeit dieses Einzelurteils ist mit dem Gruppenurteil zu vergleichen, das die Delphi-Methode ermittelt, indem man aus n Einzelurteilen den Mittelwert bildet. Es kann *unabhängiges Gruppenurteil* genannt werden, da es aus voneinander unabhängigen Einzelurteilen gebildet wird. Vergleicht man das unabhängige Gruppenurteil mit demjenigen, das durch Diskussion (z. B. Brainstorming) zustande kommt, so kann folgendes festgestellt werden[27]):

(1) Diskussionen in Gruppen werden tendenziell stark von einer oder mehreren dominierenden Persönlichkeiten bestimmt. Diese versuchen, das Gruppenurteil im Sinne ihres eigenen Urteils zu beeinflussen. Da die dominierende Persönlichkeit aber gleiche Chancen und Risiken hat, ein richtiges oder falsches Urteil abzugeben, beruht ihre Dominanz nicht auf besserer Information, sondern auf mehr Macht, als sie die übrigen Gruppenmitglieder besitzen. Diese Macht kann schließlich bewirken, daß sich ein Gruppenzwang herauskristallisiert, der kritische Einzelurteile allmählich konformiert. Dieser Trend zur Konformität kann zumindest prinzipiell auch nicht durch Mittelwertbildung der Einzelantworten ausgeschaltet werden. Vertreter abweichender Meinungen werden verunsichert, entweder durch bewußt gesteuerte, irrelevante Informationen oder aber durch Drohungen. Möglicherweise werden sie selbst unsicher, etwa aus Angst, „verlorene" Minderheitspositionen zu vertreten oder sich mit einer vergleichsweise stark abweichenden Meinung bloßzustellen.

Gehört das (die) Einzelurteil(e) der dominierenden Persönlichkeit(en) zur Gruppe der schlechteren Einzelurteile, dann ist das Brainstorming-Urteil schlechter als 50 % der Einzelurteile. Statistisch gesehen hat demnach das unabhängige Gruppenurteil eine größere Chance, dem tatsächlich richtigen Urteil nahezukommen, als ein Einzelurteil und als das Brainstorming-Urteil[28]).

(2) Experimente hinsichtlich der Verläßlichkeit des unabhängigen Gruppenurteils zeigen[29]), daß der durchschnittliche Fehler des unabhängigen Gruppenurteils linear mit den Einzelurteilen streut. Er hängt darüber

---

[26]) Vgl. Albach (1970), S. 17.
[27]) Vgl. Gabele (1972), S. 306 ff.
[28]) Vgl. Albach (1970), S. 19 und S. 23. Die Ergebnisse der Experimente beziehen sich auf faktische Fragen, so daß keine generelle Überlegenheit der Delphi-Methode gegenüber dem Brainstorming abgeleitet werden darf.
[29]) Vgl. Brown, Cochran und Dalkey (1969); Dalkey (1969); Dalkey, Brown und Cochran (1969).

hinaus von der Gruppengröße und der Antwortzeit ab: Der Gruppenfehler sinkt mit steigender Gruppengröße in abnehmender Rate; die optimale Antwortzeit bezüglich faktischer Fragen liegt bei 30 Sekunden.

(3) Die fehlende Gruppendiskussion der Delphi-Methode schaltet die zwischenmenschliche Umwelt bei der Urteilsbildung aus. Offenheit, Interaktion, Beeinflussung, Zutrauen, Abneigung und dergleichen fließen weder in das Urteil ein, noch werden sie konzeptionell bedacht.

(4) Die Delphi-Methode bleibt nicht bei der Ermittlung eines unabhängigen Gruppenurteils stehen. In einem Feedback werden den Befragten Informationen über die statistisch ermittelte Gruppenantwort gegeben. Sie werden dabei aufgefordert, angesichts der ermittelten Gruppenantwort ihr eigenes Urteil zu überdenken und erneut ein Votum abzugeben. Aus diesen Ergebnissen wird wiederum der Mittelwert errechnet, den man *abhängiges Gruppenurteil* nennen kann, weil die erneuten Ergebnisse der Einzelbefragung unter der Kenntnis bereits früher getroffener Entscheidungen anderer zustande gekommen sind.

Abhängiges und unabhängiges Gruppenurteil können nun einander entsprechen oder voneinander abweichen. Im ersten Fall bewirkt eine erneute Befragung keine Verbesserung des Gruppenurteils. Experimentelle Überprüfungen zeigen jedoch, daß dies im allgemeinen nicht eintritt[30]), das abhängige Gruppenurteil vom unabhängigen Gruppenurteil also verschieden ist. Die Chance einer Abweichung beider Urteile hängt von der Persönlichkeit der Befragten, der jeweiligen Definition der Situation und der Einstellung ab. Praktische Erfahrungen mit der Delphi-Methode zeigen, daß die Urteilsfindung wesentlich auf dem Entscheidungsverhalten einzelner Individuen aufgebaut ist. Eine Verfeinerung der Delphi-Ergebnisse wird deshalb in der Weise angestrebt, daß die Entscheidungsprozesse der Experten zusätzlich simuliert werden[31]).

(5) Die Urteilskomponenten werden nach ihrer Ermittlung statistisch durch Gruppierung vereinfacht. Die Mitteilung der aggregierten Ergebnisse liefert Informationen, die im neuen Prozeß bei der Lösungsfindung der einzelnen Individuen mitwirken. Insofern bleibt der Informationsverarbeitungsprozeß auf isolierte (anonyme) Individuen beschränkt. Der Mechanismus der Feedback-Informationen bringt zwar in den gesamten Prozeß der Generierung von Gestaltungsprognosen und -lösungen quasi-kollektive Aspekte, gleichwohl werden nachteilige Einflüsse der Gruppendiskussion auf die Gruppenmeinung vermieden. Insofern wirkt sich die Anonymität der befragten Teilnehmer positiv auf das Umfrageergebnis aus.

---

[30]) Vgl. Brown, Cochran und Dalkey (1969); Dalkey (1969); Dalkey, Brown und Cochran (1969).
[31]) Vgl. Helmer (1968 a), S. 122.

Ein Anwendungsbeispiel aus der Logistik

Die Delphi-Methode ist kein theoretisches Konstrukt geblieben. Bereits 1964 führten Gordon und Helmer[32]) eine großangelegte Prognose über technische und soziale Innovationen durch, die sich über vier Befragungsrunden erstreckte. In der ersten Runde wurden Experten über mögliche zukünftige Ereignisse befragt. Ergebnis waren 49 wichtige Ereignisse, mit deren Eintritt in den nächsten 50 Jahren gerechnet wurde. Logistische Bedeutung haben beispielsweise folgende Ereignisse: Luftverkehrsüberwachung durch gleichzeitiges Erfassen aller Flugzeugbewegungen, automatisierter Durchgangsverkehr, Autobahnen für automatisches Fahren, Selbststeueranlagen, zentral gesteuertes Abhören von Telefongesprächen, Elektroauto. In der zweiten Runde wurden dieselben Experten gefragt, mit welcher Wahrscheinlichkeit die 49 Ereignisse zu einem bestimmten Zeitpunkt innerhalb der nächsten 50 Jahre eintreten dürften.

Eine typische Frage dieser Studie lautete etwa: „In welchem Jahr (wenn überhaupt) erwarten Sie, daß Elektroautos 10 % des Automarktes einnehmen?" Das Ergebnis dieser einem Expertenpanel vorgelegten Frage bestand aus Antworten (Jahreszahlen und Kommentaren), die ausgewertet und zu einem Bericht an alle Teilnehmer zusammengefaßt wurden. Dieser enthielt die Information, daß in der Antwortverteilung der mittlere Wert der Schätzung des Eintrittszeitpunktes des Ereignisses auf das Jahr 1983 gefallen sei, und zwar mit 25 % der Schätzungen vor 1978 und 25 % nach dem Jahre 1995. Darüber hinaus erhielten die Teilnehmer eine Liste mit anonymen Argumenten und Begründungen für die Wahl der Jahresdaten. Sie wurden dann aufgefordert, erneut zum bisherigen Ergebnis Stellung zu nehmen und ihre zunächst gefällte Entscheidung zu überdenken und gegebenenfalls zu ändern oder weitere Argumente für ein Beharren anzugeben.

2.322 SEER-Technik

Prognosebildung und Problemlösungen in logistischen Systemen erfordern nicht nur Antworten auf gegebene Fragestellungen. Vielmehr müssen auch relevante Fragen selbst generiert werden. Interdependenzen zwischen den Ereignissen müssen erforscht werden. Außerdem sind sowohl kurz- und mittel- als auch langfristige Aspekte zu berücksichtigen.

Eine Weiterentwicklung der genannten Verfahren in dieser Richtung stellt die Methode SEER (System for Event Evaluation and Review)[33]) dar. Die SEER-Technik ist eine Kombination verschiedener Ansätze und Vorgehensweisen. Sie basiert im wesentlichen auf intuitiven, individuellen oder kol-

---

[32]) Vgl. Helmer (1967). Neuere Anwendungen der Delphi-Methode hat Busch im Jahre 1969 über ein Gesamtmodell der Zukunft mit fünf Untermodellen (soziologisches, ökonomisches, politisches, technisches und wissenschaftliches) durchgeführt; vgl. Busch (1970), (1972), S. 152 ff.

[33]) Vgl. Bernstein und Cetron (1969); Cetron (1969), S. 145 ff.; Fusfeld und Foster (1971), S. 66 ff.

lektiven Prognosemethoden, Trendextrapolationen, Trendkorrelationsanalysen und normativen Aussagen. Bernstein und Cetron leitete bei der Konzeption der SEER-Technik die Intention, Unzulänglichkeiten der Delphi-Methode zu verbessern.

Bei der SEER-Technik werden in einer *ersten* Runde vornehmlich mittels intuitiver Techniken (Literaturstudien, Interviews) potentielle Ereignisse eines abgegrenzten Problembereiches generiert (Datenbank zukünftiger Ereignisse). Diese ersten Ergebnisse dienen als Vorinformationen, die teilweise einer für den intendierten Problembereich kompetenten Gruppe zugeleitet werden oder aber beabsichtigten Kontrollfragen vorbehalten bleiben. Danach ermittelt man, welche Ereignisse wünschenswert sind oder nicht und wie die Möglichkeit ihres Eintritts beurteilt wird bzw. wann das Ereignis stattfindet. Die Eintrittswahrscheinlichkeit der Ereignisse kann zusätzlich erfragt werden. Ordnet man den prognostizierten Ereignissen E_1, E_2, ..., E_n die Wahrscheinlichkeiten P_1, P_2, ..., P_n zu, so kann darüber hinaus die Frage gestellt werden, wie sich die Wahrscheinlichkeiten für den Eintritt der Ereignisse E_2, E_3, ... usw. verändern, wenn das Ereignis E_1 eintritt. Abb. 2.52 stellt beispielhaft eine Möglichkeit zur Erfassung der Zusammenhänge zwischen dem Eintritt eines Ereignisses und der Veränderung von Eintrittswahrscheinlichkeiten anderer Ereignisse dar.

Ereignis-eintritt \ Ereigniswahrscheinlichkeit	E_{p1}	E_{p2}	E_{p3}	E_{p4}	E_{p5}
E_1	✕	—	—	—	—
E_2	—	✕	—	—	—
E_3	—	—	✕	—	—
E_4	—	↓	—	✕	—
E_5	↑	—	—	—	✕

Abb. 2.52: Matrix der Ereignisse und Ereigniswahrscheinlichkeiten

Hält beispielsweise der Befragte bei Eintritt des Ereignisses E_5 gleichzeitig die Zunahme der Wahrscheinlichkeit für E_1 gegeben, so kann dies durch einen Pfeil in der Matrix ausgedrückt werden. Selbstverständlich kann der Eintritt eines Ereignisses auch die Abnahme der Wahrscheinlichkeit eines anderen Ereignisses bedingen (z. B. vermindert der Eintritt von E_4 die

Wahrscheinlichkeit für E_2) oder die Wahrscheinlichkeit unbeeinflußt lassen (in der Matrix durch einen Leerstrich angedeutet).

Eine *zweite* Runde dient der Neubewertung und Ausweitung der Datenbasis, der Aufstellung der Interaktionen zwischen den prognostizierten Ereignissen und der (möglichen) Erweiterung der theoretischen Erkenntnisse methodologischer Prognoseansätze. Das reine Filtern von Ideen zu einem Gruppenurteil (Filterfunktion) übernimmt die SEER-Technik unverändert von der Delphi-Methode.

SEER-Technik und Delphi-Methode

Freilich erscheint die These plausibel, daß die SEER-Technik der Delphi-Methode in mancher Hinsicht überlegen ist[34]):

(1) Die zu Befragenden sind Experten, die gegenwärtig an den interessierenden Problemen arbeiten.

(2) Die SEER-Technik vermeidet es, daß dem Beteiligten sozusagen ein blankes Papier vorgelegt wird. Sie gibt über die Vorinformationen eine „Starthilfe", die bereits strukturiert sein kann. Unter Umständen werden Globalpläne, Präferenzen und Äußerungen über Aussichten einer Durchführbarkeit unter Angabe der Quelle mitgeteilt.

(3) Jede Runde weist unterschiedliche Teilnehmer auf. Ein Teilnehmer wird in der Regel nur einmal befragt. Liegen ganz extreme Ansichten vor, so wird versucht, die entsprechenden Teilnehmer daraufhin zu überprüfen, ob ihre Äußerung einen möglichen Durchbruch bringt oder aber einen Irrtum darstellt.

(4) Aspekte der Gruppendiskussion sind nicht vollständig ausgeklammert. Es werden auch neue Aufgaben katalysiert (Katalysator- oder Kreativitätsfunktion).

Die Katalysatorfunktion wird in einer weiteren Untersuchung, die an die Delphi-Methode anknüpft, in den Mittelpunkt gestellt[35]). Es sollen hier ebenfalls die negativen Effekte der Interaktion innerhalb der Gruppe vermieden werden. Ein „catalytic agent" besorgt die Koordination der Mitarbeiter, wobei er selbst mannigfachen Einfluß auf die Gruppe ausübt. Während bei der Delphi-Methode besondere Aufmerksamkeit darauf verwendet wird, die Teilnehmer nicht zu beeinflussen, soll bei der SEER-Technik der Koordinator durchaus zu Zwecken der Klärung, der Kristallisation und der Kommunikation in den Prozeß eingreifen. Weiterhin steht nicht wie bei der Delphi-Methode die Prognose im Vordergrund. Die Gruppe verfolgt vielmehr

---

[34]) Vgl. Gabele (1972), S. 313.
[35]) Vgl. Chambers, Mullick und Goodman (1971).

das Ziel, Pläne zu entwickeln. Besonders nachdrücklich wird daher darauf geachtet, daß diese mit engem Bezug auf ihre praktische Implementierung entwickelt werden.

Ein Anwendungsbeispiel

Bernstein und Cetron[36]) haben das SEER-Verfahren auf dem Gebiet der Informationstechnologie angewendet. Sie legten im Jahre 1968 ca. 85 Organisationen in den Vereinigten Staaten, die sich auf den Gebieten der Hardware- und Software-Herstellung betätigen, eine Liste potentieller Ereignisse vor. Sie war das Ergebnis von Literaturstudien und einer Serie von Interviews, die bei Verwendern und Herstellern von Datenverarbeitungsanlagen durchgeführt wurden. Die Liste wurde den Organisationen als Startinformation mit der Bitte übersandt, sie einigen ihrer Spitzenexperten vorzulegen und diese zu folgenden Angaben zu veranlassen:

(1) Verwender-Wünsche: Der Experte sollte hierzu ein Urteil über das potentielle Bedürfnis der Verwender hinsichtlich der Ereignisse abgeben, und zwar differenziert nach: dringend notwendig, erwünscht und nicht erwünscht, aber möglich.

(2) Möglichkeiten der Produzenten: Der Experte sollte hier eine Information über die technischen und wirtschaftlichen Möglichkeiten hinsichtlich der Realisierbarkeit der Ereignisse in einem verwendbaren Produkt abgeben.

(3) Wahrscheinliches Eintrittsdatum: Der Experte sollte hierzu drei Eintrittszeitpunkte für die jeweiligen Ereignisse angeben, und zwar abgestuft nach zunehmenden Wahrscheinlichkeiten: möglich ($p = 0,2$), sehr wahrscheinlich ($p = 0,5$) und nahezu sicher ($p = 0,9$).

Die Experten waren Produktplaner, Forschungs- und Entwicklungsingenieure und/oder Verfahrensingenieure. Jeder von ihnen konnte weitere Ereignisse hinzufügen und prognostisch beurteilen. Die Ergebnisse der Befragung sind in Abb. 2.53 auszugsweise zusammengestellt[37]).

Die im ersten Schritt gewonnenen Ergebnisse wurden in einer zweiten Runde weiter aufbereitet, verfeinert und erweitert, um sie für die Planung und Systemgestaltung verwendbar zu machen. Eine kritische Beurteilung der in der ersten Runde gewonnenen Ergebnisse führt dazu, daß in der folgenden Phase jeweils andere Experten befragt werden. Zudem besteht die Möglichkeit, die vorgegebenen Ereignisse nach den nunmehr gewonnenen Einsichten zu präzisieren, zu detaillieren oder zu erweitern. Diese Modifizierung unterstützt die in der zweiten Runde vorgesehene Differenzierung der Ereignisse in Kernereignisse (major events) und begleitend-unterstützende Ereignisse

---

[36]) Vgl. Bernstein und Cetron (1969).
[37]) Bernstein und Cetron (1969), S. 37.

Prognosen	Verwender-Wünsche			Möglichkeiten der Produzenten			Wahrscheinliches Eintrittsdatum		
	dringend notwendig	erwünscht	nicht erwünscht, aber möglich	sehr wahrscheinlich nicht möglich	möglich	unwahrscheinlich, aber möglich	\multicolumn{3}{c}{Jahr, in dem die Wahrscheinlichkeit = x ist, daß das Ereignis eingetreten ist}
Ereignisse							$x = 0{,}20$	$x = 0{,}50$	$x = 0{,}90$
Durchbruch zu den langfristigen Wetter- und Seezustands-Vorhersagen	×						1972	1976	1985
Kleine Computer werden so billig, daß jeder Wissenschaftler einen auf seinem Schreibtisch stehen hat		×			×		1975	1980	1985
Mehrere Computer werden sich in Großspeicher teilen		×			×		1971	1973	1975
Wenig fehleranfällige, von Menschen bediente, entfernte Terminals werden im Bestell- und Lagerwesen in Verbindung mit zentralen Computern eingesetzt	×			×			1970	1972	1975
Es wird eine größere Standardisierung der Datensysteme und Prozeduren erwartet, um Standardprogramme und -software einsetzen zu können		×		×			1972	1975	1980
Digitale (analoge) Sprachübertragung zwischen zentralen Büros und Schaltzentrum	×				×		1971	1974	1978

Abb. 2.53: *Prognosen informationstechnologischer Ereignisse*

Inexakte Methoden

(supporting events). Werden diese darüber hinaus nach dem Kriterium der Zeit in kurz-, mittel- und langfristige Ereignisse kategorisiert, erhält man einen SEER-Baum (vgl. Abb. 2.54), wobei i und die weiteren Indizes die Zusammenhänge zwischen den Ereignissen aufzeigen. Er ist letztlich mit einer Zielhierarchie vergleichbar, wobei die einzelnen Ereignisse nicht in einer logisch eindeutigen Inklusionsrelation stehen, sondern eher einen intuitiv unterstellten oder begründeten Beziehungszusammenhang zum Ausdruck bringen.

Der SEER-Baum

Der SEER-Baum sei an einem Beispiel verdeutlicht. In der beschriebenen Prognose zur Informationstechnologie wurde als ein Ereignis formuliert: „Wenig fehleranfällige, von Menschen bediente, entfernte Terminals werden im Bestell- und Lagerwesen in Verbindung mit zentralen Computern eingesetzt". Dieses Ereignis kann nun als relevantes Kernereignis gewählt werden. Um dieses langfristige Ereignis zeitlich verläßlich prognostizieren zu können, ist es zweckmäßig, zunächst mittelfristige Zwischenkernereignisse zu

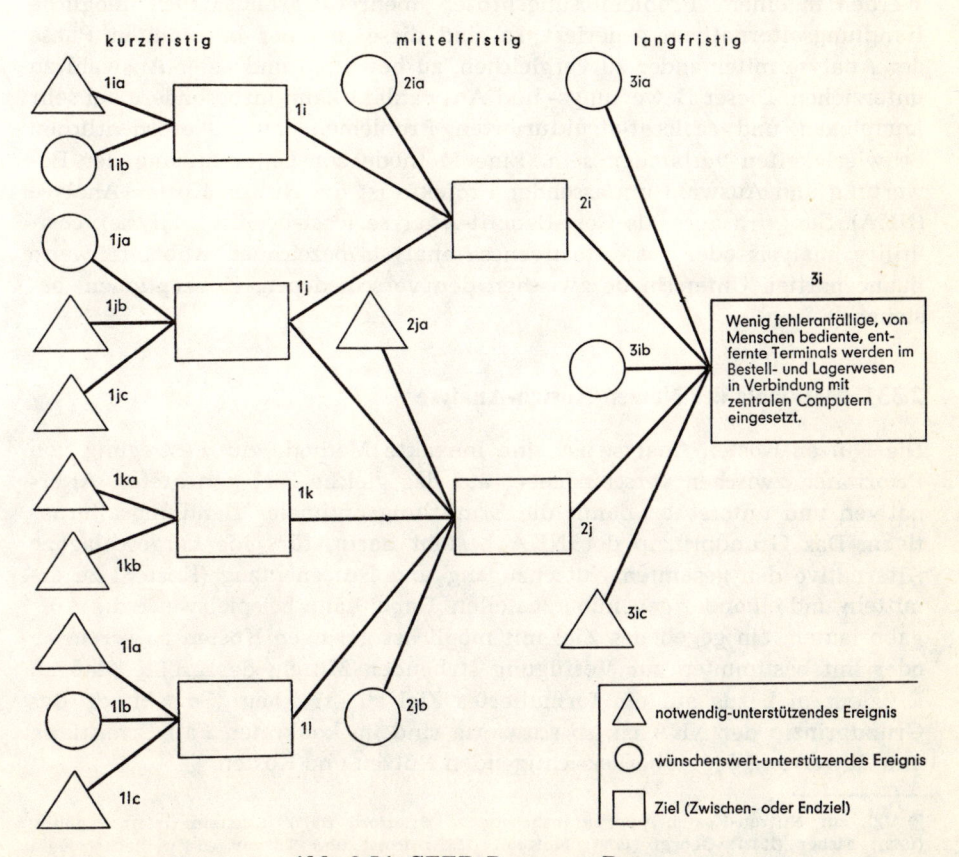

Abb. 2.54: SEER-Prognose-Baum

generieren, die ihrerseits in eine weitere Reihe von Subkernereignissen zerlegbar sind. Differenziert man die einzelnen Kernereignisse in notwendig-unterstützende und wünschenswert-unterstützende Ereignisse, so wird auf diese Weise das globale Prognoseproblem vereinfacht und in handhabbare Teilprobleme dekomponiert, die zunächst unabhängig voneinander prognostizierbar sind. Ein Vergleich der Prognosen aller notwendig-unterstützenden sowie wünschenswert-unterstützenden Ereignisse liefert wichtige Inputinformationen für die Prognose der Kernereignisse, die in bezug auf hierarchisch höhere und zeitlich entfernter liegende Ereignisse selbst wieder den Charakter von Inputinformationen annehmen. Es sei dem Leser empfohlen, zu Zwecken der Übung und der Illustration den Prognoseprozeß zu vollziehen und die jeweils für relevant gehaltenen Ereignisse in die dafür freigehaltenen Zeichen im SEER-Baum der Abb. 2.54 einzusetzen.

2.33 Nutzen-Kosten-Analyse

Werden in einem Problemlösungsprozeß mehrere grundsätzlich mögliche Handlungsalternativen generiert, so sind diese in einer bestimmten Phase der Analyse miteinander zu vergleichen, zu bewerten und einer Auswahl zu unterziehen. Dieser Bewertungs- und Auswahlakt kann insbesondere bei sehr komplexen und schlecht-strukturierten Problemen mit außerordentlichen Schwierigkeiten verbunden sein. Eine Methode zur Unterstützung der Bewertung und Auswahl umfassender Projekte ist die Nutzen-Kosten-Analyse (NKA). Sie wird auch als Cost-Benefit-Analyse (cost-benefit analysis), cost-utility analysis oder cost-effectiveness analysis bezeichnet, wobei teilweise nuancenartige Unterschiede zwischen den verschiedenen Konzeptionen bestehen[38]).

2.331 Merkmale der Nutzen-Kosten-Analyse

Die Nutzen-Kosten-Analyse ist eine inexakte Methode zur Festlegung von Prioritäten zwischen verschiedenen, auf das gleiche Ziel gerichteten Alternativen und unterstützt damit die Ermittlung optimaler Handlungsalternativen. Das Grundprinzip der NKA besteht darin, für jede vorgeschlagene Alternative den gesamten Nutzenzugang und Nutzenentzug (Kosten) zu ermitteln und einander gegenüberzustellen. Dabei kann beispielsweise die Aufgabe lauten, ein gegebenes Ziel mit möglichst geringen Kosten zu erreichen oder mit bestimmten zur Verfügung stehenden Mitteln das größte Maß an Effizienz in bezug auf ein formuliertes Ziel zu erreichen. So einfach das Grundprinzip der NKA ist, so schwierig sind im konkreten Fall Ermittlung und Bewertung der zu berücksichtigenden Nutzen und Kosten.

---

[38]) Vgl. zur Nutzen-Kosten-Analyse insbesondere Bradford (1970); Eckstein (1965); Eggeling (1969); Fisher (1968); Georgi (1970); McKean (1958); Prest und Turvey (1965); Recktenwald (1970 a); Seidenfus und Meyke (1971); Stohler (1967).

Die NKA kann damit durch folgende Grundmerkmale charakterisiert werden:

(1) Die NKA unterstützt Vergleichs- und Bewertungsaktivitäten bei komplexen, schlecht-definierten Problemstellungen, deren Zeithorizont häufig in der ferneren, durch starke Unsicherheit gekennzeichneten Zukunft liegt und deren Zielorientierung in der Regel nur äußerst vage ist.

(2) Hauptmerkmal der NKA ist die Beurteilung der Alternativen hinsichtlich der bei ihrer Realisierung erwarteten Nutzen und Kosten.

(3) Wegen des äußerst komplexen Problembestandes beschränkt sich die Analyse vielfach auf relevante Schlüsselgrößen, die quantitativ und qualitativ beurteilt werden.

(4) Die NKA ist als Entscheidungshilfe aufzufassen. Sie will politische Entscheidungen nicht ersetzen, sondern unterstützen.

Die NKA ist — betrachtet man sie entwicklungsgeschichtlich — makroökonomisch orientiert und insbesondere wohlfahrtstheoretisch (-ökonomisch) fundiert. Obwohl sie erst in jüngster Zeit Gegenstand der Diskussion in Wissenschaft und Praxis geworden ist, hat sie doch schon eine lange Vorgeschichte. Die Entwicklung der NKA reicht bis in das Jahr 1844 zurück, in dem J. Dupuit mit einer Arbeit über den Nutzen öffentlicher Einrichtungen bahnbrechend wirkte. Eine erneute Diskussion erlebten seine Überlegungen in den USA zunächst auf dem Gebiet der Wasserwirtschaft. In neuerer Zeit wird speziell im Hinblick auf die Größe des Anteils der Staatsausgaben und Steuern am Volkseinkommen eine generelle Beurteilung staatlicher Investitionsausgaben, beispielsweise im Verkehrs-, Bildungs- und Gesundheitswesen, in der Raumwirtschaftsordnung, dem Verteidigungssektor sowie in der staatlichen Forschungs- und Entwicklungstätigkeit, mit Hilfe des Instrumentariums der Nutzen-Kosten-Analyse gefordert.

Obwohl die NKA bisher mehr oder weniger ausschließlich im Hinblick auf Bewertung und Auswahl staatlicher Aktivitäten diskutiert wird, ist sie als eine generell anwendbare Methode zu betrachten. So können beispielsweise in Organisationen Nutzen-Kosten-Analysen zur Beurteilung und zum Vergleich unterschiedlicher Informationssysteme, Forschungsprojekte oder physischer Distributionssysteme sowie generell zur Bewertung der Allokation von Ressourcen in Bereichen wie der Forschung und Entwicklung, der Werbung oder dem Sozialwesen durchgeführt werden. Dabei treten Probleme auf, die durchaus mit jenen Problemstellungen vergleichbar sind, wie sie für die Anwendung von Nutzen-Kosten-Analysen im staatlichen Bereich diskutiert und im folgenden kurz beschrieben werden.

Die Anwendung der NKA in einem Problemlösungsprozeß ist insbesondere mit fünf Fragen verbunden:

(1) Was sind „Nutzen" und „Kosten"? Welche Nutzen und Kosten entstehen beim betrachteten Projekt, und welche Nutzen und Kosten sollen berücksichtigt werden?

(2) Wie sind die in die Analyse eingehenden Größen zu bewerten?

(3) Geht man davon aus, daß sowohl Nutzen als auch Kosten jeweils zu unterschiedlichen Zeitpunkten anfallen, mit welchem Zinssatz sollen sie dann auf die Gegenwart abgezinst werden, und wie sind unterschiedliche Risiken zu berücksichtigen?

(4) Welche Nebenbedingungen bzw. Einschränkungen sind zu beachten?

(5) Wie werden Nutzen- und Kostengrößen zur Generierung eines Lösungsvorschlages verarbeitet?

2.332 Nutzen und Kosten und ihre Bewertung

Was als Nutzen und Kosten in einer Analyse gilt, kann nicht generell bestimmt werden. Nutzen und Kosten sind immer in bezug auf die jeweilige Zielfunktion des oder der Entscheidungsträger zu sehen[39]). Entsprechende Bedeutung kommt im Problemlösungsprozeß der Formulierung der Ziele zu. Geht man nun davon aus, daß ein Entscheidungsträger, was die Regel ist, mehrere Ziele verfolgt und seine Ressourcen begrenzt sind, so impliziert die Wahl einer bestimmten Alternative, daß die hierfür benötigten Ressourcen nicht mehr für andere Zwecke zur Verfügung stehen. Die Realisation eines Zieles kann nur mit dem teilweisen Verzicht auf ein anderes Ziel erkauft werden. Dementsprechend sind alle Nutzen und Kosten immer Opportunitätsnutzen (bzw. -kosten).

Die NKA versucht, alle realen Nutzen und Kosten zu erfassen und zu bewerten, die von einem bestimmten Projekt während seines Bestehens verursacht werden. Die Güter und Dienste, welche die betrachtete Organisation selbst aufwendet, bilden die sogenannten direkten Kosten. Ihre Erfassung ist in der Regel relativ einfach. Schwieriger sind die sich aus dem Projekt ergebenden Wirkungen (Nutzen) festzustellen. Die Probleme nehmen weiter zu, wenn auch mittelbare (indirekte) oder unwägbare (intangible) Nutzen bzw. Kosten in die Betrachtung einbezogen werden. Die Schwierigkeiten bestehen insbesondere in der Erfassung und Zurechnung sowie Bewertung der Nutzen und Kosten. Vielfach wird dabei in der Literatur lediglich auf die Fragen der Bewertung eingegangen, während die Ermittlungsprobleme als gelöst erscheinen. In Wirklichkeit sind beide Probleme jedoch eng miteinander verknüpft.

---

[39]) Als relevante Zielfunktion wird dabei im staatlichen Bereich im allgemeinen die Erhöhung oder Maximierung des Volkseinkommens bzw. des Bruttosozialprodukts angenommen.

Direkte Nutzen und Kosten

Direkte Kosten eines Projektes kann zunächst jeder bewertete Verbrauch von Sachgütern, Arbeits- und Dienstleistungen sein, der für die Erstellung dieses Projektes aufgewandt wird. Ferner können hierzu gewisse Steuern, öffentliche Abgaben und Gebühren zählen, sofern sie mit dem Projekt in unmittelbarem Zusammenhang stehen[40].

Geht man vom Opportunitätskostencharakter aller Kosten aus, so müßte die Bewertung der aufgeführten Kosten mit dem jeweiligen Opportunitätskostensatz erfolgen. Die Opportunitätskosten eines Gutes A bestimmen den Wert anderer Güter B, auf die verzichtet werden muß, weil die Produktionsfaktoren zur Herstellung von A eingesetzt werden. Wegen der Kompliziertheit dieser Konzeption nimmt man bei der praktischen Anwendung der NKA auf diese Überlegungen keine Rücksicht. Tatsächlich kommen lediglich die Nominalkosten (feststellbare Geld- und Einkommensentzugseffekte) ohne oder mit nur geringen Korrekturen zum Ansatz.

Die Nutzen eines Projektes sind im allgemeinen ungleich schwerer zu erfassen und zu bewerten als seine Kosten. Aus der Schwierigkeit der Erfassung des jeweiligen Nutzens folgt die Tendenz, daß in Nutzen-Kosten-Analysen regelmäßig mehr Kosten als Nutzen berücksichtigt werden.

Die Bewertung erfolgt in Ermangelung eines besseren Wertmaßstabes in der Regel zu *Marktpreisen*. Gegen eine Bewertung mit Marktpreisen sprechen insbesondere drei Gründe[41]:

(1) Zum einen spiegelt in der Regel der in der Wirklichkeit vorzufindende Markt nicht die Preise wider, wie sie das Modell der vollständigen Konkurrenz unterstellt; dessen Mechanismus ist durch Monopole, gesetzlich festgesetzte Preise, Ein- und Ausfuhrbeschränkungen, Subventionen, Steuern usw. gehemmt.

(2) Zum anderen beruhen Schwierigkeiten speziell auf der Tatsache, daß die meisten Güter und Dienste, um deren Beurteilung es bei der NKA geht, entweder kostenlos oder zu einem Preis abgegeben werden, der nicht oder nur annähernd dem Marktpreis entspricht. Speziell im staatlichen Bereich sind es häufig kollektive Güter, die ex definitione spezifisch öffentlichen Bedürfnissen entsprechen und von allen Interessenten in gleichem Maße in Anspruch genommen werden können. Für sie gibt es somit keinen Marktpreis, der einen hinreichenden Aufschluß über die Wertschätzung der Leistung seitens des Konsumenten gibt. Ein Ausweg wird darin gesehen, einen hypothetischen Marktpreis zu ermitteln. Kernpunkt dieser Überlegungen ist das Ziel, über eine angenommene Nach-

---

[40] Vgl. zur Ermittlung und Bewertung direkter Nutzen und Kosten z. B. Prest und Turvey (1965), S. 107 ff.; Stolber (1967), S. 81 ff.

[41] Vgl. Margolis (1970); McKean (1958), S. 103 ff.; Musgrave (1970), insbes. S. 28 ff.; Prest und Turvey (1965), S. 111 ff.; Recktenwald (1970 b); Stolber (1967), S. 85 ff.

fragefunktion, der Preisschätzungen zugrunde liegen, jenen Preis zu ermitteln, den die Konsumenten bereit wären zu zahlen, würde das Gut auf dem Markte angeboten (willingness to pay). Der Analytiker simuliert einen Quasi-Markt für öffentliche Leistungen bei vollkommener Konkurrenz, konstanter Einkommensverteilung, konstantem marginalem Geldwert sowie Vollbeschäftigung und ermittelt einen Preis, den er dann als *Schattenpreis* verwendet. Dabei ist die Zahlungsbereitschaft jedes Konsumenten bei veränderlichem Angebot des kollektiven Gutes zu skalieren. Auch gegen die Ermittlung eines hypothetischen Marktpreises sind einige schwerwiegende Einwände zu erheben, die seinen theoretischen und praktischen Wert stark einschränken.

(3) Ein weiterer Einwand gegen die Bewertung mit Marktpreisen besteht darin, daß die Realisation des Projektes selbst Veränderungen des Wirtschaftskreislaufes nach sich ziehen kann, die wiederum auf die Preisrelationen zurückwirken, an denen die Effizienz des öffentlichen Projektes gemessen wurde.

Wenn trotz der vorgebrachten Einwände in der Praxis mit tatsächlichen oder geschätzten Marktpreisen als Knappheits- und damit als Wertindikator gearbeitet wird, so geschieht dies in Ermangelung geeigneter Methoden. Neben Marktpreisen werden zur Beurteilung von Projekten weitere näherungsweise Berechnungen durchgeführt. Genannt seien beispielsweise[42]

(1) die Ermittlung der auf Grund der Investition sich ergebenden Einkommens- und Gewinnerhöhungen (z. B. durch Produktivitäts- und Produktionssteigerung) oder

(2) die Feststellung der Alternativkosten einer Investition. Als Maßstab für den direkten Nutzen dienen dann jene Werte, die für die Erreichung desselben Ertrages mittels der nächstbesten Alternative aufgebracht werden. Der Nutzen wird also über die im Vergleich mit dem Alternativprodukt eingesparten Kosten angegeben.

Indirekte Nutzen und Kosten (Spillover-Effekte)

Neben *direkten* verursachen Projekte auch *indirekte* Nutzen und Kosten (Spillover-Effekte)[43]. Sie schließen die „externen Effekte"[44], die externen Ersparnisse und Verluste[45], die Divergenzen zwischen den privaten und sozialen Erträgen[46], die Interdependenzen[47] und auch die volkswirtschaft-

---

[42] Vgl. u. a. Eckstein (1965), insbes. S. 52 ff.; Lichfield und Margolis (1963), S. 128.
[43] Vgl. z. B. McKean (1958), S. 134 ff.; Stolber (1967), S. 97 ff.
[44] Marshall (1962), S. 272; ferner den ausführlichen Ansatz von Hanusch (1970), S. 45 ff.
[45] Vgl. z. B. Fellner (1943); Meade (1952).
[46] Vgl. Pigou (1960).
[47] Vgl. Baumol (1965), S. 123 ff.

lichen Kosten und Nutzen als soziale Zusatzkosten oder -nutzen ein[48]). Sie können technologischen oder monetären Charakters sein.

Technologische Spillovers verändern die Produktionsbedingungen bei dritten Produzenten oder variieren das Befriedigungsniveau von Konsumenten, das diese bei gegebenen gegenwärtigen Ressourcen erhalten können[49]). Die technologischen Spillovers sind in die Analyse einzubeziehen. Steigt etwa mit dem Bau eines Staudamms der Wasserspiegel und verbessert sich dadurch die Produktivität der umliegenden Anbaufläche, so ist diese Produktivitätssteigerung ein indirekter Nutzen des Projektes, der in die Analyse einbezogen werden sollte. Möglich sind positive und negative Änderungsraten. Eine positive indirekte Änderung (indirekter Nutzen) wird durch eine Investition induziert, wenn an mindestens einer Stelle im System eine Steigerung des Realeinkommens feststellbar ist, die nicht durch die Zahlungsbereitschaft der direkten Nutznießer ausgeglichen wird.

Monetäre Spillovers gehen nicht auf reale Produktivitäts- oder Bedürfnisniveauveränderungen zurück, sondern in den Input- und/oder Outputrelationen Dritter entstehen Änderungen (z. B. Preisänderungen), die transfer- oder distributionsmäßig unberücksichtigt bleiben. Verbessert sich im vorgenannten Beispiel wegen des neuerrichteten Staudamms das Einkommen aus einem nunmehr am Seeufer gelegenen Hotel, so bleibt diese Einkommenssteigerung außer Ansatz; ein etwa entstandenes höheres Bedürfnisbefriedigungspotential durch die zusätzliche Reiseattraktion ist dagegen bereits gezählt worden.

Die Trennung von technologischen und monetären Spillover-Effekten dürfte in der Praxis nicht immer ganz einfach sein, da die Folgen eines Projektes teils technologischer, teils monetärer Art sein können. Weitere Komplikationen dieser Unterscheidung entstehen dann, wenn die betroffene Einkommensverteilung derart ins Gewicht fällt, daß sie die Nachfrage verändert[50]).

Intangible Nutzen und Kosten

Neben den durch das untersuchte Projekt bewirkten Leistungen, die unmittelbar oder näherungsweise ermittelt und bewertet werden können, beeinflußt ein Projekt subjektive Wertschätzungen durch Wirkungen, die sich nicht oder nur sehr schwer quantifizieren lassen. Diese Effekte werden als „intangible" Nutzen oder Kosten bezeichnet[51]). Beispiele sind: Einflüsse auf privates und öffentliches Eigentum durch Lärm und Geruch, Raubbau, Luft- und Wasserverunreinigung, Einwirkung auf Leben, Gesundheit, kulturelle

---

[48]) Vgl. Lauschmann (1955), S. 194 ff.
[49]) Vgl. McKean (1958), S. 136.
[50]) Vgl. ausführlicher Prest und Turvey (1965), S. 111 ff.
[51]) Ciriacy-Wantrup (1962), S. 85, spricht im Zusammenhang mit den hier zur Diskussion stehenden Effekten von „extramarket values"; Weber (1965), S. 12, nennt sie „imponderabile" Faktoren.

Werte sowie auf die Funktionsfähigkeit von Gemeinwesen als Kultur-, Geschäfts-, Verwaltungs- und Wohnzentren. Intangible Nutzen und Kosten können demnach ökonomische oder außerökonomische Effekte sein. Ihre Behandlung kann in sehr unterschiedlicher Weise erfolgen: Man kann sie als Imponderabilien betrachten und unberücksichtigt lassen. Bezieht man sie aber in den Kalkül ein, so werden intangible Größen in tangible Werte transformiert. Dabei bieten sich zwei Vorgehensweisen an[52]):

(1) Für intangible Nutzen- und Kostengrößen werden *Mindestbetragsgrenzwerte* angesetzt. Ein Beispiel möge dieses Verfahren verdeutlichen: Von zwei Projekten A und B sei bekannt, daß eine Realisierung von A Einnahmenrückflüsse von 1 Million DM einschließlich der Erhaltung einer kunsthistorischen Brücke einbrächte, während mit Projekt B lediglich 2 Millionen DM Einnahmenrückfluß bei gleichen Kosten zu erwarten wären. Bei einer Wahl von Projekt A wird demnach der kunsthistorischen Brücke mindestens ein Wert von 1 Million DM beigemessen.

(2) Die potentiellen Nutzer des intendierten Projektes werden analog der Konsumentenbefragung um eine Stellungnahme gebeten.

2.333 Die Berücksichtigung zeitlicher Aspekte

Nutzen und Kosten von Projekten fallen teilweise erst in der Zukunft, in der Regel aber zu unterschiedlichen Zeitpunkten an. Die wirtschaftliche Lebensdauer der meisten Projekte erstreckt sich über mehrere Jahre oder Jahrzehnte. Damit sind insbesondere zwei Probleme verbunden[53]).

Zum einen sind sichere Aussagen über die Zukunft unmöglich. Die einzelnen Ereignisse, Kosten- und Nutzenschätzungen sind in unterschiedlichem Maße der Unsicherheit unterworfen. Zur Berücksichtigung von mehrwertigen Erwartungen werden in der NKA vor allem drei Methoden angewendet, wie sie in ähnlicher Weise auch in der betriebswirtschaftlichen Investitionsrechnung Verwendung finden: (1) Abschläge und Zuschläge für Nutzen und Kosten oder (2) eine gering angesetzte ökonomische Nutzungsdauer oder (3) eine Erhöhung des Kalkulationszinsfußes.

Ein zweites Problem, welches sich aus dem zeitlich unterschiedlichen Anfall von Nutzen und Kosten ergibt, ist die Wahl des Zinssatzes, mit dem die Nutzen und Kosten, die über den Betrachtungszeitraum hinweg entstehen, auf die Gegenwart zu diskontieren sind. Dieses Problem ist für die praktische NKA insofern von großer Bedeutung, als bei absolut gleicher Höhe, aber unterschiedlichem zeitlichem Anfall von Nutzen und Kosten alternativer Projekte die Gegenwartswerte mit der Höhe des Kalkulationszinsfußes schwanken. Ebenso verändert sich mit der Höhe des Kalkulationszinsfußes die Länge des Betrachtungszeitraums.

---

[52]) Vgl. Stolber (1967), S. 112 ff.
[53]) Vgl. zum folgenden auch Fisher (1968), S. 215 ff.; Marglin (1970); Prest und Turvey (1965), S. 117 ff.; Stolber (1967), S. 120 ff.; Vosgerau (1965).

Eine besondere Bedeutung hat die Wahl des Zinssatzes in der volkswirtschaftlich orientierten Literatur zur NKA. Sieht man als Ziel die Maximierung der gesellschaftlichen Wohlfahrt (verstanden als Konsummaximierung) an, so geht es bei der Bestimmung des „richtigen Zinssatzes" darum, die „social rate of discount" bzw. die „social time preference" im Sinne einer Grenzrate der Substitution von Gegenwarts- und Zukunftskonsum zu bestimmen und zu quantifizieren. In der Literatur wird eine Vielzahl von Ansätzen vorgeschlagen, die sich in individualistische und politische Quantifizierungsansätze klassifizieren lassen[54]). Die einzelnen Ansätze sollen hier nicht weiter dargestellt und diskutiert werden. Es ist jedoch festzuhalten, daß das Problem der Bestimmung einer gesellschaftlichen Zeitpräferenz bisher als ungelöst gilt[55]). Aus Einfachheitsgründen wird in der Praxis häufig ein gegebenenfalls über die Lebensdauer des Projektes interpolierter landesüblicher Zinssatz angesetzt.

2.334 Nutzen-Kosten-Vergleich und Projektauswahl

Soll ermittelt werden, ob ein Projekt wünschenswert ist bzw. welches von mehreren Projekten die optimale Alternative ist, so sind die Nutzen und Kosten(-zuwächse) jedes Projektes einander gegenüberzustellen und miteinander zu vergleichen. Dabei kann in unterschiedlicher Weise vorgegangen werden.

Soweit die Nutzen und Kosten eines Projektes direkt in Geldgrößen gemessen werden können bzw. in solche transformierbar sind, bieten sich für einen Vergleich *Investitionsrechnungskalküle* an. So basieren Nutzen-Kosten-Analysen im staatlichen Bereich formalmethodologisch auf der Übertragung der betriebswirtschaftlichen Methoden der Wirtschaftlichkeitsrechnung auf öffentliche Investitionen[56]). Verwendung finden beispielsweise die Kapitalwert- oder Diskontierungsmethode, die Interne-Zinsfuß-Methode, die Annuitätenmethode und die Verhältnismethode. Eine besondere Bedeutung wird dabei von den meisten Autoren der Kapitalwertmethode beigemessen. Bei ihrer Anwendung werden Vor- und Nachteile der verschiedenen Alternativen über den Vergleich der Kapitalwerte gegeneinander abgewogen.

Eine andere Methode des Vergleichs besteht beispielsweise darin, aus Nutzen und Kosten jeder Alternative einen Quotienten zu bilden *(cost-benefit ratio)* und die Verhältniszahlen einander gegenüberzustellen[57]). Dieses Verfahren ist häufig jedoch nur dann sinnvoll, wenn auch die absoluten Werte der einzelnen Projekte einander annähernd entsprechen. Treten — beispielsweise weil die Bewertung des Nutzens von Projekten in Geldeinheiten nicht möglich oder nicht erwünscht ist — an die Stelle monetärer Bewertung physische

---
[54]) Vgl. Hansmeyer und Rürup (1972), S. 29.
[55]) Vgl. dazu ausführlich die in Fußnote 53 angegebene Literatur.
[56]) Vgl. z. B. Hotelling (1938); Peters (1968), S. 18 ff.; Prest und Turvey (1965), S. 122 ff.; Recktenwald (1970 b), S. 8 ff.
[57]) Vgl. z. B. Attaway (1968); McKean (1958), S. 101 ff.

Bewertungsmaßstäbe für die Nutzen (z. B. Patiententage, Schmutzpartikel pro Raummeter usw.), so wird auch von *Cost-Effectiveness-Analysen* bzw. von *cost-effectiveness ratios* gesprochen[58]).

Nutzen- und Kostengrößen können zunächst auch als unabhängige Größen behandelt und sequentiell (und in unterschiedlichen Stufen) in einen mehrstufigen Problemlösungsprozeß eingeführt werden. Dies wird häufig in sehr komplexen, mehrphasigen und iterativen Prozessen der Systemanalyse der Fall sein. So können beispielsweise in verschiedenen Phasen eines Problemlösungsprozesses zunächst mögliche Ziele und Alternativen generiert, dann die Fähigkeit der Alternativen, die Ziele zu erfüllen, untersucht und erst in späteren Phasen Kostenaspekte einbezogen werden.

Unabhängig davon, welches Verfahren des Nutzen-Kosten-Vergleichs angewendet wird, sind in jedem Falle auch die Größen zu berücksichtigen, die nicht in monetäre Größen überführt werden konnten oder sollten. Hierzu zählen nicht zuletzt die intangiblen Nutzen und Kosten. Die nicht-monetären Größen sind außerhalb des formalen Kalküls im qualitativen Teil der Analyse in die Bewertung einzubeziehen.

Bei der Auswahl des Projektes sind auch verschiedene *Nebenbedingungen* (constraints) zu berücksichtigen, die nach Eckstein[59]) in gesetzliche, verwaltungsmäßige, distributive und budgetäre Beschränkungen klassifiziert werden können. Unter Berücksichtigung der verschiedenen Faktoren wird versucht, eine optimale Lösungshypothese zu generieren und gegebenenfalls den politischen Entscheidungsträgern vorzuschlagen.

2.335 Anwendungsbeispiele der Nutzen-Kosten-Analyse in der Logistik

Soweit Anwendungen der NKA bekannt und dokumentiert worden sind, stammen diese speziell aus dem staatlichen Bereich. Es wurde bereits darauf hingewiesen, daß die Entwicklung der NKA eng mit der Untersuchung wasserwirtschaftlicher Projekte verbunden ist[60]). Der Terminus „Wasserwirtschaft" umfaßt hierbei alle Maßnahmen, die das Mißverhältnis zwischen Wasserangebot und Wassernachfrage in quantitativer und qualitativer Sicht überwinden helfen. Verschiedene Studien zur wasserwirtschaftlichen Erschließung der USA wurden zur Grundlage — gewissermaßen zum Handbuch — für viele folgende Cost-Benefit-Untersuchungen. Auf den verschiedensten Gebieten, wie Landnutzung, Stadtplanung, Regionalplanung und Verteidigung, Gesundheits-, Ausbildungs- und Verkehrswesen, wurden Versuche unternommen, mit Hilfe der NKA bereits durchgeführte Projekte nachträglich zu begutachten oder geplante Vorhaben zu analysieren, um den

---

[58]) Vgl. Quade (1967 a), S. 9, (1970 b).
[59]) Vgl. Eckstein (1965).
[60]) Vgl. Eckstein (1965); Hammond (1960); Hirshleifer, de Haven und Milliman (1960); ebenso die verschiedenen Beiträge in Mass u. a. (1962); Stolber (1967). Ferner Kneese (1964); Krutilla und Eckstein (1958); McKean (1958); Pyatt und Rogers (1962).

Entscheidungsträgern zusätzliche Informationen über positive und negative Auswirkungen einzelner Projekte zu geben.

Hinsichtlich der Untersuchung von Problemen der Landnutzung und Stadtplanung ging es beispielsweise bei Anwendungen der NKA in Großbritannien um die Bodenerhaltung (Allokationen von Grund und Boden auf Landwirtschaft und Siedlung) und um Aspekte der Regionalplanung[61]). So wurde etwa im Buchanan-Report die Cost-Benefit-Analyse — quasi als Laboratoriumsversuch — auf drei alternative Pläne zur Entwicklung bzw. zum Ausbau der Stadt Newbury angewandt. Fragen der Regionalplanung sind eng mit verkehrswirtschaftlichen Problemen verbunden. Eine Anwendung der NKA auf dieses brennende Problem aller modernen Bevölkerungszentren führt unmittelbar zu der Forderung, die Verkehrsplanung in ein integriertes Infrastrukturinvestitionsprogramm einzubeziehen. Dies folgt nicht zuletzt aus den personalen und regionalen Redistributionseffekten der Verkehrspolitik.

Der Verkehrssektor kann als einer der Hauptanwendungsbereiche der NKA angesehen werden. Betrachtet man die derzeitig veröffentlichten Untersuchungen in diesem Bereich, ist festzustellen, daß Nutzen-Kosten-Analysen zur Beurteilung von Projekten von Binnenschiffahrtswegen[62]) sowie des Schienen-[63]), Straßen-[64]) und Luftverkehrs[65]) durchgeführt wurden. In bezug auf den Schienenverkehr liegen beispielsweise Überlegungen zu Eisenbahnprojekten sowie Untersuchungen zur Ermittlung der Konsequenzen von U-Bahnbau-Projekten vor, wobei hier insbesondere die Untersuchungen zum Bau der Victorialinie des Londoner Untergrundbahnnetzes und die Nutzen-Kosten-Analyse einer Unterpflaster-Straßenbahn in Hannover genannt seien.

Zur Beurteilung von Straßenbauprojekten sind z. B. Untersuchungen aus den USA, England, der Bundesrepublik und zu Aspekten des Straßenbaues aus den Entwicklungsländern bekannt. Angeführt seien hier die Projektanalyse des Western Freeway in San Francisco[66]), die NKA für die Fernverkehrsstraße M 1 von London nach Birmingham[67]) sowie die Beurteilung eines Straßenbauprojektes in Göttingen[68]) mit Hilfe der NKA.

---

[61]) Vgl. dazu den Überblick bei Peters (1968), insbes. S. 62 ff.; ferner Bosma (1955); Eckstein (1961); Lichfield (1960).

[62]) Vgl. Leikeb (1966); Renshaw (1957); Weber (1965).

[63]) Vgl. Beesley (1962); Beesley und Foster (1965); Brown (1965); Foster und Beesley (1963).

[64]) Vgl. Friedlaender (1965); Georgi (1970); Jürgensen (1963); Koessler (1961); Kuhn (1962); Millward (1968); Mohring und Harwitz (1962); Whinch (1963). Manheim (1966) bezieht Aspekte der Nutzen-Kosten-Analyse in ein umfassendes Planungsmodell ein.

[65]) Vgl. allgemein Feldman (1967). Nutzen-Kosten-Analysen im Luftverkehr finden insbesondere Anwendung im militärischen Bereich; vgl. die verschiedenen Beiträge in Quade (1967) sowie Quade und Boucher (1968).

[66]) Vgl. dazu Kuhn (1962).

[67]) Vgl. Burdess (1960); Coburn, Beesley und Reynolds (1960).

[68]) Vgl. hierzu Eggeling (1969).

Welche Schwierigkeiten bei der Erfassung und Bewertung von Straßen- oder U-Bahnbau-Projekten auftreten, sei beispielhaft an der Nutzen-Kosten-Analyse einer U-Straßenbahn in Hannover beschrieben. Ihre wichtigsten Ergebnisse sind in der Abb. 2.55 zusammengefaßt[69]).

A. Nutzen		Mill. DM
1. Nutzen des nicht umgelenkten Verkehrs		575,2
1.1. Zeitersparnisse der vorherigen Straßenbahn-benutzer	198,7	
1.2. Ersparnisse des nicht umgelenkten Individualverkehrs	376,5	
1.2.1. Zeitersparnisse	(313,3)	
1.2.2. Kfz-Betriebskostenersparnisse	(63,2)	
2. Nutzen des umgelenkten Verkehrs		62,9
2.1. Zeitgewinne	25,6	
2.2. Kfz-Betriebskostenersparnisse	37,3	
3. Nutzen des Neuverkehrs		10,5
4. Parkraumersparnisse		18,1
Summe der Gegenwartswerte der Nutzen		666,7
B. Gegenwartswert der zusätzlichen laufenden Kosten		7,6
C. Gegenwartswert der Baukosten		371,6
D. Nettonutzen des Projektes: A — B — C = Kapitalwert der Investition		287,4
Der interne Zinsfuß beträgt 10,1 %		

Abb. 2.55: *Ergebnisse einer Nutzen-Kosten-Analyse einer U-Straßenbahn in Hannover*

Bei den einzelnen Beträgen handelt es sich um die Gegenwartswerte der verschiedenen Nutzen- und Kostenarten in Millionen DM am 1.1.1969. Die Gegenwartswerte wurden mit Hilfe eines Diskontierungssatzes von 6,5 % und für die Lebensdauer des Projektes von 50 Jahren (beginnend mit dem Jahr der Inbetriebnahme) errechnet. Alle Nutzenwerte werden als vorsichtige Schätzungen bezeichnet.

Die vorgegebenen Baukosten des Projektes wurden unverändert in die Analyse übernommen. Hesse und Arnold weisen darauf hin, daß dieses Vorgehen nur berechtigt ist, wenn (1) die ausgewiesenen Beträge alle durch den U-Straßenbahnbau entstehenden sozialen Kosten erfassen und (2) die Nominalkosten wenigstens annähernd den Opportunitätskosten entsprechen. Eine nähere Betrachtung ergibt, daß die vom Bauamt angegebenen Werte die unter (1) genannte Bedingung in zweierlei Hinsicht nicht erfüllen. Zum einen sind die höheren Kfz-Betriebskosten und der Mehraufwand an Zeit, die durch Umleitungen während der Bauzeit entstehen, nicht in den Kosten enthalten. Dieselbe Aussage gilt für die Nutzeneinbuße, die durch Lärm, Schmutz und weitere Unbequemlichkeiten im Zusammenhang mit den Bauarbeiten entsteht. Zum anderen sind in den Beträgen auch die Entschädigungen enthalten, die den Anliegern (Geschäftsleuten) zum Ausgleich entstehender Einkommensverluste gezahlt werden. Da diese teilweise monetäre Spillovers darstellen, dürfen sie nicht voll als volkswirtschaftliche Kosten angesetzt werden.

---

[69]) Hesse und Arnold (1970 a). Eine erweiterte Schilderung dieses Forschungsprojektes findet sich bei Hesse und Arnold (1970 b).

Trotz der beschriebenen Mängel, die dem Nominalkostenansatz innewohnen, wurde bei der Nutzen-Kosten-Analyse der U-Straßenbahn auf ihn zurückgegriffen. Dafür werden zwei Gründe angeführt: Zum einen wurde eine praktikable Technik zur Quantifizierung der tatsächlichen Opportunitätskosten im gesamten Staatsbereich bisher nicht entwickelt; zum anderen sollten an die staatliche Investitionsrechnung nicht höhere Anforderungen gestellt werden als an die private, wenn man mit den Verfassern des Greenbook unterstellt, daß die tatsächlichen Ergebnisse des Marktmechanismus von denen des vollständigen Wettbewerbs nicht allzu stark abweichen.

Zu berücksichtigen ist auch, daß nur die *zusätzlichen* Nutzen und Kosten in die Analyse übernommen werden. Deshalb sind auch nicht die gesamten laufenden Kosten zu erfassen, sondern nur jene, die gegenüber der bisher verkehrenden Straßenbahn entstehen. Sie sind verhältnismäßig gering und auf einen erhöhten Personaleinsatz (beispielsweise durch Bahnsteigsperren) und zusätzliche technische Anlagen zurückzuführen.

Es ist nicht zulässig, Zinskosten und Abschreibungen den laufenden Kosten zuzurechnen. Ein positiver Kapitalwert bedeutet nämlich, daß sich die Investitionskosten amortisieren und die effektive Verzinsung höher ist als der gewählte Diskontierungssatz. Dies bedeutet, daß beide Kosten im Investitionskriterium implizit berücksichtigt werden.

Betrachtet man die Nutzenermittlung und -bewertung, so können in der Regel folgende Nutzenarten identifiziert werden[70]):

„(1) Die bisherigen Straßenbahn- oder Omnibusbenutzer werden erheblich schneller reisen und dadurch Preisersparnisse erzielen. Dieser Personengruppe fallen darüber hinaus Bequemlichkeitsgewinne zu.

(2) Der nach der Inbetriebnahme der U-Bahn auf den Straßen verbleibende Individualverkehr wird höhere Geschwindigkeiten erzielen können. Diese führen zu Zeitersparnissen und im Bereich bis zu 50 km/h zu einer Senkung der laufenden Kfz-Betriebskosten.

(3) Wenn einige Verkehrsteilnehmer vom Auto auf die U-Bahn überwechseln, entstehen nicht nur mit höheren Geschwindigkeiten verbundene Nutzen, sondern darüber hinaus weitere Nutzeffekte: (a) Wenn Verkehrsteilnehmer das Ver-

---

[70]) Hesse und Arnold (1970 a), S. 361 f. Ein weiteres — teilweise abweichend hierzu konzipiertes — Forschungsprojekt, bei dem es sich um Straßenbau-Investitionen in West-Pakistan handelt, ist folgendermaßen aufgebaut:

(1) Ausgangspunkt der Analyse ist die sogenannte Basisalternative; sie ist gekennzeichnet durch eine Reihe relevanter Eigenschaften, die realisierbar sind. Mit ihr werden weitere potentielle Alternativen verglichen, die hinsichtlich bestimmter Merkmale von der Basisalternative abweichen können. Die Merkmale werden auf vergleichbare monetäre Größen gebracht.

(2) Mehrverkehr (generated traffic) einer Alternative im Vergleich zur Basis wird als Nutzengröße der Alternative behandelt, verhinderter Verkehr (frustrated traffic) als Kosten.

(3) Sowohl für die Basis als auch für die übrigen Alternativen werden Konstruktionskosten der jeweiligen Streckenabschnitte ermittelt; dasselbe gilt für die Unterhaltungskosten der Straße bei den Investitionsalternativen.

(4) Von besonderer Bedeutung ist die Einbeziehung der Verkehrsmittelkosten. Diese werden als Funktion der Beförderungseinheiten pro Tag (z. B. Passagiere pro Fahrzeugeinheit) behandelt.

(5) Als weitere Kosten- oder Nutzengröße berücksichtigt das Projekt den Wert der Verkehrsgeschwindigkeit.

Vgl. Howard et al. (1971). Weitere Aspekte zur Nutzenbewertung im Schienen- und Straßenverkehr finden sich bei Wehner (1964). Zu spezifischen Problemen bei der Bewertung des Nutzens von Zeitersparnissen vgl. Johnson (1966); Oort (1969).

kehrsmittel wechseln, kann man aus dieser Wahlhandlung auf einen direkten Vorteil bei ihnen schließen. Ohne diesen Vorteil wären sie weiterhin mit dem Auto gereist. Dieser Nutzen läßt sich in Zeitersparnisse umrechnen. (b) Bei den Umsteigern entfällt eine Inanspruchnahme von Produktionsfaktoren, die nunmehr für andere Zwecke frei sind. Denn mit der Aufgabe von Fahrten im eigenen Pkw fallen die laufenden Betriebskosten dieser Fahrten fort. Durch die Beförderung mit der U-Bahn entstehen andererseits, solange die Kapazitätsgrenze noch nicht erreicht ist, keine zusätzlichen volkswirtschaftlichen Kosten. Müßten die Kapazitäten auf Grund der zu erwartenden Umsteiger größer als ohne sie geplant werden, so ist dieser Ressourcenverbrauch in den Baukosten schon berücksichtigt und darf nicht noch einmal gezählt werden. (c) Benutzen weniger Personen das eigene Fahrzeug, so wird der Bedarf an knappen innerstädtischen Parkplätzen sinken oder nicht im gleichen Ausmaß steigen, wie das ohne den U-Bahnbau der Fall gewesen wäre. Die Inanspruchnahme der Produktionsfaktoren Boden und Kapital wird damit geringer sein. (d) Wenn der Individualverkehr um die Zahl der ‚Umsteiger' zurückgeht, sinken die Lärm- und Abgasbelästigung der Bevölkerung und die damit verbundenen Gesundheitsschäden.

(4) Mit der Verbesserung der Verkehrsbedingungen durch den U-Bahnbau erfolgt erfahrungsgemäß eine neue Nachfrage nach Verkehrsleistungen. So wird die bessere verkehrsmäßige Erschließung von Vororten dazu führen, daß sich Bewohner dieser Vororte in anderen Stadtteilen einen Arbeitsplatz suchen, daß Stadtbewohner ihren Wohnsitz in die Außenviertel verlegen und daß eine erhöhte Zahl von Einkaufs- und Freizeitfahrten in die Innenstadt unternommen wird. Dieser ‚generated traffic' zieht einen Vorteil aus den nunmehr getätigten Fahrten, denn sonst würden sie unterbleiben. Man kann einen Mindestbetrag für diese Nutzen in Form von Zeitersparnissen angeben.

(5) Wenn der öffentliche Personennahverkehr vom Individualverkehr getrennt wird, so werden alle Unfälle, in die das öffentliche Verkehrsmittel und seine Benutzer einerseits und der Individualverkehr andererseits verwickelt sind, verhütet werden.

(6) Erklärtes Ziel der meisten Investitionen in diesem Verkehrsbereich sind die Erhaltung und die Stärkung der Wirtschaftskraft der Stadt. Ganz abgesehen davon, daß hier Quantifizierungsversuche häufig scheitern, die meisten ‚Nutzen' dieser Art müssen als monetäre Spillovers angesehen und dürfen nicht mitgezählt werden. Dem möglicherweise den Verkehrsverbesserungen folgenden Mehreinsatz von Produktionsfaktoren in Hannover steht bei gegebenem und vollbeschäftigtem Faktorbestand in der BRD nämlich ein entsprechender Mindereinsatz an anderer Stelle gegenüber.

Alle diese Nutzen sind zu erfassen. Bis auf die zuletzt genannten beiden Fälle läßt sich das in drei Schritten tun. (a) Zuerst ist das zukünftige Verkehrsaufkommen im öffentlichen Personennahverkehr und im Individualverkehr im gesamten Streckennetz oder dem Streckennetz im Einzugsbereich der U-Bahn für jedes Jahr ihrer Lebensdauer in zweifacher Weise abzuschätzen: einmal unter der Annahme, daß die U-Bahn nicht gebaut wird, zum andern für den Fall, daß die U-Bahn zu den vorgesehenen Zeiten in Betrieb genommen wird (with-and-without-principle). (b) Danach sind für beide Fälle die Geschwindigkeiten im öffentlichen Nahverkehr und im Individualverkehr abzuschätzen. (c) Erst dann lassen sich die Zeit- und Kostenersparnisse errechnen, zu denen ein U-Bahnbau führt."

Grundsätzlich lassen sich Nutzen-Kosten-Analysen zum Vergleich makro- (und auch mikro-)logistischer Programme anwenden. Eine besondere Bedeutung kommt der NKA zu, wenn die staatlichen Haushalte eine Programmstruktur aufweisen, wie sie Planning-Programming-Budgeting-Systeme vorsehen. Es ist dann mit Hilfe der NKA möglich, alternative Programme oder Programmelemente miteinander zu vergleichen, die auf die Erreichung derselben verkehrspolitischen Ziele gerichtet sind. So würden beispielsweise alle Programme hinsichtlich ihrer Nutzen und Kosten verglichen, die dem Ziel „Erhöhung der Verkehrssicherheit" dienen, und entsprechende Programm- und Allokationsentscheidungen getroffen. Es wurde bereits darauf hingewiesen, daß man sich von diesem Vorgehen eine erhöhte Rationalität verkehrspolitischer Entscheidungen verspricht. Dabei ist eine Verfeinerung der NKA eine wesentliche Voraussetzung für eine Durchführung der Programmbudgetierung.

2.34 Methoden der Unsicherheitshandhabung und Bewertungsstabilisierung

Wurde mit Hilfe einer Bewertungsmethode eine Rangfolge alternativer Lösungshypothesen entwickelt, so kann nun untersucht werden, inwieweit diese Rangfolge gegenüber einer Veränderung bestimmter Größen „stabil" ist. Speziell die generierte Lösungshypothese wird einer Reihe von „Tests" unterzogen, um sie auf ihre Empfindlichkeit auszuloten und festzustellen, ob sie sich auch unter ungünstigen Bedingungen als dominant erweist.

Eine Ursache, die diese Analysen erforderlich macht, ist die starke *Unsicherheit*, die für komplexe, schlecht-strukturierte Problemstellungen kennzeichnend ist. Ohne hier im einzelnen auf verschiedene Unsicherheitssituationen einzugehen, können insbesondere zwei Unsicherheitssituationen unterschieden werden[71]. *Statistische* Unsicherheiten bzw. Risikosituationen erlauben den Einsatz der zahlreichen statistischen Methoden der Unsicherheitshandhabung. Bei langfristigen Planungsproblemen herrschen jedoch im allgemeinen Situationen *grundsätzlicher* Unsicherheit über zukünftige Zustände der Welt — über Technologien, politische Entwicklungen oder beispielsweise über Wettbewerbssituationen — vor. Zur Berücksichtigung dieser Unsicherheit in Problemlösungsprozessen werden vor allem in der Systemanalyse Methoden wie die Sensitivitätsanalyse, die Kontingenzenanalyse, die A-fortiori- und die Break-even-Analyse oder alternative Scenarios vorgeschlagen. Die Methoden haben dabei nicht nur die Funktion, die generierte Rangfolge alternativer Lösungshypothesen auf ihre Stabilität zu prüfen, sondern auch den Zweck, das Verständnis des Entscheidungsträgers für die wirklich kritischen Unsicherheiten in einem Problem zu verbessern.

Einen weiteren Gegenstand von Methoden der Bewertungsstabilisierung bildet die Einbeziehung von *politischen* Nutzen und Kosten in die Analyse sowie die Prüfung, ob sich dadurch die Rangfolge der Alternativen verändert.

---

[71]) Vgl. z. B. Fisher (1968), S. 190 f.; Hitch (1967), S. 15 ff.; Quade (1967 b), S. 170 ff.

Im allgemeinen werden bei der Ermittlung einer optimalen Alternative durch die verschiedenen Bewertungsverfahren nicht die Widerstände berücksichtigt, die von Mitgliedern des politischen Systems bzw. von mittelbar oder unmittelbar Betroffenen der Realisierung dieser Alternative entgegengesetzt werden können. Die Kosten, die entstehen, um diese Widerstände zu überwinden und die Unterstützung für die präferierte Alternative und für den Entscheidungsträger selbst zu sichern, können erheblich sein und die Rangfolge der Alternativen verändern. Diese Einbeziehung potentieller politischer Widerstände gegen vorgeschlagene Problemlösungen ist Gegenstand einer Methode, die als Cost-Constraint-Analyse bezeichnet wird.

2.341 Sensitivitätsanalyse, Kontingenzenanalyse und A-fortiori-Analyse

Im folgenden sollen drei Methoden zur Berücksichtigung der Unsicherheit und zur Bewertungsstabilisierung kurz betrachtet werden, die vor allem im Zusammenhang mit der Durchführung von Systemanalysen häufig genannt werden[72]). Einige weitere Verfahren nennt beispielhaft Abb. 2.43.

Ein häufig angewendetes, auch bei exakter Modellanalyse übliches Verfahren ist die *Sensitivitätsanalyse*. Geht man davon aus, daß in einem Entscheidungskalkül Schlüsselvariablen existieren, die sehr unsicher sind, so können — anstatt beispielsweise dafür Erwartungswerte anzusetzen — für diese Parameter unterschiedliche Werte angenommen werden. Ein Ziel dabei ist, zu prüfen, wie empfindlich die Ergebnisse (die Rangordnung der untersuchten Alternativen) in bezug auf die Variation der unsicheren Parameter sind. Mit Hilfe der Sensitivitätsanalyse kann also die Empfindlichkeit bisheriger Rangfolgen hinsichtlich ihrer Abhängigkeit von modellimmanenten Annahmen festgestellt werden. Ebenso vermag sie die Bandbreite der Unsicherheit sichtbar zu machen, der die vorgeschlagenen Problemlösungen noch unterliegen. Zweck der Anwendung der Sensitivitätsanalyse ist letztlich, eine dominante Lösung zu erhalten, in welcher der Rang der präferierten Alternative im wesentlichen insensitiv in bezug auf eine „vernünftige" Variation der Parameter ist.

Die *Kontingenzenanalyse* (contingency analysis) untersucht, wie die Rangordnung betrachteter Lösungshypothesen stabil bleibt, wenn relevante Änderungen in den Kriterien zur Bewertung der Alternativen postuliert werden oder insbesondere wenn ein grundlegender Wandel in der allgemeinen Umwelt angenommen wird. Wurde beispielsweise im Prozeß des Designs eines Marketingkanals angenommen, die Betriebe A und B seien die wichtigsten Wettbewerber, so wird nun mit Hilfe der Kontingenzenanalyse untersucht, was geschieht, wenn sich A und B zusammenschließen. Ebenso können bei logistischen Entscheidungen mittels einer Kontingenzenanalyse

---

[72]) Vgl. zu diesen Methoden insbesondere Fisher (1968), S. 190 f.; Madansky (1968), S. 94 ff.; Mooz (1968), S. 192 ff.; Quade (1967 b), S. 170 ff.

mögliche innen- oder gesellschaftspolitische Entwicklungen, die Basisindikatoren des jeweils verwendeten Modells verändern könnten, näher betrachtet werden.

Ein weiteres Verfahren stellt in diesem Zusammenhang die *A-fortiori-Analyse* (a fortiori analysis) dar. Nimmt man an, daß sich in einer Analyse eine bestimmte Lösungshypothese als wünschenswert herausgebildet hat, so wird diese mit Hilfe der A-fortiori-Analyse dadurch auf ihre Stabilität hin überprüft, daß sie mit einer alternativen Problemlösung verglichen wird. Dies geschieht in der Weise, daß bei den wichtigsten Unsicherheiten die günstigsten Bedingungen für die Alternative, für die präferierte Lösungshypothese dagegen die pessimistischsten Schätzungen angenommen werden. Erweist sich die präferierte Lösungshypothese unter diesen sehr widrigen Bedingungen immer noch als gut, wird sich die Präferenz für sie wesentlich erhöhen.

Eine gewisse Variante der A-fortiori-Analyse und der Sensitivitätsanalyse kann in einem Vorgehen gesehen werden, das man als *Break-even-Analyse* (break-even analysis) bezeichnet. Dabei wird festgestellt, welche Annahmen über Parameterwerte zu machen sind, damit die Konsequenzen zweier Alternativen einander im wesentlichen entsprechen. Es können dann in einem weiteren Schritt Personen darüber befragt werden, ob die kritischen Parameterwerte (in den Break-even-Punkten) als optimistisch oder pessimistisch anzusehen sind.

Betrachtet man das Vorgehen gerade der A-fortiori- und der Break-even-Analyse, so kann die Pragmatik dieser Methoden nicht zuletzt darin gesehen werden, zusätzliche Informationen zu gewinnen, welche die präferierte Alternative gegen fundierte Gegenargumente stützen[73]. Eine ganz ähnliche, wenn auch wesentlich umfassendere Pragmatik verfolgt die Cost-Constraint-Analyse.

2.342 Cost-Constraint-Analyse

Häufig wird in Problemlösungsprozessen nicht berücksichtigt, daß gegen eine generierte Lösungshypothese speziell von seiten der Betroffenen Widerstände auftreten können. Vor allem bei der Lösung politischer Entscheidungsprobleme müssen im Laufe des Problemlösungsprozesses immer wieder offene Beschränkungen geschlossen und damit politische Vorentscheidungen getroffen werden. Bei der Suche nach „optimalen" Lösungen bleiben im allgemeinen die Interessen bestimmter Personen, Gruppen oder Organisationen unberücksichtigt. Die Betroffenen werden auf diese Verletzung ihrer Interessen in der Weise reagieren, daß sie die vorgeschlagene Problemlösung ablehnen und ihrer Realisierung Widerstand entgegensetzen. Dieser Widerstand wird dabei um so größer sein, je grundlegender die vorgeschlagene Entscheidung die Interessen (Werte, Besitzstand usw.) bestimmter Gruppen

---

[73] Vgl. Quade (1967 b), S. 173.

gefährdet. Die Widerstände können beispielsweise darin bestehen, daß dem Projekt oder den Entscheidungsträgern die relevante Unterstützung entzogen wird. Gehören die Betroffenen den entscheidungsberechtigten Kernorganen an, kann der Lösungsvorschlag abgelehnt oder modifiziert werden; auch kann die Ausführung des Projekts behindert oder gar unmöglich gemacht werden.

Für die problemlösenden Personen oder Gruppen stellen diese potentiellen Widerstände, die sich auf jede Alternative — wenn auch in unterschiedlichem Maße — beziehen können, *Beschränkungen* (constraints) dar. Für sie ergibt sich die Notwendigkeit, eine Analyse etwaiger Widerstände und Möglichkeiten ihrer Überwindung bereits in den Problemlösungsprozeß einzubeziehen und nicht allein als Problem der Durchsetzung zu betrachten. Dabei ist zu berücksichtigen, daß die zur Abwehr oder Neutralisierung politischer Beeinträchtigungen aufzuwendenden *politischen Kosten* erheblich sein können. Diese Kosten werden im allgemeinen bei jeder Alternative unterschiedlich hoch sein und somit die Nutzen-Kosten-Verhältnisse sowie möglicherweise die Rangfolge der Alternativen verändern. Als Kosten der Beeinträchtigung ist dabei jener Betrag zu betrachten, der aufgebracht werden muß, um den akuten oder zu erwartenden Widerstand zu vermindern bzw. zu neutralisieren, sofern dies überhaupt möglich ist.

Das Problem besteht nun darin, wie der Entscheidungsträger in einer Analyse die Widerstände im Problemlösungsprozeß berücksichtigen, kompensieren oder neutralisieren kann. Die Analyse politischer Widerstände und Kosten ist noch wenig entwickelt, ein ausgereiftes methodisches Instrumentarium fehlt bisher. Als ein erster Versuch, die Einflüsse von Widerständen und die Möglichkeiten und Kosten ihrer Überwindung systematisch im Problemlösungsprozeß zu untersuchen, stellt die Cost-Constraint-Analyse dar[74]. Bei der Cost-Constraint-Analyse als einer Untersuchung der politischen Beeinträchtigungen und des Grades der „Abwehrmöglichkeit" geht es insbesondere um die Feststellung, wieviel und welche Arten politischer Aufwendungen gemacht werden sollen oder können, um eine präferierte Alternative gegen Widerstände zu realisieren. Die Cost-Constraint-Analyse beinhaltet insbesondere vier Arbeitsschritte: (1) die Analyse potentieller Widerstände, (2) die Ermittlung der Kosten zur Abwehr bzw. zur Neutralisierung der Widerstände, (3) die Ermittlung des Nutzens aus der Abwehr bzw. Neutralisierung sowie (4) Abwägen und Auswahl einer politisch befriedigenden Alternative. Diese Schritte seien kurz im einzelnen skizziert.

(1) Die *Analyse potentieller Widerstände* ist im Grunde zumindest stellenweise ein Teilaspekt der Diagnose der Ausgangssituation eines Problems. Bereits zu Beginn eines logistischen Entscheidungsprozesses können prinzipiell verschiedene Interessen hinsichtlich einer möglichen Alternative versteckt oder offenkundig sein. Dies ergibt sich etwa aus den

---

[74]) Vgl. auch zum folgenden Böhret (1970), S. 204 ff.

global bekannten Rahmenbedingungen der Alternative, die Rückschlüsse auf Normen, Attitüden und Einstellungen gestatten. Weitere Anhaltspunkte bei der Analyse der potentiellen Beeinträchtigungen sind: (a) eigene oder unterstützende fremde Fähigkeiten, positive oder negative Äußerungen und Verlautbarungen, (b) Verhaltensweisen in der Vergangenheit bei ähnlichen Problemstellungen, (c) mobilisierbare Machtgrundlagen, (d) erwartete Unterstützungskredite der unmittelbar Betroffenen, (e) die relative Bedeutung des anstehenden Problems im Vergleich zu anderen aktuellen Fragestellungen sowie (f) die Wahrnehmung der eigenen Position und die Intensität, mit der diese vertreten wird.

(2) Bei der Ermittlung der *Kosten zur Abwehr bzw. Neutralisierung der Widerstände* liegt das grundsätzliche Problem darin, festzustellen, welche zusätzlichen Kosten entstehen, wenn die Betroffenen zur Akzeptierung einer von den Entscheidungsträgern präferierten Alternative veranlaßt werden sollen. Dabei ist zu beachten, daß die Betroffenen möglicherweise die Manifestation von Widerständen „vergessen", was zu einer Verminderung der Kosten führen kann. Der Ermittlung der Kosten gehen Überlegungen voran, mit welchen Mitteln eine Gegnerschaft gegen die präferierte Alternative neutralisiert werden kann. Dabei bieten sich beispielsweise Zugeständnisse, Gewährung anderer Vorteile, Anwendung der Reziprozitätsnorm usw. an. Jede dieser Möglichkeiten ist mit bestimmten „politischen" Kosten verbunden. Einige von ihnen erscheinen von besonderem Interesse:

a) Kompensationskosten

Widerstände und Hemmungen beabsichtigter Maßnahmen können beigelegt werden, wenn über Teilalternativen ein Konsensus angestrebt wird, der eine gegenseitige Aufgabe von Präferenzen vorsieht. Konkret handelt es sich dabei um Zugeständnisse, Ausgleiche und Versprechungen. Zwar wird der Widerstand potentiell oder real beseitigt, er belastet aber ceteris paribus das Ressourcenpotential in Form von Kosten. Sie können als Kompensationskosten bezeichnet werden, weil sie die akuten Hemmungen zugunsten der Durchführung der jeweiligen Maßnahme ausgleichen.

b) Kosten der Informationsmanipulation

Widerstände und Hemmungen sind auch zu überwinden, indem informationelle Beziehungen zur Beeinflussung des Verhaltens der Gegner aktiviert oder verringert werden. Die dabei anfallenden Kosten sind in die Analyse einzubeziehen.

c) Reputationskosten

Es ist nicht ausgeschlossen, daß ein logistischer Entscheider postulierte Widerstände, frühere Wertpositionen, Ansichten und Lehrmeinungen nicht ohne weiteres aufgeben kann, weil dies seine Popularität oder die zukünftige Zusammenarbeit verschlechtert. Werden für die Bewahrung des „guten Rufs" Ressourcen verbraucht, sind sie der verursachenden logistischen Entscheidungsalternative anzulasten.

d) Oppositionskosten

Ist eine Kompensation oder eine andere Art der Beilegung bestehender Widerstände zunächst ausgeschlossen, etwa weil eine starke gegnerische Gruppe oder Partei gegen die vorgelegte Alternative oppositionell eingestellt ist, so kann der Gegner bekämpft werden. Es entstehen ebenfalls Kosten (hostility costs).

e) Wiederwahlkosten

Sie entstehen insbesondere, wenn Wahlen anstehen und angesammelte Oppositions- und Reputationskosten noch nicht neutralisiert sind.

(3) Bei der Ermittlung des *Nutzens aus der Abwehr bzw. Neutralisierung* ist zu berücksichtigen, daß die Art des Einsatzes, um Widerstände und Hemmnisse hinsichtlich einer Alternative zu vermeiden bzw. zu überwinden, und dessen Kosten von der Bedeutung abhängen, die dem in Frage stehenden Objekt beigemessen wird. Es ist deshalb zunächst die Bedeutung der in Frage stehenden Alternative festzustellen. Handelt es sich um ein wichtiges Objekt, dürfte die Neigung, es wegen des erwarteten Nutzens über den Einsatz von Kosten durchzusetzen, groß sein. Weniger wichtige Objekte werden im Konfliktfall eher vernachlässigt.

(4) Durch *Abwägen und Auswahl einer politisch befriedigenden Alternative* werden in einem letzten Schritt speziell die Ergebnisse aus (2) und (3) für jede Alternative zusammengestellt und soweit möglich in einer Nutzen-Kosten-Betrachtung verglichen. Schließlich wird ein politisch befriedigendes Programm ausgewählt. Dabei sind auch die ursprünglichen, etwa über eine Nutzen-Kosten-Analyse oder andere Bewertungsverfahren ermittelten Ergebnisse zu berücksichtigen.

Die Cost-Constraint-Analyse wird in dieser Konzeption in der Praxis zumindest nicht explizit angewandt. Dies liegt wohl auch darin begründet, daß sie theoretisch noch zu wenig diskutiert und ausgebaut ist. Kein Zweifel dürfte jedoch über die Nützlichkeit einer solchen Analyse bestehen. Von ihr wären wertvolle Aufschlüsse über die Möglichkeit der Stabilisierung relevanter Alternativen und damit über deren Durchsetzbarkeit zu erwarten.

2.35 Der Ablauf der Systemanalyse

Ein vorzügliches Beispiel der Kombination inexakter Verfahren unter Einbeziehung exakter Methoden in einem umfassenden Problemlösungsprozeß bildet die Systemanalyse. Teilweise wird sie sogar analog zum Operations Research bei den exakten Methoden als Sammelbegriff für Bestand und Anwendung von inexakten Methoden verwendet. Ihre wesentlichen Merkmale wurden bereits beschrieben und lassen sich wie folgt zusammenfassen[75]):

(1) Die Systemanalyse beinhaltet den Versuch, äußerst komplexe Systeme systematisch, d. h. unter Berücksichtigung des Gesamtzusammenhangs aller relevanten Größen, zu erfassen, wobei Ziele und Alternativen gesucht und im Lichte ihrer Konsequenzen verglichen werden.

(2) Die Ziele und Bewertungskriterien sind nicht gegeben, sondern werden selbst als Problem betrachtet. Die zu berücksichtigenden Ziele sind im allgemeinen vielfältig, konfliktär und häufig vage.

(3) Die Untersuchung beschränkt sich nicht auf die Effizienz bekannter Alternativen. Starke Betonung liegt auf Innovation und Kreativität.

(4) Die Analyse erfolgt unter großer Unsicherheit. Das Vorgehen der Systemanalyse beinhaltet eine explizite Betrachtung, Quantifizierung und Handhabung der Unsicherheit.

(5) Der Kern der Systemanalyse besteht in der Konstruktion und Verwendung von Modellen. Soweit wie möglich werden exakte Methoden verwendet. Auf Grund der Problemstruktur überwiegen jedoch inexakte Methoden. Ein wesentliches Merkmal der Systemanalyse besteht in der umfassenden Einbeziehung von Expertenurteilen. Trotz des großen Anteils inexakter Verfahren soll der gesamte Problemlösungsprozeß explizit, transparent und nachvollziehbar sein.

(6) Die Durchsetzungsproblematik wird in den Problemlösungsprozeß einbezogen.

(7) Der Ablauf der Systemanalyse ist iterativ. Erweisen sich bisherige Ziele und Alternativen als unbefriedigend, werden diese verändert, und der Prozeß wird wiederholt.

(8) Die Systemanalyse will nicht politische Entscheidungen ersetzen, sondern diese unterstützen. Sie wird als Entscheidungshilfe verstanden.

Einige dieser Merkmale geben bereits Hinweise auf den Ablauf der Systemanalyse. Wenn auch über diesen keine generell gültigen Aussagen gemacht werden können, so wird doch praktisch einhellig im iterativen Vorgehen ein wesentliches Merkmal des Ablaufs der Systemanalyse gesehen. Es prägt in starkem Maße den Gesamtablauf. Folgt man der Konzeption von Quade, so vollzieht sich eine Systemanalyse als Iterationsprozeß, der die Formulierung des Problems, die Auswahl der Ziele, Generierung von Alternativen, Sammlung von Daten, Konstruktion von Modellen, Abwägung von Kosten und Nutzen, den Empfindlichkeitstest, die Infragestellung der Annahmen, Überprüfung der Ziele und die Erschließung neuer Alternativen umfaßt (vgl.

---

[75]) Vgl. S. 388 ff. dieses Buches.

Abb. 2.56)[76]). Der Prozeß wird so lange durchlaufen, bis die Analyse vom Entscheidungsträger als befriedigend empfunden wird, gegebenenfalls eine ausreichend stabile Alternative gefunden wurde oder Zeit- bzw. Kostenerwägungen ein Ende setzen. Die verschiedenen Schritte seien kurz im einzelnen betrachtet.

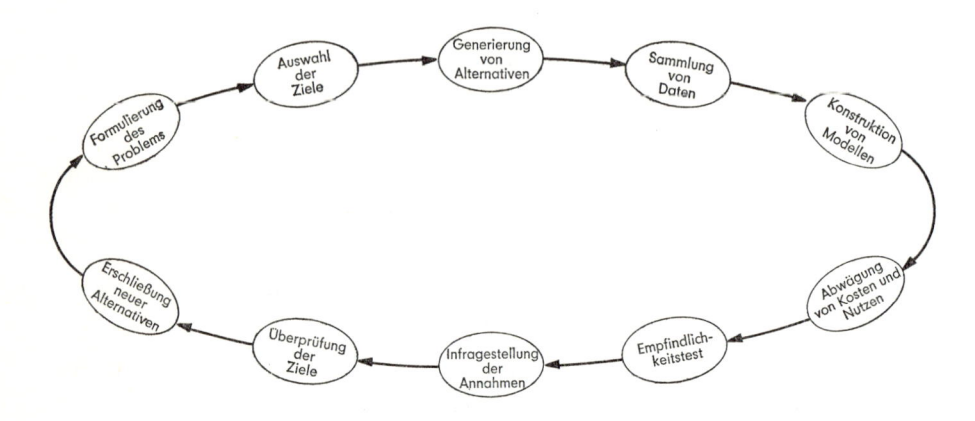

Abb. 2.56: Iterationsprozeß bei der Systemanalyse[77])

2.351 Formulierung des Problems

In vielen Untersuchungen wird die Problemformulierung als gegeben betrachtet. In der Systemanalyse wird sie selbst zum Gegenstand der Untersuchung. In einem ersten Schritt wird versucht, den Problembereich und damit die wesentlichen Merkmale der Entscheidungssituation zu erfassen. Umfang und Begrenzung des zu analysierenden Problems werden festgelegt. Die primäre Aufgabe besteht zunächst darin, das Bündel meist heterogener Probleme aufzulösen und Einzelprobleme zu identifizieren. Erste mögliche Zielrichtungen werden präzisiert, mögliche Alternativen ausgelotet, Beschränkungen und Variablen festgestellt und ein Überblick über die Beziehungen zwischen den verschiedenen Größen verschafft. So wichtig die Phase der Problemformulierung ist, so sehr schließt sie subjektive Komponenten ein. Die Problemformulierung wird sich im Iterationsprozeß der Systemanalyse verändern. Mit wachsendem Problemverständnis werden Redefinitionen vorgenommen[78]). So kann sich beispielsweise das Problem der Beseitigung eines Verkehrsengpasses über einen Zeitraum von einem Jahrzehnt von einer Straßenplanung über den Vergleich von alternativen Transportmitteln bis zur langfristigen Konzeption für einen urbanen Großraum aus-

---

[76]) Vgl. auch zu den folgenden Stufen Quade (1967 b), S. 156 ff., (1968 a), S. 13 f., (1968 b), S. 33 ff., (1968 c), S. 297 ff.; Wohl und Martin (1967), S. 7 f.
[77]) Vgl. z. B. Quade (1968 c), S. 298.
[78]) Vgl. Quade (1968 b), S. 35 ff.

weiten und sich dann möglicherweise auf das Problem des Intercityflugverkehrs oder auch auf das Problem der industriellen Standortpolitik im Rahmen der langfristigen Städteplanung konzentrieren[79]).

2.352 Auswahl der Ziele

Es kann nicht davon ausgegangen werden, daß die in einer Systemanalyse zu berücksichtigenden Ziele vorgegeben sind. Sind Ziele formuliert, so sind sie häufig zu vage („Schaffung eines ausreichenden Verkehrssystems") oder zu speziell („Verbreiterung eines bestimmten Straßenabschnittes zur Beseitigung eines Engpasses"), so daß sie entweder kein operationales Entscheidungskriterium bilden oder das Problem von vornherein zu sehr einengen. Auch sind Ziele nicht selten konfliktär. So wird das Ziel- oder Wertsystem selbst zum Gegenstand der Systemanalyse. Im Rahmen der Systemanalyse sind dabei die oft verdeckten und ungeordneten Ziele der politischen Entscheidungsträger und anderer relevanter Personen oder Gruppen zu identifizieren, zu interpretieren, inhaltlich zu präzisieren, zueinander in Beziehung zu setzen und in eine Rangordnung zu bringen. Die Wahl der Zielsetzungen ist eines der wichtigsten und gleichzeitig schwierigsten Probleme. So wird teilweise die Untersuchung, welche Ziele die Organisation, ein Subsystem bzw. der relevante Entscheidungsträger verfolgt (oder verfolgen sollte), als wichtiger angesehen als der Vergleich der Alternativen selbst. Im einzelnen sind bei Auswahl der Ziele insbesondere folgende Aspekte zu nennen:

(1) Die Formulierung von Zielen für die Systemanalyse beruht häufig auf einer systematischen *Wert- und Zielsystemanalyse*[80]). Ihre wesentlichen Schritte bestehen darin, Wert- und Zielsystemkataloge zu ermitteln, zu präzisieren, sie auf Inkompatibilitäten zu untersuchen und Prioritäten festzustellen. Ein Problem liegt dabei in den Beziehungen der konkret verfolgten politischen Ziele zu übergeordneten Werten und Normen (z. B. der Gesellschaft oder auch der Organisation und ihrer Mitglieder). Der politische Entscheidungsträger hat nicht zuletzt bei der Formulierung seiner Ziele die Interessen und Werte der Personen und Gruppen zu berücksichtigen, die ihm relevante Unterstützung gewähren. Eine über eine reine Katalogisierung hinausgehende Verfeinerung der Wert- bzw. Zielsystemanalyse wird erreicht, wenn mit Hilfe von Bewertungsverfahren der gleichrangige Wert- oder Zielkatalog in eine Wert- oder Zielhierarchie übertragen wird, also Prioritäten ermittelt werden. Das kann um so schwieriger sein, je konfliktärer die Ziele sind, die von den relevanten Personen oder Gruppen vertreten werden. Zur Ermittlung von Wert- und Zielkatalogen sowie zur Feststellung von Prioritäten können unterschiedliche Methoden verwendet werden, so beispielsweise Meinungsumfragen, eine modifizierte Konferenzmethode oder die Delphi-Methode.

---

[79]) Vgl. CONSAD Research Corporation (1967), S. 12 ff.; Feldman (1967); Weiss (1971), S. 9.
[80]) Vgl. zur Wert- und Zielsystemanalyse Böhret (1970), S. 83 ff. und die dort angegebene Literatur.

(2) Bei der *Wahl von Zielen* für eine Systemanalyse ist es schwierig, zu entscheiden, auf welcher Zielebene die Analyse ansetzen soll. Je höher Ziele im allgemeinen in der Ziel-Mittel-Hierarchie stehen, desto unbestimmter und unbestimmbarer[81]) werden im allgemeinen ihre Inhalte und desto mehr entziehen sie sich quantitativen Methoden. Häufig wird deshalb auf technische Probleme unterer Mittelebenen ausgewichen, es werden mit anspruchsvollen Methoden Alternativen im Hinblick auf nicht hinreichend geklärte Ziele suboptimiert. Es besteht dabei die Gefahr, daß ein falsches Ziel realisiert wird. Es wird deshalb in der Systemanalyse die Auffassung vertreten, daß die Wahl des „richtigen" Zieles wichtiger ist als die Wahl der „richtigen" Alternative. Die Wahl der falschen Alternative kann nur bedeuten, daß nicht die beste Lösung realisiert worden ist. Die Wahl des falschen Zieles bedeutet dagegen, daß das falsche Problem gelöst worden ist[82]). Dies ist beispielsweise der Fall, wenn mit Hilfe der Warteschlangentheorie die optimale Gestaltung von U-Bahn-Schaltern gelöst wurde, während das eigentliche Ziel nicht die Verbesserung des U-Bahn-Systems, sondern die des integrierten Verkehrsflusses unter Berücksichtigung aller Verkehrsträger war. Es wurde suboptimiert ohne Zusammenhang zu relevanten übergeordneten Zielen[83]).

(3) Die *Formulierung von Zielen* ist nicht unabhängig von den möglichen Mittelentscheidungen, um diese zu erreichen. Es wird vielmehr angenommen, daß operational formulierte Ziele häufiger das Ergebnis von Möglichkeiten sind, die Alternativen bieten, als der Ausgangspunkt für solche Alternativen. Die Attraktivität eines Zieles hängt offenbar auch von den Kosten und Schwierigkeiten seiner Erreichung ab. Umgekehrt sind diese Informationen erst in der Analyse selbst zu gewinnen. Es kann deshalb angenommen werden, daß im allgemeinen eine Formulierung konkreter Ziele erst möglich ist, wenn eine intensive Analyse von Detailaspekten des Gesamtkomplexes durchgeführt wurde, da nur dann die Beschränkungen sichtbar werden. Dies kann erst nach mehrmaliger Iteration des Prozesses der Fall sein[84]).

(4) Mit der Formulierung von Zielen eng verbunden ist die *Wahl von Kriterien*. Als Kriterien werden dabei operationalisierte Ziele bezeichnet, an denen der Grad der Zielerreichung konkurrierender Alternativen gemessen wird. Ist beispielsweise das Ziel die Personenbeförderung von A nach B, so können Kriterien sein: etwa die Zahl der Passagiere, die pro Zeiteinheit transportiert werden können, oder beispielsweise auch ein Nutzen-Kosten-Verhältnis, wie DM pro Personenkilometer. Die Wahl aussagefähiger Kriterien wird um so schwieriger, je höher die gewählte Stufe der Zielhierarchie ist. Sie zählt zu den grundlegenden Entscheidungen in einer Systemanalyse[85]).

---

[81]) Vgl. Lindblom (1965), S. 184 f. und 226 f.
[82]) Vgl. Quade (1968 b), S. 39.
[83]) Vgl. McKean (1958), S. 30; Weiss (1971), S. 13 f.
[84]) Vgl. dazu McKean (1967), S. 85; Quade (1968 b), S. 39; Wohlstetter (1967), S. 121.
[85]) Vgl. zum Problem der Wahl geeigneter Kriterien z. B. Hitch und McKean (1954), (1960), S. 158 ff.; McKean (1958), S. 25 ff., (1967); Niskanen (1967).

2.353 Generierung von Alternativen

In der dritten Phase wird versucht, Alternativen zur Erreichung der Ziele zu entwickeln. Diese Alternativensuche ist systematisch, bezieht sich auch auf die Generierung neuartiger Handlungsmöglichkeiten und schließt nicht zuletzt die Anwendung von Kreativitätsmethoden ein. Die Alternativen können in bestimmten Strategien, Programmen oder spezifischen Aktivitäten bestehen. Im Sinne der Systemanalyse müssen diese durchaus nicht substitutiv sein, sondern können komplementär wie generell interdependent sein. Ebenso können Alternativen unterschiedliche Beiträge zur Erreichung unterschiedlicher Ziele liefern. Auch die Generierung von Alternativen ist im Kontext des iterativen Prozesses zu sehen. Einerseits werden die relevanten Alternativen häufig erst nach längerem Suchprozeß gefunden. Andererseits können über die Entwicklung von Alternativen schon im Frühstadium der Systemanalyse politische Entscheidungen fallen, da die Alternativen den Rahmen für das weitere Vorgehen festlegen. Nicht zuletzt kann die Suche nach Alternativen zu der Erkenntnis führen, daß die Formulierungen von Problemen und Zielen ausgeweitet und in einen größeren Kontext gestellt werden müssen:

Wird beispielsweise das Ziel formuliert, die schnellste Beförderung von Passagieren von B nach C zu ermöglichen, so stehen innerhalb des gesamten Personenbeförderungssystems völlig unterschiedliche Transportmittel öffentlicher und privater Art zur Diskussion. Meist ist aber eine Betrachtung nicht nur des gesamten Transportprozesses sinnvoll, also beispielsweise des Flugverkehrs von B nach C, sondern darüber hinaus auch des Zubringertransports vom Ort A zum Abflughafen B und des Transports vom Bestimmungshafen C zum Endzielort D[86]).

2.354 Sammlung von Daten

Systemanalysen erfordern ein außerordentliches Maß an informationellem Input. Die Systemumwelt ist immer wieder auf neuentdeckte oder vermutete Zusammenhänge und Fakten abzutasten. Externe Einflußgrößen sind zu erfassen und Vorstellungen über den Unsicherheitsgrad zukünftiger Ereignisse und den Wahrscheinlichkeitsgrad zu erwartender Konsequenzen zu bilden. Daten werden speziell im Hinblick auf generierte Handlungsalternativen, auf die Entwicklung von Lösungsmodellen und die mit ihr verbundene Alternativenbewertung gesammelt. Die Informationsgewinnung wird von Problemstellung, Zielen und Alternativen gesteuert und modifiziert diese ihrerseits. Grundsätzlich wird versucht, einen Ausgleich zwischen theoretischer Analyse und Informationsgewinnung zu schaffen[87]). Dabei sind auch die Kosten des Suchverhaltens zu berücksichtigen. Da die benötigten

---

[86]) Vgl. Manheim (1967), S. 4; McKean (1958), S. 52 ff.; Weiss (1971), S. 27.
[87]) Vgl. auch Fort (1966).

Informationen häufig nicht oder nur schwer durch unmittelbare Beobachtung gewonnen werden können, spielt auch hier die Heranziehung von Expertenwissen eine besondere Rolle. Dabei werden insbesondere die individuelle Expertenbefragung und die Delphi-Methode angewandt.

2.355 Konstruktion von Modellen

Der Kern der Systemanalyse besteht in der Konstruktion und Verwendung von Modellen. Die primäre Aufgabe von Modellen in der Systemanalyse ist es, die Konsequenzen oder Ergebnisse jeder Alternative und das Ausmaß, in dem jedes Ziel erreicht wird, zu prognostizieren. Die Modelle bilden Ursache-Wirkungs-Beziehungen ab, die für das untersuchte Problem als wesentlich erkannt wurden. Die Konstruktion von Modellen soll dabei die Umsetzung von theoretischen Einsichten über bestimmte Gesetzmäßigkeiten und Zusammenhänge auf eine konkrete Problemstellung erleichtern. Sie soll weitere Einsicht in das Problem bringen und das Denken über das Problem organisieren.

Die verwendeten Modelle sind sowohl exakter wie inexakter Natur. Sie reichen von der Verwendung analytischer Modelle bis zu rein verbalen Beschreibungen einer Situation. Welche Art von Modellen gewählt wird, hängt davon ab, wie komplex das untersuchte Problem ist und wieviel Wissen über dieses Problem bereits vorhanden ist. Insofern können Modelle in diesem Sinne sein: verbale Beschreibungen einer Situation (z. B. durch scenario-writing), graphische Wiedergaben, Expertenbefragungen (z. B. durch die Delphi-Methode oder die Konferenzmethode), technische Apparaturen, Gaming, verschiedene Methoden des Operations Research und der Ökonometrie und Computer-Simulationsmodelle[88]). Dabei ist es durchaus möglich, daß Teilaspekte des Problems in verschiedenen Modellen untersucht werden. Die verwendeten Modelle werden ständig verändert. Es wird versucht, in der Analyse von einfacheren zu komplexeren Modellen fortzuschreiten, zunächst gemachte Annahmen aufzuheben und festzustellen, ob sich eine Verbesserung der Darstellung ergibt. Die Qualität eines Problems wird dabei weniger in der Vollständigkeit der im Modell berücksichtigten Merkmale der Realität als in der Prognosefähigkeit des Modells gesehen.

2.356 Abwägung von Nutzen und Kosten

In einem nächsten Schritt erfolgt eine Gegenüberstellung und Bewertung der verschiedenen Alternativen unter Nutzen- und Kosten-(bzw. Effektivitäts-)aspekten. Kosten bilden die durch die jeweilige Alternative benötigten Ressourcen, die für andere Zwecke nicht mehr verwendet werden können. Sie

---

[88]) Zur Wahl geeigneter Modelle in der Systemanalyse vgl. Blumstein (1967); Quade (1968 d), (1968 e) sowie die Beiträge von Specht, Dresher, Dalkey, Bell, Weiner, Levien, Brown und Frye in: Quade und Boucher (1968).

werden im allgemeinen in Geldgrößen gemessen. Nutzen bilden die Beiträge zur Erreichung der formulierten Ziele. Sie werden oft an den im zweiten Schritt formulierten Kriterien gemessen. Häufig sind auch Nebeneffekte, deren Zurechnung zu Nutzen oder Kosten sehr schwierig ist, zu berücksichtigen. Bei der Schätzung sowohl der Kosten[89]) als auch der Erträge ergeben sich erhebliche Schwierigkeiten. Sie wurden bereits bei der Betrachtung der Nutzen-Kosten-Analyse erörtert, so daß an dieser Stelle nicht mehr auf sie einzugehen ist[90]). Es sei noch darauf hingewiesen, daß die auf dieser Stufe speziell anwendbare Methode, um der Multidimensionalität realer Zielsysteme und einer differenzierten Präferenzstruktur Rechnung tragen zu können, auch mit *Nutzwertanalyse* bezeichnet wird[91]).

2.357 Empfindlichkeitstest

Die Ergebnisse, die aus einem Modell abgeleitet wurden, müssen im Lichte jener Problemkomponenten interpretiert werden, die im Modell nicht adäquat beachtet wurden. Eine besondere Bedeutung kommt dabei der Berücksichtigung der Unsicherheit zu. Für viele Größen kann nicht oder nur unter großen Schwierigkeiten angegeben werden, ob und unter welchen Bedingungen die angenommenen Schätzungen richtig sind. Eine Analyse hat deshalb das Problem auf Unsicherheiten hin auszuloten und ihre Auswirkungen auf die generierten Ergebnisse zu bestimmen. Hierbei kommen speziell die verschiedenen Methoden der Unsicherheitshandhabung zur Anwendung, wie sie in Abschnitt 2.33 beschrieben wurden[92]). Nicht zuletzt können auch Simulationen unter Stellung von „Was-wäre-wenn"-Fragen zusätzliche Einsichten in das Problem liefern. Die Simulation dient hier als quasi-experimentelle Erprobung zur Verbesserung der Entscheidungsgründe und zur Überprüfung der Annahmen. Abschließend könnte eine Auswahl von Handlungsalternativen unter Berücksichtigung zusätzlicher Aspekte — wie etwa möglicherweise aufzuwendender politischer Kosten — erfolgen.

2.358 Infragestellung der Annahmen, Überprüfung der Ziele, Erschließung neuer Alternativen, Neuformulierung des Problems

Im allgemeinen wird nicht bereits nach *einem* Problemlösungszyklus eine zufriedenstellende Lösung gefunden sein. Vielmehr werden sich Problemverständnis und Problemformulierung mehrmals ändern, wobei sich nach einigen Iterationen eine dominante Lösungshypothese herausschälen wird. Es wurde bereits darauf hingewiesen, daß „gute" Ziele oder Kriterien in der

---

[89]) Aus der sehr umfangreichen Literatur zu Kostenaspekten vgl. die Beiträge in Enke (1967); Goldman (1967); Lyden und Miller (1972); Quade (1967); Quade und Boucher (1968).
[90]) Vgl. S. 606 ff. dieses Buches.
[91]) Vgl. Zangemeister (1970).
[92]) Vgl. auch Madansky (1968); Quade (1967 b), S. 170 ff.; Rosenzweig (1968).

Regel nicht a priori bestimmbar sind, sondern erst nach einer intensiven Beschäftigung mit dem Problem formuliert werden können: Ziele und Mittel interagieren. So werden nach einem ersten Problemlösungszyklus beispielsweise die Fragen auftauchen, ob das Problem in seiner Gesamtheit betrachtet wurde, ob Ziele und Kriterien richtig gewählt und die relevanten Kostenfaktoren identifiziert wurden sowie ob das Problem überhaupt richtig formuliert war. Diese Überlegungen werden zu Modifikationen der Analyse anregen, aus denen sich eine neue Iteration ergibt.

Die beschriebenen Aktivitäten einer Systemanalyse werden häufig auch in globalere Phasen klassifiziert, welche im allgemeinen die Formulierung, Suche, Bewertung, Interpretation, Verifikation und teilweise die Dokumentation einschließen. Aus dieser Sicht kann der Ablauf einer Systemanalyse wie in Abb. 2.57 beschrieben werden[93]). Unabhängig davon, wie man die einzelnen Aktivitäten der Systemanalyse klassifiziert, stellen die Beschreibungen der Phasenverläufe starke Vereinfachungen dar. Sie sind Denk-

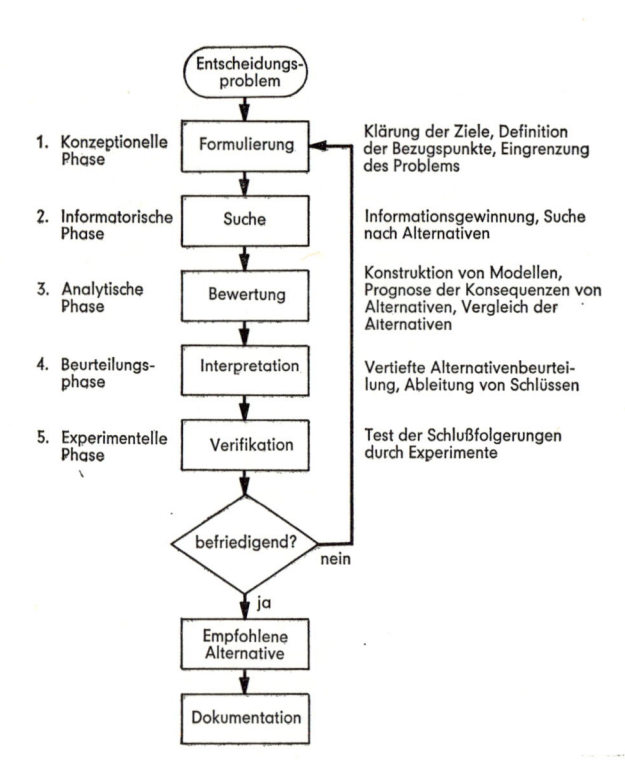

Abb. 2.57: Phasen der Systemanalyse[94])

---

[93]) Vgl. dazu beispielsweise Quade (1968 b), S. 33 ff., (1967 b), S. 156 ff.
[94]) Vgl. Böhret (1970), S. 76; Quade (1968 b), S. 35, (1967 b), S. 158.

schemata, um den Einblick in das Vorgehen der Systemanalyse zu erleichtern. Sie beinhalten weder alle möglichen Aktivitäten, noch beschreiben sie alle potentiellen Sequenzen der Analyse. Auch werden die einzelnen Aktivitäten der Systemanalyse nahezu isoliert betrachtet. Man kann jedoch davon ausgehen, daß sie häufig simultan vollzogen werden, so daß sich — unter Einbeziehung aller weiteren Faktoren — ein wesentlich komplexeres Bild des Verlaufs einer Systemanalyse ergibt.

2.4 Informationssysteme zur Unterstützung logistischer Entscheidungen

Nicht wenige Kenner des gegenwärtigen Standes des Computereinsatzes in Betriebswirtschaften vertreten die Meinung, daß die Hauptanwendungen im logistischen Bereich der Betriebswirtschaften zu finden sind und daß viele Entwicklungen betriebswirtschaftlicher Informationssysteme zuerst in Verkehrsbetrieben zur Einsatzreife gelangten. Wir wollen im folgenden versuchen, einen Überblick über die Einsatzmöglichkeiten computerunterstützter Informationssysteme in makro- und mikrologistischen Systemen sowie in Verkehrsbetrieben zu geben. Der Betrachtung ist jedoch ein historischer Rückblick auf die wichtigsten Entwicklungsstufen betriebswirtschaftlicher Informationssysteme und auf die zu erwartenden zukünftigen Ausrichtungen voranzustellen.

2.41 Entwicklungsstufen und Typen betriebswirtschaftlicher Informationssysteme

Wer sich einen systematischen Überblick über den Stand des in der Praxis erprobten und über den Trend des zukünftigen Computereinsatzes verschaffen will, hat bei seiner Urteilsbildung dreierlei Quellen zu berücksichtigen:

(1) die in der Praxis vorhandenen Anwendungen,
(2) die in Forschungsinstitutionen ausgetesteten oder in Entwicklung befindlichen Projekte, die häufig den Charakter von Grundlagenforschung tragen,
(3) die in der Diskussion befindlichen Zielvorstellungen und Lösungsansätze zur Weiterentwicklung des Computereinsatzes.

Leider wird in Wissenschaft und Praxis die Grenze zwischen Versprechung und dem praktisch Erreichbaren nicht immer in einer dem Außenstehenden klar erkennbaren Weise gezogen[1]). Immerhin kristallisieren sich heute, nach fast zwei Jahrzehnten teilweise hitziger Diskussion[2]), sechs Typen des Computereinsatzes heraus. Diese sechs Typen spiegeln weniger die zunehmende

---
[1]) Ein gutes Beispiel hierfür sind Simon und Newell (1958) und Simon (1960 b), obwohl anerkanntermaßen gerade diese beiden Autoren ganz wesentliche Beiträge auf dem Gebiet der Computer Science geleistet haben. Leider sind auch die Wissenschaftskritiker, deren die Öffentlichkeit auf diesem Gebiet dringend bedürfte, nicht viel verläßlicher; vgl. Taube (1961).
[2]) Die entscheidenden Argumente, die eine umfangreiche Forschungstätigkeit auslösten, gehen auf Turing (1950) zurück. Vgl. neuerdings auch Mertens und Griese (1972), insbes. S. 23 ff.

Intelligenz des Computers als vielmehr die seiner Programmierer und Benutzer wider. So wird es denn in Zukunft vor allem von der Ausbildung der Problemanalytiker, Systemprogrammierer und Benutzer in Stab und Linie abhängen, ob von Programmsystemen diktierte Regelungen unbrauchbare Entscheidungsunterlagen werden oder ob eine geplante Evolution von Management-Informations-Systemen (MIS) an Boden gewinnt.

Die folgenden sechs Typen kennzeichnen Entwicklungsstufen, die zunehmend Gebrauch machen von der grundlegenden Eigenschaft des Computers, einige wenige elementare informationsverarbeitende Prozesse mit phantastischer Geschwindigkeit nach flexibel gestalteten Operationsschemata (den Programmen) fehlerfrei abzuarbeiten.

2.411 Anwendungssysteme Typ Alpha: Datentransformationssysteme

Programme, die hier als Datentransformationssysteme bezeichnet werden, machen vor allem von der Fähigkeit des Computers Gebrauch, riesige Mengen von Daten nach sich wiederholenden Routinevorschriften zu verarbeiten. Typische Beispiele sind die ersten Anwendungen, die gerade im logistischen Bereich lagen: die Automation des Papieranfalls, der mit der Bestellung, Lagerung und dem Versand des Nachschubs von Ausrüstungsmaterial für die Streitkräfte in Krieg und Frieden verbunden ist, ferner Lohn- und Gehaltsabrechnung, Kosten- und Finanzbuchhaltung sowie jede Art routinemäßiger, begrifflich einfacher „Zahlenverarbeitung" (number crunching). Daten-„Verarbeitung" heißt hier in erster Linie Einlesen, Vergleichen, Umspeichern (Sortieren), Transformieren (Grundrechenarten, einfache binäre oder höherstellige Operationen), Ausgeben von Daten nach altvertrauten, wohlverstandenen Büroroutinen.

2.412 Anwendungssysteme Typ Beta: Soll-Ist-Kontrollsysteme

Kennzeichnend für diesen Typ der Computeranwendung ist, daß von außen her in den Prozeß *Sollwerte* eingegeben werden. Obwohl der Rechenvorgang einem Typ Alpha völlig gleicht, gewinnt sein Output an Interesse, weil er flexibler und adaptiver wird. Vielfach beziehen sich diese Soll-Ist-Vergleiche auf weitgehend aggregierte Daten. Im einfachsten Fall kann zwischen Abweichung und keiner Abweichung vom Sollwert unterschieden werden. Nur in der ersten Grenzposition wird der Mensch auf den Plan gerufen. Die Kapazität des Reglers „Mensch" wird entlastet, weil der Soll-Ist-Vergleich automatisiert ist.

Die ersten Anwendungen dieses Typs waren technischer Natur (z. B. chemische Prozeßkontrolle). Im logistischen Bereich liegt ein Beta-System beispielsweise vor, wenn Lagerbestandsschwankungen nur dann an das Management weitergemeldet werden, wenn sie die übliche Bandbreite überschreiten. Eine andere Anwendung dieses Typs testet bei Ausliefern eines Kundenauftrages den verbleibenden Lagerbestand gegen eine Wiederbeschaffungsgrenze, die als Soll-Bestandsmenge fungiert. Gegebenenfalls wird eine entsprechende Bestellung ausgedruckt, die vom Sachbearbeiter nur noch unterschrieben zu werden braucht. Dieses Prinzip wurde unter dem Stichwort „Management by exception" zu einer Art Managementphilosophie. Es umfaßt aber auch schlecht-strukturierte Entscheidungen, die über die Soll-Ist-Kontrolle hinausgehen.

2.413 Anwendungssysteme Typ Gamma: Unterstützung vollständig formulierter Entscheidungen im On-line-Dialogbetrieb

In diesem Zusammenhang wird ein Anwendungssystem als „on-line" betrachtet, wenn

(1) die für seinen Betrieb notwendigen Datenbestände und Programme ohne die Intervention eines menschlichen Operators aufgerufen werden können *und* die vom System hierfür benötigte Zeit mehrmalige aufeinanderfolgende Interaktionen zwischen Benutzer- und Anwendersystem zuläßt. Die typische Reaktionszeit sollte hierzu drei Sekunden nicht wesentlich übersteigen. In aller Regel setzt dies ein Time-Sharing-Betriebssystem und — bei der gegenwärtigen Technologie — Plattenspeicher für alle Datenbestände voraus.

(2) das Anwendungssystem von dezentral aufgestellten Datenstationen, typischerweise Fernschreibmaschinen, Bildschirmen oder speziellen Buchungsautomaten, abgefragt werden kann.

Werden weiterhin die Datenbestände simultan mit den Änderungen der Umweltereignisse, auf die sie sich beziehen[3], auf dem laufenden gehalten, dann entstehen Anwendersysteme, mit denen erhebliche Serviceverbesserungen gegenüber Dritten (insbesondere Kunden der Organisation) bei gleichzeitiger Senkung der Leerkosten oder Erhöhung der Umschlagshäufigkeit (und damit korrespondierender Senkung der Kapitalkosten) eines variablen Produktionsfaktors zu erzielen sind. Beispiele hierfür sind Platzbuchungs- und Verkaufsinformationssysteme, welche an späterer Stelle noch ausführlicher diskutiert werden.

Im wesentlichen handelt es sich bei der Stufe Gamma noch um Informationssysteme der operativen Ebene (Operational Control Information Systems im Sinne von Blumenthal)[4]. Die Entscheidungen sind dabei vollständig formuliert in dem Sinne, daß wohl-definierte Entscheidungskriterien und erprobte Ausführungs- und Problemlösungsprogramme formulierbar sind[5].

---

[3] Dies ist bei sogenannten On-Line-Real-Time-Systemen (OLRT) der Fall; vgl. z. B. Blumenthal (1969), S. 168 f.; Martin (1967); Sackman (1967 a), S. 42.

[4] Vgl. Blumenthal (1969), S. 53—56, Kapitel IV und S. 192 f.

[5] Vgl. Klein (1971 a), Kapitel 1.

Die folgenden Typen des Computereinsatzes betreffen zunehmend administrative und politische Bereiche des Informations- und Entscheidungssystems. In dem Maße, wie sie immer weitere Bereiche des Informations- und Entscheidungssystems auf systematische Weise durchdringen, kann von der *geplanten Evolution eines MIS* gesprochen werden. Während im Kern einer Analyse der MIS-Problematik aber die Computerunterstützung der innovativen Planungs-, Steuerungs- und Kontrollprozesse der Organisation zu stehen haben, ist in dieser Untersuchung der Einsatz der EDV in allen Bereichen der Logistik zu beleuchten.

2.414 Anwendungssysteme Typ Delta: Automation wohl-definierter Entscheidungen

Im Mittelpunkt dieser Anwendungssysteme stehen Programme mit einer rechenintensiven Transformationslogik für Informationen in symbolischer Form. Es sind dies im wesentlichen die Computerimplementationen der bereits besprochenen Entscheidungsmodelle. Sie sind heuristischer oder algorithmischer Natur.

Entscheidungsprogramme können an Systeme des Typs Alpha, Beta und Gamma „angehängt" werden (Programmintegration)[6]. Beispielsweise kann ein Programm selbständig über Wiederbestellmenge und Lieferant entscheiden, nachdem es von einer anderen Routine informiert wurde, daß im Lager der Sollbestand eines bestimmten Artikels unterschritten ist.

Das grundlegende Kennzeichen von Programmen zur Automation wohl-definierter Entscheidungen ist immer, daß zunächst ein genau definierter Anfangszustand eingegeben wird. Auf ihn wird eine Reihe wohl-definierter Prozesse entweder nach einem Zufallsverfahren oder nach einer von Tests bestimmten Reihenfolge angewendet. Der Anfangszustand wird hierdurch so lange modifiziert, bis er einer Reihe von Kriterien genügt, welche die Lösung definieren. Für den Fall, daß das Programm auf keine Lösung im Sinne der ursprünglichen Kriterienmenge stößt, veranlassen weitere Kriterien (z. B. Zeit, Mißerfolgsmaßstäbe), daß der Rechenprozeß abgebrochen wird. Auf diese Art können beispielsweise innerbetriebliche Standortpläne aufgestellt werden, welche die Transportkosten möglichst minimieren, Rundreisepläne für Vertreter entworfen (Travelling-Salesman-Problem) oder günstige Standorte von Distributionszentren ermittelt werden.

2.415 Anwendungssysteme Typ Epsilon: Unterstützung schlecht-definierter Entscheidungen im Stapelbetrieb

Anwendungen dieses Typs wurden bereits unter dem Stichwort „Simulation" bei den Prognose- und Erklärungsverfahren erwähnt. Der Computer wird benutzt, um zu errechnen, was passieren würde, wenn bestimmte, angenom-

---
[6] Vgl. Klein (1973), Kapitel 3.2.

mene Bedingungen eintreten. Der Rechenprozeß wird hierbei meist ein Programm des Typs Delta sein. Aus dem Rechenoutput werden nun vom Menschen im Hinblick auf das zu lösende schlecht-strukturierte Problem Schlüsse gezogen. Dem Maschinenzyklus folgt also ein Diskussionszyklus. Maschinelle und menschliche Informationsverarbeitung wechseln sich so lange ab, bis das Problem schließlich gelöst ist. Die bereits diskutierte Simulationsstudie von Forrester[7]) und die Anwendung der Sensitivitätsanalyse auf Probleme der linearen Programmierung können hier als Beispiele genannt werden.

Eine andere Variante ist die experimentelle Ermittlung von Entscheidungsstrategien. Angenommen, das Management der Marketingabteilung kommt zu dem Schluß, daß es aus Motivationsgründen nicht tunlich sei, ihren Reisenden die kostengünstigste Rundreise durch den Computer ausrechnen zu lassen. Die Vertreter behaupten, zu viele andere Faktoren würden intervenieren, nicht zuletzt der Gesichtspunkt, am Freitag Kunden zu besuchen, die in einer Gegend mit hohem Freizeitwert wohnen. Hierdurch wird das Problem der Rundreiseoptimierung schlecht-definiert. Statt den Vertretern die Reiseroute auszurechnen, ist es zweckmäßig, ihnen zu sagen, wie sie planen sollen.

In einem Simulationsprogramm werden nun verschiedene Entscheidungsregeln zur Aufstellung von Reiserouten getestet. Hierdurch wird vom Computer ein grundsätzlich anderer Gebrauch gemacht als im Fall Delta. Verwirklicht wird nicht der Output des Programms, sondern die Strategie, die in dem Programm zur Generierung des Outputs realisiert ist. Problem ist die Bewertung von Entscheidungsstrategien oder Systemstrukturen, nicht von Entscheidungsalternativen. Statt des Objektproblems wird die dahinterstehende, meist schlecht-definierte Metastruktur diskutiert. Ziel ist, den Objektentscheidungsprozeß zu unterstützen, statt ihn zu automatisieren und damit letzten Endes zu ersetzen.

2.416 Anwendungssysteme Typ Zeta: Unterstützung schlecht-definierter Entscheidungen im On-line-Dialogbetrieb

Hier lassen sich drei Unterklassen differenzieren: die Wiedergewinnung wohl-definierter Daten, die Wiedergewinnung schlecht-definierter Daten sowie die Kombination der Informationswiedergewinnung mit computerunterstützten Planungsrechnungen (Modellbanken).

(1) Zunächst ist es denkbar, mit Hilfe sog. *Abfragesprachen* (query languages) aus einer formatierten Datenbasis (integrierten Datei) Informationsbedürfnisse zu befriedigen. Die computerisierten Daten selbst sind hierbei vollständig strukturiert durch sog. Dateibeschreibungstafeln (DDT, data description tables). Zur Strukturierung der Daten werden neuerdings eigene Datenbeschreibungssprachen (data definition languages) diskutiert.

---

[7]) Vgl. Forrester (1961) und S. 548 ff. dieses Buches.

(2) Der nächste Schritt besteht darin, die Konversation auf Datenbestände auszudehnen, die so umfangreich sind, daß der Benutzer ihre Formatierung nicht mehr durchschaut. Dies ist in aller Regel bei sehr heterogenen Informationen, die in 10^9 und mehr symbolischen Zeichen kodiert sind, der Fall[8]. Mit dieser Größenordnung beginnt ein echtes Informationswiedergewinnungsproblem im Sinne von Bar-Hillel:

> „Es gibt unzählige Situationen im menschlichen Leben, deren rationale und wirksame Handhabung mindestens bis zu einem gewissen Grade die Beherrschung des vorhandenen Wissens erfordert, das sich auf diese Typen von Situationen bezieht. Da dieses Wissen nur in sehr außerordentlichen Fällen im Gedächtnis dessen vorhanden sein wird, der es bei einer bestimmten Gelegenheit benötigt, wird er sich hierzu im allgemeinen auf andere Weise Zugang verschaffen müssen. Ich bin hier nur an dem Problem interessiert, wie das Wissen zu gewinnen ist, das bereits an irgendeiner Stelle in irgendeiner Form zu dem Zeitpunkt gespeichert wird, zu dem es gebraucht wird, sagen wir der Einfachheit halber: in optisch lesbarer Form ... Angenommen, es existiert irgendwo eine Sammlung aufgezeichneten Wissens — technisch gesprochen: eine Sammlung von Dokumenten —, und angenommen, irgend jemand hat ein bestimmtes Problem, für dessen Lösung diese Dokumentensammlung bestimmtes Material enthalten könnte, das zur Lösung des Problems nützlich ist. Wie soll er entscheiden, ob in dieser Datensammlung tatsächlich Dokumente sind, die solches relevante Material enthalten, und wenn so, wie soll dieses Material in seinen Wahrnehmungskreis gebracht werden?"[9]

Die computerunterstützten Lösungsansätze zu diesem höchst bedeutsamen Problem zerfallen in zwei große Klassen: formatierte und nicht-formatierte Datenbanken. Eine automatische Kommunikation zwischen beiden ist heute noch nicht handhabbar. Tastende Prototypen zu nicht-formatierten Datenbanken, die auch *Dokumentationssysteme* heißen, existieren[10]. Sie scheitern jedoch an der Barriere des *Skalenfaktors*. Dies bedeutet, wenn eine Datensammlung verdoppelt wird, genügt es nicht, die Speicherkapazität entsprechend zu vergrößern und die Informationswiedergewinnungsmethoden beim alten zu belassen.

Deshalb versucht man, das Problem der Informationswiedergewinnung mit Hilfe *interaktiver Dialogsysteme* zu lösen. Meadow[11] spricht in diesem Sinne von einer „Speisenkarte" (menu), welche das Computersystem dem Benutzer anbietet. Diese besteht aus einer Palette von globalen Hinweisen (Referenzen), aus denen der Benutzer jene auswählt, die ihm relevant erscheinen. In

---

[8] Drei Großlexika aus diversen Fachgebieten mit je 250 000 Stichwörtern zu ca. durchschnittlich je 200 Wörtern, bestehend aus sechs Zeichen, d. h. insgesamt $3 \cdot (3 \cdot 10^8)$ Zeichen, kommen dem gerade nahe. Eine große Lagerdatei kann etwa 10^8 bis 10^9 Zeichen umfassen, ist aber relativ homogen und läßt sich daher noch strukturieren. Der Katalog einer durchschnittlichen Universitätsbibliothek umfaßt zum Vergleich 10^9 bis 10^{10} Zeichen; vgl. Hayes (1968), S. 26.

[9] Bar-Hillel (1962), S. 411.

[10] Vgl. hierzu den Überblick bei Hayes (1968); ferner Meadow (1967) und die Beiträge im Sammelband von Bisco (1970). Ein für das Bundesverkehrsministerium geplantes Dokumentationssystem wird in Kap. 2.441 dieses Buches kurz diskutiert. Vgl. Wilkenloh (1972), S. 27 ff.

[11] Vgl. Meadow (1970), S. 171 f.

der nächsten Interaktion werden nur diese weiter detailliert. Sieht der Benutzer, daß er sich auf der vorhergehenden Stufe geirrt hat, setzt der Dialog an dieser Stelle wieder an, wie dies bei einem Gespräch mit einem Bibliothekar, der verschiedene Bücher und Zeitschriften zur Einsichtnahme vorlegt, auch der Fall ist.

(3) Nachteil der nicht-formatierten Datenbanken ist gegenwärtig, daß sie nicht oder nur sehr erschwert mit Modellrechnungen kommunizieren können. Die Verbindung zwischen echter Informationswiedergewinnung und automatisierten Schlußverfahren, die aus den gespeicherten Daten neue erschließen, die explizit nicht gespeichert sind, ist letztlich das Ziel einer intelligenten Mensch-Maschine-Kommunikation.

Mensch-Maschine-Kommunikation bedeutet einen gegenseitigen Austausch von Informationen zwischen zwei Systemen, von denen sich jedes einer gewissen Unabhängigkeit erfreut. Das eine ist fähig, kreativ zu denken und schnelle Assoziationen herzustellen, es ist jedoch langsam im Rechnen, Lesen und Schreiben und macht häufig Fehler. Das andere hat nur begrenzte intellektuelle Kraft, ist jedoch fähig, Rechen-, Lese- und Schreibvorgänge in Sekundenbruchteilen auszuführen, und macht kaum Fehler. Dem dringenden Bedarf an verbesserten Informationssystemen könnte besser entsprochen werden, wenn eine wirksame Kommunikation zwischen diesen beiden getrennten Organismen dazu führen würde, bessere Ergebnisse zu liefern, als jeder der beiden Teilnehmer allein erzeugen kann[12].

Freilich ist zu bedenken, daß alle Computermodelle der Typen Delta und Epsilon für den Dialogbetrieb aufbereitet werden können. Die Initiative und „default options" des Dialogs können beim Computersystem liegen (mit den Varianten programmkontrollierter oder benutzerkontrollierter Dialoge) oder beim Menschen verbleiben (Herren- versus Sklavensystem).

> „Beim Herrensystem führt der Mensch den Prozeß, er besitzt eine Strategie und konsultiert die Elektronik, sobald er Rechenaufgaben oder Datensuchaufgaben delegieren will. Umgekehrt führt beim Sklavensystem der Automat den Prozeß und schaltet den menschlichen Partner nur ein, wenn ein nichtprogrammierter Fall eintritt, zusätzliche Informationen erforderlich sind oder eine menschliche Zwischenentscheidung vonnöten ist"[13].

Die informationslogischen Probleme der Kommunikation zwischen Daten und Modellbanken sind gegenwärtig nur für die sog. *formatierten* Datenbanken gelöst. Verschiedene Software-Pakete werden von Herstellern und Software-Experten angeboten: GIS (Generalized Information System von IBM), IDS (Integrated Data System von Honeywell-Bull), CFSS (Combined File Search

---

[12] Vgl. zur Mensch-Maschine-Kommunikation beispielsweise Becker und Hayes (1967); Burgess (1965); Carroll (1965), (1967); Davies (1966); Emery, J. C. (1969), S. 149 ff.; Hedberg (1970); Klahr und Leavitt (1967); Kress und Mertens (1971); Leavitt (1967); Licklider (1960), (1965); Martin (1967), S. 76 ff.; Meadow (1970); Morton (1972); Sackman (1970 a).

[13] Mertens (1972 b), S. 158.

System von Service Bureau Corporation), FFS (Formalled File System von IBM), ICS (Information Control System von North American Rockwell) und viele andere mehr. Da diese nur wohl-strukturierte Daten aufnehmen und somit keinen Beitrag zum Informationswiedergewinnungsproblem im Sinne des Zitats von Bar-Hillel leisten[14]), sollte man für sie statt des anspruchsvollen Namens „Datenbanken" lieber die Bezeichnung *integrierte Dateien* wählen: Sie sind Datenbasen (data bases) für organisatorische Teilbereiche.

Weitere Erfahrungen sind abzuwarten, bevor ein Urteil darüber abgegeben werden kann, ob sie, wenn überhaupt, auf begrenzten Gebieten das Informationswiedergewinnungsproblem teilweise lösen können. Bisher scheint es, als ob sie lediglich die bestehenden Dateien reorganisieren. Man tauscht — bei konstanter Suchgeschwindigkeit — längere Suchzeiten gegen weniger Dateien, die mehr Informationen enthalten (Dateiintegration). Doppelte Datenspeicherung wird durch Querindizierung vermieden. Im Hinblick auf die schnelleren Maschinen und die teureren Wahlzugriffsspeicher scheint eine derartige Umschichtung durchaus zweckmäßig.

2.417 Anwendungssysteme Typ Utopia: Dialog in natürlicher Sprache

Letztes Ziel der Computeranwendung wäre ein offenes Informationssystem mit künstlicher Intelligenz, mit dem der Mensch in einen zwanglosen, gesprächsweisen Dialog treten kann. Reitman kennzeichnet dieses Ideal wie folgt:

> „Was uns wirklich vorschwebt, ist der Entwurf eines Modells, das wir zunächst einer Umgebung mit beliebigem Informationszufluß aussetzen. Wir wünschen uns, daß das Modell einige dieser Informationen in irgendeiner allgemeinen Art und Weise speichert, häufig ohne eine bestimmte Absicht. Ist das erreicht, so möchten wir dem Modell irgendwelche unvorhergesehenen Probleme geben... und dann sehen, welche Art von Informationsverarbeitungsmechanismen erforderlich sind, wenn das System die ihm zur Verfügung gestellten Informationen zur Lösung des Problems benutzen soll"[15]).

Letzten Endes läuft dies auf die Verwirklichung eines Ideals hinaus, nach dem der Computer in einer Diskussion ein interessanter Gesprächspartner wird. Er soll zunächst zur Lösung eines Problems einen eigenen Standpunkt darlegen und dann in der Lage sein, ihn im Lichte von Gegenargumenten zu verteidigen und nötigenfalls zu modifizieren.

Ein Computersystem muß, um ein intelligentes Gespräch führen zu können — und in diese Richtung führen die Anstrengungen, Informationswiedergewinnungssysteme zu entwerfen, die mit natürlicher Sprache arbeiten —, die Sprache auf dem Niveau eines Oberschülers beherrschen.

---

[14]) Vgl. S. 640 dieses Buches.

[15]) Reitman (1965), S. 229. Vgl. zur künstlichen Intelligenz auch Klein (1971 a), S. 43 ff.; Minsky (1961) und die Beiträge in: Information, Computer und künstliche Intelligenz, herausgegeben von der Zeitschrift „Umschau in Wissenschaft und Technik" (1967).

Wenn es gelänge, ein Programm zu schreiben, das zwischen zwei natürlichen Sprachen im wahren Sinne des Wortes übersetzen kann, dann wäre der Schritt dahin gar nicht so groß. Solange aber die linguistische Grundlagenforschung über Chomsky hinaus nicht entscheidende Fortschritte macht[16]), bleiben derartige Überlegungen wenig mehr als ein intellektuelles, reizvolles Gedankenspiel[17]).

Die Computersysteme des Typs Alpha bis Zeta sind Ausdruck eines beachtlichen Fortschritts in der Informationstechnologie. Diese ist notwendige, jedoch nicht hinreichende Bedingung für die Entwicklung von Management-Informations-Systemen. Die Informationstechnologie, welche sich in anwendungsbereiter Software manifestiert, muß von allen Ebenen des Informations- und Entscheidungssystems absorbiert werden. Nur wenn sich hierbei ein gewisser Reifegrad einstellt, kann von einem MIS gesprochen werden.

Die ausgewogene Absorption der Informationstechnologie im Informations- und Entscheidungssystem bedarf sorgfältiger Planung. Systementwicklungsstrategien, Systemanalyse und Konfliktmanagement bieten Ansatzpunkte für eine bewußte organisatorische Strukturpolitik. Hierüber wird in Kapitel 2.5 noch zu berichten sein. Neben den politischen Beschränkungen der organisatorischen Strukturpolitik wirken auf die Evolution von Informationssystemen die konkreten Sachzwänge des organisatorischen Obersystems und der Umwelt. Im folgenden interessiert daher, in welcher Weise logistische Gegebenheiten die Gestalt formalisierter Informationssysteme prägen.

Um einen Überblick über die Anwendung der bisher diskutierten Informationstechnologie im logistischen Bereich zu geben, wird die Computerunterstützung des mikrologistischen Informationssystems, der Computereinsatz im Informationssystem logistischer Betriebe und im makrologistischen Informationssystem unterschieden. Es ist zu erwarten, daß Computersysteme für das makrologistische System, für das mikrologistische System und für die logistischen Betriebe differenzierte Strukturen aufweisen. Diese sind Ausdruck ihrer unterschiedlichen Zielsetzungen und Beschränkungen, unter denen sie arbeiten müssen. Dies soll im folgenden eingehender beleuchtet werden.

2.42 Die Computerunterstützung des mikrologistischen Informationssystems

Das mikrologistische System einer Betriebswirtschaft umfaßt deren physische Operationen im Produktions- und Distributionsbereich sowie die damit verbundenen Informationsbeziehungen. Letztere konstituieren das mikrologistische Informationssystem. Diese Systemgrenzen sind auch bei der Ent-

---

[16]) In diesem Zusammenhang sei auf die Literaturauswertungen von Palme (1970); Pirotte (1970) und, darauf aufbauend, von Klein (1973), Kap. 3.3 verwiesen. Vgl. ferner Hays (1967).
[17]) Vgl. etwa Newell und Simon (1972); Simon (1960 b); Simon und Newell (1958).

wicklung computerunterstützter Informationssysteme im Auge zu behalten. Dies wird noch an verschiedenen Stellen deutlicher werden. Ursprünglich waren die computerunterstützten Teile des mikrologistischen Informationssystems auf den internen Bereich einer Betriebswirtschaft beschränkt. Demgegenüber steht heute die Standardisierung mikrologistischer Informationssysteme im Vordergrund des Interesses. Dies kommt vornehmlich in der Entwicklung von Modularprogrammen für logistische Funktionen zum Ausdruck[18]). Doch bleiben diese Versuche weitgehend im operativen, günstigstenfalls aber im administrativen Bereich einer Organisation stecken. Ansatzweise gewinnt allerdings die Diskussion der Computerunterstützung innovativer Entscheidungen im mikrologistischen Bereich an Bedeutung. Die dabei auftretenden Probleme werden nicht zuletzt auch aus der Evolution mikrologistischer Informationssysteme deutlich.

2.421 Die Evolution mikrologistischer Informationssysteme

Historisch gesehen hat sich die Formalisierung logistischer Informationssysteme aus der Computerunterstützung der Lagerhaltung und Produktionssteuerung entwickelt. Eine Lagerhaltung kann bis zu 100 000 Artikel von der Schraube bis zu komplizierten Aggregaten enthalten. Wird für jeden Artikel ein Stammsatz von durchschnittlich 1000 Zeichen reserviert, so ergibt sich eine Datei von 10^8 Zeichen, deren Erstellung mehrere Mannjahre kosten kann. Diese Datei ist die Grundlage für die Automation der mengen- und wertmäßigen Materialrechnung. Sinkt der Bestand an einem Artikel unter eine kritische Menge, so kann automatisch eine Bestellung ausgeschrieben und deren Eingang überwacht werden. Ist die Materialrechnung automatisiert, liegt es nahe, ein weiteres Programm zu schreiben, das für die Bestellungen an Hand einer Lieferantendatei unter Berücksichtigung von Preisen, Zuverlässigkeit und Lieferterminen einen geeigneten Lieferanten auswählt. Es koordiniert hierbei die Bestellung für das Lager mit den Bestellungen der Einkaufsabteilung und berücksichtigt noch, welche Artikel bei dieser Gelegenheit gleich mitbestellt werden sollen, weil sie fast den kritischen Bestellpunkt erreicht haben. Auf diese Weise können Mengenrabatte ausgenutzt und Transportkosten eingespart werden.

---

[18]) Eine Aufstellung der bis 1961 in Amerika entwickelten Programmpakete findet sich bei Young (1961). Mikrologistisch relevante Programme sind z. B.: (1) MINCOS (Modular Inventory Control System), ein Programmsystem für die Lagerhaltung in Handels- und Fertigungsbetrieben; vgl. Gahse (1967). (2) MINCOS errechnet nicht selbst den Materialbedarf und kann durch MOSCOR (Modular System for Computation of Requirements) ergänzt werden; vgl. Gross und Muhme (1966). (3) Zum vorstehenden Programmkomplex kann auch noch das Kapazitätsterminierungsprogramm CLASS (Capacity Loading and Scheduling System) gerechnet werden. Sein Anwendungsgebiet ist u. a. die Planung und Steuerung von Aufträgen innerhalb der mechanischen Fertigung; vgl. Friebe (1970). (4) HOREST (Handelsorientiertes Einkaufsdispositions-System mit Trendberücksichtigung) wurde für die Disposition von Lägern mit Handelscharakter entwickelt; vgl. Reichert und Schüler (o. J.). (5) BASIS ist ein System, das alle Dispositionen von der Rohmaterialbeschaffung bis zur Kapazitätsterminierung umfaßt; vgl. Faßbender (1971).

Derartige *Inventory-Control-Reorder-Systeme* waren Ende der 50iger, Anfang der 60iger Jahre in vielen großen amerikanischen Unternehmungen installiert. Grosz berichtet beispielsweise, daß Standard Oil im Januar 1955 mit der Entwicklung eines derartigen Systems begonnen hat[19]). Mit dem Heraufkommen leistungsfähiger Direktzugriffsspeicher wurden weitere Möglichkeiten zur Integration nach „vorne" (mit der Produktion und dem Absatz) sowie „nach rückwärts" (mit dem Einkauf) sichtbar[20]):

(1) Bestellungen werden an einer Buchungsstelle entgegengenommen. An der Buchungsstelle werden gleichzeitig ein Protokoll (insbesondere für den Kunden) und ein Magnetband oder ein Lochstreifen dieses Geschäftsvorganges ausgestanzt.

(2) Die Vertragsdaten auf dem elektronisch lesbaren Datenträger (z. B. Kundennummer und Adresse, bestellte Artikel, vereinbarte Lieferzeit usw.) werden an eine Zentralstelle weitergegeben. Hier sind zwei Möglichkeiten denkbar: Entweder erfolgt dies „on-line", dann handelt es sich um ein Teilhabersystem, das im wesentlichen einem Platzbuchungssystem gleicht[21]), oder die Weitergabe der Daten wird in periodischen Abständen bewerkstelligt. Die Verarbeitung erfolgt dann in der Zentrale im Stapelbetrieb.

(3) Im Rechenzentrum werden die Daten benutzt, um Lieferscheine und Rechnungen zu erstellen. Je nach Entwicklungsstand schließen sich weitere Verwendungszwecke der gleichen Daten an (daher integriertes Informationssystem): Das System nimmt alle Aufgaben wahr: von der Teile-Lagerbestandsrechnung und notfalls Nachbestellung fehlender Teile über die Fertigungssteuerung — unter Einbeziehung von Entscheidungsmodellen zur Optimierung der Durchlaufzeiten und Maschinenbelegung mit Rückmeldung an die Fertigungskontrolle und Auslieferungs-Lagerhaltung — bis zur Umsatzstatistik und zur Überwachung des Zahlungs- und Kreditverkehrs.

(4) Im Laufe der Bearbeitung werden an Nahtstellen ständig Berichte erstellt, die über den Status des Gesamtsystems Auskunft geben. Sind entsprechende parametrische Checks eingebaut, so werden ungewöhnliche Entwicklungen gesondert diagnostiziert und ausgeworfen (Prinzip des Management by exception).

Spätestens an diesem Punkt traten zwei Arten von Schwierigkeiten auf, die eine grundsätzliche Neubesinnung bei der Formalisierung logistischer In-

---

[19]) Vgl. Grosz (1960), S. 183.

[20]) Bekanntes Beispiel eines „Inventory-Control-Reorder-Systems" ist das des Westinghouse Telecomputer Center, das darüber hinaus auch Funktionen anderer logistischer Aufgaben übernimmt; vgl. hierzu Klahr und Leavitt (1967), S. 124 ff.; ferner einzelne Beiträge in Bussmann und Mertens (1968) sowie Nelson (1971). Die Diskussionen um Inventory-Control-Reorder-Systeme gewinnen heute vornehmlich im Zusammenhang mit Modularprogrammen an Bedeutung. Vgl. dazu die in Fußnote 18 angeführten Programme. Über Erfahrungen mit einem Inventory Control System (ICS) berichtet Rothböck (1971), insbes. S. 734 ff.

[21]) Vgl. dazu Kap. 2.43 dieses Buches, S. 658 ff.

formationssysteme auslösten. Zum einen stellte sich heraus, daß die evolutorische Integration der verschiedenen logistischen Funktionen zur Unübersichtlichkeit und Inflexibilität der Computersysteme führte. Häufig mangelte es an einem organisatorischen Promoter der logistischen Funktion, die in allzu viele Kompetenzbereiche zersplittert war[22]). Die zweite Schwierigkeit resultierte aus den erheblichen Entwicklungskosten, welche der Aufbau umfangreicher Informationssysteme verursachte. Die Systeme obigen Typs waren alle Einzelentwicklungen, d. h. auf die speziellen Bedürfnisse der betreffenden Unternehmungen zugeschnitten, die folglich alle Entwicklungskosten tragen mußten. Personalverknappung auf dem Programmiersektor allgemein und ein spezifischer Mangel an qualifizierten Systemanalytikern, welcher auch heute noch besteht, verschärfen die Problematik solcher Systeme. Die Zukunft wird daher der Entwicklung von Modularprogrammen für logistische Funktionen gehören. Mikrologistische Informationssysteme werden aus einem Baukastensatz modularer Software aufgebaut werden. Nur fehlende oder gänzlich unpassende Programmpakete werden im Einzelfall entwickelt werden müssen. Hierbei besteht die Möglichkeit, diese ebenfalls zu standardisieren und auf dem sich entwickelnden Software-Markt weiterzuverkaufen, was eine willkommene Entlastung des Budgets und eine erhöhte Flexibilität des Informationssystems bedeutet. Der folgende Abschnitt geht daher der Frage nach, wie eine Standardisierung des mikrologistischen Informationssystems erreicht werden kann.

2.422 Die Standardisierung mikrologistischer Informationssysteme

Eine Standardisierung logistischer Informationssysteme muß zunächst von einer Typologie des organisatorischen Informations- und Entscheidungssystems ausgehen. Konzentriert man sich hierbei auf Betriebswirtschaften, so scheint es zweckmäßig, solche Organisationen zu unterscheiden, deren Schwerpunkt auf der Wahrnehmung logistischer Funktionen liegt (Verkehrsbetriebe), und solche, bei denen dies nicht der Fall ist. Nur letztere werden in diesem Abschnitt betrachtet, wobei von den Sonderproblemen einzelner Wirtschaftszweige abstrahiert wird. Insbesondere dient als Beispiel zunächst der unter dem Autorisierungsrecht der Unternehmungsleitung stehende Teil des mikrologistischen Informationssystems von Industriebetrieben. Mögliche Erweiterungen im Hinblick auf die Entwicklung zwischenbetrieblicher logistischer Informationssysteme werden noch später an verschiedenen Stellen zur Sprache kommen.

Innerhalb einer Klasse ähnlicher mikrologistischer Informationssysteme beginnt die Formalisierung informationeller Funktionskomplexe mit der Suche nach einer geeigneten Taxonomie, welche als begrifflicher Orientierungspunkt bei der Dekomposition und Modularisierung geeigneter Standard-

---

[22]) Die Kritik Deardens (1965) trifft auch heute noch auf viele deutsche Betriebswirtschaften zu; vgl. auch S. 343 ff. dieses Buches.

Dearden (1965)

Geld (Finanz-Informationssystem)
Güter (Informationssystem der Güterströme)
Beschäftigung (Personal-Informationssystem)
Kleinere Informationssysteme:
    Marketing
    Forschung und Entwicklung
    Strategische Planung
    Kontrolle der Ausführung

(1)

Dearden (1972)

Finanz- und Rechnungswesen und Kontrollsystem
Logistisches Informationssystem
Marketing-Informationssystem
    Prognose
    Werbung
    usw.
Rechtsberatung, Beziehungen zu anderen Unternehmungen, Public Relations
Forschung und Entwicklung

(2)

Daniel (1961)

Planungsinformation
    Politische, wirtschaftliche und soziale Umgebung
    Konkurrenz (Vergangenheit, Gegenwart, Zukunftspläne)
    Interne Daten
        Quantitativ-monetär
        Quantitativ-physisch
        Nicht-quantitativ

Rückkopplungsinformation
    Nicht-monetäre Daten
        Marketing
        Produktion
        Forschung und Entwicklung
        Personal

    Monetäre Daten
        Marketing
        Produktion
        Forschung und Entwicklung
        Personal

(3)

Abb. 2.58: Beispiele für Taxonomien organisationaler Informationssysteme

Software dienen kann. Auf der obersten Abstraktionsebene sind derartige Taxonomien nichts weiter als hierarchische Begriffssysteme, auf welche die Feinstruktur der Software-Architektur „aufmoduliert" wird. Abb. 2.58 zeigt drei ausgewählte Beispiele für Taxonomien organisatorischer Informationssysteme[23]. Dies wirft die Frage nach einem geeigneten Auswahlkriterium auf. In der Praxis können hierfür andere Gründe maßgeblich sein als in der wissenschaftlichen Diskussion.

Es sprengt den Rahmen dieser Überlegungen, die Möglichkeiten einer methodologischen Fundierung begrifflicher Bezugssysteme für die Entwicklung logistischer Informationssysteme im einzelnen zu diskutieren. An dieser Stelle wird der Taxonomie Blumenthals gefolgt. Im Unterschied zu den meisten Autoren widmet Blumenthal dem Problem der methodologischen Fundierung von Systemtaxonomien ausführliche Überlegungen[24].

Die Modulkonzeption Blumenthals ist ein abstraktes begriffliches System, dessen Interpretation nicht immer eindeutig möglich ist. Jedoch kann als Ausgangspunkt für die Ableitung dieser theoretischen Taxonomie die These aufgestellt werden, daß die Klassifikation der Informationssysteme sich an die Struktur des physischen Systems anlehnen soll. In der modelltheoretischen Konzeption Forresters[25], die Blumenthal heranzieht, besteht diese aus den Netzwerken für Aufträge und Material, Anlagen einschließlich Investitionsprojekten, Rechnungs- und Kassenwesen und Beschäftigung.

Forrester geht davon aus, daß nicht alle Netzwerke in gleicher Weise wechselseitig voneinander abhängen[26]. Allerdings besteht zwischen dem Fluß der Bestellungen bzw. Aufträge (orders) und dem Materialfluß eine stärkere Abhängigkeit als zwischen diesen beiden und den restlichen Netzwerken. Nimmt man an, daß die Taxonomie des Informationssystems diesen empirischen Zusammenhang in den physischen Netzwerken widerspiegeln soll, dann können die Informationssysteme, welche die physischen Netzwerke des Bestellwesens und der Materialwirtschaft unterstützen sollen, zu einem *logistischen Informationssystem der operativen Ebene* (Logistic Operational Control Information System, abgekürzt LOCIS) zusammengefaßt werden. LOCIS regelt und steuert den Fluß der Güter zwischen den Lieferanten auf der einen und den Kunden auf der anderen Seite. Eine isolierte Betrachtung von LOCIS unterstellt entweder eine konstante Produktionskapazität oder eine flexible Gestaltung der Software des logistischen Informationssystems, so daß, wenn nötig, eine Anpassung möglich ist. Die Hauptmerkmale der Konzeption Blumenthals im Hinblick auf LOCIS werden im folgenden kurz skizziert.

---

[23] Daniel (1961); Dearden (1965), (1972).
[24] Vgl. auch zum folgenden Blumenthal (1969).
[25] Vgl. Forrester (1961).
[26] Vgl. ebenda, S. 138 f.

(1) Insgesamt unterscheidet Blumenthal vier Informationssysteme[27]):

— Personal bzw. Beschäftigung
(MOCIS: Manpower Operational Control Information System),

— Rechnungs- und Kassenwesen
(FOCIS: Financial Operational Control Information System)

— Anlagevermögen und Investitionsprojekte
(PAOCIS: Physical Assets Operational Control Information System),

— logistisches Informationssystem bzw. Aufträge und Material
(LOCIS: Logistic Operational Control Information System).

LOCIS und PAOCIS sind beide mit der Sachgütersphäre der Betriebswirtschaft beschäftigt. Es liegt daher nahe, sie zu einem operativen Kontrollsystem der Sachgütersphäre zusammenzufassen (POCIS: Physical Operational Control Information Systems). Entsprechend werden Rechnungs- und Kassen- sowie Personalwesen zu einem Verwaltungssystem der operativen Ebene gruppiert (AOCIS: Administrative Operational Control Information Systems). POCIS und AOCIS konstituieren die Informationssysteme der operativen Ebene (OCIS: Operational Control Information Systems), auf der das oder die Informationssysteme der Managementebene aufbauen (MCIS: Management Control Information Systems). Hinter dieser Konzeption steht die Vorstellung von einer Organisationsstruktur, die in drei Ebenen gesehen werden kann: der Operational Control, der Management Control und der Strategic Planning[28]).

(2) Die vier Hauptinformationssysteme werden weiter in zehn Subsysteme untergliedert. Kriterium ist hierbei, eine Struktur zu erhalten, welche einerseits die Anzahl der Transfer-Beziehungen (relative degree of interdependence) zwischen den einzelnen Subsystemen minimiert, andererseits die nachfolgende Spezifikation der Moduln erleichtert. Es ergibt sich auf diese Weise die in Abb. 2.59 dargestellte Systemklassifikation, von der im folgenden nur das logistische System weiter betrachtet wird[29]).

Die Prinzipien, mit denen die Taxonomie der Abb. 2.59 gewonnen wurde, sind auch auf die weitere Untergliederung der zehn Subsysteme anzuwenden. Die Abb. 2.60 zeigt einen Überblick über die wichtigsten physischen Bestandsgrößen (levels) des logistischen Netzwerkes (nicht zu verwechseln mit dem Informationssystem, welches das logistische System unterstützen soll[30])).

(3) Die Analyse der Bestandsgrößen in Abb. 2.60 deckt eine parallele Trichotomie auf, welche zwischen den Bestandsgrößen in der Lagerhaltung und den Bestandsgrößen im Netzwerk der Bestellungen bzw. Aufträge besteht. Das

---

[27]) Vgl. Blumenthal (1969), S. 45 ff.
[28]) Blumenthal schließt sich insoweit an Anthony (1965), insbes. S. 15 ff., an.
[29]) Blumenthal (1969), S. 52.
[30]) Ebenda, S. 49.

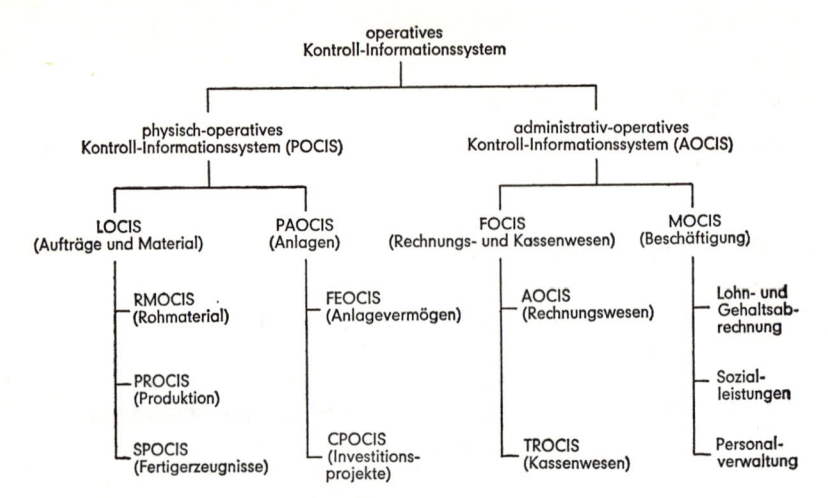

Abb. 2.59: *Das logistische Informationssystem im Rahmen der MIS-Taxonomie*

Netzwerk der Bestellungen setzt die Aufträge der Kunden (sales orders) in Einkaufs- (raw material orders) und Produktionsanweisungen (production orders) um[31].

In der Lagerhaltung existieren Bestandsvariablen über Rohmaterial, in Bearbeitung befindliche Güter (Halbfabrikate) und Fertigprodukte. Diesen Bestandsvariablen der Lagerhaltung entsprechen im Netzwerk der Bestellungen die Bestandsvariablen: Kundenaufträge („Auftragsbestände"), Produktionsanweisungen und Rohmaterialbestellungen. Dies legt nahe, daß Programm-Moduln für die Steuerung des Rohmaterialflusses, der Produktion und der verkaufsfertigen Produkte existieren müssen, was zu der Dreiteilung von LOCIS in die operativen Kontrollinformationssysteme Rohmaterial, Produktion und Fertigerzeugnisse führt. Letzlich geben aber Symmetrieüberlegungen und ästhetische Gesichtspunkte den Ausschlag. Auch können gute praktische Gründe dafür sprechen, im Einzelfall das theoretische Kriterium der Minimierung der Transferbeziehungen zu vernachlässigen. Vielfach ist auch eine einfache und elegante Gestaltung praktikabler und ökonomischer als eine komplexe, die dasselbe Endergebnis erzielt.

(4) Die zehn Subsysteme können als Kopfleiste einer Tabelle aufgefaßt werden, in deren Vorspalte die Namen von Moduln stehen[32]). Zu einem *Modul* werden solche Aktivitätsbündel zusammengefaßt, die in mehr als

---

[31]) Wie bereits erläutert, unterstellt Blumenthal, daß Forresters Subsysteme Bestellungen (orders) und Material (materials) zusammen das „logistic network" (nicht zu verwechseln mit LOCIS, welches dieses Netzwerk unterstützt) ergeben. Folglich ist die Terminologie an dieser Stelle so, daß dem „materials network" das „orders network" gegenübersteht. Letzteres hat als Bestandsvariable (levels) diverse Kategorien von „sales orders", „production orders" und „raw material orders" (vgl. Blumenthal, 1969, S. 48—51).

[32]) Blumenthal (1969), S. 57.

Materiallager

    Reserviert beim Lieferanten

    Lagerbestände in Bergwerken

    Lagerbestände in Häfen

    Auf dem Transport befindlich
        Rohrleitungen, Lastkräne, Lastkraftwagen, Schiffe, Eisenbahn

    In Annahme- und Prüfungsstellen

    In Rohmateriallägern — Treibstoffbehältern, Abstellgleisen, Lagerhäusern usw.

    In Halbfabrikate- und Zwischenlägern

    In Fertigproduktlägern — Produktionsstätten und Lagerhäusern

    Im Zustand der Verpackung und Verladung

Verkaufsaufträge

    Erhaltene Aufträge, die kurz vor der Bearbeitung durch die Verkaufsbüros stehen

    Bestätigte Aufträge, die auf ihre Weitergabe zur Versandstelle warten

    In der Versandabteilung befindliche Versandaufträge

    Stornierung von Verkaufsaufträgen

    Unterwegs befindliche, noch nicht verrechnete Verkaufsaufträge

    In Rechnung gestellte, noch nicht bezahlte Aufträge

Produktionsanweisungen

    Produktionsanweisungen, für die noch Stücklisten aufzustellen sind

    Aufgelistete Produktionsanweisungen, zu deren Ausführung noch das erforderliche Material erwartet wird

    Aufgelistete Produktionsanweisungen, die auf ihre Umsetzung in Arbeitsanweisungen warten

    In Bearbeitung befindliche Arbeitsanweisungen

    Ausgeführte Arbeitsanweisungen, die noch zu überprüfen und zu inventarisieren sind

    Ausgeführte Aufträge, die noch zur Verpackung und zum Versand anstehen

Rohmaterialbestellungen

    Produktionsanweisungen, die noch hinsichtlich des erforderlichen Rohmaterials aufzulisten sind

    Rohmaterialaufträge, die noch abzurufen sind

    Abrufe, denen noch der Kaufakt folgt

    Ergänzungsbestellungen, denen noch der Kaufakt folgt

    Offene Kaufaufträge, deren Lieferung noch erwartet wird

    Erledigte Kaufaufträge, die noch zu bezahlen sind

Abb. 2.60: Die Bestandsgrößen des logistischen Netzwerkes (Aufträge und Material)

einem der zehn Subsysteme vorkommen können. In der Praxis wird also ein Informationssystem der operativen Ebene aus einer Sammlung von Modulen bestehen, die in der theoretischen Taxonomie in einem oder mehreren Hauptästen stehen. Beispielsweise kann ein Einkaufsprogramm sowohl in LOCIS wie in PAOCIS benötigt werden, was durch die abgehakten Matrixfelder angedeutet ist. Geht man davon aus, daß die Programmstruktur hierfür sehr ähnlich ist, dann scheint es unsinnig, zwei Einkaufsprogrammsysteme zu schreiben. Statt dessen wird man einen Einkaufsmodul definieren, welcher dann sowohl von LOCIS wie von PAOCIS aufgerufen werden kann[33]). Dies ist auch der Grund für die zweidimensionale Struktur der Abb. 2.61.

(5) Im nächsten Schritt sind nun die Subsysteme des logistischen Informationssystems (RMOCIS, PROCIS und SPOCIS — vgl. Abb. 2.59) zu detaillieren. Dabei wird an die bereits durchgeführte Bildung der einzelnen Moduln (vgl. Abb. 2.61) angeknüpft. Diese sind nicht unabhängig voneinander. Vielmehr können Moduln bzw. ganze Subsysteme typische Verbindungsstellen (interfaces) aufweisen, die in ihrem Zusammenwirken eine bestimmte Struktur realisieren. Sie sind für die Wirksamkeit eines Informationssystems überaus wichtig, aber schwierig zu gestalten. Die Abb. 2.62 zeigt das Zusammenspiel der logistischen Subsysteme *(Interfacestruktur)*[34]).

Die den physischen Bestandsgrößen der abgegrenzten Moduln entsprechenden Daten werden geordnet und in Dateien erfaßt. Deren Aufbau und Zusammenhang realisiert und begrenzt zugleich das jeweilige Informationspotential. Es kann ferner durch Berechtigungsnachweise eingeschränkt werden, die angeben, welcher Benutzer zu welchen Daten Zugriff hat.

(6) Eine weiter gehende Analyse der Subsysteme beschäftigt sich mit der Spezifikation der Funktionserfordernisse einzelner Programmkomplexe. Jeder dieser Programmkomplexe besteht dann aus einem oder mehreren *Modularprogrammen* (je nachdem, wie man den Begriff des Programms abgrenzt). An dieser Stelle müssen Detailkenntnisse der Praxis zum Tragen kommen, welche neben dem allgemeinen Design der Modularprogramme letztlich ausschlaggebend für ihre Anwendbarkeit sowie den Verkaufserfolg sind. Die entsprechenden Ausführungen von Blumenthal[35]) sind eine brauchbare „Checklist" der wichtigsten Programmfunktionen, welche beim Entwurf zu berücksichtigen sind. Dies kann in einer Einführung nicht weiter verfolgt werden. Statt dessen ist die Frage zu stellen, auf welche Weise ein derartiges Informationssystem logistische Entscheidungen innovativer Art unterstützen kann.

---

[33]) Dies bereitet auch programmtechnisch bei der Implementierung keine Schwierigkeiten. Der Aufbau modularer Standardprogramme ist auch für die Zusammenstellung individueller Programmsysteme aus einem allgemeinen „Baukastensatz" von Unterprogramm-Moduln explizit gedacht.

[34]) Blumenthal (1969), S. 76.

[35]) Vgl. ebenda, S. 75 bis 84.

Informationssysteme

	physische Operationen (POCIS)					Rechnungs- und Kassenwesen (FOCIS)		Beschäftigung (MOCIS)		
	Aufträge und Material (LOCIS)			Anlagen (PAOCIS)						
	Rohmaterial (RMOCIS)	Produktion (PROCIS)	Fertigerzeugnisse (SPOCIS)	Anlagevermögen (PEOCIS)	Investitionsprojekte (CPOCIS)	Rechnungswesen (AOCIS)	Kassenwesen (TROCIS)	Lohn- und Gehaltsabrechnung	Sozialleistungen	Personalverwaltung
Materialauflistung	✓									
Einkauf	✓					Verbindlichkeiten				
Eingang-Überwachung-Lagerung	✓									
Lagerkontrolle	✓	✓	✓			Lagerbuchhaltung	Kassenkontrolle			
Distributionskontrolle	✓	✓	✓			Verrechnung von Distributionsvorgäng.				
Verkaufskontrolle			✓			Verkaufsabrechnung		(Kommissionen)		
Auftragsbearbeitung			✓			Forderungen	Kassenkontrolle			
Preisermittlung und Rechnungsstellung										
Auflistung (Verzeichnis, Zeitplan)		Produktion		Erhaltung u. Reparatur	Projekt					
Materialbedarf		✓								
Job- und Verarbeitungskontrolle		Produktion		Erhaltung u. Reparatur	Projekt			Zeitüberwachung		
Kontrolle des Anlagevermögens				✓	✓	Anlagenbuchhaltung				
Feststellung der Bruttolöhne und -gehälter						Lohn- und Gehaltsverrechnung		✓		
Lohn- und Gehaltsabrechnung						Steuern	Kassierer	✓	Abzüge	Lohnlisten
Personalverzeichnisse, Personalentwicklung									✓	Personaldaten
Aktionärsverzeichnisse						Dividendenabrechnung	Überweisungen			
Kapitalanlagen, Ruhegehälter, Versicherungsfonds						✓	✓		✓	✓
Steuerabrechnung						✓				

Abb. 2.61: Die Subsysteme eines idealtypischen MIS mit den Funktionsmoduln der operativen Ebene

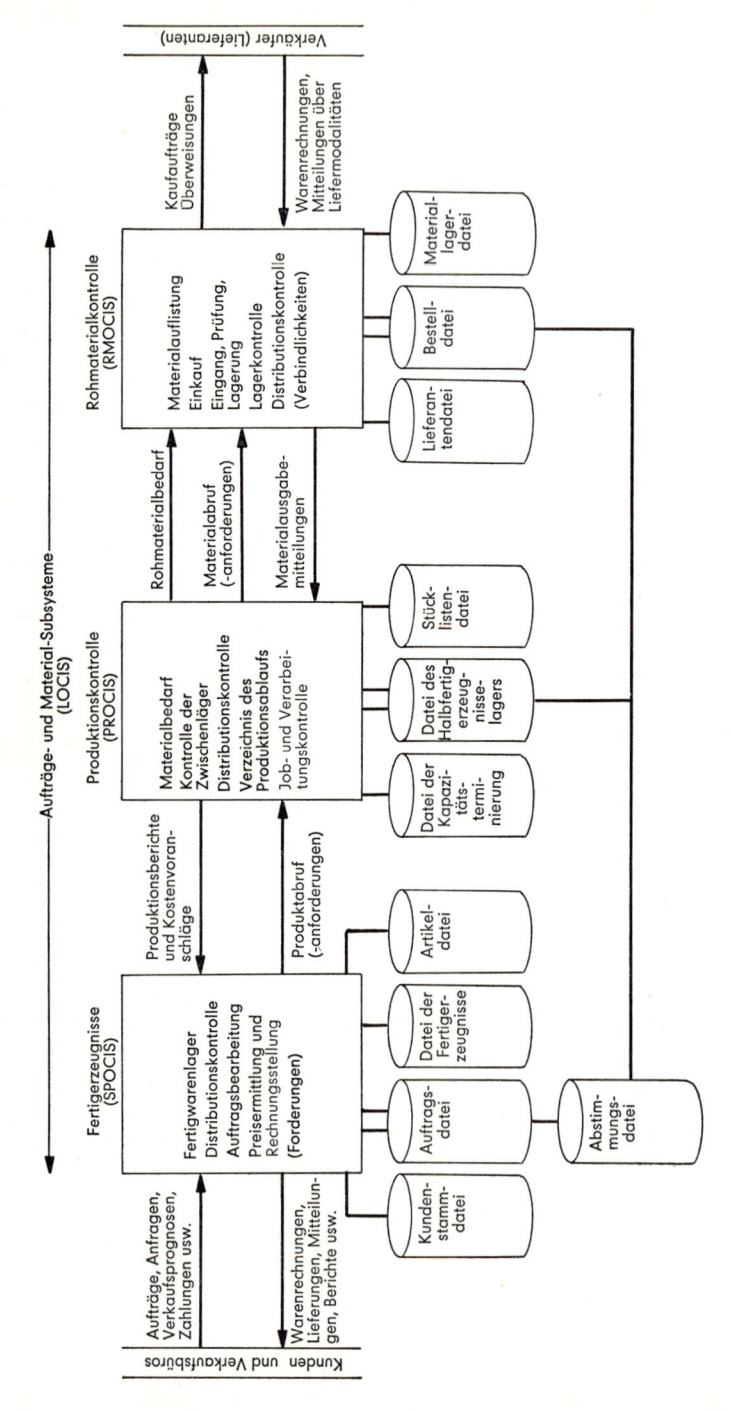

Abb. 2.62: *Das Zusammenspiel der logistischen Subsysteme (Interfacestruktur) und die wichtigsten Dateien*

2.423 Die Computerunterstützung innovativer Entscheidungen im mikrologistischen Informationssystem

Bei der Diskussion der Evolution logistischer Informationssysteme wurde bereits angedeutet, wie in den Fluß des Datenstroms Entscheidungsmodelle eingebaut werden können. Insofern reicht die Konzeption Blumenthals durchaus bereits an den Managementbereich heran. Jedoch erscheint für eine umfassende Klassifikation der innovativen Managementaktivitäten — auch wenn man diese auf die kybernetischen Problemlösungsfähigkeiten beschränkt — das voranstehend geschilderte gedankliche Instrumentarium prinzipiell ungeeignet. Möglicherweise ist die Forderung nach einem detaillierten Bezugsrahmen für die Klassifikation der Informationsmoduln für das Management an sich verfehlt. Diese Problematik wird auch von Blumenthal selbst gesehen:

„Operative Kontrolle und operative Kontroll-Informationssysteme basieren auf solchen Routineaktivitäten und diesen entsprechenden Datenverarbeitungssystemen, die auch dann weiterarbeiten, wenn sich das Management auf einem ausgedehnten Urlaub befindet (selbstverständlich eine rein hypothetische Möglichkeit). Wir kennen Aktivitäten und können sie aufzeigen. Wir können dies aber nicht ebensogut hinsichtlich der Aktivitäten der Management-Kontrolle und auch nicht ihren Inhalt darlegen und angeben, wann sie stattfinden sollten. Dies ist deshalb so, weil — wie Anthony gezeigt hat — die wahren Probleme nicht solche des Computers sind, sondern in konzeptionellen und sogar psychologischen Bereichen liegen: Welches ist der geeignete Leistungsmaßstab für einen bestimmten Verantwortungsbereich; wie oft sollte überprüft werden; welche Informationen über die Messung sind überwiegend entscheidungsorientiert; wie wird der Leistungsmaßstab eingeführt?"[36])

Die Abb. 2.63 zählt einige Moduln eines MIS auf, welche Blumenthal explizit von seinem Bezugsrahmen ausgenommen hat[37]). Bemerkenswert ist, daß hiervon drei Bereiche aus dem Gebiet des logistischen Informationssystems stammen. Diese Liste ist nicht erschöpfend, sondern soll lediglich die Art von Intelligenzfunktionen charakterisieren, die im Zusammenspiel mit den Informationssystemen der operativen Ebene auftreten, sich jedoch in einem verallgemeinerten Bezugsrahmen so gut wie gar nicht erfassen und standardisieren lassen.

Informationssysteme, welche den Anspruch erheben können, innovative Entscheidungen zu unterstützen, sind noch relativ seltene Spezialentwicklungen[38]). Das Problem liegt darin, daß beim gegenwärtigen Stand der Diskussion nicht klar ist, welche Nachteile mit einer Formalisierung ehemals informaler Intelligenzprozesse verbunden sind[39]).

---
[36]) Blumenthal (1969), S. 56.
[37]) Ebenda, S. 68.
[38]) Vgl. aber z. B. Morton (1972) sowie die Laborstudie von Hedberg (1970).
[39]) Vgl. dazu Klein (1973), Kap. 2.2 und 2.3.

Beschäftigung (MOCIS)
1. Personalanwerbung und Beschäftigung
2. Ausbildung und persönliche Weiterbildung
3. Arbeitsklima
4. Festsetzung von Ausgleichs- und Unterstützungsregeln
5. Personalberatung und Motivation

Investitionsprojekte (SPOCIS)
1. Konkurrenzanalyse
2. Festsetzung von Verkaufsquoten
3. Festlegung der Diskontierungspolitik in bezug auf die Einnahme-Ausgabe-Ströme
4. Endverbraucheranalyse
5. Messung der Produktrentabilität
6. Langfristige Verkaufsprognosen

Produktion (PROCIS)
1. Auflagekosten und Losgrößenanalyse
2. Qualitätsstandards und -kontrolle
3. Verarbeitungsmethoden und -prozeduren
4. Produktionsplanung
5. Raum- und Ausstattungslayout

Rohmaterial (RMOCIS)
1. Lieferantenanalyse
2. Lieferpreise und -modalitäten
3. Abwägung zwischen Eigenfertigung und Fremdbezug
4. Bestimmung der optimalen Bestellmenge
5. Analyse des physischen Güterprozesses
6. Materialplanung und Materialbedarfsprognose
7. Ausschußverwertung

Abb. 2.63: Beispiele administrativer Managementaktivitäten, deren Erfassung in einer allgemeinen MIS-Taxonomie problematisch ist

Aus welcher Richtung Standardsoftware für die Unterstützung schlechtstrukturierter Entscheidungen zu erwarten ist, wurde bereits im Abschnitt 2.41[40]) bei den Computersystemen vom Typ Epsilon und Zeta angedeutet. Bei der Entwicklung computerunterstützter Auskunfts- und Informationswiedergewinnungssysteme schlecht-strukturierter Entscheidungen muß neben dem innerbetrieblichen Bereich vor allem auch der Informationsfluß im zwischenbetrieblichen Bereich und im makrologistischen System berücksichtigt werden.

Im zwischenbetrieblichen Bereich können computerunterstützte Informationssysteme einen Beitrag zum Problem der „channel control" leisten. Die einzelnen Kanäle können besser koordiniert und kontrolliert werden, wenn die Möglichkeit besteht, auf eine gemeinsame Datenbasis zuzugreifen oder aber öffentliche Rechendienste (public computer utilities) in Anspruch zu nehmen[41]). Weiterhin ist an gemeinsame, überregionale Rechenzentren für Verkehrsbetriebe zu denken. Die Transportwünsche werden in diesen gespeichert und mit dem gemeldeten Transportangebot verglichen. Wie noch zu erläutern sein wird, sind derartige „zentrale Transportausgleichsstellen" zur Lösung kurzfristiger Dispositionsaufgaben bei den Verkehrsbetrieben durchaus in der Diskussion. Die Datenbestände, welche hierzu aufgebaut werden müssen, können aber nur dann ein Informationsfundus für Planungsprobleme sein, wenn sie durch entsprechende statistische Routinen ausgewertet und im Dialogbetrieb zugänglich sind. Allerdings wirft dies erhebliche rechtliche und technologische Probleme des Datenschutzes auf. Schließlich können alle diese regionalen Datenverarbeitungszentren mit einer oder mehreren Verkehrsdatenbanken auf nationaler Ebene in Verbindung treten. Bevor näher auf diese Probleme eingegangen werden soll, wenden wir uns dem Computereinsatz im Informationssystem logistischer Betriebe zu.

2.43 Computereinsatz im Informationssystem logistischer Betriebe

Prototypen logistischer Betriebe sind Frachtführer und Spediteure im Sinne des HGB, Reisebüros, Luftfahrt-, Eisenbahn- und Schiffahrtsgesellschaften, Taxiunternehmen usw. Betrachtet man den Automatisierungsgrad dieser Betriebe, so ergibt sich ein recht gemischtes Bild, das nicht zuletzt auf die stark unterschiedlichen Betriebsgrößen zurückzuführen ist. Auf der einen Seite stehen die Luftfahrtgesellschaften, deren computerunterstützte Informationssysteme zu den fortschrittlichsten im privatwirtschaftlichen Bereich überhaupt gehören. Einen beachtlichen Entwicklungsstand weisen auch die Eisenbahnen auf. Demgegenüber sind kleinere und mittlere Speditionsbetriebe noch verhältnismäßig wenig automatisiert.

---

[40]) Vgl. S. 638 ff. dieses Buches.
[41]) Vgl. S. 683 ff. dieses Buches.

Um einen Einblick in den Stand der Diskussion über formalisierte Informationssysteme logistischer Betriebe zu geben, scheint es zweckmäßig, die computerunterstützten Informationssysteme des Luftfahrtverkehrs, der Eisenbahnen und der Speditionsbetriebe als charakteristische Einheiten eines Entwicklungskontinuums herauszugreifen.

2.431 Informationssysteme der Luftfahrtgesellschaften

Bei der Entwicklung eines Informationssystems zur Steuerung des Personen- und Frachtverkehrs bei Luftfahrtgesellschaften sind — neben dem Rechnungswesen, der Statistik und der Planung — folgende Aufgabengebiete zu beachten[42]): Platzreservierung, Nachrichtenübertragung, Planung des Flugzeugumlaufes, Flugwegplanung, Personaleinsatz (einschließlich der Rotation des fliegenden Personals), Fluggastabfertigung („check-in"), Gepäckabfertigung (Annahme, Verladung, Ausgabe) und Luftfrachtabfertigung. Im folgenden wollen wir Platzbuchungs- und Flughafeninformationssysteme näher betrachten.

Platzbuchungssysteme

Platzreservierungssysteme gehören zu den ersten großen Informationssystemen im kommerziellen Bereich überhaupt. Sie werden heute in ähnlicher Weise von den Eisenbahnen Europas eingeführt, so beispielsweise auch von der Deutschen Bundesbahn. Im fortgeschrittenen Stadium ist das Platzreservierungssystem in aller Regel mit der Fahrgastabfertigung, Flugplanung (d. h. Flugweg- und Brennstoffberechnungen) und Flugzeugabstimmung (Gewicht- und Balancekontrolle) integriert[43]). Das Verbindungsstück zwischen diesen Teilsystemen ist eine leistungsfähige Nachrichtenübermittlung. Wie noch an verschiedenen Stellen deutlich werden wird, ist diese für das Informationssystem aller logistischen Betriebe von großer Bedeutung, da jeder Betrieb meist nur ein Glied in einer Transportkette ist, welche auch Instanzen des makrologistischen Systems (etwa Zollämter) umfaßt. Somit entstehen insbesondere für die Informationssysteme der operativen Ebene bedeutende zwischenbetriebliche Koordinationsbedürfnisse.

Die Platzreservierung ist an das allgemeine System der Nachrichtenübertragung angeschlossen. Beispielsweise hat das Nachrichtensystem der BOAC vier Knotenpunkte in London, New York, Sydney, Hongkong, die etwa 200 000 Botschaften pro Tag über je zwei Computer in London, New York und Sydney abwickeln[44]). An diesen sog. Kreuzungspunkten der Nachrichtenleitungen werden die Botschaften auf die richtigen Kanäle verteilt, so

---

[42]) Vgl. hierzu insbesondere den Überblick bei Jacobs und Harmann (1969); Martin (1967), S. 91 ff., S. 195 ff.; Zentgraf (1966).
[43]) Zum Platzbuchungssystem der Deutschen Lufthansa vgl. Graef, Greiller und Hecht (1970), S. 203 ff. und die dort angegebene Literatur.
[44]) Vgl. Jacobs und Harmann (1969), S. 158 ff.

daß sie sich möglichst wenig gegenseitig behindern und eine Störung ausgeschlossen wird.

Anfragen und Buchungen von Datenstationen aus aller Welt müssen in den Knotenpunkten sortiert und zum Verarbeitungszentrum des Platzbuchungssystems einer bestimmten Luftfahrtgesellschaft geleitet werden. Dies geschieht Tage und Wochen vor dem Abflug. Wenn ein bestimmter Flug schließlich zum „check-in" ansteht, eröffnet das Abfertigungssystem in den Datenbeständen spezielle Dateien mit Sätzen für Gewicht und Balance des Passagierflugzeuges. Dabei geht man zunächst von Durchschnittsgewichten für Kinder, Männer und Frauen bei den Passagieren und ihrem Gepäck aus. Diese werden laufend korrigiert, wenn die wahren Daten bei der Fahrgastabfertigung bekannt werden. Treffen unerwartete Passagiere ein, teilt das Abfertigungssystem auf Anfrage mit, ob sie sofort gebucht werden können oder auf eine Warteliste gesetzt werden müssen. Überschüssiger Laderaum wird gemeldet, um Luftfracht aufzunehmen. Dies erfordert entsprechende Nachrichtenanschlüsse an die Informationssysteme von Speditionen und anderen Luftfahrtgesellschaften. Schließlich berechnet das System die endgültigen Zahlen für Treibstoff und Nutzlastbalance (load and trim). Dies ist der Ablauf in großen Zügen. Auf dieser Basis wird das Platzbuchungssystem als Beispiel im folgenden etwas genauer diskutiert.

Die Komplexität der Informationshandhabung in Platzbuchungssystemen wird etwa an Hand der folgenden telefonischen Anfrage eines Kunden deutlich:

„Ich benötige am 18. dieses Monats einen Flug von München nach Rom, von dort am 21. nach Beirut, am 24. nach Bangkok und über Tokio (zwei Tage Aufenthalt) am 30. zurück nach München; außerdem eine Hotelreservierung bei jeder Zwischenlandung für die Dauer des Aufenthaltes. Können Sie mir das sofort bestätigen?"

Eine derartige Anfrage kann nur von einem weltweiten Platzbuchungssystem, wie z. B. dem PANAMAC, beantwortet werden. Selbstverständlich sind kleinere Zwischenlösungen denkbar. Das SABRE-System der American Airlines war ursprünglich auf USA und Kanada beschränkt. Andere Lösungen lassen zwar die sofortige Buchung von Sitzplätzen zu, geben aber nicht in Sekundenschnelle über Einzelheiten einer Kundenbuchung Auskunft.

Grundsätzlich existieren für ein Platzbuchungssytem drei Zielgruppen. So ergeben sich Vorteile aus der Sicht

(1) *des Kunden:* verbesserter Service in Form schnellerer und zuverlässigerer Auskünfte, kürzere Voranmeldungsfristen bei der Buchung und geringere Abfertigungszeiten vor dem Abflug.

(2) *des Managements* der Fluggesellschaft: Personaleinsparungen bei der Buchungsbearbeitung, besserer Platzausnutzungsgrad der Maschinen und höheres akquisitorisches Potential der Unternehmung, kostengünstige Bereitstellung von Statistiken und Planungsunterlagen.

(3) *des Flugpersonals:* reibungslose Abfertigung unter Einhaltung der Flugsicherheitsbestimmungen (insbesondere der Gewichtsbeschränkungen) sowie wenig Ärger mit Fehlbuchungen und unzufriedenen Kunden.

Zur Erreichung dieser Globalziele muß das Platzbuchungssystem fünf Funktionen garantieren:

(1) Übermittlung von Fluginformationen und Annahme von Reservierungen,

(2) zentralisierte Platzbuchung, möglichst mit Namen der Fluggäste, um Doppelbuchungen und irrtümliche Stornierungen zu vermeiden,

(3) Computerisierung der Fluggastdateien für die kaufmännische Abrechnung des Fluges,

(4) Überwachung von Terminen und Wartelisten (insbesondere für Flugkartenabholung) und sonstige Operationen des Änderungsdienstes an den Fluggastdateien (Stornierungen, Änderungen usw.),

(5) erweiterten Reservierungsdienst (Autovermietung, Hotelbetten u. ä.).

Neben diesen Echtzeit-Aufgaben existieren noch Standardfunktionen, wie Kostenrechnung, Personalplanung, Zahlungs- und Kreditverkehr usw., die meist off-line im Stapelbetrieb gefahren werden, jedoch Daten verwerten, die vom Platzbuchungssystem aufgenommen werden.

Die Entwicklung und Organisation eines derartig integrierten Systems dauert mehrere Jahre. Es wird in dieser Zeit stufenweise implementiert. Einige der genannten Funktionen arbeiten für sich allein, möglicherweise auf eigenen, kleineren Maschinen, bis das umfassende System installiert wird. Der Beginn wird meist mit den Funktionen Nr. 1 bis 3 gemacht.

Das Herz eines Platzbuchungssystems ist die zentrale Reservierungsstelle, über die alle Buchungsmeldungen und Buchungsbestätigungen abgewickelt werden. Die Abb. 2.64 zeigt die Verarbeitungszentrale des Platzreservierungssystems der Deutschen Lufthansa in Frankfurt, eine gemeinsame Entwicklung der Lufthansa und der Firma Siemens[45]).

Die Zentrale des Buchungssystems in Frankfurt besteht im wesentlichen aus zwei Siemens-Datenverarbeitungs-Anlagen 3003, die über Koppelelemente zusammengeschaltet sind. Die Verarbeitungszentrale ist aus Sicherheitsgründen mit einer Doppleranlage ausgerüstet. Das heißt, alle für den Buchungsbetrieb wichtigen Teile sind doppelt vorhanden (Duplex-Schaltung). Im normalen Buchungsbetrieb arbeitet eine Anlage als Hauptanlage (Headanlage), die andere als Reserveanlage (Standby-Anlage).

Die Kapazität der Speicher reicht aus, um Buchungen für 11 Monate im voraus aufzunehmen — nicht nur numerische Daten, sondern auch die Namen der Passagiere sowie zusätzliche Informationen. Über gemietete Fernschreibleitungen sind z. Z. an die Zentrale über 200 Buchungsplätze angeschlossen, die in 15 Stadtbüros der Deutschen Lufthansa und in den Empfangshallen der deutschen Flughäfen stehen. Täglich werden gegenwärtig etwa 40 000 Buchungsmeldungen verarbeitet. Hinzu kommen Nachtarbeiten, die für Bestandssicherung und Aufbau von Tabellen notwendig sind. Außerdem werden verschiedene Listen erstellt (Passagierliste, Statistik usw.). Ein derartiges System sichert größtmögliche Ausnutzung der Rechnerkapazität bei geringstem Zeit- und Personalaufwand, schaltet Fehlerquellen aus und ermöglicht jedem angeschlossenen Büro, auch noch kurz vor dem Flug in Sekundenschnelle Plätze zu reservieren.

Bindeglied zwischen dem Verkaufspersonal und der Verarbeitungszentrale sowie der Buchungszentrale ist der Buchungsplatz. Er besteht aus den Hardware-Komponenten zur Erledigung aller Buchungs- und Auskunftsvorgänge. Diese sind:

---

[45]) Graef, Greiller und Hecht (1970), S. 213.

Informationssysteme

(1) der Bedienungs- und Anzeigenteil, bestehend aus Leuchtdrucktasten und Leuchtzeichenfeld, Flugplankartenleser, Fernschreibadapter und dem Ablagefach für die elektronisch lesbaren Flugplankarten.

(2) der Steuerungsteil. Dieser wird durch die Leuchttasten angesprochen. Er steuert und puffert die über die Fernschreibtastatur einzugebenden Daten der Fluggäste. Diese bestehen aus einem Datenfeld fester Länge (Datum, Klasse, Sitzanzahl, Flugroute, Flugnummer) und variabler Länge (Name des Kunden, Hotelreservierungen, evtl. Zusatzinformationen wie VIP, unbegleitetes Kind usw.).

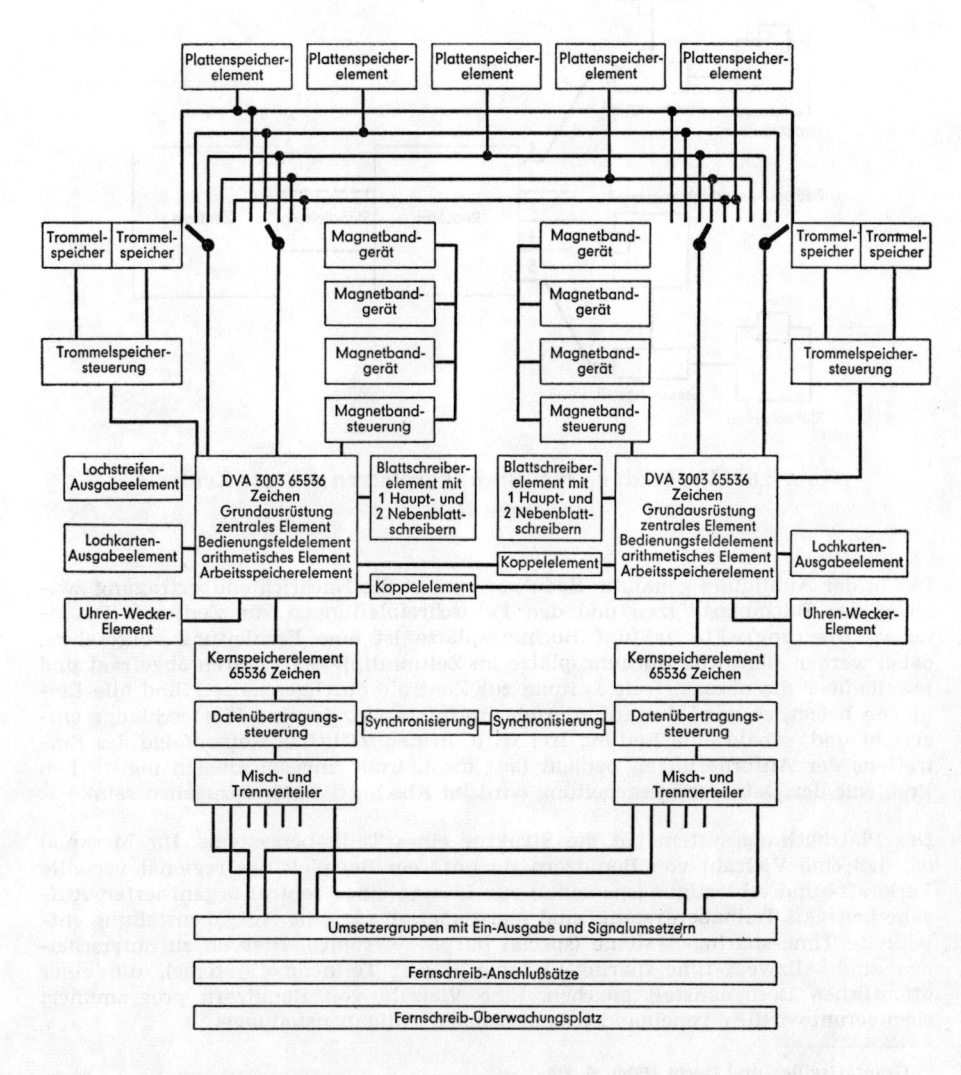

Abb. 2.64: Verarbeitungszentrale des Platzreservierungssystems der Deutschen Lufthansa

(3) der Fernschreib-Anschlußteil, über den die Daten an die Zentrale durch Druck auf eine bestimmte Leuchttaste weitergegeben werden.

(4) die Blattschreibereinheit.

Die Abb. 2.65 verdeutlicht das Zusammenwirken von Buchungsplatz und Zentrale zur Abwicklung von Auskunfts- und Buchungsvorgängen[46]).

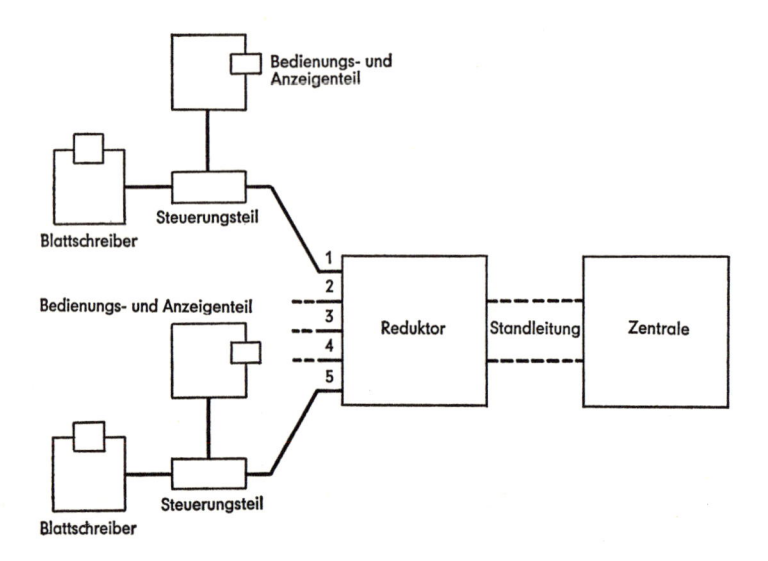

Abb. 2.65: Verbindung von Buchungsplätzen mit der Zentrale über einen Reduktor

Der in der Abbildung genannte Reduktor steuert die Nachrichtenübertragung zwischen den Buchungsplätzen und den Fernschreibleitungen zur Zentrale (Datenfernverarbeitung). Für je fünf Buchungsplätze ist eine Fernleitung vorgesehen; dabei werden sämtliche Buchungsplätze im Zeitmultiplex-Verfahren abgefragt und jeweils über die nächste freie Leitung zur Zentrale durchgeschaltet. Sind alle Leitungen belegt, so wird der anfordernde Buchungsplatz in eine Warteschlange eingereiht und, sobald eine Leitung frei wird, in der zeitlichen Reihenfolge des Eintreffens der Anforderungen bedient (auf die hiermit angesprochenen logistischen Probleme der Datenfernverarbeitung wird im Abschnitt 2.443 einzugehen sein).

Das Platzbuchungssystem hat die Struktur eines Teilhabersystems. Ihr Merkmal ist, daß eine Vielzahl von Benutzern (in unserem Beispiel: das regional verteilte Verkaufs- und Abfertigungspersonal) zur Lösung einer zentral organisierten Aufgabe beiträgt. Teilhabersysteme sind meist speziell für eine Aufgabenstellung entwickelte Time-sharing-Systeme (special purpose systems). Hiervon zu unterscheiden sind Allzweck-time-sharing-Systeme (kurz: Teilnehmersysteme), die einer öffentlichen Rechenanstalt gleichen. Eine Vielzahl von Benutzern programmiert eigenverantwortlich voneinander unabhängige Aufgabenstellungen[47]).

---

[46]) Graef, Greiller und Hecht (1970), S. 210.

[47]) Vgl. zur Diskussion der Teilnehmer-Rechensysteme Martin (1967), S. 511 ff. sowie die Beiträge in Händler (1968) und die dort angegebene Literatur.

Vom Standpunkt der Kunden aus erfüllt ein modernes Informationssystem im Luftverkehr seinen Zweck nur dann vollständig, wenn es letztlich die gesamte Reise beschleunigt. Hierbei ist das Platzbuchungssystem nur ein Teil des logistischen Gesamtproblems. Die logische Ergänzung zu den Informationssystemen der Luftfahrtgesellschaften ist das Informationssystem des Flughafens. Wenn dieses nicht mit den Informationssystemen der Luftfahrtgesellschaften abgestimmt ist, können am Boden Wartezeiten entstehen, die zumindest im Europaverkehr die eigentliche Flugzeit übersteigen. Als Beispiel für eine zukunftsweisende Lösung kann hier der Plan für den Ausbau des Informationssystems für den Flughafen Frankfurt gelten.

Flughafeninformationssysteme

Prognosen zeigen an, daß Westdeutschlands Flughäfen bis 1980 etwa 100 Millionen Passagiere pro Jahr mit entsprechendem Gepäck und Frachtverkehr abfertigen müssen. Großflugzeuge entladen 300 bis 500 Passagiere auf einmal. Um die damit verbundenen logistischen Probleme zu bewältigen, ist in Frankfurt ein Airport Management Information System (AMIS) geplant, welches im Laufe von 10 Jahren das Zusammenspiel aller für das Funktionieren eines Flughafens notwendigen Faktoren regeln soll. Dies umfaßt zunächst einmal die Aufgaben der operativen Ebene[48]):

(1) *Ankunftsinformationen:* 10 Minuten vor Ankunft eines Flugzeugs übermittelt das System an alle Beteiligten einen Arbeitsplan mit den notwendigen Daten, welche die operativen Prozesse von der Entladung über die Passagierabfertigung mit Gepäckausgabe und Zollabfertigung bis zur Reinigung und Wartung des Flugzeugs regeln.

(2) *Vorplanung:* Aufgabe der Vorplanung ist es, meist zwei bis drei Stunden vor dem Abflug das zulässige Startgewicht in Abhängigkeit von Flugweg und Flugzeug zu ermitteln. Hierbei wird das Gewicht der bereits gebuchten Passagiere (pauschal 75 kg je Person) und ihres Gepäcks sowie das Gewicht einer mittleren Treibstoffmenge angesetzt. Für die noch verbleibende Ladekapazität wird die Fracht so auf die verschiedenen Fronträume des Flugzeugs verteilt, daß sich eine möglichst gute Schwerpunktlage ergibt.

(3) *Frachtsteuerung:* Die eigentliche Ladungseingabe der Fracht richtet sich nach den dispositiven Angaben der Vorplanung. Über Frachteingabepulte (bzw. Frachtterminals), die über Telegrafenleitungen mit der Datenverarbeitungsanlage verbunden sind, wird nun das echte Gewicht des geladenen Frachtstücks mit der Laderaumnummer erfaßt. Es kann deshalb bei jeder Ladungseingabe geprüft werden, ob sich die Beladung noch innerhalb des zulässigen Gesamtgewichts bewegt oder nicht.

---
[48]) Vgl. Ege (1968); Müller-Schönberger (1970). Eine teilweise abweichende Klassifikation findet sich bei Martin (1967), S. 198 ff.

Darüber hinaus ist geplant, die Frachtterminals so einzusetzen, daß Frühwarnungen über mögliche Verkehrsspitzen diagnostiziert werden können. Auch der Paletten- und Containerverkehr soll mit diesem System gesteuert werden, das letztlich mit den Informationssystemen der Luftfrachtspediteure zu integrieren ist.

(4) *Gepäcksteuerung:* Ein eigener Prozeßrechner ist erforderlich, um 40 km Förderbänder zu 280 Gepäckabgabestellen mit Hilfe von 800 automatischen Kontrollpunkten zu steuern.

(5) *Abfertigung der Passagiere:* Für die Abfertigung der Passagiere übernimmt das Informationssystem in gewisser Weise die Funktion einer Buchungsanlage. Es werden drei Bestände geführt: (a) Der tatsächliche Passagierbestand wird fortlaufend um die sich am Flughafen meldenden Passagiere erhöht. (b) Der Restbestand an Passagieren, die gebucht haben, wird ständig um jene Passagiere vermindert, die sich gemeldet haben und in deren Flugschein ein „O.K." eingetragen ist. (c) Der Restbestand an nicht-gebuchten Plätzen wird vermindert, wenn sich Passagiere melden, in deren Flugschein ein „OPEN" eingetragen ist.

Die Passagierdaten werden über Eingabepulte erfaßt. Damit ist in diesem System eine Platzbuchung bis unmittelbar vor Abflug und die Führung einer sehr einfachen Warteliste möglich.

(6) *Flugplanung:* Nach der Fracht- und Passagierabfertigung ist der Flug zu planen. Es sind der günstigste Flugweg und die günstigste Flughöhe zu bestimmen. Im Flugwegplan werden der Flugweg, das Gesamtgewicht und die Treibstoffmenge zusammengefaßt. Die erforderlichen Wetterwerte stellt das zuständige Wetteramt der Datenverarbeitungsanlage zur Verfügung.

(7) *Flugsicherheit:* Der gesamte Verkehr auf dem Flughafen wird in real time überwacht, so daß jederzeit ein Gesamtüberblick über die Lage besteht, aus dem Lande- und Starterlaubnis, Angaben zum Parken und Bodenverkehr der Flugzeuge auf der Landebahn usw. folgen.

(8) *Nebendienste:* Hier ist an die Überwachung der mehr als 6000 Parkplätze, an den Geldverkehr in Bank- und Zollgeschäften sowie an Dienstleistungen gegenüber Dritten zu denken.

Das Ergebnis der Integration der hierfür benötigten Dateien ist der Aufbau einer Datenbank für den Gesamtflughafen. Wenn dieser Entwicklungsstand erreicht ist, kann zunehmend Gebrauch von Entscheidungsmodellen gemacht werden. Deren Implementation ist Aufgabe eines Unternehmensforschungszentrums, das gegenwärtig die Planung des Informationssystems als Ganzes überwacht. Weitere Aufgaben eines Flughafeninformationssystems sind Marktforschung und Verkehrszukunftsforschung, welche die Mittelallokation für den weiteren Ausbau des Flughafens leiten müssen.

Schließlich ist die Verteilung der Verantwortung zwischen dem Flughafen und seinen Benutzern (insbesondere den Spediteuren, Fluggesellschaften und staatlichen Stellen) neu zu überdenken, wenn beim Aufbau derartiger Informationssysteme keine Diskrepanzen entstehen sollen. Ein einziger Engpaß, etwa von Hand nachzuschlagende Zollnummern, kann ein ansonsten vollautomatisches System seines ausschlaggebenden Vorteils berauben. Darüber hinaus ist es notwendig, eine Koordination zwischen einzelnen Verkehrsträgern herbeizuführen. Dies setzt u. a. auch voraus, daß aufeinander abgestimmte integrierte Dateien bestehen. Das gilt nicht zuletzt für die Beziehungen zwischen Luft- und Eisenbahnverkehr. Auf den gegenwärtigen Stand der Automatisierung des letzteren soll deshalb im folgenden eingegangen werden.

2.432 Computereinsatz bei Eisenbahnen

Die Eisenbahn bietet für die Automatisierung relativ günstige Bedingungen. Dies gilt zunächst jedenfalls für die vielen technisch bedingten Abläufe. In neuerer Zeit werden aber auch immer mehr Anstrengungen unternommen, darauf aufbauend integrierte Informationssysteme anzustreben.

Wichtige Anwendungsgebiete der Automation bei den Eisenbahnen

Der klassische Aufgabenbereich der Automation bei den Eisenbahnen sind die physischen Transportprozesse. Lediglich insoweit unterscheidet sich die Eisenbahn auch von anderen typischen Verkehrsbetrieben oder sonstigen Organisationen, während die reinen Verwaltungsprozesse weitgehend mit diesen übereinstimmen. An dieser Stelle interessieren vornehmlich die für Eisenbahnen charakteristischen Einsatzgebiete von Rechenanlagen. Aus den zahlreichen Anwendungsbereichen der Automation, die bei der Deutschen Bundesbahn gegenwärtig etwa einhundert verschiedene Teilsysteme umfassen, seien im folgenden kurz die wichtigsten genannt[49]): Zug- und Rangierbewegungen im Personen- sowie Güterverkehr, Steuerung der beförderten Güter, Frachtbe- und -abrechnung, Platzreservierung und Fahrplanauskunft.

Die umfassendsten Anstrengungen der Eisenbahnen gelten seit jeher den Zug- und Rangierbewegungen. Dies erklärt sich daraus, daß hier die elektronische Steuerung effizient eingesetzt werden kann. Besonders weit entwickelt sind deshalb die Stellwerke, die von Prozeßrechnern gesteuert werden. Ursprünglich menschliche Handlungen und Entscheidungen werden durch Prozeßrechner sowie durch die Mitwirkung des Zuges an der Bestimmung und Sicherung des Fahrweges ersetzt; das System wird ferngesteuert: Der Zug wählt und stellt sich seine Fahrstraße selbst.

---

[49]) Vgl. hierzu die allgemeinen Ausführungen bei Effmert (1969); Fendesack (1971); Möhl (1966); Müller (1970); Schmitz (1966); Sitzmann (1970). Die im folgenden beispielhaft angesprochenen Anwendungsgebiete werden ausführlich diskutiert bei Bauermeister (1970); Brettermann (1968), (1971); Fleischer (1972); Gottfried und Bauer (1971); Krösel (1970); Kümmell (1968); Schmitz (1967), (1969).

Besondere Aufmerksamkeit widmet die Deutsche Bundesbahn seit geraumer Zeit einer zentralen Frachtbe- und abrechnung, die zunächst nur als Stapelverarbeitung konzipiert ist, gleichzeitig aber einen nahtlosen Übergang auf eine spätere Real-time-Datenerfassung gewährleistet.

Erfolge haben auch die Platzreservierungssysteme der Eisenbahnen zu verzeichnen. Hier wird beispielsweise im Gebiet der Deutschen Bundesbahn das Gesamtangebot von Sitz-, Liege- und Bettplätzen in Schnellzügen, Fernschnellzügen und TEE-Zügen, das jährlich bei etwa 132 Millionen Plätzen liegt, einer sofortigen benutzergerechten Kundenreservierung zugänglich gemacht. Innerbetrieblich ist dabei ständig der Belegungszustand jedes einzelnen Fernreisezuges zu erkennen. Die erforderlichen Prozesse werden von einer in Frankfurt eingerichteten zentralen Platzbuchungsanlage (je zwei Siemens-Anlagen 4004/45 und 404/6) ausgeführt, die auch die Platzbuchung für die Eisenbahnverwaltungen Dänemarks, Österreichs, Belgiens und Luxemburgs übernimmt. Ferner wird auch die seit Jahren zufriedenstellende Platzbuchung von Autoplätzen auf den Ostseefährschiffen einbezogen. Die Anlage, bei der aus Sicherheitsgründen sämtliche Dateien doppelt vorhanden sind, ist so konzipiert, daß darüber hinaus mit anderen Organisationen des Flug-, Hotel- und Touristikgewerbes zusammengearbeitet werden kann.

Seit der Internationalen Verkehrsausstellung 1965 in München arbeitet eine in Frankfurt installierte elektronische Zugauskunftsanlage (Siemens-Rechner 2002), die unter Einbeziehung mehrerer Großbahnhöfe erweitert wird (Siemens 404/6). Inwieweit damit bereits Vorarbeiten für eine automatische Fahrkartenerstellung erarbeitet wurden, muß abgewartet werden.

Weitere Anwendungsgebiete von geringerer Bedeutung sind etwa der Einsatz von Sonderzügen im Ferien- und Festverkehr, die Lastverteilung in Bahnstromnetzen und der Vermessungsdienst.

Eine etwas genauere Analyse soll im folgenden dem Güterwagen-Informationssystem der niederländischen Eisenbahnen als Beispiel gewidmet werden, um daran anschließend Ansatzpunkte eines Integrierten Informationssystems bei der Deutschen Bundesbahn zu diskutieren.

Das Güterwagen-Informationssystem der niederländischen Eisenbahnen

Die Steuerung des Eisenbahngütertransports kann auf allen Ebenen des Informations- und Entscheidungssystems der Eisenbahn relevant sein. Dabei dürfte die tägliche Dienstausführung auf den Strecken und Bahnhöfen dem operativen System zuzurechnen sein, während die mittelfristige Planung administrative Funktionen betrifft. Sie schafft die Grundlagen für die tägliche Dienstausführung, indem sie Zugbildungspläne, Lokomotivumlaufpläne und Personaleinsatzpläne aufstellt. Demgegenüber ist die langfristige Planung für den Güterwagenbereich (z. B. Festlegung der Investitionshöhe und des räumlichen Einsatzes) politischer Natur.

Die für die genannten Systeme benötigten Informationen werden bei der niederländischen Eisenbahn[50]) aus folgenden Basisdaten gewonnen:

(1) feste Daten der Wagen, wie Eigentümer, Wagennummer, Wagenart, Anzahl der Achsen;

(2) variable Daten der Ladung, wie Absender, Empfänger, Absende- und Bestimmungsbahnhof, Gewicht und Art der Ladung, Bremsgewicht des beladenen Wagens;

(3) variable Daten des Zuges, wie Datum und Zugnummer des Transportes.

Zur Versorgung der drei Ebenen des Informations- und Entscheidungssystems bedient sich die niederländische Eisenbahn zweier Datenverarbeitungsanlagen (Siemens 4004/45 und 4004/S) als Zentrale sowie einer Reihe von SIEMENS-SELEX-Systemen in den Außenstellen.

Da nicht jeder Bahnhof von gleich großer Bedeutung ist, lassen sich verschiedene Rayons oder Gruppen des Eisenbahn-Güterverkehrs bilden, in denen eine Anzahl größerer und kleinerer Güterbahnhöfe zusammengefaßt wird. Jede dieser Gruppen hat einen Rangierbahnhof als Gruppenhauptstation (Knotenpunkt). Transporte zwischen der Gruppenhauptstation und den zugehörigen Güterbahnhöfen werden mit Nahverkehrsgüterzügen bedient, während der Verkehr zwischen den Knotenpunkten mit Ferngüterzügen abgewickelt wird.

Die bei den einzelnen Knotenpunkten anfallenden Daten werden zunächst lokal in SIEMENS-SELEX-Anlagen verarbeitet. Über diese Anlage hat die jeweilige Gruppe Verbindung zu den zentralen Computern. Infolgedessen sind an solche Anlagen folgende Anforderungen zu stellen:

(1) Speicherung und Verarbeitung der charakteristischen Daten der betreffenden Güterbahnhöfe sowie Weitergabe an die Zentraleinheit,

(2) Möglichkeit zur leichten Wiedergewinnung der festen Daten der Güterwagen,

(3) Reproduzierbarkeit der Daten in von Menschen lesbarer Schrift,

(4) Selektionsmechanismen, die aus der Menge der Datenbestände nur die jeweils gewünschten oder relevanten auswählen, sowie

(5) Sicherheit und Zuverlässigkeit.

Die Zentralen in den Knotenpunkten sind mit Lochstreifenkartenlesern und -stanzern sowie mit Lochstreifenlesern und -stanzern und mit Blattschreibern ausgestattet. Jeder Güterwagen innerhalb einer Bahnhofgruppe besitzt eine Lochstreifenkarte als Urbeleg.

In Abb. 2.66 ist der Ablauf eines Transportprozesses nach dem Güterwagen-Informationssystem der niederländischen Eisenbahn schematisiert[51]). Sendet ein Güterbahnhof innerhalb der Gruppe mit einem Nahverkehrsgüterzug einen Wagen ab, so meldet er dem Knotenpunkt die variablen Daten des Frachtbriefes. Am Knotenpunkt wird mittels der vorhandenen Lochstreifenkarte, aus der die festen Daten entnommen werden, und der Angaben der Substation eine neue Lochstreifenkarte für den Wagen angefertigt. Damit kann der Wagen über den zentralen Computer beim Empfängerbahnhof vorangemeldet (Voranmeldung) sowie die Rangierübersicht und der Wagenzettel für die ausgehenden Züge (Zugliste) fertiggestellt und bei Ankunft schließlich gemeldet (Ankunftsbericht) werden.

---

[50]) Das niederländische Güterwagen-Informationssystem wird in Anlehnung an Müller-Schönberger (1970), S. 52 ff. dargestellt.

[51]) Übernommen von Müller-Schönberger (1970), S. 55.

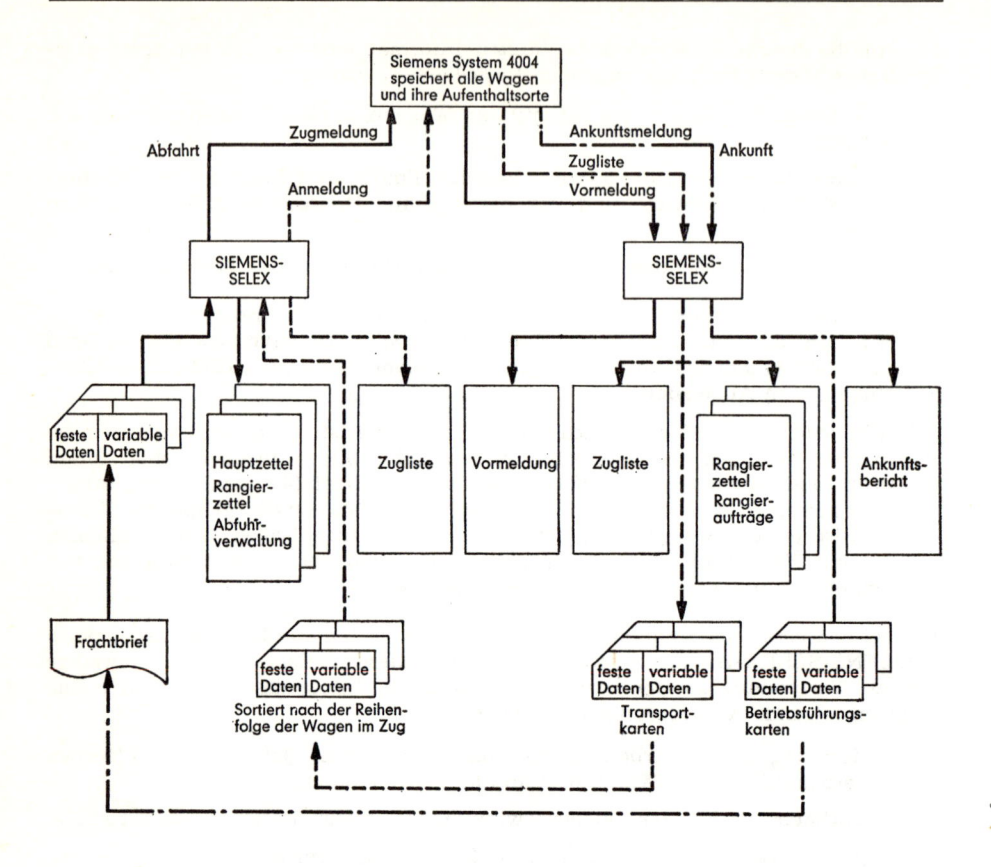

Abb. 2.66: Ablauf eines Transportprozesses

Im zentralen Computersystem sind der gesamte Güterwagenbestand der niederländischen Eisenbahn sowie die Wagen fremder Bahnverwaltungen, die sich gegenwärtig im niederländischen Eisenbahnnetz befinden, festgehalten. Jede Wagenbewegung bedeutet eine Fortschreibung des zentralen Wagenbestandes. Der Zentrale ist deshalb stets bekannt, wo sich gegenwärtig jeder einzelne Wagen befindet. Gleichzeitig ergeben sich hieraus für die unmittelbar zu erwartenden Rangier- und Zustellarbeiten wesentliche Informationen. Darüber hinaus gestattet das Computersystem auch, mittel- und langfristige Planungsinformationen bereitzustellen. Doch dürfte nicht zu übersehen sein, daß dieses Anspruchsniveau das System überfordert und dessen eigentliche Leistungskapazität auf der täglichen, unmittelbaren Dienstausführung auf den Bahnhöfen des Güterwagenumschlages liegt. Es handelt sich hier auch nur um ein partielles Informationssystem. Versuche, mehrere Teilsysteme zu integrieren, praktiziert seit einiger Zeit die Deutsche Bundesbahn.

Ansatzpunkte für ein Integriertes Informationssystem bei der Deutschen Bundesbahn

Die Aktivitäten der Deutschen Bundesbahn zum Aufbau eines Integrierten Informationssystems bzw. Management-Informations-Systems postulieren die generelle These, daß ein derartiges System von der operierenden Ebene aus, also von unten her, stufenweise zu entwickeln ist (bottom-up approach)[52]. Um die damit verbundenen Problemstellungen durchsichtiger und lösbar zu machen, wurde im Raum Hannover ein einmaliger Großversuch mit einem solchen System angelegt, der unter dem Namen „Kybernetische Insel Hannover" bekannt ist.

Die umfangreichen Experimente für eine westdeutsche Eisenbahn-Transportsteuerung gliedern sich in folgende Einzelgebiete[53]:

(1) Steuerung der Zugbewegungen,
(2) Steuerung von Rangierbewegungen,
(3) Steuerung von Förderbewegungen,
(4) Verkaufstechnik und Kundendienst.

Schwerpunkt der Aktivitäten im Bereich der Zugbewegungen ist die Fernsteuerung von Zug- und Rangierdiensten entlang einem größeren Streckennetz (Hannover — Bremen und Hannover — Minden). Hierzu werden alle Stellwerke dieses Bezirks von der dafür zuständigen Zentrale Hannover über Prozeßrechner (Siemens 300) betreut. Ein Duplex-Prozeßrechner mit mehreren kleineren Vorverarbeitungsrechnern dient der Fernbeauftragung sowie der sicheren und zuverlässigen Fernsteuerung der Stellwerke.

Zunächst besteht das Ziel der Versuche lediglich in der Überwachung des Zugbetriebs. Die einzelnen Bahnhöfe des Experimentierbereichs sind mit Fernschreibgeräten ausgerüstet, die mit der Steuerzentrale in Hannover verbunden sind.

Mit Fernschreibern werden alle in den Versuchsbezirk einbrechenden sowie im Bezirk neugebildeten Züge mit Zugnummern, Gleis und Einbruchzeit an den Rechner gemeldet (Einbruchdaten-Synchronisation). Die Steuerzentrale übernimmt dann die Lenkung aller Züge. Sie übermittelt den Stellwerken die eingespeicherten anstehenden Regelfahrstraßen. Das Stellwerk meldet daraufhin selbsttätig die jeweiligen Standorte der Züge an den Rechner. Gleichlaufend mit der dargelegten Automatisierung trifft im Versuchsstadium der örtliche Fahrdienstleiter entsprechende Entscheidungen, so daß aus den möglichen Abweichungen eventuell allgemeingültige Korrekturrezepturen für die Zukunft abgeleitet werden können.

Ein weiteres Versuchsspiel ist die unmittelbare Fernsteuerung von fünf Stellwerken durch denselben Duplex-Prozeßrechner. Damit sollen auch bei technischen Unregelmäßigkeiten alle Zug- und Rangierbewegungen mit voller Sicherheit ferngesteuert werden. Die dazu erforderliche selbsttätige Einstellung von Ersatzsignalen setzt exakte Informationen über die Standorte aller Fahrzeuge und die Stellung der Weichen voraus.

---

[52]) Eine detaillierte „Studie über den Aufbau eines Integrierten Informations-Systems (IS)" bei der DB gibt über Aufgaben, Planung und Realisierung des IS nähere Auskunft; vgl. Deutsche Bundesbahn (1971). Andere Thesen zur Konzeption von Management-Informations-Systemen finden sich in der kaum mehr zu überblickenden Fülle von Publikationen zu diesem Problemkomplex. Vgl. z. B. Blumenthal (1969), S. 19 ff.; Klein (1973) sowie die Bibliographie von Mans u. a. (1971).

[53]) Vgl. hierzu und zu den folgenden Ausführungen Schmitz (1971), S. 35 ff.

Die vorerwähnten Fernsteuer- oder Fernbeauftragungssysteme wirken — analog zum klassischen Stellwerksbetrieb — rein operativ. Geplant ist aber auch die Einbeziehung administrativer Aufgaben.

Ein weiterer Versuch betreibt die zentrale Lenkung des Güterverkehrs auf einem Rangierbahnhof (Seelze). Der installierte Siemens-Prozeßrechner 304 steuert hier bereits folgende Bewegungsvorgänge bei der Zugzerlegung:

„1. Funkfernsteuerung der automatischen Abdrücklokomotive mit Regelung der Abdrückgeschwindigkeit entsprechend der jeweiligen Länge der Fahrzeuggruppe und der Lage der Trennweichen;
2. Weichenstellung unter Berücksichtigung der dichten Ablauffolge;
3. Steuerung der Talbremsen auf Grund der gemeldeten Laufeigenschaften der ablaufenden Fahrzeuggruppen;
4. Steuerung der Richtungsgleisbremsen und Weiterführungseinrichtungen in den Richtungsgleisen"[54]).

Damit ist das klassische Ablaufstellwerk in Relaistechnik durch einen elektronischen Prozeßrechner ersetzt worden. Dieser übernimmt hier außer der Prozeßführung auch die Funktion der einzelnen Regel- und Steuerelemente.

Ein anderer Versuch beschäftigt sich mit den Bewegungen der Sendungen und Ladegefäße in Güterstellen. Dabei geht es in erster Linie um die Stückgutbewegung zwischen Fahrzeugen, d. h. Straßenfahrzeugen und Bahnfahrzeugen und umgekehrt sowie bei Umladestellen zwischen den Bahnfahrzeugen.

Hierfür steht ebenfalls ein Siemens-Rechner 304 über eine entsprechende Datenverbindung mit einer Datenendstelle (Hameln) in Verbindung. Das Umladepersonal in Hameln erhält vom Rechner in Hannover für jede Stückgutsendung auf Lochstreifenkarten definierte Umsetzaufträge. Der Rechnerauftrag lautet z. B.: „Setze um vom Wagenstandplatz 10 das Stück 15 nach Wagenstandplatz 90 mit der neuen Platznummer 30." Die neue Platznummer begleitet das Gut bis zur nächsten Umladestelle. Letztlich bleiben auch hier die Ansätze im operativen Bereich.

Ein letzter großer Versuchsbereich, der in engem Zusammenhang mit den Förderbewegungen steht, wird unter dem Stichwort „Verkaufstechnik und Kundendienst" zusammengefaßt. In diesem Teilsystem soll bereits die Quelle der Beförderungsvorgänge mit Datenendstationen ausgerüstet werden. Der Kunde kann dann seine Aufträge unmittelbar durch Deklarierung der Frachtbriefdaten (Anzahl der beförderten Güter, Gewicht, Inhalt, Format usw.), der Raum- und Zeitvorschriften, des Absenders und Empfängers aufgeben. Diese Massenbewegungsdaten, d. h. die Umsetzung von Fahrzeugen oder Ladungen, werden noch ergänzt durch die Daten zur Kontenführung: Berechnung des Beförderungspreises (Fracht, Nebengebühren, Freibeträge, Überweisungen) bei gleichzeitiger maschineller Ausfertigung des Frachtbriefs, Buchung und Abrechnung der Fracht (Kassensoll, Stundungsnehmer, Tages- und Monatsabschluß). Diese Daten werden in Hannover im sogenannten Verkaufsrechner (Siemens 304) zentral abgewickelt. Die Rückantwort enthält die zur Ist-Zeit berechneten Preise. Somit führt der Verkaufsrechner im Prinzip alle abrechnungstechnischen Aufgaben der Güterstelle aus.

Der vorstehend im Überblick geschilderte Großversuch „Kybernetische Insel Hannover" der Deutschen Bundesbahn wird durch Erkenntnisse und Erfahrungen mit weiteren Einzelsystemen in München (Zugüberwachung), Saarbrücken (Rechner für besondere Kundendienstaufgaben) und Frankfurt

---
[54]) Schmitz (1971), S. 36.

(elektronische Zugauskunftsanlage und Platzbuchungsanlage) ergänzt. Die dabei gewonnenen Versuchsergebnisse, die noch durch zusätzliche Studien zu ergänzen sein werden, sollen Ansatzpunkte für die Gestaltung eines umfassenden integrierten Transportsteuerungs- und Informationssystems der Deutschen Bundesbahn im ganzen Bundesgebiet liefern. Ein solches System sollte nach einer „Studie über den Aufbau eines Integrierten Informationssystems bei der Deutschen Bundesbahn (IS)" aus folgenden Systemelementen bestehen:

„1. den betrieblichen Informations-Systemen (BIS), und zwar
- für die automatisierten und nicht automatisierten Betriebs- und Verwaltungsabläufe (Integrierte Transportsteuerung, anwendungsbezogene Auswertungen, z. B. für das Rechnungswesen der ausführenden Stellen u. a.),
- Auswertungen für das Lower-Management (Ämter, Generalvertretungen, Ausbesserungswerke und Dienststellen),

2. den funktionalen Informations-Systemen (FIS) für das Middle-Management (HVB, zentrale Stellen und Bundesbahndirektionen) und

3. dem zentralen Informations-System (ZIS) für das Top-Management (Vorstand, Führungsinstrumente des Vorstandes und Abteilungsleiter der HVB)"[55].

Die drei genannten Systeme bilden zusammen ein Management-Informations-System, soweit sie Informationen an das Management liefern. Zwar ist das damit skizzierte Gesamtsystem gegenwärtig eher Wunschvorstellung als Wirklichkeit. Doch wurden konkrete Aufgabenstellungen für die erste Ausbaustufe eines solchen Verbundsystems bereits in Angriff genommen oder sind teilweise schon verwirklicht. Dabei handelt es sich im wesentlichen um folgende Teilsysteme:

(1) Frachtberechnung und -abrechnung im Güterverkehr;

(2) Fahrzeug-Informations- und -Vormeldesystem;

(3) Zuglaufüberwachung.

Die hier vorgesehene bzw. teilweise verwirklichte erste Ausbaustufe berücksichtigt insbesondere vordringliche Aufgabenbereiche. Ansatzpunkte für eine weitere Integration anderer Teilsysteme werden explizit berücksichtigt.

2.433 Computereinsatz in Speditionsbetrieben

Die wichtigsten typischen Funktionen im Speditionsbetrieb sind Frachtabfertigung, Abrechnung einschließlich Rechnungswesen und Steuerung des Einsatzes von Fahrzeugen. Die übrigen Aufgabenbereiche, wie etwa Finanz- und Kostenrechnung, stimmen weitgehend mit denen anderer Organisationen überein. Alle diese Bereiche stehen letztlich bei der Diskussion um den Computereinsatz als Probleme an.

---

[55] Röhrich und Mettner (1971), S. 653.

Gegenwärtig steht die Abfertigung des ein- und ausgehenden Sammelgutverkehrs bei der Computerisierung an erster Stelle. Hierbei geht es zunächst um die Erstellung der Relationslisten, aus denen unter Berücksichtigung der vorgegebenen raum- und gewichtsmäßigen Kapazitäten der zur Verfügung stehenden Fahrzeuge verladefähige Transporteinheiten zusammengestellt werden, wobei die tatsächlich verladenen Sendungen im sog. Bordero erfaßt und an den Empfangsspediteur weitergeleitet werden.

An die Abfertigung schließt sich unmittelbar die Aufgabe der Abrechnung (Fakturierung) an. Es liegt nahe, sie gleichzeitig mit dieser zu verarbeiten. Dies zeigt auch ein Blick in die praktisch realisierten Systeme, von denen im folgenden die Sammelgut-Abfertigung als Beispiel herangezogen werden soll. Die Disposition und das Rechnungswesen allgemein werden im Anschluß hieran diskutiert.

Die Sammelgut-Abfertigung

Die Sammelgut-Abfertigung ist eines der wenigen speditionsspezifischen Arbeitsgebiete, die gegenwärtig automatisch abgewickelt werden[56]). Ausgangspunkt der Sammelgut-Abfertigung ist der vom Kunden aufgegebene Speditionsauftrag bzw. Speditionsauftragssatz[57]). Danach werden die Versandpapiere nach den gewünschten Bestimmungsorten (Plätzen) — anhand der ersten zwei Stellen der Postleitzahlen — klassifiziert. Eine Kopie des ausgezeichneten Speditionsauftrages geht zur Umschlagshalle, während das Original die Vorprüfung durchläuft, bei der eventuell Vermerke wie Kundennummer usw. angebracht werden. Die anschließende Tarifierung bearbeitet den Vorgang mit Schlüsseln für die Frankatur, ermittelt den Tarif für die Kunden- und Unternehmerabrechnung und stellt die Entstehung von Sonderkosten usw. fest.

Für die bis dahin aufbereiteten Speditionsaufträge werden nun Sendungskarten gelocht und ins System eingelesen (IBM/360 — 20). Dabei werden die Speditionsaufträge fortlaufend numeriert und sequentiell auf die Platte gegeben. Die Sendungskarten, die nun nicht mehr benötigt werden, sind abzulegen.

Als Ergebnis der Verarbeitung der Sendungssätze wird eine Sendungsliste ausgedruckt. Sie weist alle bisher eingelesenen Sendungen in der Reihenfolge der Eingabe aus. Zusätzlich werden Kostenspezifikationen für Unfrei-Sendungen ausgegeben, die an die betreffenden Speditionsaufträge angeheftet werden können.

Eine nochmalige visuelle Kontrolle stellt in einem weiteren Schritt sicher, ob anhand der abgelochten Kundennummer der richtige Versender vom System oder eine unvollständige bzw. unwahrscheinliche Angabe vom Prüfprogramm gefunden wurde. Ist dies der Fall, müssen die Sendungsdaten mit einer Stornokarte berichtigt werden. Der Prozeß beginnt dann über das Lochen der neuen Sendungskarten, deren Einlesen in das System sowie die Verarbeitung von vorn.

Im Verarbeitungsprozeß selbst stehen die Sendungssätze in folgenden Dateien zur Verfügung: Kundendatei (Dateninhalt: z. B. Adressen und Angaben über Konditionen); Ortsdatei (Dateninhalt: z. B. Ermittlung der Kilometer vom Versender zum

---

[56]) Ein solches System wird erfolgreich bei einer Hamburger Spedition eingesetzt. Vgl. Timm (1971), (1972).

[57]) Vgl. dazu sowie zum weiteren automatisierten Prozeß der Sammelgut-Abfertigung Abb. 2.67, übernommen von Timm (1971), S. 746.

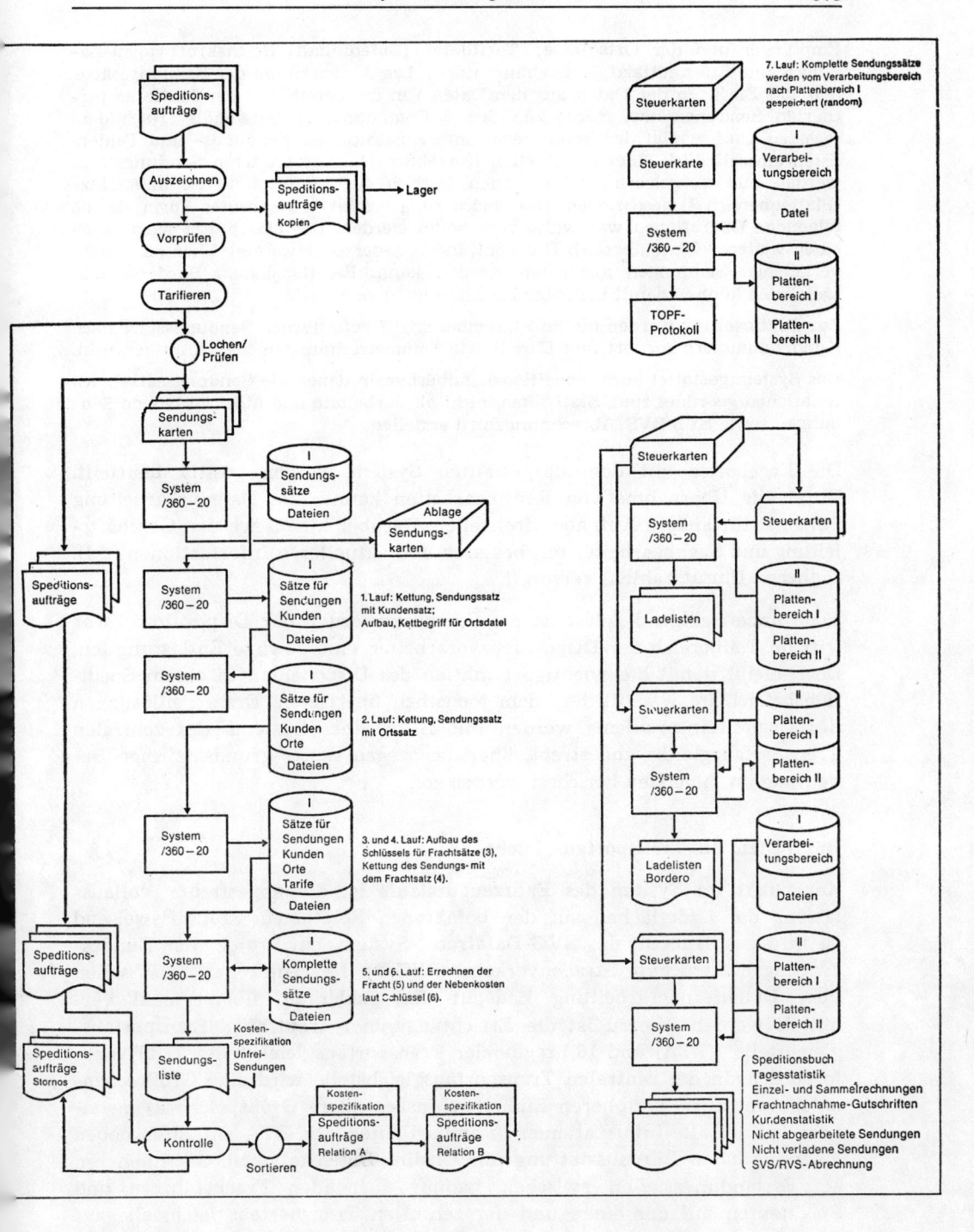

Abb. 2.67: Ablauf einer Sammelgut-Abfertigung

Empfänger und der Ortsklasse; Tarifdatei (Dateninhalt: Reichskraftwagen-Ladungs- und Stückguttarif, Rollgebührentarif). Die Aufbereitung der Sendungssätze, d. h. das Einfügen der Daten aus den Dateien in die bereits auf der Platte gespeicherten Sendungssätze, macht zunächst 6 Computerläufe notwendig. Nach dem sechsten Lauf erfolgt der bereits erwähnte Ausdruck der Sendungs- und Fehlerlisten einschließlich einer eventuellen Korrektur. Die aufbereiteten Sendungssätze werden nun ausgelesen und in einen Bereich für verarbeitete Sendungssätze (Plattenbereich I) geschrieben. Die Speicherung erfolgt in gestreuter Form, da die folgenden Operationen wahlweise verarbeitet werden. Die Flexibilität wird durch einen weiteren Plattenbereich II erhöht, indem jederzeit etwa eine Liste aller nicht verladenen Sendungen abgerufen werden kann. Relationslisten, Borderos und Ladelisten können damit beliebig abgerufen werden.

Zur Fakturierung werden die im Plattenbereich II befindlichen Sendungssätze nach Kundennummern sortiert und Einzel- wie Sammelrechnungen täglich ausgedruckt.

Das System gestattet auch, Speditionshandbücher, in denen die Sendungssätze nach Relationen geordnet sind, Statistiken, nicht abgearbeitete und nicht verladene Sendungen sowie SVS/RVS-Abrechnungen zu erstellen.

Die Ergebnisse mit dem dargestellten System werden positiv beurteilt. Durch die Übernahme von Routinearbeiten konnte die Datenverarbeitung Personal für andere Aufgaben freistellen. Darüber hinaus werden Geschäftsleitung und Sachbearbeiter mit besseren und aktuelleren Informationen (z. B. täglichen Umsatzzahlen) versorgt.

Noch unbefriedigend gelöst ist die Computerisierung der Disposition. Zwar tritt im Teilbereich der Dispositionsvorarbeiten eine gewisse Entlastung ein. Doch bleibt damit die wichtige Funktion des Disponenten in einem Speditionsbetrieb im wesentlichen dem Menschen überlassen. Erste Teillösungen des Dispositionsproblems werden mit Hilfe eines Systems des zentralen Transportausgleichs angestrebt, über das wegen seiner grundsätzlichen Bedeutung im folgenden berichtet werden soll.

Das System des Transportausgleichs

Kernpunkt im System des Fahrzeugumlaufs ist die angestrebte Vollauslastung der Ladeflächen auf den befahrenen Relationen. Zukunftsweisend ist in dieser Hinsicht das SVG-Datafracht-System, ein Projekt der Bundeszentralgenossenschaft Straßenverkehr (SVG)[58]. Mit Hilfe der EDV sollen über Datenfernverarbeitung Ladegut und Laderaum überregional vermittelt werden. Hierzu ist die Errichtung einer „zentralen Transportausgleichstelle" (ZTA) und 18 „regionaler Transportausgleichstellen" (RTA) erforderlich. In der zentralen Transportausgleichstelle wird eine Großrechenanlage mit allen peripheren Einheiten (insbesondere Großspeichern) installiert, bei der alle Informationen zusammenlaufen. Die RTA enthalten neben einer normalen Büroausstattung nur On-line-Datenstationen. Sie fungieren als Verbindungsstellen zwischen Ladung suchenden Frachtführern und Spediteuren auf der einen und der zentralen Transportausgleichstelle auf

---

[58] Vgl. Binnenbruck (1972).

der anderen Seite. Jeder Transportunternehmer kann sich telefonisch oder schriftlich an die nächstliegende RTA wenden, seine Fahrzeuge bzw. seine Ladekapazitäten anmelden und dieses Kapazitätsangebot bis zu 72 Stunden speichern lassen. Andererseits kann jeder Spediteur seine Ladegutangebote ebenfalls über die Terminals dem Computer mitteilen. Die ZTA bestätigt die Speicherung der übermittelten Daten und gibt den RTA die vom Rechner feststellbaren Fehler bekannt. Diese werden dann unverzüglich berichtigt. Im übrigen funktioniert das System wie ein Platzbuchungssystem bei einer Luftfahrtgesellschaft (mit den regionalen Transportausgleichstellen als Buchungsplätzen). „Es werden also Daten und Merkmale übermittelt, die über die Versand- und Empfangsorte, die Fahrzeugarten, die Beförderungsmengen, die Ladeflächen, die Beladungsfristen, die Vermittlungsfristen, die Kenn-Nummern der Betriebe, die Entladefristen, die Zahl der Be- und Entladestellen, die Fracht nach Richtsatz, die Güterarten, die Tarifpunkte und die übliche Vermittlungsnummer Auskunft geben"[59]).

Die zentrale Transportausgleichstelle hält auf diese Weise in ihren Speichern Transportangebot und -nachfrage auf dem laufenden und sendet über die RTA entsprechende Vertragsangebote an die Beteiligten, welche sich innerhalb einer bestimmten Frist entscheiden können, ob sie das vom Computer ausgesuchte Angebot annehmen wollen oder nicht. Wird ein Vertragsabschluß bestätigt, erfolgt alles weitere wieder automatisch, bis der Vorgang mit der Ausstellung einer Sammelrechnung abgeschlossen ist[60].

Bei einer Beurteilung des SVG-Datafracht-Systems ist festzustellen, daß die generell für die Transportbestimmung und die Fahrzeugdisposition notwendigen Angebots-, Nachweis- und Annahmedaten über dieses System koordiniert werden können. Darüber hinaus erwartet die Bundeszentralgenossenschaft Straßenverkehr, daß die bisherigen Ansätze zu einem voll integrationsfähigen Daten-Kommunikationssystem weiterentwickelbar sind. Insbesondere soll das geplante Rechenzentrum auch im Rahmen des kombinier-

---

[59]) Binnenbruck (1972), S. 18.

[60]) Ein ähnliches Frachtverkehrssystem wird auch von der SNCF, der französischen Staatsbahn, betrieben:
„Wenn ein Güterwagen benötigt wird, so weist ihn der Computer vom günstigst gelegenen Bahnhof aus zu und beauftragt den zuständigen Bahnhof mit der Beförderung des Waggons an den gewünschten Ort. Erreicht ein Güterzug einen Bahnhof, so übermittelt der Zentralrechner eine Aufstellung der Bestimmungsorte aller Wagen, damit sie sofort zu ihren Be- oder Entladeorten gebracht werden können.
Hat ein Güterwagen eine bestimmte Kilometerzahl erreicht, so wird der nächste anzufahrende Bahnhof benachrichtigt, damit dort die — ebenfalls vom Computer vorgeschriebenen — vorbeugenden Wartungsarbeiten ausgeführt werden.
Das zentrale Frachtverkehrssystem liefert außerdem statistische Informationen über die Ausnutzung und den Nutzen der einzelnen Güterwagen und des gesamten Frachtsystems. Das automatische Erstellen der Kundenrechnung ist ein nützliches Nebenprodukt.
Nach Auskunft der SNCF-Direktion brachte das sofortige Bereitstellen der Güterwagen nach diesem System bis heute eine annähernd 25%ige Verkürzung der Wagenumlaufzeiten, was einem 33%igen Anstieg des Wagenparks entsprechen würde. Durch diese Ersparnisse seien die Investitionen in die Datenverarbeitung gerechtfertigt worden." SNCF (1972), S. 141.

ten Straße/Schiene-Transports (Kombiverkehr) eingesetzt werden, für den ein Platzreservierungssystem vorgesehen ist.

In einem weiteren programmatischen Schritt entwickelt die Bundeszentralgenossenschaft Straßenverkehr ein EDV-Rahmenprogramm, das die Buchhaltung, die Kostenstellenrechnung, das Mahnwesen, d. h. den gesamten speditionellen Verwaltungsbereich, analysieren und EDV-gerecht aufbereiten soll. Hier handelt es sich um Versuche, eine fundierte Kosten- und Betriebsbuchhaltung als Grundlage eines Informationssystems zu entwickeln, was in neuerer Zeit allgemein auf Interesse gestoßen ist.

Die Kostenrechnung als Grundlage eines computerisierten Informationssystems

Die Entwicklung einer leistungsfähigen Kostenrechnung hat im Speditionsgewerbe erst in jüngster Zeit begonnen:

> „Die Kostenrechnung der Speditionsbetriebe war bisher nur Gegenstand weniger Veröffentlichungen. Von den älteren Monographien sind vor allem die Arbeiten von L. Meyer in den 20iger Jahren zu erwähnen[61]). Während die Literatur zur industriellen Kostenrechnung in den letzten Jahrzehnten mehr und mehr anschwoll, beschäftigt sich speziell mit der Kostenrechnung der Spedition erst wieder eine Veröffentlichung aus dem Jahre 1958[62]). In jüngster Zeit gibt es nun Bestrebungen, die für die industrielle Kostenrechnung entwickelten Verfahren auch im Verkehrsbetrieb anzuwenden"[63]).

Folgt man der Analyse des Kostenrechnungsproblems von Wecker[64]), dann eignet sich für den Speditionsbetrieb insbesondere eine hierarchisch gestufte Deckungsbeitragsrechnung. Problem ist hierbei die horizontale und vertikale Gliederung der Leistungsbereiche sowie die Festlegung der Leistungseinheiten. Bei den Leistungseinheiten ist unter kalkulatorischen Gesichtspunkten zwischen Betriebsleistung (gemessen in Ladetonnenkilometern), Marktleistung (Nettotonnenkilometern) und Gesamtleistung (Bruttotonnenkilometern) zu unterscheiden[65]). Bei den Leistungsbereichen stellt die Unternehmung den umfassenden Leistungsbereich dar. Relativ unproblematisch ist die Abgrenzung der Filialen, die bei vertikaler Differenzierung selbst Einheiten unter eigener technischer und kaufmännischer Leitung darstellen und in mehreren Abteilungen ein geschlossenes Leistungsprogramm verfolgen.

> „Auf der nächsten Ebene funktional gestufter Leistungsbereiche stößt man durch die weitere horizontale Untergliederung der Filialen in unselbständige Abrechnungsbezirke. Die funktionale Ordnung erschließt den speditionellen

---

[61]) Vgl. Mayer (1926).
[62]) Vgl. Bönisch (1958).
[63]) Schott (1971), S. 13.
[64]) Vgl. Wecker (1969).
[65]) Vgl. z. B. Wille (1962).

> Leistungszusammenhang in einer Weise, der für den Aufbau der Einzelkosten- und Deckungsbeitragsrechnung praktisch immer grundlegend ist.
>
> Riebel trägt diesem Gedanken dadurch Rechnung, daß er durch diese Hierarchie der Leistungsbereiche die Spaltengliederung seiner Grundrechnung determiniert.
>
> Bei der Bildung der unselbständigen Abrechnungsbezirke sind zugleich rechnungstechnische (kalkulatorische) und verantwortungsbedingte (organisatorische) Momente zu berücksichtigen ... Wird der organisatorische Gesichtspunkt der Verantwortungsabgrenzung in den Vordergrund gestellt, so müssen sie sich mit den Abteilungen der Spedition decken"[66]).

Letztlich soll mit der Abteilungsgliederung eine exakte Kosten- und Erlöszurechnung ermöglicht werden. Diese ist Voraussetzung für ein umfassendes Informationsprogramm der Kostenrechnung. Nach Wecker umfaßt dieses Kosteninformationen für Prognosezwecke bei den Verfahrens- und Preisentscheidungen, Kosteninformationen für Vorgabezwecke zur Lenkung der Filial- und Abteilungsbereiche und schließlich Kosteninformationen für die Ausführungskontrolle und Abweichungs- und Kosteneinflußgrößenanalyse (Dispositionskontrolle).

Überlegungen, derartige Entscheidungsunterlagen automatisch zu erstellen, sind durchaus nicht in das Reich der Spekulation zu verweisen, wie die Konzeption des MIS der Ryder Truck Lines, Inc. zeigt[67]). In dessen Kern steht ein empirisch ermitteltes Standardkostensystem mit Betriebsabrechnung, Gewinn- und Verlustrechnung, Umsatzanalyse und Beschäftigungsbericht (Anzahl von Leer- und Lastfahrten, Ladungsfaktor, Zwischenstationen u. ä.) für jede Zweigstelle. Diese Abrechnungsdaten münden in ein erfolgsbedingtes Anreizsystem. Gewinnanreize werden je Monat auf Grund statistisch erreichbarer Leistungsstandards gezahlt. Jede Filiale wird individuell abgerechnet. Ein Filialleiter kann bis zu 60 % seines Gehalts als Gewinnbonus pro Monat erzielen. Grundlegend für die Gewinnbestimmung ist die Annahme, daß je zwei Filialen zu gleichen Teilen an Ertrag und Aufwand einer Verkehrstransaktion zwischen ihnen beteiligt sind, vorausgesetzt, daß sie beide die budgetierten Standardkosten eingehalten haben (anderenfalls ergeben sich entsprechende Korrekturen nach oben oder unten).

Allerdings werden Budgetierung und Verfahren des Operations Research auch in den USA nur bei den 12 größten Speditionen eingesetzt. Modellrechnungen befinden sich hierbei erst im Stadium der Erprobung mit Vergangenheitszahlen — eine Art „Nachkalkulation" bereits getroffener Entscheidungen. Zweck dieser Nachkalkulation ist es aber, herauszufinden, ob sich der Einsatz von Entscheidungsmodellen in der nächsten Phase der Entwicklung von Computersystemen lohnt[68]).

---

[66]) Wecker (1969), S. 161 f.
[67]) Vgl. Ryder Truck Lines, Inc. (1969).
[68]) Vgl. hierzu Klaus (1970).

Die vorstehenden Überlegungen markieren lediglich Ideen, welche die Entwicklung speditioneller Informationssysteme in der Bundesrepublik Deutschland in den nächsten 10 Jahren bestimmen werden.

Die bisher vorliegenden theoretischen und praktischen Auseinandersetzungen zum Einsatz von Computern auf diesen Arbeitsgebieten befinden sich noch in einem frühen Stadium der Diskussion. Inwieweit gegenwärtig — neben einer Vielzahl programmatischer Verlautbarungen — tatsächlich Computer in Speditionsbetrieben eingesetzt werden und welche Einsatzbereiche zur Diskussion stehen, soll abschließend an Hand empirischer Ergebnisse aufgezeigt werden.

Empirische Ergebnisse zum Einsatz von Computern in Speditionsbetrieben

In der Bundesrepublik Deutschland existieren gegenwärtig ca. 5000 Speditionsbetriebe[69]). Von diesen halten sich ca. 50 % für zu klein, um sich mit interner oder externer Datenverarbeitung zu befassen. Die übrigen beschäftigen sich alle mit computerisierten Informationssystemen, wobei allerdings der Einsatz von Anlagen der mittleren Datentechnik und die Zusammenarbeit mit Rechenzentren dominieren. Soweit EDV-Anlagen vorhanden sind, werden in aller Regel integrierte Systeme, d. h. solche, die mindestens zwei der eingangs aufgezählten Bereiche umfassen, antizipiert. Weniger als 5 % aller Speditionsbetriebe sind gegenwärtig groß genug, um eine eigene EDV-Großanlage zu finanzieren.

Ein konkreter statistischer Überblick zum Computereinsatz in Speditionsbetrieben wurde mit Hilfe eines Fragebogens ermittelt. Die Auswertung der 1437 beantworteten Fragebogen[70]) zeigt folgende Ergebnisse:

(1) Von insgesamt 1437 Speditionsbetrieben setzen 544 Datenverarbeitungsanlagen ein; 893 Speditionsbetriebe arbeiten ohne automatisierte Datenverarbeitung, wovon allerdings wiederum 256 Betriebe entweder bereits Kontakte mit Herstellern aufgenommen oder zumindest Pläne für den Einsatz von Computern vorliegen haben.

(2) Von den genannten 544 Speditionsbetrieben besitzen:

154 Betriebe eine Anlage, die der mittleren Datentechnik zuzurechnen ist;

83 Betriebe haben eine „Großanlage" (z. B. ab IBM 360/20)
— 115 Betriebe sind es mit Nordbaden und Hamburg —;

375 Betriebe arbeiten mit einem Rechenzentrum zusammen.

---

[69]) Die im folgenden dargestellten Ergebnisse entstammen einer empirischen Untersuchung, welche von Diehl (1972) in Zusammenarbeit mit dem Bundesverband Spedition und Lagerei e. V. (BSL) durchgeführt wurde.

[70]) Die Landesverbände Nordbaden und Hamburg haben sich an der Untersuchung nicht beteiligt.

(3) Von den 544 Betrieben geben 383 folgende Einsatzbereiche an:

    202 Betriebe haben ausschließlich Programme für das Rechnungswesen;

    44 Betriebe haben ausschließlich Programme für den speditionellen Bereich (Abfertigung);

    137 Betriebe haben Programme in beiden Bereichen.

(4) Im Bereich des Rechnungswesens verwenden 383 Betriebe folgende Programme:

    306 Programme für die Kreditoren- und Debitorenbuchhaltung;
    26 Programme für das Mahnwesen;
    78 Programme für Lohn- und Gehaltsabrechnung;
    80 Programme für die Betriebsabrechnung;
    150 Programme für Fakturierung;
    35 Programme für KVO-Abrechnung;
    28 Programme für die Frachtberechnung;
    8 Programme für die Lagerbuchhaltung;
    6 Programme für die Kundenstatistik;
    2 Programme für die Lagerabrechnung;
    2 Programme für die Speditionskontrolle;
    1 Programm für die Luftfrachtabrechnung.

(5) Im Bereich der Abfertigung verwenden 383 Betriebe folgende Programme:

    33 Programme für die Borderierung;
    14 Programme für die Speditionsabfertigung;
    10 Programme für die Importabfertigung;
    10 Programme für die SVS/RVS-Anmeldung (Versicherungsanmeldung, die in der Spedition gesetzlich vorgeschrieben ist);
    8 Programme für die Rollfuhr;
    7 Programme für den Sammelguteingang;
    6 Programme für den Sammelgutausgang;
    5 Programme für die Zollabfertigung;
    4 Programme für die Exportabfertigung;
    2 Programme für Sammelladungen.

Die dargelegten empirischen Erhebungen lassen den Schluß zu, daß die Möglichkeiten des Computereinsatzes im Speditionswesen noch keineswegs ausgeschöpft sind. Insbesondere ist der funktionale Bereich der Disposition bisher fast ausschließlich ohne Computerunterstützung geblieben, obwohl die Betriebsgrößenverhältnisse den Speditionssektor als ein ideales Gebiet für den Anschluß an Rechenzentren und damit die Anwendung der Datenfernverarbeitung erscheinen lassen. Der Bundesverband des Güterfernverkehrs (BDF) und der Spedition und Lagerei e. V. (BSL) schlagen deshalb zentral verwaltete Rechenzentren vor, an die sich auch kleinste Betriebe mit

Datenstationen anschließen können, die für ihre speziellen Bedürfnisse ausreichen. Demgegenüber empfehlen die Computerhersteller Einzellösungen. In jedem Falle ist der Datenfernverkehr auch unumgänglich auf Grund der räumlich dezentralisierten Struktur der Speditionen und der Tatsache, daß jeder Betrieb nur ein Glied in einer Transportkette darstellt. Wie bereits mehrfach angedeutet, liegt es nahe, die überregionalen Datenbanken der verschiedenen Verkehrsbetriebe zu einer halböffentlichen Verkehrsdatenbank zusammenzuschließen. Technologisch läßt sich dies mit einer Systemkonzeption realisieren, die unter dem Stichwort „public computer utilities" diskutiert wird.

2.44 Computer in makrologistischen Informationssystemen

Gegenstand eines makrologistischen Informationssystems können alle Mitglieder einer Gesellschaft, Betriebswirtschaften, speziell Verkehrsbetriebe, die Regierung, Behörden und andere Organisationen sein, soweit sie an Transport- und Speichervorgängen beteiligt sind oder solche selbst vollziehen. Freilich ist die Analyse der Transport- und Speicherungsprozesse auf dieser Ebene der Betrachtungsweise relativ global. Es geht hier zunächst weniger um allgemeine innerorganisatorische Informationsbeziehungen etwa einer Behörde oder der Regierung. Doch kann es geradezu Aufgabe einer solchen Institution sein, Steuerungsfunktionen relativ aggregierter Transportprozesse zu übernehmen, wie dies insbesondere etwa für das Bundesverkehrsministerium der Fall ist. Hier sind bereits Planungsarbeiten angelaufen, die Ansatzpunkte für ein Verkehrsinformationssystem erarbeiten sollen. Es kann als Vorstufe oder Teilsystem umfassender Informationsdatenbanken für die Bundesrepublik Deutschland angesehen werden. Solche Großrechenzentren mit logistischen Datenbanken, die in den USA als public computer utilities (öffentliche Rechendienste) diskutiert werden, sind sowohl für die verladende Wirtschaft wie für die öffentliche Hand und eventuell auch für private Haushalte von Interesse. Es kann daher nicht überraschen, daß ein derartiges Projekt auch von der Deutschen Bundespost erwogen wird.

Grundsätzlich sind mit solchen Projekten Probleme des Datenfernverkehrs verbunden. Zunächst stehen jedoch die Planungsarbeiten für ein makrologistisches Verkehrsinformationssystem zur Diskussion.

2.441 Ansatzpunkte für ein Verkehrsinformationssystem

Entscheidende Impulse zur Errichtung eines Verkehrsinformationssystems beim Bundesverkehrsministerium gehen vom allgemein wachsenden Informationsbedarf aus. Die bereits seit 1969 laufenden Planungsarbeiten hierzu sehen ein System vor, das zunächst aus einer Verkehrsdatenbank (numerische Daten) und einer Dokumentationsbank (nicht-numerische Informationen) besteht[71]). In der *Verkehrsdatenbank* sollen alle technischen, sozioökonomischen und für die einzelnen Verkehrsträger relevanten Daten numerischer Art aufgenommen werden. Die *Dokumentationsbank* verwaltet demgegenüber Informationen aus Geschäftsvorgängen sowie Literaturdokumente über das Gebiet des in- und ausländischen Verkehrswesens. In Abb. 2.68 sind die Hauptbestandteile des Informationssystems im Verkehrswesen dargestellt[72]). Im folgenden soll kurz darauf eingegangen werden.

Grundsätzlich ist davon auszugehen, daß in den Dateien der Verkehrsdatenbank in erster Linie verdichtete Daten in der für die Planung und Entscheidung erforderlichen Aggregation bereitgehalten werden. Dabei dürfte es sich insbesondere um Daten handeln,

(1) die von zentraler Bedeutung sind;

(2) die mehrere Verkehrszweige berühren;

(3) die wegen leichterer Zugänglichkeit, Vermeidung von Mehrfacherfassungen oder erheblichen Umrechnungsaufwandes zentral geführt werden sollten.

Es wäre allerdings verfehlt, stellte man sich das geplante Verkehrsdatenbanksystem als ein homogenes Gebilde vor. Vielfältig verzweigte Dateien sind inhaltlich wie zuständigkeitsmäßig stark aufgefächert und verzahnt. Dies wird insbesondere bei einer näheren Betrachtung der sog. *Fachdatenbanken* deutlich. Entsprechend der Abbildung sind solche für die Arbeits-

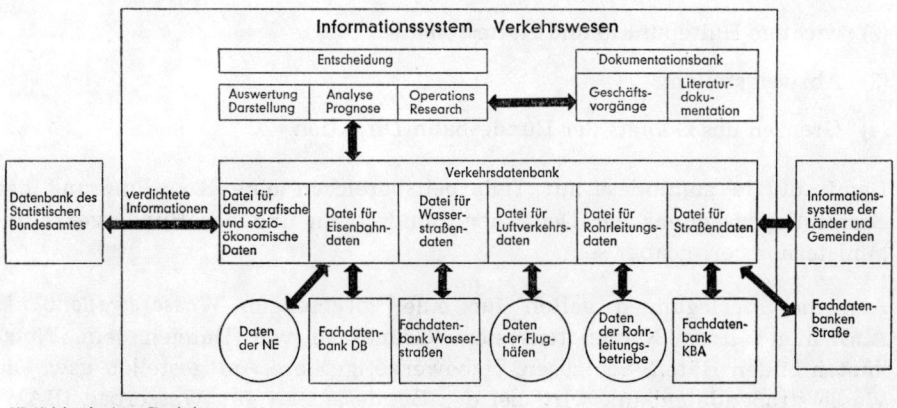

Abb. 2.68: Hauptbestandteile des Informationssystems im Verkehrswesen

---

[71]) Vgl. hierzu und zum folgenden Wilkenloh (1972).
[72]) Übernommen von Wilkenloh (1972), S. 26.

bereiche der Verkehrsträger Straßen, Eisenbahn, Wasserstraßen, Luftverkehr und Rohrleitungen geplant.

In der *Straßendatenbank* sollen gespeichert werden:

(1) Straßendaten (z. B. Lokalisierung der Streckenabschnitte, Streckenquerschnittsdaten, Straßenbaudaten, Ausstattungsdaten);

(2) Bauwerksdaten;

(3) sonstige Datengruppen (z. B. Straßenverkehrsdaten, Unfalldaten).

Hierzu sind bereits erste Arbeiten begonnen worden. Ein Bund-Länder-Ausschuß entwickelte sog. Netzknoten- und Stationierungssysteme für die EDV-gerechte Lokalisierung der Daten. Danach wird jeder Straßenabschnitt durch zwei Netzknoten begrenzt, die durch eindeutige Numerierung gekennzeichnet werden. Eine Anfrage an die Straßendatenbank muß dieses Ordnungsmerkmal verwenden. Das gesamte System von Ordnungsmerkmalen legt eindeutig die Möglichkeiten des Zugriffs auf gespeicherte Daten des bundesdeutschen Straßennetzes fest.

In Anlehnung an das skizzierte Netzknoten- und Stationierungssystem soll auch analog bei der *Eisenbahndatenbank* verfahren werden. Als Netzknoten, die durch Strecken verbunden sind, werden für die Deutsche Bundesbahn vorgeschlagen:

(1) alle Bahnhöfe (einschließlich Container-Umschlagplätze, Lkw- und Pkw-Verladestellen);

(2) wichtige Haltepunkte und Haltestellen;

(3) Abzweigstellen;

(4) Grenzen des Gebiets der Bundesbahn-Direktion.

Damit dürfte zumindest auf Teilarbeitsbereichen eine Koordinierung der Bestrebungen seitens der Deutschen Bundesbahn und des Bundesverkehrsministeriums erreichbar sein.

Ähnliche Überlegungen gelten für eine vorgesehene *Wasserstraßenbank*. Auch hier soll ein Netzknotensystem Grundlage von Dateien sein. Netzknoten bilden Häfen, Schleusen, Hebewerke, größere Anlegestellen usw. Die Wasserstraßendatenbank wird bei der Bundesanstalt für Wasserbau (BAW) in Karlsruhe errichtet werden.

Die Notwendigkeit der Errichtung einer Fachdatenbank *Luftverkehr* ist bislang noch ungeklärt. Möglicherweise genügt bereits eine „Datei für Luftverkehrsdaten". Inwieweit hier auch Daten der Flughäfen einbezogen werden können, ist u. a. wegen der unterschiedlichen Ausmaße der EDV-Anwendung in diesem Bereich noch ungeklärt.

Fortschritte sind demgegenüber bereits auf einem Teilgebiet der *Dokumentationsbank* zu verzeichnen. Die Speicherung und Wiedergewinnung der Geschäftsvorgänge des Bundesverkehrsministeriums werden über das bei Siemens entwickelte Programmsystem GOLEM (Großspeicherorientierte, listenorganisierte Ermittlungsmethode) verarbeitet. Dieses System speichert Informationen in einer Datei. Es läßt als Abfragesystem ein systematisches Frage- und Antwortspiel zwischen einem informationssuchenden Interessenten und dem auskunftgebenden Computer zu. Für die Suche werden Schlagwörter (Deskriptoren) gebildet, die für die gewünschten Informationen charakteristisch sind. Die Dateneingabe erfolgt über handelsübliche Datenträger (Lochkarte, Lochstreifen, Magnetband), während der Benutzer beim Suchvorgang über Datensichtgeräte mit dem Computer korrespondieren kann. Die Antwortzeit beträgt bei einer Abfrage mit 10 Deskriptoren, einer Sammlung von 10 Millionen Dokumenten und einem Deskriptorenverzeichnis von 20 000 Wörtern ca. zehn Sekunden.

Noch wenig ausgebaut ist die angestrebte *Literaturdokumentation* des in- und ausländischen Verkehrswesens. In einem Thesaurus müßten Deskriptoren definiert und ihre wechselseitigen Beziehungen gekennzeichnet werden. Ein „Dachthesaurus" könnte dann die von verschiedenen zusammenarbeitenden Dokumentationsstellen verwendeten Teilthesauri koordinieren.

Das vorstehend skizzierte Verkehrsinformationssystem stößt — was für Makrosysteme charakteristisch ist — mit anderen selbständigen Organisationseinheiten auf Abstimmungsschwierigkeiten. So ist die Zusammenarbeit bei Bund, Ländern und Gemeinden notwendige Voraussetzung eines funktionierenden Verkehrsdatenbanksystems. Dies betrifft insbesondere auch die Kooperation zwischen Bundesverkehrsministerium und Statistischem Bundesamt, auf dessen relevante verdichtete Informationen zur Vermeidung von Doppelerfassung wohl kaum verzichtet werden kann. Eine derartige Zusammenarbeit ist allerdings nur dann sinnvoll möglich, wenn auch die technologischen Gegebenheiten aufeinander abgestimmt sind. Das Verkehrsinformationssystem kann deshalb aus dieser Sicht nur voll wirksam arbeiten, wenn es in ein umfassendes Informationsbankensystem für die Bundesrepublik Deutschland eingebettet ist. Dieses System müßte Fachinformationsbanken besitzen, die alle Wissensgebiete und Lebensbereiche einschließen. Doch sind die so gezeichneten Perspektiven heute und wohl auch in nächster Zukunft noch Utopie. Als Ersatz- bzw. Übergangslösungen auf dem Wege zu einem umfassenden Informationsbankensystem können die in den Vereinigten Staaten angebotenen öffentlichen Rechendienste angesehen werden.

2.442 Öffentliche Rechendienste (Public Computer Utilities)

Öffentliche Rechendienste sind umfassend angelegte Datenbanksysteme, die dezentral über ein oder mehrere zentrale Großrechenzentren eine Vielzahl von Informationsbedürfnissen befriedigen können. Entsprechend breit anzulegen sind deshalb auch die zu erfüllenden Funktionen. Die Diskussion über die Struktur der Rechendienste ist gegenwärtig noch in einem sehr frühen Stadium[73]).

Funktionen und Prozesse öffentlicher Rechendienste

Öffentliche Rechenzentren — mit beschränktem oder auch unbeschränktem Teilnehmerkreis — können folgende Funktionen erfüllen:

(1) Ausführung standardisierter Rechenbedürfnisse für die Wirtschaft, insbesondere für das Informationssystem kleinerer Verkehrsbetriebe und verladender Unternehmungen;

(2) Besorgung von Datenverarbeitungsprozessen für interorganisationale Beziehungen, z. B. bei der Koordination von Marketingkanälen;

(3) Übernahme von Rechenarbeit mit Hilfe spezieller Software, die vom Benutzer selbst erstellt und gewartet wird;

(4) Wahrnehmung von Rechenarbeit für Instanzen der öffentlichen Hand, welche an der Abwicklung von Verkehrsvorgängen beteiligt sind (insbesondere Zollabfertigung, Steuer u. ä.);

(5) Funktionen der Koordination zwischen Verkehrsanbietern, Nachfragern und der öffentlichen Hand;

(6) Sammlung, Aufbereitung und Auswertung von Planungsdaten für die makrologistischen Instanzen (insbesondere das Verkehrsministerium) und — je nach Bedarf — für die Planungsabteilungen größerer Verkehrsbetriebe oder sonstiger Unternehmungen.

Existiert ein Angebot derartiger Dienstleistungen, dann können die Verkehrsbetriebe dies als eine öffentliche Versorgung mit Rechendiensten betrachten, etwa wie den Telefon- oder Fernschreibdienst der Deutschen Bundespost. Kleinstbetriebe erhalten nur eine Datenstation und wickeln ihren gesamten Rechenbedarf von dort aus über das öffentliche Rechnersystem ab. Nächstgrößere Betriebe werden für ihre laufenden Routinearbeiten bereits einen eigenen Kleincomputer, etwa im Sinne der mittleren Datentechnik, oder eine kleinere Rechenanlage als wirtschaftlich erachten. Dieser wählt nur für Spitzenbedarf und Sonderaufgaben (etwa Planungsstatistiken u. ä.) das öffentliche Rechenzentrum an. Auf diese Weise geraten auch Betriebe mit relativ bescheidenen Rechenzentren in den Genuß aller Vorteile von Großrechenanlagen, ohne die Fixkosten hierfür tragen zu müssen. Großbetriebe schließlich werden ein System von Rechenzentren unterhalten. Im Mittelpunkt steht das Großrechenzentrum der Hauptniederlassung. Es wickelt zunächst die Abrechnungen und Management-Informationsbedürfnisse für die Unternehmenszentrale ab. Zusätzlich empfängt es von allen

---

[73]) Vgl. dazu Auerbach (1971); Martin (1967); Sackman (1970 a), S. 243 ff.; Sprague (1969) sowie Beiträge in den Sammelbänden von Sackman und Nie (1970) sowie Will (1970).

Filialen und Abfertigungsstellen laufend Daten über die bestehenden Verkehrsflüsse und unterhält ein Real-time-Computermodell des überregionalen Verkehrsflusses, welches alle Nachrichten an Empfänger, Zwischenstationen usw. zur Steuerung des Transportflusses automatisch übermittelt. Nur für die Abdeckung des Spitzenbedarfes und zur Koordination mit anderen Verkehrsinstanzen ist dieses private Rechenzentrum an die öffentliche logistische Datenbank angeschlossen.

Das Rechenzentrum der Hauptniederlassung wird durch einen Ring von Satellitenrechnern in den Filialbetrieben gegenüber kleineren Aufgaben abgeschirmt. Die Arbeitsteilung zwischen den zentralen Rechenzentren und den Filialrechenzentren läßt sich flexibel gestalten. Im Grenzfall sind die Filialen völlig selbständige Abrechnungseinheiten, die ihren Regionalverkehr mit einem Computermodell ihres eigenen Gebietes abwickeln. Beliebig viele Zwischenstufen, wichtig insbesondere für internationale Speditionen, sind hier denkbar. Am Ende derartiger Informationsnetzwerke stehen immer Datenstationen, welche an das nächste Rechenzentrum angeschlossen sind. Die Computerindustrie bietet hier Geräte an, die von einfachen Tastaturen bis zu selbständigen Kleincomputern reichen, welche ihrerseits bei der Eingabe Hilfsfunktionen (Gültigkeitstests, Datenverdichtung, Formatprüfungen usw.) übernehmen. Es ist einleuchtend, daß in derartige überregionale Computernetzwerke die Rechenanlagen der öffentlichen Instanzen, welche bei der Abwicklung von Verkehrsflüssen mitwirken müssen, integriert werden können, wenn geeignete Software die hierzu notwendigen Daten aus dem privaten Rechnerkreis an das entsprechende Rechenzentrum der öffentlichen Hand übermittelt. Es bietet sich an, die Computerunterstützung der öffentlichen Verwaltung mit dem Aufbau logistischer Datenbanken zu kombinieren, welche ein Teil der gewerblichen Wirtschaft ohnehin benutzen wird.

Die koordinierende Funktion öffentlicher logistischer Datenbanken liegt darin, daß Entscheidungen der logistischen Makroinstanzen sich nicht nur im Bundesgesetzblatt, sondern gleichzeitig auch in den Speichern der logistischen Datenbank niederschlagen können, von wo aus sie automatisch an alle Betriebe übermittelt werden. Beispielsweise brauchen auf diese Weise die Formeln für ein neues Tarifsystem nur einmal programmiert zu werden. Die Standardsoftware in der logistischen Datenbank benutzt ohnehin die zentral gespeicherten Tariftabellen. An alle angeschlossenen Privatrechenzentren wird eine Sonderbotschaft zur Initialisierung eines entsprechenden Wartungsdienstes gesendet, bei dem die neuen Parameterwerte in die entsprechenden Dateien eingeschrieben werden. Weiterhin können die logistischen Datenbanken eine Art „elektronischen Markt" für die Verkehrsbedürfnisse der Gesamtwirtschaft unterhalten, wie dies bei der zentralen Transportausgleichstelle für das Verkehrsgewerbe beschrieben wurde.

Ist ein derartiges System einmal aufgebaut, bietet es einen idealen Datenpool an statistischen Unterlagen für die private und öffentliche Verkehrsplanung. Die hierzu notwendige Software müßte in Zusammenarbeit mit dem statistischen Bundesamt aufgebaut werden, welches die Ergebnisse mit Daten aus anderen Wirtschaftsbereichen, etwa geliefert von den dort relevanten Datenbanken, kombinieren kann. Sind die Datenformate standardisiert, kann die Privatindustrie einen selektiven elektronischen Informationsdienst abonnieren, mit dem sie ihre eigenen Planungsrechnungen laufend füttert. Derartige „elektronische Zeitschriften" bestehen bereits für nicht-logistische Bereiche.

Struktur und ungelöste Probleme öffentlicher Rechendienste

Öffentliche Rechendienste könnten von Privatunternehmen und von öffentlichen Anstalten, etwa einem Zweig der Bundespost[74]), unterhalten werden. Zu ihrer Benutzung wird wahrscheinlich eine fixe Grundgebühr pro Datenstation (Schreibmaschinenterminal, Bildschirm, Drucker) erhoben werden. Die übrigen Gebühren werden nach Zeit und Entfernung für das Datexnetz (analog den Telefongebühren) und zeit- und speicherplatzabhängig für die Rechenzeit erhoben; ferner fallen variable Gebühren für ständig beanspruchte Daten- und Programmbestände in den On-line-Speichern an. Wer schließlich noch standardisierte Anwendersoftware in Anspruch nimmt, zahlt einen leistungsproportionalen Anteil an deren Entwicklungs- und Wartungskosten. Das heißt, ein Betrieb, der eine Lohnabrechnung für 100 Angestellte führt, zahlt weniger als ein Betrieb, der mit dem gleichen Programmpaket 1000 Angestellte abrechnet.

Hiermit sind die Voraussetzungen geschaffen, daß jeder zu vertretbaren Kosten Zugang zu Rechendiensten hat. Er wählt das nächste öffentliche Rechenzentrum an, Rechenkapazitäten werden wie Transportkapazitäten für einen anonymen Benutzerkreis verfügbar gehalten. Selbstverständlich werden solche öffentlichen Rechenanstalten primär im Time-sharing-Betrieb arbeiten (Abholdienste mit anschließender Stapelverarbeitung sind heute auch schon in Deutschland üblich). Nur so kann eine Vielzahl von On-line-Datenstationen ständig angeschlossen bleiben.

Neben den bereits an verschiedenen Stellen angesprochenen logistischen Anwendungen kommen als Benutzer auch praktische (Ingenieure, Architekten, Ärzte usw.) und künstlerische Berufe (insbesondere für Computergraphik) in Betracht. Einen weiteren Interessentenkreis bilden sog. *Informationsproduzenten*. Sie versuchen, Rohdaten oder nach standardisierten Verfahren aufbereitete Informationen an die Teilnehmer des Datex- und „Computex"-Systems zu verkaufen.

Informationsproduzenten liefern mit ihrem Computer Daten, die Input bei dem Computer eines Abnehmers werden. Selbstverständlich setzt dies Abkommen über Datenstandardformate (analog den DIN-Abkommen) voraus. Unternehmer und Private werden über den „Fremdbezug oder die Eigen-

---

[74]) Vgl. zur Diskussion der „Dateldienste" Deutsche Bundespost (1966).

herstellung" bestimmter Daten zu entscheiden haben. Bereits heute wird eine Reihe periodisch erscheinender „elektronischer Zeitschriften" angeboten[75]).

(1) *Marketingdaten*

Die Kroger-Unternehmung stellt Daten in elektronisch lesbarer Form über die Produkte bereit, die in ihren Geschäften erhältlich sind; die Zeitschrift „Sales Management" stellt Informationen über die geographische Verteilung von Einkommens- und Konsumkennzahlen bereit. Und die F. W. Dodge-Company, eine Tochter des McGraw-Hill-Verlages, verkauft Daten über den Baumarkt.

(2) *Finanzdaten*

Dun und Bradstreet verkaufen eine Finanzdatei, die über 300 000 Firmen enthält; eine andere Tochtergesellschaft von McGraw-Hill, die Standard & Poor, bietet eine Compustat-Datei an, die die Verkaufs- und Einkommenszahlen von ungefähr 2500 Gesellschaften enthält.

(3) *Wirtschaftliche Daten*

Eine Reihe von U. S.-Regierungsstellen macht wirtschaftsstatistische Daten in maschinenlesbarer Form zugänglich, so etwa das Bureau of the Census und das Department of Commerce.

Ein ungelöstes Problem ist gegenwärtig die Ausbildung derjenigen, die solche zentralen Systeme installieren, benutzen und in nicht geplanter Weise anwenden wollen. Die Entwicklung von Systemen der beschriebenen Art und die Spezialisierung der Berufe schufen die technischen Grundlagen, die es ermöglichen, daß heute derartige Informationssysteme Wirklichkeit werden können. Folgt man der vom Curriculum-Committee der ACM vorgelegten Ausbildungskonzeption[76]), dann können Spezifikation und Entwurf eines Informationssystems mit der Entwicklung von Industrieprodukten und den für ihre Herstellung notwendigen Anlagen verglichen werden. Der Produktentwickler fragt nach Zweck und Funktion eines bestimmten Gutes für potentielle Benutzer und der Industrieingenieur nach den technischen Strukturen, mit denen das Produkt ökonomisch hergestellt werden kann. In dieser Betrachtungsweise haben Rechenzentren eine analoge Funktion wie die Produktionsabteilung. Folglich existieren vier Personenkreise mit unterschiedlichen Erwartungen an und Verantwortlichkeiten für ein Informationssystem:

(1) der Benutzer, der an seinen Produkten interessiert ist;

(2) der Operator, welcher für die allgemeine Aufrechterhaltung des Betriebes verantwortlich ist;

---

[75]) Vgl. hierzu Sanders (1970), S. 80 f.
[76]) Vgl. Ashenhurst (1972).

(3) der Systemanalytiker, welcher in Zusammenarbeit mit dem Benutzer die Systemfunktionen erarbeiten und ihr Zusammenspiel planen muß (logischer Systementwurf);

(4) der Systemingenieur, welcher für die physische Realisation des Systems in Hardware und Software verantwortlich ist.

An dieser Stelle schließt sich der Entwicklungskreis mit dem Benutzer, welcher nun letztlich darüber bestimmt, ob die vom System gelieferten Produkte seinen Wünschen entsprechen. Ist dies nicht der Fall, muß er seine Vorstellungen dem Systemanalytiker mitteilen.

Grundsätzlich treten bei der Verwirklichung makrologistischer — aber auch mikrologistischer — Informationssysteme im dargelegten Sinne Probleme der Datenfernverarbeitung auf. Im folgenden sollen diese deshalb abschließend erörtert werden.

2.443 Probleme der Datenfernverarbeitung

Gegenwärtig läuft ein Großteil des Datenfernverkehrs über herkömmliche Telefon- und Fernschreibleitungen, und zwar mit Hilfe von Zwischenschaltung sog. *Modems*, d. h. von Geräten zur Konvertierung der Daten in speziell für die Übertragung geeignete Form (durch Modulation). Dies wirft zunächst technisch-wirtschaftliche Probleme auf[77].

Telefonlinien wurden mehr im Hinblick auf die Sprechkommunikation als auf die Datenübertragung für Rechenzwecke entworfen mit dem Ergebnis, daß die gegenwärtigen Übertragungseinrichtungen von den Vertretern der Datenfernverarbeitung als nicht adäquat betrachtet werden. Beispielsweise existiert ein echtes Mißverhältnis zwischen der Geschwindigkeit des Computers und den geringen Transferkapazitäten örtlich erreichbarer Datenübertragungskanäle. Außerdem haben sich manche Schalteinheiten grundsätzlich als zu „geräuschvoll" erwiesen, als daß sie Datenübertragungsvorgänge handhaben könnten. Das Kanalgeräusch kann, was den Computer angeht, die Bedeutung eines Zeichens ändern, oder das Störgeräusch kann als ein Zeichen interpretiert werden, wo keines beabsichtigt war. Schließlich verbieten die Inhaber von öffentlichen Datenübertragungsnetzen, daß „anderes Ausrüstungsgerät" an ihre Linien angeschlossen wird. Sprecher der Computerindustrie behaupten, daß die Datenübertragungskanäle nicht befriedigend seien und daß ihre vorhandene Ausrüstung eine bessere Leistung erbringen würde, wenn die Eigentümer der gegenwärtigen Datenübertragungseinrichtungen ihren Gebrauch gestatten würden.

---

[77] Vgl. aus der umfangreichen Literatur zur Datenfernverarbeitung z. B. Fischbach und Büttgen (1968); Graef, Greiller und Hecht (1970), S. 107 ff.; Kuhrt, Giesecke und Maurer (1966); Langen (1972); Leonhard (1971); Mai und Miemiec (1970); Nolle (1968 a), (1968 b). Zu Versuchen der Entwicklung von Systemsteuerprogrammen für Anwendungsprogramme bei Datenfernverarbeitung vgl. Richter (1972).

Neben den technisch-wirtschaftlichen Problemen warten Fragen der Tarifierung, der Datensicherung und der Verläßlichkeit des Service auf eine unter Umständen gesetzliche Regelung.

(1) Im Jahre 1970 begann die Federal Communications Commission in den USA zu untersuchen, ob die technische Einrichtung und Organisation des Datenfernverkehrs den Bedürfnissen der Benutzer von Time-sharing-Systemen gerecht werden. Gleichzeitig werden hierbei überprüft:

   a) die gebundenen Gebühren (regulated charges), die von den allgemeinen Trägern für Datentransferdienste erhoben werden;

   b) die freien Gebühren für Informationsdienste;

   c) die Frage, ob mehr oder weniger Staatsintervention auf diesem Gebiet erforderlich ist.

(2) Die *Datensicherung* (Schutz vor Verlust) und Vertraulichkeit (Schutz vor unberechtigtem Zugriff) ist im Zusammenhang mit der politischen Bedeutung des Post- und Fernmeldegeheimnisses zu sehen. Eine sorgfältig durchdachte Organisation, evtl. sogar spezielle Hardware, wird notwendig sein, um die Unverletzbarkeit der Benutzerdateien und -programme in den On-line-Speichern zentraler Rechenanlagen zu garantieren. Die Frage, wer berechtigt ist, Daten über wen zu sammeln und für andere Zwecke (Steuerfahndung, Persönlichkeitsüberprüfung) zu benutzen, bedarf dringend einer öffentlichen Diskussion und einer angemessenen gesetzlichen Regelung. Die nationale Datenbank ist eine Bedrohung der persönlichen Freiheit für jedermann. Was bisher durch Anonymität und Kosten der Informationssammlung, -speicherung und -weiterverarbeitung geschützt war, ist heute durch elektronische Sensoren erfaßbar. Steuerbescheide können elektronisch gelesen und mit allen anderen verglichen werden (was der eine als Aufwand meldet, muß ein anderer als Ertrag verbuchen!). Pässe können in Form von Plastikkarten durch computerunterstützte Paßkontrollen dabei helfen, Verbrecher zu fassen und gleichzeitig ein Konto aller Auslandsreisen, aufgeschlüsselt nach Dauer, Ländern, Grenzeintritt- bzw. -austritt, für jedermann zu führen.

Gegenwärtige Methoden der Dateiensicherung sind schlechterdings unzureichend. Sie basieren auf (a) speziellen Speicherbereichzuweisungen an bestimmte Geräte und/oder Benutzer und (b) einem System von Kennwerten und Sicherheitsschlüsseln, verbunden mit (c) Warnanzeigen und Geräteabschaltungen bei Verstößen gegen die Dateiensicherungsregeln. Den Verfassern ist jedoch kein System bekannt, das einem geschickten Systemprogrammierer längere Zeit widerstehen könnte.

(3) Die Frage der *Verläßlichkeit* der Datenfernübertragung ist im Rahmen der Betriebs- und Vertragspflicht der öffentlichen Verkehrsbetriebe zu sehen. In dem Maße, wie sich mehr und mehr Benutzer auf die Funktionsfähigkeit eines Datenübertragungssystems verlassen, sind an dessen Wartung zur Reduzierung von Ausfällen höhere Ansprüche zu stellen. Die Problematik ist aus der Entwicklung des Telegrafen- und Fernsprechdienstes bekannt. An die Stelle der privaten Haustelefonnetze treten bei der Datenfernverarbeitung die privaten Computernetzwerke. Ausgangspunkt ist hierbei eine Datenfernverkehrskonzeption, bei der private und öffentliche Instanzen des Verkehrssystems ein von der Bundespost unterhaltenes Datenfernverkehrsnetz anwählen, um Daten und Programme zwischen verschiedenen Rechenzentren auszutauschen. Als Ansatz in diese Richtung kann das von der Bundespost bereits betriebene Datex-Netz gesehen werden.

In dem Maße, wie ein verläßliches und kostengünstiges Datexnetz eingerichtet wird, werden die Voraussetzungen für allgemein zugängliche öffentliche Großrechenzentren geschaffen. Damit wird nicht nur die Datenübertragung, sondern auch die Verarbeitung „öffentlicher" Natur. Produkte der Informationsverarbeitung können wie physische Produkte arbeitsteilig erstellt und damit einem weiteren Kreis von „Konsumenten" zugänglich gemacht werden.

2.5 Geplanter Wandel logistisch relevanter Systeme

Im Mittelpunkt der bisherigen Kapitel dieses Buches steht eine große Reihe von Systemen und Teilsystemen der betriebswirtschaftlichen Logistik. Die Überlegungen zu den Methoden und Instrumenten zur Unterstützung logistischer Entscheidungen implizieren die Vermutung, daß diese Systeme (oder Teile dieser Systeme) „besser" funktionieren könnten, würde man sich nur die Mühe machen, diese Systeme unter Einbeziehung der Methoden und Instrumente zur Unterstützung von Entscheidungen von Grund auf neu zu gestalten und tiefgreifend zu reorganisieren. Einige Beispiele mögen solche tiefgreifenden Veränderungen mikro- und makrologistischer Systeme belegen:

(1) Einführung eines Planning-Programming-Budgeting-Systems (PPBS) im makrologistischen Bereich,

(2) weitgehende Zentralisation der logistischen Funktionen einer Betriebswirtschaft und Institutionalisierung einer Matrixorganisation,

(3) Einführung eines computerunterstützten Informationssystems im Verkehrsbetrieb oder im mikrologistischen Bereich sonstiger Betriebswirtschaften,

(4) Umgestaltung des logistischen Kanals durch den Führer des Kanals.

Dem Leser wird es sicherlich nicht schwerfallen, auf der Grundlage der Erörterungen dieses Buches weitere Beispiele zu finden. Die beispielhaft genannten Fälle führen insgesamt zu der Frage nach den Möglichkeiten tiefgreifender Änderungen von Systemen und nach den Strategien und Methoden zur Unterstützung solcher Prozesse der Reorganisation oder des Wandels logistisch relevanter Systeme. Mit dieser Fragestellung gelangen wir mitten hinein in den Problembereich einer angewandten Organisationstheorie.

Bereits an anderer Stelle haben wir die Hauptmerkmale einer angewandten, methodenorientierten Organisationstheorie im Sinne einer Theorie des geplanten Wandels organisationaler Systeme herausgestellt und aufgezeigt, daß mit der Systemanalyse, der Konzeption des Systems Development und des Planned Organizational Change bereits einige Bausteine zu einer solchen Theorie des geplanten Wandels existieren.

Im folgenden sollen einige Aspekte der verschiedenen Bausteine einer Theorie des geplanten Wandels vertieft werden. Da die verschiedenen exakten und inexakten systemanalytischen Methoden bereits zur Darstellung gelangten, stehen im folgenden vor allem jene Gesichtspunkte im Vordergrund, die dem Systems Development bzw. dem Planned Organizational Change entstammen. Dem Stand der wissenschaftlichen Diskussion entsprechend werden dabei zunächst jene Konzeptionen hervorgehoben, die aus dem Bereich der Entwicklung computerunterstützter Informations- und Entscheidungssysteme stammen. Wir wollen jedoch soweit wie möglich auch die Frage stellen, welche Modifikationen und Ergänzungen erforderlich erscheinen, wenn die Betrachtung auf andere innerorganisationale Veränderungen (z. B. Übergang auf eine Zentralisierung der logistischen Funktionen und Einrichtung einer Matrixorganisation) oder gar auf Probleme des Wandels logistischer Kanäle ausgedehnt wird, deren Elemente zum größten Teil nicht unter dem Autorisierungsrecht der Instanzen des Kanalführers stehen. Es entspricht dem Stand der wissenschaftlichen Diskussion, wenn wir dabei in den meisten Fällen spekulativ und programmatisch bleiben müssen. Drei Problemkreise sind insbesondere anzuschneiden, nämlich die Frage:

(1) nach den Strategien der Handhabung der mit tiefgreifenden Reorganisationen verbundenen Komplexität der zu lösenden Probleme und nach der Gestaltung eines einer realistischen Strategie der Komplexitätshandhabung entsprechenden Ablaufs des Entwicklungsprozesses,

(2) nach den Methoden der Durchsetzung, der Konflikthandhabung und der Konsensbildung sowie

(3) nach der Steuerung bzw. Führung der Prozesse des geplanten Wandels durch ein Projektmanagement und dessen institutioneller Verankerung in den bestehenden Organisationen.

2.51 Probleme der Komplexitätshandhabung im Prozeß des geplanten Wandels von Systemen

Tiefgreifende Veränderungen sozialer Systeme implizieren Entwurfsprobleme, deren Komplexität in aller Regel die begrenzte Informationsverarbeitungskapazität der Entwerfer übersteigt. Die Handhabung dieser Komplexität wird so zu einem Problem, von dessen Lösung der Erfolg der Bemühungen um einen tiefgreifenden Wandel wesentlich abhängt. Noch steht die wissenschaftliche Erörterung — trotz einer zum Teil schon alten Tradition — erst am Anfang. Einigkeit besteht jedoch darüber, daß eine hierarchische Strukturierung des Planungs- bzw. Entwurfsprozesses wesentlich zur Handhabung der Komplexität beizutragen vermag.

2.511 Die hierarchische Struktur des Planungsprozesses

Die hierarchische Struktur eines Planungsprozesses äußert sich darin, daß die Planung stufenweise von einer Globalplanung zu einer Detailplanung des Systems voranschreitet, wobei freilich Rückkopplungen auf jeweils höhere Stufen möglich sind. Diese hierarchische Strukturierung des Prozesses der

Systementwicklung ist eng mit der Black-box-Betrachtung der Analyse komplexer Systeme verbunden. Komplexe Systeme können nur analysiert werden, indem man zunächst Subsysteme bildet, diese für sich analysiert, um sie dann — wenn ihre Funktionen, d. h. ihre Input-Output-Beziehungen, geklärt sind — als black boxes des Systems höherer Ordnung zu betrachten. Analog geht man beim Entwurf eines neuen Systems vor. Auf einer hohen Ebene der Betrachtungsweise skizziert man zunächst das System in groben Umrissen mit einer überschaubaren Zahl von Komponenten und Kopplungen. Sodann gibt man die Black-box-Betrachtung für die einzelnen Komponenten auf und entwirft diese — nunmehr auf einer niedrigeren Ebene der Betrachtungsweise — als Subsysteme, die die in der ursprünglichen Umrißplanung vorgesehenen Funktionen erfüllen. Gelingt der Entwurf solcher Subsysteme nicht, so ist auf der höheren Ebene der Betrachtungsweise die Grobplanung des Gesamtsystems zu modifizieren, um anschließend auf der niedereren Ebene erneut den Versuch des Entwurfs von Subsystemen mit den geforderten Funktionen und Eigenschaften anzugehen. Dieser hierarchisch strukturierte Prozeß kann mehrstufig verlaufen, d. h. mehrere Ebenen der Betrachtungsweise einschließen, auf denen das komplexe System sukzessive detailliert gestaltet und geplant wird. Auf jeder Ebene des mehrstufigen Planungsprozesses können mehrere Alternativen in Erwägung gezogen und eine dem synoptischen Ideal der Entscheidungslogik zumindest angenäherte Analyse durchgeführt werden, ohne daß von vornherein nicht erfüllbare Anforderungen an die Kapazität des Planers gestellt werden.

Die hierarchische Strukturierung läßt es insbesondere auch denkbar erscheinen, auf allen Planungsebenen systematische Nutzen-Kosten-Analysen durchzuführen. Es leuchtet ein, daß die Ermittlung bzw. Schätzung der Kosten und Nutzen auf den höheren Planungsebenen mit erheblichen Unsicherheiten verbunden ist, die über die allgemeine, aus der Zukunftsbezogenheit sich ergebende Ungewißheit aller Nutzen-Kosten-Schätzungen hinausgehen. Diese zusätzliche Unsicherheit resultiert aus der Tatsache, daß bei der Globalplanung eine große Reihe von Kosten und Nutzen determinierenden Einzelheiten, die erst im Zuge der Detailplanung festgelegt werden, noch nicht bekannt sind. Der Systementwerfer befindet sich hier in einer ähnlichen Lage wie der Schachspieler, der einen nächsten Zug bewerten muß, hierzu aber eigentlich wissen müßte, welche Folge von Zügen und Gegenzügen diesem nächsten Zug folgen wird.

Die Diskussion um die Nutzen-Kosten-Analyse beachtet bisher wenig die Probleme, die sich aus der hierarchischen Strukturierung des Planungsprozesses ergeben. Eine Ausnahme bildet der Ansatz Manheims, der ein hierarchisch strukturiertes Verfahren für die Planung von Straßenbauprojekten vorschlägt. Die sukzessive Dekomposition des zu lösenden Problems und die Detaillierung des Planes bis zur Ausführungsreife werden auf allen Planungsebenen durch Nutzen-Kosten-Analysen spezifischer Ausprägung begleitet und gesteuert. Dabei wird angenommen, daß die Planer auf allen Planungsebenen subjektive Wahrscheinlichkeiten für die Kostenschätzungen anzugeben wissen. Die mit zunehmender Detaillierung der Planung sich ergebenden zusätzlichen Informationen werden im Rahmen eines modifizierten Bayesschen Ansatzes für die Modifizierung und „Verbesserung" der subjektiven Wahrscheinlichkeiten herangezogen. Der Ansatz Manheims ist — so sehr er in Einzelheiten auch kritisiert werden kann — richtungweisend für weitere Untersuchungen hierarchisch strukturierter, auf allen Planungsebenen durch Nutzen-Kosten-Analysen gesteuerter Planungsverfahren. Der Ansatz macht insbesondere auch deutlich, daß es Möglichkeiten gibt, Expertenurteile (etwa über subjektive Wahrscheinlichkeitsverteilungen) in die Verfahren einzubeziehen und systematisch zu „verbessern".

Die hierarchische Strukturierung des Planungsprozesses als Strategie der Komplexitätshandhabung läßt offen, ob dabei das zu wandelnde System „auf einmal" entworfen und anschließend implementiert wird oder nicht. Es wäre denkbar, mit der hierarchischen Strukturierung des Planungsprozesses eine Art „total system approach" anzustreben, der gerade im Bereich computerunterstützter Informations- und Entscheidungssysteme lange Zeit als realisierbar angesehen wurde. In aller Regel wird dies jedoch heute als utopisch abgelehnt. Die hierarchische Strukturierung des Planungsprozesses läßt jedoch einen Kompromiß zwischen dem (nicht realisierbaren) synoptischen total system approach und dem (nicht erwünschten) fragmentarischen Inkrementalismus möglich erscheinen. Der tiefgreifende Wandel des zu verändernden Systems wird in einer Folge relativ überschaubarer, kleiner Schritte erreicht, die jedoch von einer konzeptionellen Gesamtplanung gesteuert werden. Das System ist nicht mehr Objekt einer nur begrenzt kontrollierten, sondern einer — wie Rosove es ausdrückt — geplanten Evolution. Eine ähnliche Strategie schlägt Etzioni unter der Bezeichnung „mixed scanning" vor[1]).

2.512 Geplante Evolution

Die Strategie der geplanten Evolution[2]), die sich sehr gut in die hier vertretene Konzeption der Theorie des geplanten Wandels von Systemen einpaßt, ist die Antwort auf zwei Fragen, die Rosove wie folgt formuliert:

> „1. Soll das gesamte System auf einmal als ganzes System oder in einer Serie von Iterationen entworfen werden, von denen jede auf eine zunehmend verfeinerte und vollständig operationale Struktur hinauslaufen würde?
>
> 2. Soll das neue System in induktiver Vorgehensweise auf der Basis des alten Systems entworfen werden, oder soll ein vollständig neues System in deduktiver Weise geschaffen werden?"[3])

---

[1]) Vgl. Etzioni (1968), S. 282 ff.

[2]) Die Konzeption der „geplanten Evolution" basiert auf Forschungsergebnissen, die der System Development Corporation (SDC) entstammen. Vgl. die Beiträge in Rosove (1967 a). Die „geplante Evolution" weist in einigen Aspekten enge Beziehungen zu dem ebenfalls bei der SDC entwickelten „evolutionären Experimentalismus" auf; vgl. Sackman (1967 a).

[3]) Rosove (1967 d), S. 80.

Die Strategie der geplanten Evolution stellt hinsichtlich beider Fragen einen Kompromiß dar. Auf einer sehr hohen Ebene der Betrachtungsweise wird eine konzeptionelle Planung für das gesamte zu entwickelnde System erstellt. Dieser Plan ist die Basis für die Dekomposition des Gesamtsystems in Subsysteme, die dann in einer Folge von Iterationen sukzessive detailliert, entworfen, realisiert und getestet werden. Dabei wird für die konzeptionelle Gesamtplanung eine weitgehend „deduktive" Strategie angestrebt, während die Entwicklungsprozesse der einzelnen Iterationen „induktiv" orientiert sind. Mit jeder Iteration werden neue Erkenntnisse gewonnen und irreversible Daten gesetzt, die in der Regel eine Anpassung der konzeptionellen Gesamtplanung erforderlich machen (vgl. Abb. 2.69). Darüber hinaus ist zu erwarten, daß die konzeptionelle Gesamtplanung von Iteration zu Iteration konkreter wird.

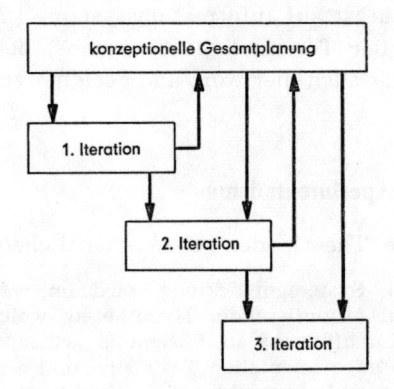

Abb. 2.69: Der iterative Charakter der konzeptionellen Gesamtplanung

Die Iterationen beziehen sich in der Regel auf einzelne Subsysteme des intendierten Gesamtsystems. Bisweilen wird jedoch im Rahmen der einzelnen Iterationen eine Folge von Versionen des gesamten Systems entwickelt, wobei die ersten Versionen mehr vorläufigen, improvisatorischen Charakter besitzen. Selbstverständlich ist auch eine Kombination beider Fälle möglich.

Die Analyse der geplanten Evolution hat große Ähnlichkeit mit der von Etzioni vorgeschlagenen Strategie des mixed scanning, die dieser auf tiefgreifende Transformationen ganzer Gesellschaften und sonstiger sozialer Systeme angewandt wissen möchte:

> „Aktoren, deren Entscheidungsprozesse auf einer Strategie des mixed scanning basieren, trennen Rahmen-(oder fundamentale)Entscheidungen von Detail-(oder speziellen)Entscheidungen. Rahmenentscheidungen werden durch eine Erforschung der wesentlichen Alternativen aus der Sicht seiner Ziele getroffen, aber — anders, als eine umfassende Rationalität es erfordern würde — Details und Spezifizierungen bleiben unberücksichtigt, so daß der

Überblick nicht verlorengeht. Detailentscheidungen werden ‚inkremental‘, aber innerhalb des durch fundamentale Entscheidungen (und Überprüfung) gesetzten Rahmens getroffen"[4]).

Die Überlegungen Etzionis bieten keine Ausarbeitung dieser Strategie; sie sind jedoch geeignet, in einem größeren Rahmen der modernen verhaltenswissenschaftlichen Diskussion über Möglichkeiten und Grenzen eines kontrollierten tiefgreifenden Wandels sozialer Systeme gestellt zu werden.

Weiterführende Überlegungen zur Strategie des geplanten Wandels bieten jedoch Sackman und Blumenthal. Sackman[5]) setzt sich für eine Strategie ein, die er „evolutionären Experimentalismus" nennt und die eine systematische Einbeziehung der experimentellen Methode in den Prozeß der Systementwicklung impliziert. Blumenthal[6]) richtet sein Augenmerk auf die konzeptionelle Gesamtplanung und propagiert eine Modulkonzeption. Beide Erweiterungen sind zunächst auf Informationssysteme (Mensch-Maschine-Digitalsysteme im Sinne der Terminologie Sackmans) beschränkt. Die Grundgedanken scheinen aber auch hier wert und geeignet zu sein, verallgemeinert zu werden.

2.513 Evolutionärer Experimentalismus

Sackman fordert eine Theorie der wissenschaftlichen Systementwicklung:

> „Wissenschaftliche Systementwicklung wird im weiten Sinne verstanden als eine Reihe zu formulierender Hypothesen, welche den Systementwurf mit der Systemdurchführung in Beziehung setzen, wobei die Hypothesen Gegenstand eines experimentellen Tests sind und einer ständigen Reformulierung während des Lebenszyklus des Objektsystems unterzogen werden. Dokumentierte Systemspezifikationen wurden als Potential von Arbeitshypothesen angesehen, die den Systementwurf mit der Systemdurchführung verbinden. Die verschiedenartigen Entwurfs-, Verifikations- und Systemtestaktivitäten, die sich über den gesamten Verlauf der Entwicklung eines Objektsystems ereignen, wurden als Basis einer fortwährenden experimentellen Bewertung interpretiert"[7]).

Typisch für sein wissenschaftliches Vorgehen ist die empirische Ausrichtung. Im Zentrum steht der experimentelle Test, der alle Phasen der Systementwicklung begleiten und letztlich steuern soll:

> „Der evolutionäre Experimentalismus ist auf die Ausweitung der experimentellen Methode auf soziale Systeme zurückzuführen, so daß der Verlauf der sozialen Aktion experimentell nach den relativ langfristigen Entwicklungszielen gelenkt wird. Diese werden durch die sich ändernden gesellschaftlichen Bedingungen bestimmt"[8]).

---

[4]) Etzioni (1968), S. 283.
[5]) Vgl. Sackman (1967 a), (1967 c).
[6]) Vgl. Blumenthal (1969).
[7]) Sackman (1967 a), S. 214.
[8]) Ebenda, S. 210.

Im Bereich der Entwicklung computerunterstützter Informations- und Entscheidungssysteme — vor allem im militärischen Bereich — existiert bereits eine Tradition des Testens von Systemen oder Teilen solcher Systeme. Die Konzeption Sackmans ist keineswegs utopisch. Dennoch sollte man sich der gegenwärtigen Grenzen eines derartigen Experimentalismus bewußt bleiben. Die für Reorganisationen relevante Testmethodologie der Organisationstheorie ist gegenwärtig noch keineswegs so weit entwickelt, daß an systematische Tests in allen Phasen der Systementwicklung gedacht werden kann. Die in der wissenschaftstheoretischen Literatur[9]) diskutierten Methoden sind nur bedingt brauchbar. Das gleiche gilt für die in der Soziologie, Sozialpsychologie, Psychologie sowie Organisationstheorie[10]) usw. inzwischen nur noch schwer überschaubare Zahl von Veröffentlichungen zu den verwandten Problemen des sozialwissenschaftlichen Experiments und der Simulation. Soweit Autoren Stellung nehmen zu Tests von Gestaltungsentwürfen realer Systeme, geschieht dies jeweils aus der Sicht eines konkreten Sachproblems. Insbesondere der in diesem Abschnitt diskutierte Ansatz von Sackman[11]), aber auch psychologische Probleme des Einsatzes von Menschen in komplexen technischen Systemen sind hier zu erwähnen. Relativ weit fortgeschritten sind Tests, die bei der Beurteilung und Überprüfung von Computerprogrammen angewandt werden[12]). Allen gemeinsam ist jedoch der Eklektizismus, der zentrale Fragen offenläßt. Beispielhaft sei nur folgende Frage genannt: Wie sollen etwa durch Experimente Anhaltspunkte dafür gewonnen werden, daß eine Zentralisation logistischer Funktionen effizient ist? Hier ist die Systementwicklung noch weitgehend auf Expertenurteile angewiesen, deren Relevanz — wenn überhaupt — allenfalls ex post empirisch überprüft werden kann.

Hinter der Strategie des evolutionären Experimentalismus steht die Vorstellung einer Echtzeitwissenschaft (real time science), die Sackman wie folgt charakterisiert:

> „Die Echtzeitwissenschaft (a) läßt sich der allgemeinen Methodologie und einer breiten empirischen Ausrichtung zuordnen, wobei sie in starkem Maße Erkenntnisse der klassischen Wissenschaften und von Interdisziplinen einbezieht; (b) beschäftigt sich mit zeitlich und situativ zufälligen Ereignissen, die einer experimentellen Regulierung und Kontrolle in einem Systemzusammenhang zugänglich sind; (c) führt zu einer Ausweitung der menschlichen Herrschaft über diese Ereignisse"[13]).

---

[9]) Vgl. z. B. Bunge (1967 a), S. 153 ff., der sich fast ausnahmslos an naturwissenschaftlichen Fragestellungen orientiert.

[10]) Vgl. beispielhaft die Beiträge in den Sammelwerken von de Green (1970); Lindzey und Aronson (1968); March (1965); Vroom (1967); ferner die bei Picot (1972) diskutierten Grundfragen experimenteller Organisationsforschung.

[11]) Vgl. Sackman (1967 a).

[12]) Vgl. z. B. Chorafas (1967), S. 112 ff.; Leeds und Weinberg (1961), S. 318 ff.; Martin (1967), S. 570 ff.; Ralston (1971), S. 237 ff.

[13]) Sackman (1967 a), S. 224.

Letztlich laufen diese Überlegungen auf die Vorstellung hinaus, daß komplexe Mensch-Maschine-Digitalsysteme als sich selbst entwickelnde Systeme konzipiert werden müssen, welche die Fähigkeit haben, systematisch zu lernen. Ihre Evolution, die durch laufende, ad hoc durch „real-time events" ausgelöste Experimente beeinflußt wird, endet praktisch niemals.

2.514 Konzeptionelle Planung als Grundlage der Systementwicklung

Die soweit wie möglich durch Experimente und Nutzen-Kosten-Analysen gesteuerte geplante Evolution eines Systems beruht auf einer konzeptionellen Gesamtplanung, welche die Grundlage für die einzelnen Iterationen des gesamten Wandels des Systems bildet. Blumenthal hat sich besonders intensiv mit der Frage auseinandergesetzt, wie durch eine geeignete konzeptionelle Gesamtplanung eine schrittweise Entwicklung eines insgesamt dann doch integrierten gesamten Informationssystems erreicht werden kann. Er spricht in diesem Zusammenhang von „systems planning", dessen Ziele er wie folgt zusammenfaßt:

„1. Vermeiden überschneidender Entwicklungen zentraler Systemelemente, die über die ganze Organisationsstruktur anwendbar sind, wenn kein zwingender Grund zu technisch oder funktional bedingter Differenzierung besteht.

2. Sicherstellen einer einheitlichen Basis für die Bestimmung der Entwicklungsfolge, ausgedrückt in Kriterien wie Zahlungsbereitschaft, natürlicher Vorrang und Erfolgswahrscheinlichkeit.

3. Minimieren der Kosten für die Integration interagierender Systeme.

4. Verringern der Anzahl kleiner, isolierter Systeme, die zu entwickeln, zu unterhalten oder einzuführen sind.

5. Sicherstellen der Anpassungsfähigkeit des Systems an Betriebsänderungen und Wachstum ohne periodische Generalprüfung.

6. Bereitstellen einer Grundlage für die koordinierte Entwicklung konsistenter, umfassender, die gesamte Organisation einbeziehender, interorganisationaler Informationssysteme.

7. Vorsehen von Leitlinien und Leitung für die weiter zu erstellenden Systementwicklungsstudien und -projekte"[14]).

Eine diesen Erfordernissen genügende konzeptionelle Gesamtplanung setzt einen abstrakten sprachlichen Bezugsrahmen voraus, der es erlaubt, das intendierte neue Systemmodell auf einer hohen Ebene der Abstraktion zu formulieren und die den einzelnen Iterationen zugrundeliegenden Teilprojekte zu definieren. Ein solcher Bezugsrahmen muß auch die den einzelnen Teilprojekten bzw. Iterationen gemeinsamen „Systembausteine" oder „Modulen" erkennen lassen, um Parallelentwicklungen zu vermeiden und dazu beizutragen, daß trotz eines mehrere Iterationen durchlaufenden Entwicklungsprozesses ein relativ *integriertes* Gesamtsystem entsteht. Die

---

[14]) Blumenthal (1969), S. 13.

Modulkonzeption Blumenthals zur Entwicklung von Management-Informations-Systemen entspricht diesen Grundgedanken. Diese Konzeption zeigt gleichzeitig die Bedeutung der organisationstheoretischen Grundlagenforschung für die Formulierung eines solchen abstrakten begrifflich-theoretischen Bezugsrahmens als Basis einer konzeptionellen Gesamtplanung auf. Blumenthal selbst liefert einen ersten Entwurf eines solchen Bezugsrahmens für organisationale Informations- und Entscheidungssysteme, der auf Konzeptionen von Anthony, Simon und Forrester aufbaut[15]).

Die Überlegungen Blumenthals sind grundsätzlich zu verallgemeinern. In zunehmendem Maße wird es Aufgabe einer angewandten betriebswirtschaftlichen Forschung sein, für betriebswirtschaftlich relevante Systeme geeignete sprachliche Bezugsrahmen zu erarbeiten, welche die Basis für eine konzeptionelle Gesamtplanung bilden können. Damit wird die wissenschaftstheoretische Bezugsrahmendiskussion um einen bislang kaum beachteten Aspekt erweitert. Normalerweise wird die Entwicklung eines begrifflich-theoretischen Bezugsrahmens als Vorstufe der Entwicklung exakter Theorien bzw. Modelle angesehen. Ein *theoretischer Bezugsrahmen* enthält eine Reihe theoretischer Begriffe, von denen angenommen wird, daß sie einmal Bestandteil von Modellen bzw. Theorien werden könnten. Dieses abstrakte Vokabular kann grundsätzlich auch die Basis für eine konzeptionelle Planung sein. Darüber hinaus umfaßt jedoch ein theoretischer Bezugsrahmen auch einige freilich sehr allgemeine Gesetzeshypothesen, die jedoch meist nur tendenzielle Zusammenhänge andeuten. Insofern ist ein theoretischer Bezugsrahmen nicht nur ein Vokabular, mit dem man über einen bestimmten Gegenstandsbereich sprechen kann. In erster Linie dient ein theoretischer Bezugsrahmen dazu, das Denken über komplexe reale Systeme zu ordnen und zu exploratorischen Beobachtungen anzuleiten, die mit der Zeit eine genügend große Zahl von Beobachtungsaussagen erbringen, um konkrete Modelle mit konkreten Gesetzeshypothesen formulieren zu können[16]).

Beide Funktionen eines Bezugsrahmens — sprachliche Basis für konzeptionelle Pläne einerseits und treibende Kraft für die Forschung andererseits — stehen in einem engen Zusammenhang. Je stärker die konzeptionelle Planung bezugsrahmenorientiert ist, desto eher kann die Systementwicklung an den Ideen, Konzeptionen und Ergebnissen der relevanten Forschung partizipieren. Auf der Ebene theoretischer Bezugsrahmen ist es meist möglich, eine größere Anzahl höchst unterschiedlicher multidisziplinärer Konzeptionen und Ergebnisse, die für einen Problemkreis relevant erscheinen, zumindest tendenziell zu integrieren: Die Chance, daß die Systementwicklung die jeweils existierenden wissenschaftlichen Erkenntnisse berücksichtigt, wird größer. Diese Funktion vermag ein Bezugsrahmen im Bereich der Entwick-

---

[15]) Die Taxonomie Blumenthals (1969) und der darauf aufbauende Vorschlag der Abgrenzung von mehrere Informationssysteme berührenden Moduln wurde bereits in diesem Buch dargestellt; vgl. S. 648 ff.
[16]) Vgl. Kirsch (1971 b), insbes. S. 241.

lung komplexer Systeme auch dann zu erfüllen, wenn weder die Absicht noch die Möglichkeit besteht, den theoretischen Bezugsrahmen zu einem umfassenden Modell auszubauen. Vieles spricht dafür, daß eine interdisziplinäre Wissenschaft nur auf der Ebene theoretischer Bezugsrahmen möglich ist, während konkrete Modelle nur im Bereich einzelner Disziplinen erarbeitet werden können, wobei allenfalls einige wenige Aspekte anderer Disziplinen Berücksichtigung finden. Analoges gilt für die Entwicklung komplexer Systeme. Detailplanungen sind immer Probleme für Spezialisten, die in den relativ engen Grenzen einzelner wissenschaftlicher Disziplinen beheimatet sind. Eine Systementwicklung bildet somit stets ein multidisziplinäres Unterfangen vieler Spezialisten. Ihre Arbeit ist jedoch erheblich leichter zu koordinieren, wenn für das relevante System ein interdisziplinärer Bezugsrahmen existiert.

Bisher sind keine Versuche bekannt, die Vorstellungen Blumenthals zur Entwicklung von integrierten Informationssystemen auf andere Systementwicklungen, etwa auf die hier interessierende Entwicklung logistisch relevanter Systeme, zu übertragen. Der Leser mag selbst beurteilen, ob der in dieser Untersuchung durchgängig verwendete systemorientierte Ansatz für alle logistisch relevanten Systeme eine tragfähige Grundlage für die Erarbeitung von Bezugsrahmen darstellt, die auch eine planungsunterstützende Funktion erfüllen können.

2.515 Phasen des Entwicklungsprozesses

Es ist heute im Bereich der Entwicklung computerunterstützter Informationssysteme üblich, davon auszugehen, daß ein Systementwicklungsprozeß mehrere Phasen durchläuft und nicht nur den Entwurf, sondern auch die Implementierung und spätere Modifikationen des Systems umfaßt. Die Einteilung des Entwicklungsprozesses in Phasen oder Stufen wird freilich sehr unterschiedlich vorgenommen. Abb. 2.70 stellt vier solcher Phasenschemata einander gegenüber[17]).

Letztlich ist eine Phaseneinteilung immer willkürlich und sollte vom konkreten Zweck abhängen. Die in Abb. 2.70 skizzierten Phasenschemata sind selbstverständlich erheblich zu verfeinern, wenn sie als Leitlinien für den Entwicklungsprozeß brauchbar sein sollen. In der Literatur finden sich heute sehr viele ausgearbeitete Vorschläge[18]).

Einen Eindruck mögen die Aktivitäten der Systementwicklung von Blumenthal vermitteln, der den einzelnen Stufen und innerhalb dieser einzelnen Phasen jeweils mehrere Aktivitäten (activities) zuordnet[19]) und für die ein-

---

[17]) Vgl. British Computer Society Working Party 10 (1967); Glans et al. (1968); Rosove (1967 b), S. 18; Teichroew (1968), (1971), S. 577.

[18]) Vgl. neben der zu Abb. 2.70 (Fußnote 17) genannten Literatur z. B. Blumenthal (1969), S. 111 ff. und Sackman (1967 a), S. 177 ff.

[19]) Blumenthal (1969), S. 111 f.

Teichroew (1968)	Glans et al. (1968)	British Computer Society Working Party 10 (1967)	Rosove (1967a)
Phase	Stufe Phase		Phase
(1) Wahrnehmung der Bedürfnisse Was für Anforderungen sollten berücksichtigt werden?	1 Analyse und Entwurf 1 Analysiere das bestehende System	Analyse der Information Abschätzung der Informationsbedürfnisse	I Anforderungen
(2) Feststellung der Anforderungen (a) Bestimmung der Anforderungen (b) Festsetzung der Anforderungen	2 Stelle die Systemanforderungen fest	Skizze, Entwurf und Rechtfertigung des Informationssystems	
(3) Systementwurf (a) Erzeugung des ausführbaren Entwurfs (b) Bewertung des ausführbaren Entwurfs (c) Auswahl der Hardware-Konfiguration (d) Verbesserung des ausführbaren Entwurfs (e) Optimierung	3 Entwerfe das neue System	Systementwurf Spezifikation der Verarbeitungsanforderungen für das System Entwurf der Prozeduren Planung und Spezifikation der nichtcomputerisierten Verarbeitung	II Entwurf
(4) Konstruktion (a) System (b) Programm (c) Dateien	2 Implementierung	Programmierung Planung und Schreiben von Computerprogrammen	III Produktion IV Installation (Einführung)
(5) Testen (6) Operation (7) Modifikation	3 Operation	Implementierung Implementierung des Systems	V Operationen

Abb. 2.70: *Beispiele von Phasen des Entwicklungsprozesses*

Stufe	Aktivität oder Ereignis	Kurzfassung
I Vorbereitende Analyse	1. Voraus-Vorschlag	Die Übersetzung eines erkannten Bedürfnisses oder einer Möglichkeit im System in vorbereitende „Arbeitspapiere" als eine Basis zur weiteren Analyse und Definition.
	2. Bearbeitung des Vorschlags	Die Umwandlung interner „Arbeitspapiere" der Verwenderorganisation in eine Vorlage, die für die Genehmigung durch das Hauptkomitee (steering committee) und als Instrument der Kommunikation mit der Systementwicklungsorganisation geeignet ist.
II Detaillierte Analyse	1. Erste Beurteilung der ausgearbeiteten Vorschläge durch einen Stab der Verwenderorganisation	Festsetzung der in der Analyse ermittelten Bedürfnisse, wenn solche überhaupt festgesetzt werden sollen. Hiermit soll der Vorschlag für eine formale Projektautorisierung und damit endgültige Zustimmung durch das Management aufbereitet werden.
	2. Zusätzliche Beurteilungsstudien	Bearbeitung von Empfehlungen und Hintergrundinformationen für die Autorisierung eines oder mehrerer Projekte durch das Management (Durchführbarkeitsbericht).
III Konsultation des Managements	1. Vorlage	Bereitstellen von Informationen für das Komitee des politischen Systems, um dessen Verständnis für die Notwendigkeit und die Konsequenzen der Autorisierung eines Projektes im vorgeschlagenen Systembereich zu erreichen.
	2. Management-Aktivitäten	Billigung (Zurückweisung; Hinweis auf mehr Informationen) des Projektes und Zuweisung der Projektverantwortlichkeiten, Budgethöhe usw.
IV Systemimplementierung und Leitung	Umfassende Aktivität: Projektplanung und Leitung (alle Phasen)	Festlegung der Projektphasen und der Verantwortlichkeit des Projekterfolges; umfaßt den Zeitplan, die Budgetierung, das Initiieren von Aktivitäten, den technischen Überblick und die Subprojektüberwachung.
	Phase 1: Vervollständigung der funktionalen Erfordernisse	Vorbereitung der formalen, verwenderorientierten funktionalen Erfordernisse in Übereinstimmung mit einem „Leitfaden zur Aufbereitung der funktionalen Spezifikation" und ihrer späteren Genehmigung (das „Was").
	Phase 2: Vorbereitung der Systemspezifikationen	Vorbereitung der formalen, technisch orientierten Spezifikationen zur Implementierung des Systems (Systementwurf) (das „Wie").
	Phase 3: Programmieren und Testen	Implementierung des Systementwurfs und Testen vor Einführung des Systems.
	Phase 4: Einführung, Test, Neuentwurf	Zeitliche Planung der Überführung des getesteten Systems in vollen Betrieb einschließlich der Testläufe zur Abnahme des Systems durch den Verwender.
V Organisation der Datenverarbeitungsaktivitäten	1. Hardware-Planung, technische Sicherung	Sicherstellen, daß die Organisation der Datenverarbeitung ausreichende Einrichtungen hat und in der Lage sein wird, die Verantwortlichkeit für die Systemoperatoren im vorgeschlagenen Sinne und entsprechend der Implementierung zu übernehmen.
	2. Hardware-Beschaffung und Installation	Die Koordination der Beschaffungs- und Installationsaktionen mit den Projektanforderungen und Zeitplänen.
	3. Systemoperationen und Systemunterhaltung	Operation des Systems, Aufzeichnen der Leistungsmaße, Ermittlung und Korrektur von Fehlern sowie Durchführung kleinerer Verbesserungen.
VI Beurteilung der Leistungswirksamkeit		Die Messung erreichter Nutzen versus erwarteter Nutzen und die Empfehlungen für Verbesserungen im System und in den Systementwicklungsfunktionen im allgemeinen.

Abb. 2.71: Aktivitäten der Systementwicklung

zelnen Aktivitäten sehr weitgehend ausgearbeitete Prozeduren vorschlägt (vgl. Abb. 2.71)[20]. Eine Prozedur umfaßt dabei folgende Komponenten:

„Name der Prozedur
  Projektstufe und
  Bestimmung der Aktivität
Aktivitätsbereich
Ziele der Aktivität
Verwandte (angesprochene) Aktivitäten
Verantwortliche Organisationen und Organisationseinheiten (Positionen)
Erforderliche Dokumente
Produzierte Dokumente
Prozedurale Schritte"[21]

Die Hervorhebung der in den jeweiligen Teilphasen verwendeten und produzierten Dokumente macht die Funktion der Phasen- bzw. Subphasenabgrenzung deutlich: „Dokumente" beinhalten Zwischenergebnisse des Entwicklungsprozesses, die autorisiert werden und somit für den weiteren Verlauf des Prozesses Verbindlichkeit besitzen. Dies schließt nicht aus, daß Rückkopplungen zwischen den Phasen vorkommen, wie dies explizit bei Rosove zum Ausdruck kommt. Abb. 2.72 gibt eine Darstellung Rosoves wieder[22]. Die Rückkopplungen zu früheren Phasen und die damit verbundene

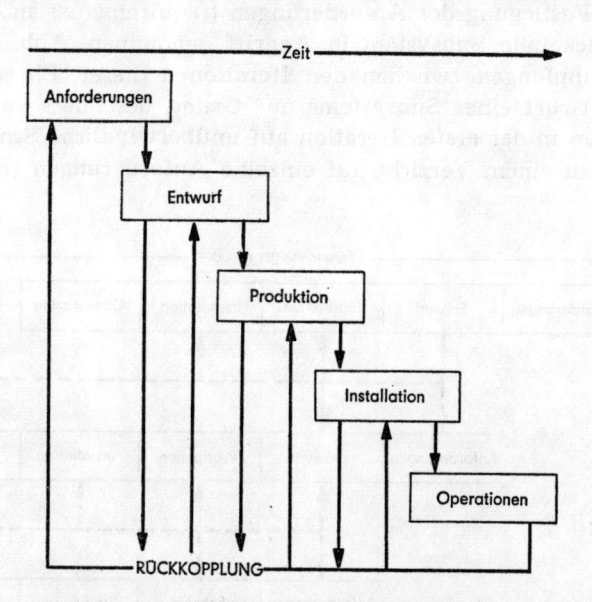

Abb. 2.72: Die Reihenfolge der Phasen des Entwicklungsprozesses und die Rückkopplungen zwischen ihnen

---

[20] Vgl. Blumenthal (1969), S. 113 ff.
[21] Ebenda, S. 112.
[22] Rosove (1967 b), S. 18.

Modifikation der in diesen Phasen produzierten Dokumente sind freilich nicht beliebig. Jede Autorisierung von Zwischenergebnissen und deren Dokumentation soll einen „Sperrklinkeneffekt" besitzen. Es gehört zu der großen Kunst des Managements eines Entwicklungsprozesses, die Rückkopplungen „richtig" zu handhaben. Wird die Rückkopplung erschwert, so besteht die Gefahr, daß die Entwicklung „steckenbleibt", weil die durch die Dokumente vorheriger Phasen implizierten Probleme zu schwer sind. Wird jedoch die Rückkopplung zu leicht gemacht, so gelangt der Entwicklungsprozeß unter Umständen in Verzug, weil bei jedem Auftauchen von Schwierigkeiten die Ursachen dieser Schwierigkeiten (d. h. die Ergebnisse vorhergehender Phasen) geändert werden und niemand den ernsthaften Versuch unternimmt, kreative Lösungen zu finden. Das Handhaben der Rückkopplungen setzt kybernetische Fähigkeiten (d. h. eine realistische Einschätzung der kreativen Fähigkeiten der am Entwicklungsprozeß beteiligten Spezialisten), aber auch Macht voraus (um allzu viele Rückkopplungen zu verhindern).

Ähnliche Probleme tauchen auf, wenn man die Kopplung der Phasen in einer Folge von Iterationen im Sinne der Strategie der geplanten Evolution betrachtet. In aller Regel geht man davon aus, daß sich die Iterationen zeitlich überlappen. Während die vorhergehende Iteration sich etwa in der Phase der Produktion bzw. Installation befindet, wird bereits im Rahmen der folgenden Iteration die Festlegung der Anforderungen (requirements) an das als nächstes zu entwickelnde Subsystem in Angriff genommen. Abb. 2.73 gibt die möglichen Kopplungen zwischen den Iterationen dieser Phasen wieder[23]. Stößt der Entwurf eines Subsystems auf Grund besonders anspruchsvoller Anforderungen in der ersten Iteration auf unüberwindliche Schwierigkeiten, so kann das zu einem Verzicht auf einzelne Anforderungen (Rückkopplung

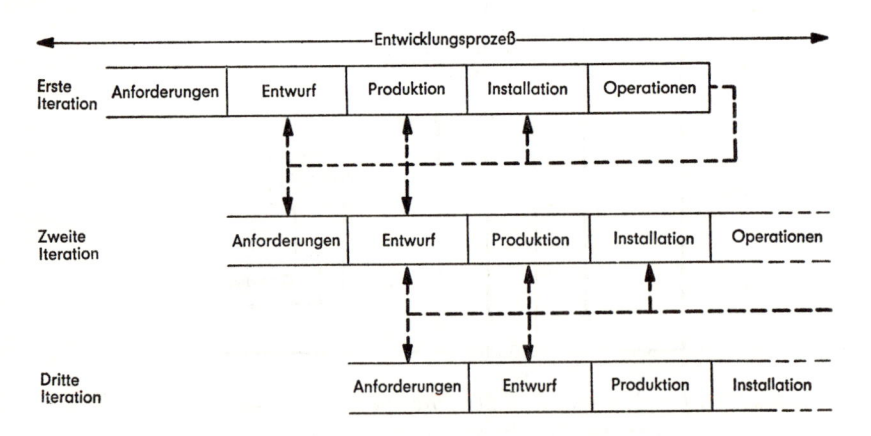

Abb. 2.73: Phasen des Entwicklungsprozesses und ihre Iterationen und Rückkopplungen

---

[23] Rosove (1967 c), S. 43.

zur Phase der Anforderungen der gleichen Iteration) und gleichzeitig zu einer Berücksichtigung dieser Anforderungen in der zweiten Iteration (Vorwärtskopplung zur Phase der Anforderungen der nächsten Iteration) führen. Der gesamte Entwicklungsprozeß wird auf diese Weise flexibler. Es bedarf keines besonderen Hinweises, daß die Entscheidungen über solche Rück- bzw. Vorwärtskopplungen äußerst schlecht strukturiert sind und Anlaß zu Konflikten zwischen den Beteiligten sein können.

2.516 Zur Übertragbarkeit von Phasengliederungen auf andere Entwicklungsprozesse

Die bekannten Phasenschemata der Systementwicklung enstammen nahezu ausschließlich dem Bereich der Entwicklung computerunterstützter Informations- und Entscheidungssysteme. Bisher finden sich in der wissenschaftlichen Diskussion kaum Überlegungen, inwieweit diese Phasenschemata auch auf andere Entwicklungsprozesse übertragen werden können und welche Modifikationen gegebenenfalls erforderlich sind. Grundsätzlich sollte sich jedoch der für einen tiefgreifenden Wandel von Organisationen oder multiorganisationalen Marketingkanälen Verantwortliche an den bei der Entwicklung äußerst komplexer Informationssysteme erprobten Schemata orientie-

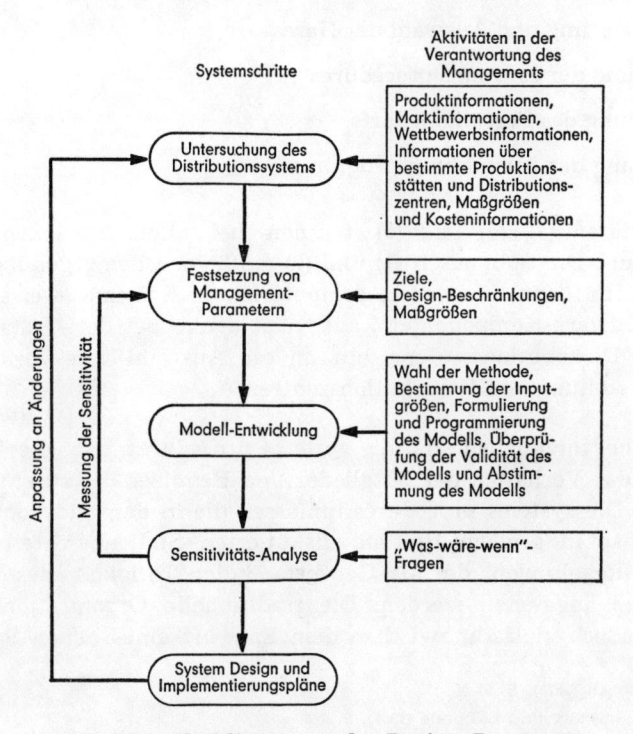

Abb. 2.74: Flußdiagramm des Design-Prozesses
für ein physisches Distributionssystem

ren. Sie sind in aller Regel erheblich differenzierter als die spärlichen Ansätze aus dem Bereich des Planned Organizational Change[24]) oder aus dem Bereich der Entwicklung von Marketingkanälen oder physischen Distributionssystemen. Abb. 2.74 gibt beispielsweise ein von Bowersox et al. stammendes Flußdiagramm des Prozesses der Entwicklung eines physischen Distributionssystems wieder[25]). In den übrigen Phasenvorschlägen stehen in der Regel detailliertere Überlegungen zu jenen Aktivitäten, die Rosove etwa unter den Bezeichnungen „Produktion" und „Installation" zusammenfaßt, während niemals Hinweise auf die Phasen „Bestimmung der Anforderungen an das neu zu entwickelnde System" und „Entwurf des Systems" fehlen. Eine kurze Betrachtung zeigt jedoch, daß auch im Falle von Reorganisationen, die sich nicht unmittelbar auf Probleme der Computerunterstützung von Informations- und Entscheidungssystemen beziehen, spezifische Probleme auftauchen, die als „Produktion" oder „Installation" bezeichnet werden können.

In der von Rosove als Produktion bezeichneten Phase finden sich etwa folgende Teilaktivitäten, die zeitlich mehr oder weniger parallel ablaufen können[26]):

(1) Erstellung der Computerprogramme,

(2) Spezifizierung und Auswahl der Hardware,

(3) Erstellung der „systems procedures",

(4) Ermittlung des Personalbedarfs,

(5) Erstellung der Ausbildungsprogramme.

Die Aktivitäten (3), (4) und (5) tauchen bei allen Systementwicklungsprozessen auf. Die Subphasen (1) und (2) erscheinen demgegenüber in modifizierter Form, denn auch nicht-computerisierte Systeme weisen in aller Regel „Hardware-Komponenten" auf; man denke bei der Gestaltung eines physischen Distributionssystems nur an die Auswahl von Verkehrsmitteln oder die Erstellung von Distributionszentren.

Besonders hervorzuheben sind die *systems procedures,* d. h. die Verfahrensregeln für das Verhalten der Mitglieder und Benutzer des zu entwickelnden Systems[27]). Die systems procedures umfassen die in der traditionellen Organisationslehre in großem Umfang diskutierten Stellenbeschreibungen und generellen Regelungen, die als Gegenstand der Tätigkeit des klassischen Organisators angesehen werden. Die traditionelle Organisationslehre versäumt es jedoch vielfach, zwischen dem Entwurf eines neuen Systems und

---

[24]) Vgl. Dienstbach (1972), S. 97 ff.
[25]) Bowersox, Smykay und LaLonde (1968), S. 346.
[26]) Vgl. insbesondere Connelly (1967) und Rosove (1967 e).
[27]) Vgl. dazu z. B. ausführlich Friedman (1967).

der Produktion dieser Verfahrensregeln als Teil des neuen Systems zu unterscheiden. Dies zeigt sich insbesondere darin, daß die Sprache der Verfahrensregeln auch herangezogen wird, um das zu entwerfende „Modell" des neuen Systems zu formulieren. Die Sprache der Verfahrensregeln erfüllt jedoch auch Motivationsfunktionen. Die Begriffe sind reich an konnotativen Bedeutungen, die sehr häufig eine präzise und „illusionslose" Diskussion des Entwurfs eines neuen Systems und seiner Konsequenzen verhindern. Man sollte sich in der angewandten Organisationstheorie angewöhnen, die Erstellung von Verfahrenshandbüchern (systems procedures) auf Grund eines Systementwurfs analog zu der Umsetzung eines Subentwurfs in Computerprogramme als Teil des neuen Systems zu sehen. Dies gilt auch im Falle von Marketingkanälen. Die zu produzierenden systems procedures sind hier in der Regel Bestandteile der Verträge, mit denen der für den Entwurf des Systems verantwortliche Kanalführer seine Konzeption durchzusetzen versucht.

Die Phase der Installation, die man allgemein wohl am besten als „Einführung des neuen Systems" bezeichnen kann, umfaßt in Anlehnung an Rosove im Falle computerisierter Informationssysteme folgende Subphasen[28]):

(1) Beschaffung der Hardware,

(2) Rekrutierung des Personals,

(3) Ausbildung des Personals und der Benutzer des Systems,

(4) Testlauf,

(5) Planung und Durchführung der Umstellung des alten auf das neue System.

Auch diese Aktivitäten finden sich — mit Modifikationen und unterschiedlichen Schwerpunkten — bei allen Systementwicklungsprozessen. Im Falle des Wandels von Distributionssystemen, die auch fremde Organisationen umfassen, ist die Aktivität (2) selbstverständlich erheblich weiter zu interpretieren: Sie schließt z. B. das Aushandeln und Abschließen von Verträgen mit den Kanalmitgliedern mit ein. Da solche Vertragsverhandlungen in aller Regel Kompromisse erforderlich machen, sind in dieser Entwicklungsphase besonders häufige Rückkopplungen zu den vorhergehenden Phasen zu erwarten. Die zeitliche Parallelität der verschiedenen Phasen einer Systementwicklung wird hier besonders deutlich.

Diese wenigen Überlegungen mögen genügen, um sichtbar zu machen, daß viele der Konzeptionen aus dem Bereich der Entwicklung computerisierter Informationssysteme (Mensch-Maschine-Digitalsysteme) auch brauchbare Anhaltspunkte für das Vorgehen bei der Planung und Implementierung eines Wandels von Organisationen oder multiorganisationalen Systemen bieten. Es ist zwar keine einfache, aber durchaus eine lösbare Aufgabe, ad hoc ein

---

[28]) Vgl. Rosove (1967 g).

Phasenschema zu entwickeln, das auf den vorhandenen aufbaut, jedoch auf die spezifischen Probleme des jeweils zu entwickelnden Systems abgestimmt ist. Für die angewandte Organisationstheorie im Sinne der Theorie des geplanten Wandels von Systemen zeichnen sich hier bislang kaum diskutierte Aufgaben ab. Ähnliches gilt für die im folgenden zu diskutierenden Fragen der Konflikthandhabung und der Durchsetzung im Prozeß des geplanten Wandels eines Systems.

2.52 Probleme der Konflikthandhabung und Durchsetzung im Prozeß des geplanten Wandels von Systemen

Bei der Darlegung der Anforderungen an eine politische Planung wurde auf die Bedeutung der Durchsetzungsproblematik im Planungsprozeß und auf die Notwendigkeit flankierender Maßnahmen der Konsensbildung und Konflikthandhabung hingewiesen. Einige Gesichtspunkte dieser sehr komplexen Fragestellungen sollen im folgenden kurz diskutiert werden. Der Leser mag jedoch dabei bedenken, daß wir uns hier auf einem Gebiet der angewandten Verhaltenswissenschaft bewegen, das noch weit davon entfernt ist, leicht erlernbare Methoden zur Unterstützung von Prozessen des geplanten Wandels anbieten zu können. Eine begrenzte Unterstützung des jeweiligen Entwicklungsprozesses ist auf absehbare Zeit wohl nur dadurch möglich, daß verhaltenswissenschaftliche Erkenntnisse bei den an solchen Entwicklungsprozessen Beteiligten stärker Beachtung finden. Bei größeren Entwicklungsprozessen empfiehlt es sich zudem, Experten der angewandten Verhaltenswissenschaften als sogenannte „change agents" in die Projektorganisation einzubeziehen.

2.521 Konflikte und Konsens in sozialen Systemen

Die Begriffe Konsens, Konflikt und Widerstand sowie die Mechanismen der Konsensbildung, der Konflikthandhabung und der Überwindung von Widerständen hängen sehr eng zusammen, und es fällt recht schwer, die Analyse der damit verbundenen Probleme auf einen einigermaßen konsistenten terminologischen Apparat zu gründen. Die folgenden Überlegungen können eine eingehendere Analyse der Begriffe nicht ersetzen. Sie sollen jedoch einen Eindruck vermitteln, welche begrifflichen und theoretischen Probleme die gegenwärtigen Diskussionen auf diesen Gebieten prägen.

Definitionen

Den Ausgangspunkt der Überlegung bildet der Begriff *Konsens*. Etzioni definiert Konsens als „congruence in the perspectives of two or more actors"[29]) bzw. als „Übereinstimmung der Präferenzen der betreffenden Ein-

---

[29]) Etzioni (1968), S. 469; vgl. ferner Newcomb (1962); Partridge (1971); Shils (1968).

heiten"[30]), wie es in einer von ihm offenbar akzeptierten deutschen Übersetzung lautet. In Anlehnung an diese Begriffsfassung wollen wir im folgenden von Konsens dann sprechen, wenn eine Kongruenz der kognitiven Informationen (Überzeugungen, Werte, Attitüden) einer Menge von Mitgliedern eines sozialen Systems besteht. Dabei ist es zweckmäßig, zwischen einem generellen und einem spezifischen Konsens zu unterscheiden. Spezifischer Konsens bezieht sich immer auf bestimmte Objekte oder Objektbereiche, die durch kognitive Begriffe der beteiligten Individuen abgebildet werden. Spezifischer Konsens in bezug auf ein Objekt A schließt dann nicht aus, daß hinsichtlich Objekt B ein Dissens besteht. Je größer die Menge der Objekte bzw. Objektbereiche ist, über die in einem sozialen System Konsens besteht, desto mehr kann von einem generellen Konsens gesprochen werden.

Der Begriff *Dissens* ist vom Begriff des Konflikts zu unterscheiden. Ein Konflikt setzt zwar die Existenz eines Dissenses voraus. Zusätzlich muß jedoch die Bedingung erfüllt sein, daß die Beteiligten nicht gleichzeitig die von ihnen präferierten Handlungen bzw. Entscheidungen realisieren können. Zum Dissens über Werte und Überzeugungen müssen also zusätzlich bestimmte Umweltkonstellationen hinzukommen, damit von einem Überzeugungs- bzw. Wertkonflikt gesprochen werden kann.

Der *Konfliktbegriff* wird in der wissenschaftlichen Diskussion nicht einheitlich verwendet[31]). Pondy schlägt vor, alle durch die unterschiedlichen Definitionen erfaßten Tatbestände mit dem Konfliktbegriff zu belegen und sie jeweils durch geeignete Zusätze zu charakterisieren. Auf diese Weise umreißen die einzelnen Konfliktbegriffe gleichzeitig typische Stadien im Prozeß der Entstehung und Handhabung interindividueller Konflikte[32]).

(1) Ein erster Konfliktbegriff knüpft an den objektiven Gegebenheiten der Konkurrenz oder Inkompatibilität der Zielerreichung an. Dabei ist es unwesentlich, ob diese Konkurrenz von den Beteiligten wahrgenommen wird oder nicht. In solchen Fällen kann von einem latenten Konflikt gesprochen werden.

(2) Ein zweiter Konfliktbegriff geht von den subjektiven Wahrnehmungen aus. Danach liegt ein Konflikt dann vor, wenn eine Konkurrenz der Zielerreichung wahrgenommen wird. Dabei ist es irrelevant, ob diese Wahrnehmung mit den objektiven Gegebenheiten übereinstimmt oder nicht.

(3) Ein weiterer Konfliktbegriff knüpft an den Überzeugungen bzw. Attitüden der Beteiligten an. Nimmt ein Individuum in bestimmten sich wiederholenden Situationen stets eine Konkurrenz zu den übrigen Be-

---

[30]) Etzioni (1969), S. 165.
[31]) Zur Theorie der Konflikte und zum Konfliktbegriff vgl. insbes. Boulding (1962); Fink (1968); Krysmanski (1971); Mack und Snyder (1957); McNeil (1965); Rapoport (1960); de Reuck und Knight (1966); Schelling (1960) sowie zu einem Überblick Esser (1972).
[32]) Vgl. Pondy (1967).

teiligten wahr, so wird es allmählich mit dieser Situation einen Konflikt assoziieren. Das Individuum entwickelt konfliktträchtige Attitüden gegenüber den anderen. Es liegt auf der Hand, daß die Existenz solcher Konfliktattitüden sehr wesentlich dazu beiträgt, ob in einer konkreten Situation Konflikte wahrgenommen werden oder nicht. Die Existenz von Konfliktattitüden führt zudem oft dazu, daß Konflikte wahrgenommen werden, obwohl objektiv keine Voraussetzungen dafür existieren.

(4) Hervorgerufene Konfliktattitüden können zur Emotion werden. Sie sind in hohem Maße affektgeladen. Nicht selten wird der Konfliktbegriff auf solche Situationen beschränkt, die durch Emotionen der genannten Art geprägt sind. Es liegen emotionale Konflikte vor.

(5) Der letzte Konfliktbegriff schließlich lehnt sich an das beobachtbare Verhalten der Beteiligten an. Danach liegt ein Konflikt vor, wenn zu manipulativen Maßnahmen gegriffen wird, um die übrigen Beteiligten zur Annahme bestimmter Entscheidungsprämissen oder Beschränkungen für ihr eigenes Verhalten zu bewegen. Von Konflikten wird hier erst dann gesprochen, wenn sich die Beteiligten nicht als Anpasser, sondern als Manipulatoren verhalten. Es liegen manifeste Konflikte vor.

Jeder der genannten Konfliktbegriffe charakterisiert gewisse Bedingungen oder Stadien im Rahmen eines Konfliktprozesses. Die Abb. 2.75 gibt die verschiedenen Konfliktbegriffe und ihre Zusammenhänge wieder[33]). Sie zeigt

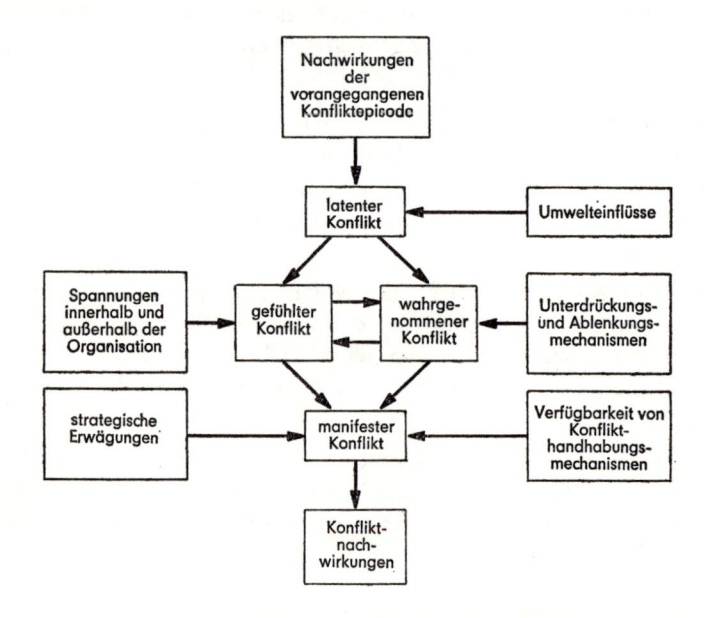

Abb. 2.75: Schema einer Konfliktepisode

---

[33]) Pondy (1967), S. 306.

gleichzeitig einige Faktoren auf, die dafür verantwortlich sind, ob ein Konfliktprozeß von einem Stadium in ein anderes übergeht. Die Abbildung macht aber auch deutlich, daß Konfliktprozesse in aller Regel nicht zu einer endgültigen „Lösung" der Konflikte führen. Stets gibt es Nachwirkungen der Konflikte, die unter Umständen die Ursache für neue Konflikte sind. Aus diesem Grunde wird der Terminus „Konfliktlösung" in der modernen Konflikttheorie immer mehr durch die Begriffe der *Konflikthandhabung* oder des *Konfliktmanagements*[34]) ersetzt. Die Prozesse der Konflikthandhabung führen in den meisten Fällen lediglich zu einer Quasilösung der Konflikte. Durch die verschiedenen Methoden der Konflikthandhabung werden die Bedingungen geändert, die zu neuen Konflikten Anlaß geben können. So hinterläßt jede Konflikthandhabung in der Regel latente Konflikte und verstärkt bzw. schwächt vorhandene wechselseitige Konfliktattitüden.

Von der Konflikthandhabung ist die *Konsensbildung* zu unterscheiden. Unter Konsensbildung werden alle — z. T. sehr langfristigen — Prozesse innerhalb des betrachteten sozialen Systems verstanden, die zu einer Kongruenz der kognitiven Informationen der Beteiligten führen. Nicht jede Konsensbildung ist gleichzeitig Konflikthandhabung. Abgesehen davon, daß Dissens nicht unbedingt zu Konflikten führen muß, vollziehen sich auch außerhalb von Konfliktepisoden Prozesse der Konsensbildung. Umgekehrt führt nicht jede Konflikthandhabung zu einem Konsens; bisweilen setzen jedoch „Nachwirkungen" gehandhabter Konflikte Mechanismen in Gang, die dann eine Angleichung der Standpunkte bewirken.

In vielen Fällen werden Konflikte dadurch gehandhabt, daß Macht ausgeübt wird. Man versucht, die anderen zu einem Verhalten zu bewegen, das diese nicht präferieren und ohne Beeinflussung nicht an den Tag legen würden: Man versucht, Widerstände durch Machtausübung zu überwinden. *Widerstand* ist dabei als spezifisches Konfliktverhalten zu sehen, das dann auftritt, wenn Konflikte existieren und man sich der Notwendigkeit ausgesetzt sieht, sich in einer nicht erwünschten Weise zu verhalten. Vor allem im Prozeß des geplanten Wandels von Systemen entstehen Anpassungswiderstände, die sowohl in Überzeugungs- wie in Wertkonflikten wurzeln[35]).

Die bisherigen Ausführungen betreffen unmittelbar zunächst nur interindividuelle Konflikte. In der Konfliktforschung fehlt es nicht an Versuchen, umfassendere Konflikttypologien zu entwickeln, in denen die interindividuellen Konflikte nur einen Typ unter vielen darstellen und in denen auch Konflikte zwischen Systemen höherer Ordnung (z. B. interorganisationale Konflikte) Berücksichtigung finden[36]). Solche Konflikttypologien implizieren, daß die Analyse des Konflikts auf unterschiedlichen Ebenen der Betrachtungsweise durchzuführen ist. Interorganisationale Konflikte und deren **Handhabung** sind im vorliegenden Zusammenhang vor allem dann relevant,

---

[34]) Vgl. insbes. Boulding (1964), S. 75.
[35]) Vgl. Coch und French (1960); Dienstbach (1972); Mann und Neff (1961); Watson (1969).
[36]) Vgl. Boulding (1962); Dahrendorf (1961); Galtung (1965).

wenn es um den geplanten Wandel von Marketingkanälen geht[37]. Ein Blick in die einschlägige Literatur hierzu zeigt jedoch, daß bei der Analyse der Handhabung interorganisationaler Konflikte in einem begrifflich-theoretischen Bezugsraum argumentiert wird, der praktisch der für interindividuelle Konflikte typischen Ebene der Betrachtungsweise entspricht, auch wenn vielfach statt „Individuen" dann der Begriff „Organisation" Verwendung findet.

Im folgenden stehen die Fragen der interindividuellen Konflikte und deren Handhabung in Entwicklungsprozessen im Vordergrund. Dabei sollen zunächst einige Gesichtspunkte diskutiert werden, die der Diagnose der Konfliktursachen und des Konfliktverhaltens dienen können. Esser hat den Versuch unternommen, einen Bezugsrahmen zu schaffen, der den Zugang zu den für eine Konfliktdiagnose relevanten und weitverstreuten verhaltenswissenschaftlichen Konzeptionen und Ergebnissen der Konfliktforschung erleichtert[38]. Abb. 2.76 gibt ein Paradigma des Konfliktprozesses aus der Sicht des

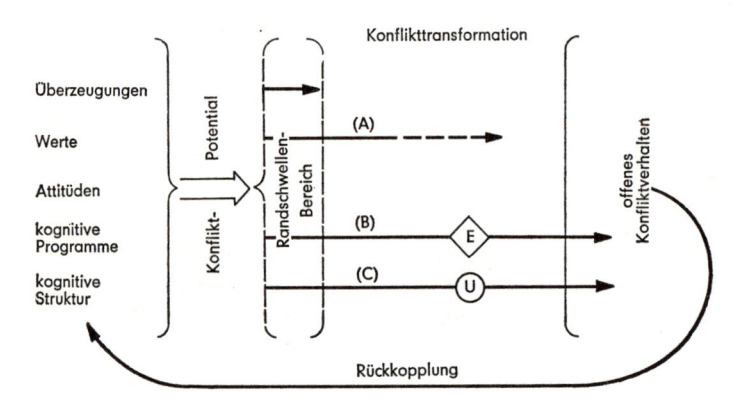

Abb. 2.76: Paradigma des Konfliktprozesses aus der Sicht des Individuums

Individuums wieder[39]. Es gliedert den Verlauf eines Konfliktprozesses in drei Bereiche: das Konfliktpotential, die Transformation des Konfliktpotentials in Konfliktverhalten und das offene Konfliktverhalten selbst. Die wesentlichsten Gesichtspunkte dieses Konfliktverlaufs sollen im folgenden kurz erläutert werden.

Das Konfliktpotential

Das Konfliktpotential eines Individuums in einer spezifischen Situation (z. B. Wandel der Organisation, in der es tätig ist) ist letztlich in den kogniti-

---
[37] Vgl. Steffenhagen (1972).
[38] Vgl. Esser (1972).
[39] Ebenda, S. 195.

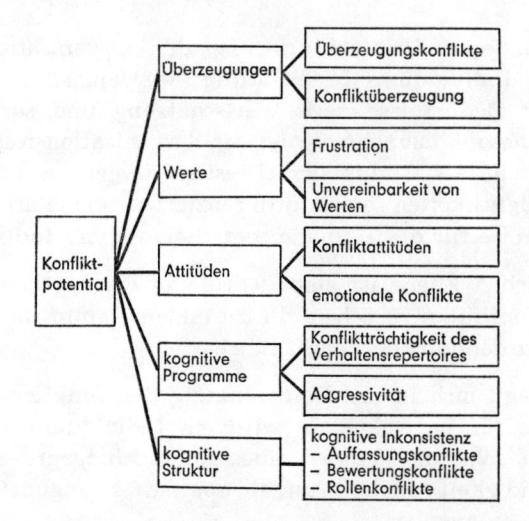

```
                    ┌─ Überzeugungen ─┬─ Überzeugungskonflikte
                    │                 └─ Konfliktüberzeugung
                    │
                    ├─ Werte ─────────┬─ Frustration
                    │                 └─ Unvereinbarkeit von
                    │                    Werten
                    │
   Konflikt-       ─┼─ Attitüden ─────┬─ Konfliktattitüden
   potential        │                 └─ emotionale Konflikte
                    │
                    ├─ kognitive ─────┬─ Konfliktträchtigkeit des
                    │  Programme      │  Verhaltensrepertoires
                    │                 └─ Aggressivität
                    │
                    └─ kognitive ──────  kognitive Inkonsistenz
                       Struktur          – Auffassungskonflikte
                                         – Bewertungskonflikte
                                         – Rollenkonflikte
```

*Abb. 2.77: Elemente einer kognitiven Interpretation
des Konfliktpotentials*

ven Informationen (Werten, Überzeugungen, Attitüden, Programmen) dieses Individuums verankert. Abb. 2.77 gibt die von Esser gewählte Gliederung seiner Analyse der wichtigsten Elemente einer kognitiven Interpretation des Konfliktpotentials wieder[40]). Es ist im vorliegenden Rahmen nicht möglich, alle darin angeschnittenen Gesichtspunkte explizit zu behandeln. Wir wollen uns auf eine kurze Betrachtung darüber beschränken, weshalb der tiefgreifende Wandel einer Organisation oder eines sonstigen sozialen Systems normalerweise eine Bedrohung der Werte bzw. Bedürfnisse der betroffenen Individuen bedeutet[41]):

(1) Technologischer Fortschritt stellt das Sicherheitsbedürfnis des Individuums in seinem Streben nach Erhaltung des Arbeitsplatzes in Frage.

(2) Die mit einer Reorganisation häufig verbundene innerbetriebliche Umstrukturierung stört etablierte Rollen, ändert die im Laufe der Zeit verfestigten Interaktionsbeziehungen und führt nicht selten zu einer Auflösung formaler und informaler Gruppen, so daß für das Individuum das soziale Bedürfnis nach Geborgenheit beeinträchtigt wird.

(3) Ebenso ist es charakteristisch für Entwicklungsprozesse, daß viele Elemente eines sozio-technischen Systems geändert werden müssen, um ein neues Element einbeziehen zu können. Dies bringt etwa durch Anwendung neuer technologischer Erkenntnisse oder durch Änderung des Produktionssystems durch Einführung neuer Fertigungsverfahren einen Wandel der Aufgabenstruktur mit sich, der sich auf den Menschen auswirkt.

---

[40]) Esser (1972), S. 55.
[41]) Vgl. zum folgenden ebenda, S. 92 ff. und die dort angegebene Literatur.

(4) Soweit durch eine Umstrukturierung der Organisation Status und Prestige des Individuums beeinträchtigt werden, stellt dies eine Bedrohung der Bedürfnisse nach Wertschätzung und sozialer Anerkennung dar. Diese hinzunehmen, ist ein Organisationsteilnehmer um so weniger bereit, als Status und Prestige wegen verhältnismäßig begrenzter Möglichkeiten eines differenzierten monetären Entgelts erhebliche Anreize für die Teilnahmeentscheidung des Individuums bilden.

(5) Auf der gleichen Ebene ist eine Bedrohung der eigenen Macht als Ursache von Konflikten zu sehen, die zu einem Kampf um Aufrechterhaltung bzw. Ausdehnung der Macht führt.

(6) Weiterhin liegt auch in der Beschränkung der funktionalen Autonomie eine Ursache für Konflikte. So wird ein Individuum im allgemeinen wenig bereit sein, im Rahmen eines Entwicklungsprozesses einen Teil der Selbständigkeit seines Aufgabenbereiches zugunsten neuer Abhängigkeiten aufzugeben.

(7) Eine weitere Konfliktursache liegt schließlich in einer Bedrohung des Bedürfnisses des Individuums begründet, sich selbst zu verwirklichen. Obwohl nur selten und annäherungsweise erreichbar, bildet sich das Individuum eine Vorstellung davon, welchen Idealzustand es anzustreben beabsichtigt. Soweit eine bestimmte Berufsbetätigung Bestandteil dieser Idealvorstellung ist, führt jede größere Änderung in der Art der Verrichtung einer Aufgabe zu Konflikten.

Eine realistische Diagnose des Konfliktpotentials hat die Einflüsse des sozialen Kontextes der von dem geplanten Wandel Betroffenen zu beachten. In der Literatur zum Planned Organizational Change finden sich viele Diskussionen der sozialen Ursachen von Anpassungswiderständen. Dabei wird vor allem die Tatsache hervorgehoben, daß die von Änderungen betroffenen Organisationsmitglieder in aller Regel in ein meist schwer durchschaubares Geflecht informeller Grupppen einbezogen sind, deren Rahmen und Standard Persönlichkeit und Verhalten des Individuums beeinflussen[42]).

Transformation des Konfliktpotentials

Eine richtige Diagnose von Anpassungswiderständen als spezifisches Konfliktverhalten setzt Kenntnisse darüber voraus, wie die von einem geplanten Wandel betroffenen Individuen ihr Konfliktpotential in Konfliktverhalten transformieren. Im Paradigma der Abb. 2.76 sind hier mehrere „Mechanismen" angedeutet[43]).

Zunächst ist es zweckmäßig, eine Art „Schwellenbereich" anzunehmen, der verhindert, daß jedes latente Konfliktpotential tatsächlich wirksam wird. Die

---

[42]) Vgl. Dienstbach (1972), S. 116 ff.

[43]) Vgl. zum folgenden Esser (1972), S. 191 ff. und die dort angegebene Literatur.

als Randschwelle bezeichnete Grenze zwischen Konfliktpotential und Konfliktverhalten ist als Ausdruck der Zäsur zwischen Konfliktursache und offenem Konfliktverhalten anzusehen. Unter dem Aspekt der Überführung des Konfliktpotentials in offenes Konfliktverhalten sind dabei Fragen der Bewußtwerdung des Konflikts, der Betroffenheit des Individuums, des Toleranzbereiches sowie der Filterfunktion der Randschwelle und einer möglichen Veränderung der Randschwelle zu diskutieren. Bei Prozessen des geplanten Wandels von Systemen ist es vielfach empfehlenswert, die Überwindung der Randschwelle durch geeignete Maßnahmen zu fördern, um eine rechtzeitige offene Behandlung der unvermeidlichen Konflikte zu ermöglichen.

Häufig wird ein latentes Konfliktpotential zwar aktualisiert, um später aber wieder zu „versickern" (vgl. Pfeil A in Abb. 2.76). Dieses *Versickern* kann in einem unwillentlichen Verdrängen oder Vergessen begründet liegen. Es kann aber auch eine bewußte „Unterdrückung" oder ein absichtliches „Abschalten" gegeben sein; beides unterliegt der Kontrolle des Individuums. Man geht wohl nicht fehl in der Annahme, daß die meisten hervorgerufenen Konfliktpotentiale auf diese Weise wieder versickern. Dabei ist jedoch zu beachten, daß ein unterdrücktes Konfliktpotential jederzeit wieder aktualisiert werden kann. In der Regel fällt es dem betroffenen Individuum zunehmend schwerer, in einer konkreten konfliktträchtigen Situation das Konfliktpotential zu unterdrücken. Dies kann zu einer affektiven Aufladung der Konflikte führen. Der „Ausbruch" des Konfliktpotentials in offenes Konfliktverhalten gerät dann sehr leicht außer Kontrolle. In der neueren Organisationstheorie wird das „smoothing over" als Konflikthandhabung, das durch die traditionellen bürokratischen Organisationsformen gefördert wird und sich nicht selten in einem bewußten Unterdrücken des Konfliktpotentials äußert, weitgehend abgelehnt.

Pfeil B gibt jenen Fall wieder, bei dem sich das Individuum nach einem mehr oder weniger intensiven Problemlösungsverhalten oder aber auch routinemäßig für ein bestimmtes Konfliktverhalten als Reaktion auf das aktualisierte Konfliktpotential entscheidet. Man könnte die spieltheoretische Analyse des Konfliktverhaltens hier als Beispiel anführen. Freilich ist es wohl erforderlich, für eine realistische Diagnose der zugrundeliegenden Konfliktursachen auf eine empirisch fundierte verhaltenswissenschaftliche Organisationstheorie zurückzugreifen. Es ist in der Literatur zur Konfliktforschung, vor allem aber zum Planned Organizational Change weitgehend üblich, die Transformation des Konfliktpotentials als einen Entscheidungsprozeß des Individuums aufzufassen und dabei zu prüfen, inwieweit persönlichkeitsbedingte und situationsbedingte Faktoren diese Entscheidungen beeinflussen. So diskutiert etwa Dienstbach[44]) in Anschluß an Mann und Neff[45]) die Frage der Anpassungsbereitschaft bzw. des Anpassungswiderstandes als Ergebnis eines Entscheidungsprozesses.

---

[44]) Vgl. Dienstbach (1972), S. 69 ff.
[45]) Vgl. Mann und Neff (1961), S. 69.

Es ist eine empirische Frage, inwieweit das Konfliktverhalten und die Anpassungswiderstände stets Ergebnis bewußter Entscheidungen sind. Eine ausschließlich entscheidungstheoretische Behandlung birgt jedoch die Gefahr einer zu „rationalen" Behandlung des menschlichen Konfliktverhaltens in sich. Es ist sinnvoll, anzunehmen, daß das Konfliktverhalten eines Individuums auch noch durch andere Mechanismen geprägt sein kann, die etwa mit Pfeil C der Abb. 2.76 angedeutet sind. Es sind interne und externe Konstellationen denkbar, die das Individuum zu Reaktionen veranlassen, welche entweder in überhaupt keinem Zusammenhang mit dem Konfliktpotential stehen oder aus einer solchen Umwandlung des Konfliktpotentials resultieren, daß es äußerst schwierig ist, aus der Reaktion auf das zugrundeliegende Konfliktpotential zurückzuschließen. Eine derartige Verschiebung oder Versetzung des Verhaltens kann als *Konfliktumleitung* bezeichnet werden. Konfliktumleitung ist zu erwarten, wenn physische oder soziale Beschränkungen verhindern, ein spezifisches Konfliktpotential gegenüber der den Konflikt verursachenden Partei offen zu manifestieren. In den traditionellen bürokratischen Organisationsformen ist in aller Regel eine Tabuierung individueller Konflikte festzustellen. Die diesen Organisationsformen immanenten sozialen Normen verursachen sehr häufig eine Konfliktumleitung. Es leuchtet ein, daß Konfliktumleitungen im Prozeß des geplanten Wandels von Systemen die Konflikthandhabung äußerst erschweren können. Es gibt mehrere Arten einer Konfliktumleitung.

(1) Eine erste Art der Konfliktumleitung besteht in der Transformation sachbezogener Streitpunkte in persönliche Auseinandersetzung. Die eigentlichen Konfliktursachen rücken in den Hintergrund. Statt dessen beherrschen Emotionen den Konfliktverlauf. Es kommt sehr leicht zu emotional geladenen Überreaktionen. Sehr häufig werden auf diese Weise an und für sich Unbeteiligte zu „Sündenböcken" gestempelt.

(2) Die zweite Art der Konfliktumleitung besteht umgekehrt in einer Transformation sozialer und persönlicher Spannungen in sachliche Konflikte. Unstimmigkeiten in den persönlichen Beziehungen und soziale Unzufriedenheit wirken als die tiefer liegenden Symptome scheinbar rein sachlicher Streitpunkte.

(3) Eine dritte Möglichkeit der Konfliktumleitung ist in der Umwandlung eines Streites zwischen bestimmten Personen oder Gruppen in einem Konflikt mit anderen Personen oder Gruppen zu sehen. Hier sind insbesondere jene Konflikte bedeutungsvoll, die in einen Konflikt mit einem allen Beteiligten gemeinsamen Gegner umgeleitet werden. Vor allem in Prozessen des tiefgreifenden Wandels können bereits im alten System bestehende Konflikte zwischen den vom Wandel Betroffenen in einen Konflikt mit denjenigen umgeleitet werden, die den Wandel initiieren und planen.

(4) Eine letzte Form der Konfliktumleitung ist schließlich in der Umformulierung eines Sachproblems in ein anderes zu sehen. Oft leiten die Beteiligten

einen Dissens über Unwesentliches in eine Auseinandersetzung über Prinzipien und letzte Werte um. Solche Konfliktumleitungen verhindern vielfach, daß ein Reorganisationsproblem rein pragmatisch behandelt wird. In einer pragmatischen Behandlung einigen sich die Betroffenen auf konkrete Maßnahmen, ohne einen Konsens über die zugrundeliegenden Ziele anzustreben. Es ist die große Kunst der Konflikthandhabung, in einem Prozeß des geplanten Wandels zu verhindern, daß die unumgänglichen Konflikte über die zu realisierenden Maßnahmen in Konflikte über die grundlegenden Werte umgeleitet werden.

Die bisherigen Ausführungen zur Konfliktumleitung könnten den Eindruck entstehen lassen, als seien Konfliktumleitungen im Entwicklungsprozeß tunlichst zu vermeiden. Tatsächlich kann es selbstverständlich auch Situationen geben, in denen die Konflikthandhabung im Prozeß des geplanten Wandels darin besteht, bewußt eine Umleitung der durch den Wandel induzierten Konflikte herbeizuführen. Häufig werden tiefgreifende Veränderungen, die normalerweise an den Widerständen der Betroffenen scheitern würden, auf die Weise durchgesetzt, daß man diese Konflikte bewußt in einen Konflikt mit einem „äußeren Feind" umleitet. Nicht selten wird dieser „äußere Feind" erst durch Propaganda oder Provokation geschaffen.

Verlauf und Richtung der Transformation des Konfliktpotentials in Konfliktverhalten werden in hohem Maße durch die Aktivitäten der Konflikthandhabung beeinflußt, welche die betreffenden Konfliktparteien selbst oder aber etwaige Drittparteien (z. B. change agent) ergreifen. In einem weiteren Sinne des Wortes hat jedes Konfliktverhalten den Charakter einer Konflikthandhabung. So ist es auch zu verstehen, daß im Paradigma der Abb. 2.76 eine Rückkopplung vom Konfliktverhalten zum Konfliktpotential eingeführt ist. Da die Wirkung einer bestimmten Verhaltensweise auf das individuelle Konfliktpotential nicht allein von den Aktionen des betrachteten Individuums selbst, sondern auch von den Maßnahmen der Kontrahenten und eventueller Drittparteien abhängt, deutet die Rückkopplung letztlich auch den zeitlichen Charakter der Konfliktprozesse an.

2.522 Formen der Konflikthandhabung

Es bereitet große Schwierigkeiten, sich einen systematischen Überblick über die verschiedenen Methoden einer Konflikthandhabung zu verschaffen. Die Konflikthandhabung im Prozeß des geplanten Wandels ist heute noch weitgehend eine „Kunst", für die es keine wissenschaftlich abgeklärten Methoden gibt. In der Diskussion der Konflikthandhabung im Prozeß des geplanten Wandels von Systemen schält sich immer mehr die grundlegende Unterscheidung der Handhabung der Konflikte durch die Betroffenen selbst und durch Drittparteien heraus. In zunehmendem Maße wird die Empfehlung geäußert, in die Prozesse des tiefgreifenden Wandels sozialer Systeme verhaltenswissenschaftlich geschulte *change agents* einzubeziehen, denen u. a.

die Aufgabe einer zentralen Handhabung der vielfältigen Konflikte im Entwicklungsprozeß zukommen soll. Hand in Hand mit dieser Entwicklung geht die wissenschaftliche Diskussion um die Rolle von Drittparteien in Konfliktprozessen, die durch praktische Erfahrungen beim Einsatz solcher change agents sehr gefördert wurde. Das hierdurch gewonnene empirische Material besteht freilich bisher lediglich in Fallstudien[46]).

In der weitverbreiteten Klassifikation der Konflikthandhabungsformen von Blake, Shepard und Mouton[47]) (vgl. Abb. 2.78) ist das Drittparteienurteil nur als spezieller Fall aufgeführt, der allein unter bestimmten Bedingungen zu erwarten ist. Die Klassifikation bezieht sich in erster Linie auf die handhabenden Verhaltensweisen der Konfliktparteien selbst. Die Hypothesen der Abbildung, welche die zu erwartenden Konfliktformen in Abhängigkeit von den in der Kopfzeile und am Rand aufgeführten Einflußfaktoren sehen, verlieren um so mehr ihre Gültigkeit, je mehr beim Prozeß des geplanten Wandels bewußt auf die Form der zentralen Konflikthandhabung durch einen change agent zurückgegriffen wird.

	Konflikt unumgehbar Interessenausgleich unmöglich	Konflikt umgehbar Interessenausgleich unmöglich	Konflikt unumgehbar Interessenausgleich möglich	
aktiv	Gewinn-Verlust-Machtkämpfe	Rückzug	Problemlösen	hohe Wertvorstellung
	Dritt-Parteien-Urteil	Isolation	Teilen des Streitwertes	mittlere Wertvorstellung
passiv	Zufallsurteil	Indifferenz bzw. Ignoranz	friedliche Koexistenz	niedrige Wertvorstellung

Abb. 2.78: *Typologie der Formen des Konfliktverhaltens*

In jüngster Zeit hat eine vereinfachte Klassifikation von Lawrence und Lorsch besondere Aufmerksamkeit erfahren, die diese einer empirischen Untersuchung zugrunde gelegt haben[48]). Lawrence und Lorsch nennen *forcing, smoothing* und *confrontation* als Formen der Konflikthandhabung. Empirische Untersuchungen — allerdings nicht im Bereich des geplanten Wandels von Systemen — lassen die Thesen plausibel erscheinen, daß confrontation effizienter als forcing und smoothing und — für den Fall, daß confrontation nicht möglich ist — forcing effizienter als smoothing ist. Im Falle der confrontation werden die Konflikte offen dargelegt; es wird der Versuch unternommen, durch gemeinsames Problemlösen und explizites integratives Verhandeln zu einer für alle akzeptablen Lösung zu gelangen. Beim forcing werden die Konflikte unter Einsatz auch „harter" Machtmittel ge-

---

[46]) Vgl. Walton (1969). Zum change agent und weiteren, in den Entwicklungsprozeß involvierten Personen vgl. S. 737 ff. dieses Buches.

[47]) Vgl. Blake, Shepard und Mouton (1964), S. 13; ferner Kirsch und Esser (1973).

[48]) Vgl. Lawrence und Lorsch (1967), S. 212 ff.

	Vermutungen des change agent über die Auswirkungen geplanter Veränderungen im Informationssystem		
	negativ	nicht prognostizierbar	positiv
positiv	**Unterstützung 1** Die Erwartungen bezüglich des neuen Informationssystems sind auf ein realistisches Ausmaß zu reduzieren, damit sich eine spätere Desillusion nicht destruktiv auswirkt.	**Unterstützung 4** Informationen darüber geben, daß der weitere Verlauf des Entwicklungs- und Einführungsprozesses nicht voll vorhersehbar ist.	**Unterstützung 7** Keine Probleme, es ist lediglich zu versuchen, die positive Einstellung gegenüber den Veränderungen aufrechtzuerhalten.
nicht prognostizierbar	**Widerstand 2** Die geplanten Veränderungen sind zu überprüfen und Informationen über die Veränderungen zu geben, damit zumindest die Ungewißheit verringert wird.	**Widerstand 5** Information über die Notwendigkeit der Veränderungen aus der Sicht des change agent. Mitwirkung bei der Einführung zusichern.	**Widerstand 8** Mehr Informationen über die geplanten Veränderungen geben, um die Ungewißheit zu beseitigen.
negativ	**Opposition 3** Die geplanten Veränderungen sind zu überprüfen und evtl. zu modifizieren. Personelle Veränderungen im bisherigen Informationssystem.	**Opposition 6** Volle Information über die geplanten Veränderungen geben. Mitwirkung bei der Einführung zusichern.	**Opposition 9** Mehr Information über das neue System und seine Auswirkungen. Untersuchen und hervorheben, daß sich die Veränderungen mit individuellen Bedürfnissen vereinbaren lassen. Diesen Veränderungsprozeß von vergangenen unterscheiden.

Vom Individuum im Hinblick auf seine eigenen Bedürfnisse prognostizierte Konsequenzen der geplanten Veränderungen.

Abb. 2.79: Strategien für die Einführung eines Informationssystems

handhabt. Bei Anwendung des „smoothing over differences" wird — „um des lieben Friedens willen" — tunlichst vermieden, die Konflikte explizit zu machen; Unterdrückung der Konflikte ist hier üblich.

Die Hervorhebung des confrontation macht die besondere Rolle einer Drittpartei im Entwicklungsprozeß deutlich. In aller Regel kann ein change agent dadurch helfen, daß er latente Konflikte ans Tageslicht fördert und ein „Versickern" im Sinne des smoothing over verhindert. Gleichzeitig sucht er jene Bedingungen herbeizuführen, die ein offenes Verhandeln und gemeinsames Problemlösen fördern.

Bei interindividuellen Konflikten im Zuge der laufenden Geschäfte einer Organisation ist sicherlich die Chance, durch confrontation zu einer Konflikthandhabung zu gelangen, größer als bei Prozessen tiefgreifender Veränderungen. Hier sind nicht selten die Gegensätze auch durch ein confrontation nicht zu überwinden. Das forcing rückt in den Vordergrund. Man wäre jedoch schlecht beraten, wenn man die Konflikte im Sinne eines smoothing over herunterspielen würde, um — scheinbar — auf diese Weise den tiefgreifenden Wandel möglich zu machen. Mit einer solchen Vorgehensweise wird allenfalls erreicht, daß der geplante Wandel erst in der Phase der Operation, d. h. nach Einführung des neuen Systems, scheitert, weil spätestens dann die Betroffenen mit der Realität konfrontiert werden.

Abb. 2.79[49]) gibt einen Eindruck, wie ein change agent in unterschiedlichen Konfliktkonstellationen bei der Konflikthandhabung vorgehen kann. Sie zeigt gleichzeitig Fälle, in denen ein Wandel trotz der Existenz eines change agent nur mit Machtausübung durchgeführt werden kann. Schließlich macht die Abbildung auch deutlich, daß der change agent in vielen Fällen selbst für eine Rückkopplung zur Planung sorgen muß. Selbstverständlich sind die Probleme der Konflikthandhabung normalerweise zu komplex, als daß hierfür einfache Regeln angegeben werden könnten, wie sie durch die Abbildung scheinbar impliziert werden. Man sollte jedoch die Abbildung dahin gehend interpretieren, daß sie heuristische Faustregeln für die Richtung gibt, in der sich die echten Problemlösungsbemühungen des change agent bewegen können.

2.523 Taktiken der Willensdurchsetzung

Die Diskussion der Konflikthandhabung im Entwicklungsprozeß bleibt unvollständig, bezieht man nicht die vielfältigen Taktiken und Methoden der Machtausübung bzw. Manipulation mit ein, mit denen die Initiatoren und Entscheider ihre Konzeptionen des intendierten Wandels durchzusetzen trachten[50]). Unter Manipulation werden dabei im folgenden alle Maßnahmen der aktiven Beeinflussung verstanden, die bewirken sollen, daß jemand sein Verhalten bzw. seine Entscheidungen auf Prämissen gründet, die er

---

[49]) Vgl. Mann und Neff (1961), S. 75 sowie Zettl (1969), S. 181.
[50]) Zum folgenden vgl. Kirsch (1971 b), S. 183 ff. und die dort angegebene Literatur.

sonst nicht als Determinanten seines Verhaltens akzeptieren würde. Ist jemand Manipulationsversuchen ausgesetzt, so kann er mit einer Anpassung reagieren. Er kann jedoch auch zu manipulativen Gegenmaßnahmen greifen. Bei wechselseitiger Manipulation treten die Beteiligten — sieht man einmal vom Kampf als wechselseitige Anwendung von Gewalt ab — in Verhandlungen ein.

Die Annahme von Entscheidungsprämissen

Der Erfolg manipulativer Taktiken hängt von der Macht des Manipulators A über den Manipulierten B ab. Ob A über B Macht besitzt, kann nur beurteilt werden, wenn man die Frage klärt, was B bewegen könnte, „fremde" Entscheidungsprämissen zu akzeptieren. Der Prozeß der Annahme oder Ablehnung einer Entscheidungsprämisse setzt einen dem eigentlichen Entscheidungsprozeß vorgelagerten und mit ihm eng verbundenen Prozeß der Informationsverarbeitung voraus. Die Entscheidung, eine bestimmte Entscheidungsprämisse zu akzeptieren, kann dabei zunächst routinemäßig erfolgen. Nimmt ein Individuum B routinemäßig Informationen, die von A stammen, als Entscheidungsprämissen an, so sagt man auch, A besitze Autorität über B. Die Annahme oder Ablehnung kann aber auch Ergebnis eines echten Problemlösungsprozesses sein. In diesem Falle soll von kalkulierter Annahme der Entscheidungsprämisse gesprochen werden. Das Individuum reagiert mit aktivem Suchverhalten, in dessen Verlauf es sich z. B. eine genauere Vorstellung über die Ressourcen des Machthabers, seine Motivation und Geschicklichkeit, aber auch über die eigenen Kosten einer Weigerung zu verschaffen trachtet. Das Entscheidungsproblem im Rahmen einer kalkulierten Annahme beschränkt sich dabei nicht nur auf die Auswahl zwischen den beiden Alternativen „Annahme" oder „Ablehnung". Das Individuum kann sich auch für eine modifizierte Annahme entscheiden. Es kann die Entscheidungsprämissen nur vorläufig annehmen und sich darüber Gedanken machen, wie es durch geeignete Gegenmanipulationen den Kontrahenten dazu überreden kann, mit einer modifizierten Annahme zufrieden zu sein.

Sieht man den Prozeß der Annahme von Entscheidungsprämissen etwa als eine Folge von Tests, denen die Informationen genügen müssen, um als Entscheidungsprämissen akzeptiert zu werden, so weisen die bisherigen Ausführungen bereits auf einige solcher möglichen Tests hin. Ein Testkriterium mag etwa darin bestehen, daß die übermittelten Informationen dann akzeptiert werden, wenn die Sender die Möglichkeit zu Sanktionen besitzen oder in dem Ruf von Experten stehen. Wir wollen jene zusätzlichen Informationen, die auf Grund des jeweiligen Testkriteriums zur Annahme oder Ablehnung einer potentiellen Entscheidungsprämisse erforderlich sind, als die zur Annahme *motivierenden Informationen* bezeichnen. Diese motivierenden Informationen können in zwei Klassen eingeteilt werden[51]): in die primären und die sekundären Informationen. *Sekundär* sind solche Informationen, die auf die

---

[51]) Vgl. Back (1962).

Quelle bzw. den Sender der zur Diskussion stehenden Entscheidungsprämissen sowie auf die allgemeinen Umstände (Ort, Zeit usw.) ihrer Übermittlung verweisen. Alle übrigen Informationen sind *primäre* Informationen. Ein Beispiel mag diese Unterscheidung verdeutlichen. Das Individuum B steht vor der Entscheidung, eine bestimmte, von A übermittelte Prognose als Basis seiner Entscheidung zu akzeptieren. Wenn A gleichzeitig mit der Kommunikation dieser Prognose eine Reihe von Informationen über konkrete Beobachtungen übermittelt, welche die Hypothese dieser Prognose stützen, liegen primäre motivierende Informationen vor. Weiß B jedoch, daß A auf dem entsprechenden Gebiet ein Experte ist, und vermag A diese von B wahrgenommene Sachverständigkeit zusätzlich in das rechte Licht zu rücken, so liegt eine sekundäre motivierende Information vor. In der Realität werden meist primäre und sekundäre Informationen gleichzeitig die Basis für die Annahme von Entscheidungsprämissen abgeben.

Die Frage, welche auf den Sender und die Übermittlungsumstände verweisenden Informationen ein Individuum zur Annahme „fremder" Entscheidungsprämissen motivieren können, ist die Frage nach den Grundlagen der Macht des Senders über den Empfänger.

Die Grundlagen der Macht

Abb. 2.80 gibt die wichtigsten Machtgrundlagen wieder. Gleichzeitig zeigt sie, daß die Analyse der Machtgrundlagen mehrstufig durchzuführen ist. Im Mittelpunkt steht die Annahme einer Information als Entscheidungsprämisse. Pfeil 1 deutet an, daß die Machtgrundlage in der Fähigkeit des Senders dieser Informationen bestehen kann, Sanktionen (Belohnungen, Bestrafungen) wirksam werden zu lassen. Die Entscheidungsprämisse kann jedoch auch akzeptiert werden, weil sie von einem Sender stammt, dessen Sachverständigkeit anerkannt ist (Pfeil 2). Die Anerkennung als Sachverständiger oder Experte hängt vielfach davon ab, ob eine gewisse Koorientierung mit dem Sender der Informationen wahrgenommen wird. Nicht selten beruht die Machtgrundlage des Senders auf dem Umstand, daß sich der Empfänger mit ihm identifiziert (Pfeil 3). In sozialen Systemen existieren schließlich in aller Regel Normen und Regelungen, die die Annahme bestimmter „autorisierter" Informationen als Entscheidungsprämissen zwingend vorschreiben (Pfeil 4). **Die auf solchen Normen beruhende Macht wird vielfach als legitimierte Macht bezeichnet.** Die das Autorisierungsrecht und die Gehorsamspflicht vorschreibenden Normen sind nicht selten von den Individuen im Laufe ihres sozialen Lernprozesses internalisiert. Das Individuum assoziiert diese Normen nicht mehr mit denjenigen Personen oder Gruppen, von denen sie ursprünglich stammen. Die Internalisierung (Pfeil 5) ist jedoch nicht die einzige Möglichkeit, weshalb Normen die Annahme von Entscheidungsprämissen legitimieren können. Bei mehrstufiger Betrachtung kann auch die Frage gestellt werden, weshalb die Normen selbst als Entscheidungsprämissen (höherer Ordnung) akzeptiert werden.

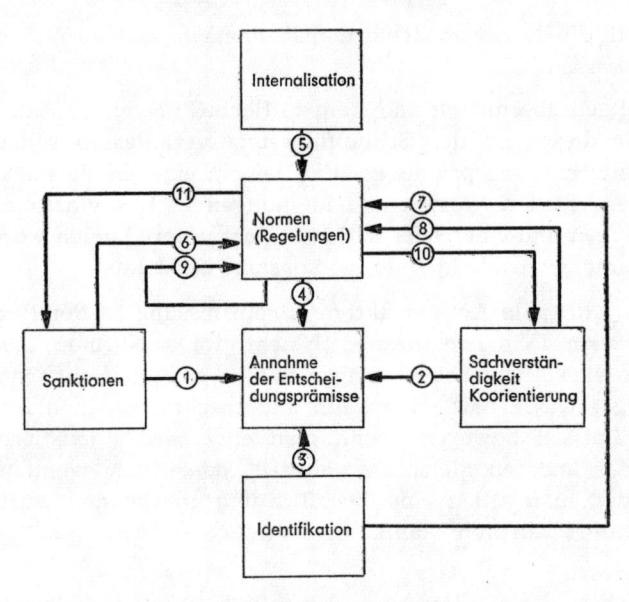

Abb. 2.80: Annahme oder Ablehnung potentieller Entscheidungsprämissen

Auch dies kann auf Grund der Sanktionsmöglichkeiten des Senders (Pfeil 6), der Identifikation mit ihm (Pfeil 7) und seiner Sachverständigkeit (Pfeil 8), aber auch auf Grund von Normen höherer Ordnung (Pfeil 9) geschehen. Bei der Betrachtung der Normen ist schließlich zu berücksichtigen, daß soziale Systeme auch Normen aufweisen, die den Einsatz anderer Machtgrundlagen legitimieren (Pfeile 10 und 11). So gibt es Normen, die bestimmte Personen als Experten ausweisen und eine Ablehnung der Expertenurteile als unzulässig erscheinen lassen. Ähnliches gilt für die Legitimation von Bestrafungen und Belohnungen.

Auf alle diese Machtgrundlagen kann sich ein Machthaber beziehen, wenn er den Versuch unternimmt, ein Individuum aktiv zu beeinflussen und es dazu zu bewegen, fremde Entscheidungsprämissen zu akzeptieren.

Manipulative Taktiken

Die Skala der manipulativen Taktiken ist sehr breit. Bei „distributiven" Prozessen herrschen Drohungen und Versprechungen vor. Vielfach werden auch unbedingte Kompensationen geleistet, weil man glaubt, daß sich der andere den eigenen Wünschen anschließt, wenn er nur dazu in die Lage versetzt wird. Häufig gelingt die aktive Beeinflussung, indem man vollendete Tatsachen schafft und die sogenannte „Vorwegentscheidung" so kalkuliert, daß dem anderen keine andere Wahl bleibt, als zuzustimmen. Auch die autorisierte Vorschrift (Befehl), bei der man sich auf sein verfassungsmäßiges, durch Normen gestütztes Autorisierungsrecht beruft, ist eine manipulative Taktik. Besondere Bedeutung ist schließlich dem Überzeugen und der Bezunahme auf die Reziprozitätsnorm beizumessen. Sie herrschen in „integrativen" Prozessen vor.

Beim Überzeugen übermittelt man dem zu Beeinflussenden zusätzliche Informationen, die diesen zu der Schlußfolgerung veranlassen sollen, die Annahme der Entscheidungsprämisse sei zu seinem eigenen Vorteil und durchaus mit seinen eigenen Werten und Meinungen in Übereinstimmung. Zwischen Überzeugen und Überreden soll hier nicht unterschieden werden. In der englischen Sprache wird beides als „persuasion" bezeichnet.

Eine besonders diffizile Art der aktiven Beeinflussung ist der Bezug auf die *Reziprozitätsnorm*. In jedem sozialen System gibt es Normen, die vorschreiben, daß man sich „erkenntlich" zeigen muß, wenn man ohne unmittelbare Gegenleistung etwas erhält. Man kann andere zur Annahme fremder Entscheidungsprämissen bewegen, wenn man eine bereits existierende „Verpflichtung" des anderen gleichsam „abruft" oder auch wenn man diesen signalisiert, daß man selbst eine Verpflichtung anerkennen würde, die der andere in Zukunft „abrufen" kann.

Verhandlungen

Versuchen mehrere gleichzeitig, einander aktiv zu beeinflussen, so liegt ein Verhandeln vor. Dem Verhandeln stehen die rein kooperative Diskussion und das gemeinsame Problemlösen gegenüber. Die meisten „Diskussionen" in der Realität sind jedoch verdeckte Verhandlungen. Verhandlungen können Aushandlungsprozesse (bargaining) oder parteiische Diskussionen bzw. Debatten sein. Aushandlungsprozesse liegen vor, wenn sich die Beteiligten primär durch Drohungen und Versprechungen zu beeinflussen trachten. Bei Debatten beschränken sich die Beteiligten auf Überzeugungs- bzw. Überredungsversuche. Verhandlungen beinhalten nicht nur einen integrativen oder distributiven Austausch von Forderungen und, damit verbunden, Taktiken der Manipulation zur Modifikation dieser Forderungen. Sie sind vielmehr auch durch Prozesse gekennzeichnet, in denen es um eine Strukturierung oder Veränderung der gegenseitigen Attitüden und sozio-emotionalen Beziehungen geht. Solche Attitüden wie Vertrauen, Kooperationswilligkeit, Freundschaft, Haß usw. beeinflussen Charakter und Ablauf des Verhandlungsprozesses sehr wesentlich.

Je mehr Willensdurchsetzung im Rahmen von Verhandlungen erfolgt, die auch den einen Wandel Durchsetzenden zu Kompromissen und Zugeständnissen zwingt, desto stärker sind die Planung des Wandels und der Entwurf des neuen Systems mit den Bemühungen um Durchsetzung und Konflikthandhabung verzahnt. Verhandlungen werden um so wahrscheinlicher, je mehr confrontation und nicht forcing als Methode der Konflikthandhabung vorgezogen wird und je mehr der Systemwandel (etwa im Falle von Distributionssystemen) auch Externe unmittelbar einbezieht. In solchen Fällen ist es besonders wichtig, daß von vornherein organisatorische Vorkehrungen getroffen werden, die eine *Arena* für diese Verhandlungen schaffen, die bereits in der Phase der Festlegung der Systemerfordernisse und des Designs wirksam wird und für Rückkopplungen in den Planungsprozessen sorgt. Diese Arena wird um so effizienter sein, je mehr es gelingt, die Verhandlungsprozesse integrativ zu gestalten. Auch hier eröffnet sich ein weites Betätigungsfeld für einen change agent im Prozeß des geplanten Wandels.

Stellt man die Durchsetzungsprobleme bei tiefgreifenden Änderungen eines Marketingkanals oder physischen Distributionssystems in den Vordergrund, so ist die Diskussion der Verhandlungen auf *interorganisationale* Verhandlungen auszudehnen. Die Verhandlungspartner sind Repräsentanten ihrer Organisationen. Neben den eigentlichen interorganisationalen Verhandlungen sind auch die *intraorganisationalen* Verhandlungen in die Betrachtung einzubeziehen, in denen die Repräsentanten mit den übrigen Mitgliedern die Verhandlungstrategien festlegen oder die Ergebnisse der interorganisationalen Verhandlungen vor der eigenen Organisation rechtfertigen. Die wissenschaftliche Diskussion solcher interorganisationalen Verhandlungsprozesse steht erst am Beginn ihrer Entwicklung[52]). Dabei sind die spezifischen Probleme der im vorliegenden Zusammenhang interessierenden Verhandlungen zum Aufbau bzw. Wandel von Marketingkanälen bislang überhaupt noch nicht untersucht worden. Verhandlungen dieser Art haben jedoch eine große Ähnlichkeit mit internationalen Verhandlungen. Iklé nennt beispielsweise folgende Typen solcher Verhandlungen[53]): Verlängerungsabkommen (extension), Normalisierungsabkommen (normalization), Neuverteilungsabkommen (redistribution), Neuerungsabkommen (innovation) und Scheinverhandlungen zur Erzielung von Nebeneffekten. Es fällt nicht schwer, die mit einem geplanten Wandel eines physischen Distributionssystems verbundenen Verhandlungen in diese Kategorien einzuordnen. Dabei ist es durchaus denkbar, daß bei ein und demselben Prozeß des geplanten Wandels die Verhandlungen mit einem Partner A mehr oder weniger Verlängerungsabkommen darstellen, während mit einem Partner B etwa Neuverteilungsabkommen zu treffen sind. Es wäre eine lohnende Aufgabe der empirischen und theoretischen Verhandlungsforschung, aufzuzeigen, welche Rolle diese verschiedenen Verhandlungstypen bei der Führung und dem geplanten Wandel von Marketingkanälen tatsächlich spielen und welche allgemeinen Aussagen über den Verlauf solcher Verhandlungen gemacht werden können. Vorläufig stoßen wir freilich an eine Grenze der gegenwärtigen Forschung.

2.53 Probleme des Projektmanagements und der Projektorganisation

Die vorstehenden Abschnitte befaßten sich mit der Diskussion von Fragen der Komplexitätshandhabung sowie der Konflikthandhabung bzw. der Durchsetzung. Damit wurden zwei wesentliche Problemkreise einer auf der

---
[52]) Vgl. auch Kutschker (1972).
[53]) Vgl. Iklé (1965).

Idee der politischen Planung aufbauenden Theorie des geplanten Wandels von Systemen hervorgehoben. Im folgenden wollen wir nun kurz darauf eingehen, daß sich der Prozeß des geplanten Wandels eines Systems selbst innerhalb einer Art „Metasystem" vollzieht, welches der Gestaltung bzw. der systematischen Entwicklung bedarf. Wir wollen dieses „Metasystem" in der spezifischen Form des Projektsystems und seines Projektmanagements[54]) behandeln. Dabei ist es zunächst erforderlich, klarzulegen, was gemeint ist, wenn man eine Systementwicklung als Projekt bezeichnet.

2.531 Systementwicklungen als Projekte

Der Begriff des Projektes wird in der organisationstheoretischen Literatur sehr unterschiedlich verwendet[55]). Hier wollen wir folgende charakteristische Merkmale eines Projektes herausstellen:

(1) Es handelt sich um außergewöhnliche, einmalige, größere und/oder komplexe Vorhaben, für deren Erledigung in der laufenden Organisation keine adäquaten Vorkehrungen getroffen sind.

(2) Für die Erfüllung dieser Aufgabe ist ein spezifisches Projektsystem vorgesehen, das normalerweise unter der Leitung eines Projektmanagements steht.

(3) Dem Projektsystem ist für die Erfüllung der Projektaufgabe ein spezifisches, offiziell autorisiertes Budget zugewiesen.

(4) Das Projekt besitzt einen wohl-definierten Anfang und ein ebensolches Ende, wobei der Zeitraum durch die Gültigkeitsdauer des Projektbudgets determiniert ist.

Es bereitet keine Schwierigkeiten, sich die Entwicklung von computerisierten Informationssystemen, eine tiefgreifende Reorganisation oder den geplanten Wandel eines physischen Distributionssystems als Projekte in diesem Sinne vorzustellen. Die meisten literarischen Erörterungen und praktischen Erfahrungen beziehen sich jedoch auf Projekte, die nicht die Entwicklung ganzer sozio-technischer Systeme beinhalten, sondern mehr als reine „Hardware-Entwicklungen" bezeichnet werden können. Im Vordergrund stehen dabei die Entwicklungen militärischer Waffensysteme. Die Konzeption des Projektmanagements war ursprünglich eng mit solchen Entwicklungsvorhaben

---

[54]) Zum Projektmanagement vgl. beispielsweise Baumgartner (1963); Brun und Thomann (1971); Cleland und King (1968); Hajek (1965); Hayek (1971); Moder und Phillips (1964); Riester und Schwimm (1970); Rüsberg (1971); Schröder (1970); Steiner und Ryan (1968); Taylor und Wathing (1970); Weber (1971); ferner die Beiträge in Industrielle Organisation (1972).

[55]) Vgl. Gaddis (1959), S. 89, der den Begriff des Projektes als Organisationseinheit definiert, die sich der Erreichung eines Zieles widmet. Andere Definitionen lehnen sich bei der Begriffsbildung an „Vorhaben" oder „Aufgaben" an; vgl. z. B. Brun und Thomann (1971), S. 441; Cleland (1964), S. 63. Nach Martino ist ein Projekt irgendeine Aufgabe, die einen definierbaren Anfang und ein angebbares Ende hat; vgl. Martino (1964/65), S. 17. Weitere Charakteristika eines „Projektes" gibt Schröder (1970), S. 28 an.

Waffensysteme	Informationssysteme
(1) Waffensysteme sind im allgemeinen nicht auf einen einzigen Verwender beschränkt (dieselbe Rakete kann von mehreren Streitkräften und mehr als einer Nation verwendet werden).	(1) Ein Informationssystem ist eine Einzelanfertigung, die auf die Bedürfnisse eines einzelnen Verwenders, z. B. eines militärischen Befehlshabers und seines Stabes oder des Managements in der Industrie, zugeschnitten ist.
(2) Massenfertigung. Normalerweise wird ein Waffensystem nach Herstellung eines Prototyps in großen Mengen hergestellt.	(2) Einzelfertigung. Nur ein Informationssystem wird gebaut, um die Bedürfnisse des Verwenders zu erfüllen. Ein Prototyp in voller Größe würde dem System selbst entsprechen.
(3) Modelländerungen. Die grundlegende Waffe entsteht über eine Serie inkrementaler Veränderungen in dem Maße, wie sich die Technologie verbessert, aber die wesentlichen Merkmale des endgültigen Modells konnten zu Beginn des Programms noch nicht konzipiert werden. Jedes Modell ist ein kompletter Ersatz für das vorangehende Modell.	(3) Geplante Evolution. Das System entwickelt sich über eine geplante Serie von Stufen oder Phasen, von der jede zusätzliche, neue Funktionen einschließt, welche von Anbeginn des Planes konzipiert wurden. Das endgültige System schließt alle früheren Phasen ein; es ersetzt sie nicht wie bei den Waffensystem-Modellen.
(4) Der Entwicklungsstand der Hardware* ist kritisch. Die „harten" Wissenschaften wie Physik und Chemie sind relevant. Der Mensch spielt im Hinblick auf die Leistung des Systems keine oder nur eine geringe Rolle.	(4) Der Entwicklungsstand der Hardware ist weit weniger kritisch. Die „weichen" Wissenschaften wie Psychologie, Human Factors, Human Relations, Betriebswirtschaftslehre sind relevant und kritisch. Der Mensch ist eine Hauptkomponente des Systems und beeinflußt die Leistung des Systems.
(5) Hohes Kosten-Wirksamkeits-Verhältnis. Die Kosten sind wegen schneller Veralterung und Anwendung unerprobter Technologien hoch. (Das Budget im Finanzjahr 1963 für das Polaris-System betrug allein 2 Milliarden $. Und dieses ist nur ein Element der strategischen Abschreckungsstreitkräfte.)	(5) Niedriges Kosten-Wirksamkeits-Verhältnis. Die Kosten sind niedrig, weil das System eine besser bekannte Hardware verwendet und dem Verwender unbegrenzt zur Verfügung steht. Seine Lebensdauer entspricht der des Verwenders, weil es so gestaltet ist, daß es sich ändert, wenn sich die Verarbeitungserfordernisse ändern.
(6) Unabhängigkeit. Das Waffensystem ist selbständig und unabhängig. Integrationserfordernisse, falls überhaupt relevant, können auf ein Boden-Unterstützungssystem beschränkt werden.	(6) Funktionale und technische Integration mit anderen Systemen (interface) ist ein Hauptaspekt der Operationen. Das System ist nicht selbständig oder unabhängig, sondern mit anderen Systemen interdependent.

*) In Waffensystemen unterstützt die Software, wie beispielsweise bei den Computerprogrammen zur Lenkung von Raketen, das wirksame Funktionieren der Hardware; bei Informationssystemen unterstützt die Hardware eine wirksame Tätigkeit von Menschen und Computerprogrammen.

Abb. 2.81: Grundlegende Unterschiede zwischen Waffensystemen und Informationssystemen

aus dem militärischen Bereich verknüpft. Zu nennen sind die Entwicklung der ersten Atombombe (Manhattan-Projekt), des ersten Jetbombersystems B 47 und die Erstellung von Raketensystemen wie Atlas, Polaris, Minuteman sowie die Apollo-Projekte.

Rosove[56]) warnt eindringlich davor, das „Hardware-Modell" des Projektmanagements unbesehen auch auf Software-Entwicklungen zu übertragen, wie sie für komplexe Mensch-Maschine-Digitalsysteme typisch sind. Abb. 2.81 stellt die grundlegenden Unterschiede zwischen Waffensystemen und Informationssystemen[57]) dar. Diese Unterschiede werden noch deutlicher, wenn sich die Entwicklung auf soziale Systeme bezieht, bei denen informationstechnologische Komponenten weniger ausgeprägt sind. Im Falle der Entwicklung physischer Distributionssysteme oder ganzer Marketingkanäle ist noch eine zweite Dimension zu beachten: Die Entwicklung bezieht sich auf soziale Systeme, deren Elemente nicht alle unter dem Autorisierungsrecht des Initiators und Promotors des geplanten Wandels stehen. Hieraus ergeben sich — wie wir gesehen haben — arteigene Durchsetzungsprobleme, die nicht ohne Rückwirkungen auf den Planungsprozeß bleiben.

Die folgenden Überlegungen orientieren sich — wie schon in den bisherigen Abschnitten — an Projekten der Entwicklung computerunterstützter Informations- und Entscheidungssysteme. Sofern nicht ausdrücklich etwas anderes vermerkt ist, wird jedoch die These vertreten, daß die Überlegungen grundsätzlich auch für die Entwicklung anderer logistisch relevanter Systeme Geltung besitzen.

2.532 Das Projektsystem

Ein Projektsystem, das etwa mit der Entwicklung eines computerisierten Informationssystemes befaßt ist, kann als bewußt geplantes, formales Metasystem im Rahmen des Informations- und Entscheidungssystems der betrachteten Organisation charakterisiert werden. Zum Projektsystem gehören alle internen und externen Organisationsteilnehmer, deren Tätigkeit durch das Budget des Projektsystems abgedeckt ist und für die eine Verfassung oder Organisationscharta besteht, die angibt, wer welche Aufgaben im Rahmen des Entwicklungsprozesses zu übernehmen hat.

Ein Projektsystem besitzt stets ein Klientensystem, das seine unmittelbare Aufgabenumwelt prägt. Zum Klientensystem gehören die zukünftigen Benutzer des zu entwickelnden Systems, aber auch solche Elemente, die als Mitglieder des Objektsystems durch den geplanten Wandel unmittelbar betroffen werden. Sofern das für die politischen Entscheidungen des geplanten Wandels zuständige Top-Management nicht offiziell in das Projektsystem

---

[56]) Vgl. Rosove (1967 c), insbes. S. 29 ff.
[57]) Ebenda, S. 32.

(etwa im Rahmen eines Ausschusses) involviert ist, kann es unter Umständen ebenfalls zum Klientensystem und damit zur Aufgabenumwelt des Projektsystems zu rechnen sein. Schließlich ist zu berücksichtigen, daß selbstverständlich auch noch sonstige Interessenten der Umwelt auf die Entscheidungen des Projektsystems Einfluß nehmen können.

Es gibt keine allgemeingültige Zusammensetzung eines Projektsystems. Ein Projektsystem kann relativ „einfach" sein und praktisch nur eine aus mehreren Personen bestehende „task force", ein *Projektteam,* umfassen[58]). Andererseits kann das Projektsystem eine höchst komplizierte Zusammensetzung aufweisen. Es kann mehrere Projektteams einschließen, die von einem Projektmanager mit Stab geleitet werden. Es kann darüber hinaus aus einer Reihe von Ausschüssen und Komitees bestehen. Dabei ist davon auszugehen, daß sich die personelle Zusammensetzung und die Zahl der Beteiligten im Zeitablauf verändern. In den einzelnen Phasen der Systementwicklung werden z. T. ganz unterschiedliche Spezialisten benötigt.

Ein wesentliches Merkmal für die Charakterisierung von Projektsystemen ist, in welchem Umfang für die Elemente des Systems das Prinzip der Partialinklusion gilt. Die Skala reicht von Elementen, die ausschließlich im betrachteten Projektsystem tätig sind, bis zu solchen Elementen, die nur am Rande mit dem betrachteten Projekt zu tun haben und primär mit anderen Aufgaben in der Organisation betraut sind. Diese anderen Aufgaben können sich auf andere Projekte oder Subprojekte (z. B. andere Iterationen im Rahmen des Prozesses der geplanten Evolution) beziehen. Nicht selten werden die einzelnen Spezialisten, die an einer Reihe von Projekten mitarbeiten, organisatorisch in speziellen Abteilungen zusammengefaßt, die gleichsam als „Pool" für spezifisches Know-how gelten und unter einheitlicher disziplinarischer Leitung stehen. In diesen Abteilungen sind die Projektbearbeiter parallel zu ihrer Mitarbeit an den einzelnen Projekten oder in der Zeit zwischen einzelnen Projekten mit nicht projektbezogenen Aufgaben der Weiterentwicklung und Vertiefung des Know-how befaßt.

Die institutionelle Verankerung des Projektsystems

Eines der schwierigsten Probleme des Designs eines Projektsystems ist dessen Eingliederung in die bestehende Organisation oder in das multiorganisationale System, deren Wandel Gegenstand des Projektes ist[59]). Die vielfältigen Gestaltungsmöglichkeiten lassen sich auf drei Grundtypen zurückführen.

---

[58]) Vgl. zur Konzeption der „task force" ausführlich Irle (1971), S. 218 ff.
[59]) Zur Diskussion dieses Problemkomplexes vgl. Baumgartner (1963), S. 4 ff., S. 80 ff.; Brun und Thomann (1971), S. 443 ff.; Hayek (1971); Hegi (1972); Steiner und Ryan (1968), S. 7 ff. Schröder (1970), S. 75 ff. unterscheidet ebenfalls drei typische Gestaltungsformen der Eingliederung des Projektmanagements in die Organisationsstruktur: (1) reines Projektmanagement, (2) Einfluß-Projektmanagement und (3) Matrix-Projektmanagement.

Typ I: Das Projektsystem besteht im Kern aus Mitgliedern einer fremden Organisation, die Systementwicklungen als Dienstleistungen anbietet. Diese Dienstleistungsorganisation stellt die Projektbearbeiter und das Projektmanagement, die auch dem Management der Dienstleistungsorganisation unterstellt bleiben. Diese Konstruktion schließt nicht aus, daß für einzelne Aktivitäten der Systementwicklung auch Spezialisten aus dem jeweiligen Klientensystem herangezogen und in die task forces des Projektsystems einbezogen werden. Schließlich ist es auch möglich, daß das Projektsystem Spezialisten weiterer Organisationen umfaßt, die als Subkontraktoren auftreten. Das Klientensystem ist bei diesem Typ I des Projektsystems vor allem in einer Reihe von Ausschüssen vertreten, die das Projektmanagement und die Projektbearbeiter beraten, unterstützen oder überwachen.

Typ II: Das Projektsystem steht unter der Regie des Klientensystems (oder im Falle der Entwicklung von Marketingkanälen unter der Regie einer der beteiligten Organisationen). Projektmanagement und Projektbearbeiter unterstehen also dem Management des Klientensystems. Die Projektbearbeiter sind entweder für das Projekt ad hoc eingestellt oder von ihren ursprünglichen Abteilungen vollständig für das Projekt freigestellt. Sie unterstehen direkt dem jeweiligen Projektmanagement. Selbstverständlich schließt diese Konstruktion nicht aus, daß einzelne Projektbearbeiter nur partiell in das Projektsystem involviert sind.

Im Falle der Entwicklung eines Marketingkanals sind zwei Varianten dieses Typs denkbar: Variante A besteht darin, daß das Projektsystem in die Organisation des Marketingführers eingegliedert ist. Im Falle der Variante B wird eine rechtlich selbständige Projektorganisation geschaffen, deren Träger die Mitglieder der Koalition „Marketingkanal" sind. Das Projektmanagement ist dann gleichzeitig „Geschäftsführer" der Projektorganisation, während die Träger dieser Organisation ein aufsichtsratähnliches Gremium bilden. Auch hier umfaßt das Projektsystem unter Umständen eine Reihe weiterer Ausschüsse, die insbesondere die Verbindung zu den übrigen Mitgliedern des Klientensystems herstellen.

Typ III: Der dritte Typ ist dadurch charakterisiert, daß für die Projektbearbeiter und gegebenenfalls das Projektmanagement das Prinzip einer nur partiellen Inklusion in das Projektsystem besteht. Die Projektbearbeiter sind gleichzeitig auch in ihren ursprünglichen Abteilungen und/oder in anderen Projekten (Subprojekten) tätig. Es liegt ein Matrix-Projektmanagement[60]) vor.

Dabei sind wiederum zwei Varianten möglich. Bei der Variante A sind die Projektbearbeiter dem Projektmanagement formal überhaupt nicht unterstellt, sondern bleiben unter dem Autorisierungsrecht der Leiter ihrer ursprünglichen Abteilung. Hier muß sich das Projektmanagement anderer Machtgrundlagen bedienen, um seine Entscheidungen durchzusetzen. Man

---

[60]) Vgl. z. B. Bleicher (1971), S. 94 ff.; Cleland und King (1968), S. 176 ff.; Galbraith (1971); Kieser (1969), S. 277 f.; Mee (1964).

spricht hier auch von einer Einfluß-Matrix-Organisation. Im Falle der Variante B liegt dagegen für die Projektbearbeiter eine Mehrfachunterstellung vor. Sowohl der Projektmanager als auch die Abteilungsleiter besitzen Weisungsbefugnisse, wobei die Abgrenzung der Autorisierungsrechte freilich nicht einfach ist. In jedem Fall aber ist das Projektmanagement gezwungen, seine Führungsentscheidungen mit den Abteilungsleitern und gegebenenfalls mit den anderen Projektmanagern abzustimmen. Eine Matrix-Organisation birgt stets einen institutionalisierten Konflikt in sich.

Matrix-Konstellationen ergeben sich im übrigen auch bei den zuerst genannten Typen insofern, als in der Regel das Projektsystem auch dort eine Reihe von Projektbearbeitern einschließt, die nur partiell involviert sind. Im Falle des Typs I besteht zudem in aller Regel in der Dienstleistungsorganisation, die die Systementwicklung für den Klienten durchführt, eine Matrix-Organi-

Hauptvorteile	% der Antworten
Bessere Leitung der Entwicklung	92*
Bessere Beziehungen zu Kunden (Verwendern)	80*
Kürzere Entwicklungszeit	40
Geringere Entwicklungskosten	30
Verbesserte Qualität und Zuverlässigkeit	26
Höhere Gewinnraten (Kostenreduktion)	24
Hauptnachteile	% der Antworten
Interne Vorgänge werden komplexer	51*
Inkonsistenz in der Anwendung der Unternehmenspolitik	32
Geringere Auslastung	13
Höhere Entwicklungskosten	13
Größere Führungsprobleme	13
Geringere Gewinnraten	2

*) Geht man von den Antworten der Mehrheit der Organisationen im Überblick aus, so könnten wir erwarten, daß man eine bessere Leitung der Entwicklung und bessere Beziehungen zum Verwender auf Kosten etwas komplexerer interner Vorgänge erreichen könnte.

Abb. 2.82: Vorteile und Nachteile eines Projektmanagement-Ansatzes

sation. Auch bei den Typen I und II ergibt sich somit das Problem, auf welche Machtgrundlagen das Projektmanagement seine Führungsaktivitäten stützt.

Es ist üblich, das Projektsystem bzw. die task forces der Projektbearbeiter durch ein spezifisches Projektmanagement leiten zu lassen. Das Top-Management, das in der traditionellen Organisationsform mit Unterstützung eines Stabes die Projektleitung offiziell selbst innehatte, delegiert diese Funktion und behält sich lediglich die generelle Steuerung, die wichtigeren Zwischenentscheidungen sowie die Endentscheidung vor. Die Institutionalisierung eines spezifischen Projektmanagements besitzt beträchtliche Vorteile, aber auch Nachteile, wie die beispielhaft in Abb. 2.82 dargestellte Übersicht zeigt[61]. Auf spezifische Probleme, die sich bei der Führung eines Projektsystems ergeben, soll im folgenden eingegangen werden.

Führungsaktivitäten und Macht des Projektmanagements

Die Aufgaben eines Projektmanagements werden sehr unterschiedlich gesehen. Wir wollen — ohne eine Vollständigkeit zu beanspruchen — folgende Aufgaben hervorheben:

(1) Koordination des arbeitsteiligen Entwicklungsprozesses,

(2) Planung und Regelung des Prozeßablaufs,

(3) Budgetplanung und Budgetüberwachung,

(4) Herstellung und Aufrechterhaltung der Verbindungen zwischen Projektsystem und Klientensystem,

(5) „Abschirmung" des Projektsystems gegen Forderungen aus der Aufgabenumwelt, die die Systementwicklung „stören" („Umweltmanipulation"),

(6) Entwicklung des Projektsystems.

Das Projektmanagement kann aus einem Individuum oder aus einer Führungsgruppe bestehen. Normalerweise wird ein einzelnes Individuum als Projektmanager vorgezogen, dem dann aber gegebenenfalls ein Stab zugeordnet wird. Bei komplexeren Entwicklungsprozessen kann ein hierarchisch strukturiertes Management empfehlenswert sein. Geht man etwa von der Strategie der geplanten Evolution aus, so kann jede Iteration als Subprojekt angesehen werden, das unter der Leitung eines eigenen Projektmanagements steht. Die Leiter sämtlicher Subprojekte werden dann unter Umständen einem für das Gesamtprojekt zuständigen Projektmanagement unterstellt.

In der Literatur zum Projektmanagement wird eine Reihe von Methoden diskutiert, die das Projektmanagement bei seinen Planungs- und Über-

---

[61] Middleton (1967), S. 74.

wachungsaufgaben unterstützen sollen[62]). Besondere Aufmerksamkeit wird dabei der Netzplantechnik gewidmet, welche bereits kurz skizziert wurde[63]). Charakteristischerweise wird die Netzplantechnik auch als „Project Planning Techniques (PPT)" bezeichnet. Eine der ersten Anwendungen der Netzplantechnik erfolgte bei der Entwicklung des Polarisraketen-Programms. Hier mußten über 3000 Subkontraktoren koordiniert werden. Es wird vielfach der Netzplantechnik zugeschrieben, daß dieses Polarisraketen-Programm zwei Jahre früher als ursprünglich geplant fertiggestellt werden konnte.

Netzpläne und andere Methoden führen normalerweise zu einer wesentlichen Erhöhung des Niveaus der kybernetischen Fähigkeiten des Projektmanagements. Die sozialen Fähigkeiten (Machtausübung, Unterstützungssicherung, Konsensbildung) des Projektmanagements wurden demgegenüber bisher weit weniger zum Gegenstand angewandter Forschung gemacht. Man ist sich jedoch inzwischen weitgehend einig darüber, daß die spezifische Stellung des Projektmanagers und die Arteigenheiten der institutionellen Verankerung des Projektsystems gerade auf dem Gebiet dieser sozialen Fähigkeiten hohe Anforderungen an das Projektmanagement stellen.

Als besonders kritisch werden vor allem die mit der Macht des Projektmanagements zusammenhängenden Fragen angesehen. Für das Projektmanagement ist es typisch, daß sich Verantwortung und Kompetenz nicht decken. Das Projektmanagement ist zwar für den erfolgreichen Abschluß der gesamten Systementwicklung verantwortlich. Der Erfolg dieser Entwicklung wird jedoch durch eine große Zahl von Entscheidungen mitbeeinflußt, die nicht vom Projektmanagement oder von Mitarbeitern getroffen werden, die unter dem Autorisierungsrecht des Projektmanagements stehen. Die Reichweite des Autorisierungsrechts des Projektmanagements ist begrenzt. Das Projektmanagement muß sich daher bei der Durchsetzung seiner Entscheidungen anderer Machtgrundlagen bedienen. Die autorisierte Vorschrift als Taktik der Willensdurchsetzung scheidet weitgehend aus. Es ist hier nicht erforderlich, die verschiedenen Möglichkeiten im einzelnen darzustellen, die dem Projektmanagement bleiben[64]).

In der wissenschaftlichen Diskussion hat es sich zum Teil eingebürgert, angesichts des fehlenden Autorisierungsrechts von einer mehr informalen Macht des Projektmanagements zu sprechen. Diese Darstellung ist jedoch nicht korrekt, weil die Machtgrundlagen des Projektmanagements durchaus durch bewußte Planung geschaffen werden können. Vor allem ist zu beachten, daß das Top-Management durch die Gewährung (oder Verminderung)

---

[62]) Vgl. z. B. Schröder (1970), S. 35 ff.; Boehm, Fischer und Schmidt (1971) berichten über den erfolgreichen Einsatz eines Projektmanagement-Systems (PMS), das als Programmsystem aus drei Programmteilen aufgebaut ist: Netzplanteil (network processor), Kostenteil (cost processor) und Berichtteil (report processor).
[63]) Vgl. S. 482 dieses Buches.
[64]) Vgl. S. 720 ff. dieses Buches.

von Unterstützung durchaus die Einflußmöglichkeiten des Projektmanagers steuern kann. Ein Projektmanager wird etwa zum Experten, wenn das Top-Management sicherstellt, daß ihm alle für das Projekt relevanten Informationen zugänglich sind und er auf diese Weise gegenüber anderen Informationsvorteile aufweist. Die Sanktionsgewalt des Projektmanagers kann — ohne daß Autorisierungsrechte zugestanden werden — unterstützt werden, wenn dem Projektmanager etwa Mitspracherechte bei Beförderungen eingeräumt werden. Schließlich ist auch die Identifikation der Projektbearbeiter mit dem Projekt und damit die referent power des Projektmanagers keine unbeeinflußbare Größe.

Freilich sind insbesondere die sozialen Führungsfähigkeiten des Projektmanagements von Bedeutung. Ein Projektmanager ist — stärker als konventionelle Abteilungsleiter — auf die Unterstützung der Projektbearbeiter angewiesen, und er muß meist ein nicht unbeträchtliches Verhandlungsgeschick besitzen, wenn er seine Führungsentscheidungen — im Sinne einer dezentralen Koordination — mit anderen Projektleitern, den Leitern der Abteilungen oder anderer Organisationen, die Projektbearbeiter abstellen, sowie mit dem Klientensystem und mit sonstigen Interessenten abzustimmen trachtet.

Ausschüsse im Projektsystem

Ein Projektsystem ist stets in eine Aufgabenumwelt eingebettet, die finanzielle Mittel für das Projekt bereitzustellen hat, Forderungen an die Projektgestaltung richtet, „Abnehmer" des Ergebnisses der Systementwicklung ist und/oder das in der Systementwicklung unmittelbare Entwicklungsfeld bzw. Objektsystem bildet. Um die erforderlichen Verbindungen zwischen Projektsystem und Aufgabenumwelt herzustellen, ist es in aller Regel zweckmäßig, in das Projektsystem Ausschüsse unterschiedlichster Art und Aufgabenstellung einzuordnen.

Besondere Aufmerksamkeit hat Blumenthal der Rolle solcher Ausschüsse im Prozeß der Entwicklung von Informationssystemen gewidmet. Im folgenden Zitat werden die Funktionen des Komitees des politischen Systems (Systems Policy Committee), des Hauptkomitees (Steering Committee) und des Systemprüfungsteams (Systems Audit Team) skizziert. Blumenthal geht dabei von einem Projektsystem aus, das etwa dem Typ I[65]) entspricht:

> „1. Die Verwenderorganisation (Sparte oder Abteilung) ist dafür verantwortlich, Untersuchungsaktivitäten — vielleicht mit der Hilfe interner oder externer Berater — durchzuführen. Diese Aktivitäten gelten der Bestimmung der Bedürfnisse und der Vorbereitung von Vorschlägen zur Systementwicklung, welche jene Bedürfnisse erfüllen. Diese Vorschläge werden vorläufig von einem Hauptkomitee *(Steering Committee)* gebilligt, das für das Management der Verwenderorganisation handelt.

---

[65]) Vgl. S. 730 dieses Buches.

2. Die Systemvorschläge werden gemeinsam von den Stäben der Verwender- und Herstellerorganisation bewertet, um sicherzustellen, daß alle Informationen, welche für die Genehmigung und Einrichtung eines Systemprojektes notwendig sind, zur Verfügung gestellt werden. Ein Bericht, der Empfehlungen enthält, welche sich aus der Bewertung ergeben, wird dem Hauptkomitee des Verwenders und dann dem betrieblichen Komitee des politischen Systems *(Systems Policy Committee)* vorgelegt. Dieses Komitee handelt im Sinne des betrieblichen Interesses, indem es die Ressourcen des Systems zwischen den konkurrierenden Forderungen der Verwender allokiert. Projekte werden an dieser Stelle gebilligt (oder nicht), und Informationen im Bericht legen die Grundlage für geeignete budgetäre Aktionen.

3. Die nächsten Stufen des Systementwicklungsprojektes (d. h. Entwurf, Implementierung, Test und Änderung) werden unter der Steuerung und Überwachung einer Projektorganisation ausgeführt, welche von der Verwender- und Herstellerorganisation sowie anderen geeigneten Quellen personelle Ressourcen zugeteilt erhält.

4. Die datenverarbeitende oder computerverwendende Organisation übernimmt mit dem Projektplan koordinierte Aktivitäten, um die Entwicklungstätigkeiten zu unterstützen. Dies geschieht in den Phasen der Hardware-Beschaffung und -Installation, der Systemsicherung, des Testens sowie der Operationen und der Systemunterhaltung.

5. Nachdem das neue System in Betrieb genommen worden ist, wird seine Leistung von einem Systemprüfungsteam *(System Audit Team)* bewertet, um die gegenwärtigen den erwarteten Kosten und Nutzen gegenüberzustellen und die Grundlage für Verbesserungen in diesen und zukünftigen Systementwicklungsaktivitäten zu bestimmen"[66]).

Die Ausführungen Blumenthals können selbstverständlich nur beispielhafter Natur sein. Zu vielfältig sind die Möglichkeiten, Informations-, Beratungs- und Entscheidungsgremien in das Projektsystem einzugliedern. Ein Gesichtspunkt ist jedoch wert, besonders hervorgehoben zu werden: die Autorisierung von Dokumenten, die Zwischenergebnisse des Entwicklungsprozesses fixieren. In vielen Fällen wird diese Aufgabe einem Ausschuß übertragen, der etwa dem von Blumenthal erwähnten Komitee des politischen Systems (Systems Policy Committee) entspricht und Repräsentanten des Top-Managements der beteiligten Organisation(en) einschließt. Nur über einen solchen Ausschuß ist meist sicherzustellen, daß das Top-Management in den Entwicklungsprozeß involviert bleibt. Gerade das wird von vielen erfahrenen Projektmanagern als wichtige Voraussetzung für einen erfolgreichen Projektabschluß angesehen.

Ausschüsse sind aber auch von besonderer Bedeutung, wenn garantiert werden soll, daß das Klientensystem am Systementwicklungsprozeß, der im übrigen von Spezialisten getragen wird, partizipieren kann. Die Konsensbildung wird hierdurch unter Umständen wesentlich gefördert. Die Ausschüsse bilden eine Arena für die Konflikthandhabung.

---

[66]) Blumenthal (1969), S. 105.

Die bisher genannten Ausschüsse des Projektsystems stehen nicht unter der Kontrolle des Projektmanagements. Selbstverständlich umfaßt das Projektsystem in der Regel auch eine Reihe dem Projektmanagement unterstehender Kollegien oder Ausschüsse, die Koordinierungsfunktionen zwischen den Projektbearbeitern erfüllen oder ad hoc als spezifische task forces zur Erledigung unvorhergesehener Probleme im Projektablauf gebildet werden.

Die innere Struktur des Projektsystems

Man rechtfertigt ein Projektsystem in der Regel damit, daß es eine „straffe" Führung des Entwicklungsprozesses gewährleiste, die vielfach fehle, wenn sich das (überlastete) Top-Management nebenbei auch um die Projekte kümmern müsse. Dieser These ist so lange zuzustimmen, als mit „straffer" Führung nicht eine bürokratische Führungs- und Organisationsform impliziert wird. Systementwicklungen sind grundsätzlich schlecht-strukturierte Probleme, deren Lösung bisweilen erhebliche Innovationen erfordert. Man ist sich heute in der Organisationstheorie weitgehend darüber einig, daß bürokratische Organisations- und Führungsformen gerade dort unzweckmäßig erscheinen, wo es um innovative Problemlösungen geht. Man fordert deshalb vielfach mehr organische Organisations- und Führungsformen. Folgende Merkmale charakterisieren eine organische Organisations- bzw. Führungsform[67]):

(1) weitgehende Dezentralisation der Entscheidungen (die Entscheidungen sollen dort getroffen werden, wo die erforderlichen Informationen am ehesten vorhanden bzw. zu beschaffen sind);

(2) dezentrale Koordination (die Führung sorgt primär für eine funktionierende Arena für die dezentrale Koordination und greift nur in Ausnahmefällen mit zentralen Koordinationsentscheidungen ein);

(3) Ergebniskontrolle (die Führung verzichtet auf eine enge und intensive Verhaltenskontrolle und orientiert sich in erster Linie an den erbrachten Ergebnissen, während sie Art und Weise, wie diese Ergebnisse erreicht wurden, nur in Ausnahmefällen nachprüft);

(4) umfangreiche Partizipation der Geführten an den Führungsentscheidungen (die Führung „öffnet" sich für Forderungen, akzeptiert die Existenz von Konflikten und fördert die offene Konflikthandhabung im Sinne einer confrontation);

---

[67]) Burns und Stalker (1961), S. 96 ff. unterscheiden mechanistische und organische Systeme des Managements. Beachtliche empirische Forschungsergebnisse, die sich an eine erweiterte Klassifikation der „Technology" und ihrer Beziehungen zur Organisationsstruktur von Udy (1959), Woodward (1958), (1965) und Thompson, J. D. (1967) anlehnen, sind von einer Forschungsgruppe um Pugh erarbeitet worden; vgl. Pugh et al. (1963), (1968), (1969 a), (1969 b). Vgl. auch die damit verwandten Forschungsarbeiten von Lawrence und Lorsch (1967), (1967/68) sowie Lorsch (1970).

(5) freie Kommunikation (die Führung vermeidet es, das Kommunikationsnetz allzusehr zu reglementieren, und sieht ihre Aufgabe darin, vertikale und horizontale Kommunikationskanäle für einen möglichst freien Informationsaustausch „offen"zuhalten, wobei informale Beziehungen als Basis für informale, aber aufgabenbezogene Kommunikation, soweit nötig, gefördert werden);

(6) geringe Formalisierung (auf eine ins Detail gehende Regelung des Arbeitsablaufs wird verzichtet, „Papierkrieg" wird vermieden, und schriftliche Informationen dienen der Dokumentation, nicht jedoch in erster Linie der Kommunikation).

Eine organische Organisations- und Führungsform ist innovationsfördernd. Sie ist jedoch weniger effizient, wenn es um bereits relativ wohl-strukturierte Probleme geht. Aus diesem Grunde wird heute vielfach die These vertreten, daß für die laufende, sich mit wiederholenden Routineaufgaben befassende Organisation eine tendenziell bürokratische Organisationsform aufrechtzuerhalten sei, während für einmalige und außergewöhnliche Innovationen spezifische Projektsysteme einzusetzen sind, für die eine tendenziell organische Organisationsform angemessen erscheint. Dem ist grundsätzlich zuzustimmen. Es scheint jedoch empfehlenswert, auch für Projektsysteme eine differenziertere Betrachtung zu wählen. Ein Systementwicklungsprozeß erfordert nicht in allen Phasen und Subphasen gleichermaßen innovative Leistungen. Normalerweise sind die Probleme in späteren Projektphasen (Produktion und Installation) erheblich besser strukturiert als jene in früheren Phasen (Festlegung der Systemanforderungen und Entwurf). Es bietet sich daher an, von einer *Two-State-Hypothese*[68]) auszugehen und zu Beginn des Projektes eine andere Organisations- bzw. Führungsform zu wählen als in den Endphasen.

Die damit verbundenen Probleme sind jedoch nicht zu unterschätzen. Im Falle einer Matrix-Organisation, bei der die Projektbearbeiter gleichzeitig unter Umständen auch laufende Routineaufgaben in ihren normalen Abteilungen zu erledigen haben, wird es den Mitgliedern des Projektsystems in der Regel schwerfallen, gleichzeitig in einem organischen und in einem mehr bürokratischen System tätig zu sein. In ähnlicher Weise gilt, daß Projektbearbeiter, die am Anfang des Projektes in einer organischen Organisationsform tätig waren, sich später schlecht daran gewöhnen können, nunmehr in einem auf Effizienz und weniger auf Innovation ausgerichteten bürokratischen System zu arbeiten.

2.533 Projektsystem und change agent

In den Ausführungen dieses letzten Kapitels ist an verschiedenen Stellen auf die Konzeption des Planned Organizational Change hingewiesen worden, für

---

[68]) Vgl. Michael (1973), S. 145 ff.; Shepard (1967).

die die Empfehlung typisch ist, einen change agent in den Prozeß des geplanten Wandels organisationaler Systeme einzuführen. Es erscheint zweckmäßig, abschließend die Beziehungen eines solchen change agent zum Projektsystem zu klären.

Da sich in der bisherigen Literatur zum Planned Organizational Change keine Hinweise auf Projekte, Projektsysteme und Projektmanagement finden, umgekehrt die umfangreiche Literatur zum Projektmanagement offenbar keine Kenntnis der Fragestellungen des Planned Organizational Change besitzt, können die folgenden Überlegungen nur sehr vorläufiger Natur sein.

Jones[69]) unterscheidet unter Bezugnahme auf die einschlägige Literatur folgende Rollen oder Subsysteme in einem Prozeß des geplanten organisationalen Wandels: den change agent, das client system, den change catalyst und den pacemaker. Sie seien im folgenden kurz charakterisiert[70]).

(1) Ein *change agent* ist eine Handlungseinheit, die vom client system beschäftigt wird, um dazu beizutragen, einen Wandel durchzuführen und so eine bessere organisationale Leistung zu erreichen. Diese Handlungseinheit kann eine Person, Gruppe oder Organisation sein. Sie wird auch als „helper", „doer" oder „mover" charakterisiert. Der change agent ist durch spezifische professionelle Fähigkeiten und die Kenntnis von Methoden gekennzeichnet, die erforderlich sind, um die Leistung des client system zu verbessern. Der change agent erfüllt im Prozeß des geplanten organisationalen Wandels mehrere Funktionen. Die Literatur zum Planned Change nimmt dabei vor allem drei Funktionen der change agents an, die unterschiedliche Relevanz besitzen:

(a) Sie versuchen, die Ziele des Wandels für das client system zu identifizieren und zu klären.

(b) Sie entwickeln nützliche Strategien und Taktiken, um den Klientensystemen zu helfen, ihre eigenen Probleme zu lösen.

(c) Sie entwickeln und unterhalten geeignete Arbeitsbeziehungen zwischen den verschiedenen am Wandel beteiligten Parteien.

(2) Der Begriff *client system* bezieht sich auf ein spezifisches soziales System, das einen change agent ersucht, es beim Wandel seiner Organisation zu unterstützen. Soziale Systeme werden dabei als Systeme relativ dauerhafter sozialer Beziehungen zwischen zwei oder mehr Personen, Gruppen, Organisationen, Gemeinschaften oder Kombinationen von ihnen betrachtet. Jedes soziale System ist darüber hinaus dadurch charakterisiert, daß es ein geschlossenes oder konkretes System in dem Sinne ist, daß ihm geholfen werden kann, ohne daß dadurch andere höhere und/oder niedrigere Systeme betroffen werden. Der Umfang des

---

[69]) Vgl. Jones (1968).
[70]) Vgl. ebenda, insbes. S. 15 ff.

geplanten Wandels bestimmt, ob nur ein oder zwei oder mehr soziale Systeme geändert werden müssen, damit ein Wandel erfolgreich durchgeführt wird.

(3) Die Funktion eines *change catalyst* im geplanten organisationalen Wandel ist analog jener eines Katalysators in chemischen Reaktionen zu sehen. Ein change catalyst ist irgendeine Handlungseinheit, die Wandel in einem organisationalen System anregt, beschleunigt oder verlangsamt. In diesem Prozeß unterliegt der Aktor keinem permanenten Wandel. Ein geringer Input katalytischen Einflusses hat eine signifikante und breite Wirkung in einem organisationalen System. Macht oder Einfluß des change catalyst stammt von diesem selbst und wird nicht von einem anderen Aktor abgeleitet. Macht oder Einfluß kann dabei aus seiner organisationalen Position, seinen persönlichen Merkmalen oder beiden abgeleitet sein.

(4) Die Funktion des *pacemaker* kann analog zu den Funktionen eines (Herz-)Schrittmachers in der Medizin gesehen werden. Er ist eine exogene Handlungseinheit, die Funktionen erfüllt, die für das organisationale System kritisch sind, aber nicht mehr von diesem selbst erfüllt werden können. Seine Nützlichkeit für ein organisationales System besteht in seiner Fähigkeit, mit externen Machtquellen vitale organisationale Funktionen anzuregen oder auszuführen. Seine Aufgabe besteht in der Stimulation, Steuerung, Koordination und Regelung organisationalen Verhaltens. Ein pacemaker ist kein agent, der Wandel induziert, sondern der die Aufrechterhaltung des Wandels garantiert. Ist einmal über einen Wandel ein neues Gleichgewichtsniveau hinsichtlich der Erfüllung bestimmter Ziele erreicht, sind die Funktionen von change agent und change catalyst im Prozeß des Wandels ex definitione beendet. Zu diesem Zeitpunkt tritt der pacemaker in den Prozeß ein. Vorher wird entweder der change agent oder der change catalyst als pacemaker tätig. Nun sichert der pacemaker als beeinflussender, exogener Aktor, daß das neuerlangte Gleichgewicht aufrechterhalten wird.

Sieht man einmal davon ab, daß ein change agent auch in Prozessen des organisationalen Wandels involviert sein kann, die nicht im Rahmen eines Projektsystems realisiert werden, so könnte man zunächst geneigt sein, das Projektsystem oder den Projektmanager als change agent zu bezeichnen. Vieles spricht jedoch dafür, daß es sich bei dem change agent um eine zusätzliche Figur des Entwicklungsprozesses handelt, der zwar das Projektsystem bzw. das Projektmanagement entlasten und unterstützen kann, im übrigen aber unabhängig ist. Das client system im Sinne des Planned Organizational Change schließt also das Projektsystem mit ein. Die unabhängige Stellung des change agent äußert sich vor allem darin, daß für seine Position eine dem client system annähernd gleiche Macht gefordert wird. Der change agent steht somit — im Gegensatz zum Projektmanagement — weder unter dem

Autorisierungsrecht des Top-Managements, noch ist er gar eine Art Stab des Projektmanagements.

Die „helfenden", „unterstützenden" Funktionen des change agent im Prozeß des geplanten Wandels sind wohl nicht in Form eines Aufgabenkatalogs abzugrenzen. Der change agent wird überall dort ad hoc zu intervenieren haben, wo ein verhaltenswissenschaftlich ausgebildeter Experte des sozialen Wandels dazu beitragen kann, das Niveau der kybernetischen und sozialen Fähigkeiten des den Wandel initiierenden politischen Systems und des diesem unterstellten Projektmanagements zu erhöhen. Eine nicht zu unterschätzende Rolle kann der change agent vor allem bei der Entwicklung des Projektsystems und seiner institutionellen Verankerung spielen.

Damit kehren jedoch die Überlegungen an den Ausgangspunkt dieses letzten Abschnittes über die Probleme des Projektmanagements bzw. der Projektorganisation zurück. Es widerspricht generell der Theorie des geplanten Wandels von Systemen, Empfehlungen über eine „optimale" Gestaltung solcher Systeme auszusprechen. Dies gilt grundsätzlich auch für die Gestaltung des Projektsystems selbst. Die Ausführungen dieses letzten Abschnittes können daher nur als Hinweise auf Gestaltungsmöglichkeiten angesehen werden. Die Lösung der mit der Entwicklung und Anpassung eines Projektsystems verbundenen Probleme kann niemand den hierfür Zuständigen abnehmen.

Literaturverzeichnis

(Sofern bei Aufsätzen in Sammelwerken Abweichungen zwischen der zitierten Jahreszahl und der Jahreszahl des Sammelwerkes bestehen, beziehen sich erstere auf den frühesten Veröffentlichungszeitpunkt des Beitrages.)

Abadie, J. (Hrsg., 1967), Nonlinear Programming, Amsterdam 1967

Aberle, G. (1966), Investitionsprobleme bei der Gestaltung der Verkehrsinfrastruktur, Zeitschrift für Verkehrswissenschaft 1966, S. 212 ff.

Aberle, G. (1972a), Verkehrsinfrastrukturinvestitionen im Wachstumsprozeß entwickelter Volkswirtschaften, Düsseldorf 1972

Aberle, G. (1972b), Die Investitionsplanung im Straßenbau: Steigerung der gesamtwirtschaftlichen Produktivität und interregionale Umverteilung als konkurrierende Ziele, Zeitschrift für Verkehrswissenschaft 1972, S. 1 ff.

Acker, H. B. (1956), Die organisatorische Stellengliederung im Betrieb, Wiesbaden 1956

Ackoff, R. L. (1960), Systems, Organization and Interdisciplinary Research, General Systems Yearbook 1960, S. 1 ff.

Ackoff, R. L. (1970), A Concept of Corporate Planning, New York usw. 1970

Ackoff, R. L. (1971), Towards a System Concept, Management Science 1971, S. 661 ff.

Ackoff, R. L., Gupta, S. K. und Minas, J. S. (1968), Scientific Method — Optimizing Applied Research Decisions, New York - London - Sydney 1968

Ackoff, R. L. und Sasieni, M. W. (1968), Fundamentals of Operations Research, New York - London - Sydney 1968

Adamek, R. (1956), Straßenwirtschaft und Straßenverwaltung — Ein Beitrag zur Reform der Straßenbauverwaltung in der Bundesrepublik, Wiesbaden — Berlin 1956

Ahner, H. (1969), Kriterien der Anwendung von Operations-Research-Modellen bei Entscheidungen über regionale Verkehrsinvestitionen, Diss. Mannheim 1969

Ahner, H. (1970), Betriebs- und volkswirtschaftliche Konsequenzen eines unentgeltlichen Angebots der öffentlichen Nahverkehrsmittel in Ballungsräumen, München 1970

Albach, H. (1959), Wirtschaftlichkeitsrechnung bei unsicheren Erwartungen, Köln und Opladen 1959

Albach, H. (1964), Zum Einfluß der Belegschaft auf die Willensbildung in den Betrieben der Bundesrepublik Deutschland und der sog. Deutschen Demokratischen Republik, in: Kloten, N., Krelle, W., Müller, H. und Neumark, F. (Hrsg.), Systeme und Methoden in den Wirtschafts- und Sozialwissenschaften — Festschrift für Erwin von Beckerath, Tübingen 1964, S. 423 ff.

Albach, H. (1967), Stand und Aufgaben der Betriebswirtschaftslehre heute, Zeitschrift für betriebswirtschaftliche Forschung 1967, S. 446 ff.

Albach, H. (1969), Beiträge zur Unternehmensplanung, Wiesbaden 1969

Albach, H. (1970), Informationsgewinnung durch strukturierte Gruppenbefragung — Die Delphi-Methode, Zeitschrift für Betriebswirtschaft 1970, S. E 11 ff.

Albert, H. (1967), Marktsoziologie und Entscheidungslogik — Ökonomische Probleme in soziologischer Perspektive, Neuwied/Rh. 1967

Albert, H. (1968), Traktat über kritische Vernunft, Tübingen 1968

Albert, H. (1972a), Konstruktion und Kritik — Aufsätze zur Philosophie des kritischen Rationalismus, Hamburg 1972

Albert, H. (Hrsg., 1972b), Theorie und Realität — Ausgewählte Aufsätze zur Wissenschaftslehre der Sozialwissenschaften, Tübingen 1972

Alexander, C. (1964), Notes on the Synthesis of Form, Cambridge, Mass. 1964

Alexander, R. S., Cross, J. S. und Hill, R. M. (1967), Industrial Marketing, Homewood, Ill. 1967

Alexander, T. (1965), Synectics: Inventing by the Madness Method, Fortune Magazine 1965, Nr. 2

Alexis, M. und Wilson, C. Z. (Hrsg., 1967), Organizational Decision Making, Englewood Cliffs, N. J. 1967

Amarel, S. (1971), Computer Science: A Conceptual Framework for Curriculum Planning, Communications of the ACM 1971, S. 391 ff.

Ammer, D. S. (1968), Materials Management, Homewood, Ill. 1968

Amstutz, A. E. (1967), Computer Simulation of Competitive Market Response, Clinton, Mass. 1967

Andersen, R. C., Dommermuth, W. P. und Marks, N. E. (1967), An Interfunctional Approach to Promotion and Physical Distribution, in: Marks, N. E. und Taylor, R. M. (Hrsg.), Marketing Logistics: Perspectives and Viewpoints, New York - London - Sydney 1967, S. 247 ff.

Anderson, A. A. (1970), Estimating the Attraction Effect of a Distribution Center, The Southern Journal of Business 1970, S. 196 ff.

Anderson, A. R. (1962), Logic, Norms, and Roles, in: Criswell, J. H., Solomon, H. und Suppes, P. (Hrsg.), Mathematical Methods in Small Group Processes, Stanford, Cal. 1962, S. 11 ff.

Ando, A. und Fisher, F. M. (1963), Near-Decomposability, Partition and Aggregation, and the Relevance of Stability Discussions, in: Ando, A., Fisher, F. M. und Simon, H. A. (Hrsg.), Essays on the Structure of Social Science Models, Cambridge, Mass. 1963, S. 92 ff.

Andreae, C.-A. und Bellen, A. van der (1969), Finanzpolitik und öffentliche Anstalten, in: Haller, H. und Recktenwald, H. C. (Hrsg.), Finanz- und Geldpolitik im Umbruch, Mainz 1969, S. 255 ff.

Ansoff, H. I. (1966), Management-Strategie, München 1966

Ansoff, H. I. (1969), Toward a Strategic Theory of the Firm, in: Ansoff, H. I. (Hrsg.), Business Strategy, Harmondsworth, Middlesex 1969, S. 11 ff.

Ansoff, H. I. und Slevin, D. P. (1968), An Appreciation of Industrial Dynamics, Management Science 1968, S. 383 ff.

Arthony, R. (1965), Planning and Control Systems — A Framework for Analysis, Boston 1965

Apple, J. M. (1963), Plant Layout and Materials Handling, New York 1963

Arbeitsgruppe Wegekosten im Bundesverkehrsministerium (1969), Bericht über die Kosten der Wege des Eisenbahn-, Straßen- und Binnenschiffsverkehrs in der Bundesrepublik Deutschland, Schriftenreihe des Bundesministers für Verkehr, Heft 34, Bad Godesberg 1969

Arbeits- und Forschungsgemeinschaft für Straßenverkehr und Verkehrssicherheit, Köln - Bad Godesberg (Hrsg., 1963), Der Generalverkehrsplan in Stadtgebieten, Bad Godesberg 1963

Arbeits- und Forschungsgemeinschaft für Straßenverkehr und Verkehrssicherheit, Köln - Bad Godesberg (Hrsg., 1964), Beiträge zum Generalverkehrsplan in Stadtgebieten, Bad Godesberg 1964

Argyris, C. (1970), Intervention Theory and Method — A Behavioral Science View, Reading, Mass. usw. 1970

Armour, G. C. (1961), A Heuristic Algorithm and Simulation Approach to Relative Location of Facilities, Unpublished Doctoral Dissertation, Los Angeles 1961

Armour, G. C. und Buffa, E. S. (1963), A Heuristic Algorithm and Simulation Approach to Relative Location of Facilities, Management Science 1963, S. 294 ff.

Arnold, B. (1972), Die Verkehrswegeplanung in der Bundesrepublik Deutschland und ihre Bedeutung für die Nord-Süd-Verbindung Europas, Verkehrsannalen 1972, S. 24 ff.

Arnold, J. E. (1962), Useful Creative Techniques, in: Parnes, S. J. und Harding, H. F. (Hrsg.), A Source Book for Creative Thinking, New York 1962, S. 251 ff.

Aronofsky, J. S. (Hrsg., 1969), Progress in Operations Research — Relationship Between Operations Research and the Computer, Vol. III, New York usw. 1969

Arrow, K. D., Karlin, S. und Scarf, H. (1958), Studies in the Mathematical Theory of Inventory and Production, Stanford, Cal. 1958

Arrow, K. J. (1963), Social Choice and Individual Values, New York 1963

Ashby, W. R. (1958), Requisite Variety and its Implications for the Control of Complex Systems, Cybernetica 1958, S. 83 ff.

Ashby, W. R. (1961), An Introduction to Cybernetics, London 1961

Ashenhurst, R. L. (Hrsg., 1972), A Report of the ACM Curriculum Committee on Computer Education for Management, Communications of the ACM 1972, S. 363 ff.

Attaway, L. D. (1968), Criteria and the Measurement of Effectiveness, in: Quade, E. S. und Boucher, W. I. (Hrsg.), Systems Analysis and Policy Planning — Applications in Defense, New York 1968, S. 54 ff.

Aubel, P. van (1959), Die gemischtwirtschaftliche Unternehmung, in: Peters, H. (Hrsg.), Handbuch der kommunalen Wirtschaft und Praxis, Band III, Berlin - Göttingen - Heidelberg 1959, S. 877 ff.

Auerbach, I. L. (1971), Technological Forecast 1971, in: ifip congress 71, Ljubljana 1971, S. I-236 ff.

Back, K. W. (1962), Can Subjects Be Humans and Humans Be Subjects?, in: Chriswell, J. H., Solomon, H. und Suppes, P. (Hrsg.), Mathematical Methods in Small Group Processes, Stanford, Cal. 1962, S. 35 ff.

Badura, P. (1963), Das Verwaltungsmonopol, Berlin 1963

Balinski, M. L. (1965), Integer Programming: Methods, Uses, Computation, Management Science 1965, S. 253 ff.

Bamberger, I. (1971), Budgetierungsprozesse in Organisationen, Diss. Mannheim 1971

Banks, R. L. (1969), The Relationship of Transportation to Distribution, in: McConaughy, D. (Hrsg.), Readings in Business Logistics, Homewood, Ill. 1969, S. 41 ff.

Bar-Hillel, J. (1962), Theoretical Aspects of the Mechanization of Literature Searching, in: Hoffmann, W. (Hrsg.), Digitale Informationswandler, Braunschweig 1962, S. 406 ff.

Barnard, C. I. (1938), The Functions of the Executive, Cambridge, Mass. 1938

Barth, K. (1965), Die Kapitalausstattung der kommunalen Eigenbetriebe als körperschaftsteuerliche Frage, in: Mülhaupt, L. und Oettle, K. (Hrsg.), Gemeindewirtschaft und Unternehmerwirtschaft, Göttingen 1965, S. 287 ff.

Battersby, A. (1967), Network Analysis for Planning and Scheduling, London 1967

Bauer, M. H. (1949), Die Materialwirtschaft, Berlin - Göttingen - Heidelberg 1949

Bauermeister, K. (1970), Prozeßrechner zur Optimierung der Lastverteilung im Bahnstromnetz, Die Bundesbahn 1970, S. 651 ff.

Baum, H. (1970), Zu einigen niederländischen Ansätzen der Theorie der Infrastruktur, Zeitschrift für Verkehrswissenschaft 1970, S. 41 ff.

Baumgartner, J.-P. (1968), Le rapport de l'Institut Battelle au sujet du projet de voie navigable de Bale à Yverdon, Schweizer Archiv für Verkehrswissenschaft und Verkehrspolitik 1968, S. 17 ff.

Baumgartner, J. S. (1963), Project Management, Homewood, Ill. 1963

Baumol, W. J. (1965), Welfare Economics and the Theory of the State, London 1965

Baumol, W. J. und Wolfe, P. (1967), A Warehouse-Location Problem, in: Marks, N. E. und Taylor, R. M. (Hrsg.), Marketing Logistics: Perspectives and Viewpoints, New York - London - Sydney 1967, S. 83 ff.

Becker, H. G., Jr. (1968), Distribution by Division, Handling and Shipping, April 1968, S. 57 ff.

Becker, J. und Hayes, R. M. (1967), Information Storage and Retrieval: Tools, Elements, Theories, New York 1967
Beckman, M. J. (1968), Dynamic Programming of Economic Decisions, Berlin - Heidelberg - New York 1968
Beer, S. (1959), Kybernetik und Management, Frankfurt a. M. 1967
Beesley, M. E. (1962), Financial Criteria for Investment in Railway, Bulletin of the Oxford Institute of Statistics 1962, S. 31 ff.
Beesley, M. E. und Foster, D. C. (1965), The Victoria Line: Social Benefit and Finances, Journal of the Royal Statistical Society 1965, S. 67 ff.
Beier, F. J. und Stern, L. W. (1969), Power in the Channel of Distribution, in: Stern, L. W. (Hrsg.) Distribution Channels: Behavioral Dimensions, New York usw. 1969, S. 92 ff.
Bell, M. L. (1966), Marketing — Concepts and Strategy, London - Melbourne - Toronto 1966
Bellman, R. (1967), Dynamische Programmierung und selbstanpassende Regelprozesse, Wien 1967
Bennis, W. G. (1966 a), Theory and Method in Applying Behavioral Science to Planned Organizational Change, in: Lawrence, J. R. (Hrsg.), Operational Research and the Social Science, London usw. 1966, S. 33 ff.
Bennis, W. G. (1966b), Changing Organizations, New York usw. 1966
Bennis, W. G. (1969), Organization Development, Reading, Mass. 1969
Bennis, W. G., Benne, K. D. und Chin, R. (Hrsg., 1969), The Planning of Change, New York - Chicago usw. 1969
Bentzel, R. und Hansen, B. (1954/55), On Recursiveness and Interdependency in Economic Models, The Review of Economic Studies 1954—55, S. 153 ff.
Berg, T. L. (1969), Designing the Distribution System, in: McConaughy, D. (Hrsg.), Readings in Business Logistics, Homewood, Ill. 1969, S. 145 ff.
Berge, C. (1958), Theorie des Graphes et ses Applications, Paris 1958
Berkenhoff, H. A. (1963), Die verkehrsplanerischen Aufgaben von Stadtvertretung und Stadtverwaltung, Deutscher Städtebund, Nachrichtendienst, Heft 5, 1963, S. 77 ff.
Berkenkopf, P. (1961), Verkehrspolitik und Wirtschaftspolitik, in: Berkenkopf, P. (Hrsg.), Der Verkehr in der wirtschaftlichen Entwicklung des Industriezeitalters, Düsseldorf 1961, S. 7 ff.
Bernholz, P. (1966), Economic Policies in a Democracy, Kyklos 1966, S. 48 ff.
Bernholz, P. (1969), Einige Bemerkungen zur Theorie des Einflusses der Verbände auf die politische Willensbildung in der Demokratie, Kyklos 1969, S. 276 ff.
Bernstein, G. B. und Cetron, M. J. (1969), SEER: A Delphic Approach Applied to Information Processing, Technological Forecasting 1969, S. 33 ff.
Bertalanffy, L. von (1949), Das biologische Weltbild, Band 1: Die Stellung des Lebens in Natur und Wissenschaft, Bern 1949
Bertalanffy, L. von (1968), General Systems Theory — Foundations, Development, Applications, New York 1968
Bertram, J. (1966), Staatspolitik und Kommunalpolitik — Notwendigkeiten und Grenzen ihrer Koordinierung, Stuttgart usw. 1966
Beth, H.-L. (1966), Ökonomische Grundlagen der Planung von Straßen, Berlin 1966
Bethke, R.-D. (1969), Schienenersatzverkehr — Eine Verbesserung der Verkehrsverhältnisse?, Verkehrsannalen 1969, S. 497 ff.
Bethke, R.-D. (1971), Die Stillegung der Nebenbahnen der Deutschen Bundesbahn — Ein Beitrag zum Verständnis verkehrspolitischer Entscheidungsprobleme, Diss. Mannheim 1971
Bidlingmaier, J. (1964), Unternehmerziele und Unternehmerstrategien, Wiesbaden 1964
Bidlingmaier, J. (1968), Zielkonflikte und Zielkompromisse im unternehmerischen Entscheidungsprozeß, Wiesbaden 1968
Binder, P. (1961), Die Bundesbahn und ihre Konkurrenten, Stuttgart 1961

Bindschneider, A. E. und Moore, J. M. (1961), Optimal Location of New Machines in Existing Plant Layouts, The Journal of Industrial Engineering 1961, S. 41 ff.

Binnenbruck, H.-H. (1972), Kooperation und Computerverbund im Straßengüterverkehr, Deutsche Verkehrszeitung, Nr. 18 vom 12. Februar 1972, S. 18 ff.

Bischoff, F. (1954), Die Rechtsgestalt der Deutschen Bundespost, Diss. Göttingen 1954

Bisco, R. L. (Hrsg., 1970), Data Bases, Computers, and the Social Sciences, New York usw. 1970

Bissing, W. M. von (1956), Verkehrspolitik, Berlin 1956

Black, D. (1950), The Unity of Political and Economic Science, The Economic Journal 1950, S. 506 ff.

Blake, R. R., Shepard, H. A. und Mouton, J. S. (1964), Managing Intergroup Conflict in Industry, Houston, Texas 1964

Bleicher, K. (1961), Aufgabengliederung und Abteilungsbildung, in: Schnaufer, E. und Agthe, K. (Hrsg.), Organisation, TFB-Handbuchreihe, Erster Band, Berlin - Baden-Baden 1961, S. 197 ff.

Bleicher, K. (1971), Perspektiven für Organisation und Führung von Unternehmungen, Baden-Baden und Bad Homburg v. d. H. 1971

Bloch, W. (1950), Maschinenaufstellung nach dem Dreieck-Verfahren, Industrielle Organisation 1950, S. 305 ff.

Bloech, J. (1970), Optimale Industriestandorte, Würzburg - Wien 1970

Blumenthal, S. C. (1969), Management Information Systems, Englewood Cliffs, N. J. 1969

Blumstein, A. (1967), The Choice of Analytic Techniques, in: Goldman, T. A. (Hrsg.), Cost-Effectiveness Analysis, New York - Washington - London 1967, S. 33 ff.

Böckenförde, E.-W. (1964), Die Organisationsgewalt im Bereich der Regierung — Eine Untersuchung zum Staatsrecht der Bundesrepublik Deutschland, Berlin 1964

Böcker, F. (1971), Kosten sparen durch gezielte Maßnahmen, Marketing Journal 1971, S. 472 ff.

Boehm, F., Fischer, H.-G. und Schmidt, K.-U. (1971), Eine Anwendung des Projekt-Management-Systems im Industrieanlagenbau, IBM Nachrichten 1971, S. 931 ff.

Böhnisch, W. (1958), Der gut organisierte Speditionsbetrieb, Hamburg 1958

Böhret, C. (1970), Entscheidungshilfen für die Regierung, Opladen 1970

Böhret, C. und Grosser, D. (Hrsg., 1967), Interdependenzen von Politik und Wirtschaft — Beiträge zur Politischen Wirtschaftslehre, Berlin 1967

Böhret, C. und Nagel, A. (1969), Politisches Entscheidungshilfsmittel Systemanalyse, Politische Vierteljahresschrift 1969, S. 576 ff.

Böttger, W. (o. J.), Organisation und Wirtschaftsführung der Verkehrsunternehmungen, Düsseldorf o. J.

Böventer, E. von (1968), Wirtschaftstheoretische Grundfragen der Raumordnung, Stuttgart 1968

Bohnen, A. (1964), Die utilitaristische Ethik als Grundlage der modernen Wohlfahrtsökonomik, Göttingen 1964

Bonavia, M. R. (1958), The Economics of Transport, Cambridge, Mass. 1958

Bonini, C. P. (1963), Simulation of Information and Decision Systems in the Firm, Englewood Cliffs, N. J. 1963

Bonner, J. S. (1969), Mathematical Programming: Computer Systems, in: Aronofsky, J. S. (Hrsg.), Progress in Operations Research, Relationship Between Operations Research and the Computer, Vol. III, New York usw. 1969, S. 115 ff.

Bosma, K. R. (1955), Das Zuiderseeprojekt, seine volkswirtschaftliche und raumordnungspolitische Bedeutung, Diss. Göttingen 1955

Boulding, K. E. (1956), General Systems Theory — The Skeleton of Science, in: Schoderbek, P. P. (Hrsg.), Management Systems, New York - London - Sydney 1967, S. 7 ff.
Boulding, K. E. (1962), Conflict and Defense — A General Theory, New York 1962
Boulding, K. E. (1964), Two Principles of Conflict, in: Kahn, R. L. und Boulding, E. (Hrsg.), Power and Conflict in Organizations, London 1964, S. 75 ff.
Bowersox, D. J. (1964), Total Information Systems in Logistics, Transportation and Distribution Management 1964
Bowersox, D. J. (1965), Changing Channels in the Physical Distribution of Finished Goods, in: Bennett, P. D. (Hrsg.), Marketing and Economic Development, Chicago, Ill. 1965, S. 711 ff.
Bowersox, D. J. (1969 a), Changing Channels in the Physical Distribution of Finished Goods, in: McConaughy, D. (Hrsg.), Readings in Business Logistics, Homewood, Ill. 1969, S. 121 ff.
Bowersox, D. J. (1969 b), The Role of the Marketing Executive in Physical Distribution, in: McConaughy, D. (Hrsg.), Readings in Business Logistics, Homewood, Ill. 1969, S. 158 ff.
Bowersox, D. J. (1969 c), Distribution Logistics: The Forgotten Marketing Tool, in: Bowersox, D. J., LaLonde, B. J. und Smykay, E. W. (Hrsg.), Readings in Physical Distribution Management, London 1969, S. 69 ff.
Bowersox, D. J. (1969 d), Physical Distribution Development, Current Status, and Potential, Journal of Marketing 1969, S. 63 ff.
Bowersox, D. J. (1972), Planning Physical Distribution Operations with Dynamic Simulation, Journal of Marketing 1972, S. 17 ff.
Bowersox, D. J., LaLonde, B. J. und Smykay, E. W. (Hrsg., 1969), Readings in Physical Distribution Management — The Logistics of Marketing, London 1969
Bowersox, D. J. und McCarthy, E. J. (1970), Strategic Development of Planned Vertical Marketing Systems, in: Bucklin, L. P. (Hrsg.), Vertical Marketing Systems, Glenview, Ill. — London 1970, S. 52 ff.
Bowersox, D. J., Smykay, E. W. und LaLonde, B. J. (1968), Physical Distribution Management — Logistics Problems of the Firm, New York - London 1968
Bowman, E. H. und Fetter, R. B. (1957), Analysis for Production Management, Homewood, Ill. 1957
Bowman, E. H. und Stewart, J. B. (1967), A Model for Scale of Operations, in: Marks, N. E. und Taylor, R. M. (Hrsg.), Marketing Logistics: Perspectives and Viewpoints, New York - London - Sydney 1967, S. 70 ff.
Bradford, D. F. (1970), Benefit-Cost Analysis and Demand Curves for Public Goods, Kyklos 1970, S. 775 ff.
Brändle, R. und Röhr, S. (1970), Die Kosten der Betrieblichen Warenverteilung, in: Poth, L. G. (Hrsg.), Praxis der Betrieblichen Warenverteilung — Marketing-Logistik, Düsseldorf 1970, S. 91 ff.
Branch, M. C. (1966), Selected References for Corporate Planning, o. O. 1966
Brauchitsch, M. von (1962), Verwaltunggesetze des Bundes und der Länder, neu hrsg. von C. H. Ule, Band I, Erster Halbband, Köln usw. 1962
Braybrooke, D. und Lindblom, C. E. (1963), A Strategy of Decision, Glencoe, Ill. 1963
Brecht, G. (1969), Das Problem der rationalen Fundierung der verkehrspolitischen Kompetenzverteilung in Verdichtungsräumen, Diss. Mannheim 1969
Brettmann, E. (1968), Aufstellen der Fahrpläne und elektronische Datenverarbeitung, Die Bundesbahn 1968, S. 56 ff.
Brettmann, E. (1971), Umlaufpläne für Sonderzüge im Ferien- und Festverkehr, Die Bundesbahn 1971, S. 285 ff.
Brewer, S. H. und Rosenzweig, J. (1967), Rhochrematics and Organizational Adjustments, in: Marks, N. E. und Taylor, R. M. (Hrsg.), Marketing Logistics: Perspectives and Viewpoints, New York - London - Sydney 1967, S. 233 ff.
Briggs, A. J. (1960), Warehouse Operations Planning and Management, New York 1960

Bright, J. R. (Hrsg., 1968), Technological Forecasting for Industry and Government, Englewood Cliffs, N. J. 1968

British Computer Society (1967), Working Party 10, Education and Training of Systems Analysts, Computer Bulletin, June 1967, S. 11 ff.

Brockhoff, K. (1969), Probleme und Methoden technologischer Vorhersagen, Zeitschrift für Betriebswirtschaft 1969, S. 1 ff.

Brodbeck, M. (1968), Models, Meaning, and Theories, in: Brodbeck, M. (Hrsg.), Readings in the Philosophy of the Social Sciences, New York - London 1968, S. 579 ff.

Brodbeck, M. (Hrsg., 1968), Readings in the Philosophy of the Social Sciences, London - New York 1968

Brown, B., Cochran, S. und Dalkey, N. (1969), The Delphi Method II: The Structure of Experiments, Rand RM 5957-PR, June 1969

Brown, G. W. (1956), Monte Carlo Methods, in: Beckenbach, E. F. (Hrsg.), Modern Mathematics for the Engineer, New York 1956, S. 279 ff.

Brown, R. G. (1959), Statistical Forecasting for Inventory Control, New York 1959

Brown, R. G. (1963), Smoothing, Forecasting, and Prediction, Englewood Cliffs, N. J. 1963

Brown, R. T. (1965), The „Railroad Decision" in Chile, in: Fromm, G. (Hrsg.), Transport Investment and Economic Development, Washington, D. C. 1965, S. 242 ff.

Browne, L. O. (1964), Total Distribution in an Age of Computers, Distribution Age, July 1964, S. 33 ff.

Brun, T. D. und Thomann, P. P. (1971), Projekt-Management — Beispiele aus dem EDV-Bereich, Industrielle Organisation 1971, S. 441 ff.

Buchholz, E. H. (1964), Interessen, Gruppen, Interessengruppen — Elemente einer wirtschaftssoziologischen Organisationslehre, unter besonderer Berücksichtigung der deutschen Verbandsforschung, Reutlingen - Sindelfingen 1964

Buckley, W. (1967), Sociology and Modern Systems Theory, Englewood Cliffs, N. J. 1967

Bucklin, L. P. (1969), Postponement, Speculation and the Structure of Distribution Channels, in: McConaughy, D. (Hrsg.), Readings in Business Logistics, Homewood, Ill. 1969, S. 131 ff.

Bucklin, L. P. (Hrsg., 1970), Vertical Marketing Systems, Glenview, Ill. — London 1970

Buffa, E. S. (1955), Sequence Analysis for Functional Layouts, The Journal of Industrial Engineering 1955, Heft 2, S. 12 ff.

Buffa, E. S. (1963), Models for Production and Operations Management, New York 1963

Buffa, E. S. (1965), Modern Production Management, New York - London - Sydney 1965

Buffa, E. S. (1968), Production Inventory Systems, Planning and Control, Homewood, Ill. 1968

Buffa, E. S., Armour, G. C. und Vollmann, T. E. (1964), Allocating Facilities with CRAFT, Harvard Business Review, March—April 1964, S. 136 ff.

Bundesminister für Verkehr (Hrsg., o. J.), Das verkehrspolitische Programm im Spiegelbild der öffentlichen Meinung, Bonn o. J.

Bundesverband der Deutschen Industrie (1960), Grundsätze und Aufgaben einer neuen Verkehrspolitik, Drucksache Nr. 52, Köln 1960

Bundesverband des Deutschen Güterfernverkehrs (o. J.), Stellungnahme zum verkehrspolitischen Programm 1968—1972, Frankfurt a. M. o. J.

Bundesverband des Deutschen Güterfernverkehrs (BDF) e. V., Bundesverband des Deutschen Güternahverkehrs (BDN) e. V., Bundesverband Spedition und Lagerei (BSL) e. V., Arbeitsgemeinschaft Möbeltransport Bundesverband e. V. (AMO) (1970), Stellungnahme des gewerblichen Güterkraftverkehrs zum Wegekostenbericht aus dem Bundesverkehrsministerium, Gutachterliche Mitwirkung: W. Hamm, H. Mittmeyer, P. Riebel, Frankfurt a. M. 1970

Bunge, M. (1960), Levels: A Semantical Preliminary, The Review of Metaphysics 1960, S. 396 ff.

Bunge, M. (1967 a), Scientific Research I — The Search for System, New York 1967

Bunge, M. (1967 b), Scientific Research II — The Search for Truth, New York 1967

Bunge, M. (1970), Analogie, Simulation, Repräsentation, General Systems Yearbook 1970, S. 26 ff.

Burckhardt, W. (1969), Zur Optimierung von räumlichen Zuordnungen, Ablauf- und Planungsforschung, Nr. 10, 1969, S. 233 ff.

Burdess, T. K. (1960), The Economics of New Roads with Particular Reference to M 1, Applied Statistics, A Journal of the Royal Statistical Society 1960, S. 113 ff.

Bureau of the Budget (1968), Bulletin Nr. 66-3, Planning - Programming - Budgeting, October 12, 1965, abgedruckt in: Lyden, F. J. und Miller, E. G. (Hrsg.), Planning Programming Budgeting: A Systems Approach to Management, Chicago 1968, S. 405 ff.

Burgess, E. (1965), On-Line Computing Systems, Proceedings of the Symposium spons. by the U. C. L. A. and Informatics Inc., Febr. 2—4, Detroit 1965

Burns, T. und Stalker, G. M. (1961), The Management of Innovation, London 1961

Busacker, R. G. und Saaty, T. L. (1968), Endliche Graphen und Netzwerke, München - Wien 1968

Busch, H. (1970), Planung, langfristige Zielvorstellungen und Zukunftsforschung, Analysen und Prognosen, Heft 11, 1970, S. 15 ff.

Busch, H. (1972), Delphi-Methode, in: Tumm, G. W. (Hrsg.), Die neuen Methoden der Entscheidungsfindung, München 1972, S. 144 ff.

Buser, P. (1965), Wirtschaftliche Anordnung von Betriebseinrichtungen (Probleme des Layout), Diss. Zürich 1965

Buser, P. (1966), Die Kreismethode zur Bestimmung eines Layouts, Industrielle Organisation 1966, S. 31 ff.

Bussmann, K. F. und Mertens, P. (Hrsg., 1968), Operations Research und Datenverarbeitung bei der Produktionsplanung, Stuttgart 1968

Cameron, D. C. (1952), Travel Charts, A Tool for Analyzing Material Movement Problems, Modern Materials Handling, Vol. 7, 1952, S. 37 ff.

Carl, D. (1969), Koordinierte Verkehrsplanung in Stadtregionen, Bad Godesberg 1969

Carnap, R. (1960), Einführung in die symbolische Logik mit besonderer Berücksichtigung ihrer Anwendungen, Wien 1960

Carroll, D. C. (1965), Man-Machine Cooperation on Planning and Control Problems, Paper presented at the International Symposium on Long Range Planning for Management, UNESCO, Paris, Sept. 1965

Carroll, D. C. (1967), Implications of On-Line, Real-Time Systems for Management Decision-Making, in: Myers, C. A. (Hrsg.), The Impact of Computers on Management, Cambridge, Mass. - London 1967, S. 140 ff.

Cascino, A. E. (1969), Top Management Looks at Physical Distribution, in: McConaughy, D. (Hrsg.), Readings in Business Logistics, Homewood, Ill. 1969, S. 163 ff.

Cashman, M. C. (1971), Microprogramming for the Many, Datamation, November 1971, S. 32 ff.

Cetron, M. J. (1969), Technological Forecasting, New York - London - Paris 1969

Chamberlain, N. W. (1965), Private and Public Planning, New York usw. 1965

Chambers, J. C., Mullick, S. K. und Goodman, D. A. (1971), Catalytic Agent for Effective Planning, Harvard Business Review, January-February 1971, S. 110 ff.

Chambers, J. C., Mullick, S. K. und Smith, D. D. (1971), How to Choose the Right Forecasting Technique, Harvard Business Review, July-August 1971, S. 45 ff.

Chapin, N. (1963), Einführung in die elektronische Datenverarbeitung, Wien - München 1963

Charnes, A. und Cooper, W. W. (1959), Chance-Constrained Programming, Management Science 1959, S. 73 ff.
Charnes, A. und Cooper, W. W. (1961), Management Models and Industrial Applications of Linear Programming, New York - London - Sydney 1961
Chestnut, H. (1965), Systems Engineering Tools, New York - London - Sydney 1965
Chmielewicz, K. (1970), Forschungskonzeptionen der Wirtschaftswissenschaft, Stuttgart 1970
Chmielewski, W. (1959), Lagerwirtschaft, Berlin 1959
Chorafas, D. N. (1967), Programmiersysteme für elektronische Rechenanlagen, München - Wien 1967
Chrisholm, M. et al. (1971), Regional Forecasting, London 1971
Church, A. (1936), An Unsolvable Problem of Elementary Number Theory, American Journal of Mathematics 1936, S. 345 ff.
Churchman, C. W., Ackoff, R. L. und Arnoff, E. L. (1968), Operations Research, Wien - München 1968
Ciriacy-Wantrup, S. V. (1962), Resource Conservation, Economics and Policies, Berkely 1962
Cleland, D. I. (1964), Why Project Management, Business Horizons 1964, S. 81 ff.
Cleland, D. I. und King, W. R. (1968), Systems Analysis and Project Management, New York usw. 1968
Cleland, D. I. und King, W. R. (Hrsg., 1969), Systems, Organizations, Analysis, Management: A Book of Readings, New York usw. 1969
Cleveland, D. E. und Capelle, D. G. (1964), Queueing Theory Approaches, in: Gerlough, D. L. und Capelle, D. G. (Hrsg.), An Introduction to Traffic Flow Theory, Highway Research Board, No. 79, Washington, D. C. 1964, S. 49 ff.
Coburn, T. M., Beesley, M. E. und Reynolds, D. J. (1960), The London-Birmingham Motorway Traffic and Economics, Road Research Laboratory Technical Paper, No. 46, D. S. I. R., H. M. S. O., London 1960, S. 43 ff.
Coch, L. und French, J. R. P., Jr. (1960), Overcoming Resistance to Change, in: Cartwright, D. P. und Zander, A. F. (Hrsg.), Group Dynamics — Research and Theory, Evanston 1960, S. 319 ff.
Cohen, K. J. und Cyert, R. M. (1965), Simulation of Organizational Behavior, in: March, J. G. (Hrsg.), Handbook of Organizations, Chicago 1965, S. 305 ff.
Colm, G. (1927), Volkswirtschaftliche Theorie der Staatsausgaben, Tübingen 1927
Colm, G. (1956), Comments on Samuelson's Theory of Public Finance, The Review of Economics and Statistics 1956, S. 408 ff.
Colm, G. (1961), Nationalbudget, in: Beckerath, E. von u. a. (Hrsg.), Handwörterbuch der Sozialwissenschaften, Band 7, Stuttgart - Tübingen - Göttingen 1961, S. 535 ff.
Colm, G. (1965), Analyse nationaler Ziele, in: Recktenwald, H. C. (Hrsg.), Finanztheorie, Köln - Berlin 1969, S. 75 ff.
Connelly, J. J. (1967), Design and Production of Computer Programs, in: Rosove, P. E. (Hrsg.), Developing Computer-Based Information Systems, New York - London - Sydney 1967, S. 138 ff.
CONSAD Research Corporation (1967), Impact Studies: Northeast Corridor Transportation Project, Vol. 1, Pittsburgh 1967
Constantin, J. A. (Hrsg., 1966), Principles of Logistics Management, New York 1966
Coombs, C. H., Raiffa, H. und Thrall, R. M. (1960), Some Views on Mathematical Models and Measurement Theory, in: Thrall, R. M., Coombs, C. H. und Davis, R. L. (Hrsg.), Decision Processes, New York - London 1960, S. 19 ff.
Cooper, L. (1963), Location-Allocation Problems, Operations Research 1963, S. 331 ff.
Cox, D. R. (1968), Queues, in: Sills, D. L. (Hrsg.), International Encyclopedia of the Social Sciences, Vol. 13, New York 1968, S. 257 ff.
Crawford, R. (1954), The Techniques of Creative Thinking, New York 1954
Croes, G. A. (1958), A Method for Solving Travelling Salesman Problems, Operations Research 1958, S. 791 ff.

Cross, W. (1968), Systemizing Communication Between Marketing Channel Members, The Southern Journal of Business 1968, S. 201 ff.

Curriculum-Komitee der ACM (1972), Education in Computer Science, Communications of the ACM 1972, S. 364 ff.

Cyert, R. M. und March, J. G. (1963), A Behavorial Theory of the Firm, Englewood Cliffs, N. J. 1963

Dahl, R. A. und Lindblom, C. E. (1963), Politics, Economics and Welfare, New York 1963

Dahrendorf, R. (1961), Elemente einer Theorie des sozialen Konflikts, in: Dahrendorf, R. (Hrsg.), Gesellschaft und Freiheit, München 1961, S. 197 ff.

Dahrendorf, R. (1969), Zu einer Theorie des sozialen Konflikts, in: Zapf, W. (Hrsg.), Theorien des sozialen Wandels, Köln - Berlin 1969, S. 108 ff.

Dalkey, N. (1969), The Delphi Method: An Experimental Study of Group Opinion, RAND RM 5888-PR, June 1959

Dalkey, N., Brown, B. und Cochran, S. (1969), The Delphi Method III: Use of Self-Ratings to Improve Group Estimates, RAND RM 6115-PR, November 1969

Dalkey, N. und Helmer, O. (1963), An Experimental Application of the Delphi Method to the Use of Experts, Management Science 1963, S. 458 ff.

Dalton, G. W., Lawrence, P. R. und Lorsch, J. W. (Hrsg., 1970), Organizational Structure and Design, Homewood, Ill. - Georgetown, Ontario 1970

Daniel, N. E. und Jones, J. R. (1969), Business Logistics: Concepts and Viewpoints, Boston 1969

Daniel, R. (1961), Management Information Crisis, Harvard Business Review, September-October 1961, S. 111 ff.

Dantzig, G. B. (1960), On the Shortest Route Through a Network, Management Science 1960, S. 187 ff.

Dantzig, G. B. (1966), Lineare Programmierung und Erweiterungen, Berlin - Heidelberg - New York 1966

Dantzig, G. B., Fulkerson, D. R. und Johnson, S. M. (1954), Solution of a Large-scale Travelling Salesman Problem, Operations Research 1954, S. 393 ff.

Davies, P. M. (1972), Readings in Microprogramming, IBM Systems Journal 1972, S. 16 ff.

Davis, J. W. (Hrsg., 1969), Politics, Programs, and Budgets, Englewood Cliffs, N. J. 1969

Davis, R. M. (1966), Man-Machine Communication, in: Cuadra, C. A. (Hrsg.), Annual Review of Information Science and Technology, Vol. 1, New York usw. 1966, S. 221 ff.

Dearden, J. (1965), How to Organize Information be Automated, Harvard Business Review, March-April 1965, S. 65 ff.

Dearden, J. (1972), MIS is a Mirage, Harvard Business Review, January-February 1972, S. 90 ff.

Dearden, J. und McFarlan, S. W. (1966), Management Information Systems, Homewood, Ill. 1966

Deutsch, K. W. (1970), Politische Kybernetik — Modelle und Perspektiven, Freiburg/Br. 1970

Deutsche Bundesbahn (1971), Studie über den Aufbau eines integrierten Informations-Systems bei der Deutschen Bundesbahn, Frankfurt/M. 1971

Deutsche Bundespost (1966), Dateldienste, Fernmeldetechnisches Zentralamt, Darmstadt 1966

Deutsche Revisions- und Treuhand-Aktiengesellschaft — Treuarbeit — (1966), Die Situation der Deutschen Bundesbahn, Kostengutachten der Deutschen Revisions- und Treuhand-Aktiengesellschaft — Treuarbeit — über die Deutsche Bundesbahn, Bulletin des Presse- und Informationsamtes der Bundesregierung, Nr. 55 vom 27. 4. 1966, S. 431 ff. und Nr. 56 vom 29. 4. 1966, S. 441 ff.

Deutscher Bundestag (1968), Verkehrspolitisches Programm für die Jahre 1968—1972, Bundestagsdrucksache V/2494, Bonn 1968

Deutscher Städtetag (1963), Die Verkehrsprobleme der Städte, Köln 1963

Diehl, G. (1972), Elemente einer entscheidungs- und systemorientierten Theorie des Speditionsbetriebes, Mannheim 1972 (in Vorbereitung)

Diemer, A. (1962), Das Wesen der automatisierten elektronischen Datenverarbeitung, Berlin 1962

Diemer, A. (1968), Die automatisierte elektronische Datenverarbeitung und ihre Bedeutung für die Unternehmensleitung, Berlin 1968

Dienstbach, H. (1972), Dynamik der Unternehmungsorganisation, Wiesbaden 1972

Dill, W. R. (1958), Environment as an Influence on Managerial Autonomy, Administative Science Quarterly 1958, S. 409 ff.

Dill, W. R. (1962), The Impact of Environment on Organizational Development, in: Mailick, S. und van Ness, E. H. (Hrsg.), Concepts and Issues in Administrative Behavior, Englewood Cliffs, N. J. 1962, S. 94 ff.

Dinkelbach, W. (1969 a), Sensitivitätsanalysen und parametrische Programmierung, Berlin - Heidelberg - New York 1969

Dinkelbach, W. (1969 b), Entscheidungsmodelle, in: Grochla, E. (Hrsg.), Handwörterbuch der Organisation, Stuttgart 1969, Sp. 485 ff.

Dodge, H. R. (1970), Industrial Marketing, New York usw. 1970

Doig, A. (1957), Bibliography on the Theory of Queues, Biometrica 1957, S. 490 ff.

Dorfman, R., Samuelson, P. A. und Solow, R. M. (1958), Linear Programming and Economic Analysis, New York - Toronto - London 1958

Dotzauer, E. (1968), Einführung in Grundlagen der Datenverarbeitung, München 1968

Downs, A. (1962), Public Interest: Its Meaning in a Democracy, Social Research 1962, S. 1 ff.

Downs, A. (1968), Ökonomische Theorie der Demokratie, Tübingen 1968

Dreskornfeld, W. (1967), Das Wegekostenproblem, Der Güterverkehr 1967, S. 60 ff.

Dror, Y. (1968 a), Public Policymaking Reexamined, San Francisco 1968

Dror, Y. (1968 b), The Planning Process: A Facet Design, in: Lyden, F. J. und Miller, E. G. (Hrsg.), Planning Programming Budgeting: A Systems Approach to Management, Chicago 1968, S. 93 ff.

Drucker, P. (1962), The Economy's Dark Continent, Fortune, April 1962, S. 103 f.

Drude, M., Geisenberger, S. und Müller, J. H. (1969), Strukturelle Unterschiede zwischen Binnenschiffahrt und Eisenbahn im Hinblick auf den gegenseitigen Wettbewerb, Berlin 1969

Duppré, F. (1965), Politische Kontrolle, in: Morstein Marx, F. (Hrsg.), Verwaltung — Eine einführende Darstellung, Berlin 1965, S. 388 ff.

DVWG-Schriftenreihe (1969), Aktuelle Probleme des Eisenbahnverkehrs, Köln 1969

Dworatschek, S. (1970), Einführung in die Datenverarbeitung, Berlin 1970

Eastman, W. L. (1958), Linear Programming with Pattern Constraints, Ph. D. Diss. Harvard 1958

Easton, D. (1965), A Systems Analysis of Political Life, New York - London - Sydney 1965

Eckman, D. P. (Hrsg., 1961), Systems: Research and Design, New York - London 1961

Eckstein, O. (1961), Benefit-Cost and Regional Development, in: Isard, W. und Cumberland, J. H. (Hrsg.), Regional Economic Planning, Techniques of Analysis, Paris 1961, S. 359 ff.

Eckstein, O. (1966), Water-Resource Development, Cambridge, Mass. 1965

Effmert, W. (1969), Anwendung der Kybernetik bei der Deutschen Bundesbahn, Die Bundesbahn 1969, S. 823 ff.

Ege, A. (1968), Abflug — automatisch vorbereitet, data report 3, 1968, S. 35 ff.

Eggeling, G. (1969), Die Nutzen-Kosten-Analyse — Theoretische Grundlagen und praktische Anwendbarkeit — dargestellt an einem Straßenbauprojekt, Diss. Göttingen 1969

Egner, E. (1964), Raumwirtschaftspolitik, in: Beckerath, E. von u. a. (Hrsg.), Handwörterbuch der Sozialwissenschaften, Band 8, Stuttgart - Tübingen - Göttingen 1964, S. 694 ff.

Eilon, S. und Deziel, D. P. (1966), Siting a Distribution Center — An Analogue Computer Application, Management Science 1966, S. B-245 ff.

Eilon, S., Watson-Gandy, C. D. T. und Christofides, N. (1971), Distribution Management: Mathematical Modelling and Practical Analysis, London 1971

Elling, K. A. (1969), Introduction to Modern Marketing: An Applied Approach, New York - London 1969

Ellinger, T. (1959), Ablaufplanung — Grundfragen der Planung des zeitlichen Ablaufs der Fertigung im Rahmen der industriellen Produktionsplanung, Stuttgart 1959

Ellwein, T. (1966), Einführung in die Regierungs- und Verwaltungslehre, Stuttgart 1966

Ellwein, T. (1968), Politik und Planung, Stuttgart 1968

Elmaghraby, S. E. (1970), Some Network Models in Management Science, Lecture Notes in Operations Research and Mathematical Systems, No. 29, Berlin - Heidelberg - New York 1970

Emery, F. E. (Hrsg., 1969), Systems Thinking, Harmondsworth 1969

Emery, F. E. und Trist, E. L. (1965), The Causal Texture of Organizational Environments, Human Relations 1965, S. 21 ff.

Emery, J. C. (1969), Organizational Planning and Control Systems, London 1969

Englert, G. (1972), Problemorientierte Standardprogramme — Analyse einer neuen Entwicklung auf dem Software-Markt, Diplomarbeit Mannheim 1972

Enke, S. (Hrsg., 1967), Defense Management, Englewood Cliffs, N. J. 1967

Enrick, N. L. (1971), Optimales Lager-Management, München - Wien 1971

Enthoven, A. (1968), Systems Analysis and the Navy, in: Lyden, F. J. und Miller, E. G. (Hrsg.), Planning Programming Budgeting: A Systems Approach to Management, Chicago 1968, S. 265 ff.

Erbe, W. (Hrsg., 1964), Planung in der Marktwirtschaft, Stuttgart 1964

Ernst, G. W. und Newell, A. (1969), A Case Study in Generality and Problem Solving, New York - London 1969

Esenwein-Rothe, I. (1956), Tarif und Standort, Göttingen 1956

Esenwein-Rothe, I. (1961), Verkehrsstatistik, in: Beckerath, E. von u. a. (Hrsg.), Handwörterbuch der Sozialwissenschaften, Band 11, Göttingen 1961, S. 137 ff.

Esser, W.-M. (1972), Konfliktverhalten in Organisationen, Diss. Mannheim 1972

Etzioni, A. (1968), The Active Society, London - New York 1968

Etzioni, A. (1969), Elemente einer Makrosoziologie, in: Zapf, W. (Hrsg.), Theorien des sozialen Wandels, Köln - Berlin 1969, S. 147 ff.

Europäische Wirtschaftsgemeinschaft-Kommission (1961), Denkschrift über die Grundausrichtung der gemeinsamen Verkehrspolitik, Brüssel, 10. April 1961, VII/KOM (61) 50 endgültig. (Auszugsweise abgedruckt in: Archiv für Eisenbahnwesen 1962, S. 547 ff.)

Evan, W. M. (1969), Toward a Theory of Interorganizational Relations, in: Stern, L. W. (Hrsg.), Distribution Channels: Behavioral Dimensions, Boston usw. 1969, S. 73 ff.

Evans, H. K. (1966), A Vast New Storehouse of Transportation and Marketing Data, Journal of Marketing 1966, S. 33 ff.

Ewing, D. W. (Hrsg., 1964), Long-Range Planning for Management, New York usw. 1964

Eynern, G. von (1958), Das öffentlich gebundene Unternehmen, Archiv für öffentliche und freigemeinnützige Unternehmen 1958, S. 1 ff.

Eynern, G. von (1959), Über den Einfluß des Bundes auf seine Unternehmen, Hamburger Jahrbuch für Wirtschafts- und Gesellschaftspolitik 1959, S. 113 ff.

Faber, M. M. (1970), Stochastisches Programmieren, Würzburg - Wien 1970

Fäßler, K. (1970), Betriebliche Mitbestimmung — Verhaltenswissenschaftliche Projektionsmodelle, Wiesbaden 1970

Fäßler, K. und Kupsch, P. U. (1972), Beschaffungs- und Lagerwirtschaft, in: Heinen, E. (Hrsg.), Industriebetriebslehre — Entscheidungen im Industriebetrieb, Wiesbaden 1972, S. 197 ff.

Fair, M. L. und Williams, E. W. (1950), Economics of Transportation, New York 1950

Faller, P. (1967), Möglichkeiten von Kostenvergleichen zwischen individuellem und öffentlichem Personennahverkehr, Diss. Mannheim 1967

Faller, P. (1968 a), Möglichkeiten von Fahrtkostenvergleichen zwischen individuellem und öffentlichem Personennahverkehr aus der Sicht der Verkehrsteilnehmer und der öffentlichen Haushalte, Mannheim 1968

Faller, P. (1968 b), Kostenechte Verkehrstarife und die regionalpolitischen Zielsetzungen der EWG, Verkehrsannalen 1968, S. 57 ff.

Faller, P. (1968 c), Die Erhaltung der Nebenbahnen — Eine verkehrs- und regionalpolitische Aufgabe, Der Städtebund 1968, S. 73 ff.

Faller, P. (1970), Determinanten des preispolitischen Spielraums öffentlicher Betriebe, Hamburger Jahrbuch für Wirtschafts- und Gesellschaftspolitik, Tübingen 1970, S. 176 ff.

Farrell, J. W. (1971 a), A Traffic Management Seminar on Protective Packaging, Traffic Management, April 1971, S. 37 ff.

Farrell, J. W. (1971 b), Computerized Distribution — Where it Stands, Traffic Management, June 1971, S. 36 ff.

Farrell, J. W. (1971 c) Transportation: A Corporate Profit Center, Traffic Management, August 1971, S. 32 ff.

Faßbender, W. (1971), Voraussetzungen und Beispiele für computer-gestützte Entscheidungen — Erfahrungsbericht —, in: Grochla, E. (Hrsg.) Computergestützte Entscheidungen in Unternehmungen, Wiesbaden 1971, S. 97 ff.

Faulks, R. W. (1969), Elements of Transport, London 1969

Feldman, E., Lehrer, F. A. und Ray, T. L. (1966), Warehouse Location under Continuous Economies of Scale, Management Science 1966, S. 670 ff.

Feldman, P. (1967), On the Optimal Use of Airports in Washington, D. C., SEPS, Vol. 1, 1967, S. 43 ff.

Feller, W. (1968), An Introduction to Probability Theory and its Applications, Vol. 1 und 2, New York - London - Sydney 1968

Fellner, W. (1943), External Economies and Diseconomies, The American Review 1943

Fendesack, H. (1971), Elektronische Datenverarbeitung — Ein modernes und unentbehrliches Hilfsmittel bei der DB, Die Bundesbahn 1971, S. 646 ff.

Ferschl, F. (1964), Zufallsabhängige Wirtschaftsprozesse, Wien — Würzburg 1964

Fink, C. F. (1968), Some Conceptual Difficulties in the Theory of Social Conflict, Journal of Conflict Resolution 1968, S. 412 ff.

Firmin, P. A. und Linn, J. J. (1968), Information Systems and Managerial Accounting, Accounting Review 1968, S. 75 ff.

Fischbach, F. und Büttgen, P. (1967), Lehrbuch für die elektronische Datenverarbeitung, Mainz 1967

Fischbach, F. und Büttgen, P. (1968), Organisation und Technik der Datenfernverarbeitung, Mainz 1968

Fischer, C. E. (1958), Das Problem der Rechtsformen für öffentliche Unternehmen, Die öffentliche Wirtschaft 1958, S. 2 ff.

Fischer, R. A. und Walter, H. R. (1971), Informationssysteme in Wirtschaft und Verwaltung, Berlin - New York 1971

Fischer-Winkelmann, W. F. (1971), Methodologie der Betriebswirtschaftslehre, München 1971

Fisher, G. H. (1968), The Role of Cost-Utility Analysis in Program Budgeting, in: Lyden, F. J. und Miller, E. G. (Hrsg.), Planning Programming Budgeting: A Systems Approach to Management, Chicago 1968, S. 181 ff.

Fisk, G. (1967), Marketing Systems, New York usw. 1967

Flaks, M. (1967), Total Cost Approach to Physical Distribution, in: Marks, N. E. und Taylor, R. M. (Hrsg.), Marketing Logistics: Perspectives and Viewpoints, New York - London - Sydney 1967, S. 264 ff.

Flanery, P. L. (1964), Heuristic Warehouse and Plant Location Program: Application Guide, Pittsburgh, Pa. 1964

Fleischer, E. (1972), Datenverarbeitung des Güterverkehrs der Deutschen Bundesbahn, in Vorbereitung

Fletcher, A. und Clarke, G. (1966), Mathematische Hilfsmittel der Unternehmensführung, München 1966

Flores, I. (1966), Computer Programming, Englewood Cliffs, N. J. 1966

Flores, I. (1969), Computer Organization, Englewood Cliffs, N. J. 1969

Ford, L. R., Jr. und Fulkerson, D. R. (1956). Solving the Transportation Problem, Management Science 1956, S. 24 ff.

Ford, L. R., Jr. und Fulkerson, D. R. (1962), Flows in Networks, Princeton University Press 1962

Forrester, J. W. (1961), Industrial Dynamics, Cambridge, Mass. 1961

Forrester, J. W. (1968 a), Industrial Dynamics — After the First Decade, Management Science 1968, S. 398 ff.

Forrester, J. W. (1968 b), Industrial Dynamics — A Response to Ansoff and Slevin, Management Science 1968, S. 601 ff.

Forrester, J. W. (1969), Urban Dynamics, Cambridge, Mass. 1969

Forrester, J. W. (1971), Counterintuitive Behavior of Social Systems, Technology Review 1971 (Sonderdruck); deutsch abgedruckt in: Monatszeitschrift des Gottlieb Duttweiler-Instituts, Heft 1/1972 und Heft 2/1972

Forrester, J. W. (1972 a), World Dynamics, Cambridge, Mass. 1972

Forrester, J. W. (1972 b), Grundzüge einer Systemtheorie (Principles of Systems), Wiesbaden 1972

Forsythe, G. E. (1970), Computer Science and Mathematics, SIGCSE Bulletin, Sept.-Oct. 1970, S. 20 ff.

Fort, D. M. (1966), Systems Analysis as an Aid in Air Transportation Planning, The RAND Corporation, P-3293-1, March 1966

Foster, C. D. (1963), The Transport Problem, London - Glasgow 1963

Foster, C. D. (Hrsg., 1970), Automatic Warehouse, London 1970

Foster, C. D. und Beesley, M. E. (1963), Estimating the Social Benefit of Constructing an Underground Railway in London, Journal of the Royal Statistical Society 1963, S. 46 ff.

Frederick, J. H. (1957), Using Public Warehouses, Philadelphia 1957

Frey, B. S. (1968), Eine politische Theorie des wirtschaftlichen Wachstums, Kyklos 1968, S. 70 ff.

Frey, B. S. und Lau, L. J. (1968), Towards a Mathematical Model of Government Behavior, Zeitschrift für Nationalökonomie 1968, S. 355 ff.

Frey, G. (1957), Idee einer Wissenschaftslogik — Grundzüge einer Logik imperativer Sätze, Philosophia Naturalis 1957, S. 434 ff.

Frey, R. L. (1969), Infrastruktur und Wirtschaftswachstum, Konjunkturpolitik 1969, S. 111 ff.

Frey, R. L. (1970), Infrastruktur — Grundlagen der Planung öffentlicher Investitionen, Tübingen - Zürich 1970

Friebe, E. (1970), Projektplanung und Überwachung mit CLASS-Netzplantechnik, IBM Nachrichten 1970, S. 526 ff.

Friedlaender, A. F. (1965), The Interstate Highway System — A Study in Public Investment, Amsterdam 1965

Friedman, L. A. (1967), Design and Production of System Procedures, in: Rosove, P. E. (Hrsg.), Developing Computer-Based Information Systems, New York - London - Sydney 1968, S. 199 ff.

Friedrich, C. J. (Hrsg., 1962), The Public Interest, New York 1962

Frisch, R. (1933), Monopole - Polypole, La Notion de Force dans l'Economie, in: Festschrift für T. H. Westergaard, Nationaløkonomisk Tidsskrift, Band 71, Kopenhagen 1933

Fuchs, J. und Schwantag, K. (Hrsg., 1970), AGPLAN-Handbuch zur Unternehmensplanung, Berlin 1970

Fülling, F. und Walter, J. (1967), Wirtschaftliche Probleme der Binnenwasserstraßen und Binnenschiffahrt, Schweizerisches Archiv für Verkehrswissenschaft und Verkehrspolitik 1967, S. 18 ff.

Funck, R. (1961), Verkehr und volkswirtschaftliche Gesamtrechnung, Göttingen 1961

Funck, R. und Durgeloh, H. (1962), Die volkswirtschaftliche Beurteilung des Baues künstlicher Wasserstraßen, insbesondere des Nord-Süd-Kanals, Göttingen 1962

Fusfeld, A. R. und Foster, R. N. (1971), The Delphi Technique: Survey and Comment, Business Horizons, July 1971, S. 63 ff.

Futh, H. (1964), Elektronische Datenverarbeitungsanlagen, Band I, Einführung in Aufbau und Arbeitsweise, München - Wien 1964

Futh, H. (1965), Elektronische Datenverarbeitungsanlagen, Band II, Organisation der Datenverarbeitung, München - Wien 1965

Gabele, E. (1972), Die Entwicklung komplexer Systeme — Elemente einer Theorie der Gestaltung von Informations- und Entscheidungssystemen in Organisationen, Diss. Mannheim 1972

Gaddis, P. O. (1959), The Project Manager, Harvard Business Review, May-June 1959, S. 89 ff.

Gahse, S. (1967), Wirtschaftliche Lagerhaltung mit MINCOS, IBM Nachrichten 1967, S. 634 ff.

Galbraith, J. K. (1968), Die moderne Industriegesellschaft, München - Zürich 1968

Galbraith, J. R. (1971), Matrix Organization Designs — How to Combine Functional and Project Forms, Business Horizons 1971, S. 29 ff.

Galtung, J. (1965), Institutionalized Conflict Resolution, Journal of Peace Research 1965, S. 348 ff.

Garbe, G. (1956), Die Bundespost als wirtschaftliches Unternehmen, Zeitschrift für das Post- und Fernmeldewesen 1956, S. 412 ff.

Garbe, G. (1969), Rentabilität und Leistung der Deutschen Bundespost, Die öffentliche Wirtschaft 1969, S. 9 ff.

Gavett, J. W. (1968), Production and Operations Management, New York usw. 1968

Gawthrop, L. C. (Hrsg., 1970), The Administrative Process and Democratic Theory, New York usw. 1970

Gehmacher, E. (1971), Methoden der Prognostik, Freiburg 1971

Gehrig, G. (1964), Bericht über die Erstellung einer Input-Output-Tabelle für die Bundesrepublik Deutschland mit vorläufigen Zahlen für 1961, Ifo-Institut, München 1964

Georgi, H. P. (1970), Cost-benefit-analysis als Lenkungsinstrument öffentlicher Investitionen, Göttingen 1970

Gepfert, A. H. (1968), Business Logistics for Better Profit Performance, Harvard Business Review, November-December 1968, S. 75 ff.

Gerlough, D. L. (1964), Simulation of Traffic Flow, in: Gerlough, D. L. und Capelle, D. G. (Hrsg), An Introduction to Traffic Flow Theory, Highway Research Board, No. 79, Washington, D. C. 1964, S. 97 ff.

Gilmore, F. F. und Brandenburg, R. G. (1962), Anatomy of Corporate Planning, Harvard Business Review, November-December 1962, S. 61 ff.

Gilmore, P. C. und Gomory, R. E. (1964), Sequencing a One-State Variable Machine — A Solvable Case of the Travelling Salesman Problem, Operations Research 1964, S. 655 ff.

Glahe, W. (1964), Post, in: Beckerath, E. von u. a. (Hrsg.), Handwörterbuch der Sozialwissenschaften, Band 8, Stuttgart - Tübingen - Göttingen 1964, S. 430 ff.

Glans, T. B., Grad, B., Holstein, D., Myers, W. E. und Schmidt, R. N. (1968), Management Systems, New York 1968

Gödel, K. (1931), Über formal unentscheidbare Sätze der Principia Mathematica und verwandter Systeme, Monatshefte Mathematik und Physik 1931, S. 173 ff.

Göldner, J. (1960), Aufbauorganisation der industriellen Lagerwirtschaft, Berlin 1960

Goetzinger, G. (1964), Finanzwirtschaftliche oder betriebswirtschaftliche Kostenzurechnung?, Der Gemeindehaushalt 1964, S. 221 f.

Goldberg, W. (1970), Foreword, in: Hedberg, B., On Man-Computer Interaction in Organizational Decision-Making — A Behavioral Approach, Gothenborg 1970, S. i

Goldberger, A. S. (1964), Econometric Theory, New York - London - Sydney 1964

Goldman, T. A. (Hrsg., 1967), Cost-Effectiveness Analysis, New York - Washington - London 1967

Golembiewski, R. T., Welsh, W. A. und Crotty, W. J. (1969), A Methodological Primer for Political Scientists, Chicago 1969

Golovin, N. E. (1969), Social Change and the „Evaluative Function", Management Science 1969, S. B-461 ff.

Gordon, J. W. (1961), Synectics — The Development of Creative Capacity, New York - Evanston - London 1961

Gordon, T. J. (1968), New Approaches to Delphi, in: Bright, J. R. (Hrsg.), Technological Forecasting for Industry and Government, Englewood Cliffs, N. J. 1968, S. 134 ff.

Gordon, W. J. J. und Prince, G. M. (1960), The Operational Mechanisms of Synectics, Cambridge, Mass. 1960

Gottfried, G. und Bauer, W. (1971), Die elektronische Platzbuchungsanlage der Deutschen Bundesbahn, Die Bundesbahn 1971, S. 123 ff.

Grabner, J. R., Jr. und Rosenberg, L. J. (1969), Communication in Distribution Channel Systems, in: Stern, L. W. (Hrsg.), Distribution Channels: Behavioral Dimensions, New York usw. 1969, S. 227 ff.

Graef, M., Greiller, R. und Hecht, G. (1970), Datenverarbeitung im Realzeitbetrieb, München - Wien 1970

Gragg, M. T. (1965), „Planning" and „Control", in: Anthony, R. N., Planning and Control Systems, Boston 1965, S. 129 ff.

Green, K. B. de (Hrsg., 1970), Systems Psychology, New York usw. 1970

Greene, J. H. (1967), Operations Planning and Control, Homewood, Ill. 1967

Greenhut, M. L. (1956), Plant Location in Theory and Practice, Chapel Hill 1956

Gregory, C. E. (1967), The Management of Intelligence, New York usw. 1967

Greniewski, H. (1966), Grundprobleme der Planungskybernetik, Kommunikation 1966, S. 1 ff.

Gresser, K. (1970), Das Planning-Programming-Budgeting-System (PPBS), in: Fuchs, J. und Schwantag, K. (Hrsg.), AGPLAN-Handbuch zur Unternehmensplanung, Berlin 1970, S. 3 ff.

Grevsmähl, J. (1971), Adaptive Verkehrsplanung, Berlin 1971

Grochla, E. (1958), Materialwirtschaft, Wiesbaden 1958

Grochla, E. (1970), Die Wirtschaftlichkeit automatisierter Datenverarbeitungssysteme, Wiesbaden 1970

Grochla, E. (1971), Forschung und Entwicklung auf dem Gebiet der Informationssysteme als Aufgabe der Betriebswirtschaftslehre, Zeitschrift für Betriebswirtschaft 1971, S. 563 ff.

Gross, F. und Muhme, H. (1966), MOSCOR — Ein Programm für die Bedarfsauflösung auf der Grundlage des IBM/360-Stücklistenprozessors, IBM Nachrichten 1966, S. 692 ff.

Grosz, M. H. (1960), Standard Oil Company (New Jersey): Organizational Developments, in: Shultz, G. P. und Whisler, T. L. (Hrsg.), Management Organization and the Computer, Glencoe, Ill. 1960, S. 179 ff.

Grundmann, W. et al. (1967), Mathematische Methoden zur Standortbestimmung, Berlin 1967

Guetzkow, H. (1966), Relations among Organizations, in: Bowers, R. V. (Hrsg.), Studies on Behavior in Organizations, Athens 1966, S. 18 ff.

Guilford, J. P. (1950), Creativity, American Psychologist 1950, S. 444 ff.

Guilford, J. P. (1962), Creativity: Its Measurement and Development, in: Parnes, S. J. und Harding, H. F. (Hrsg.), A Source Book for Creative Thinking, New York 1962, S. 151 ff.

Gulick, L. und Urwick, L. (Hrsg., 1937), Papers on the Science of Administration, New York 1937

Guss, L. M. (1967), Packaging is Marketing, New York 1967

Gutenberg, E. (1958), Einführung in die Betriebswirtschaftslehre, Wiesbaden 1958

Gutenberg, E. (1969 a), Grundlagen der Betriebswirtschaftslehre, 1. Band, Die Produktion, Berlin - Heidelberg - New York 1969

Gutenberg, E. (1969 b), Grundlagen der Betriebswirtschaftslehre, 3. Band, Die Finanzen, Berlin - Heidelberg - New York 1969

Haavelmo, T. (1943), The Statistical Implications of a System of Simultaneous Equations, Econometrica 1943, S. 1 ff.

Hadley, G. (1962), Linear Programming, Reading, Mass. usw. 1962

Hadley, G. (1969), Nichtlineare und dynamische Programmierung, Würzburg - Wien 1969

Hadley, G. und Within, T. M. (1963), Analysis of Inventory Systems, Englewood Cliffs, N. J. 1963

Händler, W. (Hrsg., 1968), Teilnehmer-Rechensysteme, München - Wien 1968

Hajek, V. G. (1965), Project Engineering, New York 1965

Hakimi, S. L. (1964), Optimum Location of Switching Centres and the Absolute Centres and Medians of a Graph, Operations Research 1964, S. 450 ff.

Haley, K. B. (1963), Siting of Depots, International Journal of Production Review 1963, S. 41 ff.

Hamm, W. (1960), Tarifpolitik der Verkehrsbetriebe, in: Seischab, H. und Schwantag, K. (Hrsg.), Handwörterbuch der Betriebswirtschaft, Stuttgart 1960, Sp. 5359 ff.

Hamm, W. (1964), Preise als verkehrspolitisches Ordnungsinstrument, Heidelberg 1964

Hammer, H. (1970), Integrierte Produktionssteuerung mit Modularprogrammen, Wiesbaden 1970

Hammond, R. J. (1960), Benefit-Cost Analysis and Water-Pollution Control, Stanford 1960

Hansmeyer, K.-H. und Rürup, B. (1972), Die Cost-Benefit-Analyse, Das Wirtschaftsstudium, Nr. 1, 1972, S. 26 ff.

Hanssmann, F. (1962), Operations Research in Production and Inventory Control, New York 1962

Hanssmann, F. (1971), Unternehmensforschung, Wiesbaden 1971

Hanusch, H. (1970), Zur wohlfahrtsökonomischen Theorie der finanzwirtschaftlichen Entscheidung, in: Recktenwald, H. C. (Hrsg.), Nutzen-Kosten-Analyse und Programmbudget — Grundlage staatlicher Entscheidung und Planung, Tübingen 1970, S. 41 ff.

Harary, F., Norman, R. Z. und Cartwright, D. (1965), Structural Models: An Introduction to the Theory of Directed Graphs, New York - London - Sydney 1965

Hare, R. M. (1952), The Language of Morals, Oxford 1952

Hart, B. L. J. (1964), Dynamic Systems Design, London 1964

Harvey, A. (1966), Systems can TOO be Practical, in: Constantin, J. A. (Hrsg.), Principles of Logistics Management, New York 1966, S. 11 ff.

Hassitt, A. (1967), Computer Programming and Computer Systems, New York - London 1967

Haus, W. (1967), Die unmittelbare Wahl der Vertretungskörperschaft und das demokratische Element in der Verwaltungsregion, in: Verein für Kommunalwissenschaften (Hrsg.), Die Verwaltungsregion — Aufgaben und Verfassung einer neuen Verwaltungseinheit, Stuttgart 1967, S. 105 ff.

Hausman, W. H. und Thomas, L. J. (1972), Inventory Control with Probabilistic Demand and Periodic Withdrawals, Management Science 1972, S. 265 ff.

Haussmann, F. (1954), Eine besondere Rechtsform für öffentliche Wirtschaftsgebilde?, Archiv für öffentliche und freigemeinwirtschaftliche Unternehmen 1954, S. 325 ff.

Hax, K. (1968), Die öffentliche Unternehmung in der Marktwirtschaft, Finanzarchiv 1968, S. 37 ff.

Hayek, S. G. (1971), Abgrenzung der Verantwortung in einer Projektorganisation, Industrielle Organisation 1971, S. 455 ff.

Hayes, R. M. (1968), Information Retrieval: An Introduction, Datamation, March 1968, S. 22 ff.

Hays, D. G. (1967), Introduction to Computational Linguistics, New York 1967

Heckert, J. B. und Miner, R. B. (1953), Distribution Costs, New York 1953

Hedberg, B. (1970), On Man-Computer Interaction in Organizational Decision-Making — A Behavioral Approach, Gothenborg 1970

Hegi, O. (1972), Projekt-Management — Ein Fremdkörper in der Stab-Linien-Organisation, in: Industrielle Organisation (Hrsg.), Projekt-Management, Zürich 1972, S. 77 ff.

Heinen, E. (1962), Die Zielfunktion der Unternehmung, in: Koch, H. (Hrsg.), Zur Theorie der Unternehmung, Festschrift zum 65. Geburtstag von E. Gutenberg, Wiesbaden 1962, S. 11 ff.

Heinen, E. (1966 a), Das Zielsystem der Unternehmung, Wiesbaden 1966

Heinen, E. (1966 b), Das Kapital in der betriebswirtschaftlichen Kostentheorie, Wiesbaden 1966

Heinen, E. (1968), Einführung in die Betriebswirtschaftslehre, Wiesbaden 1968

Heinen, E. (1969), Zum Wissenschaftsprogramm der entscheidungsorientierten Betriebswirtschaftslehre, Zeitschrift für Betriebswirtschaft 1969, S. 207 ff.

Heinen, E. (1970), Betriebswirtschaftliche Kostenlehre — Kostentheorie und Kostenentscheidungen, Wiesbaden 1970

Heinen, E. (Hrsg., 1972 a), Industriebetriebslehre — Entscheidungen im Industriebetrieb, Wiesbaden 1972

Heinen, E. (1972 b), Industriebetriebslehre als Entscheidungslehre, in: Heinen, E. (Hrsg.), Industriebetriebslehre — Entscheidungen im Industriebetrieb, Wiesbaden 1972, S. 23 ff.

Heiner, H.-A. (1961), Die Rationalisierung des Förderwesens in Industriebetrieben, Berlin 1961

Heinrich, L. J. (1970), Mittlere Datentechnik, Köln 1970

Heitz, G. K. (1971), Informationssysteme der öffentlichen Hand — Administrative Informationssysteme, in: Fischer, R. A. und Walter, H. R. (Hrsg.), Informationssysteme in Wirtschaft und Verwaltung, Berlin - New York 1971, S. 217 ff.

Held, M. und Karp, R. M. (1962), A Dynamic Programming Approach to Sequencing Problems, Journal of the Society for Industrial and Applied Mathematics 1962, S. 196 ff.

Hellermann, H. (1967), Digital Computer System Principles, New York usw. 1967

Helmer, O. (1966), The Application of Cost-Effectiveness to Non-Military Government Problems, in: Cleland, D. I. und King, W. R. (Hrsg.), Systems, Organizations, Analysis, Management: A Book of Readings, New York usw. 1969, S. 265 ff.

Helmer, O. (1968 a), Analysis of the Future: The Delphi Method, in: Bright, J. R. (Hrsg.), Technological Forecasting for Industry and Government, Englewood Cliffs, N. J. 1968, S. 116 ff.

Helmer, O. (1968 b), The Delphi Method — An Illustration, in: Bright, J. R. (Hrsg.), Technological Forecasting for Industry and Government, Englewood Cliffs, N. J. 1968, S. 123 ff.

Helmer, O. und Gordon, T. (1967), 50 Jahre Zukunft, Hamburg 1967

Helmer, O. und Rescher, N. (1959), On the Epistemology of the Inexact Sciences, Management Science 1959, S. 25 ff.

Hempel, C. G. (1965), Aspects of Scientific Explanation, New York - London 1965

Hempel, C. G. (1970), On the „Standard Conception" of Scientific Theories, in: Radner, M. und Winokur, S. (Hrsg.), Minnesota Studies in the Philosophy of Science, Vol. IV, Minneapolis 1970, S. 142 ff.

Hempel, C. G. und Oppenheim, P. (1948), Studies in the Logic of Explanation, Philosophy of Science 1948, S. 135 ff.

Henn, R. und Künzi, H. P. (1968), Einführung in die Unternehmensforschung II, Berlin - Heidelberg - New York 1968

Hennis, W. (1965), Aufgaben einer modernen Regierungslehre, Politische Vierteljahresschrift 1965, S. 422 ff.

Herring, P. (1968), Public Interest, in: Sills, D. L. (Hrsg.), International Encyclopedia of the Social Sciences, Vol. 13, New York 1968, S. 170 ff.

Hertz, D. B. (1969), New Power for Management, New York usw. 1969

Heskett, J. L. (1969), Spatial and Temporal Aspects of Physical Distribution, in: McConaughy, D. (Hrsg.), Readings in Business Logistics, Homewood, Ill. 1969, S. 17 ff.

Heskett, J. L., Ivie, R. M. und Glaskowsky, N. A., Jr. (1964), Business Logistics, New York 1964

Heskett, J. L., Stern, L. W. und Beier, F. J. (1970), Bases und Uses of Power in Interorganization Relations, in: Bucklin, L. P. (Hrsg.), Vertical Marketing Systems, Glenview, Ill. - London 1970, S. 75 ff.

Hesse, H. und Arnold, V. (1970 a), Nutzen-Kosten-Analyse einer U-Straßenbahn, in: Recktenwald, H. C. (Hrsg.), Nutzen-Kosten-Analyse und Programmbudget — Grundlage staatlicher Entscheidung und Planung, Tübingen 1970, S. 359 ff.

Hesse, H. und Arnold, V. (1970 b), Nutzen-Kosten-Analyse für städtische Verkehrsprojekte, dargestellt am Beispiel der Unterpflasterstraßenbahn in Hannover, Kyklos 1970, S. 520 ff.

Hesse, M. B. (1963), Models and Analogies in Science, London 1963

Hickson, D. J., Hinings, C. R., Lee, C. A., Schneck, R. E. und Pennings, J. M. (1971), A Strategic Contingencies Theory of Intraorganizational Power, Administrative Science Quarterly 1971, S. 216 ff.

Hill, W. C. (1966), Reorganizing Distribution for Higher Profits, in: Constantin, J. A. (Hrsg.), Principles of Logistics Management, New York 1966, S. 399 ff.

Hill, W. C. (1969), Distribution Systems Management: Key to Profit in the Sixties, in: McConaughy, D. (Hrsg.), Readings in Business Logistics, Homewood, Ill. 1969, S. 2 ff.

Hillier, F. S. (1963), Quantitative Tools for Plant Layout Analysis, The Journal of Industrial Engineering 1963, S. 33 ff.

Hillier, F. S. und Lieberman, G. J. (1967), Introduction to Operations Research, San Francisco 1967

Hirsch, E. (1970), Lieferservice als Determinante der Betrieblichen Warenverteilung, in: Poth, L. G. (Hrsg.), Praxis der Betrieblichen Warenverteilung — Marketing-Logistik, Düsseldorf 1970, S. 43 ff.

Hirsch, J. (1969), Ansätze einer Regierungslehre, in: Kress, G. und Senghaas, D. (Hrsg.), Politikwissenschaft, Frankfurt 1969, S. 269 ff.

Hirsch-Weber, W. (1969), Politik als Interessenkonflikt, Stuttgart 1969

Hirshleifer, J., De Haven, J. C. und Milliman, J. W. (1960), Water Supply — Economics, Technology, and Policy, Chicago 1960

Hitch, C. J. (1967), Analysis for Air Force Decisions, in: Quade, E. S. (Hrsg.), Analysis for Military Decisions, Chicago - Amsterdam 1967, S. 13 ff.

Hitch, C. J. und McKean, R. (1954), Suboptimization in Operations Problems, in: McCloskey, J. und Trefethen, F. N. (Hrsg.), Operations Research for Management, Baltimore 1954, S. 168 ff.

Hitch, C. J. und McKean, R. (1960), The Economics of Defense in the Nuclear Age, Cambridge, Mass. 1960

Hitchcock, F. L. (1941), The Distribution of a Product from Several Sources to Numerous Localities, Journal of Mathematics and Physics, Vol. 20, 1941, S. 224 ff.

Hochschule Speyer (Hrsg., 1961), Gemeinschaftsaufgaben zwischen Bund, Ländern und Gemeinden, Berlin 1961

Hochstädter, D. (1969), Stochastische Lagerhaltungsmodelle, Lecture Notes in Operations Research and Mathematical Economics, No. 10, Heidelberg - New York 1969

Hölterling, H. (1966), Die Tarife für Seehafenleistungen, Berlin 1966

Hoffmann, R. (1963), Wesensunterschiede der Verkehrsträger in der Raumerschließung, in: Aufgabenteilung im Verkehr, Forschungs- und Sitzungsberichte der Akademie für Raumforschung und Landesplanung, Band 24, Raum und Verkehr, Hannover 1963, S. 43 ff.

Hoffmann, R. (1965), Rückzug der Eisenbahn aus der Fläche? — Ein Problem der Regional- und der Verkehrspolitik, Hannover 1965

Hoffmann, R. (1967), Die Zielkonflikte zwischen der Verkehrspolitik und der Raumordnungspolitik, Raumforschung und Raumordnung 1967, S. 97 ff.

Hoffmann, W. G. (1952), Allgemeine Wirtschaftspolitik, in: Hax, K. und Wessels, T. (Hrsg.), Handbuch der Wirtschaftswissenschaften, Band II, Köln - Opladen 1952, S. 1061 ff.

Hofmann, K. (1968), Ökonomik, Organisation und Planung der Eisenbahn, Berlin 1968

Hoggatt, A. C. und Balderston, F. E. (Hrsg., 1963), Symposium on Simulation Models: Methodology and Application to the Behavioral Sciences, Cincinnati 1963

Hollinger, H. (1968), Morphologie, Industrielle Organisation 1968, S. 485 ff.

Holt, C. C., Modigliani, F., Muth, J. F. und Simon, H. A. (1960), Planning Production, Inventories, and Work Force, Englewood Cliffs, N. J. 1960

Homans, G. C. (1960), Theorie der sozialen Gruppe, Köln - Opladen 1960

Hood, W. C. und Koopmans, T. C. (Hrsg., 1953), Studies in Econometric Method, New York - London - Sydney 1953

Hopeman, R. J. (1969), Systems Analysis and Operations Management, Columbus, Ohio 1969

Hotelling, H. (1938), The General Welfare in Relation to Problems of Taxation and of Railways and Utility Rates, Econometrica 1938, S. 242 ff.

Howard, J. A. (1972), Industrial Buying Behavior, unveröffentlichtes Manuskript 1972

Howard, J. A. und Sheth, J. N. (1969), The Theory of Buyer Behavior, New York usw. 1969

Howard, R. A. (1960), Dynamic Programming and Markov Processes, New York - London 1960

Howard, Needles, Tammen und Bergendorf International Inc. (1971), I: Introduction to the Computer Programme; Transplan — 1 for Highway Investment Analyses; II: Sample Calculations to Determine the Economics of Highway Investments, Government of the Punjab, Communications and Works Department, Lahore 1971

Hürlimann, W. (1963), Elemente zur Transporttheorie, Industrielle Organisation 1963, S. 301 ff.

Hürlimann, W. (1966), Transporttheorie, Technische Rundschau 1966, Nrn. 6, 18, 27, 32, 49

Hummer, W. (1967), Die neuen Management-Techniken der Ideenfindung sowie des schöpferischen Denkens und Mitdenkens, in: Demmer, K. H., Deyhle, A., Falkenhausen, H. von, Hanft, K. K., Hummer, W., Knoblauch, H., Liertz, R., Steigerwald, H. J. und Trechsel, F. (Hrsg.), Die neuen Management-Techniken, München 1971, S. 101 ff.

Husson, S. S. (1970), Microprogramming: Principles and Practices, Englewood Cliffs, N. J. 1970

IFO-Institut für Wirtschaftsforschung (1965), Vorstudien für eine Untersuchung der volkswirtschaftlichen Auswirkungen der Stillegung von Bahnanlagen, München 1965

Ihde, G.-B. (1972), Logistik, Stuttgart 1972

Iklé, F. C. (1965), Strategie und Taktik des diplomatischen Verhandelns, Gütersloh 1965

Illetschko, L. L. (1959), Betriebswirtschaftliche Probleme der Verkehrswirtschaft, Wiesbaden 1959

Illetschko, L. L. (1962), Innerbetrieblicher Transport und betriebliche Nachrichtenübermittlung, Stuttgart 1962

Illetschko, L. L. (1966), Transport-Betriebswirtschaftslehre, Wien - New York 1966

Immer, J. R. (1953), Materials Handling, New York - Toronto - London 1953

Industrielle Organisation (Hrsg., 1972), Projekt-Management — Systematische Grundlagen und Beispiele aus der Praxis, Band I, Zürich 1972

Ireson, W. G. (1952), Factory Planning and Plant Layout, Englewood Cliffs, N. J. 1952

Irle, M. (1971), Macht und Entscheidungen in Organisationen, Frankfurt a. M. 1971

Ivie, R. M. (1967), Information Systems for Logistics Management, in: Marks, N. E. und Taylor, R. M. (Hrsg.), Marketing Logistics: Perspectives and Viewpoints, New York - London - Sydney 1967, S. 121 ff.

Jacob, H. (1963), Preispolitik, Wiesbaden 1963

Jacob, H. (Hrsg., 1969), Anwendung der Netzplantechnik im Betrieb, Schriften zur Unternehmensführung, Bd. 9, Wiesbaden 1969

Jacob, H. (Hrsg., 1972), Elektronische Datenverarbeitung als Instrument der Unternehmungsführung, Wiesbaden 1972

Jacobs, A. L. und Harman, P. (1969), The Scope of Computers in an Airline, in: McRae, T. W. (Hrsg.), Management Information Systems, Harmondsworth 1971, S. 158 ff.

Jäckel, G. (1966), Grundzüge für eine Verwaltungslehre der Deutschen Bundespost, Jahrbuch des Postwesens, Bad Windsheim 1966, S. 86 ff.

Janda, K. (1954), Zur Rechtsform öffentlicher Unternehmen — Stellungnahme vom österreichischen Standpunkt aus, Archiv für öffentliche und freigemeinwirtschaftliche Unternehmen 1954, S. 211 ff.

Jándy, G. (1967), Optimale Transport- und Verkehrsplanung, Würzburg 1967

Jantsch, E. (Hrsg., 1969), Perspectives of Planning, OECD Paris 1969

Jantsch, E. (1971), Von Prognose und Planung zu den „Policy Sciences", in: Ronge, V. und Schmieg, G. (Hrsg.), Politische Planung in Theorie und Praxis, München 1971, S. 35 ff.

Jochimsen, R. (1961), Ansatzpunkte der Wohlstandsökonomik, Tübingen 1961

Jochimsen, R. (1966), Theorie der Infrastruktur — Grundlagen der marktwirtschaftlichen Entwicklung, Tübingen 1966

Jochimsen, R., Knobloch, P. und Treuner, P. (1971), Gebietsreform und regionale Strukturpolitik, Opladen 1971

Jochimsen, R. und Simonis, U. E. (Hrsg., 1970), Theorie und Praxis der Infrastrukturpolitik, Berlin 1970

John, G. (1967), Die Verkehrsströme innerhalb der Bundesrepublik Deutschland nach Gütergruppen und Verkehrsarten, Berlin 1967

Johns, R. (1950), Kombinierte Finanz- und Betriebsrechnung im Kameralstil, Zeitschrift für handelswissenschaftliche Forschung 1950, S. 407 ff.

Johns, R. (1959), Öffentliche Betriebe, in: Beckerath, E. von u. a. (Hrsg.), Handwörterbuch der Sozialwissenschaften, Band II, Stuttgart - Tübingen - Göttingen 1959, S. 48 ff.

Johns, R. (1960), Die Kosten des Krankenhauses und ihre Deckung, in: Vorstand der Fachvereinigung der Verwaltungsleiter deutscher Krankenanstalten (Hrsg.), Jahrestagungen 1958/1959 der Fachvereinigung der Verwaltungsleiter deutscher Krankenanstalten, Bremen - Kulmbach 1960, S. 91 ff.

Johnson, J. (1963), Econometric Methods, New York usw. 1963

Johnson, M. B. (1966), Travel Time and the Price of Leisure, Western Economic Journal 1966, S. 135 ff.

Johnson, R. A., Kast, F. E. und Rosenzweig, J. E. (1967), The Theory and Management of Systems, New York usw. 1967

Johnson, R. A. und Parker, D. D. (1961), Optimizing Customer Delivery Service with Improved Distribution, Business Review, October 1961, S. 38 ff.

Jones, C. (1966), Design Methods Compared, 1: Strategies, und 2: Tactics, Design, August und September 1966, S. 32 ff., S. 46 ff.

Jones, G. N. (1968), Planned Organizational Change — A Study in Change Dynamics, London 1968

Jong, F. J. de (1951), Het Systeem van de Marktvormen, Leiden 1951

Jürgensen, H. (1963), Zeitwert und Wirtschaftlichkeitsrechnung im Straßenbau, Schiene und Straße 1963, S. 108 ff.

Jürgensen, H. (1964), Prioritäten im Straßenbau, in: Verkehrswirtschaftliches Seminar e. V., Hamburg (Hrsg.), Studientagung für Verkehrswissenschaft, I. Teil, Vorlesungen und Referate, Hamburg 1964, S. 134 ff.

Jürgensen, H. (1965), Wachstumsorientierte Regionalpolitik und Verkehrspolitik, Die Bundesbahn 1965, S. 51 ff.

Kade, G. (1964), Theorie, Prognose, Programm — Über einige Grundkategorien wirtschaftspolitischer Entscheidungsprozesse, Konjunkturpolitik 1964, S. 144 ff.

Kämmerer, L. (1966), Die Rechtsnatur der Bundespost, Archiv für das Post- und Fernmeldewesen 1966, S. 555 ff.

Kall, P. (1968), Der gegenwärtige Stand der stochastischen Programmierung, Unternehmensforschung 1968, S. 81 ff.

Kappler, E. und Rehkugler, H. (1972), Kapitalwirtschaft, in: Heinen, E. (Hrsg.), Industriebetriebslehre — Entscheidungen im Industriebetrieb, Wiesbaden 1972, S. 575 ff.

Karg, R. L. und Thompson, G. L. (1964), A Heuristic Approach to Solving Travelling Salesman Problems, Management Science 1964, S. 225 ff.

Katz, D. und Kahn, R. L. (1966), The Social Psychology of Organizations, New York - London - Sydney 1966

Kaufman, F. (1966), Data Systems that Cross Company Boundaries, Harvard Business Review, January - February 1966, S. 141 ff.

Kellerer, H. (1960), Statistik im modernen Wirtschafts- und Sozialleben, Reinbek bei Hamburg 1960

Kemeny, J. G., Schleifer, A., Jr., Snell, J. L. und Thompson, G. L. (1966), Mathematik für die Wirtschaftspraxis, Berlin 1966

Kennedy, D. G. (1950), The Planning of the Highway, in: Highways in Our National Life, Princeton, N. J. 1950, S. 290 ff.

Kerksieck, H.-J. (1972), Methoden der technologischen Vorausschau im Dienste der Forschungsplanung industrieller Unternehmungen unter besonderer Berücksichtigung der Delphi-Methode, Diss. Mannheim 1972

Kern, N. (1969), Netzplantechnik — Betriebswirtschaftliche Analyse von Verfahren der industriellen Terminplanung, Wiesbaden 1969

Kern, W. (1967), Optimierungsverfahren in der Ablauforganisation, Essen 1967

Kern, W. (1970), Industriebetriebslehre, Stuttgart 1970

Kiehne, R. (1969), Innerbetriebliche Standortplanung und Raumzuordnung, Wiesbaden 1969

Kienbaum, G. (1963), Methodik des Generalverkehrsplans Nordrhein-Westfalen, Internationales Archiv für Verkehrswesen 1963, S. 276 ff.

Kienbaum, G. (1964), Konzeption und Stand des Generalverkehrsplans Nordrhein-Westfalen, Schiene und Straße 1964, S. 47 ff.

Kieser, A. (1969), Zur Flexibilität verschiedener Organisationsstrukturen, Zeitschrift für Organisation 1969, S. 273 ff.

Kieser, H.-P. (1970), Die Lösung des betrieblichen Layout-Problems mit Hilfe der heuristischen Programmierung, Diplomarbeit Mannheim 1970

Kirsch, W. (1964), Gewinn- und Rentabilitätsmaximierung als Determinanten des Unternehmungsgleichgewichts, Diss. München 1964

Kirsch, W. (1968 a), Gewinn und Rentabilität — Ein Beitrag zur Theorie der Unternehmungsziele, Wiesbaden 1968

Kirsch, W. (1968 b), Zur Problematik „optimaler" Kapitalstrukturen, Zeitschrift für Betriebswirtschaft 1968, S. 881 ff.

Kirsch, W. (1969), Die Unternehmungsziele in organisationstheoretischer Sicht, Zeitschrift für betriebswirtschaftliche Forschung 1969, S. 665 ff.

Kirsch, W. (1970 a), Entscheidungsprozesse, Band I: Verhaltenswissenschaftliche Ansätze der Entscheidungstheorie, Wiesbaden 1970

Kirsch, W. (1970 b), Bedriftsøkonomi-Systemer og beslutninger. Hvor star bedriftsøkonomikken: Tyksland i dag?, Bedriftsøkonomen Nr. 7, 1970, S. 342 ff. (in deutsch: Betriebswirtschaftslehre: Systeme und Entscheidungen — Zum Stand der Betriebswirtschaftslehre in Deutschland, Mitteilungen der Gesellschaft der Freunde der Universität Mannheim 1971, Nr. 1, S. 20 ff.)

Kirsch, W. (1970 c), Anleihen bei der Nachbardisziplin, Wirtschaftswoche — Der Volkswirt, Nr. 51, 1970, S. 46 ff.

Kirsch, W. (1971 a), Entscheidungsprozesse, Band II: Informationsverarbeitungstheorie des Entscheidungsverhaltens, Wiesbaden 1971

Kirsch, W. (1971 b), Entscheidungsprozesse, Band III: Entscheidungen in Organisationen, Wiesbaden 1971

Kirsch, W. (1971 c), Die Koordination von Entscheidungen in Organisationen, Zeitschrift für betriebswirtschaftliche Forschung 1971, S. 61 ff.

Kirsch, W. (1971 d), Betriebswirtschaftliche Logistik, Zeitschrift für Betriebswirtschaft 1971, S. 221 ff.

Kirsch, W. (1971 e), Heuristische Entscheidungsmodelle im Informations- und Entscheidungssystem der Betriebswirtschaft, in: Klein, H. K., Heuristische Entscheidungsmodelle, Wiesbaden 1971, S. 13 ff.

Kirsch, W. (1972 a), Die entscheidungs- und systemorientierte Betriebswirtschaftslehre — Wissenschaftsprogramm, Grundkonzeption, Wertfreiheit und Parteilichkeit, in: Dlugos, G., Eberlein, G. und Steinmann, H. (Hrsg.), Wissenschaftstheorie und Betriebswirtschaftslehre, Gütersloh 1972, S. 153 ff.

Kirsch, W. (1972 b), Betriebswirtschaftspolitik und geplanter Wandel betriebswirtschaftlicher Systeme, in: Kirsch, W. (Hrsg.), Unternehmensführung und Organisation, Wiesbaden 1973, S. 15 ff.

Kirsch, W. und Bamberger, I. (1973), Finanzwirtschaftliche Entscheidungsprozesse, in: Büschgen, H. E. (Hrsg.), Handwörterbuch der Finanzierung, Stuttgart 1973

Kirsch, W. und Esser, W.-M. (1973), Konflikte im Betrieb, in: Gaugler, E. (Hrsg.), Handwörterbuch des Personalwesens, Stuttgart 1973

Kirsch, W. und Gabele, E. (1973), Zielsetzungen und Zielsysteme der Handelsbetriebe, in: Tietz, B. (Hrsg.), Handwörterbuch der Absatzwirtschaft, Stuttgart 1973

Kirsch, W., Kutschker, M. und Huppertsberg, B. (1971), Nachholbedarf bei Investitionsgütern, Wirtschaftswoche — Der Volkswirt, Nr. 8, 1971, S. 44 ff.

Kirsch, W. und Meffert, H. (1970), Organisationstheorien und Betriebswirtschaftslehre, Wiesbaden 1970

Klahr, D. und Leavitt, H. J. (1967), Tasks, Organization Structures, and Computer Programs, in: Myers, C. A. (Hrsg.), The Impact of Computers on Management, Cambridge - London 1968, S. 107 ff.

Klaus, G. (Hrsg., 1969), Wörterbuch der Kybernetik, Bd. 1 und Bd. 2, Frankfurt/Main - Hamburg 1969

Klaus, P. (1970), US-Trucking: Muster für die europäische Kraftwagenspedition?, Deutsche Verkehrszeitung (DVZ) — Sonderausgabe zum Deutschen Spediteurtag 1970, S. 207 ff.

Klee, J. und Türks, M. (1970), Aufgaben und Organisation der Warenverteilung, in: Poth, L. G. (Hrsg.), Praxis der Betrieblichen Warenverteilung — Marketing-Logistik, Düsseldorf 1970, S. 65 ff.

Kleene, S. C. (1936), General Recursive Functions of Natural Numbers, Mathematische Annalen 1936, S. 727 ff.

Kleene, S. C. (1967), Mathematical Logic, New York - London - Sydney 1967

Klein, F. (1968), Gemeinschaftsaufgaben zur Bewältigung der Staatsaufgaben im föderativen Staatsaufbau, Die öffentliche Verwaltung 1968, S. 153 ff.

Klein, H. K. (1969), Die Koordination der betrieblichen Teilpläne, Kommunikation 1969, S. 53 ff.

Klein, H. K. (1971 a), Heuristische Entscheidungsmodelle, Wiesbaden 1971

Klein, H. K. (1971 b), Heuristische Programmierung: Management-Entscheidungen werden automatisiert, Wirtschaftswoche — Der Volkswirt, Nr. 35, 1971, S. 25 ff.

Klein, H. K. (1973), Managementinformationssysteme — Organisationstheoretische und informationstechnologische Perspektiven, in Vorbereitung

Klein, H. K. und Wahl, A. (1970), Zur „Logik" der Koordination interdependenter Entscheidungen in komplexen Organisationen, Kommunikation 1970, S. 53 ff. und S. 137 ff.

Klein, L. R. (1953), A Textbook of Econometrics, Evanston - White Plains 1953

Klein, L. R. (1962), An Introduction to Econometrics, Englewood Cliffs, N. J. 1962

Klingst, A. (1971), Optimale Lagerhaltung, Würzburg - Wien 1971

Klosterkemper, H. (1970), Einflußgrößen auf Gestaltung und Abmessungen von Ladeeinheiten in einem Distributionssystem, in: Poth, L. G. (Hrsg.), Praxis der Betrieblichen Warenverteilung — Marketing-Logistik, Düsseldorf 1970, S. 157 ff.

Kloten, N. (1971), Elemente einer potentialorientierten Verkehrspolitik, Zeitschrift für Verkehrswissenschaft 1971, S. 213 ff.

Klotz, E. (1967), Zuständigkeit der kommunalen Selbstverwaltungskörperschaften in der Regionalplanung, Die öffentliche Verwaltung 1967, S. 184 ff.

Klüber, H. (1956), Die kommunalen Zweckverbände und sonstigen Gemeinschaftsorganisationen, in: Peters, H. (Hrsg.), Handbuch der kommunalen Wissenschaft und Praxis, Bd. 1, Berlin - Göttingen - Heidelberg 1956, S. 541 ff.

Kneese, A. V. (1964), The Economics of Regional Water Quality Management, Baltimore 1964

Knuth, D. E. (1969), The Art of Computer Programming, Vol. 1: Fundamental Algorithms; Vol. 2: Seminumerical Algorithms, Reading, Mass. usw. 1969

Koch, H. (1961), Betriebliche Planung — Grundlagen und Grundfragen der Unternehmungspolitik, Wiesbaden 1961

Köhler, D. (1959), Organisation der innerbetrieblichen Materialbewegung, Berlin 1959

Köhler, R. (1969), Zum Finanzierungsbegriff einer entscheidungsorientierten Betriebswirtschaftslehre, Zeitschrift für Betriebswirtschaft 1969, S. 435 ff.

Körber, K. A. (Hrsg., 1964), Planung in der freien Marktwirtschaft, Protokoll Nr. 13 des Bergedorfer Gesprächskreises zu Fragen der freien Marktwirtschaft, Hamburg 1964

Koessler, P. (1961), Zur Frage der Wirtschaftlichkeit des Straßenbaues, in: Beiträge zur Verkehrstheorie und Verkehrspolitik, Festgabe für Paul Berkenkopf, Düsseldorf 1961, S. 72 ff.

Köttgen, A. (1962), Der Einfluß des Bundes auf die deutsche Verwaltung und die Organisation der bundeseigenen Verwaltung, Jahrbuch des öffentlichen Rechts 1962, S. 173 ff.

Kollat, D. T., Blackwell, R. D. und Engel, J. F. (Hrsg., 1970), Research in Consumer Behavior, New York - London 1970

Koller, H. (1969), Simulation und Planspieltechnik, Wiesbaden 1969

Koopmans, T. C. (Hrsg., 1950), Statistical Inference in Dynamic Economic Models, New York - London 1950

Kortzfleisch, G. von (1970), Heuristische dynamische Verfahren für geschäftspolitische Entscheidungen bei unsicheren Erwartungen und veränderlichen Zielsetzungen, in: Hax, H. (Hrsg.), Entscheidungen bei unsicheren Erwartungen, Köln - Opladen 1970, S. 203 ff.

Kortzfleisch, G. von (Hrsg., 1971), Wissenschaftsprogramm und Ausbildungsziele der Betriebswirtschaftslehre, Berlin 1971

Kosiol, E. (1962), Organisation der Unternehmung, Wiesbaden 1962

Kosiol, E. (1966), Die Unternehmung als wirtschaftliches Aktionszentrum, Reinbek bei Hamburg 1966

Kotler, P. (1967), Marketing Management — Analysis, Planning, and Control, Englewood Cliffs, N. J. 1967

Kottke, E. (1966), Die optimale Beschaffungsmenge, Berlin 1966

Koxholt, R. (1967), Die Simulation — Ein Hilfsmittel der Unternehmensforschung, München - Wien 1967

Kramer, R. (1965), Information und Kommunikation, Berlin 1965

Krelle, W. und Künzi, H. P. (1958), Lineare Programmierung, Zürich 1958

Kress, G. und Senghaas, D. (Hrsg., 1969), Politikwissenschaft, Frankfurt a. M. 1969

Kress, H. und Mertens, P. (1971), Die Mensch-Maschinen-Kommunikation als zukünftige Form der Entscheidungsvorbereitung und Planung, Zeitschrift für Organisation 1971, S. 405 ff.

Kretschmann, H.-G. (1971), Die organisatorische Neuordnung der Deutschen Bundespost, Jahrbuch des Postwesens 1971, S. 132 ff.

Kroeber-Riel, W. (1966), Beschaffung und Lagerung, Wiesbaden 1966

Kroeber-Riel, W. (1969), Wissenschaftstheoretische Sprachkritik in der Betriebswirtschaftslehre, Berlin 1969

Kroeber-Riel, W. und Weinberg, P. (1972), Konflikte in Absatzwegen als Folge inkonsistenter Präferenzen von Herstellern und Händlern, Zeitschrift für Betriebswirtschaft 1972, S. 525 ff.

Krösel, J. (1970), Über die Zentrale Frachtberechnung zur schnellen Information des Managements und integrierten Produktionsplanung im Güterverkehr, Die Bundesbahn 1970, S. 771 ff.

Kromphardt, W., Henn, R. und Förstner, K. (1962), Lineare Entscheidungsmodelle, Berlin - Göttingen - Heidelberg 1962

Kruse-Rodenacker, A. (1964), Grundfragen der Entwicklungsplanung, Berlin 1964

Krutilla, J. V. und Eckstein, O. (1958), Multiple Purpose River Development — Studies in Applied Economic Analysis, Baltimore 1958

Krysmanski, H. J. (1971), Soziologie des Konflikts, Reinbek bei Hamburg 1971

Kuehn, A. A. und Hamburger, M. J. (1962), A Heuristic Program for Locating Warehouses, Management Science 1962/63, S. 643 ff.

Kümmell, K. F. (1968), Gedanken über das programmierte Lenken von Eisenbahnfahrzeugen, Jahrbuch des Eisenbahnwesens 1968, S. 13 ff.

Künzi, H. P. und Krelle, W. (1962), Nichtlineare Programmierung, Berlin - Göttingen - Heidelberg 1962

Kuhn, A. (1963), The Study of Society, Homewood, Ill. 1963

Kuhn, H. W. und Kuenne, R. E. (1962), An Efficient Algorithm for the Numerical Solution of the Generalized Weber Problem in Spatial Economics, Journal of Regional Science 1962, S. 21 ff.

Kuhn, T. E. (1962), Public Enterprise Economics and Transport Problems, Berkeley - Los Angeles 1962

Kuhrt, P.-F., Giesecke, R. und Maurer, V. (1966), Datenfernübertragung, Köln - Opladen 1966

Kunze, O. (1955), Für modifiziertes Aktienrecht, Die öffentliche Wirtschaft 1955, S. 11 ff.

Kunze, O. (1957), Die Aktiengesellschaft als Rechtsform für öffentliche Unternehmen, Die öffentliche Wirtschaft 1957, S. 9 ff.

Kurz, W. (1970), Industrial Dynamics — Eine Einführung mit Beispielen aus dem Bereich einer erstmaligen Installation einer elektronischen Datenverarbeitungsanlage, Diss. Mannheim 1970

Kutschker, M. (1972), Verhandlungen als Elemente eines verhaltenswissenschaftlichen Bezugsrahmens des Investitionsgütermarketing, Diss. Mannheim 1972

Labs, W. (1959), Kommunale Verkehrsbetriebe, in: Peters, H. (Hrsg.), Handbuch der kommunalen Wirtschaft und Praxis, Band III, Berlin - Göttingen - Heidelberg 1959, S. 702 ff.

LaLonde, B. J. und Dawson, L. M. (1969), Pioneers in Distribution, Transportation and Distribution Management, June 1969, S. 55 ff.

LaLonde, B. J., Grabner, J. R. und Robeson, J. F. (1970), Integrated Distribution Management: A Management Perspective, The International Journal of Physical Distribution Management, October 1970, S. 43 ff.

LaLonde, B. J. und Grashof, J. F. (1969), The Role of Information Systems in Physical Distribution Management, in: Bowersox, D. J., LaLonde, B. J. und Smykay, E. W. (Hrsg.), Readings in Physical Distribution Management, London 1969, S. 193 ff.

LaLonde, B. J. und Robeson, J. F. (1972), Corporate Strategy and Organization for Distribution, Journal of Business Policy, No. 3, 1972, S. 54 ff.

Lampert, H. und Oettle, K. (1968), Die Gemeinden als wirtschaftspolitische Instanzen, Stuttgart usw. 1968

Lange, O. (1944), Price Flexibility and Employment, Bloomington 1944

Lange, O. (1967), Ganzheit und Entwicklung in kybernetischer Sicht, Berlin 1967

Lange, O. (1968), Einführung in die Ökonometrie, Tübingen - Warschau 1968

Langen, J. (1972), Time-Sharing in weltweiten Computernetzen, bürotechnik 1972, S. 368 ff.

Lauschmann, E. (1955), Zur neueren Diskussion der Welfare Economics in der angelsächsischen Literatur, Weltwirtschaftliches Archiv 1955, S. 107 ff.

Lawrence, J. (Hrsg., 1970), OR 69, Proceedings of the Fifth International Conference on Operational Research, Venice 1969, London 1970

Lawrence, P. R. und Lorsch, J. W. (1967), Organization and Environment, Homewood, Ill. 1967

Lawrence, P. R. und Lorsch, J. W. (1967/68), Differentiation and Integration in Complex Organizations, Administrative Science Quarterly 1967/68, S. 1 ff.

Leavitt, H. J. (1964 a), Applied Organization Change in Industry: Structural, Technological, and Human Approaches, in: Cooper, W. W., Leavitt, H. J. und Shelly II, M. W. (Hrsg., 1964), New Perspectives in Organization Research, New York usw. 1964, S. 55 ff.

Leavitt, H. J. (1964 b), Managerial Psychology, Chicago - London 1964

Lechner, K. (1963), Verkehrsbetriebslehre, Stuttgart 1963

Lee, A. M. (1970), Systems Analysis Frameworks, London - Basingstoke 1970

Lee, R. C. und Moore, J. M. (1967), CORELAP — COmputerized RElationship LAyout Planning, The Journal of Industrial Engineering 1967, S. 195 ff.

Leeds, H. D. und Weinberg, G. M. (1961), Computer Programming Fundamentals, New York 1961

Leikeb, H. (1966), Die Bauwürdigkeit des Rhein-Main-Donau-Kanals unter wirtschaftspolitischem Aspekt, Diss. Nürnberg 1966

LeKashman, R. und Stolle, J. F. (1969), The Total Cost Approach to Distribution, in: Bowersox, D. J., LaLonde, B. J. und Smykay, E. W. (Hrsg.), Readings in Physical Distribution Management, London 1969, S. 206 ff.

Lenk, H. (1972), Erklärung, Prognose, Planung — Skizzen zu Brennpunktproblemen der Wissenschaftstheorie, Freiburg 1972

Leonhard, H. (1971), Kundennah durch Datenfernverarbeitung, data report 6, 1971, S. 14 ff.

Levin, M. R. und Abend, N. A. (1971), Bureaucrats in Collision: Case Studies in Area Transportation Planning, Cambridge, Mass. - London 1971

Levine, S. und Whyte, P. A. (1961), Exchange as a Conceptual Framework for the Study of Interorganizational Relationships, Administrative Science Quarterly 1961, S. 583 ff.

Lewis, E. H. (1968), Marketing Channels: Structure and Strategy, New York 1968

Lewis, H. T., Culliton, J. W. und Steele, J. D. (1956), The Role of Air Freight in Physical Distribution, Boston 1956

Lewis, R. J. (1969), A Business Logistics Information and Accounting System for Marketing Analysis, in: McConaughy, D. (Hrsg.), Readings in Business Logistics, Homewood, Ill. 1969, S. 153 ff.

Lewis, R. J. (1970), A Logistical Information System for Marketing Analysis, Cincinnati, Ohio 1970

Leys, W. A. R. und Perry, C. M. (1959), Philosophy and the Public Interest, Chigaco 1959

Lichfield, N. (1960), Cost-Benefit Analysis in City Planning, Journal of the American Institute of Planners 1960, S. 273 ff.

Lichfield, N. und Margolis, J. (1963), Benefit-Cost Analysis as a Tool in Urban Government Decision Making, in: Schaller, H. G. (Hrsg.), Public Expenditure Decisions in the Urban Community, Washington, D. C. 1963, S. 118 ff.

Lichtenberg, H. (1967), Verkehrsplanung auf neuen Wegen, Die öffentliche Wirtschaft 1967, S. 49 ff.

Licklider, J. C. R. (1960), Man-Computer Symbiosis, IRE Transactions on Human Factors in Electronics, March 1960, S. 4 ff.

Licklider, J. C. R. (1965), Man-Computer Partnership, International Science and Technology, Nr. 41, 1965, S. 19 ff.

Liefmann-Keil, E. (1961), Ökonomische Theorie der Sozialpolitik, Berlin - Göttingen - Heidelberg 1961

Lin, S. (1965), Computer Solutions of the Travelling Salesman Problem, Bell System Technical Journal 1965, S. 2245 ff.

Lindblom, C. E. (1959), The Science of „Muddling Through", in: Gore, W. J. und Dyson, J. W. (Hrsg.), The Making of Decisions: A Reader in Administrative Behavior, London 1964, S. 155 ff.

Lindblom, C. E. (1965), The Intelligence of Democracy — Decision-Making Through Mutual Adjustment, New York - London 1965

Linden, W. (1961), Grundzüge der Verkehrspolitik, Wiesbaden 1961

Linden, W. (Hrsg., 1966), Dr. Gablers Verkehrs-Lexikon, Wiesbaden 1966

Lindzey, G. und Aronson, E. (Hrsg., 1968), The Handbook of Social Psychology, Band II: Research Methods, Reading, Mass. 1968

Lippit, R., Watson, J. und Westley, B. (1958), The Dynamics of Planned Change, New York 1958

Little, J. D. C., Murty, K. G., Sweeny, D. W. und Karel, C. (1963), An Algorithm for the Travelling Salesman Problem, Operations Research 1963, S. 979 ff.

Little, R. W. (1971), The Marketing Channel: Who Should Lead this Extracorporate Organization, in: Moller, W. G., Jr. und Wilemon, D. L. (Hrsg.), Marketing Channels: A Systems Viewpoint, Homewood, Ill. - Georgetown, Ontario 1971, S. 310 ff.

Little, W. I. (1969), Why not truly Integrated PD Management?, in: Bowersox, D. J., LaLonde, B. J. und Smykay, E. W. (1969), Readings in Physical Distribution Management, London 1969, S. 292 ff.

Locklin, D. P. (1966), Economics of Transportation, Homewood, Ill. 1966

Löbel, G., Schmid, H. und Müller, P. (1970), EDV-Taschenlexikon, München 1970

Lösenbeck, H. D. (1963), Die Preisbildung der öffentlichen Unternehmen, Berlin 1963

Lompe, K. (1966), Wissenschaftliche Beratung der Politik — Ein Beitrag zur Theorie anwendender Sozialwissenschaften, Göttingen 1966

Lompe, K. (1971), Gesellschaftspolitik und Planung — Probleme politischer Planung in der sozialstaatlichen Demokratie, Freiburg/Br. 1971

Longman, D. R. und Schiff, M. (1955), Practical Distribution Cost Analysis, Homewood, Ill. 1955

Lorsch, J. W. (1970), Introduction to the Structural Design of Organizations, in: Dalton, G. W., Lawrence, P. R. und Lorsch, J. W. (1970), Organizational Structure and Design, Homewood, Ill. - Georgetown, Ontario 1970, S. 1 ff.

Luhmann, N. (1964), Funktionen und Folgen formaler Organisation, Berlin 1964

Lundberg, C. C. (1965), Toward Understanding Behavioral Science by Administrators, in: Greenwood, W. T. (Hrsg.), Management and Organizational Behaviour Theories, Cincinnati, Ohio 1965, S. 51 ff.

Lyden, F. J. und Miller, E. G. (Hrsg., 1968), Planning Programming Budgeting: A Systems Approach to Management, Chicago 1968

Lyden, F. J. und Miller, E. G. (1972), Planning Programming Budgeting — A Systems Approach to Management, Second Edition, Chicago 1972

Maass, A., Hufschmidt, M. M., Dorfman, R., Thomas, H. A., Jr., Marglin, S. A. und Fair, G. M. (1962), Design of Water-Resource Systems — New Techniques for Relating Economic Objectives, Engineering Analysis, and Governmental Planning, Cambridge, Mass. 1962

Mack, R. W. und Snyder, R. C. (1957), The Analysis of Social Conflict — Toward an Overview and Synthesis, Journal of Conflict Resolution 1957, S. 212 ff.

Madansky, A. (1968), Uncertainty, in: Quade, E. S. und Boucher, W. I. (Hrsg.), Systems Analysis and Policy Planning — Applications in Defense, New York 1970, S. 81 ff.

Mäcke, P. A. (1964), Das Prognoseverfahren in der Straßenverkehrsplanung, Wiesbaden - Berlin 1964

Magee, J. F. (1958), Production Planning and Inventory Control, New York 1958

Magee, J. F. (1967 a), Physical Distribution Systems, New York 1967

Magee, J. F. (1967 b), The Logistics of Distribution, in: Marks, N. E. und Taylor, R. M. (Hrsg.), Marketing Logistics: Perspectives and Viewpoints, New York - London - Sydney 1967, S. 278 ff.

Magee, J. F. (1968 a), Industrial Logistics — Analysis and Management of Physical Supply and Distribution Systems, New York 1968

Magee, J. F. (1968 b), The Logistics of Distribution, in: Cox, K. K. (Hrsg.), Analytical Viewpoints in Marketing Management, Englewood Cliffs, N. J. 1968, S. 222 ff.

Magee, J. F. und Boodman, D. M. (1967), Production Planning and Inventory Control, New York 1967

Mai, G. und Miemiec, H. (1970), Ein junger Zweig der Datentechnik, data report 5, 1970, S. 6 ff.

Mailick, S. und van Ness, E. H. (Hrsg., 1962), Concepts and Issues in Administrative Behavior, Englewood Cliffs, N. J. 1962

Maisel, H. und Wright, D. L. (1969), Introduction to Electronic Digital Computers, New York usw. 1969

Mallen, B. E. (Hrsg., 1967 a), The Marketing Channel, New York - London - Sydney 1967

Mallen, B. E. (1967 b), Conflict and Cooperation in Marketing Channels, in: Mallen, B. E. (Hrsg.), The Marketing Channel, New York - London - Sydney 1967, S. 124 ff.

Mandell, M. (1963), Should the Warehouse be Automated, in: Dirksen, C. J., Kroeger, A. und Lockley, L. C. (Hrsg.), Readings in Marketing, Homewood, Ill. 1963, S. 350 ff.

Manheim, M. L. (1966), Hierarchical Structure: A Model of Design and Planning Processes, Cambridge, Mass. - London 1966

Manheim, M. L. (1967), Principles of Transport Systems Analysis, Professional Paper P 67-1, MIT, Cambridge, Mass. 1967

Mann, F. C. und Neff, F. W. (1961), Managing Major Change in Organizations, Ann Arbor, Mich. 1961

Mans, G., in Zusammenarbeit mit Düring-Ulmenstein, C. von, Heubeck, C., Liesenhoff, W., Schareck, B., Schoess, C. und Sutor, M. (1971), Annotierte Bibliographie Management Informationssysteme, Teil I und II, Köln 1971

Maranzana, F. E. (1964), On the Location of Supply Points to Minimize Transport Costs, Operational Research Quarterly, September 1964, S. 261 ff.

March, J. G. (Hrsg., 1965), Handbook of Organizations, Chicago 1965

March, J. G. und Simon, H. A. (1958), Organizations, New York - London - Sydney 1958

Marglin, S. A. (1970), Diskontsatz und öffentliche Investition, in: Recktenwald, H. C. (Hrsg.), Nutzen-Kosten-Analyse und Programmbudget — Grundlage staatlicher Entscheidung und Planung, Tübingen 1970, S. 143 ff.

Margolis, J. (1970), Ökonomische Wertung durch Schattenpreise, in: Recktenwald, H. C. (Hrsg.), Nutzen-Kosten-Analyse und Programmbudget — Grundlage staatlicher Entscheidung und Planung, Tübingen 1970, S. 127 ff.

Marks, N. E. und Taylor, R. M. (Hrsg., 1967), Marketing Logistics: Perspectives and Viewpoints, New York - London - Sydney 1967

Marl, H.-J. (1968), Die Problematik starrer und konjunkturreagibler Preise bei Eisenbahn und Binnenschiffahrt, Göttingen 1968

Marr, R. und Picot, A. (1972), Absatzwirtschaft, in: Heinen, E. (Hrsg.), Industriebetriebslehre — Entscheidungen im Industriebetrieb, Wiesbaden 1972, S. 345 ff.

Marschak, J. (1948), Introduction to Econometrics (Hectographed Lecture Notes), Buffalo 1948

Marschak, J. (1954), Towards an Economic Theory of Organization, in: Thrall, R. M., Coombs, C. H. und Davis, R. L. (Hrsg.), Decision Processes, New York - London 1954, S. 187 ff.

Marschak, J. (1959), Efficient and Viable Organizational Forms, in: Haire, M. (Hrsg.), Modern Organization Theory, New York 1959, S. 307 ff.

Marschak, J. (1964), Problems in Information Economics, in: Bonini, C. P., Jaedicke, R. K. und Wagner, H. M. (Hrsg.), Management Controls — New Directions in Basic Research, New York usw. 1964, S. 38 ff.

Marschak, T. A. (1965), Economic Theories of Organization, in: March, J. G. (Hrsg.), Handbook of Organizations, Chicago 1965, S. 423 ff.

Marshall, A. (1962), Principles of Economics, London 1962

Martin, J. (1967), Design of Real-Time Computer Systems, Englewood Cliffs, N. J. 1967

Martino, R. L. (1964/65), Project Management and Control, Vol. I: Finding the Critical Path, Vol. II: Applied Organizational Planning, Vol. III: Allocating and Scheduling Resources, New York 1964/65

Martino, R. L. (1967), Critical Path Networks, Wayne, Pa. 1967

Marx, A. und Ackermann, K. F. (1967), Autohöfe des Güterkraftverkehrs — Ein Beitrag zur Verkehrsrationalisierung und Verkehrskoordinierung, Wiesbaden 1967

Maunz, T. (1968), Der Rechtsbestand des Postverwaltungsgesetzes, Archiv für das Post- und Fernmeldewesen 1968, S. 541 ff.

May, F. W. (1966), Die Finanzierung der Verkehrsinvestitionen, Göttingen 1966

Mayer, L. (1926), Selbstkostenberechnung und Tarifbildung im Speditionsgewerbe, Zeitschrift für Betriebswirtschaft 1926, S. 57 ff.

Mayer, R. R. (1968), Production Management, New York usw. 1968

Mayntz, R. (1963), Soziologie der Organisation, Reinbek bei Hamburg 1963

Mayntz, R. (Hrsg., 1967), Formalisierte Modelle in der Soziologie, Neuwied am Rhein - Berlin 1967

Mayo, E. J. (1969), Advertising and the Northeast Travel Market, Traffic Quarterly, January 1969, S. 89 ff.

McCarthy, E. J. (1964), Basic Marketing: A Managerial Approach, Homewood, Ill. 1964

McConaughy, D. (Hrsg., 1969), Readings in Business Logistics, Homewood, Ill. 1969

McElhiney, P. T. und Cook, R. I. (Hrsg., 1969), The Logistics of Materials Management, Boston usw. 1969

McGarrah, R. E. (1963), Production and Logistics Management, New York 1963

McGuire, J. W. (1964), Theories of Business Behavior, Englewood Cliffs, N. J. 1964
McKean, R. N. (1958), Efficiency in Government Through Systems Analysis, London - Sydney 1958
McKean, R. N. (1967), Criteria, in: Quade, E. S. (Hrsg.), Analysis for Military Decisions, Chicago - Amsterdam 1967, S. 81 ff.
McMillan, C. und Gonzales, R. F. (Hrsg., 1968), Systems Analysis — A Computer Approach to Decision Models, Homewood, Ill. - Nobleton, Ontario 1968
McNeil, E. B. (Hrsg., 1965), The Nature of Human Conflict, Englewood Cliffs, N. J. 1965
Meade, J. E. (1952), External Economies and Diseconomies in a Competitive Situation, The Economic Journal 1952, S. 54 ff.
Meadow, A. und Parnes, S. (1959), Effects of „Brainstorming" Instructions on Creative Problem Solving by Trained and Untrained Subjects, Journal of Educational Psychology 1959, S. 171 ff.
Meadow, C. T. (1967), The Analysis of Information Systems, New York - London - Sydney 1967
Meadow, C. T. (1970), Man-Machine Communication, New York usw. 1970
Medert, K. M. (1970), Die Wegekostenanlastung — Auch ein Problem der Raumordnung, Institut für Raumordnung, Informationen 1970, S. 167 ff.
Mee, J. F. (1964), Matrix Organization, in: Cleland, D. I. und King, W. R. (Hrsg.), Systems, Organizations, Analysis, Management: A Book of Readings, New York usw. 1969, S. 23 ff.
Meffert, H. (1971), Modelle des Käuferverhaltens und ihr Aussagewert für das Marketing, Zeitschrift für die gesamte Staatswissenschaft 1971, S. 326 ff.
Mehler, F. (1970), Ziel-Mittel-Konflikte als Problem der Wirtschaftspolitik, Berlin 1970
Menges, G. (1961), Ökonometrie, Wiesbaden 1961
Mensch, G. (1968), Ablaufplanung, Köln - Opladen 1968
Menzel, W. (1930), Verkehrspolitik und wirtschaftliche Interessenvertretung, Diss. Köln 1930
Merbach, H. (1961), Leitfaden der Analyse des innerbetrieblichen Transports, Berlin 1961
Merenski, W. (1952), Die Organisation der Deutschen Bundesbahn, Frankfurt a. M. 1952
Mertens, P. (1969 a), Simulation, Stuttgart 1969
Mertens, P. (1969 b), Industrielle Datenverarbeitung, Wiesbaden 1969
Mertens, P. (1972 a), Industrielle Datenverarbeitung, Band I: Administrations- und Dispositionssysteme, Wiesbaden 1972
Mertens, P. (1972 b), Der Einfluß der elektronischen Datenverarbeitung auf Entscheidungsfindung und Entscheidungsprozeß, in: Jacob, H. (Hrsg.), Elektronische Datenverarbeitung als Instrument der Unternehmensführung, Wiesbaden 1972, S. 153 ff.
Mertens, P. und Griese, J. (1972), Industrielle Datenverarbeitung, Band 2: Informations- und Planungssysteme, Wiesbaden 1972
Merton, R. K. (1968), Social Theory and Social Structure, New York - London 1968
Mesarović, M. D. (Hrsg., 1964), Views on General Systems Theory, New York - London - Sydney 1964
Meyer, H. A. (1956), Symposium on Monte Carlo Methods, New York 1956
Meyer, J. R. (1967), Transportation in the Program Budget, in: Novick, D. (Hrsg.), Program Budget, Cambridge, Mass. 1967, S. 146 ff.
Meyer, W. (1951), Elemente zu einer Beschaffungstheorie des Betriebes, Basel 1951
Meyercordt, W. (1965), Lagern, Stapeln und Transportieren, Darmstadt 1965
Meyer-Eppler, W. (1969), Grundlagen und Anwendungen der Informationstheorie, Berlin - Heidelberg - New York 1969

Meyerson, M. und Banfield, E. C. (1965), Politics, Planning, and the Public Interest: The Case of Public Housing in Chicago, Glencoe, Ill. 1965

Michael, M. (1973), Produktideen und „Ideenproduktion", Wiesbaden 1973

Michenfelder, C. (1950), Handbuch der Fördertechnik, Band I: Dauerförderer, Leipzig - Wittenberg 1950

Middleton, C. J. (1967), How to Set Up a Project Organization, Harvard Business Review, April 1967, S. 73 ff.

Miehle, W. (1958), Link-length Minimization in Networks, Operations Research 1958, S. 232 ff.

Miller, D. W. und Starr, M. K. (1969), Executive Decisions and Operations Research, Englewood Cliffs, N. J. 1969

Miller, E. J. und Rice, A. K. (1967), Systems of Organization, London usw. 1967

Miller, H. G. (1969), Accounting for Physical Distribution, in: Bowersox, D. J., La Londe, B. J. und Smykay, E. W. (Hrsg.), Readings in Physical Distribution Management, London 1969, S. 150 ff.

Miller, J. G. (1965), Living Systems: Basic Concepts, Structure and Process, Cross-Level Hypotheses, Behaviorial Science 1965, S. 193 ff., S. 337 ff., S. 380 ff.

Millward, R. (1968), Road Investment Criteria: A Case Study, Journal of Transport Economics and Policy 1968, S. 183 ff.

Milne, A. M. (1955), The Economics of Inland Transport, London 1955

Minsky, M. (1961), Steps Toward Artificial Intelligence, in: Feigenbaum, E. A. und Feldman, J. (Hrsg.), Computers and Thought, New York usw. 1963, S. 406 ff.

Minsky, M. (1968), Semantic Information Processing, London 1968

Mitroff, I. I. (1972), The Myth of Objectivity or Why Science Needs a New Psychology of Science, Management Science 1972, S. B-613 ff.

Moder, J. J. und Phillips, C. R. (1964), Project Management with CPM and PERT, New York 1964

Möhl, K. (1966), Elektronische Datenverarbeitungsanlagen als Hilfsmittel für die Anwendung der Kybernetik bei der DB, Die Bundesbahn 1966, S. 195 ff.

Möller, H. (1941), Kalkulation, Absatzpolitik und Preisbildung, Wien 1941

Mohring, H. und Harwitz, N. (1962), Highway Benefits: An Analytical Framework, Northwestern University Press 1962

Moller, W. G., Jr. und Wilemon, D. L. (Hrsg., 1971), Marketing Channels: A Systems Viewpoint, Homewood, Ill. - Georgetown, Ontario 1971

Monz, H. (1964), Das Verhältnis der Bundesländer untereinander, Göttingen 1964

Mooz, W. E. (1968), The B-x: A Hypothetical Bomber Cost Study, in: Quade, E. S. und Boucher, W. I. (Hrsg.), Systems Analysis and Policy Planning — Applications in Defense, New York 1968, S. 153 ff.

Morkel, A. (1967), Politik und Wissenschaft — Möglichkeiten und Grenzen wissenschaftlicher Beratung in der Politik, Hamburg 1967

Morris, W. T. (1960), Analysis for Materials Handling Management, Homewood, Ill. 1960

Morse, P. M. (1958), Queues, Inventories and Maintenance, New York 1958

Morstein Marx, F. (1965), Verwaltung — Eine einführende Darstellung, Berlin 1965

Morton, M. S. S. (1972), Management-Entscheidungen im Bildschirmdialog, Essen 1972

Mossman, F. H. und Morton, N. (1957), Principles of Transportation, New York 1957

Mossman, F. H. und Morton, N. (1965), Logistics of Distribution Systems, Boston 1965

Mroß, M. (1966), Zusammenarbeit und Verflechtungen im öffentlichen Personen-Nahverkehr, Düsseldorf 1966

Müller, E. (1960), Generalverkehrspläne als Mittel zu rationeller Verkehrsgestaltung und organisierter Stadtentwicklung, Schiene und Straße 1960, S. 66 ff.

Müller, E. (1972), Simultane Lagerdisposition und Fertigungsablaufplanung bei mehrstufiger Mehrproduktfertigung, Berlin - New York 1972

Müller, G. (1964), Raumplanung, in: Beckerath, E. von u. a. (Hrsg.), Handwörterbuch der Sozialwissenschaften, Band 8, Stuttgart - Tübingen - Göttingen 1964, S. 684 ff.

Müller, K. (1970), Die Elektronische Datenverarbeitung (EDV) — Heute ein Hilfsmittel, morgen ein unentbehrlicher Bestandteil des Vermessungsdienstes, Die Bundesbahn 1970, S. 546 ff.

Müller-Hermann, E. (1963), Die Grundlagen der gemeinsamen Verkehrspolitik in der Europäischen Wirtschaftsgemeinschaft, Bad Godesberg 1963

Müller-Merbach, H. (1969), Operations Research, Berlin - Frankfurt 1969

Müller-Schönberger, G. (1970), Flüge abfertigen, Plätze buchen, Transporte steuern, data report 5, 1970, S. 50 ff.

Munby, D. (1968), Transport — Selected Readings, Harmondsworth, Middlesex 1968

Musgrave, R. A. (1959), The Theory of Public Finance, New York - Toronto 1959

Musgrave, R. A. (1970), Kosten-Nutzen-Analyse und Theorie der Staatswirtschaft, in: Recktenwald, H. C. (Hrsg.), Nutzen-Kosten-Analyse und Programmbudget — Grundlage staatlicher Entscheidung und Planung, Tübingen 1970, S. 25 ff.

Muther, R. (1955), Practical Plant Layout, New York 1955

Muther, R. und Haganäs, K. (1969), Systematische Materialfluß- und Transport-Analyse (SHA), Zürich 1969

Muther, R. D. und Wheeler, J. D. (1962), Simplified Systematic Layout Planning, Factory 1962, S. 33 ff.

Myrdal, G. (1965), Das Wertproblem in der Sozialwissenschaft, Hannover 1965

Myrdal, G. (1971), Objektivität in der Sozialforschung, Frankfurt 1971

Naddor, E. (1966), Inventory Systems, New York - London - Sydney 1966

Nagel, E. (1952), Probleme der Begriffs- und Theoriebildung in den Sozialwissenschaften, in: Albert, H. (Hrsg.), Theorie und Realität, Tübingen 1972, S. 67 ff.

Nagel, E. (1961), The Structure of Science — Problems in the Logic of Scientific Explanation, New York usw. 1961

Napolitan, A. W. (1967), Determining Optimum Distribution Points for Economical Warehousing and Transportation, in: Marks, N. E. und Taylor, R. M. (Hrsg.), Marketing Logistics: Perspectives and Viewpoints, New York - London - Sydney 1967, S. 76 ff.

Napp-Zinn, A. F. (1961), Wirtschaftssysteme und Verkehr, in: Berkenkopf, P. (Hrsg.), Der Verkehr in der wirtschaftlichen Entwicklung des Industriezeitalters, Düsseldorf 1961, S. 16 ff.

Narr, W.-D. (1971), Theoriebegriffe und Systemtheorie, Stuttgart usw. 1971

Naschold, F. (1971), Systemsteuerung, Stuttgart usw. 1971

Naylor, T. H., Balintfy, J. L., Burdick, D. S. und Chu, K. (1966), Computer Simulation Techniques, New York - London - Sydney 1966

Nebelung, H. (1970), Die Planung für die Eisenbahnen im Rahmen des Generalverkehrsplanes des Landes Nordrhein-Westfalen, Die Bundesbahn 1970, S. 397 ff.

Nelson, D. C. (1969), Distribution Ideas in a Changing Market, in: McConaughy, D. (Hrsg.), Readings in Business Logistics, Homewood, Ill. 1969, S. 15 ff.

Nelson, E. A. (1971), A Working Definition of Real-Time Control, in: House, W. C. (Hrsg.), The Impact of Information Technology on Management Operation, New York - London 1971, S. 380 ff.

Nemhauser, G. L. (1969), Einführung in die Praxis der dynamischen Programmierung, München - Wien 1969

Neuburger, A. (1965), 10 Jahre Verwaltungsrat der Deutschen Bundespost 1954—1964, Archiv für das Post- und Fernmeldewesen 1965, S. 291 ff.

Neumann, J. von (1962), Die Rechenmaschine und das Gehirn, München 1962

Neuschel, R. P. (1967), Physical Distribution — Forgotten Frontier, Harvard Business Review, March-April 1967, S. 125 ff.

Neuvians, G. (1971), Dynamische Bestands- und Produktionsplanung bei einstufiger Fertigung, Berlin - New York 1971

Newcomb, T. M. (1962), The Study of Consensus, in: Merton, R. K., Broom, L. und Cottrell, L. S., Jr. (Hrsg.), Sociology Today, New York 1962, S. 277 ff.

Newell, A. (1969), Heuristic Programming: Ill-Structured Problems, in: Aronofsky, J. S. (Hrsg.), Progress in Operations Research, Relationship between Operations Research and the Computer, Vol. III, New York usw. 1969, S. 363 ff.

Newell, A., Perlis, A. J. und Simon, H. A. (1967), What is Computer Science, Letter, Science 1967, S. 1373 ff.

Newell, A., Shaw, J. C. und Simon, H. A. (1962), The Processes of Creative Thinking, in: Gruber, H. E., Terrell, G. und Wertheimer, M. (Hrsg.), Contemporary Approaches to Creative Thinking, New York 1962, S. 63 ff.

Newell, A., Shaw, J. C. und Simon, H. A. (1965), Report on a General Problem-Solving Program, in: Luce, R. D., Bush, R. R. und Galanter, E. (Hrsg.), Readings in Mathematical Psychology, Vol. II, New York - London - Sydney 1965, S. 41 ff.

Newell, A. und Simon, H. A. (1963), Computers in Psychology, in: Luce, R. D., Bush, R. R. und Galanter, E. (1963), Readings in Mathematical Psychology, Vol. I, New York - London 1963, S. 361 ff.

Newell, A. und Simon, H. A. (1972), Human Problem Solving, Englewood Cliffs, N. J. 1972

Newell, G. F. (1959), The Effect of Left Turns on the Capacity of a Traffic Intersection, Quarterly of Applied Mathematics 1959, S. 67 ff.

Nicosia, F. M. (1966), Consumer Decision Processes — Marketing and Advertising Implications, Englewood Cliffs, N. J. 1966

Niskanen, W. A. (1967), Measures of Effectiveness, in: Goldman, T. A. (Hrsg.), Cost Effectiveness Analysis, New York - Washington - London 1967, S. 17 ff.

Nolle, F. (1968 a), Datenfernverarbeitung, IBM Nachrichten 1968, S. 144 ff.

Nolle, F. (1968 b), Datenfernverarbeitung, IBM Nachrichten 1968, S. 211 ff.

North, H. Q. und Pyke, D. L. (1969), „Probes" of the Technological Future, Harvard Business Review, May-June 1969, S. 68 ff.

Novick, D. (Hrsg., 1967), Program Budgeting, Cambridge, Mass. 1967

Obermayer, K. (1956), Die Übertragung von Hoheitsbefugnissen im Bereich der Verwaltungsbehörden, Juristenzeitung 1956, S. 625 ff.

Oeftering, H. M. (1962), Die Deutsche Bundesbahn im Wiederaufbau 1957—1961, Reden und Aufsätze, Frankfurt 1962

Oeftering, H. M. (1967), Die Bundesbahn und der Leber-Plan, DB-Schriftenreihe, Folge 15, Darmstadt 1967, S. 71 ff.

Oeftering, H. M. (1971), Die Eisenbahn in der modernen Gesellschaft, Die Bundesbahn 1971, S. 721 ff.

Oettle, K. (1962), Ziele, Mittel und Orientierungshilfen der Gebührenpolitik, Der Gemeindehaushalt 1962, S. 217 ff. und S. 241 ff.

Oettle, K. (1964 a), Voraussetzungen und Folgen einer unternehmungsweisen Führung der deutschen Bundesbahn, Betriebswirtschaftliche Forschung und Praxis 1964, S. 385 ff.

Oettle, K. (1964 b), Tarif- und investitionspolitische Fragen des kommunalen Personen-Nahverkehrs, Der Gemeindehaushalt 1964, S. 265 ff.

Oettle, K. (1966 a), Ist die Deutsche Bundesbahn nicht kreditwürdig?, Zeitschrift für das gesamte Kreditwesen 1966, S. 442 ff.

Oettle, K. (1966 b), Über den Charakter öffentlich-wirtschaftlicher Zielsetzungen, Zeitschrift für betriebswirtschaftliche Forschung 1966, S. 241 ff.

Oettle, K. (1966 c), Die gegenwärtige Bedrängnis der Deutschen Bundesbahn in öffentlich-wirtschaftlicher Betrachtung, Betriebswirtschaftliche Forschung und Praxis 1966, S. 74 ff., S. 143 ff., S. 200 ff.

Oettle, K. (1967 a), Verkehrspolitik, Stuttgart 1967
Oettle, K. (1967 b), Grundirrtümer moderner Verkehrspolitik, Wirtschaftsdienst 1967, S. 555 ff.
Oettle, K. (1967 c), Die ökonomische Bedeutung der Rechtsform öffentlicher Betriebe, Archiv für öffentliche und freigemeinnützige Unternehmen 1967, S. 193 ff.
Oettle, K. (1967 d), Die Gemeinschaftsaufgaben — Idee, Intentionen und Perspektiven, Kommunalwirtschaft 1967, Heft 7, S. 266 ff.
Oettle, K. (1967 e), Prinzipien der Verkehrspolitik, Zeitschrift für Verkehrswissenschaft 1967, Heft 3, S. 133 ff.
Oettle, K. (1967 f), Prinzipien der vorgesehenen gemeinsamen Verkehrspolitik in der EWG und ihre raumwirtschaftliche Problematik, Verkehrsannalen 1967, S. 156 ff.
Oettle, K. (1968), Kriterien der Finanzierung öffentlicher Betriebe, Tätigkeitsbericht der Gesellschaft für öffentliche Wirtschaft e. V. 1966/67, Berlin 1968, S. 17 ff.
Oettle, K. (1969), Kategorien des gegenwärtigen öffentlichen Bedarfs, Der öffentliche Haushalt 1969, S. 1 ff.
Oettle, K. (1970), Eigenwirtschaftliche Wegenetze? — Kritische Anmerkungen zum Wegekostenbericht, Hamburger Jahrbuch für Wirtschafts- und Gesellschaftspolitik, Tübingen 1970, S. 139 ff.
Oettle, K. und Thiemeyer, T. (1969 a), Thesen über die Unterschiede zwischen privatunternehmerischen und öffentlich-wirtschaftlichen Zielen, Die öffentliche Wirtschaft 1969, S. 5 ff.
Oettle, K. und Thiemeyer, T. (1969 b), Thesen über die Unterschiede zwischen privater Absatzpolitik und öffentlicher Angebotspolitik, Die öffentliche Wirtschaft 1969, S. 37 ff.
Oi, W. Y. und Shuldiner, P. A. (1962), An Analysis of Urban Travel Demands, Evanston, Ill. 1962
Oort, C. J. (1969), Evaluation of Travelling Time, Journal of Transport Economics and Policy 1969, S. 280 ff.
Opfermann, K. (1967), Ein Beitrag zur Planung der optimalen Linienführung von Verkehrswegen — Eine Anwendung der dynamischen Programmierung, Zeitschrift für die gesamte Staatswissenschaft 1967, S. 279 ff.
Opladen, L. und Sack, R. (1965), Verkehrswesen, Stuttgart - Düsseldorf 1965
Opp, K.-D. (1970), Methodologie der Sozialwissenschaften — Einführung in Probleme ihrer Theorienbildung, Reinbek bei Hamburg 1970
Orlik, G. (1972), Die Deutsche Bundespost im Spannungsfeld gegensätzlicher Anforderungen, Diss. München 1972
Osborn, A. F. (1962), Developments in Creative Education, in: Parnes, S. J. und Harding, H. F. (Hrsg.), A Source Book for Creative Thinking, New York 1962, S. 19 ff.
Osborn, A. F. (1963), Applied Imagination, New York 1963
Ott, A. E. (1959), Marktform und Verhaltensweise, Stuttgart 1959
Ott, A. E. (1967), Magische Vielecke, in: Ott, A. E. (Hrsg.), Fragen der wirtschaftlichen Stabilisierung, Tübingen 1967, S. 93 ff.
Pack, L. (1964), Optimale Bestellmenge und optimale Losgröße, Wiesbaden 1964
Pack, L., Kiehne, R. und Reinermann, H. (1966), Raumzuordnung und Raumform, Management International, Nr. 5, 1966, S. 7 ff.
Palamountain, J. C. (1955), The Politics of Distribution, Cambridge, Mass. 1955
Palermo, F. P. (1961), A Network Minimization Problem, IBM Journal of Research and Development 1961, S. 335 ff.
Palme, J. (1970), Making Computers Understand Natural Language, Stockholm 1970
Parker, D. D. (1969), Improved Efficiency and Reduced Cost in Marketing, in: McConaughy, D. (Hrsg.), Readings in Business Logistics, Homewood, Ill. 1969, S. 30 ff.
Parsons, T. (1951), The Social System, New York 1951

Parsons, T. (1961), An Outline of the Social System, in: Parsons, T., Shils, E., Naegele, K. D. und Pitts, J. R. (Hrsg.), Theories of Society, Bd. I, Glencoe, Ill. 1961, S. 30 ff.

Pegrum, D. F. (1968), Transportation Economics and Public Policy, Homewood, Ill. 1968

Perrine, L. E. (1971 a), Logistics Control Cuts Construction Costs, Traffic Management 1971, S. 71 ff.

Perrine, L. E. (1971 b), Warehouse Management's Growing Role, Traffic Management 1971, S. 96 ff.

Peters, G. H. (1968), Cost-Benefit-Analyse und staatliche Aktivität, Hamburg 1968

Peters, H. R. (1958), Der Verkehrsmarkt, Diss. Freiburg 1958

Pfohl, H.-C. (1969), Alles für den Nachschub, Der Volkswirt 1969, Nr. 17, S. 49 f.

Picot, A. (1972), Grundfragen experimenteller Organisationsforschung — Ein wissenschafts- und methodentheoretischer Beitrag zur empirischen Betriebswirtschaftslehre, Diss. München 1972

Pigou, A. C. (1960), The Economics of Welfare, London 1960

Pirath, C. (1949), Die Grundlagen der Verkehrswirtschaft, Berlin - Göttingen - Heidelberg 1949

Pirotte, A. (1970), Natural Language for the Computer — A Survey, Brüssel 1970

Platt, H. (1957), Input-Output-Analyse, Meisenheim am Glan 1957

Plitzko, A. (Hrsg., 1964), Planung ohne Planwirtschaft, Basel - Tübingen 1964

Polak, J. N. (1921), Enige grondslagen voor de financiering der onderneming, Rotterdam 1921

Pondy, L. R. (1967), Organizational Conflict: Concepts and Models, Administrative Science Quarterly 1967, S. 296 ff.

Popp, W. (1968), Einführung in die Theorie der Lagerhaltung, Lecture Notes in Operations Research and Mathematical Economics, No. 7, Berlin - Heidelberg - New York 1968

Poth, L. G. (1970 a), Praxis der Betrieblichen Warenverteilung — Marketing-Logistik, Düsseldorf 1970

Poth, L. G. (1970 b), Die Bedeutung der Betrieblichen Warenverteilung für das Marketing, in: Poth, L. G. (Hrsg.), Praxis der Betrieblichen Warenverteilung — Marketing-Logistik, Düsseldorf 1970, S. 9 ff.

Poths, W. (1969), Die Bedeutung problemorientierter Software für die Gestaltung betrieblicher Anwendungssysteme, Elektronische Datenverarbeitung 1969, S. 356 ff.

Pottgießer, H. (1958), Welche Nebenbahnen soll man stillegen?, Eisenbahntechnische Rundschau 1958, S. 420 ff.

Pottgießer, H. (1963), Was ist der Zubringerwert einer Nebenbahnstrecke?, Archiv für Eisenbahnwesen 1963, S. 150 ff.

Potthoff, G. (1965), Verkehrsströmungslehre, Band III, Berlin 1965

Prabhu, N. U. (1962), Queues and Inventories, New York 1962

Prager, K.-H. (1966), Betriebliche Autoritätsstruktur und Betriebsverfassung — Eine soziologische Studie der Grenzen sozialpolitischer Programme, Diss. Tübingen 1966

Precht, G. M. (1969), Die Güterverkehrsbedingungen ländlicher Räume, in: Akademie für Raumforschung und Landesplanung (Hrsg.), Die strukturgerechte Verkehrsbedienung ländlicher Räume, Hannover 1969, S. 179 ff.

Predöhl, A. (1958), Verkehrspolitik, Göttingen 1958

Predöhl, A. (1961), Verkehrspolitik, in: Beckerath, E. von u. a. (Hrsg.), Handwörterbuch der Sozialwissenschaften, Band 9, Tübingen - Göttingen 1961, S. 130 ff.

Prest, A. R. und Turvey, R. (1965), Kosten-Nutzen-Analyse: Ein Überblick, in: Recktenwald, H. C. (Hrsg.), Nutzen-Kosten-Analyse und Programmbudget — Grundlage staatlicher Entscheidung und Planung, Tübingen 1970, S. 103 ff.

Prichard, J. W. und Eagle, R. H. (1965), Modern Inventory Management, New York 1965

Prognos A. G. (Hrsg., 1967), Prognos-Studien 2, Infrastrukturbedarf bis 1980, Stuttgart - Köln - Mainz 1967

Prüfungskommission für die Deutsche Bundesbahn (1960), Bericht über die Deutsche Bundesbahn (DB) vom 30. Januar 1960, Deutscher Bundestag, 4. Wahlperiode, Drucksache IV/840, S. 64 ff.

Public Administration Review (Hrsg., 1969), Planning-Programming-Budgeting System Reexamined: Development, Analysis, and Critisism, Public Administration Review 1969

Pugh III, A. L. (1963), Dynamo User's Manual, Cambridge, Mass. - London 1963

Pugh, D. S., Hickson, D. J., Hinings, C. R., Macdonald, K. M., Turner, C. und Lupton, T. (1963), A Conceptual Scheme for Organizational Analysis, Administrative Science Quarterly 1963/64, S. 289 ff.

Pugh, D. S., Hickson, D. J., Hinings, C. R. und Turner, C. (1968), Dimensions of Organization Structure, Administrative Science Quarterly 1968, S. 65 ff.

Pugh, D. S., Hickson, D. J. und Hinings, C. R. (1969 a), An Empirical Taxonomy of Structures of Work Organizations, Administrative Science Quarterly 1969, S. 115 ff.

Pugh, D. S., Hickson, D. J., Hinings, C. R. und Turner, C. (1969 b), The Context of Organization Structures, Administrative Science Quarterly 1969, S. 91 ff.

Pyatt, E. E. und Rogers, P. P. (1962), On Estimating Benefit-Cost Ratios for Water Supply Investment, American Journal of Public Health 1962, S. 1729 ff.

Pyhrr, P. A. (1970), Zero-Base Budgeting, Harvard Business Review, November-December 1970, S. 111 ff.

Quade, E. S. (Hrsg., 1967), Analysis for Military Decisions, Chicago - Amsterdam 1967

Quade, E. S. (1967 a), Introduction, in: Quade, E. S. (Hrsg.), Analysis for Military Decisions, Chicago - Amsterdam 1967, S. 2 ff.

Quade, E. S. (1967 b), Methods and Procedures, in: Quade, E. S. (Hrsg.), Analysis for Military Decisions, Chicago - Amsterdam 1967, S. 149 ff.

Quade, E. S. (1967 c), Recapitulation, in: Quade, E. S. (Hrsg.), Analysis for Military Decisions, Chicago - Amsterdam 1967, S. 318 ff.

Quade, E. S. (1968 a), Introduction, in: Quade, E. S. und Boucher, W. I. (Hrsg.), Systems Analysis and Policy Planning — Applications in Defense, New York 1968, S. 1 ff.

Quade, E. S. (1968 b), Principles and Procedures of Systems Analysis, in: Quade, E. S. und Boucher, W. I. (Hrsg.), Systems Analysis and Policy Planning, New York 1968, S. 30 ff.

Quade, E. S. (1968 c), Systems Analysis Techniques for Planning-Programming-Budgeting, in: Lyden, F. J. und Miller, E. G. (Hrsg.), Planning Programming Budgeting: A Systems Approach to Management, Chicago 1968, S. 292 ff.

Quade, E. S. (1968 d), When Quantitative Models are Inadequate, in: Quade, E. S. und Boucher, W. I. (Hrsg.), Systems Analysis and Policy Planning, New York 1968, S. 324 ff.

Quade, E. S. (1968 e), Pitfalls and Limitations, in: Quade, E. S. und Boucher, W. I. (Hrsg.), Systems Analysis and Policy Planning, New York 1968, S. 345 ff.

Quade, E. S. (1968 f), By Way of Summary, in: Quade, E. S. und Boucher, W. I. (Hrsg.), Systems Analysis and Policy Planning, New York 1968, S. 425 ff.

Quade, E. S. (1970 a), Kosten-Wirksamkeits-Analyse, in: Recktenwald, H. C. (Hrsg.), Nutzen-Kosten-Analyse und Programmbudget — Grundlage staatlicher Entscheidung und Planung, Tübingen 1970, S. 235 ff.

Quade, E. S. (1970 b), An Extended Concept of „Model", in: Lawrence, J. (Hrsg.), OR 69 — Proceedings of the Fifth International Conference on Operational Research, Venice 1969, London usw. 1970, S. 174 ff.

Quade, E. S. und Boucher, W. I. (Hrsg., 1968), Systems Analysis and Policy Planning — Applications in Defense, New York 1968

Radel, R. (1970), Die Bedeutung des öffentlichen Personennahverkehrs für die Raumordnungspolitik in den ländlichen Regionen der Bundesrepublik Deutschland, Berlin 1970

Radner, M. und Winokur, S. (Hrsg., 1970), Minnesota Studies in the Philosophy of Science, Vol. IV: Analysis of Theories and Methods of Physics and Psychology, Minneapolis 1970

Ralston, A. (1971), Introduction to Programming and Computer Science, New York usw. 1971

Rapoport, A. (1960), Fights, Games, and Debates, Ann Arbor, Mich. 1960

Rasch, E. (1967), Die staatliche Verwaltungsorganisation, Köln usw. 1967

Rasch, E. und Patzig, W. (1962), Verwaltungs-Organisation und Verwaltungsverfahren, in: Brauchitsch, M. von (Hrsg.), Verwaltungsgesetze des Bundes und der Länder, neu hrsg. von Ule, C. H., Band I, Erster Halbband, Köln usw. 1962, S. 3 ff.

Rayburn, L. G. (1969), Setting Standards for Distribution Costs, in: Bowersox, D. J., LaLonde, B. J. und Smykay, E. W. (Hrsg.), Readings in Physical Distribution Management, London 1969, S. 160 ff.

Recktenwald, H. C. (Hrsg., 1970 a), Nutzen-Kosten-Analyse und Programmbudget — Grundlage staatlicher Entscheidung und Planung, Tübingen 1970

Recktenwald, H. C. (1970 b), Die ökonomische Analyse: Hilfe für rationale Entscheidung in der Staatswirtschaft, in: Recktenwald, H. C. (Hrsg.), Nutzen-Kosten-Analyse und Programmbudget — Grundlage staatlicher Entscheidung und Planung, Tübingen 1970, S. 1 ff.

Reddewig, G. und Dubberke, H.-A. (1959), Einkaufsorganisation und Einkaufsplanung, Wiesbaden 1959

Reed, R. (1961), Plant Layout: Factors, Principles, and Techniques, Homewood, Ill. 1961

Reichert, E. und Schüler, K. (o. J.), Wirtschaftliche Lagerhaltung mit HOREST — Spezialprobleme, Schriftenreihe „data praxis", Verlags-Nr. 2-2600-768

Reilly, G. P. (1970), Centralize or Decentralize PD Management?, Distribution Worldwide, March 1970, S. 29 ff.

Reinermann, H. (1968), Mit PPBS kontra Parkinson — Neues Managementkonzept bei den Behörden der US-Regierung, Der Volkswirt 1968, Heft 46, S. 39 ff.

Reinermann, H. (1971), Integrierte Planungs- und Kontrollsysteme im Regierungs- und Verwaltungsbereich, Bundeswehrverwaltung 1971, S. 121 ff. und S. 155 ff.

Reitman, W. R. (1964), Heuristic Decision Procedures, Open Constraints, and the Structure of Ill-Defined Problems, in: Shelly II, M. W. und Bryan, G. L. (Hrsg.), Human Judgments and Optimality, New York - London - Sydney 1964, S. 282 ff.

Reitman, W. R. (1965), Cognition and Thought — An Information-Processing Approach, New York - London - Syndey 1965

Renshaw, E. F. (1957), A Note on the Measurement of the Benefits from Public Investment in Navigation Projects, The American Economic Review 1957, S. 652 ff.

Reuck, A. V. S. de und Knight, J. (Hrsg., 1966), Conflict in Society, London 1966

Rice, A. K. (1963), The Enterprise and its Environment, London 1963

Rice, J. K. und Rice, J. R. (1969), Introduction to Computer Science, New York usw. 1969

Richter, K.-J. (1969), Verkehrsökonometrie, Köln - Opladen 1969

Richter, K.-J. (1971), Kybernetische Analyse verkehrsökonomischer Systeme — Verkehrsökonometrie I, Berlin 1971

Richter, P. (1972), Customer Information Control System (CICS), IBM Nachrichten 1972, S. 163 ff.

Ridgeway, V. F. (1957), Administration of Manufacturer Dealer Systems, Administrative Science Quarterly 1957, S. 464 ff.

Riebel, P. (1963), Industrielle Erzeugungsverfahren in betriebswirtschaftlicher Sicht, Wiesbaden 1963

Rieger, H. C. (1967), Begriff und Logik der Planung, Wiesbaden 1967

Riester, W. F. und Schwimm, R. (1970), Projektplanungsmodelle, Würzburg 1970

Riffel, E. (1970), Mineralöl-Fernleitungen im Oberrheingebiet und in Bayern, Bonn - Bad Godesberg 1970

Ritschl, H. (1959), Öffentliche Unternehmungen, in: Beckerath, E. von u. a. (Hrsg.), Handwörterbuch der Sozialwissenschaften, Band 10, Stuttgart - Tübingen - Göttingen 1959, S. 506 ff.

Ritschl, H. (1965), Gemeinwirtschaft, in: Beckerath, E. von u. a. (Hrsg.), Handwörterbuch der Sozialwissenschaften, Band 4, Stuttgart - Tübingen - Göttingen 1965, S. 331 ff.

Ritschl, H. (1969), Das Verkehrspolitische Programm der Bundesregierung und sein Schicksal, Hamburger Jahrbuch für Wirtschafts- und Gesellschaftspolitik, Tübingen 1969, S. 111 ff.

Rittig, G. (1954), Die Definitionen des Terminologie-Ausschusses der Gesellschaft zur Förderung der öffentlichen Wirtschaft — Bericht und Bemerkungen, Archiv für öffentliche und freigemeinnützige Unternehmen 1954, S. 214 ff.

RKW-Rationalisierungskuratorium der deutschen Wirtschaft (1961), Literatur zur Unternehmensplanung, Frankfurt a. M. 1961

Roberts, M. J. (1969), Transport Coordination and Distribution Efficiency: Pricing **Norms and Profit Potential**, Journal of Transport Economics and Policy 1969, S. 165 ff.

Roberts, S. M. und Flores, B. (1966), An Engineering Approach to the Travelling Salesman Problem, Management Science 1966, S. 269 ff.

Rockenfelt, W. (1972), Die Unternehmungsverfassung der DB — Probleme, die der Lösung bedürfen, Die öffentliche Wirtschaft 1972, S. 16 ff.

Röhrich, H. G. und Mettner, W. (1971), Gedanken zum Aufbau eines integrierten Informations-Systems bei der DB, Die Bundesbahn 1971, S. 650 ff.

Rogmann, H. (1966), Der Generalverkehrsplan für das Land Nordrhein-Westfalen, Zeitschrift für Verkehrswissenschaft 1966, S. 141 ff.

Rohde, W. (1952), Die wirtschaftliche Bedeutung der Nebenbahnen für die Deutsche Bundesbahn, Eisenbahntechnische Rundschau 1952, S. 246 ff.

Rome, S. und Rome, B. (1962), Computer Simulations Toward a Theory of Large Organizations, in: Borko, H. (Hrsg.), Computer Applications in the Behavioral Sciences, Englewood Cliffs, N. J. 1962, S. 522 ff.

Ronge, V. und Schmieg, G. (Hrsg., 1971), Politische Planung in Theorie und Praxis, München 1971

Rosen, S. (Hrsg., 1967), Programming Systems and Languages, New York usw. 1967

Rosenberg, L. J. und Stern, L. W. (1970), Toward the Analysis of Conflict in Distribution Channels: A Descriptive Model, Journal of Marketing, October 1970, S. 40 ff.

Rosenzweig, H. (1968), Technological Considerations, in: Quade, E. W. und Boucher, W. I. (Hrsg.), Systems Analysis and Policy Planning, New York 1968, S. 97 ff.

Rosin, R. F. (1969), Contemporary Concepts of Microprogramming and Emulation, Computing Surveys 1969, S. 197 ff.

Rosove, P. E. (Hrsg., 1967 a), Developing Computer-Based Information Systems, New York - London - Sydney 1967

Rosove, P. E. (1967 b), Introduction, in: Rosove, P. E. (Hrsg.), Developing Computer-Based Information Systems, New York - London - Sydney 1967, S. 1 ff.

Rosove, P. E. (1967 c), Management Problems in the Development Process, in: Rosove, P. E. (Hrsg.), Developing Computer-Based Information Systems, New York - London - Sydney 1967, S. 25 ff.

Rosove, P. E. (1967 d), The System Requirements Phase, in: Rosove, P. E. (Hrsg.), Developing Computer-Based Information Systems, New York - London - Sydney 1967, S. 67 ff.

Rosove, P. E. (1967 e), Personnel and Organizational Design, in: Rosove, P. E. (Hrsg.), Developing Computer-Based Information Systems, New York - London - Sydney 1967, S. 168 ff.

Rosove, P. E. (1967 f), Design and Production of the Training Program, in: Rosove, P. E. (Hrsg.), Developing Computer-Based Information Systems, New York - London - Sydney 1967, S. 235 ff.

Rosove, P. E. (1967 g), The Installation Phase, in: Rosove, P. E. (Hrsg.), Developing Computer-Based Information Systems, New York - London - Sydney 1967, S. 279 ff.

Rothböck, H. (1971), Erfahrungen bei der Einführung von PICS, IBM Nachrichten 1971, S. 733 ff.

Rudner, R. S. (1966), Philosophy of Social Science, Englewood Cliffs, N. J. 1966

Rühli, E. und Riedweg, W. G. (1971), Planungs-, Programmierungs- und Budgetierungssystem, Bern - Stuttgart 1971

Rürup, B. (1971), Die Programmfunktion des Bundeshaushaltsplanes, Berlin 1971

Rüsberg, K.-H. (1971), Die Praxis des Project-Management, München 1971

Rüschenpöhler, H. (1958), Der Standort industrieller Unternehmungen als betriebswirtschaftliches Problem, Berlin 1958

Ryder Truck Lines, Inc. (1969), Management Information System, unveröffentlichtes Manuskript

Saaty, T. L. (1961), Elements of Queuing Theory with Applications, New York 1961

Sachverständigenkommission zur Auswertung der bisherigen Erfahrungen bei der Mitbestimmung (1970), Mitbestimmung im Unternehmen, Bonn 1970

Sackman, H. (1967 a), Computers, System Science, and Evolving Society, New York - London - Sydney 1967

Sackman, H. (1967 b), System Testing and Evaluation, in: Rosove, P. E. (Hrsg.), Developing Computer-Based Information Systems, New York - London - Sydney 1967, S. 310 ff.

Sackman, H. (1967 c), Eine Philosophie für Real-Time Informationssysteme, Kommunikation 1967, S. 163 ff.

Sackman, H. (1970 a), Man-Computer Problem Solving, Princeton usw. 1970

Sackman, H. (1970 b), Systems Test und Evaluation, in: Green, K. B. de (Hrsg.), Systems Psychology, New York usw. 1970, S. 151 ff.

Sackman, H. und Nie, N. (Hrsg., 1970), The Information Utility and Social Choice, Montvale, N. J. 1970

Sadove, A. R. und Fromm, G. (1965), Financing Transport Investment, in: Fromm, G. (Hrsg.), Transport Investment and Economic Development, Washington, D. C. 1965, S. 224 ff.

Sammet, J. E. (1969), Programming Languages: History and Fundamentals, Englewood Cliffs, N. J. 1969

Sanders, D. H. (1970), Computers and Management, New York usw. 1970

Sanmann, H. (1965), Seeverkehrsmärkte, Göttingen 1965

Sarter, A. und Kittel, T. (1952), Die Deutsche Bundesbahn, ihr Aufbau und ihre Verwaltung, Frankfurt a. M. 1952

Sasieni, M., Yaspan, A. und Friedman, L. (1967), Methoden und Probleme der Unternehmensforschung — Operations Research, Würzburg 1967

Saunders, W. B. (1969), Designing a Distribution System, in: Bowersox, D. J., LaLonde, B. J. und Smykay, E. W. (Hrsg.), Readings in Physical Distribution Management, London 1969, S. 129 ff.

Sayre, W. S. und Kaufmann, H. (1960), Governing New York City, New York 1960

Scheele, E. (1959), Tarifpolitik und Standortstruktur, Göttingen 1959

Schein, E. H. (1969), Process Consultation, Reading, Mass. 1969

Schelling, T. C. (1960), The Strategy of Conflict, Cambridge, Mass. 1960

Schleicher, H. (1971), Staatshaushalt und Strategie — Eine Theorie des öffentlichen Gutes aus neuen methodischen Ansätzen, Berlin 1971

Schmidt, F. (1965), Die Bestimmung des Produktionsmittel-Standortes in Industriebetrieben, Berlin 1965

Schmidt, W. (1964), Bundespost und Bundesbahn als Aufgaben der Leistungsverwaltung, Neue Juristische Wochenschrift 1964, S. 2390 ff.

Schmidt-Sudhoff, U. (1967), Unternehmerziele und unternehmerisches Zielsystem, Wiesbaden 1967

Schmitt-Grohé, J. (1972), Produktinnovation — Verfahren und Organisation der Neuproduktplanung, Wiesbaden 1972

Schmitz, W. (1966), Gedanken zur Kybernetik und Automation der Eisenbahntransportaufgaben mit integrierter elektronischer Datenverarbeitung, Die Bundesbahn 1966, S. 169 ff.

Schmitz, W. (1967), Integrierte Transportsteuerung und Verkaufstechnik, Die Bundesbahn 1967, S. 931 ff.

Schmitz, W. (1969), Betriebsmoduln für eine integrierte Transportsteuerung und Verkaufstechnik, Signal und Draht 1969, S. 1 ff.

Schmitz, W. (1971), Informatik im Verkehr, data report 6, 1971, S. 33 ff.

Schmölders, G. (1965), Das Selbstbildnis der Verbände, Berlin 1965

Schneeweiß, H. (1968), Monte-Carlo-Methoden in Statistik, Unternehmensforschung und Ökonometrie, in: Henn, R. (Hrsg.), Operations Research Verfahren V, Meisenheim am Glan 1968, S. 365 ff.

Schneeweiß, H. (1971), Ökonometrie, Würzburg - Wien 1971

Schneider, E. (1943), Zielsetzung, Verhaltensweise und Preisbildung, Jahrbücher für Nationalökonomie und Statistik 1943, S. 405 ff.

Schneider, E. (1948), Einführung in die Wirtschaftstheorie, Tübingen 1965

Schneider, H. K. (1964), Über Grenzkostenpreise und ihre Anwendung im Energie- und Verkehrssektor, in: Jürgensen, H. (Hrsg.), Gestaltungsprobleme der Weltwirtschaft, Göttingen 1964, S. 206 ff.

Schneider, H. K. (1967), Zielbestimmung für die Wirtschaftspolitik in der pluralistischen Gesellschaft, in: Besters, H. (Hrsg.), Theoretische und institutionelle Grundlagen der Wirtschaftspolitik, Berlin 1967, S. 37 ff.

Schneider, H. K. (1968), Beiträge zur Regionalpolitik, Berlin 1968

Schneider, L. M. (1969), Milestones on the Road to Physical Distribution, in: McConaughy, D. (Hrsg.), Readings in Business Logistics, Homewood, Ill. 1969, S. 51 ff.

Schneider, W. (1956), Die Tarifpolitik der Hohen Behörde und das deutsche Verkehrswesen, Göttingen 1956

Schnettler, A. (1956), Öffentliche Betriebe, Essen 1956

Schnettler, A. (1964), Betriebe, öffentliche Haushalte und Staat, Berlin 1964

Schnupp, P. und Wieler, H. L. (1972), Mikroprogrammierung, bürotechnik 1972, S. 380 ff.

Schoderbek, P. P. (Hrsg., 1967), Management Systems, New York - London - Sydney 1967

Schönfeld, P. (1969), Methoden der Ökonometrie, Band 1: Lineare Regressionsmodelle, Berlin - Frankfurt a. M. 1969

Schott, K. (1971), Deckungsbeitragsrechnung in der Spedition, Hamburg 1971

Schröder, H. J. (1968), Von der Lagerverwaltung zum Distributions-Management, Die Absatzwirtschaft 1968, Heft 4, S. 38 ff., Heft 5, S. 54 ff.

Schröder, H. J. (1970), Project-Management — Eine Führungskonzeption für außergewöhnliche Vorhaben, Wiesbaden 1970

Schubert, G. A. (1957), The Public Interest in Administrative Decision-Making: Theorem, Theosophy, or Theory, American Political Science Review 1957, S. 346 ff.

Schubert, G. A. (1961), The Public Interest: A Critique of the Theory of a Political Concept, New York 1961

Schüler, H. (1968), Der Spielraum für eine bedarfswirtschaftliche Preispolitik — Bemerkungen über einige Vorfragen zur Theorie der Preisbildung bedarfswirtschaftlicher Unternehmen, Archiv für öffentliche und freigemeinnützige Unternehmen 1968, S. 101 ff.

Schuhl, A. (1955), The Probability Theory Applied to Distribution of Vehicles on Two-Lane Highways, Poisson and Traffic, The Eno Foundation for Highway Traffic Control 1955, S. 59 ff.

Schulte, H. (1964), Kapitalfreisetzung durch rationelle Lagerhaltung in industriellen Unternehmen, Köln - Opladen 1964

Schulz, A. (1970), Strukturanalyse der maschinellen betrieblichen Informationsbearbeitung, Berlin 1970

Schulz, R. (1972), Kaufentscheidungsprozesse des Konsumenten, Wiesbaden 1972

Schulz-Kiesow, P. (1956), Tarif und Standort, Hamburg 1956

Schumpeter, J. A. (1946), Kapitalismus, Sozialismus und Demokratie, Bern 1946

Schweiker, K. (1966), Grundlagen einer Theorie betrieblicher Datenverarbeitung, Wiesbaden 1966

Schweitzer, M. (1964), Probleme der Ablauforganisation in Unternehmungen, Berlin 1964

Seebohm, H.-C. (1961), Ziele und Wege deutscher Verkehrspolitik, Göttingen 1961

Seeger, R. (1961), Zulässige und zweckmäßige Maßstäbe bei Benutzungsgebühren, Der Gemeindehaushalt 1961, S. 303 ff.

Seeger, R. (1964), Sonderformen der Benutzungsgebühren, Mindestgebühren, Mehrgebühren und Mengenrabatt, Der Gemeindehaushalt 1964, S. 103 ff.

Seehof, J. M. und Evans, W. O. (1967), ALDEP-Automated Layout Design Program, The Journal of Industrial Engineering 1967, S. 690 ff.

Seggel, R. (1965), Grundsätze für die Wirtschaftsführung im öffentlichen Personen-Nahverkehr, Düsseldorf 1965

Seibt, D. (1972), Organisation von Software-Systemen, Wiesbaden 1972

Seidelmann, O. (1969), Das Gesamtverkehrskonzept der österreichischen Bundesregierung, Schweizerisches Archiv für Verkehrswissenschaft und Verkehrspolitik 1969, S. 209 ff.

Seidenfus, H. S. (1959), Verkehrsmärkte — Marktform, Marktbeziehung, Marktverhalten, Basel - Tübingen 1959

Seidenfus, H. S. (Hrsg., 1961), Beiträge zur Verkehrstheorie und Verkehrspolitik, Düsseldorf 1961

Seidenfus, H. S. (1968), Sektorale Wirtschaftspolitik, in: Ehrlicher, W., Esenwein-Rothe, I., Jürgensen, H. und Rose, M. (Hrsg.), Kompendium der Volkswirtschaftslehre, Band II, Göttingen 1968, S. 287 ff.

Seidenfus, H. S. (1969), Planung im Verkehrssektor, Göttingen 1969

Seidenfus, H. S. (1971), Die wissenschaftliche Beratung der staatlichen Verkehrspolitik, in: Willeke, R. (Hrsg.), Wissenschaftliche Beratung der verkehrspolitischen Planung, Düsseldorf 1971, S. 13 ff.

Seidenfus, H. S. und Meyke, U. (1971), Nutzen-Kosten-Analyse für Wasserstraßenprojekte — Methodenkritische Überlegungen am Beispiel der Rhein-Main-Donau-Verbindung, Göttingen - Zürich 1971

Seiler, E., Birkendahl, A., Förster, K., Lange, A. W., Meyer-Osterkamp, G. und Schroiff, F.-J. (1962), Unter welchen Bedingungen ist der Bau neuer oder die Verbesserung bestehender Binnenschiffahrtsstraßen wirtschaftlich gerechtfertigt?, Internationales Archiv für Verkehrswesen 1962, S. 4 ff.

Seiler, G. (1964), Probleme der kommunalen Finanzwirtschaft — dargestellt am Beispiel der Landeshauptstadt Düsseldorf, Schriftenreihe der Industrie- und Handelskammer zu Düsseldorf, Heft 17, Düsseldorf 1964

Shannon, C. E. (1949), The Mathematical Theory of Communication, in: Shannon, C. E. und Weaver, W. (Hrsg.), The Mathematical Theory of Communication, Urbana - Chicago - London 1949, S. 29 ff.

Shapiro, D. (1966), Algorithms for the Solution of the Optimal Cost Travelling Salesman Problem, Sc. D. Thesis, Washington University, St. Louis 1966

Sheldon, E. B. und Moore, W. A. (1968), Indicators of Social Change — Concepts and Measurements, New York 1968

Shepard, H. A. (1967), Innovation-Resisting and Innovation-Producing Organizations, The Journal of Business 1967, S. 470 ff.

Sherman, G. und Reiter, S. (1963), Discrete Optimizing, Institute for Quantitative Research in Economics and Management, Paper No. 37, Purdue University 1963

Shillinglaw, G. (1961), Cost Accounting — Analysis and Control, Homewood, Ill. 1961

Shubik, M. (1972), On the Scope of Gaming, Management Science 1972, S. B-20 ff.

Shycon, H. N. und Maffei, R. B. (1960), Simulation — Tool for Better Distribution, Harvard Business Review, November-December 1960, S. 65 ff.

Simon, H. A. (1957 a), Administrative Behavior, New York 1957

Simon, H. A. (1957 b), Models of Man, New York - London 1957

Simon, H. A. (1957 c), A Behavioral Model of Rational Choice, in: Simon, H. A., Models of Man, New York 1957, S. 241 ff.

Simon, H. A. (1960 a), The New Science of Management Decision, New York - Evanston 1960

Simon, H. A. (1960 b), The Corporation: Will It Be Managed by Machines?, in: Anshen, M. und Bach, G. L. (Hrsg.), Management and Corporations 1985, New York 1960

Simon, H. A. (1966), Perspektiven der Automation für Entscheider, Quickborn 1966

Simon, H. A. (1967), The Logic of Heuristic Decision Making, in: Rescher, N. (Hrsg.), The Logic of Decision and Action, University of Pittsburgh Press 1967, S. 1 ff.

Simon, H. A. (1969), The Science of the Artifical, Cambridge, Mass. - London 1969

Simon, H. A. und Ando, A. (1961), Aggregation of Variables in Dynamic Systems, in: Ando, A., Fisher, F. M. und Simon, H. A. (Hrsg.), Essays on the Structure of Social Science Models, Cambridge, Mass. 1963, S. 64 ff.

Simon, H. A. und Newell, A. (1958), Heuristic Problem Solving: The Next Advance in Operations Research, Operations Research 1958, S. 1 ff.

Sisson, R. L. (1969), Simulation: Uses, in: Aronofsky, J. S. (Hrsg.), Progress in Operations Research — Relationship Between Operations Research and the Computer, Vol. III, New York usw. 1969, S. 17 ff.

Sitzmann, E. (1970), Entwicklung der Zentralen zur Lenkung und Steuerung des Betriebes, Die Bundesbahn 1970, S. 229 ff.

Smalter, D. J. (1969), The Influence of Department of Defense Practices on Corporate Planning, in: Cleland, D. I. und King, W. R. (Hrsg.), Systems, Organizations, Analysis, Management: A Book of Readings, New York usw. 1969, S. 140 ff.

Smirnow, W. I. (1967), Lehrgang der höheren Mathematik, Teil III/1, Berlin 1967

Smykay, E. W. (1967), Physical Distribution, Military, Logistics, and Marketing Management, in: Marks, N. E. und Taylor, R. M. (Hrsg.), Marketing Logistics: Perspectives and Viewpoints, New York - London - Sydney 1967, S. 19 ff.

Smykay, E. W. (1969), The Role of Physical Distribution in Marketing Organization, in: McConaughy, D. (Hrsg.), Readings in Business Logistics, Homewood, Ill. 1969, S. 25 ff.

Smykay, E. W., Bowersox, D. J. und Mossman, F. H. (1961), Physical Distribution Management, New York 1961

Smykay, E. W. und LaLonde, B. J. (1967), Physical Distribution — The New and Profitable Science of Business Logistics, Chicago - London 1967

SNCF (1972), SNCF betreibt Frankreichs größtes Rechenzentrum, Computer-Praxis 1972, Heft 5, S. 141

Sorauf, F. J. (1968), The Public Interest Reconsidered, in: Guild, N. P. und Palmer, K. T. (Hrsg.), Introduction to Politics, New York - London - Sydney 1968, S. 321 ff.

Specht, R. D. (1967), The Why and How of Model Building, in: Quade, E. S. (Hrsg.), Analysis for Military Decisions, Chicago - Amsterdam 1967, S. 66 ff.

Special Interest Committee on Artificial Intelligence of the ACM (Hrsg., 1967), SICART Newsletter, No. 6, October 1967, S. 1 ff.

Spinner, H. F. (1969), Modelle und Experimente, in: Grochla, E. (Hrsg.), Handwörterbuch der Organisation, Stuttgart 1969, Sp. 1000 ff.

Sprague, R. O. (1969), Information Utilities, Englewood Cliffs, N. J. 1969

Stachowiak, H. (1965), Gedanken zu einer allgemeinen Theorie der Modelle, Studium Generale 1965, S. 432 ff.

Stachowiak, H. (1970), Grundrisse einer Planungstheorie, Kommunikation 1970, S. 1 ff.

Stackelberg, H. von (1951), Grundlagen der theoretischen Volkswirtschaftslehre, Bern - Tübingen 1951

Stadt Stuttgart (1962), Generalverkehrsplan Stuttgart — Individualverkehr, Band I: Fließender Verkehr, Stuttgart 1962

Stäglin, R. (1968), Input-Output-Rechnung: Aufstellung von Input-Output-Tabellen, Berlin 1968

Stäglin, R. und Wessels, H. (1969), Input-Output-Tabellen und Input-Output-Analysen für die Bundesrepublik Deutschland, Berlin 1969

Stäglin, R. und Wessels, H. (1971), Input-Output-Tabelle für die Bundesrepublik Deutschland 1966, Vierteljahreshefte zur Wirtschaftsforschung, Heft 3, 1971, S. 215 ff.

Stammen, T. (Hrsg., 1967), Strukturwandel der modernen Regierung, Darmstadt 1967

Stanton, W. J. (1967), Fundamentals of Marketing, New York usw. 1967

Starck, C. (1962), Einflußrechte auf die Richtlinienkompetenz des Regierungschefs, Diss. Würzburg 1962

Starr, M. K. und Miller, D. W. (1962), Inventory Control: Theory and Practice, Englewood Cliffs, N. J. 1962

Staudt, T. A. und Taylor, D. A. (1965), A Managerial Introduction to Marketing, Englewood Cliffs, N. J. 1965

Steffenhagen, H. (1972), Konflikt und Koordination in Distributionssystemen, Diss. Münster 1972

Steffens, F. E. (1962), Zum Wissenschaftsprogramm der betriebswirtschaftlichen Theorie der Unternehmung, Zeitschrift für Betriebswirtschaft 1962, S. 748 ff.

Stegmüller, W. (1969), Hauptströmungen der Gegenwartsphilosophie, Stuttgart 1969

Steinbrüchel, M. (1971), Die Materialwirtschaft der Unternehmung, Bern - Stuttgart 1971

Steiner, G. A. (Hrsg., 1963), Managerial Long-Range Planning, New York usw. 1963

Steiner, G. A. (1969), Top Management Planning, London 1969

Steiner, G. A. und Ryan, W. G. (1968), Industrial Project Management, Toronto 1968

Steiner, P. O. (1957), Belastungsspitzen und effiziente Preisbildung, in: Recktenwald, H. C. (Hrsg.), Finanzpolitik, Köln - Berlin 1969, S. 410 ff.

Steinmetz, H. (1955/56), Die staats- und verfassungsrechtliche Stellung der Deutschen Bundespost, Jahrbuch des Postwesens, Bad Windsheim 1955/56, S. 18 ff.

Stern, M. E. (1969 a), Marketing-Planung — Eine System-Analyse, Berlin 1969

Stern, L. W. (1969 b), Channel Control and Interorganization Management, in: Bowersox, D. J., LaLonde, B. J. und Smykay, E. W. (Hrsg.), Readings in Physical Distribution Management, London 1969, S. 85 ff.

Stern, L. W. (Hrsg., 1969 c), Distribution Channels: Behavioral Dimensions, New York usw. 1969

Stern, L. W. und Brown, J. W. (1969), Distribution Channels: A Social Systems Approach, in: Stern, L. W. (Hrsg.), Distribution Channels: Behavioral Dimensions, New York usw. 1969, S. 6 ff.

Stern, L. W. und Craig, C. S. (1971), Interorganizational Data Systems: The Computer and Distribution, Journal of Retailing 1971, S. 73 ff.

Stewart, W. M. (1965), Physical Distribution: Key to Improved Volume and Profits, Journal of Marketing, January 1965, S. 67 ff.

Stewart, W. M. und Klee, J. (1966), Physical Distribution — Ein neues betriebliches Aufgabengebiet, Die Absatzwirtschaft 1966, S. 1704 ff.

Sting, K. (1931), Die polypolistische Preisbildung, ein Kapitel der Preistheorie, Jahrbücher für Nationalökonomie und Statistik 1931, S. 781 ff.

Stocker, H. E. (1951), Materials Handling, New York 1951

Stohler, J. (1964), Probleme der Infrastruktur — Verkehrspolitik — Verkehrsplanung, in: Plitzko, A. (Hrsg.), Planung ohne Planwirtschaft, Basel - Tübingen 1964, S. 199 ff.

Stohler, J. (1967), Zur Methode und Technik der Cost-Benefit-Analyse, Kyklos 1967, S. 218 ff.

Stolber, W. (1967), Nutzen-Kosten-Analysen in der Staatswirtschaft, Diss. Erlangen - Nürnberg 1967

Stolle, J. F. (1969), How to Manage Physical Distribution, in: Bowersox, D. J., LaLonde, B. J. und Smykay, E. W. (Hrsg.), Readings in Physical Distribution Management, London 1969, S. 282 ff.

Storbeck, D. (1968), Interdisziplinäre Aspekte der Regionalplanung, Stuttgart 1968

Strasser, H. (1966), Zielbildung und Steuerung der Unternehmung, Wiesbaden 1966

Strohm, D. (1969), Der Einfluß wirtschaftlicher Wechsellagen auf Verkehrsströme, Berlin 1969

Strotz, R. H. und Wold, H. (1960), A Triptych on Causal Chain Systems, Econometrica 1960, S. 417 ff.

Sturdivant, F. D. und Granbois, D. H. (1968), Channel Interaction: An Institutional-Behavioral View, The Quarterly Review of Economics and Business, Summer 1968, S. 61 ff.

Sundhoff, E. (1958), Grundlagen und Technik der Beschaffung von Roh-, Hilfs- und Betriebsstoffen, Essen 1958

Surkis, J. (1967), Optimal Warehouse Location, 14th International Conference, The Institute of Management Science, Mexico 1967

Szyperski, N. (1968), Unternehmungs-Informatik — Grundlegende Überlegungen zu einer Informationstechnologie für Unternehmungen, Arbeitsbericht 68/2 des Betriebswirtschaftlichen Instituts für Organisation und Automation an der Universität zu Köln, Köln 1968

Szyperski, N. (1971 a), Zur wissenschaftsprogrammatischen und forschungsstrategischen Orientierung der Betriebswirtschaftslehre, Zeitschrift für betriebswirtschaftliche Forschung 1971, S. 261 ff.

Szyperski, N. (1971 b), Vorgehensweise bei der Gestaltung computer-gestützter Entscheidungssysteme, in: Grochla, E. (Hrsg.), Computer-gestützte Entscheidungen in Unternehmungen, Wiesbaden 1971, S. 37 ff.

Taff, C. A. (1955), Traffic Management — Principles and Practices, Homewood, Ill. 1955

Taff, C. A. (1961), Commercial Motor Transportation, Homewood, Ill. 1961

Taff, C. A. (1968), Management of Traffic and Physical Distribution, Homewood, Ill. 1968

Taube, M. (1961), Computers and Common Sense — The Myth of Thinking Machines, New York 1961

Taxis, H. (1957), Grundfragen des finanzwirtschaftlichen und des erwerbswirtschaftlichen Rechnens, Finanzarchiv 1957, S. 275 ff.

Taxis, H. (1965), Gedanken zur Finanzierung der Kommunalwirtschaft, in: Mülhaupt, L. und Oettle, K. (Hrsg.), Gemeindewirtschaft und Unternehmerwirtschaft, Göttingen 1965, S. 51 ff.

Taylor, W. J. und Wathing, T. F. (1970), Successful Project Management, London 1970

Teichroew, D. (1968), Data Processing: Notes Prepared for Computer and Program Organization, University of Michigan, Ann Arbor, Mich., June 1968

Teichroew, D. (1971), Education Related to the Use of Computers in Organizations, Communications of the ACM 1971, S. 573 ff.

Theoretischer Ausschuß der IFIG — Internationale Forschungs- und Informationsstelle für Gemeinwirtschaft — (1962), Preisbildung bei öffentlichen Unternehmen, Annalen der Gemeinwirtschaft 1962, S. 279 ff.

Thiel, E. (1970), Das PPBS — Ein Versuch zur Erhöhung der Effizienz der Staatstätigkeit, in: Michalski, W. (Hrsg.), Leistungsfähigkeit und Wirtschaftlichkeit in der öffentlichen Verwaltung, Hamburg 1970, S. 41 ff.

Thiemeyer, T. (1962), Thesen zum Problem der Preisbildung bei öffentlichen Unternehmen, Annalen der Gemeinwirtschaft 1962, S. 81 ff.

Thiemeyer, T. (1964), Grenzkostenpreise bei öffentlichen Unternehmen, Köln - Opladen 1964

Thiemeyer, T. (1968), Kosten als gesellschaftliche Bedeutungsgröße, Zeitschrift für Verkehrswissenschaft 1968, S. 193 ff.

Thiemeyer, T. (1970), Gemeinwirtschaftlichkeit als Ordnungsprinzip, Berlin 1970

Thierauf, R. J. und Grosse, R. A. (1970), Decision Making Through Operations Research, New York usw. 1970

Thompson, G. L. (1967), Heuristic Programming: Theory and Computation, in: Pierce, J. F., Jr. (Hrsg.), Operations Research and the Design of Management Information Systems, New York 1967, S. 134 ff.

Thompson, J. D. (1967), Organizations in Action, New York usw. 1967

Thompson, J. D. und McEwen, W. J. (1964), Organizational Goals and Environment, in: Etzioni, A. (Hrsg.), Complex Organizations, New York usw. 1964, S. 177 ff.

Thomssen, W. (1970), Wirtschaftliche Mitbestimmung und sozialer Konflikt, Neuwied - Berlin 1970

Timm, G. A. (1971), Sammelgut-Abfertigung mit dem System /360-20 bei der Spedition Zippert & Co., Hamburg, IBM Nachrichten 1971, S. 745 ff.

Timm, G. A. (1972), Die eigene EDV-Anlage, Sonderdruck aus Deutsche Verkehrs-Zeitung: Die wirtschaftliche Anwendung der Datenverarbeitung in der Kraftwagenspedition, Hamburg 1972

Tocher, K. D. (1963), The Art of Simulation, Princeton 1963

Triffin, R. (1940), Monopolistic Competition and General Equilibrium Theory, Cambridge, Mass. 1940

Tuchtfeldt, E. (Hrsg., 1962), Die Verbände in der pluralistischen Gesellschaft, Hamburg 1962

Tuchtfeldt, E. (1971), Zielprobleme in der modernen Wirtschaftspolitik, Tübingen 1971

Turing, A. M. (1936), On Computable Numbers, With an Application to the Entscheidungsproblem, Proceedings of the London Mathematical Society, Vol. 42, 1936, S. 230 ff.

Turing, A. M. (1950), Computing Machinery and Intelligence, Mind 1950, S. 433 ff.

Udy, S. H., Jr. (1959), Organization of Work, New Haven 1959

Ulmann, G. (1968), Kreativität, Weinheim - Berlin - Basel 1968

Ulrich, H. (1949), Betriebswirtschaftliche Organisationslehre, Bern 1949

Ulrich, H. (1968), Die Unternehmung als produktives soziales System, Bern - Stuttgart 1968

Umschau in Wissenschaft und Technik (Hrsg., 1967), Information, Computer und künstliche Intelligenz, Frankfurt a. M. 1967

Vaile, R. S., Grether, E. T. und Cox, R. (1952), Marketing in the American Economy, New York 1952

VDI-AWF (1959), Handbuch Förderwesen, Düsseldorf 1959

Ventker, R. (1970), Die ökonomischen Grundlagen der Verkehrsplanung, Göttingen 1970

Vergin, R. C. und Rogers, J. D. (1967), An Algorithm and Computational Procedure for Locating Economic Facilities, Management Science 1967, S. B—240 ff.

Vilmar, F. (1971), Mitbestimmung am Arbeitsplatz — Basis demokratischer Betriebspolitik, Neuwied - Berlin 1971

Vischer, P. (1967), Simultane Produktions- und Absatzplanung, Wiesbaden 1967

Viti de Marco, A. de (1932), Grundlehren der Finanzwissenschaft, Tübingen 1932

Völzgen, H. (1971), Stochastische Netzwerkverfahren und deren Anwendungen, Berlin - New York 1971

Voigt, F. (1960), Die volkswirtschaftliche Bedeutung des Verkehrssystems, Berlin 1960

Voigt, F. (1962), Die Mitbestimmung der Arbeitnehmer in den Unternehmungen — Eine Analyse der Einwirkungen der Mitbestimmung in der Bundesrepublik Deutschland auf die Unternehmungsführung, in: Weddigen, W. (Hrsg.), Zur Theorie und Praxis der Mitbestimmung, Band 24/I (NF) der Schriften des Vereins für Socialpolitik, Berlin 1962, S. 87 ff.

Voigt, F. (1964), Theorie der regionalen Verkehrsplanung, Berlin 1964

Voigt, F. (1965 a), Verkehr — Die Entwicklung des Verkehrssystems, Berlin 1965

Voigt, F. (1965 b), Verkehr, 2. Band: Die Entwicklung des Verkehrssystems, Berlin 1965

Voitl, W. (1958), Der innerbetriebliche Transport, Wien 1958

Vosgerau, H. J. (1965), Über optimales wirtschaftliches Wachstum, Tübingen 1965

Vroom, V. H. (Hrsg., 1967), Methods of Organizational Research, Pittsburgh 1967

Wagner, G. (1968), Netzplantechnik in der Fertigung, München 1968

Wagner, H. M. (1969), Principles of Operations Research, Englewood Cliffs, N. J. 1969

Walter, E. (1970), Die Software von Computern der Mittleren Datentechnik, Zeitschrift für Datenverarbeitung 1970, S. 158 ff.

Walton, R. E. (1969), Interpersonal Peacemaking: Confrontations and Third Party Consultation, Reading, Mass. 1969

Walton, R. E. und McKersie, R. B. (1965), A Behavioral Theory of Labour Negotiations, New York - London 1965

Wapman, J. (1971), Warehouse Management, London 1971

Watrin, C. (1967), Ökonomische Theorien und wirtschaftspolitisches Handeln, in: Albert, H. (Hrsg.), Theorie und Realität — Ausgewählte Aufsätze zur Wissenschaftslehre der Sozialwissenschaften, Tübingen 1972, S. 359 ff.

Watson, G. (1969), Resistance to Change, in: Bennis, W. G., Benne, K. D. und Chin, R. (Hrsg.), The Planning of Change, New York usw. 1969, S. 488 ff.

Weaver, W. (1949), Recent Contributions to the Mathematical Theory of Communication, in: Shannon, E. C. und Weaver, W. (Hrsg.), The Mathematical Theory of Communication, Urbana - Chicago - London 1949, S. 1 ff.

Weber, H. P. (1965), Investitionskriterien für Wasserstraßenbauten, Berlin 1965

Weber, K. (1971), Projektplanung unter Verwendung des Theorems von Bayes, Industrielle Organisation 1971, S. 450 ff.

Weber, W. und Jochimsen, R. (1965), Wohlstandsökonomik, in: Beckerath, E. von u. a. (Hrsg.), Handwörterbuch der Sozialwissenschaften, Band 12, Stuttgart - Tübingen - Göttingen 1965, S. 346 ff.

Webster, F. E. und Wind, J. (1972), A General Model for Understanding Organizational Buying Behavior, Journal of Marketing, April 1972, S. 12 ff.

Wecker, G. (1969), Kostenrechnung im Speditionsbetrieb, Diss. München 1969

Weckerle, A. (1967), Die Struktur von Flächennutzungen unter dem Einfluß des öffentlichen Personennahverkehrs, Diss. Mannheim 1967

Wegner, P. (1968), Programming Languages, Information Structures and Machine Organization, New York - London 1968

Wegner, P. (1970), Notes for a Contribution to a Panel Discussion on Graduate Education in Computer Science at the National ACM Meeting, Some Thoughts on Graduate Education in Computer Science, Technical Report, No. 70, 23. August 1970

Wehner, B. (1964), Die Kraftfahrzeug-Betriebskosten in Abhängigkeit von den Straßen- und Verkehrsbedingungen, Berlin - München 1964

Wehner, B. (1970), Autobahn- und Schnellbahnnetze als interdependente Bestandteile der Gesamtverkehrsplanung in Ballungsgebieten, Internationales Verkehrswesen 1970, S. 45 ff.

Wehner, B. (1971), Ausbau von Autobahnnetzen — Optimale Lage und Prioritäten der Teilstrecken, Zeitschrift für Verkehrswissenschaft 1971, S. 231 ff.

Wehrig, H. (1970), Wie arbeiten Datenverarbeitungsanlagen?, München 1970

Weick, K. E. (1969), The Social Psychology of Organizing, Menlo Park, Calif. - London - Donn Mills, Ont. 1969

Weigand, R. E. (1967), The Management of Physical Distribution: A Dilemma, in: Marks, N. E. und Taylor, R. M. (Hrsg.), Marketing Logistics: Perspectives and Viewpoints, New York - London - Sydney 1967, S. 252 ff.

Weinberg, F. und Zehnder, C. A. (Hrsg., 1969), Heuristische Planungsmethoden, Lecture Notes in Operations Research and Mathematical Economics, No. 13, Berlin - Heidelberg - New York 1969

Weiss, D. (1971), Die Strukturierung administrativer Entscheidungsprozesse am Beispiel von Infrastrukturprogrammen, Berlin 1971

Weiss, D. (1972), Infrastrukturplanung, Berlin 1972

Weisser, G. (1964 a), Gemeinnützigkeit heute, Göttingen 1964

Weisser, G. (1964 b), Gemeinnützigkeit und Paritätspostulat, Sparkasse, Heft 22, 1964

Weisser, G. (1965), Beitrag zur Diskussion über den Begriff „Gemeinnützigkeit", Archiv für öffentliche und freigemeinnützige Unternehmen 1965, S. 8 ff.

Weisser, G. (1969), Die Ziele gemeinwirtschaftlicher Unternehmen — Methoden ihrer Festlegung, Die öffentliche Wirtschaft 1969, S. 14 ff.

Weller, F. (1967), Wirtschaftspolitik und föderativer Staatsaufbau in der BRD, München 1967

Welter, E. (1961), Staatsplanung und Marktwirtschaft, in: Seidenfus, H. S. (Hrsg.), Beiträge zur Verkehrstheorie und Verkehrspolitik, Düsseldorf 1961, S. 28 ff.

Wester, L. und Kantner, H. H. (1958), Optimal Location-Allocation, Report of the Armour Research Foundation, Illinois Institute of Technology, vorgelegt in kondensierter Form auf dem 6. Annual Meeting of the Operations Research Society of America, Boston 1958

Whinch, D. M. (1963), The Economics of Highway Planning, Toronto 1963

Whinston, A. (1964), Price Guides in Decentralized Organizations, in: Cooper, W. W., Leavitt, H. J. und Shelly II, M. W. (Hrsg.), New Perspectives in Organization Research, New York - London - Sydney 1964, S. 405 ff.

Whiteman, I. R. (1967), New Reasoning in Choosing a Warehouse Location, in: Marks, N. E. und Taylor, R. M. (Hrsg.), Marketing Logistics: Perspectives and Viewpoints, New York - London - Sydney 1967, S. 62 ff.

Whitton, H. J. G. und Linder, R. W. (1962), Computer Forecasting of Passenger Flows, in: Proceedings of the Second AGIFORS Symposium, Rome 1962

Whyte, L. L., Wilson, A. G. und Wilson, D. (Hrsg., 1969), Hierarchical Structures, New York 1969

Wiener, N. (1948), Cybernetics or Control and Communication in the Animal and the Machine, New York - Paris 1948

Wiest, J. D. (1969), Heuristic Programs for Decision Making, in: Groff, G. K. und Muth, J. F. (Hrsg.), Operations Management: Selected Readings, Homewood, Ill. - Georgetown, Ontario 1969, S. 110 ff.

Wild, J. (1966), Grundlagen und Probleme der betriebswirtschaftlichen Organisationslehre, Berlin 1966

Wild, J. (1967), Neuere Organisationsforschung in betriebswirtschaftlicher Sicht, Berlin 1967

Wildavsky, A. (1964), The Politics of the Budgetary Process, Boston 1964

Wildavsky, A. (1970), Politische Ökonomie der Effizienz: Kosten-Nutzen-Analyse, Systemanalyse, Programmbudget, in: Recktenwald, H. C. (Hrsg.), Nutzen-Kosten-Analyse und Programmbudget — Grundlage staatlicher Entscheidung und Planung, Tübingen 1970, S. 365 ff.

Wilkenloh, F. (1970), Überlegungen zur Integration der Verkehrswegeplanung, Zeitschrift für Verkehrswissenschaft 1970, S. 1 ff.

Wilkenloh, F. (1972), Planungsarbeiten für ein Verkehrsinformationssystem — Der Aufbau einer Dokumentations- und Verkehrsdatenbank als Hauptbestandteile eines Informations- und Entscheidungssystems im Verkehrswesen, data report 7, 1972, S. 24 ff.

Wilkes, M. V. (1951), The Best Way to Design an Automatic Calculation Machine, Manchester University Computer Inaugural Conference Proceedings 1951, S. 16 ff.

Wilkes, M. V. und Stringer, J. B. (1953), Microprogramming and the Design of the Control Circuits in an Electronic Digital Computer, Proceedings of the Cambridge Philosophical Society 1953, S. 230 ff.

Will, H. J. (Hrsg., 1970), Management Information Systems and the Public Services, New York 1970

Wille, F. (1962), Fortschrittliche Kosten- und Erfolgsrechnung, Stuttgart 1962

Willeke, R. (1966), Verkehrspolitik, in: Hax, K. und Wessel, T. (Hrsg.), Handbuch der Wirtschaftswissenschaften, Band II, Köln - Opladen 1966, S. 307 ff.

Willeke, R. (1967), Leber-Plan — Lösung der Verkehrsprobleme?, Verkehrspolitik vor der Wende, Wirtschaftsdienst 1967, S. 547 ff.

Willeke, R. (1971), Wissenschaftliche Beratung der verkehrspolitischen Planung — Festschrift zum 50jährigen Bestehen des Instituts für Verkehrswissenschaft an der Universität zu Köln, Düsseldorf 1971

Willeke, R. und Aberle, G. (1970), Zur Lösung des Wegekostenproblems, Frankfurt a. M. 1970

Willmorth, N. E. (1965), System Programming Management, TM-(L)-2222, System Development Corporation, Santa Monica, Cal. 1965

Wills, G. (1972), Technological Forecasting, Harmondsworth, Middlesex 1972

Wilson, D. (1969), Forms of Hierarchy: A Selected Bibliography, General Systems Yearbook 1969, S. 3 ff.

Wilson, I. G. und Wilson, M. E. (1965), Information, Computers, and System Design, New York - London - Sydney 1965

Wissenschaftlicher Beirat beim Bundesverkehrsministerium (1966), Zur Frage der optimalen Verkehrsbedienung in der Fläche — Verkehrspolitik als ein Mittel der Regionalpolitik, Frankfurt a. M. 1966

Wissenschaftlicher Beirat der Gesellschaft für öffentliche Wirtschaft (1966), Die Investitionen öffentlicher Unternehmen als Mittel der Konjunkturpolitik, Die öffentliche Wirtschaft 1966, S. 114 ff.

Witte, E. (1968 a), Phasen-Theorem und Organisation komplexer Entscheidungsverläufe, Zeitschrift für betriebswirtschaftliche Forschung 1968, S. 625 ff.

Witte, E. (1968 b), Die Organisation komplexer Entscheidungsverläufe — Materialien zum Forschungsbericht, Mannheim 1968

Witte, E. (1972), Das Informationsverhalten in Entscheidungsprozessen, Tübingen 1972

Witte, E. und Hauschildt, J. (1966), Die öffentliche Unternehmung im Interessenkonflikt, Berlin 1966

Wohl, M. und Martin, B. V. (1967), Traffic System Analysis for Engineers and Planners, New York usw. 1967

Wohlstetter, A. (1967), Analysis and Design of Conflict Systems, in: Quade, E. S. (Hrsg.), Analysis for Military Decisions, Chicago - Amsterdam 1967, S. 103 ff.

Wold, H. (1953), Demand Analysis, New York 1953

Woodgate, H. S. (1967), Planning by Network, London 1967

Woodward, J. (1958), Management and Technology — Problems of Progress in Industry Series, No. 3, London 1958

Woodward, J. (1965), Industrial Organization — Theory and Practice, London 1965

Wysocki, K. von (1961), Öffentliche Finanzierungshilfen, Köln - Opladen 1961

Wysocki, K. von (1966), Betriebswirtschaftslehre und Staat, Zeitschrift für betriebswirtschaftliche Forschung 1966, S. 198 ff.

Yamane, T. (1962), Mathematics for Economists, Englewood Cliffs, N. J. 1962

Yamane, T. (1969), Statistics — An Introductory Analysis, New York usw. 1969

Young, L. H. (1961), Computer Software — Boon for the User, Control Engineering 1961, Nr. 9, S. 25 ff.

Zahn, E. (1971), Das Wachstum industrieller Unternehmen — Ein Versuch seiner Erklärung mit Hilfe eines komplexen dynamischen Modells, Wiesbaden 1971

Zangemeister, C. (1970), Nutzwertanalyse in der Systemtechnik, München 1970

Zeiß, F. (1954), Zur Rechtsform öffentlicher Unternehmen — Vorschläge für eine neue Rechtsform, Archiv für öffentliche und freigemeinwirtschaftliche Unternehmen 1954, S. 203 f.

Zeiß, F. (1955), Neue Rechtsform für öffentliche Unternehmen, Die öffentliche Wirtschaft 1955, S. 3 ff.

Zeiß, F. (1962), Das Eigenbetriebsrecht der gemeindlichen Betriebe unter besonderer Berücksichtigung der Eigenbetriebsverordnung Nordrhein-Westfalen, Stuttgart 1962

Zeitschrift für Betriebswirtschaft (1962), Der Terminus „Operations Research" und seine deutschen Übersetzungen — Eine Umfrage der Zeitschrift für Betriebswirtschaft, Zeitschrift für Betriebswirtschaft 1962, S. 363 ff.

Zentgraf, G. (1966), Elektronische Datenverarbeitung in Platzbuchungssystemen, Organisation und Betrieb 1966, Heft 9, S. 19 ff.

Zettl, H. (1969), Der Prozeß der Entwicklung und Einführung betriebswirtschaftlicher Informationssysteme, Diss. München 1969

Ziebill, O. (1968), Die kommunalen Spitzenorganisationen als Interessenverbände, Archiv für Kommunalwissenschaften 1968, 2. Halbjahres-Band, S. 207 ff.

Zionts, S. (1966), Methods for Selection of an Optimum Route, in: Constantin, J. A. (Hrsg.), Principles of Logistics Management, New York 1966, S. 474 ff.

Zorn, J. (1966), Die optimale Layout-Planung für gemischte Fertigungen, Diss. München 1966

Zusi, C. J. (1967), An Industrial Packaging Transformation, in: Marks, N. E. und Taylor, R. M. (Hrsg.), Marketing Logistics: Perspectives and Viewpoints, New York - London - Sydney 1967, S. 138 ff.

Zwicky, F. (1966), Entdecken, Erfinden, Forschen im morphologischen Weltbild, München - Zürich 1966

Zwicky, F. und Wilson, A. G. (Hrsg., 1967), New Methods of Thought and Procedure, Berlin - Heidelberg - New York 1967

Stichwortverzeichnis

A

ABC-Analyse 325
Abfertigung 74
Abfertigungssysteme 532 ff.
Abgangsrate 320
—, Darstellung durch Monte Carlo-Methode 542 ff.
— in Lagerhaltungsmodellen 522 ff.
Abhängigkeit des Verkehrsbetriebes 177, 183 ff.
Ablaufplanung, Dilemma der 283 f.
Absatz 166 f., siehe auch Marketing
—, direkter 242
—, indirekter 195 f., 242 f.
Absatzmarketing 198
Absatzmethode 275, siehe auch Marketingkanal
Absatzmittler 194 ff.
—, Warehousing über 302
absatzpolitisches Instrumentarium und mikrologistische Aktivitäten 280 f., siehe auch Marketing-Mix
Absatzweg, siehe Kontrahierungsweg
Abschreibungen
—, finanzwirtschaftliche 232 f.
— und Zieldiskussion 232 f.
Abschreibungsfinanzierung 255 f.
Abstimmung
—, antizipative versus reaktive 102 f.
—, Formen der 101 ff.
—, gemischte Formen der 103 ff.
— im mikrologistischen System 358 ff.
— in hierarchischen Systemen 176
—, Preismechanismus als Form der 103 ff.
—, wünschenswerte 98 ff.
—, zentrale versus dezentrale 101 f.
Abstraktionsmethode 383 f.
Abteilung 154, 175
A-fortiori-Methode 621
— und Systemanalyse 433
Agenturen 196
Aktionsparameter 400
Algorithmen 51, 202 f.
—, Lösungsmächtigkeit von 458 ff.

Allokation der Anreize und Beiträge 161
Allokationsentscheidungen 115, 124 ff.
— in der Produktion 240
Alternativen, Ausweitung der 186
Analogien 592 f.
—, direkte 592
—, historische 594
—, persönliche 593
—, Phantasie- 593
Änderungen
—, Macht bei 443 f.
—, tiefgreifende 437 f., 442 ff., siehe auch Wandel, geplanter
Anfahren, Reihenfolge des 492 ff.
Anpassung 358
— als funktionales Erfordernis 164
—, direkte 102
—, indirekte 102
—, wechselseitige 102
Anpassungsprozesse im mikrologistischen System 341 ff.
Anpassungswiderstand 711
—, Diagnose des 714 ff.
Anreiz
— als kritische Variable 161 f.
—, Begriff des 160
—, materieller und immaterieller 160
Anreiz-Beitrags-Betrachtung 106 ff.
—, Einschränkungen der 163 f.
Anreiz-Beitrags-Gleichgewicht 160
—, Störung des 161
Anreiz-Beitrags-Kalkül 106, 163
Anreiz-Beitrags-Theorie 160
—, aktive Einflußnahme 161
—, Anpassung 160
—, Bewertung in der 160
— und Teilnehmer 179 ff.
— und Umweltbeziehungen 177, 182
Anreiz-Beitrags-Transaktionen 179 ff.
Arbeit
— als Elementarfaktor 158 ff.
—, dispositive 158 ff.
—, objektbezogene 159
—, objektbezogene versus dispositive 159
Arbeitsteilung, siehe Aufgabenteilung
Attribute Listing 582
Aufbau, hierarchischer 174 ff.

Aufgaben
—, funktionale Autonomie von 155
—, Hierarchie von 175
— in Organisationen 154 ff.
— öffentlicher Betriebe 133
— und Fähigkeiten 155
— und Identifikation 155
— und Wertschätzung 155
Aufgabenerfüllung 163 f.
Aufgabenteilung 154 ff.
— und Informationsfluß 155
Aufgabenumwelt des Verkehrsbetriebes 178 ff.
Auflagengröße 241, siehe auch Losgröße
Auftrag als Objekt logistischer Informationssysteme 352 f.
Auftragsbearbeitung 289 f.
—, Lösung von Warteschlangenproblemen 532 ff.
— und Monte-Carlo-Methode 544
Auftragsfolge, Entscheidung über die 240
—, Optimierungsverfahren 492 ff.
Auftragsinstitutionen 209
Auftragstaktik 203
Auftragsübermittlung 289
Auftragszyklus, siehe Servicezyklus
Ausführungsprogramme 202
Aushandlung 187
Ausschlußprinzip 112 ff.
Ausschüsse
—, steering committee 734
—, system audit team 735
—, system policy committee 735
Außenfinanzierung
—, Eigenfinanzierung 252 f.
—, Eigen-Fremdkapital-Relation 253 f.
—, Fremdfinanzierung 253 f.
Außenlager, siehe Distributionszentren
Ausstattungsentscheidungen 238 f., 308 ff., 326 f.
—, Beschränkungen der 239
— und Leistungsprogramm 238
Auswahlfunktion 401 f.
Automation 638
Automatisierbarkeit von Methoden 186 f.
Automatisierung 173 f.
Autonomie, funktionale 155
Autorisierungsrecht 56
— und Systemelemente 156 ff.
Autoritätshierarchie 175 f.

B

Basislösung 476
Bayes-Regel 405
Bedarfskarte 141

Bedarfsstruktur 320, 323 f.
—, Darstellung durch Monte-Carlo-Methode 542 ff.
Bedarfs- und Nachfragemodelle, ökonometrische 577
Befehlstaktik 203
Beförderungspflicht 133, 242
Beförderungs- und Transportprozesse 74
Beiträge
— als kritische Variable 161 f.
—, Begriff der 160
—, materielle und immaterielle 160
Beitragsentscheidung 180
Beratung, wissenschaftliche 148
Berechnungsexperimente 410
Beschaffung 166 f.
—, physische, siehe physisches Versorgungssystem
Beschaffungsentscheidungen 315 ff.
—, mathematische Modelle und Lösungsverfahren 521 ff.
Beschaffungsmarketing 198, 279 f.
Beschaffungszeit, siehe Wiederauffüllzeit
Beschaffungszyklus 319
Beschränkungen
— der Problemsituation 203 f.
— der Verkehrspolitik durch staatliche Ressourcenaufteilung 126
—, geschlossene 203
—, offene 203
—, Schließung offener 219
— und Aufgaben 175
— und Einflußmöglichkeiten 214
— und Methoden 388
Bestellmengen 317 ff.
—, Modellformulierungen und Optimierung 523 ff.
Bestellzeitpunkt 322 ff.
Betriebsbereitschaft 244
Betriebspflicht 133
Betriebs- und Geschäftsleitung als dispositiver Faktor 159
Betriebswirtschaften, logistische 153 ff.
Betriebswirtschaftspolitik, siehe Führung
Betriebszuschüsse 259
Bewertungsstabilisierung 619 ff.
Beziehungen 41
—, sozio-emotionale 153
—, Umwelt- 177 ff.
Bezugsrahmen
— als Basis für Planung 699 f.
—, theoretische 699
— zur Analyse politischer Systeme 116 ff.

Bindungen, Typen sozialer 52 f., 163
Binnenschiffahrt 90
—, Statistik 81
bit 72
black box 42 ff.
Black-box-Betrachtung 693
Box-Jenkins-Methode 565
Brainstorming 588 ff.
—, Anwendungsfragen 589 f.
—, Prinzipien des 588 f.
—, Reverse 589
—, Systemanalyse 433
—, The Little Technique 589
Budgetierung, mikrologistische 339 f.
Budgetsystem 124 ff.
—, PPBS 142 ff.
built-in conflicts 234 f.
— und Verfassung 234 f.
Bundesbahn, Deutsche 209, 211
—, Autorisierung von Zielen der 223, 227
—, Finanzierung der 253 ff.
—, Kreditaufnahme der 252
—, politisches System der 211
—, Rechtsform der 211
—, Substanzerhaltung der 233
Bundesfinanzminister und Bundespost 210
Bundeskanzler, Richtlinien des 210
Bundespost, Deutsche 209 ff., 254 ff.
—, Autorisierung von Zielen der 223
—, Finanzierung der 254 ff.
—, Kreditaufnahme der 252
—, politisches System der 210 f.
—, Rechtsform der 210 f.
—, Statistik 81
—, Substanzerhaltung der 233
—, Ziele der 226 f.
Bundesverkehrsminister
— und Bundesbahn 211
— und Bundespost 210
Bundesverkehrswegeplanung, Ziele der 150
business logistics 87, siehe auch Logistik

C

change agent
—, Begriff 448, 738
— und Projektsystem 737 ff.
change catalyst 739
Chartergesellschaften 94
client system 448, 738 f.
Codierer 73
common carrier 93
Computer und Methoden 386 f.

Computereinsatz
—, Automation 638
— bei Eisenbahnen 665 ff.
— bei innovativen Entscheidungen 655 ff.
— bei Luftfahrtgesellschaften 658 ff.
—, Datentransformationssysteme 636
—, Dialog in natürlicher Sprache 642 f.
—, Entwicklungsstufen des 635 ff.
— in logistischen Betrieben 657 ff.
— in makrologistischen Systemen 680 ff.
— in mikrologistischen Systemen 643 ff.
— in Speditionsbetrieben 671 ff.
—, On-line-Dialogbetrieb 637 ff.
—, Soll-Ist-Kontrollsysteme 636 f.
—, Stapelbetrieb 638 f.
—, Typen des 636 ff.
Computerprogramme, Beurteilung von 458 ff.
Computer Science 411 ff.
confrontation als Konflikthandhabung 718 ff.
CORELAP-Programm 518 ff.
Cost-Benefit-Analyse, siehe Nutzen-Kosten-Analyse
Cost-Constraint-Analyse 621 ff.
—, Arbeitsschritte 622 ff.
— und Systemanalyse 433
cost-effectiveness analysis, siehe Nutzen-Kosten-Analyse
cost utility analysis, siehe Nutzen-Kosten-Analyse
countervailing power 185
CRAFT-Programm 519
cross-shipment 273, 313

D

Darbietungsziele, Definition der 228
Datafracht-System 674 ff.
Dateien, integrierte, siehe Datenbanken
Dateldienste 686
Datenbanken, formatierte 641 f.
Datenfernübertragung 75, 356
Datenfernverarbeitung 688 ff.
—, Datensicherung 689
—, Verläßlichkeit 690
Datentransformationssysteme 636
Datenverarbeitung 411 ff.
—, Einteilung der 413
—, Hardware 415 ff.
—, Methoden der 414
—, Software 415 ff.
Datexverkehr 75

Definitionsgleichung 401
Dekomposition
— einer Gesamtaufgabe 154
— von Aufgaben 175
Delphi-Methode 593 ff.
—, Anwendungsbeispiel 600
—, Begriff der 593, 595
—, Grundmerkmale der 595 f.
—, Gruppenurteil 598 f.
— und Systemanalyse 433
—, Vergleich mit anderen Methoden 597 ff.
Depotproblem, siehe Distributionszentren
Design, siehe Wandel, geplanter
Detailplanung 692 ff.
Dezentralisation
— des logistischen Bereichs 348 ff.
—, Probleme der 154
— und Zentralisation 154
Dienstprogramme 421
Differentialrechnung 470
Differenzierung
—, aufgabenmäßig-technologische 154
—, Kriterien der 154
—, soziale 154 ff.
diophantische Probleme 479
Dissens 709
Distribution, siehe physisches Distributionssystem
Distributionszentren
—, Anzahl von 303
—, Arten von 299 ff.
—, Ausstattung von 308 ff., 326 ff.
—, diskrete Ansätze zum Problem der 505 ff.
—, eigene versus unabhängige 300 ff.
—, Entscheidungen über 299 ff.
—, Funktion von 264
—, Gebietszuordnung von 304, 312
—, Kapazität von 304 f.
—, Lagerhaltungsentscheidungen in 315 ff.
—, Layout von 306 ff., 512 ff.
—, lokale 300
—, marktorientierte 299 f.
—, Materialhandhabung in 326 ff.
—, mathematische Modelle und Lösungsverfahren 498 ff.
—, produktionsorientierte 300
—, regionale 300
—, Standort von 304
dispositiver Faktor 158 ff.
Distributionssystem 279 f.
—, Begriff des 198

—, physisches, siehe physisches Distributionssystem
—, Simulationsmodelle 505 ff., 546 ff.
—, vertragsmäßiges 279
Distributoren in Systemen 66
Diversifikation im Verkehrsbetrieb 237
Divisionalisierung und logistisches System 348 f.
Dokumentationsbank 683
—, GOLEM 683
—, Literaturdokumentation 683
Domäne 165
—, Begriff der 178
— der Bundesbahn 223
— der Organisation 178 f.
— und Leistungsprogramm 236
Dringlichkeitsrelation von Zielen 220
duale Programme 475
Durchsetzungsproblematik 293 f., siehe auch Willensdurchsetzung
Dynamo 549

E

Ebene der Betrachtungsweise 44
Echtzeitwissenschaft 696 ff.
Effektoren 47
Eigenbetriebe 209 f.
—, Ziele der 226
Eigen-Fremdkapital-Relation bei öffentlichen Betrieben 254
Eigenherstellung versus Fremdbezug 241
Eigenverkehr 93, 127 f.
Eigenwirtschaftlichkeit
—, Kostendeckungsprinzip 232 f.
— und Liquidität 234
— und öffentliches Interesse 231 f.
—, Zuschußbegrenzung 233 f.
Eisenbahn 91 f.
—, Anwendung der Automation bei der 665 ff.
—, Datenbank der 682
—, Güterwageninformationssystem bei der 666 ff.
—, integriertes Informationssystem bei der 669 ff.
—, Statistik 81
Elementarfaktoren 158 ff.
Elementarkombinationen 170 ff.
—, limitationale 171
—, outputfixe 171
—, outputvariable 171
—, Steuerung und Regelung der 173 f.
—, substitutionale 171
—, Wiederholungstypen 172

Elemente
—, aktive 41 f., 156 ff.
— des Verkehrsbetriebes 156 ff.
— mikrologistischer Systeme 263 ff.
—, passive 42, 156 ff.
—, primäre 67
—, räumliche Trennung von 67
—, sekundäre 67
—, tertiäre 67 f.
Energie 71 f.
Entscheiden, siehe Entscheidungsprozeß
Entscheidungen
—, absatzwirtschaftliche 242 ff.
—, administrative 62 ff., 168 f., 202 ff., 337 f.
—, antizipative 383
—, Ausstattungs- 238 f., 308 ff., 326 ff.
—, autorisierte 116 f.
—, Beitrags- 180
—, Ersetzung versus Unterstützung von 382
—, finanzwirtschaftliche 250 ff.
— im Verkehrsbetrieb 235 ff.
—, innovative 51, 167 f., 204
—, Methoden von 377 ff.
—, mikrologistische 294 ff.
—, nicht-programmierte 167 f.
—, operative 62 ff., 168, 202 f., 337 f.
—, politische 62 ff., 169, 205 f., 337 f.
—, produktionswirtschaftliche 238 ff.
—, programmierte 202
—, reaktive 383
—, routinemäßige 62 ff., 202 f.
—, schlecht-definierte 51, 62, 203 ff.
—, Strukturierungsgrad von 62, 337 ff.
—, Teilnahme- 180
—, Typen von 62 ff.
— über die Gewinnverwendung 254 ff.
— über die Transaktionspartner 242 f.
— und Planung 382 ff.
— und Systemanalyse 434 f.
—, verkehrspolitische 115, 131 ff.
—, wohl-definierte 51, 62, 202 f.
Entscheidungsforschung, deskriptive 449 f.
Entscheidungsfunktion 402 ff.
— in Industrial Dynamics 549 ff.
Entscheidungsinterdependenz
—, Begriff der 98
—, komplementäre 98
—, konkurrierende 98
Entscheidungsmodelle 467 ff.
Entscheidungsprämissen
—, Annahme von 57, 721 ff.
—, Annahme versus Ablehnung von 723

Entscheidungsprozeß 50
—, administrativer 203 ff.
— als zyklischer Regelungsprozeß 50 f.
—, kollektiver 51, 204 f.
—, operativer 202 f.
—, Phasen des 50 f.
—, politischer 114 ff., 117, 205 f., 438
— und Methoden 378
Entscheidungsregel 403 ff.
—, Bayes-Regel 405
—, Definition 404
Entscheidungssystem, partielles 51
Entscheidungstatbestände
— im mikrologistischen System 294 ff.
— im Verkehrsbetrieb 235 ff.
Entwicklung
—, Aktivitäten der 700 ff.
—, geplante Evolution 694 ff.
—, Komplexitätshandhabung 692 ff.
—, konzeptionelle Planung 698 ff.
—, Phasen der 700 ff.
—, wissenschaftliche System- 696 ff., siehe auch Wandel, geplanter
Erfordernisse, funktionale 163 f.
Erhaltung als Integrationsproblem 155
Erhaltungssystem der Organisation 164 ff.
Erklärungsfunktion 402 f.
Erklärungs- und Prognosemodelle, ökonometrische 570 ff.
Erneuerungsrücklagen und Zieldiskussion 232 f.
Ersatzprobleme und Monte-Carlo-Methode 544
Erwartungsvariablen
—, endogene 400 f.
—, exogene 400 f.
erzwungene Bindungen 53
Etatbindung 209
Evolution
—, geplante 694 ff.
— mikrologistischer Systeme 338 f.
— und mixed scanning 695 f.
EWG-Verkehrspolitik 127 f.
Exklaven eines Verkehrsbetriebes 157 f.
Experimentalismus, evolutionärer 696 ff.
Experimente und Methoden 453 f.
exponentielle Glättung 566 ff.
external economies 297

F

Factoring 257
Fähigkeiten
— eines Führungssystems 65 f.

Fähigkeiten
— eines Marketingführers 367 ff.
—, kybernetische 442 f.
— zur Konsensbildung 66, 442, 711
— zur Machtausübung 65
— zur Unterstützungsgenerierung 118
Fahrplanpflicht 133
Fahrzeugbeladung 315
Fahrzeugeinsatzplanung 313 f.
Fahrzeuginformationssystem, siehe Computereinsatz
Fehlbedarfskarte 141
Fehlmengenkosten 292, 321, 522 ff.
— und optimale Bestellmenge 528 ff.
Fernmeldehoheit 105
Fertigungsauftragsgrößen 285
Fertigungsverfahren
— und innerbetriebliche Logistik 283 f.
— und innerbetriebliche Standortplanung 306 f., 512 ff.
Fertigungszeiten 283 f.
Festtarife 133
Finanzierung
—, Außen- 252
—, Besonderheiten bei öffentlichen Betrieben 251 ff.
—, Factoring 256 f.
—, Innen- 254 ff.
— in Transaktionskanälen 194, 275 f.
— in Verkehrsbetrieben 250 ff.
—, kurz-, mittel- und langfristige 256
—, Leasing 256 f.
—, Sale-and-lease-back 257
—, Subventionen, Zuschüsse 257 ff.
Flächennutzung, makrologistische 141
Flächenverkehr 89 ff.
Flexibilität des operativen Systems 202 f.
Fließfertigung
— und innerbetriebliche Logistik 283
— und innerbetriebliche Standortplanung 305 f.
Flughafeninformationssysteme
—, Aufgaben von 663 f.
—, Zukunftsperspektiven für 664 f.
Flußgrößen
— in Industrial Dynamics 548 ff.
— in Transaktionskanälen 194 ff., 275 ff.
—, Typen von 194, 275 f.
Flußschaubilder 514
Forced Relationships 582
forcing als Konflikthandhabung 718 ff.
Fördermittel, siehe Transportmittel, innerbetriebliche
Forderungen
— im verkehrspolitischen Prozeß 116 ff.

— in der National Goal Analysis 124 ff.
—, Input- 117
—, materiell-inhaltliche 131 ff.
—, prozessuale 131 ff.
Forschung
—, empirische 449 ff.
— und Entwicklung 169 f., 350
— zur Beurteilung von Methoden 449 ff.
Frachtberechnung, computerisierte, siehe Computereinsatz
Frachtenausschüsse 90
Frachtenkonventionen 90
Fragenkataloge als Kreativitätsmethode 582
Fuhrpark
—, Ausstattung 238 f., 308 ff.
—, Fahrzeugeinsatzplanung 313 f.
—, Kosten 310 f.
—, Prozeßentscheidungen 239 ff., 312 ff.
Fuhrparkgröße
—, Entscheidungen über 311 f.
— und Monte-Carlo-Methode 544
Führung 55, 65 f.
—, Fähigkeiten der 442 ff.
— in logistischen Kanälen 360 ff.
— in Marketingkanälen 366 ff.
—, politischer Charakter der Führung 441
— und geplanter Wandel 437, 442 ff.
— und Macht 443 f.
Führungsentscheidungen, konstitutive 205
Führungsfähigkeiten, siehe auch Fähigkeiten
—, allgemeine 65 f.
— eines Marketingführers 367 ff.
—, Substitutionsmöglichkeiten von 66
Führungsform, organische 736 f.
Führungsgrößen 48
— Ziele und Werte als 50
Führungsstil 370 ff.
funktionale Autonomie 54
Funktionsanalysen 582
Funktionskombination 582

G

Gebührenquote 233
Gegenleistung
—, Gestaltung der 244 ff.
—, Lieferungs- und Zahlungsbedingungen 247 f.
—, Preis 245 f.
—, Preisdifferenzierung 246

—, Preisführerschaft 246
—, Rabatte 247
—, Tarife 247
Gelegenheitsverkehr 237
Gemeinde, Substanzerhaltung der 233
Gemeindeordnungen 209 f.
Gemeindeorgane 209 f.
Gemeinderat 209 f.
Gemeinwirtschaftlichkeit 226 ff.
gemischte Spiele 53
General Problem Solver 383 f.
Generalverkehrsplanung 140 ff.
—, Aufgaben der 142
—, Begriff der 141
— in Nordrhein-Westfalen 142
Gesamtaufgabe einer Organisation 154
Gesamteffizienz (overall effectiveness) 287 f.
Gesamtkostenbetrachtung 288, 331 ff.
Gesellschaft
—, Aktien- 209
— als soziales System 59 ff.
—, bürgerlich-rechtliche 209
—, Handels- 209
—, Kommandit- 209
—, Kommandit- auf Aktien 209
— mit beschränkter Haftung 209
—, öffentliche 109, 212
—, stille 209
Gesellschaftsunternehmungen 209
Gewinn 225 f.
—, kalkulatorischer 225
—, Kapital- 225
—, pagatorischer 225
Gewinnverwendung 254 ff.
Gewinnzentren und mikrologistisches System 348 f.
Gleichstellung der Verkehrsträger, Verkehrsbetriebe und Verkehrsnutzer 128 f.
gleitende Durchschnitte 565 f.
Graphentheorie 77, 481 f., 492
Grenzkostenpreisregel 227 f.
— als Preisregel 228
— als Produktionsregel 228
Grobplanung 692 ff.
Gruppe 54
—, große 57
—, kleine 54
Gruppenansatz 109 f.
Gruppenmeinung, Uniformität der 155
Gruppenurteil 598 f.
Güter
— als Verkehrsobjekte 72

—, Kritik an der Unterscheidung öffentlicher und privater 124
—, meritorische 113
—, öffentliche oder kollektive 112 ff.
—, private 112 ff.
Güterverkehr 90 ff.
Güterwageninformationssystem 666 ff.

H

Handlungsfreiheit der Verkehrsträger, Verkehrsbetriebe und Verkehrsnutzer 128 ff.
Hantierungen, siehe Materialhandhabung
Hardware 415 ff.
—, Kanäle 417 f.
—, Komponenten der 416 ff.
—, periphere Einheiten 418
—, Rechenwerk 417
—, Steuerwerk 417
Heuristiken, Lösungsmächtigkeit von 458 ff.
heuristische Kraft 409, 456 ff.
heuristische Programmierung 482 f.
— beim Layoutproblem 516 ff.
— beim Rundreiseproblem 495 ff.
— beim Warehouseproblem 507 ff.
heuristisches Prinzip 408 f.
Hierarchie
— der Aufgaben 175
— der Autorisierungsrechte 175 f.
— der Organisation 174 ff.
— von Regelkreisen 49 f.
— von Systemen 42 f.
Historische Analogie als Prognosemethode 594
Hochzeitstafel-Problem 512
Hoheitsverwaltung und Rechtsformen 209 ff.

I

Idea-bit-technique 553
Identifikation
— der Organisationsteilnehmer 163
— mit der Aufgabe 155
Identifikationsproblem in der Ökonometrie 576
Image 249
Indikatorenvariablen der Entscheidungsfunktion 406
Individualziele 218 f.
Individuum und Sozialisationsprozeß 219

Industrial Dynamics 548 ff.
Infinitesimalansatz von Distributionszentren-Modellen 499 ff.
Informatik
—, Begriff und Gliederung der 411 ff.
—, Schwerpunkte der 412 ff.
Information
— als Maß der Unwahrscheinlichkeit eines Ereignisses 72
— als Verkehrsobjekt 72 f.
—, motivierende 721 f.
Informationsbedarf
— für mikrologistische Entscheidungen 353 ff.
— in der Informationsökonomie 463 ff.
Informationsfluß
—, Gestaltung des mikrologistischen 351 ff.
— und Lagerhaltung 323 f.
Informationskosten 356 f.
Informationsökonomie 357, 462 ff.
— und Lagerhaltungsmodelle 530 f.
Informationspolitik 170
Informationsprozesse im mikrologistischen System 269, 351 ff.
Informationssystem
—, Anforderungen an ein 464 ff.
—, Begriff des 422 ff.
—, Entwicklungsstufen des 635 ff.
—, Flughafen- 663 ff.
—, Güterwagen- 666 ff.
—, integriertes 669 ff.
— logistischer Betriebe 657 ff.
—, makrologistisches 680 ff.
—, mikrologistisches 643 ff.
—, Platzbuchungssystem 658 ff.
—, Taxonomien organisationaler 647
—, Typen von 636 ff.
— und Waffensysteme 727
—, Verkehrsinformationssystem 680 ff.
Informations- und Entscheidungssystem 51, 61 ff., 167 ff., 271
—, begriffliche Abgrenzung 422 ff.
— des Verkehrsbetriebes 201 ff.
—, mikrologistisches 265, 335 ff.
—, Ordnung des makrologistischen 109 f.
—, Subsysteme des 167 ff.
Informations- und Kommunikationstheorie 72 f.
Informations- und Kommunikationswege
— im mikrologistischen System 351 ff.
— in Marketingkanälen 194, 275 f.
Informationsverarbeitungskapazität, Beschränkungen der 434

Informationsverarbeitungsmethoden 379 ff.
—, Funktionen von 379 f.
—, Output von 380 ff.
Informationswert 462 ff.
Infrastrukturnutzung, Preise der 131
Infrastruktur-Unternehmen 130
Inklusionsrelation 175
Inkrementalismus 148, 151
—, Gründe für den 443
— und geplanter Wandel 442 ff.
— versus politische Planungsmethoden 445 f.
Innenfinanzierung
—, Abschreibungsfinanzierung 255 f.
—, Selbstfinanzierung 254 f.
—, Umschichtungsfinanzierung 256
innerbetriebliche Logistik, siehe Intrasystemlogistik
innerbetrieblicher Standort, siehe Standort, innerbetrieblicher
innerbetrieblicher Transport, siehe Transport, innerbetrieblicher
Input-Output-Modelle, makrologistische 95 ff., 576 f.
Instanzen der Organisationseinheiten 175 f.
institutionelles System der Organisation 164 ff.
Instrumentalbeziehung zwischen Zielen 221
Instrumentalvariablen 400
Instrumente, absatzwirtschaftliche, siehe auch Distributionssystem, physisches, Marketing-Mix
—, Entscheidungen über die Transaktionspartner 242 f.
—, Gestaltung der Gegenleistung 244 ff.
—, Gestaltung der Leistung 243 f.
—, Promotion 248 ff.
Integration
— als funktionales Erfordernis 164
— in einem System 155
Integriertes Informationssystem 669 ff.
Intelligenzkanäle 197 f.
Intelligenzsystem der Organisation 169 f.
— und Mensch-Maschine-Digitalsystem 423 ff.
Interaktion in Gruppen 155
Interdependenzen
—, Definition der 185
— des mikrologistischen Systems mit anderen Bereichen 334
—, Handhabung von 184 ff.

— im logistischen Kanal 321, 328, 334
— im mikrologistischen System 330 ff., 340
— und Organisationsstruktur 345 f.
Interdependenzrelation von Zielen 220
Interdisziplinen 389 ff.
Interesse, öffentliches 226 ff.
—, Begriff des 227
—, Ersatzkriterien des 227 ff.
—, Funktionen des 230 f.
— und Eigenwirtschaftlichkeit 231 f.
Intersubjektivierbarkeit von Methoden 389
Intrasystemlogistik 70, 86, 281 ff.
—, Entscheidungen über Material- und Produktbestände 315 ff.
—, innerbetriebliche Standortplanung 305 ff.
—, Materialhandhabung 326 ff.
—, Transportentscheidungen 307 ff.
Iterationen 695 f.
— des Entwicklungsprozesses 704 ff.
— in der Systemanalyse 625 ff.

K

Kanal 42, siehe auch Marketingkanal, logistische Kanäle, Transaktionskanäle, Kontrahierungswege
Kanalprogramme 417
kanonisches Minimumprogramm 474
Kapazitätserweiterungseffekt 255 f.
Kapazitätskarte, makrologistische 141
Kapitalbedarf
— eines Verkehrsbetriebes 250 f.
— öffentlicher Betriebe 234
Kapitalerhaltung 233
Kapitalmarktfähigkeit öffentlicher Betriebe 251 ff.
Kausalitätsfunktion 402 f.
Kausalkettenmodelle, ökonometrische 572 ff.
Kernorgane 56, 109
— als Systemelemente 157 f.
— des politischen Systems 117
— im verkehrspolitischen System 117 f.
—, staatliche 117
— und Hoheitsverwaltung 209
— und Verfassung 206 ff.
Kern- und Grenzsysteme 164 ff.
Knotenpunktverkehr 90 ff.
Koalitionen 55, 160
—, Marketingkanäle als 361 ff.
Koalitionsbildung 187
— in Marketingkanälen 362 f.

— in Transaktionskanälen 194
Kohäsion
— eines Systems 52 f.
— von Marketingkanälen 361 ff.
Kollegien 154
—, Institutionalisierung von 205
Kollektiv 54
Kommunikation
— im mikrologistischen System 351 ff.
—, informale 153
Kommunikationsbarrieren und Aufgabe 155
Kommunikationsbeziehungen und Programme 203
Kommunikationsnetz
— des administrativen Systems 205
—, formal geregeltes 203
Kommunikationsprozesses, Paradigma des 72 f.
Kommunikationssystem, mikrologistisches 355 f.
Kompatibilitätsrelation zwischen Zielen 221
Kompetenzverteilung 206 ff.
— im mikrologistischen System 344 ff.
— im verkehrspolitischen System 117 f.
— zwischen Bund, Ländern und Gemeinden 117 f.
Komplexitätshandhabung des geplanten Wandels 692 ff.
Konflikte 708 ff.
—, Begriffe 709 ff.
— in logistischen Systemen 321, 361
— in Marketingkanälen 365 f.
— in mikrologistischen Systemen 340
—, institutionalisierte 234 f.
—, interindividuelle 712 ff.
—, interorganisationale 711 ff.
—, Rollen- in Marketingkanälen 366
— und Aufgaben 155
—, Ursachen von 713 f.
—, vertikale 365 f.
—, Widerstand 711
Konfliktepisode 710
Konflikthandhabung
—, Arena der 53
— beim Wandel 708 ff.
—, confrontation 718 ff.
—, der politische Prozeß als Prozeß der 117
—, forcing 718 ff.
—, Formen der 717 ff.
—, smoothing 718 ff.
—, Spielregeln für die 53
—, Willensdurchsetzung 720 ff.

Konfliktmanagement, siehe Konflikt-
  handhabung
Konfliktpotential 712 ff.
—, Aktualisierung des 715
—, Elemente des 713
—, Transformation des 714 ff.
— und soziale Differenzierung 155
—, Versickern des 715
Konfliktprozeß
—, Paradigma des 712
—, Transformation des Konflikt-
  potentials 714 ff.
— und Konfliktpotential 712 ff.
Konflikttypologien 711 ff.
Konfliktumleitung, Arten der 716 f.
Konfliktverhalten, Typologie
  des 718
Konkurrenzbeziehungen zwischen
  Verkehrsträgern 90 ff.
Konsens 708 ff.
—, Begriffe des 708 f.
—, genereller 709
—, spezifischer 709
Konsensbildung 66
—, Begriff der 711
— als Führungsproblem 66, 368 ff.,
  442
Konsignationslager 302
Konstruktionsverfahren zur Layout-
  planung 518 f.
Kontaktnutzenfunktion 512 f.
Kontakttabellen 514
Kontingentierung im Verkehrs-
  system 104
Kontingenzenanalyse 620 f.
— und Systemanalyse 433
Kontrahierungskanäle, siehe
  Kontrahierungswege
Kontrahierungssystem 279 f.
Kontrahierungswege 194 ff., 275 ff.
— als Kette der Vertragsbeziehungen
  194 ff.
—, Begriff der 194 f.
—, Differenzierung der 195, 275 f.
— von Verkehrsbetrieben 199 ff.
Kontrahierungszwang 242
kontrollierte Mechanismen 46
Konzentration im Verkehrswesen 134
Konzessionierung im Verkehrssystem
  104, 216
Kooperation
— im Verkehrswesen 134
—, Ursachen der — in sozialen
  Systemen 53 f.
Kooptation 187

Koordination 345 f., 358
— als Wertproblem 98 ff.
— als wünschenswerte Abstimmung
  98 ff.
— der Entscheidungen im makrologistischen System 98 ff.
—, dezentrale 359 f.
— in hierarchischen Systemen 176 f.
— in logistischen Kanälen 360 ff.
— in mikrologistischen Systemen 357 ff.
—, Tendenzen zur zentralen 108 f.
— und Aufgabendifferenzierung 154 ff.
— und Informationsaustausch 176 f.
—, zentrale 360
Kopplung von Systemelementen 42
Korrespondenzregeln 396 f.
Kosten
—, Aufteilung der 233
—, betriebswirtschaftliche 232 f.
—, Bewertung von 608 ff.
— der Verpackung 329
— des Informationssystems 356 f.
—, direkte 609 f.
—, externe 113
—, finanzwirtschaftliche 232 f.
—, Gesamtkostenbetrachtung 288, 331 ff.
—, indirekte 610 f.
—, intangible 611 f.
—, logistische 292 f., 301
— und Warehousing 299
Kostenanalyse, Methoden der 334
Kostenartenrechnung 355
Kostenbereiche im logistischen System
  333
Kostenbeziehungen zwischen logisti-
  schen Aktivitäten 330 ff.
Kostendeckungsprinzip 232 f.
Kostenfaktoren und Güterbestände
  318 f.
Kosteninformationen 354 f.
Kostenrechnung
— im mikrologistischen System 293,
  354 f.
— im Verkehrsbetrieb 233
Kosten-Trade-offs 331 ff.
Kostenzurechnung 233
Kreativitätsmethoden 581 ff.
—, Brainstorming 588 ff.
—, morphologische Methoden 583 ff.
—, Synektik 590 ff.
—, Übersicht über 582
Kreditaufnahme, Bedingungen einer 252
Kreismethode 514
Kulturerhaltung 164
Kundendienstleistungen 244

kürzeste Route, Wege
—, mathematische Modelle und Lösungsverfahren 492 ff.
— und Fahrzeuganzahl 311 f.
kybernetische Fähigkeiten 65
— des Marketingführers 368
Kybernetische Insel Hannover 670 f.

L

Läger 67 f., 75, 263 f.
—, Abblocken von Umweltstörungen durch 263
—, Ausstattung und Materialhandhabung 309 f., 326 f.
— bei Groß- und Einzelhändlern 302
— im Verkehrsbetrieb 241 f.
— in der Produktion 242
—, Layoutprobleme 307, 512 ff.
—, Substitutionsbeziehungen 321
—, Ursachen von 316
—, Wiederauffüllzeit von 319, 522 ff.
Lagerbestandsmanagement und Produktionsentscheidungen 284 ff.
Lagerhaltung
—, Entscheidungsregeln und -programme 319
— im Verkehrsbetrieb 241 f.
—, Lösung von Warteschlangenproblemen 532 ff.
—, mathematische Modelle und Lösungsverfahren 521 ff.
—, mikrologistische Entscheidungen über 315 ff.
—, selektive 324 f.
—, Simulation 547 ff.
—, Theorie der 521 ff.
— und Bedarfsstruktur 320
Lagerhaltungskontrolle, computerisierte 426
Lagerhaltungsmodelle, Klassifikation der Merkmale 522
Lagerhaltungspolitik, optimale 521 ff.
Lagerhäuser 300 f.
Lagerhausproblem, siehe Distributionszentren
Lagerhilfsmittel 327
Lagertechnik 310, 326 ff.
Lagerung 268
Landwege 74
Langstreckenverkehr 90 ff.
Lasten, betriebsfremde 133
Layout, siehe Standortplanung, innerbetriebliche

Layoutplanung
—, heuristische Verfahren zur 516 ff.
—, Konstruktionsverfahren zur 518 f.
—, Vertauschungsmethoden bei 519 ff.
Leasing 256 f.
Leber-Plan 149
Leistung, verkehrsbetriebliche
—, Betriebsbereitschaft 244
—, Gestaltung der 243 f.
—, Kundendienst- 244
—, Leistungsbereitschaft 244
—, Produkt- und Prozeßgestaltung 243
—, Sortimentsgestaltung 244
—, Übernahme des Transportrisikos 244
Leistungsbereitschaft des Verkehrsbetriebes 244
Leistungsbreite eines Verkehrsbetriebes 237
Leistungsgrad 240
Leistungsintensität 240
Leistungskonzeption und Ziele 228
Leistungsprogramm 295
— als Ziel 228
— des Verkehrsbetriebes 236 ff.
Leistungstiefe des Verkehrsbetriebes 237
Leitung, einheitliche 57
Leitungen 74 f.
Leitungsverkehr 93 f.
Lieferbereitschaft 291
Lieferphase 290
Lieferservice, siehe Serviceniveau
Lieferungs- und Zahlungsbedingungen 247 f.
—, Zug um Zug 248
Lieferzeit 289
lineare Konkurrenzmethode 543
lineare Programmierung 470 ff.
—, Annahmen 478 f.
—, Beispiele 471 ff., 477 ff.
—, Dualitätssatz 475
—, Simplexmethode 476 f.
—, Standardprogramme 473
—, Transportproblem 483 ff.
Linienschiffahrt 91
Linienverkehr 237
Liquidität und Eigenwirtschaftlichkeit 234
Logik
—, deontische 397 f.
—, Entscheidungs- 403
logistics of distribution 87, siehe auch Logistik
Logistik, siehe auch logistische Betriebe, Makrologistik, Mikrologistik

51 Kirsch u. a., Logistik

Logistik
— als Marketingstrategie 280 f.
—, Begriff der 69 f.
—, Entwicklung der betriebswirtschaftlichen 87
—, ganzheitliche Betrachtung der 87
—, Grundtatbestände 66 ff.
—, innerbetriebliche 269 ff., 281 ff., siehe auch Intrasystemlogistik
—, relevante Systeme der 82 ff.
— und Marketing 274 ff.
— und Produktionssystem 281 ff.
— und Verkehr 66 ff.
Logistik-Mix 295, 330 ff.
logistische Aktivitäten
—, Dezentralisation von 348 f.
—, Dispersion von 344 ff.
—, Gesamtbetrachtung der 287 f.
—, Konzentration der 344 ff.
—, Kostenbeziehungen zwischen 330 ff.
—, Substitutionsmöglichkeiten 330 ff.
—, Zentralisation von 348 f.
logistische Betriebswirtschaften 83 ff., 153 ff.
— als Organisationen 153 ff.
—, Computerunterstützung in 657 ff.
—, Entscheidungstatbestände 235 ff.
—, Methodenunterstützung 377 ff.
—, politisches System der 201 ff.
—, Probleme des Wandels von 691 ff.
—, Umweltbeziehungen der 188 ff.
—, Unterstützung durch exakte und inexakte Methoden 467 ff., 579 ff.
—, Ziele und Kriterien der 217 ff.
logistische Kanäle 269 f., 275 ff.
— als funktionale, kategoriale Systeme 270
— als soziale Systeme 361 ff.
—, geplanter Wandel von 691 ff.
—, Koordination und Führung von 360 ff.
—, Konflikte in 361
— und Kontrahierungsweg 277 f.
— und sekundäre Transaktionen 278, siehe auch Marketingkanal, physischer Produktweg
logistische Probleme, multinationale 82 f.
logistische Prozesse 69 f.
logistischer Horizont 28
logistisches System von Betriebswirtschaften 261 ff., siehe auch mikrologistisches System
— als System von Prozessen und Beständen 272
— als Zwischensystem 266 f.
—, Aufbau des 271 ff.

—, Computerunterstützung 680 ff.
—, Elemente des 263 ff.
—, Entscheidungstatbestände 294 ff.
—, geplanter Wandel des 691 ff.
—, Horizont des 266 f.
—, Informations- und Entscheidungssystem 335 ff.
—, Methodenorientierung 377
—, räumliche Beziehungen im 267
—, Struktur des 295 f.
—, Subsysteme des 70, 269 ff.
—, Umwelt des 267
—, zeitliche Beziehungen im 267 f.
—, Ziele und Kriterien des 286 ff.
logistische Systeme 70
Lohmann-Ruchti-Effekt 256
Losgröße 241, 285
—, optimale 523 ff.
Losgrößenformel 527 f.
Lösungen, Bewertung von 461 ff.
Lösungsalgorithmus 51, siehe auch Algorithmen
Lösungsmächtigkeit 456 ff.
Lösungsqualität 456 ff.
Lösungsverfahren 408 ff.
—, algorithmische 408
—, analytische 409
—, heuristische 408
—, iterative 409 f.
Lösungswahrscheinlichkeit 456 ff.
LREPS-Modell 559 ff.
Luftfahrtgesellschaften
—, Flughafeninformationssysteme 663 ff.
—, Informationssysteme von 658 ff.
—, Platzbuchungssysteme 658 ff.
Luftverkehr 94
—, Statistik 81
Luftverkehrsdatenbank 682
Luftwege 74

M

Macht
— als Problem bei Änderungen 443 f.
—, Grundlagen der 722 ff.
— in Marketingkanälen 368 f.
—, intraorganisationale 359 f.
—, strategische Kontingenzentheorie intraorganisationaler 360
— und Abhängigkeit 185 f.
Machtausübung 65
Machtbeziehungen 359 f.
Mächtigkeit
—, Informations- 456 ff.

—, Lösungs- 456 ff.
—, Ressourcen- 456 ff.
—, Ressourcenflexibilität 457
— von Methoden 455
Machtrelation 153
Machtverteilung
— innerhalb und außerhalb des politischen Systems 117
— und Anreiz-Beitrags-Überlegungen 161
— und Marktmechanismus 103 ff., 111
— und Wettbewerbspolitik 111
Makler 196
—, Befrachtungs- 196
—, Frachtagent 196
makrologistisches System 82 f., 89 ff.
—, Computerunterstützung des 680 ff.
—, Grundtatbestände des 89 ff.
—, Koordination der Entscheidungen im 98 ff.
—, Methodenunterstützung des 377 ff.
—, Planung im 138 ff.
—, Probleme des Wandels des 691 ff.
—, Unterstützung durch exakte und inexakte Methoden 467 ff., 579 ff.
—, Verkehrspolitik im 110 ff.
—, Ziele im 122 ff.
Management-Informations-System, Begriff des 422 ff., siehe auch Informationssysteme
Managementlaboratorium 455
Managementsystem, Begriff des 459
Manipulation 102, 358 f.
— als aktive Beeinflussung 102
—, direkte 102
Margentarife 133
Marken, Schaffung von 249
Marketingaktivitäten 188 ff., 242 ff., 274 ff., 360 ff.
Marketingführer
—, Führungsverhalten des 370 ff.
—, Machtgrundlagen des 368 f.
—, Merkmale des 367 ff.
Marketingkanäle 192, 275 ff., 361 ff.
— als Gruppe von Organisationen 362 f.
— als Koalitionen 361 f.
— als Kollektive 362
— als soziale Systeme 361 ff.
—, Flußgrößen in 275 ff.
—, Führungsaspekte 366 ff.
—, Konflikte in 365 f.
—, Kooperation in 363 ff.
—, Rollendifferenzierung in 364
marketing logistics 87, siehe auch Logistik

Marketing-Mix
— und Distributionszentren 299
— und Logistik 280 f.
Marketingsystem
— als relevante Umwelt des mikrologistischen Systems 267
—, Begriff des 198
— des Verkehrsbetriebes 177 ff., 197 ff.
—, Differenzierung des 279 f.
— und Märkte 199
—, vertikale 192
Markov-Prozesse 481, 533 ff.
Marktabgrenzung 201
Marktbeschränkungen 103
Märkte
—, Abgrenzung der 201
—, Definition der 199, 201
— des Verkehrsbetriebes 199 ff.
—, Elemente von 199
—, Formen von 105 f.
—, geschlossene 104 f.
—, Koalitionsbildung auf 105
— mit Anpassungsverhalten 106
—, offene 104 f.
—, staatlich gelenkte 103 f.
— und Verhalten der Teilnehmer 106
—, Zugang zu den 104 f.
Marktformenlehre 105 f.
Marktforschung 169 f.
Marktpreise in der Nutzen-Kosten-Analyse 609 f.
Marktstellung, rechtlich geschützte 130
Marktsystem 124 ff.
Maschinenbelegungsproblem 283 f.
Massenguttransport 90 ff.
Material, Durchlaufzeit des 283 f.
Materialbereitstellung 286
Materialhandhabung 268, 284, 326 ff.
—, automatische 327
—, Kompatibilität mit externen Systemen 328
—, mechanische 326 f.
materials management 87, siehe auch Logistik
Material- und Produktbestände
—, Entscheidungen über 315 ff.
—, mathematische Modelle und Lösungsverfahren 521 ff.
—, Simulation 548 ff.
— und Auftragsbestände 285
Material- und Produktfluß 85 ff., siehe auch Logistik
Materialwirtschaft 286, siehe auch Versorgungssystem

mathematische Programmierung, siehe Programmierung, mathematische
Matrixgliederung der betriebswirtschaftlichen Funktionen 9, 86, 166
Matrixorganisation 730 ff.
—, betriebliche Aktivitäten 347 f.
—, logistisches System in einer 347 ff.
Matrix-Projektmanagement 730 ff.
Maximum-Likelihood-Prinzip 575
Mechanisierung
— der Materialhandhabung 326 f.
—, Grade der 171, 173 f.
Meldemengensystem 322 ff.
Menschen
— als aktive Elemente 159
— als produktive Faktoren 158 ff.
— als Systemelemente 156
Mensch-Maschine-Digitalsystem
—, Definition des 425 f.
— und Intelligenzsystem 423 ff.
Mensch-Maschine-Kommunikation 429, 641
Mensch-Maschine-System 156
Mensch-Mensch-System 156
Metaaussagen 398
Metaentscheidungen 336
—, Begriff der 438
—, politische 438 ff.
— und Objektprozesse 438 ff.
Metasystem, Begriff des 439
Methoden
—, algorithmische versus heuristische 460 ff.
—, Allgemeinheit von 455 ff.
—, Arten inexakter 580
—, Automatisierbarkeit von 386 f.
—, Begriff 377 f.
—, Beurteilungskriterien für 455 ff.
—, Beurteilung von 448 ff.
— der Informationsverarbeitung 379 ff.
— der Konflikthandhabung 717 ff.
— der Planung 382 ff.
— der Unsicherheitshandhabung 619 ff.
— des Versuchs und Irrtums 48 f.
—, exakte 467 ff.
—, exakte versus inexakte 385 ff.
—, Experimente 453 ff.
—, Funktionen von 378 ff.
—, Grundfragen 377 ff.
—, inexakte 579 ff.
—, Intersubjektivierbarkeit von 389
—, Klasse von 380 ff.
—, Kreativitäts- 581 ff.
—, Lösungsgarantie von 459 ff.
—, Mächtigkeit von 455 ff.

—, Merkmale exakter 386 f.
—, Merkmale inexakter 388
—, Merkmale von 377 ff.
—, morphologische 583 ff.
—, periphere 410, 435
—, Prognose- 593 ff.
—, Systemanalyse 624 ff.
—, Testen von 392, 453 ff.
— und Entscheidungsprozeß 378 f.
—, Wissenschaftlichkeit inexakter 388 f.
—, Wissenschaftsprogramm und 377
Methoden-Beurteilung
—, Allgemeinheit von Methoden 455 ff.
— als empirisches Problem 449 ff.
—, deskriptive Entscheidungsforschung 449 f.
—, isolierte 452
—, Kriterien der 455 ff.
—, Mächtigkeit von Methoden (power) 455 ff.
—, Nutzen-Kosten-Analyse 452 f.
—, Output-Informationen 461 ff.
—, pragmatische Relevanz 450 ff.
—, Prämissenkritik 450 ff.
—, prognostische Relevanz 451
Methodologie, siehe Methoden
mikrologistische Prozesse 268 f.
mikrologistisches System 85 ff., 261 ff.
—, Aufbau, Struktur, Reichweite des 262 ff.
—, Betrachtungsebene 85
—, Computerunterstützung des 643 ff.
—, Elemente des 263 ff.
—, Entscheidungstatbestände 294 ff.
—, Grenzen 266 f.
—, Informations- und Entscheidungssystem des 335 ff.
—, Methodenunterstützung des 377 ff.
—, Probleme des Wandels des 691 ff.
—, Simulationsmodelle 505 ff., 546 ff.
—, Unterstützung durch exakte und inexakte Methoden 467 ff., 579 ff.
—, Ziele und Kriterien 286 ff.
Mikroprogrammierung 419 f.
Mitbestimmung
—, Einfluß auf politische Entscheidungen 213 f.
— und Trägerschaft 208
— und Verfassung 208
mixed scanning 695 ff.
Mobilisierung von Unterstützung 65, 118 f., 368 f.
Modellanalyse 48
Modellbeurteilung, siehe Methodenbeurteilung

Modelle
—, analoge 395
—, Aufbau von 400 ff.
—, Begriff 395
— der makrologistischen Planung 149
— der Regelstrecke 49
— des Entscheidungsverhaltens 400
—, deskriptive 397
—, dynamische 395 f.
—, Entscheidungs- 399 f.
—, Erklärungs- 399 f.
—, ikonische 395
—, mathematische 400 ff.
—, normative 397
—, ökonometrische 571 f.
—, Pragmatik von 397 ff.
—, probabilistische 396
—, Simulations- 505, 546 ff.
—, stochastische 396
—, symbolische 395
— und Realität 395 ff.
— und Systemanalyse 630
—, vollständig formulierte 408
Modul, Begriff des 650, 652
Modularprogramme 422
Modulkonzeption 648 ff., 698 f.
—, Bestandsgrößen 651
—, Interfacestruktur 654
—, Subsysteme 653
Monte-Carlo-Methode 542 ff.
Morphologie 583 ff.
—, Anwendungsbeispiele 584 ff.
—, morphologischer Baum 587 f.
—, morphologischer Kasten 583 ff.

N

Nachfragestruktur 295
Nachrichtendienste, siehe Intelligenzsystem
Nachschub, siehe Versorgungssystem, physisches
Näherungsverfahren 487
Nordwest-Ecken-Verfahren 488 f.
National Goal Analysis 124 ff.
Nebenbahnen 136
Neben- und Hilfsdienste als Funktion von Verkehrsmitteln 74
Netzplantechnik 482
—, Nordwest-Ecken-Verfahren 488 f.
normative Bindungen 53
Nulltarif 133
Nutzen
—, Bewertung von 608 ff.
—, direkte 609 f.
—, externe 113
—, indirekte 610 f.
—, intangible 611 f.
—, zeitliche und räumliche 261, 280
Nutzenfunktion 403 ff.
—, Definition der 404
Nutzen-Kosten-Analyse 134, 606 ff.
—, Anwendungsbeispiel 614 ff.
— bei der Planung 693 f.
—, Bewertung in der 608 ff.
—, Merkmale der 606 ff.
—, Projektauswahl 613 f.
—, Systemanalyse 432 f.
—, Vergleich 613 f.
—, Wohlfahrtsökonomie 607
—, zeitliche Aspekte 612
— zur Beurteilung von Methoden 452 f.
Nutzwertanalyse 631

O

Objektprozesse, mikrologistische 269, 336
Objektsystem 271, 439
Öffentlichkeit, Einfluß der 215 f.
off-line 173
Ökonometrie
—, Definition der 393
—, Lösungsverfahren 408 ff.
—, logistische Anwendungen der 576 ff.
—, Modelle der 407
—, rekursive Modelle der 572 f.
—, simultane Modelle der 572 ff.
— und Operations Research 393 ff.
on-line 173
On-line-Dialogbetrieb
—, Abfragesprachen 639
— bei schlecht-definierten Entscheidungen 639 ff.
— bei vollständig formulierten Entscheidungen 637 ff.
—, Datenbanken 641 f.
—, Definition des 637
—, Dokumentationssysteme 640
—, interaktiver Dialog 640 f.
—, Mensch-Maschine-Kommunikation 641
open loop 173
operational analysis 427
Operations Research 390 ff., 467 ff.
optimale Losgröße 285, 523 ff.
Optimalitätsprinzip 481
Optimalsystem 322
Ordnungspolitik, verkehrspolitische 132 ff.

Organe, verfassungsmäßige des Verkehrsbetriebes 207 ff.
Organisation 56 ff., 154 ff., 174 ff.
—, Anreize und Beiträge in der 160 ff.
—, Aufbau der 174 ff.
—, Aufgabenteilung in der 154 ff.
—, Begriff der 153
—, Domäne der 56
—, erwerbswirtschaftliche 163
—, formale 153
—, funktionale Subsysteme der 164 ff.
—, Gesamtaufgabe der 154 ff.
—, Grenzsysteme der 164 ff.
—, Hauptmerkmale der 153 ff.
—, informale 153
—, Informations- und Entscheidungssystem der 167 ff.
—, internationale 61
—, Kernsysteme der 164 ff.
—, kooperative 163
—, Merkmale komplexer 154 ff.
—, Mitglied einer 56 f.
—, multinationale 61
—, mutual benefit organization 163
—, öffentliche 163
—, private 163
—, soziale Differenzierung der 154 ff.
—, subventionierte 163
—, supranationale 61
—, Träger der 56
—, Typen der 162 f.
—, Umweltbeziehungen der 177 ff.
—, utilitaristische 160
—, Verhältnis von Gruppe und 57
—, Verhältnis von Koalition und 57
—, Verhältnis von Kollektiv und 58
Organisationseinheiten
—, Spezialisierung der 154
— und Aufgabenumwelt 178
—, Zusammenfügen von 175
Organisationsform, organische 736 f.
Organisationsrecht, staatliches 207 ff.
Organisationsstruktur
—, Aushandeln der 206
—, Entscheidungen über die 205 f.
—, Probleme des Wandels der 691 ff.
— und Mikrologistik 343 ff.
Organisationstheorien
—, angewandte 435 ff.
—, deskriptive 435 f.
—, normative 435 f.
—, Pragmatik von 436
—, Typen von 435 ff.
—, verhaltenswissenschaftliche 436
Osborn-Checklist 582

Output-Informationen
—, Anforderungen an 464 ff.
—, Bewertung von 461 ff.

P

pacemaker 739
Panel-Consensus 594
Parameterschätzung 574 ff.
Pareto-Kriterium 227
Pareto-Ordnung sozialer Zustände 100
Parteilichkeit versus Wertfreiheit 434
Partizipienten
— des verkehrspolitischen Prozesses 120 ff.
—, Verhalten der 120 ff.
Pendelverbindung 79
Personenverkehr 90 ff.
Phasen
— des Entwicklungsprozesses 700 ff.
—, Übertragbarkeit von 705 ff.
— von Entscheidungsprozessen 378 f.
Phasenschemata 701
physische Beschaffenheit der Produkte 295, 328 f.
physische Distribution und Marketing-Mix 86 f., 280 f.
physischer Produktweg, siehe logistische Kanäle
physisches Distributionssystem 70, 86, 269 ff., 279 f.
— als Bestandteil des Marketingsystems 279 f.
—, Entscheidungen über Distributionszentren 299 ff.
—, Entscheidungen über Material- und Produktbestände 315 ff.
—, Entscheidungen über Transport 307 ff.
—, Koordination in Marketingkanälen 360 ff.
—, Mehrstufigkeit des 305
—, Simulation 505 ff., 546 ff.
— und Serviceniveau 291 f.
physisches Versorgungssystem, siehe Versorgungssystem, physisches
Planned Organizational Change 446 ff.
Planning Programming Budgeting 142 ff.
—, Probleme der Einführung des 691 ff.
Planung
—, Begriff der 383 ff.

—, Detail- 385
—, Global- 385
—, Grob- 692 ff.
— im makrologistischen System 138 ff.
—, konzeptionelle 698 ff.
—, Methoden der politischen 147 f.
— mikrologistischer Systeme 338 ff.
—, politische 441 ff.
—, Raum- 147
— und Bezugsrahmen 699 f.
—, Verkehrs- in der BRD 139 ff.
—, verkehrspolitische 147 ff.
—, wissenschaftliche Beratung der verkehrspolitischen 148
Planungsinstanzen 140
Planungsmethoden 382 ff.
—, heuristische 445
Planungsprozeß
— als Entscheidungsprozeß 383
—, Definition des 384
—, hierarchische Struktur des 692 ff.
—, Iterationen im 695 f.
—, konzeptionelle Planung 698 ff.
—, Nutzen-Kosten-Analysen 693 f.
—, politischer 441 ff.
Platzbuchungssystem 658 ff.
—, Buchungsplätze 662
—, Funktionen des 660
—, Verarbeitungszentrale 661
—, Zielgruppen für 659
Poissonverteilung 536 f.
policies 407, siehe auch Entscheidungsfunktionen
Politik, Begriff der 114 f.
politische Prozesse
—, distributive und integrative 213
—, Einflußnahme auf 213 ff.
—, Teilnehmer an 212 ff.
politischer Entscheidungsprozeß
—, Ablauf des 212 ff.
—, Unterstützung durch Systemanalyse 427 ff., 579 ff.
politisches Gemeinwesen 60
politisches System
— des Verkehrsbetriebes 201 ff.
—, einzentriges versus mehrzentriges 207
—, verkehrspolitisches System 114 ff.
politische Wissenschaften
—, Entwicklung der 441 f.
—, Gegenstand der 116
Postregal 104 f.
Potentialfaktoren, Auslastung der 283
Präferenzordnung 101

Präferenz- und Dringlichkeitsrelation von Zielen 220
Pragmatik
—, deskriptive 399
—, normative 400
— von Modellen 397 ff.
pragmatische Relevanz von Methoden 450 ff.
Prämissenkritik 450 ff.
Preis
— als absatzpolitisches Instrument des Verkehrsbetriebes 245 ff.
— als Koordinationsinstrument der Verkehrsteilung 93
Preisbildung der Verkehrsträger 90 ff.
Preisdifferenzierung 246
Preisführerschaft 246
Preismechanismus als Form der Abstimmung 103 ff.
Preispolitik 245 f.
Prestige, Gewinnung von 186 ff.
Problemdefinition, operationale 51
Problemlösungsfähigkeiten 65 f.
Problemlösungsverhalten und Anreiz-Beitrags-Betrachtung 161
Problemstruktur
—, logistischer Entscheidungen 337 ff.
— und Problemlösungsverfahren 342 f.
Produktfluß-Management, siehe Logistik
Produktgestaltung
— des Verkehrsbetriebes 243 f.
— und Mikrologistik 281, 295 f.
Produktion 166 f.
Produktionsabläufe
—, Lösung von Warteschlangenproblemen 532 ff.
Produktionsablaufplanung
— und innerbetriebliche Logistik 283 f.
— und Monte-Carlo-Methode 544
Produktionsentscheidungen
— und Lagerbestandsmanagement 284 ff.
— des Verkehrsbetriebes 238 ff.
Produktionsfaktoren
— des Verkehrsbetriebes 158 ff.
—, externe und interne 160
— und Systemelemente 156 ff.
Produktionsprozesse im Verkehrsbetrieb 158 ff., 170 ff., 239 ff., siehe auch Standort, innerbetrieblicher, Transport, innerbetrieblicher, Reihenfolgeproblem
Produktionsstätten, siehe Verarbeitungszentren

Produktionssystem 164 ff., 267
— als relevante Umwelt des mikrologistischen Systems 267
—, Mehrstufigkeit von 298 f.
—, Standortprobleme 306, 512 ff.
— und Logistik 281 ff.
— und physisches Distributionssystem 282
— und physisches Versorgungssystem 286
Produktionstheorie, betriebswirtschaftliche 158 ff., 170 ff.
Produktions- und Kostenfunktionen als Gegenstand der Ökonometrie 577
Produktivität
—, Kriterien der 135 ff.
—, volkswirtschaftliche 135 ff.
Produktnutzen 261, 280
Produkt- und Prozeßgestaltung 243 f.
Produktvarietät 295
— und Logistik 261
Produktwege, physische 194
Profit-Center
— und Fuhrpark 310
— und Organisation des logistischen Bereichs 348 ff.
Prognose 384 f.
Prognosemethoden
—, exakte 531 ff.
—, inexakte 593 ff.
—, Informationstechnologie 603 ff.
—, Übersicht über 594
prognostische Relevanz von Methoden 451
Programme
—, algorithmische 202
—, kognitive 202
—, öffentliche 202
Programmiersystem 420 f.
Programmierung, heuristische 479
Programmierung, mathematische
—, dynamische 480 f.
—, ganzzahlige 479
—, lineare 470 ff.
—, nichtlineare 479 f.
—, parametrische 480
—, stochastische 480
Projekte 726 ff.
Projektmanagement
—, Führungsaktivitäten des 732 ff.
—, Macht des 732 ff.
—, Methoden des 732 ff.
— und Projektorganisation 725 ff.
—, Vor- und Nachteile des 731

Projektplanung mit Netzplantechnik 482
Projektsystem 728 ff.
—, Ausschüsse im 734 ff.
—, Begriff des 728
—, Grundtypen des 730
—, innere Struktur des 736 ff.
—, institutionelle Verankerung des 729 ff.
— und change agent 737 ff.
Promotion
—, Aktivitäten der im Verkehrsbetrieb 248 ff.
—, Begriff der 189
—, einstufige 197
—, mehrstufige 197
—, Public Relations 249 f.
— und Mikrologistik 281
—, Werbung und Sales Promotion 248 f.
Promotionskanäle 197
Promotionssystem 279
Promotionswege 275 f.
Prozedur, Komponenten der 703
Prozeß, Begriff des 44
Prozeßentscheidungen im Produktionsbereich des Verkehrsbetriebes 239 ff.
Pseudozufallszahlen 542
Public Computer Utilities, siehe Rechendienste, öffentliche
Public Relations 249 f.

R

Rabatte 247
Rationalität, beschränkte 434
Raumordnungspolitik 134 ff., 136 ff.
Raumüberwindung 67
Raumzuordnungsproblem 305 f., siehe auch innerbetriebliche Standortplanung
—, mathematische Modelle und Lösungsverfahren 512 ff.
Rechendienste, öffentliche 683 ff.
—, Funktionen und Prozesse 684 ff.
—, Struktur 686 ff.
Rechenwerk 417
Rechnungswesen 169 f.
— und Mikrologistik 353 ff.
Rechteckverteilung 543
Rechtsformen
—, öffentlich-rechtliche 209 ff.

—, privatrechtliche 209
— und Organisationsrecht 207
Referenzgruppen 183 f.
Referenztarife 133
Regelkreis 48
Regelung 48
Regelungsprozesse 46 ff.
Regiebetriebe
—, reine 209
—, verselbständigte 209
Regler 47
Reihenfolgeproblem 283 f.
—, mathematische Modelle und Lösungsverfahren 492 ff.
Relationen
—, Interdependenz- 220
—, Klassen von 220 f.
—, Kompatibilitäts- 221
—, Präferenz- und Dringlichkeits- 220
Relevanz
—, Experimente 453 ff.
—, pragmatische 450 ff.
—, prognostische 451
Rentabilität 225 f.
Reorganisation 177
— des mikrologistischen Systems 343 ff., 691 ff.
—, Probleme des Wandels 691 ff.
Ressortegoismus 155
Ressourcen, Aufteilung der 124 ff.
Ressourcenflexibilität 457
Ressourcenmächtigkeit 456 ff.
Ressourcenpotential 124 ff.
Rezeptor 47
rhochrematics 87, siehe auch Logistik
Ringverbindung 79
Rolle
—, formale 56, 153
—, informale 153
Rollenkonflikt in Marketingkanälen 366
Rollenspiel und Systemanalyse 433
Routenführung, siehe Transportweg
Routinekauf 190
Rückkopplung 43
—, kompensierende 45
—, kumulative 45
Rücklagen als Finanzierungsproblem 254 f.
Rücklaufkosten 172
Rundfahrt 79
Rundreiseproblem 240, 313, 492 ff.
—, formale Definition des 493 f.
—, mathematische Modelle und Lösungsverfahren 494 ff.
Rüstvorgänge 241, siehe auch Losgröße

S

Sachdimension 219 f.
Sale-and-lease-back-Verfahren 257
Sales Promotion 249
Sammelgut-Abfertigung
—, Ablauf einer 672 ff.
—, computerisierte 672 ff.
Sammelverbindung 78
Satellitengruppe 109 f.
— im politischen System 117
Satisficing und Optimierung 434
Scenarien und Systemanalyse 433
Schattenpreise 475
— in der Nutzen-Kosten-Analyse 610
Schätzfunktion 575 f.
Schichtung, soziale 155
Schleppmonopol 105
Schlupfvariablen 474
Schlüsselpositionen, Besetzung von 206
Schumpeter/Downs-Hypothese 123 f.
SEER-Technik 600 ff.
—, Anwendungsbeispiel 603 ff.
—, SEER-Baum 605 f.
—, Vergleich mit Delphi-Methode 602 f.
Seeschiffahrt 91
—, Statistik 81
Selbstfinanzierung 254 ff.
—, Bildung von Rücklagen 255
—, Gewinnverwendung 254 ff.
Sensitivitätsanalyse 480
— in der Systemanalyse 433, 620
Sensor 47
Serviceniveau 288 ff.
—, Ausgleich von Serviceziel und Kostenziel 293
—, Determinanten für das physische Distributionssystem 291 f.
—, Determinanten für das physische Versorgungssystem 292
—, Einfluß verschiedener Entscheidungen auf das 331
Servicezeit 288 ff.
Servicezuverlässigkeit 290 ff.
Servicezyklus 289 ff., 319
Sicherheitsbestände 291, 320 f.
Signale 72
Simplexmethode 476 f.
Simulation
—, charakteristische Merkmale der 410, 546 ff.
—, Monte-Carlo-Technik 542
— von Distributionssystemen 505 ff., 548 ff.

Simulationsverfahren 410
simultane ökonometrische Modelle 572 ff.
Simultanverbindung 77 f.
slack, organizational 161 f.
— in öffentlichen Betrieben 235
Smoothing als Konflikthandhabung 718 ff.
Software 415 ff.
—, Anwender- 421 f.
—, Begriff der 418
—, Dienstprogramme 421
—, geräteorientierte 420
—, Klassifikation der 419 ff.
—, Programmiersystem 420 f.
—, Standard- 422
—, systemorientierte 419 ff.
—, Teilbereiche der 418 ff.
Soll-Ist-Kontrollsysteme 636 f.
Soll-Ist-Vergleich 48
Sortieren 268
Sortimentsgestaltung 244
soziale Bindungen 52 f.
Sozial- und Unterstützungstarif 133
Sozialwahlfunktion
—, Anforderungen an eine 100
—, Begriff der 99
Spartenorganisation, siehe Divisionalisierung
Speditionsbetriebe 195, siehe auch logistische Betriebswirtschaft
—, Ansätze für ein MIS in 676 ff.
—, Computereinsatz in 671 ff.
—, computerisierte Kostenrechnung in 676 ff.
—, empirische Ergebnisse zum Computer-Einsatz in 678 ff.
—, Sammelgut-Abfertigung in 672 ff.
Speicher 67, 75, 416 ff.
Spielregeln in Verfassungen 207
Spillover-Effekte 610 f.
—, monetäre 611
—, technologische 611
Staat 59 ff.
—, Aufgaben des 111, 114
— als change agent des makrologistischen Systems 111
— als Superorganisation 59 f., 110
— als Unterstützer 215 f.
—, Einfluß des 215 f.
Stab 169 f.
— im mikro-logistischen Bereich 345, 350
— und administratives System 203

Stabilisierung der Wirtschaftspolitik 129 f.
Stabilitätspostulate 122
Standardprogramme 473 ff.
Standort, innerbetrieblicher
—, Entscheidungen über 282 f., 305 ff., siehe auch Layoutplanung
—, mathematische Modelle und Lösungsverfahren 512 ff.
Standort von Verkehrsbetrieben 157
Standortwahl 296 ff.
—, Erlösfaktoren bei der 297
—, Kostenfaktoren bei der 297
Stationen 69, 75 f.
Statusrelation 153
Steering Committee 734
Stelle 154, 174 f.
Stellgröße 47
Stellungsvertrag 196
Steuereinheit 47
Steuerstrecke 47
—, Modell der 48
Steuerung 46 f.
Steuerungs- und Regelungszentren 265, siehe auch Informations- und Entscheidungssystem
Steuerung und Regelung
— als Entscheidungsprozesse 50 ff.
—, Paradigma der 46 ff.
Steuerwerk 417
Stoffe 71
Straßendatenbank 682
Straßenverkehr 92 f.
Strategie, kooperative 187 f.
Streckennetz der Verkehrsträger 90 ff.
Streckenverbindung 79
Strukturerhaltung 164
Strukturgestaltung, Theorie der 437 f.
Strukturpolitik, verkehrspolitische 134 ff.
Subkriterien 290
Suboptimierung 287 f.
Substanzerhaltung 233
Subsysteme
— des mikrologistischen Systems 269 ff.
—, funktionale 164 ff.
—, Matrix der 166 f.
—, relative Isoliertheit von 176 f.
Subventionen, Arten von 258
SVG-Datafracht-System 674 ff.
Symbole 72
Synektik 590 ff.
Systemabgrenzung 156 ff.
— der Mikrologistik 266 ff.
—, Kriterien der 156 ff.

Systemanalyse
—, Ablauf der 624 ff.
—, Abwägung von Nutzen und Kosten in 630 f.
—, Auswahl der Ziele 627 ff.
—, Begriff der 427 ff.
—, Empfindlichkeitstests 631
—, Formulierung des Problems 626 f.
—, Generierung von Alternativen 629
—, Hauptmerkmale der 430 ff., 625
—, Iterationsprozeß 626
—, Konstruktion von Modellen 630
—, Methoden der 432, 579 ff.
—, methodologische Basis 433
—, Phasen der 632 f.
—, Problemlösungszyklen der 631 ff.
—, Sammlung von Daten 629 f.
—, Schätzurteile 435
— und inexakte Methoden 581
— und Scenarien 433
—, Werturteile 434
Systeme 41 ff.
—, administrative 64 f.
—, Aufbau von 43
— der produktiven Faktoren 158
—, Entwicklungsgesetz von 45
—, Entwicklungspfad von 45
—, ergodische 533
—, geschlossene
—, Gleichgewicht von 45
—, Grundaufbau von 43
—, Integration von 43
—, internationale 60
—, kategoriale 52
—, makrologistische 89 ff.
—, mikrologistische 261 ff.
— mit Methodenunterstützung 452 ff., 462
—, multinationale 60 f.
—, multistabile 176
—, nahezu zerfällbare 176 f.
—, offene 43
— ohne Methodenunterstützung 452 ff., 462
—, operative 64
—, politische 64 f., 114 ff.
—, relative Isoliertheit von 176 f.
—, soziale 52 ff.
—, Stabilität von 45
—, Steuerung und Regelung von 45 ff.
—, Struktur von 43
—, strukturelle 52 ff.
—, tiefgreifende Veränderungen von 44
—, Überleben von 45 f.
—, Verhalten von 44

—, verkehrspolitische 114 ff.
—, Wandel von 691 ff.
—, Ziele von sozialen 65
Systemeigenschaften, kritische 45
Systemelemente
— in der traditionellen Betriebswirtschaftslehre 158
—, soziale 156 ff.
—, technische 157
— und Produktionsfaktoren 156 ff.
Systementwicklungen als Projekte 726 ff.
Systemerfordernisse von Informationssystemen 464 ff.
—, Benutzerfreundlichkeit 465
—, Operabilität 465
—, Servicefreundlichkeit 465
—, Stabilität 464
—, Veränderbarkeit 465
—, Wirksamkeit 465
—, Zufriedenheit 465
Systemgrenze 54
Systemkohäsion 176 f.
Systemplanung
—, Merkmale einer 445 f.
—, politische 445 f.
—, Zielplanung 445
Systems Analysis 446, siehe auch Systemanalyse
Systems Audit Team 734 f.
Systems Development 446 f.
Systems Policy Committee 734 f.
systems procedures 706 f.
Systemtheorie und traditionelle Betriebswirtschaftslehre 158 ff.
System- und entscheidungstheoretische Grundbegriffe 41 ff.

T

Taktiken, manipulative 723 f.
Tarifautonomie, Beschränkung der 103 f.
Tarifbildung als Verhandlungsprozeß 106 ff.
Tarife
—, Begriffe der 247
— der Verkehrsträger 90 ff.
—, Fest- 133
—, Gestaltung der Gegenleistung 247
—, Kriterien der Differenzierung von 247
—, Margen- 133
—, Null- 133
—, Referenz- 133
—, Sozial- und Unterstützungs- 133
Tarifpflicht 133, 247

Tarifpolitik, staatliche 133
Tatbestände in der Verkehrspolitik
—, finanzpolitische 132
—, leistungspolitische 132
—, ordnungspolitische 132 ff.
—, strukturpolitische 132, 134 ff.
Tatsachenaussage 98
Team 160
Technostruktur 214 f.
Teilnahmeentscheidung 180
—, Gründe für 57
Teilnehmer
—, Begriff der 160
— des politischen Entscheidungsprozesses 212 ff.
— des Verkehrsbetriebes 179 ff.
—, externe 160, 180
—, indirekte 182
—, interne 160, 180
Telegraphenregal 104 f.
Terminplanung mit Netzplantechnik 482
Tests von Methoden 392, 453 ff.
Themen
—, finanzpolitische 132
—, leistungspolitische 132
—, ordnungspolitische 131 ff.
—, strukturpolitische 132, 134 ff.
—, verkehrspolitische Forderungen und Entscheidungen 131 ff.
Theorem des linearen Sicherheitsäquivalents 480
Theorie
— der Berechenbarkeit 386 f.
—, politische Dimension einer 441
—, prognostische Relevanz einer 451
Total Systems Approach, siehe Gesamtkostenbetrachtung
Tour, Methoden zur Ermittlung einer 492 ff., siehe auch Rundreiseproblem
Träger
—, Begriff der 119, 207
— der verkehrspolitischen Entscheidungen 119 f.
— des Verkehrsbetriebes 207 ff.
—, juristische Personen als 208
—, natürliche Personen als 208
—, öffentlich-rechtliche Personen als 208
— und Kernorgane 207
— und Verfassung 206 ff.
Trägerfunktion und Mäzen 162
Trägerschaft, Legitimationsgrundlagen der 208

Trampschiffahrt 91
Transaktionen 179 ff., 188 ff.
—, Analyse der 189
—, Begriff der 189
—, Klasse von 189
—, primäre 191
—, sekundäre 191
—, tertiäre 191
—, vertragliche Rechte an 194
Transaktionsbedingungen 103 ff.
Transaktionsbeziehungen, logistische Funktionen in 274 ff.
Transaktionsepisoden 189 ff., 274 ff.
Transaktionskanäle 192 ff., 279 f.
Abgrenzung von 193 f.
—, Begriff der 193 f.
—, des Verkehrsbetriebes 192 ff.
—, Flußgrößen in 194 ff.
—, strukturelle Differenzierung von 196 ff.
Transaktionssystem der Organisation 164 ff.
Transaktionszwischensysteme 191, 274 ff.
—, Begriff der 191 f.
—, Elemente der 192
Transformationsfunktion 402 f.
Transport 66
—, Entscheidungen über 238 ff., 307 ff.
—, Kosten des 309
—, Lösung von Warteschlangenproblemen 532 ff.
—, Wegeminimierung 492 ff.
Transport, innerbetrieblicher 265, 308 ff., 326
—, Probleme des kürzesten Weges 492 ff.
—, Rundreiseoptimierung 492 ff.
Transportart, Entscheidungen über 308 ff.
Transportausgleich
—, Frachtverkehrssystem der SNCF 675
—, SVG-Datafracht-System 674 ff.
Transporteinheiten, Bildung größerer 326 ff.
Transportkette 68
Transportleistung, Konsistenz der 310 f.
Transportmethode 489 ff.
Transportmittel, siehe auch Vehikel
— im mikrologistischen System 265
—, innerbetriebliche 310, 327
Transportproblem 312
— als Beispiel zur linearen Programmierung 471 ff.

— als lineares Standardprogramm 477 ff.
—, ausgewogenes 485 f.
—, mathematisches Modell und Lösungsverfahren 483 ff.
—, mehrstufiges, siehe Umladeproblem
—, unausgewogenes 486
Transportprozeß 268
—, Ablauf eines 668
Transportrisiko als Leistung 244
Transportweg, Probleme des kürzesten 492 ff.
Transportzeit 283 f.
Travelling-Salesman-Problem, siehe Rundreiseproblem
Trendprojektionen 564 ff.
Trendprojektionsmodell, computerunterstütztes 567 ff.
Turingmaschine 387
Two-State-Hypothese 737

U

Überleben
— als Anreiz-Beitrags-Problem 161 f.
— als Integrationsproblem 155
—, Bedingungen des 161 f.
—, funktionale Erfordernisse des 46
Umladeproblem 312
Umschichtungsfinanzierung 256
Umwelt
—, ausgehandelte 188
— des mikrologistischen Systems 266 f.
—, manipulierte 188
—, Schaffung einer sicheren 187
— und Verkehrsbetrieb 156 ff.
Umweltbeziehungen 177 ff.
— als Problem allgemeiner Abhängigkeit 183 ff.
— des Verkehrsbetriebes 188 ff.
— und Anreiz-Beitrags-Betrachtung 177 ff.
Umwelthorizont
—, Begriff des 178 f.
— eines Organisationsmitgliedes 179
— mikrologistischer Systeme 266 f.
Umweltintelligenz 197
Umweltschichten des Verkehrsbetriebes 180 ff.
Umweltschutz 97
Unmöglichkeitstheorem 99 f.
Unsicherheit, Absorption von 187
Unsicherheitshandhabung 619 ff.
—, A-fortiori-Analyse 621

—, Cost-Constraint-Analyse 621
—, Kontingenzenanalyse 620 f.
—, Sensitivitätsanalyse 620
Unternehmensforschung, siehe Operations Research
Unternehmung, öffentliche 212
Unterstützung 118
utilitaristische Bindungen 53

V

Vehikel 75
Verarbeitungszentren 264
—, Anzahl der 298
—, Auftragsabwicklung in 289 f.
—, Entscheidungen über 296 ff.
—, Layout 306 f., 512 ff.
—, Mehrstufigkeit von 298 f.
—, Produktion und Logistik 281 ff.
—, Standortwahl 296 ff.
—, Transport in, siehe Transport, innerbetrieblicher
Verbrauchszentren als Elemente mikrologistischer Systeme 265
Verfahren des besten Nachfolgers 496 ff.
Verfassung 56, 164 ff.
—, built-in conflicts in 234 f.
—, Definition der 206 f.
— der Organisation 153
— des politischen Systems 206 ff.
Verflechtungsmodelle
—, außerökonomische 97
—, ökonomische 95 ff.
—, verkehrsökonometrische 576 f.
Verflechtungstabellen 81
Verfügbarkeitsstandard 288, siehe auch Serviceniveau
Verhaltensbeschränkungen 53
Verhaltenssysteme 41 ff.
Verhaltensweisen
— der Anpassung und Manipulation 102
—, inkongruente 106
— interdependenter Entscheidungsträger 102
—, kongruente 106
Verhaltenswissenschaft, angewandte 447 f.
Verhandlungen 102, 724 f.
— bei der Tarifbildung 106
—, individuelle 107
—, interorganisationale 725
—, intraorganisationale 359, 726
—, kollektive 107
Verkaufsförderung 249

Verkehrsbedarfsarten 141
Verkehrsbedarfsplanung 141
Verkehrsbegriff 67 ff.
Verkehrsbetrieb 84, 153 ff.
— als Organisation 153 ff.
— als Prototyp logistischer Betriebswirtschaften 153 ff.
—, Diversifikation im 237
—, Elemente des 156 ff.
—, Entscheidungstatbestände im 235 ff.
—, erwerbswirtschaftlicher 163, 208
—, gemeinwirtschaftlicher 208
— im logistischen Kanal 275 ff., 310
—, Informationssysteme im 657 ff.
—, kooperativer 163
—, Marketingsysteme des 192 ff.
—, Methodenunterstützung 377 ff.
—, öffentlicher 163, 208
—, politisches System des 201 ff.
—, privater 163, 208
—, Probleme des Wandels des 691 ff.
—, subventionierter privater 163
—, Typen von 162 f.
—, Umweltbeziehungen des 177 ff.
— und Produktionsfaktoren 158 ff.
—, Unterstützung durch exakte und inexakte Methoden 467 ff., 579 ff.
—, Ziele und Kriterien des 217 ff.
Verkehrsdatenbank 680 ff.
—, Dateieninhalt 681 ff.
Verkehrsflüsse
—, Prognose von 540 ff., 544 ff.
—, Simulation von 546 ff.
Verkehrsgraphen 76 ff.
Verkehrsinformationssysteme 680 ff.
—, Abstimmung von 683
—, Hauptbestandteile von 681 ff.
Verkehrsinfrastruktur
—, Einkommenseffekt der 129 f.
—, Kapazitätseffekt der 129 f., 137
—, Konkurrenzwirkungen der 137
—, Koordinierung der 129
Verkehrskapazitäten
—, direkte 134
—, indirekte 134
Verkehrsleistungen, Versorgung der Bevölkerung mit 127
Verkehrsmärkte
—, Charakterisierung der 103 ff.
—, Regeln der 103 f.
Verkehrsmatrizen 76 ff.
Verkehrsmittel 69, 73 ff.
—, Substituierbarkeit der 127
Verkehrsnetze 76 ff.

Verkehrsobjekte 71 ff.
—, Personen als 71
—, Stoffe und Energie als 71 f.
Verkehrsplanung 138 ff., 147 ff.
Verkehrspolitik
— als System 114 ff.
—, Auseinandersetzungen zu einer gemeinsamen — in der EWG 127 f.
—, Entscheidungen der 115
—, staatliche 110 ff.
—, wachstumsorientierte 130 f
Verkehrsprozesse 67
Verkehrssektoren, Verflechtungen zwischen 95 ff.
Verkehrsstatistik 81
Verkehrsstrombilder 81
Verkehrsströme 81
Verkehrsstrommatrizen 77
—, Prognose von 567 ff.
Verkehrssystem 89 ff.
—, gesellschaftliches 82 f.
—, Verflechtung mit dem außerökonomischen Bereich der Gesellschaft 97
—, Verflechtung mit der Gesellschaft 94 ff.
Verkehrsträger 83, 89 ff., 308 f.
—, Güter- und Leistungsströme zwischen 95 ff.
Verkehrswegeprogramm, Ermittlung des 135
Vermögensrechnungen öffentlicher Betriebe 208
Verpackung 268, 328 ff.
Versorgungssystem 198
Versorgungssystem, physisches 70, 86, 198, 269 ff., 286
— als Bestandteil des Beschaffungsmarketings 279 f.
— Entscheidungen über Distributionszentren 299 ff.
—, Entscheidungen über Lager- und Bestellmengen 315 ff.
— Mehrstufigkeit des 305
—, Transportentscheidungen im 307 ff.
— und Produktionssystem 286
—, Ziele des 288 ff.
Versorgungssystem, vertragsmäßiges 198, 279
Vertauschungsmethoden zur Layoutplanung 519 ff.
Verteilfahrten, Optimierung von 492 ff.
Verteilverbindung 79
Vertreter 195

Verwaltungsrat
— der Bundesbahn 211
— der Bundespost 210
visionäre Prognose 594
Voranschlag 210
Vorhersage, siehe Prognose
Vorratswirtschaft 286

W

Wachstum
—, Subsidiarität des verkehrswirtschaftlichen 131
—, wirtschaftliches 130 f.
Wachtumsinteressen, Gründe des Unbehagens gegenüber 131
Wandel, geplanter 437 ff., 691 ff.
— als politische Metaentscheidung 438 ff.
—, Bausteine einer Theorie des 446 ff.
—, Beispiele des 691
—, geplante Evolution 694 ff.
—, Inkrementalismus beim 442 ff.
—, Komplexitätshandhabung 692 ff.
—, Theorie des 437 f.
Warehouse-Konzeption 264 f., 268 f., 299 ff., siehe auch Distributionszentren
Warendispersion 268
Warenkonzentration 268
Warenverteilung 86, siehe auch Logistik
Warteschlangentheorie
—, Analyse einer Bedienungsstelle 536 ff.
—, Anwendungen der 538 ff.
—, Grundbegriffe der 532 ff.
—, Methoden der 532 ff.
—, Monte-Carlo-Techniken 542 ff.
Wartezeiten 283 f.
Wasserstraßen 74, 90
Wasserstraßendatenbank 682
Wege 74 f.
— als Systemelemente 157
—, Informations- 194 f., 275 f.
—, Kontrahierungs- 194 ff., 275 ff.
—, öffentliche 157
—, physische Produkt-, siehe logistische Kanäle
—, Zahlungs- 194, 275
Wegekosten 93
—, Begriff der 134
—, Berechnung der 134
—, echte 134

Wegeminimierung, mathematische Modelle und Lösungsverfahren 492 ff.
Wegenetze als Problem der Koordinierung der Verkehrsinfrastruktur 129
Wegsicherungsfunktion 74
Werbung
— als Aktivität der Promotion 248 f.
—, Arten der 249
Werksausschuß 209 f.
Werksleitung 209 f.
Werkstattfertigung und innerbetriebliche Logistik 283 f.
Werkverkehr 84, 93, 310 f., siehe auch Fuhrpark
Werte
—, autoritative Beeinflussung der Allokation von 115
—, gemeinsame 101
Wertfreiheit versus Parteilichkeit 434
Wertprämissen 62 f.
Wertsystem
—, kollektives 99
—, Koorientierung im 206
—, persönliches 99
Werturteil 98 f.
Wettbewerb
— als ordnungspolitisches Thema 132 f.
— als Ziel 127 f.
—, horizontaler 365
— und Eigenwirtschaftlichkeit 231 f.
Wettbewerbsbeschränkungen, Gesetz gegen 105
Wettbewerbsbeziehungen zwischen den Verkehrsträgern 93 ff.
Wiederauffüllzeit von Lägern 319, 522 ff.
Wiederholungstypen
—, primäre 172
—, sekundäre 172
—, tertiäre 172
Willensdurchsetzung
—, Annahme von Entscheidungsprämissen 721 ff.
—, Machtgrundlagen 722 ff.
—, manipulative Taktiken der 723 f.
—, Taktiken der 720 ff.
—, Verhandlungen 724 f.
Wirtschaftlichkeit
—, Beurteilung der — von Verkehrsobjekten 135
—, Kriterien der 135
Wirtschaftlichkeitsrechnung
— bei der Erstellung von Verkehrswegeprogrammen 135
— in der Nutzen-Kosten-Analyse 613 f.

Wirtschaftskörper, autonome 209
Wirtschaftspolitik
— mittels Investitionen öffentlicher Betriebe 129 f.
—, Stabilisierung der 129 f.
— und Verkehrsinfrastruktur 129 ff.
Wissenschaftsprogramm
— einzelner Disziplinen 389 ff.
— und Methoden 377, 388 f.
Wohlfahrtsfunktion, soziale 99
Wohlfahrtsökonomie
—, Ansätze der Bewertung in der 99 f.
—, Nutzen-Kosten-Analyse 607
—, Pareto-Ordnung und 100
—, Probleme der Bereitstellung öffentlicher Güter in der 113
— und öffentliches Interesse 227 f.

X

X-11-Methode 565

Z

Zahlungswege 194, 275 ff.
Zeichen 72
Zeitdimension 220
zeitliche Lücke 67 ff.
Zeitreihenanalyse 564 ff.
Zentralisation
—, Begriff der 154
— des logistischen Bereichs 348 f.
— und Dezentralisation 154
— und Differenzierung 154
Zentrifugalkräfte, soziale 155
Zerfällbarkeit von Systemen 176 f., 345 f.
Zielanalyse
—, Grundzüge der 217 ff.
—, Sprache der 219 ff.
Zielbildungsprozeß
— in der National Goal Analysis 124 ff.
— nach Schumpeter/Downs 123 f.
— unter Berücksichtigung sektoraler und regionaler Strukturprobleme 122
—, wirtschaftspolitischer 122 ff.
Zieldifferenzierung 287
Ziele
—, Autorisierung von 222 ff.
—, Begriff der 217
—, Beziehungen zwischen 220 f.
—, Bildung nationaler 124 ff.

— des Verkehrsbetriebes 218 f.
—, Dimensionen von 219 f.
—, Dringlichkeitsrelation von 220
—, Formulierung von 628
— für den Verkehrsbetrieb 218 f.
— im Marxismus 123
— im Volksstaat 123
— in absolutistischen Staaten 123
— in der Systemanalyse 627 ff.
—, Individual- 218 f.
—, Instrumentalbeziehung zwischen 221
—, Interdependenzrelation von 220 f.
— in Verfassungen 223
—, Kompatibilitätsrelation zwischen 221
— privater und öffentlicher Verkehrsbetriebe 224 ff.
— und Kriterien mikrologistischer Entscheidungen 286 ff.
—, verkehrspolitische 127 ff.
— verkehrsbetrieblicher Entscheidungen 122 ff., 217 ff.
—, Vollständigkeit von 220
—, Wahl der Kriterien 628
—, Wahl von 628
Zielformulierungen, verkehrsbetriebliche 224 ff.
Zielfunktion 403 ff.
Zielkonflikte 287, siehe auch Konflikte
Zielplanung
— und politische Systemplanung 445
— und Systemanalyse 432
Zielsystem
—, Definition des 221
— der Organisation 221 ff.
Zielsystemanalyse 627
Zinsbeihilfen 258
Zufallszahlengenerierung 542 ff.
Zuglaufüberwachung, siehe Computereinsatz
Zuschußbegrenzung 233 f.
Zuschüsse
—, Begriff der 259
—, Betriebs- 259
—, Formen der 259 f.
Zuschußquote 233 f.
Zuverlässigkeit des Transports 309
Zuverlässigkeitsstandard 320
Zwangsbindungen 53
Zweckverbände 209
—, Aufsicht über 212
—, Definition der 212
Zwischenläger 283 f.
Zwischensystem 43, 192 ff.
—, logistisches System als 70, 266

Prof. Dr. Werner Kirsch
Entscheidungsprozesse

Band I: Verhaltenswissenschaftliche Ansätze der Entscheidungstheorie
142 Seiten, Leinen 19,60 DM

Band II: Informationsverarbeitungstheorie des Entscheidungsverhaltens
232 Seiten, Leinen 29,80 DM

Band III: Entscheidungen in Organisationen
287 Seiten, Leinen 32,— DM

Es gibt keinen Begriff, der in der deutschen Betriebswirtschaftslehre und in der angelsächsischen Managementlehre in jüngster Zeit mehr in den Vordergrund getreten ist als der Begriff der Entscheidung. Beide Disziplinen verstehen sich heute — trotz unterschiedlicher Tradition — als angewandte Entscheidungslehren, die sich mit der Gestaltung und Verbesserung der Entscheidungsprozesse in betriebswirtschaftlichen Organisationen bzw. in Organisationen schlechthin befassen. Ihre Basis ist in der interdisziplinären Organisationstheorie zu erblicken. Nicht die Organisationen, sondern die Individuen dieser Organisationen entscheiden jedoch. Organisationstheoretische Untersuchungen haben daher von den entscheidenden Menschen auszugehen. Die Organisationstheorie und die darauf aufbauenden angewandten Disziplinen benötigen somit eine wirklichkeitsnahe, deskriptive Theorie des menschlichen Entscheidungsverhaltens, die den sozialen Kontext dieser Entscheidungen systematisch berücksichtigt.

Dies ist der Ausgangspunkt des dreibändigen Werkes von Kirsch. Der Autor versucht, die wichtigsten Elemente einer solchen Theorie und einen begrifflichen Bezugsrahmen zu deren Integration zu erarbeiten. Das Schwergewicht der Untersuchung liegt auf der Erarbeitung einer deskriptiven Entscheidungstheorie. Dadurch unterscheidet sich das Werk von den heute weitgehend üblichen normativen Überlegungen zur Entscheidungstheorie.

Aus dem Inhalt:

Band I: Das Modell des homo oeconomicus: Die Informationsannahmen. Die Annahmen über die Präferenz- bzw. Wertordnung. Die Entscheidungsregeln — Subjektive Wahrscheinlichkeiten — Stochastische Präferenzordnungen — Anspruchsniveau und Nutzenfunktion — Leistungsmotivation — Informationsgewinnung — Von der Rationalitätsanalyse zur Theorie kognitiver Entscheidungs- und Problemlösungsprozesse — Verhaltenswissenschaftliche Ausgangspunkte der Diskussion offener Modelle: Das innere Modell der Umwelt. Kognitiver Streß und Suchverhalten. Intraindividuelle Konflikte und Suchverhalten. Kognitive Dissonanz und Suchverhalten.

Band II: Grundzüge der Informationsverarbeitungstheorie — Überblick über den Stand der Simulationsforschung — Der Mensch als offenes kybernetisches Verhaltenssystem: Rückkopplung und Regelung. Gedächtnishierarchie und Informationsprozesse. Entscheidungsprämissen und kognitive Informationsstrukturen — Kognitive Informationsstrukturen im Problemlösungsprozeß: Die Persönlichkeit. Die Definition der Situation. Die Einstellung — Der Ablauf des Problemlösungsprozesses: Das heuristische Programm des „General Problem Solver" als Ausgangspunkt. Heuristische Problemlösungsverfahren. Zum Prozeßablauf bei nichtoperationalen Problemen — Grenzen und Möglichkeiten des IV-Ansatzes als generelles Modell des menschlichen Verhaltens.

Band III: Struktur und Aufbau des organisationalen Systems — Kollektive Entscheidungsprozesse in der Organisation — Entscheidungsinterdependenzen im Informations- und Entscheidungssystem (IES) — Informationsstruktur im IES — Die Entscheidungsprämisse als Bindeglied zwischen Organisationstheorie und Theorie der Individualentscheidung — Die organisationale Rollenanalyse — Die organisationale Zielanalyse — Soziale Beeinflussung und Genetik individueller Entscheidungsprämissen in der Organisation — Kommunikation — Verstehen im Kommunikationsprozeß — Sozialisation — Manipulation.

Prof. Dr. Werner Kirsch, Dr. Manfred Michael und Dr. Wolfgang Weber
Entscheidungsprozesse in Frage und Antwort
145 Seiten, broschiert 15,60 DM

In mehr als 200 Fragen mit ausführlichen Antworten behandelt das Arbeitsbuch in komprimierter Form den ganzen Wissensstoff, der in dem dreibändigen Werk „Entscheidungsprozesse" von Prof. Kirsch enthalten ist. Ein gesonderter Teil mit Wiederholungsfragen sowie zahlreiche Testfragen dienen zur Selbstkontrolle.

Aus dem Inhalt:
Systeme und Entscheidungen: Verhaltenssysteme. Mensch, Gruppe und Organisation. Steuerung, Regelung, Entscheidung, Problemlösen — Individualentscheidungsprozesse: Intervenierende Variable im Entscheidungsprozeß. Phasen und Ablauf des Individualentscheidungsprozesses. Informationsverarbeitung und heuristische Problemlösungsverfahren — Entscheidungsinterdependenzen: Macht und Manipulation. Verhandlungen — Gruppenentscheidungsprozesse: Konflikt und Kooperation. Das Risikoverhalten von Gruppen — Politische Entscheidungsprozesse in der Organisation.

Betriebswirtschaftlicher Verlag Dr. Th. Gabler · Wiesbaden

Prof. Dr. Werner Kirsch

Gewinn und Rentabilität
Ein Beitrag zur Theorie der Unternehmungsziele

117 Seiten, Leinen 16,20 DM

Im Mittelpunkt der Untersuchung steht die Frage, ob das erwerbswirtschaftliche Ziel der Unternehmung im Streben nach einem absoluten Gewinn oder im Streben nach einem auf eine Kapitalgröße relativierten Gewinn (Rentabilität) seinen adäquaten Ausdruck findet. Die Arbeit ist einer der wenigen Ansätze zur Theorie der Unternehmungsziele, der den Weg der exakten Modellanalyse beschreitet. Es wird ein Modell des Zielentscheidungsprozesses in der Gesellschafterunternehmung entwickelt, das die monetäre Zielfunktion der Unternehmung aus den individuellen Zielen der Gesellschafter und deren Verhaltensweisen im Zielentscheidungsprozeß erklärt.

Aus dem Inhalt: Aufgaben, Methoden und Ergebnisse der betriebswirtschaftlichen Zielforschung — Betriebswirtschaftliche Entscheidungsmodelle auf der Grundlage der Gewinn- und Rentabilitätsmaximierung — Explikation der erwerbswirtschaftlichen Mittel-Zweck-Relation: das erwerbswirtschaftliche Prinzip als Ziel des Individuums.

Unternehmensführung und Organisation
Herausgegeben von Prof. Dr. Werner Kirsch
im Auftrag des Vorstandes des Verbandes der Hochschullehrer für Betriebswirtschaft e. V.

278 Seiten, broschiert 26,— DM, Leinen 36,— DM

Beiträge: Prof. Dr. W. Kirsch: Betriebswirtschaftspolitik und geplanter Wandel betriebswirtschaftlicher Systeme — Prof. Dr. H. Lexa: Unternehmensorganisation und Besteuerung — Prof. Dr. E. Rühli: Ein Ansatz zu einem integrierten, kooperativen Führungskonzept — Prof. Dr. H. Müller-Merbach: OR-Ansätze zur optimalen Abteilungsgliederung in Institutionen — Prof. Dr. Dr. B. Hartmann: Unternehmensplanung mittels integrierter EDV-Organisationssysteme — Prof. Dr. H. H. Hinterhuber: Technische Innovation und Unternehmensführung — Priv.-Doz. Dr. W. von Zwehl: Die Substanzerhaltung als Minimalziel des Unternehmers in Zeiten steigender Preise — Prof. Dr. O. H. Poensgen: Geschäftsbereichsstruktur, Rendite und Unternehmenswachstum — Prof. Dr. B. Tietz: Neue Konzepte der Marketingkooperation.

Prof. Dr. Werner Kirsch und Prof. Dr. Heribert Meffert

Organisationstheorien und Betriebswirtschaftslehre

56 Seiten, broschiert 6,80 DM

Die Verfasser stellen eine methodologische Konzeption zur Diskussion, welche die Beziehungen zwischen der Betriebswirtschaftslehre und den verschiedenen organisationstheoretischen Bemühungen im Rahmen des Wissenschaftsprogramms einer entscheidungsorientierten Betriebswirtschaftslehre zu klären sucht.

Aus dem Inhalt: Der entscheidungs- und systemtheoretische Ansatz der Betriebswirtschaftslehre — Grundtypen organisatorischer Ansätze — Verhaltenswissenschaftliche Organisationstheorie und Betriebswirtschaftslehre — Theorien des geplanten organisatorischen Wandels.

Dr. Heinz Karl Klein

Heuristische Entscheidungsmodelle
Neue Techniken des Programmierens und Entscheidens für das Management

223 Seiten, Leinen 29,60 DM

Kennzeichen heuristischer Entscheidungsmodelle ist der Versuch, das Verhalten des Menschen bei der Problemlösung in einem exakt beschriebenen Verfahren, in aller Regel einem Computerprogramm, abzubilden.

Aus dem Inhalt: Der Entscheidungsprozeß als Gegenstand der Modellbildung — Die Simulation heuristischer Entscheidungsprozesse — Die Anwendung heuristischer Entscheidungsmodelle im Informationssystem der Unternehmung — Turing's Test — Das Experiment von Moore und Anderson — Der General Problem Solver (GPS).

Dr. Ingolf Bamberger

Budgetplanung
Interne Ressourcenallokation in Organisationen

(in Vorbereitung)

Betriebswirtschaftlicher Verlag Dr. Th. Gabler · Wiesbaden